Romantik und Restauration

Architektur in Bayern zur Zeit Ludwigs I. 1825–1848
Ausstellung im Münchner Stadtmuseum
27.2.–24.5.1987

Ausstellungskataloge der Architektursammlung
der Technischen Universität München
und des Münchner Stadtmuseums Nr. 6

Romantik und Restauration

Architektur in Bayern zur Zeit Ludwigs I. 1825–1848

Herausgegeben von Winfried Nerdinger
Mitarbeit Antonia Gruhn-Zimmermann

Ausstellung der Architektursammlung der Technischen Universität München
und des Münchner Stadtmuseums
in Verbindung mit dem Zentralinstitut für Kunstgeschichte

MÜNCHNER STADTMUSEUM

HERAUSGEBER:
Winfried Nerdinger

MITARBEIT:
Antonia Gruhn-Zimmermann

AUSSTELLUNGSSEKRETARIAT:
in der Architektursammlung
Antonia Gruhn-Zimmermann,
Christine von Mengden
im Münchner Stadtmuseum
Norbert Götz, Barbara Eschenburg

AUTOREN:
Bauer-Buzzoni, Ulrike
Buttlar, Adrian von
Brix, Michael
Egloffstein, Albrecht Graf von
Erben, Dietrich
Faber, Annette
Goldberg, Gisela
Götz, Norbert
Gruhn-Zimmermann, Antonia
an der Heiden, Rüdiger
Kahle, Ulrich
Kalnein, Wend Graf von
Karnapp, Birgit-Verena
Koch, Christian
Lehmbruch, Hans
Lübbeke, Wolfram
Nerdinger, Winfried
Reidel, Hermann
Schepe, Michaela
Schickel, Gabriele
Voß, Hiltrud
Wegner, Ewald
Zimmermann, Florian

AUSSTELLUNGSARCHITEKTUR:
Architekturbüro Jupp Zimmermann,
München
Mitarbeiter
Klaus Kaballo, Georg Schmidt,
Sara Elliott

© 1987 Münchner Stadtmuseum
Alle Rechte vorbehalten

Heinrich Hugendubel Verlag,
München 1987

Umschlaggestaltung unter Verwendung
des Bildes Leo von Klenze, Vorentwurf zur
Ruhmeshalle, München, Katalog Nr. 19.12
(Staatliche Graphische Sammlung, München)
und Produktion: Tillmann Roeder
Gesamtherstellung: Universitätsdruckerei
Wolf & Sohn, München

ISBN 3 88034 309 8

Printed in Germany

Inhalt

LEIHGEBER:

Anif, Österreich, Privatbesitz

Augsburg, Kammgarnspinnerei AG
Spinnerei und Weberei GmbH
Stadtarchiv
Städtische Kunstsammlungen

Bad Kissingen, Staatliche Kurverwaltung

Bad Reichenhall, Bayer. Hütten-, Berg-
Salzwerke AG, Saline Reichenhall
Stadtbauamt
Städtisches Heimatmuseum

Bamberg, Historisches Museum der Stadt
Bamberg
Staatsarchiv

Berlin (DDR), Staatliche Museen Berlin

Freising, Diözesanmuseum

Fürth, Stadtarchiv, Städtische Sammlungen

Landshut, Staatsarchiv

London, The British Architectural
Library, Drawings Collection

München, Architektursammlung der
Technischen Universität
Bayer. Hauptstaatsarchiv
Bayer. Staatsbibliothek, Handschrif-
tenabteilung
Bayer. Staatsgemäldesammlungen
Bayer. Verwaltung der Staatlichen
Schlösser, Gärten und Seen
Deutsches Museum
Kath. Kirchenstiftung Maria-Hilf
Landbauamt

München, Oberste Baubehörde im Bayer.
Staatsministerium des Innern
Staatliche Graphische Sammlung
Staatsarchiv
Stadtarchiv
Stadtmuseum
Private Leihgeber

Nürnberg, Germanisches National-
museum
Staatsarchiv
Stadtarchiv
Stadtgeschichtliche Museen
Verkehrsmuseum

Passau, Finanzbauamt

Peißenberg, Hauptverwaltung des
Archivs BHS

Regensburg, Domschatzmuseum
Fürst Thurn und Taxis, Hofbibliothek
Museum der Stadt Regensburg

Salzburg, Museum Karolino Augusteum

Speyer, Historisches Museum

Stein bei Nürnberg, A.W. Faber Castell
GmbH & Co., Zentralarchiv

Stuttgart, Staatsgalerie, Graphische
Sammlung

Traunstein, Landbauamt

Wassertrüdingen, Stadtarchiv

Weißenhorn, Heimat- und Museumsverein

Wunsiedel, Stadtarchiv

ABKÜRZUNGEN:

Arch.Slg. TUM	Architektursammlung der Technischen Universität München
BHStA	Bayerisches Hauptstaats- archiv
BStB	Bayerische Staatsbibliothek München
BStGS	Bayerische Staatsgemälde- sammlungen
GHA	Geheimes Hausarchiv
MBM	Miscellanea Bavarica Monacensia
LBK	Lokalbaukommission München
MStm	Münchner Stadtmuseum
OA	Oberbayerisches Archiv
OBB	Oberste Baubehörde
SGSM	Staatliche Graphische Sammlung München
StA	Staatsarchiv
StaM	Stadtarchiv München
VAN	Verkehrsmuseum Nürnberg

Vorwort

1980 zeigten die Veranstalter im Münchner Stadtmuseum einen umfassend angelegten Überblick zum Architekturgeschehen in Bayern, Schwaben und Franken von 1775 bis 1825. An Hand von Architekturzeichnungen und Photographien wurden Bauten und Projekte nach einer topographisch angelegten Abfolge vorgestellt. Die vorliegende Ausstellung und der begleitende Katalog setzen die Untersuchungen zur bayerischen Architekturgeschichte chronologisch fort. Den äußeren Rahmen bildet die Regierungszeit Ludwigs I., der so entscheidend in die Bau- und Planungstätigkeit innerhalb seines Herrschaftsbereichs einwirkte, daß anstelle der topographischen nur eine typologische Gliederung dem Thema angemessen war.

Wie in allen anderen Bereichen, so bestimmte Ludwig I. auch für die Architektur durch zahllose persönliche Anordnungen bis ins Detail Form und Inhalt der Arbeiten. Da die Architekten der ihm direkt unterstellten Obersten Baubehörde die Entwürfe zu sämtlichen öffentlichen Bauten in ganz Bayern kontrollierten, wurde die Architektur nicht nur zum Spiegel des Zentralismus, sondern auch der wechselnden architektonischen Vorlieben des Herrschers. Von Sakral- und Schulbauten bis zu Verwaltungs- und Fabrikgebäuden belegt die Ausstellung eine Schematisierung und zunehmende Vereinheitlichung des Baugeschehens in ganz Bayern. Darüber hinaus können in den einzelnen typologischen Abteilungen die Zusammenhänge zwischen der Architektur und der jeweiligen politischen Zielsetzung Ludwigs I. verfolgt werden.

Die typologischen Querschnitte sind deshalb auch besonders weit gespannt, um jeweils das gesamte Architektur-Spektrum von der Dorfschule bis zur Universität und von der Landkapelle bis zur Basilika vorzuführen. Die Ausstellung liefert somit neben detaillierten Baugeschichten der Großbauten Leo von Klenzes, Friedrich von Gärtners oder Josef Daniel Ohlmüllers auch Analysen von kaum bekannten Bauten.

Der hier vorgelegte Gesamtüberblick machte umfangreiche Recherchen erforderlich. Archivalische Vorarbeiten von Frau Gruhn-Zimmermann sowie zahlreiche Hinweise von verschiedenen Seiten flossen in die Bearbeitung des Katalogs ein, ohne daß eine Abgrenzung versucht wurde. Wir danken allen, die uns bei der Vorbereitung und Durchführung von Ausstellung und Katalog geholfen haben. Unser besonderer Dank gilt allen Leihgebern sowie den Mitarbeitern der Architektursammlung und des Münchner Stadtmuseums.

Christoph Stölzl
Münchner Stadtmuseum

Winfried Nerdinger
Architektursammlung
der Technischen Universität München

Willibald Sauerländer
Zentralinstitut für
Kunstgeschichte

Weder Hadrian noch Augustus – Zur Kunstpolitik Ludwigs I.

> *Sehet an das von Gott gezeichnete Scheusal, den König*
> *Ludwig von Baiern, den Gotteslästerer, der redliche*
> *Männer vor seinem Bilde niederzuknien zwingt, und die,*
> *welche die Wahrheit bezeugen, durch meineidige Richter*
> *zum Kerker verurteilen läßt; das Schwein, das sich in*
> *allen Lasterpfützen von Italien wälzte, den Wolf, der sich*
> *für seinen Baals-Hofstaat für immer jährlich fünf Millio-*
> *nen durch meineide Landstände verordnen läßt, und*
> *fragt dann: »Ist das eine Obrigkeit von Gott zum Segen*
> *verordnet?«[1]*
> *Georg Büchner, Der hessische Landbote, 1834*

Neben dem Aufschrei Büchners gegen Ludwig I. ließen sich in der ersten Hälfte des 19. Jahrhunderts zahlreiche ähnliche Äußerungen stellen. Wie kein anderer bayerischer Herrscher wurde Ludwig mit Schmähschriften und Anklagen auch aus seinem eigenen Volk bedacht. Ein travestiertes Vaterunser ging in Bayern von Mund zu Mund: »Vater unser, der du bist in Italien und Sizilien, nur nicht in deinem Lande, verflucht sei dein Name im Himmel und auf Erden . . . erlöse uns von dem Übel, von deiner Person sobald als möglich«.[2] Als Ludwig ausgerechnet dem »Protestantenschlächter« Tilly und dem Feldmarschall Wrede in der Feldherrnhalle Standbilder errichten ließ, assoziierte ein unbekannter Gedichtverfasser mit den drei Bogenstellungen der Halle drei Galgen, an denen die beiden Generäle zu hängen schienen, an den freien mittleren Galgen wünschte er sich Ludwig: »Noch steht ein Bogen leer,/Wer nimmt diesen Raum wohl ein?/Kein andrer als der Erbauer und Herr/Kann würdig im Bund der Dritte sein«.[3]

Im Gegensatz zur offiziellen bayerischen Hof-Panegyrik wurden auch die von Ludwig initiierten Kunstbestrebungen von demokratischen Politikern im Landtag und von Kritikern außerhalb der Landesgrenzen wie G. G. Gervinus, Anton Springer oder Friedrich Th. Vischer durchweg als volksfeindlich und verfehlt beurteilt. Im Zuge des immer weiter um sich greifenden Historismus und der allgemeinen Restauration setzte sich jedoch die kritiklose Fürstenverehrung allmählich durch. Die ersten Biographen Ludwigs – Sepp, Heigel, Corti und Reidelbach – lieferten Richtschnur und Formulierungen für eine nicht nur in Bayern bis heute zum Teil wörtlich wiederholte Vergötzung. Besonders das von Sepp schon im Titel angeschlagene Motiv »Ludwig Augustus, König von Bayern und das Zeitalter der Wiedergeburt der Künste« ist von Generationen von Kunsthistorikern nachgebetet worden. Bis heute ist es üblich, von seinem Mäzenatentum zu schwärmen und von »seinen« Kunstschöpfungen, Planungen und Konzepten zu sprechen, obwohl jeder Blick auf die Genesis der Werke lehrt, wie die Finanzierung wirklich erfolgte und daß Ludwig nicht nur keinerlei künstlerisches Gesamtkonzept besaß, sondern in Kunstfragen zwar einerseits autokratisch aber andererseits bis zur Unfähigkeit unsicher und schwankend war. Im folgenden geht es darum, das heute z.T. positiv integrierte Erbe Ludwigs, auf ein Bewußtsein über das Negative, das dieses erst trägt, zu stellen[4] (vgl. auch die Einführungen zu den 12 Katalogabteilungen).

Die bayerische Hof-Kunstgeschichte des 20. Jahrhunderts unterscheidet sich bis heute von ihren Vorgängern nur dadurch, daß sich höchstens eine kritische Randbemerkung wie eine überflüssige Floskel in das strahlende Bild einschleicht, aber auch zahlreiche bayerische Historiker verbleiben nicht nur bei der Darstellung der Kunstpolitik unverändert in der Verehrungsperspektive aus der Kniebeugung. So liest sich, um ein fast beliebiges Beispiel herauszugreifen, die Dissertation der Doeberl-Schülerin Wilhelmine Gölz über die Vorgänge im Landtag 1831 wie eine Darstellung aus der Sicht des Monarchen. Sie diffamierte noch 1926 die demokratischen Abgeordneten und Journalisten, die sich gegen die »Luxusbauten« wandten, mit den Vokabeln der Zensur-Regierung und rechtfertigte Ludwigs reaktionäre und unmenschliche Politik im Vormärz dahingehend, daß er erst durch die demokratischen Bewegungen »in die Arme einer gewaltsamen Reaktion«[5] getrieben worden sei. Im Ludwig-Jahr 1986 erlebte die Fürstenverehrung einen neuen Höhepunkt, deren Peinlichkeiten leider nicht vergessen werden, da sie sich in zahllosen gedruckten Hymnen niedergeschlagen haben. Selbst aus der ehemals

1 vgl. Gerhard Schaub, Georg Büchner – Friedrich Ludwig Weidig, Der Hessische Landbote, Texte, Materialien, Kommentar, München 1976, S. 28, 87f.
2 nach Ludwig Schrott, Biedermeier in München, München 1963, S. 339
3 Schrott, Biedermeier (Anm. 2), S. 339f.; weitere zahlreiche Unterlagen in den von der Zensur beschlagnahmten Beständen im BHStA MInn
4 vgl. zu einer ähnlichen Forderung Ernst Wendt, Wie es auch gefällt geht nicht mehr, München 1985, S. 35
5 Wilhelmine Gölz, Der Bayerische Landtag 1831. Ein Wendepunkt in der Regierung Ludwigs I., München 1926, S. 148

bayerischen Pfalz schloß man sich dem Chor an: »König Ludwig I., der große Kunstmäzen auf dem bayerischen Thron, hat die Pfalz, aus der er stammt, unendlich geliebt«.[6] Hungersnöte, Ausbeutung, Volksaufruhr und brutalste Unterdrückung kennzeichneten die Wirklichkeit der Ludwig-Zeit in der Pfalz, deren Bevölkerung wie nirgendwo sonst in Deutschland nach Amerika auswanderte.[7]

Eine fast 1000seitige Biographie, in deren Kapitel über Kunstpolitik allerdings nur die alten Klischees wieder nacherzählt werden, sorgt seit 1986 zudem für die Absicherung der Ludwig-Verehrung der nächsten Generation. Angesichts der dort betriebenen perfekten Mischung von breitester Quellen- und Materialaufbereitung und gleichzeitiger relativierender Wertung fragt es sich, ob die blinde Heldenverehrung der alten Biographien nicht dieser Vernebelung im Faktenbrei vorzuziehen sind. So bringt es Gollwitzer z.B. fertig, das dunkelste Kapitel der Ludwigzeit, das er selbst als »ludovizianischen Gerichtsterror«[8] bezeichnen muß, so abstrakt und »schmerzfrei« darzustellen, daß er am Kapitelende den widerwärtigen Gemeinheiten seines Helden noch eine positive Seite abgewinnen kann. Bezeichnenderweise kulminiert und endet diese Biographie in der Feststellung, daß sich die deutschen Herrscher – zwischen ihnen wird Ludwig abschließend versteckt – bis 1848 »zwar gewiß nicht großartig, vorausschauend oder weise, aber geht man von ihrem Standpunkt der Herrschaftssicherung aus, ziemlich ›normal‹ verhalten« haben. »Daß den deutschen Fürsten die Aufrechterhaltung ihrer Herrschaft über alles ging, sollte man nicht verwunderlich finden. Welche Gruppe handelt anders?«[9] Mit diesem famosen Ansatz läßt sich nun natürlich auch wirklich alles und jeder historisch rechtfertigen.

Das Märchen vom Mäzenatentum Ludwigs ist leicht zu widerlegen. Max Joseph I., Ludwigs Vater, vergeudete die Staatseinnahmen nach der Lebensart der Fürsten des 18. Jahrhunderts: er ließ sich täglich 1000 Gulden auszahlen – das war etwa der zehnfache Jahresverdienst eines Volksschullehrers, oder das Jahresgehalt eines höheren Beamten oder Universitätsprofessors –, die er meist schon in den Vormittagsstunden ausgegeben und verteilt hatte.[10] Brauchte er mehr Geld, so stellte er nach Belieben Wechsel auf verschiedene Staatskassen aus; wurde eine Hofdame schwanger, so erhielt sie »60000 Gulden Ausstattung aus der Schuldentilgungskasse und einen Gardeoffizier zum Gemahl.«[11] Immerhin fielen bei dieser feudalen Verschwendung auch einige Brosamen an die Bedürftigen ab, denn Bittsteller hatten zu bestimmten Zeiten freien Zugang zum König. Eine der ersten Amtshandlungen Ludwigs nach seinem Regierungsantritt war es, daß er diesen Brauch abschaffte und sämtliche Bittgesuche auf dem Behördenweg verwies.[12] In seinen Erinnerungen berichtete Klenze mehrfach, daß Ludwig nur deshalb der Einführung einer Verfassung in Bayern zustimmte, weil er in der Kontrolle der Staatsausgaben durch den Landtag ein Mittel gegen die »Lumpenwirtschaft«[13] seines Vaters sah. Nach Klenze, Ludwigs Vertrauter während einer Italienreise, auf der die Verfassung diskutiert wurde, ging es dem Kronprinzen ausschließlich darum, daß der Staat nicht bankrott war, bis er endlich zum Bauen seiner Projekte kam.[14]

Als Ludwig 1825 die Regierung übernahm, entwickelte er ein vielfach abgestuftes System zur Finanzierung seiner Bauten: Die Stadt München zwang er, unter Androhung der Verlegung seiner Residenz, zur Übernahme derartiger Kosten für Grundstücksankäufe und den Bau der Ludwigskirche, daß die Gemeinde bis Anfang der 40er Jahre mit dem Abbau der Schulden kämpfen und andere Aufgaben deshalb vernachlässigen mußte.[15] Die Stadt wälzte die Lasten durch einen sog. Malzaufschlag auf die Masse der Armen ab, die somit letztlich die Kosten trugen.[16] Wenn sich eine Gemeinde weigerte, eine von Ludwig gewünschte neue Kirche zu finanzieren, kam es entweder zu Repressalien, oder aber der Monarch spendete einen im Vergleich zu den Gesamtbaukosten minimalen Betrag, der allerdings die Verpflichtung zur Bauausführung nach sich zog, denn diese Spende konnte kaum abgelehnt werden.[17] Nachdem die Stadt München wegen Verschuldung für eine weitere Finanzierung der Ludwigstraße ausfiel, wurde Institution und Stiftungen der Bau von Gebäuden einfach angeordnet[18]; auf diesem Weg entstanden Damenstiftsgebäude, Erziehungsinstitut, Salinenverwaltung oder Universität. Ähnlich trugen Postkasse und Kirchenfonds die Kosten für die Hauptpost am Max-Joseph-Platz und das Georgianum.[19] Da die zwangsverpflichteten Einrichtungen zumeist in Finanzierungsschwierigkeiten gerieten, übernahm die Staatskasse eine häufig zinslose Kreditierung mit der Folge[20], daß die Schuldentilgung den Staatshaushalt immer stärker belastete.

6 Text auf der offiziellen Einladungskarte zur Ausstellungseröffnung in der Villa Ludwigshöhe
7 vgl. Wilhelm Herzberg, Das Hambacher Fest, Ludwigshafen 1908
8 Heinz Gollwitzer, Ludwig I. von Bayern. Eine politische Biographie, München 1986, S. 471
9 Gollwitzer, Ludwig I. (Anm. 8), S. 780f.
10 Hans Haussherr (Hrsg.), Die Memoiren des Ritters von Lang 1764–1835, Stuttgart 1957, S. 234, 240
11 Haussherr, Lang (Anm. 10), S. 235
12 Paul Ruf (Hrsg.), Johann Andreas Schmeller, Tagebücher 1801–1852, Bd. 1, München 1956, Eintrag vom 3.12.1825
13 Leo von Klenze, Memorabilien I, 79; ich danke Herrn Dr. Florian Hufnagl herzlich für die Möglichkeit, die Druckfahnen der von ihm in Vorbereitung befindlichen Ausgabe der Memorabilien benützen zu dürfen
14 Klenze, Mem. I, 207; III, 32
15 P. Dirr, Stadtfinanzen und Stadtbau im Zeitalter Ludwigs I., in: Münchner Wirtschafts- und Verwaltungsblatt, Jg. 1, 1925, S. 19f. und 31ff.
16 Neben Brot war Bier das »Grundnahrungsmittel« der Armen; die Erhöhung der Bierpreise, eine indirekte Finanzierung der Bauten Ludwigs, führte deshalb zu sog. »Krawallen«, vgl. Winfried Freiherr von Pölnitz, Münchner Kunst und Münchner Kunstkämpfe 1799–1831, in: OA Bd. 72, S. 103
17 vgl. dazu den Aufsatz von Gabriele Schickel in diesem Katalog
18 Max Spindler, König Ludwig I. als Bauherr, München 1958, S. 47
19 Zusammenstellung der Bauten während der Regierung Ludwigs und ihre Finanzierungsart in BHStA, GHA NL Max II. Nr. 77/1/59
20 vgl. Dirr, Stadtfinanzen (Anm. 15), S. 31ff.

Festzug für Ludwig I. 1850, aus dem König-Ludwig-Album

21 Verhandlungen der zweiten Kammer der Ständeversammlung des Königreichs Bayern im Jahre 1831, bes. 9. bis 11. Bd. (im folgenden zitiert Verhandlungen Prot.)
22 der Abgeordnete Schwindel, in: Verhandlungen Prot. Nr. 47, S. 28
23 der Abgeordnete Schüler, in: Verhandlungen Prot. Nr. 50, S. 44
24 Verhandlungen Prot. Nr. 52, S. 99 und Nr. 48, S. 103 nach Gölz, Landtag (Anm. 5), S. 139

Aus dem Etat für Landbauten des Staatsfonds, mit dem nur notwendige öffentliche Bauten errichtet werden sollten, kam die Finanzierung von Freskomalereien in den Arkaden des Hofgartens, Kursaal in Brückenau, Odeon und Alte Pinakothek.[21] Da auch aus dem Etat für Erziehung und Bildung Gemälde gekauft worden waren, übte die Mehrzahl der Abgeordneten des Landtags 1831 heftige Kritik an diesen Zweckentfremdungen bei ihrer Kontrolle des Etats und lehnte dessen nachträgliche Genehmigung ab. Die Abgeordneten sprachen von »Betrugsbauten«[22] oder »Privatlustgebäuden des Königs«[23] und verwiesen auf die wahre Finanzierungsquelle: »Wir wissen nicht, wieviel Tränen der Untertanen an diesen Prachtgebäuden hängen. Denn mit welchem Geld werden sie bestritten? Mit dem Geld der Untertanen, zumal des Landmannes, der ohnehin von so vielen Lasten gedrückt ist« . . . »Wenn die Kunst im Mark der Untertanen schwelgt, wenn sie ihre Tempel aus den Notpfennigen der Nation baut, dann wendet ihr der Genius des Menschen schon den Rücken«.[24] Als besonders empörend empfanden viele Abgeordnete die Diskrepanz zwischen den Luxusbauten des Monarchen und dem Desinteresse für

Einrichtungen zum Wohl der Bevölkerung: »Es ist wirklich Schauder erregend, wenn man in München Paläste aufsteigen sieht, die eine Million kosten, wie es bei der Pinakothek der Fall ist, während in anderen Kreisen die Kirchen, Schulen und Gefängnisse verwittern (wie z.B. das Gymnasium in Ansbach, welches von außen einem Burgverlies gleich sieht)«.[25] Der Abgeordnete Lechner machte den satirischen, aber treffenden Vorschlag zur Fortsetzung der Fresken im Hofgarten mit Bildern aus der Gegenwart: »Das erste stellt vor, wie ein Landrichter seine Bauern im Zaum hält und ihnen durch unnötige, oft mutwillige Signaturen, Inventuren, Protokolle usw. den letzten Kreuzer aus der Tasche nimmt ... Im Hintergrund wird man des üppigen Pinakothek-Gebäudes ansichtig. Mein zweites Gemälde zeigt einen Landschullehrer, der mit seiner ärmlich gekleideten Familie Mittag hält. Auf dem Tische sieht man Kartoffeln und schwarzes Brot, die Kost, womit er sich zum nachmittäglichen Unterricht stärkt. Die zerbrochenen Fensterscheiben gewähren die Aussicht auf das Odeon in München, oder den Kursaal in Brückenau.«[26] Die noch ausstehenden Kosten für die Fertigstellung der Pinakothek wollte der Landtag auf keinen Fall aus dem Landbauetat genehmigen. Eher sollte der Bau als Ruine stehenbleiben, er wäre dann, als Symbol für die Einhaltung der konstitutionellen Rechte, eine »Ruine der Gesetzmäßigkeit«[27], wie ein Abgeordneter zum Entsetzen der Königstreuen formulierte.

Die Finanzierung von insgesamt 16 durch Ludwig in Auftrag gegebenen Bauten erfolgte aus der sog. Civilliste, einer Art Kronrente für alle Belange des königlichen Hofes.[28] Diese Civilliste betrug während der gesamten Regierungszeit ca. 3 Millionen Gulden, das entsprach etwa 10 % der gesamten Staatseinnahmen, aus denen das Geld auch genommen wurde.[29] Wenn sinnvollerweise unter Mäzenatentum Kunst für die Allgemeinheit, oder die Förderung der Kunst aus privaten Mitteln verstanden wird, so ist dieser Begriff für Ludwig überhaupt nicht anwendbar, denn er benützte Staatseinnahmen, um Bauten zu finanzieren, die alle direkt oder indirekt nur seinen Interessen dienten. Da nach der Verfassung der Landtag die Staatsausgaben genehmigen mußte, kam es 1831 zu einer erbitterten Auseinandersetzung um die von Ludwig geforderte Höhe der Civilliste. Der pfälzische Abgeordnete Friedrich Schüler, einer der aufrechtesten – und heute total vergessenen – Demokraten in Bayern zur Zeit des Vormärz, erarbeitete im Finanzausschuß ein Programm zur Kürzung der Civilliste, um die Staatseinnahmen in größerem Umfang dem Gemeinwohl zukommen zu lassen[30], wobei er gleichzeitig die staatliche Lotterie abschaffen wollte, mit der besonders von den Ärmsten noch Geld gewonnen wurde. Die königstreuen Verfechter einer ungekürzten Civilliste kämpften aus umgekehrtem Grund für das »Hazardspiel«, denn sonst wären die von Ludwig geforderten 3 Millionen Gulden nicht zu finanzieren gewesen. J.C.A. Wirth kommentierte diese Zusammenhänge treffend in der Deutschen Tribüne: »Der Versuch der Nationalkammer, dem erschöpften Wohlstande des Volkes durch Erleichterung in den Lasten und der untergrabenen Moralität durch Aufhebung eines verderblichen Hazardspiels – des Lotto's – zu Hilfe zu kommen, wurde mit gereizter Empfindlichkeit bekämpft, weil man den Schweiß der Nation und die Pfennige der Bettler zum Glanz der Krone unabweislich bedürfe.«[31] Auf die wirkliche Herkunft des Geldes, mit dem Ludwig so gar nicht mäzenatisch »seine« Bauten errichten ließ, wurde in den Debatten des Landtags öfters verwiesen: »Nur mit dem Gelde, mit dem Opfer, mit dem Schweiße der Steuerpflichtigen wird ja gebaut, es möge nun aus der Civilliste oder aus dem Landbauetat bezahlt werden.«[32] Unter Führung von Schüler reduzierte die demokratische Majorität, der die französische Juli-Revolution 1830 Auftrieb gegeben hatte, die Civilliste und lehnte die unzulässigen Finanzierungen aus Staatsetats ab.[33] Anstatt der Fürstenbeweihräucherung stünde es dem demokratischen Bayern besser an, die Vorkämpfer für demokratische Rechte und Einhaltung der Verfassung wie Behr, Eisenmann, Wirth, Siebenpfeiffer und besonders Schüler wenigstens heute zu ehren.

Um seine Civilliste ungekürzt durchzusetzen, benützte Ludwig die Angst vor der sich im Sommer 1831 allmählich Bayern nähernden Cholera zur Erpressung des Landtags. Dieser nur noch als widerwärtig und kriminell zu bezeichnende Vorgang kennzeichnet sowohl den Charakter als auch den wahren Hintergrund der Kunstpolitik Ludwigs. Vom sicheren Berchtesgaden aus verbot Ludwig, die bereits erarbeiteten und vom Ministerrat gebilligten Maßnahmen gegen die Cholera in Kraft zu setzen, um den Landtag zur sofortigen Verabschiedung der Civilliste zu zwingen.[34] Er schrieb ausdrücklich an seinen Minister Wrede, daß er den Landtag

Advocat Schüler.

Der Abgeordnete Friedrich Schüler

25 der Abgeordnete Scheuing, in: Verhandlungen Prot. Nr. 51, S. 119

26 der Abgeordnete Lechner, in: Verhandlungen Prot. Nr. 52, S. 35f.

27 vgl. Verhandlungen Prot. Nr. 111, S. 17

28 Definition der Civilliste in: Joseph Ritter von Mussinan, Bayerns Gesetzgebung, München 1835, S. 234ff.

29 vgl. W. Fischer/J. Krengel/J. Wietog, Sozialgeschichtliches Arbeitsbuch I, Materialien zur Statistik des Deutschen Bundes 1815–1870, München 1982, S. 202

30 vgl. Verhandlungen Prot. Nr. 50

31 J.C.A. Wirth, Die politische Lage Baierns, in: Die Deutsche Tribüne, Nr. 9, vom 11.1.1832, S. 66f.

32 der Abgeordnete Heinzelmann, in: Verhandlungen Prot. Nr. 144, S. 39

33 vgl. Gölz, Landtag (Anm. 5), S. 88ff.

34 vgl. Hanns Helmut Böck, Karl Philipp Fürst von Wrede als politischer Berater König Ludwig I. von Bayern (1825–1838), MBM Heft 8, München 1968, S. 124

nicht auflösen werde, bevor das Budget angenommen sei, auch wenn die Cholera nach München komme.[35] Selbst als die Regierungen von Baden und Frankreich vor versammelter Kammer die bayerische Regierung öffentlich verurteilten, weil sie sich dem Sicherheitscordon gegen die Cholera nicht anschloß und als sogar der königstreueste aller Minister den Monarchen darauf hinwies, daß die Bevölkerung sein Verhalten nur so verstehen könne, »daß sie es in den Augen des Königs nicht wert sei, vor der entsetzlichen Seuche geschützt zu werden«[36], ging es Ludwig weiterhin nur um das Geld, mit dem er seine Monumente errichten wollte. Der ausschließlich auf seine Person bezogene Inhalt all seiner »künstlerischen Unternehmungen« und das totale menschenverachtende Desinteresse an seinem Volk könnten durch nichts klarer ersichtlich werden. Die gesamte Kunstpolitik Ludwigs war auf seine Selbstverherrlichung und seinen Nachruhm gerichtet, zu ihrer Durchsetzung war er bereit, buchstäblich über Leichen zu gehen. Er unterscheidet sich hier in nichts von allen Despoten in der Geschichte.

Zwar erlitt er anfangs im Landtag eine Abstimmungsniederlage, aber nach entsprechender Bearbeitung einzelner Abgeordneter konnte er eine minimal gekürzte Civilliste durchsetzen, die dann 1834 lebenslänglich und unveränderbar festgeschrieben wurde. Inzwischen arbeiteten allerdings Zensur, Justizterror und Polizeibespitzelung derartig perfekt[37], daß nach Bayern kein kritischer Gedanke mehr hereinkam und aus Bayern nur noch Lobhudeleien zu hören waren, in geistiger Entsprechung zur vorgeschriebenen Anrede: »Durchlauchtigster Churfürst, gnädigster Herr, allerdurchlauchtigster großmächtigster König, allergnädigster König und Herr«. Im Gegensatz zu den bis heute gern zitierten zeitgenössischen Speichelleckern geben die Tagebücher des Sprachforschers Schmeller einen Einblick, wie ein liberaler Geist die Regierung Ludwigs erlebte, von kommandierten Kirchgängen bis zur Mißachtung der Verfassung: »Rückwärts zur Herrschaft der Gnade ... nur ist das Reich der Gnade auch das Reich der Lüge, und nur das des Rechts ist das der Wahrheit.«[38]

So hohl und verlogen wie das angebliche Mäzenatentum erweist sich auch die Legende von Ludwig dem Kunstschöpfer und Förderer der Künstler. Bei genauerer Betrachtung der Entstehungsgeschichte fast aller von Ludwig in Auftrag gegebenen Bauten zeigen sich totale künstlerische Konzeptionslosigkeit sowie Unsicherheit und Unfähigkeit in ästhetischen Fragen, aus denen sein ständiges Schikanieren der beschäftigten Künstler resultierte. Da ihm die Kunst nur zum Glanz seines Thrones dienen sollte, wie Friedrich Pecht treffend bemerkte[39], war er auch nur an ihrer Wirkung interessiert. Klenze beschönigte zwar in seinen Memorabilien seine eigene Rolle, aber in dieser Rechtfertigungsschrift für die Nachwelt zeichnete er aus eigenem bitteren Erleben ziemlich treffend die Rolle des unfähigen Kunstdespoten Ludwig. Schon beim Bau der Glyptothek wollte Ludwig unbedingt die mittlere Säulenstellung am Portikus verbreitern, um einen effektvolleren Durchblick ins Innere zu erhalten. Klenze konnte ihn erst davon abbringen, die klassische Fassade zu ruinieren, als er diese Wirkung ersatzweise an den Propyläen vorführte. Klenze vermerkte darauf, der Kronprinz habe »nur eine vage Idee von Perfektibilität der Wirkung und des äußeren Anblicks als Richtschnur«.[40] Das völlige Unverständnis in Architekturfragen zeigte sich, als Ludwig z. B. die Bibliothek ins abgebrannte Theater oder die Pinakothek in die Ludwigstraße plazieren wollte, um mit deren langgestreckter Fassade die Straße zu füllen, obwohl die Ost-West-Orientierung den Bau völlig unbrauchbar gemacht hätte.[41] Aus dem gleichen Grund war er geradezu darauf versessen, die Fensterachsen auch an den Bürgerhäusern in der Ludwigstraße möglichst weit auseinanderzuziehen, um einen großartigen Eindruck zu erhalten, natürlich auf Kosten von Belichtung und Funktion.

Dieses »Jagen nach Effekten« und Herumpfuschen an allen Details trieb Klenze bei jedem Bau aufs neue zur Verzweiflung: »Als Walhalla sollte ein mixtum compositum der athenischen Propyläen, des römischen Pantheons und des Grabmals Hadrians dienen« ... »Ja wahrlich an trüben Stunden fehlt es nicht, wenn man in dem Fürsten, welchem man dient, solches Schwanken in der Kunst, solches gehalt- und bodenloses Detail-Einmischen in dieselbe bemerkt, welchem jeder Begriff von Poesie, Zweckmäßigkeit in Styl in architektonischen Dingen fehlt und welcher in dieser hohen Kunst nichts mehr als ein Mittel sieht, durch Dekoration im Sinne momentaner Ansichten und Eindrücke das Auge zu kitzeln.«[42] Unter diesem Aspekt vollbrachte Klenze wahre Wundertaten, indem er bei jedem Bau die

35 Böck, Wrede (Anm. 34), S. 121
36 Böck, Wrede (Anm. 34), S. 126
37 zum Justizterror vgl. Gollwitzer, Ludwig I. (Anm. 8), S. 465 ff.; zu Zensur und Spitzelei vgl. die betreffenden Aktenberge im BHStA MInn
38 Schmeller, Tagebücher (Anm. 12) Bd. 2, Eintrag vom 16.10.1831, vgl. auch S. 101, 273, 362, 425 ff.
39 Friedrich Pecht, Deutsche Künstler des 19. Jahrhunderts, 1. Reihe, Nördlingen 1877, S. 29
40 Klenze, Mem. I, 51 ff.
41 Klenze, Mem. I, 93 ff.
42 Klenze, Mem. I, 99 f.

Verirrungen Ludwigs, vom Holzgewölbe in der geplanten Apostelkirche bis zur ovalen Kuppel in der Walhalla, dem »Kunstförderer« wieder ausredete, der natürlich von seiner begnadeten Kunstkenntnis immer überzeugt blieb: »Obwohl nun über diesen Saal (im Königsbau – W. N.) das 4. Urtheil S. M. des Königs gefällt ward, so rühmte derselbe doch laut und wiederholt wieder seinen sicheren untrüglichen Kennerblick.«[43]

Da Ludwig keinerlei fundiertes Kunsturteil besaß, reagierte er sowohl auf Beeinflussungen in jeder Richtung als auch auf wechselnde Reiseerlebnisse. Bei manchen Planungen, wie z. B. Allerheiligenhofkirche oder Königsbau, änderten sich die Wünsche an den begleitenden Klenze, je nach Reisestation. Es kamen »immer neue Flicken« an den Bau und Klenze jammerte: »Eine Fassade wird das werden, daß Gott erbarme.«[44]

Diese Kombination aus Unfähigkeit, dauerndem Wechsel der Wünsche und ständiger Einmischung in alle Details der Arbeit verleidete den Künstlern das Leben: »Er läßt keinem Künstler Freiheit und Muße, hat nie etwas anderes als fixe Ideen . . . Alle Künstler verzweifeln über sein beständiges Einreden in Detailsachen. Schnorr, Gärtner, H. Heß, alle jammerten mir heute wieder gleichmäßig . . . Vom Gefühl für einen poetischen Gedanken, für höhere Zweckmäßigkeit, für einen festen Begriff, für Styl und Form und deren Ausbildung zu einem ganzen, endlich von allem, was eine Kunstepoche charakterisiert, ist keine Rede. Nie hat ein Monarch die eklektische Richtung weiter getrieben, und Hadrian in seiner Villa zu Tibur war dagegen nur ein Pfuscher.«[45] Das einzige ästhetische Kriterium für Ludwig war die Wirkung auf ihn selbst. Klenze erhielt »wiederholte Anweisung, nur das zu suchen, was sie schönste Wirkung mache«[46], und sein Hofarchitekt urteilte deshalb, »der eigentliche artistische Begriff und Haltepunkt eines Werkes der Architektur ist wohl nie einem Fürsten fremder gewesen als dem König Ludwig von Bayern. Die äußere Gestaltung soll der momentanen Richtung und Disposition seines Auges zusagen und ihn an Etwas erinnern . . . Alles Andere (ist) vom Übel!«[47] So wie Klenze eine Bauplanung oft über Jahre hinweg immer wieder in seine Richtung zurück manövrierte, erklärte auch Gärtner, »ein architektonisches Werk, was der König leite, könne kein Kunstwerk werden, wenn man es nicht auf die eine oder andere Art gegen seinen Einfluß zu schützen wisse.« Zwar kam es mit einigen Künstlern zum Streit, worauf diese das Land verließen, wie Cornelius, Gutensohn oder Bandel, die meisten ordneten sich jedoch der Willkürherrschaft Ludwigs unter und klagten nur heimlich, wie Gärtner über das »elende Zeug«[48], das sie ausführen mußten, während offiziell nur die bestellten und bis heute wiederholten Lobeshymnen verbreitet wurden.

Neben wechselnden Wünschen und dem Einmischen in Details kennzeichnen perfide Behandlung und diktatorischer Termindruck Ludwigs Verhältnis zu den Künstlern. Wie bei seinen zahllosen und wahllosen Liebschaften, von der dem Ehemann abgekauften Marchesa bis zur »Kasernenhure«[49], wechselte Ludwig auch seine Neigungen zu den Künstlern; Klenze, der dieses Spiel zuerst mitgemacht hatte, fühlte sich anschließend wie eine Prostituierte behandelt. Die Künstler hatten schnell und billig zu arbeiten, weshalb Ludwig sie einerseits mit Terminen hetzte und andererseits eine Arbeitsteilung erzwang. In der Freskomalerei führte dies zur allseits beklagten Trennung zwischen Entwerfer und Ausführenden, in der Skulptur zu den schablonierten Arbeiten Schwanthalers und in der Architektur zum additiven Allzweck-, Spar- und Kasernenstil Gärtners. Künstler und Kritiker charakterisierten deshalb die Münchner Produktion treffend als Fabrikkunst. So beklagte Cornelius das »Enterprisen-Wesen«[50], Moritz von Schwind meinte, »überhaupt gilt fertig oder nicht fertig mehr als gut oder schlecht . . . Ich habe mich aber des Gedankens der Fabrikmäßigkeit nicht enthalten können«[51], und G. G. Gervinus schrieb zur arbeitsteiligen Münchner Praxis, daß dadurch »in die Kunst ein Charakter des Fabrikmäßigen und Mechanischen kommt, der aller Phantasieschöpfung widerspricht . . . Statt daß auf die Schnelligkeit gezielt wird, warum nicht aufs Vollendete und langsam Gereifte? So entstehen Fabrikarbeiten, keine Meisterwerke«.[52] Der neoabsolutistische Monarch wirkte nur noch als Auftraggeber beliebig reproduzierter sinnentleerter Geschichtsformen, von den blutleeren konstruierten Fresken und Skulpturen bis zum »Mummenschanz«[53] und »steinernen Stilatlas«[54] der Architektur: Geschichte wurde angeordnet, hergestellt und fabrikmäßig produziert. Die Künstler wurden ihrer Arbeit entfremdet und nach Belieben des Unternehmers Ludwig in die Produktion eingesetzt, oder

43 Klenze, Mem. II, 4
44 Klenze, Mem. I, 131; vgl. Günther-Alexander Haltrich, Leo von Klenze – Die Allerheiligenhofkirche in München, MBM Heft 115, München 1983, bes. S. 38 ff. Die beliebten kunsthistorischen Konstruktionen eines übergreifenden »Programms« bei Ludwig erscheinen vor dem Hintergrund aller Baugenesen absurd
45 Klenze, Mem. II, 11
46 Klenze, Mem. I, 23
47 Klenze, Mem. III, 39, dort auch die folgenden beiden Zitate
48 Klenze, Mem. I, 213
49 zu Ludwigs seltsamem Liebesleben, das von seinen Historikern groteskerweise in einen Eros-Kult stilisiert wird, vgl. die detaillierten Angaben in Klenzes Memorabilien
50 Ernst Förster, Peter von Cornelius, Bd. 1, Berlin 1874, S. 413; vgl. zum Folgenden: Magdalena Droste, Das Fresko als Idee. Zur Geschichte öffentlicher Kunst im 19. Jahrhundert, Münster 1980, eine der wenigen kritischen und fundierten Arbeiten zu diesem Thema
51 Otto Stoessl, Moritz von Schwind, Briefe, Leipzig 1924, S. 59
52 G. G. Gervinus, Venetianische Briefe über neudeutsche und altitalienische Malerei, in: Blätter für literarische Unterhaltung 1839, S. 867 und 1195
53 Karl Immermann nach Reinhard Rürup, Deutschland im 19. Jahrhundert 1815 – 1871, Göttingen 1984, S. 153
54 Anton Springer, Kritische Gedanken über die Münchner Kunst, in: Jahrbücher der Gegenwart 1845, S. 1024–1031, Zitat S. 1025

ausgetauscht. So mußte Schwind Entwürfe für Hohenschwangau liefern, die andere ausführten, während er selbst wieder Schwanthalers Kompositionen umsetzen sollte: »Ich soll Gedanken haben und ein anderer soll sie ausführen. Zu so einer Narrheit kann ich mich nicht mehr herbeilassen«.[55] Die schematisierte Rasterbauweise Gärtners kam dieser Produktionsweise sehr entgegen, denn seine Architekturformen waren mit nur kleinen Varianten von der Kirche bis zum Gefängnis und von der Universität bis zur Kaserne beliebig zusammensetzbar. Bezeichnenderweise tauschten seine Schüler und Nachfolger wieder den Inhalt der Bauten aus und es entstand z.B. ein Bahnhof in der Form der Ludwigskirche.[56] Diese Produktionsweise kennzeichnet den Charakter von Ludwigs Kunstpolitik: es ging nicht um Kunst, sondern um die serienweise Erzeugung geschichtsträchtiger Mahnmale zur Dokumentation und Legitimation seiner Herrschaft. So usurpierte er die deutsche Kunst- und Geistesgeschichte sowie die nationale Einigungsbewegung, errichtete ihnen mit Walhalla, Befreiungs- und Ruhmeshalle Privatmausoleen und beanspruchte für sich die Nachfolge und Herrschaft über diese Geschichte, indem er frei über sie verfügte und nach seinen Vorstellungen auswählte und zusammensetzte. Die Wendung in die Geschichte war eine gezielte Abwendung von der Gegenwart, ein Ersticken zukunftsorientierter Freiheitsbewegungen durch Denkmalpflege, Freskenzyklen aus der Feudalzeit, Geschichtsmonumente und eine imperiale Prachtstraße. Daß im Zentrum der Kunstpolitik Ludwigs nur dieses Ziel stand, belegt am treffendsten ein Erlaß von 1826, in dem festgestellt wurde, »daß die Historie ein spezifisches Gegengewicht wider revolutionäre Neuerung und wider ungeduldiges Experimentiren sei – wer seinen Sinn ernst und würdig auf die Vergangenheit richte, sei nicht zu fürchten in der Gegenwart«.[57] Diese Befriedungs- und Unterdrückungsfunktion der Geschichte war umgekehrt den Zeitgenossen bewußt, die in Hambach dagegen aufbegehrten, »lebendigen Leibs auf das Kreuz der Geschichte genagelt zu werden«.[58] Der Freiheitskampf im Vormärz richtete sich deshalb gegen die »wüste Geschichtsnacht«, die das Leben erdrückte und die aus der Gegenwart keine moderne, sondern eine »modernde Zeit«[59] machte. In Bayern war davon allerdings kaum etwas zu hören, denn der von Ludwig organisierte Zensur-, Justiz- und Unterdrückungsterror erstickte jede Kritik.

In diesem Bezugsrahmen ist die Kunstpolitik Ludwigs verankert und an genau diesem Funktionszusammenhang setzte die außerbayerische zeitgenössische Kritik an der Münchner Kunst ein. Der von Ludwig initiierten Kunstproduktion fehlte »der Atem der Freiheit . . . die freie Kunst nimmt ihren Ursprung vom Volke und kehrt wieder zu diesem zurück«.[60] Die Münchner Kunst war dagegen eine »reine Privatangelegenheit, dem Volkssinne fremd . . . ein mit vieler Pracht angelegtes Raritätenkabinett«. Auch die Vergewaltigung von Kunst und Künstler unter den Willen Ludwigs lasen bereits die Zeitgenossen an den Ergebnissen ab: »Nie wurde der griechische Geist so sehr herabgewürdigt und gemißhandelt, als in dem man ihn zwang, das Gehäuse für ein Gipsfigurenkabinett abzugeben . . . auf solche Weise verewigt zu werden ist Schmach . . . Es gibt nichts Traurigeres als den Bilderzyklus von Heß in der Basilika. Was die Vergangenheit an Hohlem, Verfehltem, Gespreiztem aufbewahrt, ist hier in einem Raume vereinigt . . . welch unheimliches Gefühl, wenn man an den Wänden herumsieht und einen gemalten Unsinn um den anderen gewahrt . . . Besäßen wir eine höfische Poesie, sie könnte nicht schlimmer lügen als Schnorr«.[61] Die Kunst verkümmerte zur Illustration einer konstruierten nazarenischen Scheinwelt, eines »dynastischen Idealismus«[62] zur Pseudo-Legitimation und Repräsentation eines reaktionären Monarchen, dem es nur darauf ankam, seiner Herrschaft Monumente zu errichten. Das Volk sollte sich diesen Monumenten in Verehrung nähern, die Untertanenperspektive blieb immer gewahrt. Ludwigs Kunstpolitik verkehrte alle Ideale seit Aufklärung und Klassik von Volksbildung, Veredelung und Erziehung durch Kunst, oder Kunst für Alle in ihr Gegenteil.[63] Selbst das nazarenische Ideal einer öffentlichen Kunst und einer Wirkung auf die Nation wurde durch ihn pervertiert.[64]

Auf den seit dem 18. Jahrhundert diskutierten Zusammenhang zwischen Freiheit des Volkes und Entfaltung der Kunst verwies auch Jakob Burckhardt in seiner Kritik an der Münchner Kunst. Auch nach seiner Auffassung konnte aus einem geknechteten und politisch rechtlosen Volk kein Glauben an die Vergangenheit entstehen, denn »es genüge nicht, eine Geschichte gehabt zu haben, man müsse eine Geschichte, ein öffentliches Leben mitleben können, um eine Geschichtsmalerei zu

55 Otto Fischer (Hrsg.), Moritz von Schwind, Briefe und Bilder, Stuttgart 1923, S. 29

56 vgl. Cathleen Curren, Rundbogenstil Architecture in America, 1845–1870 and its German Antecedents, Ph. D. Dissertation Brown University, Pennsylvania 1986

57 Max Spindler (Hrsg.), Briefwechsel zwischen Ludwig I. von Bayern und Eduard von Schenk 1823–1841, München 1930, S. 377; vgl. dazu den Aufsatz von Norbert Götz in diesem Katalog

58 Siebenpfeiffer nach Ernst Bloch, Abschied von der Utopie, Frankfurt/Main 1980, S. 162;, vgl. zum größeren Zusammenhang W. Nerdinger, Historismus oder: von der Wahrheit der Kunst zum richtigen Stil, in: Ausst. Katalog Das Abenteuer der Ideen, Berlin 1984, S. 31–42

59 Ludolf Wienbarg, Ästhetische Feldzüge, zitiert nach Udo Köster, Literarischer Radikalismus. Zeitbewußtsein und Geschichtsphilosophie in der Entwicklung vom jungen Deutschland zur Hegelschen Linken, Frankfurt/Main 1973, S. 3

60 Springer, Gedanken (Anm. 54), S. 1024, dort auch folgendes Zitat

61 Springer, Gedanken (Anm. 54), S. 1032 ff.

62 vgl. Hans Joachim Neidhardt, Zur zeitgenössischen Kritik der Münchner Wandmalereien Julius Schnorrs von Carolsfeld (1794–1872), in: Jahrbuch der Staatlichen Kunstsammlungen Dresden 1967, S. 57–60, Zitat S. 58

63 vgl. z.B. Joseph Anton Koch, Moderne Kunstchronik, Leipzig und Weimar 1984, S. 126 f.

64 vgl. Droste, Fresko (Anm. 50), S. 29–66

schaffen.«[65] Genau diese Erkenntnis steckt auch in Gottfried Kellers ebenso treffender wie entlarvender Darstellung von Ludwigs Kunstpolitik. Im Grünen Heinrich schildert Keller das München Ludwigs als eine Stadt, in der die Bürger von der Kultur ausgeschlossen waren: »Königsburgen, Paläste, Theater, Kirchen bildeten große Gruppen zusammen, Gebäude von allen möglichen Bauarten, alle gleich neu, sah man hier vereinigt, während dort alte geschwärzte Kuppeln, Rat- und Bürgerhäuser einen schroffen Gegensatz machten«.[66] Die Münchner Künstlerschaft gestaltete im Roman ein rauschendes Fest, das vor und für den König abläuft. Die einzige öffentliche Erscheinung von Kunst ist somit ein Masken- und Kostümfest, eine Illusion für den Herrscher, der sich von den Künstlern bejubeln läßt. Diese Darstellung der illusionären unfreien Kunst in München findet ihr genaues Gegenstück am Ende des Romans mit der Schilderung einer wirklich öffentlichen, nationalen und freien Volkskunst in der Schweiz: Der grüne Heinrich geht über eine Brücke, deren Wände mit Malereien bedeckt sind, die »eine fortlaufende Geschichte und alle Tätigkeiten des Landes darstellen«. Beim Betrachten vermischt sich das lebendige Volk mit dem Gemalten, die Figuren treten ins Leben, das Leben tritt in die Kunst, und Keller erklärt: »Dies nennt man die Identität der Nation«.[67] Ludwigs Kunstpolitik basierte dagegen auf Unterdrückung und Ausbeutung und zielte nur auf Beweihräucherung und Verewigung eines Despoten.

Winfried Nerdinger

65 Jakob Burckhardt, in: Grenzboten Jg. III., 1885, S. 907
66 vgl. Gerhard Kaiser, Gottfried Keller – das gedichtete Leben, Frankfurt/Main 1981, S. 201 ff.
67 Gottfried Keller, Der grüne Heinrich, 1. Fassung, Frankfurt/Main 1961, S. 490 f.

Seit Nero keiner mehr

Die Ludwigstraße und die Stadtplanung Ludwigs I. für München

Am Beginn neuzeitlicher Stadtplanung in München stand die Entfestigung.[1] 1795 fiel das entscheidende Wort: Am 2. Juni dieses Jahres verkündete ein Reskript des Kurfürsten Karl Theodor, »daß München keine Vestung sey, seyn könne, noch seyn solle.«[2] Man muß an dieses Datum erinnern, denn als im Jahre 1799 Kurfürst Maximilian IV. durch Erbfall in München an die Regierung kam und mit ihm sein Sohn, der zukünftige König Ludwig I. als Kurprinz in die bayerische Landeshauptstadt einzog, war München auf seinem mittelalterlichen Grundriß noch nahezu vollständig von Mauern und Wällen eingeschlossen, war das Land vor der Altstadt für eine geordnete Besiedlung fast noch ungenutzt. Beinahe ängstlich klammerten sich die ersten, noch im letzten Jahrzehnt des 18. Jahrhunderts eingeleiteten Erweiterungsmaßnahmen an den alten Stadtkern und griffen über den Umfang der ehemaligen Befestigungslinien noch kaum hinaus.[3]

Doch seit 1806, seit der Erhebung Bayerns zum Königreich, änderten sich Ziel und Anspruch der Stadtplanung in München. Fortan bildete der Ausbau der Landeshauptstadt zum administrativen und kulturellen Mittelpunkt des Reiches und die repräsentative Darstellung der Monarchie die Zielsetzung eines großzügig angelegten Stadterweiterungsprogramms. Die Entwicklung Münchens zu einer der ersten Städte in Deutschland begann. Entscheidenden Anteil an diesem Werk hatte Ludwig I., der schon vor seiner Thronbesteigung hier eine politische Aufgabe sah, und sich auf ihre Erfüllung vorbereitet hatte. In Paris und Berlin, in Florenz und in Rom, wo immer Reisen und Feldzüge ihm Gelegenheit gaben, hatte er Planungen und Bauten aufmerksam studiert[4], hatte in den alten Metropolen Europas und in neuangelegten Städten[5] geprüft und registriert, was für die Neugestaltung Münchens vorbildlich werden könnte.[6] Im Jahre 1808 griff er, für uns zum ersten Mal erkennbar, aktiv in die Stadtplanung der bayerischen Landeshauptstadt ein.

Ein Entwurf des Kronprinzen für die Maxvorstadt?

Zu Beginn des Jahres 1808 hatte die staatlich bestellte Baukommission von München unter den hier ansässigen Fachleuten und Interessierten eine Idealkonkurrenz in Gang gebracht, durch die im offenen Austausch der Ideen ein Plan gefunden werden sollte, um im Nordwesten der Altstadt einen weiten Bezirk des städtischen Burgfriedens für die geordnete Besiedlung zu erschließen: es ging um die Gründung der späteren Maxvorstadt.[7] Unter den 17 Wettbewerbsbeiträgen, die bis zum Mai des Jahres eingereicht wurden, befand sich auch ein Blatt, das nach dem Planverzeichnis der Baukommission »durch Se. königl. Hochheit dem Kronprinzen eingesendet«[8] wurde. Dieser Plan läßt sich bisher nicht mit Sicherheit identifizieren. 1971 schrieb Margret Wanetschek eine in einem Exemplar unter anderem in der Münchner Lokalbaukommission erhaltene Zeichnung und eine dazugehörige Erläuterung[9] der Einsendung des Kronprinzen, wenn auch mit einem Fragezeichen, zu.[10] Man möchte ihr zustimmen, doch stellt sich hier ein Problem: Das in der Lokalbaukommission überlieferte Blatt trägt nicht die im Planverzeichnis bei der Einsendung des Kronprinzen vermerkte Kennziffer 19, sondern die Nummer 20, die nach der Liste einen Entwurf des Architekten Franz Thurn bezeichnen müßte. Ohne Zweifel stammen Plan und Erläuterung tatsächlich nicht aus der Feder des Thronfolgers selber. Wortwahl und Diktion des schriftlichen Teiles sprechen eindeutig dagegen. Dennoch gibt es gute Gründe, den Entwurf und die Begleitschrift nicht Franz Thurn, sondern der Einsendung des Kronprinzen zuzuschreiben und die abweichende Kennziffer dem Irrtum eines Kopisten anzulasten. Denn der mit der Nummer 19 bezeichnete Entwurf unterscheidet sich sowohl im Konzept, als auch in der Ausführung so sehr von zwei weiteren Wettbewerbsbeiträgen Thurns und darüberhinaus von allen anderen Arbeiten aus seiner Hand, daß die Zuschreibung an ihn ausgeschlossen scheint. Mehr noch, Thurn war Mitglied der Baukommission und vertrat in seinen Wettbewerbsbeiträgen auch deren Position. Nun aber weicht das fragliche Blatt so grundsätzlich von dem durch dieses Gremium vertretenen Planungskonzept ab, daß die Annahme berechtigt ist, der Verfasser habe nur als Außenseiter an dem Wettbewerb teilgenommen und wäre mit dem Stand und den Tendenzen der damaligen Münchner Stadtplanung nur unvollkommen vertraut gewesen.[11] Dagegen aber erscheint der fragliche Entwurf in vielen Punkten wie die Vorwegnahme jenes Bauprogramms,

1 Wesentliche Voraussetzungen für die von Ludwig I. während seiner Regierungszeit verwirklichten städtebaulichen Projekte wurden bereits während seiner Kronprinzenzeit geschaffen. Dieser Zeitraum wurde durch eine Ausstellung im Münchner Stadtmuseum zur »Architektur des Klassizismus in Bayern, Schwaben und Franken« im Jahre 1980 ausführlich dargestellt. Die damals im Katalog (im folgenden zit.: W. Nerdinger, Hrsg., Kat. Klassizismus) behandelten Themen müssen zum besseren Verständnis der in der Regierungszeit Ludwigs I. realisierten städtebaulichen Maßnahmen hier z.T. noch einmal aufgegriffen und resümiert werden.

2 Ka C 139. S. dazu: P. Grobe, Die Entfestigung Münchens, MBM 27, München 1970, S. 23

3 H. Lehmbruch, Aspekte der Stadtentwicklung Münchens 1775–1825, in: W. Nerdinger (Hrsg.), Kat. Klassizismus, S. 31 ff.; ders., Die Projekte Franz Thurns für die Bebauung des Maximiliansplatzes, ebd., S. 185 ff.

4 Für die »Lehrzeit« des Kronprinzen in Paris s.: M. Spindler, Kronprinz Ludwig von Bayern und Napoleon I., in: Erbe und Verpflichtung, München 1966, S. 232 ff. Berlin s. Anm. 76

5 Als die schönste ihm bekannte moderne Stadt betrachtete der Kronprinz die Neustadt von Triest. (H. Gollwitzer, Ludwig I. von Bayern, München 1986, S. 115)

6 S. dazu auch die in den Memoiren von Johann Nepomuk Ringseis festgehaltene, allerdings nicht allein auf Bauten und Bauvorhaben bezogene Beobachtung während einer Italienreise des Kronprinzen 1817/18: »Von früh bis spät war sein Geist beschäftigt, einzusammeln, zu ordnen und zu planen. Stets hatte er die Schreibtafel zur Hand und stets gedachte er des Vaterlandes, überlegend und besprechend, was für München, für Bayern brauchbar und förderlich sein könne«. (Zit. nach: L. Schrott, Biedermeier in München, München 1963, S. 47.)

7 Zum Folgenden: H. Lehmbruch, Der Wettbewerb für die Anlage der Maxvorstadt, in: W. Nerdinger (Hrsg.), Kat. Klassizismus, S. 199 ff.

8 BHStA GL 2781/1137

9 BHStA GL 2781/1137; StaM LBK 105/I

10 M. Wanetschek, Die Grünanlagen in der Stadtplanung Münchens von 1790–1860, MBM 35, München 1971, S. 174 ff. Dort Wiedergabe der Planerläuterung (s. Anm. 9)

11 Die mangelnde Vertrautheit des Planverfassers mit dem Stand der Stadtplanung in München wird vor allem an einigen peripheren Details des Entwurfs deutlich

das der Kronprinz in den folgenden Jahren, wenn auch in abgewandelter Form, in München zu verwirklichen begann. Daher ist sehr wohl denkbar, daß der Entwurf »durch Se. Hochheit dem Kronprinzen« inspiriert, zum mindesten aber gebilligt und »eingesendet« wurde.

Ziel und Resultat des Wettbewerbs war die Planung eines Straßensystems zur Erschließung und Bebauung des Vorstadtgeländes. Von dieser Zielsetzung, der sich alle anderen Wettbewerbsteilnehmer unterwarfen, weicht der vermutlich durch den Kronprinzen eingereichte Plan in charakteristischer Weise ab. Zwar gliedert auch hier ein Straßenraster das Planungsgebiet, doch nicht als abstraktes Grundmuster, als neutrales Bauliniensystem, sondern angelegt vorrangig in Funktion eines bestimmten Bauprogramms: Markthalle, Bildergalerie, Invalidenhaus mit Kirche und große Herrschaftshäuser, die zu »Cavaliers- und Gesandtenhäusern«[12] bestimmt sind, Gebäude also mit öffentlichen Funktionen. Ihre zum Teil großflächig ausgebreiteten Grundrisse bilden betonte Schwerpunkte im Straßenraster, dessen Hauptachsen auf die Bauten ausgerichtet sind. Hauptstraßen und -plätze tragen (wie sonst bei keinem anderen Wettbewerbsbeitrag) Benennungen, so vor allem Namen des königlichen Hauses, auch dies ein Hinweis, daß der Plan nicht als abstraktes, wertneutrales System, sondern als inhaltsbezogenes Konzept entworfen wurde, unbeschadet der Tatsache, daß die Anordnung des Straßennetzes unmittelbar von dem Bebauungsplan für die Maxvorstadt hergeleitet ist, den die Baukommission auf der Grundlage der Wettbewerbsbeiträge bis zum 13. April 1808 ausgearbeitet und dem Innenministerium zur Genehmigung zugeleitet hatte: Die Einsendung des Kronprinzen erfolgte erst nach Abschluß dieser Arbeit, stellt also zugleich ihre Kritik und Korrektur dar. Als verspäteter Nachtrag fand der Entwurf Nr. 19 keinen unmittelbaren Eingang mehr in das Planungsverfahren.[13] Einzelne Punkte des dort vorgeschlagenen Bauprogramms tauchten in späteren Diskussionen um die Errichtung öffentlicher Bauten in der neuen Vorstadt wieder auf;[14] darüberhinaus wurde die Benennung der Vorstadtstraßen nach dem königlichen Hause tatsächlich eingeführt.[15] Doch läßt sich beim derzeitigen Stand der Forschung nicht sagen, ob dafür die Einsendung des Kronprinzen maßgeblich war. Der Kronprinz hat die Fortschritte der Vorstadtanlage auch in den folgenden Jahren wohlwollend kritisch und fördernd begleitet. An den zentralen Plätzen sicherte er sich Baugrundstücke, um als Bauherr Niveau und Charakter dieser ersten modernen städtebaulichen Schöpfung in München mitzuprägen. So ließ er sich seit 1809 durch Carl von Fischer am Karolinenplatz ein Palais errichten[16], das er zwar nie selbst genutzt hat, das aber dennoch für den sozialen Status der Neugründung und darüber hinaus als Musterbau für benachbarte Planungen durchaus von Bedeutung war. Wichtiger aber für die zukünftige Stadtentwicklung, und zwar nicht nur in diesem Bereich, war jedoch sein Plan zur Errichtung eines Skulpturenmuseums am Königsplatz.[17] Der Planwettbewerb für dieses Projekt war der Anlaß für die Berufung Klenzes nach München und wurde auf diese Weise zum Anfang aller eigenständigen urbanistischen Leistungen Ludwigs I. für die Landeshauptstadt.

Die Berufung Klenzes

Bis zu diesem Zeitpunkt läßt sich das Interesse des Kronprinzen an der Stadtplanung in München zwar eindeutig belegen, doch ergeben die spärlichen diesbezüglichen Nachrichten kein klares Bild seiner städtebaulichen Vorstellungen. Das änderte sich im Augenblick der Berufung Klenzes im Jahre 1816. Jetzt erst gewannen die städtebaulichen Ambitionen des Thronfolgers ein erkennbares Ziel und seine Vorstellungen deutliche Konturen. Neue Planungen wurden in Angriff genommen und ihre Verwirklichung – gemessen zumal an dem zögernden Handeln der vorausgegangenen Jahre – energisch und mit Erfolg vorangetrieben. Über seine Begabung als Architekt und seine Kenntnisse als Theoretiker hinaus brachte Klenze auch seine Talente als Diplomat und Höfling, seine Fähigkeit als Organisator und sein Durchsetzungsvermögen in die Tätigkeit für seinen Auftraggeber ein. In enger, wenngleich nicht immer ungetrübter Zusammenarbeit mit dem Architekten schuf Ludwig I. noch vor seiner Thronbesteigung die wesentlichen Fakten, die bis zu seiner Abdankung, und zwar noch über die Mitwirkung Klenzes hinaus, die Grundlagen für sein Handeln als Städtebauer in München bildeten. Dem Thronfolger eröffnete sich hier ein Gebiet, auf dem er seine Regierungstalente erproben konnte, ohne wie in anderen politischen Angelegenheiten den Konflikt mit dem

12 Aus der Planerläuterung (s. Anm. 9)

13 Die Einsendung des Kronprinzen erfolgte zwischen der Vorlage des Baukommissionsplanes an das Innenministerium am 13.4.1808 und der Weiterleitung sämtlicher Entwürfe zur Begutachtung an die Akademie der bildenden Künste am 10.5. des Jahres. (BHStA GL 2781/1137; StaM LBK 105/I)

14 So u.a. im Jahr 1809 der Plan für ein Invalidenhaus (KA AXX 81), ein Gebäude, das zuletzt noch der Kronprinz neben der Glyptothek und der Walhalla in einen 1814 ausgeschriebenen Planwettbewerb aufnahm. (W. v. Pölnitz, Ludwig I. von Bayern und Johann Martin Wagner, München 1979, S. 88f.)

15 Die Straßenbenennungen nach dem königlichen Hause war seit spätestens 1810 in Gebrauch (BHStA GL 2780/1120) und wurden durch Entschließung vom 1.12.1812 sanktioniert. (BHStA GL 2781/1137)

16 W. Nerdinger, Törring-(Kronprinzen) Palais, in: W. Nerdinger (Hrsg.), Kat. Klassizismus, S. 212ff.; W. Nerdinger u. F. Zimmermann, Kronprinzen-Palais, Karolinenplatz 4, in: W. Nerdinger (Hrsg.), Kat. Carl v. Fischer, München 1983, S. 116ff.

17 B.-R. Schwahn, Die Glyptothek in München, MBM 83, München 1983; G. Leinz, Baugeschichte der Glyptothek 1806–1830, in: K. Vierneisel u. G. Leinz (Hrsg.), Kat. Glyptothek 1830–1980, München 1980, S. 90ff.; E. Bergmann, Der Königsplatz – Forum und Denkmal, ebd., S. 296ff.

regierenden Monarchen, seinem Vater, und dem Minister Montgelas zu provozieren. Für den Kronprinzen und seinen Architekten waren die Jahre bis zur Thronbesteigung Ludwigs I. zugleich eine Lehrzeit auf dem Gebiet der Stadtplanung; Fehler wurden gemacht und mußten korrigiert, allzu hochgesteckte Ziele den Realitäten des Alltags angepaßt werden. Klenze mußte vor allem lernen, eigene Ambitionen den Zielen und Wünschen seines Auftraggebers unterzuordnen, so sehr sie ihm auch zuweilen als bloße Launen eines Dilettanten scheinen mochten.[18] Der Zeitpunkt der Berufung Klenzes war den städtebaulichen Ambitionen des Kronprinzen in mehrfacher Hinsicht günstig. Durch die Niederwerfung Napoleons und durch die Beschlüsse des Wiener Kongresses war der Friede in Europa wiedergewonnen, begann damit auch in Bayern ein Prozeß der politischen und wirtschaftlichen Konsolidierung, der staatliche und private Kräfte und Mittel für neue Aufgaben, so auch im Bauwesen und in der Stadtplanung freisetzte. Der Sturz von Montgelas im Jahr 1817 und der Erlaß einer neuen Verfassung für Bayern im darauffolgenden Jahr gaben dem Thronfolger die Möglichkeit, den hohen Rang, den er dem Bauwesen im Königreich und besonders der Stadtplanung in der Landeshauptstadt im staatlichen Handeln beimaß, gesetzlich zu verankern, und zugleich Klenze als seinen Vertrauensmann in die Schlüsselpositionen der staatlichen Bauverwaltung zu bringen. So weit sie das staatliche Bauwesen in Bayern betrafen, wurden die Durchführungsgesetze zu der neuen Verfassung im Sinne des Kronprinzen von Klenze redigiert.[19] Zwar gaben sie der Münchner Stadtgemeinde einen Teil ihrer Selbstverwaltung wieder zurück, die ihr im Sinne staatlichen Zentralismus' unter dem Ministerium Montgelas entzogen worden war, darunter auch Kompetenzen in der örtlichen Bauverwaltung. Ausdrücklich ausgenommen war jedoch die Stadtplanung in der Landeshauptstadt, die als Angelegenheit von hohem staatspolitischen Interesse dem Innenministerium untergeordnet blieb. Der neu installierten städtischen Baukommission wurden hier lediglich nachgeordnete Aufgaben übertragen, so vor allem die Überwachung der privaten Bautätigkeit, und selbst in diesem Punkt blieb sie der Aufsicht der staatlichen Mittelbehörde, der Regierung des Isarkreises, unterworfen.[20] Zum Leiter des staatlichen Bauwesens als Oberbaukommissar im Innenministerium wurde 1818 Klenze bestellt[21], dem solchermaßen die Kompetenz für die Stadtplanung in München übertragen wurde, und der in diesem Amt als Agent seines Protektors handelte. Im gleichen Jahr löste er auch den Hofbauintendanten Andreas Gärtner in seinem Amte ab[22] und besetzte damit die beiden höchsten Positionen, die der Staat und der königliche Hof in jenen Jahren auf dem Gebiet des Bauwesens zu vergeben hatte.

Unabhängig von der Einflußnahme des Kronprinzen machten Überalterung und Tod die Neubesetzung der beiden Ämter notwendig. Auch ohne sein Zutun war hier ein Generationswechsel überfällig. Das Amt des Oberbaukommissars im Innenministerium, seit 1810 durch Emanuel Joseph von Herigoyen besetzt, wurde 1817 durch den Tod des Amtsinhabers frei[23], so daß Klenze diesen Posten, wenn auch nicht ohne Gegenbewerbungen und nicht ohne neidische Kommentare eingesessener Konkurrenten[24], ohne weiteres besetzen konnte. Das Amt des Hofbauintendanten übernahm Klenze zwar schon zu Lebzeiten seines Vorgängers; doch war Andreas Gärtner zu diesem Zeitpunkt bereits 74 Jahre alt, ein verbrauchter Mann, der sein Amt seit langem nur noch lustlos und unzulänglich verwaltete. Auch als Künstler war er ausgebrannt, ohne Ideen und von der Entwicklung schon lange überholt. Seine längst fällige Pensionierung wurde durch den Kronprinzen zugunsten Klenzes lediglich beschleunigt.[25] Auch im engeren Kreis der Münchner Stadtplaner zeichnete sich schon vor der Berufung Klenzes an übergeordnete Stelle ein Generationswechsel ab. Zwar galt zur Zeit seiner Ankunft in München noch Ludwig von Sckell als führende Persönlichkeit und als Inspirator aller großen städtebaulichen Projekte.[26] Seine Ideen hatten seit 1808 der Stadtentwicklung Münchens entscheidende Impulse gegeben, die weit über seine Lebenszeit hinaus noch wirksam bleiben sollten.[27] Um 1818 jedoch war der Rückzug des 68jährigen aus seiner führenden Position bereits eingeleitet: Im Jahr 1816 hatte die Baukommission die Vollendung eines Generalplans für das gesamte Stadtgebiet von München und zugleich die Revision der ersten beiden Teilentwürfe übernommen, die Sckell schon zwischen 1810 und 1812 ausgearbeitet hatte.[28] Aufbauend auf seiner Vorarbeit leisteten jüngere Architekten, unter ihnen Klenze, die Planungsarbeit und setzten von nun an in der Stadtentwicklung Münchens neue, eigene Akzente. Sckell blieb als Berater und

18 S. dazu u.a. die von B.-R. Schwahn (s. Anm. 17, S. 67, 76f. u. 118ff.) zitierten Auszüge aus den Memoiren Klenzes
19 BHStA MInn 41076; OBB 11409
20 J. Wiedenhofer, Die bauliche Entwicklung Münchens, München 1916, S. 97f.
21 BHStA MInn 41076; OBB 7530
22 BHStA OBB 4250; 4264; 7530
23 H. Reidel, Emanuel Joseph von Herigoyen, München u. Zürich 1982, S. 18ff. u. 272ff.
24 So besonders von Seiten des Architekten Gustav Vorherr, der nach dem Tode Herigoyens vorübergehend dessen Amt verwaltete und sich Hoffnung auf die Nachfolge gemacht hatte. (BHStA MInn 41076; OBB 7676)
25 S. dazu besonders die vernichtende Kritik, die der Referent im Finanzministerium v. Plank an der Amtsführung Gärtners übte. (BHStA OBB 4250 Memorandum vom 20.7.1818 zur Neuorganisation der Hofbauintendanz)
26 So riet der Kronprinz noch in einem Schreiben vom 31.7.1816 Leo von Klenze, »vorzüglich sich aber an Sckell zu halten, der zur Verschönerung Münchens [...] von bedeutendem Nutzen sein kann«. (Zit. nach L. Schrott, Biedermeier in München, München 1963, S. 86f.)
27 H. Lehmbruch, Aspekte (s. Anm. 3), S. 33f.
28 BHStA GL 2753/933; 2781/1136

Koordinator der Arbeit ganz im Hintergrund.[29] Der 1818 mit beschränkten Kompetenzen neu installierten städtischen Baukommission gehörte er nicht mehr an; er zog sich auf sein Amt als Hofgartenintendant zurück, dem er seit 1804 in München vorstand.

Als einziges wirkliches Opfer der Personalpolitik des Kronprinzen erscheint in jenen Jahren Carl von Fischer. Er war ein Generationsgenosse von Klenze[30] und konnte bis zu dessen Berufung hoffen, in dem Thronfolger einen Förderer und Mäzen gefunden zu haben. Wie kaum ein anderer schien er durch sein überragendes Talent und durch seine Bildung dazu prädestiniert, diesem Bauherrn zu dienen. Tatsächlich hatte Ludwig in der ihm eigenen Spontanität und »Zutraulichkeit«[31] Künstlern gegenüber sich Fischer genähert und seine Talente als Entwerfer und Architekt seit seiner Berufung nach München im Jahre 1808 immer wieder in Anspruch genommen. Mit der Ankunft Klenzes brach die Zusammenarbeit unwiderruflich ab. Es stellt sich die Frage nach der Ursache für den Sinneswandel des Kronprinzen, der durch äußerliche Einflüsse allein nicht befriedigend zu erklären ist. Zieht man Intrigen oder mögliche politische Implikationen[32] und andere Nebenumstände von dem Geschehen ab, bleiben Gründe, die in der Person Fischers und in seinem Werk selber lagen, und die ihn gegenüber Klenze in den Augen Ludwigs für die Durchsetzung seiner ehrgeizigen städtebaulichen Ziele wohl als den weniger Geeigneten erscheinen ließen. Dabei mag der zuvorkommende und nachgiebige Charakter Fischers, wie er durch seine Zeitgenossen überliefert ist[33], eine Rolle gespielt haben. Für ein erfolgreiches Wirken als Architekt und Stadtplaner im Auftrag des Kronprinzen, nicht minder als Leiter des staatlichen Bauwesens, waren Härte und Durchsetzungsvermögen unerläßlich, die er wahrscheinlich nicht besaß. Klenze dagegen hatte diese Eigenschaften, und er scheute sich nicht, sich unbeliebt zu machen, um die Wünsche und Pläne seines Auftraggebers durchzusetzen.

Schwerer jedoch wog vermutlich, daß in künstlerischen und besonders in städtebaulichen Fragen zwischen der Auffassung des Kronprinzen und Fischers unüberbrückbare Gegensätze zutage traten. Fischer hatte seine Ausbildung als Architekt erst in München, dann in Wien durch Maximilian von Verschaffelt und Ferdinand von Hohenberg erhalten, beides Vertreter eines barock gefärbten frühen Klassizismus. Zwar hatte er in der Begegnung mit jüngeren, modernen Architekten seinen Stil weiterentwickelt;[34] dennoch blieb barockes Gedankengut in seinem Schaffen stets präsent. Aufschlußreich für diese Affinität sind besonders die Aufzeichnungen von einer ausgedehnten Reise durch Frankreich und Italien (1806/08), auf der Fischer vor seinem Antritt in München seine Schulung ergänzte: In Paris und sonst in Frankreich interessierten ihn nach Ausweis seiner Reiseskizzen vorrangig die Bauten des 17. und 18. Jahrhunderts und der strenge Barock französischer Prägung. Für die Architektur der eigenen Zeit blieb sein Interesse erstaunlich gering.[35] Diese Grundhaltung prägte auch den Stil seines in München geschaffenen Werkes. Es schöpfte seine Kraft und Qualität aus einer Epoche, die dem Kronprinzen, der trotz seines historischen Interesses in seinen Bauunternehmungen neuen Entwicklungen stets aufgeschlossen war, um 1815 vermutlich unmodern und überholt erscheinen mochte.

Schärfer noch als in der Architektur trat der Gegensatz zwischen der Auffassung Ludwigs und Fischers in der Stadtbaukunst zutage. Fischer hatte in enger Zusammenarbeit mit Sckell durch seine Bauten den Charakter der Maxvorstadt als durchgrünte Stadtlandschaft entscheidend geprägt. Als Solitärbauten waren seine Architekturen in weitläufige Gartengrundstücke gebettet. Sie brauchten den Abstand und die gestaltete Natur für ihre Wirkung. Erinnerungen an die Trabantenstadt barocker Tradition waren eine der Quellen seines urbanistischen Konzeptes. Das städtebauliche Leitbild des Kronprinzen, wie es sich aus den bruchstückhaften Nachrichten der frühen Jahre, dann aber vor allem aus dem seit der Berufung Klenzes Geplanten und Geschaffenen ablesen läßt, war dagegen durch das geschlossene Stadtbild und die verdichtete Struktur der großen Metropolen Europas wesentlich bestimmt. Dem Zusammenspiel von Natur und Architektur kam in diesem Konzept nur eine untergeordnete Rolle zu.

Klenze dagegen, obwohl nur zwei Jahre jünger als Fischer[36], mochte dem Kronprinzen als Vertreter einer neuen Generation und als Architekt auf der Höhe seiner Zeit erscheinen. Klenze hatte seine Ausbildung in Berlin begonnen und bei Aufenthalten in Paris und in Italien vertieft.[37] Seine Vorbilder hatte er in den

29 StaM LBK 108. Zur Mitwirkung Klenzes s. auch: GHA Nachl. Ludwig I. I A 36 I Schreiben Klenzes vom 3.5.1816

30 Fischer: 1782–1820; Klenze: 1784–1864

31 Fischer in einem Schreiben an G. Moller vom 5.5.1810. (Zit. in: W. Nerdinger (Hrsg.), Kat. Carl v. Fischer, München 1982, S. 182, Dokument V.)

32 S. dazu: W. Nerdinger, Carl von Fischer – Architekt zwischen Reform und Restauration, in: W. Nerdinger (Hrsg.), Kat. Carl v. Fischer, München 1982, S. 10

33 A. Baumgartner, Auszug aus dem Ehrengedächtnis für den verlebten Herrn Baurath Fischer, München 1820. S. auch: W. Nerdinger (s. Anm. 32), S. 13

34 I. Springorum-Kleiner, Karl von Fischer 1782–1820, hg. von W. Nerdinger, MBM 105, München 1982, S. 8ff.

35 W. Nerdinger (Hrsg.), Kat. Carl v. Fischer, München 1982, S. 171ff.: Dokument IV, Reisetagebuch Fischers, ferner die Kat.Nr. 1 bis 2.5

36 S. Anm. 30

37 Dazu zuletzt: A. v. Buttlar, Klenze in Kassel, in: Münchner Jahrbuch der bildenden Kunst 1986. Dort auch das Folgende. (Bei Abschluß dieser Arbeit noch nicht erschienen. Konrad Renger danke ich für die Möglichkeit zur Einsicht in die Fahnenabzüge.)

führenden Köpfen der Pariser Schule, damals die Vorhut der modernen Architektur, gefunden; von ihren Werken und Publikationen war sein eigenes Schaffen geprägt. Bei einem ihrer Meister, Auguste Grandjean de Montigny, hatte er in Kassel am Hof des Königs Jérôme von Westfalen (1808/13) die Baupraxis in allen ihren Zweigen von Grund auf gelernt und sich als Architekt und Dekorateur, als Höfling und als Organisator, darüber hinaus auch als Stadtplaner schulen und bewähren können: »Organisatorisch und planerisch war Klenze mit fast allen Bauaufgaben befaßt, die er später in München zu lösen hatte: Theater und Geschäftshaus, Konzertsaal, Militärakademie, Reithalle und Marstall, Krongut und Residenz, Straßen- und Brückenbau, nicht zuletzt mit dem repräsentativen Wohnbau in einer neu angelegten Prachtstraße.«[38] Aus dieser Sicht erscheint es als eine wohldurchdachte Entscheidung, daß der Kronprinz, der für die Hauptstadt des Reiches den Anschluß an die Moderne und an die Spitze des Fortschritts suchte und der einen Partner brauchte, der in der Lage war, die Vorstellungen seines Auftraggebers in konkrete Planungen umzusetzen und energisch voranzutreiben, Klenze nach München holte und auf die Mitarbeit Fischers verzichtete. Trotz mancher Differenzen in Einzeldingen teilte Ludwig mit Klenze grundsätzliche Überzeugungen in Architektur und Städtebau. Die Übereinstimmung blieb nicht von Dauer. Gut zehn Jahre nach Fischers Ablösung, als dem König auch die Baukunst Klenzes nicht mehr auf der Höhe der geforderten Leistung schien, mußte auch er erfahren, daß Ludwig I. sich über alle persönliche Loyalität hinwegsetzte und ihn abberief aus der Ludwigstraße, um das begonnene Werk in die Hände Friedrich Gärtners als dem moderneren Architekten zu legen.

Planungen für die Landeshauptstadt

Das neue München, dem Ludwig I. mit seinen Architekten Gestalt gab, hatte seinen städtebaulichen Schwerpunkt in dem durch die Brienner- und die Ludwigstraße eingegrenzten Bereich der Maxvorstadt. Daneben bildete der Ausbau der königlichen Residenz eine Aufgabe von vergleichbarem städtebaulichen Rang.[39] Mit der Neugestaltung ihrer unmittelbaren Umgebung im Süden und im Osten griff dieses Vorhaben weit in den Altstadtgrundriß ein und stand zugleich durch die Errichtung des Festsaalbaus als dem neuen Residenzflügel im Norden sowie durch die Erneuerung der angrenzenden Hofgartenumbauung mit den städtebaulichen Vorhaben im Nordwesten der Altstadt und zumal mit der Anlage des Odeonsplatzes und der Ludwigstraße unmittelbar im Zusammenhang. Gemessen an der Konzentration der Baumaßnahmen in diesen Bereichen blieben die Realisationen des Königs in den anderen Teilen des Stadtgebietes von untergeordnetem Umfang. Zwar war der König, sei es unmittelbar durch persönliche Intervention, sei es indirekt durch Klenze als dem obersten Baubeamten des Staates, auch im Alltag der Stadtplanung in München jederzeit und an jedem Ort präsent. Dennoch erscheinen die unmittelbar auf seine Anregung und durch seine Förderung im weiteren Stadtgebiet ausgeführten städtebaulichen Maßnahmen und Bauvorhaben heute als isolierte Projekte ohne übergreifenden Zusammenhang. Der Eindruck täuscht: Zahlreiche Hinweise deuten darauf hin, daß Ludwig I., seit er sich als Kronprinz die Neugestaltung der Landeshauptstadt zur Aufgabe gemacht hatte, stets den Gesamtraum Münchens vor Augen hatte. Die Forschung steht hier noch am Anfang: nur andeutungsweise und mit aller gebotenen Vorsicht soll an dieser Stelle auf diesen Aspekt des städtebaulichen Wirkens Ludwigs I. wenigstens hingewiesen werden.

Bedeutsam erscheint hier vor allem der vom Kronprinzen offenbar schon seit 1816 mit Klenze erörterte Plan, das Wachstum der Stadt in den durch die Entfestigung gewonnenen Erweiterungsgebieten im Vorfeld des alten Münchens durch Wall und Graben einzudämmen.[40] Von neuem sollten die offenen Grenzen der erweiterten Stadt geschlossen und die Verbindungen zur Außenwelt auf wenige Tore beschränkt werden. Die Möglichkeiten für eine strengere Überwachung des Personen- und Warenverkehrs spielte bei diesen Überlegungen eine Rolle: Unübersehbar sind die Parallelen zu den in Paris und in Berlin im letzten Viertel des 18. Jahrhunderts um die Außenbezirke aufgeführten Zollmauern. Unmittelbares Vorbild für das Münchner Projekt war der Linienwall von Wien, der seit dem Anfang jenes Jahrhunderts als vorgeschobene Grenz- und Verteidigungslinie um die Vorstädte der österreichischen Hauptstadt aufgeworfen war. Wesentlicher aber erscheint die für das Stadtbild Münchens angestrebte Wirkung des Vorhabens, das

38 S. Anm. 37
39 S. dazu Kat.Nr. 34–36
40 BHStA MInn 57913. S. auch M. Wanetschek (s. Anm. 10), S. 88f.

sich in Rückbesinnung auf den Gestaltwert der geschlossenen Stadt und ihre gesammelte, verdichtete Figur unmittelbar gegen die von Sckell und Fischer entworfene Stadterweiterung durch weitläufig angelegte Vorstädte richtete, in denen sich Architektur und landschaftliche Elemente mischten. Das Projekt zur Neubefestigung Münchens sollte ihrer Ausbreitung Grenzen setzen und· die Bebauung auf fest umschriebenem Grundriß zusammenhalten und verdichten. Die Pläne wurden von Klenze bis zur Baureife ausgearbeitet und von König Maximilian I. durch Reskript vom 7. September 1824 zur Ausführung genehmigt.[41] Sie scheiterten aus finanziellen Gründen, mehr aber noch, weil das Wachstum der Stadt durch Wall und Graben nicht mehr einzudämmen war. Als späte Realisationen sind um die Jahrhundertmitte aus diesem Vorhaben lediglich im Norden des neuen Münchens das Siegestor am Ende der Ludwigstraße und im Westen die Propyläen am Königsplatz hervorgegangen.

Das Projekt zur Stadtumwallung und für die Errichtung neuer, monumentaler Stadtportale umfaßte den gesamten Umkreis des erweiterten Stadtgebiets und es gibt Hinweise, daß der Kronprinz über dieses Vorhaben hinaus in jenen Jahren plante, das Stadtbild Münchens im weiten Umgriff prägend zu gestalten. Auf den Höhenlinien im Westen und Osten des Burgfriedens sollten markante Bauwerke die Häusermasse in der Ebene dominieren und am Rande des hauptstädtischen Siedlungsraumes die Scheide zur Kulturlandschaft der weiteren Umgebung bilden. Zu diesen Projekten läßt sich ein Plan des Thronfolgers für ein Palais zählen, für die »Theresienburg«, auf der Höhe über der Oktoberfestwiese[42], damals noch weit außerhalb der Stadt im Südwesten Münchens. Durch den Bau der Ruhmeshalle am gleichen Ort fand dieses Projekt seine Fortsetzung und Vollendung.[43] Dagegen blieb die Absicht Ludwigs unerfüllt, auch die Höhenlinie im Osten der Stadt, den Steilhang über dem jenseitigen Ufer der Isar durch Großbauten und durch Parkanlagen in das Stadtbild Münchens einzubeziehen. Hier, auf dem Hochufer, war unter anderem im Wechsel ihrer Standortbestimmungen der Bau der Walhalla und ihre Einbettung in einen Eichenhain geplant (1817) und wieder verworfen worden.[44] Hier sollte die Neue Pinakothek errichtet werden (1843/44), ehe für dieses Bauwerk in der Maxvorstadt ein anderer Standort gewählt wurde.[45] Und hier, auf der Höhe des Gasteigs, sollte nach dem Wunsch des Kronprinzen die östliche Einfahrt der Stadt durch eine monumentale Ehrenpforte aus Marmor nach griechisch-antikem Muster prachtvoll gestaltet werden (1817).[46] Mit diesem Plan hing vermutlich auch ein Projekt Klenzes zur Veränderung der Verkehrsführung im Osten der Altstadt zusammen, das er gleichzeitig mit mehreren Vorschlägen für den Standort einer neuen Isarbrücke etwa um 1820 vorlegte. Das alte Bauwerk war 1813 bei einem Hochwasser zerstört und nur durch eine Notkonstruktion ersetzt worden, die nun von einem festen Neubau abgelöst werden sollte. Auch andere Planer beschäftigten sich mit dieser Aufgabe.[47] Klenze selber legte einen Plan mit drei Varianten für den Standort der Brücke und dementsprechend für die Führung der Ausfallstraße vom Isartor bis über den Fluß vor.[48] Am weitesten ging der Vorschlag, unter Abbruch des mittelalterlichen Torbaus die ausgemittelte Achse der vom Marienplatz nach Osten führenden Altstadtstraße, das Tal, geradlinig durch die Isarvorstadt bis auf das rechte Hochufer zu verlängern, wo sie bei der kleinen Nikolaikirche münden würde. Entsprechend der vom Marienplatz nach Norden gerichteten Blickschneise in die Ludwigstraße sollte also auch nach Osten eine weit in die Ferne gerichtete Straßenperspektive vom Zentrum der Stadt ausstrahlen: Ansatz zur Bildung eines Achsenkreuzes, das sich auch nach Süden und Westen erstrecken und der städtebaulichen Neuordnung des gesamten Stadtgebietes zum Rückgrat dienen sollte?

Wenn es so geplant war, dann hatte auch dieser Ansatz zu übergreifenden städtebaulichen Maßnahmen Ludwigs I. in der Landeshauptstadt keine konkreten Folgen. Zwar besaß der König die Autorität und Klenze als Leiter der Münchner Stadtplanung die Handlungsvollmacht, die längst fällige Sanierung der alten Stadtviertel durchzuführen und durch einen gleichmäßig gewichteten Erweiterungsplan die städtebauliche und soziale Struktur des Großraums von München schöpferisch zu gestalten und für zukünftige Entwicklungen vorzubereiten. Doch obwohl durch den seit 1818 im wesentlichen vollendeten Generalplan der Münchner Baukommission, der sowohl die Altstadt als auch die Erweiterungsgebiete bis über die Burgfriedensgrenze hinaus umfaßte, ein brauchbares Instrument für ein solches Vorhaben bereits vorlag, überließ der König weite Bereiche des städtischen Sied-

41 BHStA MInn 57913

42 Eos 1826, S. 643; Allgem. Bauzeitung 1836, S. 208. Klenze hatte 1817 die Errichtung der Walhalla u. a. an diesem Standort vorgeschlagen. (R. Stolz, die Walhalla, Diss. Köln S. 30 f.)

43 S. dazu Kat.Nr. 19

44 R. Stolz (s. Anm. 42), S. 30 f.

45 W. Mittlmeier, Die Neue Pinakothek in München, München 1977, S. 15 f. u. 31. S. dazu auch Kat.Nr. 114

46 Schreiben des Kronprinzen an Klenze vom 17.7.1817, zit. in: L. Schrott, Biedermeier in München, München 1963, S. 88

47 B. Rehfus, Die Ludwigsbrücke, in: W. Nerdinger (Hrsg.), Kat. Klassizismus, S. 127 ff.

48 BHStA PlSlg 14442

Leo von Klenze, Entwurf für die Anlage des Odeonsplatzes und der südlichen Ludwig-straße, 1816, SGSM Inv.Nr. 26654

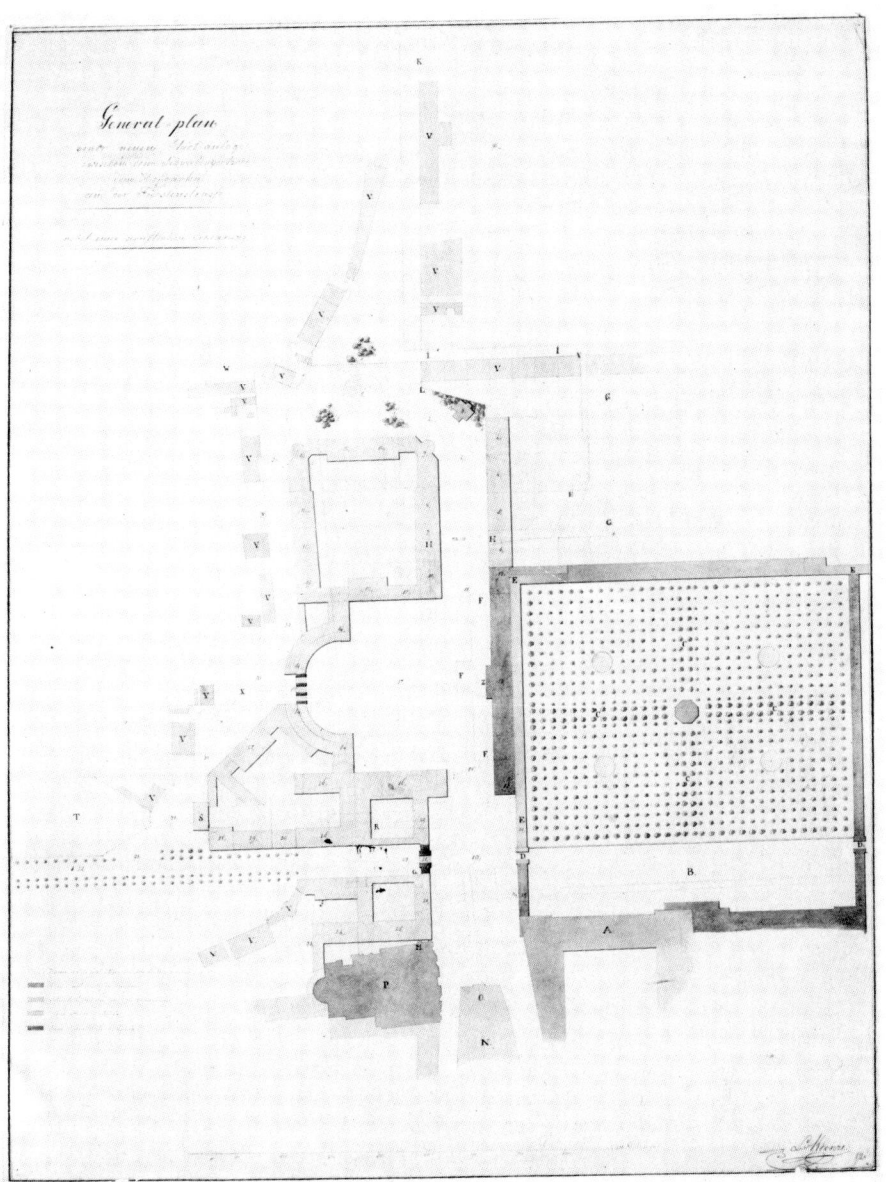

lungsraumes dem durch die Gesetze auf die kleinliche Routine des baupolizeilichen Alltags weitgehend eingeschränkten Wirkungsfeld der städtischen Baukommission, um seine Kräfte und Mittel fast ausschließlich auf die Neugestaltung der Residenz und ihres Umfeldes und auf die städtebaulichen Unternehmungen in ihrer unmittelbaren Nachbarschaft im nordwestlichen Vorfeld der Altstadt zu konzentrieren, für dessen planerische Erschließung Ludwig von Sckell und Carl von Fischer seit 1808 die entscheidende Vorarbeit geleistet hatten. Aus ihren Händen übernahm Klenze im Jahre 1816 das begonnene Werk, um es im Sinne seines Auftraggebers umzuformen und zu vollenden.

Die neue Stadtanlage vor dem Schwabinger Tor
Rückgrat der seit 1816 einsetzenden Planungen und Maßnahmen waren die beiden Hauptverkehrsachsen in dem Neubaugebiet: Die von Westen durch die Maxvorstadt zum Schwabinger Tor führende ehemalige Nymphenburger Landstraße, die heutige Brienner Straße, sowie die alte Schwabinger Landstraße, die als Vorläufer der heutigen Ludwigstraße am östlichen Rande des Vorstadtgebietes von Norden her auf das Schwabinger Tor zielte, wo sie vor dem Eingang zur Altstadt mit der Straße von Westen zusammenfloß. Auf der Achse der heutigen Brienner Straße

23

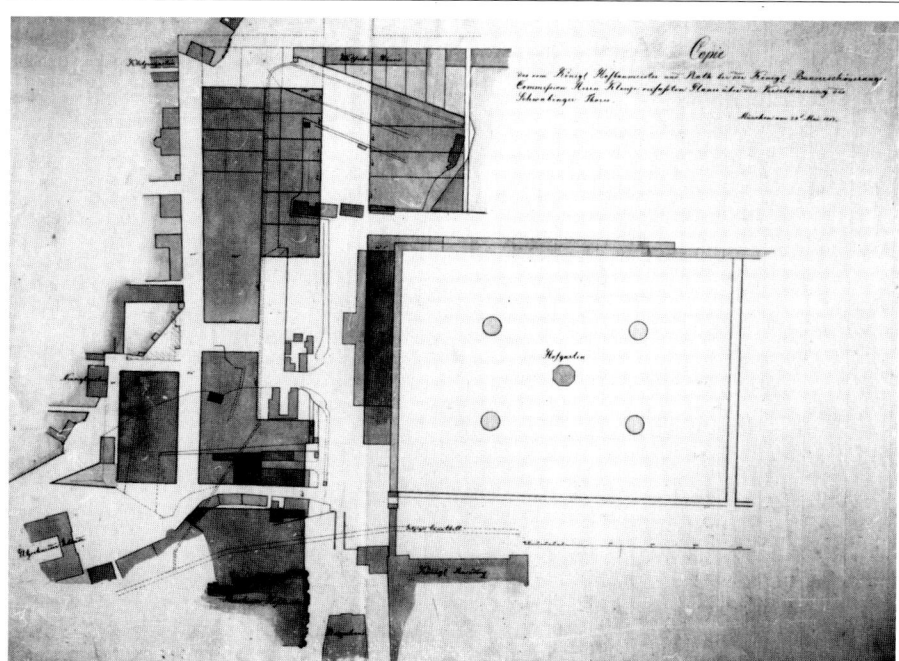

Leo von Klenze, Entwurf für die Anlage des Odeonsplatzes und der südlichen Ludwigstraße, 1817, BHStA Planslg. 12517

bildete der Königsplatz den zentralen Ort der Maxvorstadt. Um ihn konzentrierten sich die ersten Bauunternehmen des Thronfolgers; hier war auch der Ausgangspunkt für das Werk Klenzes in München. Als er 1816 die Planung für diesen Bereich übernahm, war der Königsplatz in seiner Situation und in seinen Abmessungen bereits festgelegt, seine architektonische Fassung hatte in groben Umrissen durch einen 1812 von der Baukommission aufgestellten Bebauungsplan schon Gestalt gewonnen.[49] Die alte Nymphenburger Landstraße war seit diesem Jahr auf begradigter und erweiterter Trasse durchgängig ausgebaut, der Grundbesitz durch die Baukommission in einem Umlegungsverfahren auf die neue Straßenlinie ausgerichtet und eine Reihe neuer Wohngebäude bereits erstellt. Wesentliche Fakten waren hier also schon festgelegt; einschneidende Änderungen kaum mehr möglich. Die städtebauliche Intervention Klenzes nahm das vorgegebene Grundmuster zum Ausgangspunkt, um es zu korrigieren, weiterzuentwickeln und dadurch neu zu interpretieren.[50] Dagegen war das Gelände zu Füßen der Residenz und der Theatinerkirche unmittelbar vor dem Schwabinger Tor bis 1816 von konkreten städtebaulichen Maßnahmen noch weitgehend unberührt. Hier ließen sich neue Ideen von Grund auf entwickeln und realisieren. Dennoch bildete auch die an dieser Stelle unter Förderung Ludwigs geschaffene Vorstadtanlage nur den Schlußpunkt einer langen, bis in das 18. Jahrhundert zurückreichende Reihe von Planungen, die Klenze auch hier zum Ausgangspunkt der eigenen Arbeit nahm.[51] Als sein unmittelbarer Vorgänger hatte Ludwig von Sckell in jüngerer Zeit die Grundlagen einer Neuordnung des Gebietes in einem Entwurf überzeugend dargestellt, der als zentrales Anliegen die städtebauliche Aufwertung der Residenz zum Thema hatte. Als unregelmäßiges Konglomerat von Bauten und Höfen verschiedener Bauperioden lag die Münchner Residenz in unmittelbarer Nachbarschaft des Schwabinger Tores und im Schatten der Theatinerkirche in einem toten Winkel des mittelalterlichen Stadtgrundrisses. Damit ihre Bedeutung als Sitz des Herrschers und als repräsentativer Mittelpunkt des jungen Königreiches auch im Stadtbild sichtbar würde, mußte ihre bauliche Gestalt reguliert und ihr Umfeld so verändert werden, daß sie als mächtiger, geschlossener Baukomplex ihre Umgebung beherrschte. Auf der Altstadtseite war die Voraussetzung für die Durchführung entsprechender Maßnahmen schon 1802 durch den Abbruch des Franziskanerklosters auf dem heutigen Max-Joseph-Platz geschaffen worden. Nun sollte darüber hinaus durch die Stadterweiterung nach Norden die Residenz aus ihrer Randlage in eine zentrale Position des Stadtplanes gerückt werden. Im Nachvollzug älterer Projekte[52] hatte Sckell schon seit 1807 den Ausbau des Nordflügels der Residenz am Hofgarten zu einer weit in die Ferner wirkenden Dominante des Stadtbildes vorgeschlagen.[53] Im

49 H. Lehmbruch, Der Königsplatz, in: W. Nerdinger (Hrsg.), Kat. Klassizismus, S. 225 ff.

50 H. Lehmbruch (s. Anm. 49); E. Bergmann (s. Anm. 17)

51 Zum Folgenden: H. Lehmbruch, Planungen vor dem Schwabingertor, in: W. Nerdinger (Hrsg.), Kat. Klassizismus, S. 134 ff.

52 N. Lieb, Münchner Barockbaumeister, München 1941, S. 221, Anm. 61; F. Wolf, François de Cuvilliés, in: OA 1967, S. 99; G. Hojer, Modell und Pläne François de Cuvilliés für die Münchner Residenz, in: Kat. Bayern, Kunst und Kultur, München 1972, S., ders., Die Münchner Residenz um 1800, in: Weltkunst v. 15.3.1980, S. 690 ff.

53 H. Rose, Eine unveröffentlichte Denkschrift Friedrich Ludwig von Sckells, in: Münchner Jahrbuch der bildenden Kunst, NF VII, 1931, S. 187 ff.

Rahmen des Planwettbewerbs für die Maxvorstadt hatte er 1808 diesen Gedanken weiterverfolgt[54] und zuletzt in dem 1811 vorgelegten ersten Teil eines Generalplans für München die abschließende Ausarbeitung seiner Idee vorgetragen.[55] Nach diesem Entwurf sollte das mittelalterliche Schwabinger Tor und die vorgelagerten barocken Fortifikationen im Norden der Theatinerkirche abgetragen und an ihrer Stelle im Westen des Hofgartens, also etwa am Ort des heutigen Odeonsplatzes, eine bis zum Vorplatz der Theatinerkirche reichende Platzanlage als Kern einer neuen Vorstadt geschaffen werden. Zu Füßen der Residenz und der Kirche sollte die Platzanlage die neuen Gebäude auf Distanz halten und zugleich für die beiden Altbauten eine repräsentative Vorfahrt bilden, in die von Norden und von Westen die ehemaligen Landstraßen als begradigte und breit ausgebaute Alleen einmünden. Am Ursprung der beiden weit in die Ferne reichenden Magistralen würde auf diese Weise die Residenz mit ihrem Auffahrtsplatz zum Zentrum des städtebaulichen Kraftfeldes für die neue Vorstadtanlage.

Wesentliche Gedanken für die spätere Anlage des Odeonsplatzes und seines städtebaulichen Umfeldes waren in dem Entwurf von Sckell bereits vorformuliert. Die Regierung hatte ihn 1812 zur Ausführung genehmigt[56]; doch als Klenze 1816 die Planung für das Gelände vor dem Schwabinger Tor von neuem in Angriff nahm, war noch nichts zu seiner Verwirklichung geschehen. Noch standen das Schwabinger Tor und die Festungswerke in seinem Vorfeld, noch folgte die Landstraße nach Norden der gekrümmten, unausgebauten Trasse am Rande der Schönfeldvorstadt, noch war das Gebiet vor dem Tor ohne Plan nach dem Zufall der Grundstücksgrenzen mit Gärten und Wohnhäusern besetzt. Angesichts der hohen Verschuldung des Staates hatte die Regierung die für eine Bereinigung der städtebaulichen Situation erforderlichen Mittel nicht bewilligt. Auch die Arbeit Klenzes mußte unter diesen Umständen ohne Folgen bleiben. Doch an diesem Punkt sprang der Kronprinz mit einer für die städtebauliche Zukunft Münchens entscheidenden Tat für die Regierung seines Vaters ein.[57] Er hatte die Bedeutung der hier anstehenden Arbeiten erkannt und sah die Gefahr, daß aus finanziellen Erwägungen für alle Zeiten die Verwirklichung einer angemessenen Lösung zu scheitern drohte. Durch Klenze ließ er aus Mitteln seiner Privatschatulle die Schlüsselgrundstücke im Planungsgebiet aufkaufen. Sie lagen auf der nördlichen Hälfte des Odeonsplatzes und reichten bis etwa zur heutigen Von-der-Tann-Straße nach Norden. Klenze gewann dadurch freie Hand, seine Pläne weitgehend ohne Rücksicht auf den Altbesitz auszuarbeiten. Noch 1816 legte er ein erstes Projekt für die Gründung eines neuen Stadtteiles und für die Neuordnung der Verkehrsbeziehungen im Norden der Altstadt vor[58], das nach gründlicher Überarbeitung 1817 durch die Regierung zur Ausführung genehmigt wurde.[59]

Der Entwurf Klenzes umfaßte annähernd dasselbe Gebiet wie der Entwurf Sckells; von ihm übernahm er auch die Grundzüge der Planung: Einebnung der Verteidigungswerke im Norden der Altstadt und die Ausbildung einer Platzanlage an ihrer Stelle, in welche die beiden ausgebauten Landstraßen einmünden. Die Platzanlage erstreckt sich vom Vorplatz der Theatinerkirche bis weit nach Norden in das Vorstadtgelände und bildet auf Höhe des Hofgartens nach Westen, also in Querrichtung, eine Ausweitung. Die Grundrißbildung läßt sich von der durch Sckell ausgearbeiteten Lösung ableiten. Doch anders als dort ist der von Klenze entworfene Plan nicht als abstraktes Straßen- und Baulinennetz im offenen Vorgelände der Altstadt entwickelt, sondern in Funktion der aufgehenden Architektur, die in geschlossenen Häuserzeilen und Baublöcken als Platzwand und Straßenflucht den öffentlichen Freiraum konstituiert. Statt einer durchgrünten Vorstadt plante Klenze die Fortführung der altstädtischen Siedlungsstruktur bis in das Neubaugebiet. Das Vorprojekt von 1816 macht diese Tendenz besonders deutlich. Es war als ein ganz nach innen, der zentralen Platzfläche zugewandter Baukomplex entworfen, nur zur Altstadt geöffnet, nach außen aber abgeschlossen und selbst von der benachbarten Maxvorstadt weitgehend isoliert. Die einmündenden Fernstraßen hatten keine ausstrahlende Kraft: Die Straßenperspektive war entweder durch Torbauten vergittert oder schon nach kurzer Entfernung durch Verschwenkung der Trasse gebrochen. Der Ausführungsplan von 1817 ist dagegen offener und durchlässiger und auch auf der Vorstadtseite mit den benachbarten Baugebieten in Verbindung gesetzt. Die Aufgliederung des Planungsgebietes ist dem Rechteckraster der Maxvorstadt angenähert, wenngleich der grundsätzliche Unterschied der Bausysteme weiter besteht. Abschließung und Zentrierung der Anlage um den

54 H. Lehmbruch, (s. Anm. 7), S. 204
55 BHStA GL 2781/1136. Auszug aus dem Generalplan vom 21.3.1815: StaM LBK 105/III, Abb.: W. Nerdinger (Hrsg.), Kat. Klassizismus, S. 139
56 BHStA OBB 11409
57 Dazu: H. Lehmbruch (s. Anm. 51), S. 138 ff.
58 BHStA PlSlg 1787; StA Planslg 2029; StaM LBK 105/III; SGSM 26654. Dazu die in zwei Fassungen überlieferte Erläuterung: BHStA HR II 595 u. GHA Nachl. Ludwig I. I A 36 I
59 BHStA Planslg 12517; 12650; StA Planslg 2030; 2031; 2032 u. a. m., genehmigt durch Endreskript am 10.7.1817 (GHA Nachl. Ludwig I. I A 36 I Schreiben Klenzes Nr. 35 a.)

Hauptplatz sind aufgehoben. Die Querrichtung der Platzfläche nach Westen auf der Höhe des Hofgartens ist reduziert; sie legt sich als gleichgerichtete Ausweitung der nach Norden zielenden Ausfallstraße seitlich an. So erscheint die neue Stadtanlage für künftige Erweiterungen geöffnet, und tatsächlich sind bereits 1817 erste Ansätze für die Fortführung der Planung nach Norden und nach Westen in dem Entwurf angelegt.

Der auffallende Wandel vom Vorprojekt zum Ausführungsplan wurde vermutlich durch den Einfluß Sckells in den Beratungen des Entwurfs bewirkt. Klenze konnte von ihm vor allem die Anregung für die bessere Einordnung der Grundrißfigur in den allgemeinen Stadterweiterungsplan, besonders für die Annäherung an die Rasterstruktur der Maxvorstadt, schließlich auch für die neue Offenheit und Durchlässigkeit der Grundrißbildung empfangen. Darüberhinaus aber hat ohne Zweifel auch der Kronprinz, der über die städtebauliche Neuordnung des Gebietes im Norden der Altstadt sehr ausgeprägte Vorstellungen entwickelt hatte,[60] Kritik und Verbesserungsvorschläge in die Planberatungen eingebracht. Vieles spricht dafür, daß er weiter vorausplante als Klenze und damals schon die künftige Erweiterung des Neubaugebietes ins Auge gefaßt hatte. Von ihm ging daher vermutlich die Anregung aus, die Planung nach Norden, gleichsam als den ersten Bauabschnitt eines vielleicht erst in Jahren zu vollendenden Projektes offenzuhalten.

Der 1817 genehmigte Entwurf blieb bis zur Thronbesteigung Ludwigs I. (1825) offizieller Planungsstand. Nur in seinem westlichen Bereich erfuhr er schon zuvor eine wesentliche Änderung. Klenze hatte seit 1817 als Fortsetzung der um den Odeonsplatz geplanten Bebauung nach Westen auch auf dem Gelände des späteren Wittelsbacherplatzes einen großen Baublock projektiert, der auf beiden Seiten durch zwei schmale, im rechten Winkel auf die Brienner Straße geführte Nebenstraßen bedient werden sollte. Das Gelände westlich dieses Baublocks war damals noch in privater Hand; seine Nutzung ungewiß. Als es 1823 durch Ankauf in Staatsbesitz überging[61] und hier nach einem Entwurf Klenzes die Nordseite der Brienner Straße durch eine Zeile von drei großen palastartigen Wohngebäuden besetzt werden konnte[62], legte Klenze anstelle des zuvor geplanten Baublocks die Freifläche des Wittelsbacherplatzes an. Der Rhythmus der bereits 1808 konzipierten Platzfolge auf der Brienner Straße mit dem heutigen Stiglmaier-, dem Königs- und dem Karolinenplatz fand dadurch eine Fortsetzung nach Osten. Gleichzeitig konnte die vom Odeonsplatz ausstrahlende Blockbauweise weiter nach Westen vorstoßen und zwangloser in das offene Bausystem der mittleren und westlichen Brienner Straße übergeleitet werden.

Die Durchführung der 1817 genehmigten Planung wurde von Klenze noch im selben Jahr energisch in Angriff genommen. Das Interesse und das finanzielle Engagement des Thronfolgers bewirkten, daß die Regierung trotz der prekären Lage der Staatskasse die Mittel für die Infrastrukturmaßnahmen freigab und die Kosten für den Ankauf der unmittelbar vor der Altstadt im Südteil der Anlage gelegenen Anwesen übernahm.[63] Mit der Niederlegung des Schwabinger Tores, der Zuwölbung des Stadtgrabens zu seinen Füßen und Planierung der barocken Fortifikationen wurden die Arbeiten eingeleitet.[64] Damit war in unmittelbarer Nähe der Altstadt ein Baugebiet erschlossen, das nicht zuletzt wegen der Nachbarschaft der Residenz sehr rasch prominente Interessenten anzog. Mit der Errichtung des Leuchtenbergpalais für den Schwiegersohn des Königs nahm die Bautätigkeit 1817 ihren Anfang und fand noch im selben Jahr durch den Bau von zwei benachbarten Wohnhäusern unmittelbare Fortsetzung.[65] Die Veräußerung und Bebauung der von Klenze für den Kronprinzen erworbenen und nach den genehmigten Baulinien neu zugeschnittenen Grundstücke machte auch in den folgenden Jahren rasche Fortschritte. Langsamer ging es mit dem südlichen Teil der Anlage voran, wo die Regierung Ankauf, Aufbereitung und Wiederveräußerung des Baugeländes übernommen hatte.[66] Zwar stellten sich auch dort schon 1817 die ersten Bauliebhaber ein, doch erwies sich die Abwicklung der Geschäfte durch die Behörden umständlicher als im Nordteil, wo Klenze im Auftrag Ludwigs als Privatunternehmer handelte. Doch trotz Verzögerung zeichnete sich zu Beginn der zwanziger Jahre der volle Erfolg der 1816 eingeleiteten Operation ab.

Ausbau der Ludwigstraße nach Norden
Während um den Odeonsplatz die Bauten in die Höhe wuchsen, gewann der Plan zur Verlängerung der seit 1822 zu Ehren des Thronfolgers so benannten Ludwig-

60 S. dazu die Schreiben des Kronprinzen an Klenze vom 13., 17. u. 24. Juli 1816. (Zit. in: L. Schrott, Biedermeier in München, München 1963, S. 85f.)

61 BHStA GL 2151/916; HR II 596/11. Verhandlungen im Jahr 1818 waren an den Preisvorstellungen des Vorbesitzers, Graf Rechberg, gescheitert. Erst nach seinem Tod kam der Ankauf durch Vermittlung des Bankiers v. Hirsch zustande.

62 Klenze wollte hier zunächst die Alte Pinakothek errichten. (P. Böttger, Die Alte Pinakothek in München, München 1972, S. 16ff.)

63 BHStA GL 2151/916; HR II 596/9

64 BHStA HR II 595 u. 596

65 H. Lehmbruch, Das Leuchtenbergpalais am Odeonsplatz, in: W. Nerdinger (Hrsg.) Kat. Klassizismus, S. 195ff.; ders., Haus Ludwigstraße 1, ebd., S. 165

66 S. Anm. 64

Leo von Klenze, Entwurf für die Anlage der mittleren und südlichen Ludwigstraße, 1827. Einzeichnung in einem Stadtplan von 1814, BHStA Planslg. 12649

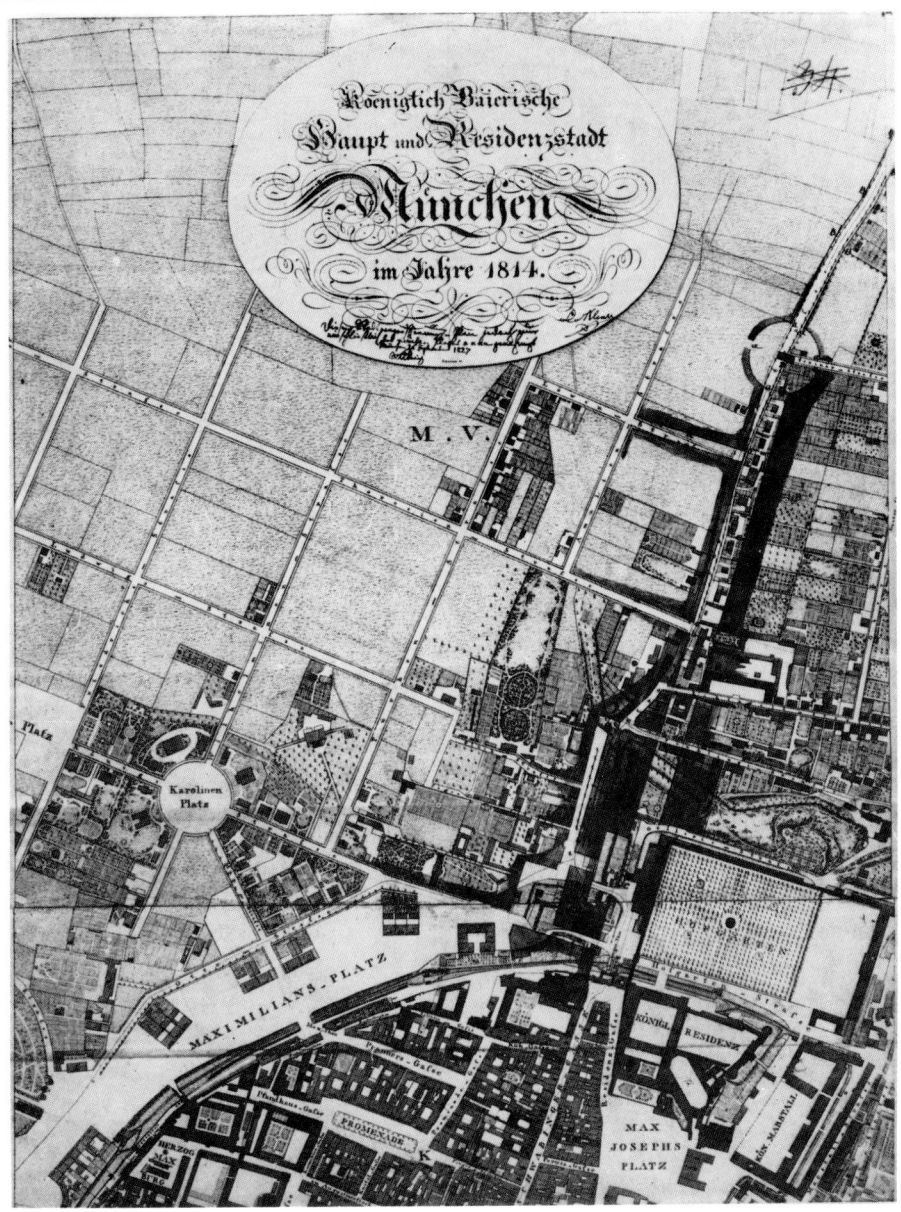

straße[67] allmählich Gestalt. 1823 erging an Klenze durch das Armeeministerium der Auftrag zum Umbau und zur Erweiterung eines Altbaus an der Schönfeldstraße als Amtssitz der obersten Militärbehörde.[68] Er nutzte die Gelegenheit zur Umorientierung des Gebäudes. Sein 1824 eingereichter Plan sah die Erweiterung des Gebäudes an der Schönfeldstraße um einen neuen Hauptflügel vor, der an der Baulinie der verlängerten Ludwigstraße errichtet werden sollte.[69] Damit war im Rahmen eines öffentlichen Auftrages zum ersten Mal die Grenze des ursprünglichen Planungsgebietes überschritten. Gleichzeitig aber hatte Klenze auch schon weiter im Norden mit Sondierungen zur Verlängerung der Ludwigstraße begonnen. Seit 1822 stand er mit dem Schneidermeister Rieder um den Ankauf eines Grundstücks in Verhandlung, das auf der Südseite der heutigen Schellingstraße in der Flucht der verlängerten Straßenachse lag. Der Kronprinz hatte diesen Grund damals für den Neubau der Staatsbibliothek eingeplant.[70] Seine Absicht zur Verlängerung der Ludwigstraße mindestens bis zu diesem Punkt stand daher spätestens damals schon fest, doch lag, soweit bisher bekannt, ein offizieller Gesamtplan für ihren Ausbau zu diesem Zeitpunkt noch nicht vor. Dafür gab es gute Gründe: Wollte man die Bodenspekulation in diesem Gebiet nicht anheizen, mußte vorsichtig gehandelt werden. Denn die Trasse der verlängerten Straße wich

67 StaM LBK 105/II
68 F. Zimmermann, Montur-Magazin und Kriegsministerium an der Ludwig-/ Schönfeldstraße, in: W. Nerdinger (Hrsg.), Kat. Klassizismus, S. 169 ff.
69 GHA Nachl. Ludwig I. I A 36 II Schreiben Klenzes vom 14.3.1823, sowie vom 29.10. u. 16.12.1824
70 GHA Nachl. Ludwig I. I A 36 II Schreiben Klenzes v. April 1822 bis Juli 1827 passim

erheblich vom Verlauf der alten Landstraße ab und durchquerte sämtliche Gartenanwesen der westlichen Schönfeldvorstadt. Für ihre Durchführung mußte daher
ein breiter Streifen der Gartenstadt angekauft und eine Anzahl von Wohnhäusern
planiert werden, die meist erst zu Beginn des Jahrhunderts errichtet worden waren.
Hohe Entschädigungsforderungen waren also zu erwarten, und die Regierung war
angesichts der fortdauernden Staatsverschuldung kaum bereit, Gelder für diesen
Zweck zu bewilligen, zumal in der näheren Umgebung der Altstadt noch genügend
erschlossener Baugrund zur Verfügung stand. Erst mit der Thronbesteigung
Ludwigs I. im Jahr 1825 kam neue Bewegung in die Straßenplanung. Noch im
selben Jahr ließ der König dem Magistrat durch Klenze seinen Wunsch übermit-
teln, die Stadtgemeinde möge die für die Straßenverlängerung erforderlichen
Anwesen auf eigene Kosten erwerben[71], da der Ausbau der im städtischen Burgfrieden liegenden Straße zum Aufgabenkreis der Kommune gehöre. Nur unwillig
fügten sich die Stadtvertreter dem königlichen Wunsch, zumal auch die Stadtkasse
hoch verschuldet war, und die Gemeinde gezwungen wurde, zur Durchführung
der Operation weitere Kredite aufzunehmen.[72]
In demselben Maß wie sich unter dem sparsamen Finanzregime Ludwigs I. die
Staatskasse von ihrer Verschuldung erholen konnte und neuen Spielraum, so unter
anderem für die vom König geplanten öffentlichen Bauvorhaben, gewann, erhöhte
sich der Schuldenstand der Gemeinde. Die erzwungene Aufnahme von Krediten
zur Erfüllung der königlichen Forderungen trug wesentlich zu dieser Tatsache
bei.[73]
Durch seinen Regierungsantritt hatte Ludwig I. freie Hand gewonnen, den Ausbau der Ludwigstraße in großen Dimensionen zu planen. Entsprechend der schon
1817 festgelegten Breite, sollte sie um ein Mehrfaches ihrer ursprünglichen Länge
geradlinig nach Norden fortgesetzt werden. Ein erster Entwurf Klenzes für ihren
Ausbau bis zur Schellingstraße, also bis zu dem ursprünglich für den Bau der
Staatsbibliothek erworbenen Grundstück, lag im März 1827 vor[74], ohne daß damit
schon das Ende der Straßenerstreckung festgelegt war. Klenze arbeitete damals
noch an einem Entwurf für ihren Abschluß im Norden, der gleichsam als Pendant
zum Odeonsplatz durch eine zweite Platzanlage gebildet werden sollte. Ein
monumentales Stadttor sollte an dieser Stelle den Eingang in das neue München
bezeichnen. Den Plan für seine Errichtung gewissermaßen als Ersatz für das in
jenem Jahre abgetragene Schwabinger Tor hatte der Kronprinz schon 1816
gefaßt.[75] Auf den Rat Klenzes hatte er das Projekt damals jedoch zurückgestellt,
zumal seine eigenen Ideen über Form und Standort des neuen Stadtportals noch
schwankten. Sein erster Plan galt der Nachschöpfung eines griechischen Propy-
laions, für die er ein Beispiel durch das Brandenburger Tor in Berlin schon im Jahre
1806 bei seinem Einzug mit den Truppen Napoleons kennengelernt und aufmerksam betrachtet hatte.[76] Daneben aber entstand auch der Gedanke an die Errichtung
eines Torbaus nach römisch-antikem Muster, vergleichbar den Triumphpforten,
wie sie seit Anfang des Jahrhunderts besonders im Machtbereich Napoleons
geplant und gebaut wurden. Spätestens seit 1826 stand der Entschluß Ludwig I.
fest, in München Nachschöpfungen beider Modelle zu errichten.[77] Einer der
beiden Torbauten sollte den Abschluß der Ludwigstraße bezeichnen; Klenze legte
1827 für seine Plazierung ein erstes Projekt vor.[78] Danach sollte sich das Bauwerk
bei der Einmündung der Veterinärstraße, also am Ort des späteren Universitätsplatzes, im Zentrum eines großen Rundplatzes erheben. Die Rundform bildet eine
auffallende Abweichung von der auf geraden Linien und rechten Winkeln basierenden Systematik der Straßenanlage. Vergleiche mit dem Karolinenplatz drängen
sich auf, zumal der Rundplatz am Ende der Ludwigstraße den gleichen Durchmesser haben sollte.
Tatsächlich war Klenze zur selben Zeit mit den ersten Entwürfen zur Neugestaltung jenes 1809 ausgeformten Rondells beschäftigt, nämlich mit dem Plan zur
Errichtung eines Armeedenkmals in Gestalt eines Obelisken in seiner Mitte[80], der
auf der Hauptachse der Maxvorstadt eine weithin sichtbare Landmarke bilden und
die ausgebreitete Fläche des nach allen Seiten ausstrahlenden Straßensterns sammeln und zentrieren sollte. An diesem Punkt allerdings endet der Vergleich. Denn
das Schlußrondell an der Ludwigstraße würde allein durch die eine Hauptachse
optisch wirksam durchquert. Die seitliche Einmündung der Veterinärstraße blieb
für die Platzbildung ohne Bedeutung, selbst wenn ihr, wie von Klenze geplant, die
gleiche Einmündung auf der anderen Seite symmetrisch antworten sollte.[81]

71 GHA Nachl. Ludwig I. I A 36 II Schreiben Klenzes v. 15. u. 27.9.1825

72 S. dazu u.a. die Grundverhandlungen für
den Bau des Maxpalais an der Ludwigstraße 1827/28. (B. Corßen, Das Herzog-
Max-Palais, ungedr. Magisterarbeit der
LMU München 1984, S. 13ff.)

73 P. Dirr, Stadtfinanzen und Stadtbau im
Zeitalter Ludwigs I., in: Münchner Wirt-
schafts- und Verwaltungsblatt, Jg. 1, 1925,
S. 19f. u. 31ff.; ders., Ein beschlagnahm-
ter Verwaltungsbericht, ebd., S. 62f. Zusammenstellung der für den Grunderwerb
an der Ludwigstraße durch die Stadtkasse
geleisteten Ausgaben; J. Bauer, Grundzüge der Verfassung und Vermögensverwal-
tung der Stadtgemeinde München, München 1845, S. 44ff.

74 BHStA Planslg 12648

75 GHA Nachl. Ludwig I. I A 36 I Schreiben Klenzes v. 19.9.1816

76 M. Dirrigl, Ludwig I., König von Bayern,
München 1980, S. 784

77 Ludwig I. an Johann Martin Wagner,
d. 12.6.1826. (Zit. in: W. v. Pölnitz,
s. Anm. 14, S. 311.)

78 BHStA Planslg 12637; 12642; 12643;
12649; StA München RA 1583; StaM
städt. Grundbes. 1903 u.a.m.

79 BHStA Planslg 12649. Das Bauwerk im
Zentrum des Rundplatzes ist nur als Mas-
sengrundriß eingetragen. K. Eggert (Die
Hauptwerke Friedrich von Gaertners,
Diss. München 1963, S. 131f.) nimmt an,
es handele sich um einen Obelisken, da der
König noch am 20.3.1835 den Wunsch
zur Aufstellung eines solchen Monumentes auf dem Schlußplatz der Ludwigstraße
geäußert hatte. Dagegen spricht jedoch
der querrechteckige Grundriß des Bauwerks auf dem Plan von Klenze und die
Tatsache, daß spätestens seit 1827, dem
Jahr des Klenze-Entwurfs, die Errichtung
eines Stadttores vom König bereits ins
Auge gefaßt war. (K. Eggert, ebd. S. 110
u. 131f.)

80 GHA Nachl. Ludwig I. II A 31 Schreiben
Klenzes v. 12.9.1828 bis 7.10.1833
passim

81 BHStA Planslg 12649; StA München RA
1583

Der Entwurf Klenzes für den Schlußplatz an der Ludwigstraße wurde am 26. September 1827 vom König durch Signat gebilligt.[82] Er sollte keineswegs auch den Schlußpunkt der königlichen Planungen bilden. Ludwig der I. dachte groß. Die geradlinige Weiterführung der Straßenperspektive nach Norden hatte zu diesem Zeitpunkt bereits erste Gestalt gewonnen. In Verlängerung der Ludwigstraße sollte die alte, mehrfach gekrümmte Landstraße nach Norden begradigt und auf die gleiche Breite ausgebaut im Westen des Nachbardorfs Schwabing vorbeigeführt werden und erst weit jenseits der Münchner Burgfriedensgrenze kurz vor der Gabelung nach Freising und Landshut in die alte Trasse münden. Bereits am 7. Juli 1827 hatte Klenze dem König schriftlich dargelegt, wie »die Richtung und Breite der Ludwigstraße bis zum Dorfe Schwabing fortgesetzt«[83] werden könnte: Die Anlage der heutigen Leopoldstraße war damit eingeleitet. In breiter Schneise sollte die vom Zentrum der königlichen Staatsgewalt ausstrahlende Achse scheinbar unbegrenzt in die Ferne vorstoßen und zugleich den Reisenden auf seinem Weg nach München schon weit vor den Toren der Stadt in den Bann der auf den Vorplatz der königlichen Residenz gerichteten Straßenperspektive schlagen. Als sichtbarer und erlebbarer Ordnungsfaktor sollte die vom König gewollte Gesetzmäßigkeit der Ludwigstraße über die Grenzen der Landeshauptstadt hinaus wirken. Seinen Charakter der Überlandstraße sollte der ausgebaute Fernweg dennoch nicht verlieren. Die Zäsur zwischen der Chaussée und der innerstädtischen Straßenanlage sollte nicht allein durch den Torbau an der Gelenkstelle deutlich gemacht werden. Pappelreihen sollten die Flucht der Landstraße begleiten und perspektivisch in die Ferne verlängern. Die Bebauung an der regulierten Trasse war nicht in geschlossener Zeile, sondern als ländliche Gartenvorstadt im offenen Bausystem geplant.[84]

Die Ablösung Klenzes als Architekt der Ludwigstraße
Während Klenze mit den Plänen zum Ausbau der Ludwigstraße nach Norden und für die Verlängerung der Straßenperspektive über den Schlußplatz hinaus durch die Begradigung der Landstraße nach Schwabing beschäftigt war, bahnte sich seine Ablösung von dem im Jahre 1816 begonnenen Werk an. 1827, Klenze stand zu dieser Zeit mit dem Stadtmagistrat in Verhandlung um die kostenlose Abtretung eines von der Gemeinde erworbenen Grundstückes auf der Ostseite der Ludwigstraße für den Bau der Staatsbibliothek und der Universität in unmittelbarer Nachbarschaft[85], erteilte der König in aller Heimlichkeit seinem Rivalen Friedrich Gärtner, Sohn des 1818 zugunsten Klenzes pensionierten Hofbauintendanten Andreas Gärtner, den Auftrag zur Planung des Bibliotheksgebäudes.[86] Es war der erste große Auftrag, den Gärtner für den König ausführen sollte und der Beginn seiner Karriere als vielbeschäftigter Architekt des Monarchen. Ludwig I. hatte zunächst, vielleicht um vorläufig noch einer Konfrontation mit Klenze auszuweichen, ein Gelände im Süden des Königsplatzes für den Neubau der Bibliothek bestimmt. Es stellte sich heraus, daß dieses Areal für ein Bauwerk dieser Größe ungeeignet war. Daraufhin übertrug der König Gärtner die Weiterführung der Planung auf dem durch Klenze von der Stadtgemeinde erhandelten Grundstück an der Ludwigstraße. Klenze mußte weichen; die Vollendung der neuen Straße lag von nun an in den Händen seines Rivalen.
Als Gärtner an der Ludwigstraße das Erbe Klenzes antrat, übernahm er die von seinem Vorgänger entworfenen und vom König gebilligten Baulinien, so auch den Plan für die Anlage eines Rundplatzes bei der Einmündung der Veterinärstraße als Endpunkt der Straßenachse.[87] Doch mit dem Fortschritt der Bebauungsplanung stellte sich die Frage, ob der von Klenze noch ohne Kenntnis eines Bauprogramms ausgearbeitete Entwurf beibehalten werden sollte. Der Auftrag zur Errichtung der Gebäude um den Universitätsplatz[88] führte Gärtner 1835 schließlich zu einer anderen Lösung. Anstelle des Rondells entwarf er einen quadratischen Platz. Der an diesem Ort als Schlußprospekt der Straße eingeplante Torbau sollte weiter nach Norden versetzt werden.[89] Gärtner wußte den König von seiner Idee zu überzeugen; er stimmte nach einigem Zögern der neuen Planung zu.[90] Die Länge und Abschlußgestaltung der Straße waren damit endgültig festgelegt. Konsequenter als das Projekt Klenzes war der Entwurf Gärtners aus der Systematik der Ludwigstraße und aus ihrer auf geraden Linien und rechten Winkeln basierenden Grundrißbildung entwickelt. Gärtner bezog sich für den Universitätsplatz in Maß und Gestalt unmittelbar auf den Odeonsplatz, der sich im Süden der Straße einseitig

82 In der Kartusche des von Klenze für seinen Entwurf benutzten Stadtplanes von 1814. (BHStA Planslg 12649)
83 GHA Nachl. Ludwig I. II A 31
84 Signat Ludwigs I. v. 13.7.1827. (Archiv der BStGS, Anlage der Ludwigstraße: Diesen Hinweis verdanke ich Gisela Goldberg; StaM LBK 105/II)
85 GHA Nachl. Ludwig I. I A 31 Schreiben Klenzes v. 7.11.1826; StA München RA 33646, Akt über die Abtretung des Bauplatzes für die Staatsbibliothek durch den Magistrat 1832
86 K. Eggert (s. Anm. 79), S. 51 f. Zum Folgenden Kat.Nr. 111
87 GHA Nachl. Ludwig I. II A 27 Planbeilage zu einem Schreiben Gärtners vom 26.7.1832
88 S. dazu Kat.Nr. 108
89 K. Eggert (s. Anm. 79), S. 130. Schon 1827 hatte Gärtner dem König die Verlängerung der Ludwigstraße und die Versetzung des Torbaus nach Norden vorgeschlagen. (GHA Nachl. Ludwig I. 54/4/2 Schreiben Gärtners v. 24.3.1827. K. Eggert, ebd., S. 129 f.)
90 K. Eggert (s. Anm. 79), S. 107 f. u. 130

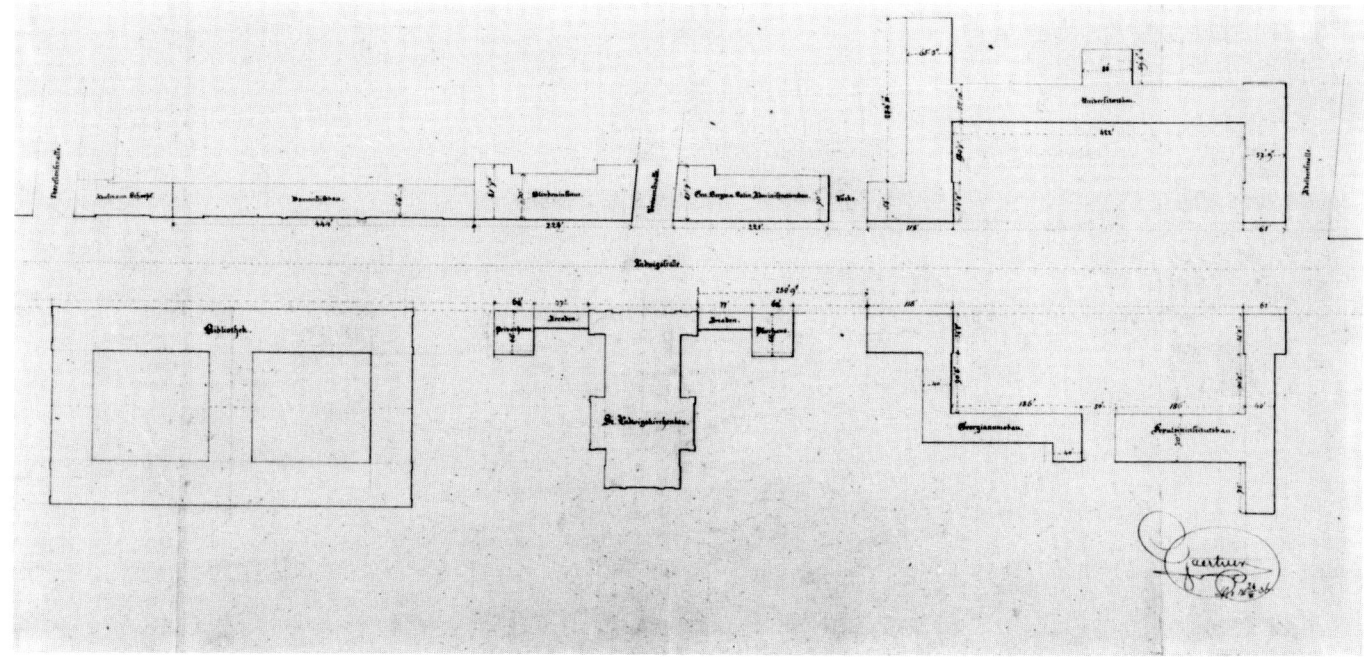

dem Straßenzug anlegt. Aus seiner spiegelbildlichen Verdopplung auf der gegenüberliegenden Straßenseite gewann er den quadratischen Grundriß und die Abmessungen der Platzanlage im Norden. Etwa zum gleichen Zeitpunkt entstanden auch die ersten Pläne für die Feldherrnhalle und wenig später für das Siegestor, zwei Bauten, die als Querriegel die Straßenperspektive im Süden und Norden beschließen und sich mit ihren Rundbogenöffnungen über die Straßenerstreckung hinweg antworten.[91] Aus der Entfernung der Feldherrnhalle vom Odeonsplatz ergab sich annähernd auch der Abstand des Siegestores vom Universitätsplatz. So entstanden am Anfang und am Abschluß der königlichen Prachtstraße zwei maßstabsgleiche und aus denselben Formprinzipien entwickelte Ensemblebildungen, die trotz der weiten Erstreckung des Straßenzuges und trotz seiner Funktion als Fernweg die Ludwigstraße als geschlossenen Platzraum ohne eindeutige Ausrichtung definieren.

Die Bauten der Ludwigstraße

Die von Klenze begonnene und von Gärtner vollendete Bebauung der Ludwigstraße mag einem unbefangenen Betrachter heute wie aus einem einheitlichen Entwurf erwachsen scheinen. Aber die Bauten entlang der Straße sind keineswegs einem übergreifenden Konzept oder einer von Anbeginn festgelegten und bis zur Vollendung durchgehaltenen Bebauungsplanung zu verdanken. Vielmehr ergab sich in diesem Punkt in den etwa 35 Jahren von den ersten Entwürfen für die Bauten am Odeonsplatz bis zur Vollendung des Siegestores als Schlußbau der Straßenanlage ein einschneidender Wandel. Klenze hatte 1816/17 den neuen Stadtteil als vornehmes Wohnquartier entworfen. Am »Residenzplatz«[92], dem späteren Odeonsplatz, waren herrschaftliche Wohngebäude und Kaufläden für ihre Versorgung geplant. Das Projekt für eine Bildergalerie im Westen des Hofgartens als öffentlicher Neubau folgte noch einem älteren Bauprogrammm und wurde wenige Jahre später wieder aus der Planung gestrichen.[93] Der Entwurf des Leuchtenbergpalais als erstes Bauvorhaben am Odeonsplatz bestimmte Stil und Anspruch aller nachfolgenden Planungen Klenzes. Sie orientierten sich am Vorbild italienischer Palastbauten der Renaissance, die Klenze durch die Vermittlung seiner französischen Lehrmeister als Muster neuzeitlicher Architektur studiert hatte.[94] Aus der Verarbeitung desselben historischen Formenschatzes für den Entwurf aller Bauten ergab sich die stilistische Einheit der Gesamtanlage und der für jedes Gebäude, Adelspalast oder bürgerliches Mietshaus, gleichermaßen durchgehaltene künstlerische Anspruch. Klenze hatte sich als Generalunternehmer der neuen Anlage 1817 ausdrücklich das Recht für den Entwurf sämtlicher Gebäude ausbedungen.[95] Er handelte auch in dieser Hinsicht in erster Linie als Agent des

Friedrich von Gärtner, Entwurf zur Bebauung der nördlichen Ludwigstraße und des Universitätsplatzes, 1836 (Ausschnitt), LBK

91 S. Kat.Nr. 39, 40
92 Klenze in der Erläuterung zu seinem Projekt für die Anlage vor dem Schwabingertor. (S. Anm. 58)
93 P. Böttger, Die Alte Pinakothek in München, München 1972, S. 14 ff.
94 S. hier vor allem die von dem Hofarchitekten König Jérômes von Westfalen und Vorgesetzten Klenzes in Kassel (A. v. Buttlar, s. Anm. 37) mitverfaßte Publikation: Auguste Grandjean de Montigny u. Auguste Famin, Architecture Toscane, Paris 1815
95 BHStA HR II Schreiben Klenzes an die Baukommission München v. 4.11.1816

Friedrich von Gärtner, Entwurf für die Anlage der nördlichen Ludwigstraße und der Leopold-straße, Einzeichnung in einen Stadtplan von 1835, BHStA Planslg. 12641

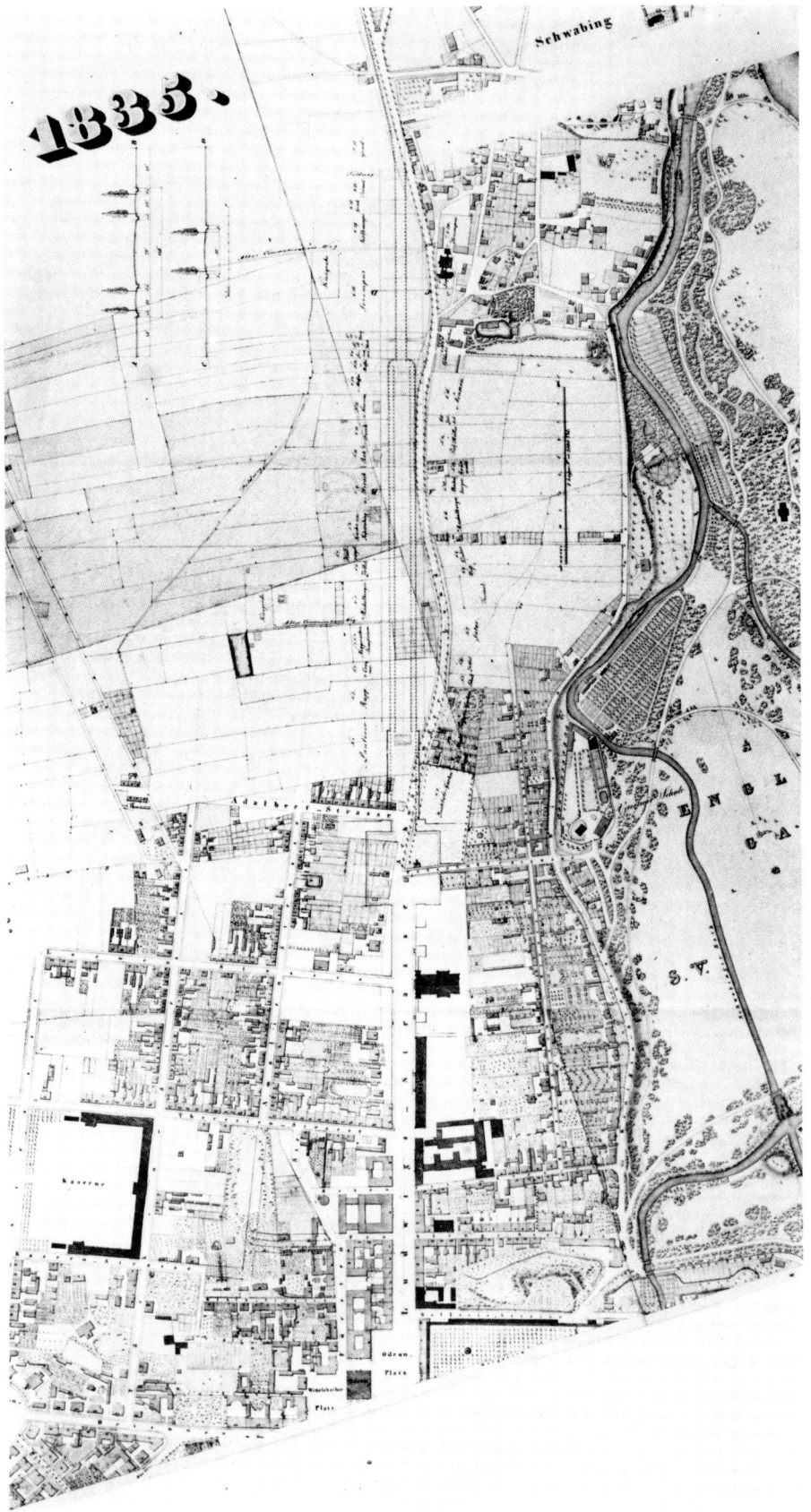

Kronprinzen, dann erst als Sachwalter der Bauherrn. Der Kronprinz entschied in letzter Instanz über die Genehmigung aller Planungen, auch über die Entwürfe Klenzes. Der Architekt konnte hier keineswegs eigenen künstlerischen Vorstellungen unbeschränkt folgen. Stets war er der kritischen Würdigung und häufigen Änderungswünschen des Thronfolgers ausgesetzt, dessen nicht selten gegen die Absichten der Bauherrn und gegen jede wirtschaftliche Vernunft gerichtete Unbedingtheit wesentlich Niveau und Einheit der Planungen bestimmten.[96]

Die angestrebte Einheit der Gebäudeplanungen bedeutete keineswegs auch deren Gleichförmigkeit. Denn innerhalb des von Ludwig gesetzten Rahmens wußte Klenze sehr wohl auf unterschiedliche Wünsche und Vorstellungen der Bauherrn und auf ihre finanziellen Möglichkeiten Rücksicht zu nehmen: Deutlich setzten sich durch ihre Größe und Baumasse, durch höhere Geschosse und reichere Fassadengestalt das Leuchtenbergpalais und der zehn Jahre später entworfene Palast des Herzogs in Bayern in ihrer Eigenschaft als Adelspaläste von den bürgerlichen Wohnbauten der Nachbarschaft ab. Auch in der geschlossenen Reihe der an der südlichen Ludwigstraße errichteten bürgerlichen Wohnbauten war jedes Gebäude als Individuum ausgezeichnet. Unterschiedliche Fassadenbreite und wechselnder Rhythmus der vertikalen Akzente, unterschiedliche Geschoßhöhe versetzte Trauf- und Firstlinien und unterschiedliche Dachneigungen, schließlich der Formenreichtum der Motive in der feingliedrigen Fassadenarchitektur ergaben für diesen ersten Straßenabschnitt ein vielfältig belebtes Bild. Anders als manche seiner Münchner Zeitgenossen[97] suchte Klenze nicht die Gleichförmigkeit der Architektur etwa nach dem Muster der Rue de Rivoli in Paris. Sein Vorbild war das abwechslungsreiche Bild der Hausbauten in einer gewachsenen Stadt.[98] Entstellende Eingriffe, so vor allem der Abbruch der gesamten östlichen Häuserzeile zwischen der Galerie- und der Von-der-Tannstraße und die Errichtung eines Großbaus an ihrer Stelle, Abbrüche und Fassadenangleichungen auch auf der Westseite haben seit den dreißiger Jahren unseres Jahrhunderts diesen Eindruck nahezu vollständig verwischt. Nur unmittelbar nördlich des Odeonsplatzes kann an der westlichen Häuserzeile trotz der auch dort erfolgten Veränderungen einiges von dem ursprünglichen Konzept Klenzes noch wahrgenommen werden. Am Odeonsplatz selber bestimmte schon zu seiner Zeit die Nachbarschaft der Residenz und der Theatinerkirche die größere Einheitlichkeit die Architektur.

Nach den ersten raschen Baufortschritten der 1817 genehmigten Anlage begann sich zu Beginn der zwanziger Jahre erster Widerstand gegen das Diktat des Kronprinzen und seines Architekten zu regen. Einzelne Bauunternehmer meldeten Ansprüche an, die sich im Rahmen des vom Thronfolger oktroierten Architekturmodells nicht mehr ohne weiteres verwirklichen ließen.[99] Der Münchner Wohnungsmarkt zeigte damals erste Sättigungserscheinungen. Zwar blieben billige Wohnungen zu diesem Zeitpunkt noch gefragt, doch die lebhafte Bautätigkeit in den Neubaugebieten vor der Altstadt hatte den Bedarf an Wohnraum der mittleren und oberen Preisklasse schon weitgehend gedeckt. Vermietungen waren nicht mehr zu jedem Preise möglich. Entsprechend vorsichtig begannen die Bauunternehmer bei der Planung von Mietwohnungen zu kalkulieren. Auch für die Bautätigkeit an der Ludwigstraße zeigten sich die Folgen. Zunehmend machte sich hier die Diskrepanz zwischen dem wirtschaftlichen Kalkül der Unternehmer und den hochgesteckten Forderungen des Kronprinzen für die Fassadenarchitektur erschwerend bemerkbar. Fast unüberbrückbar wurde dieser Gegensatz jedoch erst, als nach der Thronbesteigung Ludwigs I. die Verlängerung der Ludwigstraße um ein Mehrfaches ihrer ursprünglichen Erstreckung ausgeführt werden sollte. Durchaus folgerichtig steigerte sich mit den Dimensionen der Straße auch der Anspruch des Königs an den Maßstab ihrer Bebauung. Er forderte von Klenze die Aufgabe des Formenreichtums und des kleinteiligen Rhythmus' des ersten Bauabschnitts und den Entwurf großer Baublöcke mit ruhigem Umriß und großflächiger Fassade bei reduzierter Zahl der Geschosse und Fensteröffnungen. Um seinen Forderungen zu entsprechen und trotz kleinteiliger Parzellierung des Baulandes auch für die zumeist als Mietshäuser geplanten bürgerlichen Wohngebäude den Eindruck großer Palastarchitektur oder doch annähernd zu gewinnen, faßte Klenze im mittleren Abschnitt der Ludwigstraße mehrere Bauvorhaben durch eine große, als Gesamtkomposition entworfene Fassade unter gemeinsamem Dach zu einem großen Baublock zusammen.[100] Umso schwerer wurde es allerdings, Grundstückskäufer und Bauherrn zu finden, die sich der gemeinsamen Fassadenarchitektur

96 S. u.
97 So vor allem Gustav Vorherr in seinen »Andeutungen über den zweckmässigsten Zug der Hauptstrasse vor dem Isarthore zu München«, in: Monatsblatt für Verbesserung des Landbauwesens und für zweckmäßige Verschönerung des baierischen Landes v. 21.5.1821. (S. dazu: H. Lehmbruch, Die Planungen für das Isartor und seine Umgebung, in: W. Nerdinger (Hrsg.), Klassizismus, S. 118ff.)
98 S. dazu u.a. den Aufriß Klenzes für die westliche Baureihe an der Ludwigstraße zwischen dem Leuchtenbergpalais und dem Haus Ludwigstraße 9. (BHStA Planslg 12635; Abb.: W. Nerdinger (Hrsg.), Kat. Klassizismus S. 158.)
99 GHA Nachlaß Ludwig I. I A 36 II Schreiben Klenzes vom 6.7.1822, 4.3. und 20.8.1823; I A 31 Schreiben Klenzes v. 11.8.1829. Dazu auch: H. Lehmbruch, Haus Korbinian Mayer (ehem. Ludwigstraße 31), in: W. Nerdinger (Hrsg.), Kat. Klassizismus, S. 167f.)
100 S. dazu Kat.Nr. 168

Gustav Wilhelm Kraus, Inspektion des Bürgermilitärs durch Herzog Maximilian in Bayern in der Ludwigstraße, 1842, MStm Z 1721a

101 BHStA MInn 57923; F. Zimmermann, Wohnbau in München 1800–1850, MBM 129, München 1984, S. 28 ff.

102 Eine Ausnahme bildete das heutige Universitätsbauamt, ehemaliges Wohnhaus Gärtners, im Süden der Ludwigskirche, das auf Kosten und Risiko des Bauunternehmers der Ludwigskirche errichtet wurde. (S. dazu Kat.Nr. 47)

103 Der Großbau des sog. Damenstiftsgebäudes an der Ludwigstraße wurde aus Mitteln einer öffentlichen Stiftung ursprünglich als Wohnblock für Mietwohnungen geplant. (S. Kat.Nr. 132)

104 Diese Entwicklung hatte sich mit der Planung des Kriegsministeriums und dem Grunderwerb für den Neubau der Staatsbibliothek bereits seit 1822 noch unter der Bauleitung Klenzes angebahnt. (S.o.)

unterwerfen mochten, zumal die Forderung des Königs nach Reduktion der Geschoßzahl und der Fensteröffnungen die Dispositionsfreiheit für die Inneneinteilung der Gebäude zusätzlich beschränkte. Die Aufteilung der Bauten in kleinere Wohnungen und damit auch die hohe Ausnutzung des Baugrundes wurden dadurch nahezu unmöglich gemacht; die angemessene Verzinsung des investierten Kapitals schien nicht mehr gesichert. Immer weiter entfernten sich die Ansprüche des Königs an die Bebauung der Straße von den wirtschaftlichen Voraussetzungen für ihre Finanzierung durch private Bauunternehmer. Als der Münchner Baumarkt um 1830 unter einem Überangebot an Wohnungen völlig zusammenbrach und zahlreiche Bauunternehmer in den Ruin getrieben wurden[101], kam die private Bautätigkeit an der Ludwigstraße schließlich völlig zum Erliegen. Die Vollendung ihrer Bebauung war fortan nur noch durch öffentliche Bauträger möglich.[102]

Eben zu diesem Zeitpunkt gelang es Gärtner, seinen Rivalen Klenze als Architekt der Ludwigstraße zu verdrängen. Die Ursachen für diesen Vorgang sind vielfältig und können hier nicht weiter erörtert werden. Doch nicht zufällig fiel die Ablösung Klenzes mit dem radikalen Wechsel des Bebauungskonzeptes zusammen. Das von ihm 1816/17 entwickelte Wohnungsbauprogramm für die um den Odeonsplatz gruppierten Bauten war weder den wirtschaftlichen Bedingungen noch den Dimensionen der Bauvorhaben angemessen, die zur Vollendung der um ein Vielfaches verlängerten Straße gefordert waren. Bei dem Versuch, sein Konzept auch unter den veränderten Bedingungen durchzusetzen, war Klenze zuletzt gescheitert und hatte in der Vermittlung zwischen den Forderungen des Königs und dem wirtschaftlichen Kalkül der Bauherrn das Wohlwollen des Monarchen und seine Autorität beim Publikum verloren. Er mußte Gärtner weichen; ein neues Bauprogramm setzte sich durch. Anstelle vielfältiger, kleinräumiger Wohnbebauung traten wenige Großbauten[103], an den Platz freien Unternehmertums öffentliche Bauträger[104] und anstelle der unsicheren, konjunkturabhängigen privaten Finanzierung öffentliche Kassen, deren Beitrag zur Vollendung des Werkes durch die Autorität des Königs gegenüber den Volksvertretern im Stadtparlament oder im Landtag durchgesetzt, gegebenenfalls auch zwangsweise oktroiert werden konnte. Zur Bewältigung der neuen Straßendimension und der gesteigerten Abmessungen der Bauvorhaben entwickelte Gärtner eine Architektur, deren eigentliches Thema die große Dimension und die Großstruktur der Bauten selber war. Der König bestimmte auch in diesem Punkt die Bebauungsplanung auf entscheidende Weise. Denn wo Gärtner zu Anfang seiner Arbeit für die Ludwig-straße noch vor den Ausmaßen der Architektur erschrak und ihre Größe durch Gliederung und plastische Verschränkung einzelner Baukörper optisch zu reduzie-ren trachtete, trieb ihn der König durch seine Kritik zu immer stärkerer Reduktion der Formen.[105]

Das Erscheinungsbild der Straße änderte sich auf charakteristische Weise. War der feingliedrige, kleinteilige Rhythmus des von Klenze entworfenen ersten Straßenab-schnittes noch auf das gemächliche Schreiten und auf die Sicht des Fußgängers ausgerichtet, so fordert die Betrachtung der Großbauten an dem von Gärtner geplanten nördlichen Teil ein größeres Tempo. Nur aus der Perspektive des rollenden Verkehrs oder im scharfen Trab des Reiters[106] erscheint hier die Reduk-tion der Einzelformen und die quasi endlose Wiederholung immer gleicher Motive entlang der Straße nicht als Monotonie, entfaltet die großflächige Abwicklung der Fassaden ihre angemessene Wirkung. Einzelne Haltepunkte bieten sich an: die Zufahrt zur Universität, die Vorhalle der Ludwigskirche oder die Freitreppe der Staatsbibliothek, die als markanter Akzent, gleichsam als begehbares Monument in den Freiraum der Straße ragt.

Dem von der französischen Architekturlehre des Jahrhundertanfangs geprägten Historismus Klenzes standen an der nördlichen Ludwigstraße die Bauten Gärtners als durchaus moderne, fortschrittliche Architektur gegenüber. Wie Jahre zuvor bei der Ablösung Carl von Fischers durch Klenze hatte der König mit der Berufung Gärtners auf den Vertreter einer jüngeren Kunstrichtung gesetzt. Zwar bediente sich auch Gärtner in seinen Planungen historischer Motive. Doch machte er sich in der Vollendung der Ludwigstraße zunehmend von der direkten Evokation histo-rischer Vorbilder frei. Ausnahmen bilden die Feldherrnhalle und das Siegestor, die am Eingang der Altstadt und an der Gelenkstelle mit der Schwabinger Landstraße die Perspektive der Ludwigstraße als Querriegel beschließen. Sie weisen als Imitationsbauten auf ein bestimmtes historisches Modell und erweisen sich damit als späte Abkömmlinge eines Konzeptes, das Gärtner zum Zeitpunkt ihrer Errich-tung bereits überwunden hatte.

Seit Nero keiner mehr

Im Jahre 1848 mußte Ludwig I. abdanken; die Regierung übernahm sein Sohn, Maximilian II. Mit der Vollendung der Ludwigstraße durch den Bau des Siegesto-res (1843–1852) war das in der Kronprinzenzeit begonnene Werk als Bauherr und Stadtplaner für München weitgehend vollendet. Zwar mußten noch mehrere große Bauwerke zu Ende geführt werden, doch zu neuen städtebaulichen Planungen und für neue Bauvorhaben in der Landeshauptstadt blieb dem abgedankten Monarchen keine Gelegenheit mehr. Sein Sohn hatte auch hier die Nachfolge angetreten und wachte eifersüchtig, daß der Vater ihm bei der Durchführung eigener Projekte nicht im Wege stand.[109] Großes hatte Ludwig I. für München vollbracht; stolz konnte er auf das Geleistete verweisen. Als vor der Bavaria an der Münchner Oktoberfestwiese die Verhüllung gefallen war (1850), deutete er, so berichtete der Architekt und Baudirektor aus Karlsruhe Heinrich Hübsch, voller Genugtuung auf das kolossale Bildwerk aus Erz: »Nu, nu, was sagen Sie zu meiner Bavaria? – Zum Erstaunen, Majestät, zum Erstaunen! – Nicht wahr, zum Erstaunen! Nero und ich sind die Einzigen, sind die Einzigen, die so Großes gemacht haben. Seit Nero keiner mehr, mein lieber Hübsch.«[108]

Hans Lehmbruch

105 Ein Beispiel für die Beeinflussung der Bauplanung Gärtners durch den König bildete besonders der Entwurf für die Staatsbibliothek. (S. Kat.Nr. 111)

106 Vgl. auch J.N. Sepp, Ludwig Augustus und das Zeitalter der Wiedergeburt der Künste, Schaffhausen 1869, S. 523: »Auch ein italienischer Corso, woran sämmtliche Equipagen des Adels mit den glänzenden Damen der Hauptstadt theilnahmen, kam eine Zeit lang in der Ludwigstraße zu München in Aufnahme.«

107 Am Widerstand Maximilians II. scheiterte u.a. in den Jahren 1860–1862 ein Bauvor-haben, das Ludwig I. sehr am Herzen lag: Der Abbruch der Hofgartenkaserne und die Herstellung eines Arkadenganges auch an der Ostseite des Hofgartens an ihrer Stelle. Am Platz des Kasernenhofs im Tiefparterre des Hofgartens sollte nach den bereits ausgearbeiteten Plänen Klen-zes ein Weiher und Blumenrabatten ange-legt werden. (GHA Nachl. Ludwig I. C 23 II u. C 24 Schreiben Klenzes vom 20.6.1860 bis 18.8.1862. S. dazu auch: A. v. Bayern, Als die Residenz noch Resi-denz war, München 1967, S. 277f.)

108 Wiedergegeben in einem Schreiben von Alois Flir an einen ungenannten Adressa-ten vom 19.1.1854 aus Rom. (A. Flir, Briefe aus Rom, hg. v. L. Rapp, Innsbruck 1864, S. 14). Vgl. auch das auf Ludwig I. gemünzte »launige« Drama »Nero« von Karl Gutzkow zum Thema des dichten-den, kunstbegeisterten Despoten: Er-wähnt bei M. Dirrigl, Ludwig I., König von Bayern, München 1980, S. 687.)

Die Anfänge des Eisenbahnbaus in Bayern

Das Königreich Bayern machte in der ersten Hälfte des 19. Jahrhunderts gleich durch zwei verkehrspolitisch wie technikgeschichtlich bedeutende Unternehmungen in seinen gerade erst hinzuerworbenen fränkischen Landesteilen von sich reden:

Durch den Bau der ersten deutschen Eisenbahn von Nürnberg nach Fürth sowie durch den Bau des Ludwig-Main-Donau-Kanals von Kehlheim nach Bamberg, der den alten Traum, die beiden großen Stromnetze Europas, Rhein und Donau, miteinander zu verbinden, endlich Wirklichkeit werden ließ.

Die fast gleichzeitige Realisierung zweier von ihrer Natur her völlig unterschiedlicher, von ihrer Funktion als Transportweg allerdings zwangsläufig miteinander konkurrierender Verkehrssysteme macht die Unentschlossenheit hinsichtlich verbesserter Verkehrsverbindungen als Voraussetzung für ein wirtschaftliches Aufblühen deutlich genug. In der Tat hatte es das Eisenbahnwesen in Bayern zunächst weitaus schwieriger, als dies die Inbetriebnahme der ersten deutschen Eisenbahn auf bayerischem Boden vermuten läßt.

War eine überregionale Handelstätigkeit als entscheidende Bedingung für ein neues Verkehrsbedürfnis durch die vielen Zoll- und Handelsschranken im losen Staatsgefüge des Deutschen Bundes ohnehin schon stark behindert, so kam in Bayern, das zwar flächenmäßig drittgrößter Staat des Deutschen Bundes war, seine vorwiegend agrarische Struktur hinzu, die gemeinsam mit fehlenden Rohstoffvorkommen eine Industrialisierung und hieraus resultierende eigene Handelstätigkeit alles andere als begünstigte. Immerhin aber war Bayern aufgrund seiner Lage seit dem ausgehenden Mittelalter traditioneller Handelsvermittler zwischen nördlichen und südlichen, westlichen und östlichen Anrainerstaaten und in dieser Funktion für den Aufbau eines leistungsfähigen Verkehrssystems zur Stärkung eben dieser wirtschaftlichen Leistungsfähigkeit geradezu prädestiniert.

So ist es denn kaum verwunderlich, daß mit der nunmehr gegebenen technischen Durchführbarkeit großer Kanalsysteme wie etwa in Frankreich oder England einflußreiche Kreise in Bayern endlich die Chance sahen, den Main-Donau-Kanal verwirklichen zu können.

Vorschläge zu einer Vollendung der alten »Fossa Carolina« gab es zu allen Zeiten; neuen Auftrieb erhielt das Projekt jedoch erst durch zwei Gutachten über die Möglichkeit zum Bau von Kanälen in Bayern, die in französischem Auftrag während der napoleonischen Besetzung verfaßt und in Paris veröffentlicht wurden.[1] Die nahezu gleichzeitige Entwicklung der Eisenbahn fachte die Diskussion zusätzlich an und führte zu immer heftigerem Widerstreit der Meinungen:

Auf der einen Seite hob der spätere Erbauer des Ludwig-Kanals, Heinrich Freiherr von Pechmann, die Bedeutung einer Rhein-Donau-Verbindung als internationaler Wasserstaße hervor mit der für Bayern vorteilhaften Verbesserung der besonders ungünstigen Verkehrslage durch den nun möglichen Anschluß an die Häfen der Nordsee und, über das französische Kanalnetz, an die Häfen der Atlantik- und Mittelmeerküste und der damit einhergehenden Belebung des bayerischen Handels, bis hin zur Verringerung der immensen Arbeitslosigkeit im Lande durch die zahlreichen Arbeitsplätze beim Kanalbau.[2]

Auf der anderen Seite erwuchs dem Kanalbauprojekt in der Gestalt des Kgl. Oberbergrates Joseph Ritter von Baader einer seiner heftigsten Widersacher. Baader hatte während langer Jahre in England die Erfahrung gemacht, daß ein schienengebundener Transport zwischen Produktionsstätten in den Midlands und den Verschiffungshäfen an der Küste tariflich erheblich vorteilhafter und zuverlässiger war als der Kanaltransport. In über zehn Denkschriften setzte er sich seit 1812 für das neue Verkehrssystem ein und wurde nicht müde, immer wieder neue technische und wirtschaftliche Argumente wie Schnelligkeit, Billigkeit, leichtere Erbauung und müheloseren Transport gegen das Kanalprojekt ins Feld zu führen. Nachdem sein Vorschlag einer Schienenverbindung zwischen Donau und Main im bayerischen Landtag 1819 zwar durchaus günstig aufgenommen, von der Regierung aber gänzlich abgelehnt worden war, gelang es ihm in einem zweiten Anlauf 1822, von König Max I. Joseph die Erlaubnis und die Mittel zu erhalten, im Nymphenburger Park zwei 228 Meter lange Probebahnen zu bauen, eine nach eigenem, eine nach englischem System.[3] Eine vom neuen König, Ludwig I., eingesetzte Gutachterkommission zeigte sich zwar 1826 vom englischen System

1 Vgl. Der Ludwigs-Donau-Main-Kanal, Ausstellungskatalog 3 der Museen der Stadt Nürnberg, 1972, S. 5
2 Heinrich Freiherr von Pechmann, Entwurf für den Kanal zur Verbindung der Donau mit dem Main, München 1832
3 Bei dem System Baaders handelte es sich um eine Art »Zwei-Wege-Fahrzeug«: ». . . die auf meiner Eisenbahn gehenden Wagen sind . . . so gebaut, daß sie überall, wo die Eisenbahn unterbrochen wird oder ganz aufhört, diese verlassen, und, wie jeder andere Wagen, über gewöhnliche Chauseen oder Straßenpflaster fortgebracht werden können . . .«; im Gegensatz zum englischen System war stets Pferdebespannung vorgesehen, was Baader letztlich ins Hintertreffen geraten ließ.
Zitiert nach Schäfer, Hans-Peter, Die Entstehung des Mainfränkischen Eisenbahn-Netzes, Teil 1, Planung und Bau der Hauptstrecken bis 1879, Würzburg 1979 (= Mainfränkische Studien 21), S. 59

Karl Herrle, Arbeiten am Eisenbahndamm bei Rentershofen, VAN

wiederholt recht beeindruckt, hielt es aber für viel zu kostspielig und war von der Überlegenheit der Eisenbahn gegenüber dem Kanal nicht zu überzeugen.

Unterstützung für seine Pläne erhielt Baader durch den Nationalökonomen Friedrich List, der eher als alle anderen Zeitgenossen die weltweiten Möglichkeiten eines einheitlichen Eisenbahnsystems erkannte und im Eisenbahnbau die Grundlagen zu einer glänzenden gewerblichen, wirtschaftlichen und damit politischen Entwicklung Deutschlands sah.

Von seinem Exil in Reading aus bezog auch List Stellung gegen die bayerischen Kanalpläne und teilte 1829 König Ludwig I. seine Ansichten über Kanäle und Eisenbahnen in einer ideenreichen Denkschrift mit. Er empfahl den Bahnbau vor allem:

»1. wegen der viel kürzeren Unterbrechung durch Frost und Reinigung,
2. wegen der viel geringeren Anlage- und Unterhaltungskosten,
3. weil der Bau viel schneller von Statten geht,
4. wegen des viel schnelleren Transports,
5. weil bei weitem nicht so viele unvorhergesehene Hindernisse in den Weg treten,
6. weil während des Baues auch die kleinsten fertigen Strecken benutzt werden können, ein Umstand, der die Anlagekosten bedeutend vermindert und den Muth und Eifer zur Fortsetzung des Werks aufrecht erhält und vermehrt.«[4]

Ein weiteres Hauptargument war, daß »Eisenbahnen . . . die Herstellung eines ganzen Systems« zulassen, »während Canäle nur einzelne gegebene Punkte, die häufig gerade nicht Haupt-Handels oder Produktions-Punkte sind, miteinander verbinden.«[5]

Unter sichtlichem Eindruck von Lists Schriften verfügte König Ludwig, daß man »mit besonderer Rücksicht auf Bayern« Gutachten zur Alternative »Canäle oder Eisenbahnen« erstellen sollte[6] und beauftragte persönlich Leo von Klenze mit der Anfertigung eines solchen Gutachtens.

Gleichzeitig aber betonte der König in einem Schreiben vom 19. April 1829 an den Minister des Innern Eduard von Schenk, daß gleichwohl Kanäle zwischen Mün-

4 Friedrich List, Mittheilungen aus Nordamerika, Erstes Heft, Über Canäle und Eisenbahnen, Hamburg 1829, S. 6; hier zitiert nach Schäfer, a.a.O., S. 68–69
5 Friedrich List, Nachtrag zum ersten Heft der Mittheilungen aus Nordamerika, Hamburg 1829, S. 2; hier zitiert nach Schäfer, a.a.O., S. 69
6 nach Schäfer, a.a.O., S. 70

chen (!) und der Donau, dann zwischen Donau und Main Eisenbahnen vorzuziehen seien – nicht zuletzt auch aus der expressis verbis geäußerten Furcht vor einer zu leichten Demontierbarkeit von Eisenbahnen im Konfliktfalle.[7]

Das von Klenze angeforderte Gutachten gelangte zwar trotz des Grundsatzes, »daß ich glaube, ein Kanal sey ein großartigeres Unternehmen als eine Eisenbahn« zu der Erkenntnis, »daß eine Eisenbahn den Vorzug vor einem Kanale verdienen möge . .«[8], blieb in seinem Tenor aber unentschlossen bis ablehnend und bestätigte so den König in seinem Lieblingsvorsatz; konsequent erhielt Baader strikte Weisung, dem Kanalprojekt künftig in keiner Weise mehr entgegenzutreten.[9] Den Nürnbergern, die sich schon länger mit dem Gedanken trugen, eine Eisenbahn nach Fürth zu bauen, hatte der König schon früher geraten, falls sie je diese Bahn bauen sollten, Baader aus dem Spiel zu lassen.

Damit hatte in Bayern ein vom Staat getragenes und gefördertes Eisenbahnsystem zunächst keine Chance mehr – wenn es auch Privatleuten unbenommen blieb, auf eigene Kosten Eisenbahnen bauen zu lassen. Vielmehr gab der Bayerische Landtag mit bemerkenswerter Konsequenz schließlich einer Gesetzesvorlage der Staatsregierung vom 1. Juli 1834 zum Bau des Ludwig-Main-Donau-Kanals mehrheitlich seine Zustimmung. Getragen von tiefem Mißtrauen gegen die Funktionsfähigkeit und den von Baader und List gleichermaßen vorausgesagten kommerziellen Erfolg der Eisenbahn entschied man sich für jenen von eben diesem Erfolg nie begünstigten Kanal;[10] ob sein moderner, im Entstehen begriffener Nachfolger, der Rhein-Main-Donau-Kanal, bessere Aussichten haben wird, muß sich erst zeigen. Bedauerlich sind schon jetzt teilweise geradezu verheerende Eingriffe in alte Kulturlandschaften.

Zwei Momenten ist es im wesentlichen zu verdanken, daß sich trotz der ablehnenden Haltung des Staates das Blatt dennoch zugunsten der Eisenbahn wenden sollte: Angespornt zum einen durch den glänzenden finanziellen Erfolg der im Oktober 1829 eröffneten Manchester-Liverpool Eisenbahn, die ungeachtet dessen, daß noch über die Hälfte des Verkehrsaufkommens mit Pferde bespannten Zügen abgewickelt wurde, dennoch die technische Überlegenheit der Dampflokomotive nachhaltig bewies, zum anderen durch die an die Beratungen über die Gründung des deutschen Zollvereins geknüpften Hoffnungen auf Lockerung und Freizügigkeit des durch die zahlreichen Territorialhoheiten stark eingeschränkten Handels, mehrten sich immer gewichtiger die Stimmen der Stände und Unternehmer, nunmehr auch in Bayern den Eisenbahnbau zu wagen.

Für ein solches Unterfangen am besten vorbereitet war die Situation in Nürnberg und Fürth. Hatte schon 1812 Baader, damals noch unter dem Wohlwollen des Königs, die Anlage einer »Musterbahn« zwischen den Schwesterstädten vorgeschlagen, so befaßten sich Kaufmannschaft und Magistrat beider Städte zwischen 1823 und 1827 in einem ersten Anlauf intensiv mit dem Vorhaben; wie wohl fundiert dies betrieben wurde, zeigen umfängliche Verkehrserhebungen zwecks Kalkulation der voraussichtlichen Wirtschaftlichkeit.

Nach jener Phase der Rückschläge für den Eisenbahngedanken bildet sich in Nürnberg im Frühjahr 1833 unter maßgeblicher Führung des schon früher die Bahn unermüdlich befürwortenden Kaufmanns Georg Zacharias Platner und des ehem. Bürgermeisters und Vorstandes des Polytechnikums Johannes Scharrer ein Comitee zur Gründung einer Aktiengesellschaft für die Errichtung einer Eisenbahn »mit Dampfkraft« zwischen Nürnberg und Fürth, die sich nach rascher Zeichnung des Kapitals im November 1833 bereits konstituieren konnte.[11] Am 19. Februar 1834 erteilte der König die erbetene Konzession unter gleichzeitiger Approbation der selbstgewählten Statuten und ausdrücklicher Anerkennung des Vorhabens »als einer gemeinnützigen für die Verkehrserleichterung zwischen zweien der gewerbereichsten Städte des Königsreiches zum öffentlichen Gebrauch dienenden Anstalt.«[12]

Wenn Monarch und Staatsregierung dieser privaten Initiative dem Grunde nach sicherlich positiv gegenüberstanden, so leisteten beide gleichermaßen wenig zu ihrer Unterstützung: der König selbst kürzte das erbetene Privilegium u.a. von 50 auf 30 Jahre, die Staatsregierung war bei der Bewältigung des überaus schwierigen Grunderwerbs kaum behilflich und stellte zudem den einzigen überhaupt in Frage kommenden Bauleiter, den Kgl. Bezirksingenieur Paul Camille (von) Denis lediglich urlaubshalber frei – eine Freistellung, um die die Gesellschaft die ganze Bauzeit hindurch immer wieder kämpfen mußte.[13]

7 ». . . lesen Sie die Mittheilungen aus Nordamerika von Fr. List, 1. Heft. Trotz allem Gesagten dürften dennoch (wenn die Mittel vorhanden) Canäle zwischen München und der Donau, und der Donau und dem Main, Eisenbahnen vorzuziehen seyen. Ein gar nicht bemerkter Hauptgrund für erstere ist die Dauer. Wie leicht können in einem Kriege Eisenbahnen zerstört werden bis auf die Spur, ein Canal aber (für dessen Speisewasser gesorgt) kann nach Jahrhunderten leicht wieder hergestellt werden.« Zitiert nach Ringsdorf, Ulrich Otto, Der Eisenbahnbau südlich Nürnbergs 1841 – 1849 – organisatorische, technische und soziale Probleme – Nürnberg 1978. (= Nürnberger Werkstücke zur Stadt- und Landgeschichte. Schriftenreihe des Stadtarchivs Nürnberg, 24), S. 39

8 Verfügung des Königs an Klenze vom 1. Mai 1829; Auszüge aus dem Gutachten Klenzes abgedruckt bei Schäfer, a.a.O., S. 71–73

9 So Marggraf, Hugo, Die Kgl. Bayerischen Staatseisenbahnen in geschichtlicher und statistischer Beziehung, München 1894, S. 11

10 Zwischen 1836 und 1845 erbaut, konnte sich der Kanal bekanntlich wegen zu geringer Querschnittabmessungen, nie gelöster Wasserhaltungsprobleme und vor allem aufgrund der hohen Transportzeit, bedingt durch die 94 Schleusen, der Eisenbahn niemals als konkurrenzfähig erweisen. Immerhin wurde er erst 1945 stillgelegt.

11 Zur Ludwigs-Eisenbahn grundlegend: Mück, Wolfgang Kurt, Deutschlands erste Eisenbahn mit Dampfkraft. Die Kgl. priv. Ludwigs-Eisenbahn zwischen Nürnberg und Fürth. Fürth 1968 (= Fürther Beiträge zur Geschichte und Heimatkunde 3)

12 Kgl. Privilegium vom 19.2.1834

13 Hierzu ausführlich Mück, a.a.O., S. 77–83

Ungeachtet all dieser Widrigkeiten gelang es, den Bahnbau in nur 8 Monaten zu vollenden und am 7. Dezember 1835 konnte die erste Dampfeisenbahn Deutschlands feierlich eröffnet werden; König Ludwig I. indes weilte in Griechenland.

Allen Mahnern und Warnern zum Trotz erwies sich die »Kgl. priviligierte Ludwigs-Eisenbahn« als ein solcher finanzieller Erfolg, daß sich noch 1835/1836 vor allem in München, Augsburg und wiederum Nürnberg Gesellschaften bildeten[14] und zunächst Bahnverbindungen dieser Städte, sehr bald aber so etwas wie ein ganzes Eisenbahnnetz für Bayern projektierten:

In Anlehnung an Lists berühmten Entwurf für »ein sächsisches Eisenbahnsystem als Grundlage eines allgemeinen deutschen Eisenbahnsystems und besonders über die Anlegung einer Eisenbahn von Leipzig nach Dresden« wurde eine Süd-Nord-Magistrale entworfen, die von Lindau über Augsburg, Nürnberg, Bamberg an die Nordgrenze bei Hof führen und den Anschluß nach Mitteldeutschland und an die Messestadt Leipzig herstellen sollte.

Um der Gefahr einer drohenden Systemdiversifikation angesichts der zahlreichen Eisenbahnvorhaben in Bayern zu begegnen, erließ die Bayerische Staatsregierung unter Oettingen-Wallerstein am 8. September 1836 die »Fundamentalbestimmungen für sämtliche Eisenbahnstatuten in Bayern«[15], blieb aber im übrigen weiterhin passiv und beschränkte sich auf jeweils fünfjährig befristete Planungskonzession und Zinsgarantien für die Privatunternehmungen. Trotz des am 17. November 1837 erlassenen Expropriationsgesetzes[16], das den konzessionierten Gesellschaften den Grunderwerb erleichtern und sichern sollte, waren die technischen und finanziellen Schwierigkeiten, die der Bau einer so langen durchgehenden Eisenbahnverbindung bedeutete, erheblich unterschätzt worden. Am Ende ihrer Leistungsfähigkeit angelangt und zermürbt durch eine immer restriktivere Haltung des Staates, gaben die Gesellschaften 1840 nacheinander ihre Konzession zurück – allein die 60 Kilometer lange private München-Augsburger Bahn, unter Paul von Denis 1839 begonnen, konnte am 4. Oktober 1840 als zweite Eisenbahn Bayerns dem Betrieb übergeben werden.

Dieser große Fehlschlag in der bis dahin erklärten bayerischen Verkehrspolitik, die Errichtung von Eisenbahnen privater Hand zu überlassen und nur über den Konzessionsweg und flankierende Gesetzesbestimmungen koordinierenden Einfluß zu nehmen, bewirkte gemeinsam mit der für Bayern inzwischen drohenden Gefahr, angesichts der gewaltigen Eisenbahnbautätigkeit außerhalb seiner Grenzen den Anschluß völlig zu verlieren, daß der Staat notgedrungen den Bahnbau nunmehr beschleunigt selbst in die Hand nehmen mußte. Vor allem forderte die Bautätigkeit Württembergs eine rasche Entscheidung, da die hier geplanten und teilweise bereits im Bau befindlichen Strecken den damals finanziell für ausschlaggebend gehaltenen Durchgangsverkehr von Bayern an sich zu ziehen und zudem noch mit dem Ludwigs-Kanal in Konkurrenz zu treten drohte.

So entschloß sich Ludwig I. noch 1840, die Strecke Augsburg-Nürnberg-Bamberg-Nordgrenze mit der Option einer Verlängerung nach Lindau auf Staatskosten bauen zu lassen. Damit hatte sich Bayern als dritter deutscher Staat nach Braunschweig (1837) und Baden (1838) dem Staatsbahnprinzip zugewandt.[17]

Bedeutender noch als diese prinzipielle Entscheidung war das Vorhaben: Die Errichtung einer fast 600 Kilometer langen Fernbahn als Keimzelle eines künftigen bayerischen Staatsbahnnetzes, ein Vorhaben, das in Europa seinesgleichen suchte. In einem Staatsvertrag vom 14. Januar 1841 verpflichtete sich Bayern gegenüber dem Königreich Sachsen und dem Herzogtum Sachsen-Altenburg, innerhalb von 6 Jahren eine Eisenbahn von Nürnberg über Bamberg nach Hof zu bauen, während die Vertragspartner im selben Zeitraum den Anschluß von Leipzig auf beiden Seiten im Frühjahr 1841 beginnen.[18]

Damit war die zunächst »Augsburg-Nürnberg-Nordgrenzbahn« gemäß Ministerial-Antrag vom 11. April 1844 mit Billigung des Königs vom 12. April offiziell »Ludwig-Süd-Nord-Bahn« genannte erste bayerische Staatsbahnstrecke staatsrechtlich verankert; einem Baubeginn stand nichts mehr im Wege.

Aufgrund des Staatsvertrages mußte die Staatsregierung noch 1841 unverzüglich mit dem Bau beginnen, ohne vorher die eigentlich notwendige Genehmigung des Landtags einholen zu können. So wurden zur Finanzierung zunächst frei verfügbare Staatsmittel herangezogen und im Juni 1841 in Nürnberg die dem Staatsministerium des Innern unterstehende »Eisenbahnbau-Kommission« gebildet. Technischer Vorstand für den Abschnitt Nürnberg-Hof wurde Paul von Denis (bis 1842),

14 Im einzelnen handelte es sich um Komitees für die Strecken: München – Augsburg (1835), Augsburg – Nürnberg (1836), Augsburg – Lindau (1836), Nürnberg – Bamberg – Culmbach – Hof (1836), München – Salzburg (1836)

15 Fundamentalbestimmungen vom 28. September 1836; abgedruckt bei Lutz, S. 10–13: wesentliche Bestimmungen waren gleichmäßige Grundlage der Statuten, gleiche Spurweite, für alle Transporte geeignet zu sein. Die Ausgabe neuer Aktien, Aufnahme neuer Darlehen sowie Tarife waren gleichermaßen genehmigungspflichtig; Postbetrieb auf Bahngleisen blieb Staatsprivileg.

16 Gesetz vom 13. November 1837, die Zwangsabtretung von Grundeigentum für öffentliche Zwecke betreffend

17 Der eigentliche Durchbruch zum Staatsbahnprinzip erfolgte erst im Dezember 1845, als bei den Beratungen über die Ludwigs-West-Bahn eine private, unternehmerische Finanzierung abgelehnt und offiziell der Bau auf Staatskosten beschlossen wurde

18 Zitiert nach Friedrich Wilhelm Freiherr von Reden, Die Eisenbahnen Deutschlands, Berlin u.a. 1843–1847, S. 2140

Gustav Kraus, Eröffnung der München-Augsburger Eisenbahn am 1.9.1839, MStm M II/309

zum Vorstand für die Strecke Augsburg-Nürnberg ernannte man den Kgl. Oberingenieur Friedrich August von Pauli, der ab 1842 die Gesamtleitung innehatte. Mit den Grunderwerbungen und Bauvorbereitungen wurde zunächst dort begonnen, wo die Linienführung von den ehedem konzessionierten Gesellschaften im allgemeinen übernommen werden konnte, nämlich zwischen Nürnberg und Bamberg und zwischen Augsburg und Donauwörth. Die Abschnitte Donauwörth bis Nürnberg sowie Bamberg bis zur nördlichen Reichsgrenze mußten neu projektiert werden, da sich mit der Überschreitung des Jura als der Wasserscheide zwischen Donau und Main und des Frankenwaldes als der Wasserscheide zwischen Main und Elbe Schwierigkeiten in den Weg stellten, die bislang noch bei keinem Bahnbau vorgekommen waren.

Parallel zu diesen Trassierungs-Problemen waren nicht wenige politische zu überwinden, denn die vorgesehenen Staatsgelder waren bereits Anfang 1843 erschöpft.[19] Nunmehr mußte dem Landtag ein Gesetz zur Bewilligung von Eisenbahnkrediten vorgelegt werden, um den Weiterbau zu sichern. Nach heftigem Protest der Abgeordneten gegen die nicht durch das Parlament abgesegnete Ausgabe von Staatsgeldern für den Bau einer Eisenbahn wurde vom Landtag zunächst durchgesetzt, daß die Regierung künftig nicht mehr ohne vorherige Genehmigung des Landtags eine Bahn erbauen durfte und weiterhin, daß alle Hauptstrecken sich stets im Besitz des Staates befinden mußten. Gleichzeitig wurde es der Regierung zur Aufgabe gemacht, Vorbereitungen für einen weiteren planmäßigen Ausbau des Staatsbahnnetzes zu treffen und der Kammer als Gesetzentwurf zuzuleiten. In Anbetracht der eingegangenen vertraglichen Verpflichtungen wurde nachträglich die Genehmigung für die bislang getroffenen Maßnahmen und schließlich die erbetene Bewilligung der Mittel für die Süd-Nord-Bahn erteilt. Diesem sog. ersten Eisenbahndotationsgesetz[20] folgte wenig später die Ermächtigung der Regierung, die private München-Augsburger Bahn zu erwerben (1844) und staatsbahnmäßig auszubauen (1846).[21]

19 hierzu ausführlich: Löwenstein, Die bayerische Eisenbahnbaupolitik, Teil I, S. 884 ff.
20 abgedruckt bei Lutz, Kosmas, Der Bau der Bayerischen Eisenbahnen rechts des Rheins, München/Leipzig 1883, S. 366 – 367
21 Gesetz vom 23. Mai 1846

Es würde hier zu weit führen, die zahlreichen Anregungen und Debatten im Zuge der Beratungen des genannten Dotationsgesetzes insbesondere über einen planmäßigen weiteren Ausbau des Eisenbahnnetzes und die zahlreichen Streckenführungsvorschläge darzustellen. Genannt seien hier lediglich die schließlich 1846 beschlossene Ludwigs-West-Bahn von Bamberg über Schweinfurt, Würzburg und Aschaffenburg nach Frankfurt, die Lichtenfels-Coburger Bahn mit Anschluß nach Kassel von 1845 oder die Maximilians-Bahn von Ulm über Augsburg, München nach Salzburg, eröffnet 1853/1854.

Die Planungen an der Süd-Nord-Bahn waren unterdessen weitergegangen, wobei sich die Überwindung der genannten Terrainschwierigkeiten, besonders im Fichtelgebirge, als weitaus problematischer erwiesen als zunächst angenommen:

Die von den damals zur Verfügung stehenden Lokomotivtypen allenfalls zu bewältigende Steigung lag bei einem Maximalgradienten von 1 : 200 entsprechend 5 Promille und es bedurfte zudem großer Kurvenradien, da die Treibstangengekuppelten Antriebsräder im Lokomotivrahmen ohne jede Seitenverschiebbarkeit fest gelagert waren und in engen Kurven zwangsläufig zu entgleisen drohten. Eine Streckenführung nach diesen Bedingungen erwies sich aufgrund ihrer notwendigen Längenentwicklung von selbst als zu kostspielig. Die daher zunächst ernsthaft erwogene Anlage als Pferdebahn (nur bei Steilstrecken) brachte den Vorteil einer größeren Steigungsmöglichkeit von 1 : 75, bedeutete aber ebenso wie die Einrichtung stationärer Dampfmaschinen zum Heraufziehen der Züge ein zeitraubendes Zerlegen und Umrangieren der Züge an beiden Endpunkten eines solchen Abschnitts.

Das entscheidende Drängen des Königs auf eine möglichst durchgehend mit Lokomotiven betriebene Eisenbahn sowie das gerade bekannt gewordene »amerikanische« System des Lokomotivbetriebs auf starken Steigungen – d.h. Lokomotiven mit mehreren Kuppelachsen und einem vorderen Drehgestell zwecks besserer Kurvenläufigkeit – [22] bewirkte endlich 1842/1843 die Planung einer künstlichen gemauerten schiefen Ebene zwischen Neuenmarkt und dem 158 m höher gelegenen Marktschorgast von 7067,7 m Länge bei einer anfänglichen Steigung von 1 : 70 und im Hauptteil von 1 : 40. Die erste gebirgsmäßig und damals steilste Bahn der Welt für Personen und Güterverkehr war ein weiterer Superlativ in der noch jungen bayerischen Eisenbahngeschichte und ihre Realisierung eine der wesentlichen Voraussetzungen zum Gelingen der Süd-Nord-Bahn.

Das Allerhöchste Königliche Rescript vom 9. Februar 1843 genehmigte nicht nur dieses technisch neue Projekt, sondern entschied zugleich sowohl den Streckenverlauf zwischen Donauwörth und Nürnberg, als auch über wesentliche Baugrundsätze für die Bahn überhaupt:

»Seine Majestät der König genehmigen den gesamten Kostenvoranschlag der Kgl. Eisenbahnbaukommission . . . unter nachstehenden Modifikationen und Vorbehalten:

1. daß bei dem Bahnbaue, und namentlich bei den Hochbauten, nur das, was der Zweck erfordert, ins Auge gefaßt, aller Luxus aber vermieden und überall nach größtmöglicher Kostenersparung getrachtet werde;

2. daß die Bahn von Donauwörth über Nördlingen und Gunzenhausen nach der Mäusleinsmühle (bei Pleinfeld), und von da auf der bereits untersuchten Linie nach Nürnberg geführt werde, zu welchem Ende die Baupläne und Kostenanschläge für die veränderte Richtungslinie ungesäumt zu bearbeiten sind;

3. daß die Bahnabteilung von Kulmbach bis zur Reichsgrenze zwar ebenfalls für Lokomotivzüge, jedoch nach dem amerikanischen System für leichtere Transporte mit geminderter Schnelligkeit (als in der Ebene), hergestellt und zu diesem Zweck unverweilt die erforderlichen Terrain-Untersuchungen, aufnahmen und Detail-Kostenberechnungen bewirkt werden;

4. daß der Grundkauf und die weiteren, für den Unterbau erforderlichen Vorkehrungen, dann die notwendigen Kunstbauten an Brücken, Durchlässen und auf der ganzen Linie für eine Doppelbahn vorbereitet werden.«[23]

Weiter unten heißt es:

»Seine Majestät behalten sich vor, einzelne Änderungen in der Allgemeinen Allerhöchst festgelegten Richtungslinie dieser Eisenbahn eintreten zu lassen, insbesondere dann, wenn sich dadurch eine Kostenminderung erzielen läßt, indem nicht der kürzeste, sondern der weniger kostspielige und staatswirtschaftlich nützlichere Weg den Vorzug verdient. Wie ein solcher, namentlich auf der Strecke zwischen

22 Auf diese »Lokomotiven amerikanischer Bauart« mit der Achsfolge 2'B verzichtete man zugunsten der Maffei'schen sog. Remorqueure, Dreikuppler mit Wasserballast-Tank auf dem Kessel, die ab 1847 als Gattung C 1 in 5 Exemplaren eingesetzt wurden. Siehe Marggraf, a.a.O. (Nachdruck Stuttgart 1982) S. 202

23 zitiert nach Reden, a.a.O., S. 2147

Donauwörth und der Mäusleinsmühle, durch das Ries und zwischen Kulmbach und der Nordgrenze . . . aufzufinden, ist Aufgabe der Detailuntersuchung und Berechnung, welcher die Kgl. Eisenbahnbaukommission die größte Aufmerksamkeit und Gründlichkeit widmen wird.«[24]

Trotz eines bei Klenze eigens angeforderten Gutachtens mit dem Ergebnis zugunsten einer direkten, weil kostengünstigeren Führung von Donauwörth über Dietfurt und Weißenburg nach Gunzenhausen vermittels einer weiteren Schiefen Ebene[25] entschied der König am 28. Juni 1844 endgültig eine Streckenführung über Nördlingen – wohl nicht zuletzt aufgrund eines zu erwartenden baldigen Anschlusses der württembergischen Bahn in Nördlingen.[26]

Damit war der letzte Teil der Strecke zwischen Augsburg und Hof definitiv festgelegt und man nahm noch 1844 unverzüglich die Bauarbeiten im genannten Streckenverlauf in Angriff.

Unklar blieb nur die Trassierung zwischen Augsburg und Lindau:
bei den Debatten im Landtag 1843 hatten sich rasch zwei Fraktionen gebildet, von denen die Vertreter der einen den Bau einer gemeinsamen bayerisch-württembergischen Bahn an den Bodensee befürworteten, da die Württembergische Staatsregierung eine Linie Ulm-Friedrichshafen bereits beschlossen hatte und man zwei Wettbewerbsbahnen unbedingt vermeiden wollte, während die andere Partei für eine rein bayerische Bahn nach Lindau eintrat. Wenn auch dem erwähnten Eisenbahndotationsgesetz von 1843 schließlich der Antrag beigefügt wurde, »Allergnädigst in Erwägung zu ziehen, ob nicht durch eine Vereinbarung mit der Kgl. Württembergischen Regierung die Nachteile zu beseitigen sind, welche aus zwei parallelen Bahnen von Augsburg nach Lindau und respektive von Ulm nach Friedrichshafen entstehen können«[27], entschied sich die Bayerische Staatsregierung aufgrund der ihr eigenen höchst partikularischen Einstellung, daß es in höchstem Maße für Bayern vorteilhaft sei, den Verkehr möglichst lange im eigenen Lande und auf der eigenen Bahn zu halten, für die bayerische Lösung über Kaufbeuren nach Kempten nach Lindau.

Überhaupt ist festzustellen, daß man bezüglich der Linienführung dem Prinzip huldigte, »die Bahn nicht als absolut kürzeste Linie zwischen zwei Endpunkten zu bauen, sondern durch den staatswirtschaftlich nützlicheren Weg nach Möglichkeit gewerbereiche Städte und wohlhabende, bevölkerte Landstriche zu berühren.«[28] Der Faktor einer wirtschaftlichen Entwicklung erst durch die Eisenbahn wurde überhaupt nicht beachtet. So entstand die Ludwig-Süd-Nord-Bahn als Linie, »die sich in den sonderbarsten Bögen durch das Land windet, um jedes erreichbare Städtchen zu berühren«[29], ein Phänomen, das besonders im Allgäuer Streckenteil auffällig – und fahrzeitverlängernd – ist.

Konnte man nun, nach der Entscheidung der Staatsregierung, endlich mit der Detailprojektierung der Allgäuer Strecke beginnen, so schritt der Bau des Abschnitts Nürnberg-Bamberg derartig rasch fort, daß man nach Fertigstellung des ersten bayerischen, knapp 270 Meter langen Eisenbahntunnels durch den Burgberg bei Erlangen bereits im Mai 1944 die ersten Schienen verlegte. Nach einigen hastigen, aber dennoch störungsfreien Probefahrten vom 21. bis 24. August mit den von den Maschinenfabriken Maffei in Hirschau bei München, Emil Kessler in Karlsruhe und Meyer in Mühlhausen fabrikneu angelieferten Lokomotiven »Bavaria«, »Germania«, »Saxonia« und »Franconia« eröffnete am folgenden Tag, gerade rechtzeitig zum Geburtstag des Königs, der Kgl. Staatsminister der Finanzen, Karl Graf von Seinsheim, feierlich die erste, 61 Kilometer lange bayerische Staatsbahnstrecke. Da einige der notwendigen Betriebs- und Bahnhofsbauten noch nicht ganz fertig waren, verzögerte sich die fahrplanmäßige Aufnahme des Betriebs bis zum 1. Oktober.

Und nur einen Monat später rollten auch im südlichen Streckenteil zwischen Oberhausen bei Augsburg und Nordendorf, auf halbem Weg nach Donauwörth, die ersten Züge.

Doch so zügig, wie der Staatsbahnbau begonnen hatte, sollte er nicht weitergehen. Die erheblichen Belastungen des Staatshaushalts und das seit dem Hereinbrechen der englischen Wirtschaftskrise Mitte 1864 immer mehr nachlassende Obligationsgeschäft brachten schließlich zusammen mit den Märzunruhen 1848 und der Abdankung des Königs jeglichen Bahnbau fast völlig zum Erliegen. Konnte 1848 immerhin noch mit der Eröffnung des Abschnitts Neuenmarkt-Hof über die Schiefe Ebene die Gesamtstrecke Nürnberg-Hof und weiter über Plauen nach

24 zitiert nach Reden, a.a.O., S. 2147
25 siehe Lutz, a.a.O., S. 20–22
26 erst 1863 eröffnet
27 hierzu ausführlicher: Löwenstein, a.a.O., S. 893–894
28 Helmut von Moltke in der Deutschen Vierteljahreszeitschrift 1843; zitiert nach Löwenstein, a.a.O., S. 892
29 nach Löwenstein, a.a.O., S. 892

Leipzig dem Betrieb übergeben werden, war der Verkehr zwischen Donauwörth und Nürnberg erst im Spätherbst 1849 möglich. Erst die Konsolidierung der Staatsverhältnisse unter König Maximilian II. machte eine dann allerdings umfassende Wiederaufnahme des Eisenbahnbaus möglich: trotz umfänglichster Maßnahmen zur Mainregulierung als Voraussetzung wurde in relativ kurzer Zeit die Ludwigs-Westbahn gebaut; in zwei Haupt-Tranchen ging sie 1852 und 1854 in Betrieb; im technisch anspruchsvollen Allgäu wurde schrittweise 1852/1853 der Verkehr aufgenommen, bis man nach Vollendung des Bodenseedammes am 1. März 1854 den Inselbahnhof Lindau erreichte.

Neben der annähernd gleichzeitig durchgängig betriebsfähigen Westbahn war damit die gesamte Ludwig-Süd-Nord-Bahn als erste bayerische, auf Staatskosten errichtete Fernbahn und zugleich Keimzelle des zukünftigen Netzes der Kgl. Bayerischen Staatsbahn knapp 11 Jahre nach Baubeginn durchgehend betriebsfähig – wenn auch auf die Bauschwierigkeiten unverzüglich Betriebsprobleme folgen sollten, die aufgrund ihres für die bayerische Wirtschaftsgeschichte und -Entwicklung wesentlichen Aspekts nicht verschwiegen werden sollten.

Angesichts einer im Prinzip noch in ihrem Entwicklungsstadium begriffenen deutschen Eisenindustrie war man beim Eisenbahnbau fast ausschließlich auf Importe angewiesen. Konnte die Nürnberg-Fürther Eisenbahn ihre Schienen noch vor der Neuwieder Firma Remy & Co. beziehen, wenn auch der bescheidene Bedarf von 170 t für die gerade 6 km lange Bahn den Produzenten bereits an die Grenze seiner Kapazität führte, so waren für den Bau einer so langen Strecke wie der Süd-Nord-Bahn Schienenimporte von damals beispiellosem Umfang unumgänglich.

Über eine leistungsfähige Eisenindustrie verfügten seinerzeit nur England und Belgien, und so vergab die Eisenbahnkommission über den bayerischen Generalkonsul in Köln, Johann Christoph Bartels, der bereits das Schienengeschäft mit England für die München-Augsburger Bahn getätigt hatte und über die notwendigen Erfahrungen verfügte, im November 1841 einen ersten Auftrag über 6000 t Schienen an den damals größten kontinentalen Eisenhersteller Cockerill in Seraing bei Lüttich. Aufgrund der außergewöhnlich günstigen Konditionen der Belgier wurden 1843/1844 nochmals Kontrakte geschlossen, so daß man schließlich 40000 t Schienen, eine fürwahr gigantische Menge, fest eingekauft hatte, ohne bislang auch nur eine einzige Schiene im praktischen Betrieb erprobt zu haben.

Zwar hatte die Kommission in bester Absicht gerade um der Haltbarkeit willen sogenannte »zweiköpfige Stuhlschienen« bestellt, denn aufgrund der damals vorherrschenden Ansicht, »daß die Räder der Fahrzeuge den Schienenkopf nicht in der Mitte, sondern seitwärts angreifen würden, hoffte man, diese Schienen in vier verschiedenen Lagen verwenden zu können«[30], doch erwies sich bereits nach wenigen regulären Betriebsmonaten, daß die Schienenstöße trotz der von Pauli eingeführten Überlappungen breitgequetscht und meist unbrauchbar wurden, ehe sie auch nur ein einziges Mal gewendet werden konnten. Da allerdings fast 390 Kilometer Gleise mit solchen Schienen ausgerüstet waren, erwies sich das bayerisch-belgische Geschäft als ein wahres Fiasko. Ernüchtert durch die Fehlinvestition wurde die Serainger Stuhlschiene 1848 abgelöst durch einen erheblich funktionsfähigeren Typ, der Vignoles-Schiene, nun bezogen bei Michiels & Co. in Eschweilerau bei Aachen, mit der die Allgäuer Linie von vornehrein ausgerüstet, der Rest allfällig repariert und ausgetauscht wurde und die die Erwartungen nunmehr erfüllte.

Das Bestreben der Bayerischen Staatsregierung, allmählich in Bayern eine eigene Schwerindustrie aufzubauen, führte aufgrund der guten Erfahrungen mit den neuen Schienen 1851 zu einem Vertrag mit dem Belgisch-Deutschen Unternehmen, in welchem Bayern sich verpflichtete, »12 Jahre die Schienenproduktion (dieser) Gesellschaft abzunehmen, während T (elemaque) Michiels und sein Gesellschafter H. Goffard die Zusage machten, so schnell wie möglich (ein) Puddel- und Walzwerk im Sauforst zu bauen.«[31]

Dieses bei Burglengenfeld in der Oberpfalz geplante Eisenwerk wurde noch während der Bauzeit 1853 in die renommierte »Eisenwerk-Gesellschaft Maximilianshütte« umgewandelt.[32] Wenn sich auch die belgischen Importe als qualitativ unzulänglich erwiesen hatten, so erwuchs dennoch aus der Konsequenz der bayerisch-belgischen Handelsverpflichtungen immerhin mit der kgl. Maximilianshütte das bis in unsere Tage größte Eisen- und Stahlwerk Süddeutschlands.

30 zitiert nach Lutz, a.a.O., S. 30
31 zitiert nach Wagenblaß, H., Der Eisenbahnbau und das Wachstum der deutschen Eisen- und Maschinenindustrie 1835–1860, Ein Beitrag zur Geschichte der Industrialisierung Deutschlands, Mannheim 1973, S. 142
32 Siehe hierzu ausführlicher: Helmut Sydow, Bayerisch-Belgische Eisenbahnschienengeschäfte und ihr Einfluß auf die Handelspolitik des Zollvereins in der ersten Hälfte der 1840er Jahre, in: Zeitschrift für Bayer. Landesgeschichte 1979, S. 683–704

Wenn weiter oben im Zusammenhang mit ihrer Inbetriebnahme von der Süd-Nord-Bahn als der Keimzelle eines bayerischen Eisenbahnnetzes gesprochen wurde, so ist dies nur bedingt zutreffend. Zwar besaß Bayern um 1855 zwei relativ lange miteinander im abgelegenen Bamberg verbundene Fernbahnen mit Anknüpfung der Landeshauptstadt durch die verstaatlichte München-Augsburger Bahn, doch war dies alles andere als eine planmäßig angelegte Netzstruktur. Dieses eigenartige Liniengefüge entstand vielmehr aus jenem Bestreben heraus, möglichst viele Städte ohne Rücksicht auf Entfernung oder optimale Betriebsbedingungen miteinander zu verbinden. Erst unter Ludwig Freiherr von Brück als Generaldirektor der Kgl. Verkehrsanstalten setzte sich die Erkenntnis durch, daß ein staatliches Eisenbahnnetz nur unter wesentlicher Berücksichtigung betriebs- und volkswirtschaftlicher Gesichtspunkte ebenso wie der jeweiligen geographischen Bedingungen zukunftsträchtig geknüpft werden konnte. 1865/1866 wurde endlich ein eigenes Projektierungsbureau errichtet, dem unter der Leitung von Alois von Röckl die Grundlagen zur Schaffung eines eigentlichen, nach 1868 stufenweise realisierten Staatsbahnnetzes verdankt wird.

Um einer gewissen Vollständigkeit des hier betrachteten, mit der Regierungszeit Ludwig I. nahezu identischen Abschnitts bayerischer Eisenbahngeschichte willen sei abschließend ein Blick in die Pfalz geworfen, in der die Eisenbahn völlig unabhängig vom Bayern »rechts des Rheines« Fuß faßte.[33]

Geradezu analog zum relativ isolierten Charakter dieser Exklave des Königreiches blieb jegliche Initiative Privaten überlassen, wenn auch die Rahmenbedingungen wie Fundamentalbestimmungen und Expropriationsgesetze auch hier galten.

1844 bildete sich ein Komitee zur Errichtung einer wirtschaftlich sehr viel versprechenden Eisenbahn von Bexbach bei Neunkirchen zur Rheinschanze bei Ludwigshafen, die vornehmlich wegen des Güterverkehrs zwischen der Saar und dem Rhein respektive rhein-mainisch-badischen Wirtschaftsraum angelegt wurde. Die von Anbeginn bewußt gesehene Priorität des Güterverkehrs bewahrte dieses Unternehmen vor den oben genannten »Kinderkrankheiten« im anderen Bayern: Auf möglichst direktem Weg trassiert umging man geradezu die größeren Städte und schloß diese erst später durch Zweigbahnen an. Schon 1847/1849 ging diese sog. (Pfälzische) Ludwigsbahn in Betrieb. Andere Privatbahnen folgten nach 1850, doch führte das pfälzische Eisenbahnnetz infolge mangelnder Anschlußbereitschaft Frankreichs immer ein Schattendasein, welches sich vielleicht am besten in der erst am 1.1.1909 erfolgten Verstaatlichung zeigt.

Lenkt man nun sein Augenmerk weg von der Eisenbahnentwicklung und hin zur Rolle Ludwigs I., in dessen Regentschaft sich mit der Eisenbahn die vielleicht entscheidenden Vorbedingungen für die Industrialisierung Bayerns und Deutschlands überhaupt vollziehen, so ist seine Stellung hier eigenartig zwiespältig; alles andere als ein Eisenbahnförderer wie sein Vorgänger nimmt er ab 1840 zunehmend Einfluß auf die Entwicklung in Bayern, indem er sowohl Vorlagen der Staatsregierung eigenhändig korrigiert oder sich höchste Entscheidungen persönlich vorbehält. Es wandelt sich der kanalbefürwortende König in einen die Eisenbahn selbst benutzenden König; einen eigenen Hofzug legt sich aber erst sein Nachfolger Maximilian II. zu.

Ulrich Kahle

33 Hierzu kurz: Noel, Gustav, Die Entwicklung des Bayerischen Eisenbahnnetzes, in: Hundert Jahre bayerische Eisenbahnen (= Das Bayerland, München 1935), S. 22 ausführlicher: Poller, Oskar, Ludwigshafen am Rhein und die Ludwigsbahn, Ludwigshafen 1977 = 11. Beiheft zur Pfälzisch-Rheinischen Familienkunde

Aspekte der Denkmalpflege unter Ludwig I. von Bayern

Denkmalpflege in der Ära Ludwigs I. bedeutet vor allem Pflege der mittelalterlichen Denkmäler, deren »Entdeckung« im Sinne einer historischen und ästhetischen Neuinterpretation seit dem ausgehenden 18. Jahrhundert zu konstatieren ist.

Goethes berühmter 1772 erschienener Hymnus »Von deutscher Baukunst« mit der subjektiven Beschreibung des Straßburger Münsters, die Entdeckung Nürnbergs in Wackenroders »Herzensergießungen eines kunstliebenden Klosterbruders«, Tiecks Roman »Franz Sternbalds Wanderungen«, der sich um die Figur Albrecht Dürers dreht, sind geistesgeschichtliche Etappen auf dem Weg zu einer Neuerfassung der mittelalterlichen Vergangenheit, die auf einer gesteigerten Sensibilität für den ästhetischen Wert mittelalterlicher Baukunst beruht. Die berühmte erste Beschreibung des Kölner Domchors durch den Mainzer Jakobiner Georg Forster (1790), die sich mit einer durchaus kritischen Sicht der katholischen Stadt Köln verbindet, war beispielsetzend ebenso wie Ernst Moritz Arndts Beschreibung des Chors der Sebalduskirche in Nürnberg (1798), der hier, weil es sich um eine Beschreibung aus einer seit 1806 bayerischen Stadt handelt, der Vorzug gegeben wird. Arndt rezipiert bereits die von Forster herrührende, letztlich auf die Zeit der Renaissance zurückgehende »Waldtheorie«[1] , indem er seinen Raumeindruck wiedergibt: »So steht man in einem Walde heiliger Tannen, durch deren erhabene Kronen ein mattes Licht des leuchtenden Himmels bricht . . . Macht der kühne Aufflug der Säulen schwindeln, so versetzt die bunte Fenstermahlerey, mit den blendensten und lebendigsten Farben plötzlich tief in eine alte Welt, deren Sitten und Weise hier in den Personen und Dingen so lebendig dargestellt ist«[2]

In der Zeit um das Jahr 1813 erhielt die Interpretation der Gotik eine zunehmend nationale Dimension, an der der mit dem Reichsfreiherrn vom Stein befreundete Kronprinz Ludwig von Bayern schon durch die persönlichen Erfahrungen seiner Jugendjahre regen Anteil hatte. Die »teutsche« Komponente der weltanschaulichen Grundhaltung Ludwigs war antinapoleonischen Ursprungs und somit identifizierbar mit dem nationalen Aufbruch der Befreiungskriege. Das Montgelas'sche System brachte mit der Säkularisation von Kirchenbesitz einen schon früh als Vandalismus bezeichneten, selbstherrlichen Umgang staatlicher Behörden auch mit Kunstwerken des Mittelalters mit sich, der insbesondere in den mediatisierten neubayerischen Gebieten zum Indiz für mangelnden Respekt vor den Traditionen der einverleibten Staaten wurde. Als »Krankheit, die gebornen Reichsstädtern vorzüglich einen zu sein scheint«, als »blose Grille . . . einiger unruhiger Köpfe«[3] bezeichnete der 1806–1818 amtierende Nürnberger Polizeidirektor Christian Wurm die Versuche einer Nürnberger Initiative, den um 1810 diskutierten Abbruch des Laufer Schlagturms zu verhindern. Umgekehrt konnte zu Zeiten einer politischen Entspannung zwischen dem Königreich und den neugewonnenen Gebieten gerade die »Restauration« von Kunstwerken der Vergangenheit als Beweis für eine politische Förderung bürgerlicher Rechte durch den neuen Staat gelten. Nicht zufällig wurde 1824 die Enthüllung des wiederhergestellten »Schönen Brunnens« auf dem Nürnberger Hauptmarkt gleichzeitig mit der Bestätigung der Magistratsräte und der Gemeindebevollmächtigten durch den König gefeiert. Der Brunnen selbst war, wie der Nürnberger Bürgermeister Friedrich Binder es in seiner Festrede ausdrückte, als »Geschenk des königlichen Vaters«[4] als Ausgleich für den Verkauf des Peter Vischer'schen Rathausgitters weitgehend mit Staatsgeldern renoviert worden. Und er war auf die besonders nachdrückliche Empfehlung des Kronprinzen Ludwig wiederhergestellt worden, ein Umstand, der Ludwigs Interesse für die mittelalterliche Vergangenheit Nürnbergs öffentlich bewies, wie überhaupt das historische Interesse des künftigen Königs eine Neubewertung der Kunst des Mittelalters und die staatliche Förderung von deren Pflege in Aussicht stellte.

Bereits ein Vierteljahr nach Ludwigs Thronbesteigung am 13. Oktober 1825 erschien am 12. Januar 1826 eine Ministerialverordnung zum Schutz der mittelalterlichen Stadtbefestigungen, der am 21. November 1826 eine Entschließung zur »Erhaltung öffentlicher unbeweglicher Einzelkunstwerke« folgte, die in sehr bestimmtem Ton die sachgerechte Restaurierung von Altertümern fordert: »Wir haben vernommen, daß in einigen Orten unseres Königreiches öffentliche Denkmale alter Kunst und namentlich schätzbare Bauwerke durch ungeeignete Renova-

1 Georg Germann, Neugotik, Geschichte ihrer Architekturtheorie, Stuttgart 1972, S. 26 f., 81
2 Zitiert nach: Gerhard Eimer, Caspar David Friedrich und die Gotik, Hamburg 1963, S. 22
3 Norbert Götz, Um Neugotik und Nürnberger Stil, Nürnberger Forschungen 23, Nürnberg 1981, S. 15
4 Ebenda, S. 21

tion und vermeintliche Verschönerung namentlich durch Anstreichen verunstaltet und ihres eigenthümlichen Charakters beraubt worden sind. Da wir dergleichen Gegenstände mit aller Sorgfalt in ihrer Originalität erhalten wissen wollen, so ertheilen wir euch hiermit den Befehl, daß alle öffentlichen Kunstwerke, insbesondere Kirchen und andere Gebäude, keine Veränderung mehr erfahren dürfen ohne Genehmigung der Kreisregierung.«[5] Die damit erreichte staatliche Kontrolle aller Restaurierungsarbeiten an öffentlichen historischen Gebäuden bedeutete eine erhebliche Möglichkeit zur Einflußnahme, die jedoch zu diesem frühen Zeitpunkt nicht unabhängig von der Frage nach der richtigen Methode der Denkmalpflege war. Lediglich der groben Willkür konnte damit Einhalt geboten werden, doch war dies angesichts bereits unternommener Restaurierungsmaßnahmen ein bedeutender Schritt. 1818 hatte beispielsweise Friedrich Heinrich von der Hagen in seinen Briefen in die Heimat aus Deutschland, der Schweiz und Italien über die 1816 anläßlich ihrer Einrichtung für den katholischen Kultus renovierte Frauenkirche in Nürnberg geschrieben, sie sei »auf alterthümliche Weise ausgeschmückt . . . aber alles so bunt und grell angemalt, besonders mit den baierischen Farben Hellblau, Weiß und Roth, daß es dem Auge wehe tut.«[6] Noch 1839 schrieb Carl Doignon im Vaterländischen Magazin von einem »Harlekinskleid«, das um »den ernsten schönen Bau geworfen« sei.[7]

Denkmalpflege in streng historischem Sinn, nach den Maßstäben, die am Ausgang des 19. Jahrhunderts bestimmend wurden, kann auch weiterhin nicht erwartet werden, doch bildeten die Verordnungen Ludwigs einen gesetzlichen Rahmen, in dem sich die kontrovers diskutierten Methoden der »Restauration« bewegen konnten.

Den Verordnungen von 1825 und 1826 folgte am 29. Mai 1827 der berühmt gewordene Denkmalpflegeerlaß, der von dem Gut des Marchese Florenzi, der Villa Colombella bei Perugia aus erlassen wurde.[8] Dieser Denkmalpflegeerlaß wurde so allgemein als bedeutender Schritt in Richtung auf die Erhaltung und Pflege der architektonischen, künstlerischen und geschichtlichen Zeugnisse der Vergangenheit gewertet, daß seine unmittelbare Entstehungsgeschichte auch zugleich den mentalen und ideologischen Hintergrund weiter Teile der denkmalpflegerischen Bestrebungen ausleuchten kann.

Den Ursprung hatte der Erlaß in einem Gesuch des zu diesem Zeitpunkt bereits quieszierten Reichsarchivars Franz Joseph von Samet, der seine große, ca. 40 000 Blätter umfassende Bildersammlung zur Grundlage eines Generalrepertoriums der Kunstdenkmale in Bayern machen wollte.[9] Gemeinsam mit dem Historiker Joseph von Hormayr verfaßte daraufhin Ludwigs späterer Innenminister (seit 1828), der von den Zeitgenossen mehr als von der Nachwelt geschätzte Dichter Eduard von Schenk, ein Gutachten, das zwar das Vorhaben des ehemaligen Reichsarchivars wegen zu befürchtender Planlosigkeit verwarf, jedoch den Anstoß zu dem weitreichenden Denkmalpflegeerlaß von Villa Colombella gab. Sehr deutlich formulierte Schenk den Zusammenhang der gestiegenen Achtung für historische Zeugnisse und Denkmäler mit den Ideen und Ereignissen der Zeit der Befreiungskriege und zugleich die politische Funktion der Beschäftigung mit den Zeugnissen nationaler, das heißt auch bayerisch-nationaler, Geschichte: »Das historische Studium hat seit dem Befreiungskriege mit der wiederhergestellten Würde des deutschen Namens unverkennbar einen ungemeinen Aufschwung genommen. Nach einem langen Vandalismus ist die gebührende Sorgfalt für die Überreste der deutschen Vorwelt wieder erwacht und das richtige Gefühl ist ziehmlich herrschend geworden: Daß die Historie ein spezifisches Gegengewicht wider revolutionäre Neuerung und wider ungeduldiges Experimentieren sey – wer seinen Sinn ernst und würdig auf die Vergangenheit richte, sey nicht zu fürchten in der Gegenwart – und es gebe kein kräftigeres Bindemittel zwischen Volk und Dynastie als eine recht nationale Geschichte.«[10]

Blickt man von hier aus zurück auf die eingangs angeführten Bemerkungen des Nürnberger Polizeidirektors, wird zumindest deutlich, daß eine Identifikation mit großräumigeren politischen Kostellationen durch die unterdessen erreichte Festigung der Verhältnisse erwartet werden konnte. Die politische Dimension der Rücklenkung der Aufmerksamkeit von den aktuellen Verhältnissen auf die Zeugnisse der Vergangenheit wird noch einmal deutlich unterstrichen, indem die herausragende Bedeutung des historischen Erbes in Bayern vor allen deutschen Staaten hervorgehoben wird und es Ludwig I. anheimgestellt wird, ». . . mit dem

5 Zitiert nach: Georg Lill, Denkmalpflege in Bayern, Historische Skizze anläßlich des 25jährigen Bestehens des Landesamtes für Denkmalpflege als selbständiges Amt, in: Bayerischer Heimatschutz 29, 1933, S. 106–118 (108)
6 Friedrich Heinrich von der Hagen, Briefe in die Heimat aus Deutschland, der Schweiz und Italien, 3 Bde, I. Breslau 1818, S. 37 f. (Frndl. Hinweis von Dr. Johannes Erichsen, München)
7 Carl Doignon: Erinnerungen an Nürnberg, in: Vaterländisches Magazin, 1839, S. 326
8 Kunstblatt 10, 1829, S. 146 f. (Vollständiger Text)
9 Walter Jaroschka, Reichsarchivar Franz Joseph von Samet (1758–1828) in: Mitteilungen für die Archivpflege in Bayern, Sonderheft 8, S. 24 f.
10 Briefwechsel zwischen Ludwig I. von Bayern und Eduard von Schenk 1823–1841, eingeleitet und herausgegeben von Max Spindler, München 1930, S. 377–79 (377) Anmerkung zu S. 26, Zeile 14

F. v. Gärtner, Münsterkirche im Kloster Heilsbronn, gegenwärtiger Zustand, Arch.Slg. TUM Gs 1656

Kranze der Medicäer einen nicht minder schönen zu verbinden und wie der ritterliche Kaiser Max I. der Vater der deutschen Historie zu seyn, das ist nicht bloß die Sache Allerhöchst Ihres persönlichen Ruhmes, sondern es ist zugleich auch ein politisches Interesse.«[11]

Entsprechend dieser Funktion des Geschichtlichen in seiner Gesamtheit war Denkmalpflege im engeren Sinne in der Konzeption von Schenk und Hormayr nur Teil einer umfassenden Erschließung und Erhaltung historischer Zeugnisse jeder Art. Der Erlaß von Villa Colombella war folgerichtig vor allem auch der Auftakt zur Gründung der historischen Vereine in den einzelnen Kreisen des Königreiches.[12] Er enthält die Weisung an alle Kreisregierungen, nicht nur die Erhaltung der bereits bekannten Denkmäler zu gewährleisten, sondern von den untergeordneten Behörden und interessierten Kunstfreunden und Sammlern Verzeichnisse anlegen zu lassen, die der Akademie der Wissenschaften als Grundlage weiterer historischer Forschung dienen sollten. Insbesondere auf die Rolle der Städte in der Vergangenheit, die auch Hormayr und Schenk in ihrem Gutachten besonders hervorgehoben hatten, wurde mit Nachdruck Wert gelegt. Sowohl die Relikte fürstbischöflicher Vergangenheit als auch die der ehemaligen Reichsstädte sollten erfaßt und gepflegt, der Schutz des beweglichen Inventars sollte gewährleistet werden. Ausdrücklich wurde dieser auch auf unsachgemäße Restaurierungen ausgedehnt und damit das Problem der Methode der Denkmalpflege berührt, das sich wiederum in erheblichem Maße abhängig vom Kenntnisstand über historische und kunsthistorische Verhältnisse, insbesondere künstlerische Techniken und stilgeschichtliche Entwicklungen erweisen sollte.

Unabhängig hiervon verdichtete sich das Netz der Verordnungen und Erlasse in den folgenden Jahren, wobei sich deutlich eine Tendenz zur Zentralisierung der Ergebnisse der Anzeigepflicht abzeichnete, die sich seit 1830 auch auf Denkmäler im Privatbesitz bezog. Die einzelnen historischen Vereine richteten sog. Antiquarien ein, in denen bewegliche Zeugnisse der Vergangenheit gesammelt wurden. In Nürnberg, das ohnehin aufgrund seines zunehmenden Rufes, die mittelalterliche deutsche Stadt schlechthin zu sein, eine Sonderrolle spielte, war bereits 1822, also noch vor jeder staatlichen Maßnahme, ein städtisches Konservatorium gegründet worden, nicht im Sinne einer Behörde, doch im Auftrag der Kommune, dem bereits Carl Alexander Heideloff angehörte, der wiederum als herausragende Einzelperson eine für die Entwicklung und Situation der Denkmalpflege in Bayern und darüberhinaus charakteristische Rolle spielte.

Wie notwendig die neuen Erlasse zur Einführung und Organisation der Denkmalpflege angesichts einer noch immer weitgreifenden Ignoranz und Gleichgültigkeit

11 Ebenda, S. 378
12 Siegfried Wenisch, Die Anfänge der historischen Vereine in Franken, in: Historischer Verein für die Pflege des ehemaligen Fürstbistums Bamberg, 120. Bericht, Bamberg 1984, S. 655–69 – Hermann Heimpel, Über Organisationsformen historischer Forschung, in: Hundert Jahre Historische Zeitschrift, 1859–1959. Beiträge zur Geschichte der Historiographie in den deutschsprachigen Ländern, Hrsg. von Theodor Schieder, München 1959, S. 132–222 (201–210)

*F. v. Gärtner, Münsterkirche im Kloster
Heilsbronn, nach Restauration, Arch.Slg.
TUM Gs 1657*

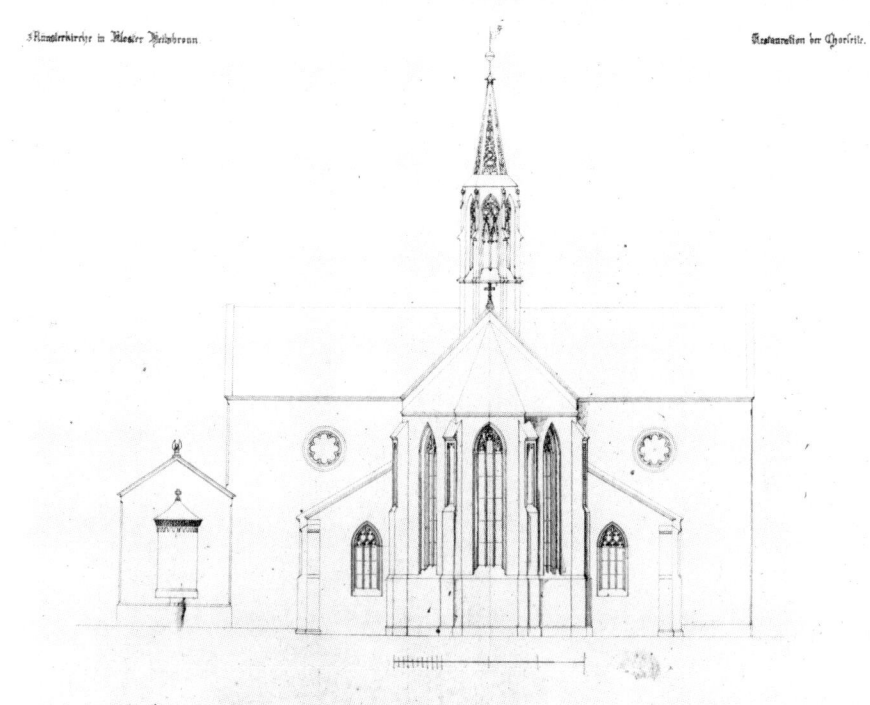

gegenüber historischen Zeugnissen waren, zeigt eine Bekanntmachung des Oberdonaukreises vom 10. November 1828, in der es heißt: »So wurde jüngst der
Grabstein des berühmten Conrad Deutinger (= Peutinger) einer Kegelstätte ent-
rissen, auf welcher er seit langer Frist gleich unbeachtet von höheren, wie von
geringeren Gästen, die Stelle einer Kegelplatte vertreten hatte und so entdeckte der
K. Generalkreiskommissär bey Anlaß seiner jüngsten Visitationsreise kostbare
altdeutsche Gemälde in Kirchen, deren Abbruch längst beschlossen, und deren
Fenster längst aller Wehr gegen Schnee und Regen beraubt waren.«[13]

Entsprechend der Zentralisierung, die die Kontrollinstanzen für das Bauwesen, der
Baukunstausschuß seit 1829 und die Oberste Baubehörde seit 1830, bewirkten,
drängte auch die Problematik der Denkmalpflege zur Einrichtung einer zentralen
Position, die die in den Erlassen der voraufgegangenen Jahre geforderten Maßnahmen wirkungsvoll nach außen vertreten sollte. Mit dem Titel eines Oberbaurates
wurde Sulpiz Boisserée am 25. Januar 1835 als »Centralinspektor der plastischen
Denkmale des Mittelalters« bei der Obersten Baubehörde angestellt. In Frankreich, das mit dieser Einrichtung vorangegangen war, war zur selben Zeit der
Dichter Prosper Merimée als Generalinspektor der plastischen Denkmale tätig.[14]

Die Wahl Boisserées für diese Position zeigt einerseits den hohen Stellenwert, der
dem Amt beigemessen wurde, andererseits lag bereits in ihr das Problem begründet, das dazu führte, daß Boisserée sein Amt bereits am 3. November 1836 wieder
zur Verfügung stellte.

Boisserée war auf dem Gebiet der Mittelalterkunde, als Sammler und vor allem in
seinen Initiativen für die Vollendung des Kölner Doms eine Berühmtheit von
europäischem Rang, der es wohl anstand als oberster Denkmalpfleger in Bayern zu
wirken. Andererseits war er gerade durch diesen überragenden Ruf der Praxis der
täglichen Auseinandersetzung weitgehend entrückt. Seine Tagebücher[15] sprechen
während des Zeitraums seiner Amtführung kaum von den anstehenden Problemen,
nie von konkreten Ereignissen auf dem Gebiet des Denkmalschutzes. Tatsächlich
scheint es vor allem der ausgewiesene Name Boisserées gewesen zu sein, der die
Position des obersten Denkmalpflegers aufwerten sollte. Vermutlich waren seine
gesundheitlichen Probleme der Hauptgrund für seinen frühzeitigen Rücktritt. Mit
Friedrich Gärtner wurde folgerichtig die freigewordene Position mit einem in der
Praxis erfahrenen Architekten besetzt. Gärtner trat das Amt nach seiner Ernennung am 3. November 1836 an und leitete bis zu seinem Tod 1848 das Referat für

13 Kunstblatt 10, 1929, S. 148
14 Lill (Anm. 5), S. 109
15 Sulpiz Boisserée, Tagebücher, 4 Bde., im
   Auftrag der Stadt Köln hrsg. von Hans J.
   Weitz, Darmstadt 1978–85

die »Aufzählung, Erhaltung und Restauration der historischen und artistischen Denkmäler des Reiches«. Am 1. Februar 1848 folgte ihm sein Schüler Eduard Metzger nach, der es jedoch bereits am 14. September desselben Jahres wieder verlor, da er als Günstling von Lola Montez galt, deren unmittelbarem Einfluß seine Ernennung zu verdanken gewesen war.[16] Die für das Ansehen und die öffentliche Wirksamkeit der staatlichen Denkmalpflege in Bayern so wichtige Position wurde vorerst nicht mehr besetzt. Die Behörde wurde dem neugegründeten Staatsministerium des Handels und der öffentlichen Arbeiten unterstellt. Erst 1868 gab es mit Jakob Heinrich von Hefner-Alteneck wieder einen obersten Denkmalpfleger. Er übte das Amt des Generalkonservators zusammen mit seiner Tätigkeit als Direktor des Bayerischen Nationalmuseums aus.[17]

Friedrich Gärtner war zum Zeitpunkt seiner Ernennung bereits in mehrere große Restaurierungsarbeiten einbezogen worden, insbesondere hatte er seit dem 26. Dezember 1834 die »alleinige Oberaufsicht« über die Restaurierung des Bamberger Doms inne.[18] Mit dieser Entschließung, die Ludwig zu Gunsten seines Architekten Gärtner getroffen hatte, war der in Nürnberg lebende Künstler und Architekt Carl Alexander Heideloff aus der Konkurrenz um die Restaurierung des Bamberger Doms gedrängt und damit eine grundsätzliche Entscheidung für eine purifizierende Methode der Denkmalpflege getroffen worden. Heideloff faßte später in einem wahrscheinlich für den Berliner Bildhauer Christian Daniel Rauch bestimmten Briefkonzept seine Haltung zu Gärtners Restaurierungsmethode mit der ihm eigenen Deutlichkeit und Drastik zusammen: »Dem Gärtner war keine Reliquie heilig und Sie wie auch mein Freund Hofbaudirektor Stueler haben sich sattsam überzeugt, daß die bayerische(n) Architekten sich wenig um die Geschichte bekümmern und alles als zeitgemäße Geschmackssache betrachten und ich kann Sie versichern, ich habe blutige Tränen geweint und Gott gebeten, die Restauration ungeschehen zu machen als füllig zu profanieren, was seiner Majestät von Preußen gewiß großes Herzeleid gewesen wäre.«[19]

Diese gegen Gärtners Restaurierung des Heisbronner Münsters gerichteten Sätze sind ein Verweis auf die widerstreitenden Methoden der Denkmalpflege, die sich in einem unterschiedlichen Verhältnis zur vorgefundenen historischen Substanz, zum Geschichtlichen überhaupt, äußerten. Heideloffs Zusatz zu den zitierten Zeilen, »Sie kennen mich, ich lebe und webe für die Kunstgeschichte des Mittelalters«, kann tatsächlich als abgekürzte Formulierung des Programms seiner Lebenstätigkeit, die ihn nahezu vierzig Jahre an Nürnberg band, gesehen werden. 1789 geboren, gehörte er – wie Ludwig I. – der Generation in Deutschland an, die ihr Verhältnis zur Vergangenheit unter dem unmittelbaren Eindruck der Befreiungskriege und der daraus resultierenden nationalen Emphase prägte. 1814 hatte Heideloff Nürnberg zum ersten Mal gesehen. Sein Onkel, der Architekt Franz Xaver Keim, war dort als Bauinspektor tätig und war der erste unter den Architekten, der, wenn auch sehr zeitbedingt, mit eigenen Entwürfen und Restaurierungen auf die mittelalterliche Architektur der Stadt reagierte. Nach einem Zwischenspiel als Dekorationskünstler bei Herzog Ernst I. von Sachsen-Coburg-Gotha kam Heideloff zu Beginn der zwanziger Jahre nach Nürnberg, nachdem er bereits mehrmals von Coburg aus zu Fragen der anstehenden Restaurierungsarbeiten konsultiert worden war. Zwar gelang es Heideloff nicht, die zunächst angestrebte Position eines städtischen Baurats zu erreichen, doch wurde er als Lehrer an der Polytechnischen Schule, als Mitinitiator und Gründer historisch ausgerichteter Vereine, schließlich als nicht unumstrittener »Königlicher Conservator« gerade durch die Auseinandersetzungen um seine zum guten Teil selbst gestellte Aufgabe zu einer Autorität in Fragen der Altertumspflege und des Denkmalschutzes von allgemeiner Bedeutung. In allen Facetten seines Wesens, im Reagieren auf die Vergangenheit in der eigenen Zeit, wurde Heideloff bis hinein in die Ausprägung einer ausgesprochenen restaurativen politischen Mentalität zu einer charakteristischen Erscheinung des Künstlers und Altertumsforschers der ersten Hälfte des 19. Jahrhunderts, als die er in Bayern eine Sonderstellung innerhalb der denkmalpflegerischen Bestrebungen einnahm, zumal seinem Engagement häufig die institutionelle Absicherung fehlte. Dabei entwickelte er ein Programm von Stadtbild- und Denkmalpflege mit einem umfassenden Anspruch und einer Spannbreite von den kleinsten architektonischen Details bis zur Erhaltung des Gesamtbildes, das in dieser Folgerichtigkeit nur auf eine Stadt vom Erhaltungsgrad mittelalterlicher Architektur wie Nürnberg anwendbar war.

16 Julius Fekete, Denkmalpflege und Neugotik im 19. Jahrhundert, dargestellt am Beispiel des alten Rathauses in München, Miscellanea Bavarica Monacensia, Heft 96, München 1981, S. 55 und S. 176, Anm. 52

17 Wolfram Lübbeke, 150 Jahre amtliche Denkmalpflege in Bayern, Denkmalpflege-Informationen, A, Nr. 54, 18. Dezember 1985, München 1985, S. 7

18 Achim Hubel: Die beiden Restaurationen des Bamberger Doms. Zur Geschichte der Denkmalpflege im frühen 19. Jahrhundert, in: Historischer Verein für die Pflege und Geschichte des ehemaligen Fürstbistums Bamberg, 121. Bericht, Bamberg 1985, S. 45–90 (84)

19 Germanisches Nationalmuseum Nürnberg, Archiv für Bildende Kunst, Heideloff-Nachlaß, Fasz. 8, Vgl. auch: Urs Boeck, Karl Alexander Heideloff, in: Mitteilungen des Vereins für Geschichte der Stadt Nürnberg, 48, 1958, S. 314–390 (349)

Erst allmählich entwickelte sich der Gegensatz von industriell-technischem Fortschritt und der Rückbezogenheit auf die mittelalterliche Vergangenheit Nürnbergs. Insbesondere in der Umgebung des für die technische und gewerbliche Entwicklung der Stadt so bedeutenden zweiten Bürgermeistes (bis 1829) und späteren Direktors der Polytechnischen Schule Johannes Scharrer, zu der Heideloff in Nürnberg gehörte, war die Gewinnung technischen und industriellen Neulands durchaus mit einer hohen Einschätzung der Leistungen der Vergangenheit verbunden. Für die von Scharrer nachdrücklich propagierten Pläne der Erweiterung der zunächst städtischen Einrichtung einer polytechnischen Schule entwarf Heideloff einen Neubau in neugotischen Formen, der die ausdrückliche Zustimmung Ludwigs I. fand, dessen Ausführung jedoch am massiven Widerstand des Kollegiums der Gemeindebevollmächtigten gegen die zu hohen Kosten scheiterte. Ein Staatszuschuß war für diesen Neubau, der der erste kommunale Großbau der Stadt im 19. Jahrhundert geworden wäre, nicht zu erhalten. Das verweist auf eine ambivalente Haltung Ludwigs I. zu Nürnberg, der Stadt, die er wegen ihres »historischen Charakters« so außerordentlich schätzte. Als Kronprinz hatte er regen Anteil an der ebenfalls von Scharrer geförderten, von Heideloff durchgeführten Restaurierung der Jakobskirche genommen (18–24). Den erneuerten Hochaltar erhob er zum Beispiel für weitere Restaurierungsarbeiten in Nürnberger Kirchen. So forderte er die Beseitigung des 1724 im Chor der Lorenzkirche aufgestellten großen Barockaltars mit dem Altarblatt von Johann Martin Schuster, der sich nach seinen eigenen Worten nicht »hineineignete«. 1833 verfaßte er ein in Nürnberger Honoratiorenkreisen geschmeichelt aufgenommenes Gedicht »An Nürnberg«, in dem er das mittelalterliche Bild der Stadt am antiken Pompeji an die Seite stellte. Heideloff führte im Auftrag des Magistrats Randzeichnungen zu diesem Gedicht aus. Die 1840 fertiggestellte Tafel wurde im Kleinen Rathaussaal aufgehängt. Daneben hing eine weitere Tafel, die die Besuche Ludwigs I. in Nürnberg in kalligraphischer Gestaltung den Besuchen seines Vorfahren Ludwigs des Bayern gegenüberstellte. Ludwigs I. nationale Emphase, die einer früh gewonnenen antifranzösischen und antinapoleonischen Haltung entsprach, mußte in Nürnberg die Stadt der deutschen Vergangenheit schlechthin erkennen, als die es in weiten Kreisen des deutschen Bürgertums galt. Die Künstler hatten, einem Wort von Peter Cornelius zufolge, 1828 bei der Feier zu Dürers 300. Todestag ihr Wartburgfest gefeiert.[20] Ludwig I. selbst setzte sich intensiv für die Errichtung eines Dürer-Denkmals in Nürnberg ein.[21] Dennoch war die Bestimmung Nürnbergs zur Industriestadt für Ludwig offenbar ebenso selbstverständlich wie die Bestimmung Münchens zur Kunststadt.[22] Den Widerspruch, der sich daraus auch für die Denkmalpflege in Nürnberg, das ja in seiner weitgehend erhaltenen Substanz frühzeitig als Stadtdenkmal galt, ergeben mußte, hatte der sich an Ort und Stelle und in Frontstellung gegen eine Vielzahl von Gegenwartsinteressen um die Erhaltung des Stadtcharakters bemühte Konservator Heideloff auszutragen. Anders als der berühmtere Sulpiz Boisserée hatte Heideloff, der im übrigen die Rolle des Denkmalpflegers als die eines »produktiven Künstlers« verstand, sich in die Niederungen der alltäglichen Auseinandersetzungen um seine stadtbildpflegerischen Projekte zu begeben, die ihm zum programmatischen Anliegen wurden und die sich ihrer Natur nach auch von den Restaurierungsaufgaben an den großen Einzeldenkmälern, wie der Dome in Bamberg, Regensburg oder Speyer, unterschieden. Selbst Naglers Künstlerlexikon resümiert 1836 bekenntnishaft die zwiespältige Situation, der der Künstler Heideloff in Nürnberg ausgesetzt war: »Überhaupt ist seine dermalige Stellung für ein mehr produktives Genie und Talent nicht die günstigste, denn ihm fehlt der Stoff, der zum höheren Ganzen des Meisters führt, ihm fehlt die Unabhängigkeit, welche die lange geschlummerte Kraft mit verdoppelter Stärke erwachen läßt, die Freiheit, in welcher ein Künstler dieses Gepräges die Schwungkraft seiner Phantasie ungehemmt erproben kann.«[23] Indem Heideloff selbst die Denkmalpflege als künstlerische Aufgabe sah, dürften sich diese vermutlich von ihm selbst inspirierten Sätze auch auf die hemmenden Beschränkungen seiner Tätigkeit als Denkmalpfleger beziehen. Gerade in diesem Grenzbereich von historischer Verpflichtung und künstlerischem Gestalten, den die romantische Denkmalpflege markiert, mußte Heideloff, der in weiten Kreisen des Nürnberger Bürgertums als Künstler durchaus geschätzt war, auf härtere Fronten der öffentlichen und privaten Interessen stoßen. Für den Baurat Johann Christian Wolff, der 1821 auf die von Heideloff selbst anvisierte Stellung der Leitung des städtischen Bauamts gerückt war, war die

20 Zu der von Ernst Förster überlieferten Äußerung von Peter Cornelius »das soll unser Wartburgfest werden« vgl.: Matthias Mende, Die Transparente der Nürnberger Dürer-Feier von 1828. Ein Beitrag zur Dürer-Verehrung der Romantik, in: Anzeiger des Germanischen Nationalmuseums 1969, S. 177–209 (179)

21 Matthias Mende: Das Dürer-Denkmal in Nürnberg, in: Hans Ernst Mittig und Volker Plagemann, Denkmäler im 19. Jahrhundert. Deutung und Kritik, Studien zur Kunst des 19. Jahrhunderts Bd. 20, München 1972, S. 163–181 (163–66, 172)

22 Nach der Erinnerung des Nürnberger Buchhändlers und Verlegers Friedrich Campe an die Huldigungsaudienzen einer Nürnberger Delegation am 2., 3. und 8. Dezember 1825 anläßlich der Thronbesteigung Ludwigs I. sprach dieser seine Bestimmung für die beiden größten Städte Bayerns ganz deutlich bereits zu diesem frühen Zeitpunkt aus: »In Nürnberg Industrie, in München Kunst«, Götz (Anm. 3) S. 56

23 Neues allgemeines Künstler-Lexikon oder Nachrichten von dem Leben und den Werken der Maler, Bildhauer, Baumeister, Kupferstecher, Formschneider, Lithographen, Zeichner, Medailleure, Elphenbeinarbeiter etc. Bearbeitet von K.G. Nagler, 6, München 1838, S. 55

»gothische Bauart nur bei Tempeln erhaben«. Er sah ausdrücklich keine Verpflichtung, sich bei Neubauten in historischer Umgebung stilistisch gebunden zu fühlen.[24] Selbst Christian Ludwig Stieglitz hatte in seinem 1820 erschienenen folgenreichen Buch »Von altdeutscher Baukunst« die Möglichkeit einer Wiederbelebung der Formen mittelalterlicher Kunst im bürgerlichen Milieu des 19. Jahrhunderts nicht sehen wollen.[25] Heideloffs Konzept der Denkmal- und Stadtbildpflege war jedoch gerade in dieser Hinsicht so umfassend, daß er, um den mittelalterlichen Charakter des »Typus der Stadt Nürnberg« zu erhalten, eine konsequente Durchgestaltung von Neubauten und Restaurierungsprojekten von der großen Form bis zu den kleinen attributiven und schmückenden Details forderte. Er war dabei zunehmend nicht gewillt, eine Trennung von kirchlichen und profanen Formen und deren Zuordnung zu Neugotik oder Klassizismus zu akzeptieren. Ein früh ausgeprägtes Ensembledenken machte für ihn die Anwendung gotischer Formen in der Umgebung von mittelalterlichen Gebäuden zur stadtbildpflegerischen Verpflichtung.

Hatte er anfänglich hauptsächlich für die Wiederherstellung Nürnberger Kirchen und deren Inventar gearbeitet, so wurde er ab 1826 für die Leitung der »höheren Baugegenstände« in Nürnberg verantwortlich ohne direkt dem städtischen Bauamt anzugehören. Ab 1833 übernahm er nach dem Regierungserlaß über »Anstrich und Bewurf von Staats- und Stiftungsbauten« die Revision der Hausanstriche. 1835 gelang es ihm, »Sitz und consultative Stimme« beim Magistrat für die seine Aufgaben betreffenden Entscheidungen zu erreichen, allerdings gegen den erbitterten Widerstand des Kollegiums der Gemeindebevollmächtigten. Am 12. April 1836 erhielt er durch ein sehr anerkennend auf seine Person zugeschnittenes Kgl. Reskript über den »hochwichtigen, Seiner Majestät so sehr am Herzen liegenden Gegenstand« der Denkmalpflege in Nürnberg eine weitere wichtige Stütze seiner Tätigkeit. Zusammenfassend wird darin der Magistrat der Stadt aufgefordert ». . . alles aufzubieten, daß Nürnberg jenen baulich harmonischen Charakter nicht verliere, der selbes vor allen Städten Europas auszeichnet und namentlich dazu mitwirkt, Fremde aus allen Theilen der Welt mit ihrem Gelde dahinzuführen.«[26] Bereits zu diesem frühen Zeitpunkt war demnach die Verbindung von Stadtbildpflege und Fremdenverkehr ein nachdrückliches Argument.

Die Schwierigkeiten, die sich Heideloff bei der Durchführung seiner Aufgaben im Widerstand von behördlicher und privater Seite nach wie vor entgegenstellten, sollte endgültig seine 1837 erfolgte Ernennung zum Königlichen Konservator beseitigen. Zwar blieb auch damit seine Stellung zwiespältig und die Pflicht zu Erfüllung seiner Aufgaben umstritten, für ihn selbst jedoch war diese Aufwertung durch Ludwig I., der in Bausachen ja die letzte Instanz im Königreich war, von immenser Bedeutung, zumal sein eigenes politisches Denken sich gut in die durch Ludwigs Politik vorgegebene Linie einer konservativ-monarchischen Ausrichtung einfügte. Ludwigs I. Förderung wurde in der Folgezeit für Heideloff immer wieder zum Ausweis und Rückhalt seiner Tätigkeit. In einem Briefkonzept an den Regierungspräsidenten des Rezatkreises Karl v. Giech vom 14. März 1839, in dem er im übrigen die Wirksamkeit seines Amtes einklagt, unterstreicht er beipielsweise dessen Besonderheit und die besondere Rolle Nürnbergs im Rahmen der Denkmalpflege in Bayern. Er nennt es ». . . das von seiner Majestät in höchst wohlwollender Absicht aus erhabendsten Gründen für die eigenthümlichen Bauverhältnisse der hiesigen antiken Stadt, wie es keine zweite im Königreich gibt, nur hier allein und besonders angeordnete Institut des Conservatoriums.«[27] Im Revolutionsjahr 1848 veröffentlichte Heideloff die Schrift »Monarchie und Republik«, in der er sich voll zu Kaisertum und Fürstenbund bekennt und seine Ablehnung demokratischer Prinzipien mit dem ganzen Ausdruck seiner persönlichen Verachtung unterstreicht. Entsprechend bekennt er sich zu Ludwig I., wie viele der von diesem geförderten Künstler, auch nach dessen Abdankung, die er auch politisch für unnötig hielt[28], sah er doch gerade in Nürnberg den Bezug zur mittelalterlichen Vergangenheit der Stadt durch die politischen Entwicklungen der Gegenwart gestört. Dabei scheint Ludwigs Haltung zu Heideloff durchaus ambivalent gewesen zu sein. Der Anerkennung von Heideloffs Verdiensten um die Erhaltung Nürnbergs korrespondiert keine bevorzugte Beschäftigung des Künstlers bei Projekten außerhalb der Stadt. Wie im bereits erwähnten Fall der Restaurierung des Bamberger Doms bevorzugte Ludwig I. mit Friedrich Gärtner einen Architekten seiner ersten Wahl, zu der Heideloff offenbar nicht gehörte. Zwar war nach

Porträt Heideloff, um 1820

24 Götz, (Anm. 3), S. 36

25 Christian Ludwig Stieglitz, Von altdeutscher Baukunst, Leipzig 1820, S. 11

26 Götz (Anm. 3), S. 27, zu Heideloff und Nürnberg vgl. auch: Michael Brix, Nürnberg und Lübeck im 19. Jahrhundert. Denkmalpflege, Stadtbildpflege, Stadtumbau, München 1981, bes. 69–102

27 Götz (Anm. 3) S. 31

28 In einem undatierten Briefkonzept Heideloffs an einen bayerischen Ministerialrat heißt es um den Beginn der 50er Jahre: ». . . König Ludwigs unnötige Thronentsagung war mein Unglück«, Götz (Anm. 3), S. 103 – In Gegensatz hierzu der Kommentar zur Veröffentlichung einer Dankadresse deutscher Künstler an Ludwig I. im Kunstblatt, Nr. 20, 25. April 1848, S. 77, 78: »Die Abdankung des Königs Ludwig von Bayern, wie gerechtfertigt sie vom politischen Standpunkt auch erscheinen mag, ist nichts desto weniger für die deutsche Kunst und Ihre ferneren Loose ein herbes Mißgeschick (S. 77)

F. K. Rupprecht, Entwurfszeichnung für den Pfarraltar des Bamberger Domes mit dem Kaisergrab Riemenschneiders, 1826/27 (Fotomontage: A. Hubel)

dem Tod des Bamberger Malers und Zeichners Friedrich Karl Rupprecht am 12. November 1831 Heideloff mit der Leitung der Domrestaurierung beauftragt worden, doch entsprachen seine Vorschläge zur weitgehenden Wiederherstellung des mittelalterlichen Zustandes den Intentionen Ludwigs offenbar so wenig, daß ihm die Leitung der Domrestaurierung wieder entzogen wurde, nachdem Friedrich Gärtner am 26. Dezember 1834 damit beauftragt wurde. Schon vorher war die Frage der Innenraumrestaurierung des Bamberger Doms die Frage nach einer historisch sondierenden oder mehr oder weniger radikal purifizierenden, nach den ästhetischen Vorstellungen der eigenen Zeit von mittelalterlicher Architektur ausgerichteten Methode gewesen. Leo v. Klenze hatte sich auf die Aufforderung zu einem Gutachten durch Ludwig I. hin für die Pläne Friedrich Karl Rupprechts entschieden, der anstelle des erst 1817 eingebauten klassizistischen Altars einen neuen Altar für den Georgschor des Doms entwarf. Vor dem Grabmal Heinrichs und Kunigundes von Tilmann Riemenschneider sollte ein Retabelaltar entstehen, der sich im Stil an die Reliefs der Chorschranken anschloß[29] und von einem hohen, schlanken, krabbenbesetzten Spitzbogen triumphpfortenartig überfangen werden sollte. Es mag überraschen, daß ausgerechnet der später zum Inbegriff des dogmatischen Neugotikers avancierende Heideloff sich vehement gegen diesen Spitzbogen aussprach und daß er damit im übrigen mit Ludwig I. übereinstimmte. Dieser hatte zwar 1827 den Altarentwurf gelobt, jedoch damals bereits stilistische Bedenken geäußert ». . . rücksichtlich des Bogens, welcher über dem Altare vorgeschlagen worden, und welcher ganz wegbleiben soll.«[30] Als Heideloff sich nach 1831 mit dem vom König genehmigten Altarmodell auseinandersetzt, schien dieser Einwand vergessen gewesen zu sein. Er fragt sich, ob er den Bogen weglassen darf und urteilt über den gesamten Entwurf und die künstlerische Qualifikation Rupprechts sehr negativ: ». . . überdies läßt Rupprecht über dem Altar zwar ohne Motiv und ohne Verbindung mit dem Ganzen ein Spitzbogen-Portal entstehen, das in schlecht gothischem Styl construirt, dem in der Kirche herrschenden Rundbogen-System ganz entgegen, folglich mit dem Urbaustyl derselben in keinem Einklang ist.«[31] An anderer Stelle heißt es in selbem Zusammenhang zur Konstruktionsmöglichkeit dieses Bogens, aus Holz sei er lächerlich, aus Stein könne er nicht konstruiert werden ». . . wenn er nicht in hohem Grad massiv, dick und breit gemacht werden würde (?) und wie würde er zum Ganzen in diesem Zustande passen? Ein Beweis, wie wenig Rupprecht Künstler und Architekt gewesen. Man könnte dieses Spitzbogen-Monstrum unausführlich nennen.«[32] Beispielhaft für eine Vielzahl von Querelen ähnlicher Art sei diese Polemik hier aufgeführt, um einen zwar außerkünstlerischen, doch deshalb nicht weniger relevanten Aspekt der frühen Denkmalpflege zu dokumentieren. Die Rivalität der beteiligten Künstler und Architekten, das noch tastende Wissen um die wirklichen historischen Zusammenhänge und schließlich ein gehöriges Maß an Unduldsamkeit gegenüber den jeweils anderen Lösungsvorschlägen, sind für diese Situation kennzeichnend. Rupprecht, der sich intensiv für die Beseitigung von Inventarstücken, wie Altären und Denkmälern, ausgesprochen hatte, scheint, trotzdem seine Restaurierungsabsichten sich auf die grundsätzliche Zustimmung des Königs stützen konnten, starken Auseinandersetzungen ausgesetzt gewesen zu sein. Im Nekrolog für den am 31. Oktober 1831 verstorbenen Künstler, den das Schorn'sche Kunstblatt veröffentlichte, wird dies besonders betont: »Kaum hatte er das große Werk begonnen, so widersetzten sich Vorurteile, Eigennutz und Eitelkeit weltlicher und geistlicher Personen jeder seiner Verfügungen so sehr, daß nur sein unbiegsamer Muth zur Vollführung eines so großen Werkes, nur sein Bewußtsein überwiegender Intelligenz über alle Gegner, ihn zur Fortsetzung anspornen konnte. Kein anderer Künstler würde sich gegen das vielfache Anwogen der gemeinsten Ränke aufrecht erhalten haben.«[33]
Als nach der Übertragung der Oberleitung der Restaurierung an Gärtner die Säuberung des Doms von allen nachmittelalterlichen Einbauten und Ausstattungsstücken mit einer Konsequenz durchgeführt wurde, die an Radikalität alle bisherigen Pläne übertraf, mußte, um dem allgemeinen Unmut über diese Maßnahmen zu begegnen, der Dom vom 14. November 1836 bis zur Eröffnung am 25. August 1837 auf königliche Anweisung geschlossen werden.[34] Das Ergebnis der Purifizierung war jedoch selbst dem Architekten zu »monoton«, so daß Pläne zur Ausmalung des Doms entsprechend einer in Resten vorhandenen mittelalterlichen Bemalung eine gute Chance hatten, ausgeführt zu werden, bis sich Ludwig 1843 für die

29 Hubel (Anm. 17), S. 75 – Bernhard Schemmel, Friedrich Karl Rupprecht 1779–1831, Ausst. Staatsbibliothek Bamberg 1981/82 Kat. 176 (Abb.)
30 Hubel (Anm. 17), ebenda
31 Heideloff-Nachlaß (Anm. 18), Fasz. 6/1
32 ebenda
33 Kunstblatt, Nr. 99, 1831, S. 394–96 (395)
34 Hubel (Anm. 17), S. 85

Ausmalung des Doms in Speyer entschied.[35] Mit deren Ikonographie und Gestaltung wurde der Denkmalpflege eine neue Dimension gegeben, die in großem Stil das Denkmal des Mittelalters mit der Kunst des 19. Jahrhunderts verschmelzen ließ, um auf diese Weise die eigene Geschichtsvorstellung künstlerisch gesteigert zu präsentieren. Komprimiert war diese Methode bereits 1833/1835 bei der Wiederherstellung des baufälligen Isartors der Münchner Stadtbefestigung Ludwigs des Bayern angewandt worden. Das neue ikonographische und heraldische Programm mit dem Freskogemälde (Bernhárd Neher nach Peter Cornelius) mit dem Einzug Kaiser Ludwigs des Bayern nach der siegreich geschlagenen Schlacht bei Ampfing und den Wappen der beteiligten Geschlechter macht das Tor zu einem bayerisch-nationalen und vor allem wittelsbachisch-dynastischen Denkmal.[36]

In Nürnberg verfolgte Heideloff, ohne Zweifel daran angelehnt, einen ähnlichen Zweck. In romantischer Identifikation von Herrscherhaus, Vergangenheit und Gegenwart, hatte er für den Besuch Ludwigs I. 1840 eine Dekoration des Spittlertores entworfen, die die Reiterstatuen Ludwigs I. und Kaiser Ludwigs des Bayern einander gegenübergestellt die Toreinfahrt flankieren ließ. Ein Wappenfries bezog sich ebenfalls auf den Sieg Ludwigs des Bayern bei Ampfing und Mühldorf. Entscheidend jedoch ist, daß Heideloff das Ziel verfolgte, diese Festdekoration des Tores dauerhaft, in Stein, auszuführen, um damit einen programmatischen Akzent für seine Auffassung von nun nicht mehr Denkmalpflege, sondern künstlerischer Überhöhung von Denkmälern der Vergangenheit zu setzen. Ludwig den Bayern hatte er bereits 1824 im Chor der von ihm restaurierten Jakobskirche in Nürnberg als Kopie der plastischen Figur des Kaisers im Nürnberger Rathaussaal in einem Glasgemälde dargestellt. Dieses Fenster führte zu einer Kontroverse über die Technik der Glasmalerei, die allerdings nur beanspruchen darf, ein Nebenkapitel in der Geschichte der Wiederauffindung von deren Technik im 19. Jahrhundert zu sein. »Da ich vor einigen Jahren eine sehr pomphafte Nachricht über die neuen Glasmalereien in der Jakober Kirche las und nachher durch den Augenschein mich überzeugte, wie in derselben die Schatten blos mit Lackfarben aufgetragen sind . . .« erinnerte sich 1830 der Korrespondent des Schorn'schen Kunstblattes anläßlich einer Besprechung einer Kunstausstellung in Nürnberg.[37] Im Zusammenhang mit der Begründung und Institutionalisierung der Denkmalpflege spielten entsprechende Versuche eine beträchtliche Rolle. Zu bedeutend war der Anteil der Glasmalerei an der Konstituierung des Raumeindruckes gotischer Sakralräume, als daß man auf ihre verlorene Technik hätte verzichten können. Die entscheidenden Entwicklungen in Deutschland gelangen jedoch der von Ludwig I. gegründeten Kgl. Glasmalereianstalt in München.

Bereits 1818 hatte wiederum der Kronprinz Ludwig wesentlich dazu beigetragen, daß der in Nürnberg tätige Glasmaler Michael Sigmund Frank nach München berufen wurde. Frank kam von der Porzellanmalerei her und arbeitete nach deren Technik zunächst mit auf Glas aufgeschmolzenen Farben. Entsprechend diesem Ausgangspunkt war die seit 1827 von Heinrich Hess geleitete, unter der technischen Leitung von Frank arbeitende Königliche Glasmalereianstalt der Nymphenburger Porzellan-Manufaktur angegliedert und der General Bergwerks- und Salinen-Administration unterstellt. Der erste Plan zur Herstellung größerer Fensterverglasungen galt wiederum dem Bamberger Dom. Nachdem dieser Gedanke über die technischen Schwierigkeiten hinaus auch ästhetische und stilhistorische Probleme machte, entschloß sich Ludwig 1827, die neue Anstalt mit der Ausführung von Glasfenstern für die Westfront des Regensburger Doms zu beauftragen. Im folgenden Jahr wurden die ersten beiden Fenster unter der Leitung von Friedrich Gärtner in die Front des Doms eingesetzt.[38] Glasgemälde in großem Umfang waren schließlich auch der Beitrag Ludwigs I. zur Vollendung des Kölner Doms. Im südlichen Seitenschiff wurden die sog. Bayern-Fenster anläßlich der 600-Jahrfeier der Grundsteinlegung des Doms am 15. August 1848 enthüllt.[39] Vorher war die Trennung der Glasmalerei-Anstalt von der Porzellanmanufaktur erfolgt, nachdem die Anstalt durch die technische und künstlerische Qualität ihrer Produkte und die Kapazität zur Ausführung von Großaufträgen, wie der Farbverglasung der Auer Kirche, europäisches Ansehen erlangt hatte.

Mit seiner Förderung des Weiterbaus des Kölner Doms verwirklichte Ludwig I. noch einmal in großem Stil den Gedanken einer national verstandenen Kunst- und Denkmalpflege. Die nationale Dimension war bei allen denkmalpflegerischen Unternehmungen Ludwigs eine vom Historischen untrennbare Komponente. Die

35 ebenda

36 Oswald Hederer, Friedrich von Gärtner, 1792–1847, Leben, Werk, Schüler, München 1976, S. 218–220

37 Kunstblatt Nr. 97, 1830, S. 385

38 Elgin Vaassen, Die ersten Fenster für den Regensburger Dom aus der Königlichen Glasmalereianstalt, Gründung König Ludwigs I. aus dem Jahre 1828, in Diversarum Artium Studia, Beiträge zu Kunstwissenschaft, Kunsttechnologie und ihren Randgebieten. Festschrift für Heinz Roosen-Runge, Hrsg. von Helmut Engelhart und Gerd Kempter, Wiesbaden 1982, S. 165–184, Abb. 72–78 (171 f.) – Gottlieb Leinz, Ludwig I. von Bayern und die Gotik, in: Zeitschrift für Kunstgeschichte, 44, 1981, S. 399–444 (408)

39 Hermann-Joseph Busley, Ludwig I. und der Kölner Dom, in: Hugo Borger (Hrsg.), Der Kölner Dom im Jahrhundert seiner Vollendung, Bd. 2 Köln 1980, S. 125–139 (133)

Reinigung von barocken Einbauten war nicht zuletzt eine Reinigung vom »französischen Ungeschmack«. Stilreinheit bedeutete auch eine Reinheit der nationalen Dimension, die man der mittelalterlichen Architektur im eigenen nationalen Verständnis gegeben hatte. Dennoch war Ludwigs Haltung dem Barock und Rokoko gegenüber ambivalent. Schon 1823 hatte er sich strikt Klenzes Absicht widersetzt, das Cuvilliés-Theater abzureißen.[40] Das Ehrenhofgitter der Würzburger Residenz hatte er dagegen 1821 entfernen lassen.[41] Ein knappes Jahrzehnt nach seiner Abdankung beobachtete er skeptisch die doktrinäre neugotische Purifizierung der Münchner Frauenkirche mit der Entfernung des Bennobogens.[42] Doch stieß diese unterdessen nicht nur von seiten der Bevölkerung, sondern auch von seiten der Kunstkritik weitgehend auf Ablehnung. Das »Wüten gegen den Zopf«[43], gegen den »Haarbeutel- und Perückenstil« war allmählich einer differenzierteren Beurteilung gewichen, die Denkmalpflege auf dem Weg, den Pluralismus der Stile zu akzeptieren. Der Historismus im Kunstgewerbe vermarktete auch in Deutschland längst die sog. »Königsstile« des Barock und Rokoko.[44]

Norbert Götz

40 Oswald Hederer, Leo von Klenze, München 1964, S. 380

41 Das nach Lukas von Hildebrandts Entwurf mit dem plastischen Schmuck von Johann Wolfgang van der Auvera 1737–45 errichtete Gitter war das Hauptwerk des Würzburger Kunstschmiedes Johann Georg Oegg. 1814 war dem Kronprinzen Ludwig die Würzburger Residenz als Wohnsitz zugewiesen worden. Der elementare Eingriff in Gestalt und Organisation der barocken Schloßanlage kann nicht ohne die Billigung Ludwigs geschehen sein.

42 Norbert Knopp, Die Restaurierung der Münchner Frauenkirche im 19. Jahrhundert, in: Festschrift Leopold Dussler, 28 Studien zur Archäologie und Kunstgeschichte, Hrsg. von J.A. Schmoll gen. Eisenwerth, Marcell Restle, Herbert Weiermann, München/Berlin 1972, S. 393–432 (425)

43 Wilhelm Lübke, Das Restaurierungsfieber, in: Denkmalpflege, Deutsche Texte aus drei Jahrhunderten, Hrsg. von Norbert Huse, München 1984, S. 100–105 (102)

44 Barbara Mundt, Historismus, Kunstgewerbe zwischen Biedermeier und Jugendstil, München 1981, S. 47

Typisierung und Stilwahl im Sakralbau

Es ist üblich geworden, das Wiedererstehen der Sakralbaukunst unter Ludwig I. und das Bemühen um eine adäquate architektonische Formgebung aus der tiefen Religiosität des Königs und aus seiner vielgerühmten Liebe zur Kunst zu erklären. Bekannt ist jedoch auch die Vorstellung von der Bildungsfunktion der Kunst, die der König parallel zur Repräsentation des Königreiches und zu dem Bestreben, Bayern zur Kulturgroßmacht zu erheben, mit seinem Mäzenatentum verfolgte. Die durch die Anschauung des Schönen beabsichtigte moralische Bildung seiner Bürger sollte das Staatswesen vervollkommnen und das Königtum als Orientierungsziel für die Bevölkerung festigen. Auf der Grundlage eines säkularisierten Religionsverständnisses konnte die Religion, wie die Kunst, als Mittel der Staatsführung in Dienst genommen werden.

Schon der Theologe und Lehrer des damaligen Kronprinzen, J. A. Sambuga, hatte auf die staatsdienlichen Leistungen eines religiösen Bewußtseins im Volk hingewiesen:

»Der große Einfluß der Religion auf das Wohl des Staates giebt den Fürsten den Gesichtspunkt, aus welchem sie selbe betrachten sollen.

1. Macht der lebendige Verkehr mit Gott, als Herrn der Welt, die Oberherrschaft des Regenten erträglicher . . .
2. Heiligt die Religion die Person des Fürsten, indem sie dessen Amt aus dem Willen Gottes herleitet . . .
3. Macht die Furcht Gottes die Untertanen gewissenhafter
   a) in der Erfüllung ihrer Pflichten getreuer
   b) dem Geiste nach lenkbarer
   c) für Aufopferung geneigter
   d) in Ertragung manchen Druckes geduldiger
4. Giebt die Religion einen Centralpunkt, den die Welt nicht geben kann . . . Nie wird der, der ohne Religion jemanden als seinen Herrn respectiren, der selbst Herr werden kann.
5. Macht die Religion den Zweck des Staates, die öffentliche Sicherheit erst möglich . . .
6. Beruhigt die Religion im Unglück, entfernet sie die Verzweiflung, bessert sie die Sünder und macht sie wieder zu guten Bürgern; stärket sie die Guten, und ersparet dem Staat Galgen und Schwert.
7. Verbreitet die Religion schönere Sitten und giebt dem Lande eine geweihtere Ansicht.«[1]

Bei Sambuga und ebenso in dem Traktat des konservativen Geschichtsprofessors Görres von 1826 »Der Kurfürst Maximilian der Erste an den König Ludwig von Baiern bei seiner Thronbesteigung«[2] wird der eminent staatspolitische Aspekt offensichtlich, der in der religiösen Restauration auch enthalten war. Unter diesem staatsmännischen Blickwinkel kann die Religionspolitik Ludwig I. als Versuch verstanden werden, seinen Anspruch auf gute Untertanen zu realisieren.

Durch die Auflösung der ökonomischen Macht der Kirche in der Säkularisation und die Freigabe des Landeigentums für den Privatbesitz waren zahllose landwirtschaftliche Arbeiter der Klöster von ihrem herkömmlichen Broterwerb freigesetzt worden und als Handwerker und Tagelöhner in die Vororte der großen Städte gezogen. Die damit erzwungene Änderung der Lebensweise, die vermehrt neue Verelendungsformen produzierte, sollte durch gesellschaftspolitische und rechtliche Maßnahmen für den Staat nützlich gemacht werden. Schon während der Säkularisation war der Aberglauben zugunsten einer »rationaleren« Einstellung zum »Schicksal« bekämpft worden, was gegen die von oben verordneten »Schicksalsschläge« einem Verweis auf staatsdienliche Selbstverantwortlichkeit entsprach. Ebenso erfolgte mit dem Armenprogramm von 1833 die – gegebenenfalls zwangsweise – Verpflichtung der außer Brot gesetzten Arbeiter auf eine nutzbringende Tätigkeit. Die Armut galt als Fehler des Einzelnen, weswegen man ihn unter Staatsaufsicht in Strafarbeitshäusern »erziehen« mußte. Die Beschränkung der kirchlichen Feiertage, die bis dahin etwa die Hälfte des Jahres ausgemacht hatten, brachte eine Verlängerung der Jahresarbeitszeit, deren Erfüllung nachgewiesen werden mußte, um eine Minderung des Steuerdruckes zu erreichen. Parallel zur Idealisierung der »christlichen Familie« als Keimzelle des Staates legalisierte ein Bevölkerungsprogramm die unehelichen Geburten.

1 Hrsg. K. Klein, J. A. Sambugas Auserlesene Briefe meistens an Geistliche geschrieben. Nebst verschiedenen kürzeren Aufsätzen, Fragmenten und Excerpten aus dem Nachlasse des Verewigten, München 1818, S. 292
2 Der Kurfürst Maximilian der Erste an den König Ludwig von Baiern bei seiner Thronbesteigung, Frankfurt am Main 1826

In dieser Situation kämpfte die Kirche nur gegen den Staat, was seine Eingriffe in innerkirchliche Angelegenheiten anging, jedoch an der Seite des Staates, was den Erhalt der Moral betraf. Diese Dienstbarkeit galt ihr als Grundlage für den Erwerb einer Rechtsposition im Staat.

Unter dem Schlagwort des »Bundes von Thron und Altar« war die religiös-monarchische Reform im Widerspruch zu den realen Existenzbedingungen des überwiegenden Teils der Bevölkerung auf eine erneute Durchsetzung des sich auflösenden »sittlichen« Lebensstils berechnet. Deshalb sollte die nach außen vorstellig gemachte Einheit von Königtum und Kirche das »in seiner gesunden noch grünenden Wurzel«[3] religiöse Volk für die von oben verkündete Moral eines guten Untertanen einnehmen und die Unterwerfung unter alle neuen Zumutungen auf die Grundlage der »Einsicht« und damit der Freiwilligkeit stellen.

Gemäß dieser Funktionalisierung der Religion verband sich im Kirchenbau ideell gesehen das allgemeine Ziel der Erhebung durch die Kunst mit dem dem Staatszweck förderlichen Anspruch Ludwig I. auf christliche Wertvorstellungen im Volk. In der Einweihungsrede zur Maria-Hilf-Kirche wurde der pragmatische Zweck, den das Kirchengebäude symbolisieren sollte, deutlich ausgesprochen: »Wohl fühlen wir den tiefen Sinn der königlichen Gabe ... einen Impuls zum Guten, Schönen und Wahren wollte der gütige Landesvater der Gemeinde geben, daß sie strebe nach dem Besseren, daß sie Fortschritte mache in urbaner Bildung und im industriellen Eifer, daß sie mitkämpfe nach jenem Glanzpunkte, den Seine Majestät seinem treu ergebenen Volke vorgestreckt hat und wozu seine Werke den schönsten Typus abgeben.«[4] Der Inhalt, der sich in der Begrifflichkeit des »Guten, Schönen und Wahren«, das dem Volk durch Kunst und Religion nahegebracht werden sollte, verbarg, verlangte ganz konkret die Verfügbarkeit des Untertanen für die Ziele des Staates. Über das auf das Allgemein-Ästhetische beschränkte Erleben hinausgehend, wurde deshalb die Verbindung von Religion und Königsstaat durch die Instrumentalisierung kirchlicher Zeremonien und Ausstattungsgegenstände offensichtlich gemacht. So waren die Tage der Grundsteinlegung und Einweihung eines Kirchenneubaues stets auf die Namens- und Geburtstage eines Mitglieds der Königsfamilie festgelegt, Kirchen- und Altarpatrozinien, auch Glocken wurden nach den Namenspatronen der königlichen Familie benannt, das Mäzenatentum des Königs wurde durch Inschriften verewigt, die ikonographischen Programme von Altären, Fresken und Glasmalereien standen immer wieder in Beziehung zu Königtum und Vaterland.

Doch auch in der Architektur an sich sollte eine inhaltlich definierte Forderung des Königs an sein Volk manifest sein: »Anstaunte man wohl die riesigen Bauten der Münster zu Straßburg; Köln, Freiburg und Ulm; der Dome zu Regensburg und Wien, und in ihnen die Größe unserer Vorahnen, den frommen Sinn derselben, und ihr überall sichtbares Streben mit vereinten Kräften das Höchste zu erzielen, und nicht für den Augenblick, für der Sinne Reiz und Genuß, sondern für Jahrhunderte zu schaffen, und zu wirken, und den Nachkommen den bleibenden Zuruf zu geben: ›Groß *und stark zu seyn wie ihre Väter*‹.«[5] Schon der Form an sich wurden durch den Analogieschluß von ihrer anschaulichen Qualität auf die Charakteristika der jeweiligen Gesellschaft bestimmte moralische und nationale Werte zugesprochen, die je nach Argumentation aus objektiven architektonischen Gesetzmäßigkeiten oder aus geschichtlichen Anspielungen hergeleitet wurden. Dieser Zusammenschluß von Form und Inhalt erklärt das Bemühen, einen Typus für den Kirchenbau zu entwickeln und die damit verbundene heftige Diskussion um die Stilwahl.

Bei der Bedeutung, die Ludwig I. von seinem Religions- und Kunstverständnis her auch dem Kultusbauwesen beimessen mußte, war es nur konsequent, daß es – mit der Säkularisation in Staatshand übergegangen – innerhalb einer zentralistisch geregelten Baubürokratie abgewickelt wurde. In einem Gutachten »Ueber die Organisation des Bauwesens im Königreiche Bayern« sah Hofbauintendant Leo von Klenze »das sicherste Mittel, dem Bauwesen die Richtung zu geben, welche die oberste Staatsgewalt im Sinne hat, ohne in die Nachtheile der Centralisation zu verfallen« darin, »tüchtige Männer zwar nach allgemeinen Normen aber ohne Mirkrokratie frei sich bewegen zu lassen.«[6]

Die Neuordnung des Bauwesens 1829/30 brachte mit der Einrichtung der Obersten Baubehörde und des Baukunstausschusses eine zentrale Kontrolle des gesamten Baugeschehens durch die maßgebenden Architekten Klenze und Gärtner und –

3 ibid., S. 21
4 Zit. in: A. J. N. v. Schaden, Geschichte der Erbauung, Vollendung, Ausschmückung der Maria-Hilf-Kirche in der Münchener Vorstadt Au, München 1839, S. 83
5 ibid.
6 GHA, XIII, 154

in geringerem Maße – Ohlmüller und Ziebland. In den Regierungsbezirken wurden Zivilbauinspektorenstellen bei den königlichen Kreisregierungen eingerichtet. Hier wurde eine erste Auswahl unter den Plänen getroffen, die zur Beurteilung an den Baukunstausschuß in München weitergeleitet werden sollten. Die letzte Instanz in dieser Hierarchie war jedoch der König selbst, dem alle Entwürfe, deren Ausführung mehr als 1 000 fl, in kleineren Gemeinden mehr als 500 fl betrug, zur Genehmigung vorgelegt werden mußten. Die Zivilbauinspektoren hatten dann an Ort und Stelle die plangetreue Ausführung des Bauvorhabens zu überwachen. Es liegt auf der Hand, daß auf diese Weise letztlich das gesamte Bauwesen durch die Entscheidungen Ludwig I. geprägt wurde. Daneben ist aber der Einfluß der Mitglieder des Baukunstausschusses nicht zu unterschätzen. Besonders Klenze und Gärtner hatten Gelegenheit, direkten Einfluß auf den König auszuüben, darüber zu bestimmen, welche Entwürfe er zu sehen bekam, und konnten nicht zuletzt durch das Vorbild ihrer eigenen Entwürfe stilbildend wirken. Aber nicht nur die Bestimmung des Bauplans wurde in München vorgenommen. Die Finanzierung von Kirchenneubauten wurde von der Obersten Baubehörde überprüft. Die Baulast lag im Normalfall bei den Gemeinden, aus denen mit dem revidierten Gemeindeedikt von 1834 eigene Lokalkirchenverwaltungen nach Konfessionen ausgeschieden wurden, um der Verwendung des eingezogenen Kirchenvermögens für nichtkirchliche Zwecke Einhalt zu gebieten. Diese Kirchenverwaltungen setzten sich zusammen aus einem Geistlichen, einem Abgeordneten der Gemeindeverwaltung und 4–8 Gemeindemitgliedern. Ihre Befugnisse bestanden der Form nach in der Wahl des Baumeisters, der Aufzeichnung der kirchlichen Baufälle und der Erstellung von Kostenvoranschlägen, praktisch waren sie jedoch auch in diesen Kompetenzen von der letztgültigen Entscheidung in München abhängig. So war es durchaus keine Seltenheit, daß die von einer Gemeinde eingereichten Entwürfe abgelehnt und durch neue Pläne aus München ersetzt wurden. War das Kirchenvermögen während der Säkularisation direkt an den Staat gelangt, erkannte dieser über den Entschädigungsfonds des Reichsdeputationsabschiedes die Baupflicht an, falls keine sonstigen Kirchenmittel mehr vorhanden waren. Aber beim Bau der Maria-Hilf-Kirche z.B. wurde der Hinweis der Gemeinde auf eine Verbindlichkeit der Staatskasse zur Errichtung einer Pfarrkirche an Stelle der zu anderen Staatszwecken verwendeten vier Kirchen der Au abgewiesen. Bei der Auflösung des Paulanerklosters sei dessen Vermögen mit der Verpflichtung an den Staat übergegangen, der Gemeinde Au eine Pfarrei zu verschaffen. Diese Verpflichtung sei 1802 mit der Erhebung der alten Maria-Hilf-Kirche zur Pfarrkirche und der Anstellung von fünf Priestern eingelöst worden. »Daß die Bevölkerung der Vorstadt Au im Verlaufe von 28 Jahren auf das Doppelte gestiegen ist, kann das Staatsaerar zu neuen Leistungen in befraglicher Hinsicht rechtlich nicht verpflichten.«[7] Die Kosten für den Bau der Maria-Hilf-Kirche wurden schließlich durch eine Spende des Königs und eine Kreditaufnahme der Kirchenverwaltung gedeckt. Ähnlich wie die Stadtgemeinde München beim Bau der Ludwigskirche lehnte die Auer Gemeinde eine Erhöhung des Local-Malz-Aufschlages, der das Grundnahrungsmittel Bier betraf, zur Finanzierung des Kirchenbaues zunächst ab, »da die Verhältniße der hiesigen Gemeindemitglieder, von denen mehr als drei Vierttheile sind, welche dem täglichen Verdienst ihre Subsistenz verdanken, eine höhere Belastung nicht gestatten.«[8] Das Vorgehen im Fall der Maria-Hilf-Kirche war keine Ausnahme. Für die Gemeinden und damit für die Bevölkerung brachte diese rigorose Finanzpolitik – oft eine indirekte Besteuerung – große Härten mit sich, besonders dann, wenn wie z.B. bei den katholischen Kirchen von Homburg und Neupotz in der Pfalz auch in den sehr armen Landgemeinden solche Projekte vom König favorisiert wurden, die die Finanzkraft der Gemeinden absolut überstiegen. So veranlaßte auch nicht die Not der Bürger, sondern erst die Verschuldung der Gemeinden und wachsender Widerstand im Parlament den König 1840 zu der Bestimmung, »daß sich künftig die Entwürfe zu neuen Landbauten auf das unabweislich genau zu constatirende Bedürfnis«[9] beschränken sollen. In diesem Zusammenhang wird die Erweiterung bestehender Kirchenbauten verständlich, die nicht immer nur aus denkmalpflegerischen, sondern auch aus Sparsamkeitsgründen veranlaßt wurde. Allein in der Pfalz finden sich etwa 40 Projekte, bei denen das alte Kirchenschiff vergrößert oder der Turm des Vorgängerbaus in den Neubau miteinbezogen wurde, um die Kosten zu vermindern.

7 StA München RA Fasz. 663 Nr. 11806 Bd. 1, 22. Sept. 1830
8 ibid., 22. Okt. 1830
9 Zit. in: H.-J. Kotzur, Forschungen zum Leben und Werk des Architekten August von Voit, Heidelberg 1978, Bd. 1, S. 73

Parallel zur Heranziehung seiner Untertanen darf jedoch auch die unter dem Titel »Mäzenatentum« vielzitierte Beteiligung Ludwig I. an der Kirchenbaufinanzierung nicht unerwähnt bleiben. Schon aus dem Verhältnis des Königs zu seinen Untertanen und der Indienstnahme von Kunst und Religion für die Vermittlung einer staatstauglichen Einstellung im Volk geht hervor, daß das »Mäzenatentum« Ludwig I. vor allem das Mittel des politischen Zweckes sein sollte, das Verhältnis der Bürger zum Königtum in allen Schichten auch bewußtseinsmäßig zu festigen. Die tatsächlich zahlreichen Spenden aus der königlichen Privatkasse entlarven sich bei näherer Kenntnis der Quellen nahezu alle durch ihren kalkulierten Einsatz. In einer Rechtsposition, in der die Gemeinden die Durchführung eines Kirchenbaus boykottieren konnten, indem sie die Finanzierung verweigerten, waren die meist mit Bedingungen verknüpften »Geschenke« des Königs die Handhabe zur Durchsetzung der von ihm bevorzugten Entwürfe. Die Gemeinden konnten diese, die Kosten immer nur zum geringsten Teil deckenden Spenden kaum ablehnen, waren aber mit ihrer Annahme auf die Ausführung des vom König genehmigten Entwurfs und die Übernahme des weitaus größeren Kostenanteils verpflichtet. Unabhängig vom Verhältnis der vom König aufgebrachten Spende zur Höhe der Gesamtkosten wurden solche Kirchenbauten stets der Anlaß, sie als Großtat des Königs auszugeben und ihn als Erfüller der Bedürfnisse der Bevölkerung darzustellen, der damit berechtigterweise ihre Dankbarkeit einfordern konnte. Im Sinne dieser offiziellen Präsentation wurde z.B. in den Festreden zur Grundsteinlegung der Ludwigskirche in München die Großmut und Freigebigkeit des Königs überschwenglich gelobt und die Einigkeit von König und Gemeinde besonders betont, während die Akten den erbitterten Kampf der Gemeinde gegen den Kirchenneubau belegen. Die Quellen zur Maria-Hilf-Kirche in der Au verdeutlichen überdies die Diskrepanz zwischen staatlich purifizierter Religion und dem Anspruch, das Kirchengebäude als Kunstwerk zu verstehen einerseits und den Bedürfnissen der einfachen Leute andererseits. Der Protest der Gläubigen gegen die Entfernung der wundertätigen Muttergottesstatue, der 1840 auch zum Erfolg führte, läßt erkennen, daß sie in der bloßen Morallehre und der rein ästhetischen Anschauung keine Antwort auf ihre Existenzsituation sahen. Die Unduldsamkeit gegenüber Kritik an der Kirchenbaupolitik des Königs zeigt sich an den staatlichen Repressionen gegenüber dem Pfarrer von Rinnthal, der die hohen Baukosten der neuen Kirche moniert hatte.

Schließlich sei darauf hingewiesen, daß mit der Veranstaltung von regional begrenzten oder sogenannten allgemeinen Hauskollekten wiederum die Bevölkerung zur Aufbringung der Gelder für den Sakralbau aufgerufen war.

Die Rolle, die Ludwig I. den kirchlichen Behörden im Kirchenbauwesen einräumte, beschränkte sich auf eine beratende Funktion. 1833 erhielten sie ein Mitspracherecht bei der Erbauung von Kirchen und Kapellen. Alle Entwürfe sollten vor Baubeginn den bischöflichen Ordinariaten und protestantischen Consistorien vorgelegt werden, »damit dieselben ad a. ihre etwaigen Erinnerungen über den Plan und ad b. ihre Aeußerungen über den Vollzug etwaiger Wünsche bei der inneren Einrichtung abgeben können.«[10]

Die genannten technischen Regelungen zur Zentralisation des Bauwesens allein genügten jedoch nicht, um eine neue Sakralbaukunst entstehen zu lassen, die nicht an vorsäkulare Kirchenbauformen anknüpfen konnte und wollte, sich aber auch nicht mehr mit den klassizistisch-uncharakteristischen Bauformen begnügen wollte, wie sie z.B. noch in Klenzes Planungen für St. Matthäus vorgesehen waren.[11] Mit der gesellschaftspolitischen Aufwertung der Religion ging die Forderung nach einem neuen Kirchentypus, der den sakralen Charakter des Gebäudes sinnfällig machen sollte, konform.

Ein erster Versuch, »den allgemeinen festen Begriff architektonischer Regel und Form auszubreiten, und somit auch beizutragen, in diesem Fache dem Streben der Zeit eine und wo möglich dieselbe Richtung zu geben«[12], war Klenzes Musterbuch »Anweisung zur Architectur des christlichen Cultus«. In erster Auflage 1822 und – nach über 10 Jahren, trotz der Hinwendung zu mittelalterlichen Formen in der Baupraxis, immer noch Gültigkeit beanspruchend – in zweiter Auflage 1834 erschienen, wurde das Werk Klenzes, der in diesen Jahren vom Hofbau-Intendanten und Oberbaurat zum Leiter des Baukunstausschusses und der Obersten Baubehörde avanciert war, an Städte und andere größere Ortschaften verteilt, um »den Bauverständigen *gute Muster* zu verschaffen, um in vorkommenden Baufällen

10 G. Döllinger (Hrsg.), Sammlung der im Gebiete der inneren Staatsverwaltung des Königreiches Bayern bestehenden Verordnungen, aus amtlichen Quellen geschöpft und systematisch geordnet, München 1835–1839, Bd. 16 § 11, Verordnung vom 21. Nov. 1833

11 vgl. S. Habermann, in: W. Nerdinger (Hrsg.), Klassizismus in Bayern, Schwaben und Franken, Ausst. Kat. München 1980, S. 162

12 L. v. Klenze, Anweisung zur Architectur des christlichen Cultus, München 1822, Vorwort S. II

in Anwendung gebracht zu werden.«[13] Den Umstand, daß diese erste Sammlung von Musterentwürfen, der ursprünglich weitere Bände mit Beispielen für städtische Zweckbauten folgen sollten, sich gerade auf den Kirchenbau bezog, erklärt Klenze mit der engen Verbindung von Kunst und Religion und deren Wirkung auf die Allgemeinheit: »Es ist aber durch die Geschichte aller Zeiten bewährt, daß, was in der plastischen Kunst besonders aber in der Architektur für religiöse oder vielmehr gottesdienstliche Zwecke geschieht, den Vorrang vor allem andern hat, und kräftiger als alles andere in das innere Leben der Völker und ihre Kunstbildung eingreift. Dieses ist so gewiß, daß man ohne Scheu behaupten kann, daß wo kein äußerlicher Gottesdienst ist, und wo dieser keine feste Gestaltung hat, nie irgendeine Kunst zur Blüthe gelangen kann.«[14] Von den allgemeinen Gesetzen der Architektur ausgehend, gelangt Klenze zu der Überzeugung, daß die »griechische in sich die vollkommene genannt werden« müsse und daß sie als »Architektur aller Zeiten und Länder besonders aber als durchaus wahr, wesentlich und positiv, auch als die Architektur des wahren, wesentlichen und positiven Christenthums anzuerkennen«[15] sei. Als den Idealtypus eines christlichen Kirchengebäudes propagiert

13 Zit. in: H.-J. Kotzur, Forschungen zum Leben und Werk des Architekten August von Voit, Heidelberg 1978, Bd. 1, S. 395f, Anm. 277

14 L. v. Klenze, Anweisung zur Architectur des christlichen Cultus, München 1822, Vorwort S. III

15 ibid., S. 7

L. v. Klenze, Tafel X aus der »Anweisung«

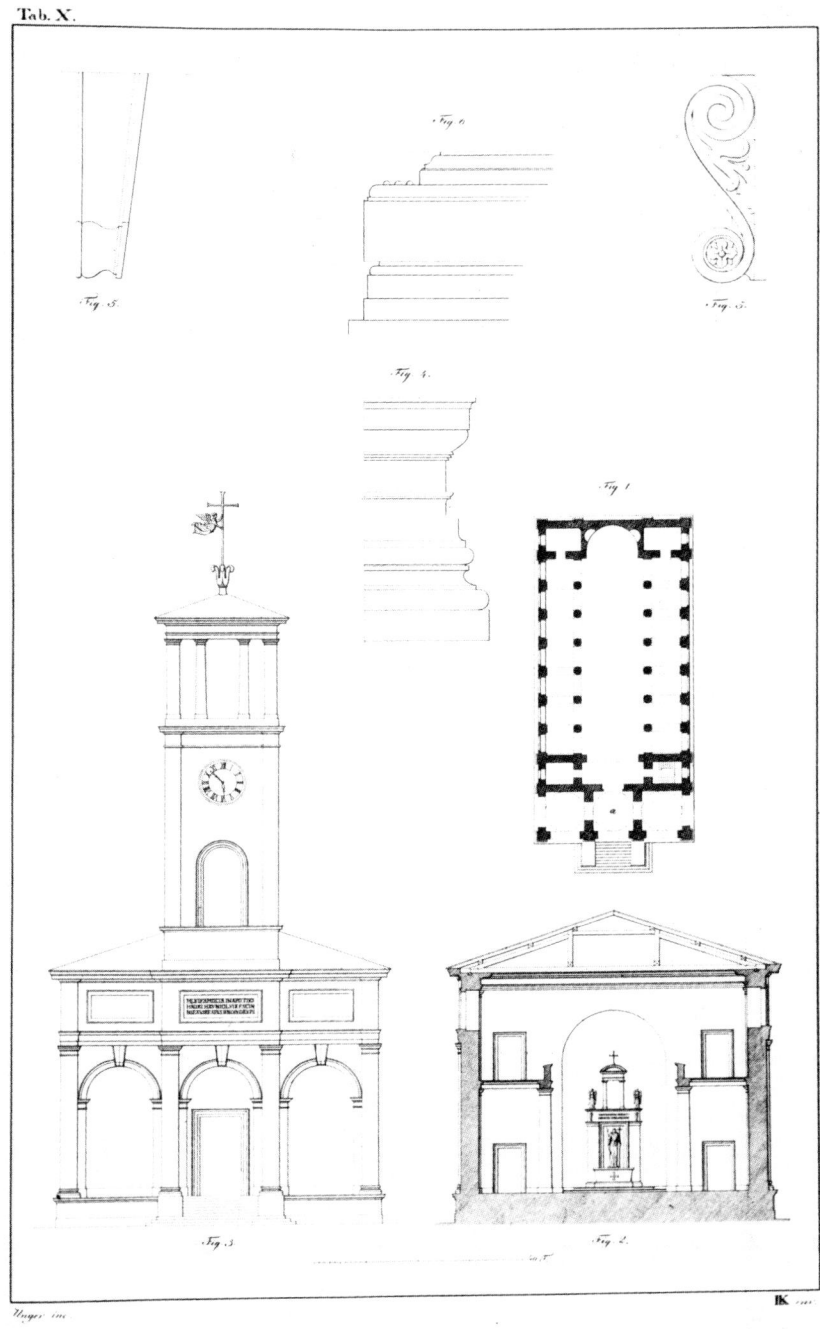

Klenze die Basilika, die für ihn den einfachen Saalbau miteinschließt. Sie solle einen möglichst einfachen Grundriß ohne Kapelleneinbauten, aber mit einer Vorhalle haben. Die Sakristeiräume sollten so in den Grundriß eingefügt werden, daß der Außenbau nicht durch Anbauten verdorben werde. »Eines der unumstößlichsten Haupterfordernisse des christlichen Kirchenbaues« seien jedoch »mit dem Ganzen und namentlich mit der Vorderseite des Baues in organische Verbindung« gesetzte Türme, »wie man es im Mittelalter gewöhnlich zu thun suchte«.[16] Kuppeln seien nicht absolut zu verurteilen, jedoch nicht unbedingt zum Typus christlicher Kirchen gehörig. Der Außenbau habe sich bis jetzt, »solange man wieder antike Formen anwendet, noch durchaus zu keinem Typus und zu keiner Einheit . . . erheben«[17] können. Ein einfacher »Oblongus« mit Giebeldach und hervorgehobe-

16 ibid., S. 18
17 ibid., S. 19

nem Eingang würde den Zweck am besten erfüllen. Besonders an katholischen Kirchen solle am Äußeren nie mehr als ein Hauptstockwerk bezeichnet werden. »Insofern aber für protestantische Kirchen Emporen als ein wesentlicher unumgänglich nöthiger Theil des Baues angesehen würden, läge hierin ein Motiv zu weniger Strenge über diesen Punkt, und es wäre dann nur der Wohnhausstyl zu vermeiden.«[18] Das Kircheninnere gewähre »die schönste Gelegenheit inniger Vereinigung der drey Schwestern: der Architektur, Bildhauerkunst und Malerey, in ihrem frommen Streben durch die Nebenzweige des Ornamentes, der Gold- und Farbenpracht unterstützt.«[19] Die Entwürfe Klenzes wollen Kirchentypen für Stadt- und Landkirchen vorgeben. Stilistisch unterscheiden sich seine Vorschläge gegenüber den gleichzeitigen gebauten Landkirchen, wie etwa der Kirche des Communal-Bauinspektors Johann F. Schwarze in Katzweiler (1822–1826), durch eine größere historische Genauigkeit bei der Übernahme antiker Formen. Wie schon aus seinen Erläuterungen zu ersehen ist, hält Klenze aber nicht starr am Schema griechischer Architektur fest, sondern versucht eine den zeitgenössischen Zwecken entsprechende Umsetzung griechisch-römischer Architekturformen. Die Bedeutung von Klenzes Musterentwürfen liegt also in dem Versuch, mit dem ihm verfügbaren klassizistischen Formenrepertoire einen Kirchenbautypus zu entwickkeln, eine architektonische Grundform, die ausschließlich für den Sakralbau Gültigkeit beanspruchen konnte. Die Wirkung von Klenzes Programmschrift ist bisher noch nicht hinreichend untersucht worden. Feststellen läßt sich aber, daß viele Landkirchen in der Anlage des Grundrisses und der Raumform seiner Konzeption folgen, sich in der Auffassung und im Stil jedoch zunehmend vom vorgegebenen Formenkanon lösen. Gar keine Nachfolge gefunden haben seine sakralen »Prachtbauten«. Dazu gehören die Entwürfe, in denen er versucht, die Kapellen als eigenständige Gebäude durch einen Säulengang mit der Hauptkirche in Verbindung zu setzen, so daß sich ein mehrteiliger Bautenkomplex ergibt, und die Entwürfe, in denen er mit der mehrfachen Übereinanderstellung kreisförmig angeordneter Säulen »der Urgestalt unserer Kirchthürme, dem Septizonium«[20], sich zu nähern versucht. Im Vorwort der »Anweisung« betont Klenze ausdrücklich den Vorrang der Praxis vor der Theorie. Getreu dieser Wertung und der Vorstellung, daß sich die Architektur »nur von dem Mittelpunkte der Staaten aus«[21] entwickeln könne, griff er auch als ausübender Architekt in das Kirchenbauwesen ein. Mit der Errichtung von Musterbauten verfolgte er den Zweck, den Münchener Stil über die Hauptstadt hinaus in die Provinz zu verbreiten. Seine Beteiligung an den Kirchen von Eggolsheim, Eltmann und Elbersberg in Franken darf angenommen werden, zumindest stehen sie unter seinem maßgeblichen Einfluß.[22]

Auch die protestantische Kirche von Rinnthal und die Leichenhalle in Kaiserslautern gehören zu Klenzes Musterbauten der späten 20er und frühen 30er Jahre. Nach dem Grundrißschema des ersten Leichenhauses in Deutschland, das 1819 in München gebaut worden war, erhielt Kaiserslautern ein längsrechteckiges Gebäude mit drei nahezu gleichgroßen Räumen. Der eingeschossige Bau mit umlaufendem Sockel und Gebälk hat einen dorischen Portikus und je drei architravierte Fenster an den seitlichen Gebäudeteilen. 1934 beschlossen die Nationalsozialisten, das Gebäude als Ehrenmal zu verwenden. Diese Art der Nutzung zeigt den monumentalen Charakter der Leichenhalle auf. Auch der Stadtrat von Kaiserslautern war mit dem Klenze-Entwurf nicht einverstanden gewesen, wurde jedoch von Bezirksingenieur Beyschlag mit den Worten abgewiesen: »Ist der Stadtrat von Kaiserslautern competent, in technischen von hoher kgl. Regierung genehmigten Geschmackssachen, welche architektonische Kenntnisse erfordern, zu urtheilen?«[23]

Ein anderes Monument der von Klenze propagierten Architekturrichtung sollte die als Prostyl-Tempel konzipierte Kirche von Rinnthal werden, die J. D. Ohlmüller 1830 unter Klenzes Leitung entwarf. Gerade dieses Beispiel zeigt aber, daß der Klassizismus bereits überholt war. Die Kirche von Rinnthal fand lediglich in L. Schmidtners Entwurf für St. Ludwig in Ansbach Nachfolge, hatte aber als Musterbau weiter keine zukunftsweisende Wirkung mehr. Sie bezeichnet vielmehr den Höhe- und Schlußpunkt klassizistischen Bauens in der Pfalz. Schon bei der Vollendung des Baues 1834 wurde der antike Baustil kritisiert, der nicht mehr als passend für christliche Kirchen empfunden wurde. Anschaulich zusammengefaßt findet sich dieser Standpunkt in einem romantischen Wanderbuch durch die Pfalz:

18 ibid.
19 ibid., S. 20
20 ibid., S. 30
21 ibid., Vorwort S. I
22 M. Sczesny, L. v. Klenzes ›Anweisung zur Architectur des christlichen Cultus‹, Diss. München 1967, Druck Hamburg 1974, S. 26ff
23 Zit. in: H.-J. Kotzur, Forschungen zum Leben und Werk des Architekten August von Voit, Heidelberg 1978, Bd. 1, S. 71

»Ich kenne weder den Namen noch die Person des Baumeisters, will auch glauben, daß er ein recht tüchtiger Mann sei, aber er möge mir nicht gram werden, wenn ich ihm sage, eine Kirche zu bauen versteht er nicht. Das ist freilich nicht jedem gegeben; es gehört dazu nicht blos die Wissenschaft der Kunst, auch nicht blos Geschmack, sondern vor allem jener tiefe christliche Sinn, der die alten Baumeister zu den Schöpfern der unübertrefflichen Muster im Kirchenstyle gemacht hat. Wende mir nicht ein: Eine protestantische Kirche macht ihre eigenen Anforderungen. Ich weiß das, aber griechische Tempel genügen ihnen nicht . . . Darum sind der byzantinische und gothische Kirchenstyl so unübertrefflich, weil ihnen eine christliche Idee zum Grunde liegt.«[24]

Der Verfasser trifft mit seinem Vorwurf ins Zentrum der mit dem Stilpluralismus schon vor Klenzes klassizistischen Musterbauten eröffneten Diskussion. Zwar schien mit Klenzes Turmfassaden, Basiliken und Saalräumen ein Kirchentypus gefunden worden zu sein, doch konzentrierte sich jetzt das Interesse darauf, einen den christlichen Konfessionen entsprechenden Stil zu entwickeln.

Die Klassizisten wollten die antike Architektur als allgemeingültige, für jeden Zweck, jede Zeit und jedes Volk geeignete Stilform erkannt haben und Unterschiede in der Hierarchie der Bauaufgaben vornehmlich über die Säulenordnungen herstellen. Aus dem mit den Klassizisten gemeinsamen Gedanken einer Rückwirkung der Kunst auf das Leben und der Aktualisierung historischer Formen heraus propagierten die Verfechter der »altteutschen« Kunst demgegenüber eine nach Bedeutsamkeit und Völkern unterschiedene Stilverwendung. Gegen die Absicht der Klassizisten, mit der Architektur die dem Menschen innewohnende Fähigkeit der Vernunft anzusprechen, setzte die aus Romantikerkreisen hervorgehende Architekturidee auf die Erweckung von Gefühlen, die angeblich dem Volkscharakter adäquate christliche und nationale Werte im Betrachter und Benutzer wiederaufleben lassen sollten. Mit der Aufnahme gotischer Bauformen wollten sie eine nationale, christliche Kunst- und Lebensform erneuern, die sie in einem idealisierten Mittelalter verwirklicht sahen. Während Klenze in seiner »Anweisung« einerseits ganz rationalistisch die Auffassung vertrat, »Der Fromme kann endlich überall from seyn«[25], um sich dann aber doch auf die Geschichte als Entscheidungsinstanz zu berufen, galt den Neugotikern die gotische Form als Ausdruck deutschen Wesens und christlicher Einstellung und schien damit die für den christlichen, besonders den katholischen Kirchenbau prädestinierte Stilform zu sein. Das deutsche Volk zeigte sich im Mittelalter »als Träger der inneren Entfaltung des Christenthums, und somit auch der religiösen Kunst desselben« und »erfand einen ganz neuen Kirchenbaustyl, der unter dem Namen des gothischen, oder besser deutschen und germanischen bekannt ist.«[26]

Dem weltanschaulichen Ausgangspunkt, der Sehnsucht nach dem goldenen Zeitalter, also dem Blickpunkt auf die Erweckung eines Lebensgefühles gemäß, wurde die Liebe zum Mittelalter zunächst in historische Vereinigungen, wie z. B. der »Gesellschaft für Deutsche Altertumskunde von den drei Schilden« gepflegt. Dieser 1831 gegründete Verein beschäftigte sich als erster auch mit der Erforschung der »altteutschen« Kunst. Mitglieder waren u. a. J. D. Ohlmüller, F. Gärtner, D. Quaglio, F. Beck und S. Boisserée. Eine erste Auseinandersetzung mit gotischer Baukunst in künstlerischer Form sind Quaglios Mappenwerke mit zum Teil historisch getreuen, zum Teil erfundenen Darstellungen gotischer Bauwerke. Sein Bestreben war es, dem »romantischen Lebensgefühl« als einer von der Architektur ausgehenden Stimmung Ausdruck zu verleihen. Erst 1834 erschienen die romantische »Geschichte eines deutschen Steinmetzen« und die »Andeutungen zu einer tieferen Begründung der Geschichte der religiösen Kunst« von F. Beck. 1836 folgte vom selben Autor »Gothica oder Wiedererweckung der deutschen Baukunst von dem sittlichen Standpunkt betrachtet«. Anders als Klenze kam es den Gotik-Verfechtern zu diesem Zeitpunkt noch nicht so sehr auf die Festlegung eines Kanons bestimmter historisch richtiger Formen an, sondern auf die Vermittlung einer bestimmten Einstellung und ihres Ausdrucks in gotisch anmutenden Formen. Die 1831 begonnene Maria-Hilf-Kirche liefert jedoch den Beweis, daß über dem Bemühen, die Verwendung des gotischen Stiles zu legitimieren und durchzusetzen, das Wissen um mittelalterliche Konstruktion und Formgebung nicht vernachlässigt worden war. Erst 1840 veröffentlichte ein anderes Vereinsmitglied, F. Hoffstadt, ein »Gothisches A-B-C-Buch, das ist: Grundregeln des gotischen Styls für Künstler und Werkleute«. In der Vorrede beklagt der Autor, daß

24 ibid., S. 86 zit. nach: F. Blaul, Träume und Schäume vom Rhein, 1838

25 L. v. Klenze, Anweisung zur Architectur des christlichen Cultus, München 1822, S. 21

26 F. Beck, Andeutungen zu einer tieferen Begründung der Geschichte der religiösen Kunst, München 1834, S. 15

F. Hoffstadt, Entwurfsmusterblatt aus
»Das gothische ABC«

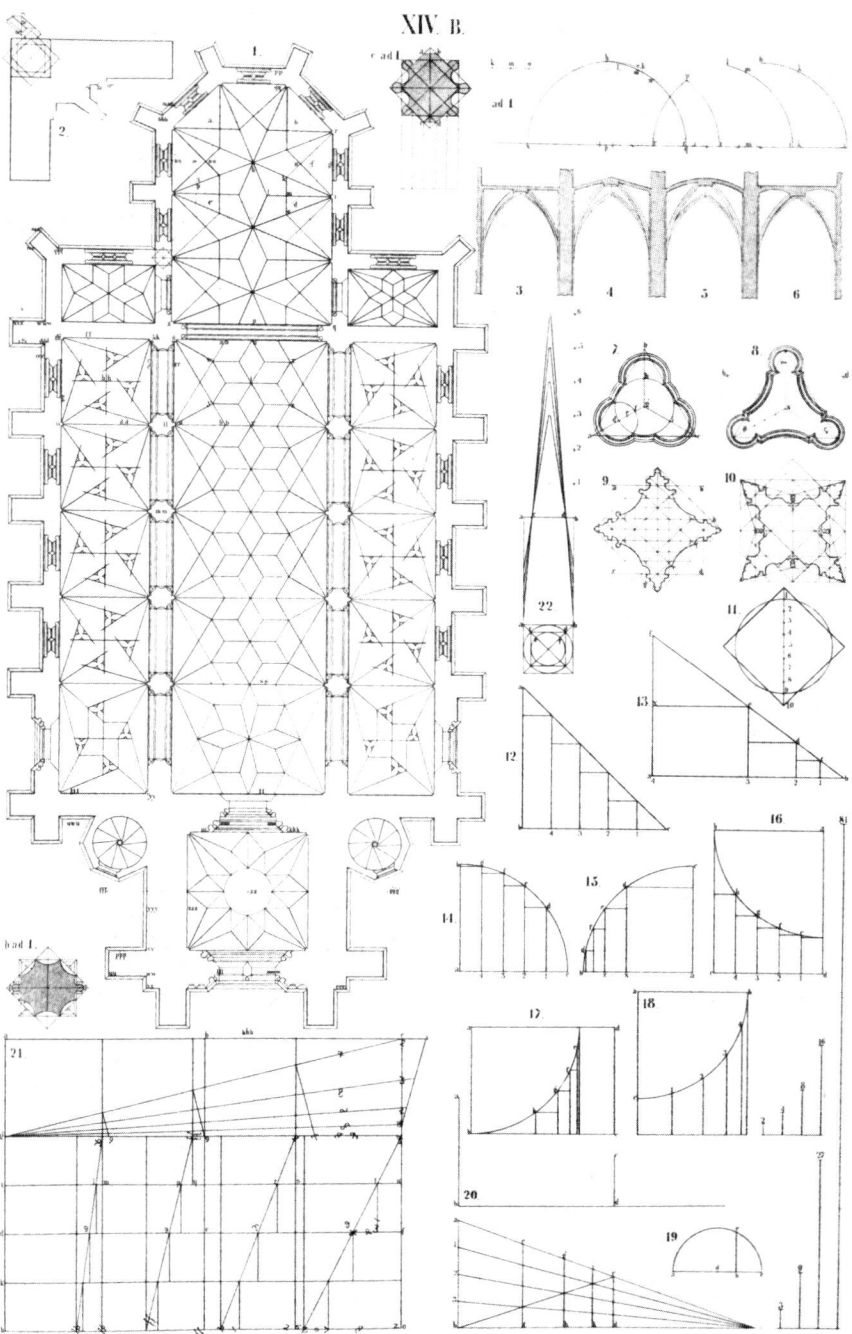

man bisher versucht habe, aus verschiedenen Originalen bestimmte Details zu entlehnen und sie zu einem Ganzen zu verbinden. Seine Vorlegeblätter dagegen enthielten keine Kopien nach alten Mustern, sondern »eine selbständige Produktion und Construction sowohl der Grund- als Verzierungsformen des gothischen Styles aus geometrischer Grundlage nach den nämlichen Regeln, deren sich die alten Meister bedienten.«[27] Hoffstadts Musterbuch steht in extremem Gegensatz zu Klenzes »Anweisung«. Vom Gedanken einer Grundformel ausgehend, aus der sich sämtliche gotischen Formen ableiten lassen sollten, befaßt er sich in 40 Einzelabschnitten mit der »Winkelgerechtigkeit«, dem »Grundquadrat«, der »Construction der Diagonale des Kubus aus demselben«, also mit der »Geometrie als Wurzel aller Formen«[28], und bildet bis auf einen Gesamtentwurf nur geometrische Schemata und Detailformen ab.

27 F. Hoffstadt, Gothisches A-B-C-Buch, das ist: Grundregeln des gothischen Styls für Künstler und Werkleute, München 1840, Vorrede

28 ibid., Kapitelüberschriften

Die Diskussion um die Gotik war so sehr als moralische Diskussion um christliche Werte geführt worden, daß Klenze diese Argumentation beim Bau der Ruhmeshalle gegen die Gotiker wenden konnte: »Der Charakter der Geschichtsperiode in welcher der Spitzbogenstyl ausgebildet ward, ist der der christlichen Resignation und Selbstverleugnung. Schon der Name Ruhmeshalle bezeichnet etwas, was im Charakter des Mittelalters durchaus nicht begründet ist.«[29] Eine Bemerkung Ludwig I. über den Wittelsbacherpalast zeigt, daß sich der König in diesem Punkt durchaus mit Klenze einig war: »Im Spitzbogenstyl ist der Palast, der aber weder des Baumeisters, des verstorbenen Gärtner, Wahl, noch meine war . . . Für Kirchen finde ich ihn geeignet, nicht für uns.«[30]

Zwischen den Extrempositionen Klassizismus und Gotik nahm F. Gärtner eine Mittelstellung ein. Allerdings glaubte auch er mit seinen Rundbogenformen einen Stil zu schaffen, der besonders für Kirchenbauten geeignet sein müsse.

Mit seiner Entscheidung für den Stilpluralismus im Kirchenbau wartete Ludwig I. ein Ergebnis dieser vielschichtigen Diskussion nicht ab: ». . . nicht Einen der nach Ursprung und Typen unter sich so verschiedene Style christlicher Vorzeit wollte er mit Bevorzugung ausgewählt und mit starrer Consequenz festgehalten wissen, sondern alle, welche je als die geschichtlichen Wende- und Glanzpunkte der Kirchenbaukunst Epoche machten.«[31] So ließ der König in München vier Kirchen errichten, die die Hauptströmungen des christlichen Kirchenbaus repräsentieren sollten und den Anfangs- und Höhepunkt des frühhistoristischen Sakralbaues in Bayern darstellen. Der von J. N. Pertsch noch stark klassizistisch orientierte querovale Zentralbau der protestantischen Kirche St. Matthäus (1827–1833) am Karlsplatz, der ebenfalls in diesen zeitlichen Zusammenhang gehört, stellt insofern eine Ausnahme dar, als er weder beim König noch beim Volk Anklang fand. Anders jedoch als Métiviers Synagoge (1824–1826), deren profaner Außenbau ihre Bestimmung als Kultusgebäude verbarg, war schon St. Matthäus als Repräsentationsbau der religiösen Toleranz des Königreiches errichtet worden.[32] Mit dem Auftrag an Klenze, die Allerheiligenhofkirche im byzantinischen Stil zu entwerfen, ebnete Ludwig I. selbst dem Stilpluralismus den Weg. Gleichzeitig gab der König seine ausschließliche Vorliebe für Klenze auf. In der Folge standen die Namen Klenze, Gärtner, Ohlmüller und Ziebland jeweils für ein Kirchengroßprojekt in München.

Die dem Residenzbereich zugeordnete Allerheiligenhofkirche (1826–1837) sollte gemäß dem Wunsch des Königs nach dem Vorbild der Cappella Palatina in Palermo erbaut werden und den »romanischen Rundbogenstyl« wiederaufnehmen. Mit der Ludwigskirche (1829–1844) erhielt F. Gärtner die Möglichkeit, seine Idee von einem neuen Stil in Rundbogenformen in die Tat umzusetzen. Der romantisch-italienisierende Bau setzte den entscheidenden Akzent in der Ludwigstraße und war die erste Bauschöpfung im sog. Gärtnerstil. Als erster neugotischer Kirchenbau in Bayern wurde die Maria-Hilf-Kirche in der Au (1831–1839) ausgeführt. Ohlmüller, der auf ausdrücklichen Wunsch des Königs mit diesem Kirchenbau beauftragt wurde, war Ludwig I. bereits durch einen neogotischen Entwurf für die Walhalla[33] als Vertreter des »altteutschen« Stiles bekannt. Ziebland schließlich wurde vom König zu Architekturstudien nach Italien geschickt, bevor er St. Bonifaz (1834–1847) im Stil frühchristlicher Basiliken errichtete.

Die gezielte Auftragsvergabe durch den König zeigt, daß er mit den Münchener Kirchen bewußt neue Richtlinien in der Stilwahl vorgeben wollte. Eine über die verschiedenen historischen Stilanleihen und den jeweiligen Funktionsraum hinausgehende Gemeinsamkeit dieser Kirchenbauten liegt in der farbigen Gesamtausstattung der Innenräume, die als »romantische Farbräume« in mehreren Varianten zu einem eigenen Typus ausgebildet wurden.

Schon das Ausmaß, der Aufwand und die Pracht dieser Großprojekte verschloß den Zivilbauinspektoren auf dem Land die Möglichkeit, hier ihre unmittelbaren Vorbilder für die Gesamtkonzeption einer Kleinstadt- oder Dorfkirche zu suchen. Die Absicht, parallel zu diesen hauptstädtischen Planungen einen eigenen Typus für den Landkirchenbau zu entwickeln, wurde an den Musterbauten Klenzes bereits aufgezeigt. Diese standen jedoch in der Stilwahl hinter der Münchener Entwicklung zurück und könnten als Versuch Klenzes interpretiert werden, abseits des kunstpolitischen Zentrums am Konzept der »Anweisung« festzuhalten. Noch bevor aber der letzte klassizistische Klenzebau in der Provinz vollendet war, machte sich auch hier der Einfluß des Stilpluralismus geltend.

29 Zit. in: G. Leinz, Ludwig I. von Bayern und die Gotik, in: Zeitschrift für Kunstgeschichte, 44, 1981, S. 429

30 H. Reidelbach, König Ludwig I. von Bayern und seine Kunstschöpfungen, München 1888, S. 212

31 M. A. Gessert, Die fünf neuen Kirchen Münchens in Bildern und Beschreibung für Besucher derselben und Kunstfreunde im Allgemeinen, München 1847, S. 7

32 vgl. G. Dischinger, in: W. Nerdinger (Hrsg.), Klassizismus in Bayern, Schwaben und Franken. Architekturzeichnungen 1775–1825. Ausst. Kat. München 1980, S. 84f und 112f

33 vgl. W. Nerdinger, in: ibid., S. 325ff

F. Bürklein, Musterentwurf für eine protestantische Kirche, Arch.Slg. TUM

So stellte u.a. F. Bürklein einen neuen Typus für eine protestantische Kirche auf dem Lande in Rundbogenformen vor, dessen Grundriß von Ohlmüllers Maria-Hilf-Kirche inspiriert scheint. Auch die 1833 von Gärtner entworfene Ludwigskirche in Karlshuld und Ohlmüllers Theresienkirche in Hallbergmoos sind erste Beispiele für den Typus einer billigen Landkirche im Rundbogenstil. Verbindlich ist auch hier der von Klenze eingeführte Saalraum, doch ist jedes antikisierende Detail vermieden. Besonders Gärtner – ebenso Ohlmüller in der byzantinischen Kapelle in Possenhofen – betont in der Fassadengliederung die Vertikaltendenz und verwendet zur Wandgliederung Lisenen und profilierte Gewände.

Den Kirchenbau für die unterfränkische Kleinstadt Eltmann zog Klenze 1830/1831 mit Billigung des Königs an sich, obwohl diese Entwurfsaufgabe in den Kompetenzbereich des Mitgliedes des Baukunstausschusses Gutensohn fiel. An dem für eine Landgemeinde ungeheuren Kostenaufwand von 69196 fl läßt sich ersehen, daß die Bedeutung dieses Musterbaues einzig in der Vermittlung des »richtigen« Gebäudetypus bestand. Die Angemessenheit des Baues im Hinblick auf das Verhältnis von Bedürfnis und Aufwand wurde völlig vernachlässigt. Klenzes Zwecksetzung bestand offenbar nicht darin, ein Vorbild für eine den Forderungen entsprechende, aber billige Landkirche zu entwickeln. Dementsprechend heißt es zur aufwendigen Kirche in Eltmann in einem Schreiben des Rentamtes: »Kirchen und alle öffentlichen Bauten sollen nach der Ansicht Sr. Majestät des Königs in

F. v. Gärtner, Entwurf Ludwigs-Kirche Karls-huld, Arch.Slg. TUM

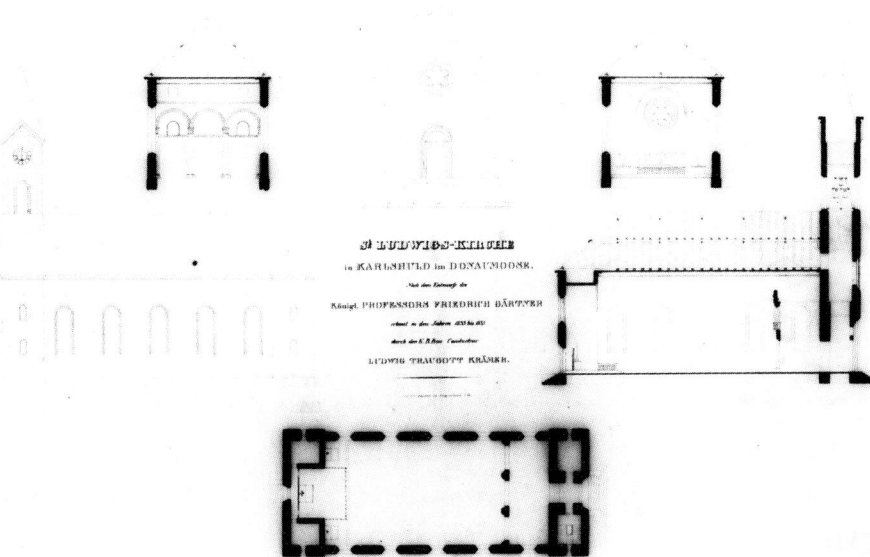

Ohlmüller, byzantinische Kapelle in Possen-hofen, Aufnahme um 1900

einem edlen Style würdig der Kunstperiode, welche Sr. Majestät erst geschaffen hat, ausgeführt werden. Es sollen Musterbauten, Bildungsschulen werden, und so ward die Kirche von Eltmann wirklich gebaut.«[34] Klenze demonstriert mit der Kirche von Eltmann, wie er trotz Verwendung alter Bauteile und des »romanischen« Stils am Grundschema der »Anweisung« festhalten kann und festigt damit die Verwendbarkeit seines Kirchentypus.

Dieser wird sogar von seinem Rivalen Gärtner übernommen und in der 1842 entworfenen Kirche von Ebermannstadt immer noch als maßgeblich akzeptiert. Allerdings stellt Gärtner den Turm vor die Kirchenfassade.

Ein anschauliches Beispiel für das gewandelte Bauverständnis ist das von F. Rüber entworfene und 1836 in Günzburg erbaute »Leichenhaus mit Gottesackerkapelle«. Ebenso wie Klenzes Leichenhalle in Kaiserslautern mit einem betonten Mittelteil und symmetrischen Seitenflügeln konzipiert, wird hier durch die Gestaltung des Mittelteils als Kapelle die Bestimmung des Gebäudes offensichtlich. Durch Turm, Rundfenster und rundbogiges Portal hebt sich der Sakralraum gegenüber den Seitenflügeln mit dem Leichenhaus und der Wohnung des Totengräbers ab, die durch »profane« rechteckige Türen betreten werden können.

An den Kirchenbauten des Zivilbauinspektors im Untermainkreis, Gutensohn, ist zu beobachten, wie der normative Einfluß Klenzes in der Raumbildung konse-

34 Zit. in: E. Wegner, Forschung zu Leben und Werk des Architekten Johann Gottfried Gutensohn (1792–1851), Frankfurt/M., Bern, New York 1984, S. 134

65

quent beibehalten, in der stilistischen Orientierung mit verstärktem Einfluß Gärtners jedoch aufgegeben wird. Die im Rundbogenstil über längsrechteckigem Grundriß errichteten Saalkirchen von Homburg am Main, Eisingen, Urspringen und Gersfeld sind keine unabhängigen Schöpfungen Gutensohns, sondern nach vorgegebenen Formen konzipierte, auf das Bedürfnis des Landkirchenbaus reduzierte Nachschöpfungen.

Dagegen ist im Schaffen des Zivilbauinspektors in der Pfalz, August Voit, zu beobachten, wie sich zentralistisch ausgerichtete Kunstpolitik und schöpferische Auseinandersetzung mit den Vorgaben die Waage halten. Deutlich wird auch, daß die prinzipielle Bedeutung der Münchener Bautätigkeit auch für den Landkirchenbau nicht unterschätzt werden darf. Neben den Musterbauten in der Provinz waren hier die Beispiele für die Anwendung verschiedenster historischer Stile ganz allgemein, hier konnte aber auch der direkte Rückgriff in Auffassung und Detailformen gesucht werden. Gerade die vielfältige stilistische Ausrichtung der Voitschen Kirchen – vom deutlich klassizistisch beeinflußten Neupotz über die gotisierende Fassade der Speyrer Seminarkirche zu den Bauten in Rundbogenformen in Homburg und Brücken und italienisierenden Motiven in Waldsee – sowie die direkte Übernahme von Details der Münchener Gärtnerbauten bis hin zur Kopie läßt vermuten, daß der Architekt mit Blick auf München versuchte, alle Möglichkeiten auszuschöpfen, um schließlich zu eigenen Lösungen zu kommen. So wurden seine Entwürfe der Kirchen von Schönau und Elmstein auf Veranlassung der kgl. Akademie in München als Musterbauten für den Landkirchenbau veröffentlicht. Diese Rückwirkung aus der Provinz auf das von München aus normierte Bauwesen wurde u. a. die Grundlage für Voits Berufung in die Hauptstadt.

Neben der Restauration des christlichen Kirchenbaus kam es während der Regierungszeit Ludwig I. auch zu entscheidenden Veränderungen im jüdischen Kultusbauwesen. Die Stellung des Staates zu den eineinhalb Prozent Juden unter seiner Gesamtbevölkerung war einerseits gekennzeichnet durch das Bemühen um ihre rechtliche Gleichstellung, andererseits durch den Vorbehalt gegenüber ihrer Religion. Der jüdische Kultus sollte der Grund sein, der eine vollkommene Integration seiner Anhänger in das »christliche« Staatswesen nicht zuließ, da sie nicht »mit den Christen essen, mit ihnen gleichen Sabbath feiern, mit ihnen sich körperlich anstrengen, das Feld bebauen, alle Handwerke treiben, den Schacherhandel meiden u. dgl.«[35] Die Gleichstellung der Juden wurde an Bedingungen geknüpft, die zugleich durch das Judenedikt von 1813 unerfüllbar gemacht waren. Vor allem sollte aber eine Abschaffung des Rabbinismus und der Aufbau einer jüdischen Zentralbehörde die unmittelbare Aufsicht des Staates über das Kultuswesen gewährleisten.

Die zwiespältige Haltung des Staates gegenüber den israelitischen Kultusgemeinden spiegelt sich auch im Synagogenbau. Einerseits konnten jetzt zahlreiche öffentliche Synagogen errichtet werden, andererseits zeigt aber die Tatsache, »daß das Judentum nicht die geringste Unterstützung des Staates für die Anstellung seiner Kultusdiener und die Erbauung der Synagogen«[36] fand, sowie die stilistische Charakterisierung der Synagogen,[37] daß die Juden immer noch als fremdländisches Volk galten. Denn gerade im Synagogenbau erhielt der Gedanke einer konfessionellen Differenzierung durch die Stilwahl dominante Bedeutung.

Im Bautypus war die Unterscheidung zum Kirchenbau durch die Weglassung des Turmes und die Anordnung des Grundrisses schon vorgegeben. In einem Schreiben des Bezirksinspektors Wolff zum Bau der Synagoge von Ingenheim wird die durch den jüdischen Kultus festgelegte innere Einteilung des Baues erläutert: »Das Projekt dieses anzulegenden Gebäudes gründet sich auf vorhergegangene Erkundigungen über den Bedarf des Platzes und gesetzlicher Einteilungen desselben; die Einteilung besteht daher aus einer Vorhalle, rechts derselben, aus einer Brunnenkammer und links aus einer Stiege, ferner einer Männerschule gleicher Erde und der Emporbühne oder Weiberstätte über der Stiege. Nach dem Gesetz der Israeliten muß eine Halle vor der Schule sein, worin die Männer, bevor der Gottesdienst anfängt sich versammeln können und der Eingang der Weiber auf die Emporbühne ohne Störung geschehen kann. Die Schule liegt zwei Stufen tiefer als die Halle, da die Männer nach dem Gesetz, um ihren Gottesdienst zu verrichten abwärts und die Weiber aufwärts gehen müssen.«[38]

35 Zit. in: S. Schwarz, Die Juden in Bayern, München 1963, S. 241 nach einem Bericht des Appellationsgerichts Amberg vom 19. Dez. 1834

36 ibid., S. 225

37 vgl. hierzu: H. Hammer-Schenk, Synagogen in Deutschland: Geschichte einer Baugattung im 19. und 20. Jahrhundert, 2 Bde., Hamburg 1981

38 Zit. in: H.-J. Kotzur, Forschungen zum Leben und Werk des Architekten August von Voit, Heidelberg 1978, Bd. 2, S. 80

Die Forderung, auch den Synagogen »ihren entsprechenden Charakter von außen beizulegen, aus welchem der Beschauer den Zweck desselben erkennt«[39], mußte sich als Absetzung vom Profanbau und vom christlichen Kirchenbau auf die Stilwahl beziehen. Als Konsequenz aus den mit der Stilwahl beim Kirchenbau implizierten Gehalten, sind die beim Synagogenbau verwendeten »maurischen« und »ägyptischen« Formen anzusehen. Das Bewußtsein für orientalisierende Stilformen war mit der Auseinandersetzung um den Ursprung der Gotik erwacht. Die gotischen Spitzbogenformen wurden u. a. durch ihre Herkunft aus der Architektur des Orients erklärt. Dies wurde jedoch von anderer Seite mit dem bezeichnenden Hinweis bestritten, daß der orientalischen Architektur jedes christliche Element fehle. So entsprach die Entscheidung für den »maurischen« Stil, den F. Gärtner mit der als Musterbau konzipierten Synagoge von Ingenheim (1829 bis 1832) in Bayern einführte, einer Klassifizierung der jüdischen Religion. Die »Selbstdarstellung der Konfession« im Kultusgebäude gründete sich somit auf die Entscheidung einer staatlichen Stelle und kann sogar im Gegensatz zu den eigenen reformerischen Bemühungen der Juden um eine Annäherung an die christliche Umwelt seit den 30er Jahren gesehen werden. Gärtners Stilwahl in Ingenheim war ausschlaggebend für die Kultusgebäude in Kirchheimbolanden und Speyer von A. Voit, sowie für die Synagoge in Binswagen und wurde sogar bis in die 50er Jahre für verbindlich erachtet. In Kirchheimbolanden näherte sich Voit in der Raumform zwar dem christlichen Kirchenbau an, verlieh dem Gebäude aber mit dem Fenstermaßwerk in Form eines Davidsterns das Signum jüdischer Identität. Die 1839–1841 errichtete Synagoge in Würzburg wurde nach dem Willen des Königs im »ägyptischen« Stil errichtet, nachdem die Pläne des unbekannten Architekten mehrmals in München unter Gärtners Mitwirkung überarbeitet worden waren. Grundlage für die Stilwahl könnte die Ansicht gewesen sein, daß der »ägyptische« Stil der alttestamentlichen Bauart der Juden entspreche.
Bestätigt wird die Vermutung, daß mit der Stilwahl beim Synagogenbau eine gesellschaftliche Bewertung der israelitischen Gemeinden einherging, durch die Aufnahme der ersten neogotischen Einrichtung in Bayern. Als 1831 der Innenraum der Fürther Synagoge gotisiert wurde, sah man das als erfreuliches Zeichen der »Aufklärung« an.

Typisierung und Stilwahl im Kultusbauwesen unter Ludwig I. sind schon von ihren theoretischen Voraussetzungen her historistisch. Der Rückgriff auf historische Formen im Sakralbau ging nicht aus einer Auseinandersetzung mit der Religion selbst und ihren liturgischen Erfordernissen, noch weniger mit zeitgenössischen volkstümlichen Frömmigkeitsformen hervor, sondern aus einer Auseinandersetzung mit der Herrschafts-, Architektur- und Religionsgeschichte. Die Aktualisierung der historischen Formen sollte dem Bestreben dienen, bestimmten moralischen Normen, die aufgrund ökonomischer und politischer Entwicklungen ihre gesellschaftliche Verbindlichkeit zu verlieren drohten, mit dem Verweis auf die Geschichte wieder Gültigkeit zu verschaffen.
Die Entwicklung des Sakralbaus unter Ludwig I. läßt die Abhängigkeit von den Entwürfen der beiden dominanten Architekten Klenze und Gärtner erkennen. Unter Beibehaltung der von Klenze propagierten Saalform erweist sich im angewendeten Formenrepertoire der Einfluß Gärtners als zukunftsweisend. Er hatte mit der Abschaffung der »strengen Regeln« die Möglichkeit eröffnet, verschiedene architektonische Formen versatzstückartig zu kombinieren. Dies erwies sich für die jetzt differenzierteren Baubedürfnisse als ideale Variationsgrundlage. Da eben keine historisch getreuen Imitationen der mittelalterlichen Vorbildbauten errichtet wurden, sondern zeitgenössische Nachschöpfungen, schien der klare «Oblongus» der Klenzeschen »Anweisung« die ideale Basis zu sein, um die heterogenen Stilelemente harmonisch miteinander zu verbinden.

Gabriele Schickel

39 ibid., B. 1, S. 71

Die späte Frühindustrialisierung Bayerns

Beispiele des Fabrikbaus vor 1850

> Specielle Regeln für die Anlage und
> Einrichtung von Fabrikgebäuden lassen sich
> übrigens nicht wohl geben.
> Joh. Andr. Romberg, 1841[1]

Zu Beginn des Jahres 1827 erreichte die königlich bayerische Regierung des Rezatkreises das Schreiben eines Engländers, in dem er das Angebot unterbreitet, »Jünglingen Unterricht in Erbauung und Anwendung der vorzüglichsten Maschinen zum Wolle spinnen nach der beliebten englischen Art zu ertheilen.«[2] Fast gleichzeitig wandten sich zwei englische Mechaniker an die Regierung und erklärten sich bereit, gegen Ausstellung eines Arbeitsvertrages und Übernahme der Reisekosten englische Spinnmaschinen in Bayern bauen zu wollen. Die Staatsbeamten der Kammer des Innern zogen bei verschiedenen Stellen Erkundigungen ein, ob Bedarf für die von den unbekannten Engländern angebotene industrielle Entwicklungshilfe bestehe. Erhalten haben sich die Antwort des Stadtmagistrats von Nürnberg und die mit ähnlichen Begründungen argumentierende Eingabe der 1792 gegründeten Nürnberger »Gesellschaft zur Beförderung der vaterländischen Industrie«:

»Was die Baumwollen Spinnerey betrifft, so befinden sich in Bayern zwar die vorzüglichsten Maschinen in den hierzu bestimmten Fabriken allein es ist wohl zu erwaegen, daß diese nur da am besten gedeihen und nur da mit den englischen conkurriren können, wo man Gelegenheit hat sich das rohe Material mit dem größte Vortheil zu verschaffen. . . . Was die Schaafwollen Spinnerey und zwar mit kartätschter Wolle betrifft, so sind die erforderlichen Maschinen . . . in Bayern schon so sehr verbreitet und von solcher Vollkommenheit, daß nichts mehr zu wünschen übrig bleibt. Sie werden theils durch Wasser oder Thierkraft, theils durch Menschenhände in Betrieb gesetzt. Erstere sind in München, Landshut, Augsburg, Memmingen, Nürnberg: bei Lobenhofer, letztere in Eichstaedt, Plaßenburg, Baireth, Ochsenfurt, Schweinfurt, Windsheim, Rednitz, Vorchheim, Herzogenaurach, Schwabach, Nürnberg . . . in Gang. Sie sind größtentheils nach Mustern von den in den Niederlanden ansäßigen Engländern . . . erbaut . . . Auch in Bayern fehlt es an geschickten Männern so wenig, als an zweckmäßig eingerichteten Werkstätten für den Maschinenbau, wovon Koenig und Bauer in Oberzell bey Würzburg den Beweis liefern und selbst die hiesige Tuchfabrik der Gebrüder Lobenhofer hat bey Erweiterung ihrer Spinnerey durch den Mechaniker Spaeth Maschinen erbauen lassen, welche den englischen vollkommen gleich kommen.«[3]

Die wirkliche Lage der Industrie wich zwei Jahre nach dem Regierungsantritt von Ludwig I. jedoch beträchtlich von der optimistischen Darstellung der Nürnberger Gesellschaft ab. Nicht nur der in der Eingabe euphorisch beurteilte Textilsektor hatte gegen die Flut billiger, meist aus England stammender Fabrikware zu bestehen, auch der in Bayern erst in den Anfängen stehende Maschinenbau war vom Ausland abhängig.

Bayern war vor 1830 ein Agrarstaat: 67 % der Bevölkerung waren 1818 in Land- und Forstwirtschaft beschäftigt, 26 % der Bevölkerung betrieben Handel und Gewerbe. Die Verfassungs- und Verwaltungsreform unter König Max I. Joseph und dem Minister Maximilian von Montgelas beseitigte 1804 das Zunftwesen. Vererbbare Privilegien wurden durch persönlich verliehene staatliche Konzessionen ersetzt. Mit der Verfassung von 1818 erhielten die Gemeinden durch Wiedereinführung der Selbstverwaltung das Recht, über Gewerbeberechtigungen zu entscheiden. Das 1825 unter Ludwig I. erlassene Gewerbegesetz sah die Verleihung von Gewerberechten an Personen vor, bedeutete jedoch durch den erforderlichen Nachweis der persönlichen Fähigkeit, von vorhandenem Nahrungsstand und dem Recht auf Ansässigmachung eine erneute Einschränkung. Die Ablösung der zünftischen Handwerksordnung durch das Konzessionssystem schuf die rechtlichen Voraussetzungen für die industrielle Entwicklung des Landes. Fabriken, die sich durch maschinelle Ausstattung und arbeitsteilige Organisation von traditionellen Handwerksbetrieben unterschieden, durften alle Arbeiten ausführen, die innerhalb der durch die Konzession gesetzten Grenzen notwendig waren. Zahl

1 Joh. Andr. Romberg, Einiges über Fabrikgebäude, in: Zeitschrift für praktische Baukunde Nr. 1/1841
2 Acten der königlichen Regierung des Rezat-Kreises, Kammer des Innern, Nr. 1509, Errichtung englischer Wollspinnmaschinen und Unterricht über die Anwendung, StA Nürnberg
3 wie Anm. 2

und Art der Arbeiter waren ebensowenig beschränkt wie die Arbeitsmethoden.[4] Bayerische Staatsbeamte, wie der Direktor des Staatlichen Bergbaus und Maschinenwesens Joseph von Baader, unternahmen im Auftrag der Regierung Reisen ins europäische Ausland und in andere deutsche Staaten, um deren »vorgeeilte Industrie« zu erkunden. Ihre Berichte zeichneten ein Bild des durch die Industrialisierung bewirkten Fortschritts, bestärkten aber auch durch die aus England bekannt werdenden sozialen Auswirkungen die in Bayern vorherrschende skeptische Einstellung. Mangelnde Rohstoffe im eigenen Land, fehlende Verkehrswege und Transportmöglichkeiten bildeten in Bayern zu Beginn des 19. Jahrhunderts die Hindernisse, die sich einer wachsenden Wirtschaft entgegenstellte. Außerdem war die Nachfrage nach Konsumgütern bei fehlender Konjunktur und Mißernten nach den napoleonischen Kriegen denkbar schwach.

Die Verbesserung der wirtschaftlichen Rahmenbedingungen leitete der Staat durch den Ausbau der Verkehrswege, durch die bayerische Zolleinigung von 1807, den Bayerisch-Württembergischen Zollverein 1828 und schließlich die Gründung des Deutschen Zollvereins ein.

Die ersten Ansätze der bayerischen Industrialisierung waren regional begrenzt, von unterschiedlichem Erfolg und meist von kurzer Dauer. Die Voraussetzungen für den industriellen »Take-off« wurden erst nach der Mitte der 30er Jahre, zehn Jahre nach Übernahme der Regierung durch Ludwig I. und fast siebzig Jahre später als in der führenden Industrienation England erfüllt.

Die Textilfabrikation hatte sich in England zum industriellen Leitsektor ausgebildet. Die entscheidenden Erfindungen, die Spinnmaschine und die Verbesserung der Webstühle, wurden bis zum letzten Viertel des 18. Jahrhunderts so weiterentwickelt, daß eine rasante Verbreitung der mechanisierten Produktion einsetzen konnte. Richard Arkwright (1732–1792), der eine Spinnmaschine mit automatischer Garnführung erfunden hatte, sah als Erster die Vorteile der Zusammenfassung vieler, von ungelernten Arbeitern zu bedienender Maschinen zu großen Produktionseinheiten. 1771 errichtete er in dem Ort Cromford die erste Produktionsstätte mit zentralem Wasserantrieb: den Prototyp der Textilfabrik.

Auf dem Kontinent stellte zuerst der Ratinger Textilkaufmann Johann Gottfried Brügelmann Spinnmaschinen auf. In einer neuerrichteten Fabrik, nach dem englischen Vorbild »Cromford« genannt, nahm er 1784 die Produktion auf. Die politischen Verhältnisse zwangen den Industriepionier nach neuen Standorten Ausschau zu halten. 1801 ersuchte er den bayerischen Kurfürsten Max Josef um Gewährung eines Privilegs zur Einrichtung einer Baumwollspinnerei und Weberei in München. Er erklärte sich bereit, die »Spinnerey und Fabricke« auf eigene Kosten zu errichten, wenn ihm ein »zur Färberey und Spinnerey schickliches geräumiges Gebäude« angewiesen würde.

Doch kein Neubau, sondern »ein angemessener Theil des vorigen Militair-Arbeitshauses«[5] in der Au sollte die Räumlichkeit für die erste Textil-»fabrik« Bayerns abgeben. 1802 begann die Produktion in sechs Räumen des Arbeitshauses unter Anleitung, hier wird der frühe Techniktransfer deutlich, von Arbeitern aus Cromford bei Ratingen. Die 20 Handspinnmaschinen wurden hauptsächlich von Frauen und Kindern bedient, eine im Keller untergebrachte Roßmühle trieb die Kardiermaschine an. Bis zu 200 Menschen waren mit den, wie betont wurde, leicht erlernbaren Arbeiten in der Fabrik beschäftigt. Der Tod des Unternehmers zu Ende des gleichen Jahres veranlaßte seine Söhne, die Fabrik zu verkaufen. Der bayerische König lehnte den Vorschlag der General-Landes-Direktion, den Betrieb zu übernehmen und als Straf-Arbeitshaus fortzuführen, ab. Zu dieser Zeit besichtigte Kronprinz Ludwig das Unternehmen, das schließlich von einer »Cotton- und Zitzmanufaktur« übernommen und bis 1808 fortgeführt wurde.

Die Söhne Brügelmanns hatten bereits 1803 das ehemalige Franziskanerkloster Schleißheim erworben, um dort eine neue Fabrik einzurichten. Trotz der vorgenommenen Umbauten und dem Abbruch der nicht mehr benötigten Klosterkirche wurde in Schleißheim nie produziert.

Die Umnutzung von Burgen, Schlössern und Klöstern zu Manufaktur- oder Fabrikgebäuden bot in der frühindustriellen Phase neugegründeten Betrieben die Beschaffung billiger, für den Anfang ausreichender Unterkünfte.[6] Ein weiteres, für die Frühindustrialisierung Bayerns wichtiges Unternehmen begann seinen Aufstieg in den Mauern eines säkularisierten Klosters: die Druckmaschinenfabrik Koenig & Bauer. Friedrich Koenig (1774–1833), in Leipzig

4 Paul Wiessner, Die Anfänge der Nürnberger Fabrikindustrie, Diss. Frankfurt/Main 1929, S. 30

5 Franz Josef Gemmert, Die Anfänge der Maschinenspinnerei in Bayern, in: Zeitschrift für Bayerische Landesgeschichte Bd. 24 (1961) S. 481

6 Wolfgang Müller-Wiener, Fabrikbau, in: Reallexikon der Kunstgeschichte. Bd. 6 München 1973. Sp. 847–880

Maschinenfabrik von König & Bauer in Oberzell bei Würzburg

als Buchdrucker ausgebildet, konnte erst in England die von ihm erfundenen wesentlichen Typen der Buchdruck-Schnellpresse bauen und erproben. 1817, nach Deutschland zurückgekehrt, um dort den Druckmaschinenbau einzuführen, erwarb er die ehemalige Prämonstratenserabtei Oberzell bei Würzburg. Der bayerische Staat, an der Einführung des neuen Industriezweiges interessiert, gewährte in seltener Großzügigkeit ein zehnjähriges Privileg auf den Maschinenbau, die steuerfreie Einführung der Betriebs- und Arbeitsmaschinen sowie Rohmaterialien. Die Vorteile, die Koenig in der Einrichtung seiner Fabrik in der vorher als Lazarett verwendeten, heruntergekommenen Klosteranlage der Barockzeit sah, war die verkehrsgünstige Lage am Ufer des schiffbaren Mains. Die Wasserstraße war der einzige Transportweg, um die nur in England erhältlichen Maschinen und Materialien, wie Eisen und Koks, kostengünstig herbeizuschaffen. Die Finanzprobleme, die für einen auf Eigenfinanzierung angewiesenen Unternehmer zu dieser Zeit auftraten, macht die Abzahlungsdauer des Klosters deutlich: die letzte Rate wurde erst 1830 entrichtet.

Oberzell bestand neben dem Klostergebäude mit Kirche aus zwölf anderen Gebäuden, darunter zwei Mühlen, die zum Antrieb der Fabrik Verwendung fanden. Die Werkstätten mit Drehbänken aus England wurden in den größeren Räumen des Hauptbaus eingerichtet; außerdem entstanden eine Schmiede und eine Schreinerei; eine Scheune wurde zur Gießerei ausgebaut. Der Fabrikherr und sein Teilhaber wohnten ebenfalls in dem weitläufigen Komplex. Weniger die baulichen Voraussetzungen, als der Mangel an ausgebildeten und arbeitswilligen Arbeitern sowie die im Sommer begrenzte Wasserkraft hinderten in der Gründungszeit die schnelle Entwicklung der Fabrik. Im Jahre 1858, 130 Arbeiter bildeten die Belegschaft, erfolgten bauliche Verbesserungen und die Aufstellung einer Dampfmaschine. Bis zur Verlegung an einen neuen Standort im Jahre 1901 wurde das Kloster, es waren mittlerweile über 5000 Maschinen gebaut worden, als Fabrik genutzt.[7]

Auch die ersten größeren Textilfabriken wurden, anders als in England, in bestehenden Gebäuden aufgebaut. Ausschlaggebend dürften einerseits die begrenzten finanziellen Mittel der Unternehmer, es waren Verleger oder Textilkaufleute, sein; andererseits war die zum Antrieb der Fabriken erforderliche Wasserkraft so beschränkt vorhanden, daß auf die Wasserrechte stillgelegter oder noch bestehender Mühlen zurückgegriffen werden mußte.

Der früheste bedeutende Textilbetrieb Bayerns war die Tuchfabrik in Wöhrd, zu deren Einrichtung der Nürnberger Kaufmann Johann Philipp Lobenhofer 1820 die Konzession erhielt. Die nach englischem Vorbild ausgestattete Fabrik nahm in einer Mühle, die auf einer Insel des Flusses Pegnitz gelegen war, 1822 die Produktion auf. Erstmals waren in Bayern alle zur Tuchbereitung notwendigen Arbeiten wie Wollwäscherei, Färben, Spinnen, Weben und Appretur in einem Betrieb vereinigt. Die ersten Maschinen stammten aus Belgien und aus Aachen. Um 1828 waren 93 Personen beschäftigt, es gab bereits ein Comptoir mit drei Angestellten. 1827 bestand die Fabrik aus einem dreistöckigen Hauptgebäude mit

7 Theodor Goebel, Friedrich Koenig und die Erfindung der Schnellpresse, Stuttgart 1906

56 Maschinen, einem Färbehaus, einem Schleifhaus, einem Wohngebäude mit Wollmagazin, einer Zimmerei und einer Spinnerei, die sich noch im Bau befand.[8] Eine zeitgenössische Beschreibung zeigt, wie die Energie der Wasserräder im ganzen Gebäude, das sich durch seine innere Holzkonstruktion leicht adaptieren ließ, verteilt wurde:

»Das Hauptgebäude hat auf der hinteren Seite 3 Wasserräder, die durch den Pegnitzfluß in Betrieb gesetzt werden ... Zwei dieser Räder ... greifen mittels hölzerner Stirnräder in einen eisernen Drehling, welcher mittels Vorgelege ein durch das ganze Gebäude laufendes Wellensystem das größtentheils an der Decke befestigt ist in Bewegung setzt. Dieses Wellensystem, das mehrfach verkuppelt ist, pflanzt nun in den bestehenden Räumen, wo die Maschinen stehen mittels Riemen die Bewegung fort ... Sämtliche Wasserräder sind unterschlächtig.«[9] Der nicht von außerhalb Bayerns importierte Teil der maschinellen Ausstattung war in der betriebseigenen Werkstatt von dem Mühlenarzt und Mechaniker Johann Wilhelm Spaeth angefertigt worden. Der Absatz der Lobenhoferschen Tuchfabrik verschlechterte sich seit der Gründung des Deutschen Zollvereins zunehmend, so daß sie 1844 nicht mehr betrieben wurde.

Der Erbauer der Maschinen, J. W. Spaeth, hatte die Werkstatt bei Lobenhofer bereits 1831 abgegeben und begann das 1825 von ihm erworbene Hammerwerk am Dutzendteich zur Maschinenfabrik umzubauen. Die von einem Bach und Weihern begrenzte vorindustrielle Produktionsstätte bestand aus Herrenhaus, Hammerwerk, Gesellenhaus, Nebengebäuden und einer Kunstmühle. Die Gebäudegruppe war, wie bei außerhalb der Stadt gelegenen, autarken Mühlen üblich, durch eine Mauer befestigt. Spaeth errichtete als Neubau die Hauptwerkstätte, einen neun Fensterachsen langen und drei Achsen breiten Sandsteinbau mit der Dreherei im Erdgeschoß und der Schreinerei im Obergeschoß. Ein oberschlächtiges Wasserrad trieb mittels einer senkrechten Übertragungswelle zwischen den Stockwerken die Transmissionen der Maschinen. Der Neubau übernahm Form und Maßstäblichkeit der historischen Mühlengebäude. Ein Zwerchhaus zum Fabrikhof hin ist das einzige Schmuckelement der Fassade. Die Schmiede und die Schlosserei befanden sich in einem älteren Fachwerkbau, den der Fabrikherr im Obergeschoß bewohnte. Die sonstigen Werkstätten und Magazine waren in Schuppen und Einfachstbauten untergebracht, die bald durch solidere Unterkünfte ersetzt wurden. Die Anforderungen, die in der Aufbruchphase der Industrialisierung an Werkstattgebäude gestellt wurden, sind so wenig spezifisch, daß das Innere bestehender Bauten mit geringen Änderungen zu Arbeits- und Maschinenräumen umgestaltet werden kann. Die für die frühen Maschinenfabriken typische langsame Entwicklung vom handwerklichen Werkstattbetrieb zur arbeitsteiligen Fabrikproduktion findet oft an vorindustriellen Standorten wie Mühlen oder Hammerwerken statt. Den oft als Handwerkern beginnenden Unternehmern steht nur die Wasserkraft als Energiequelle zur Verfügung. Erst mit der nach 1850 einsetzenden Massenherstellung von Dampfmaschinen erhalten die Fabriken eine standortunabhängige, jederzeit verfügbare Antriebskraft.

Die unter Ludwig I. ergriffenen Maßnahmen der Wirtschaftsförderung hatten ein breites Spektrum: die Weiterentwicklung der Gewerbefreiheit 1829, großzügige Konzessionsvergabe für Fabriken bis zu Beginn der 30er Jahre, die Unterstützung des Königs von Landes- und Industrieausstellungen. Die direkte Förderung und die Gewährung von Darlehen für die aufstrebende Industrie wurden dagegen meist abgelehnt. Durch den Zollverein entstanden neue Märkte für bayerische Produkte, die Infrastrukturpolitik schuf die Voraussetzung zur Verbesserung des Verkehrswesens.

Die Investitionen für den 1834 beschlossenen Kanalbau bedeuteten genauso wie die rapide Entwicklung der Eisenbahnen den eigentlichen Beginn der Industrialisierung Bayerns. Um 1840 wurde durch die Vergrößerung bestehender Betriebe, wie der Spaeth'schen Werkstätte, oder durch Gründung neuer Fabriken der Grundstein für die spätere Schwerindustrie gelegt. Eisenbahn- und Kanalbau brachten für über ein Jahrzehnt eine solide Auftragsgrundlage. Es galt beim Eisenbahnbau das durch hohe Zölle belastete rollende Material und selbst die zunächst im deutschen Ausland hergestellten Schienen durch inländische Produkte zu ersetzen. Die auf gleichmäßige Entwicklung von Landwirtschaft und Industrie bedachte Politik Ludwig I. wurde zumindest im Bereich der Schwerindustrie von der Konjunktur überholt. Der Monarch, der, wie er verlauten ließ, keine Fabriken

8 Uli Kuhnle, Gut betucht – die Tuchfabrik Lobenhofer, in: Das Nürnberger Mühlenbuch, Hrsg. vom Centrum Industriekultur Nürnberg, Nürnberg 1986

9 Stadtarchiv Nürnberg C 7 HR, 12696, zitiert bei Uli Kuhnle, Anm. 8

71

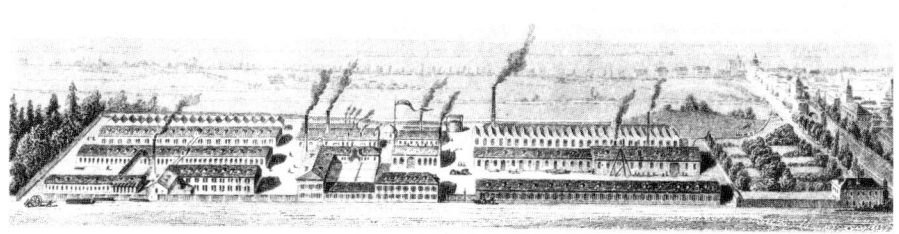

wollte, in »denen eine Menge Arbeiter sitzende Körper und Seele verkümmernde Lebensart führen«[10], sah sich einer immer stärker verselbständigenden industriellen Entwicklung gegenüber. Die mit einer »industriellen Revolution« verbundenen, aus den fortgeschrittenen Industrieländern bekannten, negativen sozialen Begleiterscheinungen, versuchte er idealistisch in Bayern zu verhindern.

Die Spaeth'sche Werkstätte war am Bau der ersten deutschen Eisenbahn durch den Bau von Drehscheiben, den mit anderen Handwerkern ausgeführten Bau der Wagengestelle, sowie der Montage der zerlegt aus England angelieferten Lokomotive maßgeblich beteiligt. Ab 1838 lieferte Spaeth für den Ludwigs-Kanalbau Geleise, Schöpfräder, Wasserschnecken und übernahm mit selbstentwickelten Baumaschinen Erdarbeiten. Die Ausstattung der Wasserstraße erfolgte mit Wehren, Schleusen, Kränen und Regulierschützen aus seinem Werk. Aufträge zur Ausrüstung ganzer Fabriken in Augsburg und Nürnberg wie auch die mangelnde Qualität des von Zulieferbetrieben gefertigten Eisengusses, veranlaßten ihn 1842, eine eigene Gießerei einzurichten und die dazu erforderliche Fabrikkonzession zu beantragen. Die als massiver, durch romanisierende Rundbogenfenster und Ecklisenen regelmäßig gegliederte Gießereihalle ergänzte die Randbebauung eines großflächigen Fabrikhofes, der im Laufe der folgenden Jahre mit parallel zu den Hauptgebäuden ausgerichteten Werkstätten in kostengünstiger Fachwerkbauweise bestückt wurde. Die Fabrik wurde von einem Zeitgenossen als »höchst bedeutendes Etablissement ... welche auf einer vorher unansehnlich dagelegenen Gipsmühle eine Anzahl stattlicher neuer Gebäude hervorgerufen hat und so zu sagen ein bayerisches Seraing ist«[11], beschrieben. Die ständige Anpassung des Baukomplexes an die günstige Entwicklung der Auftragslage durch Addition von Gebäuden entsprach der noch stark an handwerklichem Denken orientierten Firmenpolitik. Der Wasserlauf mittels zweier Wasserräder, bis zur Aufstellung einer Dampfmaschine um 1848 einzige Energiequelle, bestimmte die lineare Vergrößerung der Werkstätten. Das Gebläse der Gießerei wurde zunächst noch durch acht Soldaten angetrieben. Die Nutzung des natürlichen Energieangebotes des vorindustriellen Standortes trotz der inzwischen verfügbaren modernen Antriebsmaschinen, der ohne langfristige Gesamtplanung erfolgende Ausbau des Werkes, die Beibehaltung der Funktionen Wohnen und Verwalten inmitten des räumlich noch nicht durchorganisierten Produktionsverlaufs und die für den frühen Fabrikbau typische Übernahme tradierter Bauformen charakterisieren den Umbruch eines Unternehmens der Frühzeit zum Fabrikbetrieb. Der Spaeth'schen Fabrik, die mit verblüffender Vielseitigkeit sämtliche Sparten des Maschinenbaus betrieb, gelang es nicht wie ihrem zu Anfang direkten Konkurrenten, der Fabrik von Johann Friedrich Klett, den Schritt zur Massenproduktion zu vollziehen.

1842 erhielt der Nürnberger Kaufmann Klett die Konzession zum Betrieb einer Maschinenfabrik mit Eisengießerei. Klett, der sich bereits 1834 an einer Kammgarnspinnerei beteiligt hatte, ließ seit 1838 in einer kleinen maschinengestützten Werkstatt mit Hilfe von Handwerksmeistern Arbeiten für die Ludwigseisenbahn ausführen. Standort der Werkstätte war Kletts Gartenanwesen östlich der Nürnberger Altstadt. Das Grundstück bot für die nach 1850 größte Fabrik Nürnbergs, der späteren MAN, bis zur Verlegung auf ein Gelände an die Peripherie in den Jahren 1897–1901, ausreichende Erweiterungsmöglichkeiten. 1841 begann Klett den planmäßigen Ausbau der Werkstätte zur modernen Fabrik und Eisengießerei mit Dampfmaschinenantrieb. Drei englische Maschinenbauer und Eisengießer wurden an der Firma beteiligt und mit der technischen Leitung betraut. Die

Gebäude der Fabrik, zwei im rechten Winkel aneinanderstoßende Baukörper traditioneller Prägung, waren schon vor Erteilung der Konzession fertiggestellt. Nach einem Jahr beschäftigte Klett bereits 70 Arbeiter. Die kontinuierliche Eweiterung der Gebäude und Einrichtungen erforderten enormen Kapitaleinsatz, so daß der Gewinn in der Anfangszeit gering blieb. Erst nach dem Tod des Gründers 1847 erarbeitete Theodor Cramer-Klett einen umfassenden Plan für Erweiterungsbauten, deren Ausführung er durch Bankkredite finanzierte. Vor allem die 1849 aufgenommene Serienfertigung von Eisenbahnwaggons erforderte eine neue, dem Produktionsablauf angepaßte Fabrikarchitektur. Ein um 1858 entstandener Stahlstich zeigt in leicht idealisierter Darstellung in der Mitte des Vordergrundes die Gebäude der Anfangszeit, in rechtwinkliger, aber noch lockerer Gruppierung. Die Erweiterung der Fabrik erfolgte durch relativ schmale, aber langgestreckte ebenerdige Hallenbauten unterschiedlicher Form. Ein Teil der Hallen trug bereits die um 1850 zuerst in der Textilindustrie verwendete Sheddachkonstruktion, die eine durch Oberlichter gegenüber den Fenstern in den Seitenwänden bessere und gleichmäßigere Beleuchtung der Arbeitsräume ermöglichte. Die Maschinenhäuser der neun Dampfmaschinen, die Gießerei und die Schmiedegebäude waren in Massivbauweise, die Werkstätten und Montagehallen dagegen in Holz- oder Fachwerkkonstruktion erstellt. Die streng parallele Anordnung der Bauten wurde durch das zum innerbetrieblichen Transport verwendete Gleisnetz bestimmt. Die rapide Entwicklung des Werkes verdeutlichen die Beschäftigtenzahlen: 1847: 100; 1850: 300; 1855: über 1 300 Arbeiter. Eine ähnliche Entwicklung wie das Klett'sche Unternehmen nahm die 1837 von dem Kaufmann Joseph Anton von Maffei gegründete Maschinenfabrik. So wie Cramer-Klett durch Serienfertigung praktisch das Monopol für den Waggonbau besaß, wurde Maffei zum bevorzugten Lokomotiv-Lieferanten der süddeutschen Bahnen. Er erwarb 1837 den Lindauerschen Hammer in der Hirschau bei München. Die mit Wasserkraft arbeitende Fabrik baute bis 1841 mit Hilfe von englischen Ingenieuren, englischen Arbeitern und auch englischen Maschinen die erste Lokomotive. Neben dem historischen Hammerwerk errichtete man eine neue, wie »ein ansehnliches Dorf von großen und kleinern Gebäuden«[12] aussehende Fabrikanlage. Die ebenerdigen Hallen zur Bearbeitung schwerer Werkstücke wie die »Montierungswerkstätte«, mechanische Werkstätte, verschiedene Schmieden, Formerei und Gießerei sind in wechselnder Folge mit den Geschoßbauten der Modell-, Schreiner- und Zimmereiwerkstätte aneinandergereiht. Der Arbeitssaal der mechanischen Werkstätte war ein 150 Fuß langer und 50 Fuß tiefer Raum mit einer Mittelsäulenreihe. Die beachtliche Zahl von 30 Drehbänken, 7 Hobel-, 9 Bohr- und 3 Schraubschneidemaschinen[13] waren in enger Aufstellung längs zur Raumachse plaziert. Hohe Segmentbogenfenster erlaubten zumindest für die an der Außenwand stehenden Maschinen gute Belichtung. Die »Montierungswerkstätte«, in der zehn Lokomotiven gleichzeitig aus den einzelnen Baugruppen zusammengesetzt werden konnten, besaß eine stützenfreie Arbeitsfläche. An der Sprengwerksdachkonstruktion waren verschiedene Hebezeuge befestigt. Die für Fabrikgebäude damals geforderte »feste Construction«[14] wurde bei der Ausführung der Hallen in Massivbauweise berücksichtigt. Die Fassadengestaltung der Gebäude beschränkte sich auf Ecklisenen, durchlaufende Bogenfriese an den Traufen und die Betonung der regelmäßig angeordneten Fenster durch trapezförmige Stürze.

Die theoretische Auseinandersetzung mit dem Fabrikbau war vor Ende des 19. Jahrhunderts gering: Die in der Stildiskussion des Historismus befangenen Architekten überließen den an den neuen Gewerbeakademien und Polytechnischen Fachschulen ausgebildeten Ingenieuren oder gewöhnlichen Maurermeistern die als zweitrangig angesehene Bauaufgabe. Wie Joh. Andr. Romberg 1841 bemerkte, nimmt der Fabrikbau »die Bauwissenschaft zur Ausführung tüchtiger Fabrikgebäude in Anspruch. Weniger ist es die Baukunst welche hier Anwendung finden kann, denn fast ausschließlich giebt die nächste Befriedigung des Bedürfnisses die Vorschrift und der Baumeister hat in diesen Fällen meist nur auf Zweckmäßigkeit und Bequemlichkeit der Anlage und Einrichtung zu sehen.«[15]

Die Größe und Ausführung der vor allem als schützende Außenhaut für die wertvollen Maschinen gesehenen Produktionsgebäude richtete sich in der Frühzeit nicht nach ihrer technischen Funktion, sondern oft nach der Finanzkraft des Unternehmers. »Erst die in der frühindustriellen Phase gesammelten technischen und organisatorischen Erfahrungen, das heißt genaue Kenntnisse der innerbetrieb-

10 Paul Wiessner, wie Anm. 4, S. 79
11 Georg Wolfgang Karl Lochner, Nürnbergs Vorzeit und Gegenwart, Nürnberg 1845, S. 265
12 Leipziger Illustrierte Zeitung, Nr. 297, 10.3.1849, abgedruckt in: Aufbruch ins Industriezeitalter Bd. 3, München 1985, S. 157
13 wie Anm. 12
14 Joh. Andr. Romberg, wie Anm. 1
15 Joh. Andr. Romberg, wie Anm. 1

lichen Funktionen, führten seit dem 2. Drittel des 19. Jahrhunderts allmählich zu produktionsspezifischen Fabrikbauten, zu einem für bestimmte Industriezwecke typischen und vielfach nicht ohne große Veränderungen austauschbaren Gebäude.«[16] Die funktionsunabhängige, indifferente Form der Fabrikbauten um 1850 läßt sich gut an einigen Nürnberger Beispielen dokumentieren: Die sowohl formale als auch konstruktive Übernahme der ortsüblichen Wohnhausform für ein Fabrikgebäude zeigt die auf einer vor 1850 entstandenen Radierung abgebildete »Lackier-Fabrick von Martin Denecke«. Die Firma war wohl eine der bedeutendsten der in Nürnberg und den Vorstädten ansässigen, als »Fabriken« bezeichneten Hersteller von Holz- und Blechdosen. Das in dem sich rasch entwickelnden Vorort Gostenhof gelegene Gebäude unterscheidet sich kaum von den umliegenden älteren Handwerkerhäusern. Die Räume könnten als Arbeitslokale, aber zum Teil auch als Wohnung des Fabrikbesitzers gedient haben. Die biedermeierliche Figurenstaffage der Abbildung stellt neben vornehmen Herren auch Arbeiter, die Waren in die Fabrik schleppen, dar. Vielleicht handelt es sich um einen Hinweis auf die dezentral, in Heimarbeit entstandenen Produkte, die in der Fabrik fertiggestellt wurden.

Ein weiteres Beispiel früher Fabrikbauten gibt die Bleistiftfabrikation, eine aus dem Schreinerhandwerk entstehende Industrie, die vor 1850 bereits stark arbeitsteilige Produktionsformen einführte. Das führende Unternehmen, die 1761 gegründete Bleistiftfabrik A. W. Faber in Stein bei Nürnberg, hatte nach 1840 als erster Produzent die maschinelle Herstellung eingeführt. Bis zu diesem Zeitpunkt waren die Werkstätten in einem Wohnhaus mit Nebengebäuden untergebracht. Die mechanisierte Bleistiftherstellung erforderte auch neue Arbeitsräume, in denen die in einzelne Arbeitsgänge zerlegte Produktion ihrem Ablauf gemäß organisiert werden konnte. Das Innenleben des langgestreckten, vier Fensterachsen breiten Fabrikneubaus zeigt eine Serie von acht verschiedene Arbeitsschritte darstellenden Lithographien. Im Erdgeschoß waren wohl in den länglichen Arbeitssälen die von einer Dampfmaschine getriebenen Holzbearbeitungsmaschinen aufgestellt; im Obergeschoß waren die noch manuellen Tätigkeiten wie z.B. Leimen und Polieren untergebracht. Die Arbeiten der um 1850 rund 250 Beschäftigten waren, um dem Gebot der »Sittlichkeit« zu entsprechen, in Bereiche für Männer und Frauen aufgeteilt.

Einen Eindruck der Genehmigungsplanung um 1845 geben zwei den Nürnberger Behörden vorgelegte Fabrikprojekte, die sich im Staatsarchiv Nürnberg erhalten haben. Der »Plan zur Errichtung einer Schwefelsäurefabrik der Gebr. Guilini«[17] zeigt auf einem Blatt die einfach gezeichnete Ansicht der Hauptfassade und in kleinerem Maßstab den Grundriß des Fabrikbaus. Unterzeichnet im Sinne einer Baugenehmigung haben das Projekt (»vid. Heideloff u. Solger«) der Nürnberger »städtische Architekt« Carl Alexander Heideloff und der Nürnberger Stadtbaurat Bernhard Solger. Die Gebrüder Paul und Johann Baptist Guilini besaßen bereits in Mannheim eine Schwefelsäurefabrik.[18] In Nürnberg rechneten sie sich gute Absatzchancen aus, da der Bedarf an Säure aus dem Ausland gedeckt werden mußte. Die Fabrik wurde 1842 in dem in Gostenhof errichteten Gebäude in Betrieb genommen. Aufgrund der schlechten Auftragslage wurden 1844 nur drei Personen beschäftigt. Das Baugesuch gibt wenig Aufschluß über die Arbeitsweise der Fabrik: das 97 Fuß lange und 48 Fuß breite Gebäude war im Erdgeschoß durch eine Wand in zwei Räume unterteilt. Neben dem Treppenhaus war eine Portiersloge vorgesehen. Die auf allen Seiten der rustizierten Erdgeschoßfassade vorhandenen Öffnungen waren als Oberlichter, im Obergeschoß dagegen als Fenster ausgebildet. Mit den schlichten Details, wie gewölbten Backsteinstürzen über Türen und Fenstern, dem Walmdach und der unbeholfenen Eingangslösung erinnert der Bau an klassizistische Kasernengebäude.

Architektonisch aufwendiger geplant war das »Mühl- und Nadelfabrikgebäude«[19] des Kaufmanns und Handelsgerichtsassessors Johann David Wiß. Er erwarb 1845 die Nürnberger Katharinenmühle, um sie als Bauplatz für den Neubau seiner Nadelfabrik zu verwenden. Eine Beschwerde der Bäcker und Mehlhändler verhinderte die Umnutzung des Wasserrechts der Mühle.[20] Die von dem Maurermeister J. M. Gaesel gezeichneten Pläne wurden verwirklicht; Wiß nutzte die Gebäude aber als Kunstmühle. Die Fassaden des Hauptbaus waren durch Risalite stark gegliedert, das Dekor der verschiedenen Fensterformen, Friese, Treppengiebel und Filialen vertrat die zu dieser Zeit in Nürnberg, im Gegensatz zum klassizistischen

16 Wolfgang Müller-Wiener, wie Anm. 6, Sp. 858
17 Peter Schröder, Die Entwicklung des Nürnberger Großgewerbes 1806–1870, Nürnberger Werkstücke Bd. 8, S. 167
18 StA Nürnberg, Bestand Plansammlung der Regierung in Ansbach, Mappe 15, Nr. 7
19 StA Nürnberg, wie Anm. 17 Mappe 15, Nr. 14
20 Paul Wiessner, wie Anm. 4, S. 210

Die Gebäude der Ultramarin Farbenfabrik mit Wohnhaus des Kaufmanns J. Zeltner, zwischen Spittler- und Frauentor

Stil als »deutsche Kunst« aufgefaßte Neugotik. Das Gesuch wurde von Stadtbaurat Solger mit der Bemerkung revidiert, daß die Schlöte »mindestens 60 Fuß hoch geführt« werden müssen. Da die Einrichtung der Nadelfabrik untersagt wurde, hatte sich diese Auflage erübrigt. Auf den Zeichnungen waren diese Schlöte erst gar nicht vorgesehen.

Die Dokumentation verschiedener Bauphasen einer frühen Fabrik in zeitgenössischen Abbildungen bietet eine Firma, die in der 2. Jahrhunderthälfte zu einem der größten Betriebe Nürnbergs wurde: die Ultramarin Fabrik Leykauf, Heyne und Co. Thomas Leykauf entdeckte die künstliche Herstellung des Ultramarinfarbstoffes, die sein Schüler Friedrich Wilhelm Heyne weiterentwickelte. Heynes Schwager, der Hopfenhändler Johannes Zeltner, finanzierte die Versuche und den 1838 beginnenden Aufbau der Fabrik. Zeltner besaß im südlich der Stadt gelegenen Vorort Steinbühl ein Grundstück von sechs Hektar Grundfläche. Ein Blatt mit zwei um 1840 entstandenen Radierungen zeigt »die Gebäude der Ultramarin Farben Fabrick, nebst dem Wohnhaus des Herrn Johann Zeltner, zwischen dem Spittler und dem Frauen Thor«[21]. Die von der gleichen, aber durch Hinzufügen eines weiteren Gebäudes veränderten Platte hergestellten Drucke sollten das Wachsen der Fabrik zeigen. Das erste Fabrikgebäude beherrscht die rechte Bildseite; seine vier niedrigeren und der hohe sich verjüngende Hauptschornstein weisen auf seine industrielle Bestimmung hin. Der Fabrikherr bewohnte, wie viele wohlhabende Bürger, ein stattliches Gartenanwesen, das links abgebildet ist. Die zarten Rauchfahnen aus den Fabrikschornsteinen sind ein Zeichen, daß eine baldige Zerstörung der vor der mittelalterlichen Stadtkulisse abgebildeten Idylle bevorsteht. Bedeutende bauliche Erweiterungen wurden in den 40er Jahren vorgenommen, so daß die Fabrik 1847 bereits 4000 Zentner ihrer Fabrikate verkaufte, »75 permanente Arbeiter und 25 Hilfsarbeiter beschäftigte und 40000 Zentner Steinkohle verbrauchte ... Bei der Aufführung unserer Fabrikgebäude haben wir bisher jährlich dreihundert Zimmerleute, Maurer und Handlanger beschäftigt und haben zwei Dampfmaschinen ... und täglich 120 Brennöfen ... in Gang«, berichtete Zeltner.[22]

Die Fabrik war eine dichtbebaute Anlage, bestehend aus 13 Gebäuden mit fünf Höfen und zwei Hauptstraßen.[23] Die Fabrikgebäude, in denen der verwendete Rohstoff Tonerde geglüht und unter Schwefelzusatz geröstet, anschließend naß gemahlen, geschlämmt, getrocknet und gesiebt wurde, waren mit gotisierenden Details wie z.B. Treppengiebeln versehen. Die ein- oder zweigeschossigen, um Höfe gruppierten Gebäude erwecken den Eindruck eines planmäßigen, den Bedürfnissen der Produktion folgenden Ausbaus der Gesamtanlage. Durch die geschlossenen Gänge, welche die einzelnen Baugruppen in den Ober- oder Dachgeschossen verbanden, entstand eine zweite Verkehrsebene. Ein Teil der Glühöfen befand sich in einem ringförmigen Gebäudeteil.

21 Stadtgeschichtliche Museen der Stadt Nürnberg
22 StA Nürnberg Rep. D4 Nr. 125, zitiert in: Hermann Beckh, Johannes Zeltner, in: MvGN 58 (1978) S. 304

Gelernte Handwerker und vermögende Kaufleute waren die Unternehmer der bisher beschriebenen Fabrikgründungen. Aus Eigenfinanzierung des vom Unternehmer ererbten oder im Handel erworbenen Kapitals stammten die Investitionsmittel der frühen Industriebetriebe. Weder Bankiers noch private Kapitalbesitzer waren anfänglich bereit, die langfristige und vor 1850 risikoreiche Geldanlage in der frühen Industrie zu suchen. Erst die Form der Aktiengesellschaft ermöglichte Fabriken in bisher ungekannter Größe nach ausländischem Muster zu planen, die Gebäude zu errichten und mit Maschinen auszustatten.

Auf Anregung des Augsburger Kattundruckers Carl Forster rief 1837 der Augsburger Bankier Ferdinand von Schaetzler eine Aktiengesellschaft zur Finanzierung der geplanten »Mechanischen Baumwoll-Spinnerei und Weberei« in Augsburg ins Leben. Die Kattundruckereien sollten mit in der Stadt hergestellter Ware versorgt werden. Die beabsichtigte Fabrikgründung stellte die Textilhandwerker Augsburgs vor Existenzprobleme, die Weber befürchteten, »es werden ebensoviele Gewerbsmeister und Familien brodlos als in der gemeldeten Spinnerei Maschinen und Webstühle errichtet werden.«[24]

Ludwig I. ermaß die soziale Tragweite der bevorstehenden Umwälzung für einen ganzen Berufsstand und verband die Konzessionserteilung mit dem Wunsch, »daß bei der Auswahl des Arbeiter-Personals vorzüglich auf beschäftigungslose Weber und auf Kinder von Webern Rücksicht genommen werde.« Außerdem wurden seine Anregungen, die Beachtung der Schulpflicht, Überwachung der »Moralität« der Arbeiter und die Einrichtung einer Zwangssparkasse zur Auflage gemacht.[25]

Die mechanische Baumwoll-Spinnerei und Weberei war die erste Fabrik Bayerns, die sich mit den fortschrittlichsten ausländischen Unternehmen vergleichen ließ. Das technische Wissen zur Errichtung als auch zur Ausstattung einer Anlage dieser Größenordnung war in Bayern nicht vorhanden. Die 1145 Maschinen wurden im elsäßischen Mülhausen bei Koechlin gefertigt.

Die Bedeutung, die dem Fabrikgebäude mit der für Bayern bis dahin unbekannten Größe beigemessen wurde, zeigt, daß entgegen der sonst im Fabrikbau üblichen Praxis ein namhafter Architekt mit der Planung beauftragt wird. Der aus der Weinbrenner-Schule stammende großherzoglich badische Architekt Ludwig Wilhelm Lendorff hatte bereits den 1836–1838 errichteten Bau der Spinnerei in Ettlingen bei Karlsruhe geplant, der als direktes Vorbild für das ein Jahr später begonnene Werk in Augsburg gesehen werden kann. Der seit dem Ende des 18. Jahrhunderts in England fest ausgebildete Bautyp der Textilfabrik hatte sich aus der mehrgeschossigen Bauform der Mühlen entwickelt. Die Brandgefahr durch das verarbeitete Textilmaterial und die offene Beleuchtung zwangen früh zur Suche nach feuersicheren Konstruktionen. Das 1792/1793 erstmals an Stelle von Holzstützen verwendete Gußeisen konnte zuerst beim Gebäude einer Flachsspinnerei in Shrewsbury 1796 die hölzernen Bauteile durch Träger und Stützen aus Eisen ersetzen.

Das Augsburger Fabrikgebäude der SWA entstand wie die bald darauf errichteten weiteren großen Werksbauten noch in konventioneller Holzbalken- und Mauerwerksbauweise. Die 753 Arbeiter des die »große Fabrik« genannten Unternehmens wurden von elsässischen und Schweizer Webern während der Bauzeit im Umgang mit den Maschinen unterwiesen. 1840 wurde in dem »riesenhaften Etablissement« mit der Produktion begonnen. Augsburg erreichte durch weitere Gründungen von neuem seine Spitzenposition im Textilsektor. Weitere bedeutende Fabriken wurden in Bayern gegründet, welche allerdings erst nach 1840 »den englischen vollkommen gleichkommen«.

Ludwig I. blieb während seiner gesamten Regierungszeit der Industrialisierung Bayerns gegenüber zurückhaltend und skeptisch. 1847 notierte er, vor allem die soziale Komponente vor Augen, auf einer Fabrikkonzession: »Traurig aber zu sehen daß Gewerbe, die früher viele Familien nährten jetzt auf viel weniger sich beschränken, somit die Anzahl Proletarier sich vergrößert, dem Communismus in Hände gearbeitet wird«.[26]

Christian Koch

23 wie Anm. 22
24 abgedruckt in: Aufbruch ins Industriezeitalter Bd. 3, S. 41
25 wie Anm. 24, S. 155
26 wie Anm. 24, S. 196

Schulpolitik und Schulbau unter Ludwig I.

Der Schulbau gehört nicht zu den auffälligen oder gar spektakulären Bauaufgaben der Ludwigszeit und blieb wohl deshalb pädagogikgeschichtlich und bauhistorisch bislang unbeachtet. Dabei war das Schulhaus des »niederen« Schulwesens seit 1802 *der* Ort einer staatlich verordneten Sozialisation der breiten Bevölkerung. Neben den schulpolitischen Maßnahmen spiegeln auch die administrativen Direktiven zum Schulbau das staatliche Interesse an Inhalt und Effizienz des Schulwesens »als dem Instrument zur kontrollierten Prägung der Breitenmentalität«[1] wider. Ohne den institutionellen und organisatorischen Rahmen und die äußeren Formen des Schullebens – die »Schulwirklichkeit« – zu kennen, läßt sich das architektonische Gewicht und das erzieherische Moment des Schulbaus, der sich in der ersten Hälfte des 19. Jahrhunderts vollends als Bauaufgabe etablierte, aus heutiger Sicht nicht erfassen. Leider liegen weder zum Bauvolumen im genannten Zeitraum noch zu formalen und strukturellen Aspekten des Schulbaus Untersuchungen vor. Trotz des sehr lückenhaften Ausgangsmaterials soll in Form kursorischer Notizen ein Einblick in die schulpolitischen Intentionen und die Voraussetzungen und Rahmenbedingungen des Schulbaus unter Ludwig I. gegeben werden.[2]

Seit dem 16. Jahrhundert hatten sich vor allem die Kirchen der schulischen Breitenbildung angenommen und damit die Grundlage für das moderne Bildungswesen geschaffen. Im 18. Jahrhundert konstituierte sich dann die Staatsschule, die teilweise schon im 17. Jahrhundert aus dem ausgeprägten Interesse an vernünftigplanvoller und allgemeiner Erziehung heraus eingerichtet worden war. Vor allem am Ende des 18. Jahrhunderts bemühten sich die territorialen Obrigkeiten, angespornt vom Volksbildungsgedanken der Aufklärung, das Volksschulwesen organisatorisch und pädagogisch zu verbessern und die Schulpflicht für alle Kinder verbindlich durchzusetzen. Auch in Bayern konnte seit dem letzten Drittel des 18. Jahrhunderts die landesherrliche Selbstbestimmung über die kirchliche Schulvorherrschaft allmählich Oberhand gewinnen. Die rasche Abfolge unterschiedlichster Reformentwürfe markiert über die Jahrhundertwende hinweg den Weg zu einer umfassenden Neugestaltung des Schulwesens. Ein einschneidender Wandel gelang allerdings erst durch die zentralisierenden Tendenzen und das umfassende Verwaltungs-, Aufsichts- und Regelungssystem der energischen Montgelas-Bürokratie unter Max IV. Joseph (ab 1806 König Max I.) im ersten Jahrzehnt des 19. Jahrhunderts. Kernstück dieser bedeutenden bayerischen Schulreform war 1802 die Einführung der allgemeinen Schulpflicht, die einen 6jährigen Schulbesuch für Kinder vom sechsten bis zum zwölften Lebensjahr verbindlich fixierte. Der säkularisierte, vom Prinzip der Rationalität gelenkte Staat hatte durch das Schulmonopol »die geistig-seelische Verfügungsgewalt über die breite Bevölkerung«[3] mit dem Ziel an sich genommen, eine einheitliche gesamtgesellschaftliche Orientierung bei fortbestehender ständischer Ordnung zu gewährleisten. Der beträchtliche finanzielle und administrative Aufwand unter Max I. konnte jedoch nicht verhindern, daß die Bildungsaufgabe der Volksschule vor der Folie der pädagogischen Richtungen von Philanthropismus, Utilitarismus und Neuhumanismus bis in die Regierungszeit Ludwig I. hinein konfliktreiches und unentschiedenes Dauerthema blieb. Obwohl die Pflichtschule zur Staatsinstanz aufgewertet worden war, prägte im wesentlichen nicht sie, sondern weiterhin die äußerlich sehr geschwächte Kirche zusammen mit lokal gewachsenen Normen und Werten das Weltbild großer Teile der Bevölkerung, die eine Schulpflicht ihrer Kinder, deren Arbeitskraft sie häufig nicht entbehren konnten oder wollten, noch über Jahre hinweg mehr oder weniger stark ablehnten. Zweieinhalb Jahrzehnte dauerten auch die heftigen Auseinandersetzungen zwischen Vertretern einer utilitaristischen Aufklärungspädagogik und des Neuhumanismus über Aufbau und Ineinandergreifen der Bildungsprogramme der höheren Lehranstalten, die von einer schnell wechselnden Folge konträrer Lehrpläne begleitet wurden. Die wichtigsten Stationen der Entwicklungsgeschichte des bayerischen Schulwesens im ersten Drittel des 19. Jahrhunderts verdeutlichen, wie früh sich hier der Neuhumanismus im Widerstreit der Richtungen durchsetzen konnte und gezielt einer privilegierten bürgerlichen Bildung Vorschub leistete – im Gegensatz zum ebenfalls neuhumanistischen Ideal Humboldts von der »einen Nationalschule mit fließenden Übergängen zwischen ihren Stufen«.[4] Joseph Wismayrs »Lehr-Plan für alle kurpfalz-bayerischen Mittelschulen« von 1804 versuchte noch kompromißlos ein gestuftes einheitliches Schulsystem durchzusetzen

1 W. K. Blessing, Staat und Kirche in der Gesellschaft, Göttingen 1982, S. 19
2 Zum Folgenden wie überhaupt zum ganzen Abschnitt: A. Reble, Das Schulwesen, in: M. Spindler (Hrsg.), Bayerische Geschichte im 19. und 20. Jh., Bd. II, S. 949ff.; H. Gollwitzer, Ludwig I. von Bayern, München 1986, S. 537ff.; A. Reble, Geschichte der Pädagogik, Stuttgart 1975; Von der Aufklärung zur Romantik, Kat. zur Ausst., München 1984; H. J. Heydorn, G. Koneffke, Studien zur Sozialgeschichte und Philosophie der Bildung. II Aspekte des 19. Jahrhunderts in Deutschland, München 1973; W. K. Blessing, Staat und Kirche in der Gesellschaft, Göttingen 1982; K. A. Schmid, Geschichte der Erziehung vom Anfang an bis auf unsere Zeit, Bd. V, 1–3, Berlin 1901/1902; E. Spranger, Zur Geschichte der Deutschen Volksschule, Heidelberg 1971²; H. Heppe, Geschichte des deutschen Volksschulwesens, Bd. 4, 1859, S. 1ff.; J. Neukum, Die volksschulpolitischen Bestrebungen in Bayern 1818–1848, Erlangen 1964
3 Blessing, S. 30
4 Jeismann, Erziehungswesen. Zur Konkretion der Nationalbildung im preußischen Gymnasium, Stuttgart 1974, zitiert nach Blessing S. 31

Unterricht in der Schule. Kupferstich 1. Hälfte 19. Jahrhundert, Bayer. Nationalmuseum/ Schulmuseum

und die überkommene »Sprachenschule« in eine moderne »Sachschule« zu transformieren. Das sog. Normativ des bayerischen Zentralschulrates F. J. Niethammer von 1808 strebte bereits eine Synthese zwischen der Aufklärungspädagogik und ihrer Betonung der »Realgegenstände« und den neuhumanistischen »Idealgegenständen« an, was auf eine relativ frühe Gabelung der höheren Schulbildung hinauslief. 1816 wurde Niethammers Konzept fallengelassen, die Realinstitute wurden aufgelöst und die Realschulen in höhere Bürgerschulen umgewandelt. Endgültig gelöst wurde die Frage nach der inhaltlichen Ausrichtung und der Struktur des Bildungswesens mit der Thronbesteigung Ludwigs I., die einem uneingeschränkten Neuhumanismus vollends zum Durchbruch verhalf. Schon zwei Monate nach seinem Regierungsantritt beauftragte der neue König am 17.12.1825 den überzeugten Altphilologen Friedrich Thiersch zusammen mit einer Kommission des Obersten Kirchen- und Schulrates, das höhere Schulwesen neu zu gestalten. 1829 lag ein einseitig das Gymnasium favorisierender Schulplan mit einer extrem altsprachlichen Zentrierung des Lehrplans vor, eine Revision von 1830 milderte ihn etwas ab. Ein eifriger zeitgenössischer Verfechter des Realismus, der Gunzenhauser Dekan H. Stephani, sah in Thierschs Schulplan ein »Werk der Reaktion und des wiederkehrenden Jesuitismus«.[5]

»Sein Mangel an Schulerfahrung und die fehlende persönliche Nähe zum Pädagogischen hinderten den König nicht, auch auf diesem Gebiet sehr entschiedene Auffassungen zu entwickeln«.[6] Aus der Regierungszeit seines Vaters konnte er ein staatlich reglementiertes, weitgehend systematisiertes und, wie oben angesprochen, bereits entschieden neuhumanistisch ausgerichtetes Schulwesen übernehmen, in dem die Kirche ihr in der Säkularisation verlorengegangenes Einflußterrain größtenteils wieder zurückgewonnen hatte. Die Distrikts- und Lokal-Schulinspektionen als Kontroll- und Schaltstellen zwischen der Verwaltung und den einzelnen Schulstellen waren schon unter Max I. mangels Beamter weitgehend mit Pfarrern besetzt worden. Obgleich Ludwig die neuhumanistische Ausformung des höheren Schulwesens im Sinne Thierschs durch erhebliche Zugeständnisse begünstigte, bildete den eigentlichen ideologischen Kernpunkt seiner Schulpolitik eine Mischung aus autoritär-religiöser Bildungsauffassung mit neuhumanistischem und romantischem Einschlag. Hieraus rekrutierten sich auch die einschneidenden gesellschaftspolitischen Leitmotive seines Schulprogramms: Rekonfessionalisierung der Schule, Abschaffung von Simultanschulen – gezielte Standespädagogik, Verhinderung eines gesellschaftlichen Aufstiegs und Unterbindung gesellschafts-

5 E. Ebner, Geschichte des Realschulwesens in Bayern von 1774–1833, Paed. Reihe Nr. 4, München/Berlin 1928, S. 44

6 Gollwitzer, S. 537

verändernder und emanzipatorischer Impulse durch das Schulsystem – Erziehung zur Obrigkeitstreue in allen Schulgattungen, restriktive Handhabung der Volksschule als Untertanenschule mit dem Bildungsziel »der fromme Patriot« – Entlaisierung sowie politische und gesellschaftliche Bevormundung des Volksschullehrerstandes, Berufsethos: Loyalität statt »Räsoniergeist«.

Die neuhumanistische »gelehrte Bildung« der höheren Schule bei weitestgehender Ausschaltung der Realfächer und einer möglichst frühen Abkoppelung von der Elementarschule ließ sich leicht damit verbinden, die allgemeine Volksbildung zu minimieren und bereits in der Struktur des Schulwesens die soziale Abgrenzung des Besitz- und Bildungsbürgertums vom ungebildeten Volk anzulegen. Bereits in Niethammers Normativ von 1808 im Ansatz enthalten, setzte sich dieses gesellschaftspolitische Moment immer mehr durch und wurde schließlich in den 30er und 40er Jahren, u. a. als Reaktion Ludwigs auf die Dezember-Unruhen, zur erklärten amtlichen Volksschulpolitik. In einem Kabinettschreiben vom 3. 8. 1833 bekundete der König nachdrücklich, daß er namentlich in der Volksschulerziehung das wirksamste Mittel erkenne, »in den folgenden Generationen wenigstens jenen patriarchalischen Sinn, jene Zufriedenheit, Treue wieder herbeizuführen, bei welcher allein wahres Volksglück bestehen kann«.[7] 1835 wurden auf seinen Befehl die Volksschulen in »Teutsche Schulen«, der Volksschullehrer zum »Schullehrer« bei verordneter Unterlassung der Anrede »Herr« umbenannt, um dem patriotischen Gedanken mehr Gewicht zu verleihen und den Titeln ihren demokratischen Beigeschmack zu nehmen. Der Volksschule als der »Grundsäule der Organisation« des Schulwesens legte der König 1832 die Pflicht zur rechtlichen, sittlichen und religiösen Bildung auf, unter Zurückdrängung dessen, was er »schwülstiges Wissen« nannte.[8] In einem Kabinettschreiben an Wallerstein aus dem gleichen Jahr erwartete er »Anträge über die Wiederherstellung einer religiös-gemütlichen, nicht bloß intelektuellen Volkserziehung«,[9] da namentlich bei Landleuten leicht zu viel der intellektuellen Bildung geschehen könne. So lautete denn sein programmatischer Kernsatz zur Volksschulbildung: »Sie sollen gute Christen und brave Hausväter werden, über diesen Zweck soll nicht hinausgegangen werden«.[10] Folgerichtig lehnte der König das 1837 von beiden Kammern beantragte siebente Pflichtschuljahr ab. 1833 hatte er sogar erwogen, die Lehrerseminare ganz abzuschaffen und altgedienten Lehrern und vor allem Pfarrern die Lehrerausbildung anzuvertrauen. Das Bildungsniveau des Lehrers brauchte ohnehin nicht weit über die enggefaßte Volksschulbildung hinauszureichen. Wie das Schulwesen wurde auch der Lehrer in seinem Lebensstandard von der harten Sparpolitik Ludwigs sehr beengt[11], so daß er meist einem Zuerwerb nachgehen mußte (Mesner, Gemeindeschreiber, Musikant, Handwerker etc.)[12].

Durch die Einführung der allgemeinen Schulpflicht 1802 war auf dem in schulischer Hinsicht vollkommen unterentwickelten Land ein akuter Schulraummangel entstanden, zu dessen Behebung im Säkularisationsjahr 1803 die Beschaffung von Baumaterial u. a. durch den Abbruch von »unnöthigen Filial- und Feldkirchen« angeordnet wurde.[13] Häufig wanderte damals noch der Lehrer mit den Schülern in Ermangelung eines eigenen Schullokals in einem gewissen zeitlichen Turnus von Hof zu Hof, wo er die Schulstunden abhielt und selbst freie Kost und Logie bekam; oder der Unterricht fand in dem meist einzigen Wohnraum der oft am Existenzminimum lebenden Lehrersfamilie statt. Derartige und andere Mißstände wie die »gesundheitswidrige Verwendung eines Viehstalles zu Schulzimmern« sind auch noch aus den 30er Jahren überliefert.[14] Für eine erfolgreiche Fortentwicklung des Volksschulwesens war jedoch die Herstellung von brauchbaren Schulhäusern eine existentielle Voraussetzung. Anfangs wurde die Lösung dieses Problems aus Widerstand gegen den Schulzwang und die Schulgeldpflicht, worin die Bauern und Handwerker keinerlei Vorteile für sich sahen, nur sehr zögerlich in Angriff genommen. Zu Beginn der 20er Jahre war allerdings schon ein gewisser Höhepunkt der Schulbautätigkeit erreicht, die im allgemeinen auch weiterhin recht rege fortgesetzt wurde. In der bayerischen Pfalz waren zwischen 1814 und 1822 170 neue Schulen gebaut worden[15], davon allein 50 im Jahre 1821; im Unterdonaukreis (Niederbayern) entstanden von 1825 bis 1829 ca. 100 neue Schulbauten, was etwa ein Viertel des damaligen Gesamtbestandes betrug;[16] 1823 wurden in 23 Dörfern des Isarkreises (Oberbayern) Schulhäuser errichtet.[17] Aufgrund der dringlichen Lage, in der obendrein weder die Maurermeister noch die Baubehörden auf die Bauaufgabe vorbereitet waren, ließ das Innenministerium 1811 an alle Schulspren-

7 zitiert nach Reble in Spindler, S. 964

8 vgl. Gollwitzer, S. 539

9 BHStA M Inn 44267, Ludwig – Wallenstein, 26.9. und 20.11.1832, vgl. Gollwitzer, S. 541

10 Gollwitzer, S. 541

11 ibid., S. 543

12 ibid., S. 544; Bayerns Kirchen- und Volkszustände seit dem Anfang des XVI. bis zum Ende des XVII. Jahrhunderts, Gießen 1842 (Vorwort)

13 Rgbl. 1082/303, zitiert nach H. Buchinger, Zur Gesch. der niederbayer. Volksschule im 19. Jahrhundert, in: L. Kriss-Rettenbeck, M. Liedtke (Hrsg.), Regionale Schulentwicklung im 19. und 20. Jahrhundert, Bad Heilbrunn 1984, S. 76

14 BHStA MK 23101: Schul- und Meßnerhausbauten Generalia 1802–1842, 8.4.1835

15 Heppe, S. 85

16 Buchinger, S. 76

17 H. Plessner, Bayerischer Schulbau vor 100 Jahren, in: Der Baumeister, Jg. 39, H. 8, B 88

gel des Reiches (General-Commissariate) die lithographierten »Zeichnungen zu Schulhäusern« des Architekten Vorherr verteilen. Von »Zweckmäßigkeit« und »Oeconomie« geleitet, hatte der engagierte Vorherr, Kreisbauinspektor und Mitglied der Münchner Baukommission, die Entwürfe auf eine »wohl hundertfache Anwendung im Vaterlande« angelegt.[18] Um ihre Verbreitung zu fördern, wurden sie von den Baugewerksschülern der Münchener Feiertagsschule kopiert und waren bis 1821, als sie erneut in Vorherrs »Monatsblatt« propagiert wurden, tatsächlich jeweils schon mehrfach als Musterschulen gebaut worden.[19] Die Zahl der nach damaligem Maßstab als »unzweckmäßig« erachteten Schulbauten nahm in zwar unterschiedlichem Umfang, aber doch stetig in allen Kreisen ab. 1831 zählte man im Unterdonaukreis insgesamt 443 Schulhäuser, wovon nurmehr 40 als in einem mittleren und 48 in einem schlechten Zustand befunden wurden.[20] Um die Jahrhundertmitte war der Schulbau auf dem Land so weit vollzogen, daß alle für die Erfüllung der Schulpflichtigkeit als notwendig erachteten Schulstellen (1846: 7101 »deutsche Schulen« im ganzen Königreich)[21] – unter Einbeziehung der für Schulzwecke umgenutzten Gebäude – mit Schulräumen versorgt waren, wobei aber immer noch Klagen über ihren teilweise sehr unzulänglichen Zustand geführt wurden. Etwas anders bot sich die Situation in den Städten dar, deren Bewohner der Schulpflicht grundsätzlich gewogener als die Landleute gegenüberstanden. Ein gewisses Bildungsbedürfnis auch bei Teilen der städtischen Unterschicht belegen die seit altersher bekannten »Winkel-Schulen« – aus Eigeninitiative entstandene illegale Ersatzeinrichtungen für die zu teuren zünftischen Schulen. Der Anreiz und die Bereitschaft, aber auch die existentiellen Voraussetzungen, der Schulpflicht nachzukommen, lagen noch in den 1820er und 1830er Jahren im eigentlichen Stadtbereich Münchens wesentlich günstiger als in den Vorstädten, die verwaltungsmäßig zu den Landgerichten München I und II gehörten.[22] Eine Ausnahme bildeten sicherlich auch in München/Stadt die Bürger der renommierten Maxvorstadt, die zwischen 1821 und 1827 hartnäckig um ein eigenes Schulhaus kämpften. Außer von der Einsicht in die Notwendigkeit einer Schulbildung war ihre Eingabe an den Magistrat auch von selbstbewußtem Bürgersinn getragen. In München wurden allein zwischen 1826 und 1829 die Schulhäuser in der Frühlingsstraße (Schönfeldvorstadt), in der Luisenstraße (Maxvorstadt) und im Fingergäßchen (Kreuzviertel) erbaut, es folgten 1841 die St. Anna-Vorstadtschule, 1847/51 das erste protestantische Schulhaus in der Glockenstraße (Hackenviertel) (vgl. Kat.Nr. 95–99), 1831 mußte das Schulhaus der Vorstadt Giesing erweitert werden. Augsburg erhielt zwischen 1838 und 1840 die beiden Volksschulhäuser für die katholischen Pfarreien St. Georg und St. Ulrich, 1852 den großdimensionierten mehrklassigen Schulbau beim Kloster Maria Stern. Fürth baute als Stadt I. Klasse zwischen 1817 und 1824 ein Mädchen- und ein Knabenschulhaus. Auffallend engagiert setzten sich auch viele fortschrittlich gesinnte protestantische Kirchengemeinden und Kommunen für schulische Belange und speziell auch für den Schulhausbau ein (vgl. Kat.Nr. 102, 104).

Der Gebäudetypus »Schulhaus«, primär für die pädagogische Aufgabe des Unterrichtens konzipiert, entstand in breitem Umfang erst mit Beginn des 19. Jahrhunderts.[23] Als Ludwig I. 1825 die Regierung antrat, konnte er nicht nur auf eine zeitgemäße Schulverfassung zurückgreifen, es waren auch die konstitutiven Merkmale des Volksschulhauses entwickelt und die Weichen für seine typisierte Verbreitung gestellt. Das simpelste, damals am häufigsten gebaute Landschulhaus besaß in der Regel einen einzigen Schulsaal für die Schulkinder aller Altersstufen, dazu eine einfache Lehrerwohnung, manchmal eine Gehilfenkammer und meist landwirtschaftliche Räumlichkeiten im Schulhaus selbst oder in Anbauten. Übte der Lehrer den Mesnerdienst aus oder wohnten statt seiner Mesner oder Pfarrer im Schulhaus[24], erhielt die bau- und unterhaltpflichtige Gemeinde bei einem Neubau finanzielle Hilfe von den kirchlichen Stiftungen. Arme Dorfkommunen wurden in ihren schlichten Schulbauunternehmungen gelegentlich mit Zuschüssen aus dem Schuldotationsfond unterstützt. Aus dem triftigen Grund der Kostenersparnis war das »Nur-Schulhaus« auf dem flachen Lande und in kleinen Stadtgemeinden so gut wie nicht anzutreffen. Im Gemeinde-Edikt von 1818, das im rechtsrheinischen Bayern die gemeindliche Selbstverwaltung wieder einführte und auch unter Ludwig I. gültig blieb, wurden die Gemeinden zur Herstellung und Unterhaltung der (gestaffelt nach Einwohnerzahl) für notwendig befundenen Gemeindebauten verpflichtet.[25] Um die Kosten niedrig zu halten, vereinigte man in Marktgemeinden

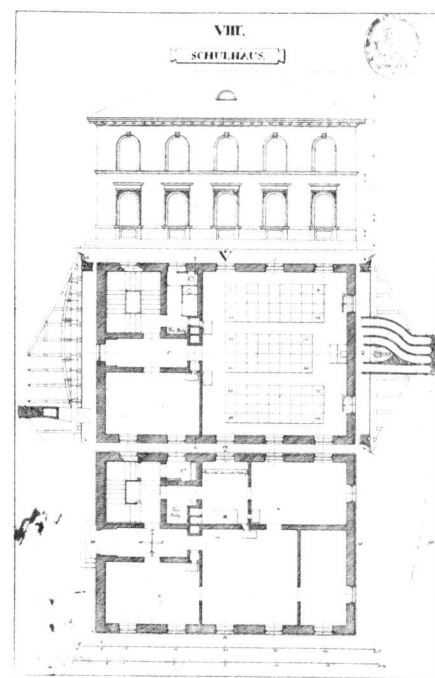

J. M. C. G. Vorherr, Zwölf Blätter Entwürfe zu Schul- und Pfarrhäusern nach der Sonnenbaulehre, 1834, Bl. VIII

18 StA München RA 33199, 30.8.1811

19 J.M.C.G. Vorherr, Monatsblatt für Bauwesen und Landesverschönerung, Jg. 1, 1821; in welchen Orten Vorherrsche Schulen gebaut wurden, ließe sich nur durch breitangelegte Recherchen ermitteln; vgl. dazu H.. Plessner, der Surrberg, Vilsbiburg, Großdingharting, Arnbach, Nußdorf nennt (zu Nußdorf und Surrberg siehe StA München RA 55193); vgl. auch StA München RA 33199: Schulhäuser für Dorschbrunn und Todenweis

20 Statistisches Handbuch des Bayer. Volksschulwesens, 1872, S. 166; vgl. Buchinger, S. 76

21 P. Stumpf, Bayern. Ein geographisch-statistisch-historisches Handbuch, Bd. I, 1853, S. 30

22 F. Sonnenberg, Studien zur Verwirklichung der allgemeinen Schulpflicht in Oberbayern, 1802–1850, in: Kriss-Rettenbeck/Liedtke, S. 57

23 H. Lange, Schulbau und Schulverfassung der frühen Neuzeit, Weinheim/Berlin 1967, S. 11; R. Schmidt, Volksschule und Volksschulbau von den Anfängen des niederen Schulwesens bis in die Gegenwart, Mainz 1961, S. 125ff.

24 daher z.B. auch die behördlichen »Schul- und Meßnerhausbauten Generalia«

25 Dokumente z. Geschichte von Staat und Gesellschaft in Bayern, Bd. III/3, München 1977, Quelle 73, 24, 27

J. M. C. G. Vorherr, Zwölf Blätter Entwürfe zu Schul- und Pfarrhäusern nach der Sonnenbaulehre, 1834, Bl. IX

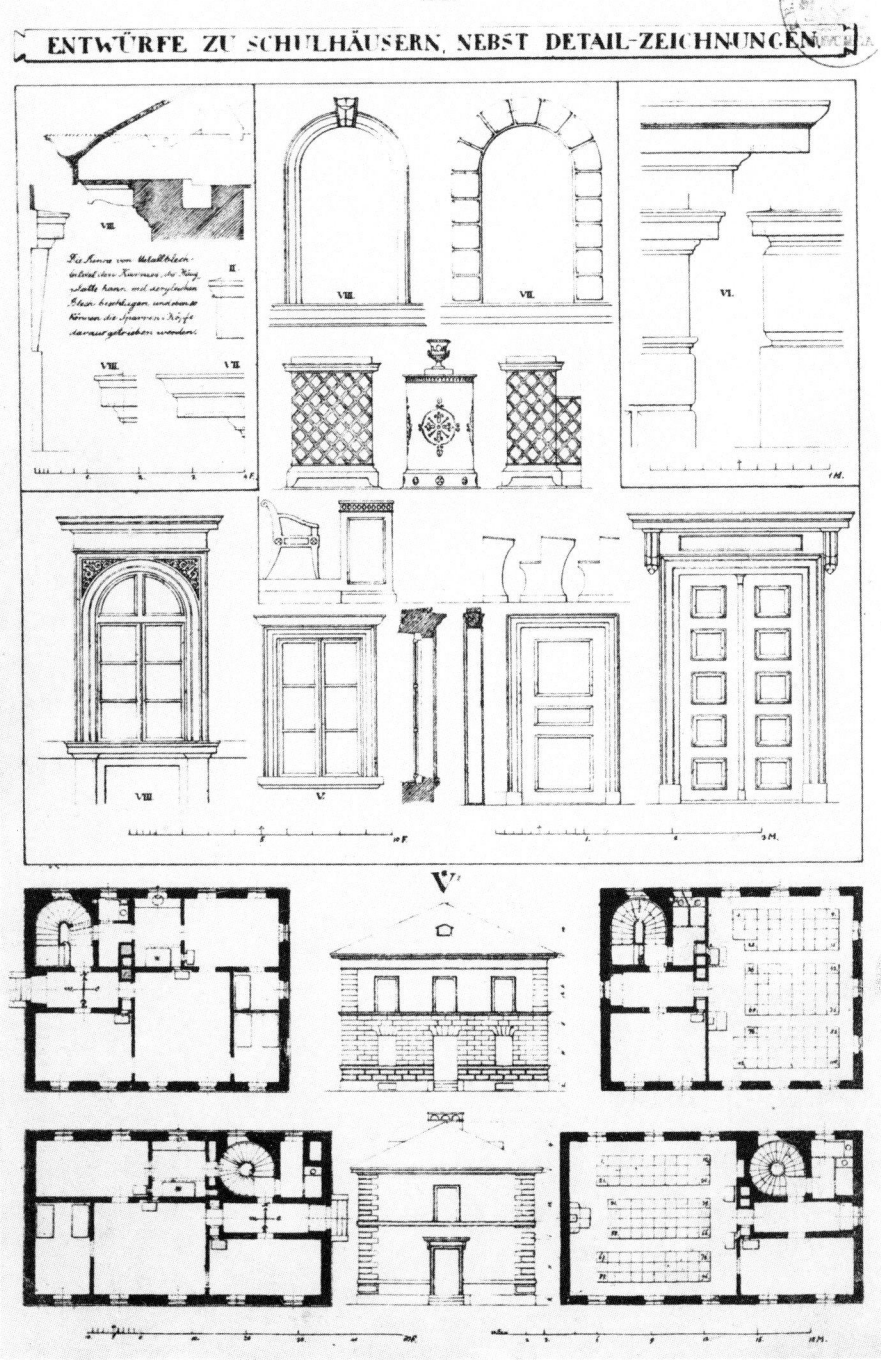

und kleineren Städten – eine zweckdienliche Tradition fortführend – die benötigten zwei bis drei Schulsäle bisweilen mit so verschiedenen städtischen Einrichtungen wie Fleischbank, »Feuerlöschrequisitenlocale«, Schranne, Waaglokal, Läden, Arresträumen, Herberge, Dienstwohnungen etc. unter einem Dach.

Nach außen wurde diese Sonderform des öffentlichen Gebäudes entweder mit den formalen Identifikationsmerkmalen des Rathauses, sofern es zu beherbergen war (vgl. Kat.Nr. 7, 103, 135.2), oder mit einer schmucklos-sachlichen Fassade, die keine Rücksicht auf die gemischte Nutzung nahm, versehen. Baulichkeiten der letzten Art wurden offiziell meist in die Kategorie Schulhaus eingeordnet und – ungeachtet der vielfältigen Funktionen des Gebäudes – häufig auch per Aufschrift als solche bezeichnet. In der Hauptstadt München und in Städten I. Klasse, die oft eine große Zahl von Schulkindern unterzubringen hatten, finden sich seit den 20er Jahren vielräumige, ausschließlich für Unterrichtszwecke konzipierte und durchaus repräsentative Schulhäuser, deren Fassaden sich weitgehend am vorherrschenden Stil der Wohnbauten orientierten (vgl. Kat.Nr. 95, 96, 97).

Mit der Einsetzung des Baukunstausschusses im August 1829 besiegelte Ludwig I. eine lückenlose institutionalisierte Prüfung aller Staats-, Gemeinde- und Stiftungsbauten. Zu den Neubauprojekten, deren Pläne vorzulegen waren, gehörten »auch kleine Staatsgebäude, jedes Schulhaus«.[26] Die Zielsetzung des Baukunstausschusses, »edle und der Nachahmung würdige Formen und Vorbilder«[27] zu verbreiten, berührte sich mit den Motiven des engagierten und bis zum Ende der 20er Jahre außergewöhnlich einflußreichen Theoretikers des Landschulbaus, J. Vorherr. Neben Kirche und Pfarrhaus gehörte für ihn auch das Schulhaus zu den »ersten Gebäuden eines Dorfes«[28] und es sollte deshalb »der Form nach ein Modell des besten Wohnhauses in der Gegend (sein), damit die Schüler auch diesen Eindruck schon früh erhalten«.[29] Da nicht der Schulsaal, sondern Wohn- und Wirtschaftsräume in der Regel den größten Teil eines Schulhauses einnahmen, lag es auf der Hand, daß das Wohnhaus für den sich neu konstituierenden Gebäudetypus zum Vorbild genommen wurde. J. M. Voit, Leiter des kgl. Kreisbaubüros in Augsburg, bedauerte diesen Umstand in seiner 1826 verfaßten »Land-Baukunst«.[30] Durch die Nachahmung der viel zu »niederen und mit schmalen Fenstern versehenen« Wohnhäuser der Landleute sah er die für ein Schulhaus erforderlichen Kriterien der Zweckdienlichkeit und der Hygiene zu wenig beachtet. Da in Märkten und Ruralgemeinden die Pläne aller Neubauprojekte ab einem Baukostenbetrag von 500 Gulden vorlagepflichtig waren, entging kaum ein Entwurf der Kontrolle des Baukunstausschusses. Infolge dieser zentralistischen Kunstpolitik entwickelte sich in den 30er Jahren – letztlich basierend auf dem Schema der Vorherrschen Musterbauten – ein standardisierter Schulhaustypus mit stereotyp genormter Gestaltung: 4 bis 7 Achsen lang und 3 Achsen breit, geputzt, in der Mehrzahl zweistöckig mit Gurtgesims und Walmdach, der Eingang in der Mitte der Schmalseite, die Fenster bis zum Beginn der 40er Jahre rechteckig oder rundbogig, danach meist segmentbogig mit einfach profilierten oder rustizierten Putzrahmen (vgl. Kat.Nr. 105). Ungeachtet lokaler Bauformen und -traditionen, die der König im Bereich des ländlichen Privatbaus sehr wohl geschützt und erhalten wissen wollte, die ihn aber im Zusammenhang mit dem Schulbau nur hinsichtlich einer Kosteneinsparung interessierten[31], wurde der vereinheitlichte Schulbau, der dem ebenfalls nach und nach genormten Pfarrhaustypus zum Verwechseln ähnlich war, in allen Gegenden unterschiedslos in Anwendung gebracht.

Demgegenüber stellte Vorherr als eigentlicher Begründer des schematisierten Schulbaus in Bayern in seinen »Entwürfen zu Schul- und Pfarrhäusern nach der Sonnenbaulehre«[32] von 1834 eine vitale Alternative zur Monotonie des offiziellen Schulbaus vor. Die ungleich reicheren Einzelformen seiner Fassadenvarianten waren eine Mustersammlung von in München schon erprobten Formen des Klenze-Stils, die er durch seine Publikation und über die Schüler der Baugewerbschule, deren (zeitweilig selbsternannter) Vorstand er war, in den breiten Landschulbau hineintragen wollte. Dabei demonstrierte er Gestaltungsmöglichkeiten, die innerhalb eines begrenzten Formenrepertoires und in einheitlicher herausgehobener Stillage mit einfachen Mitteln zu erreichen waren. In Rücksicht auf die jeweils verschiedenen Verhältnisse und Anforderungen sind seine Schulgebäude unterschiedlich dimensioniert und ausgestattet, bei einem (Blatt IV) ist auf eine evt. Vergrößerung Bedacht genommen. Mit aufklärerischen Weltverbesserungsidealen trat Vorherr, der auf Anordnung Ludwigs I. 1826 als 48jähriger Mann in den Ruhestand versetzt wurde[33] (aber weiterhin bei seiner alten Behörde als Aushilfskraft beschäftigt blieb) als Architekt und Publizist aktiv für eine umfassende Hebung der Lebensverhältnisse ein. Er engagierte sich in allen Zweigen des Bauwesens, des Städtebaus und der Agrarwirtschaft – die er gemeinsam unter dem Begriff der »Landesverschönerung«[34] subsumierte –, führte die sog. »Sonnenbaulehre« des Dr. med. B. C. Faust aus Bückeburg in Bayern ein und arbeitete unermüdlich daran, sie im In- und Ausland populär zu machen. In Anwendung des zentralen Wahlspruchs der Sonnenbaulehre »freies Licht, freie Luft, freies Leben von Pol zu Pol«[35] forderte Vorherr, »alle Schulgebäude sollten nach den vier Haupt-Weltgegenden orientiert, mit der Hauptseite winkelrecht zur Mittagssonne gestellt und getreu nach der Sonnenbau-Lehre eingerichtet werden«.[36] Danach

26 M. Spindler, Briefwechsel zw. Ludwig I. und Ed. v. Schenk, München 1930, S. 90, 26.6.1829

27 zitiert nach H. J. Kotzur, Forschungen zum Leben und Werk des Architekten Aug. von Voit, Heidelberg 1978, Bd. I, S. 383

28 Vorherr, Monatsblatt, Jg. 1, H. 11, S. 59

29 ibid., H. 3, S. 10

30 J. M. Voit, Die Land-Baukunst in allen ihren Hauptheilen, 1. Teil, Augsburg und Leipzig, 1826, s. S. 354

31 StA Bamberg K 3/F VII³: 11.8.1834, Die Vorlage von Zeichnungen der bestehenden Bauarten in den verschiedenen Gegenden Bayerns; BHStA MK 23101, Erwiderung des Königs auf das Gesuch der Landräte, 28.7.1840

32 J.M.C.G. Vorherr, Zwölf Blätter Entwürfe zu Schul- und Pfarrhäusern nach der Sonnenbaulehre, 1834; StA München RA 22272

33 StA München RA 23993; BHStA OBB 7676

34 vgl. z.B. Vorherrs Monatsblätter zur Landesverschönerung; »Landesverschönerung«, Neujahrsgabe für die Baugewerbeschüler 1826, S. 1: »Die wahre Landesverschönerung entsteht: wenn Agrikultur, Gartenkunst und Architektur ungetrennt nicht bloß für das Einzelne, sondern hauptsächlich für das gemeinsame wirken«.

35 vgl. Anm. 32, Ausschnitt aus dem Zitat nach B. C. Faust auf dem Titelblatt

36 Monatsblatt, Jg. 8, H. 10, 1828, S. 51

J. M. C. G. Vorherr, Monatsblatt für Bauwesen und Landesverschönerung, Jg. 4, H. 6, 1824

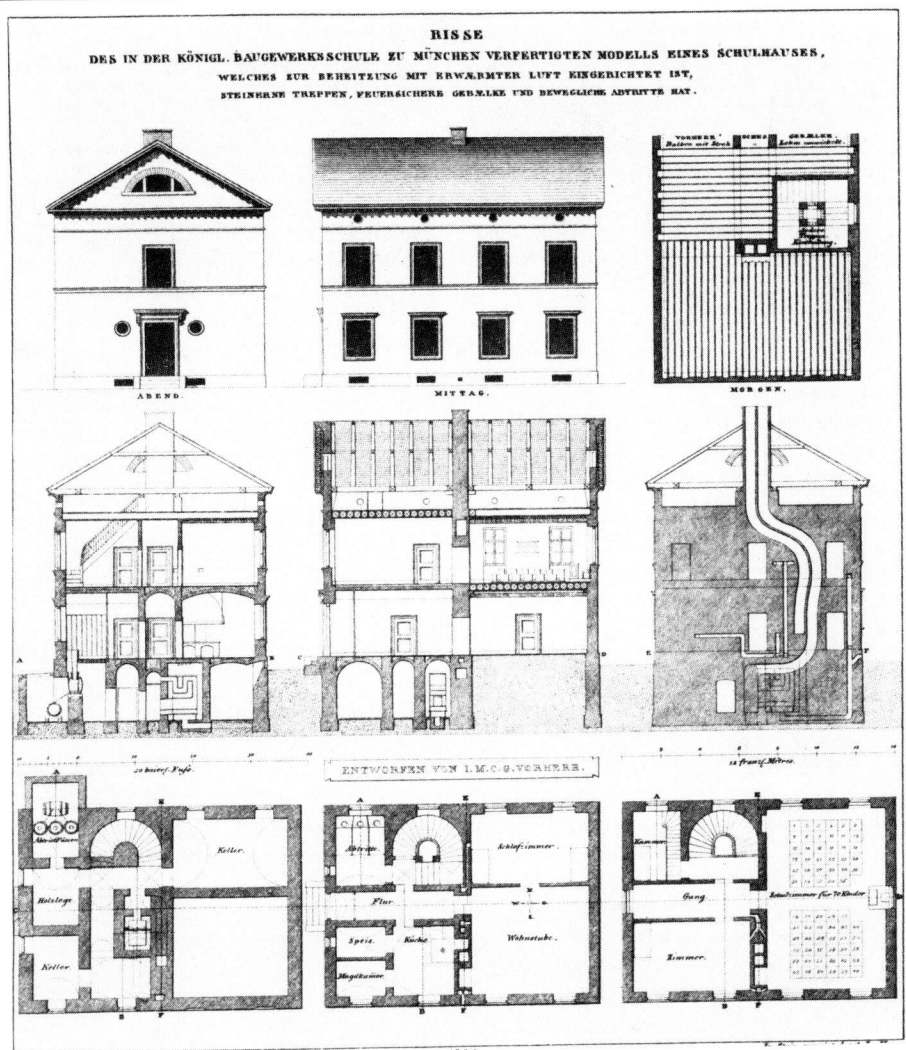

mußten die Schulbauten mit ihrer Süd- und Nordseite freistehen und die Schulsäle und Hauptwohnräume gegen Süden, die Nebenräume gegen Norden liegen, weil dies für ihren jahreszeitlichen Temperaturhaushalt als die beste Lösung erachtet wurde.[37] Schon in einem Teil der Entwürfe von 1810 stellte Vorherr das Schulhaus in einen Garten, der in den Musterblättern von 1834 (Blatt X) als gärtnerisch gestalteter Umraum des Schulhauses wiederkehrt. Während Vorherr dabei wohl mehr den ideellen Aspekt des Ergötzlichen, Angenehmen und natürlich auch den gesundheitlichen Wert in Betracht zog, stellte J. M. Voit in Anlehnung an die pädagogische Zielsetzung der Industrieschulen den Schulgarten unter den utilitaristischen Gesichtspunkt des Lehrgartens: »Zur Beförderung der Obstkultur kann nichts mehr beitragen, als wenn die Jugend darin Unterricht erhält . . . Auch kann dem Landmann die Gemüßgärtnerei sehr vorteilhaft werden«.[38] Allgemein scheint der Schulgarten mit dem allmählich steigenden Prestigezuwachs der Schule, die gerne in die Nähe der exponierten dörflichen Gebäude von Kirche und Pfarrhof gebaut wurde, vor allem als schmückende Zutat zum Schulbau an Bedeutung gewonnen zu haben. Im Unterschied zu Vorherrs weltoffener Sehweise, die ihm unter Ludwig I. sicherlich mit zum Verhängnis wurde, ermittelte der Civilbau-Inspektor des Untermainkreises, J. Gutensohn, in einer eigentümlich frömmelnden Argumentation (aber durchaus richtigen Einschätzung der Verhältnisse) den passenden Standort eines Schulhauses: »Neben der Chausee soll kein Schulhaus stehen . . . Die Schule ist ein Kind der Kirche: die Mutter hat das Kind immer neben sich, und beide halten sich vom Getöse der Welt abgesondert: beide eine religiöse Anstalt an sich, und dem Pfarrer und Schullehrer gemeinsames Geschäft«.[39]

37 Dieser Grundsatz der Sonnenbaulehre galt für alle von Menschen bewohnten Gebäude. Faust, mit dem Vorherr freundschaftlich verbunden war, hatte 1807 den Plan einer »Sonnenstadt« entworfen, deren Häuser mit ihrer Hauptseite exakt nach Süden ausgerichtet waren und durch einen Vorgarten von der Straße getrennt wurden.

38 vgl. Voit, S. 379; zu dieser pädagogischen Zielsetzung vgl. H. Heppe, Bd. I, S. 222 ff.: In der Industrieschule, von Schulstein 1773 in Kaplitz/Böhmen eingeführt, sollten die Schulkinder »in mechanischen und Handarbeiten, in der Obstzucht, in der Gartencultur und in allerlei anderen gemeinnützigen Dingen« unterrichtet werden, um sie »planmäßig an das Arbeiten zu gewöhnen und zu demselben tüchtig zu machen«

39 StA Würzburg Reg. Abg. 1943/1945, Nr. 4949: »Gedanken über das projectierte neue Schulhaus zu Oberstreu«

Um der früher üblichen Überfüllung der Schulräume entgegenzuwirken, wurden genormte Klassenstärken und Raummaße eingeführt. 1830 schwankte die in Bayern pro Schulsaal und Lehrer vorgeschlagene Maximalzahl von Schulkindern zwischen 80 und 100[40], wobei generell für jeden Schüler eine Grundfläche von 8 Quadratfuß (= 0,68 m²) unter Einbeziehung von Flur und Lehrerpodest berechnet wurde. Voit empfahl bei 40 bis 50 Schülern eine Raumhöhe von 10 Fuß (= ca. 3 m), bei 80 Schülern mindestens 13 Fuß, was wiederum die Räume schwerer beheizbar machte. Das sächsische Elementar-Volksschulgesetz von 1835 verordnete bei Schulneubauten vergleichsweise 7 Quadratfuß Bodenfläche für ein Kind (Lehrersitz, Ofen und Gänge ebenfalls einbezogen).[41] Im Laufe des zweiten Jahrhundertviertels setzte sich in Bayern wie in anderen deutschen Ländern immer mehr die Belichtung von links durch[42] (vgl. Kat.Nr. 95–97), was auf die hygienischen und medizinischen Überlegungen, die zunehmend Eingang in die Diskussion über die Einrichtung von Schulräumen fanden, und auf die Sitzordnung des sich allmählich ausbreitenden Klassenunterrichtes zurückzuführen war. Die zweiseitig besetzten Tische des veralteten Einzelunterrichts verschwanden und die hintereinander gestaffelten, frontal zum Lehrerpult gestellten Bankreihen für 3 bis 6 Kinder mit einer Platzbreite von je 1¾ bis 2 Fuß (= 0,5 bis 0,6 m) wurden die Regel.[43] In dieser Zeit liegen die Anfänge einer jahrzehntelangen Debatte um die »richtige« Schulbank und den »Einfluß der Schulen auf die Gesundheit«.[44] Aber nicht nur auf richtiges Sitzen und die Vermeidung von Wirbelsäulenverkrümmungen wurde geachtet, man sorgte sich auch zunehmend um die Schonung der Kinderaugen.[45] Tafeln sollten gut einsehbar stehen, die Räume genügend belichtet und eine Blendung durch Gegenlicht vermieden werden. 1840 berichtet die Allgemeine Bauzeitung von einem bayerischen »Verbot des weißen Anstriches der Häuser« wegen seiner schädlichen Einwirkungen auf das menschliche Auge. Auf dem Lande waren Schulzimmern gegenüberliegende weiß gekalkte Hauswände verboten.[46] In seinen Musterentwürfen von 1834, Blatt II, unterbreitete Vorherr zu diesem Problem den Vorschlag: »damit die Wand, welche die Kinder vor sich sehen, zur Schonung ihrer Augen gehörig dunkel erscheint, kann das Fenster am Sitz des Lehrers mit einem schwarz angestrichenen, gut schließenden Laden versehen werden, der zugleich als Schreibtafel dient«.[47] Bei der Projektierung der Schulen in der Münchener Frühlings- und der Luisenstraße (vgl. Kat.Nr. 95, 96) wurde bereits 1826/27 die komfortable Beheizung mit erwärmter Luft in Betracht gezogen, wegen hoher Installationskosten und mangelnder Erfahrung dann doch der Ofenheizung der Vorzug gegeben. Das neuartige Heizsystem führte von einer zentralen Ofenanlage im Keller mittels Wärmeaustausch erwärmte Luft in die einzelnen Räume. Für Vorherrs fortschrittliches und soziales Denken spricht, daß er diese hochmoderne technische Neuerung, die 1825–1828 im Königsbau der Residenz und in der Allerheiligenhofkirche in Anwendung gebracht wurde, schon 1824 in einem Modell für den Schulhausbau vorführte.[48]

1839 schrieb W. Harnisch, das Schulhalten müsse »immer und ewig ein freies, lebendiges Geschäft bleiben . . . Ein Staat, der, wie es in Baiern der Fall zu sein scheint . . . in den kleinen Dienst des Volksschulwesens eingeht, wird große Schulberichte und spärliche Schulthaten, . . . wenig Sinnen und Denken . . ., viel Klappern, wenig Korn hervorbringen«.[49] In gleicher Weise waren die bayerischen Schulhäuser in einer verordneten uniformen Systematik erstarrt. Wie die Dorfschullehrer durch Schulverordnungen wurden die Civilbau-Inspektoren der Kreise, deren Hauptbetätigung im Entwerfen von Dorfkirchen und Dorfschulhäusern bestand[50], durch die Kontrolle des Baukunst-Ausschusses gegängelt und eine »willkürliche Abweichung« von den ureigensten allerhöchsten Bestimmungen nicht geduldet.[51] Vorherr hatte einen typisierten Schulbau aus der Forderung der Zeit und seiner aufklärerischen Überzeugung begründet, Schulgebäude seien »Bildungsorte der aufblühenden Generation . . . und sollen . . . ihrem hohen Zwecke gemäß unter den übrigen Wohnungen einer Gemeinde in Hinsicht auf Lage, Umgebung, Bau, Einrichtung sich auszeichnen«.[52] Dieses ideellen Gehalts entkleidet, wurden seine Schulhäuser als formal schematisierte Musterlösungen zur Grundlage des stereotypen Schulbaus der Ludwigzeit. Der Autor des Essays »Patriotische Phantasien« in den »Historisch-politischen Blättern«, dem publizistischen Organ des einflußreichen konservativen Görres-Kreises[53], kritisierte 1838 diese Dorfschulhäuser als stilfremde Elemente auf dem traditionell geprägten bäuerlichen Land. Gleichzeitig warnte er vor der verführerischen Vorbildwirkung

40 Voit, S. 365 und Vorherr, Monatsblatt, Jg. 8, H. 10, 1828, S. 50, Fußnote
41 Schmidt, S. 132
42 vgl. dazu Voit, S. 369
43 StA München Landbauämter 1911, 4.9. 1851, zu den Schulsälen im Rathaus in Reichenhall; Voit, S. 369
44 R. Froriep, Bemerkungen über den Einfluß der Schulen auf die Gesundheit, Berlin 1836; z. B. Stühle, Katalog zur Ausstellung d. Dt. Werkbunds in Karlsruhe und Düsseldorf 1982, Gießen 1982, S. 182ff., C. J. Lorinser, Zum Schutz der Gesundheit in den Schulen, Berlin 1836
45 BHStA MK 23101, 7.1.1841, Min. d. Innern an alle Kreise: werden aufgefordert, in ihren Berichten über den Neubau von Schulhäusern auch über die »pädagogische Zweckmäßigkeit« von Raumgröße, Schülerzahl, innere Einrichtung zu berichten, »damit Auge und Gehör der Kinder nicht leiden«
46 StA München Landbauämter 1911, 4.9.1851; Försters Allg. Bauzeitung, 5. Jg., 1840, S. 382
47 Vorherr, Zwölf Blätter Entwürfe . . ., 1834, Bl. II
48 Beschreibung der Heizanlage des Königsbaus in Försters Allg. Bauzeitung, 2. Jg., H. 17, 1837, S. 135ff.
49 W. Harnisch, Handbuch für das deutsche Volksschulwesen, Breslau 1838, S. 160
50 E. Wegner, G. J. Gutensohn (1792–1852), Frankfurt a. Main/Bern/New York 1984, S. 111ff.
51 ibid., S. 112; vgl. STA Würzburg Reg. v. Ufr. 2364, 31.3.1835
52 Monatsblatt, Jg. 1, H. 3, 1821, S. 10
53 Historisch-politische Blätter für das katholische Deutschland, hrsg. von Georg Phillip und Guido Görres, Bd. II, München 1838, S. 500

54 Carl L. Roth, Das Gymnasial-Schulwesen in Bayern zw. den Jahren 1824 und 1843, Stuttgart 1845, S. 95; vgl. P. Stumpf, S. 30: 1853 waren es 28 Gymnasien in Bayern, davon 2 in Augsburg und 3 in München; vgl. zum Gymnasium allgemein Margret Kraul, Das deutsche Gymnasium 1780–1980, Frankfurt a. M. 1984

55 vgl. zum Folgenden vor allem E. Ebner, Geschichte des Realschulwesens in Bayern vor 1774–1833, Paed. Reihe Nr. 4, München/Berlin 1927, S. 24 ff.; G. Widenbauer, Geschichte des bayer. Realschulwesens von 1816 bis heute, Paed. Reihe Nr. 5, München/Berlin 1928, S. 5 ff.

56 N. Götz, Um Neugotik und Nürnberger Stil, Nürnberg 1981, S. 85 ff.

57 ibid., S. 56 ff.

der großen, sich städtisch gebenden Schulhäuser in kleinen Dörfern, die dem Schulkind und dem Landmann in ihren armseligen Lebensverhältnissen den Kopf verdrehten. Der ideologische Gegenpol zu Vorherr war geschaffen: sogar ein bescheidenes und unauffälliges Schulhaus sollte mithelfen, jeden gesellschaftsverändernden Impuls zu unterbinden.

Der Schulbau für das »höhere« Schulwesen resp. das Gymnasium kam unter Ludwig I. als Bauaufgabe nicht zum Tragen. Die lediglich 26 bayerischen Lehranstalten (1843)[54] für die staatstragende Elite hatten längst ihre altehrwürdigen Räumlichkeiten. Ein Schultypus mit viel öffentlichem Konfliktstoff war unter dem neuhumanistischen Bildungsmonopol dagegen die Polytechnische Schule. »Polytechnik« hieß das Schlagwort des gewerbetreibenden Bürgertums. Im Ringen um die Einrichtung entsprechender Schulen[55] spielte Jos. v. Utzschneider, der mit Reichenbach das berühmte mechanisch-optische Institut in München gegründet hatte, eine führende Rolle. Durch seine Denkschrift »Antrag . . . zur Beförderung des Unterrichts in den bayer. Schulanstalten« von 1831 wurde er zum geistigen Urheber der Verordnung über die Gewerbe- und Polytechnischen Schulen von 1833, die wesentliche Ansätze für ihre dauerhafte Etablierung schuf. Auch Klenze hatte – nach einer kritischen Würdigung der Polytechnischen Schulen in Paris und Wien 1827 in unmittelbarem Zusammenhang mit der Gründung der Münchner Polytechnischen Schule – eine umfangreiches Gutachten über die Grundlagen derartiger Anstalten, die in erster Linie der heimischen Wirtschaft aufhelfen sollten, vorgelegt. 1822 war in Nürnberg bereits ein Polytechnikum eingerichtet worden, an dessen Zustandekommen der rührige Nürnberger Kaufmann und spätere Bürgermeister Joh. Scharrer maßgeblich beteiligt war. 1833 folgte nach jenem in München noch ein weiteres in Augsburg. Das einzige Projekt eines Schulbaus für diese Schulgattung – 1825/26 nach Plänen C. A. Heideloffs in Nürnberg, wohin Ludwig I. die Industrie verwiesen hatte,– wurde nicht verwirklicht[56] (vgl. Kat.Nr. 107). Die Diskussion um die Stilwahl dieses Bauvorhabens des Bürgertums vermittelt aber einen Eindruck von dessen fortschrittsbejahender und selbstbewußter Gesinnung. Sogar der entschiedene Neugotiker Heideloff, stets auf die Pflege und Erhaltung des Nürnberger Stadtbildes bedacht, eignete sich die in Nürnberg vorherrschende Meinung, »Polytechnische Schulen als Bauaufgaben der Gegenwart seien im modernen Stil zu bauen«, an.[57] Der König ließ derartige Ansichten jedoch nicht gelten und lehnte sogar einen staatlichen Zuschuß, der die Realisierung des Projektes – auf seine Veranlassung hin nun im neugotischen Stil – ermöglicht hätte, ab.

Antonia Gruhn-Zimmermann

Adel und Schloßbau in Bayern in der ersten Hälfte des 19. Jahrhunderts

Die Schloßbaukunst, welche mit der Aufgabe zur Erstellung eines absolutistischen Herrschersitzes den Höhepunkt ihrer Entwicklung erlebt hat, kennzeichnet seit der Mitte des 18. Jahrhunderts eine rückläufige Tendenz. Die zweite Jahrhunderthälfte bringt in Deutschland, was spektakuläre und weitläufige Bauvorhaben betrifft, mit wenigen Ausnahmen wie zum Beispiel Wilhelmshöhe, Koblenz und Entwürfen der Architekturtheoretiker, in erster Linie nurmehr die Vollendung großer Vorhaben, welche eine Fortführung vorher begonnener Maßnahmen darstellt. Neue Anlagen bevorzugen hingegen einen Typus kleinerer, privat-persönlicher und nicht mehr in erster Linie repräsentativer Art. Sie sind eher Retiraden eines aufgeklärten Herrschertums denn Demonstrationsobjekte der beanspruchten oder tatsächlichen absolutistischen Macht. Mit dem Ende des alten Reiches entfallen für die vielen hundert mediatisierten und säkularisierten Herrschaften und Territorien vor allem Frankens und Schwabens die bisherigen Grundlagen ihrer Schloßbaukunst endgültig. Damit wird aber letztlich nur die im 18. Jahrhundert allgemein eingeleitete Entwicklung fortgesetzt, in deren Verlauf das frühere Schloß sich zum für private Zwecke genutzten Wohnbau verändert. Die herrschaftliche Baukunst der kleinen und mittleren Territorien hat seit dem späten 17. Jahrhundert zwei Hauptbauaufgaben zu erfüllen gehabt, nämlich die Schaffung einer Residenz im eigenen, wenn auch kleinen Territorium und die Bereitstellung eines Wohnsitzes in der oft benachbarten Residenz eines größeren Landesherrn, in dessen Dienst man als kleinerer Landesherr steht. Nun aber entwickelt sich in Franken und Schwaben, wo sich wie im gesamten mitteleuropäischen Kulturraum in Krisen- und Umbruchzeiten der Adel im Gegensatz z.B. zu Italien auf das Land zurückzieht, angesichts des Fortfalls der Residenzfunktion vieler Städte – wegen der Fülle unzerstörter Bausubstanz des 18. Jahrhunderts aber nur in geringer Zahl – der Typus des in Nord- und Ostdeutschland vorherrschend anzutreffenden Herrenhauses, das im Unterschied zum fränkischen und schwäbischen Schloß keine Repräsentation irgendwie gearteter staatlicher Macht darstellt und dessen Eigentümer in keiner Weise landesherrliche Rechte ausübt, das nurmehr Mittelpunkt einer Familie und eines Gutsbetriebes ist. Nicht nur die politische, auch die materielle Grundlage bisheriger Schloßbauten schwindet angesichts des Fortfalls der Einnahmen aus der und des Raumbedarfs für die Eigenstaatlichkeit im Zuge der Mediatisierung und der wirtschaftlichen Not, welche die napoleonischen Kriege mit sich bringen. Mit wenigen Ausnahmen, so 1806–1812 am Seckendorffschen Sugenheim bei Scheinfeld[1] – das hervorragendste Beispiel in Franken aber wohl die Freiherren von Rotenhan in Rentweisdorf[2] – folgt im Bereich der mediatisierten Reichsritterschaft – die geistlichen Herrschaften entfallen von nun an als Auftraggeber, da ihre politische und wirtschaftliche Existenz mit der Säkularisation vollständig beendet ist – eine Unterbrechung der Tätigkeit für die Bauaufgabe Schloß und Beschränkung auf bescheidenere An- und Umbauten vorwiegend im ökonomischen Bereich. Da viele ritterschaftliche Familien nicht nur im Fränkischen es vorziehen, in benachbarten Ländern, hier zum Beispiel Thüringen oder anderswo Dienst zu tun, nur nicht in Bayern, dem sie gewaltsam einverleibt wurden, werden etliche Besitzungen sogar über einen längeren Zeitraum vom Eigentümer verlassen.[3]

Für die wenigen dennoch ausgeführten Bauvorhaben sind, wie auch in früheren Zeiten, vor allem Eigentümerwechsel oder herausragende Persönlichkeiten in wichtigen Positionen mit nun allerdings meist nur kleinen Maßnahmen verantwortlich. Selbst der einflußreiche Feldmarschall Carl Philipp Fürst von Wrede beschränkt sich auf eine sehr zurückhaltende Neugestaltung der als Thronlehen an ihn gelangten Deutschordensresidenz Ellingen.[4] Die Ausstattung eines Saales des von den Freiherren von Süßkind aus Augsburg erworbenen Dennenlohe bei Ansbach mit Malereien eines dilettierenden Jagdgastes muß als ähnlich repräsentativ für die Situation angesehen werden[5] wie die an Schloß Altenmuhr bei Ansbach unter viermaligem Eigentümerwechsel in der ersten Hälfte des 19. Jahrhunderts ab 1824 wiederholt vorgenommenen geringfügigen Restaurierungen.[6] Die Dekoration von Räumen der säkularisierten Abtei Obertheres am Main, in welcher der neue Eigentümer, Freiherr von Ditfurth, in den Jahren 1835–1840 den Fuchssaal mit

1 Gerhard Hojer, Kurzinventar ehem. Landkreis Scheinfeld, München 1976, S. 320

2 Siehe Artikel Schmachtenberg in diesem Katalog

3 Die Freiherren v. Künßberg lassen erst in den achtziger Jahren das über längere Zeit verlassene Wernstein bei Kulmbach wieder restaurieren. (Albrecht Graf Egloffstein, Schlösser und Burgen in Oberfranken, Frankfurt 1972, S. 357f., i.d. Folge zit: Egloffstein: Oberfranken)

4 Erich Bachmann, Amtlicher Führer Ellingen, München 1963, dort auch weitere Literatur. Felix Mader, Kunstdenkmäler Landkreis Weißenburg, München 1932, S. 176ff.

5 August Gebessler, Kurzinventar Landkreis Dinkelsbühl, München 1962, S. 122ff. Abbildung bei: Franz Prinz zu Sayn-Wittgenstein, Schlösser in Franken, München 1974, Nr. 67, i.d. Folge zit: Wittgenstein: Franken

6 Wittgenstein: Franken, S. 70f., Abb.-Nr. 52, 53

7 Wittgenstein: Franken, S. 227f., Abb. 278, 279

8 Karl Ludwig Lippert, Kurzinventar Landkreis Staffelstein, München 1968, Seite 206 ff. und: Fritz Mahnke: Schlösser und Burgen im Umkreis der fränkischen Krone, Coburg 1974[3], S. 129ff., Abb. S. 130

9 Werner Meyer, Wilhelm Schwemmer, Kunstdenkmäler Landkreis Lauf, München 1966 S. 479ff. mit Abb. 457–459 und Wittgenstein, Franken, S. 29 und Abb.-Nr. 19

10 Hans Karlinger, Kunstdenkmäler Landkreis Ebern, München 1916, S. 85 und Wittgenstein: Franken: S. 230f., Abb. 255

11 Karl Gröber, Hans Karlinger, Kunstdenkmäler Landkreis Alzenau, München 1916, S. 82ff., Abb. 82 und 83

12 Adolf Feulner, Kunstdenkmäler Landkreis Karlstadt, München 1912, Abb. 111, im Text keinerlei Hinweis.

13 Hans Karlinger, Kunstdenkmäler Landkreis Königshofen, München 1915, S. 61ff. mit Abb., und Wittgenstein, Franken, S. 235f. und Abb. 235 und 236

14 Tilmann Breuer, Kurzinventar Landkreis Kronach, München 1964, oS. 236ff. Abbildung der in dieser Form ausgeführten Entwurfes bei Wittgenstein, Franken S. 159. Über den Architekten: Joachim Meintzschel, Jakob Schmitt-Friderich, in Jahrbuch für fränkische Landesforschung 29, Neustadt 1969, S. 225–243, Werkverzeichnis Nr. 63, zit. i.d. Folge: Meintzschel

15 Tilmann Breuer, Kurzinventar Landkreis Forchheim, München 1961, S. 155ff. weiter, Egloffstein, Oberfranken, S. 213ff., Abb. S. 219, bei Meintzschel Werkverzeichnis Nr. 27. Der Nachlaß Schmitt-Friderich im Stadtarchiv Bamberg verwahrt dazu und zur Ausstattung einen Entwurf und Korrespondenz

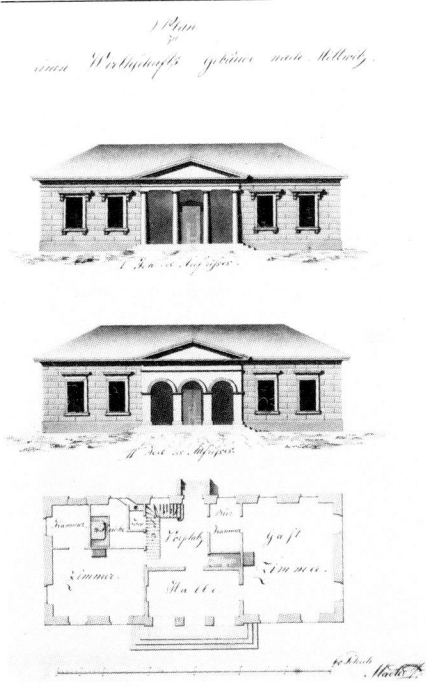

L. Nadler, Entwurf Wirtschaftsgebäude in Mittwitz, 1826

16 Adolf Feulner und Bernhard Herrmann Röttger, Kunstdenkmäler Landkreis Aschaffenburg, München 1927, S. 73ff., insbes. S. 74/75, dort auch zahlr. Abb. weiter in Wittgenstein, Franken S. 272f. und Abb. 303 und 306

17 Hellmut Kunstmann, Die Burgen der Westlichen und Nördlichen Fränkischen Schweiz, Würzburg 1972, S. 21ff., Abb. 6–8, 10und 12. Die Lithographie von Rothbart zeigt die Anlage vor den romantisierenden Umbauten (a.a.O. Abb. 5) i.d. Folge zit. Kunstmann, Westl. u. Nördl. Fränk. Schweiz

18 August Gebessler, Kurzinventar Landkreis Bayreuth, München 1959, S. 139ff.

19 Kunstmann, Westl. u. Nördl. Fränk. Schweiz, S. 103ff., dort auch weitere Lit. Egloffstein, Oberfranken Abb. 287. Eine alte Ansicht bei: Bernward Deneke u. Rainer Kahsnitz, Das Germanische Nationalmuseum, Beiträge zu seiner Geschichte, München 1978 Abb. 3 im Artikel Chronik S. 12ff.

20 Frdl. Hinweis von Freiherr Georg v. Freyberg

21 Planmappe freiherrlich v. Würtzburgsches Archiv der Freiherren v. Cramer-Klett in Mittwitz, mit frdl. Genehmigung des Eigentümers. Aus dieser Zeit ist nurmehr ein kleines klassizistisches Teehaus auf der Südwestseite des Schlosses zw. innerem und äußerem Graben mit einer kleinen in den westlich anschließenden Weiher gebauten Terrasse erhalten. Von der Innenausstattung nurmehr Fragmente von Abgüssen einiger Thorvaldsen-Reliefs (Tageszeiten – Medaillons) erhalten. Das Innere des Schlosses wurde Ende 19./Anf. 20. Jh. grundlegend überarbeitet.

Illustrationen zu Reineke Fuchs in der Art Wilhelm Kaulbachs und eine um 1830 ausgestattete Reihe von Salons mit Tapeten der Firmen Zuber und Dupont, sowie einen weiteren Saal mit Malereien zur Geschichte der Familie Ditfurth ausführen läßt, ist eines der wenigen Beispiele für ein größeres Bau-, aber nur Raumausstattungsprogramm.[7] Im 19. Jahrhundert sind für Franken weiterhin die im Empfinden ihrer Zeit als Restaurierung angesehenen Maßnahmen zu verzeichnen, die wir mit unserem denkmalpflegerischen Verständnis heute allerdings als starke Eingriffe in die Substanz betrachten. Ab 1818 und in den dreißiger Jahren wird der Geyersberg bei Seßlach grundlegend um- und ausgebaut.[8] Für die Tucher wird ab den dreißiger Jahren von dem Architekten Schmidtner ihr Schloß Simmelsdorf mit romantisierenden Umbauten, Fachwerkobergeschoß und Türmchen versehen und in der Folge bis in die siebziger Jahre weitere Veränderungen vorgenommen.[9] 1846–1847 erfolgt eine Renovierung im Rotenhanschen Eyrichshof bei Ebern[10], in die erste Jahrhunderthälfte fällt wohl auch der klassizistische und neugotische Umbau des Schlosses Michelbach[11] bei Alzenau und vermutlich auch des Schlosses Thüngen bei Karlstadt[12], ab 1854 arbeitet Baurat Döbner aus Meiningen im Bibraschen Irmelshausen im Grabfeld.[13] In den fünfziger Jahren gibt es Umbauten im Redwitzschen Schmölz bei Kronach[14] und im Egloffsteinschen Kunreuth bei Forchheim[15] durch Schmitt-Friderich, sowie erste Restaurierungen im Schloß Mespelbrunn der Grafen von Ingelheim.[16] Die Grafen Stauffenberg lassen in dem seit den neunziger Jahren des 18. Jahrhunderts anglisierten Park von Greifenstein als Parkarchitekturen unter anderem 1826 eine neugotische Ruinenkapelle errichten und nach der Jahrhundertmitte Türme und Wehrgänge der Burg mit Zinnen versehen.[17] Ebenfalls in diese Zeit fällt die Restaurierung des Schlosses Unternschreez bei Bayreuth.[18] Viele der bestehenden Anlagen erhalten aber lediglich einen oder wenige neugotisch ausgestattete Räume und Fenster. Der Gründer des Germanischen Nationalmuseums, Hans Freiherr von und zu Aufseß, richtet im ältesten Teil der gleichnamigen Burg bei Hollfeld eine Studierstube nach mittelalterlichem Vorbild ein und läßt weitere Umbauten folgen.[19] Die Freiherren von Freyberg renovieren ab 1860 Schloß Haldenwang bei Günzburg grundlegend.[20] Nur wenige Neubauten entstehen. Das für die Freiherren von Würtzburg vom Bamberger Baumeister Lorenz Madler 1826 geplante wachhausartige Gebäude wird nicht verwirklicht.[21] 1827 errichtet Moller das klassizistische Haus des Ministers, Freiherr von Lerchenfeld, in Heinersreuth bei Stadtsteinach.[22] Ebenfalls um 1830 läßt Georg von Koch in Gottsmannsgrün bei Hof[23] eine schlichte Vierflügelanlage um einen quadratischen Innenhof in klassizistischen Formen ausführen. Die Freiherren von Lupin vergrößern ca. 1820–1830 ihr Haus in Illerfeld bei Memmingen[24] um zwei einfache klassizistische Seitenflügel. Erst 1862 läßt der Freiherr von Künsberg in Oberlangenstadt bei Kronach ein vollständiges neugotisches Landhaus mit vollendeter Ausstattung durch Ludwig Foltz errichten.[25] Auch in der zweiten Jahrhunderthälfte sind nur wenige größere Umbauvorhaben zu verzeichnen, so das Schloß Haunsheim bei Dillingen[26], 1867 wird Burg Saaleck bei Hammelburg wiederaufgebaut[27], 1873 Schloß Aschach bei Bad Kissingen restauriert[28], 1876 Ullstadt bei Scheinfeld[29], 1880 Ditterswind bei Hofheim[30], 1883 nochmals Eyrichshof[31], 1886 Unteraufseß und 1890 Oberaufseß[32], 1894 Schloß Reitzenstein bei Naila.[33] Die Reihe erhebt keinen Anspruch auf Vollständigkeit. Das gleiche muß für die standesherrlichen Häuser gesagt werden, von denen kurz vor dem Ende der Landesherrschaft noch einige, so die Grafen Castell-Rüdenhausen in Rüdenhausen einen heute nicht mehr vorhandenen Neubau neben dem alten Schloß errichteten[34], die Fürsten Oettingen-Wallerstein unter anderem einen Witwensitz[35] und die Fürsten Löwen-Wertheim-Rosenberg ihre Residenz Kleinheubach seit dem späten 18. Jahrhundert weitgehend neu ausstatten lassen.[36] Unter dem neuen Bayern sind es lediglich in Pappenheim das gleichnamige gräfliche Haus[37], in Burgfarrnbach die Grafen Pückler[38] und in dem zwar außerhalb Bayern gelegenen Waldleiningen[39] die in Bayern in der säkularisierten Abtei Amorbach residierenden Fürsten Leiningen, die als Bauherren für größere Schlösser zu erwähnen sind, sowie zahlreiche Maßnahmen der Grafen Schönborn.[40] Über Projekte des Hauses Schönborn, nämlich ein von Klenze geplantes Denkmal für die in den Freiheitskriegen gefallenen Bayern, einen bisher nicht beachteten Tempel zur Aufstellung der Schillerbüste von Dannecker in Gaibach, den dortigen Konstitutionssaal in dem 1820–1828 umgebauten Barockschloß, sowie die nach Klenzes Plänen ausgeführte Konstitutionssäule wird Max H. von Freeden anhand

von Plänen, Archivalien und zeitgenössischen Berichten demnächst im Mainfränkischen Jahrbuch abhandeln. Graf Franz Erwein von Schönborn entfaltete auch auf seinen außerbayerischen Besitzungen eine rege Planungs-, Bau- und Sammeltätigkeit, wie ein bisher nicht identifizierter Bauplan eines neugotischen Schlößchens[41], Entwürfe eines Kunsttempels von Hittorf[42], seine Sammlung von Werken zeitgenössischer Künstler im Schloß Reichartshausen, sowie etliche Projekte für Wohn- und Wirtschaftsgebäude beweisen.[43]

Zwar unterhalten die Standesherren gemäß des ihnen durch die Bundesakte zugestandenen Sonderstatus einer Unterlandesherrschaft noch bis weit ins 19. Jahrhundert hinein für ihre weiterhin als Residenz bezeichneten Schloßbauten und das gesamte Bauwesen eigene Hofbauämter und Hofhandwerkerschaften, denen aber in der Regel nicht weiter bekannte Baumeister vorstehen, die für das gräfliche, beziehungsweise fürstliche Bauwesen die Pläne liefern. Georg Weber, ein Schüler Pigages, baut bis ca. 1820 in den Diensten des Fürsten Löwenstein-Wertheim-Rosenberg an dessen Barockresidenz Kleinheubach[44] und in Amorbach das Palais des Fürsten Leiningen[45], der auch Peter Speeth vor seiner Übersiedlung nach Würzburg beschäftigt.[46] Von dem Oettingen-Wallersteinschen Bauinspektor Broschek ist wohl der Plan für Umbau und Erweiterung der Sekundogenitur Seyfriedsberg entworfen und ab 1838–1851 ausgeführt worden[47], wobei vermutlich auch Métivier zumindest beratend tätig war, welcher auch für andere Bauvorhaben des Wallersteiner Fürsten Pläne liefert.[48] Die in mehreren Generationen für die Fürsten Leiningen tätigen Brenner errichten unter anderem Schloß Waldleiningen.[49] Der gräflich Pappenheimsche Bauinspektor Metzger leitet den Neubau des von Klenze und Métivier geplanten Neuen Schlosses in Pappenheim und entwirft vielleicht auch die grundlegenden Neubauten der Domänen Altheimersberg und Bergnershof.[50] In der Regel werden aber immer nur Umbauten, wie 1828–1840 im Hofgarten[51] und 1842–1848 am Schloß und den Nebengebäuden in Wallerstein[52], oder die Veränderungen von Treppenhaus und Speisezimmer sowie Errichtung von Nebengebäuden im Schloß Oettingen in den Jahren 1835–1837[53], weiter Renovierungsmaßnahmen im Fuggerschen Babenhausen im Jahre 1845[54] und Umbauten in Wellenburg in den Jahren 1857–1858[55] im Auftrag des gleichen Hauses durchgeführt, vorwiegend aber doch das Bauwesen für die Ökonomie in Anspruch genommen.[56]

22 Marie Frölich/Hans Günther Sperlich, Georg Moller, Baumeister der Romantik, Darmstadt 1959, S. 282f. mit Abb. d. Entwurfes S. 283

23 August Gebessler, Kurzinventar Landkreis Hof, München 1960, S. 42ff.

24 Franz Prinz zu Sayn-Wittgenstein, Schlösser in Bayern, München 1972, S. 273, i.d. Folge zit: Wittgenstein, Bayern

25 Die vom Autor aufgefundenen umfangreichen Planbestände zu Bau und Ausstattung von Oberlangenstadt hat Rosa Micus dankenswerterweise in ihrer Diss. mit der Untersuchung des Gesamtwerkes von Foltz bearbeitet. Außerdem erwähnt in: Kurzinventar Lks. Kronach S. 219f., bei Egloffstein, Oberfranken S. 27f. und Wittgenstein, Franken, S. 157f.

26 Werner Meyer, Kunstdenkmäler Landkreis Dillingen, München 1972, S. 363ff., Abb.

27 Adolf Feulner Kunstdenkmäler Landkreis Hammelburg, München 1915, S. 104ff. Abb. 73

28 Max H. v. Freeden, Schloß Aschach, Mainfränkische Hefte 37, Würzburg 1976[6], S. 46ff., dort auch weitere Literatur

29 Kurzinventar Scheinfeld, S. 338f.

30 Georg Lill, Felix Mader, Kunstdenkmäler Landkreis Hofheim, München 1912, S. 43

31 Abgebildet der zu dieser Zeit veränderte Turm und die Terrasse in Kunstd. Lks. Ebern, Tafel V, die Innenausstattung aus dem 2. Umbau bei Wittgenstein, Franken, Abb. 256

32 Für Oberaufsess, Kunstmann, Westl. u. Nördl. Fränk. Schweiz, S. 82ff. die Abb. 35 zeigt die Anlage vor dem Umbau der 2. Hälfte des 19. Jh., zu Unteraufsess vgl. Anm. 17

33 Karl-Ludwig Lippert, Kurzinventar Landkreis Naila, München 1963, S. 52f.

34 Wittgenstein, Franken, S. 222f.

35 1803–1804 das Moritzschlößchen durch Joseph Anton v. Belli de Pino; Karl Gröber, Adam Horn, Kunstdenkmäler des Landkreises Nördlingen, München 1938, S. 476f.) 1805 Umbau des Neuen Schlosses (a.a.O. S. 470)

36 Felix Mader, Hans Karlinger, Kunstdenkmäler Landkreis Miltenberg, S. 158ff., München 1917

37 Vgl. Oswald Hederer, Leo von Klenze, München 1964, S. 230

38 Vgl. Artikel Burgfarrnbach in diesem Katalog

39 Friedrich Oswald: Schloß Waldleiningen o.J.
Max Walter: Die Kunstbestrebungen des Fürstenhauses Leiningen im 19. Jh., Mainfränkische Hefte 5, Würzburg 1950, inbes. S. 29ff. (i.d. Folge zit. Kunstbestrebungen, Leiningen)

40 Unverzeichneter Planbestand im gräflich Schönborn-Wiesentheidschen Archiv, Depositum Staatsarchiv Würzburg. Neben etlichen Plänen für Ökonomiegebäude befindet sich auch ein klassizistischer Ent-

wurf für den Schönbornhof in Frankfurt unter den Beständen. Mit frdl. Genehmigung von Graf Karl v. Schönborn.

41 Zwei Ansichten (Vorder- und Rückfront) und zwei Grundrisse eines neugotischen Schlößchens mit Rundtürmen an den vier Ecken des leicht im Winkel angelegten Baues. Vorder- und Rückseite jeweils mit einem erkerartig vorspringenden, durch alle Geschosse reichenden Anbau. Die Hallburg und Ilmbach scheiden aufgrund des Baubestandes aus, evtl. für die Besitzungen im Rheingau

42 Hella Robels/Hubertus Froning, Thorvaldsen und sein Auftraggeber Franz Erwein v. Schönborn, in: Berthel Thorvaldsen, Untersuchungen zu seinem Werk, Ausstellungskatalog, Köln 1977, S. 237ff.

43 Vgl. Anm. 33. Darunter auch ein bleistiftgezeichneter Entwurf für die Anglisierung des Schloßparkes Pommersfelden.

44 Weber, Kunstbestrebungen Leiningen, S. 19ff. Das wohl vor allem nach Plänen von Louis Remy de la Fosse erbaute Residenzschloß in Kleinheubach war erst im späten 18. und frühen 19. Jh. nochmals in weiten Teilen innen neu ausgestattet worden. 1807 entstand ein Dienerschaftsbau, 1809 ein Speisezimmer, 1812 die Reitschule 1818 der Umbau des Treppenhauses und bis 1820 verschiedene Baulichkeiten im Park (Kunstd. Miltenberg S. 184ff.) u.a. Tore, kleinere Gartenarchitekturen und Plastiken. Über ein klassizistisches Projekt berichtet Sylvia Habermann in: Winfried Nerdinger (Hrsg.), Klassizismus in Bayern, Franken und Schwaben, Ausstellungskatalog, München 1980, S. 398ff., einen Gartenpavillon, den der auch ansonsten für das fürstliche Haus tätige Belgier François Verly lieferte.

45 Kunstd. Miltenberg, Abb. 53–55, eine Interieuransicht um 1820, Abb. in Kunstbestrebungen Leiningen nach S. 24

46 Zu Speeth: I. Haug, Peter Speeth, Architekt 1772–1831, Phil. Diss. Bonn 1969

47 Heinrich Habel, Kurzinventar Landkreis Krumbach, München 1969, S. 227ff. Abbildung bei Wittgenstein, Bayern, 244

48 Bernd Rose-Jena, Jean Baptiste Métivier. Der Erbauer des Braunen Hauses in München, Zeitschrift des deutschen Vereins f. Kunstwissenschaft, 1. Bd., Jg. 34, Werkverzeichnis Métivier 101 und 138; 1812 wird die Kapelle im Schloß umgebaut (Kunstd. Lks. Nördlingen, S. 471)

49 Ein rd. 140 Seiten umfassender Bestand an Plänen, Skizzen und Entwürfen im fürstlich Leiningenschen Archiv zu Amorbach belegt die verschiedenen Planungsstadien auch der Ausstattung. Der Autor beabsichtigt im Rahmen einer eigenen Untersuchung diesen Bestand zu bearbeiten. Für die Einsichtnahme danke ich dem Fürstlichen Haus und Herrn Archivar Oswald

50 Vgl. Oswald Hederer, Leo von Klenze, München 1964, S. 230

51 Kunstdenkmäler Lks. Nördlingen, S. 481. Außerdem wurden auf der Harburg Umbauten vorgenommen (Adam Horn, Kunstdenkmäler Lks. Donauwörth, München 1951. S. 288f.)

Erst der Versuch einer sehr langsam einsetzenden wirtschaftlichen Reorganisation nach den Befreiungskriegen und in den zwanziger und dreißiger Jahren ermöglicht für das Bauwesen auf den adligen Besitzungen bescheidene Vorhaben. Das ritterschaftliche Schloß ist aber von nun an als Landhaus und im Gegensatz zu den standesherrlichen selbst nicht mehr nominelle – wenn auch nur Miniatur – Residenz, Zentrum des mehr oder weniger großen Landbesitzes und dies erklärt für die wenigen Neubauten in der ersten Hälfte des 19. Jahrhunderts ihre im Verhältnis zum 18. Jahrhundert bescheidenen Ausmaße. Der bis 1848 erfolgende Abbau der trotz Mediatisierung noch verbliebenen Herrschaftsrechte und die daraus folgende erhebliche Abnahme an Raumbedürfnissen sind neben der wirtschaftlichen Situation die Ursache dieser bescheidenen Größenordnung der ritterschaftlichen Häuser, sofern solche überhaupt noch neu gebaut werden. Die Veränderung der wirtschaftlichen und politischen Struktur – Übergang von der Pachtwirtschaft zur Eigenbewirtschaftung infolge der Aufhebung der Grundherrschaft – schafft dabei im ganzen 19. Jahrhundert in erster Linie Bedarf für Wirtschaftsgebäude.

Die rege Bautätigkeit im staatlichen Bereich läßt in den ersten Jahrzehnten des neuen Jahrhunderts jene Baulichkeiten entstehen, die für den Vollzug der Herrschaft und Verwaltung des neuen Königreiches erforderlich sind, also vor allem Verwaltungsbauten, welche vordem das Bauwesen der mediatisierten und säkularisierten Herrschaften in wesentlichem Umfange bestimmt hatten und die zu den ungewöhnlich umfangreichen Schloßanlagen beigetragen haben und deren Mißverhältnis zu ihrem späteren Privatbesitz bei den Mediatisierten besonders offenkundig wird. Die reine königliche Repräsentation beschränkt sich auf dem Bausektor zumeist auf Bauten des Hofes in und um München. Erst unter Ludwig I., welcher als Kronprinz in Aschaffenburg und Würzburg residiert und sehr intensiv an die alten Traditionen der neuen Landesteile anknüpft und die Bemühung initiiert und unterstützt, in den alten und neuen Gebieten Bayerns diese Eigenständigkeit der Geschichte der alten Territorien bewußt zu machen, entstehen auch in den Landesteilen Bauten, welche nicht nur den Notwendigkeiten der neuen Staatsorganisation entspringen, sondern auch der königlichen Repräsentation, und werden die übernommenen großen Residenzen vor allem in Franken zu Nebenresidenzen des königlichen Hauses.[57] Die bisher vorhandene, für alle Schloßbauten ungemein anregende Bautätigkeit vorbildhaften Charakters vieler mittlerer und größerer Residenzen im ganzen Land entfällt aber und konzentriert sich in diesen Dimensionen letztlich mit wenigen Ausnahmen doch nur auf die einzig erhalten gebliebene, wirkliche Residenz, nämlich München. Was an Bedeutendem und Richtungweisendem auf dem Sektor Schloßbau im Lande entsteht, ist daher, auch wenn es überdurchschnittliche Qualität hat, in der Regel von München oder auch anderen außerbayerischen Residenzen beeinflußt, so zum Beispiel das Klenzesche Neue Schloß in Pappenheim, Waldleiningen mit stärksten Formanleihen in England via Coburg[58] oder das Haus des Lerchenfeldschen Ministers in Heinersreuth vom Architekten der Großherzöge von Hessen in Darmstadt, Moller.

Privatbauten, und zu diesen werden von nun an die Schlösser des gesamten Adels, entwickeln sich nurmehr auf der Basis privat-familiärer und wirtschaftlicher Bedürfnisse, weshalb sie mit einem anderen Typus von Herrschaftsarchitektur, nämlich der Villa[59], Ähnlichkeit entwickeln und auch entsprechend bezeichnet werden, zum Beispiel das eben zitierte Haus des Ministers Lerchenfeld oder des Freiherrn von Künsberg in Oberlangenstadt. Dieser Typus der Villa, deren hervorstechendstes Merkmal bei uns aber ansonsten im Gegensatz etwa zur klassischen venezianischen, gerade die nicht vorhandene Verbindung mit dem Lande, einem Gutsbetrieb bildet, und deren wirtschaftliche Basis in der Regel nicht agrarischer, sondern anderer Natur ist, zum Beispiel Handel und Industrie, ähnelt damit also dem italienischen Vorbild, stellt aber die Ausnahme bei uns dar. Als Sonderfall, welcher beide Typen von Villa, also des Baues mit agrarischem und nichtagrarischem Hintergrund zusammenfaßt, ist dabei für die ersten Jahrzehnte des 19. Jahrhunderts das Floßherrenhaus[60] in Nordoberfranken anzusehen. Es handelt sich ähnlich wie bei den Hammerherrenhäusern[61] vor allem in Oberfranken und der Oberpfalz seit dem 17. Jahrhundert um ein herrschaftliches Anwesen bürgerlicher Eigentümer, deren Stellung auf agrarischer und vorindustrieller Wirtschaft beruht. Die Tradition dieses bürgerlichen Herrenhaus- oder Schloßbautypus führt dann zum Beispiel das 1843–1846 für Lothar Faber in Stein errichtete erste Schloß weiter.[62] Erst gegen die Mitte des Jahrhunderts entsteht eine große Zahl jener Villen am Rande der größten Städte, deren Typus für uns in Deutschland den Begriff Villa bestimmt, und für den allerdings nur zum sehr geringen Teil auch adlige Auftraggeber zu verzeichnen sind. Wie in allen Bereichen zeigt sich aber auch hier, daß das aufstrebende Bürgertum mehr und mehr auch in dem Volumen an Aufträgen gerade im Bauwesen die alten Gesellschaftsschichten zu verdrängen beginnt.

Es gibt noch eine weitere Ursache für die unvergleichlich geringe Bautätigkeit auch sehr vermögender Adelshäuser in der ersten Hälfte des 19. Jahrhunderts. Die mediatisierten Standesherren, also kleineren gräflichen und fürstlichen Herrschaften, welche weitgehend noch bis 1848 eine Art Unterlandesherrschaft ausüben, haben aus diesem Grunde vorerst durchaus noch großen Raumbedarf. Sie sind aber damit beschäftigt, ihre im Zuge der Abfindung für ihre Verluste der Territorialhoheit mit kirchlichem Gut erheblich vergrößerten Besitzungen aus den wirtschaftlichen Schwierigkeiten der Befreiungskriege zu führen, sowie die Besitzungen insgesamt als neue Einheit zu konsolidieren. Dabei übernehmen sie in der Regel mit den kirchlichen Liegenschaften auch umfangreiche Baulichkeiten. Deren Umwandlung für neue Zwecke als Wohnsitze – sofern es sich um für linksrheinischen Besitz entschädigte Herren handelt, zum Beispiel Amorbach für die Leiningen und Bronnbach für die Löwenstein-Wertheim-Rosenberg, beziehungsweise im Tauschwege erworbene Herrschaften, Tambach für die Grafen Ortenburg – oder für wirtschaftliche Zwecke, absorbiert die durch überdimensionierte Vorhaben des 18. Jahrhunderts und deren Folgelasten, zum Teil auch Schulden, die Not der Kriege und schließlich den Wegfall staatlicher Einnahmen trotz Entschädigungen stark geschrumpften Einkünfte derart, daß nur in Sonderfällen größere Bauten zu verzeichnen sind. In der Regel erfolgen lediglich Umbauten in Teilen der vorhandenen oder übernommenen Bausubstanz. Im übrigen reicht diese für die Bedürfnisse aus. Lediglich im wirtschaftlichen Bereich wird mit Verwaltungsbauten und landwirtschaftlichen Gebäuden Neues errichtet, das oft stark von englischen Vorbildern beeinflußt ist.

Die bis 1848 vor allem großdeutsch ausgerichteten und in der Politik des deutschen Bundes sehr engagierten Standesherren und Reichsritter befassen sich unter dieser politischen Orientierung, die sich naturgemäß mit dem alten untergegangenen Reich und im Zuge der Romantik generell mit der Geschichte, gerade auch des Mittelalters beschäftigt, mehr und mehr auch im Bauwesen mit dem Erhalt der Sammlung und Bearbeitung der Denkmäler der Geschichte des eigenen Hauses. Viele Geschlechter lassen in der ersten Hälfte des 19. Jahrhunderts zum ersten Male entweder handschriftliche oder gedruckte Familienchroniken anfertigen.[63] Auch werden nachträglich die vorhandenen Serien von Familienportraits in Ahnengalerien mit meist mehr oder weniger frei erfundenen Portraits ergänzt.[64] Die eigene Geschichte und ihre Denkmäler werden systematisch erfaßt.[65] Man steuert zur Restaurierung von Grabmälern und Bauten, die mit der Geschichte des eigenen Hauses verbunden sind, bei, aber auch die ungewöhnlich große Beteiligung an der Errichtung des Germanischen Nationalmuseums, gerade durch reichsritterschaftliche und standesherrliche Familien, gehört in diesen Zusammenhang.[66] Ruinen der Stammburgen werden wieder aufgebaut oder man läßt dort Gedenkstätten errichten, beziehungsweise sie in idealisierender Form als Bau oder nur als Bild rekonstruieren[67], wie überhaupt der Begriff der Stammburg in der romantischen Kunst eine große Rolle spielt. Hier hatte aber bereits das späte 18. Jahrhundert die Entwicklung vorbereitet. Gerade die politisch führenden Köpfe dieser Zeit sind bei diesen Vorhaben Vorreiter. So läßt der Graf Carl von Giech in der ersten Hälfte des 19. Jahrhunderts eine Sammlung Giech'scher Altertümer anlegen und diese zusammen mit anderen Bauten und Kunstwerken, die an sein Haus erinnern in einem großen Werk abbilden[68], restauriert das Schloß Thurnau ab 1832[69] und ist mit Erfolg um die Wiedererwerbung der seit dem 13. Jahrhundert nicht mehr im Besitz der Familie befindlichen namengebenden Stammburg bei Scheßlitz nahe Bamberg bemüht, deren Hänge er in einen großen Landschaftspark verwandelt.[70] Ist das Bauwesen in der Regel also beim Adel auf geringe Tätigkeiten beschränkt, so wird doch nahezu von allen Familien der Bereich der Gärten und Parks in Fortführung der Ende des 18. Jahrhunderts einsetzenden Anglisierungswelle verändert und der Gedanke einer Landesverschönerung durch weitreichende Landschaftsplanungen und Schaffung von über das Land verstreuten kleinen,

52 a.a.O., S. 465

53 a.a.O., S. 402. Es handelt sich bei den Nebengebäuden vor allem um Remisen, Stallungen und die Beschließerei. Zu den Innenumbauten frdl. Hinweis des Fürsten Oettingen-Spielberg. 1851 wurde ein weiterer Umbau durch den Architekten v. Braunmühl durchgeführt (Oswald Hederer, Friedrich v. Gärtner, München 1970, S. 240)

54 Wittgenstein, Bayern, S. 271

55 a.a.O. S. 269. Nach frdl. Auskunft des Grafen Markus Fugger befindet sich im Torturm ein um 1845 eingerichteter Raum mit neugotischer Ausstattung der Wände und Decke. An den Wänden sind auf Konsolen Gipsabgüsse von 12 Wittelsbacher Herrschern, vermutlich von Schwanthaler (Vier rückwärtig bez. L. S.) aufgestellt

56 Für die erste Hälfte des 19. Jh. hat der Autor mit einer Untersuchung des standesherrlichen Bauwesens begonnen

57 So diente die Bamberger Residenz dem ehemaligen König von Griechenland als Aufenthaltsort oder Bayreuth dem Herzog Pius

58 Die Fürstin Victoire Leiningen, eine geborene Prinzessin Sachsen-Coburg-Gotha, heiratete in zweiter Ehe den Herzog v. Kent. Auf die sehr bedeutende Schloßbaukunst der 1. Hälfte des 19. Jh. in Coburg kann im Rahmen dieser Abhandlung nicht eingegangen werden. Die Prinz Albert Gesellschaft in Coburg plant für die nächsten Jahre unter dem Titel: »Gothic Revival« eine Ausstellung. Der Autor bearbeitet zu diesem Zwecke auch im Zusammenhang mit Waldleiningen eine entsprechende Abhandlung

59 Andreas Ley, Die Villa als Burg. München 1981 geht von der Entwicklung der Villa zum schloßartigen Bau aus

60 Kurzinv. Kronach, die entspr. Anwesen vor allem in Unterrodach, S. 265

61 Als besonders gute Beispiele Fröbershammer (Kurzinv. Bayreuth S. 111) Unterklingensporn (Kurzinv. Naila, S. 73f.) Wölsauerhammer (Bernhard Herrmann Röttger, Kunstdenkmäler Landkreis Wunsiedel und Stadt Marktredwitz, München 1954, S. 398ff.) Leupoldsdorf (a.a.O. S. 156ff.). Zu den schönsten Anlagen gehört das heute als Bergbaumuseum dienende Theuern i.d. Oberpfalz (Felix Mader, Kunstdenkmäler Landkreis Amberg, München 1908, S. 125)

62 August Gebessler, Kurzinventar Landkreis Nürnberg, München 1961, S. 68 und Wittgenstein, Franken, S. 24. Vor allem zu diesem Thema aber Ley: Die Villa als Burg.

63 z.B. Uso Freiherr v. Künßberg, Die Geschichte der Künßberg-Thurnau, München 1838. In der vom Bamberger Archivar Paul Oesterreicher herausgegebenen Reihe: Die geöffneten Archive erscheinen Abhandlungen über die Aufsess, Guttenberg und Künßberg. Von den letzteren wird eine vielbändige handschriftliche Chronik erstellt, in der reichhaltiges Quellenmaterial beigebunden ist. (Privatbesitz)

64 Eine wohl einmalige Folge solcher nachträglichen Ergänzungen von Portraitgale-

J. Moninger, Entwurf für Schloß Neuhofen,
1848, Arch.Slg. TUM Gs 2559

rien stellen die Künsberg-Portraits in Oberlangenstadt dar, die der Kronacher Nazarener Lorenz Kaim anfertigt, wobei er auch gleichzeitig den vorhandenen Bestand »restauratorisch überarbeitet« (Karl Sitzmann, Künstler und Kunsthandwerker in Ostfranken, Kulmbach 1957, S. 275f.)

65 Der Auftrag der Egloffsteinschen Familie, einen Teil der Familiengrabmäler zeichnen und lithographieren zu lassen. (Bernhard Schemmel, Friedrich Karl Rupprecht, 1779–1831, Ausstellungskatalog Bamberg 1981, S. 153f., 174f., Kat.-Nr. 179 a-h)

66 Chronik i.d. Festschrift des GNM Nürnberg, 1978, S. 13ff.

67 Die Burg Aufsess 1890, das Original im Archiv Unteraufsess

68 Gräflich Giechsches Archiv Thurnau (unverzeichnet). In Bruno Müller, Carl August Lebschée, Malereien in Franken, 115 Jahrb. d. Histor. Vereins Bamberg, Bamberg 1979, S. 427–499, insbes. 439ff. werden 28 große und 62 kleine Tonlithos für die Familie Giech erwähnt

69 August Gebessler, Kurzinventar Landkreis Kulmbach, München 1958, S. 89ff. und Egloffstein, Oberfranken, S. 331ff.

70 Auch unter Lebschées Blättern finden sich Ansichten der Giechburg. Ein dem Verfasser bekanntes Litho des Burgberges mit Widmungsunterschrift für den Grafen Carl Giech konnte nicht mehr lokalisiert werden

71 Für die nördlich an den Park in Rentweinsdorf anschließenden Ländereien besteht ein solcher Plan, der auch weitestgehend ausgeführt wurde (Rotenhanarchiv Rentweinsdorf, ohne Signatur, frdl. Genehmigung des Freiherren v. Rotenhan)

72 Frdl. Hinweis v. Dr. Hans Caspary, Mainz

73 Oswald Hederer, Leo v. Klenze, Persönlichkeit und Werk, München 1964 gibt im

miteinander in losem Zusammenhang stehenden, Anlagen aufgegriffen. Die Maßnahmen führen zum Teil dazu, daß der gesamte, vom Schloß aus zu überblickende Gutskomplex gartengestalterischen Grundsätzen unterworfen wird.[71]

Soweit zur Situation in den neu erworbenen Landesteilen in Franken und Schwaben. In der Pfalz entfällt eine eingesessene oder zugewanderte adlige Bauherrenschicht nahezu vollkommen. Hier sind es die meist bürgerlichen Eigentümer von Weingütern, die größere schloßähnliche Bauvorhaben verwirklichen oder Industrielle, wie der Eisenbahndirektor Paul Denis, der sich unweit eines neu angelegten Tunnels seiner Bahnlinie unterhalb der Burg Diemerstein ein Landhaus errichtet.[72]

In Altbayern ändert sich die Situation weniger grundlegend als in den neu hinzugekommenen Landesteilen. Die Stellung und Rechte des Adels werden hier bis 1848 nicht so grundlegend getroffen, da diese Gruppe nahezu keine landesherrlichen Rechte besaß, die sie verlieren konnte. Auf dem Lande aber und in München sind neben den alten auch viele nicht angestammte zu Ämtern und Ehren am neuen Königshof gelangte Aristokraten, Bauherren von Neubauten oder Umbauten. Als Beispiele für weitgehende Bauvorhaben auf dem Lande seien genannt: 1817/1818 Umbau des Schlosses Irlbach durch Métivier für den Grafen Bray[73], zur gleichen Zeit Maßnahmen desselben Architekten in Schloß Zaitzkofen im Auftrage des Grafen Montgelas[74], ab 1827 der Umbau des Schlosses Weyhern für den Freiherrn von Lotzbeck ebenfalls durch den Architekten Métivier[75], um 1830 Ausstattung einiger Räume im Schloß Steppberg bei Neuburg für die Grafen Arco[76] und wohl etwa gleichzeitig ebenfalls die Veränderung einiger Innenräume des Schlosses Moos der Grafen Preysing.[77] 1833/1834 wird Schloß Egglkofen wiederum von Métivier für den Grafen Montgelas umgebaut.[78] 1838–1840 folgt Schloß Marzoll für den Freiherrn Malsen-Tilborch[79], 1839–1842 renovierte Ludwig Foltz für den ehemaligen Minister Grafen Armannsperg Schloß Egg.[80] Ab 1840 nehmen die Freiherren von Freyberg Veränderungen an ihrem Schloß Jetzendorf vor.[81] Im gleichen Jahr ist der bereits schon vorher für die Freiherren von Lotzbeck tätige Métivier mit Bauten an ihrem Schloß Nannhofen befaßt.[82] Das Schloß Hopferau bei Füssen wird in der Zeit zwischen 1830 und 1840[83], Schloß Haiming bei Altötting in den Jahren 1838–1840 restauriert.[84] 1841 folgt die Burg Karlstein bei Regen[85], deren Bauherr Graf Drechsel mit einer Tochter des Prinzen Carl verheiratet ist. 1842 arbeitet wiederum Métivier für Schloß Gern bei Eggenfelden im Auftrage des Barons Closen.[86] 1842–1844 entsteht für den Bildhauer Schwanthaler die erste Anlage von Schwaneck im Isartal.[87] 1848 entwirft Moninger Pläne für das Schloß Neuhofen.[88] Ebenfalls aus dieser Zeit dürfte ein bisher nicht weiter identifizierbarer Plan für ein Schloß Stein[89] von Moninger stammen. Das Schloß

Neidstein bei Sulzbach der Freiherren von Brandt wird vermutlich auch in der ersten Hälfte des 19. Jahrhunderts verändert.[90] In die zweite Jahrhunderthälfte fällt die grundlegende Restaurierung 1851 von Wildenreuth bei Kemrath[91], dann Zandt bei Kötzting[92], Teisbach bei Dingolfing[93], Hohenaschau[97] im Chiemgau, Maxlrain bei Rosenheim[95] und Sandersdorf bei Beilngries.[96] Die große Anlage von Haidenburg wird erst 1871 durch die Freiherren von Aretin nach einem Brande wieder aufgebaut[97], 1880 Schloß Möhren bei Donauwörth[98] restauriert und für die Grafen Rechberg 1885 in Elkofen wesentliche Baumaßnahmen begonnen.[99]

Die Hofhaltung des neuen Königreiches veranlaßt nach und nach sowohl aus den angestammten Wittelsbacher Landen als auch den neu hinzugekommenen Landesteilen eine große Anzahl von Familien Stadthäuser und Palais zu errichten, welche nicht unwesentliche Teile der Stadterweiterungen unter Max I. und Ludwig I. ausmachen. Das Werkverzeichnis von Métivier nennt allein für München außer den Bauten für die königliche Familie und die Gesandtschaften Arbeiten für 24 Palais des Adels, während außerhalb Münchens 23 Schloßbauprojekte bekannt sind, von denen die meisten (18) erst ab den zwanziger Jahren entstehen.[100] Fischer hatte nur vier solcher Bauten errichtet[101], während Klenze lediglich das Arco-Palais für eine der wohlhabendsten Familien des Landes entwarf.[102] Von Gärtner aber ist kein einziger Palaisbau dieser Art nachzuweisen.[103]

Insgesamt nimmt die Schloßbautätigkeit des Adels in Bayern in der ersten Hälfte des 19. Jahrhunderts im Vergleich zur Baukunst im gesamten Königreich einen bescheidenen, keinesfalls prägenden Platz ein. Bedeutende Werke bilden die Ausnahme.

Über die Architekten und Planungen der Schloßneu- und umbauten wissen wir zumeist wenig, können allerdings bei einer Reihe von Häusern annehmen, daß insbesondere bei Umbauten die Architekten lediglich die Vorstellungen des Bauherrn umzusetzen hatten. Diese Entwicklung war im 18. Jahrhundert mit der zahlreichen Gruppe der sogenannten Kavaliersarchitekten vorbereitet worden. Da insbesondere in der ersten Hälfte des 19. Jahrhunderts die Zahl der auf allen Gebieten der bildenden Kunst dilettierenden Aristokraten sehr groß war, verwundert es nicht, daß sie sich auch weiterhin in der Architektur versuchten, zumal wenn es sich nicht um die Schaffung neuer Architekturkonzepte, sondern lediglich um Restaurierungen und Umbauten handelte. Da auch als Vorbilder für die Architektur malerische Konzeptionen unter Einbeziehung der Landschaften und Landschaftsgärten ein starkes Gewicht erhalten, die Architektur Gegenstand der Malerei nicht nur für Architekten selbst wird und etliche von ihnen, so zum Beispiel Heideloff selbst Maler sind[104], liegt es nahe, daß die gerade auf dem Gebiete der Malerei am häufigsten dilettierenden Schloßherren sich in verstärktem Maße selber den architektonischen Aufgaben, die sich oft lediglich in zeitgenössischen Innendekorationen äußern, zu widmen beginnen. Auch diese Entwicklung einer führenden Rolle der Dekorationskunst vor der eigentlichen Architektur war im 18. Jahrhundert durch eine Reihe von Ausstattungskünstlern, die zunehmend auch auf rein architektonische Fragen Einfluß gewannen, vorgezeichnet worden. Die Mitarbeiter der Bauherren im Schloßbau der Romantik zeigt deren allgemeines historisches Interesse, das sich nicht nur auf die Geschichte in der eigenen Familie beschränkt, deren Zeugnisse und Häuser sie zu restaurieren begannen. Als solche Restaurierung verstand man auch weitestgehende Umbauten bestehender Gebäude, beziehungsweise Rekonstruktion ruinöser Anlagen. Diese wurden von ihren Eigentümern gleichermaßen als wichtige Zeugnisse der Geschichte, wie auch weiterhin bestehendes Zeichen der historischen Kontinuität in einer sich rasch vor allem politisch verändernden Welt verstanden, dienten aber gleichzeitig auch als Refugium auf dem Lande, dessen Idealisierung in den weitausgreifenden Park- und Landschaftsverschönerungsprojekten ihren Niederschlag fanden, die in enger Wechselbeziehung mit der Architektur eine gegenseitige Steigerung von Bauten und Landschaft beziehungsweise Garten erfuhren. Zum festen Bestandteil des Schloßinterieurs gehören für diese romantischen Bauten ein Ritter- oder Waffensaal. Anordnung der Waffen in Dekorationsformen[105] mit oftmals neu angefertigten beziehungsweise großzügig ergänzten Originalstücken, bezeichnet ebenso wie die rein dekorative Verwendung von Zinnen und Wehrarchitekturen den Moment, in welchem das Schloß auch die letzten Reste seines ursprünglichen Zusammenhanges, sowohl des Ausdruckes von Herrschaft über Menschen als auch regulärer Verteidigungsmöglichkeit verliert. Genauso verhält es sich mit der tapezierten,

J. Moninger, Entwurf für Schloß Stein, um 1845, Arch.Slg. TUM Gs 2542

Werkverzeichnis Irlbach an. Es kommt aber offensichtlich Métivier als Autor in Betracht (Rose, Métivier, Werkverz. 9)

Karl Gröber, Kunstdenkmäler Landkreis Straubing, München 1925 Wittgenstein, Bayern S. 146 Abb. 135–137 S. 73f. insbes. Abb. 54, Tafel III und IV zum Äußeren der vereinheitlichten Fassaden mit gleichartiger Fenstergliederung über die einzelnen, versetzten Bauteile. Abb. 59 und Tafel V zeigen den Saal mit den um 1820 entstandenen Reliefs von Thorvaldsen, Schwanthaler und Leeb. Insgesamt wurde im Inneren das dritte Stockwerk mit einer Folge von Räumen klassizistisch neu ausgestattet und die Kapelle neugotisch verändert

74 Rose, Métivier, Werkverzeichnis, Nr. 8
75 Vgl. Artikel Weyhern in diesem Katalog
76 Wittgenstein, Bayern, S. 236f.
77 Felix Mader und Joseph Maria Ritz, Kunstdenkmäler Landkreis Vilshofen, München 1929, Abb. 156
78 Vgl. Artikel Egglkofen in diesem Katalog
79 Bezold, Riehl, Hager, Kunstdenkmäler Oberbayern IX, Landkreis Berchtesgaden, 1905 München, S. 3003f. und frdl. Hinweis mit genauerer Beschreibung von Wend Graf Kalnein
80 Rosa Micus danke ich für die freundliche Erlaubnis in die Einsichtnahme der seinerzeit noch nicht publizierten, inzwischen aber im Druck vorliegenden Diss. über Ludwig Foltz
81 Wittgenstein, Bayern, S. 109
82 Vgl. Artikel Weyhern in diesem Katalog
83 Michael Petzet, Kurzinventar Landkreis Füssen, München 1960, S. 124
84 Denkmalliste Landkreis Altötting, Mskr.
85 Karlinger, Hager, Lill, Kunstdenkmäler Landkreis Stadtamhof, München 1914, S. 108 erwähnt diese Umbauten nicht weiter, Wittgenstein, Bayern, S. 204

86 Rose, Métivier, Werkverzeichnis Nr. 93

87 Vgl. Artikel Schwaneck in diesem Katalog

88 Drei Pläne, Front- und Seitenansicht und Grundriß, Arch.Slg. TUM

89 Fünf Pläne, Ansicht aller vier Seiten und ein Schnitt a.a.O.

90 Hager, Lill, Kunstdenkmäler Landkreis Sulzbach, München 1910, S. 52ff. Wittgenstein, Bayern, Abb. 193

91 Felix Mader, Kunstdenkmäler Landkreis Kemnath, München 1907, S. 94

92 Joseph Maria Ritz, Kunstdenkmäler Landkreis Kötzting, München 1922, S. 117, Abb. 53

93 Anton Eckardt, Kunstdenkmäler Landkreis Dingolfing, München 1912, S. 163ff., Abb.Nr. 106

94 a.a.O. S. 72f.

95 Wittgenstein, Bayern, S. 70

96 Friedrich Hermann Hofmann und Felix Mader, Kunstdenkmäler Landkreis Beilngries, Amtsgericht Riedenburg, München 1908, S. 130ff.

97 Felix Mader und Joseph Maria Ritz, Kunstdenkmäler Landkreis Vilshofen, München 1926, S. 133ff.

98 Adam Horn, Kunstdenkmäler Landkreis Donauwörth, München 1951, S. 427ff.

99 Bezold, Riehl, Hager, Kunstdenkmäler Landkreis Ebersberg, München 1902, S. 1398f. und Wittgenstein, Bayern S. 69f., Abb. 56

100 Vgl. Rose, Métivier, Werkverzeichnis, S. 66ff.

101 Winfried Nerdinger, Karl v. Fischer, Ausstellungskatalog München 1982 S. 110,120, 128, 132

102 Hederer, Klenze, S. 234, B. v. Karnapp, in W. Nerdinger (Hrsg.), Kat. Klassizismus, S. 175 (vgl. Anm. 44)

103 Oswald Hederer, Friedrich v. Gärtner, 1792–1847, München 1976 Werkverzeichnis S. 295ff.

104 Urs Boeck, Karl Alexander Heideloff, Mitt. d. Vereines f. Gesch. d. Stadt Nürnberg 48, Nürnberg 1958, S. 314ff. Zu den vielen weiteren Beispielen gehört auch Domenico Quaglio

105 zu Kamenz, Heinz Biehn, Residenzen der Romantik, München 1970, S. 250, zu Stolzenfels a.a.O. S. 135 und Werner Bornheim gen. Schilling, Amtlicher Führer Stolzenfels, Mainz 1975, dort weitere Lit. Abb. 50 + 51 zeigt einen auf diese Weise dekorierten Raum

106 Johannes Graf Moy, Schloß Anif und die Neogotik, in Österreichische Zeitschr. für Kunst u. Denkmalpflege VIII/54, Heft 3/4

107 Biehn, Residenzen der Romantik nennt allein folgende Beispiele: S. 42 Prillwitz, S. 43 Rossel und Machern, S. 46 Herrnsheim, S. 47 Wilhelmsbad, S. 101 Nassau. Für die Löwenburg bestand als erster Plan auch die Errichtung eines Turmes und kleinerer Ruinenteile (Abb. Biehn 16 und 17) über die Entwicklung dieses Projektes im Übrigen, Dittscheid, Einsingbach, Fink: Kassel Löwenburg im Bergpark Wilhelmshöhe, Amtl. Führer, Homburg 1976

gemalten oder anderswie applizierten Architekturgliederung der Wand- und Deckenflächen der Innenräume. Alles formt kein Schloß, keine mittelalterliche Burg mehr. Es ist, wie Johannes Moy treffend formulierte, Abbild der Sehnsucht danach.[106] Bei den als Schloßbauten bezeichneten Anlagen sind zwei Haustypen zu unterscheiden, einmal das vorherrschend fortifikatorisch dekorierte, dann das als Landhaus aufgefaßte Herrenhaus. Das englische Vorbild, welches durch zahlreiche Publikationen in auch bayerischen Schloßbibliotheken, aber auch durch Reisen von Privatleuten und Architekten nach England beziehungsweise von Engländern nach Bayern bekannt war und welches für viele Bereiche nicht nur des industriellen Fortschritts, sondern gerade auf agrarischem Sektor richtungsweisend wurde, spielte hier eine wesentliche Rolle. Auch der Anspruch des englischen Hauses als nurmehr Landhauses eines Privatmannes und nicht mehr irgendwie gearteter Regierungssitz wirkte vorbildhaft. Einzeluntersuchungen weisen nach, daß bei der Verwendung eines mittelalterlichen Formenkanons sowohl englische als einheimische Vorbilder gemischt Anwendung fanden. Der Bau oder Umbau von einzelnen Türmen als einer dritten Kategorie[107], welcher bereits in der Parkarchitektur des späten 18. Jahrhunderts auftaucht, ist ein besonders gern verwandtes architektonisches Thema, knüpft es doch auch an die Funktion des Turmes als Herrschaftssymbol an. So vollzieht sich in den zwanziger und dreißiger Jahren im bayerischen Schloßbau der Wandel von der klassizistischen, nur in wenigen Beispielen entstandenen Architektur endgültig zur romantischen, von der Neugotik bestimmten, eine Entwicklung, die bereits das späte 18. Jahrhundert in einigen Beispielen vorgezeichnet hatte.

Albrecht Graf Egloffstein

Wohnbau 1825 – 1848

Eine allgemeine Darstellung der Entwicklung des Wohnbaues in Bayern zwischen 1825 und 1848 muß sich in erster Linie auf eine Betrachtung der Verhältnisse in München beziehen. Zum einen ist nur hier die Situation systematisch erforscht und lediglich breit angelegte Untersuchungen führen im Bereich des Wohnbaues zu verläßlichen Ergebnissen.[1] Zum anderen treten die Grundzüge der Entwicklung des Massenwohnbaus (im damaligen Sinne) in der Haupt- und Residenzstadt mit aller Schärfe zutage. Darüberhinaus ist München, was Form und Struktur des Einzelhauses angeht (von wenigen zu beschreibenden Sonderfällen abgesehen), Vorbild auch für die Bauten mittlerer und kleinerer Städte. Münchens Dominanz vor allem in der Bevölkerungsentwicklung und privaten Bautätigkeit tritt allein schon deutlich hervor in der vergleichenden Betrachtung von Stadtgrundrissen und Neubaubereichen aus dem Jahre 1825 mit Plänen von ca. 1850, die für Städte wie Augsburg, Nürnberg, Regensburg, Würzburg oder Passau kaum nennenswerte Veränderungen zeigt. Für München aber wird hier auf den ersten Blick offenkundig, was sich in den statistischen Werten – Bevölkerungszunahme um ca. 27 000 von ca. 62 000 im Jahre 1825 auf ca. 89 000 im Jahre 1849 mit 1 336 Neubauten – niederschlägt. Die Gleichschaltung im formalen bzw. stilistischen Bereich der Fassadengestaltung, in dem sich um 1840 ein Wandel vom Klenze-Stil hin zu Gärtner und dessen Schule abzeichnet, hängt eng zusammen mit der zentralistischen Organisation des bayerischen Bauwesens, das zeitweilig Leo v. Klenze fast in Personalunion unterstellt war und liegt darüberhinaus in der zunehmend vereinheitlichten Ausbildung auch der in der Provinz tätigen Baubeamten und Architekten, ja sogar Maurermeister. Wesentliche Ausnahme ist hinsichtlich der Stilprobleme Nürnberg, wo die Entscheidung, ob der Neorenaissance Klenzescher Prägung – dem »modernen Styl« – oder der Neugotik der Vorzug zu geben sei, nach kurzen Auseinandersetzungen zwischen den führenden Architekten 1837 durch Ludwig I. im Hinblick auf das historisch gewachsene altdeutsche Stadtbild zugunsten Heideloffs und Solgers gotisierender Formensprache gegen die Intentionen Schmidtners entschieden wurde.

Wohnbauten der Klenze-Ära in München – Städtebau, Bausystem und Sozialstruktur

Nach seiner 1816 durch Kronprinz Ludwig erfolgten Berufung zum Hofbaumeister setzten sich Klenzes grundsätzliche Vorstellungen eines städtischen Bausystems, die der seit 1809 von Carl von Fischer entwickelten Konzeption nahezu entgegengesetzt waren, mehr und mehr durch. Fischers (wohl zusammen mit Skell begründete) Idee einer durchgrünten Villenvorstadt, bei der die von einem Straßenraster überzogene Fläche mit der Hauptachse Brienner Straße nahezu gleichmäßig von Wohn- und Nebengebäuden durchsetzt werden sollte[2], stellte Klenze das geschlossene Bausystem entgegen, das »aus der Beziehung von Freiraum und festgefügter Baumasse, aus Häuserzeile und Straßenflucht, Platzwand und Straßenraum ... die Stadt ... als dreidimensionales Gefüge von Baukörpern« verstand.[3] Seit etwa 1800 war die Stadterweiterung, die im Zusammenhang mit der Entfestigung in verschiedenen Phasen erfolgte und ab 1812 in umfassenden Generalplänen festgelegt wurde, soweit getrieben, daß um 1825 – von geringfügigen Ergänzungen abgesehen – bereits durch die abgesteckten Straßen der städtebauliche Rahmen bis zur Jahrhundertmitte festgelegt war.[4]
Das System der geschlossenen Bebauung modifizierte Klenze lediglich an der Peripherie der Stadt, wo einzelne Straßen zur bewußten Grenzziehung und zur Betonung des ländlichen Charakters gegenüber der Stadt mit Pavillons bebaut wurden. Außerdem wurde in der Nähe der großen Staatsbauten, etwa der Glyptothek oder der Pinakothek, sowie in den bereits vor 1816 mit freistehenden Miethäusern (Sonnen-, Müller-, Blumenstraße) oder mit vornehmen Villen bebauten Bereichen (Umfeld des Karolinenplatzes) die offene Bebauung gefordert bzw. beibehalten. Auch hier wurden aber aus Renditegründen die ohnehin bereits auf den vorgeschriebenen Mindestabstand reduzierten Räume zwischen den Villen im Erdgeschoß häufig geschlossen und so der ursprünglich intendierte Gartenstadtcharakter weitgehend aufgegeben.[5] Ansonsten schloß man sämtliche Baulücken nach und nach ganz – wie etwa beim Haus Amalienstraße 38, bei dessen Erweite-

1 Der folgende Aufsatz beruht im wesentlichen auf Florian Zimmermann, Wohnbau in München 1800–1850, München 1984. Nicht genauer ausgeführte oder ausgewiesene Gedanken sind dort im jeweiligen Zusammenhang belegt.
Bei nicht mehr bestehenden Häusern wird zur Orientierung i.f. die Hausnummer von 1849/51 (Wengg-Plan) angegeben.
2 vgl. W. Nerdinger/F. Zimmermann, Fischer als Städtebauer – Der Karolinenplatz, in: W. Nerdinger (Hrsg.), Carl von Fischer, Kat. zur Ausstellung, München 1982, S. 108
3 vgl. Hans Lehmbruch, Aspekte der Stadtentwicklung Münchens 1775–1825, in: W. Nerdinger (Hrsg.), Klassizismus in Bayern, Schwaben und Franken, Kat. zur Ausstellung, München 1980, S. 35
4 zum Städtebau vgl. F. Zimmermann, Wohnbau S. 9 und S. 148ff.
5 vgl. F. Zimmermann, Privater Wohnbau in München 1791–1825, in: W. Nerdinger (Hrsg.), Klassizismus, S. 43

Ehem. Frühlingsstraße 8/9/10/11/12, 1829 von Rudolph Röschenauer, Aufnahme von 1903, StaM, Photoslg. Von-der-Tann-Straße

rung und Neugestaltung 1827 durch den Maurermeister Fr. X. Mayr das alte 5achsige Vorgängerhäuschen im Risalit spürbar blieb.[6] Bereits die Argumente für die Wahl des Geländes zur Anlage der ersten großen Stadterweiterung – der ab 1808 im Nordwesten der Altstadt geplanten Max-Vorstadt – benennen die Kriterien, die hier in der Folge den Adel und das gehobene Bürgertum ansässig werden ließen: die Distanz zu den Gewerbebetrieben (Mühlen, Gerbereien, Färbereien) der von Bächen durchzogenen Isarvorstadt, die damit verbundene reinere Luft sowie die Nähe zu Hofgarten und Residenz. Auf diese Voraussetzungen war auch die in der Altstadt bevorzugte Lage für gehobenes Wohnen im Bereich der Schwabinger – oder der Prannersgasse zurückzuführen.[7] Die übrigen Vorstädte – St. Anna-Vorstadt (Osten), Isar-Vorstadt (Süden) und Ludwigsvorstadt (Westen) – waren mit Ausnahme der unmittelbar an die Altstadt anschließenden Quartiere ebenso wie die Peripherie der Maxvorstadt eher den mittleren und unteren Schichten überlassen. Innerhalb der Max-Vorstadt ergab sich mit dem fortschreitenden Ausbau der Ludwigstraße seit Mitte der 1820er Jahre eine Erweiterung der bevorzugten Wohnlage in Richtung Odeonsplatz. Damit war auch eine Veränderung der Wohngepflogenheiten gehobener Schichten verbunden, die an Stelle der Villa nun die herrschaftliche Mietwohnung in bester Lage bevorzugten.

Ludwig I., die Bauspekulation und der Häuserbankrott von 1832/1834
Bereits als Kronprinz hatte sich Ludwig persönlich auch um die äußere Gestaltung von Wohnbauten gekümmert. Ebenso wie Montgelas, dem wichtigsten Berater seines Vaters Max I. Joseph, war ihm klar, daß das würdige und herrschaftliche Bild einer Residenzstadt nicht nur von einer, wenn auch beträchtlichen Anzahl bedeutender Repräsentationsbauten abhängt, sondern ganz entscheidend geprägt wird von der eigentlichen Masse der Gebäude, den privaten Wohnbauten. Für Ludwig mußte daher sowohl die Qualität der Fassadengestaltung wie auch die Quantität des Gebauten ins Gewicht fallen. Für die Wohnbauten im unmittelbaren Umfeld der großen Staatsbauten war für die Fassadenpläne die königliche Genehmigung einzuholen. Bei Bauten an der Ludwig- und Brienner Straße, deren Pläne ebenfalls Ludwig vorgelegt werden mußten, war Klenze für das äußere Erscheinungsbild verantwortlich. Hier wurden in der Regel an römischen oder Florentiner Palästen orientierte Vorbilder gegeben, die über Klenzes Zugriff auf die verschiedenen Gremien des städtischen und staatlichen Bauwesens für München unmittelbar und im übrigen Bayern in geringfügiger Modifikation durchsetzbar waren. So mußte sich die Münchner Lokalbaukommission als kommunale Bauaufsichtsbehörde im Zusammenhang mit Bauskandalen den Vorwurf gefallen lassen, sie habe sich größtenteils darauf beschränkt, »die Fassaden dem herrschenden Geschmack anzupassen«[8] und dabei ihre eigentliche Aufgabe der technischen

6 Amalienstr. 38, eines der wichtigsten noch erhaltenen Häuser aus den 20er Jahren des 19. Jahrhunderts, war lange Zeit vom Abbruch bedroht und dem Verfall preisgegeben, scheint aber jetzt in seiner baulichen Substanz gesichert
7 vgl. H. Lehmbruch, Der Wettbewerb für die Anlage der Maxvorstadt, in: W. Nerdinger (Hrsg.), Klassizismus, S. 200
8 StaM LBK 60, 9.3.1832, Schreiben an den Magistrat

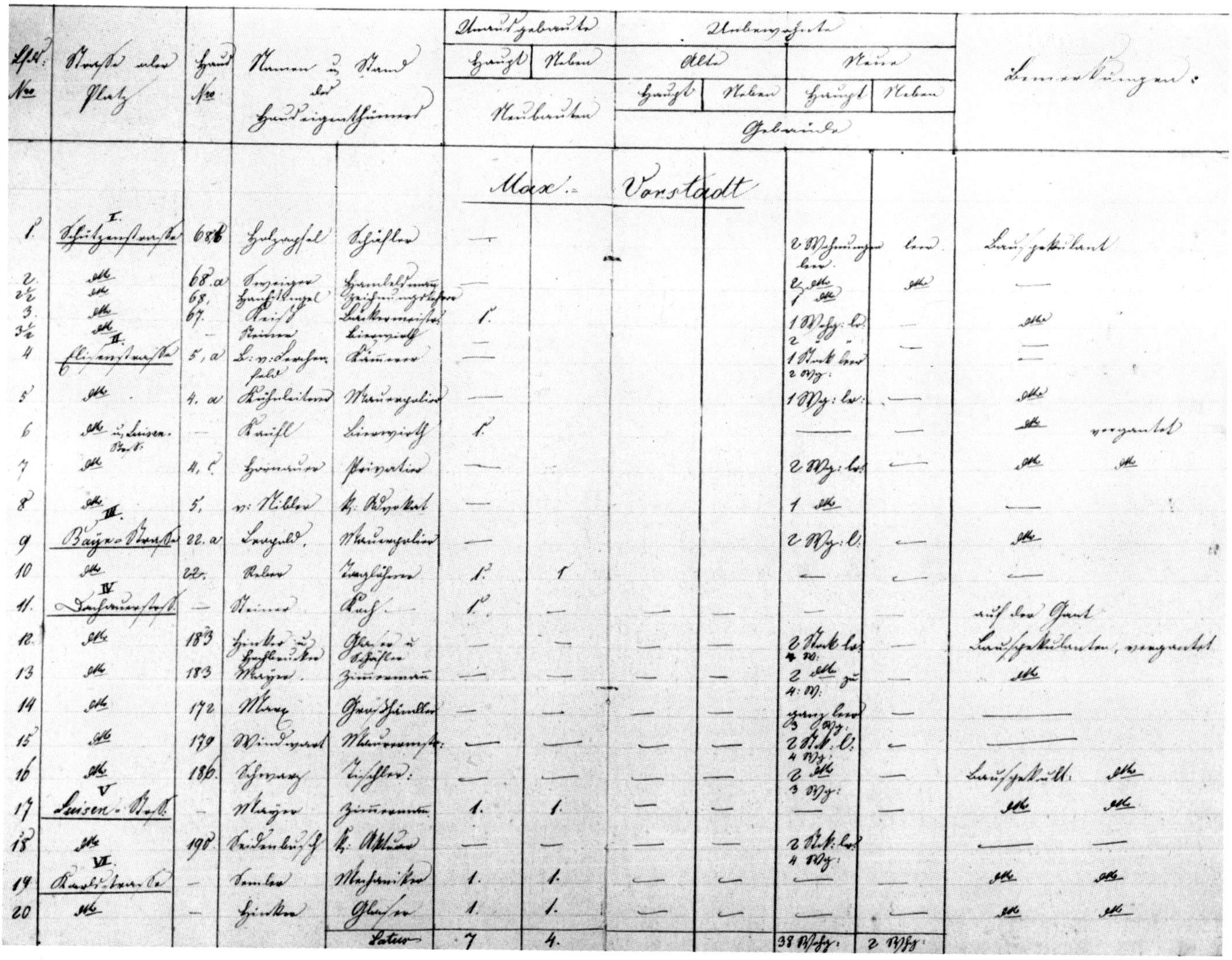

Max.-Vorstadt

Amtliche Listen der in München 1831 leer-stehenden Wohnungen, hier Max-Vorstadt, Blatt 1, aus: StaM, LBK 85 I, 1

Bauüberwachung vernachlässigt. Um das jährliche Bauvolumen mit dem Zweck in die Höhe zu treiben, die bereits ausgesteckten Straßen zugunsten des residenzstädtischen Anspruchs rasch und möglichst »monumental« zu bebauen, darüberhinaus aus der Hauszinssteuer Einkünfte zu erzielen, wurde von seiten der Regierung die »Bausucht« in mehrerlei Hinsicht begünstigt. Zwar läßt sich ein direktes Eingreifen Ludwigs I. in die Baupolitik hier (noch) nicht nachweisen, doch machen es die Verwaltungs- und Entscheidungsstrukturen sehr wahrscheinlich, daß die Behörden etwa bei Gewährung von Steuerfreijahren beim Hausbau, bei Lockerung der Gesetze zur »Ansässigmachung« und Gewerbeausübung, schließlich bei der Erteilung von Baugenehmigungen ohne Rücksicht auf die tatsächlichen Vermögensverhältnisse und »selbst bei nicht günstigem Ruf«[9] letztlich Erfüllungsgehilfen des königlichen Willens waren. Unter den genannten Bedingungen war der Bauspekulation Tür und Tor geöffnet. Das betraf sowohl die von den Behörden mangelhaft kontrollierte Bauausführung, bei der von der schlechten Qualität des Materials über den Einsatz von unqualifizierten, aber billigen Handwerkern bis hin zur Fälschung von Unterschriften auf Bauplänen oder dem Einschalten von Strohmännern alle im Bauwesen denkbaren Delikte nachweisbar sind. Der zunächst auf Grund eines gewissen Nachholbedarfes für die Bauunternehmer sich abzeichnende finanzielle Erfolg ließ auch viele in diesem Geschäft Ahnungslose ihr Glück versuchen und führte zu 765 Neubauten zwischen 1825 und 1830 (Maximum 168 Bauten 1829) – ein Bauvolumen, das erst in den 1860er Jahren wieder erreicht wurde.[10] Resultat war der damals sogenannte Häuserbankrott, während dem 1834 mit über 1 600 leerstehenden Wohnungen Raum für ca. 8000 Personen, also etwa

9 StaM Wohnungsamt 47, 15.7.1834
10 zur Baustatistik vgl. Karl Wallbrecht, Über die Entwicklung des Münchener Baugewerbes im 19. Jahrhundert, München 1897, Tabelle nach S. 20

10% der Münchener Bevölkerung, ungenutzt blieb. Rapide sinkende Mieten in den neu erschlossenen Stadterweiterungen förderten den Zuzug aus der Altstadt, so daß sich die leerstehenden Wohnungen auch in eigentlich auf solider Basis finanzierten Stadtvierteln zu vermehren begannen. Nicht nur ungeschickte Spekulanten, sondern auch ehrbare Hausbesitzer gerieten in äußerste pekuniäre Bedrängnis, die sich in Abhängigkeit vom Kreditsystem (Ewiggeldwesen) über die Witwen- und Waisenkasse zu einer gesamtstädtischen Wirtschafts- und Finanzkrise ausweitete. Im Sommer 1834 waren 355 Häuser, davon 68 in der Altstadt, auf der Ganttafel vermerkt und kamen zur gerichtlichen Versteigerung. Über Jahre hinweg wurde nach Auswegen aus der Finanzkrise gesucht, wobei die Fülle der Ideen – von der Vermehrung der Bevölkerung, der Ermittlung einer »Miethassekuranz« bis zur Demolierung verschiedenster Häuser zur Verschönerung der Residenzstadt – sowie die dazu veranschlagten Summen (bis zu 3 Millionen Gulden) die Brisanz der Angelegenheit deutlich vor Augen führen. Die Vorschläge wurden alle verworfen bzw. zurückgestellt und hatten sich durch vermehrten Zuzug, ausgelöst sicherlich u.a. auch durch die günstigen Mieten, und das gleichzeitig nahezu völlige Erliegen der Bautätigkeit (lediglich 96 Häuser in den Jahren 1832 bis 1839 mit einem Minimum von 6 Bauten 1835) gegen Ende der 1830er Jahre von selbst erledigt.

Die Bauten – Grundrisse und Nutzung

Abgesehen von einigen großen Palais, hier vor allem den Bauten Jean Baptiste Métiviers (vgl. Kat.Nr. 162, 163) und Klenzes, die z.T. sogar auf Vermietbarkeit hin angelegt waren, wurde in den 1820er Jahren auch für die gehobenen Kreise die Mietwohnung zur gängigen Wohnform. Im Vergleich zu den Grundrissen vornehmer Villen bei Carl von Fischer und seinen Nachfolgern treten nun die individualisierenden Elemente auch bei den herrschaftlichen Wohnungen zurück zugunsten allgemein gültiger Strukturen, die auch im Vergleich mit Wohnungen mittlerer sozialer Schichten nivelliert erscheinen.[11] Die notwendige Erschließung der einzelnen Wohnung über ein gemeinsames Treppenhaus sowie der Verzicht auf repräsentative Raumfolgen sind hier die entscheidenden Veränderungen. Die Bauten der vornehmen Wohnlagen, vor allem der Max-Vorstadt, zeichneten sich durch geräumige, hofseitig gelegene, häufig im Halbrund geführte Treppenhäuser aus, von denen je Stockwerk meist eine Wohnung mit 5–7 Räumen bedient wurde (vgl. Kat.Nr. 170, 172). An eine Art Vorraum – bisweilen architektonisch hervorgehoben und als Verteiler genutzt – schloß sich der Gang an, an dem zur Straße hin die Haupträume Wohnzimmer, Eßzimmer, Schlafzimmer und zum Hof die Räume »niederer« Nutzung wie Küche, Kinderzimmer, Magdzimmer, Abtritt sowie verschiedene Kammern (Speisekammer, Magdkammer, Holzlege) angeordnet wurden. Besondere Gestaltung erfuhr das sehr gut, meist durch zwei Fenster belichtete Wohnzimmer (Salon), bei dem die Kaminvorsprünge häufig zur Bildung von raumbelebenden Nischen genutzt wurden oder die symmetrische Anordnung von großen (Hinterlader-)Öfen den Raum nobilitierte. Auffallend ist, daß derartig sorgfältig ausgestattete Wohnungen mit ihrem umfangreichen Raumprogramm im damaligen München vergleichsweise häufig nachzuweisen sind. Hieraus auf einen insgesamt hohen Lebensstandard breiter Bevölkerungsschichten zu schließen wäre allerdings verfehlt. Wie weit aus Spekulationsgründen an den Interessen und Möglichkeiten der Masse der Bürger vorbeigebaut wurde, zeigen einige kritische Bemerkungen in einem zeitgenössischen München-Führer: »Indess lassen alle diese großen und Palästen gleichkommenden Privatgebäude, womit freilich der Mittelklasse der Einwohner Münchens, die sich kleinere Wohnungen für geringere Miethen wünscht, nicht gedient ist, die wohlhabendsten Eigenthümer und Bewohner erwarten ... Finden sich für alle diese Häuser auch Käufer und Miether, so ist München wirklich eine der wohlhabendsten und mit den vermöglichsten Familien bevölkerten Städte von Deutschland«.[12] Kurzzeitig allerdings wirkte sich der Häuserbankrott mit dem genannten Überangebot von Wohnungen und dem damit verbundenen Mietpreisverfall dahingehend aus, daß »nun auch, was früher nicht der Fall war, der wenig bemittelte im Stande ist, mit seiner Familie eine geräumigere und gesündere Wohnung zu beziehen«.[13]

Von den genannten herrschaftlichen Wohnungen unterscheiden sich die vor allem in der Ludwigs-Vorstadt und in den altstadtnahen Bereichen der St. Anna- und Isarvorstadt eher für eine Mittelschicht gebauten Wohnungen in der Grundstruk-

11 zum folgenden vgl. F. Zimmermann, Wohnbau, S. 154 ff.
12 J. A. Destouches, Die Haupt- und Residenzstadt München und ihre Umgebung, München 1827
13 BHStA MInn: 43423, 17. Juni 1836, Gutachten Frh. v. Eichthals

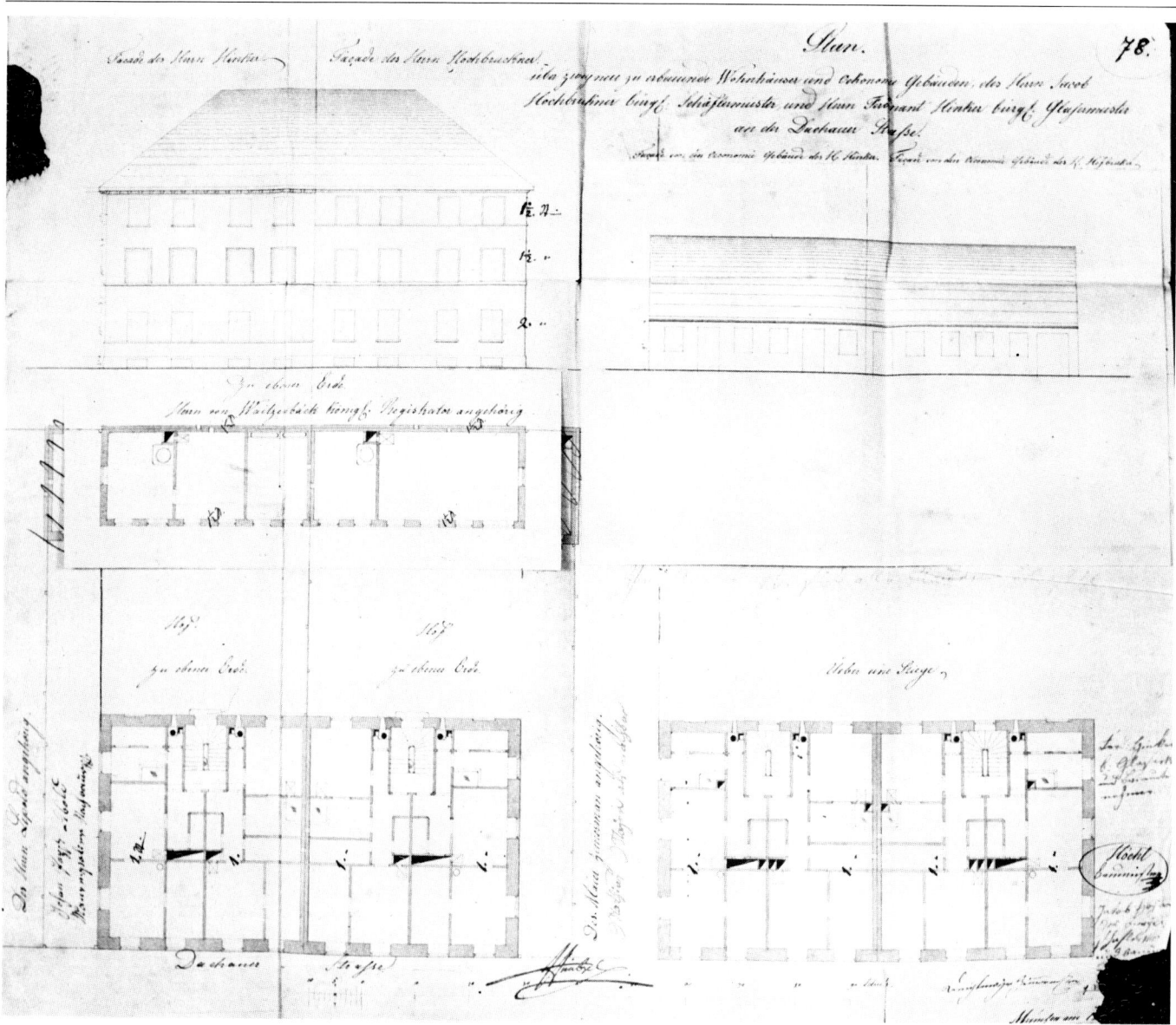

Dachauerstraße, ehem. 32/33, 1829 von Jos. Höchl, LBK Dachauerstraße 26

tur ihrer Erschließung und Ordnung kaum. Sämtliche Elemente wie Raumangebot, Grundrißorganisation, Komfort und formale Durchbildung sind hier allerdings reduziert.

Die einfachsten Wohnungen am Stadtrand waren in ihrer Größe, der Raumanzahl und der Ausstattung auf ein Mindestmaß beschränkt und bei Küche und sanitären Einrichtungen (die Abtritte befanden sich bisweilen in einem hofseitigen Anbau, z.T. auch in halber Stockwerkshöhe, also außerhalb der Wohnung) ein eben noch vertretbarer Standard gegeben. Dennoch unterschieden sich diese Wohnungen mit ihren meist zwei Zimmern und der z.T. dürftig belichteten Küche von den armseligen Verhältnissen in den Herbergen der Münchener Vorstädte wie der Au, Giesing oder Haidhausen augenfällig positiv.

Die Fassaden: Monotonie des Klenze-Diktates

Während die Grundrisse der Münchner Mietwohnbauten nicht auf Klenzes Vorgaben basieren[14], so folgen nahezu alle Fassaden zwischen 1825 und 1840 weitgehend den von ihm gegebenen Vorbildern. Lediglich für die Bauten im offenen Pavillonsystem und die allereinfachsten Häuschen der niedrigsten Schichten hatte Klenze keine Beispiele bereitgestellt. Doch auch diese Bauten hängen in Nachahmung bzw. Vereinfachung zumindest der Schmuckdetails von Klenze ab. Neben dem damals noch ungebrochen angewandten Gesetz der Symmetrie, das Klenze selbst

14 zum »Fassadenarchitekten« Klenze vgl. F. Zimmermann, Wohnbau, S. 71; auch wenn Klenze an sich grundsätzlich für ein Bauen von Innen nach Außen plädierte, so ist wohl kein Grundriß der Wohnhäuser in der Ludwig- und Brienner Straße von seiner Hand, ja er spricht hier sogar von der »architektonischen Tortur des Fassadenmachens«

Adalbertstraße, ehem. 12, 1827 von Friedrich Schöpke, LBK Adalbertstraße 12

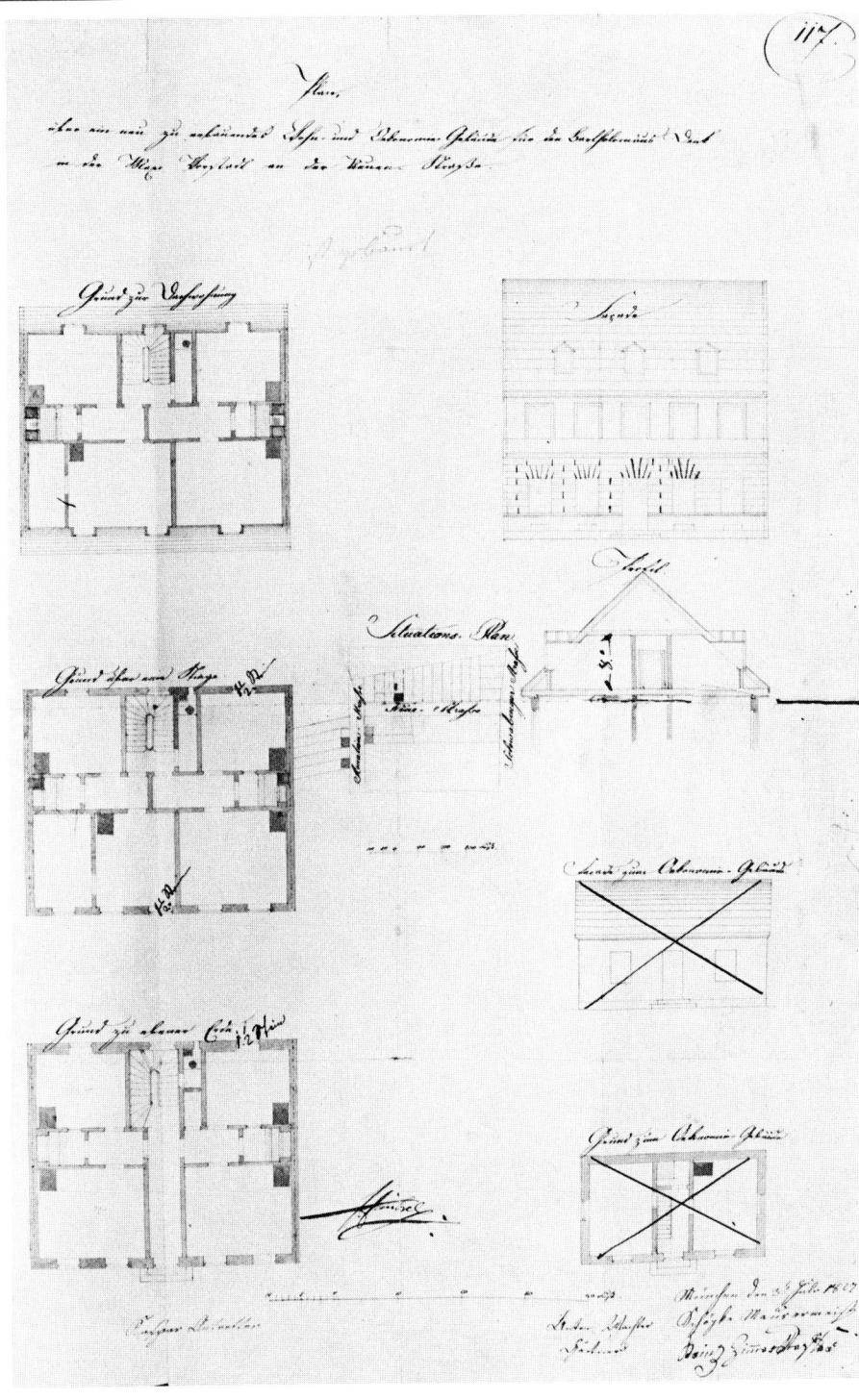

etwa bei der Anwendung von Blendtoren in der äußersten Achse von Eckgebäuden gewissermaßen pervertierte, kommt überdies der Grundgedanke zum Tragen, einen Bau fast »eindimensional« nur von einer Hauptfassade her zu begreifen.[15] Er tritt als Problem dort zutage, wo z.B. in der Max-Vorstadt ältere Straßenstrukturen mit dem rechtwinkeligen Straßenraster kollidieren und die Nutzung außergewöhnlicher Ecksituationen für »points de vue« aus Prinzip gleichsam verweigert wird (vgl. Kat.Nr. 172).

Die von Klenze für die Ludwig- und Brienner Straße gefundenen Fassadenlösungen waren für Dimensionierung, Proportionierung, Struktur und Einzelform vorbildhaft.[16] Vor allem die in ihrer Größe den Möglichkeiten der meisten

15 ebd. S. 175 ff.
16 zu Vorbild und Rezeption vgl. ebd. S. 97 ff. und S. 161 ff.

Bauherren angemessenen, größtenteils 7achsigen Häuser der südlichen Ludwigstraße eigneten sich zur Nachahmung. Diese Gebäude waren den führenden
Maurermeistern, die in München Wohnbauten errichteten, bestens vertraut, da sie
dort für die Grundrisse der verschiedenen Häuser verantwortlich und vor allem als
Bauführer tätig waren. Dabei arbeiteten sie mit Modeln und Schablonen Fenster-,
Tür- und Gesimsprofile, Putzfugenschnitt, Konsolen, Rahmungen, Bogenschluß-
steine und ornamentalen Schmuck, die nach den Angaben Klenzes angefertigt
waren. Diese Detailformen (aus dem Repertoire vornehmlich römischer, z.T. auch
Florentiner Renaissance-Paläste) schienen, in Verbindung mit den auf den Gesetzen der Symmetrie und der Stockwerkshierarchie aufbauenden Fassadenstruktu-
ren, die ebenfalls italienischer Renaissance-Architektur entlehnt, aber durch Klenze
vor allem in den Proportionen und Materialien den bescheideneren Münchner
Verhältnissen angepaßt waren, die für das repräsentative Residenzstadt-Bild
gewünschte »gleichmäßige Qualität einer hochgestimmten Architektur«[17] zu
sichern. Im Gegensatz etwa zu den Bauten Carl von Fischers konnten die Fassaden
Klenzes auf Grund ihrer Nachahmbarkeit, der versatzstückhaften Austauschbarkeit und Kombinationsfähigkeit der einzelnen Bauglieder großen Einfluß auf die
städtische Architektur Münchens, aber auch kleinerer Städte gewinnen. Doch
bargen die bei Klenze bereits akademisch trockenen und schematischen Lösungen,
die in ihrem »profillosen«, seltsam flachen und formelhaften Charakter viel mit den
Strichzeichnungen zeitgenössischer Publikationen zur Architektur der italienischen Renaissance (wie etwa den »Edifices du Rome...« von Percier/Fontaine,
aus denen sie zum Teil auch entnommen sind[18]) zu tun haben, vor allem in der bloß
reproduzierenden Auswahl aus dem »Katalog« der Klenze-Vorbilder die Gefahr
der Langeweile und Monotonie. Nahezu jeder Bau, der zwischen 1825 und 1840
entstand, zeigt wörtliche Zitate von Klenze-Details, zum Teil sind ganze Fassaden
in einer Art »Baukastenverfahren« aus Einzelelementen der Klenze-Bauten zusammengesetzt – wie bei dem Haus Herrnstraße 3, 1830 von Friedrich Schöpke, dem
wohl beflissensten Kopisten Klenzes, erbaut. Ähnlich läßt sich die enorme Anlehnung an Klenze auch in der Adaption einer charakteristischen Fensterform, etwa
dem von Pilastern begleiteten Fenster von Brienner Straße 46/47 aufzeigen, das von
allen wichtigen Maurermeistern übernommen wurde und unter anderem bei
Röschenauers Frühlingsstraße 9 oder bei Baumgartners Ottostraße 4 (vgl. Kat.Nr.
170) auftaucht.[19]

Die weitgehende Adaption des Formenapparates Klenzes bedeutet aber nicht, daß
die in München tätigen Maurermeister nur kopiert hätten. So übertrug Jos. Höchl,
der 1831 mit 16 Palieren und 234 Gesellen das größte Münchener Baugeschäft
besaß[20], ähnlich wie Jean Baptiste Métivier das Risalitsystem von Klenzes Brienner
Straße 46/47 mehrmals auf die offene Pavillon-Bauweise und schuf durch die
Einführung neuer Motive durchaus auch eigenständige Fassaden.

Franz Xaver Mayr wählte bei nahezu allen für ihn nachweisbaren Bauten das
Motiv der in der Kämpferzone miteinander verbundenen Fenster und Türen.
Größte Unabhängigkeit von Klenze zeigte schließlich R. Röschenauer, der biswei-
len kleine Pilasterordnungen gliedernd einsetzte und vor allem von klassizistischer
Ornamentik bei Friesbändern und Gebälken oder in Fensterbogenfüllungen
Gebrauch machte. Außerdem fand Röschenauer auch für die Gestaltung von
Fensterstürzen eigenwillige Lösungen.

Einzelne Bauten Klenzes in der Ludwig- und Brienner Straße spielten schließlich,
ohne kopiertes Vorbild zu sein, für jenen Aspekt der Wohnbaugestaltung, der sich
als »Monumentalisierung« bezeichnen ließe, eine wesentliche Rolle. Zum einen
bezieht sich dieser, für das äußere Erscheinungsbild der Bauten so wichtige
Gesichtspunkt, auf die tatsächliche Dimensionierung des Einzelhauses, zum anderen auf die Zusammenfassung zweier oder mehrerer Häuser hinter einer Fassade,
was – behördlich zuweilen verordnet – bis zu den kleinsten Häusern an der
Peripherie vorkam. Extremstes Beispiel eines riesigen Miethauses ist der von
Joseph Höchl 1829 errichtete »Zinspalast«[21] Karlstraße 21/Meiserstraße 4 mit ca.
54 m Fassadenlänge bei 17 Fensterachsen, doch waren Häuser mit 3 Obergeschossen und 9 bis 11 Achsen, die nicht nur damals als stattlich angesehen wurden,
durchaus nicht selten (vgl. Kat.Nr. 170, 172).

Die Zusammenfassung mehrerer Häuser hinter einer Fassade fand vor allem ins
sog. offene Bausystem Eingang.[22] Dort waren zwischen den einzelnen Häusern
bestimmte Abstände vorgeschrieben, die eine vergleichsweise schlechte Nutzung

17 Hans Lehmbruch. Die Wohnbauten Klenzes am Odeonsplatz und in der südlichen
 Ludwigstraße, in: W. Nerdinger (Hrsg.),
 Klassizismus, S. 156
18 vgl. F. Zimmermann, Wohnbau, S. 94
19 ausführliche Zusammenstellung d. Beispiele ebd. S. 258, Anm. 135
20 ebd. S. 37
21 Heinrich Habel, Zur Sozialgeschichte und
 Typologie des Münchener Privathauses,
 in: Habel/K. Mertens/M. Petzet/S. Quast,
 Münchener Fassaden, München 1974, S. 16
22 vgl. F. Zimmermann, Wohnbau S. 141 ff.

des an der Straße an sich vorhandenen Grundes erlaubten. Wollte ein Bauherr auf zwei Parzellen zwei einzelne verkaufsfähige Häuser errichten, oder einigten sich zwei Nachbarn darauf, unter einem Dach und mit einer einheitlich gestalteten Fassade zu bauen, so erhielten sie dafür den Dispens. Für den Bauherren war Baugrund gewonnen, das Erscheinungsbild schien durch den vergrößerten Baukörper dem residenzstädtischen Anspruch, der bei behördlichen Entscheidungen immer mit im Vordergrund stand, angemessener. Dieses durchaus gängige Verfahren bot allerdings immer wieder Anlaß zu Ärgernis, weil verschiedentlich (bei Finanzierungsschwierigkeiten des einen Bauherrn) lediglich »Halbhäuser« errichtet wurden, oder weil man trotz Verbotes eine unterschiedliche Gestaltung der beiden Haushälften durchzusetzen versuchte. Ablesbar ist an diesem letztgenannten Verstoß gegen die offiziellen Vorschriften der offensichtliche Wunsch nach Darstellung der Besitzverhältnisse als Ausdruck der jeweiligen Individualität. Eine maßgebliche Rolle spielte dieser Aspekt im Zusammenspiel mit Tendenzen zur Monumentalisierung bei verschiedenen privaten Bauunternehmungen, wo ein Bauherr mehrere zusammenhängende Grundstücke mit Einzelhäusern bebaute, die aber als symmetrische Gruppe zusammengefaßt wurden (vgl. Kat.Nr. 171).[23] Wesentliches Element bei dem Versuch, das herrschaftliche Gepräge des einzelnen Baus zu betonen, war schließlich der Eingangsbereich. So wurden bisweilen an der Fassade große Tore gezeigt, auch wenn in Wirklichkeit keine Durchfahrt vorhanden war, oder Doppelhäuser erhielten eine Türe in der Fassadenmitte, um einen großen, geschlossenen und vornehmen Baublock vorzutäuschen, während tatsächlich der Zugang zur zweiten Haushälfte über einen Eingang durch die Seitenstraße erfolgte. Bis auf den letzten Aspekt hängt die Monumentalisierung auch auf das Engste mit der weiter oben genannten, vom Staat durchaus gestützten Bauspekulation zusammen. Eigentlich alle groß dimensionierten Unternehmungen fallen in die Jahre 1827–1830, was dem in der Zahl der Neubauten bereits offenkundigen Bauboom durch das gesteigerte Volumen umbauten Raumes noch eine zusätzliche Gewichtung gibt. Während sich im öffentlichen Bauwesen Münchens und Bayerns durch Fr. v. Gärtners Übernahme einer Fülle bedeutender Bauaufgaben eine erhebliche stilistische wie inhaltliche Veränderung vollzog, ist mit dem nahezu völligen Erliegen der privaten Bautätigkeit während und nach dem Häuserbankrott von 1832/1834 bis zum Beginn der 40er Jahre eine neue Entwicklung zunächst blockiert; die Architektur der Wohnbauten ist weiterhin durch ein Festhalten am Klenze-Stil gekennzeichnet.

Die 40er Jahre: Erneuerung des Wohnbaues durch die Gärtnerschule
Zu Beginn der 40er Jahre kommt es bei einem bedarfsbedingten Anstieg des Bauvolumens, der auch die Aufgabe »Wohnbau« wieder in den Vordergrund rückt, auf breiter Ebene zu tiefgreifenden Wandlungen im privaten Bauwesen. Im Bereich des Städtebaus waren die wesentlichen Entscheidungen für den Stadtgrundriß und das Bebauungssystem schon im 2. Jahrzehnt des 19. Jahrhunderts gefallen. Neues Bauland wurde allerdings in bester Lage nahe dem Odeons- und Wittelsbacherplatz durch Grundstücksregulierung gewonnen und mittels einer Verlängerung der südlichen Amalienstraße erschlossen.[24] Außerdem war die Bebauung der 1827 entschiedenen Fortschreibung der Ludwigstraße in Richtung Norden bis Schwabing seit 1839 durch gesonderte Vorschriften reglementiert (vgl. Kat.Nr. 167). Die Lösung eines wesentlichen Problems städtebaulicher Entwicklung der 20er und 30er Jahre – die zwar nach den einzelnen Vorschriften, aber doch sehr unsystematisch, etwa mit erheblichen Sprüngen in der Bauhöhe erfolgte Bebauung – wurde jedoch seit 1841/1842 mit Elan angegangen. Die neue Sehweise der Behörden, die das Nebeneinander der einzelnen Häuser nun als zusammengehöriges Ensemble begriff, dokumentieren etwa zur gleichen Zeit die Steinsdorfsche Sammlung von Bauvorschriften und diverse Schemapläne von Straßenabwicklungen.[25] Die von Bürgermeister Steinsdorf 1842 gesammelte Zusammenstellung faßte alle seit 1489 gültig gewordenen Instruktionen zum Bau von Einzelhäusern, aber auch zum Bausystem in den einzelnen Straßen leicht verfügbar zusammen und bot u.a. auch eine juristische Handhabe, die auf größere Zusammenhänge innerhalb einzelner Straßenzüge abzielenden Fassadenabwicklungen durchzusetzen. Als weiterer Faktor für eine zunächst nicht radikale, aber doch spürbare Veränderung im Bereich des Wohnbaues, die sich zwar nicht in den Grundrissen, aber in der Fassadengestaltung durch das fast ausnahmslose Auftreten des zuvor nie benutzten Stichbo-

23 so auch die aus 7 Häusern bestehende, vermutlich 1829 von Rudolph Röschenauer als Spekulationsobjekt gebaute Gruppe ehem. Frühlingsstraße 4/5/6/7/8/9/10, bei der sich an den Mittelbau Nr. 7 (erhalten, heute Von-der-Tannstraße 7) links und rechts je drei unterschiedliche Fassaden symmetrisch anschlossen
24 vgl. F. Zimmermann, Wohnbau, S. 12
25 vgl. ebd. S. 12 u. 21

genfensters zeigte, spielt ein Wechsel unter den für den Wohnbau wichtigen Handwerksmeistern eine Rolle. Durch den Rückzug aus dem Geschäftsleben (Röschenauer, Widmann, Baumgartner, F. X. Mayr) oder den Tod (Jos. Höchl) der wichtigsten Maurermeister der Klenze-Ära war der Weg frei geworden für eine jüngere Generation, die von Klenze von vorneherein auch in ihrer Ausbildung nicht mehr so abhängig und aufgeschlossener gegenüber den neuen Tendenzen der Architektur Gärtners war.[26] Bei den Bauten für die einfacheren Bevölkerungsschichten blieben die schon aus den 1820er und 1830er Jahren bekannten Schemata erhalten. Veränderungen erfuhren allerdings die Fenster, bei denen neben dem Stichbogen auch gotisierende und romanisierende Schmuckelemente in allerdings reduzierter und vereinfachter, vor allem aber lediglich applizierter Form gängig wurden. Ab 1842/1843, einem neuen Höhepunkt der Bautätigkeit, vertraten in erster Linie die Gärtner-Schüler und -Mitarbeiter, als Architekten vor allem im Dienst der intellektuellen Oberschicht, entschieden neuartige Auffassungen. Die Neuerungen betrafen eigentlich alle Ebenen der Struktur und Gestaltung von Grundriß und Fassaden, von der Nutzung des Baugrundes, veränderten Stockwerksabfolgen und der Anwendung neuer Materialien bis hin zu Stilfragen und der städtebaulichen Einbindung. An vielen Beispielen belegbar ist hier vor allem das in Kontrast zu den Vorstellungen der Klenze-Zeit stehende Interesse an reizvollen, malerischen Blickpunkten, mit denen man nun systematisch versuchte, der monotonen Aneinanderreihung von Fassaden eine lebendig-abwechslungsreiche Auflokkerung entgegenzusetzen (vgl. Kat.Nr. 176 und Kat.Nr. 180). Erker, Altane und Asymmetrien spielen hier eine Rolle wie auch die Nutzung von ungewöhnlichen Bausituationen zur Schaffung von »Points de vue«. Die stilistische Breite reichte von der wohlabgewogenen, organischen und nicht versatzstückhaften Mischung verschiedener Elemente aus Gotik und Renaissance bei Franz Jakob Kreuter über die eher neuromanischen Fassaden der Brüder Eduard und Friedrich Bürklein, Johann Moningers oder Anton von Braunmühls bis zu den neugotischen Versuchen Eduard Metzgers. Zu den charakteristischen Neuerungen bei den Wohnbauten der 1840er Jahre gehört die von nahezu allen Gärtnerschülern angewandte Blankziegelbauweise, die auch unmittelbar von Maurermeistern übernommen wurde, wie Friedrich Schöpkes Türkenstraße 30 zeigt.[27] Es war sicherlich in erster Linie Franz Jakob Kreuters Verdienst, den auf Schinkels Feilnerhaus, die Bauakademie und den Leuchtturm von Arcona zurückgehenden, von Gärtner bereits bei der Salinendirektion angewandten »Ziegelbau, worauf München durch seine Lage Hingewiesen ist, in Aufnahme zu bringen. Von Montens Haus bis zu dem des Grafen Schönborn ist recht deutlich ersichtlich, um wieviel dieses Metier sich vervollkommnet hat und im Fortschreiten begriffen. Um dieses zu erreichen hat er (Kreuter) in Berlin und London die wichtigsten technischen Erfahrungen, um große Summen aus seinen Privatmitteln gesammelt, und den hiesigen Handwerkern umsonst mitgetheilt, um die Sache in Aufnahme zu bringen«.[28] Dabei ging bei den verschiedenen Architekten die Variationsbreite, wie die entsprechenden Katalogbeispiele zeigen, von ausdrücklich dem Tektonischen verpflichteten Anschauungen bis zur Anwendung als rein dekorativer Flächenschmuck. Was den Bautypus betrifft, so ist auf Seiten der Auftraggeberschaft nun – im Gegensatz zu den 20er und 30er Jahren, als die Oberschicht sich mehr und mehr dem noblen Wohnen zur Miete in den besten Lagen zuwandte – ein neues Interesse an exklusiven Villen festzustellen. Bemerkenswert ist, daß unter den Bauherren der interessantesten, weil innovativen Bauten (seien es Villen oder Mietwohnhäuser) ein auffallend großer Anteil aus Künstlerkreisen stammt.[29] Dort war anscheinend die Offenheit ungewöhnlichen Lösungen und Neuerungen gegenüber besonders ausgeprägt. Mehr oder weniger vornehme Villen lassen sich für alle wichtigeren Gärtner-Schüler – mit Ausnahme von Eduard und Friedrich Bürklein – nachweisen. Sie waren in erster Linie im Umfeld des Karolinenplatzes, also einem bereits im zweiten Jahrzehnt beliebten Bereich gehobenen Wohnens im offen Bausystem, oder an der Schwabinger Landstraße gelegen. Dabei lassen sich allgemein bei der inneren Organisation vor allem zwei gestalterische Hauptinteressen ablesen. Franz Jakob Kreuters Bauten (vgl. Kat.Nr. 165, 166, 173, 174), in der Grundrißstruktur eher konventionell, zeigten ein Übermaß an Raffinement im Detail und an Komfort. Dabei war Kreuter, der sich bei der Ausstattung des Tambosischen Caféhauses einen Namen gemacht hatte, Garant für ausgeklügelte Dekorationen sowie für exquisite Plafond- und Wandmalereien. Vor allem die Bauten Braunmühls zeich-

---

26 zum Stilwandel um 1840 vgl. ebd. S. 178
27 Der sicher bedeutendste, noch erhaltene Mietwohnbau der 1840er Jahre, der auch in seinem Grundriß die für die Zeit typische Entwicklung zu tieferem Baukörper zeigt, ist wohl nach wie vor abbruchgefährdet. Zum Bau vgl. auch K. Merten, Türkenstraße 30, in: Habel, Merten, Petzet, Quast, Münchener Fassaden, München 1974, Nr. 344
28 BHStA OBB 7544, 8. Jan. 1845, Kreuter an Ludwig I. Die kurze Autobiographie in Zusammenhang mit der Bitte um eine Titelverleihung ist in der 3. Person abgefaßt
29 Karl Stieler (ehem. Barerstr. 6a); Dietrich Montens (ehem. Obere Gartenstr. 16 ½); der Schlachtenmaler v. Heideck (ehem. Kasernstr. 12); der Maler Friedrich Dürck (ehem. Amalienstr. 66) Dekorationsmaler Schwarzmann (ehem. Fürstenstr. 8c); Hofmaler Peter v. Heß (ehem. Glückstr. 11); Hofstuckateur Viotty (ehem. Glückstr. 9a)

neten sich durch ein neues Verhältnis zum Umfeld aus, das nicht mehr bestimmt war durch Konventionen, die eine Ausrichtung der Hauptfront und des Salons zur Straße hin verlangten, sondern sich an den Gegebenheiten des Grundstücks und den Himmelsrichtungen mit den Hauptwohnräumen nach Süden orientierten (vgl. Kat.Nr. 167, 178). Bei den Mietwohnhäusern gingen die wesentlichen Impulse von Friedrich Bürklein aus, der im neu erschlossenen Gebiet an der südlichen Amalienstraße und der Fürstenstraße für vermögende Bauherren eine ganze Reihe von herrschaftlichen Bauten entwarf (vgl. Kat.Nr. 175, 179). Bürkleins Überlegungen galten einer verstärkten Nutzung des Baugrundes durch tiefere Baublöcke, rückwärtige Flügelbauten und Vermehrung der Stockwerke mit allen Konsequenzen für Grundrisse und Fassadenstruktur. Die auf die Gebäudetiefe zurückzuführende schlechte Belichtung der Räume glich einem Rückfall in die Wohnvorstellungen der Zeit um 1800, spiegelt hier aber die Renditeinteressen der Bauherren wider. Die Erhöhung der Stockwerkszahl von den üblichen drei auf vier Obergeschosse erfolgte über aufgesetzte, häufiger aber über zwischen Erdgeschoß und erstes Obergeschoß geschobene Mezzanine. Diese wurden dann funktional dem Erdgeschoß, das nun vermehrt als Ladenzone ausgebildet war, zugeordnet. Im Außenbau wurden diese Zwischengeschosse gerne gestalterisch mit der Erdgeschoß-Ladenzone verschmolzen, waren also als eigenständige Einheiten kaum mehr ablesbar. An den Fassaden machten sich bei allen Architekten Bestrebungen geltend, durch Altanen, Erker und Balkone sowie durch einander überlagernde Systeme in horizontaler und vertikaler Zusammenfassung und Wandschichtung interessante Lösungen zu entwickeln. Mit diesen neuartigen Strukturen verband sich schließlich ein gesteigertes Interesse am Variationsreichtum in der Einzelform, vor allem bei der Fenstergestaltung.

Erfindungsreichster Architekt war hier wohl Anton von Braunmühl, von dem Kombinationen verschiedenster Fenster- und Fassadendetails überliefert sind[30] und der beim Haus Müllerstraße ehem. 45 a fast eine Art Formenkatalog in Anwendung brachte. Braunmühl gehörte als außergewöhnlicher Vertreter zu jenen jüngeren Architekten, »welche für den ihnen übertragenen Bau von Privathäusern neue Formen und Verhältnisse fanden, anstatt des ermüdenden Einerlei paradeartig geordneter Fensterreihen zu mannigfaltiger Gruppierung und Bereicherung durch Erker und Altane schritten und an die Stelle einer toten Symmetrie nach einem lebendigen Rhythmus suchten, dem Ornament aber soviel möglich Schönheit und Charakter gaben«.[31] Die im Prinzip gegen die Klenze-Monotonie gerichtete Variationsbreite stand aber gerade in dieser Form des »Versatzstückkatalogs« Klenzes Intentionen auffallend nahe, wobei allerdings in der stilistischen Rückbeziehung auf bürgerliche Bauten der eigenen historischen Tradition auf andere Inhalte Bezug genommen wurde. Vor allem in den einfacher gestalteten Häusern für die Mittelschicht wird die Austauschbarkeit des einen durch das andere Stilvorbild ohne wirkliche strukturelle Veränderung evident. In den Wohnbauten der verschiedenen Gärtner-Schüler wurden allerdings mehrere Elemente entwikkelt, wie die eineinhalb Stockwerke umfassende Erdgeschoßzone, die weit vorkragenden Dächer und Altanen sowie die Verknüpfung von gotischen Formen mit oberbayerisch-ländlichen Motiven, die später in der Maximilianstraße stilbildend wieder auftauchen.[32]

Die Provinz: Klenze-Stil und Gärtner-Schule

Die für die Münchener Wohnbauten im Detail nachweisbaren Entwicklungen, die in Bezug auf ihr äußeres Erscheinungsbild in sehr vereinfachender Form mit den Begriffen »Klenze-Stil« (20er und 30er Jahre) und »Gärtner-Schule« (40er Jahre) benannt werden können, spielten auch für die vereinzelt nachweisbaren Beispiele in der Provinz – sei es in den größeren Städten wie Augsburg, Ansbach, Bayreuth, Würzburg, Regensburg oder Passau, aber auch bei kleineren und kleinsten Städten – die wesentliche Rolle.[33] Die zentralistische Organisation des bayerischen Bauwesens vor allem seit 1825 ließ allerdings auch kaum ein anderes Ergebnis erwarten. Sie betraf zwar den privaten Wohnbau außerhalb Münchens nicht direkt, aber über den Baukunstausschuß und die Civilbauinspektoren, die die Aufsicht über das staatliche Landbauwesen und die Bautätigkeit der Gemeinden zu führen hatten[34], wurde der in der Haupt- und Residenzstadt München herrschende Geschmack auch in der »Provinz« stilbildend vorbereitet. Bezeichnend ist die Abhängigkeit von den Münchner Vorbildern während der 30er Jahre vor allem in Orten, deren

30 Arch. Slg. TUM vgl. Farbabb. in W. Nerdinger (Hrsg.), unter Mitarbeit von F. Zimmermann, Die Architekturzeichnung, Kat. zur Ausstellung Frankfurt 1985, München 1985

31 Kunstblatt, 1846, Nr. 22, S. 90

32 vgl. W. Nerdinger, Der Maximiliansstil: Fehlgeschlagene Stilsynthese und Rückschritt der Architekturentwicklung, in: W. Nerdinger (Hrsg.), Gottfried v. Neureuther, Kat. zur Ausstellung, München 1978, S. 51–60; F. Zimmermann, Wohnbau, S. 192 f und S. 207

33 Umfassende Untersuchungen zu Städten und Landkreisen fehlen, doch haben hier nicht einzeln aufzählbare Stichproben bei der Durchsicht der Inventarbände und Kurzinventare der Baudenkmäler in Bayern diese These zunächst bestätigt

34 Zum Baukunstausschuß und zu den Civilbauinspektoren vgl. E. Wegner, Forschungen zum Leben und Werk des Architekten Johann Gottfried Gutensohn (1782–1851), Frankfurt a. Main, Bern, New York 1984, S. 105 ff.

Großprojekte durch Friedrich von Gärtner oder seine Mitarbeiter geplant und errichtet wurden wie etwa in Bad Kissingen (vgl. Kat.Nr. 125) oder dem 1834 durch Feuer zerstörten Reichenhall (vgl. Kat.Nr. 7). Musterwohnbauten von der Hand Gärtners oder seiner Schüler waren noch nicht vorhanden, und so galten in der Nachbarschaft der Bad Kissinger Kurgebäude Gärtners oder der Salinen- und Verwaltungsbauten Ohlmüllers und Gärtners in Bad Reichenhall die Wohnbauten Gutensohns oder der lokalen Maurermeister nach dem Vorbild der Münchner Wohnbauten Klenzes als absolut modern. Typisches Beispiel für das stilistische Umdenken im Bereich des Wohnbaues zu Beginn der 40er Jahre sind die Fassaden-Musterpläne von 1843 für die Stadtneugründung von Ludwigshafen (vgl. Kat.Nr. 8). Es handelt sich hier zwar insofern um einen Sonderfall, als die im späteren Kernbereich der Stadt vom Staat aufgekauften Grundstücke nur unter der Bedingung weiterverkauft wurden, daß die von Ludwig I. genehmigten Fassaden der Hauptstraße auch nach diesem Plan aufgeführt würden.[35] Doch zeigen sowohl die unter direkter Einflußnahme des Königs entstandenen Pläne wie auch die dem König vorgelegten Alternativ-Fassaden des Civilbauinspektors Jodl[36] neueste Lösungen, wie sie gerade in München von Bürklein, Moninger und anderen Gärtner-Schülern entwickelt wurden.

Nürnberg

Als »deutscheste Stadt« nahm die noch weitgehend mittelalterlich geprägte ehemalige Reichsstadt Nürnberg im zweiten Viertel des 19. Jahrhunderts trotz vergleichsweise geringer Bautätigkeit eine bedeutungsvolle Sonderstellung auch in Bezug auf die Fassadengestaltung der bürgerlichen Wohnbauten ein (vgl. Kat.Nr. 183–191). Gleichzeitig mit den ersten Restaurierungen mittelalterlicher Gebäude in den 1820er Jahren gab es gezielte Versuche, auch die Neubauten mit dem überlieferten Bild Altnürnbergs in Einklang zu bringen.[37] Vor allem mit dem Namen Carl Alexander Heideloffs war der um Anpassung bemühte Dekorationsstil verbunden. Als Heideloff 1820 die Leitung des höheren Bauwesens in Nürnberg übernahm, dominierte hier eine »bürgerlich-klassizistische Strömung«, die sich bei nahezu völlig stagnierender Bautätigkeit im wesentlichen auf Umbauten älterer Häuser bezog. »Wie fremd sich im alten Nürnberg die wenigen klassizistischen Neubauten (etwa das Bestelmeyersche Haus von 1809 oder das Polizeigebäude von 1812) ausnahmen, wurde von zeitgenössischen Kritikern mit Beharrlichkeit notiert«.[38] Heideloffs realisierte Fassaden – vier Entwürfe, die ausschließlich für Häuser des gehobenen Handelsbürgertums bestimmt waren – zeigten in der Struktur klassizistische Merkmale und gaben sich durch ihren Schmuck neugotisch.[39] Die Fassaden waren den stadtbildpflegerischen Vorstellungen, dem »Geist und Typus der Stadt Nürnberg« verpflichtet, der auch König Ludwigs I. Haltung zu Nürnberg bestimmte. Während der 20er und zu Beginn der 30er Jahre ist aber – vertreten durch den Baurat Johann Christian Wolff und den städtischen Inspektor Leonhard Schmidtner – neben Heideloffs Neugotik eine klassizistische Strömung zu registrieren, die diesen Vorstellungen zuwiderläuft.[40] Bezeichnenderweise wurde Schmidtner 1837 nach Passau, wo »seine Richtung nicht schaden« würde, abberufen, da er in Nürnberg »bey seiner sehr ausgedehnten Privatpraxis . . . stets in modernem Styl baute, und hierdurch mitunter die Harmonie ganzer Straßen zerstören half«.[41] Gemeint war damit sicherlich das Palais des Kaufmanns Georg Kalb, ein repräsentativer klassizistischer Bau von 1835/1836. Die führende Rolle des Stadtbaurates nahm ab 1838 als Neugotiker der Gärtner-Schüler Bernhard Solger ein. So setzte sich in Nürnberg – zunächst entgegen dem Willen eines Großteils der Bürgerschaft und auch einflußreicher Architekten – auf das stadtbildpflegerische Betreiben Carl Alexander Heideloffs hin die Neugotik durch, was die Stadt auch innerhalb des Wohnbaus zum ausgesprochenen Sonderfall machte.

Florian Zimmermann

35 vgl. BHStA OBB 11539 Ansiedlungen und Staatsrealienverkauf in Ludwigshafen 1838–44; Plan: BHStA, Planslg. Nr. 15101 Der Stil der auf der Straßenabwicklung gezeigten Häuser weist unmittelbar auf Fr. oder Ed. Bürklein hin

36 Alternativpläne BHStA Planslg. Nr. 15095–15101

37 Michael Brix, Nürnberg und Lübeck im 19. Jahrhundert, Denkmalpflege, Stadtbildpflege, Stadtumbau, München 1981, S. 89

38 ebd. S. 89

39 vgl. Norbert Götz, Um Neugotik und Nürnberger Stil, Nürnberg 1981, S. 72 u. S. 74

40 ebd. S. 24 ff.

41 BHStA OBB 7833, 16.5.1837

Es gibt nur eine Baukunst?

Leo von Klenze zwischen Widerstand und Anpassung

F. Hanfstaengl, Porträtphoto Leo von Klenzes, 1856

»Es gab und gibt nur Eine Baukunst, und wird nur Eine Baukunst geben, nämlich diejenige, welche in der griechischen Geschichts- und Bildungsepoche ihre Vollendung erhielt«.[1] So apodiktisch wie Leo von Klenze (1784–1864) hat kein deutscher Architekt des Klassizismus eine griechische Wiedergeburt (Palingenesie) der Künste gefordert. Tatsächlich hat Klenze mit seiner Glyptothek und Walhalla, dem Monopteros im Englischen Garten, der Bayerischen Ruhmeshalle und den Propyläen die populäre Vorstellung von Klassizismus als Reproduktion griechischer Tempel und Säulenhallen nachhaltiger geprägt als sein Berliner Freund und Vorbild Karl Friedrich Schinkel. Gerade dies weckte – bei aller Anerkennung seiner immensen Bauleistung – stets auch Zweifel an seiner künstlerischen Potenz. »Kritischen« Geistern galten und gelten Klenzes Bauten als bloße Nachahmungen historischer Vorbilder, der kreativen Antikenadaption Schinkels weit unterlegen. Darüber hinaus schien Klenze selbst fortwährend gegen sein strenges Stilpostulat verstoßen zu haben: Sind die gewölbten Saalfolgen der Glyptothek nicht eher römisch, gesehen durch die Brille des französischen Empire? Gilt Klenze nicht mit dem Leuchtenbergpalais, dem Odeon, vor allem aber mit dem Festsaal- und Königsbau der Residenz und der Alten Pinakothek als Inaugurator der Neorenaissance in Deutschland? Hat er nicht in seiner Allerheiligen-Hofkirche sogar auf mittelalterliche Vorbilder zurückgegriffen und ist somit selbst zum Vater jener »Harlekinsjacke« des Stilpluralismus und Eklektizismus (Rudolf Wiegmann 1839) geworden, die er Zeit seines Lebens zu bekämpfen meinte?[2]

Solche vom »selbsterrichteten Papierthron« der Kunstgelehrten (Klenze 1860/1863)[3] erhobenen Vorwürfe zeigen wenig Verständnis für die historischen und politischen Sachzwänge und Widersprüche, mit denen die Architekten aus Klenzes Generation zu kämpfen hatten. Die unwiderbringlich verlorene Einheit der klassischen Architekturlehre galt es durch ein neues, rationales baukünstlerisches Prinzip zu ersetzen. Die Kontinuität des architekturgeschichtlichen Erbes, das unter dem Zugriff der Geschichtswissenschaften in eine Kette abgeschlossener Stilepochen zu zerbröckeln begann, mußte in eine offene Zukunft hinübergerettet, mit neuen Bautechnologien und Bauaufgaben versöhnt werden – den herkömmlichen wie Schloß, Kirche und Adelspalais schien seit der französischen Revolution der Boden entzogen, neue waren im Zuge der Aufklärung und Industrialisierung hinzugetreten: Denkmal, Museum, Bauten der Bildung und Verwaltung, später Kaufhäuser, Ausstellungshallen und Bahnhöfe, sowie der die moderne Stadtgestalt bestimmende Massenwohnungsbau mit monumentalem Kunstanspruch. Auch das Rollenverständnis von Bauherr und Architekt war berührt: Das freie, nur der Vernunft und seinem Genius unterworfene künstlerische Subjekt geriet in zunehmenden Widerspruch zum überlebten absolutistischen Kunstregiment des Herrschers, seine bürgerliche Autonomie kollidierte mit einer immer anachronistischer werdenden höfischen Abhängigkeit.

Wie in einem Brennspiegel konzentrierten sich diese allgemeinen Tendenzen des frühen 19. Jahrhunderts in München, dessen Ruf als europäische Kunstmetropole Ludwig I. noch einmal erneuerte. Klenze, der als gebildeter Kosmopolit die restriktiven Rahmenbedingungen seiner Kunst reflektierend durchschaute, setzte im Spannungsfeld zwischen Klassizismus und Historismus auf fast allen genannten Feldern neue Maßstäbe, ohne am Ende die verlorene Stileinheit durch seine Fiktion eines zukunftsbezogenen »Griechentums« vollends kompensieren zu können. Die Kunstgeschichte verwies ihn – nicht zu Unrecht – auf den zweiten Rang nach Schinkel, eine Wertung, die als einer der ersten Achim von Arnim 1829 formulierte: »Hat Schinkel mehr Talent, Erfindung, Kunstsinn als Klenze, was niemand leugnen wird, so wohnt dagegen in Klenze eine größere Gewalt, sich die äußeren Umstände zu unterwerfen«.[4]

Gemeint war nicht nur das vielbeschworene diplomatische Geschick Klenzes, seine an Opportunismus grenzende Flexibilität, sondern auch die einzigartige kultur- und kunstpolitische Machtstellung, der er als bayerischer Hofarchitekt (seit 1816), Hofbauintendant und Oberbaurat beim Ministerium des Inneren (seit 1818), bzw. Leiter der Obersten Baubehörde und des Baukunstausschusses (seit 1830) errungen hatte und in den Münchner »Kunstkämpfen«[5] letztlich behaupten konnte.

1 L. v. Klenze, Sammlung Architektonischer Entwürfe, München 1830ff., Heft I (Vorwort), Reprint hrsg. von F. Hufnagl, Worms 1983

2 R. Wiegmann, Der Ritter Leo von Klenze und unsere Kunst, Düsseldorf 1839, S. 10

3 L. v. Klenze, Architektonische Erwiderungen und Erörterungen über Griechisches und Nichtgriechisches von einem Architekten (unvollendetes Manuskript ca. 1860–63, von O. Hederer fälschlicherweise 1809 datiert). BStB München, Klenzeana I/9-11, fol. 9f.

4 Achim von Arnim an Bettina, München d. 15. Oktober 1829, in: W. Vordtriede (Hrsg.), Achim und Bettina in ihren Briefen, Frankfurt 1961, S. 845

5 Vgl. W. v. Pölnitz, Münchner Kunst und Münchner Kunstkämpfe 1799–1831, in: OA Bd. 72, München 1936

Um so überraschender ist, daß Klenze Schinkels Überlegenheit anerkannte und sein künstlerisches Defizit zu begründen sucht: »Ich fühlte es und glaube es noch, daß ein tiefes Gefühl, ein erstes feuriges Wollen, in unserer Zeitperiode vielleicht keine Künstler mehr als den trefflichen Schinkel und mich dazu geeignet gemacht hätte, etwas Tiefes, Ernstes und Rationelles für Kunst und namentlich Architektur zu wirken, aber Sophokles sagt wahrlich mit vollem Rechte: ›Ein jeder der zu einem König geht, der wird, so frei er zu ihm kam, sein Knecht!‹ Und so hat der König Ludwig das Beste, was in mir war . . . stets unterdrückt und in eine falsche Bahn gezwungen«.[6] Immer wieder klagt Klenze über den Architekturdespotismus seines Dienstherrn, Mäzens und Auftraggebers, das mangelnde Architekturverständnis und den »sinnlichen Eklektizismus« Ludwigs I.: Wie einst Kaiser Hadrian seine Villa in Tivoli, verwandele der König München in ein Museum sentimentaler Architekturerinnerungen: »Den gothiko-germanischen Kitzelnerv erweckte zuerst der Dom von Köln, den hellenischen der Poseidon-Tempel und den römischen das Colisäum, aber ebenso konnten andere Seitenzweige des architektonischen Nerven . . . in Thätigkeit versetzt werden, welche später der Anblick dieses oder jenes Monumentes auf das Auge des Königs machten . . . so flatterte er schmetterlingsartig von einer architektonischen und artistischen Blume auf die andere. Genießen und Verlassen sind bei diesem Spiele consequent aufeinanderfolgende Dinge, und ein vollendetes Gebäude ist ihm nichts mehr als eine abgenossene Geliebte«.[7]

Es wäre zu einfach, diese geistreich-sarkastische Charakterisierung allein auf die Krise im Verhältnis zum König zurückzuführen, die 1843 in der Entpflichtung Klenzes von der Leitung der Obersten Baubehörde gipfelte.[8] Der Konflikt zwischen dem dilettantischen Architekturenthusiasmus Ludwigs und der Kunstauffassung Klenzes war vielmehr von Anfang an vorprogrammiert. Die geheimen ›Memorabilien‹[9], in denen er im übrigen dem »bizarren« Charakter und der grandiosen Kulturleistung seines Dienstherrn durchaus Gerechtigkeit widerfahren läßt, dienten in erster Linie der Dokumentation seines zähen Widerstandes und seiner Anpassung gegen bzw. an die Vorgaben des Bauherrn. In der fruchtbaren Spannung zwischen den vielgesichtigen Architekturwünschen Ludwigs und der retardierenden Architekturratio Klenzes liegt ein von der Klenze-Forschung[10] bisher noch kaum beachteter Schlüssel zum Verständnis seiner Werke.

Über Klenzes Ausbildung und frühe Entwicklung ist relativ wenig bekannt. Gravierende Fehler und bewußte Manipulationen seines Lebenslaufs wurden von der Klenze-Forschung unkritisch festgeschrieben. Schon das genaue Geburtsdatum, der 29. Februar 1784, ist umstritten.[11] Als drittes von sieben Kindern des fürstbischöflich-hildesheimischen Amts- und Tribunalrats Friedrich Klenze bei Schladen am Harz geboren, zeigte Leopold frühes Kunstinteresse. Erste, noch schülerhafte Architekturentwürfe zeigen seine Orientierung an der französischen Architektur des Louis Seize und am Parkklassizismus des ausgehenden 18. Jahrhunderts. Auf dem Collegium Carolinum in Braunschweig erhielt er 1799–1800 eine höhere Schulbildung. Vom Sommer 1800–1803 studierte Klenze an der Berliner Bauakademie, allerdings nicht (wie man überall lesen kann) bei Friedrich Gilly, der bei seiner Ankunft schon verstorben war, sondern bei dessen Vater, dem Geheimen Oberbaurat David Gilly.[12] Sein Fach war Kameralbauwissenschaft für den höheren Bauverwaltungsdienst, auf den das polytechnisch orientierte Studium an der Allgemeinen Bauschule ausgerichtet war. Klenze hörte auch die Vorlesungen über »Bauverzierungen« bei dem Landschaftsmaler Gottlieb Samuel Rösel und über Baugeschichte bei dem bekannten Altertumsforscher Aloys Hirt. Nach dem Conducteursexamen lehnte er das Angebot zum Eintritt in den Staatsdienst ab, um sich zum freien Architekten weiterzubilden. Klenze hat damals einige Entwürfe Friedrich Gillys kopiert, die eine erstaunliche Einfühlung in dessen genialischen Zeichenduktus erkennen lassen, und später einige Architekturideen Gillys übernommen. Der gemeinhin überschätzte Einfluß des Gilly'schen Klassizismus blieb jedoch begrenzt und wurde bald durch neue Eindrücke überlagert.

Im höheren Baufach war Klenze Autodidakt. Falsch ist die von ihm selbst – wohl im Zusammenhang mit den zunehmenden Angriffen auf seine technische Kompetenz in den zwanziger Jahren – genährte Überlieferung, er habe »mehrere Jahre lang« an der polytechnischen Schule in Paris studiert[13], wo er sogar – wie erstmals Friedrich Pecht 1882 behauptet – ins Atelier der napoleonischen Stararchitekten Percier und Fontaine eingetreten sein soll.[14] Eine wenige Monate dauernde Parisreise im Spätsommer 1803 reichte aus, Klenze mit der neuen Entwurfslehre Jean

L. v. Klenze, Gartentempel mit Athena und Amor (vor 1800), Privatbesitz

6 L. v. Klenze, Memorabilien Bd. IV (1841), fol. 21 r. und v. BStB, Klenzeana I/4

7 Ebenda, fol. 18 r.

8 Unter Belassung des Titels, Ranges und Standesgehalts, Reskript vom 23. Juli 1843, Klenzeana II/15

9 L. v. Klenze, Memorabilia oder Farben an dem Bilde welches sich die Nachwelt dereinst von König Ludwig machen wird, BStB München, Klenzeana I/1-7. Eine Ausgabe der Tagebücher bereitet F. Hufnagl vor

10 H. Kiener, Leo von Klenze. Architekt Ludwigs I., unveröff. Diss., München 1920/21; O. Hederer, Leo von Klenze. Persönlichkeit und Werk, München 1964, 1981²; N. Lieb/F. Hufnagl, Leo von Klenze. Gemälde und Zeichnungen, München 1979; Ein griechischer Traum. Leo von Klenze – Der Archäologe, Ausstellungskatalog München 1985. Auf die umfangreiche Aufsatzliteratur kann nur im Kontext hingewiesen werden. Die Klenzeforschung vollzog sich im wesentlichen in einer Reihe von Baumonographien, von denen vorläufig zu nennen sind: O. Hederer, Die Ludwigstraße in München, München 1942; H. Habel, Das Odeon in München, Berlin 1967; P. Böttger, Die Alte Pinakothek in München, München 1972; R. Stolz, Die Walhalla, Diss. Köln 1977; F. Zimmermann, Klenzes Kriegsministerium, Mag. Arbeit, München 1977; J. Traeger (Hrsg.), Die Walhalla. Idee, Architektur, Landschaft, Regensburg 1979; Glyptothek 1830–1980, Ausstellungskatalog München 1980; V. Schaefer, Leo von Klenze. Möbel und Innenräume, München 1981; E. M. Wasem, Die Münchner Residenz unter Ludwig I., München 1981; B. R. Schwahn, Die Glyptothek in München, München 1983; G. A. Haltrich, Leo von Klenze. Die Allerheiligen-Hofkirche in München, München 1983; ferner: M. Sczesny, Leo von Klenzes ›Anweisung zur Architektur des christlichen Cultus‹, Diss. München 1967, Hamburg 1974. Eine Klenze-Monographie des Verfassers, die 1984 in

L. v. Klenze nach Friedrich Gilly, Entwurf des Berliner Schauspielhauses am Gendarmenmarkt (1802/03) – Bayerische Staatsbibliothek München, Klenzeana IX/11,4

L. v. Klenze, Grundrisse auf vorgerastertem Papier im Stile Durands (1803), Staatl. Graph. Slg. München Nr. 27584

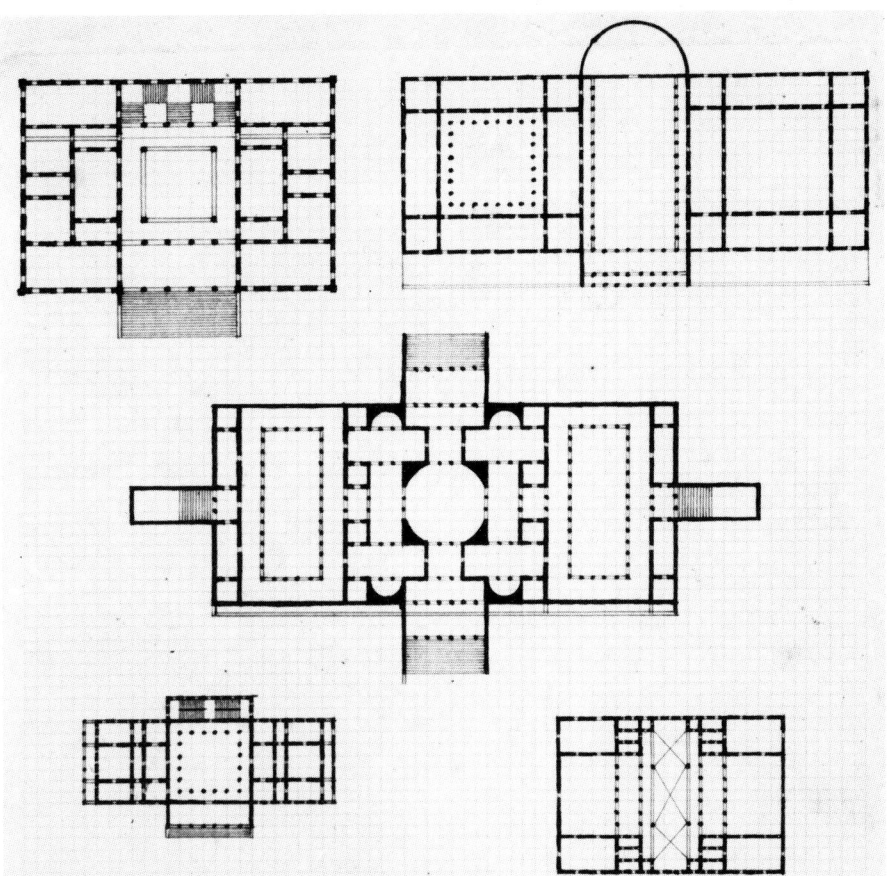

Augsburg als Habilitationsschrift vorgelegt wurde, wird derzeit für die Publikation überarbeitet.

11 Lehrer Kaufmann, Leo von Klenze. Ein großer Sohn unserer Heimat, In: Zeitschrift des Vereins für Heimatkunde im Bistum Hildesheim, 4. Jg. 3. Heft 1930, S. 88–100 gibt die Taufbucheintragung des Kirchenbuchs der katholischen Gemeinde in Schladen wieder, die den 28. Februar nennt. Klenze pflegte jedoch seinen Geburtstag am 29., dem entscheidenden Tag eines Schaltjahres, zu feiern, und dieses Datum erscheint auch auf der Todesanzeige und in den offiziellen Nachrufen. Das Künstlerfrühstück in der Spanischen Weinschenke in Rom zur Feier seines vierzigsten Geburtags (Memorabilien I, fol. 187 v.) ist Gegenstand des berühmten Bildes von Catel in der Neuen Pinakothek München, das auf den 29.2.1824 ausdrücklich hinweist.

12 L. v. Klenze, Erörterungen und Erwiderungen . . . (s. Anm. 3), fol. 128. Zu David Gilly vgl. M. Lammert, David Gilly. Ein Baumeister des Deutschen Klassizismus, Berlin 1964, 1981[2]

13 A. v. Schaden, Artistisches München im Jahre 1835 oder Verzeichnis gegenwärtig in Bayerns Hauptstadt lebender Architekten, Bildhauer, Tondichter usw. Aus den von ihnen selbst entworfenen und revidierten Artikeln zusammengestellt . . ., München 1836, S. 52. Klenze habe insgesamt fünf Jahre die poyltechnische Schule besucht, berichtet auch Sulpiz Boisserée nach Klenzes Angaben in seinen Tagebüchern, hrsg. von H. J. Weitz, Bd. II, Darmstadt 1981, S. 197 (13. August 1827)

14 Allgemeine Deutsche Biographie, Bd. 16, Leipzig 1882, S. 163. Von hier aus als Faktum in alle späteren Klenze-Biographien eingegangen. Pechts Angabe ist nicht unnachweislich, sondern aufgrund der gesicherten Daten auch völlig unwahrscheinlich. Bei einer Begegnung Klenzes mit Percier und Fontaine 1836 gibt Klenze keinerlei Hinweise auf eine frühere Verbindung (Memorabilien II, fol. 134ff.)

Nicolas Louis Durands zu konfrontieren, die einen nachhaltigen Einfluß auf seine Architekturauffassung gewinnen sollte.[15]

Durand (1765–1834), der an der neugegründeten Ecole Polytechnique Entwurf für angehende Bauingenieure lehrte, vollzog in seinem 1802/1805 erschienen Vorlesungsabriß »Précis de leçons d'architecture«[16] einen endgültigen Bruch mit der auf schönen Proportionen und angemessenem Decorum basierenden vitruvianischen Architekturlehre, die seit der Renaissance das neuzeitliche Architekturverständnis bestimmt hatte. Er brach aber auch mit dem Sensualismus der französischen »Revolutionsarchitektur«, aus der er als Boulléeschüler selbst hervorgegangen war und die Gillys Architektursprache maßgeblich beeinflußt hatte. An deren Stelle tritt nun das Millimeterpapier der modernen Rasterarchitektur, ein auf Sparsamkeit (économie) und Zweckmäßigkeit (convenance) gerichteter Architekturrationalismus, der noch lange unter den verschiedensten Stilmasken die Architektur des 19. Jahrhunderts prägte. Verbunden mit seiner schematischen Kompositionstechnik war eine Relativierung der historischen Stile, deren bekannteste Paradigmen Durand schon zwei Jahre zuvor in einem Architekturatlas verfügbar gemacht hatte.[17]

Klenze war der erste, der mit seiner Publikation eines Lutherdenkmals (1805) Durands Thesen in Deutschland verbreitete und somit den geplanten Durand-Publikationen C. W. Coudrays und C. F. A. von Contas (1806) zuvorkam.[18]

Die folgenden Jahre verbrachte Klenze als »Architekt aus dem Hildesheimischen« überwiegend in seinem Elternhaus in Jerstedt bei Goslar.[19] Auf der 1806/1807 anschließenden Italienreise knüpfte er den Kontakt zu dem genuesischen Bankier Constantin LaFlèche, der ihn in seiner späteren Eigenschaft als Kronintendant des jungen Königs von Westfalen, Jérôme Bonaparte, zum 1. Februar 1808 an den neubegründeten Hof in Kassel berief. Klenze hat rückblickend die politisch peinliche Zeit im Dienste der französischen »Besatzer« bewußt heruntergespielt.[20] Tatsächlich aber war der noch völlig Unerfahrene als »zweiter Hofarchitekt«, Baurat und Mitglied des Generalrats der Brücken und Chausseen in den fünfeinhalb Kasseler Jahren mit fast allen Bauaufgaben befaßt, die er später in München zu lösen hatte. Seine ersten Monumentalbauten, das Hoftheater zu Napoleonshöhe[21] (1810) und die gigantischen Marställe an der Schönen Aussicht (1811–1813) sowie zahlreiche Entwürfe belegen Klenzes Hinwendung zur napoleonischen Staatsarchitektur des Empire, die in Kassel durch den »ersten« Hofarchitekten und Percier-Schüler Grandjean de Montigny vertreten war.

Während Schinkel unter dem Einfluß des preußischen Patriotismus sich nach 1807 der nationalromantischen Gotikrezeption zuwandte, bekannte sich Klenze auch nach der Völkerschlacht politisch und künstlerisch noch zur Gegenseite. Anders als in seinen Memoirabilien angegeben, plante er mit seinem Schwager, dem Hofkomponisten Felix Blangini, nach dem Zusammenbruch Westfalens zunächst die Flucht nach Paris.[22] Blanginis Beziehungen führten die Klenzes jedoch stattdessen nach München, wo ihm Graf Rechberg drei Monate später eine erste Audienz bei dem kunstbegeisterten bayerischen Kronprinzen vermittelte.

Die bei dieser Gelegenheit vorgelegten Entwürfe für antinapoleonische Befreiungsdenkmäler, die Klenze dann im Spätsommer 1814 erfolglos auf dem Wiener Kongreß präsentierte, sind jedoch stilistisch und ikonographisch noch Ableger des französischen Denkmalkults. Selbst jenes »Denkmal des Weltfriedens«[23], das auf den ersten Blick an Friedrich Gillys berühmtes Monument für Friedrich den Großen (1796) erinnert, ist in seiner korrekten, aber spannungslosen Geometrie, der gleichmäßigen Addition isolierter Formmotive und der expliziten Ablehnung der griechisch-dorischen Ordnung modern-französisch geprägt.

Nach dem Wiener Mißerfolg siedelte Klenze Ende 1814 nach Paris über, wo er sich während der Hundert Tage erneut zu Napoleon bekannte. So war er bei der Rückkehr der Bourbonen in einer prekären Situation, aus der ihn ausgerechnet der Napoleonhasser Ludwig, berührt vom patriotischen Pathos jener Denkmalsentwürfe und enttäuscht von seiner »ersten architektonischen Liebschaft Carl von Fischer«[24] durch die Berufung nach München befreite.

Kronprinz Ludwig war zur Zeit der Freiheitskriege der einzige nennenswerte Verfechter eines strikt »hellenischen« Klassizismus, wobei er eine »würdige Nachahmung« der »minderschönen Selbsterfindung« vorzog.[25] Im reinen Ideal griechischer Architektur sah er damals die einzige Möglichkeit, sich von der desavouierten napoleonischen Staatsarchitektur abzusetzen, die unter seinem Vater und Minister Montgelas auch in München hatte etabliert werden sollen. Das begeisternde Kunsterlebnis Paestums verband sich mit einem nationalliberalen Impuls, der durch sein Philhellenentum in den griechischen Freiheitskämpfen und die Errichtung der Wittelsbacherherrschaft in Griechenland (1832) eine reale Basis erhielt. So erklärt sich die paradox klingende Hoffnung, die der Publizist Christian Müller 1816 mit Klenzes Berufung nach München verband, indem er sich von dessen »griechischem Stil« endlich die Schöpfung eines »reinen Nationaltypus« der deutschen Architektur erhoffte.[26]

Unter diesen Vorzeichen begann Klenzes Bekehrung zum »eingefleischten Hellenisten« (J. N. Ringseis). Die mit seiner Berufung verbundene Verpflichtung, mit Entwürfen »im reinsten antiken Stil« (gemeint war der griechisch-dorische) siegreich aus dem Wettbewerb für Glyptothek und Walhalla hervorzugehen, bereitete ihm in den Wochen vor seiner Übersiedlung nach München einiges Kopfzerbrechen. Sein Pariser Vorentwurf für die Glyptothek steht noch ganz im Bann der Museumsentwürfe der französischen Grands-Prix-Konkurrenzen der Jahre 1812–1814.[27] Zwangsläufig mußte sich Klenze nun in die historische Formenwelt der griechischen Antike einarbeiten. Erst allmählich wurde aus dieser Auflage eine Passion. In wenigen Jahren entwickelte er sich zu einem profunden Kenner der griechischen Architektur, die er zunächst aus Publikationen und dann in Sizilien (1823) und Griechenland (1834) im Original studierte. Die ratio der französischen

15 Vgl. H. R. Hitchcock, Architecture: Nineteenth and Twentieth Centuries (1958), Harmondsworth 1971, S. 47 ff. W. Szambien, Jean Nicolas Louis Durand 1760–1834. De l'imitation à la norme, Paris 1984. Vgl. zum Einfluß Durands auf Klenze auch R. Wierl, Untersuchungen zu Klenzes Schaffen und Entwicklung, unveröffentlichte Examensarbeit TU München 1951. Eine Reihe von Zeichnungen Klenzes nach oder im Stil Durands hat Hederer 1964 (s. Anm. 10) und im Katalog der Dortmunder Architekturausstellung ›Fünf Architekten des Klassizismus in Deutschland‹, Dortmund 1977, als Entwürfe für das Münchner Athenäum (1851) publiziert.

16 Zweite Auflage, Paris 1817–19, deutsch: Abriß der Vorlesungen über Baukunst . . ., 2. Bde., Karlsruhe 1831. Reprint der französischen Ausgabe von 1817/21 Unterschneidheim 1975. Zur Bedeutung Durands auch H. W. Kruft, Geschichte der Architekturtheorie, München 1985, S. 310–312

17 J. N. L. Durand, Recueil et parallèle des édifices de tout genre anciens et modernes, Paris 1800; Reprint Unterschneidheim 1986

18 L. Klenze, Entwurf zu einem Denkmal für Dr. Martin Luther, Braunschweig 1805; W. Schneemann, Clemens Wenzeslaus Coudray. Goethes Baumeister, Weimar 1943, S. 87; Carl Friedrich Anton von Conta, Grundlinien der bürgerlichen Baukunst nach Herrn Durand, Halle 1806

19 Dies belegen vom Verfasser aufgefundene Briefe Friedrich und Leo v. Klenzes zwischen April 1804 und März 1805. Das Zitat aus einem Schreiben Klenzes an den Kurator der Bauakademie in Berlin, Geheimrat Mölter, vom 29. August 1804, Archiv der Akademie der Künste Berlin, Akten zur Kunstausstellung 1804 Nr. 208

20 A. v. Buttlar, Leo v. Klenze in Kassel 1808–1813, in: Münchner Jahrbuch der bildenden Kunst XXXVII, 1986, S. 177–211

21 A. v. Buttlar/K. Weber/K. P. Schmid, Kassel – Ballhaus am Schloßpark Wilhelmshöhe. Amtlicher Führer, Bad Homburg v. d. H. 1986

22 In der Vorrede zu seinen Memorabilien (I, fol. 8, ca. 1822) behauptet Klenze, er habe sich unmittelbar nach der Völkerschlacht noch in Kassel an die Ausarbeitung von Befreiungsmonumenten begeben. Dagegen: Souvenirs de F. Blangini publiés par son ami Maxime de Vilmarest, Paris 1835, S. 251 ff.

23 L. Klenze, Projet de Monument à la Pacification de l'Europe. Dédié Aux Souverains Alliés pour la Pacification de l'Europe, Wien 1814. Klenzes abweichende deutsche Textfassung: Klenzeana II/17. Abbildung nach der verschollenen Stichvorlage der BStB, ehem. Klenzeana VIII/46 a

24 Memorabilien I, fol. 69 r.

25 Konkurrenzausschreibung zur Walhalla durch die Akademie der bildenden Künste, in der Allgemeinen Zeitung und anderenorts veröffentlicht am 28. Februar 1814. Schon 1813 hatte der Kronprinz von Carl Haller von Hallerstein eine »Kopie des Parthenon« gefordert. Vgl. K. Fräßle, Carl Haller von Hallerstein (1774–1817), Diss. Freiburg 1971, S. 148 f.

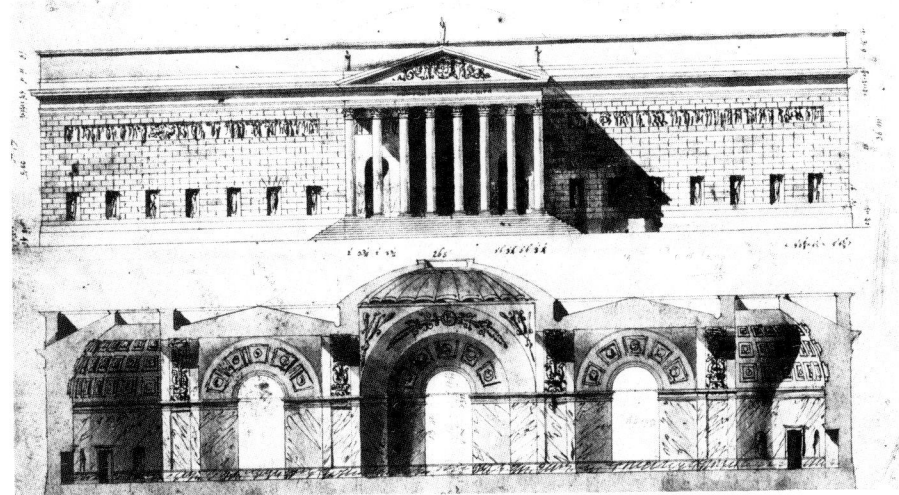

L. v. Klenze, Pariser Vorentwurf zur Glyptothek (1815) – Staatl. Graph. Slg. München Nr. 26833

26 Chr. Müller, München unter König Maximilian Joseph I., 2 Bde., Mainz 1816/17, Bd. I., S. 307f. Müller spielt hier Klenze gegen den ausgebooteten Carl von Fischer aus. Vgl. A. v. Buttlar, Fischer und Klenze. Münchner Klassizismus am Scheideweg, in: H. Beck u.a. (Hrsg.), Ideal und Wirklichkeit der bildenden Kunst im späten 18. Jh., Berlin 1984, S. 141–162

27 SGSM Nr. 26834 und 26883. Dazu u.a. Katalog Glyptothek 1830–1980 (1980), S. 135f., Nr. 115f. Vgl. die Entwürfe von Visconti, Destouches, Landon der Grands-Prix-Konkurrenz 1814, in: Grands Prix d'Architecture Bd. III (hrsg. von Vaudoyer und Baltard), Paris 1834, worauf H. Seling, Die Entstehung des Kunstmuseums als Bauaufgabe, unveröff. Diss. Freiburg 1952, zuerst hingewiesen hat.

28 Ausführliche Dokumentation von G. Leinz in Katalog Glyptothek 1830–1980 (1980), S. 90–181, die auf der Dissertation von B. R. Schwahn (1979/83) aufbaut (s. Anm. 10).

29 O. Hederer, Das Bild der Antike in den Augen Leo von Klenzes, in: Bericht über die 23. Tagung der Koldewey-Gesellschaft, Hildesheim 1965, S. 106ff.; H. Bankel, Leo von Klenzes Verteidigung der ionischen Ordnung für die Hauptfassade der Glyptothek, in: Katalog Glyptothek 1830–1980 (1980), S. 182–189

30 Vgl. dazu die Beiträge von B. R. Schwahn (1979/83 s. Anm. 10), E. Gropplero di Troppenburg und H. Sieveking in: Kat. Glyptothek 1830–1980 (1980, S. 190–213, 234–255; L. v. Klenze, Beschreibung der Glyptothek Sr. Majestät des Königs Ludwig I. von Bayern, München 1830

31 Klenze an Ludwig, 27. Dezember 1817, GHA I A 36 I

32 Zeitung für die Elegante Welt Nr. 198, Bd. II, Juli–Dezember 1833, S. 800

33 Dies wurde in den Walhalla-Analysen von Fräßle (1979, s. Anm. 25), Stolz (1979) und Traeger (1979, s. Anm. 10) und W. Nerdinger, in: Ausstellungskatalog Klassizismus in Bayern, Schwaben und Franken, München 1980, S. 325 ff, nicht in seiner vollen Bedeutung erkannt.

Architekturlehre und ihre typologischen Muster hat Klenze jedoch nie aufgegeben. Die Glyptothek[28] – und gerade darin liegt ihr besonderer Reiz – läßt das architekturpolitische Kräftefeld ihrer Entstehung noch deutlich erkennen. Bestimmend für die Platzfassade blieb Klenzes Wettbewerbsvariante im »griechischen Stil«, die aus dem Pariser Vorentwurf hervorgegangen war. Nach der Ausbootung des Konkurrenten Carl von Fischer ging es darum, diesen Entwurf zu erweitern und im Detail »griechischer« zu gestalten, ohne in die von Ludwig geforderte Nachahmung zu verfallen. Der Kronprinz hatte nämlich als griechisches Leitmotiv die Reproduktion der Propyläen von der Athener Akropolis gefordert, die einen monumentalen Durchgang zum Hof der Vierflügelanlage bilden sollten. Mit Unterstützung Johann Martin von Wagners gelang es Klenze, das Propyläenmotiv und mit ihm die dorische Säulenordnung abzuwenden. Ferner konnte Klenze nach langem Tauziehen Statuennischen an den Außenfassaden durchsetzen, die den Saalfolgen mit ihren »römischen« Wölbungsvarianten entsprachen. »Griechisch« waren am Ende nur Giebelschmuck und Kapitelle, die Klenze vom Athena-Tempel in Priene übernahm, nicht ohne das Anthemienband vom Kapitell des Erechtheion hinzuzufügen und damit zu einer eigenständigen Zusammensetzung historischer Elemente zu gelangen.[29] Als erster öffentlicher Museumsbau war die Glyptothek ohne Vorbilder. Die Idee des geschlossenen Umgangs in einer stark variierenden Raumfolge übernahm Klenze aus dem auf Durands Muster zurückgehenden Entwurf seines Konkurrenten Fischer, den er aber nach dem Vorbild antiker Atriumsvillen vereinfachte. Sein besonderes Verdienst ist, daß er gegen den Rat Wagners den Umgang als chronologisch-historische Führungslinie vom Saal der Inkunabeln bis zum Saal der Neueren augestaltete. Aus dem Zusammenklang des festlich-didaktischen Dekors im Inneren und des kunstpolitischen Statuenprogramms am Äußeren resultierte ein ikonologisch geschlossenes Gesamtkunstwerk, das sowohl in der hervorragenden Präsentation der Sammlungen als auch in Klenzes synthetisch-zitierender Architektursprache den Entwicklungsgang der »plastischen Künste« und ihre Wiedergeburt in der Gegenwart verkörperte.[30] Klenze verglich damals seine Rolle mit der Palladios: »So wie Palladio durch sinnreiche Übertragung römischer Architektur auf seiner Zeit und seines Landes Bedürfnisse groß und unsterblich war, so mögte ich es mit der Griechen Werken machen, dies ist der einzige mögliche Weg mehr als ein glatter Plagiant zu werden«.[31] Tatsächlich gelang Klenze eine moderne und lebendige Synthese antiker Formelemente, die die »Zeitung für die Elegante Welt« 1833 salopp aber treffsicher charakterisierte: »Alles daran ist marmorplatt, marmorkühl, frisch, heiter antik, daß man an warmen Sommertagen in ganz Deutschland nicht so classisch schwelgen kann als dort«.[32]

Hatte sich Klenze hier im Ringen gegen die »atomistischen« Nachahmungsideen Ludwigs weitgehend durchgesetzt, so unterlag er – was überraschen wird – in seinem bekanntesten Monument: Der Walhalla.[33] Den griechischen Tempel verstand Klenze zwar als höchste Ausbildung der griechischen Architekturidee, seine Reproduktion und Adaption zu neuen Zwecken aber hat er stets abgelehnt. Nur

L. v. Klenze, Tholos-Entwurf der Walhalla (1819) – Staatl. Graph. Slg. München Nr. 26853

widerwillig war er 1815 der Wettbewerbsausschreibung für den dorischen Peripteros gefolgt. 1819 gelang es ihm, bei Ludwig »freiere Bearbeitungen« eines Zentralbaus als beste Verkörperung des Walhallagedankens durchzusetzen. Eine Reproduktion des Parthenon »würde vielleicht immer ein zur Walhalla verunzierter Tempel bleiben«, nur im Zentralbau könne sich die Idee eines Zentrums des deutschen Verdienstes darstellen.[34]

Klenze hat damals eine Serie von Tholos-Entwürfen ausgearbeitet, in denen er auf französische Vorbilder aus dem Bereich der Grands-Prix-Konkurrenzen und sein eigenes Luther-Denkmal (1805) zurückgriff. Nur die dorische Säulenordnung anstelle Durand'scher Hermenpfeiler mußte er Ludwig zugestehen. Klenzes damaliger Intimfeind Peter Cornelius brachte den bereits genehmigten Entwurf mit dezenten Hinweisen auf seinen »französischen« Charakter 1820 zu Fall.[35] Neue römische Architektureindrücke des Kronprinzen mündeten in der Forderung nach einer Synthese des römischen Pantheons mit den athenischen Propyläen und dem Hadriansmausoleum. Der angeblich so diplomatische Klenze schlägt seinem Dienstherrn gegenüber nun harte Töne an: Mit der Architekturgeschichte lasse sich nicht »wie mit einem Polypen . . . umgehen, welcher sich nach allen Seiten drehen und wenden läßt, ohne sich zu verrenken, und dem man die einzelnen Glieder abschneiden kann ohne seinem . . . Organismus Schaden zu tun«.[36] Nur auf Befehl kehre er zum Parthenonschema zurück. Seine Niederlage kompensierte er fortan mit der Konzeption des gigantischen Walhalla-Unterbaus und der darin vorgesehenen »Halle der Erwartung«, in deren Bezug zum Tempel die Spannung von »Tod und Verklärung«[37] anschaulich werden sollte. Intern klagte Klenze noch nach der Eröffnung, daß er zum Tempel »gezwungen wurde«[38], nach außen verteidigte er sich gegen den weitverbreiteten Vorwurf, die Walhalla zeige »wie die architektonische Erfindungsgabe der jetzigen Zeit beinahe ganz bankerott gemacht hat«[39]mit dem Hinweis auf die »ganz abweichende und eigenthümliche Anordnung« von Unterbau und Innenraum.[40]

Mit dem Nachahmungspostulat verband sich bald Ludwigs Schwanken in der Stilfrage, das Klenze weitere Konzessionen abnötigte. Mit Schrecken hatte er mit ansehen müssen, wie sich der Kronprinz seit der Romreise 1818 unter dem Einfluß des Corneliuskreises mehr und mehr auch der romantischen Mittelalterbegeisterung öffnete. Eine folgenreiche Erfahrung war der verlorene Kampf um die Apostelkirche, die Ludwig seit 1817 als Pendant zur Glyptothek am Königsplatz plante, mit deren Fassade sie zunächst korrespondieren sollte.[41] Klenzes klassizistischer Entwurf einer Basilika, der sich an Hansens Frauenkirche in Kopenhagen (1811) anlehnt, wurde auf Drängen des Königs ständig modifiziert. Nach dem Brand der altchristlichen Basilika St. Paolo in Rom (1823), deren Wiederaufbau er später unterstützte, forderte Ludwig die Fünfschiffigkeit, anstelle von Klenzes Tonnengewölbe eine flache Holzdecke, schließlich die genaue Nachahmung einer altchristlichen Basilika im Inneren, dann auch im Äußeren. Schon 1822 entsandte

34 Klenze an Ludwig, 27. November 1819, GHA I A 36 I

35 Gutachten im Brief an Ludwig vom 26. November 1820, in: A. Kuhn, Peter von Cornelius und die geistigen Strömungen seiner Zeit, Berlin 1921, S. 270ff. Reaktion Ludwigs in den Tagebüchern (BStB München, zit. mit frdl. Genehmigung des Hauses Wittelsbach), Eintragung vom 15. Dezember 1820

36 Memorabilien I, fol. 99 v.-101 r. Klenze an Ludwig, 31. Dezember 1820, GHA I A 36 I. Vollständiger Text bei Stolz (1977, s. Anm. 10), S. 62–67

37 Vgl. J. Traeger (1979, s. Anm. 10) und ders., Architektur der Unsterblichkeit in Schinkels Epoche, in: Wiss. Zs. der Ernst-Moritz-Arndt-Universität Greifswald. Gesellschafts- und Sprachwissenschaftliche Reihe. Jg. XXXI, Heft 2/3 1982, S. 31–35

38 Briefzitat in Memorabilien IV, fol. 127 v.

39 Geschichtliche Entwicklung des Formenwesens teutscher Baukunst, in: Jahrbuch der Baukunst und Bauwissenschaft in Deutschland, I. Bd., Eisleben 1844, S. 68f.

40 L. v. Klenze, Walhalla in artistischer und technischer Beziehung, München 1842 (= 7. und 8. Heft der ersten Ausgabe der Sammlung Architektonischer Entwürfe)

41 G. Dischinger, in: Ausstellungskatalog Klassizismus in Bayern (1980), S. 244 f., die jedoch nur den Aufriß aufführt und wie M. Sczesny (1967/74, s. Anm. 10) vom frühzeitigen Scheitern von Klenzes Planung ausging. Vgl. auch C. W. Schümann, Der Berliner Dom im 19. Jahrhundert, Berlin 1980, S. 295–301. Querschnitt: Klenzeana IX/ 12,5 – Längsschnitt: Klenzeana IX/12, 30 r.

42 J. G. Gutensohn und J. M. Knapp, Denkmale der christlichen Religion, oder Sammlung der ältesten christlichen Kirchen oder

L. v. Klenze, Querschnitt zu einer fünfschiffi-
gen Apostel-Basilika am Königsplatz (ca. 1823)
– Bayerische Staatsbibliothek München,
Klenzeana IX/12, 5

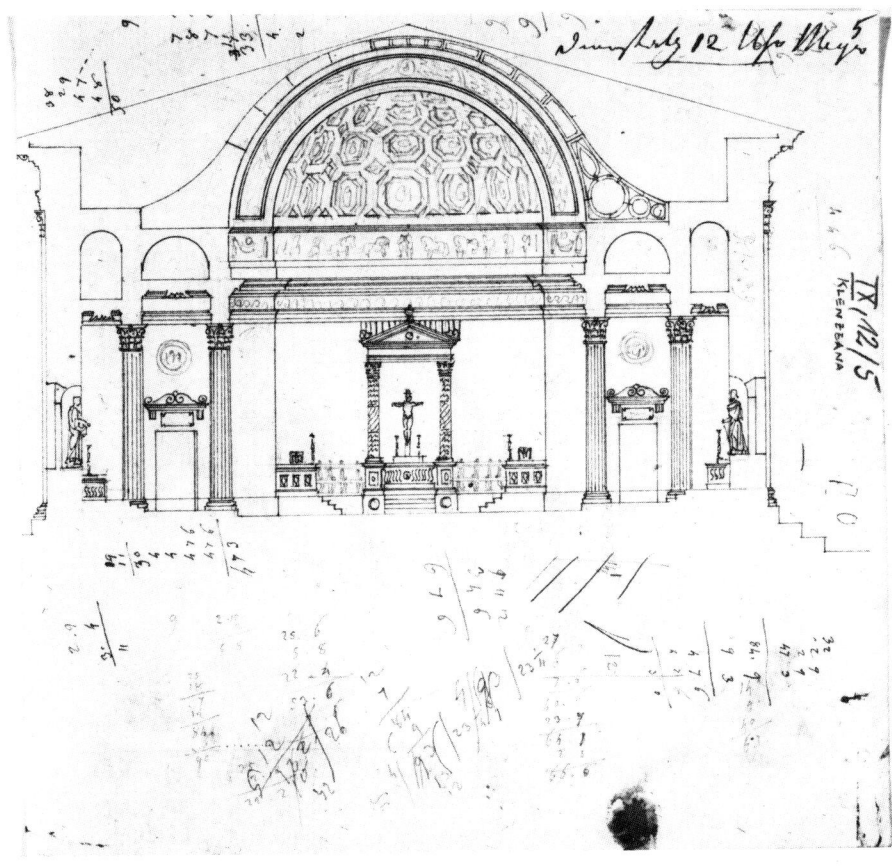

Basiliken Roms, Tübingen/Stuttgart 1822 –
27; C. C. J. Bunsen, Die Basiliken des
christlichen Roms nach ihrem Zusammen-
hange mit Idee und Geschichte der Kirchenbaukunst, 2 Bde., München 1842–44
(Bunsen begann seine Vorarbeiten Anfang
der zwanziger Jahre in Rom). In diesem
Diskussionszusammenhang entstand auch
Klenzes »Anweisung zur Architectur des
Christlichen Cultus« (Text und Ausliefe-
rung 1824)
43 Klenzeana XIII/1, fol. 33 und 57 (Ergänzungsblätter zu den Memorabilien)
44 Hierzu zuletzt G. A. Haltrich (1983, s.
Anm. 10)
45 Memorabilien I, fol. 178 r. und v.
46 Auf die Verwandschaft mit Durands »Sal-
les« (Bd. I, Taf. 5) hat zuerst H. Habel, Der
Münchner Kirchenbau im 19. und frühen
20. Jh., in: Deutscher Kunstverlag 1921 –
1971, München/Berlin 1971, S. 12 aufmerksam gemacht, auf Schinkel, dessen Entwurf
1826 erschien, Haltrich (1983), S. 57, Anm. 1
47 SGSM Nr. 26795; von Hederer (1964), S.
282, Abb. 226 als Entwurf für den Berliner
Dom (1842) publiziert, von C. W. Schümann (1980, s. Anm. 41), S. 73 der Diony-
siosbasilika in Athen (1846 ff.) zugerechnet.
Erstmals ist der »Renaissance-Entwurf« bei
H. Reidelbach, König Ludwig I. und seine
Kunstschöpfungen, München 1888, S. 214
erwähnt; Haltrich (1983), S. 124 fand entsprechende Grundrisse bei der Residenzbauleitung München. Vgl. auch MStm Slg.
Lang III, Nr. 80, 81 ff.

Ludwig die jungen Architekten Knapp und Gutensohn nach Rom, um die altchristlichen Basiliken in einem Tafelwerk aufzunehmen, parallel zu den Basilika-
Forschungen des preußischen Gesandten Christian Carl Josias Bunsen.[42] Die
Auseinandersetzung um eine klassizistische oder eine romantisch-historisierende
Adaption des Basilika-Schemas zog sich bis 1828 hin, als Georg Friedrich Ziebland
bereits mit Studien für die zukünftige Basilika St. Bonifaz beauftragt war, welche
dann folgerichtig als Pendant zur Glyptothek ausschied und vom Königsplatz
abgerückt wurde. »Ich ... mag mich nicht kompromittieren lassen«, kommentierte Klenze Ludwigs Drängen zur Nachahmung im April 1828, woraufhin ihm
der Auftrag endgültig verlorenging.[43]
Dies erklärt, daß er sich bei der parallelen Planung der Allerheiligen-Hofkirche
(seit 1824)[44] gezwungen sah, den Stilwünschen des Königs zu folgen. Ausgangspunkt war auch in diesem Fall eines der berüchtigten »Architekturerlebnisse«
Ludwigs gewesen, der in seiner Hofkapelle die normannische Capella Palatina zu
Palermo im Kerzenschein der Weihnachtsmesse 1823 reproduziert sehen wollte:
»vergeblich waren alle meine Versuche den Kronprinzen zu überzeugen, daß ...
man das, was bei jenem Eindrucke die Erinnerung und die historisch-poetische
Ansicht der Sache gethan, nicht wiedergeben ... könne. Aber eine genaue Nachahmung in allen Theilen ... war und blieb der feststehende Gedanke, welchen im
Sinn wahrer Kunst zu modifizieren, dereinst, wenn dieser Bau wirklich zustande
kommen sollte, gewiß große Kämpfe und Mühe kosten würde«, schrieb Klenze
damals vorausblickend.[45] Während er unter Einbeziehung anderer »byzantinischer« Vorbilder den Innenraum nach Schinkels »klassischem« Entwurf der Fried-
rich-Werderschen-Kirche in Berlin (1824) als Wandpfeilerschema mit Emporen
und gereihten Pendentifkuppeln systematisierte[46], suchte er ein halbes Jahr nach
der Grundsteinlegung auch für das Äußere eine klassizistische Variante, einen
bisher nicht erkannten »Renaissance-Entwurf«[47], durchzusetzen. Dieser verbindet
die erstmals zum Marstallhof gedrehte Schaufassade mit einem Kuppelturm über
der Chorapsis, dessen Statuennischen vermutlich jene zwölf Apostel aufnehmen
sollten, die im Inneren der Apostelkirche nun nicht mehr benötigt wurden. Am

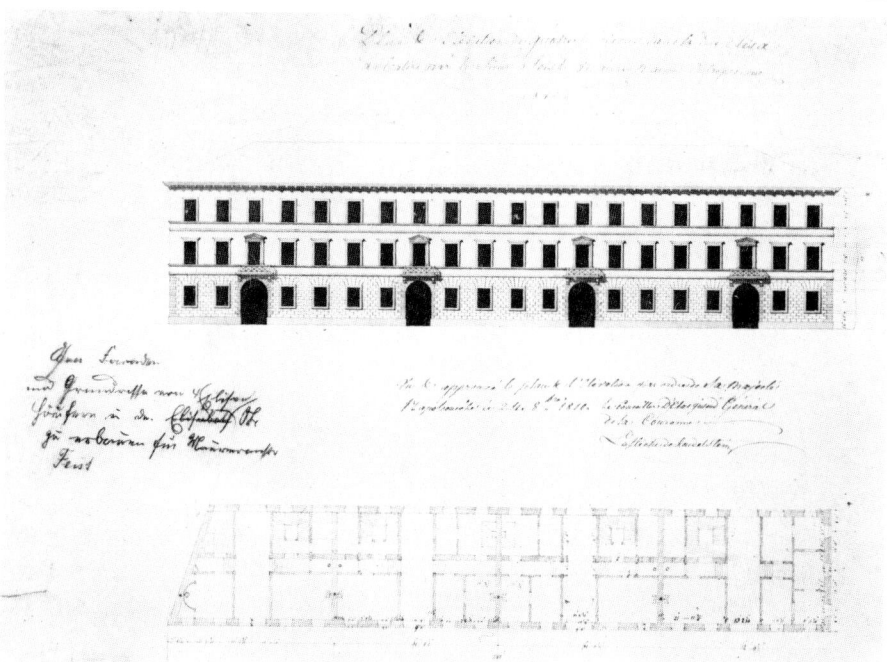

L. v. Klenze, Wohnhäuser für die geplante Rue Elisa in Kassel (1810) – Hess. StA Marburg, Karten P II 4100/1

L. v. Klenze, Aufriß der Häuser Meyer und Röschenauer an der Ludwigstraße (1820) – BHStA Nr. 12814

26. März 1827 entschied sich der König für die »byzantinische Lösung« und erklärte, »er wolle nun einmal in allen Stylen ... architektonische Muster in München haben!!! Was ich so sehr bekämpft, geschieht nun doch!! Niemand entgeht seinem Schicksal!!!«[48]

Aber nicht nur Klenzes Annäherungen an die Mittelalterstile, sondern auch sein Umgang mit Vorbildern der Renaissance läßt sich erst als Resultat des Kräftespiels zwischen Auftraggeber und Architekt verstehen. Sein Leuchtenbergpalais steht, trotz des stärker historisierenden Dekors, noch in der Kontinuität der französischen Architekturlehre seit Perciers und Fontaines Publikation des römischen Palastbaus der Hochrenaissance (1798), die den typologischen Ausgangspunkt für herrschaftliche Wohnbauten schon in Klenzes Kasseler Entwürfen für die geplante Rue Elisa (1810) geliefert hatte.[49] Im verkleinerten Maßstab der bürgerlichen Mietshäuser an der Ludwigstraße, über die es zu heftigen Auseinandersetzungen zwischen Ludwig und Klenze kam, mußte der Widerspruch zwischen gesteigert repräsentativem Anspruch und schnödem Renditedenken zu ästhetischen Widersprüchen führen, die Pecht (1885) auf die Formel brachte: »Sie sehen ärmlich und anspruchsvoll zugleich aus«.[50] Klenze, der in der Ludwigstraße – abgesehen von der Gesamtplanung – zumeist nur die Fassaden entwarf[51], versuchte deshalb schon 1818 in Florenz Ludwigs Aufmerksamkeit vom römischen auf den florentiner Palaststil der Frührenaissance zu lenken, der sich im Sinne eines nüchtern-monumentalen Rundbogenstils mit den Erfordernissen des bürgerlichen Stockwerksbaus besser verbinden ließ, wie etwa das Haus Röschenauer (1820) im Vergleich zum benachbarten Mini-Leuchtenbergpalais des Schlossers Korbinian Meyer bewies.

48 Klenzeana XIII/1, fol. 61 f. (Ergänzungsblätter zu den Memorabilien, April 1828)
49 Ch. Percier und P. F. L. Fontaine, Palais, Maisons ..., Paris 1798, Reprint Hildesheim/New York 1980. Zum langanhaltenden Einfluß von deren Recueil de Décorations intérieurs ..., Paris 1801, 1812² auf Klenze vgl. V. Schaefer (1981, s. Anm. 10). Die florentinischen Paläste wurden durch P. A. Famin und A. H. V. Grandjean de Montigny, Architecture Toscane, 12 Hefte, Paris 1806 ff., 1815² populär. Zu Klenzes Entwurf für die Rue Elisa (Hess. StA Marburg), vgl. A. v. Buttlar (1986, s. Anm. 20).
50 F. Pecht, Deutsche Künstler des 19. Jahrhunderts, Bd. IV, Nördlingen 1885, S. 51
51 Zur Ludwigstraße O. Hederer (1942), s. Anm. 10); H. Lehmbruch in Ausstellungskatalog Klassizismus in Bayern (1980), S. 149 ff.; F. Zimmermann, Wohnbau in München 1800–1850, München 1984
52 Memorabilien I, fol. 124 v. ff.
53 Ebenda, fol. 204 r. ff.
54 Über den Königsbau in München, in: Allgemeine Bauzeitung No. 3 ff. Wien 1837, S. 19 – das Kapitel »Motive des Baues« eindeutig von Klenze selbst verfaßt

L. v. Klenze, sog. Renaissance-Entwurf zur Allerheiligen-Hofkirche (1827) – Staatl. Graph. Sammlung München Nr. 26795

55 Zur Pinakothek vgl. P. Böttger (1972, s. Anm. 10). Eine Gruppe von Plänen für die alternativen Standorte wurde von A. Wetzig in der Bibliothek und Planslg. der OBB aufgefunden

56 Gegen die schon damals verbreitete und auch von P. Böttger (1972, s. Anm. 10) vertretene Ansicht, daß die museale Konzeption allein auf Dillis zurückgehe, wehrt sich Klenze bereits mit verifizierbaren Argumenten in Memorabilien III, fol. 2 v.-13 v.

57 Memorabilien II, fol. 138 r.-139 v.; Klenze an seinen Schwiegersohn Max Graf Otting, 16. Juli (1853), Klenzeana XXI. Eine dritte Englandreise Klenzes fand 1851 anläßlich der Weltausstellung statt: Memorabilien VII, fol. 30 und Klenzes Manuskript »Die Kunst im Krystallpallaste«, Klenzeana III/11

58 A. v. Buttlar, Leo von Klenzes Entwürfe zur Bayerischen Ruhmeshalle, in: architectura I, 1985, S. 13–32

59 Rede des Abgeordneten Rabel vor der Ständeversammlung am 18.6.1831, zit. nach W. v. Pölnitz (1936, s. Anm. 5), S. 110

60 Boisserée stand in jenen Monaten in lebhaftem Kontakt mit Gärtner, Ohlmüller und Klenze, wie aus seinen Tagebüchern (hrsg. von H. J. Weitz), Bd. II, Darmstadt 1981 hervorgeht. Seine Abhandlung ›Über die Beschreibung des Tempels des heiligen Grals in dem Heldengedicht Titurel Kapitel III‹ erschien in den Abhandlungen der philosophisch-philologischen Klasse der Kgl. Bayerischen Akademie der Wissenschaften Bd. I, München 1835, S. 307–392

61 Vgl. den Abschnitt zur Bayerischen Ruhmeshalle im Katalogteil

62 R. Wiegmann (1839, s. Anm. 2), S. 16. Zwischen Wiegmann und Klenze war es zuvor zu heftigen persönlichen Fehden wegen einer Rezeptur für die enkaustische Malerei gekommen, vgl. Memorabilien IV, fol. 44–47. E. Kopp, Leo von Klenzes architektonische Werke, in: Kritische Blätter besonders über das Bauwesen, Heft II und III, Jena 1854, S. 239 kommt zu dem Schluß, daß Klenzes Grundsätze so »dehnbar und umfangreich aufgestellt sind, daß es

Doch hatte Klenze den von ihm selbst initiierten Paradigmenwechsel bald zu bereuen, denn bei der Planung des Königsbaus der Residenz begann die »durch meine Bemühungen erkannte florentinische Architektur . . . wie die Geliebte des Tages unumschränkt alles andere zu beherrschen und zu beseitigen«.[52] Klenzes eigenwilliger Erstentwurf, den er im Februar 1820 in Rom vorlegte, wurde bald durch Direktiven verdrängt, die letztendlich auf eine Reproduktion des Palazzo Pitti hinausliefen. »Vergeblich suchte ich zu zeigen, daß dieser florentinische Republikstyl . . . nicht für unser Klima passte . . . wie diese engen, durch gothische Einbaue verdunkelten Fensteröffnungen . . . dem klassischen Style widerstrebten, welcher für das Innere . . . gewünscht war . . . es sollte nun einmal die architettura bugnata gemacht werden coute que coute«.[53] Klenze, der die Bossierung des Palazzo Pitti mit der filigranen Pilastergliederung von Albertis Palazzo Rucellai überblendete, hat sich später gegen den Nachahmungsvorwurf energisch, aber ebenso wenig überzeugend wie im Fall der Walhalla zur Wehr gesetzt: »Daß in dieser Masse des Äußeren einige Analogie mit der des Palazzo Pitti entstand, war ganz zufällig«.[54]

Am überzeugendsten gelang Klenze die Synthese königlicher Vorgaben mit einer eigenständigen, völlig funktionsbestimmten Bauidee im Falle der Alten Pinakothek, seinem damals in ganz Europa einhellig bewunderten Meisterwerk.[55] Aus der fortschrittlichen museologischen Konzeption, die er in Zusammenarbeit mit Galerieinspektor von Dillis erarbeitete[56], entwickelte sich das Äußere in den für die verschiedenen Bauplätze am Hofgarten, in der Brienner- und an der Barer Straße seit 1822 entworfenen Varianten »gleichsam von selbst«. Der Durandsche Raster, der der Disposition der Pinakothek zugrunde liegt, verband sich organisch mit Ludwigs Ideen für die Fassadengestaltung durch Motive der Früh- und Hochrenaissance, die Würde eines Kunstpalastes auf freiem Feld mit der Ablesbarkeit seiner funktionalen Gliederung. In Hearings vor Ausschüssen des Englischen Unterhauses mußte Klenze sein erfolgreiches Galeriekonzept 1836 und 1853 in London erläutern.[57]

Solche Konvergenz der beiderseitigen Intentionen blieb aber eher eine Ausnahme. Die extremste Spannung, der Klenzes Architekturbegriff ausgesetzt war, zeigt sich in seinen Alternativentwürfen für die Bayerische Ruhmeshalle (1833/1834).[58] Seine Position war damals durch die Erfolge Gärtners und die scharfen Angriffe auf Ludwigs Kunstpolitik und Klenzes Bauten in der Ständeversammlung, die 1831 in dem Wortspiel »Überall Glanz und nichts als Glanz . . . Diese Glänze erdrücken das Volk«[59] gipfelten, spürbar geschwächt. Für den zwischen ihm, Gärtner, Ohlmüller und Ziebland ausgeschriebenen Wettbewerb reichte Klenze neben seinem »griechischen« Hauptentwurf vorsorglich auch zwei Alternativen im mittelalterlichen Rundbogenstil ein, den der König diesmal zu bevorzugen schien. Ungeniert übernahm er dabei die Grundidee eines Zentralbaus nach Art der italienischen Baptisterien aus den Vorentwürfen seines Konkurrenten Gärtner. Er adaptierte auch die durch Sulpiz Boisserées damalige Forschungen zum Heldenepos des »Jüngeren Titurel« aktuelle Ikonologie des Grals-Tempels[60], die Gärtner und Ohlmüller ihren Entwürfen zugrunde gelegt hatten. In der Überformung des mittelalterlichen, am spätromanischen Dekagon von St. Gereon in Köln orientierten Bautypus durch griechische und renaissancistische Einzelmotive unternahm Klenze in seinem fünften Alternativentwurf den fast paradoxen Versuch, Klassizist zu bleiben und gleichzeitig Romantiker zu werden.[61]

Die Lücke zwischen »griechischer« Idee und eklektischer Praxis versuchte Klenze durch eine noch wenig beachtete Architekturtheorie zu überbrücken, die eine überwiegend apologetische Tendenz kennzeichnet. Die Anpassung der Argumente an seine jeweiligen Kompromisse verstrickte ihn in zahlreiche Widersprüche und definitorische Manipulationen, die die Kritik übel vermerkte (»Lieber Hieroglyphen enträtseln, als solche Phrasen in ihren Unsinn auflösen«)[62], doch spiegelt sich gerade darin die verzweifelte Abwehr romantischer und historistischer Denkansätze.

1805 hatte Klenze in seiner Erstlingsschrift zum »Lutherdenkmal« den utilitären Funktionalismus Durands propagiert, demzufolge Schönheit die automatische Folge von Zweckmäßigkeit und Sparsamkeit war. Mit seiner Berufung nach München zum Philhellenen konvertiert, subsumierte er fortan die Durandschen Normen unter das »ewige Grundprinzip« der griechischen Architektur, das er gleichsam als überhistorisch gültige Methode der Baukunst verstand. Ähnlich wie Violett-le-Duc in Frankreich die Gotik[63], erklärte Klenze die rationale Konstruktion und Formbildung griechischer Architektur (durch ›Schönheitssinn‹ idealistisch geläutert) zur absoluten Bau*kunst,* die alle nachfolgenden Bau*stile* zu bloßen Bauarten relativierte.

In seiner ersten Münchner Schrift über den Jupitertempel in Agrigent (1821), die bisher als Beitrag zur archäologischen Rekonstruktion mißverstanden wurde[64], ging es Klenze vor allem darum, die Entwicklungsfähigkeit der griechischen Architektursprache am Beispiel einer architekturgeschichtlichen »Monstrosität« nachzuweisen. So wie dieser großgriechische Tempel außerhalb der konventinellen Normen des Tempelbaus liege, sei eine moderne Adaption griechischer Form und Konstruktionsart in neuen Bauaufgaben denkbar.

In seinem »Versuch einer Wiederherstellung des toskanischen Tempels nach seinen technischen und historischen Analogien« (1821/1824)[65] erweitert Klenze sein Plädoyer für die Universalität des griechischen Bauens auf der historischen Argumentationsebene, indem er unter Berufung auf die damaligen Völkerwandungstheorien die genetische Verwandschaft der alpenländischen Bauernhäuser mit dem griechisch-toskanischen Tempel zu beweisen sucht. Er schließt, daß die griechische Bauweise deshalb ebenso »deutsch« sei wie der altdeutsche Spitzbogenstil der Romantiker.

Noch wichtiger aber ist sein Rezept zur Adaption der griechischen Bauweise für die Gegenwart, das er am deutlichsten in der »Anweisung zur Architectur des Christlichen Cultus« (1822/1824)[66] formuliert. Als Schüler Durands fordert er die strikte Trennung der modernen architektonischen Komposition (Syntaxis) vom griechischen Formvokabular (Analogie), das er für überzeitlich gültig erklärt, in der verräterischen Definition: »Die Architektur . . . zerfällt (!) in zwei wohl voneinander zu sondernde Abtheilungen, nämlich die der einzelnen Formen, und die ihrer Zusammenstellung«.[67] Klenzes Teilungstheorem wurde von Franz Kugler (1834) und Rudolf Wiegmann (1839) fast gleichlautend als Verstoß gegen das Gesetz einer organischen Entsprechung von Form und Struktur kritisiert.[68] Klenze propagiert hier jenes »Baukastensystem« der Collage historischer Versatzstücke, das die postmoderne Architekturpraxis vorwegzunehmen scheint[69] und an seinen Bauten stets Kritik herausforderte. Die Ausweitung seines Stilrepertoires und die Verwischung der in der Tektonik-Diskussion um 1820 streng gezogenen Grenzen zwischen griechischer Tektonik und römischem Gewölbebau trug zur weiteren Aushöhlung seines Begriffs des »Griechischen« bei.

Das vergebliche Bemühen, die auseinanderstrebenden Tendenzen seines Zeitalters durch rationale Reflexion noch einmal zur logischen Einheit zusammenzuzwingen, belegt zwar die Spannweite von Klenzes Bildung und Interessen, zugleich aber die tragische Aporie des Universalisten an der Schwelle des modernen Bewußtseins. In seinem letzten unvollendeten Manuskript »Erwiderungen und Erörterungen über Griechisches und Nichtgriechisches von einem Architekten« (ca. 1860–1863), in dem Klenze sich noch kritisch-wach mit den zeitgenössischen Kunsttheorien bis hin zu Sempers »Stil« auseinandersetzt, äußert er die Befürchtung, daß die Kunst seiner Zeit »unter der Fluth der Kunstgeschichte erdrückt werden« könne.[70] Um so herrisch-dogmatischer zeigt Hanfstaengls Altersfoto den Zweiundsiebzigjährigen, die griechische Akroterpalmette fest umklammernd, als letzten Klassizisten der ersten Stunde.

Klenzes Selbststilisierung und die Klage, der König habe ihn »stets unterdrückt und in eine falsche Bahn gezwungen«, darf nicht darüber hinwegtäuschen, daß seine eigentliche Leistung gerade in der überaus erfolgreichen Kooperation mit Ludwig I. lag. Schon Pecht hat darauf hingewiesen, daß nur die Gegensätzlichkeit des süddeutschen Romantikers und des norddeutschen Rationalisten die eindrucksvollen ludovizianischen Bauten ermöglicht habe.[71] Selbst der König schätzte Klenzes Widerstand und war sich bewußt, daß dieser ihm wichtige architektonische Ideen nur mühsam abgetrotzt und damit die Bauten vor allzu oberflächlicher Reproduktion geliebter Vorbilder bewahrt hatte: »Sie wissen, Klenze, daß ich außerordentlich viel auf Sie halte, sind gleich meine Ansichten nicht immer mit den Ihrigen übereinstimmend, dieses macht aber nichts, im Gegentheil, so ist es besser.«[72]

Umgekehrt blieb Klenzes Architektur, abgekoppelt von den Vorgaben seines Königs wie etwa in der Petersburger Eremitage (1839–1851) für Zar Nikolaus I., seiner Athener Dionysios-Kirche (1846ff.), in den Entwürfen für das Münchner Athenäum (1851), und selbst in der wohl freiesten Schöpfung, der Befreiungshalle

gleichsam oft scheint, als wenn sie den Entwürfen . . . angepaßt sind«.

63 Allerdings erst ab den 1850er Jahren. Vgl. H. W. Kruft, Geschichte der Architekturtheorie, München 1985, S. 321 ff. Zu Violett-le-Ducs Kritik an der Ludwigstraße: W. Sauerländer, Viollet-le-Duc über die Münchner Ludwigstraße, in: W. Hager/N. Knopp (Hrsg.), Beiträge zum Problem des Stilpluralismus, München 1977, S. 58–62

64 L. v. Klenze, Der Tempel des olympischen Jupiter in Agrigent, dargestellt nach den neuesten Ausgrabungen, Tübingen 1821, zweite überarbeitete Auflage 1827. Für F. W. Hamdorf, Klenzes archäologische Studien und Reisen, in: Ausstellungskatalog Ein griechischer Traum . . . (1985, s. Anm. 10), S. 135 »ist nicht erkennbar, was ihn gerade auf diesen unkanonischen und zudem schlecht erhaltenen und schlecht dokumentierten Bau hingewiesen hatte«.

65 Vorgelesen in der philosophisch-philologischen der Kgl. Bayerischen Akademie der Wissenschaften am 3. März 1821, erschienen in: Denkschriften der Kgl. Bayer. Akademie der Wissenschaften zu München für die Jahre 1821 und 1822. Classe der Philosophie und Philologie Bd. VIII, München 1824, S. 1–86. Dazu M. Tiede, Klenzes Versuch einer Wiederherstellung des toskanischen Tempels, in: Ausstellungskatalog Ein griechischer Traum . . . (1985, s. Anm. 10). S. 227–243. Auf die Bedeutung für die Walhalla-Ikonographie hat bereits J. Traeger (1979, s. Anm. 10) aufmerksam gemacht.

66 L. v. Klenze, Anweisung zur Architectur des Christlichen Cultus, München 1822 (ausgeliefert 1824), 2. veränderte Auflage 1834. Vgl. M. Sczesny (1967/74 s. Anm. 10)

67 L. v. Klenze, Anweisung . . . (1834), S. 7. Klenze hatte das Teilungstheorem aber schon im »Jupitertempel« (s. Anm. 64) 1821 formuliert.

68 F. Kugler, Rezension der »Anweisung«, in: Museum No. 40 (1834), abgedruckt in ders., Kleine Schriften, Bd. III, Stuttgart 1854, S. 87–100 und R. Wiegmann (1839, s. Anm. 2), S. 61

69 Darauf hat H. Thies, Leo von Klenze (Festvortrag zum 28.2.1984 in Schladen), in: Mitteilungen der TU Braunschweig Nr. 21, S. 74–79 hingewiesen

70 Klenzeana I/9, fol. 11 (s. Anm. 3). Zur Kritik an Sempers »Der Stil in den technischen und tektonischen Künsten oder Praktische Ästhetik«, Frankfurt 1860/63 vgl. A. v. Buttlar, Klenzes Beitrag zur Polychromie-Frage, in: Ausstellungskatalog Ein griechischer Traum . . . (1985, s. Anm. 10), S. 213–225

71 F. Pecht (1885, s. Anm. 50), S. 34ff.

72 Ludwig an Klenze, 2. November 1824, Klenzeana XIV/1

73 H. Kieners Unterscheidung eines »naiven« Frühstiles und eines »reflektierenden« Altersstiles in »Leo von Klenze«, Thieme-Becker Bd. XX, 1927 entbehrt, wie unsere Analyse zeigt, jeder Grundlage

74 Zitate aus Memorabilien IV, fol. 18 v.; fol. 124 v. und 121 v. (1841/42) und Memorabilien II, fol. 112 r. und v. (1836)

75 Zur Rettung der Akropolis zuletzt W. Hamdorf, Klenzes Archäologische Studien und Reisen, seine Mission in Griechenland, in: Ein griechischer Traum . . . (1985, s. Anm. 10), insbes. S. 182ff. 1836 wurde Klenze zum ›Commissar‹ für den Eisenbahnbau der Linie Nürnberg–Leipzig ernannt. U.a. dieser Aufgabe diente seine Informationsreise nach Frankreich, Belgien und England 1836 (Memorabilien II, fol. 132ff.) Internationalen Eisenbahnaktien verdankte Klenze auch einen großen Anteil seines beträchtlichen Vermögens.

76 Memorabilien III, fol. 35 v.-38 v. Vgl. auch A. Graf von Raczynski, Geschichte der Neueren Deutschen Kunst, 2. Bd., Berlin 1840, S. 103f. und Klenzes genaue Beschreibung der Dachstuhlkonstruktion in L. von Klenze, Walhalla in artistischer und technischer Beziehung, München 1842

77 Zur Enkaustik vgl. L. v. Klenze, Aphoristische Bemerkungen, gesammelt auf seiner Reise nach Griechenland, Berlin 1838, insbesondere S. 568–633. Zur Polychromie A. v. Buttlar (1985, s. Anm. 70)

78 So setzte Klenze die auf Sammlung und Raumfolge der Glyptothek bezogene Ikonographie des Dekors gegen Wagners puristisches Kammernsystem durch, und gegen Schellings Mythenvorschläge am Giebel die Verkörperung der Plastischen Künste; in den Statuennischen den Entwicklungsgang der Skulptur durch die klassischen Epochen, an der Pinakothek die Künstlerbalustrade, am Festsaalbau die Wittelsbacher Galerie des Thronsaals und die politische Ikonographie der Loggia, im Königsbau die Ergänzung des deutschen durch einen griechischen Dichterzyklus, an der Ruhmeshalle die Monumentalstatue der Bavaria etc.

79 Klenze hat sich in seinen »Erörterungen und Erwiderungen« (s. Anm. 3), fol. 131ff., gegen das gängige Vorurteil, er habe alle anderen Künstler zu unterdrücken gesucht, heftig zur Wehr gesetzt.

80 Zu Klenze als Maler: N. Lieb/F. Hufnagl (1979, s. Anm. 10), Zitat Fischers aus den Akademieprotokollen zur Glyptotheksjury 1816, zit. nach I. Springorum, Karl von Fischer 1782–1820, Diss. München 1936, München 1982, S. 28; Zitat Klenzes: Klenze an Ludwig, 20.8.1818 (Erläuterung seines Geburtstagsaquarells des Odeonsplatzes), GHA I A 36 I

(1847–1862), eher trocken und farblos.[73] Es ist bezeichnend, daß Klenze keine persönliche »Handschrift« im Entwurfsprozeß entwickelte und – anders als Gilly und Schinkel – keine Skizzen im Sinne einer intuitiv fixierten »prima idea« hinterlassen hat.

Klenzes besondere Fähigkeiten lagen, abgesehen von seinem außergewöhnlichen Organisationstalent, im scharfen Blick für Ganzheit, Funktionalität und Bedeutung von Ludwigs Planungen. Das zeigt sich nicht nur in seinen Museumsbauten, die unter museologischem Aspekt Schinkels Museum am Lustgarten zweifellos überlegen waren, sondern auch in der Erkenntnis der Gefahr, daß sich Ludwigs Architekturmonumente vom politisch-gesellschaftlichen Bewußtsein der Zeit ablösen und »von jeder höheren geschichtlichen, religiösen, poetischen und nationalen Tendenz entblößt und wirkungslos dastehen« könnten. Kritisch hielt er die Befreiungshalle schon bei der Grundsteinlegung für einen »politisch verjährten Tendenzbau« und seine Walhalla bei der Eröffnung für eine »todtgeborene Kreation«. Weitblickend forderte er deshalb die Institutionalisierung eines Nationalfestes, »wenn Eure Majestät nicht Gefahr laufen wollen, sie zu einem verfallenden Steinhaufen herabsinken zu sehen, welchem höchstens vorüberziehende Reisende ein Viertelstündchen Aufmerksamkeit . . . widmen«.[74]

Derart wachen Realitätssinn bewies Klenze auch mit seiner Aufgeschlossenheit für moderne Technologien. Klenze, der fast gleichzeitig die archäologische Konservierung der Athener Akropolis und den Eisenbahnbau in Bayern vorantrieb[75], setzte sich an die Spitze neuer Trends und Entwicklungen, wie die frühe Anwendung des Sichtziegels an der Alten Pinakothek (nach 1826), des »Gummi-Elastik« zur Isolierung der Fundamente des Königsbaus (nach 1825) und des Eisens beim Wiederaufbau des Nationaltheaters (nach 1823) und in der Walhalla belegt, wo auf Schinkels Intervention 1836 das steinerne Tonnengewölbe durch einen offenen eisernen Dachstuhl ersetzt wurde.[76] Als einer der ersten plädierte Klenze für die Wiederbelebung der enkaustischen Wandmalerei, sein Monopteros im Englischen Garten und seine Hauptpost am Max-Joseph-Platz (1836) sind die frühesten Bauten, in denen das antike Prinzip der Polychromie verwirklicht wurde.[77]

Klenze trug wesentlich dazu bei, den Architekturvisionen Ludwigs die disziplinierte Solidität, die Sinnperspektive und den Monumentalcharakter moderner »Gesamtkunstwerke« zu geben. Er integrierte die Bildkünste in einer gegenwartsbezogenen Ikonologie, deren Programmatik vielfach von ihm selbst bestimmt oder zumindest modifiziert wurde. Die Auseinandersetzungen mit Schelling, Wagner und Dillis um die künstlerische Ausstattung und Ikonologie von Glyptothek und Pinakothek belegen dies beispielhaft.[78] Seine fördernde Rolle für die Entwicklung der bildenden Künste in München, die sich in der erfolgreichen Zusammenarbeit etwa mit Wagner, Thorwaldsen, Rauch und Schwanthaler, Cornelius, Hess, Rottmann, Hiltensperger und Kaulbach trotz aller Differenzen bewährte, wird bislang eher unterschätzt.[79]

Wenn es Klenze auch kaum gelang, die »Physiognomie der Entzweiungen« seiner Zeit (Ranke) in der »Einen Baukunst« aufzuheben, so resultierte doch gerade aus Ludwigs Vorgaben jene Integration von Geschichte und Gegenwart, die den besonderen Reiz des ludovizianischen München ausmacht: Ihre Poesie nämlich entfalten Klenzes Bauten in ihrer genau berechneten monumentalen Bildwirkung. Klenzes beachtliche malerische Begabung manifestierte sich von Anfang an in seinen »bestechenden« Architekturperspektiven (Carl von Fischer), die der Rationalist in ihm als seine »schlechte Gewohnheit« verurteilte.[80] Sie belegen Klenzes Gespür für den Zusammenklang von Architektur, Raum und Natur in einem sorgsam kalkulierten Bildeffekt, der Ludwigs »hadrianischen« Neigungen zu einer abbildenden Architektur mehr entgegenkam als Klenze zugeben mochte. Seine künstlerische Leistung liegt nicht zuletzt darin, daß und wie er die historisch-poetische Dimension von Ludwigs Architekturträumen unter die Kontrolle eines konstruktiven Rationalismus zu bringen und doch zugleich als eindrucksvolles Architekturbild zu bewahren wußte.

Adrian von Buttlar

Friedrich von Gärtner (1792–1847), Architekt und Lehrer

Porträt Friedrich von Gärtner Arch.Slg. TUM 1.2

Das Bild des ludovizianischen München wird durch die Bauten zweier Architekten – Leo von Klenzes und Friedrich von Gärtners – geprägt. Beide Persönlichkeiten genossen das Vertrauen ihres königlichen Bauherrn – nacheinander und nebeneinander.

Für Klenze hat sich die kunsthistorische Forschung in den letzten Jahren auf verschiedenen Gebieten vielfältig betätigt.[1] Unser Wissen über Friedrich von Gärtner fußt hauptsächlich auf der wertvollen Arbeit des Gärtner-Schülers Hans Moninger[2] von 1882, auf dem fundierten, aber leider unzureichend publizierten Werk von Klaus Eggert[3] und der nicht in allen Punkten zuverlässigen Monographie von Oswald Hederer.[4] Neuere Einzeluntersuchungen zu verschiedenen Gebäuden Gärtners lieferten Ewald Wegner[5], Kristin Sinkel[6] und Frank Büttner.[7] Diese Arbeiten können als Grundstock für eine differenzierte Beurteilung Gärtners angesehen werden. Sein Werk umfaßt allein in der Gärtnersammlung der Technischen Universität München 2839 Nummern abzüglich einiger Blätter seines Vaters und seiner Schüler. Über 500 Briefe des Künstlers harren noch einer exakten Auswertung.

Ein sehr selbstbewußtes Porträt Gärtners hat sich im Nachlaß seines Urenkels Egon Albert von Herigoyen erhalten.[8] Am Fenster seines Hauses in der Ludwigstraße, vor dem Zeichentisch sitzend, entwirft Gärtner den Grundriß für die Befreiungshalle. Sein Gesicht ist nach links gerichtet und blickt aus dem Bild. Seine Rechte hält den Zirkel, während die Linke auf dem Zeichenblatt liegt. Sein rundlicher Kopf trägt eine üppige Lockentracht. Der pelzbesetzte Arbeitskittel umhüllt den Körper. Im Hintergrund der linken Bildhälfte, von den Ästen des Rebstocks eingerahmt, erkennt man den Nordtrakt der fast vollendeten Staatsbibliothek. Als Entstehungszeit des Bildes kann man den Herbst 1839 oder 1840 annehmen. Nach dem Einzug im Frühjahr 1839 in das neue Heim beschäftigte sich der Künstler intensiv mit den Entwürfen für die Befreiungshalle. Gärtner steht zu diesem Zeitpunkt am Zenit seines beruflichen und privaten Lebens. Lange Jahre der Ungewißheit und Zurücksetzung waren vorausgegangen.

Friedrich Gärtner wurde am 10. Dezember 1792 in Koblenz geboren. Sein Vater Andreas Gärtner[9] seit 1783 Direktor des Kurfürstlichen Trierischen Residenzbaues in Koblenz, entstammte einer Dresdner Baumeisterfamilie, seine Mutter, eine geborene Sachs, war aus Würzburg[10]. Infolge der französischen Annektion des Kurfürstentums Trier im Jahre 1799 siedelte die Familie nach Würzburg über, wo Gärtners Vater die Stelle eines fürstbischöflichen Hofarchitekten erhielt. Nach dem Übergang Würzburgs an Bayern 1803 wurde Andreas Gärtner als Hofbauintendant 1804 nach München berufen. Friedrich besuchte in Würzburg die Volks- und Mittelschule und in München das Gymnasium. Sein Vater erkannte bald die künstlerischen Fähigkeiten seines Sohnes, so daß er ihn 1808 in die neu organisierte Kunstakademie schickte. Erst im Malfach tätig, besuchte der junge Gärtner die Vorlesungen des überaus begabten Professors für Architektur Carl von Fischer.[11] Der Unterricht des strengen Klassizisten Fischer befriedigte Gärtner kaum. 1809 soll Fischer Gärtner und seinen Mitschüler Ulrich Himbsel mit nach Rom genommen haben.[12] 1811 wurde Kronprinz Ludwig anläßlich einer Ausstellung von Arbeiten der Akademieschüler auf Gärtners Talent aufmerksam. Er drückte dem Vater daraufhin seine Hochachtung aus. 1812 hielt es der Zwanzigjährige nicht mehr länger in München aus. Er eilte nach Karlsruhe, wo sich Friedrich Weinbrenner und seine Bauschule einen hervorragenden Ruf erworben hatten. Neben der Vermittlung von theoretischem Wissen pflegte Weinbrenner die Fragen der Baukonstruktion in seinem Unterricht. Die in diesem Fach abgehaltenen Übungen vollzogen sich überwiegend an Aufgabenstellungen aus der Praxis.[13] Nach wenigen Monaten des Studiums im badischen Karlsruhe zog es Gärtner weiter nach Westen – nach Paris. Glücklicherweise hat sich im Nachlaß Herigoyen ein Brief Gärtners aus Paris erhalten, der vom 10. August 1813 datiert.[14] Da er die Nr. 12 trägt, ist ein umfangreicher Briefwechsel Gärtners mit seinen Eltern anzunehmen. Rückblickend auf seine Karlsruher Zeit bedauert Gärtner die Abneigung von König Max Joseph gegen Friedrich Weinbrenner. Von der zur Zeit in Paris herrschenden Dekorationsmode ist Gärtner nicht angetan. Er verurteilt die verschwenderische Pracht der Pariser Stadtpaläste, deren hölzerne Innendekorationen von einer »giftigen Farbe« angestrichen seien. Sie machten auf ihn »einen

1 Neben den älteren Werken von Hans Kiener, Leo von Klenze, München 1924 und Oswald Hederer, Leo von Klenze. Persönlichkeit und Werk, München 1964, 2. Auflage 1981, stehen die neueren Arbeiten von Norbert Lieb und Florian Hufnagl, Leo von Klenze. Gemälde und Zeichnungen, München 1979, die Beiträge im Katalog zur Ausstellung »Klassizismus in Bayern, Schwaben und Franken. Architekturzeichnungen 1775–1825, hrsg. von Winfried Nerdinger, München 1980, die Betrachtungen Klenzes als Archäologe im Katalog der Ausstellung »Ein griechischer Traum. Leo von Klenze als Archäologe, München 1985, und die bisher noch unveröffentlichte Monographie Adrian von Buttlars.

2 Hans Moninger, Friedrich von Gärtner's Original – Pläne und Studien, München 1882

3 Klaus Eggert, Die Hauptwerke Friedrich von Gärtners, (Neue Schriftenreihe des Stadtarchivs München, 15, hrsg. von Michael Schattenhofer) München 1963

4 Oswald Hederer, Friedrich von Gärtner 1792–1847 – Leben. Werke. Schüler, München 1976

5 Ewald Wegner, Friedrich von Gärtner und das Bad Kissingen (= Mainfränkische Studien 25), Würzburg 1981

6 Kristin Sinkel, Pompejanum in Aschaffenburg – Villa Ludwigshöhe in der Pfalz (= Veröffentlichungen des Geschichts- und Kunstvereins Aschaffenburg, 22), Aschaffenburg 1984

7 Frank Büttner, Die Planungsgeschichte der Ludwigskirche in München, in: Münchner Jahrbuch, 3. Folge, Bd. XXXV. 1984, S. 189–218

Friedrich von Gärtner im Kreis seiner Schüler,
Arch.Slg. TUM

8 Egon Alberts Großvater väterlicherseits, der kgl. bayerische Oberbergrat Karl von Herigoyen, Sohn des portugiesischen Architekten Emanuel Joseph von Herigoyen, heiratete 1848 Lambertine Gärtner, die Tochter Friedrich von Gärtners aus seiner ersten Ehe mit Katharina Heß.

9 Andreas Gärtner (1744–1826) wurde 1804 als Hofbauintendant von Kurfürst Max IV. Joseph nach München geholt. Vgl. Oswald Hederer, Friedrich von Gärtner, München 1976, S. 251–253

10 Klaus Eggert, Die Hauptwerke Friedrich von Gärtners, München 1963, S. 136f. Die folgenden Angaben sind Eggerts Biographie entnommen.

11 Carl von Fischer 1782–1820, Ausstellungskatalog München 1982, hrsg. v. Winfried Nerdinger

12 Eggert, 1963, S. 137f. Nähere Einzelheiten über die Reise sind nicht bekannt.

13 Wulf Schirmer, Lehrer – Schüler, in: Katalog der Ausstellung »Friedrich Weinbrenner 1766–1826«, Karlsruhe 1977, S. 132

14 Der Nachlaß Herigoyen wird seit 1981 als Schenkung von Frau Helene von Herigoyen in der Handschriftenabteilung der BStB München aufbewahrt. In ihm befinden sich zwei Briefe Friedrich Gärtners aus Paris und Rom. Für die Transkription der Texte danke ich Herrn Bischöfl. Oberarchivrat Dr. Johann Gruber, Regensburg, ganz herzlich.

15 Brief Nr. 26 im Nachlaß Herigoyen, Handschriftenabteilung der BStM

16 BHStA OBB 4278. Die Eingabe erfolgte am 17. April 1816

traurigen Eindruck«. Dagegen würde Weinbrenner »mit seiner Eleganz und geschmackvollen Dekoration alle« übertreffen. »Seine einfachen Farben an Ort und Stelle bringen mehr Glanz als alle diese Gesimse. Von Konstruktionen will ich gar nicht reden. Denn da kann ichs gar nicht verschmerzen, seine Lehren nicht gehört zu haben und statt des einfältigen Fischers Achselzucken bey der geringsten Frage hätte ich bey diesem meine Zeit besser verwenden können«.

Gärtner bedauert die Jahre seiner Münchner Akademieausbildung bei Carl von Fischer. Auch in Paris ist er von Charles Percier und Pierre Fontaine enttäuscht: »Er (Percier) und Fontaine sind erst ein Architekt. Ersterer erfindet und zeichnet zwar ganz vortrefflich; letzterer bringt sie der Ausführung möglich«.

Große Hochachtung sprach Gärtner Jean-Baptiste Rondelet aus, den er als den besten Architekturlehrer bezeichnete. Leider konnte er bei ihm keine Privatstunden wegen seines hohen Alters erhalten. Gärtner hoffte aber, im kommenden Winter seine Colloquien zu hören. Er wollte auch Rondelets Werk fleißig studieren, ehe er nach Rom aufbrach, wo ihm aber »auch niemand etwas« lehren würde. Nach kurzem Zwischenaufenthalt in München reiste Gärtner 1815 nach Rom, wo er »nur sehen und sammeln« wollte. Aus Rom sandte Gärtner offensichtlich Pläne für den Wettbewerb um die Münchner Glyptothek und die Walhalla, wie aus seinem Brief vom 13. Juli 1815 hervorgeht.[15] Weitere Italienreisen führten Gärtner nach Neapel und Sizilien.

Während der Sohn sich in Italien weiterbildete, bemüht sich der Vater Andreas Gärtner in München um eine Anstellung für Friedrich als zweitem Bauinspektor bei der Hofbauintendanz.[16] Da der junge Gärtner noch zu geringe Praxis und Erfahrung aufwiese, wurde nur eine jährliche Unterstützung als Baupraktikant in Höhe von 300 Gulden empfohlen. Am 30. Mai 1816 genehmigt der König die vorgeschlagene jährliche Unterstützung als Baueleve. Im folgenden Jahr kehrt Gärtner aus Rom zurück und wird nun durch Klenzes Vermittlung dem Kronprinzen Ludwig vorgestellt.[17] Klenze, von Gärtner als königliches »fac totum« bezeichnet, isolierte den gefährlichen Konkurrenten und verhinderte seine Anstellung. Auch ein Gesuch Friedrich Gärtners am 12. Dezember 1817 um die zweite Inspektorenstelle wurde wiederum abgelehnt.[18] Man schlägt ihm vor, Privataufträge anzunehmen. 1818 trägt sich Gärtner mit dem Gedanken, nach Ägypten zu gehen. Am 25.9.1818 wird Gärtner nun endlich als Baupraktikant mit 400 Gulden

Jahresgehalt bei der Hofbauintendanz angestellt – am gleichen Tag sein Vater in den Ruhestand versetzt. Die Gärtner wenig ausfüllende Tätigkeit veranlaßt ihn 1819 eine Einladung des englischen Architekten und Archäologen Charles Robert Cockerell anzunehmen und für sechs Monate nach England zu reisen. Klenze befürwortet am 18.9.1819 Gärtners Urlaubsgesuch, das der König am 22. genehmigt.[19] Am 31. Oktober startete der inzwischen 27jährige Gärtner seine Reise den Rhein hinab nach Holland, von wo er nach England übersetzte. In London erhielt er sofort Arbeit bei dem Lithographen Charles Hullmandel. Noch 1819 erschien ein Kompositblatt römischer Antiken in dessen Verlag.[20] Aufträge von englischen Firmen hätten Gärtner einträgliche Bezüge verschafft; auch gewöhnte er sich rasch an die insulare Lebensweise und wäre fast an der Themse geblieben, wenn nicht durch den Tod von Carl von Fischer am 14. Februar 1820 die Professur für Architektur an der Akademie vakant geworden wäre. Gärtners Vater empfahl wenige Tage später an der Akademie seinen Sohn als Nachfolger. Trotz der ablehnenden Haltung der Akademie – man wollte Fischers Lieblingsschüler Anton Weiß – setzte Kronprinz Ludwig die Ernennung Gärtners durch, um ihn nicht für immer in England zu verlieren. König Max Joseph I. verlieh Gärtner schon am 24. Februar 1820 die Stelle.[21] Auch Leo von Klenze hatte die Ernennung gut geheißen.

Zum Wintersemester 1820 begann Gärtner seine Vorlesungen, und sofort strömten neue Schüler aus ganz Deutschland herbei. Er reformierte den Ausbildungsgang, führte monatliche »Concurse« ein und hob das Niveau der Akademie so sehr, daß sie neben Weinbrenners Schule in Karlsruhe und der von Schinkel in Berlin wohl konkurrieren konnte.[22] Gärtners Organisationstalent verschaffte ihm am 3. März 1822 eine Beförderung, als ihm der König die Leitung des artistischen Teils der Nymphenburger Porzellanmanufaktur übertrug. Hier setzte nun der unerwartet Beglückte seine Entwurfspläne ein und versuchte mit modernen Künstlern neue Zeichnungen entstehen zu lassen. »Das ewige Kopieren nach Raphael und den durchgepeitschen Pompejanischen Gemälden ist mir in der Seele zuwider«, schreibt er an seinen Freund Johann Martin von Wagner nach Rom.[23] Klenze, dessen Position sich seit 1816 ständig verbessert hatte, hielt Bauaufträge von Gärtner fern. 1823 erhält Gärtner endlich seinen ersten Bauauftrag, aus einem alten Gebäude eine neue Porzellan-Niederlage in der Kaufingerstraße zu erstellen. Die glückliche Raumaufteilung im Inneren und die ansprechende Fassade zogen die Aufmerksamkeit der Öffentlichkeit auf Gärtner. Dies war für Klenze, der vom Kronprinzen und der Königin sehr protegiert wurde, Anlaß genug, jeden weiteren öffentlichen Bauauftrag von Gärtner fern zu halten. Gärtners Alltagsleben gestaltete sich – wie er 1825 selbst an Wagner berichtet – recht eintönig: »Schul halten, und Töpfer Waase bemalen, bleibt vor der Hand meine Arbeit«.[24] Mittlerweile stieg die Zahl seiner Schüler so stark an, daß er 1827 bereits 92 Schüler unterrichtete und das Ministerium um Erweiterung seines »Lokals« bitten mußte.

Nach seinem Regierungsantritt Ende 1825 versuchte König Ludwig I. seine beiden bedeutendsten Architekten Klenze und Gärtner zum Zusammenwirken zu bringen. Der König ließ Gärtner Klenzes neue Residenzpläne beurteilen und verbessern. Klenze reagierte darauf natürlich entsprechend und ließ die Kluft zwischen beiden noch größer werden. Obwohl sich der Hofbauintendant überall unbeliebter machte, erteilte ihm der König Auftrag um Auftrag. Auch das Projekt zu einer Akademie der bildenden Künste, das Gärtner erhalten sollte, verlief im Sande. Zur gleichen Zeit – Ende 1826 – mußte Gärtner im Auftrag des Königs im Geheimen den Plan zu Klenzes Allerheiligenhofkirche revidieren.[25] Gärtner schreibt darüber an Wagner nach Rom, daß »er« alles, was der König daran tadelte, als auch meine eigenen Ansichten, nicht nur schriftlich abzugeben, sondern auch mit Zeichnungen zu belegen. Dieß war eine Arbeit von 3 Wochen, denn ich mußte den ganzen Plan ändern, indem dieser keines Schulknaben würdig war. Das Äußere war um 300 Jahre jünger als das Innere und in Beziehung auf ästhetisches Gesicht so schlecht, daß es wirklich unbegreiflich ist, daß ein Mann von so viel Kenntnissen und Talent so etwas absurdes machen kann. Ich gab nachdem auch die Akademie in pleno später meine Veränderung und Klenzes Plan begutachtet und zu Gunsten des meinigen sehr laut und gehaltvoll gesprochen hatte, alles Se Mst. dem König, der es äußerst wohlgefällig aufnahm, über Klenze dergestalt sich geäußert hat, daß mir der Verstand still stund und erwartete die Folge – diese war, daß der Grundstein bald darauf gelegt wurde – und ich weder von einem noch dem andern

17 P. Winfried von Pölnitz, Münchner Kunst und Münchener Kunstkämpfe 1799–1831, in: OA 27.1936, S. 15
18 Eggert, 1963, S. 144
19 BHStA OBB 4278
20 Hederer, 1976, S. 38
21 Eggert, 1963, S. 148
22 Eggert, 1963, S. 150
23 Zitiert nach Eggert, 1963, S. 151
24 Zitiert nach Eggert, 1963, S. 154
25 Eggert, 1963, S. 156f.
26 Zitiert nach Eggert, 1963, S. 157

mehr eine Sylbe erfuhr –«[26] Gärtner war wieder einmal zurückgesetzt worden. Seine Enttäuschung wuchs, auch als ihm ein neues Projekt zum Bau der Universität in Aussicht gestellt wurde. Im Falle der Erweiterung der Ludwigsstraße änderte Gärtner Klenzes Baulinien in einem neuen Plan ab, den letzterer geringfügig abänderte und als seinen eigenen ausgab. Auch im Falle des von Karl Klumpp, dem Schwager Gärtners, entworfenen Militärgebäudes, hatte Klenze die fremden Pläne als seine eigenen ausgegeben.

Anfang 1827 übertrug Ludwig Gärtner den Bau eines großen Bibliotheksgebäudes gegenüber der Glyptothek am Königsplatz. Nach mühevollen Vorplanungen mußte der Architekt selbst erkennen, daß der Bauplatz zu klein ist und ein dreigeschossiges Gebäude die gegenüberliegende Glyptothek seines Rivalen erdrücken würde. Klaus Eggert betont in dieser Situation Gärtners künstlerische Gewissenhaftigkeit und Gerechtigkeit.[27] Nur zu leicht hätte Gärtner hier nun in seinem ersten großen Bauprojekt über Klenze triumphieren können. Seine Ehrlichkeit verbot ihm dies aber. Ein Jahr später fertigte Gärtner neue Pläne für die Bibliothek an der Ludwigsstraße an. Nach vielen Schwierigkeiten wurde 1832 endlich der Grundstein gelegt und elf Jahre später vollendet.

Vor dem Bau der Staatsbibliothek begannen die Planungen für die Ludwigskirche. Bereits Ende 1827 äußerte der König den Wunsch, eine Kirche an der neuen Straße durch Gärtner errichten zu lassen.[28] Trotz großer Auseinandersetzungen mit dem Magistrat der Stadt München konnte der Bau von 1829 bis 1844 durchgeführt werden. Mit St. Ludwig schuf Gärtner einen der bedeutendsten Kirchenbauten im deutschen Historismus. Frank Büttner hat in seiner Arbeit über die Ludwigskirche den Rundbogenstil Gärtners in Beziehung zu Heinrich Hübschs theoretischer Begründung nicht als ein architektonisches Prinzip bezeichnet, sondern als nur eine von verschiedenen Möglichkeiten der Dekorationsform.[29]

Zu Beginn der dreißiger Jahre scheint Gärtner sich nun endlich auf architektonischem Gebiet durchgesetzt zu haben. Ein Bauauftrag folgt nun dem anderen:[30]

In knapp 15 Jahren schuf Gärtner zahlreiche Bauten, trotz seiner Lehrtätigkeit an der Akademie, wo er Hunderte von Studenten ausbildete. Seine junge dynamische Art und sein ständiges Ringen um einen neuen, der Zeit angepaßten Stil begeisterten seine Schüler. 1838 war Gärtner zum kommissarischen Direktor der Akademie aufgerückt. Nach der Entlassung von Cornelius wurde er am 1. Oktober 1841 zum Direktor ernannt.[31] Sein Fach übernahm sein Schüler August von Voit.[32]

Daneben blieb Gärtner noch Zeit, längere Reisen nach Griechenland (1835/1836 und 1840/1841) sowie nach Sizilien (1839) zu unternehmen. Gärtner nutzte diese Reise für zahlreiche archäologische Studien; in Griechenland wurde er von König Otto 1836 mit dem Bau der königlichen Residenz betraut. In Pompeji beschäftigte sich der Architekt mit Baustudien, die er für sein pompejanisches Haus in Aschaffenburg verwertete. Dieses rastlose Leben wurde plötzlich durch einen Schlaganfall am 21. April 1847 beendet.[33] Als Erster wurde er auf des Königs Befehl feierlich in dem von ihm neu errichteten »Campo Santo« beigesetzt.

Friedrich von Gärtners Ruhm dauert in seinen Bauten an, die München neben den Gebäuden Klenzes im 19. Jahrhundert zu einer der bedeutendsten Kunststädte Europas gemacht haben. Universitätsforum, Ludwigskirche, Blindeninstitut und Staatsbibliothek prägten die von Siegestor und Feldherrnhalle abgeschlossene Ludwigsstraße. Gärtners Architekturstil ist nicht der »Rundbogenstil« Hübscher Prägung. Gärtner kann als Baumeister des frühen Historismus angesehen werden, der auf der Suche nach einem neuen Stil war. Klassizistische, rundbogig-byzantinische und neugotische Formen beherrscht er. Bedauerlicherweise erlebte Gärtner nicht mehr die Diskussion um den Maximilianstil in den 50er Jahren.[34]

Während Klenzes klassizistische Architekturauffassung in eine Sackgasse steuerte, wirkte Gärtners Stil – wenn man davon überhaupt reden kann – in den Werken seiner Schüler fort. Die große Zahl der ausländischen Hörer beweist die Bedeutung seiner Lehre. Die Breitenwirkung seiner Ausbildung war enorm. Bis aus England kamen die Studenten angereist.[35]

Beredtes Beispiel der Verehrung des Meisters durch seine Schüler sind zwei Bände »Architektonische Entwürfe zu Pracht- und Civilgebäuden ausgearbeitet nach Motiven des Oberbaurathes und Direktors Friedrich von Gärtner.« In ihnen veröffentlichten seine begabtesten Schüler eigene »Entwürfe nach Motiven Gärtners«.[36]

Hermann Reidel

27 Eggert, 1963, S. 52
28 Eggert, 1963, S. 5ff.
29 Büttner, 1984, S. 213
30 Aufstellung bei Eggert, 1963, S. 183f.
31 Eggert, 1963, S. 171
32 Hans-Jürgen Kotzur, Forschungen zu Leben und Werk des Architekten August von Voit, Heidelberg 1978
33 Eggert, 1963, S. 173
34 Vgl. Winfried Nerdinger, Der Maximilianstil: Fehlgeschlagene Stilsynthese und Rückschritt der Architekturentwicklung, im Katalog »Gottfried von Neureuther«, München 1978, S. 51–60
35 Vgl. die Matrikelliste der Akademie der bildenden Künste. Thomas Richard Guppy aus Bristol immatrikulierte sich am 18.10.1822, Leonhard Collmann aus London am 4.11.1834 und Thomas Smyth Crammer am 8.11.1836.
36 Hederer, 1976, S. 238

Seitz-Modell, Ausschnitt Ludwigstraße, 1846/68, Bayer. Nationalmuseum München

I. Städtebau und Stadtplanung

Die wichtigsten architektonischen Ziele Ludwigs I. waren die Erstellung der Ludwigstraße, neue Residenztrakte und der Bau von drei Geschichtsmonumenten (Walhalla, Befreiungshalle, Ruhmeshalle). Die Errichtung einer imperialen Straßenachse mit Orientierung auf die Residenz war Ausdruck einer Verlegung des städtischen Zentrums vom bürgerlichen Marienplatz zum Herrschaftssitz des bayerischen Königs und zudem Symbol des Zentralismus im neuen Königreich. Die Finanzierung der Ludwigstraße sowie der neuen Stadtpfarrei St. Ludwig zwang der König im ersten Regierungsjahrzehnt weitgehend der Stadtgemeinde auf, die sich dafür trotz einer Verdoppelung der Biersteuer bis in die 40er Jahre ruinös verschulden mußte. Als sich die Stadt gegen diese »voluptuären« Unternehmungen wehren wollte, erpreßte Ludwig schlichtweg den Magistrat, indem er mit Verlegung seines Regierungssitzes drohte. Für den Ausbau des nördlichen Teils der Ludwigstraße wurden dann mehrere finanzkräftige Institutionen (Damenstift, Salinenverwaltung, Universität) zwangsverpflichtet; dazwischen blieb ein großer Spielraum für Spekulantentum, Zinsmanipulationen und daraus resultierende Bankrotte. Ein Geschichts- oder Bildungs-»Programm« stand nicht einmal im Ansatz hinter den Bauten der Ludwigstraße. Städtebaulich erwähnenswert waren außerdem nur noch der Wiederaufbau von Reichenhall nach dem Brand von 1834 und die Gründung eines bayerischen Rheinhafens (Ludwigshafen).

Für andere Bauaufgaben wie Straßen, Brücken oder Schulen hatte Ludwig kaum Interesse. Die bauliche Entwicklung ärmerer Stadtteile im Süden und Osten Münchens unterblieb nahezu vollständig während seiner Regierungszeit, trotz zahlreicher Beschwerden der Bewohner. Der Zustand der Straßen in Bayern war katastrophal, Klagen kamen aus allen Regierungsvierteln und im Ausland amüsierte man sich darüber, daß man bald nicht mehr zu den Prachtbauten Ludwigs gelangen könne.

W. N.

1.8

1.4

1 Die »neuen« Städte der Ludwigzeit

Der im Zusammenhang mit Ludwig I. immer wieder zitierte Satz, er wolle aus München eine Stadt machen, daß keiner sagen könne, er habe »Teutschland« gesehen, der nicht München kenne, ist als authentischer Ausspruch nicht zu belegen. Wahrscheinlich wurde er zuerst von Reidelbach in dessen hymnischer Biographie auf den »Kunstmäzen« in Umlauf gesetzt. Die Vorstellung, München in ein neues Athen, Rom oder Florenz zu verwandeln und als Zentrum der Kunst, im Gegensatz zum politischen Zentrum Berlin, in Deutschland zu etablieren, entsprach jedoch sicher Ludwigs Intentionen. Im sog. König-Ludwig-Album, das ihm nach seiner Abdankung 1850 die Münchner Künstler dedizierten, wurde er als Schöpfer der »Kunststadt an der Isar« gefeiert oder als Apoll und Musenkönig dargestellt, der die deutschen Künstler aus Rom nach München – das neue Rom – zu großen Aufgaben berief. Das neue München wurde deshalb öfters als leuchtende neue Stadt im Gegensatz zum Dunkel der früheren Residenzstadt dargestellt.

In Anknüpfung an die Bilderbogen des 18. Jahrhunderts, bei denen ein großes Mittelfeld mit kleineren umlaufenden Szenen in Kästchenanordnung zur Darstellung und Auffächerung eines szenischen Geschehens diente, entstanden in zahlreichen Städten Gemälde und Stiche mit den neuen Bauten der Ludwigzeit. In einer Aneinanderreihung der neuen Bauten, wie das schon 1821 Vorherr auf dem Titelblatt seines Monatsblatts für Bauwesen und Landesverschönerung vorführte, entstand das Bild einer unter Ludwig I. neugestalteten Stadt. Am eindrucksvollsten ist diese Darstellung der Bautätigkeit zur Zeit Ludwigs in zwei Gemälden von Heinrich Adam vorgeführt, die als Bildpaar das alte neue ludovizianische München kontrastieren.

Gegenüber den von Ludwig geförderten Prachtbauten und Gedenkstätten kamen Wohnungs- und Sozialbauten sowie die allgemeine »Landesverschönerung« in ganz Bayern zu kurz. Aus dem Kreis um den Architekten Vorherr und dem aufklärerischen »Monatsblatt für Bauwesen und Landesverschönerung« wurde deshalb gegen die Monumentalbausucht des Königs schon früh versteckte Kritik geäußert: »Die Architektur erreicht ihren Endzweck und verdient nur da Achtung, wo sie das Schöne mit dem Nützlichen und Wohltätigen verbindet. Was macht hingegen der Anblick der egyptischen Pyramiden von Gizeh für einen widrigen Eindruck auf den denkenden Menschen! Nachdem er hunderte von Stunden in Ländern mit elenden Hütten besetzt, durchwandert hat, steht er vor den zwecklosen künstlichen Steinklumpen

1.1 Gustav Wenng (Farbabb.)
»Übersicht aller unter der hohen Aegide S. Maj. des Koenigs Ludwig I. entstandenen Bauten in den Jahren 1820–1850«
Stahlstich, farbig aquarelliert; 28,0 × 25,0
MStm, M III/7

1.2 »Was der Prinz einst tief gedacht – Der Koenig hat es wohl vollbracht«
getönter Gips; ∅ 35,0
MStm, Inv.Nr. Ia/32

1.3 A.H. Payne
Blick auf das alte (im Schatten) und neue (im Sonnenlicht) München, um 1850
Stahlstich nach T. Heawood; 38,0 × 28,0
MStm, M III/50

1.4 Julius Schnorr von Carolsfeld (Abb.)
Das neue Rom
»Der deutschen Künstler Studien zu Rom und deren Berufung nach München durch König Ludwig I.«
König-Ludwig-Album; Lithographie
MStm, G 85/31/37

1.5 Herwegen
König Ludwig dem Kunstbeschützer
König-Ludwig-Album; Lithographie
MStm, G 85/31/37

1.6 Heinrich Adam
Das alte München, 1843
Öl auf Holz; 92,0 × 111,0
MStm, Inv.Nr. IIb/7

1.7 Heinrich Adam (Farbabb.)
Das neue München, 1839
Öl auf Holz; 95,0 × 81,5
MStm, Inv.Nr. 28/562

1.8 Ansicht der Vorstadt Au, mit Neubauten der Ludwig-Zeit (Abb.)
Lithographie; 43,0 × 37,0
MStm, Inv.Nr. M II/225

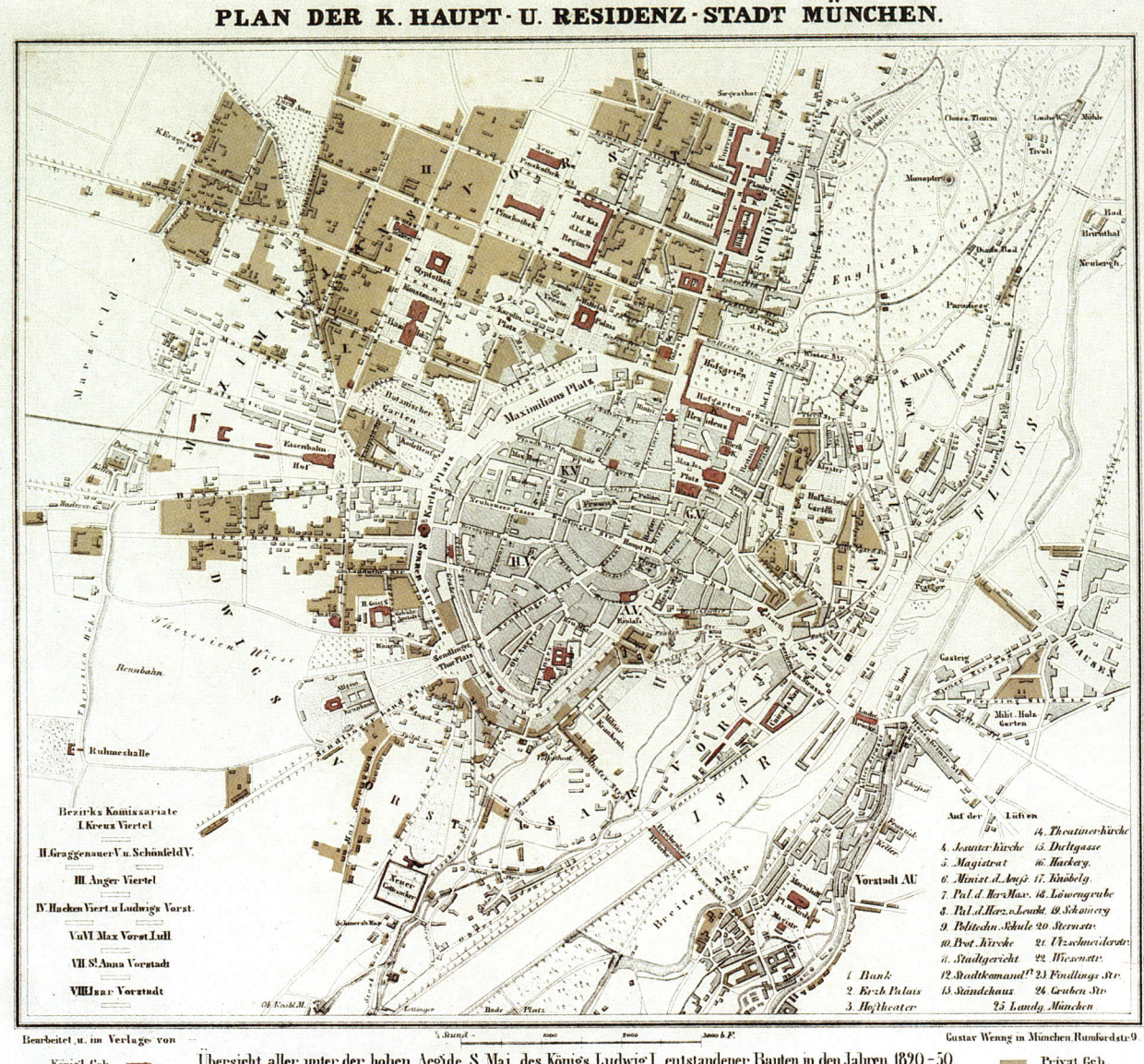

PLAN DER K. HAUPT- U. RESIDENZ-STADT MÜNCHEN.

1.1

1.9 Georg Christoph Wilder (Abb.)
Ansicht von Fürth mit Randveduten
Lithographie; 52,0 × 38,5
Städt. Sammlungen Fürth

1.10 Bad Kissingen mit Neubauten der
Ludwig-Zeit (Abb.)
Lithographie;
Stadtarchiv Bad Kissingen

1 Al. Ammann, Landesverschönerung oder
Verschönerung der Erde, in: Monatsblatt für
Bauwesen und Landesverschönerung 1826,
Beilage, S. 3

... So unvernünftig und die Menschheit erniedrigend eine solche törichte Pracht ist, so schön und zweckmäßig ist es, wenn die Hauptstadt in einer Monarchie sich durch Geschmack und äußeren Glanz auszeichnet. Allein wenn man bloß auf deren Vergrößerung bedacht ist, kann sie zu einer Ausdehnung gelangen, welche dem Staate selbst verderblich wird ... Wenn man den Staat mit einer Pyramide vergleicht, wovon der Bauernstand die Basis und der Monarch die oberste Spitze ausmachen, zwischen welchen die übrigen Stände sind, so verdient derjenige Stand, worauf das Ganze ruht, gewiß die größte Rücksicht. Das Geld welches auf Verschönerung seiner Wohnungen und Fluren, und auf die Verannehmlichung seines Lebens verwendet wird, ist keineswegs unnütz ausgegeben, und nichts dürfte mehr dazu beitragen dem Fremden einen vorteilhaften Begriff von der Nation einzuflößen, als wenn er nicht bloß die Pracht der Hauptstadt seiner Bewunderung werth findet, sondern überall auf dem Lande guten Geschmack und zweckmäßige Einrichtungen antrifft, und dadurch auf ein glückliches, wohlregiertes Volk zu schließen bewogen wird.« [1]

W. Nerdinger

1.7

1.9

1.10

2.6

2.8

2 Planung und Ausbau der Ludwigstraße in München, 1816–1852

Grundlage der städtebaulichen Planungen Ludwigs in München war sein Bestreben, die Residenz nicht nur zum politischen, sondern auch geographischen Mittelpunkt der Hauptstadt und damit auch des Königsreichs Bayern zu machen. Durch die Anlage einer Neustadt, ausgehend vom alten Schwabinger Tor nach Nord-westen und die Planung einer neuen Straßenachse nach Norden, verschob sich das städtische Zentrum vom Marienplatz, dem Mittelpunkt der Bürgerstadt, zur Residenz, dem Sitz des Königs.

Das Achsenkreuz mit dem Schnittpunkt von Brienner- und Ludwigstraße bildete das Rückgrat für die städtebauliche Umstrukturierung der Stadt. Von Klenze ließ sich Ludwig seit 1816 Planungen für den Ausbau der neuen Straße ausarbeiten.

2.9

Statt durchgrünter Vorstädte, wie im Schönfeld und der Maxvorstadt, plante Klenze geschlossene Häuserzeilen und Baublöcke als Platzwände, entsprechend den von Ludwig bewunderten römischen Straßenzügen. Zwar wurde die Straße schon 1822 nach Ludwig benannt und im Bereich des Odeonsplatzes entstanden erste Bauten, aber erst nach der Thronbesteigung kam die Bebauung schneller voran, da nun die Kosten für den Ankauf der Grundstücke weitgehend auf die Stadtgemeinde abgewälzt wurden.

Als Abschluß der Ludwigstraße plante Klenze auf der Höhe des heutigen Universitätsplatzes ein Rondell mit einem Armeedenkmal in Form eines Obelisken. Als Anfang der 30er Jahre Friedrich von Gärtner Bauaufträge in der Ludwigstraße erhielt und Klenze als Architekt des Königs verdrängte, veränderte sich auch der Charakter der weiteren Planung. Waren anfänglich unter Klenze an der südlichen Ludwigstraße noch Privatbauten entstanden (heute fast alle zerstört), so wurden nun nur noch Großbauten errichtet, deren lange Straßenfronten die Prachtstraße möglichst einheitlich erscheinen lassen sollten. An die Stelle kleinteiliger Wohnbauten traten großflächige, monotone Bauten von Institutionen (Universität, Blindeninstitut, Salinenverwaltung), die der König z.T. geradezu zwang an seiner Straße zu bauen und natürlich auch die Baukosten zu tragen. Als nördlichen und südlichen Abschluß der vom König vorangetriebenen Straßenbebauung, ließ Ludwig wieder zwei »architektonische Reiseerlebnisse« nach München verpflanzen: Siegestor und Feldherrnhalle, Antike und Renaissance, Rom und Florenz als Evokationen geschichtlicher Größe. Vgl. H. Lehmbruch S. 17ff.   W. N.

3 Propyläen und Königsplatz in München, 1816–1862

Als eines der letzten Bauwerke der Ludwigzeit in München wurden die Propyläen am Königsplatz 1862 der Öffentlichkeit übergeben. Durch ihre langwierige und wechselvolle, bis in die Kronprinzenzeit des Königs zurückreichende Entstehungsgeschichte, durch ihre hohe Bedeutung in seinem städtebaulichen Programm, durch Gestalt und Ikonographie bilden sie eines der komplexesten Bauwerke jener Jahre in München. Die Forschung hat sich dieser Architektur bislang noch kaum angenommen[1] und auch hier kann bei der Vielschichtigkeit des Themas nur in einigen Punkten ohne Anspruch auf Vollständigkeit angedeutet werden.[2]

Als Klenze seit 1816 im Auftrag des Kronprinzen erste Überlegungen zur Errichtung eines Torbaus am Königsplatz entwickelte, mußte er einen doppelten Gesichtspunkt beachten: Seine Einbindung in das dort geplante städtebauliche Ensemble und seine Funktion als Stadttor im Zuge der damals vom Kronprinzen geplanten Neubefestigung Münchens. Gegen das damals durch die Regierung vorangetriebene urbanistische Programm einer unbegrenzten Öffnung und Erweiterung Münchens, die vor allem durch die Anlage der Maxvorstadt seit 1808 erste konkrete Formen gewonnen hatte, verfolgte der Kronprinz den Plan, die erweiterte Stadt von neuem auf fest umrissenen Grundriß einzuschließen. Wall und Graben sollten eine feste Grenze bilden, in der nur wenige Durchlässe die Verbindung der Stadt mit ihrem Umland darstellten. An den Eingängen sollten neue Stadttore errichtet werden, die neben ihrem praktischen Zweck als Wach- und Zollstationen zugleich als monumentale Ehrenpforten Rang und Anspruch der königlichen Hauptstadt repräsentierten.[3]

Dem am Königsplatz geplanten Tor kam in diesem Vorhaben eine besondere Aufgabe zu. Hier sollte nach dem Willen des Kronprinzen ein städtebauliches Ensemble von hoher Bedeutung entstehen, in welchem als monumentale Darstellung des zeitgenössischen Bildungsideals drei Großbauten: die jonische Glyptothek und die heutige Antikensammlung als ihr korinthisches Gegenstück, schließlich als drittes Bauvorhaben ein Stadttor dorischer Ordnung sich als »Inbegriff der griechischen Architektur« erheben und am Eingang des neuen Münchens »auf einem Punkte ein Bild des reinen Hellenismus in unsere Welt verpflanzt«[4] vorstellen sollten. Diese Vorhaben, von Klenze in den Grundzügen bereits in den Jahren 1816/1817 entworfen, erforderte

3.1 Leo von Klenze
Planung Königsplatz
Feder, aquarelliert; 49,5 × 41
SGSM, Inv.Nr. 26499

3.2 Leo von Klenze (Abb.)
Planung Königsplatz
Feder, aquarelliert; 20,4 × 33
StaM, Städt. Grundbesitz 434

3.3 Leo von Klenze
Die Propyläen am Königsplatz in München, Vorentwurf, Aufriß von Westen
Reproduktion aus: H. H. Russack, Deutsche bauen in Athen, Berlin 1942, S. 88

3.4 Leo von Klenze (Abb.)
Die Propyläen am Königsplatz in München, Vorentwurf, Aufriß der Westseite und Grundriß
Bleistift mit Feder, aquarelliert; 61,6 × 46
SGSM, Inv.Nr. 26496

3.5 Leo von Klenze (Abb.)
Die Propyläen am Königsplatz in München, Vorentwurf, zwei Aufrißvarianten, um 1846
Bleistift und Feder;
SGSM, Inv.Nr. 26489

3.6 Leo von Klenze
Die Propyläen am Königsplatz in München, Vorentwurf, Schnitt durch den Mittelbau mit Varianten für die Säulenordnung und zwei Details
Feder über Bleistift;
SGSM, Inv.Nr. 26849

3.7 Leo von Klenze
(und Ludwig von Schwanthaler?) (Abb.)
Die Propyläen am Königsplatz in München, Vorentwurf, Aufriß, um 1846
Feder über Bleistift; 82 × 62
SGSM, Inv.Nr. 26513

3.8 Leo von Klenze
Die Propyläen am Königsplatz, Grundriß
Reproduktion aus: Allgemeine Bauzeitung, Wien 1861

3.9 Blick vom Fesselballon auf den Königsplatz (Abb.)
Aufnahme um 1890
BHStA, Kriegsarchiv, Bildersammlung Luftaufnahmen, Fasc. II 5
Nr. 2034 grün

3.10 Leo von Klenze (Farbabb.)
Propyläen und Königsplatz von Westen, 1848
Öl auf Sperrholz; 130,2 × 87,5
Mstm, P 13682

1 S. dazu u.a.: J. A. Pangkofer, Das Propyläum. Ein nächstkünftiges Pracht-Thor Münchens, München 1851. (Beschreibung des geplanten Torbaus); H. Reidelbach, König Ludwig I. von Bayern und seine Kunstschöpfungen, München 1888, S. 250ff.; H. Bulle, Zur Geschichte des Münchner Königsplatzes, in: Monatsberichte über Kunstwissenschaft und Kunsthandel (hrsg. v. H. Helbing, München) Jg. 2, 1902, S. 20ff.; O. Hederer, Leo von Klenze, München 1964, S. 342ff.; H. Habel, Der Königsplatz in München als Forum des Philhellenismus, in: Jb. der bayerischen Denkmalpflege, Bd. 33 für das Jahr 1979, München 1981, S. 183; G. Leinz, Baugeschichte der Glyptothek 1806–1830,

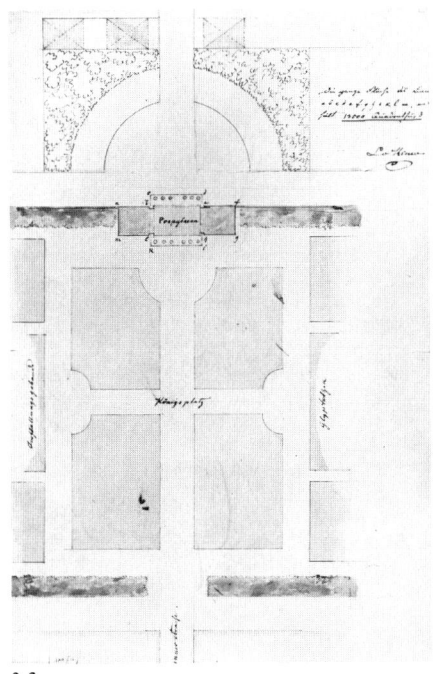

3.2

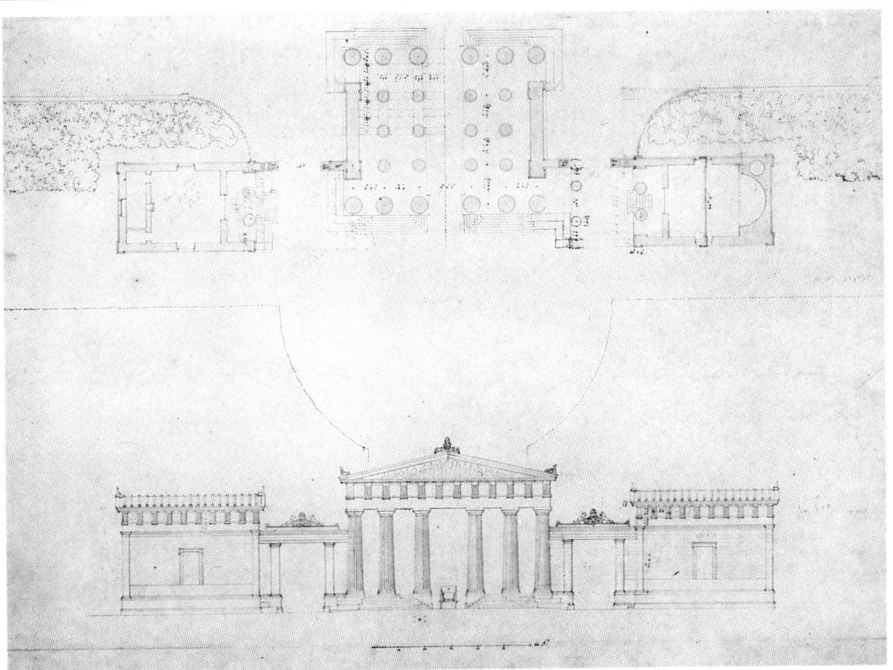

3.4

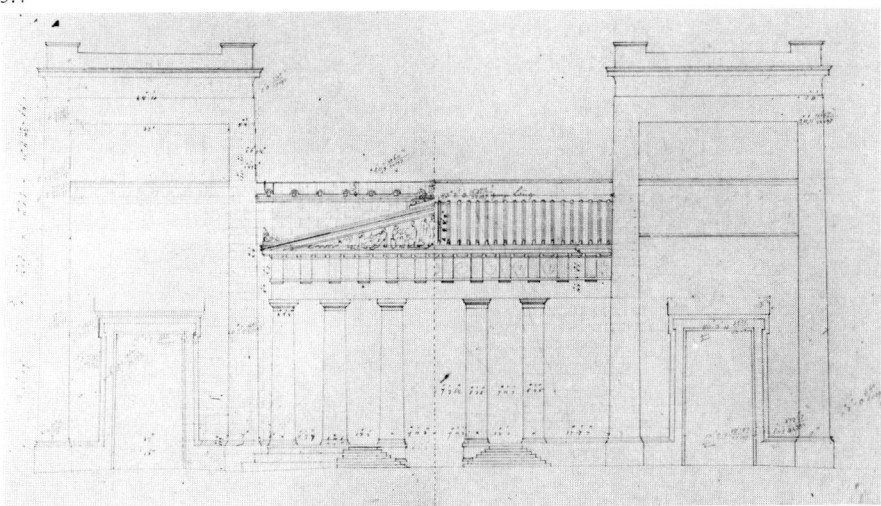

3.5

in: K. Vierneisel (Hrsg.), Kat. Glyptothek
1830–1980, München 1980, S. 113 ff.; ders.,
Der Königsplatz und seine Bebauung, ebd.,
S. 532 f.; E. Bergmann, Der Königsplatz –
Forum und Denkmal, ebd. S. 305 ff.

2 Eine wirklich konsistente und mit Daten
belegte Planungs- und Baugeschichte der
Propyläen muß hier u. a. auch deshalb unterbleiben, weil die Staatl. Graph. Sammlung in München zum Zeitpunkt der Arbeit
an diesem Artikel wegen Umbau auf längere Zeit geschlossen und daher die Einsicht
in die dort bewahrten sehr wichtigen Entwürfe und Pläne Klenzes nicht möglich
war. Die Ausarbeitung des Artikels stützte
sich auf eine Auswahl fotografischer Reproduktionen der dort bewahrten Zeichnungen Klenzes.

3 Die Überlegungen und Planungen zur Errichtung neuer Prachttore an den Stadteingängen von München haben eine längere,
bis in das letzte Drittel des 18. Jahrhunderts
zurückreichende Vorgeschichte. (S. dazu:
H. Lehmbruch, Die Maßnahmen und Projekte zur Neugestaltung der Münchner
Stadteingänge, in: W. Nerdinger (Hrsg.),
Kat. Klassizismus, S. 67 ff. u. ders., Das
Karlstor, ebd., S. 73 ff.)

4 GHA, Nachl. Ludwig I. I A 36 I. (Zit.
nach: G. Leinz, s. Anm. 1, S. 553)

5 Eine gründliche und umfassende Darstellung der Planung und Anlage des Königsplatzes durch Klenze steht noch aus. (S.
dazu u. a. die in Anm. 1 zit. Lit. Ferner:
H. Lehmbruch, Der Wettbewerb zur Anlage der Maxorstadt, in: W. Nerdinger,
(Hrsg.), Kat. Klassizismus, S. 204 f.; ders.,
Der Königsplatz, ebd., S. 225 f.)

6 Klenze nennt als Vorbild u. a. die Piazza del
Popolo in Rom, die Barrière du Thrône in
Paris sowie das Brandenburger und das
Potsdamer Tor in Berlin. (GHA, Nachl.
Ludwig I. I A 36 I, Schreiben Klenzes an
den Kronprinzen v. 30.7.1817)

bis zu seiner Vollendung beinahe ein halbes Jahrhundert. In dem langwierigen
Prozeß seiner Planung und Realisierung
machte es vielfältige Wandlungen durch,
die den städtebaulichen Entwurf in seiner
Gesamtheit und in ganz besonderer Weise
die Propyläen als das zuletzt errichtete
Bauwerk betrafen.
Die Anlage des Königsplatzes war aus
den seit 1808 entwickelten Planungen
zur Maxvorstadt hervorgegangen.[5] Im
Rhythmus der Platzfolge auf der Hauptachse der neuen Vorstadt (Brienner Straße) sollte er zwischen den beiden Ron-
dellen des Karolinen- und des heutigen
Stiglmaierplatzes das Zentrum der Neugründung bilden und vorrangig mit öffentlichen Bauten besetzt werden. Diesen
Gedanken hatte der Kronprinz mit den

Planungen zur Glyptothek zwar aufgegriffen, doch erfuhr das städtebauliche
Konzept mit dem Vorhaben zur Neubefestigung Münchens einen einschneidenden Wandel. Die westliche Stadtgrenze
sollte am Königsplatz gezogen und der
jenseits dieser Linie liegende Teil der neu-
en Vorstadt mit dem heutigen Stiglmaier-
platz und der westlichen Brienner Straße
vom Stadtgebiet abgeschnitten werden.
Der Königsplatz selber geriet dadurch aus
seiner zentralen Stellung in Randlage der
Vorstadt und sollte nach dem vom Kronprinzen verfolgten Konzept ein repräsentatives Entrée für das neue München bilden. Die großen Torplätze von Paris, Berlin oder Rom waren für dieses Vorhaben
beispielgebend.[6]
Die ersten Planungen Klenzes, seit April

127

3.7

1816 eingeleitet[7], zielten auf möglichst dichte Umbauung der Platzfläche auf drei oder sogar vier Seiten, ehe in einem langwierigen Prozeß das endgültige Konzept im Dreiklang der Großbauten griechischer Ordnung unter Ausschaltung aller anderen Architektur und ihre Einbettung in Büsche, Bäume und Rasenflächen, gleichsam wie in einen heiligen Hain gefunden war.[8] In der langen Reihe der im Verlauf des Planungsprozesses entwickelten städtebaulichen Entwürfe arbeitete Klenze für die Plazierung des Torbaus am Königsplatz und für seine Gestalt mehrere Alternativen aus. Der Königsplatz ist durch drei Straßen in den Rechteckraster der Vorstadt eingebunden. Als Hauptachse durchquert ihn die von der Altstadt nach Westen zielende Fernstraße (Brienner Straße). In der Querrichtung wird er im Osten durch die heutige Arcis-/Meiserstraße und im Westen durch die Luisenstraße nur tangiert. Wo sich im Westen des Königsplatzes die Luisenstraße mit dem Fernweg kreuzt, sollte nach den Plänen Klenzes der Torbau die Grenze des neuen Münchens bilden. Fraglich blieb, ob er diesseits oder jenseits der Luisenstraße errichtet werden sollte. Er spielte in seinen Plänen beide Möglichkeiten durch.[9] Bei der zuletzt gewählten Lösung erhebt sich der Torbau gleich den anderen beiden Großbauten unmittelbar an der inneren Grenze des Platzes; die Luisenstraße streicht an seiner Außenseite vorbei und wäre bei Ausführung der geplanten Stadtumwallung infolgedessen aus dem Stadtplan ausgeklammert worden.

Über die Varianten zur Stellung des Torbaus hinaus enthalten die städtebaulichen Entwürfe zum Königsplatz in groben Massengrundrissen auch summarische Angaben zu der damals von Klenze geplanten Architektur der Propyläen. Sie zeigen auch für die Baugestalt wechselnde Lösungen. Immer jedoch stellt sich der Torbau in dieser ersten, 1816 eingeleiteten Entwurfsphase auf den Situationsplänen als mehr oder weniger aufgelockerte Gruppe von drei Gebäuden dar, die durch schmälere Bauglieder untereinander verbunden sind. In der Mitte erhebt sich der eigentliche Torbau in der Achse der Ausfallstraße nach Westen. Er wird von Flügelbauten begleitet, die sich entweder in derselben Baulinie an der Platzgrenze aufreihen oder aber als Querflügel ausgerichtet sind. Auch die Ausbildung der verbindenden Trakte ist unterschiedlich dargestellt. Bald breiter, vermutlich also als überdachte Durchgänge oder Kolonnaden, oder schmäler als einfache Verbindungsmauer oder -gitter. Der Torbau in der Mitte besetzt in der Regel die größte Grundfläche, nur in seltener Ausnahme übersteigen die Flügelgebäude seine Größe.[10] Sie sollten, wie sich an den weiter ausgeführten Plänen erweist, vorrangig für die Unterbringung von Wache und Zoll eingerichtet werden.[11] Noch einmal muß an die ursprüngliche Planung des Bauwerks als Stadttor mit allen Funktionen einer Wach- und Kontrollstation erinnert werden. München war zu Beginn des Jahrhunderts obwohl militärisch entfestigt, dennoch keine offene Stadt im modernen Sinne; immer noch war der Verkehr an den Stadteingängen einer strengen Überwachung unterworfen.[12] Das Vorhaben des Kronprinzen zur Neuumwallung Münchens sollte nicht zuletzt durch Schließung der Grenzen diese Überwachung erleichtern.

7 Laut Notiz Klenzes in: BStB, Klenzeana I, Memorabilien fol 26 v. (Zit. nach: K. Fräßle, Haller von Hallerstein, Diss. Freiburg 1977, S. 216)

8 Zur Bebauungsplanung für den Königsplatz s. die in Anm. 1 zit. Lit., insbesonders G. Leinz, S. 114ff. u. S. 534f. Ferner: K. Fräßle (s. Anm. 7), S. 215ff.

9 S. Die Abbildungen zu der in Anm. 5 zit. Lit. Dabei auch ein Situationsplan, der als Ausnahme den Torbau in der Achse der Luisenstraße zeigt. Der Verkehr durch diese Straße weicht dem Bauwerk mit einem Bogen nach Osten aus. (Abb.: G. Leinz, s. Anm. 1, S. 116)

10 GHA, Nachl. Ludwig I. I A 36 II Beilage zu einem Schreiben Klenzes an den Kronprinzen v. 19.11.1821. (Abb. s. Kat. Glyptothek 1830–1980, S. 535, Kat.Nr. 202)

11 Im Zusammenhang der Pläne für eine dichtere Umbauung der Platzfläche auch im Westen entstanden u.a. Entwürfe für die Anreihung von Geschäfts- oder Wohnhäusern zu beiden Seiten des Torbaus. (H. Bulle, s. Anm. 1, S. 21: Zitat nach Schlichtegroll von 1820, sowie die Tafel VI)

12 M. Schattenhofer, München unter Max II. und Ludwig II., Beiträge zur Geschichte der Stadt, in: OA, Jg. 109, H. 1, S. 183

13 Aus dem in Anm. 2 genannten Grunde ist hier auf den Versuch einer chronologischen Reihung der Entwürfe Klenzes für die Propyläen verzichtet. In der Besprechung der Entwürfe ist lediglich zwischen einer früheren und einer späteren Planungsphase, die sich formal deutlich voneinander absetzen, unterschieden. Diese Einordnung der Entwurfserien schließt nicht aus, daß sich die beiden Planungsphasen zeitlich wohlmöglich berühren oder sogar überschneiden. (S. auch Anm. 30)

14 S. Anm. 47

15 SGSM, Inv.Nr. 26496; 26516 recto und verso. Der Aufriß SGSM, Inv.Nr. 26496 läßt sich durch die Anbringung des 1835 (wieder) eingeführten Stadtwappens mit dem Münchner Kindl über den seitlichen Passagen auf ein Datum um oder nach diesem Zeitpunkt festlegen. (Zum Wappen: L. Morenz, Das Münchner Stadtsiegel und Stadtwappen, in: OA, 1968, S. 11.) Ein Datierungshinweis ergibt sich auch für die Ansicht SGSM, Inv.Nr. 26516 recto durch die Darstellung des Obelisken auf dem Karolinenplatz im Durchblick durch die Torhalle: Erste Planungen für dieses Denkmal ab 1828; die Enthüllung erfolgte 1833. (S. auch Anm. 30)

16 SGSM, Inv.Nr. 26845

17 So jedenfalls war die Verkehrsregelung bei dem ausgeführten Bauwerk: »Es wurde angeordnet, daß die mittlere [Durchfahrt] nur für Reiter und Stadtewägen, die [seitlichen] in den Türmen aber für Aus- und Einfahrten der Fracht- und Lastwägen benützt werden.« (Propyläen in München, in: Allgem. Bauzeitung, Wien, Jg. 26, 1861, S. 203)

18 Dagegen stand die Ansicht Ludwigs trotz seines schon früh gefaßten Plans zur Errichtung eines Torbaus griechischen Stiles in München vor allem in Hinblick auf seine Plazierung offenbar lange nicht fest. Als

3.9

weitere Standorte für die Errichtung von
Propyläen in München tauchen in seinen
Überlegungen u. a. die Anlage vor dem
Schwabinger Tor (Odeonsplatz/Ludwig-
straße) oder die Gasteighöhe am jenseitigen
Ufer der Isar bei der östlichen Stadteinfahrt
(Rosenheimer Straße) auf. Ob als Alternati-
ve zu dem am Königsplatz geplanten Tor-
bau oder als Standort für weitere gleicharti-
ge Torbauten, muß vorerst offen bleiben.
(S. auch Anm. 31)

Anhand der Massengrundrisse auf den Situationsplänen lassen sich Stellung und
Artikulation der Baugruppe als wechselvolle Planung ablesen. Die spärlicher
überlieferten Entwürfe für die aufgehende
Architektur bestätigen und ergänzen die
Beobachtungen. Sie zeigen für diese frühe
Entwurfsphase[13] übereinstimmend eine
aus drei Bauflügeln und verbindenden
Gliedern zusammengesetzte Gebäudegruppe. Der Torbau in der Mitte ist als
offene Säulenhalle mit dorischer Tempelfront dem Dreiklang der griechischen
Ordnungen am Königsplatz zugeordnet.
Auf dreistrufigem Unterbau tragen sechs
dorische Säulen ein reliefiertes Giebelfeld;
im Inneren erheben sich schlankere korinthische Säulen.[14] Die Torhalle wird
in der Längsachse von der Ausfallstraße
durchquert. Zu diesem Zweck ist im mittleren Interkolumnium der Unterbau als
Durchfahrt auf das Straßenniveau abge-
senkt; die seitlich verbleibenden Plattfor-
men sind für Fußgänger begehbar.

129

Die Torhalle wird auf beiden Seiten von niedrigen, als Antentempel ausgebildeten Flügelgebäuden gerahmt. Ihre Ausrichtung zum Hauptbau ist in einer Reihe von Entwürfen in verschiedenen Varianten dargestellt. Meist sind die Giebelseiten dem Mittelgebäude zugewendet, so daß die niedrigen Nebenbauten mit quergestellter Firstlinie als ausgebreitete Seitenflügel erscheinen.[14] Seltener bilden sie in gleichgerichteter Anordnung mit der Torhalle in der Mitte eine giebelseitige Baugruppe, bei der sich das gleiche Dreiecksmotiv in unterschiedlicher Größe dreifach wiederholt.[16] Auch die Verbindung der drei Bauteile ist in den Entwürfen variiert. Seltener sind die Seitengebäude eng an den Hauptbau herangerückt und durch eine geschlossene Zungemauer mit ihm verbunden. Meist bleibt der Abstand weit genug für zusätzliche Passagen zwischen Haupt- und Flügelgebäuden. So hätte der Last- und Fernverkehr unmittelbar an den Wachgebäuden vorbeigeführt werden können.[17]

Wie die gesamte Entstehungs- und Bedeutungsgeschichte der Propyläen ist auch die Genesis ihrer Gestalt kaum erforscht. So weit bisher erkennbar, stand von Anbeginn der Planungen Klenzes ihre Errichtung als Evokation eines griechischen Bauwerks dorischer Ordnung für den Architekten nie in Frage.[18] Die Quellen, aus denen Klenze die Anregung für seine Entwürfe schöpfte, fließen, jenseits der unmittelbaren Anregung durch antike Baukunst, aus Vorbildern des frühen Klassizismus im 18. Jahrhundert und aus der zeitgenössischen Kunst. Der Gedanke zur Nachbildung eines griechischen Torbaus dorischer Ordnung in München ist in dem Kronprinzen vermutlich schon vor seiner Begegnung mit Klenze gereift. Darauf jedenfalls deutet die Überlieferung, daß er im Jahre 1806 bei seinem Einzug mit den Truppen Napoleons in Berlin, die Marschkolonne verließ, um seine Aufmerksamkeit der Nachschöpfung eines solchen Bauwerks, nämlich dem Brandenburger Tor zu widmen.[19] Tatsächlich bleibt das Berliner Vorbild als Anregung für den Münchner Torbau in den Entwürfen erkennbar, die Klenze seit 1816 im Auftrag des Kronprinzen ausarbeitete.[20] Vergleichbar ist vor allem die Gesamtdisposition als Baugruppe mit einem dorischen Säulenportikus, dem eigentlichen Torbau, in der Mitte und niedrigen Flügelgebäuden für die Unterbringung von Wachlokalen auf beiden Seiten.[21] Entsprechend der veränderten Zeit- und Stilsituation um 1816 und der inzwischen gewonnenen genaueren Kenntnis der griechischen Architektur hat Klenze jedoch seinen Entwürfen eine stärker an

die antiken Vorbilder angenäherte Gestalt gegeben.[22] Seit Errichtung des Brandenburger Tores hatten Ausgrabungen und Vermessungen in Athen und sonst in Griechenland, an denen im unmittelbaren Kontakt mit dem Kronprinzen der Architekt Karl Haller von Hallerstein maßgeblich beteiligt war, zu neuem, gesicherten Wissen über die antike Baukunst in Griechenland geführt.[23] Haller weilte von 1810 bis zu seinem Tode 1817 als Ausgräber und Archäologe in Griechenland und hat dort unter anderem als einer der ersten eine weitgehend verläßliche Rekonstruktion der damals noch durch Einbauten verstellten und ruinösen Propyläen von Athen gewonnen[24], die er neben anderen Motiven seiner archäologischen Studien unter anderem in eine Serie von Entwürfen für die Walhalla und für die Glyptothek in München einbrachte, die er 1814/1815 im Auftrag des Kronprinzen ausarbeitete.[25] Die Grabungsergebnisse und die Entwürfe Hallers gelangten durch Vermittlung des Kronprinzen auch zur Kenntnis Klenzes, der aus ihnen wesentliche Anregungen für sein Werk schöpfte, noch bevor er selber 1834 Griechenland und die antiken Bauwerke durch eigenen Augenschein kennenlernte.[26] Doch auch über diesen Zeitpunkt hinaus blieben die von Haller ausgehenden Anregungen im Werke Klenzes, so auch für die Münchner Propyläen, stets präsent.

Der unmittelbare Anstoß für den ersten Entwurf des Torbaus ging jedoch, so scheint es, 1816 von einem eigenen Entwurf Klenzes für die Glyptothek aus.[27] Auf Wunsch des Kronprinzen hatte er den Eingangstrakt für den Museumsbau am Königsplatz als offene Säulenhalle entworfen, die den Durchblick in den Innenhof der Vierflügelanlage und auf einen Hintergrund dort geplanter Anpflanzungen freigibt. Nach diesem Entwurf hätte also der Glyptotheksflügel am Königsplatz den Eindruck eines Torbaus mit offener Säulenhalle in der Mitte und niedrigen, fensterlosen Seitentrakten vermittelt. Klenze war beim Entwurf der offenen Eingangshalle für das Museum dem Wunsch des Kronprinzen nur im Vorbehalt gefolgt, nicht zuletzt, weil sie die geschlossene Führungslinie durch das Gebäude unterbrochen hätte, und er fand in Johann Martin Wagner, Kunstberater und -agent des Kronprinzen in Rom, einen engagierten Bundesgenossen in der Ablehnung dieser »Windpotenz«[28] am Eingang des Museums. Klenze erreichte ihre Schließung durch das Argument, daß sich die offene Säulenhalle und der Ausblick in die Landschaft durch den im Westen des Königsplatzes geplanten Torbau besser und sinnvoller realisieren ließe.

19 M. Dirrigl, Ludwig I., König von Bayern, München 1980, S. 784. Das Brandenburger Tor wurde in den Jahren 1788 bis 1791 von Carl Gotthard Langhans errichtet

20 Bei der Debatte um den Standort der Propyläen (s. Anm. 20, hier vor dem Schwabinger Tor, heute Odeonsplatz) wies der Kronprinz in einem Schreiben an Klenze vom 22.9.1816 ausdrücklich auf das Brandenburger Tor als Vorbild hin. (Zit. bei G. Leinz, s. Anm. 1, S. 113)

21 Als weitere unmittelbare Inspirationsquelle für die frühen Entwürfe Klenzes zu den Münchner Propyläen kommen auch Projekte des italienischen Architekten Giacomo Quarenghi (1744–1817) für ähnliche Torbauten in Frage. Bei einem kurzen Aufenthalt in München im Jahre 1810 gab ihm der Kronprinz neben dem Projekt für ein Skulpturenmuseum (s. dazu B.-R. Schwahn, Glyptothek, in: W. Nerdinger (Hrsg.), Kat. Klassizismus, S. 229) in Auftrag. Zwei von Quarenghi dem Kronprinzen übersandte Enwürfe für Triumphtore in Petersburg (GHA, Nachl. Ludwig I. I A 40 III, Beilage zu einem undatierten Schreiben an den Kronprinzen) lassen sich derzeit im Archiv nicht nachweisen und daher mit den Entwürfen Klenzes zu den Propyläen nicht vergleichen. Doch haben sich andere Torprojekte Quarenghis erhalten, die in ihrer Struktur als Gebäudegruppe einerseits mit der Anlage des Brandenburger Tores in Berlin und andererseits darum auch mit den frühen Entwürfen Klenzes zu den Münchner Propyläen vergleichbar sind. (Abb. s.: Kat. Disegni di Giacomo Quarenghi, Bergamo/Venezia 1967, Kat.Nr. 118)

22 Trotz gewisser Analogien weicht der Entwurf Klenzes zu einem Torbau SGSM, Inv.Nr. 26626 von dieser Haltung ab. Er zeigt eine Baugruppe mit überhöhtem Portal in der Mitte und kleineren, als dorische Tempel ausgebildeten Seitengebäuden, eingebunden in einen von Büschen und Bäumen begleiteten Mauerzug und insofern den Projekten Klenzes der frühen Entwurfsserie für die Propyläen vergleichbar. Auch die relative Gebäudehöhe, dargestellt durch eine Menschengruppe unter dem Mittelportal, weist eine vergleichbare Größenordnung auf. (Ein absoluter Maßstab ist auf der als Arbeitsunterlage benutzten Reproduktion der Zeichnung nicht erkennbar. Das Original war aus dem in Anm. 2 genannten Grund nicht zugänglich.) Entscheidender Unterschied: Das Mittelportal ist hier als Rundbogentor entwickelt und von einer Quadriga bekrönt, die zwar als Hinweis auf das für die erste Entwurfsserie Vorbild gebende Brandenburger Tor gelten kann, jedoch in keiner der für diese Serie gesicherten Zeichnungen aufscheint. Die Erörterung, ob der Entwurf SGSM, Inv.Nr. 26626 für München und für den Königsplatz (oder vielleicht für das Siegestor an der Ludwigstraße?) bestimmt war, muß hier ausgeklammert bleiben. Die von O. Hederer (s. Anm. 1, S. 228) vorgenommene Zuordnung der Zeichnung als Vorprojekt für das Münchner Hofgartentor am Odeonsplatz erscheint jedenfalls aus verschiedenen Gründen ausgeschlossen.

23 Eine dem Brandenburger Tor zeitgleiche Rekonstruktion der Athener Propyläen von Stuart und Revett (1787) führt E. Bergmann (s. Anm. 1, S. 307) mit Abb. an. Eine Rekonstruktion aus der Zeit um 1800 bei: J. N. L. Durand, Recueil et Parallèle des Édifices de tout Genre, anciens et modernes, Paris An IX, Pl. 1

24 Dazu zuletzt: H. Bankel, Hallers Forschungen an den Propyläen, H. Bankel (Hrsg.), Kat. Haller von Hallerstein, München/Nürnberg/Berlin 1986, S. 96ff.

25 K. Fräßle (s. Anm. 7), S. 159ff. u. S. 228ff.; B.-R. Schwahn (s. Anm. 21), S. 229ff.

26 W. Harmdorf, Klenzes archäologische Studien und Reisen, seine Mission in Griechenland, Kat. Ein griechischer Traum, Leo von Klenze der Archäologe, München 1985/86, S. 154ff.

27 Zum Folgenden: O. Hederer (s. Anm. 1), S. 186; G. Leinz (s. Anm. 1), S. 114 u. S. 143ff. Dort auch Abb. des Entwurfs Klenzes für den Eingangsflügel der Glyptothek mit offener Säulenhalle, Grundriß (S. 151 u. S. 490, Kat.Nr. 130). Ferner: B.-R. Schwahn, Die Glyptothek in München, MBM 83, 1983, S. 63

28 Wagner in einem Gutachten an den Kronprinzen v. 30.11.1816. (Zit. nach: G. Leinz, s. Anm. 1, S. 146)

29 S. dazu den von H.H. Russack (Deutsche bauen in Athen, Berlin 1942, S. 88) abgebildeten Entwurf Klenzes für die Münchner Propyläen

30 S. dazu die Ansicht Klenzes zu einem Projekt der ersten Entwurfserie (SGSM, Inv.Nr. 26516 recto) mit Durchblick durch die Torhalle auf den Obelisken am Karolinenplatz und die 1848 datierte Darstellung des Ausführungsprojektes (s. N. Lieb u. F. Hufnagl, Leo von Klenze, Gemälde und Zeichnungen, München 1979, S. 122, G 56) mit dem gleichen Durchblick. Die Analogie der beiden Ansichten legt die Vermutung nahe, daß sich mit diesen Darstellungen die beiden Entwurfserien zeitlich sehr nahe kommen oder sogar überschneiden. (S. auch Anm. 13)

31 Zumal auch die Ansichten Ludwigs zur Standortfrage (s. Anm. 18) und über den Auftrag an einen bestimmten Architekten lange Zeit schwankend blieben: »Sie können auch [den Architekten] Guttensohn [sic!] u. Thürmer sagen, daß ich wahrscheinlich nach Jahren ein Stadttor aus Quadern wie Röm. Triumphorte [sic!] aufzuführen vorhabe, ein anderes im Styl der Propyläen; beschlossen habe ich noch nicht, durch wen.« (Ludwig I. in einem Schreiben an Wagner v. 12.6.1826, hier zit. nach: W. v. Pölnitz, Ludwig I. von Bayern und Johann Martin Wagner, München 1929, S. 311}

32 Klenze stellte schon am 1.7.1822 in einem Schreiben an den Kronprinzen resigniert fest, daß die Bautätigkeit von Privaten »außerhalb der projektierten Stadtmauerlinie« am Königsplatz »um kein Recht in der Welt« zu verhindern wäre (GHA, Nachl. Ludwig I. I A 36 II). Laut Schreiben vom 15.9.1823 an den Kronprinzen erwog Klenze aus diesem Grunde vorübergehend sogar den Plan, die Stadtgrenze und mit ihr

Tatsächlich ist unter den frühen Entwürfen für die Propyläen eine Variante, die den Vorentwurf für den Eingangsflügel der Glyptothek mit offener Säulenhalle und eng herangezogenen fensterlosen Seitentrakten unmittelbar aufnimmt.[29] Doch auch darüber hinaus blieb das Motiv der freien Durchsicht durch den Torbau (mit einer Ausnahme) durch die ganze Planungsgeschichte der Propyläen bis zum ausgeführten Bauwerk ein wesentliches Element der ästhetischen Wirkung.[30] Die von Klenze seit 1816 verfolgten Planungen für den Torbau hatten zunächst keine konkreten Folgen. Erst 1846 erhielt Klenze den endgültigen Auftrag für den Bau der Propyläen. Offenbar schätzte Ludwig I. die Dringlichkeit anderer Bauvorhaben höher ein.[31] Darüber hinaus aber ergab sich aus der Entwicklung der Stadt, die schon zu Beginn der zwanziger Jahre über die am Königsplatz geplante Grenze hinauszuwachsen begann, für das geplante Tor eine neue Situation.[32] Der Gedanke an die Neubefestigung Münchens mußte aufgegeben werden. Das Stadttor am Königsplatz verlor dadurch seine praktische Funktion, zumal auch die Zollkontrollen inzwischen von den Stadttoren an die Burgfriedensgrenze verlegt worden waren.[33] Nun aber wuchs dem Torbau mit dem Verlust der praktischen Funktion verstärkte symbolische Bedeutung als Stadtportal zu, gewann der städtebaulich-formale Aspekt des Bauvorhabens als westlicher Abschluß des Königsplatzes und der von Ludwig I. geschaffene Neustadt Münchens zusätzliches Gewicht. Schließlich aber lud sich das Vorhaben als Denkmalsprojekt mit zusätzlicher ikonographischer Thematik auf. Klenze hatte die Gestaltung des Tores als Denkmal schon 1818 durch einen Entwurf in die Planung eingebracht. Damals sollte in München für die in den napoleonischen Kriegen in Rußland Gefallenen der bayerischen Armee ein Ehrenmal errichtet werden, zu dem Carl von Fischer im Jahre 1812 einen ersten Entwurf in Form einer Gedächtnisstätte am Königsplatz geliefert hatte, der jedoch nicht zur Ausführung gekommen war.[34] Auf Drängen des Feldmarschalls Fürst Wrede griff Klenze 1818 das Projekt mit dem Entwurf für die Gestaltung des am Königsplatz geplanten Stadttores als Ehrenmal wieder auf.[35] Der Gedanke lag nahe; seit den antiken Triumphtoren war die Errichtung militärischer Ehrenpforten nie aus der Kunstgeschichte verschwunden und hatte zuletzt vor allem durch die im Machtbereich Napoleons geplanten Triumphtore seit dem Anfang des 19. Jahrhunderts neue Belebung erfahren. Wrede jedoch lehnte den Vorschlag Klenzes ab. Ihm

erschien die Widmung eines als Grenzbauwerk und Kontrollstation dienenden und in einem Befestigungsring fest eingebundenen Stadttores als Ehrenmal nicht angemessen.[36] Klenze gab seinen Gedanken auf und entwarf in der Folge den nach langer Planung 1833 am Karolinenplatz enthüllten Obelisken zum Gedächnis der Gefallenen. Doch ging der Denkmalsgedanken auch für den Torbau am Königsplatz nicht verloren. Denn als er im Jahre 1846 die Ausführungsplanung für die inzwischen als Stadttor funktionslos gewordenen Propyläen aufnahm, bestimmte Ludwig I. sie zu einem Denkmal für den Freiheitskampf des griechischen Volkes gegen die türkische Fremdherrschaft und für das segensreiche Wirken König Ottos, des zweiten Sohns Ludwigs I., als Regent des aus den Freiheitskämpfen hervorgegangenen neuen griechischen Königsreiches.[37] Mit diesem ikonographischen Thema gewann der von Anbeginn der Planungen für die Gestalt des Bauwerks intendierte Rückgriff auf altgriechische Formen zusätzliche, aus der politischen Gegenwart geschöpfte Bedeutung. Sie drückt sich nicht so sehr in der Architektur aus, sondern gewinnt in dem nach Angaben des Baumeisters von Ludwig Schwanthaler entworfenen Bildwerken[38] unmittelbar sprechende Gestalt.

Für die Architektur dagegen gewann gegenüber den früheren Entwürfen die symbolische Funktion als Stadtportal verstärkte Ausdruckskraft. Zwar eliminierte Klenze die für die Unterbringung von Wache und Zoll geplanten Flügelbauten. Um so stärker betonte er nun jedoch den wehrhaft-festen Charakter des eigentlichen Torbaus als Verteidigungswerk. Er gab die locker gefügte Baugruppe der ersten Entwurfsserie und damit auch ihre relative Leichtigkeit und Durchsichtigkeit zugunsten blockhafter Mächtigkeit eines mauerbetonten kompakten Bauwerks auf. Besonders in dem von ihm so bezeichneten »Project I«[39] ist die alte Entwurfslinie und selbst der einst vom Kronprinzen geforderte Durchblick durch eine offene Säulenhalle völlig verlassen. Als letzter Rest der früheren dreigliedrigen Gruppierung blieb die Zusammensetzung des Baublocks aus drei eng gefügten Trakten, nun aber auf einheitlich zusammengefaßten Rechteckgrundriß. In Umkehrung der alten Höhenverhältnisse wird hier ein niedriger Mitteltrakt unter einem Satteldach, dessen Firstlinie quer zur Straßenachse gerichtet ist, von zwei höheren Turmbauten flankiert, die mit offenem Freigeschoß wie für einen Ausguck und mit flacher, durch eine Brüstungsmauer bewehrter Plattform als oberen Abschluß, gleichsam die Verteidigungsbereitschaft des Bauwerks signalisieren. Der Grundriß ist eng zusammengefaßt; die Aufrichtung der ragenden Turmgruppe betont. In die Mauermasse des Baublocks sind drei hohe Toröffnungen eingeschnitten, unter denen in der Entwurfszeichnung kleine Menschengruppen die Größenverhältnisse des Bauwerks anzeigen. Die Menschen wirken unter den hohen Portalen wie zwergenhafte Wesen, da ihre Köpfe nur eben die Oberkante des Gebäudesockels erreichen und über ihnen, zu Seiten des mittleren Tores, gleichsam als Torwächter, zwei griechisch gewandete weibliche Kolossalstatuen auf Konsolsockeln aufgerichtet sind. Sie gehören zu einem Bildprogramm, das den Denkmalscharakter des Torbaus bezeichnet. Hier sind bereits die Themen des ausgeführten Bauwerks angeschlagen. Das Hauptthema ist in einem Relieffries über dem Mittelportal dargestellt: Der Kampf des Kreuzes gegen den Halbmond, der Freiheitskampf der Griechen also gegen die türkische Fremdherrschaft. Die Früchte des gewonnenen Kampfes und das Wirken der wittelsbacher Regentschaft werden in Relieffeldern über den seitlichen Toren an den Flankentürmen gezeigt: Die Vereinigung von Kunst und Religion auf der rechten, die Huldigung der Künste unter Anführung Athenas vor dem Herrscher auf der linken Seite.[40]

Die Eliminierung der offenen Torhalle, Hauptmotiv der frühen Entwürfe, aus dem »Project I« der neuen Entwurfsserie blieb nur ein Zwischenspiel der Planung. In einem als »2tes Project« bezeichneten Blatt[41] ist sie annähernd in der zuvor entwickelten Gestalt, wenn auch vorerst von sechs auf vier Säulenreihen verschmälert, dem zweitürmigen Torbau des neuen Entwurfs eingefügt. Sie durchstößt gewissermaßen den Baublock und tritt mit ihren Fronten auf beiden Seiten vor die Baulinie des Turmpaares. Damit war die Gesamterscheinung des Ausführungsplanes bereits annähernd gewonnen: Die ragende Gruppe der beiden Flankentürme, welche die offene Torhalle in die Mitte nehmen. Die endgültige Gestalt entwickelte Klenze in einem differenzierten Planungsprozeß, bei dem die Betonung und das Gewicht des Turmpaares in der Gesamtkomposition gegen die offene Säulenhalle ausgewogen wurden, bis zwischen diesen beiden aus unterschiedlichen Konzeptionen hergeleiteten Bauteilen eine befriedigende Balance gefunden war. Die überlieferten Entwürfe machen deutlich, daß Klenze keineswegs die beiden Bauteile gleichsam als Kollage aus Fertigteilen zusammenstellte, sondern die Öff-

nung des Bautraktes zwischen den Türmen als Torhalle in einzelnen Planungsschritten gewann. Einerseits gab er die ursprünglich enge Stellung des Turmpaares durch Verbreiterung des Mitteltraktes und damit die überwiegende Vertikalbetonung auf, und er entwickelte zugleich die Einfügung der Giebelfront gegen die Alternative einer traufseitigen Bedachung des mittleren Bautraktes zu einem prägendem Motiv der Gesamtkomposition.[42] So vereinigte der Ausführungsplan »das Disposizionsmotiv eines Stadtthores« mit ragenden Flankentürmen, »zwischen denen, so gewiß am besten vertheidigt, der Haupteingang liegt«[43], mit der offenen Torhalle, deren dorische Tempelfront sich in die Architekturgruppe der Bauten am Königsplatz als letztes Glied einfügte, und die durch das Gitter der Säulenreihen die Aussicht in die Perspektive der Ferne freigibt. »So entstand«, heißt es weiter in der von Klenze inspirierten Beschreibung der Münchner Propyläen, »eine allgemeine Aehnlichkeit dieses Portals mit den Propyläen von Athen, Eleusis, Sunium u.s.w.«[44] Doch war«, fügt die Beschreibung hinzu, »keine Nachbildung der Einzelheiten beabsichtigt«. Tatsächlich ging es Klenze beim Entwurf des Münchner Bauwerks nicht um die rekonstruierende Nachschöpfung, sondern um die bloße Evokation antiker Torbauten. Klenze nutzte seine Kenntnisse griechischer Baukunst zu freier Verarbeitung des antiken Formenschatzes.[45] Die Wandlungen seines Entwurfs zeigen das Verfahren deutlich auf. Das gilt nicht nur für die große Form, sondern auch für die Einzelmotive des Münchner Torbaus, deren endgültige Gestalt er in gleicher Weise aus dem Durchspielen mehrerer Alternativen gewann. Aufschlußreich ist hier unter anderem ein Entwurf für die innere Gestaltung der Torhalle[46], die am ausgeführten Bau außen Säulen dorischer Ordnung aufweist, während im Inneren jonische Säulen die kassetierte Decke stützen.[47] Der Entwurf zeigt, daß diese Lösung aus der Abwägung mehrerer Alternativen gewonnen wurde, die Klenze auf dem Blatt nebeneinander aufreihte: Neben der jonischen, die korinthische Ordnung und eine weitere Variante, bei der auf verkürzten Säulenstümpfen antikisch gewandete Altlantenfiguren die Decke stützten. Das Motiv der Atlanten hatte Klenze unmittelbar aus antiken Vorbildern gewonnen[48], und er wandte es in unterschiedlicher Verarbeitung auch an anderer Stelle an, so etwa für die Darstellung altgriechischer Architektur in seinem gemalten Œuvre an.[49]

Wie andere Bauvorhaben seiner Regierungszeit hatte Ludwig I. die Errichtung

das am Königsplatz geplante Tor weiter nach Westen zu verlegen, um zugleich westlich des Königsplatzes und noch innerhalb des Mauerringes zusätzlichen Baugrund für die Errichtung der Pinakothek und der Staatsbibliothek zu gewinnen (Ebd.).

33 S. Anm. 12

34 K. Fräßle (s. Anm. 7), S. 210 und die Anmerkungen S. 405ff.; G. Dischinger, Geplantes Armeedenkmal am Königsplatz, in: W. Nerdinger (Hrsg.), Kat. Klassizismus, S. 242ff.; W. Nerdinger, Entwurf für ein Armeedenkmal, in: W. Nerdinger (Hrsg.), Kat. Carl von Fischer, S. 156ff.

35 GHA, Nachl. Ludwig I. I A 36 I Schreiben Klenzes an den Kronprinzen v. 5.2. u. 19.6.1818

36 BHStA, Kriegsarchiv MKr 8846; StaM, Bürgermeister und Rat 2358/1

37 Aus der Rede Ludwigs I. zur Grundsteinlegung am 6.4.1854: »Ein Denkmal seien die Propyläen von meines teuren Sohnes Otto Erhebung auf Hellas Thron« (Zit. nach: M. Dirrigl, s. Anm. 19, S. 1129)

38 Die Ausführung der Bildwerke, für die Schwanthaler noch die Modelle lieferte, erfolgte nach seinem Tode im Jahre 1848 durch seine Werkstatt. (H. Reidelbach, s. Anm. 1, S. 291, Anm. 114; F. Otten, Ludwig Michael Schwanthaler, München 1970, S. 79f.)

39 SGSM, Inv.Nr. 26513 (Aufriß)

40 Die Entwürfe zu den Reliefbildern sind in dem Aufriß SGSM, Inv.Nr. 26513 vielleicht unter Mitwirkung Schwanthalers (?), jedenfalls durch zwei Hände eingetragen

41 SGSM, Inv.Nr. 26491 (Grundriß)

42 Eine der frühesten datierten Darstellungen der auf sechs Säulen verbreiterten Torhalle zwischen den Türmen ist der Grundriß der Propyläen auf einem von Mühlthaler signierten Entwurf für die Grünanlagen westlich des Torbaus, jenseits der Luisenstraße. (Mstm., M II 141. Abb.: Kat. Glyptothek 1830–1980, S. 533, Kat.Nr. 199)

43 Propyläen in München (s. Anm. 17). Dort auch das folgende Zitat

44 Zuvor sind in der Beschreibung als Anregung für den Entwurf bereits genannt: »das Thor Dipylon in Athen, [...] das noch stehende Thor von Messene und mehrere antike Malereien«

45 Ludwig I. in einem Schreiben an seinen Sohn, Otto von Griechenland, am 6.4. 1854: »Denke Dir aber keine Nachbildung (copie) derer auf der Akropolis«. (Zit. nach M. Dirrigl, s. Anm. 19, S. 1129.)

46 SGSM, Inv.Nr. 26849

47 »Anfangs war der König gegen die Anwendung jonischer Säulen im Innern der Propyläen und verwahrte sich in drei Briefen an Klenze dagegen: ›Zweierley [Säulen] in den Propyläen widerstrebt mir. Mein Gefühl läßt sich nicht überreden, diese Erfahrung haben Sie mehr als einmal gemacht, obgleich ich Sie für einen sehr ausgezeichneten Künstler halte.‹ Erst als Klenze in griechischen Gebäuden die Anwendung mehrerer Säulenordnungen nachwies, beruhigte sich der König.« (H. Reidelbach, s. Anm. 1, S. 291, Anm. 115)

3.10

48 Vgl. N. Lieb u. F. Hufnagl, (s. Anm. 30), S. 83, G 13 u. Z 18 sowie S. 108, G 45 u. Sk 2

49 Vgl. N. Lieb u. F. Hufnagl (s. Anm. 30), S. 140f. u. S. 210f., G 73 u. Z 473

50 »Propyläen müssen zu Ende geführt werden, sollte selber ich dabei Hungers sterben!« (Ludwig I. nach seiner Abdankung zu Klenze. Zit. nach: M. Dirrigl, s. Anm. 19, S. 201)

51 Mitteilung Ludwigs I. an Otto von Griechenland in dem in Anm. 45 erwähnten Schreiben vom 6.4.1856

52 StaM Städt. Grundbesitz 434. Der Austausch erfolgte gegen ein Grundstück aus dem Besitz Ludwigs I. an der Südost-Ecke des Königsplatzes, auf dem zuvor das 1827 für die Erziehung junger Griechen vom König errichtete, inzwischen jedoch wieder abgetragene »Panhellenion« stand.

53 H. Habel (s. Anm. 1), S. 184 u. S. 188; BHStA, MInn 57971 u. StaM, Bürgermeister und Rat 516

54 Durch die städtebaulichen Eingriffe in den dreißiger Jahren unseres Jahrhunderts, durch Zurückdrängung der Grünanlagen und Aufbringung des Plattenbelags auf der Platzfläche ergab sich eine Uminterpretation auch der einzelnen Bauten am Königsplatz.

55 Es handelt sich um den Neubau des Zentraljustizgebäudes an der Nymphenburger Straße 16 aus den Jahren 1970/77.

der Münchner Propyläen als langfristiges Unternehmen geplant. Erst 1846 erhielt Klenze durch den König den endgültigen Auftrag für die Bauausführung. Zwei Jahre darauf, noch ehe das Werk begonnen war, mußte Ludwig I. zugunsten seines Sohnes abdanken. Dennoch ließ er von dem Plan nicht ab, die Architektur des Königsplatzes durch Errichtung des Torbaus zu vollenden.[50] Nach kurzfristiger Unterbrechung gingen die Vorbereitungen weiter. Auch nach seiner Abdankung finanzierte Ludwig I. die Bauarbeiten aus Mitteln seiner Privatschatulle. 1849 wurde der erste Marmor für den Bau gebrochen[51], 1851 ging der Bauplatz im Tausch von der Stadt München in seinen Besitz über.[52] Damit waren die materiellen Voraussetzungen für den Baubeginn geschaffen. Am 6.4.1854 erfolgte die Grundsteinlegung. Acht Jahre später, am 30. Oktober 1862 wurden die fertiggestellten Propyläen offiziell dem Verkehr übergeben, nachdem der abgedankte König schon zuvor, am 18. August des Jahres, den Torbau der Stadt München zur Pflege und Bewahrung übereignet hatte.[53] Seither hat sich, sieht man von den allerdings gravierenden Umweltschäden ab, das Bauwerk scheinbar unverändert erhalten. Doch haben die Veränderungen in seiner Umgebung seine Wirkung erheblich beeinträchtigt und die Balance seiner Architektur empfindlich gestört.[54] Schließlich wurde als vorläufig letzte schwerwiegende Denkmalsstörung vor mehreren Jahren der freie Durchblick durch die Torhalle nach Westen durch einen modernen Großbau verstellt.[55]

H. Lehmbruch

4 Vorstadtplanung am Maria-Hilf-Platz, München/Au, 1823–1841

Aus einem ländlichen Vorort um das Jagdschloß Neudeck entwickelte sich die 1808 zur Vorstadt erhobene Au zur drittgrößten Stadt Bayerns mit 9000 Einwohnern im Jahre 1818. Ihre Bewohner waren hauptsächlich kleine Gewerbetreibende und Tagelöhner; zwei Drittel der Bevölkerung waren auf die Armenhilfe des Staates angewiesen.

Seit 1816 wurde der Maria-Hilf-Platz im Rahmen des Generalbebauungsplanes für München in städtebauliche Vorhaben miteinbezogen.[1] Zu diesem Zeitpunkt war der Platz eine große, unregelmäßige, mit Bäumen bepflanzte Rasenfläche. Im Nordwesten lag die alte Maria-Hilf-Kirche, das ehemalige Zentrum einer bis ins 17. Jahrhundert nachweisbaren Wallfahrt.

1822 sollte der kgl. Baurat bei der Kreisregierung, Gustav Vorherr, die Notwendigkeit eines Kirchenneubaues in der Au begutachten (vgl. Kat.Nr. 49). Diese Aufgabe diente ihm als Anlaß im Herbst 1822[2] und erneut im Frühjahr 1823[3] mit dem Hinweis auf die Absicht der Gemeinde auch ein »Rathhaus mit den erforderlichen Hallen für Feuerlöschrequisiten, Dultstände« zu errichten, einen umfassenden Bebauungsplan für das Gebiet um den Maria-Hilf-Platz vorzuschlagen. Als 1823 bereits Entwürfe der Maurermeister Petzl, Röschenauer und Widmann[4] für ein Rathaus bei der Kreisregierung eingereicht wurden, verweigerte er deren Bearbeitung und bestand darauf, daß zuerst ein »Generalplan ins Reine« gebracht werden müsse, denn »der letztere ist unumgänglich nöthig, und muß allem Übrigen voraus gehen, wenn anders nicht die Baupolizei umgangen und die Forderungen der Architectur unerfüllt bleiben sollen. Auch dürfte es hohe Zeit seyn, in der Vorstadt Au, deren Gebäude wie gewürfelt, ohne allen Plan umher stehen, wobei das Bedürfnis der einzelnen nur unvollkommen befriedigt, das allgemeine oder Commun-Bedürfniß aber ganz unbeachtet geblieben ist, ein besseres Bausystem einzuführen und an die Stelle der Willkür, Ordnung und guten Styl zu setzen.«[5] Der »Generalplan über die beßere Gestaltung des Mariahilfplatzes der Vorstadt Au«[6] von 1823 zeigt Vorherrs Vorstellungen von einem zweckmäßigen und repräsentativen Stadtzentrum, das dem »hehren Zweck und der Würde einer Hauptstadt, wovon die Vorstadt Au einen Theil bildet«[7] entsprechen sollte. Gemäß der von ihm immer wieder erhobenen Forderung nach Symmetrie gestaltet Vorherr eine achsensymmetrische Anlage um

einen mit Baumreihen bepflanzten Platz. Den baulichen Bedürfnissen einer institutionalisierten Gemeinde wollte er mit der Errichtung von Verwaltungsgebäuden, Schule, Kirche, Pfarrhaus, Markthallen, Kaufhäusern und vornehmen Privatgebäuden nachkommen. Durch eine »Communicationsstiege« zur Hoch-Au sollte eine günstige Verbindung beider Ortsteile vom Zentrum her erreicht werden. Auf die Einwände der Gemeinde, daß die Realisierung dieses Plans zu teuer sei und überdies eine Verkleinerung des Maria-Hilf-Platzes nicht in Kauf genommen werden könne, um die Abhaltung der großen Dult nicht zu gefährden, geht Vorherr mit dem Verweis auf einen in seinem Auftrag ausgearbeiteten reduzierten Plan F. Schöpkes ein.[8] Im Frühjahr 1825 reicht der Baumeister Joseph Höchl einen neuen Rathausentwurf[9] ein, aber noch bis Ende des Jahres besteht Vorherr auf der Ausarbeitung eines »General-Verschönerungsplanes« durch die Gemeinde und blockiert damit erste konkrete Baumaßnahmen.[10]

1826 wurde Vorherr von Ludwig I. als ungeeignet in den Ruhestand versetzt.[11] Für das folgende Jahr belegen die Quellen lediglich Verhandlungen um die Kirchenentwürfe von Pertsch.[12] 1828 arbeitet Vorherr unter dem Kreisbauinspektor Panzer wieder als Aushilfskraft bei seiner alten Behörde. Die Einschränkung seiner Kompetenzen und die ganz andere Vorgehensweise im Plangenehmigungsverfahren – nach der Umstrukturierung der Baubehörden – unter der Oberaufsicht von Klenze, ist deutlich zu bemerken. Die Idee eines vorab festgelegten Gesamtbebauungsplanes ist jetzt endgültig ad acta gelegt. Die Bauvorhaben zu einem Rathaus, einem Ökonomiegebäude, einer Remise und zur Erweiterung der Kreuzgasse in den Jahren 1828–1841 werden im Einzelverfahren genehmigt. Verpflichtend für die Gemeinde ist bei der Wahl des Bauplatzes jedoch die Berücksichtigung des Kirchenneubaues, dessen alleinige Verfügung der König an sich gezogen hat und »wozu Prof. Gärtner einen Plan liefern soll«[13], sowie das Eingreifen des Baukunstausschusses. Vorherr fungiert wie Panzer nur noch als Vermittlungsstelle zwischen dieser vorgesetzten Instanz und der Gemeinde. 1829 wird das Rathaus am äußeren Ende des Maria-Hilf-Platzes in der Nähe des Strafarbeitshauses errichtet. Aus einer Beschwerde des Direktors der Anstalt[14] geht hervor, daß der von der Regierung ursprünglich vorgesehene Baugrund in der Mitte des Platzes von der Gemeinde eigenmächtig verlegt worden war. Dennoch wird der Weiterbau genehmigt. Anfang 1830 setzt Ludwig I. die

4.1 J.M.C. Gustav Vorherr (Abb.)
Bebauungsplan für den Maria-Hilf-Platz in der Au (1823)
Feder über Bleistift, farbig aquarelliert; 21 × 33,5
StA München, RA 11806 Bd. 1

4.2 Anton Petzl (Abb.)
Entwurf zu einem Rathaus für die Vorstadt Au, Vorderansicht, 1823
Feder über Bleistift, farbig laviert; 34,5 × 71,5
OBB

4.3 Rudolf Röschenauer (Abb.)
Entwurf zu einem Rathaus für die Vorstadt Au, Grund- und Aufriß, 1823
Feder, farbig laviert; 44,7 × 56,3
OBB

4.4 Xaver Widmann
Entwurf zu einem Rathaus für die Vorstadt Au, Vorderansicht, 1823
Feder über Bleistift, farbig laviert; 48,5 × 71,5
OBB

4.5 Friedrich Schöpke (Abb.)
Entwurf zu einem Rathaus für die Vorstadt Au, Vorder- und Seitenansicht, 1823
Feder über Bleistift, grau laviert; 33,5 × 41,5
StA München, RA 11806 Bd. 2

4.6 Josef Höchl
Entwurf zu einem Rathaus für die Vorstadt Au, Vorderansicht, 1825
Feder über Bleistift, grau laviert; 44 × 57
StA München, RA 7240

1 vgl. U. Schatz, Der Maria-Hilf-Platz, München-Au. Planungen 1816–30, in: OA 111, 1986
2 StA München, RA Fasz. 663 Nr. 11806 Bd. 1, Schreiben Vorherrs vom 30.1.1822
3 ibid., Schreiben Vorherrs vom 8.4.1823
4 diese Entwürfe konnten von Herrn Nerdinger wieder aufgefunden werden
5 StA München, RA Fasz. 663 Nr. 11806 Bd. 1, Schreiben Vorherrs vom 8.4.1823
6 ibid.
7 ibid., Anmerkungen Vorherrs zu einem Schreiben des Landgerichts München vom 24.7.1824
8 ibid.
9 StA München, RA 7240
10 StA München, RA Fasz. 663 Nr. 11806 Bd. 1, Schreiben Vorherrs vom 27.12.1825
11 vgl. Ausst. Kat. W. Nerdinger (Hrsg.), Klassizismus in Bayern, Schwaben und Franken. München 1980, S. 443
12 StaM, Au 238
13 BHStA, M Inn 54674 Randbemerkung v. Schenks vom 21.2.1829
14 ibid., Schreiben vom 31.3., 2.4., 18.4. und 27.4.1829
15 ibid., Randbemerkung Ludwig I. vom 16.2.1830
16 ibid., Schreiben vom 24.5., 15.6., 20.6. und 28.7.1838
17 ibid., Gutachten Klenzes vom 16.3.1841

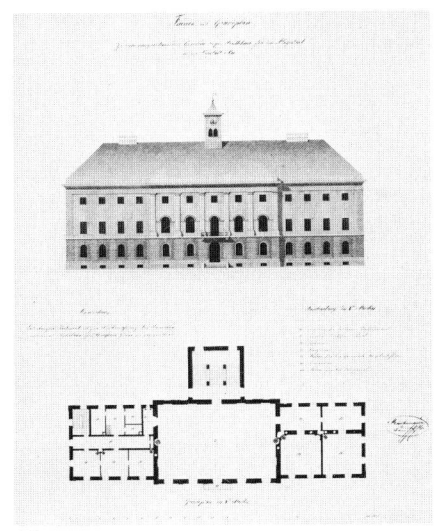

4.3

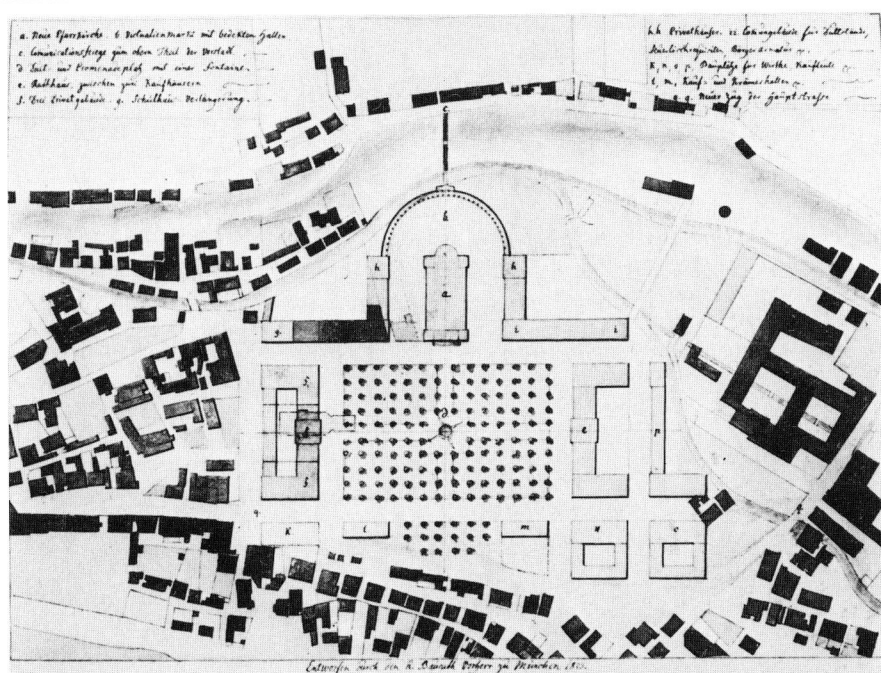

4.1

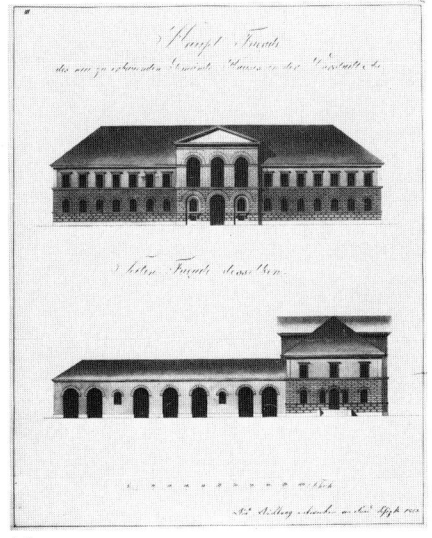

4.5

4.2

Errichtung eines Ökonomiegebäudes hinter dem Rathaus nach einem durch Ziebland revidierten Plan mit der Bemerkung durch: »Wenn nach diesem neuen Entwurf der Bau mehr kosten sollte, so ist der Gemeinde Au auszudrücken, wie *angenehm* mir dessen Ausführung seyn würde; die Behörden wenn sie guten Willen haben vermögen viel, ohne Zwang, ohne Verfügung«.[15] Durch den Bau der Maria-Hilf-Kirche ab 1831 sind die Mittel der Gemeinde für andere Bauvorhaben weitgehend eingeschränkt. 1838 wird auf eine Bemerkung des Königs beim Besuch der Maria-Hilf-Kirche hin die Kreuzgasse durch die Versetzung zweier Privathäuser erweitert.[16] 1841 befürwortet Klenze die Errichtung einer Remise für die abgetragenen Dultstände in der Nähe des Neudecker Gartens.[17]

G. Schickel

135

5 Idealstadtplanung nach der Sonnenlehre, 1823–1829

Der fürstliche Hofrat und Leibarzt Dr. Faust aus Bückeburg propagierte seit Beginn des 19. Jahrhunderts, daß alle Häuser zur Sonne orientiert und die Menschen »zur Sonne« und »im Lichte der Sonne« wohnen sollten.[1] Schon 1807 ließ er den Plan einer Stadt nach der Sonnenbaulehre als Kupferstich verbreiten. In Baurat Vorherr fand er bald einen begeisterten Anhänger seiner Lehre, und als dieser ab 1821 das »Monatsblatt für Bauwesen und Landesverschönerung« herausgab, wurde die Lehre Fausts in fast jedem Heft erneut verkündet.[2]

Nach dem Brand der Stadt Hof am 4. September 1823 schickte Faust seinem Freund Vorherr eine Denkschrift unter dem Motto »O! daß Hof aus seiner Asche zur Sonne erstände«[3], mit einem Plan zum Wiederaufbau. Alle Häuser sollten »mit ihren Hauptfronten und Wohnzimmern« rechtwinklig zur Sonne gestellt und die Stadtmitte durch einen »Sonnenplatz« gebildet werden, auf dem die »Mittagslinie« eingetragen war. Da sich schnell zeigte, daß in Hof nur die Häuser entsprechend den alten Besitzverhältnissen wiederhergestellt wurden, ließ Faust seinen Stadtentwurf 1824 in idealisierter Form als Kupferstich vertreiben. Diese Idealstadt ist streng rechtwinklig aufgebaut, jedes Haus mit einem vorgelegten Rasenplatz genau nach Süden orientiert, dazu »breite Straßen, große Plätze, unterirdische Abzugsgräben, verständig angelegte Wasserleitungen, alles gerade, rechtwinkelmäßig.«[4]

In umfangreichen Publikationen und Untersuchungen untermauerte Faust seine Sonnenbaulehre. So berechnete er z.B. die Besonnungsdauer und den Sonneinfallswinkel zu verschiedenen Zeiten und für verschiedene Breitengrade und ermittelte danach den Abstand vom Haus zur rückwärtigen Hofbebauung, so daß auch diese Sonne erhielt. In einer Art Hochrechnung ermittelte er sogar den Platzbedarf für eine Bebauung in ganz Deutschland nach der Sonnenbauweise, und schloß, daß auch bei Verdoppelung der Einwohnerschaft von 30 auf 60 Millionen nur ein Bruchteil des Bodens bebaut werden müßte.[5]

Für seine Lehre berief er sich auf Sokrates, Tacitus und besonders Milizia. Entscheidend ist jedoch bei allen Überlegungen, daß für Faust und Vorherr mit der Wendung zur Sonne auch eine Berufung auf Freiheit, Gleichheit und Wohlfahrt aller Menschen verbunden war. So lautete das Motto eines Faltblatts, das 1826 allen Baugewerksschülern als Neujahrsge-

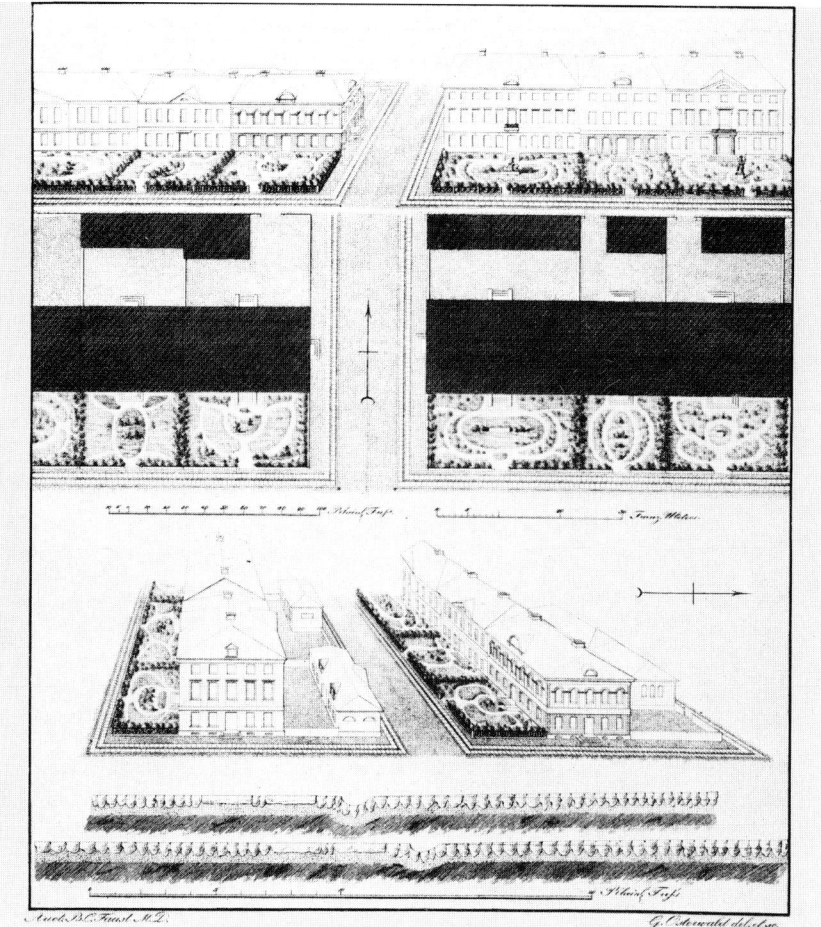

5.2

schenk übergeben wurde: »Freundliche, auf das beste eingerichtete Häuser und Höfe – glückliche Einwohner; schönere Städte, Dörfer und Fluren – bessere Bürger; verschönerte Länder – verbesserte Völker; verschönerte Erde – veredelte Menschheit!«[6] Dieses aufklärerische Motiv zieht sich durch alle Schriften von Faust und Vorherr: »Ja! zur goldenen Sonne und mit ihr zur goldenen Freiheit und zum goldenen Frieden werdet ihr Menschen, werdet ihr Häuser, werdet ihr Flecken und Dörfer erstehen«[7], oder: »Freies Licht, freie Luft, freies Leben von Pol zu Pol.«[8]

Es ist bezeichnend, daß Vorherr kurz nach der Thronbesteigung Ludwigs zwangsweise in den Ruhestand versetzt wurde. Zwar propagierte er in seiner Zeitschrift und anderen Veröffentlichungen die freiheitliche, egalitäre Sonnenbaulehre weiter, aber sie blieb ohne große Resonanz und fand kaum Nachfolge.

W. Nerdinger

5.1 B.C. Faust (Abb.)
Stadtgrundriß nach der Sonnenbaulehre für den Wiederaufbau der niedergebrannten Stadt Hof, 1824
Kupferstich; 28,2 × 38
Arch.Slg.TUM

5.2 B.C. Faust (Abb.)
Nach der Sonnenbaulehre: Häuserzeilen, Situationsplan, Vogelperspektive
Kupferstich; 20,7 × 24
Arch.Slg.TUM

1 Dr. Faust, Zur Sonne nach Mittag sollten alle Häuser der Menschen gerichtet sein. Bruchstücke als Handschrift gedruckt, o.O., o.J.
2 vgl. die Zusammenstellung in: Monatsblatt für Bauwesen und Landesverschönerung, München 1829, S. 17 (zit. Monatsblatt)
3 Dr. Fausts Wünsche, wegen Wiedererbauung des abgebrannten Theils der Stadt Hof, in: Monatsblatt 1823, S. 62f.
4 ebd. S. 62
5 Dr. Fausts Beantwortung einiger Einwürfe gegen das Bauen der Häuser und Städte zur Sonne, in: Monatsblatt 1824, S. 30
6 Landesverschönerung, 4seitiges Faltblatt, München 1826
7 Monatsblatt 1829, S. 24
8 J.M.C.G. Vorherr, Zwölf Blätter Entwürfe zu Schul- und Pfarrhäusern nach der Sonnenbaulehre, München 1834

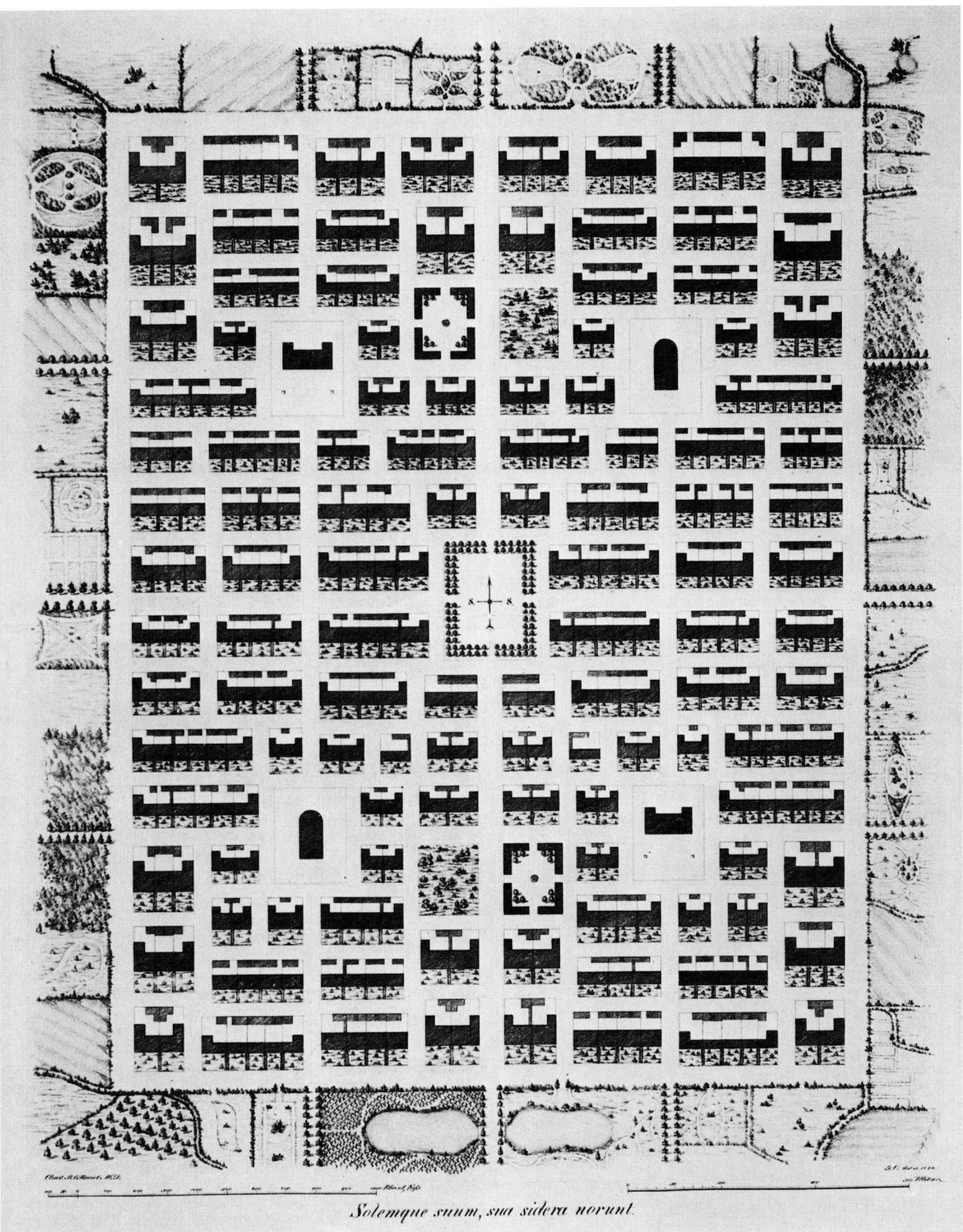

Solemque suum, sua sidera norunt.

5.1

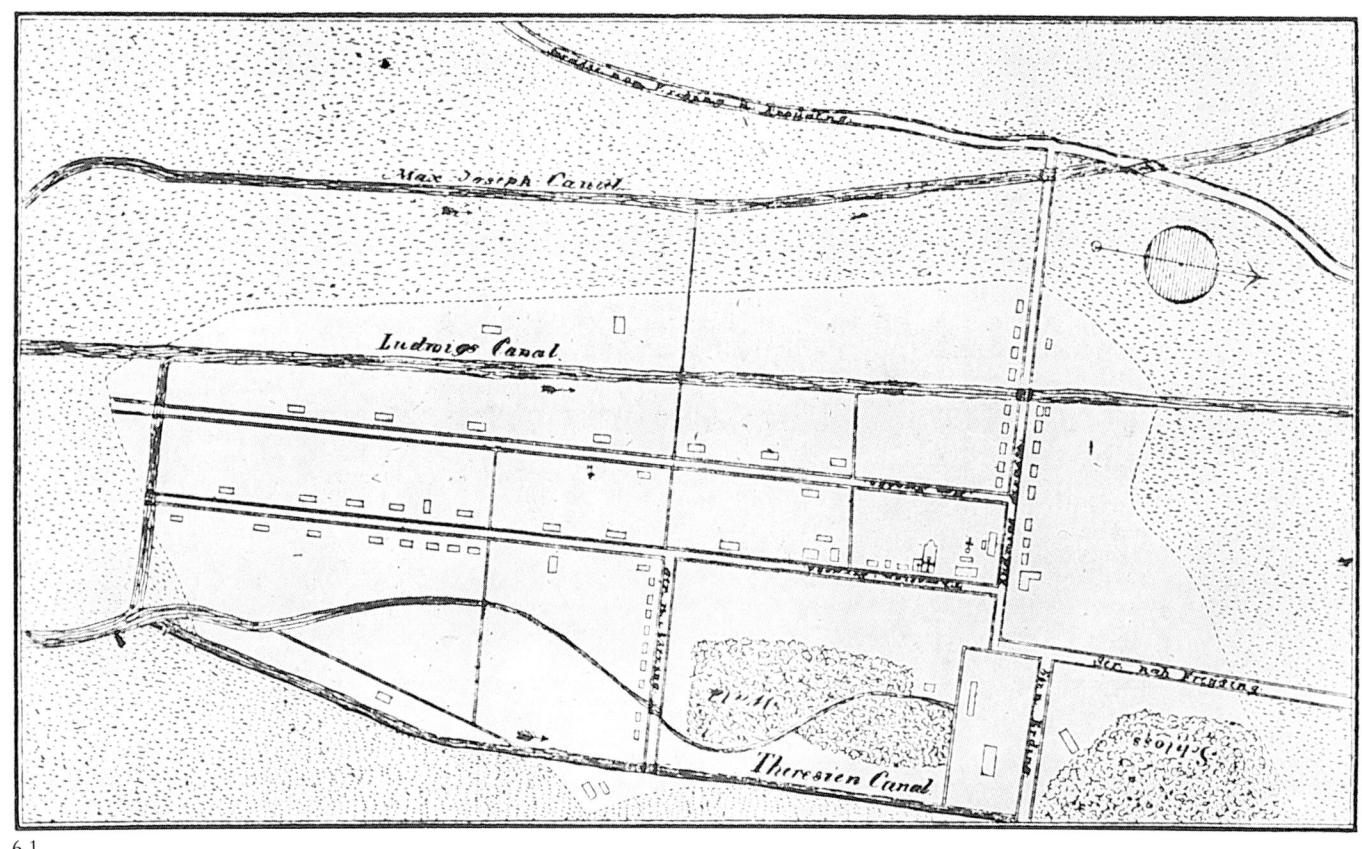

6.1

6 Hallbergmoos mit Theresienkirche, 1832–1834

Als der Freiherr von Hallberg 1831 in Hallbergmoos eine Dorfkirche bauen wollte, wurde ihm empfohlen, sich an den Werken von Klenze oder Palladio zu orientieren. Sein eigener Entwurf wurde abgelehnt. Schließlich erteilte Ludwig I. D. J. Ohlmüller den Auftrag, eine Kirche »im italienischen Stil« zu errichten und finanzierte den 1834 vollendeten Bau aus seiner Privatkasse. Der Stellenwert des nach der Königin benannten Kirchenbaus läßt sich jedoch erst ermessen, wenn man den durch die Architektur suggerierten Anspruch ins Verhältnis zu den Existenzbedingungen der Ortsbewohner setzt.

1825 hatte von Hallberg das aus dem Besitz der Bischöfe von Freising eingezogene Gut Birkeneck im Freisinger-Erdinger-Moos erworben. Nach dem Vorbild der Kolonien von Großkarolinenfeld bei Rosenheim und Karlshuld im Donaumoos ließ er das umliegende Sumpfland auf Kosten der Cultus- und Industriekasse trockenlegen. Dann gründete er ein Dorf mit parallel zum Hauptentwässerungskanal gezogenen und rechtwinklig abzweigenden Straßen. Zu Ehren des Königs sollte die Ansiedlung Ludwigsburg heißen, wurde aber auf dessen Wunsch nach dem Gründer Hallbergmoos genannt. 1830 siedelten sich hier die ersten sieben Familien an, 1832 war die Zahl der Kolonisten auf 100 gestiegen. Die Pläne des Freiherrn – »da wird es dereinst heißen: ›das große Hallbergmoos, und das kleine Freysing!‹«[1] – wurden allerdings durch sein ökonomisches Vorgehen zunichte gemacht. Gerade die ärmsten Familien, die anderswo weder eine Ansässigmachungs- noch Heiratserlaubnis erhielten, versprachen sich in Hallbergmoos aufgrund des scheinbar geringen erforderlichen Anfangskapitals für Haus und Boden eine Verbesserung ihrer Existenz. Die zu geringe Landzuteilung und die hohen Zinslasten der Grundschuld ließen sie jedoch völlig verelenden. Bald war die Kolonie wegen Bettel und Diebstahl im ganzen Landkreis verrufen: »Was aber zum entschiedenen Nachtheile des Rufes dieser Colonisten gereicht, ist einzig die Armuth mit ihren unseligen Consequenzen«.[2] Der Kritiker des Freiherrn, Pfarrer Schnell aus Hallbergmoos, empfahl den Kolonisten 1851 die Auswanderung nach Amerika.

G. Schickel

6.1 Grundplan der Dorfanlage Hallbergmoos (Abb.)
aus: J. G. Schnell, Die Colonie Hallbergmoos, K. Landgericht Freysing in Oberbayern, Reichenhall 1851, Vorblatt

1 J. Georg Schnell, Die Colonie Hallbergmoos, K. Landgericht Freysing in Oberbayern, Reichenhall 1851, S. 13
2 ibid., S. 23

7.1 »Summarischer Grundplan für die neuen
Salinen-Anlagen zu Reichenhall« (Bsp. für
die Baulinienkorrektur nach dem Brand)
(Abb.)
Feder, farbig aquarelliert; 62,8 × 44,7
BHStA, Planslg.Nr. 16395

7.2 Mappe mit Wohnbau-Entwürfen für den
Wiederaufbau Reichenhalls
Feder
Stadtbauamt Bad Reichenhall, »Brand-
Aßecuranz-Grundbuch« von 1835

7.3 Wohnbau, Fassadenaufriß, Grundrisse,
3.4.1835 (Abb.)
Feder; 20 × 27,8
Stadtbauamt Bad Reichenhall, »Brand-
Aßecuranz-Grundbuch« von 1835

7.4 Friedrich von Gärtner (Abb.)
Kanzleigebäude für das Hauptsalzamt in
Reichenhall, Fassadenaufriß, November
1836
Feder; 67,8 × 48,3
BHS-Archiv Peißenberg

7.5 Hauptzollamt, Poststr. 25, Bad Reichenhall, Hauptfassade
Foto 1986 (Gruhn-Zimmermann)

7.6 »Ansicht des im Jahre 1837 neuerbauten
Wohnhauses zu Achselmannstein«
Feder, Tusche; 37 × 62
Stadtmuseum Bad Reichenhall

7.7 Rathaus Reichenhall, Fassadenaufriß, Aug.
1848 (Abb.)
Feder, laviert; 39,3 × 31,2
StA München, Landbauämter Nr. 1911

7.8 Rathaus Reichenhall, Fassadenaufriß, 1849
Feder; 34 × 20,9
StA München, Landbauämter Nr. 1911

1 OA Bd. 19, 1858/60, S. 100
2 F. Hofmann, Der große Stadtbrand von
  Reichenhall, in: Reichenhaller Tagblatt,
  7.11.1984, S. 11 ff.
3 BHStA, M Inn 43444
4 beide Pläne sind leider verschollen
5 BHStA, M Inn 43444, 19.2.1835
6 vgl. Anm. 2
7 BHStA, M Inn 43444, 12.3.1835
8 heutiger Straßenzug Tiroler-, Salinen-,
  Ludwigs-, Salzburger Straße
9 BHStA, M Inn 43444

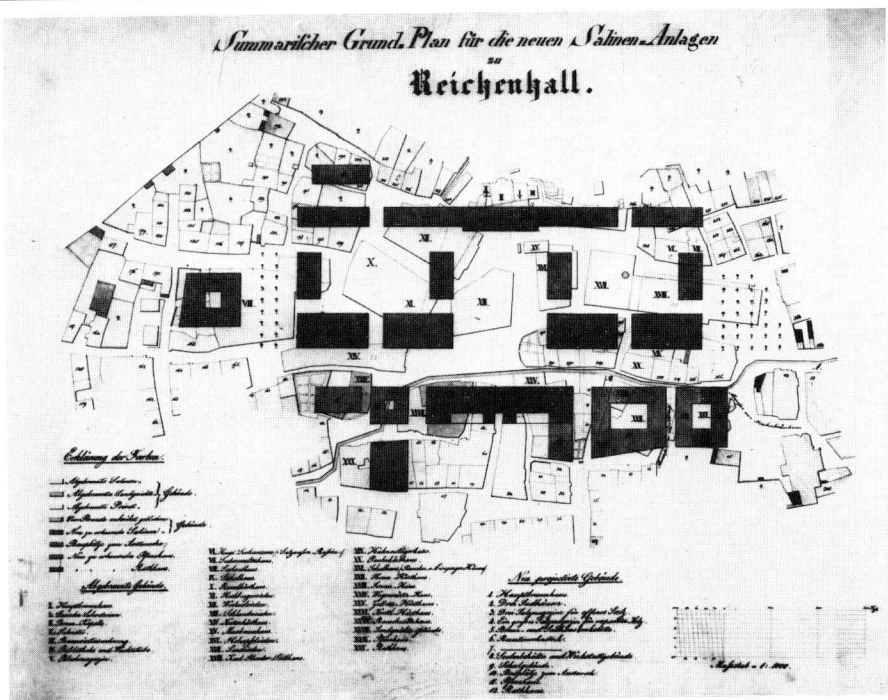

7.1

7 Der Wiederaufbau von Reichenhall, 1834–1838

In der Nacht vom 8. auf den 9. Nov. 1834
war im Karl-Theodor-Sudhaus der Saline
Feuer ausgebrochen, das rasch auf die
Stadt übergriff. Von den damals 302 Reichenhaller »Firsten« brannten 278 nieder,
etwa 500 Familien wurden obdachlos, fast
alle städtischen und staatlichen Bauten
waren in Schutt und Asche gelegt. Die
Brand-Assekuranz ermittelte einen Ge-
samtschaden inklusive der vollkommen
zerstörten Saline von 1014 795 Gulden.[1]
Der König verwahrte sich gegen Geld-
spenden aus der Kasse der Saline und
gegen die kostenlose Verteilung von Getreide, Salz und Holz aus deren Vorräten.
Die von ihm bewilligte finanzielle Unterstützung wurde dem Reichsreservefonds
entnommen, um von jedem Schuldver-
dacht gegenüber der staatlichen Saline
von vornherein abzulenken und um Re-
greßansprüche zu unterbinden.[2]
Am 13. März 1835 genehmigte der König
einen für alle Wiederaufbau-Unterneh-
mungen verbindlichen Plan (Plan I)[3] – eine im wesentlichen auf sicherheitstechni-
sche Vorkehrungen abgestimmte Variante
von zwei städtebaulichen Entwürfen, die
J.D. Ohlmüller als Civilbauinspektor des
Isarkreises nach Besichtigung der Brand-
stätte erarbeitet hatte.[4] Zunächst war jedoch die Alternative (Plan II) favorisiert
worden, die, »auf eine geregelte Anlage
der Straßen, zweckmäßigere Verbindung
u. Erweiterung derselben berechnet ...
den Anforderungen einer höheren Bau-

kunde mehr entsprechend, zugleich
auch ... den dringenden Anforderungen
der Gesundheit, der beßeren Feuersicherheit, der Reinlichkeit«[5] in einem größeren
Maße Rechnung zu tragen schien. Aus
Mangel an stadteigenem Grund und natürlich wegen der prekären städtischen
Finanzlage wurde schließlich von einem
städtebaulichen Konzept nach völlig neu-
en, regelmäßig geführten Baulinien Abstand genommen. Da die Existenz eines
großen Teiles der Reichenhaller Bürger
aufs engste mit der Saline verbunden war,
wurde deren Neuanlage in beiden Stadt-
plänen entsprechend berücksichtigt. Ihre
verstreut liegenden Gebäude hatten vor
dem Brand mehr als ein Sechstel der alten
Stadt eingenommen. Sie sollten nun »zur
Erleichterung der Amtsverwaltung in ein
geregeltes Ganzes gebracht« und »auf einen Stadtteil zusammengedrängt«[6] werden (vgl. Kat.Nr. 89). Außerdem meinte
man durch Absonderung der Saline die
Feuersicherheit der Stadt verbessern zu
können.[7] Die einzige durchgreifende
Baulinienkorrektur des zur Ausführung
bestimmten Planes betraf die Begradigung
und Erweiterung der Verbindungsstraße
Salzburg–Innsbruck.[8] Als penibel einzu-
haltender Vorschriftenkatalog begleitete
alle Wiederaufbaumaßnahmen eine ebenfalls von Ohlmüller erstellte Baupolizei-
Ordnung.[9] Sie umfaßte 31 Punkte, die
größtenteils auf eine Minderung der
Brandgefahr abzielten, aber auch einige
rein stilistische Vorordnungen betrafen.
So mußten alle »Communmauern« sowohl der neuen als auch der alten Gebäu-

de Feuermauern erhalten, die 1 Schuh über die Dachhöhe reichen, die neuen Gebäude mit Ziegeln oder Eisenblech statt mit Schindeln gedeckt[10] und in engen Straßen die Dachstühle durch Vorschußmauern in der Art der Dächer des Inn-Salzach-Raumes geschützt werden. Baukünstlerisch wurde verfügt, die Sockel der neuen, in den Hauptstraßen mindestens zweistöckigen Gebäude in Haustein auszuführen. »Ziegelwände« waren so wenig geduldet wie hölzerne Tür- und Fensterrahmungen; Stockwerkshöhe, Fensterformate und die maximale Dachneigung wurden vorgeschrieben.

Die Verhandlungen über die Grundabtretungen zur Straßenerweiterung verzögerten den Wiederaufbau; dennoch waren 1838 annähernd alle Privatbauten wieder hergestellt. Die dem »Brand-Aßecuranz-Grundbuche« von 1835 beigelegten Fassadenpläne[11] weisen fast durchweg Korrekturen auf, die durch die strengen baupolizeilichen Vorgaben veranlaßt sind. Die Ziegeldachverordnung wurde jedoch nur sehr lasch eingehalten, bald verwendete man wieder die traditionellen Scharschindeln. Auch die Zerstörung der Stadtmauer, deren Erhalt in gutem Zustand der König befohlen hatte[12], nahm beim Wiederaufbau den Anfang.

Eine zeitgenössische Beschreibung des neuen Reichenhaller Stadtbildes vermerkt voll Zufriedenheit: »Die Bauart der Stadt anlangend, trug sie vor dem letzten großen Brande das Gepräge eines hohen Alters und vieler erlittener Unfälle an sich; ging aber in einer schöneren Gestalt aus dem Schutte hervor, da nun mehrere Straßen gerade, breit und mit sehr hübschen Häusern besetzt sind.«[13] Im privaten Wohnungsbau von Reichenhall hatte der Münchner Fassadenstil im Klenze-Zuschnitt Einzug gehalten.

Dagegen nahm man sich im öffentlichen Bau vorwiegend den Gärtner-Stil der Ludwigstraße zum Vorbild. Gärtner selbst projektierte im November 1836 (also ein halbes Jahr nach Genehmigung seiner Fassade für den Beamtenstock der Saline, vgl. Kat.Nr. 89) als ersten öffentlichen Neubau das Kanzleigebäude für das Hauptsalzamt. Der Entwurf, der in den Ordnungsprinzipien und Fensterformen Gärtners typische Handschrift zeigt, wurde jedoch nicht ausgeführt. Der stilistisch unbedeutende Bau für Landgericht und Fronfeste, der zunächst vor die Stadt verlegt werden sollte, dann in der heutigen Poststraße errichtet wurde, konnte im Oktober 1841 bezogen werden.[14] Das Hauptzollamtsgebäude, ebenfalls in der Poststraße neu aufgebaut, zeigt stilistische Anleihen von Gärtners Damenstift in der Münchner Ludwigstraße, insbesondere

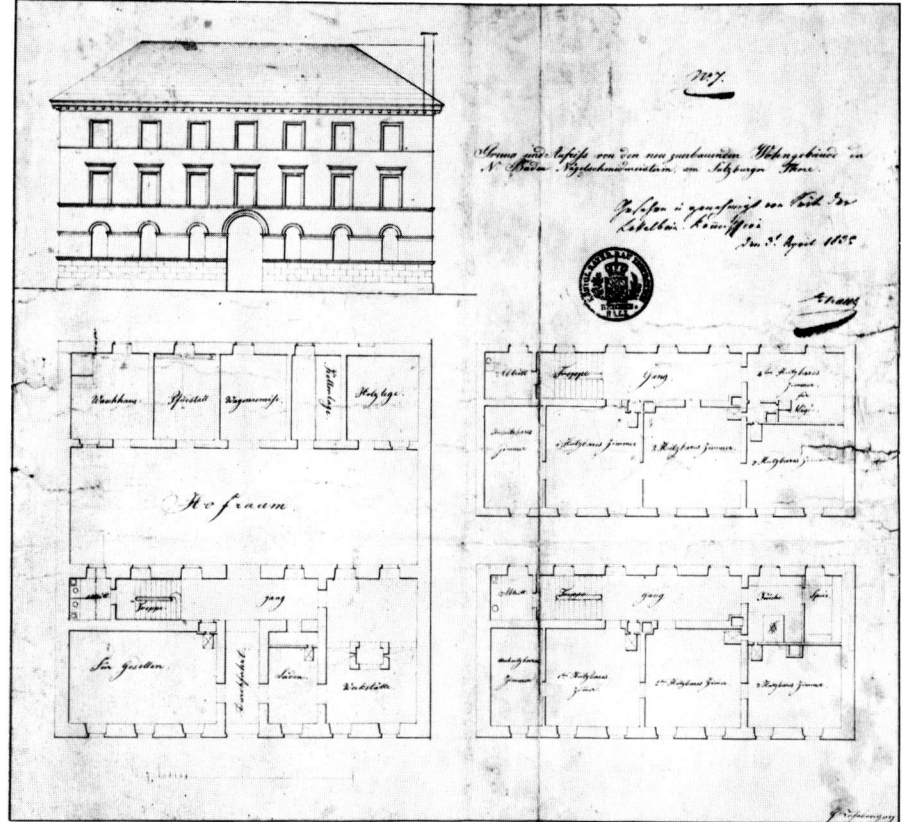

7.3

im kielbogenförmigen Fensterüberfang.[15] Unweit von dem 1845/47 wiederhergestellten Stadtpfarrhaus St. Nikolai sollte der Neubau des abgebrannten »Salinenschulhauses« zu stehen kommen. Kompetenzstreitigkeiten zwischen Gemeinde und Salinen-Administration verhinderten seine Realisierung.[16] Verschiedene Gesuche des Magistrats, der Staat möge die Errichtung eines Sole- und Dampfbades veranlassen, wurden vom König abgelehnt. Der Nachfolgebau des abgebrannten Schlosses Achselmannstein von 1837 wurde schließlich zur Geburtsstätte des Bades Reichenhall, dessen Kurbetrieb dort 1846 durch private Initiative eröffnet wurde.[17] Das alte Rathaus fand erst in den Jahren 1848/51 durch einen Neubau Ersatz. Es war als eine Art Zentrale von kommunalen Einrichtungen mit »Feuerspritzenlokal«, Schranne, Arresträumen, Wohnungen für städtische Bedienstete, Sitzungssaal und vier Schulsälen konzipiert. Nach außen trat es jedoch mit allen Identifikationsmerkmalen eines Rathauses in Erscheinung. 1848 hatte die K. Bauinspektion Reichenhall einen am Rundbogenstil orientierten und einen gotisierenden Fassadenentwurf vorgelegt.[18]
Die angeführten öffentlichen Gebäude sind mit z.T. gravierenden Veränderungen erhalten.   A. Gruhn-Zimmermann

10 Was von der Bevölkerung sehr skeptisch aufgenommen wurde, da Eisenblech sehr teuer und Ziegel in den Gebirgsgegenden unüblich, daher schwer zu beschaffen und ebenfalls sehr kostspielig waren.
11 Stadtbauamt Bad Reichenhall
12 BHStA, M Inn 43444, 24.4.1836 und 12.8.1835
13 J. Osterhammer, Topographie und Geschichte der Königlichen Salinen-Stadt Reichenhall und deren Umgebung, München 1848, S. 10
14 Poststr. 19, Sitz von Landes- und Grenzpolizei, saniert, mit wesentlichen Veränderungen in Grundriß und Fassade; Pläne im Landbauamt Traunstein; STA München RA 3604/1
15 Poststr. 25; OA, Bd. 19, 1858/60, S. 111; vgl. auch Poststraße Nr. 16 und 17, Rathausplatz 5
16 StA München, RA 55414
17 Plan im Städtischen Museum Bad Reichenhall
18 StA München, Landbauämter 1911

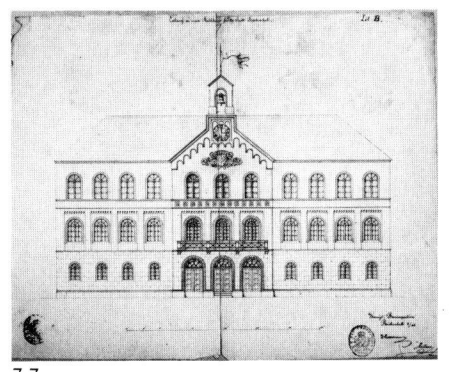

7.7

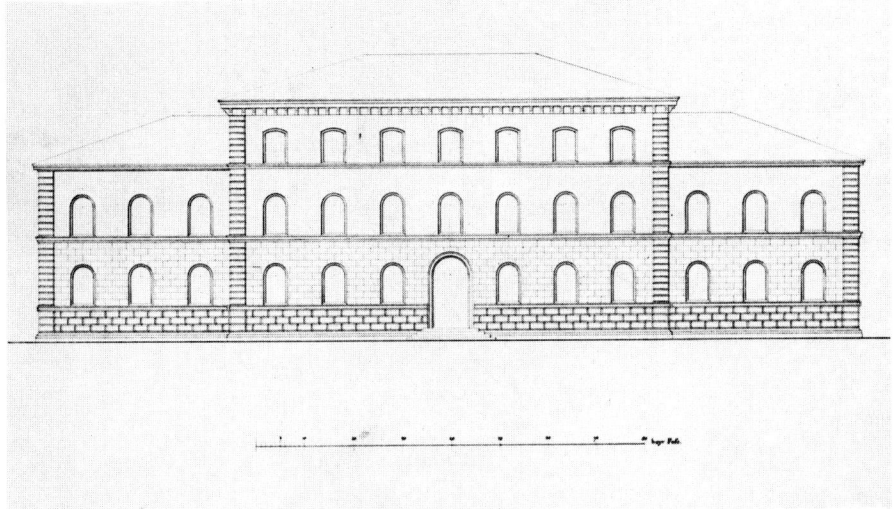

7.4

8 »Ortsbauplan« Ludwigshafen, 1843

Ein königliches Signat vom 22. April 1843 genehmigte ein ganzes Bündel von Anträgen, die die Gründung einer neuen politischen Gemeinde an Stelle der Rheinschanzen gegenüber Mannheim einleiteten[1], welche dann schließlich 1853 erfolgte. Schon damals sollte dem Ort »nach ohnehin gänzlich erloschener ursprünglicher Bedeutung als Verteidigungsanstalt« zum »steten dankbaren Gedächtnis an den erhabenen Schirmherrn des Handelsplatzes . . . des Schöpfers seines neuen Aufblühens der künftigen Gemeinde . . . der Name Ludwigshafen beygelegt und damit zugleich die hohe Wichtigkeit des neuen bayerisch-pfälzischen Rheinhafens sowohl für die hierauf mit Stolz und Freude blickenden Pfälzer als gegenüber dem Auslande auf das Passendste ausgedrückt werden«.[2] Gewissermaßen den Anfang einer Umwandlung des als militärische Einrichtung zur Festung Mannheim gehörigen Brückenkopfes zu einer Handelsstadt machten die Kaufleute Johann Heinrich Scharpff und sein Schwiegersohn Philipp Markus Lichtenberger, die nach 1820 als Besitzer von Geländeteilen innerhalb der Festungswälle Häuser und Hafenanlagen errichteten.[3] Die vom Staat 1822 und 1833 bestätigten Rechte, die verkehrsgünstige Lage des Landeplatzes, die Geschäftüchtigkeit Lichtenbergers, der sich seit 1837 mit Kaufleuten, Industriellen und Banken in Verhandlungen befand sowie der 1838 begonnene Bau der Eisenbahnstrecke von der Rheinschanze bis Bexbach lösten ein zunehmendes Interesse an der Ansässigmachung in und an der Rheinschanze aus. Bereits 1838 dachte man deshalb »bey dem in militärisch-politischer, dann in taktischer und materieller Beziehung gleich sehr gesunkenen Werth der noch bestehenden Befestigungsanlagen« an deren Aufhebung, zumal sich mit »Gewißheit voraussagen (ließ), daß sie den . . . an Wichtigkeit und Ausdehnung stets zunehmenden Industriellen- und Handelsinteressen . . . über kurz oder lang werden weichen müssen«.[4] Nach einer Teilversteigerung bisher militärisch genutzter Grundstücke (die wieder Lichtenberger und der Gastwirt Franck erwarben)[5] und der Erklärung zum Freihafen 1842 kaufte der Staat seinerseits 1843 einen Großteil des Lichtenbergerschen Besitzes für 190 000 fl. auf.[6] Da »somit dem Handelsstande eine frei Concurrenz eröffnet ist, würde schon aus diesen günstig veränderten Verhältnissen allein ein rasches Aufblühen der Rheinschanze als Handelsplatz mit Verläßigkeit zu erwarten seyen«.[7] Nach der endgültigen Aufgabe der Rheinschanze als befestigte Anlage mit dem 27. Februar 1843 war die Voraussetzung für konkrete Schritte zu einer planmäßigen Ansiedlung gegeben. Zwar waren die Geldmittel für die Einrichtung einer neuen Gemeinde noch nicht vorhanden (veranschlagt wurden 8 050 fl.: für Schul- und Gemeindehaus [5 600 fl.], Begräbnisplatz [800 fl.], Straßenpflaster [1 000 fl.], Straßenlaternen [250 fl.]) und Feuerlöschgerätschaften [1 000 fl.] sowie 1 124 fl. jährlicher Unterhalt), so wurden doch neben der Bildung eines Polizeibezirkes als erste Schritte zur Formation einer selbständigen Gemeinde die Erstellung eines Ortsplanes mit Straßenalignements, die Ermittlung der Dotation für die künftige Gemeinde sowie die baldige Einrichtung einer »teutschen Schule« erforderlich. »In dem Ortsbauplan wird bey dessen Erweiterung Rücksicht auf ei-

1 BHStA, M Inn 60077, 22. April 1843, Signat Ludwig I.
2 ebd., 28. März, Antrag der kgl. Regierung der Pfalz
3 vgl. hier und im folgenden K. Oberdorffer, S. Fauch, Ludwigshafen, in: E. Keyser (Hrsg.), Städtebuch Rheinland-Pfalz und Saarland, Stuttgart 1964, S. 245–250
4 BHStA, M Inn 60077, 13. Mai 1838
5 vgl. BHStA, OBB 11539, div. Schreiben zur Versteigerung 1841
6 vgl. H. J. Kotzur, Forschungen zu Leben und Werk des Architekten August von Voit, Diss. Heidelberg 1978, Bd. II, S. 144
7 Hier und zum folgenden vgl. BHStA, M Inn 60077, div. Schreiben März und April 1843

141

8.3

ne Kirche, Schul- und Gemeindehaus genommen und es werden die Bauplätze hiezu vorbehalten werden müssen, damit man nicht genötigt sey, später diese Gebäude an das Ende des Ortes zu verlegen. Auch zu einem Marktplatz wird der erforderliche Raum vorzusehen seyen«. In seinem »Gründungssignat« legte Ludwig I. erste Grundbedingungen für den neuen Ort fest: »Der Entwurf des Bauplanes ist mir zur Entschließung vorzulegen, und der jedes in Ludwigshafen aufzuführenden Gebäudes, auch wenn es von einem Privaten sein (?) wird. Luxus soll vermieden, gleichmäßig jedes Gebäude werden, aber nicht gemeinen Aussehens, guten architektonischen Styls erhebe sich Ludwigshafen«. Unmittelbar darauf gingen bereits die ersten Anträge auf Grunderwerb und Ansiedlung ein. Bei der Überprüfung der Gesuche und der Weiterleitung an den König wurde Regierungspräsident Fürst v. Wrede selbst tätig. Man achtete darauf, gut beleumundete, möglichst vermögende Interessenten als Baulustige zu gewinnen und ein breites berufliches Spektrum, das nicht nur Handelsleute, sondern auch Industrielle (die sich mit ihren Betrieben niederlassen sollten) und verschiedenste Handwerker (Metzger, Bäcker, Maurermeister, Zimmermeister) und Gastwirte umfaßte, anzusiedeln. Alle Bauherren wurden darauf verpflichtet, nach einem Musterbau oder nach vom König gesondert genehmigten Plänen innerhalb einer bestimmten Frist und mit Vorkaufsrecht des Staates bei Wiederverkauf innerhalb der nächsten sechs Jahre zu bauen. Darüber hinaus mußte der Alignement-Plan eingehalten werden, der zusammen mit den Musterfassaden am 4. Mai 1843 von Ludwig I. genehmigt worden war. Er teilte den Raum im Hinterland der ehemaligen Schanze nördlich der über die Schiffsbrücke nach Mannheim führenden Straße in einen ca. 240 × 130 m großen Straßenraster auf, berücksichtigte an seinen Rän-

dern alte Flurgrenzen und Wegeführungen und war im Norden begrenzt durch den ebenfalls rechtwinklig ausgesteckten Bereich für die neuen Gleis- und Bahnhofsanlagen. Die Hauptstraße Mannheim-Oggersheim, die den Raster schräg durchschnitten hätte, wurde ein Stück weit aufgelassen und mündete im westlichen Randbereich der ausgesteckten Baulinien in das rechtwinklige System ein. Grundstücke für Gemeindehaus und Schule, Kirche oder Markt waren nicht ausgewiesen. Die großangelegten Rechtecke wurden später durch Verbindungsstraßen kleinteiliger aufgelöst. Der gleichzeitig genehmigte Fassaden-Musterplan ging auf die tatsächlichen Gegebenheiten in den Abmessungen der zwischen den Straßen liegenden Gebäude nicht ein. Es kam hier wohl auch mehr auf die Darstellung des Bausystems an, das geschlossen vorgeschrieben wurde, wobei aber ein lebendiges Bild durch unterschiedliche Gurtgesims- und Traufhöhen auch innerhalb der Einzelhäuser angestrebt wurde. Stilistisch verweisen die variantenreich und unterschiedlich gestalteten Häuser auf Friedrich Bürklein, der etwa zur gleichen Zeit in München erste Wohngebäude mit ähnlichen Fassaden errichtete (vgl. Kat.Nr. 179). Überliefert ist von den für Ludwighafen konkret vorgesehenen Bauten eine Zeichnung des Civilbauinspektors Jodl. Sie zeigt den Aufriß der von den Kaufleuten Weber und Karcher ausgewählten Fassade[9], die allerdings noch provinziell wirkt. In den Jahren nach der Ortsgründung wuchs Ludwigshafen relativ schnell, so daß sich die Bevölkerung von 90 Seelen im Jahre 1843 auf bereits 1313 Einwohner im Jahre 1851 erhöhte, die Erhebung zur Stadt erfolgte 1859. Letztlich kam in Ludwigshafen wohl der durch Eisenbahndirektor E. P. Denis 1847 modifizierte erste Stadtgrundriß zur Durchführung, der auch heute noch das eigentliche Stadtzentrum bestimmt.

F. Zimmermann

8.1 Ludwigshafen, Situationsplan mit Genehmigungsvermerk Ludwigs I. vom Mai 1843
Feder rot, grün, blau, braun, Bleistift auf Transparent; 45 × 34
BHStA, Planslg. 15103
8.2 Ludwigshafen, Alignement-Plan, 1843
Stich, Feder, laviert; 47 × 38
BHStA, OBB 11539, fol. 72
8.3 Ludwigshafen, Fassadenabwicklung mit Genehmigungsvermerk Ludwigs I. vom Mai 1843 (Abb.)
Feder; 257 × 42
BHStA, Planslg. 15101

8 vgl. BHStA, OBB 11539, Mai 1845 und später verschiedene Anträge zur Ansässigmachung in Ludwigshafen, größtenteils mit Genehmigung Ludwigs I.
9 neben diesem Plan liegen noch weitere fünf Fassaden vor, die wohl für Ludwigshafen und Germersheim bestimmt waren, aber nicht identifizierbar sind; vgl. BHStA, Planslg. Nr. 15096–15100

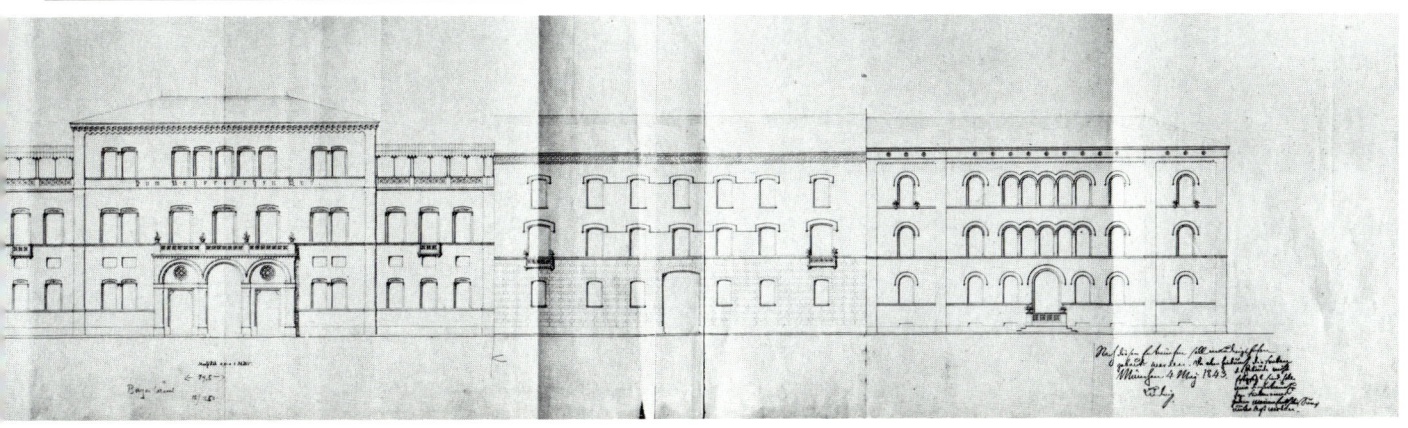

9.1

9.1 Friedrich Bürklein (Farbabb.)
Idealplan »Anlage eines Dorfes«, 1835
Feder, farbig aquarelliert; 278 × 61
Deutsches Museum, Planslg.
Inv.Nr. 001768

9 Idealplan zur Anlage eines Dorfes, 1835

Schon I.M.C.G. Vorherr hatte in dem von ihm herausgegebenen »Monatsblatt für Bauwesen und Landesverschönerung« Anfang der 20er Jahre Vorschläge für den geordneten Wiederaufbau abgebrannter Dörfer und Ortschaften publiziert. Nach der Brandkatastrophe in Reichenhall im November 1834 (vgl. Kat. Nr. 7), wurde zwar Ohlmüller mit der Leitung des Wiederaufbaus betraut, aber Gärtners Architekturkonzeption stand hinter allen Planungen. In diesem Zusammenhang dürfte der 22jährige Friedrich Bürklein, der in Gärtners Büro beschäftigt war, einen großen, idealtypischen Musterplan für ein Dorf entwickelt haben.
Entlang der Hauptstraße dieses Idealdorfes werden sämtliche Bautypen auf beiden Seiten aufgereiht. Im Zentrum stehen sich Kirche mit Pfarr- und Schulhaus sowie Gemeindehaus mit den Wohnungen des Landgerichtsphysikus und des Ortsvorstehers gegenüber. Ähnlich wie in Weinbrenners Planung für Karlsruhe mit Kirche und gegenüberliegendem Rathaus bilden auch hier kirchliche und weltliche Macht das Zentrum. Links und rechts folgen ohne eindeutige Ordnung sämtliche Bauaufgaben der Zeit, so stehen z.B. Post und Gefängnis oder Apotheke und Brauerei nebeneinander.
Sämtliche Bauten sind im Gärtnerschen Rundbogenstil konzipiert und liefern somit eine Art Palette der Möglichkeiten dieser Architekturrichtung. Abgesehen von einigen wenigen Bauaufgaben, wie Kirche, Gefängnis oder Bauernhaus war es offensichtlich nicht möglich, mit dieser Architekturformensprache zu einer genaueren Charakterisierung der Bauaufgabe zu gelangen. Der Gesamtplan verweist allerdings bereits darauf, wie die Gärtner-Schüler in den 40er, 50er und 60er Jahren in ganz Bayern nach einem relativ einfachen Muster und mit wenigen Varianten sämtliche Bauaufgaben stilistisch einheitlich bewältigt haben.   W. Nerdinger

14.2 Der Ludwigskanal bei Erlangen mit dem Bahndurchstich

II. Erschließung des Königreichs

An erster Stelle forderten die Stände und Gemeinden während der gesamten Regierungszeit Ludwigs I. Mittel für den öffentlichen Straßenbau, an dem dieser aber am wenigsten interessiert war, da ihm sonst nicht genügend für »seine Sachen« blieb, wie er zu Klenze bemerkte. Am verkehrsmäßigen Zusammenschluß der neu- und altbayerischen Gebiete verbesserte sich deshalb lange Zeit nichts. Der Aufbau eines leistungsfähigen Transportsystems als Grundlage für Handel und Industrie war ebenfalls für Ludwig, dem nicht viel an Industrialisierung lag, ziemlich unwichtig. Obwohl Joseph von Baader schon seit 1812 unermüdlich für den Bau von Eisenbahnen kämpfte, deren Bedeutung seit den Erfolgen in England offensichtlich war, hielt die bayerische Regierung die erste deutsche Bahnverbindung 1835 zwischen Nürnberg und Fürth nur für eine »kostspielige Nürnberger Spielzeugware«. Der weitere Bahnbau wurde durch besondere Konzessionsbedingungen erschwert, nur zwischen Augsburg und München entstand 1840 eine Privatbahn.

Ludwig setzte dagegen auf einen Kanalbau als Rhein-Donau-Verbindung. Die Vollendung der seit Karl dem Großen geplanten »Fossa Carolina« entsprach seinen imperialen Phantasien: »Großartigaltrömisch will ich es haben«, forderte er für den Ludwigskanal, der zwar von 1836 bis 1846 erbaut wurde, dessen Nutzung jedoch schon seit 1850 rückläufig war (und dessen Verbreiterung seit 1978 ganze Landstriche verwüstet). Die Eisenbahn hatte sich inzwischen in allen umliegenden Staaten durchgesetzt, und um nicht den Anschluß zu verlieren, mußte Bayern Bahnstrecken zu den Landesgrenzen führen. Als Staatsbahnen entstanden ohne sinnvolle Gesamtplanung, nur als Aneinanderreihung von möglichst vielen Städteverbindungen 1844–1854, die Ludwigs-Süd-Nord-Bahn von Lindau über Augsburg und Nürnberg nach Hof und gleichzeitig die Ludwigs-West-Bahn nach Aschaffenburg. Die beiden verwinkelten Bahnlinien kreuzten sich deshalb bezeichnenderweise im abgelegenen Bamberg.

W.N.

10–12 Frühe Bahnhöfe in Bayern – Zur Entwicklung einer neuen Bauaufgabe

Die Erfindung der Eisenbahn war eine Ingenieuraufgabe, die die Erstellung eines komplexen Systems zum Ziele hatte; mit dem Nachweis seiner dauerhaften Funktionsfähigkeit war das System dem Grunde nach abgeschlossen, aber noch nicht vollständig: das Trasée mit all seinen Dämmen, Einschnitten, Brücken und Tunnel mochte alle Widrigkeiten, die die Natur der Bahn in den Weg stellte, noch so gut bewältigen und dem Zug seine freie Fahrt ermöglichen, doch fehlten jene Punkte, an denen der Fahrgast oder Güter als Nutzer der Bahn mit ihr überhaupt in Kontakt treten konnten. Die Ausbildung dieser Punkte war die Bauaufgabe ›Bahnhof‹, ebenso neu wie das System selbst und eine unmittelbare Folge von diesem. Bei der heute eigentlich selbstverständlichen kardinalen Bedeutung des Bahnhofes als Dreh- und Angelpunkt des Eisenbahnnetzes, als Organ des Kommens und Gehens, der Ankunft und Abfahrt blieb aber die Entwicklung des Bautyps lange hinter der des Systems zurück, war fast immer die Eisenbahn eher in Betrieb genommen als ihre Bahnhöfe, behalf man sich stets zunächst mit Provisorien. Dem Ingenieur als dem für Bau und Betrieb einer Bahn Verantwortlichen genügten diese zunächst vollauf. Erst ein übergeordneter Repräsentationsanspruch des Betreibers, sei dies eine Gesellschaft oder der Staat, sowie natürlich die allmähliche Differenzierung der Betriebsaufgaben bewirkten jene sich ab der Mitte des 19. Jhs. vollziehende Entwicklung des Bahnhofes von den Holzhütten des Anfangs zu jenen alle Dimensionen des bisher dagewesenen sprengenden Bahnhofspalästen der Jahrhundertwende, die oft treffend als »Kathedralen des Verkehrs« bezeichnet wurden.

Funktions- und dispositionsgeschichtlicher Pate des Bahnhofs war der Posthof, wie dieser eine zunächst umfriedete Anlage mit Trennung von Personen und Gütern, eigenen Gebäuden für die Transportmittel (Remisen) sowie Wirtschaftslokalitäten. Die Adoption dieses Vorbildes im weiteren Sinne für die spezifischen Bedürfnisse der Eisenbahn war ein allmähliches Sich-Heran-Tasten über den Umweg verschiedener Anlagetypen.

Der erste Bahnhof überhaupt, Crown Street Station in Liverpool 1830, war ein gleisparallel errichteter Rechteckbau mit gleisseitig angebauter offener Halle. War hiermit auf Anhieb der Prototyp des Durchgangsbahnhofs gefunden, so erschien er als Endstation wegen zu kleiner Dimensionen und ungenügend integrierbarer Räumlichkeiten für alle Betriebsbedürfnisse ungeeignet.

Kaum besser verhielt es sich mit dem ikonologisch zwar hervorragenden Typus des Torbaues (prominente Vertreter dieser Gattung der Thüringische Bahnhof in Leipzig 1840/1844 sowie der erste Staatsbahnhof Braunschweig), der ebenfalls keine ausreichende Integrierbarkeit von Nutzräumen für die verschiedenen Zwecke bot. Relativ bald schälte sich der Basilikal-Typus als wohl geeignetstes Vorbild heraus: Die gestufte Halle bot sich mit ihrem hohen Mittelschiff zur Aufnahme der Gleise an, während die Seitenschiffe idealer Ort für Ankunfts- und Abfahrtsperon darstellten. Betriebliche Vorteile – die hohe Halle verringerte die Belästigung der Reisenden durch Rauchentwicklung – und klare Konzeption – getrennte Bahnsteige – führten gemeinsam mit der sich anbietenden Anordnung von quer vor die Halle gestellten Kopfbauten zum idealen Anlagetypus eines Kopfbahnhofes als Endstation; zu lösen blieb die beste Ausformung des Kopfbaues selbst, der gleichermaßen repräsentatives Empfangsgebäude wie optimal aufgeteiltes und miteinander verbundenes Betriebsgebäude bei wiederum möglichst kurzen Wegen für den Reisenden sein sollte. Als idealer architektonischer Vorwurf für diese komplexe Aufgabe wurde bald der Schloßbau erkannt: In seiner Längsachse einfach um 180° gedreht, wurde der überdachte Cour d'honneur zur Bahnsteighalle, die flankierenden Pavillons zu Flügelbauten für betriebliche Zwecke; die ehemalige Gartenfront des Schlosses wurde zur Stadt- und Schauseite des Empfangsgebäudes, welches je nach Bedürfnis etwa mit Risaliten gegliedert oder als Folge unterschiedlich ausgebildeter Baukörper gebildet werden konnte, wobei vorgelegte Arkaden oder Loggien die notwendige und zugleich repräsentativ gestaltbare Verbindung übernahmen. Kurz vor der Jahrhundertmitte war damit der Kopfbahnhof schlechthin gefunden, gleichzeitig in Deutschland und Frankreich, dort Francois Duquesney mit seinem berühmten Gare de l'Est in Paris 1847/1852, hier Friedrich Bürklein mit dem Münchner Hauptbahnhof 1847/1849.   U. Kahle

10.1 Karte des Königreichs Bayern, nach dem neuesten Bestande; mit Angabe der Eisenbahnen und Dampfschiffahrten, der Schiff- und Floßbarkeit seiner Flüsse, mit einem vergleichenden Höhenprofile. Insbesondere zum Handgebrauche für den geogr. Schul-Unterricht, gez., bearbeitet und herausgegeben von I.B. Roost (2. Aufl.), 1847
VAN, 14.52/1847

10.2 Übersichtkarte der Kgl. Bayerischen Verkehrsanstalten mit den anschließenden Post- und Eisenbahnverbindungen nach dem Stande vom 11.4.1858
VAN, 14.52/1858

10.3 Karl Herrle (Abb. S. 36)
Der Bau des Eisenbahndammes bei Rentershofen, um 1850
Aquarell;
VAN, ohne Inv.Nr.

10.4 Gustav Kraus (Abb. S. 39)
Eröffnung der Münchner Augsburger Eisenbahn, 1.9.1839
Lithographie; 40,9 × 31,1
MStm, Z 1715a

10.5 Längen-Nivellement und Situations-Plan der München-Augsburger Eisenbahn, bezeichnet »Wilhelm Siegrist sc.«, um 1840
Stahlstich; 94,7 × 62,7
VAN, ohne Inv.Nr.

10.6 Joseph Pertsch (Abb.)
München, Entwurf zu einem Stationsgebäude der München-Augsburger Bahn, Fassadenansicht, Längs- und Querschnitte, 1838
Feder, farbig laviert; 79,7 × 58,3
VAN, ohne Inv.Nr.

1 Geboren 1787 in Neukirchen bei Sulzbach, 1818 Baurat bei der Lokalbaukommission München, 1851 Begründer der Dampfschiffahrt auf dem Starnberger See, erbaute nach der Pensionierung 1852–1854 auf eigene Kosten die München-Starnberger-Bahn; gestorben am 26.4.1860
Zu seinem Schaffen ausführlicher: Klaus Kratzsch, Johann Ulrich Himbsel und seine Villa am Starnberger See, in: Festschrift Wolfgang Braunfels, Tübingen 1977, 201–214; weiterhin: W. Nerdinger (Hrsg.), Katalog Klassizismus in Bayern, Schwaben und Franken, München 1980

2 Personaldaten unbekannt; nach den Quellen wohl nicht identisch mit Johann Nepomuk Pertsch

3 Ein Teil der Pläne in der Plansammlung des Verkehrsmuseums Nürnberg derzeit nicht auffindbar

4 So Hugo Marggraff, Zur Baugeschichte des Bahnhof-Hauptgebäudes in München, Süddeutsche Bauzeitung XVIII, 35, 1908, 282.

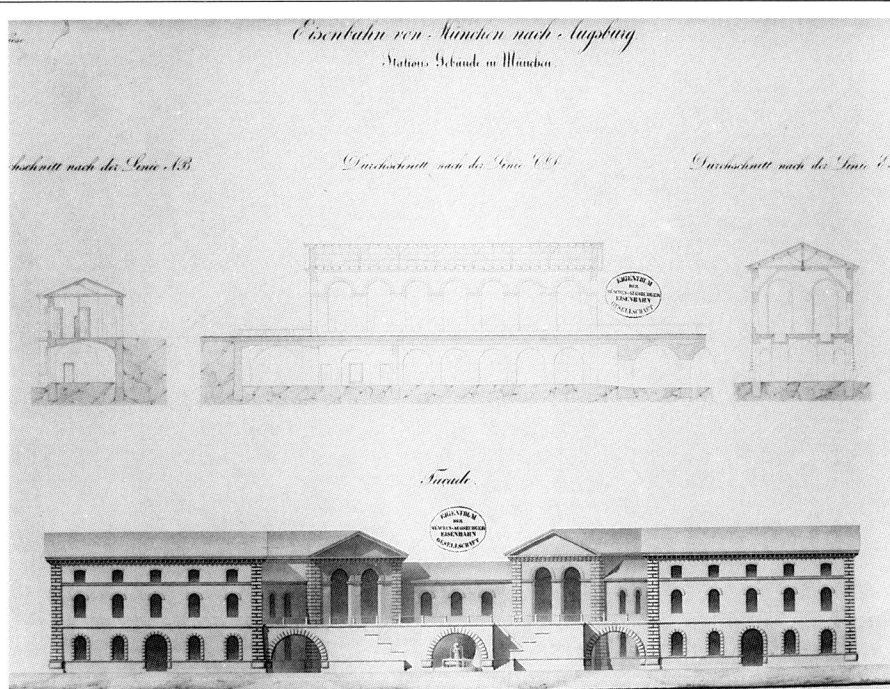

10.6

10 Bahnhof München

Wie bei der Übernahme und Anwendung des Systems Eisenbahn steht Bayern auch beim Eisenbahnhochbau an vorderster Stelle, nun aber nicht mehr Gestalt privatgesellschaftlicher Initiative, sondern als Staatsbahn selbst.

Die Bahnhöfe der beiden privaten Eisenbahngesellschaften waren noch einfache, aus betrieblicher Notwendigkeit heraus konzipierte Zweckbauten, wobei sich die Ludwigsbahn-Gesellschaft bei ihren beiden einschiffigen offenen Bahnsteighallen – wie dies die jüngst zur 150jährigen Jubiläumsausstellung in Nürnberg rekonstruierte Halle zeigte – immerhin mit einigem Aufwand um eine gewise Gestaltung bemühte.

Demgegenüber war der erste Bahnhof Münchens, die Endstation der München-Augsburger-Bahn von 1839, an der äußersten Stadtgrenze auf dem Marsfeld unweit des städtischen Salzstadel des späten 18. Jhs. gelegen, wirklich nur eine provisorische »Holzhütte«. Kern der Anlage war eine lange, grob zusammengezimmerte Bretterhalle über den drei Stationsgleisen, der ein Kopfriegel aus Annexbauten einfachster Art vorgelegt war sowie zwei Kassenhäuschen mit einer langen Fahnenstange, die das kleine Glockentürmchen auf dem Hallenfirst deutlich dominierte. Die Anlage wurde ergänzt durch Lokremise, Schreinerhalle und, ab 1840, Güterhalle und Koksschuppen. Immerhin hielt dieses als solches errichtete Provisorium, das nach der Verstaatli-

chung der Bahn sogar zum ersten Münchner Staatsbahnhof avancierte, bis zum 4. April 1847, als ein Brand den Bahnhof restlos einäscherte. Daß die Bahn aber von Anbeginn anderes vorhatte, bezeugen zwei in Teilen überlieferte Entwurfsalternativen der verantwortlichen Architekten Ulrich Himbsel[1] und Pertsch[2], die 1838 bei der Direktion eingereicht wurden.[3]
Pertsch sah einen Standort an der Sonnenstraße, etwa an der Stelle des heutigen Postscheckamts vor. Das Hauptgebäude seines Bahnhofentwurfs öffnet sich halbkreisförmig zur Stadt; auf der anderen Seite sind vier regelmäßige radiale Hallen angeordnet, Einstieghalle, Wartehalle und zwei Lokomotiv- und Wagenremisen. Von der nach englischem Vorbild hochgelegten Bahnsteiganlage sollte die Bahn in Dammlage gen Laim führen, die Theresienwiese auf langem Viadukt querend. »Zum Glück für Münchens Entwicklung kam dieser Entwurf nicht zur Ausführung.«[4] Himbsels Variante sah einen quergelagerten Kopfbau mit Treppenhaus als Mittelrisalit vor, eingefaßt von zwei weit vorspringenden Flügelbauten als Lok- und Wagenremise. Ebenso in Hochlage entwickelt, sollte aber diese Variante auf dem Gelände der Schießstätte der Schützengesellschaft errichtet werden, d.h. etwa am heutigen Standort. Diese Planung sollte wohl auch realisiert werden, denn immerhin erwarb die Bahn fast alles erforderliche Gelände, konnte sich aber schließlich mit der Schützengesellschaft selbst nicht einigen, so daß das Vorhaben zunächst ad acta gelegt wurde.

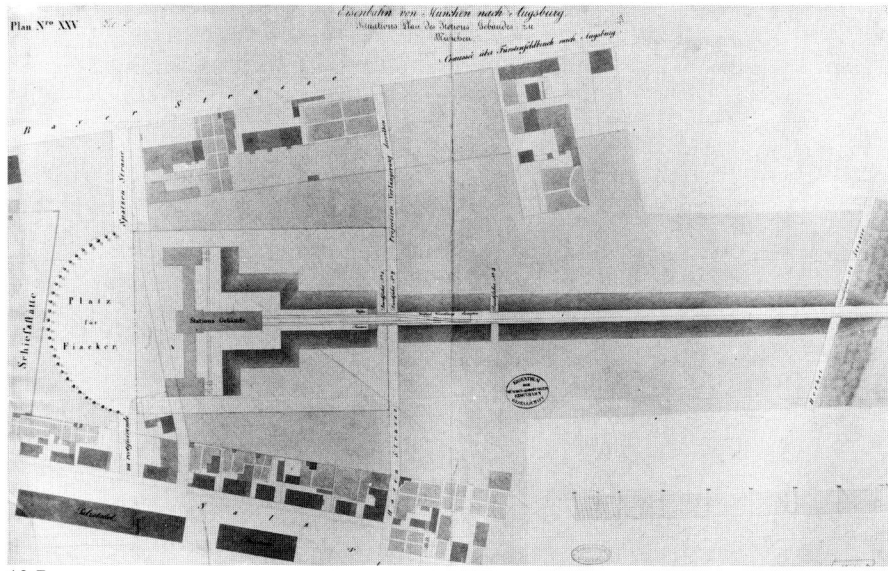

10.7

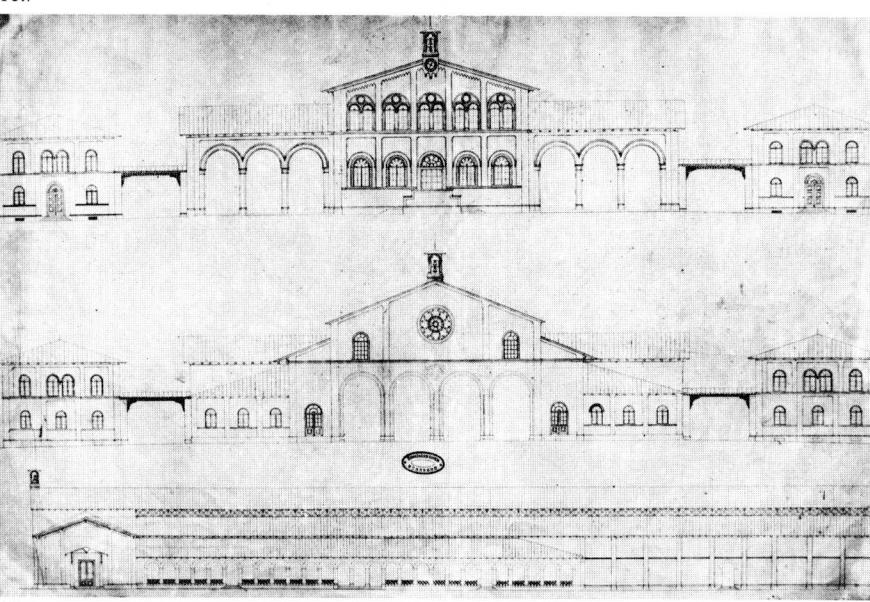

10.8

10.7 Ulrich Himbsel (Abb.)
München, Situationsplan zum Entwurf des Stationsgebäudes der München-Augsburger Eisenbahn, 1838
Feder auf Karton; 95 × 61,6
VAN, ohne Inv.Nr.

10.8 Friedrich Bürklein (Abb.)
München, Centralbahnhof, Entwurf Stufe 2 mit östlicher und westlicher Fassadenansicht sowie nördlicher Längsansicht, 1847, unten rechts bezeichnet »Entworfen von Bürklein«
Feder auf Zeichenpapier; 89 × 60,8
VAN, ohne Inv.Nr.

10.9 Friedrich Bürklein (Abb.)
München, Centralbahnhof, Entwurf Stufe 3 mit westlicher, gleisseitiger Fassadenansicht, 1848, unten Signaturreste
Feder auf Zeichenpapier, unten stark beschnitten; 62 × 46,5
VAN, ohne Inv.Nr.

10.10 Friedrich Bürklein
Bahnhof Ostseite
Kupferstich (von R. Gottgetreu);
18,8 × 13,1
Arch.Slg. TUM, Gs 2369

10.11 Friedrich Bürklein (Abb.)
Eisenbahnhalle Bahnhof München
Kupferstich (von R. Gottgetreu);
18,8 × 13,1
Arch.Slg. TUM, Gs 2370

10.12 Gustav Seeberger
Eisenbahnhalle Bahnhof München
Sepiazeichnung; 15,5 × 9,9
MStm, Z 947

10.13 Friedrich Bürklein (Farbabb.)
München, Centralbahnhof, Entwürfe für die Möblierung verschiedener Wartesäale, 1848, unten rechts signiert »Bürklein«
Feder auf Zeichenpapier, farbig laviert;
50 × 28,7
VAN, ohne Inv.Nr.

10.14 Friedrich Bürklein
München, Centralbahnhof, Entwürfe für die Möblierung verschiedener Wartesäale, 1848, unten rechts signiert »Bürklein«
Feder auf Zeichenpapier, farbig laviert;
36 × 25,8
VAN, ohne Inv.Nr.

Blieben die Privatbahnen mit ihren Aktivitäten noch völlig sich selbst überlassen, so war die Staatsbahn sich der Bedeutung und Möglichkeiten des Eisenbahnhochbaues sehr bald bewußt.

Die zunächst für den gesamten Eisenbahnbau verantwortliche Königliche Eisenbahnbaukommission in Nürnberg, dann in München, war zwar in allen technischen Fragen weitgehend autonom, mußte aber alle Fragen prinzipieller Natur hinsichtlich Konstruktion und Ausführung höheren Ortes vorlegen; sämtliche Pläne bedurften zudem des allerhöchsten Signates. Beigegeben war der Kommission für alle Obliegenheiten des Eisenbahnhochbaues ein »architektonisches Bureau« unter Leitung des Civilbau-Inspektors Eduard Rüber, dem die beiden

Baukondukteure Gottfried Neureuther und Friedrich Bürklein assistierten. Bereits sehr früh, 1841, formuliert König Ludwig I. für den Bahnhofsbau entscheidende Grundsätze, denen zufolge »die Entwürfe zu allen Bauten an den Eisenbahnen im antik-römischen Style verfaßt und allerhöchst demselben zur Genehmigung vorgelegt werden sollen.«[5] Eine Ausnahme machte der König auf besorgte Rückfrage der Kommission hier lediglich für Nürnberg; »die in Nürnberg aufzuführenden Hochbauten seyen ausnahmsweise in dem Style des Mittelalters, wie derselbe für jener Stadt öffentliche Gebäude angeordnet ist, auszuführen. Es hat da in der Regel bei dem antik-römischen Baustyle, soweit es der Zweck und dem Betrieb der Eisenbahn nur immer gestat-

5 Florian Hufnagl, Gottfried von Neureuther, Leben und Werk, München 1979 (MBM 91), S. 121
6 Hufnagl, a.a.O., S. 122

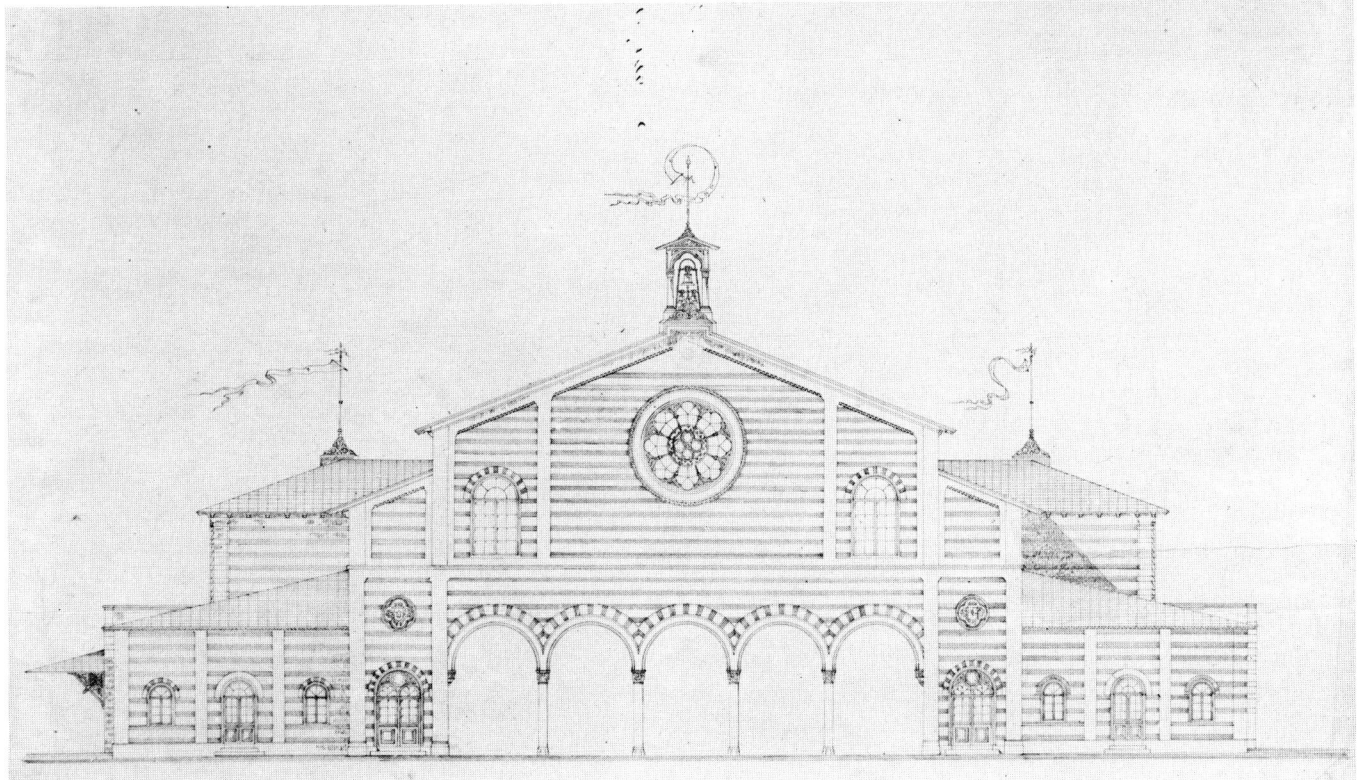

10.11

10.9

tet, sein Verbleiben.«[6] Gemäß dem in diesem Beitrag zu beleuchtenden zeitlichen Rahmen bis 1850 muß es genügen, den Münchner Bahnhof als bedeutendstes und herausragendes Beispiel etwas ausführlicher darzustellen; die Entwicklung andernorts ist demgegenüber von geringerer Bedeutung oder setzt zeitlich später ein.[7]

Mit der Übernahme der München-Augsburger Bahn am 1. Oktober 1844 war München an das im Entstehen begriffene Staatsbahnnetz angeschlossen. Die Schaffung eines dem Rang der Stadt entsprechenden Bahnhofs war vordringlich und entsprach dem dezidierten Wunsch des Königs, der mit Signat vom 11. März 1845 »den ehetunlichsten Beginn« des Baues befolgt hatte. Rüber hatte unverzüglich Pläne zu einem Bahnhof auf dem Marsfelde – also anstelle des Provisoriums – anzufertigen, die, nicht zuletzt aufgrund des immer deutlicher vernehmbaren Begehrs, den Bahnhof näher an die Stadt heranzurücken, sowie auf jegliche Aufdämmung zu verzichten, in drei Entwurfsvarianten mündeten, und zwar für ein Projekt A »nächst der Schießstätte«, B »auf der Höhe des Marsfeldes« sowie C »auf der Mitte zwischen beiden Orten«.[8] Durch die Regierung vorgelegt, betraute der König Friedrich von Gärtner mit der Anfertigung einer gutachterlichen Stellungnahme.

Gärtner favorisierte schlußendlich die erste Variante, fügte dieser im übrigen einen eigenen Entwurf (Lit. D) bei »mit besonderer Rücksicht auf architektonische Würde und Charakteristik.«[9] Neigte der König – aus finanzpolitischen Erwägungen – dem Projekt B zu, so plädierte der Landtag für das Projekt A. Unter dem Eindruck des Gärtner'schen Gutachtens befand der König schließlich am 21. 2. 1847 »nach Entwurf Lit. D sollte der Münchner Bahnhof ausgeführt, solches von Direktor von Gaertner überwacht werden.«[10] Zur Ausführung des Projektes wurde am 1. April 1847 ein eigenes, der Staatsbahnverwaltung unterstelltes Königliches Bauamt München geschaffen, an dessen Spitze Friedrich Bürklein trat, der eben erst von einer längeren Studienreise im Regierungsauftrage zwecks Studium der Bahnhofsgebäude in England und andernorts auf dem Festlande zurückgekommen war. Unverzüglich muß sich Bürklein, wahrscheinlich zunächst auf der Grundlage des Gärtner-Entwurfs[11] an die Arbeit gemacht haben, denn der schließlich der Ausführung weitgehend entsprechende Rahmenentwurf datiert noch 1847.[12] Schon im Spätsommer 1847 findet die Bauvergabe statt, für den 5. November 1847 ist die erste Lok-Probefahrt auf dem neuen Streckenteil bezeugt[13], bereits im Frühjahr 1848 wird das Hauptgebäude samt Halle in Betrieb genommen und anläßlich der feierlichen Eröffnung der Strecke nach Hof am 1. Oktober 1849 sind die Arbeiten vollendet.

Gegenüber den Privatbahnprojekten von 1838 ist auf die Dammlage verzichtet worden; das Areal der ehem. Schießstätte wurde etwa 2,5 m angefüllt, so daß die Bahn bis zur natürlichen Geländekante etwa in Höhe des Nymphenburger Parks nur sanft ansteigen mußte. So konnte der Bahnhof nun ebenerdig angelegt werden; eine weite, 111 m lange, ca. 29 m breite und im Zenit knapp 20 m hohe hölzerne Halle, halbtonnenförmig im Querschnitt überspannte fünf Gleise. Nach dem gleichnamigen System des französischen Ingenieurs A. R. Emy entwickelt[14], bildet eine Folge von 24 hölzernen Halbkreis-Bogenbindern über knappen Postamenten das konstruktive Gerüst. Ein tangenial direkt auf die Binder aufgesetztes Satteldach ermöglichte durch geschickte »basilikale« Stufung ein hohes Seitenlicht für das Halleninnere. Die westliche Einfahrtsseite schloß in einer Folge von fünf Bogenöffnungen, die große Giebelfläche darüber füllten eine riesige mittlere Fensterrose sowie zwei Rundbogenfenster in der jeweils äußeren Achse. Über zwei Drittel ihrer Länge wird die Halle beidseits von erdgeschossigen pultgedeckten Flügelbauten begleitet, deren nördlicher zusätzlich mit einer langgestreckten rundbogigen Arkade versehen ist, welche zwischen Billettraum und den hier gelegenen Wartesälen vermittelt.

Im Osten schließt das eigentliche Empfangsgebäude die Anlage, ein dem Hallenquerschnitt annähernd entsprechender giebelständiger Mittelbau, der allerdings von der Halle selbst nur die überhöhte mittlere Dachzone übernahm und weder die basilikale Stufung noch das konstruktive System noch die wahre Hallenbreite erkennen ließ. Analog zum Westgiebel prägt auch hier eine monumentale Fensterrose den Giebel, die aber von der Halle her nicht sichtbar war, sondern die lediglich die hier gelegenen Diensträume belichtete. Flankiert war der Mittelbau von eckrisalitartig vorspringenden zweigeschossigen, gleichfalls giebelständigen Pavillonbauten, die im Norden dem Billetverkauf dienten, im Süden der Post vorbehalten blieben. Dem Mittelbau vorgelegt, ist eine erdgeschossige Vorhalle mit Pultdach, die sich zur Stadt in 7 Arkaden öffnet. Der Mittelbau barg im Erdgeschoß das Bahnhofsbüffet, darüber Diensträume, denen zur Halle hin ein emporenartiger Laufsteg vorgesetzt war, von dem man das Geschehen in der Halle beobachten konnte.

7 Zu verweisen ist hier auf die dem Verfasser leider noch nicht zugängliche, soeben fertiggestellte Berner Dissertation von Beatrice Sendner-Rieger über die Bahnhofsbauten der Ludwig-Süd-Nord Bahn, die sich intensiv auch mit den Provisorien auseinandersetzt. Siehe auch: Beatrice Sendner-Rieger, Zur Eröffnung der ersten bayerischen Staatsbahnstrecke Nürnberg-Bamberg vor 140 Jahren, in: Frankenbund Jahrbuch 1984, Würzburg 1985, 133–148

8 Mit der Planungsgeschichte des Münchner Bahnhofs setzen sich neben Marggraff, op. cit., ausführlich auseinander: W. Süß, Geschichte des Münchner Hauptbahnhofes, Essen 1954 sowie Ulrich Krings, Deutsche Großstadt-Bahnhöfe des Historismus, Phil. Diss. München 1978, Köln 1981

9 Marggraff, a. a. O., S. 285

10 Krings, a. a. O., S. 160

11 Dieser Entwurf ist bislang als verschollen zu bezeichnen

12 Krings, a. a. O., S. 161

13 Marggraff, a. a. O., S. 284

14 Hierzu ausführlicher: Krings, a. a. O., 174–175

15 In einer eigentümlichen Addition fügt Jacob Graff nach mehrjähriger Entwurfsphase 1876–1884 westlich an den Bürkleinschen Bau einen monumentalen, den alten Bahnhof fast erdrückenden Erweiterungsbau an, wobei die alte Bahnsteighalle nunmehr als Eingangshalle fungiert. Erzwungen wurde diese Lösung vom Bayerischen Landtag, der eben diese teilweise Erhaltung der alten Bahnsteighalle samt den Empfangsgebäuden Bürkleins durchsetzte

10.13

Von den Zeitgenossen gleichermaßen bewundert wurden eindrucksvolle Funktionalität und repräsentativer Charakter der Architektur in allen ihren Teilen, wie ihre reiche Durchgestaltung mit den prägnanten Farbwechseln aus roten und gelben Terrakotta-Blendziegeln sowie dem lichten Grau aller Werksteinteile. In Anlagetypus und Zuordnung aller Gebäudeteile zueinander dem Pariser Kopfbahnhof der Ostbahngesellschaft zum Verwechseln ähnlich, blieb der Münchner Hauptbahnhof in seinen Ausmaßen freilich bescheidener. Anders als beim Gare de l'Est wurde die Bahnhofshalle nicht fassadenwirksam, sondern war mit eigenem Fassadenvorsatz verblendet. Darüberhinaus gebührt dem Bürklein'schen Hauptbahnhof das Verdienst, das später eigentlich allgemein verbindliche Prinzip der tonnengewölbten Bahnsteighalle als erster auf deutschem Boden eingeführt zu haben. Anspruch und Gültigkeit dieses Bahnhofentwurfes zeigen sich vielleicht am besten in dem Umstand, daß alle späteren Umbauten und Erweiterungen das Empfangsgebäude mitsamt dem östlichen Drittel der Halle stets beibehielten, weshalb der Bürklein'sche Hauptbahnhof bis zu seiner Zerstörung 1945 in eigentlich stets gleicher Funktion erhalten geblieben ist.[15]

U. Kahle

1 Norbert Götz, Um Neugotik und Nürnberger Stil, Phil. Diss., Nürnberg 1981, S. 91
2 Götz, a.a.O., S. 91 und Anm. 340

11 Bahnhof Nürnberg

In jeder Hinsicht ein Solitär blieb der erste Nürnberger Staatsbahnhof vor dem Frauentor, 1844–1846 von Eduard Rüber errichtet und »in dem Style des Mittelalters« ausgeführt. Obgleich bis zum Bau der Ostbahnstrecken im Pegnitztal stets als Kopfbahnhof dienend, folgte die Anlage den eigentlich bereits für diese Zwecke als ungeeignet erkannten frühen englischen Vorbildern mit gleisparallelem Hauptgebäude und zweigleisiger Peronhalle. Der eigentümlich steil proportionierte dreigeschossige Baukörper in kühlen neugotischen Formen[1] besteht aus einer eher additiven Aneinanderreihung von fünf dreiachsigen Baukuben mit umlaufendem Zinnenkranz, deren mittlerer durch einen Zinnengiebel und Zinnentürmchen überhöht wird. Sparsame Bauzier rhythmisiert die Fassade, von der die Augsburger Allgemeine Zeitung schon 1857 behauptet, sie sei »einem finstern Mönchskloster viel ähnlicher als dem Gebäude, das offen, gastlich und heiter Tausende empfangen und entlassen soll«.[2] Eigentümlich sakral und an dieser Stelle befremdlich wirkt die Bahnsteighalle mit ihrer wimpergartigen Giebelausbildung und den langen Fialaufsätzen.

U. Kahle

11.3

11.1

11.1 Nürnberg, Ludwigsbahnhof, um 1840 (?)
   (Abb.)
   Lithographie; 14,7 × 7,5
   VAN, ohne Inv.Nr.

11.2 Ludwig-Süd-Nord-Bahn (Abb.)
   Bahnhof Nürnberg, Ansicht von der
   Stadt her, um 1850 (?)
   Lithographie; 44 × 30,6
   VAN, ohne Inv.Nr.

11.3 Karl Herrle (Farbabb.)
   Staatsbahnhof Nürnberg vor dem Frau-
   entor, Ansicht von Südwesten, um 1850
   Aquarell; 62,0 × 40,0
   VAN, ohne Inv.Nr.

12.1 Karl Herrle (Farbabb.)
   Bahnhof Kulmbach, um 1850
   Aquarell; 60,0 × 35,9
   VAN, ohne Inv.Nr.

12.2 Karl Herrle (Farbabb.)
   Alter Bahnhof Hof, Stadtseite, um 1850
   Aquarell; 60,0 × 41,0
   VAN, ohne Inv.Nr.

11.2

12.1

12.2

12 Bahnhöfe Kulmbach und Hof

Die für den Hochbau der Staatsbahn bedeutendste Gestalt war sicherlich Gottfried von Neureuther, von 1844 bis 1857 als Architekt bei der Eisenbahnbaukommission tätig, der nicht nur rund 40 Bahnhöfe vornehmlich in Franken entwarf, sondern um 1850 ein in vier Kategorien unterteiltes, ebenso einfaches wie geniales Typensystem entwickelte, anhand dessen die Bauaufgabe »Bahnhof« standardisiert werden konnte. Nun erst war es möglich, die sich mit dem Ausbau eines Staatsbahnnetzes rasch potenzierende Zahl von Stationsplätzen mit knapp bemessenem Planungsaufwand bei gleichzeitigem Zwang zu äußerster Sparsamkeit zu realisieren.

Architektonische Grundlage für die vornehmlich erforderlichen Stationen mittlerer Größenordnung bildete die italienische Renaissance-Villa, die eben jene Variabilität bot, um den von Stadt zu Stadt unterschiedlichen Erfordernissen bei aller Ökonomie gerecht zu werden. Ein relativ frühes und markantes Beispiel ist der Bahnhof Kulmbach mit dreigeschossigem rechteckigem Mittelbau und gleisparallel angeordneten Nebenpavillons, 1845 bis 1847 errichtet.

Genügte für die einfachen Haltestellen der vierten, niedrigsten Kategorie stets ein einfacher rechteckiger zweigeschossiger Walmdachbau, der nach Bedarf durch einfachste Anbauten erweitert werden konnte, so bildete für die Bahnhöfe der ersten Kategorie der der Villa übergeordnete Palazzo den strukturellen Vorwurf. Ein wiederum frühes Beispiel für diesen von Neureuther selbst nur in Würzburg (1856) und Hof realisierten Typus ist der alte Hofer Bahnhof am Hallplatz, ein Kopfbahnhof mit viergleisiger massiver Bahnsteighalle, letztere in traditionellen basilikalen Formen. Der in der ersten Hälfte der fünfziger Jahre erfolgten Fertigstellung ging eine fast zweijährige Entwurfsphase voraus, in deren Verlauf Neureuther zu immer neuen Vereinfachungen gezwungen wurde und über die er sich Zeit seines Lebens verbittert äußerte. Der breitgelagerte, über hohem Sockelgeschoß zweigeschossige Bau mit dreigeschossigem Mittelrisalit folgt dem zeitgenössischen Rundbogenstil, besitzt bereits den vorgelegten Arkadengang zur Stadt hin, wirkt aber mit seinem dreigeschossigen quergelagerten Nebenpavillon eigentümlich ungleichgewichtig. Damit erhält der Bahnhof eine Disproportion, die für Neureuther untypisch und wohl eine Folge

13.1

13.2

der genannten Auseinandersetzung mit den Ministerien ist.

Zusammenfassend ist zu bemerken, daß der frühe bayerische Bahnhofsbau nach der Phase der tastenden Versuche (Privatbahngesellschaften, Nürnberger Staatsbahnhof) mit dem Münchner Hauptbahnhof zugleich seine größte Leistung hervorbringt (erste Tonnenhalle Deutschlands), sonst aber eher provisorischen Charakter hat, dann aber nach 1850 unter Neureuther mit seinen Typenbahnhöfen ebenso zweckmäßige wie ästhetisch ausgewogene Stationsgebäude schafft, die großenteils noch heute, mitunter nahezu unverändert, in Betrieb sind.   U. Kahle

13.1 Ludwig-Süd-Nord-Bahn (Abb.)
Eisenbahn, Straße und Ludwigskanal bei
Erlangen, 1844
Stahlstich; 26,7 × 17,2
VAN, ohne Inv.Nr.

13.2 Ludwig-Süd-Nord-Bahn (Abb.)
Burgberg-Tunnel Erlangen (Stadtseite),
um 1845/50
Stahlstich;
VAN, ohne Inv.Nr.

13.3 Kanalmonument Erlangen
Feder;
SGSM, Inv.Nr. 35019

13.4 Karl Herrle (Abb.)
Saaleviadukt Unterkotzau, um 1850
Aquarell; 57,7 × 34,1
VAN, ohne Inv.Nr.

13.5 Karl Herrle (Abb.)
Alte Wörnitzbrücke bei Harburg, nach
1860 durch Eisenträgerbrücke ersetzt, um
1850
Aquarell;
VAN, ohne Inv.Nr.

1 Praktisch alle Kunstbauten der noch unter
  der Regierung Ludwigs I. begonnenen Lud-
  wigs-Main-West Bahn datieren erst nach
  1849/50, müssen also hier außer acht gelassen
  werden
2 Eisenbahnzeitung vom 29.10.1849, S. 329
3 So Karl-Max Bauernfeind, Situations- und
  Nivellements-Karten der K. Bayerischen
  Staatseisenbahnen, Teil 1 und 2, Nürnberg
  1845 und 1846
4 Vgl. das Kgl. Rescript vom 9.2.1843; zunächst wurde bis auf die Schiefe Ebene überall nur ein Streckengleis gelegt. Der Doppel-
  spurausbau erfolgte erst zwischen 1867 und
  1889.
5 Hierzu ausführlicher: Ernst Eichhorn, »Ei-
  len wir uns, Süddeutschland den Ruhm der
  ersten Eisenbahn zu sichern«, in: Schönere
  Heimat 1985, 3, S. 153–154

13 Kunstbauten der frühen bayerischen Eisenbahnen

Eine nicht hoch genug zu schätzende Leistung der Ingenieurbaukunst waren die
zahlreichen Kunstbauten der frühen
bayerischen Staatsbahn, die stellvertretend anhand derjenigen der Ludwigs-
Süd-Nord-Bahn dargestellt werden, zeigt
doch diese erste bayerische Fernbahn am
besten jene Schwierigkeiten, die bewältigt
werden mußten.[1] Ganz allgemein bemerkte hierzu die Eisenbahnzeitung vom
29. Oktober 1849: »Die Schwierigkeiten,
welche die Gestaltung der Erdoberfläche
der Ausführung einer Eisenbahn entge-
gensetzt, lassen sich im allgemeinen aus
der Menge der bewegten Erdmassen, aus
der Zahl und Größe der ausgeführten
Kunstbauten, . . . erkennen.«[2]
Beim Bau der Süd-Nord-Bahn galt von
Anfang an der Grundsatz, Kunstbauten
wo immer möglich zu vermeiden und
stattdessen durch hohe Dämme und bisweilen sehr tiefe Einschnitte die natürlichen Geländegegebenheiten auf ein von
der Bahn zu bewältigendes Maß zu korrigieren. So schüttete man bei Rentershofen
anstelle eines hier eigentlich notwendigen,
über 50 m hohen, damit ungeheuer kostspieligen und zudem an die Grenzen technischer Realisierbarkeit stoßenden Via-
dukts eben jenen damals größten Eisenbahndamm der Welt auf.
Für die verschiedenen Einschnitte sei
stellvertretend derjenige bei Igelsdorf
zwischen Mainbach und Schwabach genannt, mit ebenfalls knapp 2,5 km Länge
bei einer größten Tiefe von 16 m.
Eher ein Mittelding zwischen solchen,
dem Bereich des Streckenunterbaues an-
gehörenden ingenieurmäßigen Erdarbeiten und der Gruppe der Kunstbauten wie
Brücken und Tunnel ist die Schiefe Ebene
im Zuge des Frankenwaldanstiegs. Diese
gut 7 km lange künstliche Rampe ist
meist halbseitig in die Berglehnen des
Lauber- und Pulsttales hineingesprengt,
während sie talseitig auf bis zu 40 m hohen konkav gemauerten Dämmen verläuft, deren Bruchsteine größtenteils aus
dem anstoßenden bergseitigen Abtrag gewonnen werden konnten. Eine volle,
beidseitige Dammausbildung war nur
dort erforderlich, wo die bis zu 30 m
tiefen und steilen Seitentäler überquert
wurden; die jeweiligen Wasserläufe sowie
Holzabfuhrwege erhielten aus Sandstein
gemauerte Durchlässe im Dammfuß, die
jedoch bald dem hohen Druck der darüberliegenden Mauermassen nachzuge-
ben drohten und sämtlich mit Granitmau-
ern ausgesteift worden sind. Wenn man
auch dem Bauprinzip der Vermeidung
von Kunstbauten konsequent folgte und

stattdessen zur Ausführung solcher, damals unvorstellbarer Ingenieuraufgaben
schritt, so war zwischen Lindau und Hof
dennoch die Errichtung von 1302 Brük-
ken und Durchlässen erforderlich[3] – ein
wahrhaft anschaulicher Maßstab für die
von der Eisenbahnzeitung oben genannten Schwierigkeiten.
Zwar wurde ein Teil dieser Kunstbauten
inzwischen verändert, verstärkt, aufgrund
von Kriegszerstörungen oder vereinzelten
Ermüdungserscheinungen erneuert, jedoch finden sich entlang der gesamten
Strecke immer wieder ursprüngliche oder
nur unwesentlich veränderte Bauwerke,
die noch immer ein Zeugnis von der damals verwirklichten Ingenieurleistung ab-
legen. Daß sich diese, im Mittel 140 Jahre
alten Brücken überhaupt erhalten haben,
verdanken wir der nicht hoch genug an-
zusetzenden vorausschauenden Entscheidung, die Ludwigs-Süd-Nord-Bahn von
Anfang an bezüglich Grunderwerb und
aller aufwendigeren Kunstbauten auf einen zweigleisigen Ausbau hin anzulegen.[4]
Weiterhin war man entsprechend der in
den 40er Jahren noch in ihren Anfängen
steckenden Eisenverarbeitungstechnik bei
Brückenkonstruktionen für größere Höhen und Spannweiten zunächst auf hölzerne Brücken angewiesen, die ausnahmslos bereits in den 80er Jahren des vorigen
Jahrhunderts durch Eisenkonstruktionen
ersetzt worden sind, so daß man, wo immer möglich, massive, gewölbte Viadukte
vorsah. Die genannten Holzbrücken kamen eigentlich nur im Allgäuer Streckenteil zur Ausführung, und zwar ausnahmslos Fachwerkträgerbrücken mit parallelen
Gurtzügen nach dem amerikanischen
Howe-System, die jedoch mit dem Ausbau der Doppelspur in den 70er und 80er
Jahren des letzten Jahrhunderts durch Eisenkonstruktionen ersetzt wurden.
Reine Eisenbrücken waren in der Anfangszeit selten und blieben in der aus-
schließlichen Konstruktionsform als kontinuierliche Blechträgerbrücken mit ver-
senkter Fahrbahn beschränkt auf den mit
der Streckenverlegung 1877 abgebrochenen Donauwörther Donauübergang mit 6
Brückenfeldern zu 20 m Weite sowie auf
die meist drei- oder vierfeldrigen, wie die
Donauwörther Brücke häufig schräg zum
Stromstrich geführten Wörnitzbrücken
am Aufstieg zum Ries.
Den weitaus überwiegenden Teil bildeten
aber die massiven Gewölbebrücken, die
nicht nur den Vorteil großer Dauerhaftigkeit hatten, sondern durch die Verwendung ortsüblicher Steinmaterialien in gewisser Weise der Landschaft angepaßt
werden konnten und zudem durch Stein-
wechsel wie etwa Kalk- und Keupersand-
stein oder Backstein und Nagelfluhqua-

der schon aus ihrer Farbigkeit heraus ein reizvolles Erscheinungsbild boten. Aufgrund der Eigenschaft, daß voll übermauerte Gewölbe, ausreichenden baulichen Zustand und standfeste Widerlager vorausgesetzt, eine praktisch unbegrenzte Tragfähigkeit besitzen, genügen die meisten Brücken noch heute, trotz ständig gestiegener Zuggewicht- und Achslasten, den Ansprüchen modernen Eisenbahnverkehrs.

Aus der Vielzahl all dieser Brücken seien zumindest einige der vor 1850 errichteten hervorgehoben:

Altmühlviadukt Gunzenhausen, 174,94 m Länge, 8,76 m über Talsohle, 9 Bogenfelder zu 14,59 m Weite, Kalkstein; 4 Felder nach Kriegszerstörung erneuert;

Höhbachviadukt bei Pleinfeld, 60 m Länge, 20 m Höhe, 3 Bögen zu 12 m Weite, Rotsandsteinquader mit rustizierten Pfeilerschmalseiten;

Brombachviadukt südlich Mühlstetten, 97,51 m Länge, 12,33 m Höhe, 8 Bögen zu 8,06 m Weite

Rezatbrücke bei Georgensgemünd, 59,65 m Länge, 13,62 m Höhe, 3 Bögen zu 16,06 m Weite;

Viadukt bei Schwabach, 129,70 m Länge, 20,64 m über Talsohle, Quaderbau mit 3 Bögen zu 21,51 m Weite über Rustikasockeln;

Rednitzbrücke bei Wolkersdorf, 179,77 m Länge, 14,91 m Höhe, 5 Bögen zu 21,51 m Weite;

Saaleviadukt Unterkotzau, 26,20 m Höhe, 8 Spitzbögen zu 13,4 m Weite; der wohl größte und höchste Viadukt der Süd-Nord-Bahn.

Ein ganz anderes, bedeutendes Denkmal des frühen bayerischen Eisenbahnbaues ist schließlich der Erlanger Burgberg-Tunnel von 1843/44. Trotz seiner nur geringen Länge war dieser älteste Tunnel Bayerns sicherlich notwendiger als jene Spötter behaupteten, denenzufolge er seine Existenz lediglich einer vom König selbst gewollten Zurschaustellung bayerischer Ingenieurfertigkeit verdanke, denn die topographische Situation an dieser Engstelle des östlichen Regnitzufers ließ keine andere kostengünstigere Lösung zu.

Die umfangreiche Planungsgeschichte unter maßgeblicher Mitwirkung von Gärtner und höchstwahrscheinlich auch Klenze, die gestalterische Sorgfalt der Ausführung und die ikonologische Überhöhung des zunächst schlicht technischen Bauwerkes durch ein Löwen- und ein Sphingenpaar des nachmaligen Hofbildhauers Johann von Halbig beidseits der Tunnelmünder verraten aber die Bedeutung, der

13.4

13.5

diesem ersten Eisenbahntunnel Bayerns beigemessen wurde. Ludwig I. beschied höchstselbst die Ausführungsplanung und soll sogar die Anbringung eines Dreifußes und eines Kandelabers angeregt haben, die bei festlichen Anlässen mit Fackeln illuminiert werden sollten.[5]

Wenn letztgenanntes auch unausgeführt blieb, so ist der Erlanger Burgberg dennoch jene Stelle, wo sich die beiden Rivalen Eisenbahn und Kanal am nächsten kamen und wo sie sich scheinbar zu überbieten suchten – hier der aufs Sorgfältigste gestaltete Tunnel, dort die Schleusenanlage und Schwanthalers berühmtes Kanaldenkmal. Beiden aber gemein ist, daß sie gleichermaßen vom hohen Rang frühen bayerischen Verkehrsbaues zeugen.

U. Kahle

14 Der Ludwigskanal, 1830–1846

Die Schaffung eines künstlichen Wasserweges zwischen Main und Donau gehörte zu den ehrgeizigsten technischen Unternehmungen in der Frühzeit der Industrialisierung Deutschlands. Der Kanal, der die Schiffverbindung bis zum Rhein ermöglichte, sollte als billiger Transportweg dem Export bayerischer Rohprodukte, vor allem aus dem Südosten des Königreiches, aufhelfen: Salz, Getreide, Holz, Steine. Schon den Zeitgenossen war jedoch bewußt, daß der König das Werk nicht nur aus wirtschaftlichen, sondern auch aus patriotischen Motiven in Angriff genommen hatte. Innerdeutsche Landesgrenzen überwindend, sollte sich der Kanal als ein einigendes Band der ehemals zersplitterten Nation bewähren.

Planung, Bau und Betrieb
Nach umfangreichen vermessungstechnischen Vorarbeiten legte der königliche Oberbaurat Heinrich Freiherr von Pechmann 1830 die fertigen Pläne vor. 1832 publizierte er sie in einem lithographierten Großfolio-Band mit den Geländekarten sowie Ansichten architektonischer und technischer Details. 1834 erließ die Bayerische Ständeversammlung ein Gesetz, das die Bedingungen der zu bildenden Aktiengesellschaft regelte. Diese sollte den Bau und Betrieb des Kanals in finanzielle Regie nehmen. Den Vertrieb der Aktien übernahm das als solide bekannte Frankfurter Bankhaus Rothschild. Später (1852) erwarb der bayerische Staat das gesamte Aktienpaket.
Die Bauarbeiten begannen 1836. Bereits 1843 konnte die Teilstrecke Bamberg–Nürnberg befahren werden. 1846 war der Kanal im wesentlichen vollendet. Schon 1840 hatte der König angeordnet, daß die kurze Bezeichnung »Ludwigs-Canal« amtlich verbindlich sein solle.
Anläßlich der Eröffnungsfeier am 15. Juli 1846, durch das Fernbleiben des Königs getrübt, wurde das von Ludwig Schwanthaler entworfene Kanal-Monument am Erlanger Burgberg enthüllt. Die liegenden Personifikationen von Donau und Main reichen einander die Hände; die beiden seitlichen weiblichen Standfiguren versinnbildlichen Flußschiffahrt und Handel. Die Skulpturen, aus Kelheimer Marmor am Ort des Steinbruches Oberau im Altmühltal gemeißelt, waren 1845 von dort zu Schiff nach Erlangen transportiert worden – die erste Fracht, welche den Kanal auf nahezu ganzer Länge passierte. Nach Aufnahme des Vollbetriebes entwickelte sich zunächst ein beachtlicher Schiffverkehr; 1850 erreichte das Frachtaufkommen annähernd 200 000 Tonnen.

Gewinne erbrachte der Kanal bis etwa 1860; dennoch konnte angesichts der hohen Investitionskosten von finanziellen Vorteilen für den bayerischen Staat nicht die Rede sein. Nach 1860 war eine stetige Abwärtsentwicklung zu verbuchen. Es erfüllten sich die Prognosen jener Kritiker, die schon während der Planung das Projekt in Frage gestellt hatten mit Hinweisen auf die Überlegenheit des neuen Transportmittels Eisenbahn.
Trotz seiner Unwirtschaftlichkeit blieb der Kanal bis zum Ende des zweiten Weltkrieges in Betrieb. Erst 1945 erfolgte die Auflassung; nicht zuletzt wegen stellenweiser Kriegsschäden, deren Behebung nun endgültig unrentabel erschien.

Die Trasse
Mit einer Länge von 173 Kilometern durchquerte der Kanal sehr verschiedene Natur- und Kulturräume. Größtes technisches Problem war die Überwindung der Wasserscheide im Fränkischen Jura. Immerhin steigt das Gelände von Kelheim bis zur Scheitelhaltung 80 Meter; von Bamberg aus beträgt der Höhenunterschied 184 Meter. Dieses Gefälle erforderte den Bau von 100 Kammerschleusen. Um die Trasse möglichst umweglos zu führen, machte Pechmann in beträchtlichem Umfang von der »cut-and-fill«-Technik Gebrauch, die in England längst erprobt war: In bergigem Gelände wurden Erhebungen durchstochen, angrenzende Täler mit der Aushubmasse überdämmt. Meistbewunderte Bauwerke des Ludwigskanals waren die sogenannten Brückkanäle, d. h. Aquädukte, mit denen der Kanal Flußläufe und Täler überspannte.
Der Kanal beginnt bei Kelheim mit einem größeren Hafen. Bis Dietfurt ist der Unterlauf der Altmühl schiffbar gemacht; eine Besonderheit dieser Kanalstrecke sind die Stauwehre, neben den Schleusen zur Regulierung der unregelmäßigen Wasserstände angelegt. Bei Dietfurt beginnt der Stillwasser-Kanal. Das Ottmaringer Tal, ein Trockental, setzte der Trassierung kaum Hindernisse entgegen; allerdings war ein beträchtliches Gefälle mit dicht aufeinander folgenden Schleusen zu überwinden. Nahe Beilngries tritt der Kanal in das Sulztal ein, ohne den Flußlauf zu berühren. Die Trasse verläuft an der östlichen Hangkante, mit gleichbleibender Haltung bis Berching. Bei Mühlhausen beginnt der Anstieg zur Scheitelhaltung. Diese erstreckt sich etwa 24 Kilometer lang von Sengenthal südlich Neumarkt bis Burgthann. Die schleusenlose Haltung auf einer so langen Strecke war nur möglich durch ausgiebige Anwendung der »cut-and-fill«-Technik.

14.1

Ab Burgthann steigt der Kanal mit etlichen Schleusen zur Schwarzach hinab, die er mit einem hohen Brückkanal unweit Nürnberg-Feucht überspannt. Zwischen Erlangen und Bamberg verläuft die Trasse im Tal der Regnitz, parallel zum Fluß. Dessen Schiffbarmachung, mehrfach erwogen, erwies sich als zu schwierig. Das überschwemmungsreiche Tal der Wiesent bei Forchheim wurde mit mehreren Brückkanälen überwunden. In Bamberg war der schiffbare Teil der Regnitz und damit der Anschluß an den Main erreicht.

Der Maßstab

Die Dimensionen des Kanals, die uns heute als verträglich mit der Landschaft erscheinen, waren abgesteckt durch die Kapazität schwerster menschlicher Körperarbeit. Für die Erdbewegungen war das Pferd noch unentbehrlich. Außer handwerksmäßigen Vorrichtungen wie Schöpfräder wurde zum Baggern und Entwässern der Schleusen-Baugruben bereits Dampfkraft eingesetzt. Sonst zählten Muskelkraft und Geschicklichkeit ganzer Heere von Arbeitern, deren Zahl 1838 auf 9000 stieg.

Es wurden gesunde Männer ausgesucht, kontrolliert von Gerichtsärzten. Die Taglöhne waren gestaffelt. Ein kräftiger Arbeiter verdiente »je nach Brauchbarkeit« 24 bis 32 Kreuzer. Vorarbeiter konnten es auf 40 Kreuzer, Steinhauer auf einen Gulden bringen. Besondere Zulagen waren für Unterwasserarbeiten ausgesetzt.

Wo die Dörfer zur Beherbergung der Arbeiter nicht ausreichten, errichtete man eigens kasernenartige Gebäude. Eine solche »Kaserne« stand an der Brücke über dem Dörlbacher Einschnitt. In ihr waren über 300 Arbeiter untergebracht, versorgt durch eine eigene Bäckerei. Schneider und Schuster hatten hier die Hände voll zu tun.

Auch der Betrieb auf dem Kanal entsprach noch vor-industriellen Maßstäben. Die damals schon zu klein bemessenen Kähne brauchten Pferde als Zugtiere; häufig waren es verkrüppelte Tiere. Bei der Bedienung der Schleusen mußte der Wärter vielfache Handgriffe in kurzer Zeit erledigen. Nur wenige mechanische Hilfsvorrichtungen erleichterten den umständlichen Vorgang des Schleusens.

Die modernsten Vorrichtungen waren die im Unterlauf der Altmühl eingebauten Stauwehre mit ihren gußeisernen Hebe- und Senkvorrichtungen: unübersehbare Zeichen des beginnenden Maschinen-Zeitalters.

Nützlichkeit und Schönheit

Der Kanal wurde seinerzeit als Ingenieursleistung bestaunt. Fragen der Gestaltung hatten beim Bau gewiß nicht im Vordergrund gestanden; ihre Berücksichtigung erschien als Selbstverständlichkeit. Für die 69 steinernen Wärterhäuser hatte Pechmann einen Musterplan entworfen, der im Detail variiert und der Geländesituation angepaßt werden konnte. Pechmanns Plan wurde in München durch den Baukunstausschuß korrigiert, den König Ludwig kurz nach seinem Regierungsantritt der Obersten Baubehörde zugeordnet hatte. Aufgabe dieser Kommission war die gestalterische Kontrolle aller staatlichen und kommunalen Neubauten im Königreich. Die Oberste Baubehörde überwachte auch die architektonische Ausführung der Brücken; Leo von Klen-

14.3

ze selbst hat mehrere Entwürfe gezeichnet. Sorgfältiges Quader-Blendmauerwerk gab den Straßenüberführungen und Aquädukten ein römisches Aussehen. Als besonders schön rühmten Zeitgenossen den Brückkanal über die Schwarzach.

Pechmanns Schönheitsbegriff war gebunden an die Werte Ordnung und Nützlichkeit. Stolz bilanzierte der Ingenieur, daß er keinen Quadratzoll neben dem Kanal vergeudet habe. Kilometerlang besetzte er die Dämme mit Obstbäumen, gepflanzt in Reih und Glied. Bei der Auswahl achtete Pechmann darauf, daß sie »einen schönen Wuchs erhalten«. Aufschlußreich sind seine Überlegungen zur Ansetzung von Maulbeerbaumkulturen, deren Einführung in Bayern damals ein beliebtes Thema war. Der Anbau entlang dem Kanal wurde »höheren Orts« verworfen. Pechmann vermutete, daß dieser Bescheid wegen des unschönen gestrüppartigen Wuchses der Baumsorte erfolgt sei und gab ihr deshalb ausdrücklich Recht.

Das Ordnungsprinzip der Pflanzungen stand im Einklang mit dem streng typisierten Stil der Wärterhäuser. So setzte sich der Kanal deutlich von der umgebenden Landschaft ab, die damals noch Merkmale wilder Ursprünglichkeit aufwies. Den Zeitgenossen stellte sich dieser Kontrast unproblematisch dar. Nur ein einziges Mal scheint die naturzerstörerische Wirkung des Kanalbaus Streitpunkt gewesen zu sein. Im Stadtbereich Bambergs wollte Pechmann den zweieinhalb Meter breiten Treidelpfad am rechten Ufer der Regnitz führen. Damit wäre der Rand des erst unlängst angelegten Theresienhains betroffen gewesen. Zur Pflege des Parks, einer typischen Schöpfung der

Aufklärungszeit, hatte sich eine Gesellschaft Bamberger Bürger gebildet. Erfolgreich protestierte sie bei der Regierung von Oberfranken gegen die »bevorstehende Verwüstung«. Der in der Chronik des Kanalbaus einmalige Fall ist bezeichnend, weil der Protest eine von ambitionierten Stadtbürgern gehegte Parklandschaft, nicht etwa die ländliche Kulturlandschaft, betraf.

Kulturlandschaft

Zeitgenössische Beurteilungen des Kanals liegen insbesondere für den Abschnitt Untere Altmühl vor. Mit der Entdeckung des Donautales als Reiselandschaft war auch das Altmühltal in das Blickfeld gebildeter Touristen gerückt. Man pries die Naturschönheiten, die Überreste mittelalterlicher Feudalsitze und natürlich die im Bau befindliche Befreiungshalle auf dem Michelsberg über Kelheim. Wie selbstverständlich wird in diesem Zusammenhang auch der Kanal positiv bewertet. Stellvertretend sei der Engländer William Beattie zitiert, der 1844 in seinem Reisebuch »The Danube: Its History, Scenery, and Topography« das noch unfertige technische Bauwerk würdigt: »Es ist eine große Unternehmung, würdig des patriotischen Herrschers, dessen Name sie trägt . . . Es ist zweifellos eines der größten Vorhaben in heutiger Zeit« (Übersetzung MB).

Wenig später ist der Kanal bereits als fester Bestandteil der Kulturlandschaft akzeptiert. Adalbert Müller gab seinem 1856 erschienenen Reiseführer den Titel »Die Donau von der Einmündung des Ludwigskanals bis Wien«. Müller versucht seine Leser mit einem Rundblick

14.4

vom Michelsberg einzustimmen: »Wir beginnen die Beschauung des großen Donaupanorama an einer Stelle, die eine der interessantesten des ganzen langen Stromlaufes ist, bei Kelheim nämlich, wo uns zwei der großartigsten Bauwerke unserer Zeit, die Befreiungshalle und der Ludwigskanal, imponierend entgegentreten. Der . . . Michaelsberg bei Kelheim ist überdieß der Nachbar einer der schönsten Naturscenen . . . Wir meinen das grandiose Durchbruchsthal, in welchem die Donau zwischen Weltenburg und Kelheim hinfluthet.«

Eine derart versöhnliche Zusammenschau von Natur und Geschichte, zeitgenössischer Kunst und Technik ist heute verwehrt.

Demontage
Die Zerstörung des Ludwigskanals schreitet fort. Unerbittlich frißt sich der neue Großschiffahrtsweg durch letzte naturnahe Talräume, begleitet von überdimensionierten Verkehrsbauten. Feindlich hat sich hier die Technik gegenüber der zunehmend schrumpfenden Natur verselbständigt. Die Naturschützer stehen auf verlorenem Posten. Selbst die Interessenverbände der Landwirtschaft sind ih-

nen zu Gegnern geworden, weil sie zum Ausgleich verlorenen Landes die Umnutzung letzter Moore und Feuchtwiesen in Agrarindustrieflächen fordern. Die amtliche Denkmalpflege übt Zurückhaltung im Streit um den überflüssigen neuen Kanal, obwohl die Verlustliste dramatischen Umfang annimmt.

Die Bauarbeiten im Unteren Altmühltal begannen 1977. Die seinerzeit maßvoll regulierte Altmühl zwischen Kelheim und Riedenburg ist bereits verschwunden in den aufgestauten Wasserflächen und den Aufschüttungen des Talgrundes. Einige konservierte Relikte überdauern zusammenhanglos in der radikal veränderten, zum Teil gärtnerisch neugestalteten Landschaft, deren Name Altmühltal bald nur noch Erinnerungswert haben wird. Der Ausbau der Flußstrecke zwischen den bereits fertigen Schleusen Riedenburg und Dietfurt steht bevor.

Einer der eindrucksvollsten Abschnitte des Ludwigskanals, jener im Ottmaringer Tal, soll ebenfalls in den neuen Stauhaltungen aufgehen. Naturschützer fordern eine Verlegung der geplanten Trasse und die Erhaltung dieser schleusenreichen Strecke, an der sich mittlerweile wertvolle Biotope entwickelt haben.

Ausgewählte Literatur

Pechmann, Heinrich Freiherr von: Atlas zu dem Entwurfe für den Kanal von der Donau an den Main (mit Textbeilage), München 1832
Ders., Der Ludwig-Canal. Eine kurze Beschreibung dieses Canal's und die Ausführung desselben, München 1846
Ders., Der Ludwigskanal. Kurze Geschichte seines Baues und seiner noch bestehenden Mängel . . ., Nürnberg 1854
Schultheis, Friedrich: Der Ludwig-Kanal. Seine Entstehung und Bedeutung als Handels-Strasse. Mit 26 in Stahl gestochenen Ansichten von Alexander Marx, Nürnberg 1847
Schreyl, Karl-Heinz: Der Ludwigs-Donau-Main-Kanal, Katalog zur Ausstellung im Stadtmuseum Fembohaus, Nürnberg 1972
König, Rainer: Der Ludwig-Canal . . . Eine aktuelle Dokumentation, in: Bauwelt, Heft 40/41, 1976, S. 1263ff.

14.5

Im Sulztal wird der Großschiffahrtsweg durch den Talgrund trassiert. Verschwinden muß hier der Fluß, während der Ludwigskanal an der Hangkante unberührt bleibt. Von der Neuplanung nicht betroffen sind weiterhin der Anstieg zur Scheitelhaltung, die Scheitelhaltung selbst und der Abstieg bis zur südlichen Peripherie Nürnbergs. Die lange Strecke Nürnberg bis Bamberg ist weitgehend überbaut, vor allem durch den Frankenschnellweg und den neuen Kanal.

Der Rang des Ludwigskanals als eines Großdenkmals früher Industriekultur blieb bis heute unterschätzt. Dem stillgelegten Wasserweg ist mittlerweile noch eine andere Qualität zugewachsen: Weite Strecken haben sich zu Rückzugsgebieten von Tieren und Pflanzen entwickelt, deren Lebensraum in der übernutzten Landschaft immer mehr eingeengt wird. Es wäre eine vorrangige Gemeinschaftsaufgabe des Denkmal- und Naturschutzes, den noch leidlich zusammenhängenden Rest des Ludwigskanals vom Ottmaringer Tal bis Nürnberg zu bewahren.

M. Brix

15   Reichenbachbrücke, 1832–1843

Ausgangspunkt für den Bau einer Brücke über die Isar als Verlängerung der Frauenhoferstraße in München war der von Ulrich Himbsel im Jahre 1816 vorgelegte Generalplan für die St. Anna- und Isarvorstadt. Die Öffnung der Altstadt und die Verbindung mit ihren Vorstädten – in dem Fall mit der »Au« – waren wesentliche Gesichtspunkte des Entwurfs.

Seit dem Jahr 1828 betrieben die Bürger der Au das Projekt der oben genannten Brücke, die den Namen »Reichenbachbrücke« erhielt; jedoch mehrere Anträge mit Entwürfen und Kostenberechnungen wurden von der Stadt abgelehnt.[1] Einerseits befürchtete sie die zusätzliche Konkurrenz der Auer Handwerker, andererseits waren es finanzielle Erwägungen bezüglich der Baukosten. So bemerkte Ludwig I. am 13. Dezember 1831: »Zuerst ist die neue Pfarrkirche zu bauen, wenn die vollendet ist, dann hat mir der Antrag für die Reichenbacherbrücke wieder vorgelegt zu werden.«[2]

Im Jahre 1832 kam nach langem Hin und Her die Genehmigung für den Bau der Brücke; allerdings war sie nur als Not- oder »Interimsbrücke« gedacht. Nach ei-

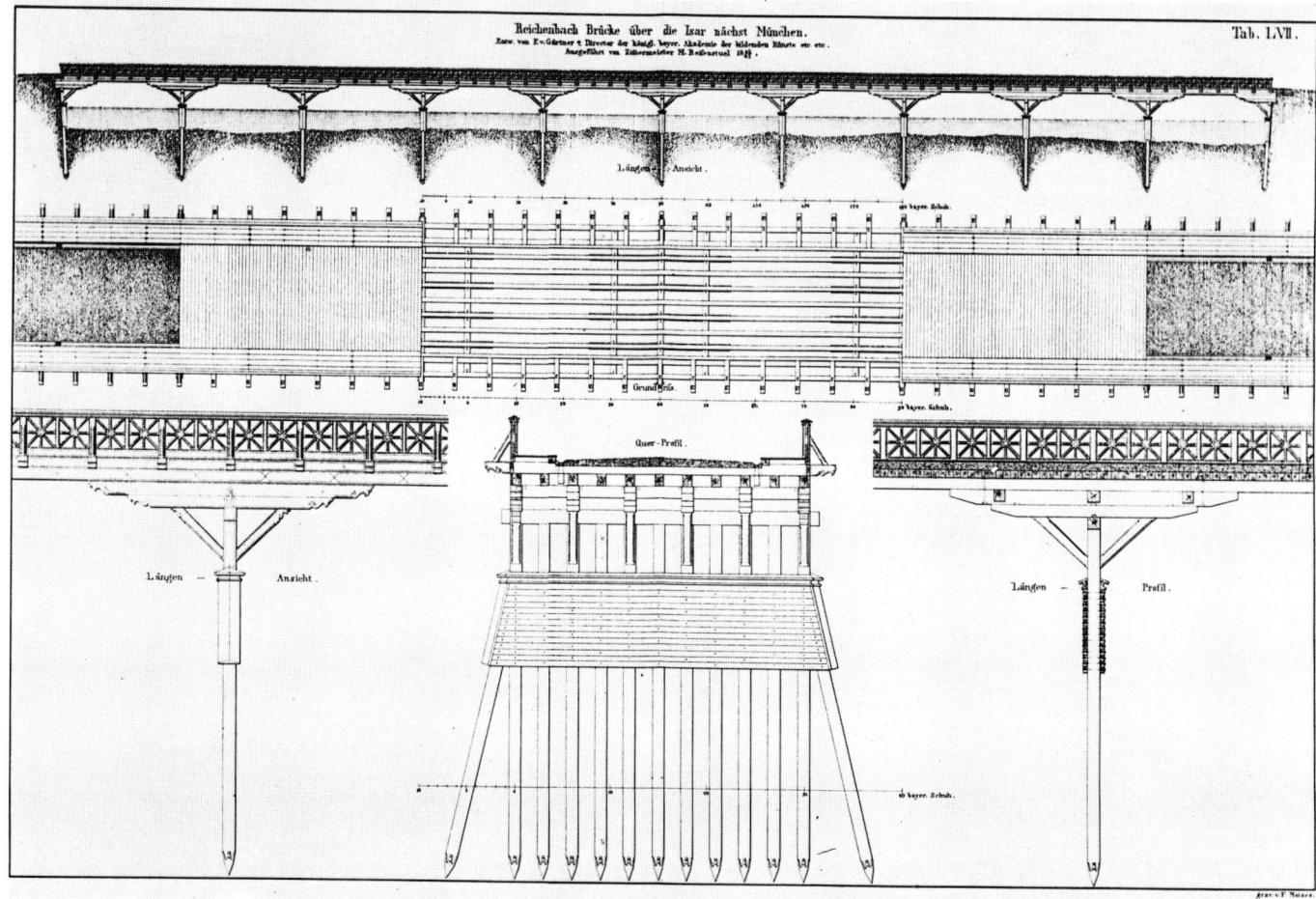

Reichenbach Brücke über die Isar nächst München.
Tab. LVII.

15.1

nem Entwurf von Stadtbaurat Karl Muffat errichtete sie Stadtzimmerermeister Michael Reifenstuel für wenig Geld in der 2. Hälfte des Jahres 1832. Die aus Fichtenholz bestehende »Jochbrücke«, mit einer Länge von 204 Metern und einer Breite von 9,05 Metern, hatte 15 Mittel- und 2 Landjoche und stand auf steinernen Pfeilern. Die Konstruktion der flachbogenförmigen Joche war durch eine Holzverschalung verkleidet.[3]

Mehrere Hochwasser in den 1830er Jahren setzten der neu erstellten Brücke schwer zu. Im Jahre 1840 wurde der Zustand so bedenklich, daß der Stadtmagistrat einen Neubau forderte. Eine solide Konstruktion sollte sie bekommen, sowie nach gestalterischen Gesichtspunkten eine »gefälligere Form« erhalten.[4] Muffat reichte zwei Entwurfsalternativen ein; eine hölzerne Brücke mit Pfeilern aus Stein sowie eine mit Jochpfählen aus Holz. Selbst ein teilweiser Einsturz im November 1840 und die nur notdürftige Reparatur konnten jedoch die Baugenehmigung nicht beschleunigen. Schließlich erhielt Friedrich von Gärtner den Auftrag, den Entwurf Muffats gestalterisch zu überar-

beiten. Seine künstlerischen Verzierungen an der Holzkonstruktion führten erneut zu Diskussionen über die Baukosten.[5]

Am 16. April 1842 wurde die Genehmigung für die Ausführung des Entwurfs mit hölzernen Jochpfählen erteilt, einschließlich der Verzierungen von Gärtner. Zimmermeister Reifenstuel erhielt erneut den Auftrag der Erstellung; die Baukosten sollten nicht mehr als 40 000 Gulden betragen.

Die aus Fichten- und Eichenholz bestehende Brücke hatte acht Mittel- und zwei Landjoche, deren Konstruktion weitgehend sichtbar gelassen wurde. Dies und die eher bescheidene Dimensionierung der Hölzer verlieh der Brücke eine gewisse Eleganz.

Im Mai 1843 wurde sie fertiggestellt. Doch auch sie erlitt in den folgenden Jahrzehnten größere Schäden durch Hochwasser. 1902/03 ersetzte man sie durch eine Steinbrücke nach einem Entwurf von Friedrich v. Thiersch.

M. Schepe

15.1 Friedrich von Gärtner (Abb.)
Reichenbachbrücke, Grundriß, Ansichten und Schnitte, 1842
Feder auf Papier, 71 × 57
BHStA, Planslg. (Hängeanlage Abg. 1965) D 16 d

1 StaM, Tiefbauamt 690/I
2 BHStA, OBB 11148
3 Entwurfsalternativen befinden sich im StaM (Tiefbauamt 690/I); eine ausführliche Beschreibung der Projekte findet sich in: Kai Lucks, Die Münchner Isarbrücken im 19. und frühen 20. Jahrhundert, München 1976, Diss., S. 228ff.
4 Schreiben vom 6. März 1840; StaM, Tiefbauamt 693/I
5 Plan von Gärtner StaM, Tiefbauamt 693/II

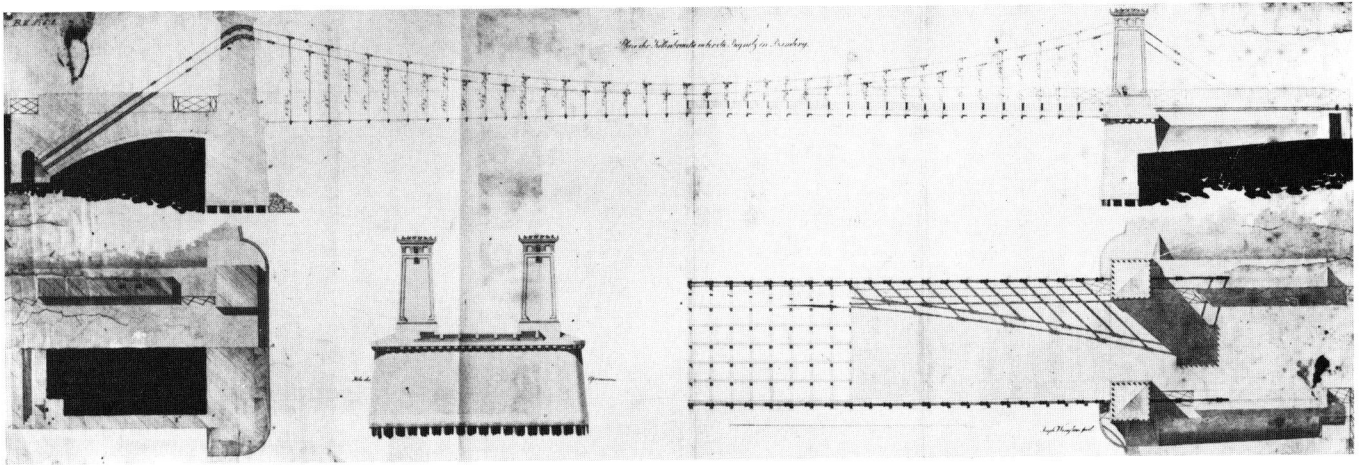

16.1

1 F. Heinzerling, Die Brücken in Eisen, Leipzig 1870, S. 169 ff.
2 Gerhard Seifert, Bamberg, die Altstadt als
Denkmal, München 1981, S. 153 ff.
3 Brückenalternativen siehe BHStA, Planslg.
(Hängeanlage Abg. 1965) D 3
4 Portalalternativen s. BHStA, Planslg. (Hän-
geanl. Abg. 1965) D 3
5 BHStA, OBB 11264
6 BHStA, OBB 11264
7 siehe Anm. 4
8 Alan Trachtenberg, Brooklyn Bridge, Fact
and Symbol, Chicago & London 1979, S. 45
9 siehe Anm. 2

16 Kettenbrücke in Bamberg, 1828–1829

Die »Kettenbrücke« wurde als eine der ersten schmiedeeisernen Hängebrücken Deutschlands in den Jahren 1828–1829 nach einem Entwurf von Franz Schierlinger, Ingenieur in Bamberg, erbaut. Im Auftrag von Ludwig I. überarbeitete der damalige Oberbaurat Leo von Klenze die Kettenträger der Brücke in gestalterischer Hinsicht.

Vorbilder der Hängebrücken sind die durch Reiseberichte bekanntgewordenen einfachen Brücken aus Pflanzenfasern über Flüsse und Schluchten in Asien und Nordamerika.

Anstelle der Naturfasern verwendeten die Chinesen schon 1667 eiserne Ketten; abgesehen von vereinzelten Beispielen jedoch fand eine kontinuierliche Entwicklung der eisernen Hängebrücken erst in der 2. Hälfte des 18. Jahrhunderts, vorrangig in England und Nordamerika, statt. Der Bau dieser Brücken ging auch einher mit der verbesserten Herstellung von Schmiedeeisen, welches im Gegensatz zu Gußeisen auch Zugkräfte aufnehmen kann.[1]

Vermutlich seit dem 11. Jahrhundert führten hier nacheinander verschiedene hölzerne Brücken über die Regnitz zur eigentlichen Stadt Bamberg.[2] 1752 ließ der Bischof an deren Stelle eine steinerne Brücke mit vier Bögen erbauen – die sogenannte Seesbrücke –, welche jedoch nur 32 Jahre hielt. Sie war buchstäblich auf Sand gegründet und konnte dem Hochwasser von 1784 nicht standhalten. An die Stelle der eingestürzten Seesbrücke wurde zuerst ein hölzerner Fußsteg, sodann, etwas oberhalb, eine hölzerne Fahrbrücke errichtet. 1809 ersetzte man den Steg durch eine große, hölzerne Brücke mit einem Bogen, die jedoch aufgrund von Materialmängeln nur bis 1826 stand

und dann abgetragen werden mußte. Bis zum Bau der Kettenbrücke diente eine Notbrücke als Übergang.

Nach den vorangegangenen schlechten Erfahrungen wurde der Standort abermals auf das Genaueste über die Möglichkeit einer Gründung mit massiven Pfeilern und Widerlagern im Flußbett erforscht. Es zeigte sich, daß die Gründung auf der unter einer 16 bis 25 Fuß tiefen Sandlage gelegenen Tonschicht sowie den Überresten der eingestürzten Brücken zwar möglich, jedoch sehr teuer werden würde. Mehrere Entwurfsalternativen von Brücken aus Stein sowie aus Gußeisen wurden erstellt[3]; die Problematik führte jedoch schließlich zu dem Vorschlag einer an den Ufern gegründeten Hängebrücke.

F. Schierlinger erhielt aufgrund eines allerhöchsten Reskriptes vom Dezember 1827 den Auftrag, die Kettenbrücke bei Saatz in Böhmen eingehend zu studieren und die dort gewonnenen Erfahrungen in einem Entwurf für Bamberg mit zu berücksichtigen. Schierlinger legte ihn der Regierung im März 1828 vor. Ludwig I. billigte den Entwurf der Brücke mit Ausnahme der Portallösung; hierbei waren die Kettenträger zu einem Bogenportal verbunden, mit einem mittleren Haupttor und zwei kleineren Nebentoren. Trotz einiger Vorschläge von Schierlinger hinsichtlich der Gestaltung[4], wurde Klenze von Ludwig I. mit der Erstellung eines verbesserten Entwurfs beauftragt.

Am 4. Juni 1828 gab Ludwig I. zwar die grundsätzliche Erlaubnis für den Bau und schrieb:[5] »genehmigt, wenn befragliche Kettenbrücke nicht über 50000 Gulden zu stehen und das Eisen (was zu erproben) einer keine Gefahr kommenden Beschaffenheit ist«, jedoch kritisierte er nach wie vor die Portallösung, indem er bemerkte:[6] »Mit dem Architektonischen zu dieser Brücke kann ich unmöglich einver-

Gottfried Neureuther gez.   Feierliche Eröffnung der neuen Kettenbrücke zu Bamberg   ged.von Joh: Fruhauf.
den 31 Decem. 1829.

16.2

standen sein«. Am 10. Juni schien ihm endlich ein Entwurf von Klenze zu gefallen:[7] »Mit dieser Lösung soll genau das Portal der Bamberger Kettenbrücke werden, (gezeichnet) Ludwig.« Ein überhoher, mittlerer Torbogen und zwei kleine Nebentore, grobgezeichnetes Mauerwerk sowie ein zum Firstpunkt ansteigendes Kranzgesims mit Akroterien als Verzierung kennzeichneten den Entwurf. Trotz der Genehmigung kam es aber noch zu weiteren Änderungen, denn die letztendlich gebaute Lösung waren je ein Paar getrennt stehende Pylone auf jeder Uferseite in dorischer Ordnung mit Triglyphen, Kranzgesims und mit Palmetten geschmückten Stirnziegeln.

Innerhalb von 18 Monaten wurde die Brücke auf Staatskosten errichtet. Über eine Spannweite von 64,26 Metern trugen je zwei Spannketten auf jeder Seite (im Gegensatz zu »Saatz« mit je drei Spannketten) die Brückenbahn. Sie bestand aus 41 eichenen, durch schmiedeeiserne Schienen verstärkten, Unterzügen und sieben Streckbäumen mit den Querbohlen für die Fahrbahn sowie den Bohlen für die 14 cm erhöhten Fußwege. Die Ketten führten in die Pylone, welche auf

Stützpfeilern am Ufer standen. Dahinter befanden sich Stützmauern, die zugleich den einhüftigen Bogen spannten, durch welche die Ketten in die Tiefe gingen, um dort verankert zu werden.

Die feierliche Einweihung fand am 31. Dezember 1829 statt. Trotz verschiedener Ansichten und Urteile über die Hängebrücke, vor allem was die Sicherheit der Konstruktion betraf, ließ Ludwig I. ihr die höchste Auszeichnung zukommen – sie erhielt den Namen »Ludwigsbrücke«. Als eine der ersten schmiedeeisernen Hängebrücken Deutschlands gab sie hier nicht nur den Anstoß für den Bau weiterer Kettenbrücken, sondern sie war sogar nachweislich Anregung für John Augustus Roebling, der die 1883 fertiggestellte Brooklyn Brücke in New York entwarf.[8] Im Jahre 1891 mußte die Ludwigsbrücke wegen Baufälligkeit abgetragen werden, da der Stahl zu dieser Zeit noch nicht dauernden Belastungen gewachsen war. 1892 wurde an derselben Stelle eine Stahlbogenbrücke errichtet, welche jedoch am 11.4.1945 gesprengt wurde. Heute finden wir eine Spannbetonbrücke vor.[9]

M. Schepe

17.1

17.1 Die Kettenbrücke am Ausfluß der Peg-
nitz (Farbabb.), um 1825
Kolorierte Radierung; 28 × 19
Nürnberg, Stadtgeschichtliche Museen,
Slg. Hopf, 1093

17   Der Kettensteg, Nürnberg, 1824

Die am 31. Dezember 1824 am Pegnitzausfluß eröffnete Eisenbrücke[1] war die
erste ihrer Art in Deutschland. Sie galt zu
ihrer Entstehungszeit als Beweis für die
Leistungsfähigkeit der 1822 noch als städtische Unternehmung gegründeten Polytechnischen Schule. Ihr Konstrukteur, der
»Mechanikus« Konrad Georg Kuppler[2],
war seit 1823 dort als Lehrer für Mathematik und Maschinenzeichnen tätig. Er
war einer der ersten, die die »Darstellende
Geometrie« in die deutsche Ingenieurausbildung einführten. Von Johannes Scharrer wurde er in die Vorbereitungen zur
Einrichtung der ersten deutschen Eisenbahnlinie zwischen Nürnberg und Fürth
(1835) einbezogen. Der Kettensteg ent

stand an der Stelle des alten Trockenstegs
aus reichsstädtischer Zeit, der im ersten
Jahrzehnt des 19. Jahrhunderts abgerissen
und zunächst durch einen wenig dauerhaften weiteren Holzsteg ersetzt worden
war. Der aus Eichenholz bestehende
Brückengang über die beiden Arme des
Pegnitzausflusses am Maxplatz hängt an
vier Ketten, die durch eiserne Stangen mit
Bügelhalterungen verbunden sind, in denen die Traghölzer der Brücke liegen. Die
Ketten werden von pyramidenartigen
Stützen getragen, die mit Eisen in einem
Steinfundament verankert sind. Die erste
veröffentlichte Beschreibung der Brücke
durch den Konstrukteur selbst vermerkt:
»Das Gesamteisenwerk dieser Brücke beträgt 73 Centner, und die Kosten ihrer
Erbauung 3620 fl.«[3]   N. Götz

1 Der Sammler für Kunst und Alterthum in
  Nürnberg, Zweites Heft, Nürnberg 1825,
  S. 72f.
2 Berühmte Nürnberger aus neun Jahrhunderten. Hrsg. von Christoph von Imhoff,
  Nürnberg 1984, S. 260 (Helmut Stahl)
3 Der Sammler (Anm. 1), S. 73

Eröffnung der Walhalla, MStm Z (c 14) 1725

III. Geschichtsmonumente und Denkmalpflege

Das aufklärerische Konzept einer Erziehung des Menschen durch Kunst wurde besonders während der Freiheitskriege mit der deutschen Geschichte verknüpft. Die demokratischen Bewegungen führten diesen Gedanken, eine freiheitliche Kraft aus der Geschichte des Volkes zu gewinnen, im Vormärz weiter. Nach 1815 wurde Geschichte (der Herrschenden) jedoch zunehmend von den Machthabern in den Dienst der Reaktion und Restauration gestellt. In unmißverständlicher Klarheit ist dies in einem Erlaß 1826 formuliert, der nicht nur den Anfang, sondern auch die Zielsetzung der bayerischen Geschichts- und Denkmalpflege bezeichnet: »Das historische Studium hat seit dem Befreiungskriege einen ungemeinen Aufschwung genommen. Nach einem langen Vandalismus ist die gebührende Sorgfalt für die Überreste der deutschen Vorwelt wieder erwacht und das richtige Gefühl ist ziemlich herrschend geworden: Daß die Historie ein spezifisches Gegengewicht wider revolutionäre Neuerung und wider ungeduldiges Experimentieren sei – wer seinen Sinn ernst und würdig auf die Vergangenheit richte, sei nicht zu fürchten

in der Gegenwart – und es gebe kein kräftigeres Bindemittel zwischen Volk und Dynastie als seine recht nationale Geschichte«.

Geschichte als Mittel zur Befriedung und Legitimation von Herrschaft kennzeichnet alle von Ludwig betriebenen baulichen und künstlerischen Unternehmungen, von den Totentempeln bis zum Ahnenkult im Thronsaal. Besonders die religiös motivierte historische Scheinwelt der Nazarener eignete sich zur Umsetzung dieses Geschichtskonzepts, weshalb Ludwig auch München zum Zentrum dieser Richtung machte. Die Verpflanzung bedeutender Bauwerke aus verschiedenen Zeiten und Völkern nach München, jener von den Zeitgenossen verspottete »steinerne Stilatlas« oder »Faschingsmummenschanz«, war der Versuch einer Dokumentation von Macht aus der Geschichte durch Macht über die Geschichte. Das Ersticken der Freiheit durch eine übermächtige Geschichte erkannte besonders die aufbegehrende Jugend in Hambach, die sich dagegen wehrte, »lebendigen Leibs auf das Kreuz der Geschichte genagelt zu werden«.

W. N.

18 Die Walhalla bei Regensburg, 1814–1842

1807, als Napoleon Preußen besiegt hatte, faßte Kronprinz Ludwig von Bayern den Gedanken, »dem teutschen Ruhme ein Denkmal zu stiften.«[1] Vorgesehen war, fünfzig Bildnisse von rühmlichst ausgezeichneten Deutschen in Marmor meißeln zu lassen.

Ludwig wollte dazu ein Pantheon, eine Walhalla, wie ihm der Geschichtsschreiber Johannes von Müller geraten hatte, errichten.[2] Erste Entwürfe ließ sich der Kronprinz durch den jungen Architekten Karl von Fischer 1809 vorlegen.[3] Zu Beginn des Jahres 1810 reiste der Kronprinz inkognito nach Regensburg, wo er sich zwei Tage aufhielt. Der Prinz besuchte in Gesellschaft des Fürsten und der Fürstin Thurn und Taxis die Gegend von Donaustauf und Wörth.[4] Damals soll nach Christian Gumpelzhaimer der Kronprinz bereits die Idee geäußert haben, bei Donaustauf eine Walhalla zu errichten. 1811 wird von Ludwig der Englische Garten als möglicher Standort erwogen.[5] Tatsächlich bleibt der genaue Standort des Baus bis 1826 offen.

Am 4. Februar 1814 schrieb die Bayerische Akademie der bildenden Künste einen Wettbewerb für drei Gebäude im Auftrag des Königs aus, worunter sich ein Bauwerk befand, das dem Andenken großer Deutscher bestimmt war.[6] Bis zur einmal verlängerten Einsendefrist am 1.7. 1816 waren die vorzüglichsten Architekten des In- und Auslands eingeladen, Entwürfe zu liefern. Insgesamt wurden 51 Einsendungen eingereicht. Darunter befanden sich Entwürfe von Friedrich Gärtner, Carl Haller von Hallerstein, Ulrich Himbsel, Leo von Klenze, dem Dänen Peder Malling, Daniel Joseph Ohlmüller, Karl Friedrich Schinkel, Peter Speeth, Joseph Thürmer und Johann Anton Weiß. Teilgenommen hat auch der englische Architekt Thomas Harrison (1744–1841), von dem sich zwei Entwürfe für die Glyptothek und die Walhalla erhalten haben.[7]

Gefordert war ein Peripteros, ein längliches Gebäude mit herumziehendem Säulengang auf einem dreifachen Sockel. Das Innere sollte nur ein Geschoß und nur eine Halle enthalten. Als Säulenordnung war die Altdorische festgesetzt.[8] Parallel zum Wettbewerb hatte der Kronprinz den in Griechenland forschenden Carl Haller von Hallerstein mit Entwürfen beauftragt, der mit seinen Projekten den Tempel auf einen Berg in eine idealisierende Landschaft verlegte.[9]

Leo von Klenze hatte 1814/1816 einen achtsäuligen Peripteros vorgeschlagen.

Durch die Grundsteinlegung der Glyptothek und Förderung dieses Projekts durch den Kronprinzen blieben die Planungen für die Walhalla stecken. 1819 entwickelte Klenze ein völlig neues Projekt in Form eines Zentralbaus.[10] Als Bauplatz schlug er einen der Donauberge bei Donaustauf vor. Ende 1820 verwarf der Kronprinz während eines Romaufenthaltes den bereits von ihm genehmigten Rundtempelentwurf. Beeinflußt von Haller von Hallersteins Entwürfen wollte der Kronprinz einen aufsteigenden Säulengang von einem Propylon zu einem hochgelegenen Tempel verwirklicht sehen.

Klenze hatte 1819 aus Hallers Nachlaß 175 Blätter mit Studien zur Glyptothek und Walhalla erworben, die ihm sicherlich Anstöße vermittelt haben.[11] Ludwig hielt nunmehr das römische Pantheon als bestes Vorbild für seine Walhalla. Auch hierfür legte Klenze 1821 Ideen vor. Nach einigen Skizzen und Alternativplänen für und gegen einen Zentralbau fällte Kronprinz Ludwig im Frühjahr 1821 die Entscheidung für einen dorischen Tempelbau.[12] Klenze wurde mit der Anfertigung von detaillierten Plänen beauftragt. Ebenso sollte auch die Bearbeitung der Marmorquader beginnen. Die 1821 gezeichneten Pläne wurden mit unwesentlichen Änderungen auch ausgeführt. 1822 machten sich Kronprinz und Architekt Gedanken über die Ausgestaltung des Inneren. Den Auftrag für den großen Fries erhielt der in Rom arbeitende Bildhauer Martin von Wagner.

1827, zwei Jahre nach Ludwigs Regierungsantritt, war die äußere Form des Bauwerks festgelegt. 1829 scheint man sich auch über die innere Gestaltung geeinigt zu haben. Seit 1826 lag auch die ungefähre Lage der Walhalla auf dem Bräuberg bei Donaustauf fest. Aber erst im Juli 1829 bestimmte König Ludwig den genauen Standort.[13] Der gewaltige Unterbau mit seinen Terrassen und Treppenanlagen war damals nach Ruprecht Stolz noch nicht projektiert.

Am 17. Jahrestag der Leipziger Schlacht, am 18. Oktober 1830, legte der König in Anwesenheit hochgestellter Persönlichkeiten und einer ungeheuren Menge Volkes den Grundstein auf der Höhe des Bräuberges. Der Staatsminister des Innern, Eduard von Schenk hielt die feierliche Rede, in der er den Denkmalsgedanken des Herrschers erläuterte, hier in dieser romantischen Landschaft auf einem von Eichen umkränzten Berg dem deutschen Ruhme einen Tempel für die größten deutschen Geister zu errichten.[14] Schenk beschrieb danach kurz den geplanten Bau mit der Halle der Erwartung inmitten der Treppenanlage, wo Büsten

1 Ratisbona und Walhalla. Eine Denkschrift . . . auf die Tage vom 16ten bis 19ten October 1830, Regensburg 1831, S. 124
2 Johann Nepomuk Sepp, Ludwig Augustus, König von Bayern und das Zeitalter der Wiedergeburt der Künste, Regensburg 1903, S. 43 f.
3 Winfried Nerdinger, Walhalla-Entwürfe, in: W. Nerdinger (Hrsg.), Klassizismus in Bayern, Schwaben und Franken, München 1980, S. 326 f.
Die weitere Planungsgeschichte mit den verschiedenen Wettbewerbsentwürfen von 1814/15 wird in diesem Artikel aufgerollt.
4 Christian Gottlieb Gumpelzhaimer, Regensburg's Geschichte, Sagen und Merkwürdigkeiten . . ., Regensburg 1838, S. 1883
5 Ruprecht Stolz, Die Walhalla. Ein Beitrag zum Denkmalsgedanken im 19. Jahrhundert, Phil.Diss. Köln 1977, S. 30
6 Stolz, Die Walhalla, 1977, S. 25
7 J. Mordaunt Crook, The Greek Revival, London 1972, Abb. 173 und 174
8 Stolz, Die Walhalla, 1977, S. 25 f. Hier ist der genaue Wortlaut der Ausschreibung zitiert.
9 Klaus Fräßle, Carl von Haller in Griechenland. Traditionelle und individuelle Antikenrezeption, in: G. Bankel (Hrsg.), Ausstellungskatalog Haller von Hallerstein in Griechenland, 1810–1817, Berlin 1986, S. 49 ff.
10 Stolz, Die Walhalla, 1977, S. 54
11 Fräßle, Carl von Haller, 1986, S. 52
12 Stolz, Die Walhalla, 1977, S. 70 f.
13 Stolz, Die Walhalla, 1977, S. 73 f.
14 Ratisbona und Walhalla, 1831, S. 123 ff. Vor der feierlichen Flußfahrt nach Tegernheim wurden die königlichen Majestäten von Bischof Johann Michael von Sailer und dem Domkapitel im Regensburger Dom empfangen, für den der König neue Glasfenster soeben gestiftet hatte.

18.1 Leo von Klenze (Abb.)
Walhalla, Innenansicht
Feder; 45,2 × 56,8
SGSM, Inv.Nr. 26813

18.2 Walhalla, Ansicht der Gesamtanlage
(Abb.)
Feder;
MStm, Slg. Lang III/150 u

18.3 Walhalla, Detail mit Armierung
Feder, laviert;
Mstm, M II/1632/102

18.4 Leo von Klenze (Abb.)
Walhalla
Öl auf Leinwand
Leningrad, Eremitage

18.5 Leo von Klenze (Abb.)
Walhalla, Querschnitt
Feder, aquarelliert; 54 × 41,1
SGSM, Inv.Nr. 26812

18.6 Walhalla, Modell
Holz
Mstm

18.7 Nord- und Südgiebel der Walhalla
Miniaturschnitzerei, Holz, je ca. 20 cm
lang
Regensburg, Stadtmuseum
Inv.Nr. K 1937/70

18.1

15 Jörg Traeger, Die Walhalla, in: Die Walhalla. – Idee. Architektur. Landschaft, Hrsg.
J. Traeger, Regensburg 1979, S. 23
16 Ratisbona und Walhalla, 1831, S. 125
17 Stolz, Die Walhalla, 1977, S. 75. Der Längsschnitt befindet sich im Münchner Stadtmuseum, Maillinger Sammlung Inv.Nr.:
M II/1632/32
18 Stolz, Die Walhalla, 1977, S. 83. Die folgenden Daten sind der Arbeit von Ruprecht
Stolz entnommen.

Lebender aufgestellt werden sollten, um dann später in feierlicher Prozession »in die oberen Räume des Ruhmes und der Unsterblichkeit zu gelangen.«[15] Im Inneren der Halle würde ein umlaufender Fries die Einwanderung der »teutschen« Urbewohner, ihre Religion, Sitten und Gebräuche, Krieg und Verkehr, Wittekinds und seiner Sachsen Taufe und »Teutschlands christliche Umgestaltung« darstellen.[16] Darunter sollten die Büsten der großen Deutschen ihre Aufstellung erhalten. Die äußeren Giebelfelder zeigten in plastischen Bildwerken die Besiegung der Römer durch die Cherusker und Themen des jüngsten Befreiungskrieges.

Im Frühjahr 1831 begann Klenze mit den Fundamentierungen des Tempelbaus. Bis 1836 sollte der gewaltige Bau vollendet sein. Die erste Zeichnung, die das Innere der Walhalla veranschaulicht, stammt aus dem Jahre 1829, ein Schnitt durch den Bau, der die innere Längsseite mit gekup-

pelten jonischen Säulen zeigt, die die Gurte des kassettierten Tonnengewölbes tragen.[17] 1836, als der 1833 begonnene Bau des Tempels mit den äußeren Wänden bereits vollendet war, entsteht eine Diskussion um die innere Decke. Im Sommer 1836 soll König Ludwig aus Berlin erfahren haben, daß Schinkel, durch den preußischen König veranlaßt, geäußert habe, man solle die Decke der Walhalla in vier Gesprengen aus Holz, Eisen oder Erz konstruieren.[18] Klenze griff diese Idee sofort auf – angeblich hatte er diese Abänderung selbst bereits beabsichtigt – und projektierte eine flache Decke aus Erzplatten mit einer leichten Dachschräge mit drei Senkgiebeln, zwischen denen drei Fenster Licht von oben in den Innenraum strömen lassen.

1835 war die Ausführung der geplanten »Halle der Erwartung«, zu der ein großes Tor in der Mitte des ersten Stufensockels führen sollte, aufgrund einer ironischen

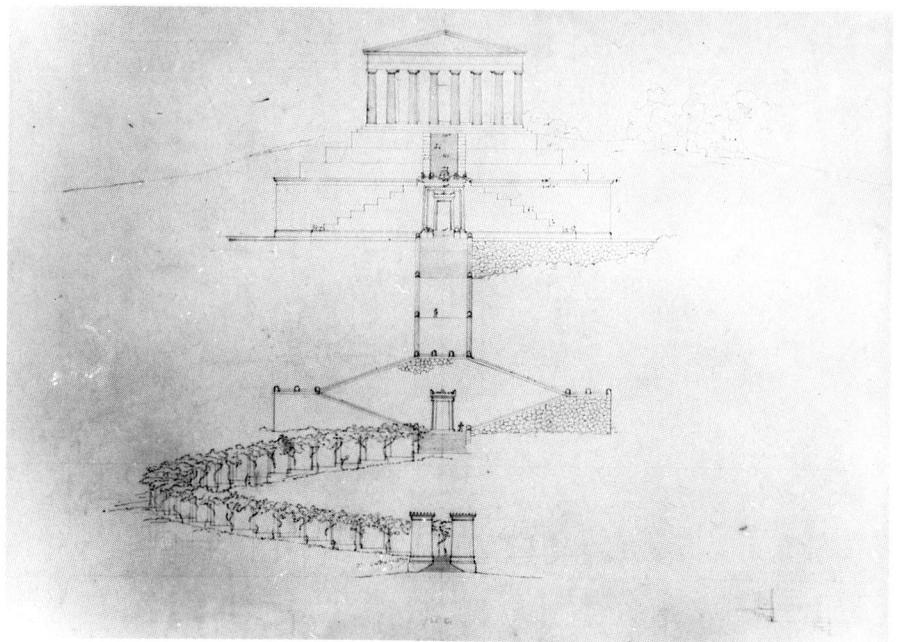

18.2

Äußerung des Fürsten Klemens von Metternich fallen gelassen worden.

1832 werden die Giebelfiguren an den Münchner Bildhauer Ludwig Schwanthaler vergeben. 1838 sind Arbeiten an der Wandverkleidung im Inneren in Durchführung. Die sechs großen sitzenden Walküren stammen von Christian Rauch und wurden in den Jahren von 1832–1842 geschaffen. Die Walküren – Karyatiden in den Loggien nach Klenzes Entwürfen sind 1838 in Arbeit. Hierfür hatte der Architekt sechs Schüler von Ludwig Schwanthaler gewonnen. 1839 erfolgte die Aufstellung des Marmorfrieses von Martin von Wagner. Der eiserne Dachstuhl war 1839 zur Hälfte fertiggestellt, so daß ab Ende 1840 die Konstruktion der Erzbalken beginnen konnte. Im Sommer 1842 wurden die Büsten, Viktorien, Kandelaber und Sitze aufgestellt und der aus verschiedenen Marmorarten bestehende Fußboden ausgelegt.

Zwölf Jahre nach der Grundsteinlegung fand am selben Tag, dem 18. Oktober 1842, die Eröffnung der Walhalla mit einer Festinszenierung statt, die sich prozessionsartig über die Terrassen zur Tempelfront heraufzog. Klenze hatte die am Fuße des Bräuberges gelegene barockisierte Salvatorkirche entsprechend seiner Auffassung von mittelalterlicher Baukunst »byzantinisch« überformen lassen. Auch Fürst Maximilian Karl von Thurn und Taxis hatte 1842 in rascher Eile sein Donaustaufer Schloß im klassizistischen Stile vergrößern lassen.

Der Monumentalbau der Walhalla erhebt sich auf einem dreißig Meter hohen Unterbau mit breiten, mehrfach gestuften Terrassen, zu denen eine breite Freitreppe führt, die sich doppelläufig fortsetzt und beiderseits der geplanten Halle der Erwartung auf einer Plattform vereinigt[19], von der aus im rechten Winkel ein Treppenlauf zur Tempelfront emporsteigt.

Der 52säulige dorische Peripteros ruht auf drei großen stufenpyramidenartigen Absätzen und den drei darüberliegenden flachen Plinthen, die sich um den ganzen Tempel herumziehen. Der Unterbau besteht zum größten Teil in der Art des Zyklopenmauerwerks aus vieleckig behauenen Dolomitblöcken, während die Tempelwände aus Eichstätter Marmor in regelmäßiger waagrechter Quaderung gebildet sind.

Die innere Halle ist ein zweigeschossiger Wandpfeilersaal mit drei einbeschriebenen Quadraten und einem Eingang im Süden. Eine Hintercella wird durch eine ionische Pfeiler-Säulenstellung erschlossen. Zwischen Unter- und Obergeschoß umzieht ein Fries den gesamten Innenraum. Auf den Wandpfeilern tragen jeweils ein Karyatidenpaar das mächtige Gebälk, auf dem die tragenden Dachbinder der Kassettendecke liegen. Drei ehemals mit französischem Spiegelglas belegte Öffnungen geben den Lichteinfall.[20] Die Wände und den Fußboden schmückt eine polychrome Marmorverkleidung. Im Fußboden sind die Inschriften zur Baugeschichte in lateinischen Buchstaben angegeben: »Beschlossen im Januar 1807«, »Begonnen 18.10.1830«, »Vollendet 18. 10. 1842«. Ringsum an den roten Marmorwänden stehen auf dem hohen Bo-

19 Eine prägnante Beschreibung, Baugeschichte und Würdigung der Walhalla liefert Astrid Debold-Kritter in ihrem Manuskript 1986 zum Dehio Oberpfalz.
20 Vgl. Amtlicher Führer, Walhalla, hrsg. vom Landbauamt Regensburg, Regensburg 1984, S. 6. Die »aus dickem französischen Spiegelglas mit je 40 Scheiben« bestehenden Fenster wurden vor wenigen Jahren mit »Drahtglas« ohne Einhaltung der ursprünglichen Felderung vom Landbauamt Regensburg ersetzt. Nachdem die alten Scheiben ohne größere Schäden 140 Jahre überdauert hatten, grenzt dieser Akt an moderne Kulturbarbarei.

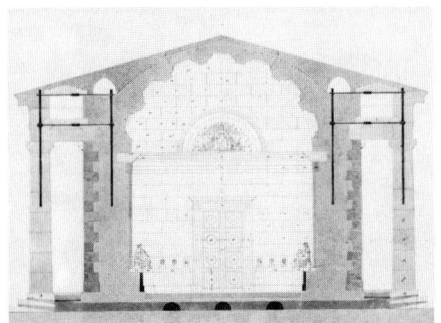

18.5

18.4

densockel oder Konsolen 122 weiße Marmorbüsten der großen Deutschen.

Als Denkmal der großen Deutschen, als deutsches Nationaldenkmal, wurde die äußere Gestalt der Walhalla nach dem Vorbild des Parthenon auf der Akropolis in Athen geschaffen. Nach Klenze galt der Parthenon als schönstes Gebäude der Welt und Zeiten und war »die einzige, wahre, mathematisch gewiß beste Architektur«.[21] Deshalb war die Wahl des dorischen Stils für ihn selbstverständlich. Doch schon im Jahr des Preisausschreibens 1814 fragte man sich, warum Kronprinz Ludwig nicht den »deutschen Stil« gewählt habe.[22]

Jörg Traeger hat in seinem Walhalla-Aufsatz 1979 nachgewiesen, daß der Widerspruch zwischen dorischem Tempel und deutschem Stil nur ein vermeintlicher ist. Nach einer von Johannes von Müller entwickelten Theorie stehen Urgeschichte, klassisches Altertum und germanische Tradition in einer Abfolge. Der Urwohnsitz, das Paradies der Menschheit, soll sich auf den Höhen des Himalaja und Kaschmirs befunden haben, der mit den Höhen des Kaukasus verbunden gewesen sein soll. Von ihm aus wurde Europa bevölkert und zivilisiert. Dorisch griechischer Tempel und etruskische Halle der Erwartung ruhen auf dem gemeinsamen pelasgischen Fundament der ganzen Anlage, das ist der unterste Terrassensockel in polygonaler Mauerung. Durch diese Kaukasustheorie werden die Germanen an die »gemeinschaftliche Kette« mit den Griechen gelegt. Klenze legitimiert daraus seinen dorischen Tempel als Ruhmeshalle

der unsterblichen Deutschen in kulturgeschichtlicher Sicht.[23]

Als nationale Ruhmeshalle aller Deutschen steht die Walhalla in der Tradition des Pariser Pantheon und des für die französische Armee bestimmten Ehrentempels, der späteren Madeleine. Die kunstgeschichtliche Wurzel für Klenzes Walhalla ist sicherlich im Entwurf Friedrich Gillys für ein Nationaldenkmal Friedrich des Großen in Berlin aus dem Jahre 1796 zu sehen. Dies zeigt auch schon Klenzes Projekt eines Denkmals für die Befreiung Europas von 1814.[24]

Ludwigs Bauwerk zur »Erstarkung und Vermehrung des Deutschen Sinnes« wird durch den Standort auf dem Bräuberg von Donaustauf zu einem Ort der Erlösung.[25] »Die Unsterblichkeit der Großen der Nation im Gedächtnis der Nachwelt wandelt sich zur Wiedergeburt der Nation im Bewußtsein eben dieser Nachwelt, welche damit ihrerseits zur Ahnenschaft der Zukunft wird.«[26]

Diese Eschatologie ereignet sich nach Traeger in der Verschwisterung des Geschichtsprozesses mit dem Naturprozeß, und das Medium dafür sei die Landschaft: »die ostwärts fließende Donau, die Berge auf dem nördlichen Ufer und die Ebene, die sich nach Süden ausbreitet, der Ort Donaustauf mit der Salvatorkirche und der Burgruine, das Altwasser, die Auen und im Hintergrund Regensburg mit seinem gotischen Dom«.[27]

H. Reidel

21 Werner Gauer, Die Walhalla und ihre antiken Vorbilder, in: Die Walhalla, hrsg. von Jörg Traeger, Regensburg 1979, S. 41
22 Traeger, Die Walhalla, 1979, S. 19
23 Traeger, Die Walhalla, 1979, S. 31
24 Gauer, Die Walhalla, 1979, Abb. 29, S. 45
25 Traeger, Die Walhalla, 1979, S. 36
26 Traeger, Die Walhalla, 1979, S. 36f.
27 Traeger, Die Walhalla, 1979, S. 37. Von Jörg Traeger befindet sich eine umfangreiche Monographie zur Walhalla in Druckvorbereitung.

19.2

19 Die Bayerische Ruhmeshalle, München, 1833–1853

Das Projekt einer Bayerischen Ruhmeshalle[1] beschäftigte den bayerischen Kronprinzen seit 1809 parallel zur Planung der Walhalla. War diese unter dem Eindruck der napoleonischen Vorherrschaft als Nationaldenkmal der gesamten deutschen »Kulturnation« (Nipperdey) konzipiert, so sollte die Ruhmeshalle den bayerischen Staatspatriotismus befördern (was später die Frage aufwarf, ob die Büsten verdienstvoller Bayern zweifach aufzustellen seien). Schon 1809 erging Ludwigs Bitte an den Historiker Lorenz Westenrieder, ein »Verzeichniß aller großen Baiern aus allen der Geschichte bekannten Zeiten, allen Ständen, der Herrscher und des Volkes« anzufertigen.[2]
1825 legte der König den Bauplatz an der Theresienwiese fest, der bald darauf erworben wurde und durch die Feier des Oktoberfestes seit 1810 mit dem bayerischen Volksleben verbunden war. Drei Jahre später beauftragte er Georg Friedrich Ziebland mit einem Entwurf, der sich

am ersten Walhallaprojekt seines Lehrers Carl von Fischer (1809) orientierte.
Am 26. Februar 1833 wurde das Programm eines Wettbewerbs an Ziebland, Ohlmüller, Gärtner und Klenze verschickt, in dem ausdrücklich neben dem griechischen auch der Spitz- und Rundbogenstil zugelassen wurde: Nur »Kopie von Walhalla darf dieses Gebäude nicht werden.« Befristet waren die Einsendungen auf den 1. Februar 1834.[3]
Ziebland lieferte einen vom Athener Theseus-Tempel abgeleiteten dorischen Peripteros auf hohem Sockelunterbau, der wegen seiner Nähe zu Klenzes Walhalla von vornherein chancenlos war.[4] Ohlmüller schloß an seinen Walhalla-Entwurf von 1816 mit einem Zentralbau im Spitzbogenstil an, den er im Stil des wiederentdeckten Kölner Domrisses auf riesigen Pergamentbögen ausarbeitete.[5] Wegen der vehementen Kritik am griechischen Stil der Walhalla seitens der Romantiker waren Ohlmüller und Gärtner davon überzeugt, daß Ludwig diesmal eine mittelalterliche Variante im Sinne des »vaterländischen« Stiles wählen würde.[6]

1 M.F. Fischer, Ruhmeshalle und Bavaria. Amtl. Führer, Bayer. Verwaltung der Staatl. Schlösser, Gärten und Seen, München 1972; G. Lengl, Klenze und die Münchner Bavaria, in: OA, Bd. 103 (1978), S. 377–383, kommt allerdings zu unhaltbaren Schlüssen. A. v. Buttlar, Leo von Klenzes Entwürfe zur Bayerischen Ruhmeshalle, in: architectura I, 1985, S. 13–32

2 Ludwig an J.G. Dillis, 25. Juni 1809, in: R. Messerer (Hrsg.), Briefwechsel zwischen Ludwig I. von Bayern und J.G. von Dillis, München 1966, Nr. 62. 1828 wiederholte der König diese Bitte an den Historiker Hormayr (M.F. Fischer 1972, S. 4)

3 Vervielfältigtes Wettbewerbsprogramm, u.a. Ludwig an Klenze, 26. Februar 1833, BStB, Klenzeana XIV/1

4 Zu Zieblands Entwürfen vgl. B.V. Karnapp, Georg Friedrich Ziebland, in: OA, Nr. 104, 1979, S. 15f.

5 M.F. Fischer (1972), S. 14f. und Abb. 6. Eine Dissertation über J.D. Ohlmüller bereitet U. Schatz vor.

19.1 Georg Friedrich Ziebland (Farbabb.)
Ruhmeshalle, 1. Entwurf, Grundriß,
1828
Feder, farbig aquarelliert; 50,8 × 72
BStB, cod.icon. 210ᵈ/2

19.2 Georg Friedrich Ziebland (Farbabb.)
Ruhmeshalle, 1. Entwurf Querschnitt,
1828
Feder, farbig aquarelliert; 50,8 × 72
BStB, cod.icon. 210ᵈ/2

19.3 Georg Friedrich Ziebland
Ruhmeshalle, 2. Entwurf, Grundriß,
1828/33
Feder, Tusche, laviert; 43,4 × 64,7
Arch.Slg. TUM, Ziebland 23.1

19.4 Georg Friedrich Ziebland (Abb.)
Ruhmeshalle 2. Entwurf, Aufriß,
1828/33
Feder, laviert; 64,4 × 43,0
Arch.Slg. TUM, Ziebland 23.2

19.5 Georg Friedrich Ziebland (Farbabb.)
Ruhmeshalle 2. Entwurf, Längsschnitt,
1828/33
Feder, aquarelliert; 94,6 × 36,1
Privatbesitz München

19.6 Daniel J. Ohlmüller (Abb.)
Ruhmeshalle Grundriß, 1833
Feder auf Pergament; 128 × 155
Staatl. Museen, Berlin-DDR

19.7 Daniel Joseph Ohlmüller
Ruhmeshalle Aufriß, 1833
Feder auf Pergament; 118 × 164
Staatl. Museen, Berlin-DDR

19.8 Daniel Joseph Ohlmüller (Abb.)
Ruhmeshalle, Schnitt, 1833
Feder auf Pergament; 133 × 162
Staatl. Museen Berlin-DDR

19.9 Friedrich von Gärtner (Abb.)
Ruhmeshalle, 1. Entwurf, Perspektive
1833
Federzeichnung auf Transparentpapier;
60,2 × 33,9
Arch.Slg. TUM, Gs 318

19.10 Friedrich von Gärtner (Farbabb.)
Ruhmeshalle, 1. Entwurf, Innen-
perspektive, 1833
Feder, aquarelliert; 37,4 × 39,9
Arch.Slg. TUM, Gs 319

19.11 Friedrich von Gärtner (Farbabb.)
Ruhmeshalle, 2. Entwurf, Perspektive
Aquarell; 31,4 × 39,9
Arch.Slg. TUM, Gs 321

19.12 Leo von Klenze (Titelabb.)
Ruhmeshalle Alternativprojekt, 1833
Feder, aquarelliert; 64,0 × 72,9
SGSM, Inv.Nr. 26988

19.13 Leo von Klenze (Abb.)
Ruhmeshalle Alternativprojekt, 1833
Feder, aquarelliert; 62,0 × 92,9
SGSM, Inv.Nr. 26887

19.14 Leo von Klenze (Farbabb.)
Ruhmeshalle Alternativprojekt, 1833
Feder, aquarelliert; 106,3 × 73,0
SGSM, Inv.Nr. 26900

19.15 Leo von Klenze, Ruhmeshalle mit
»klassischer« Bavaria
Feder, aquarelliert; 81,6 × 48,6
SGSM, Inv.Nr. 26667

19.16 Leo von Klenze (Abb.)
Ruhmeshalle, ausgeführtes Projekt
Kupferstich; 47 × 30
Arch.Slg. TUM

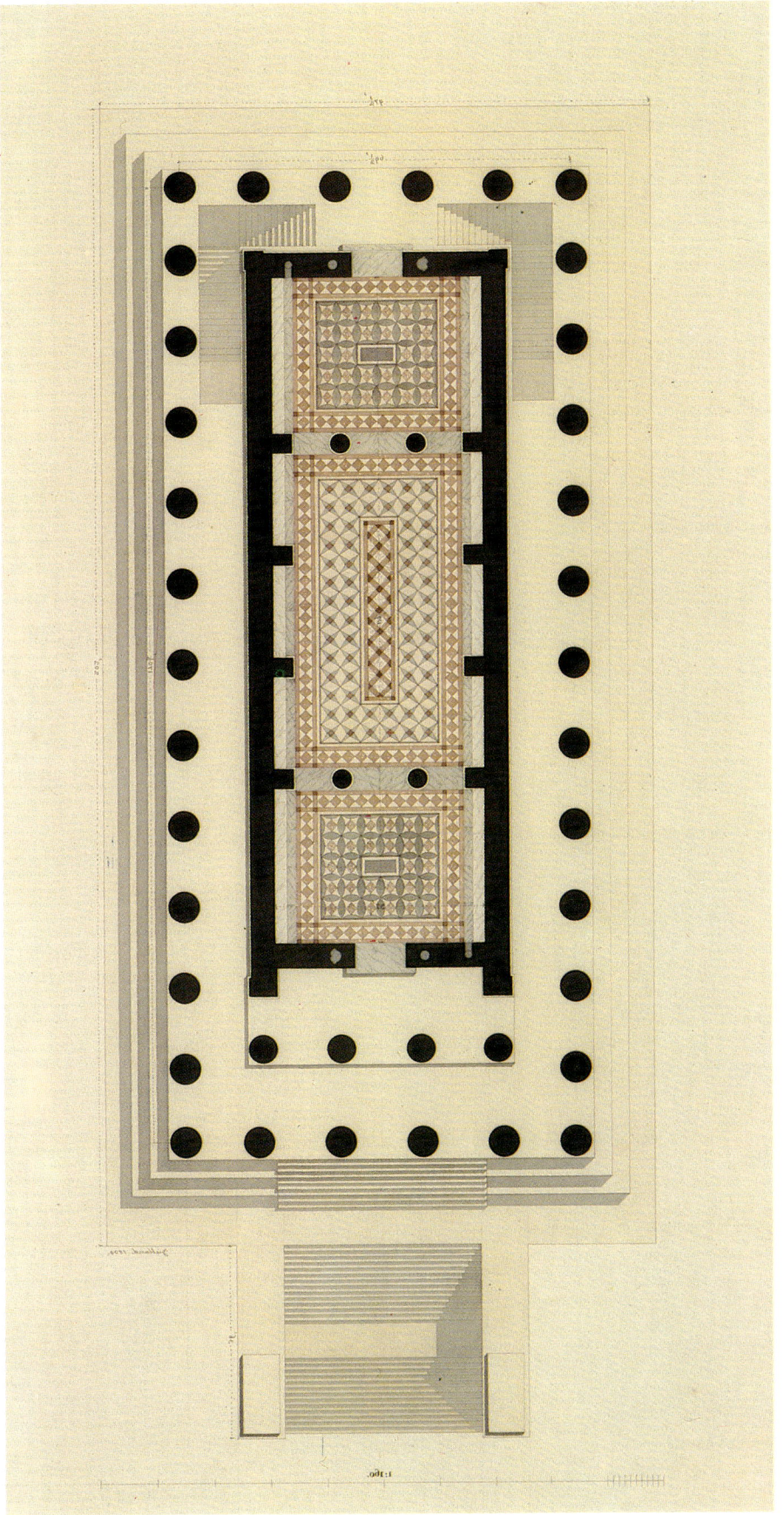

19.1

Beide standen damals unter dem Eindruck der Forschungen Sulpiz Boisserées über den Grals-Tempel in dem Heldenepos des »Jüngeren Titurel«, dessen Gestalt und Ikonographie ihre Konzeption maßgeblich beeinflußte.[7]

Gärtners erste Skizzen zeigen einen oktogonalen Zentralbau in der Art italienischer Baptisterien, dessen übergreifende Rundbogenfenster, Maßwerkrosetten und Strebepfeiler Assoziationen an spätromanische und gotische Bauten wecken sollten. Sein Hauptentwurf eines von einer quadratischen Arkadenhalle umschlossenen Kuppelbaus auf einem gewaltigen Terrassensockel, den er wegen der hohen Kosten auf Ludwigs Wunsch im Februar 1833 noch einmal vereinfachte, nähert sich stärker der Zentralbauidee und Architektursprache der Frührenaissance.

Klenze, der seine Abgabe bewußt auf den 9. Februar verzögerte, hatte lange keine zündende Idee gefunden. Erst nach einem Besuch bei Schinkel in Berlin im November 1833 kam er auf die Lösung, eine monumentale Statue der Bavaria mit einer offenen dorischen Säulenhalle in der Art zu verbinden, wie es Schinkel in einem seiner Projekte eines Denkmals für Friedrich den Großen (1829, publiziert 1833) für das monumentale Reiterstandbild des Königs vorsah.[8]

Klenze, dessen Position durch die »Münchner Kunstkämpfe« und die Angriffe in der Ständeversammlung 1831 zunehmend gefährdet war, reichte jedoch neben seinem »griechischen« Entwurf vorsichtshalber noch drei Alternativen ein, davon zwei im Rundbogenstil, den der König diesmal zu bevorzugen schien, wobei er sich das Versprechen der Geheimhaltung geben ließ.[9] Klenze muß Kenntnis von Gärtners Vorentwürfen gehabt haben, denn die vierte Alternative »eines geschlossenen Baues im Rundbogenstil« zeigt verblüffende Übereinstimmungen: Der oberitalienisch inspirierte Oktogonalbau aus Sichtziegel mit farbiger Marmorinkrustation, Strebepfeilern, farbig verglasten Maßwerkfenstern und einer dreiachsigen Arkadenloggia verbindet in gleicher Weise die Architektursprache der italienischen Frührenaissance mit Assoziationen des deutschen Mittelalters. Die als nächstes vorgelegte dritte Alternative eines »Entwurfs mit dorischem sechssäuligen Prostyl« variiert die Saalfolge der Glyptothek um einen zentralen Kuppelraum im Sinne von Palladios Villa Rotonda. Die »trockene Aufstellung von Brustbildern« wollte Klenze mit einer »nationellen Sammlung« in der Art eines auf die Geehrten bezogenen Bayerischen Nationalmuseums verbinden (auch dies ein Gedanke Schinkels aus einem seiner Denk-

19.5

19.4

malentwürfe für Friedrich den Großen). Die folgende zweite Alternative zeigt eine halbkreisförmige Arkadenhalle im Stil der Loggia dei Lanzi in Florenz, die die unter einem Baldachin stehende Monumentalfigur des Königs »im Begriffe selbst dem Verdienste Kränze darzubieten« umfängt (eine persönliche Glorifizierung, die Ludwig umgehend ablehnte).

Zu einer positiven Entscheidung für den griechischen Hauptentwurf mit der Kolossalstatue kam es jedoch erst am 8. März 1834, da der König noch auf die Planänderungen Gärtners wartete. Innerhalb dieser vier Wochen arbeitete Klenze einen fünften Entwurf im »mittelalterlichen Stil« aus, offensichtlich unter Berücksichtigung von Ludwigs Kritik und in Kenntnis der Konkurrenzentwürfe. Sie verbindet das Oktogon der vierten Alternative mit der Bogenloggia der zweiten, in deren rückwärtigen Nischen die bronzenen Standbilder der Wittelsbacher Herrscher aufgestellt werden sollten (die Klenze und Schwanthaler damals für den

6 Vgl. Briefe Gärtners an J.M. v. Wagner vom 12. und 16. April 1833, Wagnerstiftung der Univers. Würzburg, Fasc. IV, 191–194. K. Eggert, Friedrich v. Gärtner. Baumeister König Ludwigs I., Diss. München 1963, S. 122ff.; O. Hederer, Friedrich von Gärtner 1792–1847, München 1976, S. 221. Eine detaillierte Berarbeitung von Gärtners Entwürfen steht noch aus.

7 S. Boisserée, Über die Beschreibung des Tempels des heiligen Grals in dem Heldengedicht Titurel Kap. III, in: Abhandlungen der philosophisch-philologischen Classe der Bayerischen Akademie der Wissenschaften, Bd. I., München 1835, S. 307–392. Boisserée verkehrte in den fraglichen Monaten häufig mit den genannten Architekten, vgl. S. Boisserée, Tagebücher (hrsg. von H.J. Weitz), Bd. II 1823–1834, Darmstadt 1981

8 K.F. Schinkel, Sammlung Architektonischer Entwürfe, Heft 19, Berlin 1833, Taf. 116f.

9 Klenze hat seine vier Entwürfe ausführlich kommentiert: Denkschrift zur Ruhmeshalle, Klenze an Ludwig, 28.1.1834, GHA, II A 32, fast gleichlautend in Memorabilien II, fol. 27 v. – 38

19.8

19.9

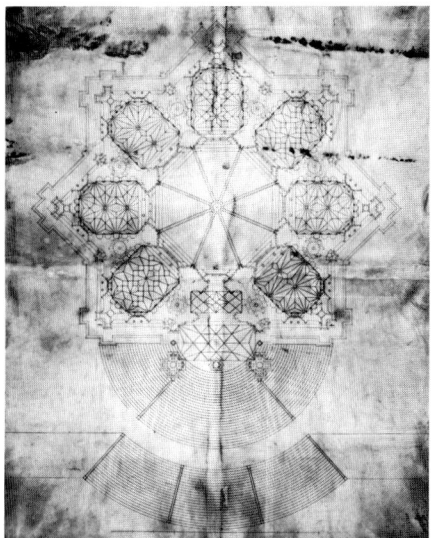

19.6

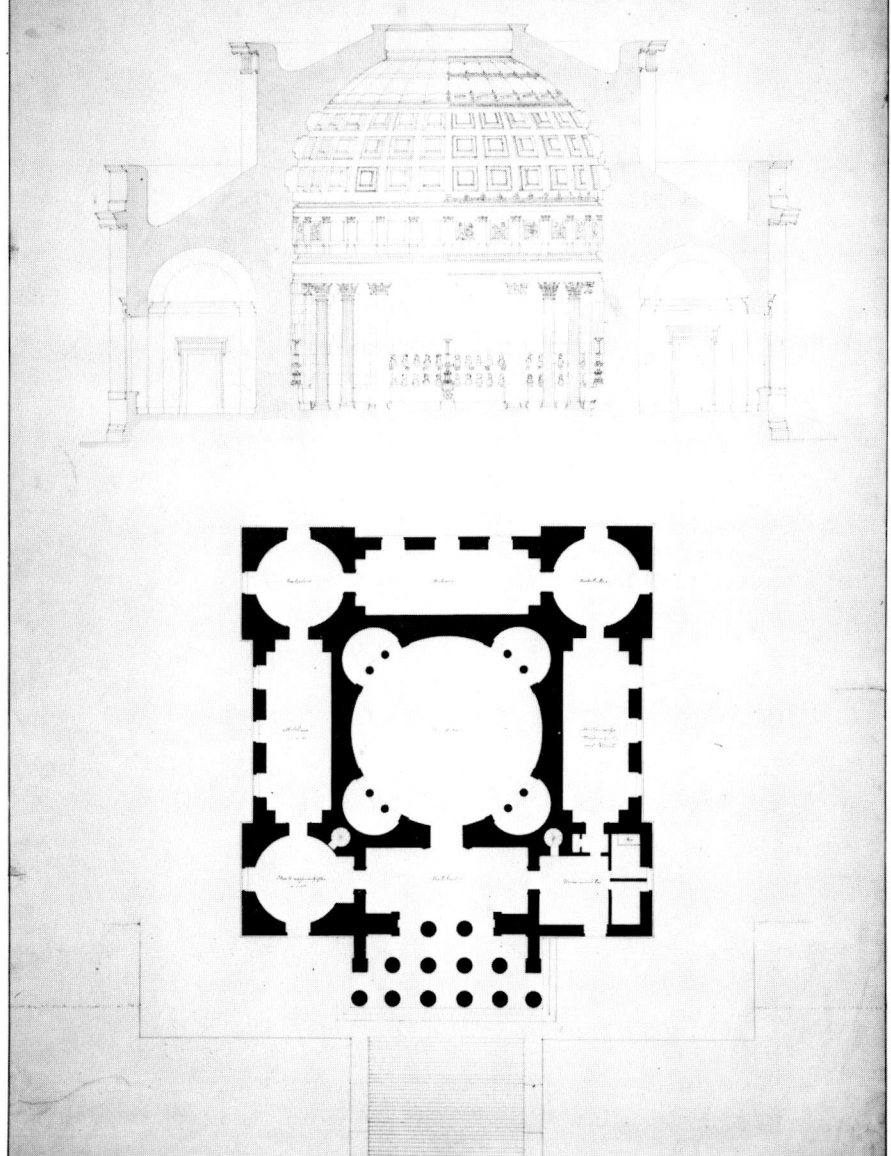

10 Zur Bavaria vgl. F. Otten, Ludwig Michael
   Schwanthaler 1802–1848, München 1970,
   S. 60–64 und ders., Die Bavaria, in: H.E.
   Mittig/V. Plagemann (Hrsg.), Denkmäler
   im 19. Jahrhundert, München 1972

19.13

Thronsaal des Festsaalbaus konzipierten). Der nun stärker an ein »deutsches« Vorbild wie das spätromanische Dekagon von St. Gereon angelehnte Zentralbau, der auch verstärkt die Boisserée'sche Grals-Ikonographie widerspiegelt, kam zwar nicht mehr zur Vorlage, hatte aber Folgen für Schwanthalers Konzeption der Bavaria.

Hatte Klenze zunächst vorgesehen, daß die Bavaria eine Herme mit dem Porträt Ludwigs bekränzen sollte (wie eine separate Entwurfszeichnung zeigt), so verwandelte er auf Ludwigs Intervention hin das Porträt in einen »Hermes quadrifrons«, der »die Herrscher- und Kriegertugenden, die Künste und Wissenschaften« symbolisieren sollte. Die Idee der monumentalen Staatsallegorie als Bekränzerin einer Denkmalsherme übernahm er von Perciers Denkmal des Generals Desaix (1801), die amazonenhafte Gestalt der Bavaria von Rauchs Max-Joseph-Monument (1829). Die »germanische« Akroterbavaria des fünften Alternativentwurfes mit ihrem schulterlangen aufgelösten Haar, der angewinkelten Rechten und der erhobenen Linken bildete den Ausgangspunkt für Schwanthalers Version, nachdem er beide Varianten probeweise bearbeitet hatte.[10]

Der Vertrag über diese monumentalste nachantike Großbronze mit Schwanthaler und dem Erzgießer Ferdinand von Miller wurde am 28. Mai 1837 geschlossen, ihre Enthüllung erfolgte nach vielfachen Modifikationen von Haltung und Attributen am 9. Oktober 1850. Der Grundstein für die Ruhmeshalle war 1843 gelegt worden. Durch die Planung einer Rampentreppe erhielt sie – wie gleichzeitig die Walhalla – eine gesteigerte Prospektwirkung gegen die Oktoberfestwiese, die Schwanthalers Figurenauffassung entgegenkam. Das 1853 fertiggestellte Gesamtmonument versöhnt in der Zuordnung von »germanischer« Bavaria und »griechischer« Denkmalhalle die ursprünglichen Alternativen einer klassizistischen oder romantischen Auffassung der Denkmalsidee, die die Architekten in ihren Konkurrenzentwürfen ausgetragen hatten.

A. v. Buttlar

19.10

19.14

176

19.11

19.15

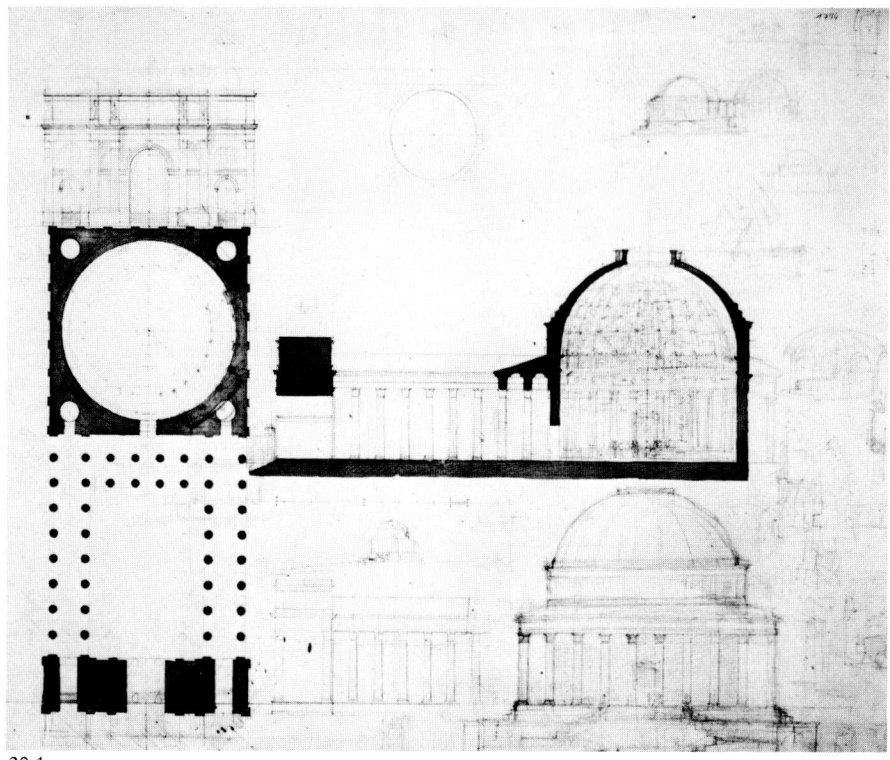

20.1

20 Die Befreiungshalle bei Kelheim, 1836–1863

Am 20. Februar 1836 besichtigten König Ludwig I. und sein Architekt Friedrich von Gärtner die Ruinen von Tiryns.[1] Angesichts der Felsenfestung und ihrer kyklopischen Mauern und ergriffen vom jüngsten Befreiungskampf der Griechen faßte der König den Entschluß, ein Denkmal für die deutschen Kämpfer der Kriege 1813–1815 gegen Napoleon zu errichten.[2]
Gärtner erhielt sogleich den Auftrag für die Planlegung, und nach der Rückkehr nach Bayern ging man auf die Suche nach einem geeigneten Bauplatz. Im März 1838 scheint der Michaelsberg bei Kelheim für das »Siegesdenkmal« in Aussicht genommen worden zu sein.[3] Um das Projekt nicht zu gefährden, sollte es zunächst geheim gehalten werden. Der schon in vorgeschichtlicher Zeit besiedelte Berg mit seinem steilabfallenden Vorsprung zur Donau und Altmühl gewährte einen wunderbaren Ausblick und Platz für das geplante Denkmal, für das der König den Grundriß in Form eines Rund- oder Polygonalbaus vorgab. Im Inneren des Baus sollten in einem Kranz 34 Siegesgöttinnen aufgestellt werden, die sich die Hände reichen und vergoldete Marmorschilde mit den Namen der Schlachten und Kämpfe der Befreiungskriege halten.[4] Über diesen Gruppen waren Inschriftentafeln mit den Namen der hervorragendsten Feldherren und Heerführer geplant. Zwei Jahre vergingen, bis Gärtner mehrere Ideen dem König vorlegen konnte. Der rastlose Monarch drängte den Architekten sehr, so daß dieser am 26. Mai 1838 an den Bauherrn schrieb: »und ich werde keinen Augenblick ungenützt lassen, um mit aller Tätigkeit an diesem herrlichsten Gegenstand zu arbeiten.«[5] Wie schwierig die Entwurfsplanung für das zwischen »Pantheon und Gralstempel«[6] anzusiedelnde Bauwerk war, belegen die vielen erhaltenen Skizzen Gärtners. Georg Rieger spricht von ca. 12 Projekten, die sich in ihren Hauptformen auf drei zurückführen lassen.[7] Diese drei Hauptformen, die Rieger nach ihren stilistischen Vorbildern als römisch, griechisch und byzantinisch-romanisch bezeichnet, sollten aber nach den drei Grundrißtypen eingeteilt werden. Klaus Eggert[8] registriert einschließlich des Ausführungsentwurfes acht Projekte, die Oswald Hederer übernimmt, ohne zu bemerken, daß Eggerts 7. Projekt einen Entwurf zur Ruhmeshalle zeigt.[9] Manfred Makolla spürt in seiner umfangreichen Magisterarbeit diesen Fehler auf und stellt selbst sechs Entwürfe vor.[10] Er variiert und verkürzt die Anordnung der Projekte und gliedert das Ruhmeshallen-Blatt aus.
Nach der Grundrißgestaltung kann man von drei Varianten sprechen. Sicherlich zu den ersten Entwürfen zählen die bei-

20.1 Friedrich von Gärtner (Abb.)
Befreiungshalle
Skizze mit Grundrissen, Aufrissen und Schnitten
Bleistift, laviert; 71,1 × 58
Arch.Slg. TUM, Gs 1744

20.2 Friedrich von Gärtner (Farbabb.)
Befreiungshalle
Gesamtansicht Projekt A
Aquarell mit Bleistiftskizzen;
55,2 × 41,1
Arch.Slg. TUM, Gs 1745

20.3 Friedrich von Gärtner (Farbabb.)
Befreiungshalle
Gesamtansicht Projekt B 1
Aquarell; 61,4 × 38,3
Arch.Slg. TUM, Gs 1749

20.4 Friedrich von Gärtner
Befreiungshalle
Aufriß, Projekt B 2
Feder über Bleistift; 89 × 60
Arch.Slg. TUM, Gs 1752

20.5 Friedrich von Gärtner
Befreiungshalle
Schnitt, Projekt B 2
Feder über Bleistift; 89,4 × 60,3
Arch.Slg. TUM, Gs 1753

20.6 Friedrich von Gärtner
Befreiungshalle
Aufriß, Projekt B 3
Feder über Bleistift; 88,5 × 60
Arch.Slg. TUM, Gs 1754

20.7 Friedrich von Gärtner
Befreiungshalle
Aufriß Fassade, Ausführungsprojekt C
Feder über Bleistift, laviert; 75,6 × 57,8
Arch.Slg. TUM, Gs 1779

20.8 Friedrich von Gärtner (Abb.)
Befreiungshalle
Ansicht der Halle mit Michelsberg und Kelheim
Feder über Bleistift auf Transparentpapier; 23,2 × 16,1
Arch.Slg. TUM, Gs 1780

1 Der genaue Termin ist auf einer Bleistiftzeichnung Gärtners, die dieser in Tiryns anfertigte, festgehalten. Vgl. Hans Moninger, Friedrich Gärtner's Original-Pläne und Studien, München 1882, S. 9, Nr. 283
2 Oswald Hederer, Friedrich von Gärtner, München 1976, S. 66
3 Klaus Eggert, Die Hauptwerke Friedrich von Gärtners, (= Neue Schriftenreihe des Stadtarchivs München, 15.), München 1963
4 Hans Reidelbach, König Ludwig I. von Bayern und seine Kunstschöpfungen, München 1888, S. 245
5 Zitiert nach Hederer, 1976, S. 172
6 Hederer, 1976, S. 172
7 Georg Rieger, Festschrift anläßlich der Feier des 50. Gedenktages der Eröffnung der Befreiungshalle. Geschichte der Befreiungshalle, Kelheim 1913, S. 26
8 Eggert, 1963, S. 125ff.
9 Hederer, 1976, S. 172ff.
10 Manfred Makolla, Die Befreiungshalle – Ein deutsches Nationaldenkmal? Beschreibung – Planungsgeschichte – Rezeption, ungedr. Magisterarbeit der Philosoph.-Hist. Fakultät Heidelberg, 1985, S. 28ff.

20.2

20.3

20.8

20.10

20.9 Friedrich von Gärtner
Befreiungshalle
Größenvergleiche mit der Walhalla,
Front- und Seitenfassade
Rote Federzeichnung, laviert;
59,9 × 35,2
Arch.Slg. TUM, Gs 1769

20.10 Leo von Klenze (Abb.)
Befreiungshalle
Aufriß, Projekt 3
Feder über Bleistift farbig aquarelliert;
69,9 × 65,0
SGSM, Inv.Nr. 26879

20.11 Leo von Klenze (Abb.)
Befreiungshalle
Aufriß, Projekt 5
Feder über Bleistift; 101 × 79
SGSM, Inv.Nr. 26899

20.12 Leo von Klenze (Abb.)
Befreiungshalle
Grundriß, Projekt 3
Feder über Bleistift, aquarelliert;
64 × 83
SGSM, Inv.Nr. 26883

20.13 Leo von Klenze
Befreiungshalle, Ausführungsprojekt
Feder über Bleistift, teilweise laviert;
93,5 × 63,0
SGSM, Inv.Nr. 26878

20.14 F.R. (Abb.)
Befreiungshalle
Bleistift;
Arch.Slg. TUM, Nachlaß Klenze

20.15 Befreiungshalle; Kuppelraum (Abb.)
Foto aus: Reidelbach, Ludwig I.,
Abb. 29

den Aquarelle (A, Gs 1745 und B 1, Gs 1749). Beide sind bereits auf einem Skizzenblatt dargestellt, das Hans Moninger an den Anfang seines Planverzeichnisses für die Befreiungshalle stellt.[11] Dem außen rechteckigen Bau mit runder, säulenumstandener Halle und Kuppel ist eine doppelte Säulenreihe vorgelegt, die seitlich durch Kolonnaden mit einem Eingangsportal in Form des Konstantinsbogens verbunden wird. Zu dieser Skizze gehört das Aquarell A (Gs 1745) mit seinem am Pantheon orientierten Rechteckbau mit achtsäuligem Portikus auf einem hohen Sockel, zu dem eine große, steile mit Löwenstatuen flankierte Treppenanlage von einem Propyläentor emporsteigt.

Das Aquarell B 1 stellt ein hochgelegenes Plateau dar, auf dem sich auf mächtigem Sockel und dreiteiliger Krepidoma ein quadratischer Baukörper mit unverzierter Tambourkuppel erhebt. Ein umlaufender Portikus mit je zehn Frontsäulen schirmt den Zentralbau nach außen ab. Vor der Treppenanlage fassen auf Postamenten ruhende Löwen einen heiligen Bezirk ein. Gärtner nimmt in weiteren Projekten diesen Entwurf B zur Vorlage und verändert im wesentlichen nur den Aufriß. Bei der Variante B 2 (Gs 1752) mit der Abfolge Sockel, quadratischer Zentralbau mit Säulenumgang, Tambour und Kuppel blendet er dem Tambour eine Säulengalerie vor. Entwurf B 3 (Gs 1751 und 1754) bringt

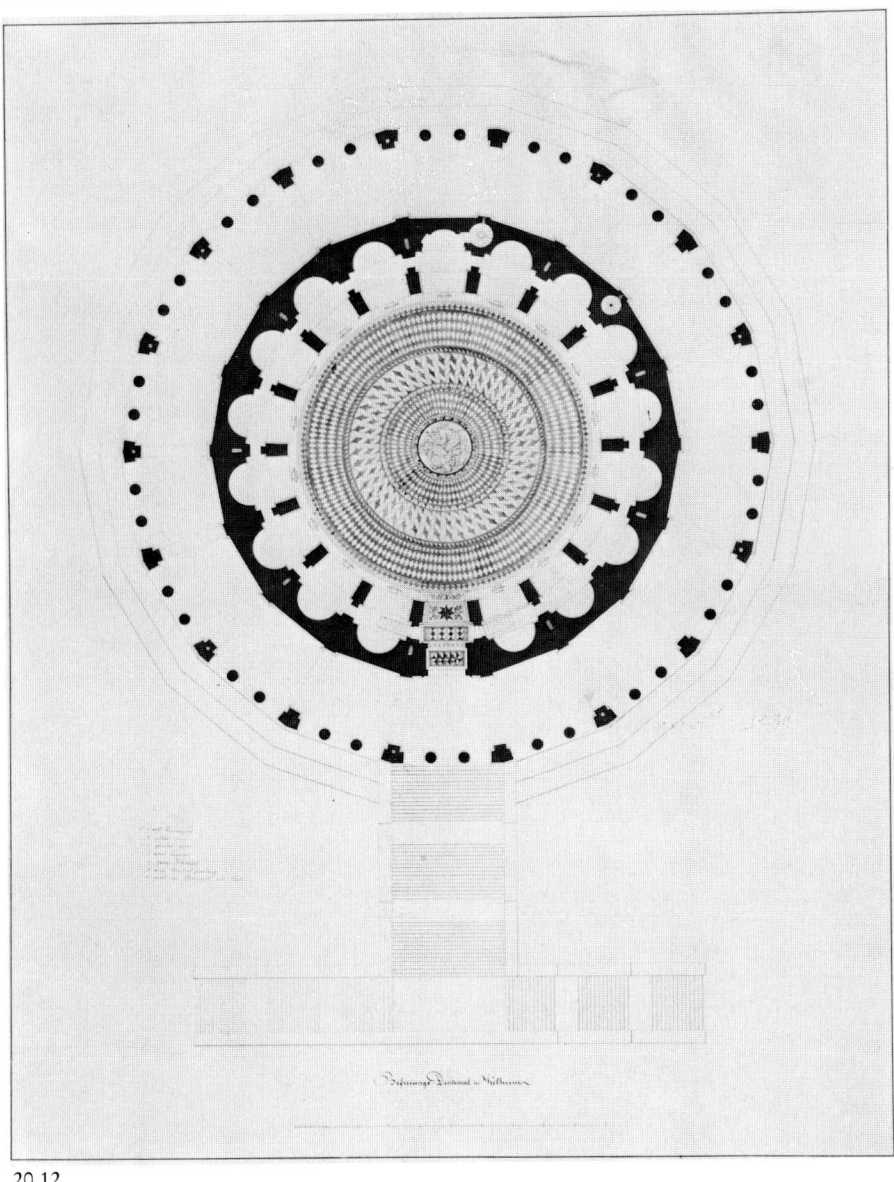

20.12

11 Moninger, 1882, S. 86, Nr. 1744
12 Rieger, 1913, S. 24
13 Rieger, 1913, S. 2
14 Rieger, 1913, S. 2f.
15 Vgl. Bericht von Johann Baptist Stoll, Kurzgefaßte Geschichte der Stadt Kelheim, Landshut 1863 (Sonderdruck aus Verhandl. des hist. Vereins f. Niederbayern, 9.), S. 107ff. Als Bauzeit waren 14 Jahre eingeplant.
16 Rieger, 1913, S. 28
17 Zitiert nach Makolla, 1985, S. 46. F. v. Gärtner, A. Mühe, in: Jahrbuch der Baukunst und Bauwissenschaft 2, 1845, S. 223f. und F. v. Gärtner, R. Lecke, in: J. d. B. u. B. 4, 1847, S. 182ff.
18 Makolla, 1985, S. 54
19 Makolla, 1985, S. 55
20 Hans-Jürgen Kotzur, Forschungen zu Leben und Werk des Architekten August von Voit, Heidelberg 1978

bei unverändertem Kubus eine Arkadenstellung der Säulen mit Rundbögen. Von seiner äußeren Erscheinungsform leitet sich hiervon der Ausführungsentwurf C (Gs 1779) im Rundbogenstil leicht ab. Dagegen weicht der Grundriß völlig ab. Gärtner wählt nunmehr das achtzehnekkige Polygon, das sich innen und außen bemerkbar macht. Mächtige Wandpfeiler gliedern den Umgang mit seinen eingestellten Rundbogenarkaden. Das selbe Motiv mit doppelten Rundbögen umzieht den Tambour, über den sich die hochgezogene Kuppel wölbt. Auch im Inneren setzt sich die äußere Gliederung fort.

Parallel zu diesen Entwürfen der Jahre 1838 und 1839 erfolgten die Grundstücksankäufe auf dem Michelsberg bei Kelheim.[12] Am 14. August 1839 kam der König nach Kelheim und besichtigte den Bauplatz.[13] In den folgenden Jahren kümmerte sich Gärtner um das Baumaterial, und bevor man es heranschaffen konnte, mußte der Regensburger Regierungsbaurat Nadler einen Fahrweg auf die steile Anhöhe bauen. Auch mußte die Plattform des Berges eingeebnet und die Vorbereitungen zur Grundsteinlegung getroffen werden.[14] Am Tage nach der Eröffnung der Walhalla legte König Ludwig am 19. Oktober 1842 unter Anwesenheit vieler Ehrengäste und Kelheimer Bürger den Grundstein.[15]

Im Mai 1843 begannen die Fundamentierungsarbeiten, die bis 1845 andauerten.[16] Durch das zerklüftete Bergmassiv mußten teilweise bis zu 15 m hohe Grundmauern errichtet werden. Im Sommer 1845 wurden gewaltige Steinquader für den dreistufigen Unterbau auf einem eigens konstruierten Wagen mit 50 Pferden auf den Berg transportiert.

Die ersten Verträge für die Herstellung der Viktorien mit Ludwig von Schwanthaler datieren aus den Jahren 1844 und 45. Im gleichen Jahr wurden 36 Granitsäulen für die Bögen des äußeren und inneren Rundgangs im Steinbruch Freudensee bei Hauzenberg hergestellt. In zwei Veröffentlichungen im Jahrbuch der Baukunst und Bauwissenschaft publizierte Gärtner selbst seinen Entwurf unter Angabe der gewaltigen Ausmaße von 60,15 Meter Durchmesser und 51,97 m Höhe.[17]

Als die Fundamente bereits fertiggestellt waren und die dritte Sockelstufe gesetzt wurde, riß der Tod mitten im regsten Bauschaffen am 21. April 1847 den Architekten Friedrich von Gärtner aus dem Leben. Der Bau wurde zunächst eingestellt, bis die weitere Baubetreuung gesichert war. König Ludwig schrieb in dieser Angelegenheit bereits am 26. April an Leo von Klenze einen Brief, um ihn zur Übernahme der Bauleitung zu bewegen.[18] Klenze bat sich zunächst Bedenkzeit aus und reagierte noch nach dem Tode seines Rivalen in der ihm eigenen Art. Er konnte seinen Augen kaum trauen »wie und in welchem Grade hier die Natur eines architektonischen Programms mißverstanden und mißhandelt wurde ... Eine achtzehneckige, byzantinische Taufkapelle großer Dimensionen, aber der allerrohsten und gemeinsten Formen, sich auf einem Unterbau erhebend, welcher genau die Form der drei gewöhnlichsten antiken Tempelstufen hatte.«[19] Klenze schlägt August von Voit[20] als Nachfolger vor, falls ihm der König keine größeren Vollmachten bei der weiteren Planung einräumte. Der König machte Klenze diese Zugeständnisse, so daß dieser mit alternativen Entwürfen auf der Grundlage des

bereits vorhandenen Sockels beginnen konnte. Bereits Mitte Juli 1847 dürfte Klenze König Ludwig einen ersten Plan[21] vorgelegt haben, der den kahlen Aufriß Gärtners mit einer Galerie von thronenden Frauenstatuen auf dem äußeren Umgang zeigt. Die Zwickeln der unteren und oberen Arkaden schmückt Klenze mit Ornamenten. Der in der Entstehung wahrscheinlich folgende Entwurf behält den achtzehneckigen Grundriß bei und verändert die Rundbogenarkaden zu korinthischen Kolonnaden mit jeweils zwei Säulen zwischen polygonalen Pfeilern.[22] Ein drittes Projekt übernimmt die untere Kolonnade, setzt darauf eine umlaufende Balustrade mit steinernen Tropaia und dahinterliegendem Umgang.[23] Die Tambourkolonnade erhält nunmehr anstatt der Säulen Atlanten, die etwas kurios erscheinen. Die weiteren Entwürfe Klenzes[24] sind dann schon eng mit den endgültigen Ausführungsplänen verwandt. Klenze verzichtet im Aufführungsprojekt auf den unteren Säulenumgang, so daß der zylindrische Baukörper schlanker und höher wirkt. Da er aus finanziellen Erwägungen an den achtzehneckigen Sockelbau Gärtners gebunden ist, fügt er achtzehn Strebepfeiler an den Zylinder und setzt ebensoviele weibliche Standfiguren mit Inschriftentafeln darauf. Die wegfallenden Arkadenpfeiler Gärtners markiert Klenze durch achtzehn steinerne Kandelaber. Die Tambourkolonnade wird vereinfacht durch 54 gleiche Galeriesäulen. In der Ausführung wird die Kuppel sodann durch ein flaches Kegeldach ersetzt. Bei der Innengestaltung war Klenze an die Vorgabe des Königs mit den 34 Viktorien gebunden. Der Architekt senkte die unteren Arkaden zu Flachbögen herab und ersetzte die Galeriebögen durch eine antikisierende Säulenstellung. Die große Innenkuppel geht auf Gärtners Konzeption zurück.
Nachdem der König die neuen Pläne Klenzes genehmigt hatte, nimmt man im März 1848 die Bauarbeiten wieder auf.[25] Doch bereits im April des selben Jahres werden sie durch die Abdankung Ludwig I. wieder eingestellt. Ludwigs Wille, die Befreiungshalle zu vollenden, war ungebrochen. Aber erst am 22. März 1850 kann der Weiterbau in Angriff genommen werden.[26] Da die Steinbruchbesitzer in der Umgebung Kelheims zu hohe Forderungen für den als Baumaterial geplanten Naturstein stellten, ließ Klenze den Bau kurzerhand – trotzdem der König anfänglich nicht einverstanden war – aus Ziegelsteinen errichten.
1853 wurde das innere Gerüst aufgestellt; 1858 hatte der Bau eine Höhe von über 40 m erreicht. Parallel zum Baufortgang

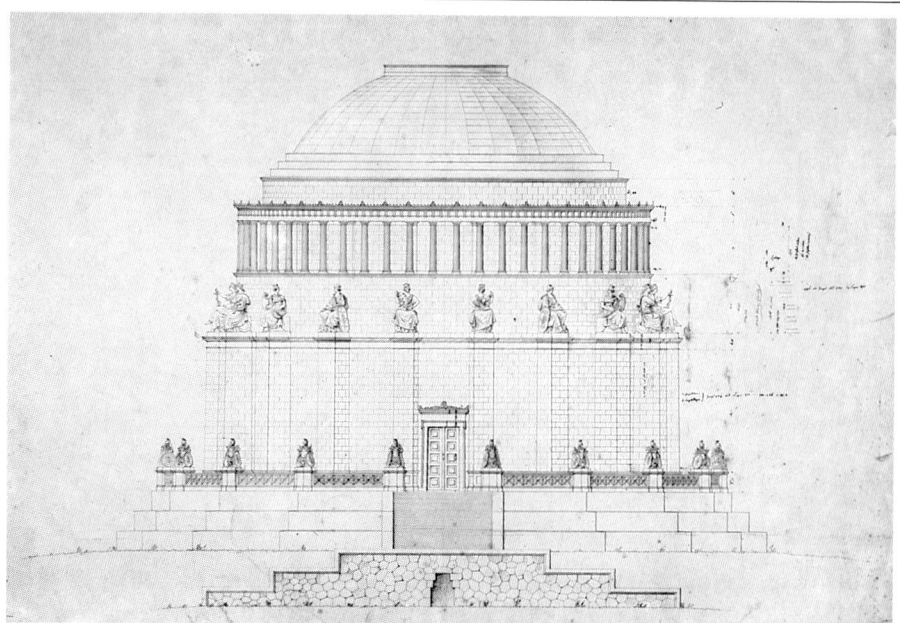

20.11

20.14

liefen die Aufträge für die achtzehn kolossalen Statuen der Allegorien auf die deutschen »Volksstämme« am Außenbau, die der Münchner Bildhauer Johann Halbig ausführte. 1850 wurde der Bildhauer Anselm Sickinger für die Anfertigung von Ornamentskulpturen verpflichtet, und Ferdinand Miller erhielt den Auftrag für die siebzehn feuervergoldeten Bronzeschilde der Viktoriengestalten.[27] Im August 1860 war der Rohbau nahezu vollendet. Von 1861 bis 1863 erfolgte die Innenausstattung und Aufstellung der Viktorien.
Nach mehr als zwanzigjähriger Bauzeit konnte der greise König am 50. Jahrestag der Völkerschlacht bei Leipzig, am

21 SGSM, München, Inv.Nr. 26881
22 SGSM, München, Inv.Nr. 26882
23 SGSM, München, Inv.Nr. 26879
24 Vgl. Makolla, Projekt 5 und 6, S. 62f. (SGSM, Inv.Nr. 26899 und BStB, Klenzeana XII). Ein bei Manfred F. Fischer im Amtlichen Führer der Befreiungshalle in Kelheim (München 1985) als Abb. 5 gezeigter Zentralbauentwurf ist als Walhalla-Projekt Klenzes einzustufen, wie bereits Ruprecht Stolz 1977 in seiner Dissertation über die Walhalla (Köln 1977) festgestellt hat.
25 Makolla, 1985, S. 77
26 Rieger, 1913, S. 58
27 Manfred F. Fischer, Befreiungshalle in Kelheim, Amtlicher Führer, München 1985, S. 10f.

20.15

abschnitt, der einen freien Umgang ermöglicht, bekrönen Trophäen die achtzehn Wandpfeiler. Das flach ansteigende, kegelförmige Kupferdach trägt eine niedrige Laterne mit Glasabschluß.

Durch ein monumentales Eingangstor betritt man die 45 Meter hohe, kuppelgewölbte Halle, deren unterer Durchmesser 29 Meter mißt. Über einem mehrfach gestuften Sockel öffnet sich die Mauerschale in siebzehn Nischen und den Portaleingang. Vor den durch Rechteckpfeiler begrenzten Nischen stehen 34 Siegesgöttinnen, die siebzehn Bronzetafeln mit den Inschriften der siegreichen Kämpfe der Befreiungskriege halten. In die darüberliegende mit Marmor verkleidete Wand sind achtzehn Tafeln mit den Namen der bedeutendsten deutschen Feldherren eingelassen. Den oberen Abschluß unterhalb der Kuppel übernimmt ein Säulenschirm von 36 toskanischen Doppelsäulen. Dahinter ermöglicht ein Umgang den Blick in das Innere der Halle. In der darüberliegenden Frieszone des Gebälks sind achtzehn Namen der eroberten Festungen in Goldbuchstaben eingelassen. Die reich geschmückte Kuppel ist in sieben konzentrische Kreise untergliedert, die quadratische, fünfeckige oder sechseckige Felder ausfüllen. In den beiden letzten sind Trophäen eingelassen, während die rechteckigen mit Rosetten geschmückt sind.

In den mosaikartig, mit verschiedenfarbigem Marmor ausgelegten Fußboden hat König Ludwig die folgende Inschrift anbringen lassen: »MOECHTEN DIE TEUTSCHEN NIE VERGESSEN WAS DEN BEFREIUNGSKAMPF NOTHWENDIG MACHTE UND WODURCH SIE GESIEGT.«

Klenzes Bauwerk, auf Gärtners Sockel und Grundidee basierend, war vom König als Denkmal für die Befreiung Deutschlands von der Napoleonischen Fremdherrschaft geplant. In ihm wird die militärische Leistung Deutschlands gewürdigt.[28] Klenze selbst interpretierte 1863 seinen Bau und arbeitete neben den künstlerischen Belangen die ideologischen Gedanken heraus.[29] So spielt die Zahl 18 im Bauwerk eine stets wiederkehrende symbolische Rolle. Ausgangspunkt dafür war der bereits von Friedrich von Gärtner angelegte achtzehneckige Sockel. Durch diese Zahl wird die Befreiungshalle zum Denkmal für die Völkerschlacht.[30] Der König wollte aber auch die in den Kriegen gewonnene Einheit der Deutschen im Monument darstellen.

In seiner Rede bei der Grundsteinlegung am 19. Oktober 1842 betonte er die notwendige Einigkeit der deutschen Stämme und beschwor das vereinigte Deutschland,

18. Oktober 1863, die feierliche Eröffnung vollziehen.

Der gewaltige Rundbau auf einem dreistufigen Sockel überragt den Bergsporn des Michelsberges zwischen den Flüssen Donau und Altmühl. Zur Plattform führt eine breite Freitreppe mit doppelläufigem Antritt und einläufiger Haupttreppe. Den runden Zentralbau mit verputztem Ziegelmauerwerk umringen auf der Sockelplattform achtzehn Kandelaber, die vor die mit allegorischen Figuren besetzten Strebepfeiler plaziert sind. Auf dem Rücksprung des oberen Teils des Rundbaus thront eine Galerie aus 54 toskanischen Säulen, die durch ein Gebälk mit Metopenfries abgeschlossen werden. Darüber umsäumt eine Steinbalustrade mit Balusterpfeilern das Gebäude. Vor dem zurückgeschobenen oberen Wand-

28 Vgl. Helmut Scharf, Kleine Kunstgeschichte des deutschen Denkmals, Darmstadt 1984, S. 173. Als Denkmal der deutschen Befreiung wird natürlich die militärische Leistung der deutschen Staaten gewürdigt. Scharf irrt, wenn er vor allem den bayerischen Beitrag herausstellt. Auf den achtzehn Feldherrntafeln ist nur ein einziger Bayer, Karl Philipp Fürst von Wrede, genannt.

29 Leo von Klenze, das Befreiungsdenkmal bei Kelheim, in: Allgemeine Bauzeitung 28, Wien 1863, S. 353 ff.

30 Makolla, 1985, S. 92

31 Makolla, 1985, S. 93. Die Frage, ob die Befreiungshalle als Nationaldenkmal gelten kann oder nicht, kann Manfred Makolla nicht eindeutig beantworten, denn viele Momente sprechen dafür, andere aber dagegen. (Vgl. S. 109 ff.)

183

21.1

das nie überwunden werden würde.[31] Ludwig schwebte ein geeintes Deutschland vor, das in seiner Stärke eine neuerliche Fremdherrschaft ausschließen könnte. Leo von Klenzes Befreiungshalle ist das Ergebnis einer Auseinandersetzung mit den Ideen und Entwürfen seines größten Rivalen Friedrich von Gärtner. Aus finanziellen Gründen an den bestehenden Sockel gebunden, schuf Klenze einen Zentralbau, ohne ein antikes Vorbild heranziehen zu können. Erst die Säulengalerien – außen und innen – in toskanischer Ordnung vermitteln den Bezug zur Antike. Gärtners monumentales Ursprungsprojekt mit Rundbogenarkaden hätte mehr den Charakter eines Mausoleums erhalten. Man ist an das Grabmal Theoderichs in Ravenna erinnert. Gärtners Innenraumgestaltung wäre sicherlich eindrucksvoller und einheitlicher geworden. Auch wenn sich Leo von Klenze in einem Stuckfries über dem Portal im Inneren der Befreiungshalle als deren Architekt nennt, sollte man die grundlegenden Entwürfe und Ausführungen Friedrich von Gärtners nicht außer acht lassen.   H. Reidel

21 Das Nationaldenkmal in Oberwittelsbach, 1832–1834

Am Nordrand des 1209 geschleiften ehemaligen Stammschlosses der Wittelsbacher, in enger Nachbarschaft zur spätgotischen Burgkirche, steht in einem kleinen Wald das »Monument des Hauses Wittelsbach«.[1] Die Idee zur Errichtung eines Denkmals auf diesen Ruinen hatte Theodor Hubert Freiherr von Hallberg-Broich, als er 1821 das Bürgerrecht der Stadt Aichach erhielt. Mit dieser Geste sollte seine nationale Gesinnung und Verehrung des Hauses Wittelsbach Ausdruck finden. Er spendete sogleich 100 Gulden. Durch eine Volkssammlung und Subkriptionsliste wurden genügend Beiträge erzielt, um am 25. August 1832 die Grundsteinlegung und zwei Jahre später, ebenfalls am Namens- und Geburtstag König Ludwigs I., die Enthüllungsfeier durchzuführen.

Laut Schreiben des Regierungspräsidenten, Fürst Oettingen-Wallerstein vom 31.1.1829, wurden die Architekten Klenze, Gärtner und Gutensohn in München

21.1 Gustav Kraus (Abb.)
»Feyerliche Enthüllung des National-Denkmales in Ober Wittelsbach am 25. August 1834«
Lithographie; 49,5 × 34,5
MStm, Inv.Nr. 29/331

1 Ausführlich behandelt bei Josef Bestler, Das Nationaldenkmal auf Wittelsbach, in: Die Wittelsbacher im Aichacher Land, Aichach 1980, S. 335–345
2 StA München, AR 776/29 »Das Praesidium der koeniglichen Regierung des Oberdonaukreises an sämtliche koenigliche Stellen und Behörden und an alle für Wittelsbachs Ausschmückung gesinnte bayer'sche Staatsbürger«, Schr. v. 31.1.1829
3 abgedruckt: Der Bayerische Volksfreund v. 5.5.1827
4 Allgemeine Bauzeitung, 1836, S. 379, Taf. 82

22.1 Carl Alexander Heideloff (Abb.)
Ruhmeshalle für Deutschlands Einigkeit
und Treue
Feder auf Transparentpapier; 28,9 × 52,6
Stuttgart, Staatsgalerie, Graphische
Sammlung

22.1

22 Ruhmeshalle für Deutschlands Einigkeit und Treue auf dem Moritzberg bei Nürnberg, 1841

1841 berichtete das »Kunstblatt«[1] über die Ausstellung eines dioramaartigen Bildes im Nürnberger Albrecht-Dürer-Verein, das Carl Alexander Heideloff von seiner Idee eines Nationaldenkmals auf dem Moritzberg bei Nürnberg geschaffen hatte. In einer für das Zeitgefühl sehr chrakteristischen Beschreibung wird das Gemälde vorgestellt: »Im Vordergrunde sieht man die obere Hälfte des Bergs, und ziemlich den ganzen Raum des Gipfels umfassend, erhebt sich ein Grundgemäuer im altdeutschen Style, über welchem man das 60 Schuh hohe zehneckige Kastell mit 10 runden Thürmen erblickt, in denen die Panner der Heerhaufen des deutschen Bundes aufbewahrt werden sollen. Aus ihrer Mitte ragt die Säule empor, welche die 100 Fuß hohe Statue der Germania tragen würde. Mehrere kühn gewölbte gothische Bogen mit reicher Verzierung setzen diesen Grundpfeiler der Statue mit dem Decagon in Verbindung. Das Ganze erglänzt im feurigsten Frühroth.« Wenn auch deutliche Abweichungen von dieser Beschreibung zu konstatieren sind, so kann doch eine Federzeichnung der Graphischen Sammlung der Staatsgalerie Stuttgart in Verbindung mit dem hier beschriebenen Gemälde gebracht werden (frdl. Hinweis von Dr. Johannes Erichsen, München). Die Zeichnung gibt neben der gotischen »Säule«, einem oktogonalen Zentralbau, aus der der Sockel für die, gemessen an den kleinen Staffagefigürchen riesige Figur der »Germania« wächst, einen Grundriß wieder, der mit den angesetzten Rundtürmen der beschriebenen Anlage sehr entspricht. Vermutlich hat Heideloff mehrere Versionen dieses Nationaldenkmals entworfen, das durch seine riesigen Dimensionen ohnehin dazu verurteilt war, unausgeführt zu bleiben. Die der Kathedralgotik entlehnten Formen verbinden den Entwurf mit dem Gedanken eines Nationaldoms, der seit Schinkels Idee eines Nationaldoms für den Leipziger Platz in Berlin allgemein lebendig war. Die Kolossalstatue der »Germania« wiederum schließt an die Idee der Bavaria an, die, auch nicht ohne Vorbilder, zu diesem Zeitpunkt in lithographischen Reproduktionen bereits verbreitet war. Nürnberg, das allgemein als historisches Stadtgebilde von besonders ausgeprägter nationaler Dimension galt, wäre nach dem Zeitverständnis sicher der geeignete Ort für ein entsprechendes Denkmal gewesen, doch fehlte es an jeder Möglichkeit, den Bau zu finanzieren.

zu Entwürfen für dieses Denkmal aufgefordert.[2] Nachweisbar ist aber nur eine laienhafte Zeichnung mit der Beschriftung »nach der Idee im Volksfreund vom 29ten Nov. 1827«.[3] Dargestellt ist ein Obelisk, umgeben von acht Statuen – den Herzögen des Hauses Wittelsbach –, in einem zweigeschossigen Hofgebäude. Dieser Entwurf fand keine Beachtung und der Architekt Joseph Daniel Ohlmüller legte 1829 Pläne zu einem Denkmal vor, die laut Reskript vom 13.4.1831 König Ludwig I. bewilligte. Die Bildhauerarbeiten führte Hippolyt Hauttmann aus. Das Bauwerk erinnert an ein gotisches Sakramentshäuschen, aber im Gegensatz zu Zieblands Theresien-Monument in Bad Aibling besitzt es weder eine Nischen- oder Tabernakelöffnung.[4] Das in Sandstein ausgeführte Denkmal erhebt sich über drei Stufen und ist wiederum in Sockel, Mittelteil mit seitlichen Fialen und achteckigem Turmaufbau mit Zinnenkranz gegliedert und wird nach oben hin von einer Kreuzblume abgeschlossen. Im Mittelteil sind umlaufend die Wappen der bayerischen Kreisstädte (heute Regierungsbezirke) angebracht, die eine Huldigung der gesamten bayerischen Nation an das Herrscherhaus dokumentieren.

B.-V. Karnapp

N. Götz

1 Kunstblatt, Nr. 44, 3. Juni 1841, S. 192

23.1

23 Die König-Otto-Kapelle in Kiefersfelden, 1834–1836

Am 7. Dezember 1832 überschritt Prinz Otto von Bayern in Kiefersfelden die Grenze nach Tirol mit den Worten »Leb wohl mein teures Vaterland! Lebt wohl ihr lieben Bayern!«[1]
Diesen Moment würdig zu dokumentieren, sollte eine Kapelle als »Nationaldenkmal«[2] errichtet werden. Eine Spendensammlung in allen Landesteilen und Bevölkerungsschichten ermöglichte bereits am 1. Juni 1834, dem 19. Geburtstag König Ottos, die Grundsteinlegung. Am 19. Juni 1836 erfolgte durch Erzbischof Lothar Anselm Freiherr von Gebsattel die Einweihung; die Festrede zu diesem Ereignis hielt der Regierungspräsident des Isarkreises, Karl Graf von Seinsheim.
Zu diesem Kapellenbau entstanden vier verschiedene Entwürfe, darunter auch einer im »neugriechisch-byzantinischen Stil«.[3] König Ludwig wählte aber jenen neugotischen Entwurf des kgl. Zivilbauinspektors Joseph Daniel Ohlmüller, der in der Literatur fälschlich wiederholt Georg Friedrich Ziebland zugeschrieben

wurde.[4] Mit dieser Entwurfswahl entsprach Ludwig auch den Intentionen seines Sohnes, denn Otto äußerte sich während seines Besuches 1836 über die Kapelle: »Sie ist sehr schön, in gotischen Stil und dies ist meine Lieblingsbauart!«[5]
Die Ausführung des unverputzten Ziegelsteinbaues mit seinen gotischen Pfeilern aus Sandstein übernahm Bauwerkmeister Johann Karmann aus Rosenheim.
Über eine breite Freitreppe gelangt man zur Kapelle mit netzrippengewölbter Vorhalle. Um den Bau herum und durch die Stützpfeiler hindurch führt ein Gang, der an der Straßenseite mit einer Maßwerkbalustrade aus Stein versehen ist.
Sowohl die Bau- als auch die Schmuckdetails bestehen in dieser Kapelle ausschließlich aus gotischen Formen. Auch die Innenausstattung zeigt gotische Elemente, so der Altaraufbau mit seinem dreiteiligen Altarblatt, das August Graf von Seinsheim, der Bruder des Regierungspräsidenten, malte und der Kapelle stiftete. Die Otto-Kapelle ist der früheste neugotische Bau im Gebiet von Rosenheim und verdeutlicht die romantische Gesinnung der Zeit.[6]   B.-V. Karnapp

23.1 St. Ottokapelle zu Kiefersfelden (Farbabb.)
Ansichten der Lang- und Eingangsseite mit Treppenaufgang
Feder, farbig aquarelliert, auf Zeichenpapier; 36,0 × 45,5
MStm, Z 3053 b

1 H. Moser, Chronik von Kiefersfelden, Kiefersfelden 1959, S. 611
2 GHA, Hofstäbe-Hofjagdintendanz Nr. 80: Einladung zu freywilligen Beyträgen... vom 19.11.1833
3 Moser, a.a.O., S. 612
4 u.a. Bayerland 3. 1896, S. 474; J. v. G. Gierl, Kiefersfelden, München 1899, S. 68
5 Moser, a.a.O., S. 616
6 P. v. Bomhard, Die Kunstdenkmäler der Stadt und des Landkreises Rosenheim, Bd. 2.1, Rosenheim 1954, S. 225

24.1 Domenico Quaglio
Regensburger Dom, Ansicht von SW,
1826
Lithographie; 81,8 × 61,2
Arch.Slg. TUM, 1.14

24.2 Justus Popp
Regensburger Dom, Innenansicht nach
Osten, Zustand von 1834 (Abb.)
Gouache; 42,5 × 48,5
Thurn und Taxis Zentralarchiv Regens-
burg, Slg. Resch X 55

24.3 Eduard Gerhardt und Johann Poppel
Regensburger Dom, Innenansicht nach
der Restaurierung, um 1840 (Abb.)
Stahlstich; 10,8 × 14
aus: H. Bleibrunner (Hsg.), Das Königreich Bayern, Faks. Ausg. nach der Ausgabe von G. Franz, München 1970

24.4 Anton Blank
Modell zur Fertigstellung der Regensbur-
ger Domfassade, 1859/60
Holz; Höhe 111,5/Breite 50/Tiefe 28
Domschatzmuseum Regensburg, Inv.Nr.
D 1974/126

24.5 Regensburger Dom, Aufnahme 1864
(Abb.)
Arch.Slg. TUM, Fotoarchiv

1 Der vorliegende Katalogbeitrag stützt sich,
soweit nicht anders angegeben, im Wesentlichen auf die Dissertation von Susette Raasch,
die während der Vorarbeiten zu diesem Katalog verstarb. Vgl. Raasch, Susette, Restauration und Ausbau des Regensburger Doms
im 19. Jahrhundert, in: Beiträge zur Geschichte des Bistums Regensburg, Band 14,
1980, S. 137–328. Nur wörtliche Übernahmen werden hier mit der vollen Angabe zitiert.
2 Raasch, 1980, S. 191
3 Loers, Veit, Die Barockausstattung des Regensburger Doms und seine Restauration
unter König Ludwig I. von Bayern
(1827–1839), in: Der Regensburger Dom,
Regensburg 1976, S. 229–266; S. 241.
4 Zitiert nach Loers, 1976, S. 246f.

24 Die Restaurierung des Domes in Regensburg, 1826–1839

Der Regensburger Dom[1], nach einem
Brand 1255 bis ins frühe 16. Jahrhundert
in verschiedenen Stilstufen der Gotik wieder aufgebaut, blieb im Außenbau unvoll-
endet. Sein Innenraum dagegen erhielt im
Laufe des 17. und 18. Jahrhunderts dem
Zeitgeschmack entsprechend eine üppige,
barocke Ausstattung, die die gotische Architektur in ihrer Bausubstanz unberührt
ließ und lediglich interpretierte. Auffäl-
ligste Zutat des Barock war neben zahlreichen Altären und Epithaphien die zentra-
lisierende Vierungskuppel von 1697, die
ein Allerheiligenfresko zierte. Als 1810
Stadt und Bistum Regensburg an Bayern
übergingen, blieb zwar das Innere des
Domes unverändert, als Ursache unklarer
Zuständigkeiten, sowie mangelnder Finanzen häuften sich jedoch die Bauschäden. Trotz des wachsenden Interesses von
Künstlern und Kunstkennern, die sich in
Stichen, Beschreibungen und Publikationen niederschlug, bot der Dom in den
20er Jahren ein »Bild völliger Verwahr-
losung.«[2]
Ohne den Regensburger Dom jemals
selbst gesehen zu haben, entschloß sich
König Ludwig 1826 überraschend zur
Stiftung neuer Glasfenster. Wahrscheinlich sah er hier eine Möglichkeit, die von
ihm geförderte Glasmalerei des Nürnber-
gers Sigmund Frank, der seit 1818 in der
Nymphenburger Porzellan-Manufaktur
experimentierte, in großem Stil zu beleben. Nach Kartons von Heinrich Heß
und Friedrich von Gärtner sollten Frank
und ein weiterer Nürnberger Glasmaler
zwei Konkurrenzfenster für die Westfassade des Domes fertigen. Sie wurden
zwar 1828 eingesetzt, aber schon kurz
darauf beschlossen, die Malereien später
gegen in Technik und Zeichnung ver-
feinerte Scheiben auszutauschen.[3] 1829/
1830 bestellt König Ludwig für die West-
fenster unter dem Nord- und dem Süd-
turm weitere Glasgemälde, die von
Werkstattgemeinschaften der Münchener
Akademie entworfen werden und ihre
Nähe zum Tafelbild nicht verleugnen
können. Auch bei der Fortsetzung des
Fensterprogramms bis 1857 überrascht
das Fehlen einer übergeordneten Ikonographie, die offensichtlich nicht im Interesse des königlichen Auftraggebers lag.
Den kunsttheoretischen Hintergrund lieferte Sulpiz Boisserée, dessen Forschungen die Notwendigkeit farbiger Fenster
für den gotischen Kirchenraum bestätigten.
Mit dem Einsetzen von Glasgemälden in
den Seitenschiffen kam langsam die Restaurierung des Innenraumes in Gang,

die weiterhin zunehmenden Bauschäden
wurden mit minimalem und unsystemati-
schem Aufwand behoben. Nachdem König Ludwig 1830 zur Grundsteinlegung
der vor den Toren Regensburgs erbauten
Walhalla zum ersten Mal den Dom be-
sichtigt hatte, entstehen – sicher auf Anregung Gärtners – konkrete Vorschläge zur
Purifizierung. Das Ziel, eine ideale gotische Stilreinheit wiederherzustellen, fordert »Pläne zur Entfernung aller dem
Baustyle des Domes widersprechenden
Neuerungen mit Ausnahme der Monumente, sowie zur Herstellung eines
Kreuzgewölbes statt der mit Freskogemälden versehenen Kuppel, zur Entfernung der hölzernen Tribünen und Bet-
kammern, dann der Stukatur-Verunzie-
rungen an den Kapellchen in den Seitenschiffen«.[4] Wie in Bamberg reduziert sich
auch in Regensburg die »Restaurierung«
des Domes auf einen in klassizistischem
Sinne einfachen, erhabenen Innenraum,
dessen moralisch legitimierte Schlichtheit
und Klarheit eigentlich dem mystischen
Licht der Glasmalereien widerspricht.
Auf Wunsch König Ludwigs macht Gärtner, der bereits das Einsetzen der neuen
Glasfenster betreut hatte, erste Entwürfe
zur gotisierenden Ausstattung. Da man
die den Dom in der Vierung »verunstal-
tenden hölzernen Chöre und Emporen«
aus dem Barock nicht mehr dulden wollte, genehmigt der König zuerst den Plan
für eine neue Musikempore. Das stark
profilierte Horizontalgesims zwischen
den spitzbogigen Arkaden und der Fisch-
blasenornamentik der Maßwerkbrüstung
offenbart, wie sehr Gärtner die mittelalterliche Kunst unter dem ästhetischen Urteil des Klassizismus nachzuvollziehen
sucht. Seine Befürchtung, diese Einbauten
könnten den Kirchenraum auch weiterhin
beeinträchtigen, ließ ihn später auf die
Musikempore ganz verzichten und die
Orgel nach heftigem Protest des Domkapitels hinter dem Hochaltar anbringen.
Ein weiteres Mal werden zu Gunsten eines ästhetischen Ideals die Bedürfnisse
der Liturgie zurückgestellt, was in diesem
Fall von Seiten des Königs sogar mit Hinweisen auf mittelalterliche Kirchenmusik-
traditionen untermauert wird (siehe Bamberg, Kat.Nr. 25).
Weitere Pläne Gärtners für eine neue Orgel, einige gotisierende Altäre und einen
neuen Kanzeldeckel mußte der König zu-
rückstellen – die immer lauter werdende
Kritik an seiner kostspieligen Kunstpolitik brachte die Arbeiten am Regensburger
Dom für einige Jahre zum Stillstand. Als
sich der neue Bischof Franz Xaver
Schwäbl, der 1833 die Nachfolge von
Ludwigs einflußreichem Lehrer Johann
Michael Sailer antrat, und schließlich so-

24.2

24.3

gar der ehemalige Innenminister und neue Regierungspräsident Eduard von Schenk mit eigenen Restaurierungsplänen äußern, läßt Ludwig I. kurzerhand alle weiteren Maßnahmen am Dom verbieten, denn: »Schrecken ergreift Mich jedesmal, wenn Ich von Restauration ehrwürdiger Altertümer, wie die herrliche Domkirche in Regensburg, höre, da Ich so manche Verunstaltung in ähnlichen Fällen gesehen habe. Der *einzige* noch unverändert erhaltene Dom zu Regensburg ist Mir zu lieb.«[5] Wohl nicht zuletzt über die Eigenmächtigkeiten Karl Alexanders von Heideloff in Bamberg verärgert, macht er den Fortgang der Arbeiten in Regensburg von seinem nächsten Besuch abhängig. Die nach dem Sommer 1835 durchgeführten Restaurierungsarbeiten stehen jedoch in krassem Gegensatz zu seiner vorher geäußerten maßvollen Haltung.

Die entscheidenste Maßnahme für das angestrebte Raumbild von »kunstreicher Einfachheit« war, neben dem Versetzen aller Altäre aus dem Mittelschiff in die Seitenschiffe, der seit 1830 vorgesehene

Abbruch der Barockkuppel. Trotz des anstehenden Bistumsjubiläums gelang es Gärtner nicht, die Kuppel im Verlauf des Jahres 1837 durch ein Kreuzgewölbe zu ersetzen, sodaß der Dom erst zu Pfingsten 1839 wiedereröffnet werden konnte. Bis dahin lieferte der Abbruch der Augustinerkirche außerdem genug Steine, um die Steinmetzarbeiten im Dom zu vervollkommnen, d.h. die Figurenkonsolen wurden ausgebessert und die hölzernen Galeriebrüstungen in Stein nachgearbeitet, und damit dem idealen Werkstoff der Architektur angenähert.

Mit der barocken Kuppel verlor der Regensburger Dom auch das Zentrum seiner Ikonologie – das Allerheiligenfresko. Trotz der vielfältigen Assoziationen historischer und idealler Art, die Ludwigs Engagement in Regensburg, dem Zentrum des Heiligen Römischen Reiches Deutscher Nation mit dem Immerwährenden Reichstag, dem ersten Lehen der Wittelsbacher, dem Bistum seines Lehrers Sailer und damit dem Mittelpunkt seiner Kirchenpolitik, sowie schließlich der

5 Zitiert nach Raasch, 1980, S. 204
6 Vgl. Loers, 1976, S. 253
7 Borger-Keweloh, Nicola, Die mittelalterlichen Dome im 19. Jahrhundert, München 1986, S. 118

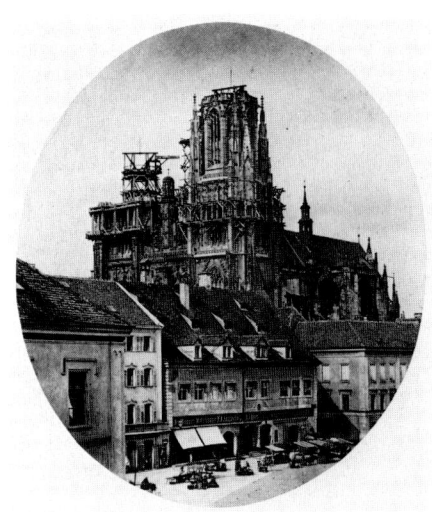

24.5

Oase seiner restaurativen Innenpolitik, rechtfertigen könnten, wird kein ikonographisches Programm dieser symbolträchtigen Dichte gerecht. An Stelle der Himmelsdarstellung bekam das Vierungsgewölbe eine schlichte Inschrift mit Namen und Wappen des Königs. In den Glasmalereien variierten einfachste Themen der Heilsgeschichte, z. B. treten die vier Kirchenväter dreimal in Erscheinung. Auch den historischen Themen mancher Fenster fehlt bei allen Hinweisen auf dynastische und patriotische Zusammenhänge des Stifters ein festes Programm. Das Ergebnis der Innenrestaurierung scheint – wie in Bamberg – nicht ganz befriedigt zu haben: der Dom in Regensburg blieb monoton und nackt zurück. Die als zusätzlicher Schmuck gedachten Steingalerien in den Seitenschiffen konnten aus finanziellen Gründen nicht mehr ausgeführt werden. Zum 1100jährigen Jubiläum des Bistums sind fast alle Innenarbeiten abgeschlossen und die Instandsetzung des Außenbaues nach Plänen Gärtners noch immer unvollständig.

In den folgenden Jahren konzentriert sich die Restaurierungspolitik König Ludwigs auf die Ausmalung des Doms in Speyer. Als das Ende dieser Arbeiten abzusehen ist, reift 1854 der Plan, die Restaurierung des Regensburger Doms mit der Vollendung seiner Türme abzuschließen. Obwohl bereits 1828 die beiden mittelalterlichen Originalrisse für die Westfassade gefunden worden waren, hatte ein negatives statisches Gutachten Gärtners sowie mangelnde finanzielle, technische und künstlerische Mittel ein solches Unternehmen vereitelt. Seit 1842 bewies jedoch der Ausbau des Kölner Domtorsos die Durchführbarkeit einer solchen Maßnahme. 1858 rückt nach gründlichen Bauaufnahmen, heftigen theoretischen Diskussionen und abweichend von den aufgefundenen Plänen eine Fortsetzung des Baues näher, der nach einem Gutachten des späteren Dombaumeisters Franz Joseph Denzinger nun auch Querschiffgie-

bel und Vierungsturm erhalten soll. Der Bauzeichner Michael Maurer liefert 1858 den entscheidenden Fassadenentwurf, aus dem der soeben in Speyer zurückgewiesene August von Voit den endgültigen Ausbauplan destilliert (siehe Speyer, Kat.Nr. 26). Trotz der unterschiedlichen Turmuntergeschosse werden die beiden durchbrochenen Maßwerkhelme aus dem inzwischen reichlich vorhandenen Musterbuchmaterial des Historismus auf ausdrücklichen Wunsch des abgedankten Königs Ludwig völlig symmetrisch ergänzt. Das 1860 ausgestellte Fassadenmodell zeigt schließlich den verbindlichen Entwurf mit einer näher an der Spätgotik orientierten Ornamentik, die einen Kompromiß zwischen der bestehenden Fassade und dem hochgotischen Vorbild des Dombaumeisters Denzinger darstellt. Obwohl die Kenntnis mittelalterlicher Architektur inzwischen wesentlich erweitert ist, soll in Regensburg in Konkurrenz zu dem allgegenwärtigen Kölner Dom[7] immer noch eine ideale, gotische Architektur und kein historischer Weiterbau verwirklicht werden.

Nachdem Voit 1863 von der Oberleitung des Baues zurückgetreten war, nähert sich Denzinger in der Ausführung der Ornamentik der eben vollendeten Wiener Votivkirche und damit der von ihm favorisierten dogmatischen Neugotik an.

Aus Geldmangel sieht sich der Dombauverein Mitte der sechziger Jahre schließlich gezwungen, das ehrgeizige Ausbauprogramm bis zur Vollendung des Domes 1870 zu reduzieren: Der geplante Vierungstrum wird nur noch als Dachreiter ausgeführt und der symmetrische Ausbau der Querhäuser zu Gunsten des bereits zum Abbruch freigegebenen Eselsturm verändert. In dieser Haltung gegenüber der historisch gewachsenen Bausubstanz kündigt sich schließlich eine neue Haltung gegenüber den Denkmälern an, die eine neue Art der Restaurierung mit sich bringen sollte.

A. Faber

25 Die Restaurierung des Bamberger Domes, 1826–1837

Der Bamberger Dom, eine Gründung Kaiser Heinrichs II. und seiner Gemahlin Kunigunde aus dem Jahr 1007 entstand nach einem Brand 1185 in seiner heutigen Form als Doppelchoranlage mit vier Türmen, deren staufisch-romanische Architektur im Verlauf der Bauzeit in gotischen Stilformen vollendet wurde. Während der Außenbau nahezu unberührt blieb, trug jede Epoche zur Innenausstattung bei. Besonders erwähnenswert ist die barocke Dekoration Julius Gleskers von 1648/1649 mit den gewaltigen Bronzebaldachinen in beiden Chören, die das Erscheinungsbild des Kirchenraumes bis zur Säkularisation prägte. Die politischen Ereignisse dieser Jahre brachten für das fränkische Fürstbistum erhebliche Veränderungen mit sich – Bamberg wurde nicht nur bayerisch, es verlor darüber hinaus auch seinen Status als bischöfliche Residenz. Dies und die weitgehenden Vollmachten, mit denen das bischöfliche Generalvikariat den kunstbeflissenen Dom-Pfarrer Georg Betz ausstattete, führten ab 1808 zu einer umfangreichen Renovierung des Domes.[1] Vorgesehen war zunächst eine liturgische Neuorientierung des doppelchörigen Kirchenraumes, der bis dahin nach Osten, also zum Georgenchor ausgerichtet war. Dies bedeutete auch eine Richtungsänderung für die Nebenaltäre und Epitaphien im Mittelschiff und – als wesentlichen Eingriff in den Bau – ein Absenken des Bodenniveaus im Westchor um drei Fuß. Außerdem sollte die Verlegung des Altars mit der Anfertigung eines neuen Tabernakels verbunden werden. Die Kosten für diese Maßnahmen beliefen sich insgesamt auf 2113 Gulden, die Pfarrer Betz ohne Belastung für die Staatskasse zusammenbringen wollte. Trotzdem mußte er die Genehmigung König Max I. Joseph einholen, der jedoch – wie zunächst auch Kronprinz Ludwig – an der Restaurierung kein besonderes Interesse hatte. Er gab die Pläne zur Prüfung an Carl von Fischer weiter, den neuernannten Professor für Baukunst an der königlichen Akademie der bildenden Künste. Fischer lehnt die Entwürfe zum großen Teil ab, da »diese Kirche nach Aussage aller Verständigen ein merkwürdiges Denkmal der sonderbaren Baukunst des 11. Jahrhunderts ist, welches würdig wäre in seiner völligen Originalität fortzudauern.«[2] Ein neues, vereinfachtes Konzept fand zwar 1812 die Billigung des Königs, nicht aber des bischöflichen Generalvikariats. Hier hoffte man immer noch auf die Neubesetzung des Bamberger Bischofsstuhls und wollte den

Dom bis dahin möglichst unangetastet lassen. Einziges Zugeständnis an Pfarrer Betz war der neue Tabernakel, der sogleich bei dem örtlichen Bildhauer Wilhelm Wurzer in Auftrag gegeben wurde. Mit seiner Beharrlichkeit versteht er es, auch den Pfarraltar und die Kanzel erneuern zu lassen. Wurzer fertigte 1815–1821 diese Ausstattungsstücke in klassizistischem Stil mit weiß-goldener Fassung, der auch die Barockorgel und die Langhauswände angeglichen werden. So bekommt das Mittelschiff des Domes bis 1821 ein neues, klassizistisches Gesicht, das den Barock Julius Gleskers unberührt läßt. Im gleichen Jahr tritt der erste Bamberger Erzbischof sein Amt an, das Gotteshaus wird wieder zum Dom und Pfarrer Betz verliert seine Vollmachten über den Bau.

1826 besucht König Ludwig wenige Monate nach seiner Thronbesteigung den klassizistisch renovierten Dom. In einem Brief an Erzbischof Joseph Maria Freiherr von Fraunberg äußert er am 7. 8. 1826 unverhohlen seine Meinung über den Zustand des Bauwerks und läutet damit die eigentliche Restaurierung ein: »Es ist mir schon früher bey dem Besuche der erzbischöflichen Metropolitan-Kirche zu Bamberg unangenehm aufgefallen, daß dieses herrliche, große Denkmal des teutschen Baustyles einige Verunstaltungen und Renovationen erhalten hat, welche dem Kunstsinne widerstreben. Um diese zu verbessern, und den ungestörten Anblick dieses erhabenen Tempels in dem Geiste seines reines Styles wieder herzustellen, ist es Mein Wunsch, daß der große verunstaltende Altar hinwegkomme; dann der weisse Anstrich der Kirche bis auf die Spur abgerieben werde, so daß der Stein in seiner natürlichen Farbe erscheine, desgleichen daß die Oelfarbe, mit welcher die Bildsäulen übertüncht wurden, abgemeißelt werde.«[3] Scheinbar bereitwillig gehen der Bischof, das Domkapitel und eine eigens eingesetzte Baukommission noch im gleichen Jahr an die Verwirklichung seiner Wünsche, indem sie die beiden Bamberger Maler (!) Friedrich Karl Rupprecht und Martin von Reider mit Plänen für ein Restaurierungskonzept beauftragen. Während Reider als Zeichenlehrer an der polytechnischen Schule in Bamberg angestellt war, hatte sich Rupprecht bereits seit längerem mit dem Vermessen mittelalterlicher Architektur beschäftigt und plante eine Stichpublikation zum Bamberger Dom.[4] Da die Aufgabenbereiche der beiden Künstler nicht spezifiziert sind, kommt es schnell zu Streitigkeiten. Im Einvernehmen mit dem Domkapitel will von Reider sich bei den Eingriffen in die Bau- und Ausstattungs-

25.1

25.1 Bamberger Dom, Innenansicht von Westen, Zustand 1754 (Abb.)
Ölgemälde
Staatsgalerie Bamberg

25.2 Carl Alexander Heideloff
Entwurf für den Altar im St. Georgenchor
Federzeichnung auf Transparentpapier; 35 × 43
Arch.Slg. TUM, Gs 1629 b

25.3 Eduard Metzger (Abb.)
Bamberger Dom, Innenansicht von Osten, Zustand 1849
Bleistift; 32,9 × 40,7
Mstm, Inv.Nr. 1442/3

25.3

1 Hubel, Achim, Die beiden Restaurationen des Bamberger Doms, in: 121. Bericht des Histor. Vereins Bamberg, 1985, S. 45ff.
2 Zit. nach Hubel, 1985, X S. 50
3 Zit. nach Schemmel, Bernhard, Karl Friedrich Rupprecht 1779–1831, Ausstellungskatalog Bamberg 1982, S. 135
4 Vgl. Schemmel, 1982, S. 9
5 Zit. nach Hubel, 1985, S. 71
6 Zit. nach Schemmel, 1982, S. 139
7 Vgl. Heideloff, Karl Alexander, Ornamentik des Mittelalters, Nürnberg 1836–1840, Heft V, Pl. 3
8 Vgl. Pfister, Michael, Geschichte der Restauration der Domkirche zu Bamberg in den Jahren 1828–1844, in: Bericht des Historischen Vereins Bamberg 1896, S. 8 und S. 11
9 Vgl. Hederer, Oswald, Friedrich von Gärtner, München 1976, S. 207
10 Vgl. Hubel, 1985, S. 81
11 Vgl. Hubel, 1985, S. 84
12 Vgl. Hubel, 1985, S. 84
13 Wenn auch aus anderem Geschlecht, vgl. Raasch, Susette, Restauration und Ausbau des Regensburger Doms im 19. Jahrhundert, in: Beiträge zur Geschichte des Bistums Regensburg, Band 14, S. 220
14 Zit. nach Hubel, 1985, S. 85
15 vgl. Pfister, 1986, S. 19

substanz des Domes auf ein Mindestmaß beschränken und hat damit in dem Nürnberger Architekten Karl Alexander von Heideloff, dem erfahrendsten, aber auch polemischsten süddeutschen Neugotiker einen sicheren Rückhalt. Im Gegensatz dazu stellt sich Rupprecht eine noch über die Wünsche des Königs hinausgehende Purifizierung des Domes vor. Seine Pläne richten sich gegen die gesamte nicht mittelalterliche Ausstattung, die »ganz in dem Geschmack des Bernini, welcher dem altdeutschen gerade entgegengesetzt ist, gebildet ist.«[5] Da die Bamberger Domkirche »im vorgothischen Style erbauet sey«, soll »auch ihr Inneres vorgothisch ausgezieret werden.«[6] Wie bereits rund 20 Jahre früher sein Vater, so gibt auch König Ludwig die Entwürfe zur Prüfung an seinen Hofarchitekten weiter. Mit Leo von Klenze spricht sich zum ersten Mal ein Architekt und Praktiker zu den Plänen aus, und Klenze ist es wohl auch, der den König schließlich im Sinne einer gemäßigten, aber dennoch weitgehenden Purifizierung beeinflußt. Zum Bauzustand selbst gibt er kein Urteil ab. Dem König ist für den Raumeindruck des Domes die Herstellung eines neuen Altars vor dem Georgenchor am dringlichsten, und Rupprecht liefert bereits 1827 detaillierte Zeichnungen dazu. Sein vorgotischer Altar besteht aus einer Nischenarchitektur zwischen Strebepfeilern, die deutlich Bezug nimmt auf die Reliefs der Chorschranken. Bemerkenswert ist ferner, daß das erhöht im Georgenchor stehende spätgotische Kaisergrab von Tilmann Riemenschneider wie ein Altarbild in diesen Aufbau mit einbezogen werden sollte. Ein Triumphbogen aus Holz, mit gotischen Fialen und Krabben besetzt, erhöht die Altaranlage und faßt gleichzeitig die heterogenen Teile zusammen. König Ludwig ist mit diesem Entwurf einverstanden und verärgert über einen alternativen Vorschlag, den Heideloff auf Wunsch des Domkapitels einreichte. Bei Ankündigung seines Besuches zu Pfingsten 1830 wird deshalb schleunigst der alte Altar abgebrochen, um einem Notaltar mit den Cartons von Rupprecht Platz zu machen. Diese uneingeschränkte Begeisterung für das Konzept Rupprechts macht dem Kompetenzgerangel um die Restaurierung vorläufig ein Ende – Heideloff, von Reider und das Domkapitel müssen sich der radikalen Purifizierung beugen. Bevor der Altar jedoch vollendet ist, stirbt Rupprecht im Herbst 1831.

Nolens volens wird die Leitung der Restaurierung nun doch Heideloff übertragen, der wie sein Vorgänger diesen Auftrag nutzt, um den mittelalterlichen Baubestand des Domes zu erforschen und zu veröffentlichen.[7] Obwohl er die von Rupprecht begonnenen Arbeiten fortsetzen läßt, ist sein Umgang mit der historischen Substanz ein grundsätzlich anderer. Neben der Freilegung und Restaurierung der Wandmalereien im Peterschor, die in einigen Fällen auch eine eigenständige Übermalung sind, kümmert sich Heideloff als erster der Domrestauratoren auch um den Bau selbst. Auf seine nachdrückliche Forderung gehen die Sanierung der Westtürme und die Wiederherstellung der Krypta unter dem Georgenchor zurück.[8] Die historisch gewachsene Innenausstattung will er nur stilistisch modifizieren, nicht gänzlich beseitigen. So kommt es zum rekonstruierenden Entwurf eines Orgelgehäuses, dessen spätgotische Ornamentteile Heideloff unter der Verkleidung der barocken Orgel von 1717 fand.[9] Auch das im Barock überarbeitete, gotische Chorgestühl soll in seine mittelalterliche Form zurückgeführt, statt völlig neu geschaffen zu werden. Vorschläge für die Kanzel und den Altar im Peterschor macht Heideloff in Anlehnung an vergleichbare, erhaltene Ausstattungsstücke der vermeintlichen Bauzeit des Bamberger Doms, nämlich des Aachener Münsters. Beide Teile in einfachen, aber wuchtigen Formen gehalten, sollten mit vergoldetem Messingblech verkleidet und mit farbigen Glassteinen besetzt werden, kamen jedoch nicht zur Ausführung. König Ludwig ist zwar hocherfreut über die gefundenen Reste von Wandmalerei, für Heideloffs vorsichtige Restaurierung jedoch nicht zu gewinnen; sein Wunsch bleibt die ästhetische Purifizierung des Dominneren auf ein steinsichtiges, scheinbar mittelalterliches Raumbild und die Vollendung des Rupprechtschen Altars, der jedoch nie ausgeführt wurde.[10] Verärgert über Heideloffs eigenmächtiges Entwerfen schaltet er nun Friedrich von Gärtner ein, der zum Jahreswechsel 1834/1835 die Leitung der Restaurierungsarbeiten übernimmt. Von den Heideloffschen Entwürfen werden nun nur noch die vier Domtüren ausgeführt. Im Einvernehmen mit dem König fand unter Gärtner eine »unerbittliche, geradezu an einen Bildersturm erinnernde Aktion«[11] statt, der alle nicht mittelalterlichen Ausstattungsstücke zum Opfer fielen. Was nicht – wie die Bronzebaldachine Julius Gleskers – eingeschmolzen wurde, versteigerte man im November 1836 an Kirchen und Privatleute.[12] Aus dem Domkapitel und der Bevölkerung, seit jeher auf einen behutsamen Umgang mit ihrem traditionsreichen Gotteshaus bedacht, regte sich nun so starker Widerstand gegen die Maßnahmen des ortsfremden Architekten, daß der König kurzerhand die Schließung des

Domes veranlaßte, um die Arbeiten ungestört weiterführen zu können. Bei der feierlichen Wiedereröffnung des Domes am 25. 8. 1837, dem Geburtstag Ludwigs I., fanden sich Gläubige und Kunstkenner in einem riesigen Raum wieder, dessen Ausstattung lediglich in den kleinen, von Gärtner entworfenen Steinaltären vor und hinter den beiden Chören, sowie in den Querhausarmen, einer neuen, steinernen Kanzel und dem ebenfalls steinfarbenen Orgelgehäuse bestand. Die Restaurierung des Bamberger Domes steht am Anfang einer Reihe von Wiederherstellungen historischer Bauwerke, mit denen König Ludwig I. seiner ungewöhnlich vielfältigen Kunstpolitik eine neue Facette hinzufügt. Wie der Verlauf der oben beschriebenen Restaurierung zeigt, geht es nicht in erster Linie um die Erhaltung historischer Bausubstanz, sondern um die Verwirklichung eines ästhetisch-moralisierenden Ideals, das auf Kosten von Traditionen und hier in Bamberg auch gegen den Willen der Kirche verwirklicht werden soll. Die historische Dichte des Objektes und die Bindung seiner Restaurierung an die Person des Königs, lassen ein weiteres Motiv erkennen: Wie kaum ein anderes Bauwerk konnte die Wiederherstellung des Kaiserdoms von Heinrich II., der auch Herzog von Bayern war[13], verbunden mit der wenige Jahre zuvor erfolgten Wiederherstellung des Bamberger Bischofstuhls durch den König von Bayern, Präsenz, Anspruch und Auftrag Bayerns und des Hauses Wittelsbach in Franken zum Ausdruck bringen.

Noch vor der feierlichen Eröffnung muß Gärtner jedoch seinem Auftraggeber gestehen, daß die steinsichtige, stilreine Monotonie des vorgotischen Domes einen wenig befriedigenden Anblick bietet. Er schlägt deshalb auf der Basis angeblich neu gewonnener historischer Kenntnisse vor, »da der ganze Dom reich vergoldet und bemalt war ... dieses Denkmal auch ganz in seinem früheren Schmuck wiederhergestellt zu sehen.«[14]
Eine Ausmalung wird wohl erwogen, bleibt aber, sicher im Hinblick auf die seit 1843 geplante farbige Fassung des Speyerer Domes unausgeführt. Nachdem das Interesse des Königs erloschen ist, kann man in Bamberg nun auch an die dringend notwendige Außenrestaurierung gehen, die von 1841–1844 vor allem an den Türmen in großem Umfang einsetzt.[15]
Trotz einer weiteren, umfassenden Domrestaurierung nach dem letzten Krieg präsentiert sich der Innenraum des Bamberger Domes noch heute zum größten Teil, wie König Ludwig I. und seine Architekten ihn sehen wollten.   A. Faber

26   Die Restaurierung des Domes in Speyer, 1844–1856

Der Dom zu Speyer, eine Neugründung Konrads II. anläßlich seiner Wahl zum Deutschen König, entstand in den Jahren 1024–1125. In Konkurrenz zu den gleichzeitigen und nahegelegenen Dombauten in Worms, Mainz, Basel und Straßburg errichteten die salischen Herrscher in diesen 100 Jahren in der alten Bischofsstadt ein Gotteshaus, das »in seinen Dimensionen alle anderen abendländischen Kirchen übertraf und Anspruch und Vermögen seiner kaiserlichen Bauherrn deutlich vor Augen stellte.«[1]
Die mächtige romanische Anlage mit vier Türmen, Querhaus, Vierungskuppel und überkuppeltem Westwerk sowie ihrer reichen Bauornamentik wurde zur Grablege ihrer Erbauer und blieb nach der Bestattung Heinrichs IV. im Jahre 1125 ein halbes Jahrtausend nahezu unverändert. 1689 zerstörten die Ereignisse des Pfälzischen Erbfolgekrieges nicht nur das Städtchen Speyer, sondern auch seinen Dom – eine Pulvermine legte die westliche Hälfte des Langhauses nieder. Eine erste »Restaurierung« 1687 brachte dem erhaltenen, östlichen Dom barocke Dachformen und eine neue Ausstattung. In der Mitte des 18. Jahrhunderts riß man dann den funktionslos gewordenen Westbau bis auf das Erdgeschoß ein und begann 1772 auf Weisung des Bischofs August von Limburg-Styrum mit dem behutsamen Wiederaufbau des Langhauses in romanischen Formen. Bis 1778 errichtete Franz Ignaz Neumann eine »höchst originelle« Vorhalle aus klassizistischen und mittelalterlichen Elementen.[2]
15 Jahre später wurde der Dom in den Kriegswirren des Französischen Revolution erneut geplündert, seine Ausstattung verwüstet und der Abbruch gerade noch verhindert. 1816 gelangte Speyer zusammen mit dem Gebiet der Rheinpfalz an das Königtum Bayern und wurde durch das bayerische Konkordat wieder zum Bistum. Auf Initiative des Bischofs und der Bürgerschaft begann nun die Neuausstattung des Domes. Die künstlerische Oberleitung lag bei Leo von Klenze, der sich für eine »gewissenhafte Erhaltung alles Alten und Ursprünglichen des Gebäudes« einsetzte.[3]
Seit 1832 war August Voit für die Arbeiten am und im Speyerer Dom verantwortlich. Ohne Anteilnahme König Ludwigs erneuerte er Taufstein und Bischofsthron sowie die Orgelempore und das Chorgestühl. Zu letzterem legte er 1834 erste Entwürfe vor, die der Münchner Baukunstausschuß jedoch ablehnte, weil sie nicht »dem Styl der Domkirche gebüh-

26.1 L.W. Bayrer, Schnitt durch das Querhaus des Speyerer Doms, 1855 (Farbabb.)
Stahlstich koloriert; 10,5 × 16,2
Hist. Museum der Pfalz Speyer, Inv.Nr. BS 3254
26.2 L.W. Bayrer, Innenansicht der Vorhalle des Speyerer Doms, 1855
Stahlstich koloriert;
Hist. Museum der Pfalz Speyer, Inv.Nr. BS 3255
26.3 Dom zu Speyer, Zustand 1840 (Abb.) nach Kat. H. Hübsch, Karlsruhe 1984, S. 177

1 Haas, Walter, Der Dom zu Speyer, Königstein 1984, S. 4
2 Vgl. Reuther, Hans, F.I.M. v. Neumanns Entwürfe für die Westfassade des Speyerer Domes, in: Bericht der Koldewey Gesellschaft, Speyer 1969. S. 136ff.
3 Verbeek, Albert, Zur spätnazarenischen Ausmalung des Speyerer Doms 1846–1854, in: 900 Jahre Speyerer Dom, Speyer 1961, S. 138ff., S. 140
4 Kotzur, Hans-Jürgen, Forschungen zum Leben und Werk des Architekten August von Voit, Bd. II, Katalog der Bauten Voits in der Pfalz, Diss. Heidelberg 1977, S. 199
5 Hederer, Oswald, Friedrich von Gärtner, München 1976, S. 212

26.1

26.3

rend entsprechen«.[4] Offensichtlich war Voits Vorschlag nicht »romanisch« genug, denn in dem ausgeführten Entwurf sind die hochrechteckigen Felder der Rückwand durch Rundbogenfelder mit eingestellten Mittelsäulen ersetzt. Auch der Baldachin endet nun in einem Rundbogen. Neben dieser neuromanischen Ausstattung des Domes beschäftigte sich Voit auch mit dem Westbau des Domes, dessen Umbau er für unabdingbar hielt. Sein Vorschlag, wenigstens die Eckpyramiden Neumanns zu entfernen, unterblieb jedoch aus finanziellen Gründen.

Als »Generaldirektor der plastischen Denkmale Bayerns« kam 1840 Friedrich von Gärtner das erstemal nach Speyer, um für das Grabmal Rudolf von Habsburgs einen geeigneten Standplatz zu suchen. Er war es dann auch, der König Ludwig für den Dom begeisterte. Nachdem die Restaurierung der Dome in Bamberg und Regensburg abgeschlossen war, besuchte er am 3. 6. 1843 mit den Malern Schraudolph und Hess die Bischofsstadt. Am gleichen Tag fällte er eine Entscheidung: »Ich habe mich entschlossen, den Dom malen zu lassen«, sprach er nach eingehender Besichtigung.[5]

Für den Dom in Speyer stellte die nun unter Ludwig I. beginnende Restaurierung zunächst nur einen Eingriff in die Innendekoration dar. Während in Bamberg und Regensburg der Bau dazu erst einmal purifiziert, d.h. die barocke Ausstattung entfernt werden mußte, hatten dies hier die Revolutionskriege vorweggenommen; die neue Einrichtung von Voit entsprach mit ihren romanisierenden Stilformen den Vorstellungen der Zeit.

So schien der Dom König Ludwig ein geeignetes Objekt, die von ihm besonders geförderte monumentale Historienmalerei in ihrem vermeintlich mittelalterlichen Bauzusammenhang der Öffentlichkeit vorzustellen. Ein weiterer Grund und wahrscheinlich sogar der Anstoß für sein plötzliches Engagement in Speyer ist die vom preußischen König Friedrich Wilhelm IV. seit Herbst 1842 mit großer Öffentlichkeit betriebene Restaurierung des Kölner Domes zum Nationaldenkmal, der in der bayerischen Pfalz ein künstlerisch und moralisch ebenso anspruchsvolles Konkurrenzunternehmen entgegengesetzt werden sollte.

Im August 1844 schloß Gärtner mit Schraudolph einen Vertrag über die Aus-

193

malung ab, in dem eine Arbeitszeit von 10 Jahren – von Frühjahr 1846 bis Herbst 1856 – für den riesigen Auftrag vorgesehen war. Gleichzeitig entstand ein erster Entwurf für das umfangreiche ikonographische Programm, das u.a. Themen aus dem Neuen Testament, der Geschichte des Domes und dem Marienleben beinhaltete. Es stammte wohl im wesentlichen von Bischof Nikolaus Weis und bedarf noch einer ikonologischen Entschlüsselung, in der der königliche Auftraggeber sicher eine erhebliche Rolle spielen wird.[6] Zu Studienzwecken reiste Schraudolph sodann nach Rom, woher er im Frühjahr 1845 bereits einige Entwürfe mitbrachte. Ende des Jahres begannen die Vorarbeiten für die Freskierung, das heißt, nach dem Gerüstaufbau wurden die Ziergesimse im Chor und Querschiff abgeschlagen, um eine einheitliche Malfläche zu erhalten. Obwohl die Malerei über die bauplastischen Gliederungen der Kirche hinwegging und mit ornamentaler Schablonenarbeit ersetzte, nahm sie dennoch Bezug auf den Raum: Der romanische Baukörper wurde im Sinne des Klassizismus als Summe in sich geschlossener Räume gesehen, die jeweils eine eigene Dekoration erhielten und durch Verwendung von Goldgrund sich zum Altarraum steigerten.

Auch nach seinem Thronverzicht 1848 nahm König Ludwig entscheidenden Einfluß auf den Fortgang der Arbeiten, was in den politischen Wirren dieser Jahre nur mit zähem Ringen durchzuhalten war. Dennoch gelang es Schraudolph, die Arbeit sogar vor der angesetzten Frist zu beenden und der begeisterte Auftraggeber, der alle Kompositionen selbst geprüft hatte, glaubte, daß »nicht einmal in Rom nach dem 16. Jahrhundert vergleichbare Fresken zu finden wären.«[7]

Mit dem Beginn der Ausmalung griff der inzwischen an die Münchner Akademie berufene August Voit seine Pläne für einen neuen Westbau wieder auf. Zwei – heute verschollene – Entwürfe veranlaßten den König zu weiteren Planungen: »Widerstrebend ist des Speyerer Doms Facciata, denn sie paßt ganz und gar nicht zu dessen Bauart«, schrieb er an Minister Abel und beauftragt ihn mit einer detaillierten Kostenaufstellung.[8] Das Fassadenprojekt muß jedoch auf unbestimmte Zeit zurückgestellt werden, weil die Fresken bereits enorme Gelder kosten. Als deren Vollendung im Sommer 1852 absehbar wird, läßt Bischof von Weis von dem badischen Architekten Heinrich Hübsch ein Gutachten und Vorschläge zur Fassade einholen. Unter der Schirmherrschaft des abgedankten Königs und mit finanzieller Unterstützung eines nach Kölner Vorbild organisierten Dombauvereins,

soll nun der Westbau des Domes »restauriert« werden. Den zweiten Entwurf des vormaligen Dombaumeisters Voit lehnte Ludwig I. diesmal ab – das Angebot von Hübsch war nicht nur billiger, sondern schien auch im Hinblick auf dessen wissenschaftliche Tätigkeit dem romanischen Baustil näherzukommen. Der regierende König Maximilian II. stellte sich jedoch auf seiten Voits und verweigert die von ihm abhängige Baugenehmigung. Als Initiator der Speyerer Dom-Restaurierung setzt sich Ludwig I. schließlich durch: »aber mit Meinem Gelde bau ich Mir, was Mir genehm ist, also wenn der Entwurf, der mit gefällt, verworfen würde, Ich gar nicht zu bauen Willens wäre, ... Ich hoffe, daß die Wiederherstellung, wie Ich sie wünsche, dem Mir doch einiger Geschmack im Bauwesen zuzutrauen seyn dürfte, nicht beanstandet werden wird.«[9] 1854 begannen die Bauarbeiten an den beiden Westtürmen, 1855 legte Hübsch Pläne für den Westbau vor. Er versuchte zwar, sich »gewissenhaft an die ursprüngliche Hauptgestaltung zu halten«, war aber andererseits davon überzeugt, daß für die Fassade des salischen Kaiserdoms eine »reichere Gliederung und Verzierung« nötig sei.[10]

So rekonstruierte er nicht den durch Zeichnungen überlieferten mittelalterlichen Zustand, sondern führte in »selbstbewußter Willkür«[11] als weitere Zitate romanischen Stilwollens den Giebel mit dem rundbogigen Fries und das große Radfenster ein. Ohne sie erschien ihm die Fassade eher einem Palast als einer Kirche zugehörig. Vom Nordquerhaus übernahm Hübsch zusätzlich die Schichtung des farbigen Sandsteins, die er zu einer an italienische Vorbilder erinnernden Ornamentik steigerte. Für Heinrich Hübsch stellte der Westbau des Speyerer Doms einen Glanzpunkt seiner Künstlerlaufbahn dar, der darüber hinaus »den größten Einfluß auf unsere Kirchenbauten ausüben« würde. In seiner Interpretation erfährt nun die romanische Baukunst als Fortsetzung der »altchristlichen« eine Aufwertung gegenüber der zum deutschen Nationalstil erhöhten Gotik. Damit hatte jedoch nach Meinung von Auftraggeber und Architekt der Speyerer Dom dem Kölner endgültig die Bedeutung als Nationaldenkmal abgerungen.[12]

Trotz aller Kritik an der eigenmächtigen »Restaurierung« blieb der Westbau von Heinrich Hübsch erhalten – die Fresken von Johann Schraudolph, die über hundert Jahre lang den Innenraum des Doms prägten, entfernte bis auf wenige, bildhafte Reste die auch heute noch umstrittene Purifizierung durch die Denkmalpflege in den Jahren 1957–1961.[13]
A. Faber

6 Vgl. Verbeek, 1961, S. 145–148; Prof. Zink, Univ. Regensburg, hat zu diesem Thema einen ausführlichen Artikel angekündigt.
7 Verbeek, 1961, S. 158
8 Kotzur, 1977, S. 195
9 Kotzur, 1977, S. 197
10 Vgl. W. Schirmer in Ausst.Kat. Heinrich Hübsch 1795–1863, Karlsruhe 1983, S.178
11 Mann, Albrecht, Die Neuromanik, Köln 1966, S. 63
12 Vgl. W. Schirmer in Ausstellungskatalog Heinrich Hübsch 1983, S. 175
13 Vgl. Verbeek, 1961, S. 138 und S. 163f.; Medding, Wolfgang, Die Geschichte der Speyerer Domrenovierung 1957–1961, in: Archiv für mittelrheinische Kirchengeschichte, 14. Band, 1962, S. 258–324

27.3

27.1 Domenico Quaglio
Isartor, 1812
Radierung; 34 × 26,5
Arch.Slg. TUM, Gs 1.7

27.2 Friedrich von Gärtner (Farbabb.)
Wappenfelder für das Isartor
Aquarell; 59 × 44,8
Arch.Slg. TUM, Gs 952

27.3 Isartor, nach der Restaurierung (Abb.)
Kupferstich koloriert; 34,9 × 27,3
Arch.Slg. TUM, Gs 951

27.4 Ludwig Lange
Ansicht des Isartores
Aquarell; 16,5 × 10,8
MStm, P 606

27 Restaurierung des Isartors, München, 1831–1835

Als einzige Toranlage der mittelalterlichen Stadtbefestigung Münchens hat sich das 1337 vollendete Isartor erhalten. Obgleich ihm durch seine exponierte Lage an der verkehrsreichen Salzstraße seit alters her eine besondere Bedeutung zukam, ist es durch eine – heute nicht mehr haltbare – historische Legende zu seiner Berühmtheit gelangt. Demnach soll Kaiser Ludwig der Bayer nach seinem Sieg bei Mühldorf und Ampfing über den Gegenkönig Friedrich von Österreich 1322 im Triumphzug durch das Isartor in seine Hauptstadt eingezogen sein.[1] Noch bis zum Beginn des 19. Jahrhunderts bestand es nahezu unverändert aus dem von den Häusern des Stadtwagners und des Stadtzöllners flankierten Torturm, dem nach Osten eine Barbakane mit massiven, polygonalen Flankentürmen und Vormauer angegliedert war. Im Zug der allgemeinen Entfestigung Münchens unter Maximilian I. erörterte man schließlich den Abbruch des fortifikatorisch unnötigen Baues – ein Phänomen, das zu Gunsten öffentlicher Parkanlagen oder ungestörter, breiterer Straßenverläufe um 1800 nicht nur in München zu beobachten ist. »Wer sollte glauben, durch diese armselige Pforte in eine so glänzende Residenz einzuziehen« war der Tenor derjenigen, die das traditionsreiche Tor lieber heute als morgen niederlegen wollten.[2]
Allein der Initiative Ludwigs ist zu verdanken, daß das Isartor gegen den Willen des Stadtmagistrats und daher auf seine eigene Rechnung wiederhergestellt wur-

de. Bereits 1831 bat er Friedrich von Gärtner um Entwürfe, nach denen 1833–35 die Restaurierung durchgeführt wurde, die »einschneidendste Baumaßnahme seit seiner Entstehung«.[3] Die architektonischen Wünsche des Königs beschränkten sich dabei auf die Erhaltung des Torturms, der wieder mit Flankentürmen verbunden werden sollte.[4] Nach diesen Vorgaben rekonstruierte Gärtner eine mittelalterliche Burgzufahrt, der jedoch große Teile der historischen Bausubstanz zum Opfer fielen, z.B. zwei Stockwerke des Hauptturms, dessen Fassaden außerdem in Sinne des klassizistischen Historismus symmetrisch befenstert wurden, und die Reste des alten Wehrganges. Auch die östliche Mauer zwischen den Flankentürmen mit ihrem mittelalterlich unregelmäßigen Gefüge von Toröffnungen und Fenstern erfährt eine grundlegende Umwandlung. Sie öffnet sich nun zwischen einem vorgeblendeten, gotisierenden Lisenendekor in drei gestaffelten Spitzbogen. Die gotischen Fenster der Stirnmauer darüber werden jedoch zugesetzt. Die vergangene Wehrhaftigkeit der Anlage symbolisieren nun zwei für ein Bauwerk der Romantik nahezu obligatorische Zinnenkranz über der Torwand und die auf Rundbogen verkragenden Konsolgesimse an den Türmen, ein von Gärtner gerne zitiertes Motiv des italienischen Mittelalters.[5] Gärtners Aufriß der Ostfassade zeigt, wie streng symmetrisch die Toranlage nun gegliedert ist und wie die einzelnen Bauteile aufeinander bezogen sind, z.B. durch jeweils drei Fensterachsen an den Türmen.
Das Isartor erhielt außerdem eine farbige Bemalung, die jedoch nicht auf die noch vorhandenen Reste der mittelalterlichen Fassung – ein horizontal liegendes Rautenmuster in kräftigem Gelb-Schwarz – zurückgreift.[6] In Rücksprache mit dem Historienmaler Peter Cornelius läßt König Ludwig die Feldseite des Tores vielmehr mit einem ikonographischen Programm ausstatten, für das die architektonische »Restaurierung« erst die nötigen Bildflächen geschaffen hatte. Gärtner beschreibt es in einem Brief: »Ueber den Haupt Eingang a kommt daher ein 82" hoher 70" langer Fries mit dem Einzug Kaiser Ludwigs in München nach der Schlacht bei Ampfing. ueber die beiden Eingänge bc zwey Medaillons mit der heil. Maria als Land, und dem heil. Benno als Stadtpatron zwischen beyden d u. e zwey Statuen des heil. Michaels u hl. Georgs als Vertheidiger der Stadt von (Konrad) Eberhard ausgeführt. Den hinteren Thurm verbinde ich mit einer Mauer gleich einem Burghof. In diesem sollen Szenen aus dem Leben der 4 merkwürdig-

1 Vgl. Habel, Heinrich, Das Isartor im Wandel der Jahrhunderte, in: Isartor München, München 1982, S. 6
2 Zit. nach Habel, a.a.O., S. 9
3 Habel, a.a.O., S. 10
4 Vgl. Hederer, Oswald, Friedrich von Gärtner, München 1976, S. 219

27.2

sten Herrscher Bayerns in fresco gemalt werden. Max I Churfürst Albrecht V. Max Jos. I u Lud I. Auf den zurückstehenden Thurm kommt ein Gemälde die h. 3 Könige vorstellend, und oben an den Zinnen will ich die Wappen der Familien anbringen die sich in der Schlacht von Ampfing auszeichneten.«[7] Verwirklicht wurde dieses Programm von dem Historienmaler Bernhard Neher und dem Bildhauer Konrad Eberhard nur am Haupteingang. Auf Wunsch des Königs gab Neher einigen Magistratspersonen seines riesigen Freskos die Portraitzüge von Zeitgenossen, die sich um die Wiederherstellung des Isartors verdient gemacht hatten – Gärtners, der Gebrüder Eberhardt, und neben anderen stellte er auch sich selbst dar.[8] Zur Vorlage bei König Ludwig stellt Gärtner die Wappen der siegreichen, historischen Familien auf einem großen Aquarell zusammen. Hier noch in architektonisch neugotischem Rahmen zusammengefaßt, werden die einzelnen

Wappen später unter den Konsolfriesen der beiden Flankentürme angebracht.

Mit seiner Restaurierung macht König Ludwig das Isartor zum Träger eines vaterländischen Bildprogramms, das nicht nur an die große und gemeinsame Vergangenheit des Hauses Wittelsbach, Bayerns und seiner Hauptstadt München erinnert, sondern auch wegweisend für seine Regierungszeit sein soll.

Nach weniger als 20 Jahren waren die ersten Restaurierungen dieser Restaurierung nötig: 1850 mußte das stark verwitterte Fresko erneuert, 1888 schließlich die beiden seitlichen Durchfahrten den Bedürfnissen des Verkehrs angepaßt werden. Durch den Wegfall der beiden Medaillons erfährt das ikonographische Programm eine erste Zensur, durch die Entfernung der beiden heiligen Ritter nach dem Zweiten Weltkrieg ist das Fresko seines inhaltlichen Zusammenhangs mit der Fassade beraubt – es bleibt allein die romantische Legende.[9]　　　A. Faber

5 Habel, a.a.O., S. 12
6 Vgl. dazu die Zeichnung »Isarthorthurm. Nach der Natur gezeichnet von C. A. Lebschée 1829«, Habel, a.a.O., Abb. 8
7 Friedrich von Gärtner an Johann Martin Wagner, 12./16.4.1833, zit. nach Habel, a.a.O., S. 10
8 Vgl. Habel, a.a.O., S. 11
9 Zu den Restaurierungen des Isartors nach 1835 vgl. Habel, a.a.O., S. 12f.

28.1

28.1 Leo von Klenze (Farbabb.)
Salvatorkirche und Walhalla, 1839
Öl auf Leinwand; 125 × 80
Museum der Stadt Regensburg, Inv.Nr.
1965/14

1 Vgl. Traeger, Jörg, Die Walhalla, in: Die Walhalla, Idee – Architektur – Landschaft, Regensburg 1979, S. 32
2 Vgl. Loers, Veit, Walhalla zwischen Historie und Historismus, in: Verhandlungen des Historischen Vereins für Oberpfalz und Regensburg, 118. Band, 1978, S. 155
3 Byzantinisch entspricht in der heutigen Kunstterminologie etwa dem Romanischen
4 Die barocken Baßgeigenfenster waren wohl schon vor Klenze ausgewechselt worden. Vgl. den Stich Wiesners.
5 Vgl. Loers, a.a.O., S. 156; Für freundliche Hinweise zur Restaurierung der Salvatorkirche danke ich Herrn Pursche, Bayer. Landesamt für Denkmalpflege.
6 Vgl. Loers, Veit, Walhalla und Salvatorkirche, in: Walhalla – Idee – Architektur – Landschaft, Regensburg 1979, S. 77

28 Restaurierung St. Salvator bei Donaustauf, 1839–1842

Die Wallfahrtskirche St. Salvator bei Donaustauf, deren Gründungslegende auf das Jahr 1388 zurückgeht, präsentiert sich heute nahezu unscheinbar im Schatten der berühmten Walhalla, die Leo von Klenze 1830–1842 in nur geringer Entfernung errichtete. Dies lag jedoch nicht in der Absicht des Architekten und seines königlichen Auftraggebers. Auf dem Gemälde »Salvatorkirche und Walhalla« stellt Klenze 1839 die Walhalla von Westen gesehen dar, schiebt jedoch auf eine in der Realität nicht nachvollziehbare Weise die Salvatorkirche als hochaufragendes Zeugnis mittelalterlicher Baukunst in den Vordergrund. Polarität und Dualismus von historischer, christlicher Kirche und idealem, antikem Tempel offenbaren sich als inszenierter, moralisierender Gegensatz, der – in der Malerei durch Runge und Schinkel eingeführt – auf dem Bräuberg bei Regensburg in bewußt gewählter Landschaft verwirklicht werden soll.[1]

Das Erscheinungsbild der traditionsreichen Wallfahrtskirche war nach einigen Umbauten zu Beginn des 19. Jahrhunderts allerdings barock, so daß es dem Formgefühl der barockfeindlichen Romantik nicht genügen konnte. Mit Einverständnis und Geldmitteln, aber wahrscheinlich ohne genauere Anweisungen König Ludwigs führte der Klassizist Klenze deshalb 1842, kurz vor Einweihung der Walhalla[2], die spätestens seit 1839 geplante ›Restaurierung‹ der Kirche im byzantinischen[3] Stil durch, zu der sich ein Entwurf erhalten hat: Sein nüchterner Aufriß der Südfassade zeigt, mit welchen Stilmitteln die Entbarockisierung geschieht, um das Bauwerk auf einen mittelalterlichen Zustand zurückzuführen: die welsche Haube aus dem beginnenden 17. Jahrhundert wird durch einen achteckigen Spitzhelm ersetzt, ferner die beiden oberen Turmgeschosse sowie das Langhaus mit Rundbogenfriesen zwischen flachen Lisenen gegliedert. Die beiden offenen Außenkapellen erhalten einen ebenfalls rundbogigen Zinnenkranz, häufig verwendetes Ornament historisierenden Bauens.[4] Aussagekräftigstes Stilzitat ist für Klenze hierbei der Rundbogenfries, dessen Herkunft aus dem antiken Formenschatz ihm als legitimes Bindeglied zwischen Antike und Mittelalter, hier also zwischen St. Salvator und Walhalla, erscheint. Anders als bei den großen Domrestaurierungen der ersten Hälfte des 19. Jahrhunderts war hier eine ›Restaurierung‹ des Kircheninneren nur vorgeschlagen, aber bis auf das Abschlagen des Rokokostucks unterblieben.[5]

Die ungewöhnliche und einmalige Hinwendung Leo von Klenzes zum Mittelalter und die auf das äußere Erscheinungsbild konzentrierte Historisierung der Kirche erklären sich nur aus der mehrschichtigen, übergeordneten Konzeption des Walhalla-Programms: Wie in einem zeitgenössischen Landschaftsgarten dienen die Burgruine Donaustauf und St. Salvator als Staffagearchitekturen und Blickfang in einer erbaulichen historischen Kulisse, die die Aussagekraft des idealen Walhalla-Tempels überhöhen. Die »byzantinische« Salvatorkirche für sich ist außerdem Zeugnis der christlichen Überlieferung antiker Baukunst, die Walhalla deren Erneuerung – beide zusammen im übertragenen Sinn Symbol für das Weiterwirken der Geschichte in der Gegenwart; im Zeitalter der Restaurierung zweifellos auch Ausdruck eines politischen Standpunktes.[6]

A. Faber

29 Restaurierung des Innenraumes der Jakobskirche in Nürnberg, 1824

Die Erneuerung der Jakobskirche[1] war nach der Einrichtung der Frauenkirche für den katholischen Kultus 1816, die jedoch noch keine Restaurierungsmaßnahme im engeren Sinne war, die erste durchgreifende Wiederherstellung einer der Nürnberger Kirchen im 19. Jahrhundert. Der gotische Kirchenbau war so heruntergekommen, daß Friedrich Campe, der Nürnberger Verleger und Buchhändler, der sich ansonsten sehr intensiv und frühzeitig für die Pflege der Nürnberger Denkmäler einsetzte, noch 1822 gutachtete, jede Reparatur sei vergeblich, die Kirche solle auf Abbruch verkauft werden. Noch einige Zeit blieb die Frage unentschieden, ob die vorhandenen Mittel für die 1806 unausgebaut stehengebliebene klassizistische Deutschordenskirche St. Elisabeth[2] oder für die notwendigen Reparaturen an der Jakobskirche verwendet werden sollten. Heideloff wurde schließlich 1824 mit der Leitung der Wiederherstellung der Jakobskirche beauftragt, nachdem eigene Versuche des städtischen Bauamtes als zu dilettantisch kritisiert wurden. In einem Gutachten hatte Heideloff bereits vorgeschlagen, die Decke der Jakobskirche »gothisch zu dekorieren«. Eine barocke hölzerne Flachdecke wurde entfernt. Das Gewölbe wurde mit Gurten und Kreuzrippen versehen, um den optischen Zusammenhang mit den Gewölben des Chors herzustellen. Überhaupt war die Restaurierung von einem starken Zug zur Vereinheitlichung bestimmt. Die Wände erhielten einen einheitlichen weißen Anstrich, die vorspringenden Teile, wie Rippen und Dienste, wurden steinfarben rötlich bemalt, die vor die Architektur gestellten Figuren einheitlich bronciert. Hierin sprach sich bei allem Bekenntnis zur mittelalterlichen Kunst ein spezifisch klassizistisches ästhetisches Ideal aus. Bereits 1836 urteilte Heideloff in einem Gutachten zur Polychromie mittelalterlicher Kunst sehr eindeutig positiv, wenn auch jetzt mit biedermeierlichem Unterton: »Die Polychromie ist durchaus unzertrennlich vom mittelalterlichen Styl, welcher ohne sie leicht in einen düsteren ... Charakter fallen würde.«[3] Die Erneuerung des Inventars konzentrierte sich vor allem auf Kanzel und Altar. 1825 überreichte der Magistrat der Stadt Nürnberg dem Kronprinzen Ludwig eine Aquarellzeichnung des restaurierten Altars und betonte, daß er »unter sorgfältigster Erhaltung und Anwendung aller, auch der kleinsten übriggebliebenen Teile in verjüngter Schönheit hergestellt wurde.«[4] Ludwig antwor-

29.1 Inneres der Jakobskirche (Abb.) (Der zeitliche Abstand zur Restaurierung von 1824 schließt graduelle Veränderungen ein) Fotografie, um 1935 Nürnberg, Stadtbildstelle, C 6240/9

1 M. Brix, Nürnberg und Lübeck im 19. Jahrhundert, S. 73–76; N. Götz, Um Neugotik und Nürnberger Stil, S. 47–51
2 Vgl. G. Dischinger in W. Nerdinger (Hrsg.), Kat. Klassizismus, 1980, S. 367–374
3 Götz (Anm. 1), S. 38
4 ebenda, S. 47

29.1

tete mit dem Vorschlag, einen entsprechenden Altar in der Lorenzkirche anstelle des dortigen Barockaltars aufzustellen. Im Gegensatz zum Altar war die Kanzel ein gänzlich neu geschaffenes Werk. Lediglich die den Schalldeckel bekrönende Marienfigur war vom Hochaltar transferiert worden. Diese Methode des Umarrangierens von Kircheninventar und eine damit verbundene Willkür, wie sie Heideloff noch häufig übte, trug nicht wenig zu dem später sehr negativen Ruf des Konservators bei. Heideloffs Vorschläge zu einer durchgreifenden Restaurierung und

Ergänzung des Außenbaus der Jakobskirche bis hin zur Idee, den Turmhelm der Kirche mit durchbrochenem Maßwerk zu gestalten, fanden aus finanziellen Gründen keine Resonanz. Lediglich das heute noch bestehende große Maßwerkfenster der Westfront wurde realisiert. Im Innern stellte die Umschrift um das Stadtwappen an der westlichen Empore die Verbindung zwischen der Kirchenrestaurierung und der politischen Erneuerung des Jahres 1818 her: »Verneuert im VI. Jahr der Gemeindeverfassung 1824.«

N. Götz

199

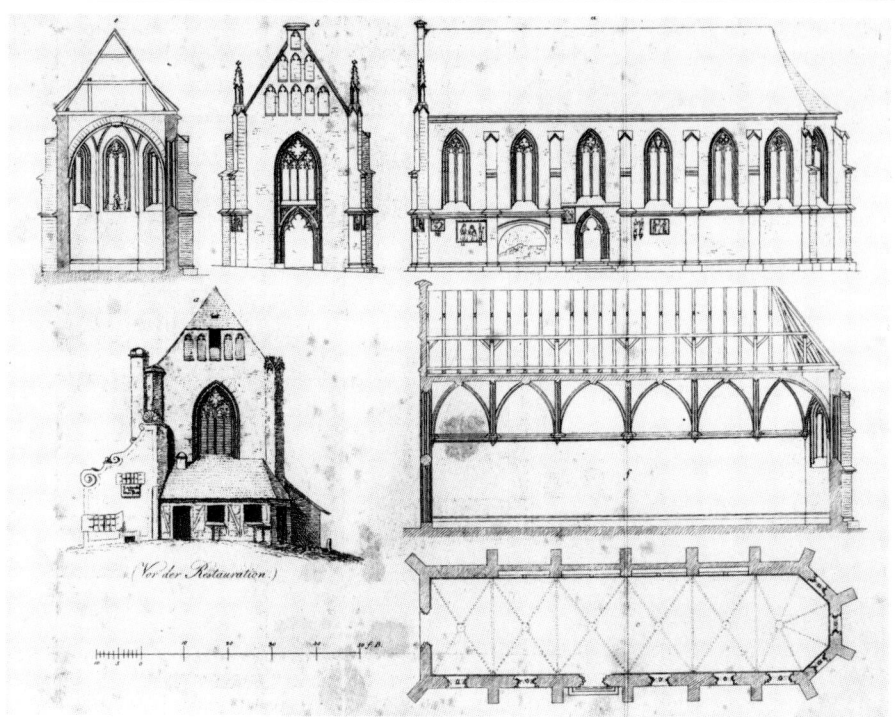

30.2

30.1 J. Bergmann (Abb.)
Die Moritzkapelle, jetzt Lokal der König-
lichen altdeutschen Gemäldesammlung in
Nürnberg
Lithographie; 18,6 × 13,8
Nürnberg, Stadtgeschichtliche Museen,
Slg. Hopf, 1447
30.2 Carl Alexander Heideloff/C. Görgel
(Abb.)
St. Moritz Capelle – Königlicher Bilder-
saal
Kupferstich und Radierung; 24 × 21
Nürnberg, Stadtgeschichtliche Museen

30 Die Restaurierung der Moritzkapelle, Nürnberg, 1829

1827 hatte Ludwig I. nach erfolgreichen Verhandlungen seines Central-Galerie-Direktors Georg von Dillis die Gemäldesammlungen Boisserée und Oettingen-Wallerstein erworben. Ein Teil der Bilder wurde ab 1829 nach deren Renovierung in der Nürnberger Moritzkapelle ausgestellt. Die einschiffige Hallenkirche, bestehend aus fünf kreuzgewölbten Jochen und einem Chor im 5/8 Schluß, die 1313 auf dem Sebalder Friedhof errichtet worden war, war dem König während eines kurzen Besuches in Nürnberg aufgefallen. Spontan war der Plan entstanden, die Kirche in einen »altdeutschen« Bildersaal umzuwandeln. Der Regierungspräsident des Rezatkreises, Arnold von Mieg, teilte dem Magistrat der Stadt im Auftrag des Königs mit, »daß es Allerhöchstdero Wunsch und Absicht sei, daselbst als gleichsam an der Wiege deutscher Kunst und im Mittelpunkte Deutschlands – eine Auswahl klassischer Gemälde der ober- und niederdeutschen Schule ... auszustellen und dadurch die Kunstwürdigkeiten Nürnbergs durch eine Sammlung zu vermehren, welche in solcher Art noch nirgends in Deutschland anzutreffen und außer dem Königreiche auch kaum irgendwo zu begründen ist.«[1] Die Kosten für die Restaurierung der Kapelle sollte allerdings die Stadt übernehmen. Heideloff wurde als Restaurator benannt. Georg v. Dillis hatte Ludwig I. bereits sehr positiv über die Restaurierungen Heideloffs berichtet.«[2] Die Kapelle wurde zu diesem Zeitpunkt als Holzmagazin genutzt. Heideloffs Restaurierungsmaßnahmen bedeuteten keinen erheblichen Eingriff in die Substanz des Gebäudes. Vielmehr ging es darum, die Kapelle mit bescheidenen Mitteln für ihre neue Funktion instand zu setzen. Am Außenbau wurden Kramläden entfernt, die dort, wie es üblich war, angesiedelt worden waren. Die Fassade wurde von Heideloff durch das für seine Neugotik charakteristische Fialenpaar akzentuiert. Am 25. August 1829, Ludwigs Geburtstag, wurde der Bildersaal eröffnet. Georg von Dillis hatte die Auswahl der Gemälde getroffen und ihre Hängung besorgt. Als zu kostspielig wurde die Renovierung der Kapelle kurze Zeit später in einer Auseinandersetzung um die Amtsführung des 2. Bürgermeisters Johannes Scharrer kritisiert.

N. Götz

1 Peter Strieder, Die Gemäldesammlung. In: Das Germanische Nationalmuseum Nürnberg 1852–1977. Beiträge zu seiner Geschichte. Im Auftrag des Museums herausgegeben von Bernward Deneke und Rainer Kahsnitz. München 1978, S. 584–606 (588f.).
2 Briefwechsel zwischen Ludwig I. von Bayern und Georg von Dillis 1807–1841. Hrsg. u. bearb. von Richard Messerer, München 1966, S. 557

31 Der Pfarrhof von St. Lorenz, Nürnberg, 1840–1846

»Im August des vorigen Jahres reiste ich auch nach München, um mich wegen Arrangement des neugekauften Flügels mit Herrn Direktor von Gärtner zu benehmen. Dieser gab mir den Rath, besagten Flügel, welcher gerade die Breite des anderen hatte, so zu behandeln, daß er jenem konform sey, und dies geschah. Nun bekam aber der Chor eine schlechte Stellung, indem er außer Mittel war, und Herr Direktor v. Gärtner meinte selbst, das Uebel zu beseitigen und die Harmonie des Ganzen nicht zu beleidigen, sey es am Besten, den Chor um einige Fuße zu rükken wodurch ein Einklang hervorgebracht werden würde, wie sich auch wirklich zeigt.«[1] Das Zitat aus einem Schreiben Carl Alexander Heideloffs an die Regierung von Mittelfranken vom 30. Juli 1844 verdeutlicht die ästhetische und praktische Problematik eines Bauunternehmens in Nürnberg, das so charakteristisch zwischen Denkmalpflege- und Neubauprojekt pendelte, daß sich an ihm die grundsätzlichen Positionen der Stadtbildpflege in Nürnberg in der ersten Hälfte des 19. Jahrhunderts exemplifizieren lassen. Es ist zugleich die Geschichte eines mehr als zehnjährigen Kampfes zwischen der Kirchenleitung von St. Lorenz und dem Architekten Heideloff. Der verfallende, zum Teil aus einfachem Fachwerk gebildete Bau des alten Lorenzer Pfarrhofs, der als solcher nicht mehr genützt wurde, und Magazine und Werkstätten beherbergte, sollte bereits 1836 auf Beschluß der protestantischen Kirchenverwaltung auf Abbruch verkauft werden. Auf die Intervention Heideloffs hin, der gerade zu diesem Zeitpunkt in seiner Tätigkeit als Denkmalpfleger besonders nachdrückliche Unterstützung durch Ludwig I. erhielt, mußte das Gebäude jedoch erhalten werden. Doch hatte Ludwig I. am 27. November 1837 zunächst anfragen lassen, ob nicht doch nur einzelne historisch wertvolle Teile des alten Pfarrhofes an andere Stellen versetzt werden könnten, wenn der Bau trotzdem auf Abbruch verkauft werden sollte.[2] Heideloff hatte jedoch entschieden für die Erhaltung der gesamten Bausubstanz argumentiert: »Daß ein Käufer dieses interessanten Bauwerks aus dem 15. Jahrhundert leicht dahin zu bringen sey, bei gänzlicher Einlegung des Gebäudes die einzelnen Theile desselben wohlfeil abzulassen, steht wegen der großen Steinmasse kaum zu bezweifeln, aber schwieriger dürfte es sein, diese Theile an einem anderen Gebäude anzubringen, ohne sie zu beschädigen . . ., überhaupt handelt es sich bei der Frage um Erhaltung eines alterthümlichen Bauwerks darum, daß ein solches in allen seinen Theilen und Massen von innen und außen erhalten und nur von Zeit zu Zeit kunstverständig restaurirt werde.«[3] Zwar gelang es Heideloff mit dieser Argumentation die Restaurierung des Gebäudes als Pfarrhof durchzusetzen, doch deckt sich das Ergebnis dieser Wiederherstellung in keiner Weise mit dem hier dezidiert geäußerten Denkmalpflegebegriff. Allerdings war die Realisierung der Baumaßnahme das Resultat widerstreitender Tendenzen von Denkmalpflege und modernen Bauvorstellungen.

Bereits in einem ersten Umbauentwurf, dessen Pläne Heideloff 1840 vorlegte, war geplant, ein »Chörlein« und einen Rechteckerker vom Bau des alten Pfarrhofes zu übernehmen. Doch wünschte die Kirchenleitung zu diesem Zeitpunkt bereits ein repräsentatives, in der Straßenfront nach dem Chor der Lorenzkirche zu aufgeführtes Gebäude, das modernen Anforderungen entsprechen sollte. Heideloff legte daraufhin ein Projekt vor, das aus zwei rechtwinklig aneinanderstoßenden Flügeln mit einem Giebel nach der Straßenseite bestehen sollte. Das bewußt unsymmetrische Bild dieser Anlage mußte jedoch wiederum auf den Widerstand der Kirchenleitung stoßen. Die Kreisbaubehörde schlug darüber hinaus vor, die die Symmetrie störenden mittelalterlichen Erker auf die Rückseite des Gebäudes zu versetzen. Heideloff wehrte sich gegen die Pläne einer symmetrischen Gebäudefront in der Straßenlinie, nicht zuletzt mit dem Argument einer zu befürchtenden Beeinträchtigung der Lichtwirkung des Volkamer-Fensters im Chor der Lorenzkirche.[4] Durch den Ankauf des angrenzenden Grundstückes konnte schließlich ein Kompromiß gefunden werden, der den Bau allerdings in noch verstärktem Maße zu einem Neubauprojekt werden ließ. Mit zwei Giebelfronten wurde das weiterhin zurückspringende Gebäude mit der Straßenfront verbunden. Die Meinungsverschiedenheiten und Querelen setzten sich nichtsdestoweniger fort. Am 14. August 1844 wirft Pfarrer Hilpert Heideloff Gleichgültigkeit bei der Durchführung der Baumaßnahmen vor: »Es ist sehr befremdend, daß Herr Professor Heideloff dem Pfarrhofbau nicht gehörig nachsieht und die Arbeitsleute nach eigenem Gutdünken handeln läßt. So nahmen diese gestern den Bogen aus dem gefährlich angelegten Chor heraus, ohne daß Herr Professor Heideloff dabei zugegen war, wie man hätte erwarten sollen.«[5] Heideloff dagegen beschuldigt in einem Bericht an den König vom 7. Mai 1845

1 Heideloff-Nachlaß, German. Nationalmuseum, Archiv für Bildende Kunst, Fasz. 10
2 ebenda
3 ebenda
4 Urs Boeck, Karl Alexander Heideloff, in: Mitteilungen des Vereins für Geschichte der Stadt Nürnberg 48/1958, 314–390 (364f.)
5 Heideloff-Nachlaß (Anm. 1), ebenda

31.1

umgekehrt die Kirchenleitung, den dabei entstandenen Schaden zu verantworten zu haben: »daß in meiner Abwesenheit ein großer Theil des Chors durch unbesonnenes vom Vorstand befohlenes Niederreißen beschädigt worden und die Herstellung deshalb nur mit großen Kosten zu bewirken sey.«[6]

Tatsächlich verfolgte Heideloff bei der Konzeption des Pfarrhofgebäudes das Prinzip möglichst viel vom Originalbestand des alten Pfarrhofes an den konzipierten Bau zu übertragen. Darüber hinaus wertete er den Bau durch Zitate Nürnberger Architekturformen im historischen Sinne auf: Fensterbildungen der Lorenzkirche oder Hans Beheims Portal der Rückfront des Alten Rathauses. In seiner »Ornamentik des Mittelalters« bildet Heideloff seinen Idealentwurf ab[7], der schließlich in nur reduzierter Form ausgeführt wurde. Der Entwurf zeigt einen reich geschmückten Aufsatz über der Trauflinie des Mitteltraktes, der sehr eng an den von Heideloff ebenfalls rekonstruierten Giebelschmuck des reichsstädtischen Beschaugebäudes, der sog. »Alten Schau«, angelehnt ist. Dieses für Nürnberg als Erinnerung an die reichsstädti-

sche Zeit besonders bedeutungsvolle Motiv[8] sollte das Gebäude über alle Spolien und Architekturzitate hinaus in seiner historischen Dimension aufwerten. Doch wurde dieser Aufsatz schließlich nicht ausgeführt. Heideloff mußte die Bauleitung an den städtischen Baurat Bernhard Solger abgeben. Noch 1854, als er sein Architektengehalt in voller Höhe monierte, erschien es ihm notwendig, seinen Anteil an der Errichtung des Baus, dem für ihn im Rahmen seiner Stadtdenkmalpflege besondere Bedeutung zukam, nachdrücklich zu betonen: »Dasselbe (seine mangelnde Entschädigung N. G.) erscheint umso unbilliger, wenn man es mit der dem Hn. Baurath Solger zuerkannten Entschädigung in Parallele stellt, der nur kurze Zeit wirkte und den einen Flügel ohne alle Mühe ausbaute, weil er den andern nur kopieren durfte, während ich der Schöpfer und Baumeister des Ganzen war und jahrelang Mühe, Zeit und Geld daran wenden mußte, um nun mit weniger als Nichts remuneriert zu werden.«[9]

N. Götz

31.1 Carl Alexander Heideloff (Abb.)
Der Pfarrhof von St. Lorenz, Idealentwurf, Nürnberg, vor 1845
Kupferstich; 27 × 20,4
Nürnberg, Stadtgeschichtliche Museen

31.2 Der Pfarrhof von St. Lorenz, Nürnberg, um 1850
Lithographie; 14,4 × 11,2
Nürnberg, Stadtgeschichtliche Museen, Slg. Hopf 1334

6 ebenda
7 C. A. Heideloff, Die Ornamentik des Mittelalters. Eine Sammlung auserwählter Verzierungen und Profile byzantinischer und deutscher Architektur, gezeichnet und herausgegeben von Carl Heideloff Bd. II, Nürnberg 1845, S. 48–51, Heft 12, Platte 7
8 Michael Brix, Nürnberg und Lübeck im 19. Jahrhundert, Denkmalpflege, Stadtbildpflege, Stadtumbau, München 1981, S. 100, 165–1770
9 Heideloff-Nachlaß, (Anm. 1), ebenda

32.1

1 Der Friedens- und Kriegskurier Nr. 252,
  8. September 1840
2 Architektonische Entwürfe und ausgeführte
  Bauten im byzantinischen und altdeutschen
  Styl von Carl Heideloff. 2. Heft, Nürnberg
  1853, S. 70. Zu der Dekoration vgl. auch: M.
  Brix, Lübeck und Nürnberg im 19. Jahrhundert S. 100 u. Abb. 125; N. Götz, Um
  Neugotik und Nürnberger Stil, S. 41–43

32 Spittlertor und Färbertor in Nürnberg 1840, 1848

Dekoration zum Königsbesuch am
Spittlertor in Nürnberg, 1840
In deutlicher Parallele zur Gestaltung des
Isartors in München entwarf Heideloff
für den Besuch Ludwigs I. in Nürnberg
eine Dekoration des Spittlertores. Sie war
Teil eines Festschmuckes, der in mehreren
Torentwürfen kulminierte. Aus Aschaffenburg kommend wurden Ludwig I.,
Königin Therese und Prinzessin Adel-
gunde an der Grenze des Burgfriedens
vom gesamten Magistrat und dem Kollegium der Gemeindebevollmächtigten unter einer im »altdeutschen Styl« errichteten Ehrenpforte empfangen.[1] Das eigentliche Triumphtor für Ludwigs Einzug in
die Stadt war dann das zum dynastischen
Denkmal uminterpretierte Spittlertor.
Den Torbogen flankierten, von fialenge-
krönten Baldachinen überfangen, die Rei-

terstatuen Kaiser Ludwigs des Bayern
und Ludwigs I. Die Durchfahrt wurde
von einem krabbenbesetzten Kielbogen
im Sinn der Heideloffschen Neugotik gerahmt. Ein Fries mit den Wappen der an
der Schlacht von Mühldorf und Ampfing
beteiligten Geschlechter wurde von zwei
Scharwachtürmchen flankiert. Darüber
hinaus hob ein Zinnenaufsatz das bayerische Wappen, gehalten von einem reichsstädtischen Krieger der Vergangenheit
und einem bayerischen Soldaten der Gegenwart. Heideloff betrachtete die Erfindung dieser Dekoration nicht nur als seinen wesentlichen Beitrag zur Festdekoration von 1840, sondern war bestrebt, dieses Programm in Stein ausführen zu lassen, da »dieses Haupthor ohnehin aller
Zierde baar und ledig ist.«[2] Hierin wird
ein romantisches Denkmalverständnis
deutlich, das weit über die Sicherung und
Konservierung des historischen Bestandes
hinaus das historische Denkmal mit dem

32.2

Denkmalgedanken des 19. Jahrhunderts verschmilzt. Aus Kostengründen wurde dieser Plan jedoch nicht realisiert. Am Eingang zur Burg, die Heideloff bereits 1833 zur Königlichen Wohnung eingerichtet hatte, wurde der Gedanke des dynastischen Denkmals im Rahmen der Festdekoration noch einmal aufgegriffen, indem hier die Sitzstatuen Rupprechts von der Pfalz und Ludwigs des Bayern die Toreinfahrt flankierten.

Das Färbertor, 1848
Nürnberg behielt seine Festungseigenschaft bis zum Jahr 1866 bei. Die Stadt, die in den dreißiger und vierziger Jahren des 19. Jahrhunderts den Beginn ihrer Industrialisierungsphase erlebte, konnte zunehmende Einwohnerzahlen verzeichnen. Bei der Planung des neuen Krankenhauses, dem ersten kommunalen Großbau des 19. Jahrhunderts außerhalb der Stadtmauern (vgl. Kat.Nr. 122), hatte der Konservator Carl Alexander Heideloff negative Folgen für den Bestand der Stadtmauern befürchtet. Auch die Lage der rasch wachsenden Ultramarinfabrik, die 1839 ebenfalls im Süden der Altstadt gegründet worden war, bedingte die Notwendigkeit eines Durchbruchs der Stadtmauer nach dieser Richtung. 1848 wurde das Färber- oder Walchtor am Ende der Färberstraße errichtet. Bernhard Solger schuf eine relativ ausgedehnte Toranlage,

die in ihrer Disposition deutlich den Haupttoren der Nürnberger Stadtumwallung mit ihren Waffenhöfen entsprechen sollte und die sich ästhetisch unaufdringlich, doch eigenwertig in den Stadtmauergürtel fügte. Im Gegensatz zur Heideloff-Gotik, die sich formal mit nach Möglichkeit üppig eingesetzten plastisch-dekorativen Schmuckelementen artikulierte, war die Neugotik des Gärtner-Schülers Bernhard Solger vergleichsweise unpathetisch. Das Färbertor spiegelt diese Tendenz wider, obwohl es neben dem erst 1859 ebenfalls von Solger errichteten Marientor das aufwendigste der sechs bis zur Entfestigung entstehenden neuen Nürnberger Stadttore war. Schon die Brücke über den Stadtgraben ermöglichte eine »romantische« Perspektive für das neue Tor, das über dem Spitzbogen der Einfahrt mit zwei abgetreppten Giebeln über einer zinnenumsäumten Anlage stand. Ebenfalls zinnenbekrönte Türmchen und Blendbogen in der Mauerwandung des Tors bildeten das sparsam eingesetzte schmückende Formeninstrumentarium. Wie auch die anderen in diesem Zeitraum entstandenen Tore mußte das Färbertor am Ende des 19. Jahrhunderts der expandierenden Verkehrssituation weichen. Im Gegensatz zu den historischen Anlagen der Stadtmauer wurde den neuen Toren ein Denkmalwert nicht zuerkannt.

N. Götz

33.1

33.1 August von Voit (Abb.)
Entwurf zur Restaurierung der Reichs-
feste Trifels
Lithographie; 40,4 × 80
MStm, Z 1213

33 Planungen und Restaurierung der Burg Trifels, 1841–1848

Der Gedanke, Burg Trifels wieder aufzubauen, scheint vor allem auch durch den
am 7.9.1839 gemeldeten Einsturz des
Kreuzgewölbes der Kapelle ausgelöst
worden zu sein.[1] Der Trifels war damals
bereits durch Publikationen und Besuche
bekannt geworden. 1827 war von C. Lo-
benstein eine Arbeit mit dem Titel »Historische Nachrichten über den Trifels
bey Annweiler« erschienen. 1829 hatte
König Ludwig den Trifels besucht und
verfügt, daß die Ruine erhalten werden
solle. 1838 veröffentlicht M. v. Neumann
eine Abhandlung in »Die Schlösser des
bayerischen Rheinkreises« und im gleichen Jahr erwähnt Friedrich Blaul in
»Träume und Schäume vom Rhein« den
Trifels ebenfalls.

Als Gründe für das Wiederherstellungs-
gesuch werden der drohende weitere Verfall, die Bedeutung der Anlage und die
häufigen Besucher genannt. Der am 24.9.
erfolgten Genehmigung folgt im Frühjahr
1840 die Ausführung der ersten Arbeiten.
Bereits im April 1841 wird ein weiterer
Antrag auf Sicherung und Ausbau der
Ruine gestellt und u.a. auf die Wiederherstellung der alten Ringmauer, Entfernung des Schutts und Dacheindeckung
für den Kapellenturm. Auf die Genehmigung aus München vom 28.7., 7. und
8.8.41, die mit der Forderung nach genauen Plänen und Voranschlägen verbunden sind, reist der Architekt August Voit

am 24.8. nach Trifels. Im Vordergrund
steht als erstes eine Erforschung der
Quellen zur Baugeschichte.
Voit mag angesichts auch des persönlichen Interesses des Königs an der Erhaltung auf einen Bauauftrag gehofft und
neben seinem fachlichen Interesse auch
deshalb die Planungen besonders eingehend betrieben haben. Der Ausbau nach
Voits Plänen zu einem königlichen Schloß
als Sitz der Wittelsbacher in der Pfalz, wo
Ludwig schon seit 1826 gern einen
Wohnsitz gehabt hätte[2], unterblieb aber
vielleicht auch deshalb, weil seit 1842
Schloß Hambach als Geschenk der Pfälzer an die Kronprinzessin kam und bei
seiner Besichtigung im Juli 1843 der König den Entschluß faßte, bei Edenkoben
ein Lustschloß zu bauen, das als Villa
Ludwigshöhe verwirklicht wurde und für
das Gärtner bis 1846 die Pläne lieferte.[3]
Voit begründete mit der Arbeit für Trifels
seine Stellung als Fachmann für mittelalterliche Bauten. Aufgrund dieser Tatsache hat ihn auch Stillfried bei seinen Projekten zur ab 1846 wiederaufgebauten
Burg Hohenzollern konsultiert.[4] Gleichzeitig mit den weitreichenden Planungen
für Trifels begannen ab 1842 Restaurierungsmaßnahmen an der Burg, um die
sich im Laufe der Zeit auch die Architekten und Architekturtheoretiker Schacky,
Essenwein, Teuffel und Hartung bemühten und die 1938–42, 46–50 und 63–66
nach Plänen von Rudolf Esterer fortgeführt wurden.

A. Graf Egloffstein

·1 H. Kotzur, Forschungen zum Leben des
Architekten August v. Voit, Band II, S. 11 ff.
2 Hederer, Friedrich von Gärtner, München
1976, S. 185
3 a.a.O.
4 Rolf Bothe, Burg Hohenzollern, Berlin 1979,
S. 68 ff.

Die Staatsmaschine, Lithographie 1848, MStm P 1621

IV. Residenz und Königsbauten

Schon zu seinen Lebzeiten ließ sich Ludwig I. als Mäzen der Künste feiern und diese Tradition setzt sich bis heute ebenso ungebrochen wie unreflektiert fort. Zwar betrieb Ludwig keine »verschwenderische Lumpenwirtschaft« wie sein Vater, die Finanzierung der von ihm initiierten Kunstunternehmungen stammte jedoch durchwegs aus Staats-, Gemeinde- oder Stiftungsgeldern. Fast 10 % der gesamten Staatseinnahmen erhielt Ludwig Jahr für Jahr; damit finanzierte er den königlichen Hofstaat und seine Projekte. Bei dieser sog. Civilliste, deren ungekürzte, lebenslängliche Zuteilung Ludwig im Landtag rücksichtslos erzwang, handelte es sich also um öffentliche Mittel, weshalb sich auch die Mehrzahl der Abgeordneten besonders gegen deren rein private Verwendung wehrte: »Nur mit dem Gelde, mit dem Opfer, mit dem Schweiße der Steuerpflichtigen wird ja gebaut, es möge nun aus der Civilliste oder aus dem Landbauetat bezahlt werden« . . . »Glanz im Odeon, Glanz in der Pinakothek, überall Glanz und nichts als Glanz, – diese Glänze (Wortspiel mit dem Namen Klenze), meine

Herren! erdrücken das Volk!« Einen guten Teil der Neubauten ließ Ludwig sowieso über Staats- oder Gemeindefonds finanzieren, wie z. B. Staatsbibliothek, Mariahilfkirche, Odeon oder Alte Pinakothek.

Die aufwendigsten Privatbauten waren Königsbau und Festsaaltrakt der Residenz, Basilika und Allerheiligenhofkirche sowie die Geschichtsmonumente. Gerade diese Bauten sind in ihrer Mischung aus Teilöffentlichkeit und feudalen Kultstätten charakteristisch für Ludwigs Legitimationsversuch seiner absolutistischen Ansprüche vor einem bürgerlichen Publikum. Diese feudale »Kunstförderung« wurde deshalb auch von demokratischen Persönlichkeiten wie Franz Kugler, Anton Springer oder Friedrich Th. Vischer abgelehnt: »An der sog. Kunstblüte in Bayern kann kein Mann, der es mit einem Volke redlich meint, eine Freude haben. Überall ist . . . Volkserziehung das Erste . . . wo aber die Kunst eine Verschwendung auf Kosten des Gemeinwesens ist . . . da kann man ihre Scheinblüte nur beklagen.«

W. N.

34–37 Die Residenz in München, 1823–1842

Der Gesamtkomplex der Residenz, ein Konglomerat unregelmäßiger und um mehrere Höfe angelegter Trakte aus verschiedenen Bauperioden (14. Jhdt.: Neue Veste, um 1600: Maximilianische Residenz, mittleres 18. Jhdt.: Hof- und Cuvilliés-Theater) war nach ersten Plänen Cuvilliés (1764/66)[1] am Ende des 18. Jhdts. unter Karl-Theodor erneut Gegenstand umfassender Erweiterungs- und Regulierungspläne. Ein Projekt Maximilian Verschaffelts – in erster Linie befaßt mit einer durchgreifenden Klärung der verbauten und seit dem Brand von 1750 verwahrlosten Nordostecke der Residenz und der nach Norden gerichteten, von weitem einsehbaren Hofgartenfront mit dem Nebeneinander von Neuer Veste, Christophsturm und Kaiserhoftrakt – wurde jedoch nicht realisiert.[2] Unter Max I. Joseph kam es zu Planungen für den durch Abbruch des Franziskanerklosters entstandenen Platz an der Südseite der Residenz, von welchen der Bau des Nationaltheaters nach Entwürfen Carl von Fischers ab 1811 errichtet wurde.[3] Dagegen blieben die in großen, 1809 entstandenen Präsentationsblättern überlieferten Projekte desselben Architekten zu einem neuen Südtrakt, einem Osttrakt und zu dessen unmittelbarem Gegenüber, einem neuen Marstall, unausgeführt. Jenseits jeglicher Möglichkeit zur Realisierung lagen auch die mit den genannten Projekten in Verbindung stehenden gigantischen Umbaupläne, die aus Carl von Fischers Skizzenbuch überliefert sind.

Unmittelbar nach Regierungsantritt Ludwigs I. setzte dann eine Periode größter Bautätigkeit ein, die das äußere Erscheinungsbild der Residenz bis heute ganz entscheidend prägte. Im Verlauf von 20 Jahren entstanden nach Plänen Leo von Klenzes die Allerheiligen-Hofkirche (ab 1826), der Königsbau (ab 1823) als königliche Wohnung, der Festsaalbau (ab 1832) als neuer großer Bau für repräsentative Anlässe mit dem Apothekenflügel sowie im unmittelbaren Osten des Marstalls (ab 1820), die Arkaden (ab 1816) am Hofgarten und die neue Hauptpost (ab 1835) am Max-Joseph-Platz gegenüber dem Königsbau und im wesentlichen auf ihn bezogen (vgl. Kat.Nr. 130). Ideen zu den Residenzbauten, Diskussionen um ihre Form und ihren Stil und erste Pläne sind allerdings bereits aus der Kronprinzenzeit Ludwigs überliefert. So datieren die Pläne zu einem neuen Hofgartentrakt bis ins Jahr 1816 zurück, die Allerheiligen-Hofkirche und der Königsbau waren spätestens seit 1823 ernsthaft im Ge-

spräch, doch mußten die vom Kronprinzen erwogenen Pläne zu Lebzeiten Max I. Josephs noch zurückgestellt werden.

Die Fertigstellung der gesamten Residenzbauten und der Innendekoration zog sich z. T. noch bis in die 1860er Jahre hin (Odyssee-Säle im Festsaalbau), so daß Ludwig I. und auch Klenze hier in unterschiedlichster Form und Intensität über 40 Jahre lang beschäftigt waren.

Bis zum 2. Weltkrieg blieb die Residenz Ludwigs I. unversehrt. 1944 zogen schwerste Zerstörungen nahezu die gesamten Baulichkeiten in Mitleidenschaft, weite Bereiche der ludovizianischen Innenausstattung sowie der größte Teil der Dekoration wurden vernichtet, während die Hauptumfassungsmauern zwar z.T. stark beschädigt, aber doch weitgehend erhalten blieben. Im Königsbau versuchte man an Hand von Photos, geretteten Dekorations-Details, Plänen und Stichen unter dem Motto einer – heute zumindest umstrittenen – »schöpferischen Denkmalpflege« zu restaurieren, zu ergänzen und zu rekonstruieren.[4] Der Festsaalbau wurde nach den Kriegsverheerungen im Inneren völlig umgebaut – nicht zuletzt, weil man die erhaltenen Fragmente in ideologischer Verblendung »als Vorbilder für den nazistischen Epigonenstil« als nicht erhaltenswert erachtete.[5] Die Allerheiligen-Hofkirche, nach jahrelangen Diskussionen in der 50er und 60er Jahren wenigstens vor dem Abbruch gerettet, fristet nach wie vor ein trauriges Ruinendasein[6] – seit 1962/63 im Schatten des Kulissenmagazins der Staatsoper, durch das auch die Figur des Marstallplatzes zerstört und die Ostseite der Residenz endgültig ins architektonische Abseits gedrängt wurde. Die drei großen Neubauten der Ludwig-Ära rundeten zwar die Residenz nach allen Seiten ab, Klenze versuchte aber nicht, ihr ein einheitliches Gesicht zu geben. Dabei entsprach er sicherlich auch den wechselnden Vorlieben und Vorstellungen Ludwigs, der, einem großen Architekturmuseum gleich, Beispiele jeden Baustiles in München versammelt sehen wollte.[7] Klenze kannte aber auch die Qualitäten gewachsener Strukturen, ablesbarer und nicht verschleierter Geschichte und sofort einsehbarer Funktionsunterschiede von Gebäuden. So meinte er im Zusammenhang mit der Grundsteinlegung des Festsaalbaues, das Publikum solle sich gewöhnen, »in der Residenz nicht ein ganzes, was ja nun einmal nach den bestehenden Umständen unmöglich ist, sondern ein Aggregat mehrerer, in sich abgeschlossener Bauwerke zu sehen.«[8] Bei aller unterschiedlicher Stilhaltung ist den drei Residenzbauten Klenzes – der »langobardisch-romanisch-

1 vgl. H. Lehmbruch, Planungen vor dem Schwabinger Tor, in: W. Nerdinger (Hrsg.), Klassizismus in Bayern, Schwaben und Franken, Kat. zur Ausstellung, München 1980, S. 134, Abb. S. 135

2 vgl. Hans Ottomeyer, Die Ausstattung der Residenzen König Max Josephs von Bayern (1799–1825) in: H. Glaser (Hrsg.), Wittelsbach und Bayern, Kat. zur Ausstellung, München 1980, Bd. III, 1, S. 375

3 zu Plänen und Skizzen Carl v. Fischers, vgl. W. Nerdinger (Hrsg.), Carl von Fischer, Kat. zur Ausstellung, München 1982

4 vgl. Toni Beil, Der Königsbau der Münchener Residenz, Baugeschichte, Niedergang, Wiederaufbau und Restaurierung der königlichen Gemächer, in: Jahrbuch der Bayerischen Denkmalpflege, Bd. 33, 1979, München 1981, 199–212

5 Eva-Maria Wasem, Die Münchener Residenz unter Ludwig I., Bildprogramme und Bildausstattungen in den Neubauten, München 1981, S. 1

6 vgl. Günther-Alexander Haltrich, Leo von Klenze – Die Allerheiligenhofkirche in München, München 1983, S. 30ff.

7 ebd. S. 20

8 GHA, KL I, II A 32, 19. Juli 1832. Klenze an Ludwig I. Nr. 299

9 vgl. E.-M. Wasem, Residenz, S. 252f.

10 ebd. S. 252

11 Leo von Klenze, Über den Königsbau in München, in: Allgemeine Bauzeitung, Wien 1837, Nr. 3, S. 19

12 E.-M. Wasem, Die Münchener Residenz unter Ludwig I., Bildprogramme und Bildausstattungen in den Neubauten, München 1981

13 Günther-Alexander Haltrich, L. v. Klenze – Die Allerheiligenhofkirche in München, München 1983

byzantinischen« Allerheiligen-Hofkirche, dem »florentinischen« Königsbau und dem »römischen« Festsaalbau – aber doch eine auf die Münchner Verhältnisse und die spezielle Bausituation bezogene Umformung, die idealisierte Ausformung im Detail und der letztlich zwar akademisch trockene, trotzdem aber auch freie Umgang mit architektonischen Vorbildern gemeinsam. Schließlich sind sie durch ihr ikonologisches Programm dem politisch-kulturellen Gesamtzusammenhang verpflichtet.

Der Wunsch des Königs nach Legitimation des Herrschaftsanspruches, der sich in der Präsenz der großen deutschen Kaiser und Könige in den Bilderzyklen der Kaisersäle des Festsaalbaues und verschlüsselt in den Architektur-Zitaten der Allerheiligen-Hofkirche manifestiert sowie sein literarisches Interesse an den großen Heldenepen (Nibelungenlied und Odysee) und den Werken der großen Dichter der griechischen Antike und der deutschen Dichtung seit Walther von der Vogelweide bestimmen die Ikonographie der Raumfluchten. Letztere waren vor allem zur Belehrung des Publikums gedacht, weshalb auch ein Großteil der Räume – während der Abwesenheit des Königs sogar seine Privaträume – für die Öffentlichkeit zugänglich gemacht wurden.[9] Alle »Teutschen« sollten wissen »um die Bedeutung der Deutschen und Bayern in der Geschichte, um die antike Mythologie, Kenntnis haben über deutsche und antik-klassische Literatur und die Beispiele höheren Menschseins, die darin gesetzt wurden«.[10] Der Dekorationsstil der Fülle von Räumen ist durchaus unterschiedlich. Als Vorbilder boten sich »die fast nur traditionell bekannte einfache Eleganz griechischer Zeit, die hohe Pracht römischer Üppigkeit, die phantastische Kunst herkulanischer und pompejanischer Überreste, endlich die Werke der Cinquecentisten in Italien und Frankreich« an. »Keines dieser Systeme konnte jedoch hier ausschließlich und als wohlbekanntes Ganzes angenommen und ausgebildet werden.«[11] Bildprogramme und Bildausstattungen von Königsbau und Festsaalbau, von Eva-Maria Wasem ausführlich behandelt«[12], sowie Ausstattung und Ikonographie der Allerheiligen-Hofkirche[13] werden trotz ihrer großen Bedeutung für den Gesamtzusammenhang im folgenden allerdings nur gestreift oder lediglich summarisch benannt, da in unserem Zusammenhang der Architektur das eigentliche Hauptaugenmerk gelten muß.

F. Zimmermann

34 Königsbau der Residenz, München, 1823–1832

Bereits 1799, unmittelbar nach dem Regierungsantritt Churfürst Max IV. Josephs am 12. März, entwickelte Maximilian Verschaffelt durchgreifende Umbaupläne für die Münchener Residenz, durch welche die alte Bausubstanz in großem Maße zerstört worden wäre.[1] Sicherlich von den Reformvorstellungen des gerade als Minister nach München gekommenen Grafen Montgelas beeinflußt, nahm er die Säkularisation im Plan bereits vorweg und entwickelte einen »Place publique« an Stelle des Franziskanerklosters sowie einen neuen, zu diesem Platz gewandten Südtrakt der Residenz. Der Vorschlag wurde aber bereits am 26. März abgelehnt.[2] Nach dem 1803 erfolgten tatsächlichen Abbruch des säkularisierten Klosters der Franziskaner und vor allem nach der Erhebung Bayerns zum Königreich 1806 wurde eine repräsentative Südfassade an der »offenen« Residenzseite unumgänglich. Die großartigen Planungen Carl von Fischers 1808/1809, in Skizzen und Schaublättern zu einem Ost- und Südflügel der Residenz überliefert, kamen nicht zur Ausführung.[3] Unter König Max I. Joseph entstand allerdings – den Max-Joseph-Platz abschließend – bis 1818 das Nationaltheater Carl von Fischers.[4]

Spätestens seit April 1823 und noch zu Lebzeiten König Max I. Joseph war Klenze von Kronprinz Ludwig (der wohl schon 1818 an einen Schloßflügel gegen Süden dachte[5]) unter Wahrung strenger Diskretion beauftragt worden, sich mit Planungen zu einem neuen Wohntrakt der Residenz zu befassen.[6] Breite und Tiefe des Flügels waren festgelegt durch die Abmessungen des Platzes bis zur Straßenecke der Residenzgasse und bis zur nördlichen Seitenfassade des Gunetzrhainerschen Törring-Palais, außerdem durch die Flucht der Hauptschauseite des Nationaltheaters und dessen Stellung, die dem noch unregelmäßigen Platzgeviert den Maßstab und eine Art ideale Mittelachse gab. Im Hinblick auf eine mit Sicherheit hier bereits intendierte regelmäßige und zugleich möglichst ausgedehnte Platzfigur ließ sich der »Königsbau« nur so placieren, daß der Baukörper und die geplante »großartige Folge von Gemächern« zwangsläufig mit der mit wertvollen Rokokodekorationen ausgestatteten »Grünen Galerie« kollidieren würde.[7] Klenze hatte auf die Schwierigkeiten mit den – wie er sich in seinen Memorabilien später ausdrückte – »alten unbedeutenden Parzellen des jetzigen Schlosses« mehrfach hingewiesen. Doch da Ludwig nicht nur als »creator, sondern auch als conser-

1 vgl. B. V. Karnapp/W. Nerdinger, Die Residenz, in: W. Nerdinger (Hrsg.), Klassizismus in Bayern, Schwaben und Franken, Kat. zur Ausstellung, München 1980, S. 142

2 vgl. Hans Ottomeyer, Die Ausstattung der Residenz König Max Josephs von Bayern (1799–1825) in: H. Glaser (Hrsg.), Wittelsbach und Bayern, Kat. zur Ausstellung, München 1980, Bd. III/1, S. 375

3 vgl. W. Nerdinger, Entwürfe für die Residenz, in: W. Nerdinger (Hrsg.), Carl v. Fischer, Kat. zur Ausstellung, München 1982, S. 70 ff.

4 vgl. B.-P. Schaul/H. Reidel, Nationaltheater am Max-Joseph-Platz, in: W. Nerdinger (Hrsg.), Klassizismus, S. 252 ff., S. 270

5 Klenzeana I, Memorabilien 1, S. 54 f.

6 vgl. Eva-Maria Wasem, Die Münchener Residenz unter Ludwig I. – Bildprogramme und Bildausstattungen in den Neubauten, S. 10

7 vgl. GHA, KL I, I A 36 II, 29. April 1823, Klenze an Ludwig, Nr. 174 auf 177 u. 178, sowie 26. Aug. 1823, Klenze an Ludwig, Nr. 186 auf 190, 191, 192, 193

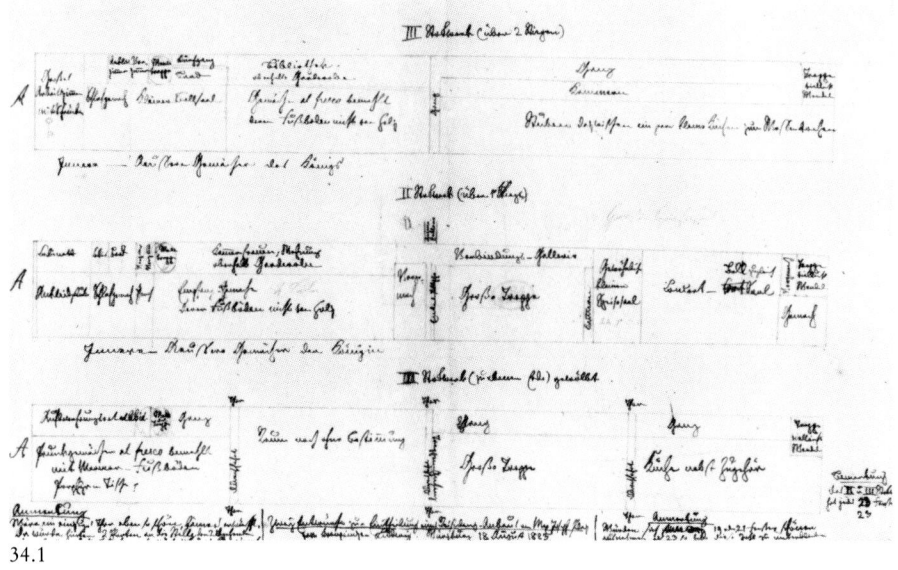

34.1

34.1 A

34.1 König Ludwig I. (Abb.)
München, Königsbau der Residenz,
Innere Einteilung, 1. Skizze, 1823
Bleistift, mit Feder; 33 × 21
BStB, Klenzeana XIV, 6

34.2 Leo von Klenze (Abb.)
München, Königsbau der Residenz,
Aufriß 1. Entwurf, 1824
Feder, Bleistift; 81 × 38
SGSM, Inv.Nr. 26562

34.3 Leo von Klenze (Abb.)
München, Königsbau der Residenz,
Aufriß, Entwurf (undat.)
Feder, grau laviert; 97 × 58
SGSM, Inv.Nr. 27003

34.4 Leo von Klenze (Farbabb.)
München, Königsbau der Residenz,
Perspekt. Ansicht v. Süden, 1826
Feder in Grau und Braun, braun laviert;
43 × 27
SGSM, Inv.Nr. 26517

34.5 Leo von Klenze (Abb.)
München, Königsbau der Residenz,
»Haupt-Übersichts Plan«, 1826
Feder auf Transparent; 65,2 × 48,4
MStm, Lang I/2

34.6 Leo von Klenze (Abb.)
München, Königsbau der Residenz,
Gelbe Treppe, Längenschnitt, 1826
Feder; 75 × 54
SGSM, Inv.Nr. 26844

34.7 Leo von Klenze
München, Königsbau der Residenz,
Warmluftheizungs-System, 1826
Feder, aquarelliert; 92 × 60
SGSM, Inv.Nr. 26608

34.8 München, Königsbau der Residenz,
Servicesaal d. Königs (Abb.)
Aufnahme um 1950

vator« in die Geschichte eingehen wollte, verlangte er, die (letztlich allerdings unvermeidbare) Zerstörung eines Teiles der »Grünen Galerie« wenn möglich zu umgehen.[8] Als Maßstab für die Größe der Räume orientierte sich Ludwig zunächst an jenen im alten Hofgartentrakt, wollte sie dann aber »beträchtlich größer – tiefer und breiter«. »Hoch und breit müssen die Wände werden, sie großartig al fresco historische Gegenstände zu bemalen«; denn die zunächst angegebene Größe der Gemächer sei »schön für französische, nicht aber (und gar die Höhe nicht) für Gemache Altitalienischer Art, wie diese vordem in dem bewußten zu bauenden Residenztheil doch werden sollen«.[9]
Nach dieser Phase allgemeinerer Überlegungen ging es darum, Raumbedarf und Raumdisposition des Königsbaues festzulegen. Hierzu hatte Klenze den Kron-

prinzen um »Gedanken« gebeten und erhielt am 18. August 1823 zwei Skizzen mit Alternativlösungen von Ludwigs Hand.[10] Die gegebene Einteilung trennte Repräsentations- und Wirtschaftsräume nicht in sinnvoller Weise, wies dem König und der Königin unterschiedliche Stockwerke zu, bezog die verschiedenen Geschosse kaum aufeinander und war »fern aller praktischen Bewohnbarkeit und zeremonieller Notwendigkeit.« Auffallend bei den Plänen sind Eintragungen des Kronprinzen, die über die Vorschläge zur Nutzung der Räume hinaus bereits Angaben zur Ausstattung machten, wie »Prunkgemächer al fresco bemahlt mit Marmor Fußböden, porphyrne Tische«, oder »Empfangs-Gemach, deren Fußböden nicht aus Holz.« Klenze, der später in seinen Erinnerungen anmerkte, er habe noch keine Idee gehabt, wie man die ar-

8 Klenzeana I, Memorabilien 1, S. 145
9 Klenzeana XIV, 1, 1823, 25. April 1823, Ludwig an Klenze (Nr. 177), sowie 27. April 1823, Ludwig an Klenze (Nr. 178)
10 Klenzeana XIV, 6, »Zwey Entwürfe zur Eintheilung eines Residenz-Anbaues am Max-Joseph-Platz« von Kronprinz Ludwig, Würzburg 18. Aug. 1823

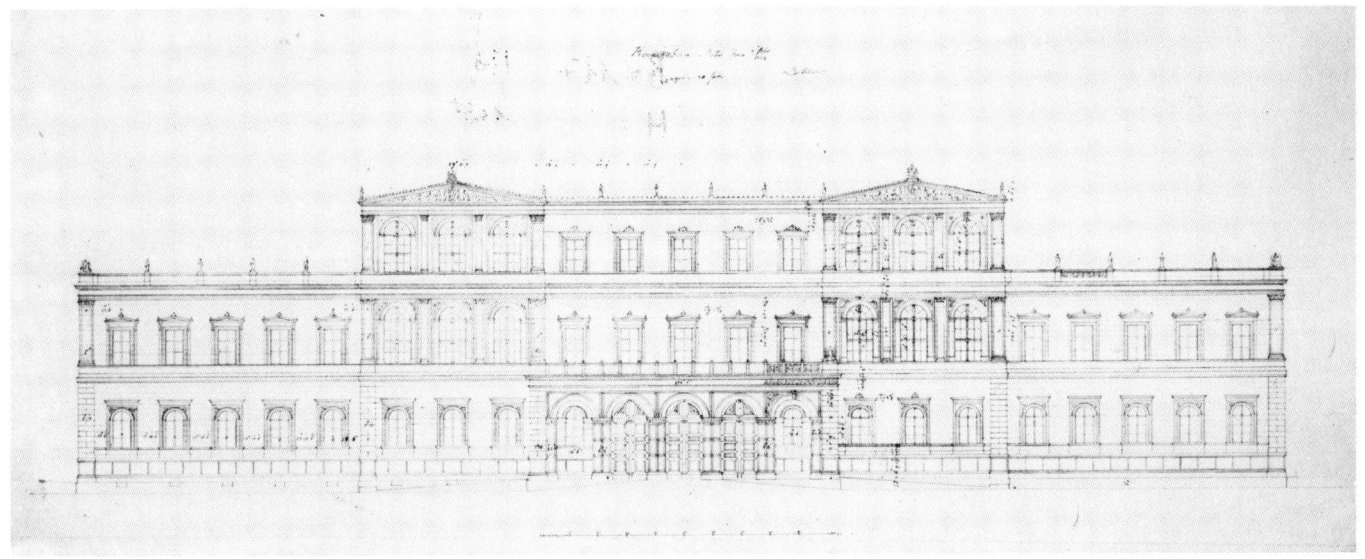

34.2

34.3

chitektonische Unmöglichkeit der Vorschläge Ludwigs »zu einer architektonischen Möglichkeit modifizieren soll«,[11] versicherte in seiner Antwort, er werde »suchen, was möglich von einem Gedanken zur Eintheilung des neuen Residenzflügels nach Eur. königlichen Hoheit Skizze zu fassen ... Große, sehr große Schwierigkeiten wird der Plan machen, denn sehr klein und verstümmelt an den beiden Enden ist der Raum.«[12] Während des gemeinsamen Italienaufenthaltes im Herbst/Winter 1823/1824, zu dem Klenze die entsprechenden Unterlagen mitbrachte, wurden die innere Einteilung (König und Königin nun in einem Stockwerk) und Grundsätze der Dekoration festgelegt. Für alle Räume wurden in Anlehnung an den Eindruck des Palazzo Vecchio in Mantua Marmorfußböden vorgesehen und die Verwendung von Holz mit

Ausnahme der Türen untersagt.[13] »Gewiß aber hat der entscheidende Haß gegen alles Französische einen bedeutenden Anteil an jenem Ausschließen all dessen, was vorzüglich aus Frankreich bezogen wird, wie Spiegel, Bronzen, Seidenzeuge, und was in Frankreich besonders angewendet und gebraucht wird ... Als Hauptmotiv der Dekoration solle dienen, daß im Erdgeschoße das Lied der Nibelungen gemahlt würde, im ersten Stocke aber 6 aufeinanderfolgende Säle waren, worin auf den 24 Wänden die 24 Gesänge der Odyssee dargestellt würden.« Während die Nibelungensäle im ausgeführten Bau realisiert wurden, fanden die Odyssee-Säle, nachdem Klenze sie in einer Zwischenplanung im 2. Obergeschoß unterbringen wollte, auf Grund des für diesen Zweck doch zu geringen Raumangebotes im Festsaalbau Verwirklichung.

11 Klenzeana I, Memorabilien 1, S. 125
12 GHA, KL I, I A 36 II, 26. Aug. 1823, Klenze an Ludwig, Nr. 186 auf 190, 191, 192, 193
13 Klenzeana I, Memorabilien 1, S. 180, dort auch die folgenden Zitate

Nach der Festlegung der inneren Organisation des Königbaues beschäftigten sich Klenze und Ludwig I. (diesen Eindruck vermitteln jedenfalls die Quellen) ausschließlich mit der äußeren Gestaltung. Im Zusammenhang mit den beiden Skizzen Ludwigs zur inneren Einteilung des Baues hatte dieser einen Vergleich zwischen dem geplanten Neubau und der nur um weniges längeren Residenz-Westfassade gezogen und deren 32 Fenster als »nicht groß genug und zu nahe stehen(d)«[14] bezeichnet. Die Hauptfassade seines »Entwurfes« wollte Ludwig durch 23 Fenster durchbrochen sehen, »würde sich 19 oder 21 Fenster schöner ausmachen als 23, so habe diese Zahl zu unterbleiben.« Außerdem schlug Ludwig drei weit auseinander stehende Tordurchfahrten vor, dabei vermutlich auf Domenico Fontanas Palazzo Reale in Neapel vom Beginn des 17. Jhs. zurückgreifend, der ihn offenbar überhaupt sehr beeindruckt hatte[15] und der mit seinen 21 Fensterachsen und den 3 übereinandergestellten Pilasterordnungen möglicherweise auch später nie ganz aus seinem Blickfeld geriet. Klenze schlug für das »architektonische System« an Stelle des neapolitanischen Palazzo Reale den »Palazzo Publico auf dem Platze Bra in Verona« (er meinte die sanmichelisch und palladianisch beeinflußte Gran Guardia, begonnen 1616) vor, da dieser »noch mehr eigentlich pallastartiges« habe. Zunächst aber wurden auf der 1823/1824 gemeinsam unternommenen Italienreise »über den Styl des Äußeren viele atomistische Ideen gesammelt, und an vielen Gebäuden wurden ... Einzelheiten zur allenfalsigen Nachahmung und Anwendung bezeichnet«, ein »Stück und Flickstudium der Architektur«, das Klenze nach eigenem Bekunden wenig zusagte.[16] Er sah sein berufliches Hauptziel, »wahrhaft freie, aus dem Zwecke und der Poesie einer Aufgabe organisch entwickelte architektonische Bildungen«, dadurch gefährdet. Da sich keine Möglichkeit bot, den Kronprinzen »zu einer ganz freien Schöpfung bewegen zu können, welche sich nicht an irgendeine italische Erinnerung knüpft«[17], lenkte er das Augenmerk auf den Stil römischer Paläste. Hier machte er vor allem auf den Palazzo Barberini (1625–1635 von Maderna, Borromini und Bernini) aufmerksam, »worin – bei aller Unvollkommenheit des Einzelnen – doch Elemente zu einer höchst paßlichen und sehr schönen Entwicklung des Pallastbaues liegen.«

Klenze hatte den Kronprinzen wohl von seinen Vorstellungen überzeugt und legte auf dessen Drängen hin am 20. Februar 1824 einen ersten Entwurf vor, der auch

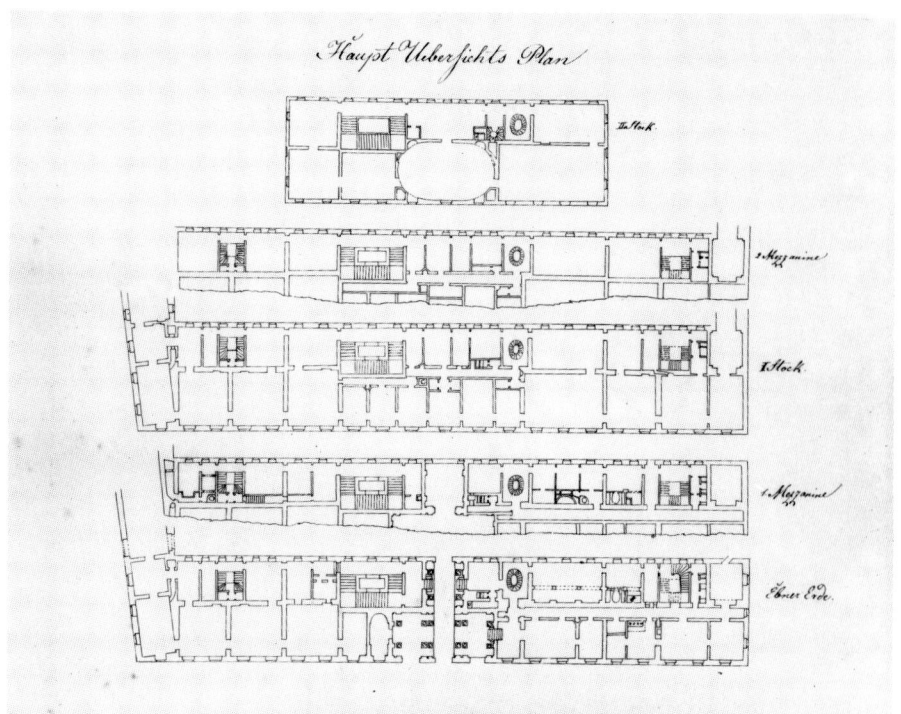

34.5

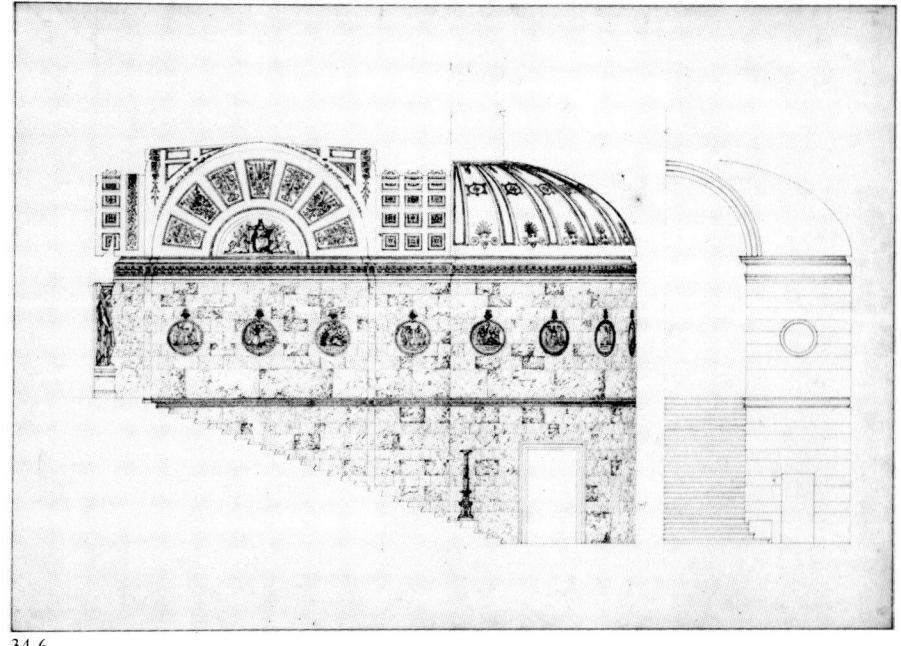

34.6

die Genehmigung erhielt. Bei dem 21-achsigen Bau, im erhöhten Mittelrisalit mit Pfeilerbalkon von zwei übergiebelten Risaliten gefaßt, hatte Klenze »für das Äußere zwar den Styl der römischen Paläste ... gewählt, diesen indessen aus den ursprünglich griechischen Elementen auch dieser römischen Architektur und aus eigenem Erfinden so modifiziert, daß das ganze wohl eine eigenthümliche Création genannt werden dürfte.«[18] Zweifels-

14 Klenzeana XIV, 1, 1823, 16. Aug. 1823, Ludwig an Klenze, Nr. 191
15 vgl. GHA, KL I, I A 36 II, 26. Aug. 1823, Klenze an Ludwig, Nr. 186 auf 190, 191, 192, 193, dort auch die folgenden Zitate
16 Klenzeana I, Memorabilien 1, S. 131
17 ebd. S. 144f.
18 ebd. S. 185
19 ebd. S. 203
20 Klenzeana XIV, 1, 1824, 2. Nov. 1824
21 GHA, KL I, I A 36 II, 9. Nov. 1824, Klenze an Ludwig, Nr. 222 auf Nr. 234

34.4

ohne stellte dieser Entwurf mit seiner seltsamen Vermischung griechischer und römischer Elemente, seiner unkonventionellen Aufrißstruktur und seiner über alle Stockwerke gelegten Quaderverkleidung damals nicht nur im Werk Klenzes einen höchst ungewöhnlichen Versuch einer Fassadenlösung dar. Nach der Genehmigung des Entwurfes war bis zum November 1824 vom Königsbau nicht mehr die Rede, bis Klenze aus einem Brief Ludwigs »mit nicht geringer Überraschung«[19] von der Aufhebung der Genehmigung erfuhr: »Wieviel Schönes ihr Residenzentwurf für den Max-Joseph-Platz auch hat, werde ich dennoch . . . dessen faciade nicht ausführen lassen, unten in toskanischem, höher im römischen Style . . . schön, sehr schön ist jeder Theil, nur beysammen in *einem* Gebäude dürfte nicht erwünschtes Ergebnis herauskommen, weil Einklang fehlen würde.«[20] Ludwig wünschte unter Beibehaltung der Zahl der Fensterachsen zwei neue Entwürfe, einen ganz im Stil des Erdgeschosses, einen ganz im Stil der Obergeschosse. Deutlich wird hier der trotz jahrelanger Beschäftigung mit Architekturfragen nicht überwundene Dilettantismus Ludwigs im Verstehen von Formen und Strukturen und im Umgang mit Stilbegriffen. Klenze sagte Entwürfe zu und machte zugleich den Kronprinzen auf sein Mißverständnis bezüglich des toskanischen Stiles im Erdgeschoß des

Entwurfes aufmerksam[21], worauf Ludwig seine Forderung nach neuen Entwürfen ohne die Nennung von Stilbegriffen wiederholte: »Eine Facade des Residenzneubaues ganz durchgeführt mit hervorspringenden Quadern . . . und eine, wo ohne solche auch das unterste Stockwerk werden wird.«[22] Bereits vier Tage später hatte Klenze 2 neue Entwürfe angefertigt, um sie dem Kronprinzen bei nächster Gelegenheit vorlegen zu können.[23]

Klenze begriff sofort, welcher Palast-Typus Ludwig vorschwebte, als er einen Entwurf im toskanischen Stil bzw. »ganz mit vorspringenden Quadern« wollte. Er versuchte zu zeigen, daß »dieser florentinische Republik-Styl, so charakteristisch und schön er auch an und für sich ist, dennoch durchaus nicht für unser Klima paße, ohne Modificationen unterworfen zu werden, welche ihm vieles seiner Eigenthümlichkeit und Schönheit rauben« und »wie diese engen, durch gothische Einbaue verdunkelten Fensteröffnungen einestheils durchaus der gestellten Bedingung einer heiteren Wohnung, anderntheils dem klassischen Style widerstreben, welcher für das Innere und seine Ausschmückung ebenso wünschenswerth als gewünscht war.«[24] Insgesamt geriet Klenze in die Schwierigkeit, gegen eine – ungeachtet der Bauaufgabe – momentane Vorliebe Ludwigs ankämpfen zu müssen, an der er insofern Schuld hatte, als er kurz

22 Klenzeana XIV, 1, 1824, 13. Nov. 1824, Ludwig an Klenze, Nr. 235 auf Nr. 222
23 GHA, KL I, I A 36 II, 17. Nov. 1824, Klenze an Ludwig, Nr. 223
24 Klenzeana I, Memorabilien 1, S. 204

213

vorher dem Kronprinzen die Schönheit der Florentiner Architektur nahegebracht hatte.[25] Klenze setzte darauf, daß die »Zeit vielleicht wieder klarere Ansichten bringt, welche jetzt florentinische Ansichten beschränken.« Darüber hinaus versuchte er mit Ludwig nach dessen Rückkehr nach München im Dezember 1824 und Frühjahr 1825 »über den neuen Schloßflügel« zu sprechen, ohne seine Überzeugung, »daß ein durch das edle Vorbild griechischer Denkmale gereinigter römischer Palast-Styl dasjenige gewesen wäre, was hier am besten gepaßt hätte, geltend machen zu können.«[26] Pläne, die den Forderungen des Kronprinzen nach zwei neuen Entwürfen genau entsprechen, sind nicht überliefert. Erhalten haben sich aber zwei undatierte, präzise ausgearbeitete und schön lavierte Aufrißalternativen, die in der Fassadenausdehnung und in der Zahl der Fensterachsen genau mit den Vorgaben des Königsbaues übereinstimmen[27], und deren chronologische Einordnung eigentlich nur zwischen dem ersten Entwurf vom Februar 1824, genauer zwischen dessen Genehmigungswiderruf vom November 1824, und der Bauausführung ab Sommer 1826 erfolgen kann. Denkbar wäre, daß Klenze in bewußtem Mißverstehen den Auftrag Ludwigs, zwei Varianten zu zeichnen (eine vollständig mit und eine ohne Quaderung), nur auf das Erdgeschoß bezog, um die Diskussion gar nicht erst auf den florentinischen Stil kommen zu lassen. Auffallend an beiden Entwürfen ist die Heraushebung und betonte Öffnung des 5achsigen Mittelteils durch Loggien – an den Palazzo Barberini erinnernd –, das Übereinanderstellen von gleichartigen Pilastern ohne Rücksicht auf die Ordnungsabfolge und die kaum spürbaren Gräzisierungen durch Akroterien und Palmetten auf den Ädikulen. Der zeichnerisch nicht zu Ende geführte Mittelteil des zweiten Blattes zeigt Ähnlichkeit mit der bereits genannten Gran Guardia in Verona. Insgesamt wirken beide Pläne einheitlicher gegenüber dem ersten, von der Überlagerung verschiedenster Elemente geprägten Entwurf vom Februar 1824.

Nach dem Tode seines Vaters am 14. Oktober 1825 konnte Ludwig als König an die Verwirklichung des Bauvorhabens gehen. Über die Genese des letztlich ausgeführten Entwurfes sind weder schriftliche Aufzeichnungen überliefert noch ist bisher Planmaterial bekannt geworden.[28] Auch die von Klenze vorgelegten Fassadenzeichnungen haben sich wohl nicht erhalten. Über den geplanten Bau unterrichtet eine zwar reizvolle, im Vergleich mit Klenzes Architekturzeichnungen aber eher dilettantisch gefertigte perspektivi-

sche Ansicht sowie ein wohl nach dem Original-Fassadenplan durch den Hofbaukonduktor Anton Lang kopierter Teilaufriß. Auf Anordnung König Ludwigs wurden nach der Grundsteinlegung Veränderungen am Plan des Königsbaues vorgenommen. So mußten die Pilaster des Erdgeschosses und der plastische Schmuck der 3 Mittelachsen gestrichen werden.

Klenzes Ausführungsentwurf hatte sich, den Wünschen König Ludwigs entsprechend, an Florentiner Palazzi zu orientieren. Zu Recht werden für den mit grünlichen Kelheimer Sandsteinquadern verblendeten Bau immer wieder zwei Vorbilder genannt[29]: für die Umrißform im Zusammenhang mit der Rustizierung der Palazzo Pitti, für die Pilasterordnung in Verbindung mit der Rustika der Palazzo Ruccelai. Was die bereits zitierten nötigen Modifizierungen des Florentiner Baustils im Hinblick auf die speziellen Probleme der Bauaufgabe und die Münchner Verhältnisse angeht, aber auch hinsichtlich des architektur-theoretischen Kontexts, scheint in erster Linie von Bedeutung, wie Klenze mit den Vorbildern umging. Vor allem die für die Florentiner Architektur so typischen, verhältnismäßig kleinen und durch eingefügte Bogenstellungen zusätzlich verengten Fenster widerstreben nach Klenzes Meinung der Bedingung der »heiteren Wohnung« und dem für das Innere gewünschten »klassischen Styl«.[30] Der Verzicht auf die charakteristische Fenstergestaltung – nötig waren aus genannten Gründen hohe und lichte Öffnungen – forderte andere Motive, die den Mangel hätten ausgleichen können. Wesentlich für die Fassadenprobleme und die Wirkung des Königsbaus ist die Entscheidung des Architekten für die Pilastergliederung nach Art des Palazzo Ruccelai. Während dort für die Pilaster nur ein schmaler Raum zwischen den relativ engstehenden Fenstern bleibt und die Rustika zwischen den Fenstern durch die Pilasterüberschneidung zu einer Art Rahmen reduziert wird, ergeben sich bei den großen Achsabständen des Königsbaues breite rustizierte Mauerflächen zwischen den Fenstern. Klenze übernimmt von Albertis Bau die Rustika-Rahmung (deren eigentlicher Quaderverbund durch den Pilaster verdeckt wird) ohne Rücksicht auf den neuen Kontext als Versatzstück, wodurch die Fenster atektonisch und den Regeln der Quaderverzahnung völlig zuwiderlaufend aus der Wand herausgelöst, fast herausgeschnitten erscheinen. Der im Sinne architektonischer Logik unglückliche Umgang mit dem Vorbild verstärkt die seltsam graphische, einem Linienmuster ähnliche Oberflächenwirkung der

25 ebd. S. 132

26 ebd. S. 206

27 München, SGSM 26563 u. 27003. Leider machten die Umbaumaßnahmen in der SGSM, die eine Schließung der Studiensäle mit sich brachten, eine vertiefte Bearbeitung der Blätter unmöglich. O. Hederer, Leo v. Klenze, München 1964, S. 274, datiert Inv.Nr. 26563 ohne Angabe d. Gründe in das Jahr 1826. Der Abschnitt »Der Königsbau der Residenz« (S. 263–273) ist voller Fehler, Verwechslungen und Ungenauigkeiten und gipfelt hier in einer offensichtlich auf die beiden Blätter der Graph. Slg. Nr. 26563 und 27003 bezogenen Bemerkung, beide hätten sich den florentinischen Palastfassaden angeglichen!

28 Leider war eine Sichtung der Bestände und Schriftstücke der Museumsabteilung u. d. Residenzbauleitung der Staatl. Verwaltung der Schlösser und Seen auf Grund der dortigen Personalsituation, der räumlichen Verhältnisse und der Vorbereitung einer Ausstellung zum Königsbau der Residenz nicht möglich. Die Staatl. Verwaltung der Schlösser und Seen in Bayern zeigte in dieser Ausstellung Juli/August 1986 ein großes laviertes Blatt mit der Bildunterschrift: »Leo von Klenze, 1825, Fassadenentwurf für den Königsbau«. Sowohl die Fassadenlänge (ca. 460 Fuß; im Gegensatz zur Größe des Bauplatzes aber auch zur Fassadenlänge des 1. Entwurfs vom Febr. 1824 und dem ausgeführten Bau mit 424 Fuß) als auch die Achsenzahl (29 im Gegensatz zu 21 Achsen bei den gesicherten Entwürfen und der Bauausführung) schließen eine Zuordnung an die Planung zum Königsbau aus. Darüberhinaus läßt die mangelnde architektonische Qualität des Entwurfes Zweifel an der Zuschreibung an Klenze aufkommen. Dies bezieht sich vor allem auf den Mittelrisalit des an sich an Florentiner Palästen wie Strozzi oder Pitti orientierten Entwurfs. Hier treten Elemente der sog. Franz. Revolutionsarchitektur, u.a. schwere ägyptisierende Säulen, auf. Lediglich die Qualität von Zeichnung und Lavierung überzeugen. Eine durch Signatur und Datierung gesicherte Zuordnung an Klenze würde allerdings eine – im negativen Sinn – nicht gekannte Dimension in dessen Œuvre eröffnen.

29 so z. B. O. Hederer, Klenze, S. 264; E.-M. Wasem, Residenz, S. 17

30 Klenzeana I, Memorabilien 1, S. 204

34.8

Königsbaufassade (das »richtige« Vorgehen bei der Kombination von Pilaster und rustizierter Wandfläche zeigte Rosselino beim Palazzo Piccolomini in Pienza). Von architekturtheoretischem Interesse ist der Umgang Klenzes mit dem Problem der Superposition von Ordnungen. Während Alberti den antiken Prototyp dieser Gliederungsform, das Colosseum in Rom, sehr frei interpretierte und die nächsthöhere Ordnung direkt auf das Gebälk der unteren stellte, folgt Klenze durch das Einbringen einer neuen Sockelzone je Stockwerk, die durch Vor- und Rücksprünge auch noch auf Pilaster und Fenstereinschnitte Rücksicht nimmt, dem antiken Vorbild. Klenze legt gewissermaßen ein architektur-theoretisches Bekenntnis ab, das die Korrektheit im Sinn der klassischen Architekturauffassung in den Mittelpunkt des Interesses stellt und dabei die freie Schöpfung Albertis fast belehrend korrigiert. Klenzes Königsbau ist hier in seinem Charakter bestimmt von einer gewissen akademischen Trockenheit, die sich auch im Schnitt der gleichmäßigen, wohlgeordneten und glatten Quader ausdrückt. So kann der Königsbau weder mit der lebendigen Wucht eines Palazzo Strozzi oder Pitti noch mit dem eleganten und ausgewogenen Lineament des Palazzo Ruccelai konkurrieren. Was die Beziehung des Königsbaues zu seiner Umgebung betrifft, so stellte Klenze selbst zwei Aspekte in den Mittelpunkt.[31] Zu Recht betonte er die Tatsache, sich bei der äußeren Gestaltung nicht an Bestehendes gehalten zu haben, dies vor allem in bezug zum alten Westtrakt der Residenz. Des

weiteren wies er darauf hin, daß die formale Analogie zum Palazzo Pitti nicht aus der Nachahmung des Florentiner Baues begründet sei, sondern aus dem Bemühen, dem »Hoftheater keine zu hohe und gleichsam erdrückende Masse nahe zu stellen.«

Die innere Struktur des Königsbaues ging von den einzelnen hier zusammengefaßten Funktionen aus.[32] Im Erdgeschoß befanden sich Gästeappartements und die Küche, im Hauptgeschoß – durch zwei große Treppenläufe im Westen und Osten, die Königin-Mutter-Treppe und die sog. Gelbe Treppe, erschlossen – die Wohnräume der Königin und des Königs. Über ein mittleres Treppenhaus gelangte man in die zu kleineren Hoffesten bestimmten Gemächer im 2. Obergeschoß. Das Raumkonzept im Hauptgeschoß war insofern bemerkenswert, als von den beiden Treppenhäusern aus die repäsentativen Bereiche der Appartements von König und Königin durch Steigerung der Räume bis zu den beiden Thronsälen als Enfilade entwickelt wurden. Unmittelbar folgten hier jeweils die kleinen Gemächer von König und Königin, die sich im mittleren Abschnitt des Traktes zum privaten Bereich des Herrscherpaares zusammenschlossen. Analog dazu wurde auch die Mitte der Hauptschauseite nicht repäsentativ betont. Bei der Dekoration des Inneren waren »jede Wandbekleidung mit Seiden oder anderen Stoffen, offene Kamine, Spiegel, Fensterdraperien und Fußteppiche« und hölzerne Vertäfelungen ausdrücklich untersagt worden.[33] Wände und Gewölbe wurden mit plastischem,

31 Leo v. Klenze, Über den Königsbau in München, in: Försters Allgemeine Bauzeitung, Wien 1837, Nr. 3, S. 18 u. S. 19
32 vgl. dazu, ebd. S. 25ff. Beschreibung der Lokalitäten
33 ebd., S. 17 u. S. 19
34 vgl. dazu E.-M. Wasem, Residenz, S. 244ff.
35 vgl. ebd. S. 32ff.
36 L. v. Klenze, Königsbau in: Försters Allg. Bauzeitung, Nr. 5, 6 u. 7 (Quaderversatz) 8, 9, 12, 13, 14, 15, 16, 17 (Heizungen, Abtritte) 18

vor allem aber mit gemaltem Schmuck versehen, der sehr eigentümlich und frei verschiedene Komponenten griechischer, römischer, pompejanischer und cinquecentesker Vorbilder zusammenführte, die Klenze in Mantua (Palazzo Ducale, Palazzo del Te, Castello di S. Giorgio), Rom (Farnesina, Villa Madama, Loggien und Stanzen des Vatikans) und Neapel (Fragmente aus Pompeji und Herkulaneum im Museum) studiert hatte.[34] In das so gewonnene Dekorationssystem wurden al fresco die Bilderfolgen eingefügt, die den Dichtern und Dichtungen der griechischen Antike und der deutschen Literatur seit Walther von der Vogelweide gewidmet waren. Im Erdgeschoß befand sich die ausgedehnte Folge der Räume, deren Programm sich auf das große deutsche Heldenepos, das Nibelungenlied, bezog. Architektonische Durchbildung hatten vor allem die Treppenhäuser erfahren – so die »Gelbe Treppe« als offizieller Zugang aller Besucher zu den Wohn- und Audienzzimmern, dem Regierungssitz des Königs. Die reichlich dekorierte Folge unterschiedlicher Wölbformen über der gerade ansteigenden Treppe stand in wirkungsvollem Kontrast zu den nach Ludwigs Wünschen schmucklos gebliebenen polierten, in »giallo antico« gefärbten Stuckmarmorwänden.[35]

Neben der »sichtbaren« Architektur kamen beim Königsbau aber auch bautechnische Innovationen zum Tragen, die Klenze in Försters Allgemeiner Bauzeitung mit gutem Grund ausführlich und reich illustriert beschrieb[36], wie etwa das ausgeklügelte Warmluftheizungssystem. Die hier gezeigte, aber auch in anderen Bereichen (Quaderversatz, Ver- und Entsorgung) vollzogene Entwicklung, wie auch die von Klenze und seinem Büro erbrachte bauorganisatorische Leistung bei dem mit 2 157 000 fl teuersten Bauprojekt Ludwigs I. können in ihrem zeitgenössischen Kontext kaum hoch genug eingeschätzt werden.

F. Zimmermann

35   Allerheiligenhofkirche in der Residenz, München, 1826–1837

»Solch eine Schloßkapelle will ich haben«, rief Kronprinz Ludwig den Aufzeichnungen seines Leibarztes Ringseis zufolge, nachdem er Weihnachten 1823 die Christmette in der Capella Palatina, der 1129 unter dem Normannenkönig Roger erbauten Schloßkapelle in Palermo, miterlebt hatte.[1] Klenze hat die Beweggründe zu dieser ersten enthusiastischen Äußerung zum Neubau einer Hofkirche treffend charakterisiert: »Der Goldgrund der (Mosaik)Gemälde, das sonderbare phantastische Verhältnis des Ganzen, der Rest eines ehrwürdigen Althertums, die geschichtlichen Erinnerungen, welche sich an sie knüpfen und die heilige Handlung bei mitternächtlicher Beleuchtung hatten auf den Kronprinzen einen . . . gewaltigen Eindruck gemacht.«[2] Ludwigs Äußerung kam einem Planungsauftrag gleich. Gemeinsam wurden die anderen palermitanischen Kirchen, vor allem aber die Capella Palatina, noch mehrfach besucht. Im Laufe der 4½jährigen Planungszeit von der genannten ersten Äußerung bis zum endgültigen Ausführungsplan im Mai 1828 (1½ Jahre nach der offiziellen Grundsteinlegung am Allerheiligentag 1826) erfuhr die ursprüngliche Idee des Kronprinzen, der eine treue Kopie der Capella Palatina wünschte, im architektonischen Bereich durch Klenze und in der Ausmalung durch Heinrich von Heß nach und nach erhebliche Modifikationen. Letztlich blieb bei der Ausführung des am 29. Oktober 1837 geweihten Baues vom eigentlich gewünschten Vorbild so gut wie nichts übrig.

Als Standort für den vergleichsweise groß dimensionierten Neubau, der offiziell aus der »Beschränktheit der alten Kapelle« begründet wurde[3], bot sich der seit dem Brand von 1750 verwahrloste Bereich östlich des Brunnenhofes am Rande der Residenz an. Zum einen war hier dem Wunsch Ludwigs, es von dem in Planung befindlichen Königsbau, also der königlichen Wohnung, »nie zu weit in die ebenfalls erst aufzuführende neue Kapelle mit Mosaikwänden« haben zu wollen[4], entsprochen. Zum anderen stand der Neubau hier insofern in einer gewissen Tradition, als in diesem Bereich Cuvilliés der Ältere 1764/1766 und auch Maximilian v. Verschaffelt 1799 bereits Hofkapellen geplant hatten.[5] Entsprechend der ursprünglichen Vorstellung einer in den Residenzkomplex integrierten Kapelle wäre neben dem Cuvilliés- und dem Nationaltheater ein dritter Bau entstanden, der seine unbedeutende Rückseite gezeigt hätte.

35.4

1 zur umstrittenen Datierung (1817 oder 1823) des Zitates vgl. Günter-Alexander Haltrich, Leo v. Klenze, Die Allerheiligenhofkirche in München, München 1983, S. 9 ff., dort auch, sofern nicht anders angegeben, die Vorgänge bei der Bauplanung (S. 16 ff.) und die Daten zur Baugeschichte (S. 24 ff.)
2 Klenzeana I, Memorabilien, 1, S. 178; Klenze war mit Ludwig nach Sizilien gereist, verbrachte den Jahreswechsel zu Bauaufnahmen in Agrigent, erlebte aber bei seiner

35.1 Leo von Klenze/Heinrich von Heß
(Farbabb.)
München, Allerheiligenhofkirche,
Innenraumperspektive, 1826/37
Aquarell; 31,0 × 42,0
MStm, Inv.Nr. 51/402

35.2 Leo von Klenze (Abb.)
München, Allerheiligenhofkirche,
Querschnitt, 1826
Feder und Aquarell; 68,0 × 50,0
SGSM, Inv.Nr. 26617

35.3 Leo von Klenze
München, Allerheiligenhofkirche, Fassa-
denaufriß (Bauaufnahme nach 1842 WZ),
1826
Feder, grau laviert; 52,0 × 42,0
MStm, M II/68/19

35.4 Leo von Klenze (Farbabb.)
München, Allerheiligenhofkirche,
Fußboden, 1826
Feder, aquarelliert; 58,0 × 45,0
BStB, cod icon. 210f/3 Nr. 67

35.5 Leo von Klenze (Abb.)
München, Allerheiligenhofkirche,
Längenschnitt, 1826
Feder; 68,0 × 51,0
SGSM, Inv.Nr. 26618

35.6 Allerheiligenhofkirche, Aufnahme
ca. 1890 (Abb.)
Fotoarchiv Marburg

35.7 Allerheiligenhofkirche, Innenansicht um
1888 (Abb.)
aus: H. Reidelbach, König Ludwig I. von
Bayern und seine Kunstschöpfungen,
Hannover 1985, Abb. 20

35.1

Rückkehr nach Palermo die spontane Begeisterung unmittelbar.
3 Schorn'sches Kunstblatt, 1827, Nr. 12,
8. Februar, S. 46
4 Brief vom 6. 11. 1825, Ludwig an Klenze,
zitiert nach G. A. Haltrich, Allerheiligenhofkirche, S. 11, Anm. 5
5 vgl. G. A. Haltrich, Allerheiligenhofkirche,
S. 17
6 Klenzeana I, Memorabilien, 1, S. 178
7 GHA, KL I, II A 31, 5. Mai 1826, Klenze an
Ludwig
8 ebd., 16. 8. 1826, Klenze an Ludwig I.
9 Im Laufe der Planungsvorgänge hatte Klenze die Entwürfe auch Fr. v. Gärtner vorzulegen, der ein vernichtendes Urteil fällte:
»keines Schulknaben würdig« . . . »daß ein
Mann von so viel Kenntnissen und Talent
so etwas Absurdes machen kann.« vgl. dazu G. A. Haltrich, Allerheiligenhofkirche,
S. 19

Was die stilistische Haltung des geplanten
Baues anging, versuchte Klenze sich von
Ludwigs gewünschtem Vorbild zu lösen.
In der Überzeugung, daß das, was den
Kronprinzen so begeistert hatte, »auch
ohne die Begleitung der ungeheuren artistischen Unvollkommenheiten zu erlangen sei, welche diesem Bauwerke des
Mittelalters ankleben« und daß man die
»Erinnerung und die poetische und historische Ansicht nicht wiedergeben und
nicht anders und nicht besser ersetzen
könne als durch größere Schönheit und
Reinheit der Form«[6], hatte Klenze als
Vorbild für das Innere den »Prototyp
(. . .) des gewählten byzantinischen
Stils: San Marco«[7] langsam durchgesetzt –
dies sicher auch wegen der dort eingestellten, für eine Hofkirche unabdingbaren

Emporen. Der Außenbau sollte nach
Ludwigs Vorstellungen, da die Capella
Palatina völlig in den Palast integriert und
nicht einzusehen war, im Stil anderer Kirchen Palermos bzw. des Doms von Mon-
reale gestaltet werden. »Aber freilich
kann hier nur die ungünstigste Seite aller
christlichen Kirchen, die Seitenfacade
nemlich und die Chorseite sichtbar werden, da die Lage der Sache erfordert, daß
die günstigere Vorderseite angebaut und
versteckt werde.«[8] Nach langen Debatten,
die nach der Erteilung des Bauauftrages
noch weit über die Grundsteinlegung am
1. November 1826 hinaus (wohl bis ins
Frühjahr 1828) andauerten[9], gelang es
Klenze endlich, den König davon zu
überzeugen, daß die Kirche um 180° gedreht werden und eine Fassade zum Mar-

stallplatz hin erhalten müsse. Diese folgte im Stil der architektonischen Einzelform dem Beispiel oberitalienischer Romanik in allerdings idealisierter Gestaltung, so daß sich direkte Vorbilder bis ins Detail kaum nachweisen lassen.[10] In der Struktur des breit lagernden Hauptbaukörpers griff Klenze auf den Typus der lombardischen Fassade zurück, bei dem ausnahmslos die 3 Schiffe durch eine vorgeblendete gemeinsame Giebelwand zusammengefaßt sind, auf die innere Gliederung in Haupt- und Seitenschiffen aber durch vertikale Wandvorlagen (Lisenen, schlanke Halbsäulen) verwiesen wird.[11] Verunklärend wirken bei der Münchener Hofkirche lediglich die links und rechts angefügten Anbauten, die allerdings auf Grund ihrer geringeren Höhe kaum mit Seitenschiffen verwechselt werden können. Die Hartnäckigkeit, mit der Klenze bei der Raumdisposition gerade San Marco im Auge hatte, und die Zielstrebigkeit, mit der er die Drehung der Kirche um 180° verfolgte, um eine Fassade zu erhalten, an der er lombardische Sakralarchitektur vorführen konnte, ist auffallend. Sowohl die Anlehnung an San Marco (Kuppelfolge und Emporen mit Quertonne überwölbt)[12] als auch die Giebelwand in typisch lombardischer Form sind außerordentlich charakteristische, aber auch ausgefallene Zitate struktureller Art, deren Einmaligkeit und gesuchte Verbindung auf ungewöhnliche Intentionen schließen lassen. So liegt die Vermutung nahe, daß sie als Verweis auf historisch-politische Aspekte zu verstehen sind, die einerseits auf die Geschichte des Hauses Wittelsbach, vor allem aber auf die Regelung des Verhältnisses Staat und Kirche anspielen. Diese hatte Klenze möglicherweise gemeint, als er in Zusammenhang mit seinem Bedauern über das Fehlen einer eigentlichen Schauseite dem König schrieb, daß er über die »anderen architektonischen, ja sogar politischen Verhältnisse dieses Baues … (seine) freymüthige Meinung« sagen wolle.[13] Venedig bzw. San Marco war der Ort, an dem 1177 die bedeutende Begegnung zwischen Papst Alexander III. und Friedrich Barbarossa stattfand, die letztlich eine Versöhnung zwischen Staat und Kirche mit sich brachte. Insofern bezog sich ein Verweis auf dieses historische Ereignis durchaus auch auf die aktuelle Situation, in der unter dem Protekorat Ludwigs die Kirche in ihre bei der Säkularisation verlorenen Rechte wieder eingesetzt wurde, wofür die Allerheiligenhofkirche als erster Kirchenbau nach der Säkularisation ohnehin bereits Symbol war.[14] Ebenfalls in Zusammenhang mit Friedrich Barbarossa, dem ja das Haus Wittelsbach die Her-

35.2

35.5

zogswürde in Bayern verdankte, und auf den Ludwigs Legitimation aus der Geschichte wiederholt anspielte, dürfte der Hinweis auf die lombardischen Kirchen bzw. die Lombardei stehen. In San Michele in Pavia – mit Ausnahme des Doms zu Piacenza der einzige Hausteinbau dieser Kunstlandschaft und darin der Allerheiligenhofkirche verwandt[15] – wurde Friedrich Barbarossa wie eine Reihe anderer deutscher Kaiser zum König der Langobarden gekrönt.[16] Darüberhinaus spielte die Gegend zwischen Pavia und Piacenza für die Präsenz deutschen Herrschertums in Italien, in dessen Nachfolge sich Ludwig I. sah, eine wesentliche Rolle. Klenzes aufschlußreiche Bemerkung und die architektonische Ausformung machen deutlich, daß es hier offenbar doch um mehr ging als nur um den »Kampf für den klassischen Styl der Allerheiligenhofkapelle.«[17] Durch ihre Architekturzitate fügte sie sich vor allem im genannten kirchenpolitischen Aspekt in

10 Romanisch damals üblicherweise mit dem Synonym byzantinisch bezeichnet. Zur Stilterminologie vgl. G. A. Haltrich, Allerheiligenhofkirche, S. 48ff. Gewisse Ähnlichkeiten bestehen zum Portal der Kirche S. Carlo dei Lombardi in Florenz und zum Radfenster von S. Zeno in Verona, vgl. G. A. Haltrich, Allerheiligenhofkirche, S. 42

11 Norbert Lieb, Die Allerheiligenhofkirche, in: N. Lieb/H. J. Sauermost (Hrsg.) Die Kirchen Münchens, München 1973, S. 191, hat in Zusammenhang mit den senkrechten Vorlagen zwar als einziger auf eine lombardische Kirche, den Dom von Piacenza, verwiesen, die strukturelle Abhängigkeit der Hofkirche vom lombardischen Typus aber nicht gesehen. Unverständlich ist, weshalb G. A. Haltrich diesen Hinweis nicht verarbeitet hat, stattdessen die Kirche S. Zeno in Verona mit klassischem Basilika-Aufriß und mit eng nebeneinanderliegenden Lisenen zum Struktur-Vorbild der Fassade macht (S. 42).

12 Zum Vorbild S. Marco in Venedig, aber vor allem zu den wesentlichen Abweichungen vgl. die Analyse bei G. A. Haltrich Allerheiligenhofkirche, S. 54ff.

35.6

13 GHA, KL I, II A 31, 16. 8. 1826, Klenze an
   Ludwig I.; die Briefstelle ist bisher unbeachtet geblieben.
14 Jahre später, bei der Ausmalung des Barba-
   rossasaales im Festsaalbau (1838–42) wurde
   die Friedrich/Alexander-Szene Gegenstand
   eines großen Wandbildes innerhalb des ausgedehnten Zyklus. Zusätzlich wird hier
   durch die allegorischen Figuren Ecclesia
   und Imperium der – damals durch Friedrich
   Barbarossa, jetzt Ludwig I. – zum Ausgleich geführte Streit der um die Herrschaft
   kämpfenden Mächte thematisiert.
15 Die Fassade der Hofkirche besteht aus
   Sandsteinquadern (1829 genehmigt), die
   Seitenfassaden waren »in Ziegel mit Bewurf
   und quaderartigem Anstrich«, vgl. G. A.
   Haltrich, Allerheiligenhofkirche, S. 26,
   Anm. 8

35.7

ein umfassendes ikonologisches Programm der Residenz ein und erfuhr später in den Kaisersälen des Festsaalbaues eine ergänzende Erklärung.[18]

Die Kritik vor allem des 19. Jahrhunderts begegnete der Fassade mit ablehnender Haltung[19], was wohl auf den glatten und idealisierten, formal und inhaltlich akademischen Charakter des Baues zurückzuführen war. Ganz im Gegensatz dazu standen die Urteile über den Innenraum, der nicht zuletzt auf Grund der Fresken von Heinrich v. Heß Anlaß zu höchstem Lob gab. Abgesehen von den erwähnten architektonischen Modifikationen der Raumstruktur im Laufe der Planungsgeschichte kam es auch zu wesentlichen Veränderungen der Bildausstattung der Allerheiligenhofkirche. In den Ausführungsentwurf hatten sich Klenze – für den gesamten Bereich bis zur Balustrade der Empore – und Heß – für die gesamte Gewölbezone – geteilt.[20] Für die Erdgeschoßzone blieb der 1. Entwurf Klenzes mit dem Farbenklang des schönen Marmorfußbodens, der hauptsächlich dunkelgrün gehaltenen Marmorimitationen in Skagliola-Technik und den roten Säulen aus Salzburger Marmor maßgeblich. Neben einer ersten, finanziell bedingten Entscheidung, an Stelle von Mosaiken »al fresco« auf Goldgrund malen zu lassen[21], spielte für die Gewölbezone die Übertragung der Malereien an Heinrich v. Heß die wesentliche Rolle. Von dessen Vorstellungen waren Klenzes erste Entwürfe, die auf eine buntfarbige und helle Raumstimmung abzielten, weit entfernt. Klenzes »Dekoration ist eine Synthese von klassizistischer Ornamentik französischer Provenienz und, vor allem bei den Figuren, von archaisierenden, frühchristlich-byzantinisch-strengen Motiven.«[22] Durch Heß erhielt der Raum seinen romantisch-mystischen Charakter, den der indirekte, durch Grisaille-Malerei des Glases zusätzlich gedämpfte Lichteinfall verstärkte.

Außerdem aber kam es im Laufe der Planungen zu entscheidenden Veränderungen des ikonographischen Programms. Die im Prinzip auf die Gesamtheit der Heiligen bezogenen Malereien wurden durch Heß mit großfigurigen Szenen aus dem Alten und Neuen Testament erweitert und zeigten in der Chor-Apsis die Trinität, darunter die thronende Maria, meist als Patrona Bavariae gedeutet.[23] Klenze hatte hier an entscheidender Stelle unter dem segnenden Christus, von Propheten(?) begleitet und auf einem einfachen Thron sitzend, wohl den Hl. Ludwig mit Demutsgestus vorgesehen.[24] Damit wies er indirekt dem König selbst eine herausgehobene Position innerhalb des Gesamtprogrammes zu. Der Entwurf ist noch der Planungsphase zugehörig, die keinen Zugang zur Hofkirche von außen vorgesehen hatte. Spätestens mit der Drehung der Kirche und ihrer Öffnung zum Marstallplatz konnte der sich hier manifestierende Anspruch einem breiten Publikum gegenüber mit Sicherheit nicht mehr vertreten werden, auch wenn er den tatsächlichen Vorstellungen des Königs im Hinblick auf das Gottesgnadentum durchaus entsprochen hätte.

Die Fassade der Allerheiligenhofkirche wertete die stark vernachlässigte Ostseite der Residenz auf. Mit der Fertigstellung des Festsaalbaues und des Apothekenflügels ca. 1840 war im Verein mit den – allerdings im Ansatz steckengebliebenen – Marstallbauten ein unregelmäßiger, aber immerhin geordneter Raum entstanden. Die Platzfigur hatte nichts mit der Großartigkeit des von Carl v. Fischer vorgesehenen Residenz-Marstall-Ensembles zu tun.[25] Die Lösung Klenzes betont im Gegenteil das Konglomerat, das historisch Gewachsene, das der gesamten Residenz seit Jahrhunderten anhaftete und auch weiterhin anhaften sollte.

F. Zimmermann

16 Die Figur Friedrich Barbarossas war seit 1820 Gegenstand größten Interesses auch in Kreisen, die eng mit dem Münchener Hof zu tun hatten, vgl. dazu E.-M. Wasem, Die Münchener Residenz unter Ludwig I., Bildprogramme und Bildausstattungen, München 1981, S. 182 ff. Weder Friedrichs-Zyklen noch die Form geschichtlichen Denkens waren hier unbekannt. Peter Cornelius, der 1824/1825 mit ersten Friedrichs-Zyklen für Freiherrn vom Stein, einem »begeisterten Förderer der wissenschaftlichen Aufarbeitung deutscher Geschichte«, und für Anton von Spee intensiv befaßt war, sprach auch mit Klenze über dessen Entwürfe zur Allerheiligen-Hofkirche (vgl. GHA, KL I, II A 31, 15. September 1826, Klenze an Ludwig). Auch Ludwig kannte Freiherr vom Stein; sicherlich war auch Friedrich Raumers »Geschichte der Hohenstaufen und ihrer Zeit«, Leipzig, 1823–1825 (6 Bde.) bekannt. Schließlich war dem Maler Klenze bei der Darstellung von »Geschichte« die Methode der Zitat- und Versatzstückkolportage geläufig, vgl. N. Kromminga, Kompositionsweise und Bedeutungsebenen in L. v. Klenzes Bildkunst, in: OA, 109, H. 2, München 1984, S. 127–132

17 Klenzeana XIII, 1, Erinnerungsblatt mit Notizen; so bezeichnet Klenze die Jahre 1826/1827 in Bezug auf die Allerheiligenhofkirche

18 zum ikonographischen Programm der Kaisersäle vgl. Leo v. Klenze, Der Festsaalbau am königlichen Residenzschloß zu München, in: Försters Allgemeine Bauzeitung, S. 264 ff.

19 vgl. G. A. Haltrich, Allerheiligenhofkirche, S. 97 f.

20 ebd. S. 77

21 ebd. S. 60

22 ebd. S. 121

23 vgl. N. Lieb, Allerheiligenhofkirche, S. 198

24 SGSM, Inv.Nr. 26617 u. 26618

25 vgl. W. Nerdinger, Entwürfe für die Residenz, und F. Zimmermann, Entwürfe zum Marstall, in: W. Nerdinger (Hrsg.), Carl v. Fischer, Kat. zur Ausstellung, München 1982, S. 70 ff. u. S. 82 ff.

36 Festsaalbau und Apothekenflügel der Residenz, München, 1832–1842

Zwischen 1832 und 1836 entstand nach Plänen Leo von Klenzes der Baukörper des Festsaalbaues, bis 1839 kam der sog. Apothekenflügel unter Dach. An Dekoration und Ausmalung der wesentlichen Räume des Hauptgeschosses wurde noch über die feierliche Einweihung des Festsaalbaues am 12. Oktober 1842 hinaus bis 1844 gearbeitet, die innere Fertigstellung der weniger wichtigen Gästeappartements im Erdgeschoß zog sich sogar bis in die 60er Jahre des 19. Jhdts. hin.[1] Nachdem sich bereits Cuvilliés d. Ä. (1764/1766)[2], Maximilian v. Verschaffelt (1799)[3] und Charles-Pierre Puille (1799)[4] mit der umfassenden Neugestaltung der Nordfassade der Residenz befaßt hatten, beschäftigten seit 1816 Leo von Klenze immer wieder Planungen zu einem neuen, dem Hofgarten zugewandten Residenzflügel. Diese mündeten im Juli 1832 in einen Entwurf, der bei intensiv geführter Diskussion zwischen Ludwig I., der Akademie und Klenze innerhalb weniger Wochen soweit zur Baureife geführt wurde, daß eine Grundsteinlegung am 18. Oktober, dem Jahrestag der Völkerschlacht bei Leipzig, stattfinden konnte.

1816 wurde Klenze mit dem scheinbar uninteressanten Abschnitt Schönfeld-Vorstadt des Münchener Generalplanes betraut – ein Auftrag, den er zunächst ablehnen wollte.[5] Die Überlegung, daß hierzu aber auch die Residenz, der Hofgarten und das Schwabinger-Tor mit Vorplatz gehörten, machte ihm »die Sache interessant genug.« Ein Situationsplan für die Neuregelung des genannten Bereiches von 1816 macht deutlich, wie umfassend Klenze hier seine Aufgabe begriff und zeigt im Schemagrundriß auch erste Überlegungen zur Neugestaltung der nördlichen Residenzfassade. Auf 1818 geführte Gespräche[6] gehen wohl durch eine perspektivische Ansicht überlieferte Entwürfe von ca. 1820[7] zurück, die 1821 bereits in den Anfängen der Realisierung standen[8], von Max I. Joseph nach dem Tode seiner jüngsten Tochter Caroline aber ausgesetzt wurden: »Klenze, mit dem Neubau des Schlosses ist es nichts, das will ich dem Louis überlassen.«[9] Verstreut tauchen in den folgenden Jahren immer wieder Nachrichten auf[10], die zeigen, daß das Projekt eines Residenz-Nordtraktes »mit den acht Bildsäulen darauf« nicht aus den Augen verloren wurde. In eine entscheidende Phase traten die Pläne zum Festsaalbau wohl im Frühjahr 1830, als Klenze in Verbindung mit einem auf vier Jahre angelegten Finanzplan einen ausgearbeiteten Entwurf vorlegte, den Ludwig I. äußerst günstig beurteilte.[11] Mit seinem Befehl, den Bau »in die ernsteste Erwägung, sowohl in ästhetischer als in finanzieller Beziehung« zu nehmen[12], hatte der König im Frühjahr 1832 wohl auch Kritik an den Plänen formuliert, worauf Klenze sechs verschiedene Verbesserungsvorschläge ausarbeitete. Diese Zeichnungen von 1832 sind vermutlich verloren, auch die Entwürfe von 1830, doch legen verschiedene, im Hinblick auf die Probleme der Fassadengestaltung ausgewertete schriftliche Dokumente nahe, daß die Entwürfe von 1830/1832 den Planungen von 1820 sehr nahe gestanden haben müssen. Lediglich der Mittelrisalit war von 12 auf 16 Achsen und der ihm vorgelegte Portalvorbau von 8 auf 10 Achsen erweitert worden. Die perspektivische Ansicht von 1820, Klenzes Kommentar zu den sechs Verbesserungsvorschlägen, der die Wünsche des Königs indirekt offenbart, die weitere Korrespondenz zwischen Ludwig und Klenze sowie die Gutachten von Heidecks, Friedrich v. Gärtners und der Akademie geben Einblick in die Geschichte der formalen Probleme der Fassadendisposition und decken zugleich den Umgang der beteiligten Personen untereinander und deren Selbstverständnis auf. Neben den auf den Festsaalbau bezogenen Aspekten lassen sich aber auch allgemeinere Standpunkte in Ludwigs und Klenzes Umgang mit Architektur ablesen. Klenze hatte die Dimensionierung der gesamten Schauseite aus den Vorgaben der »schon gebauten und nicht abzubrechenden Theile« entwickelt.[13] In der Struktur nicht angetastet werden sollte der sog. Kaiserhoftrakt der Maximilianischen Residenz des 17. Jhdts., dessen mittlerer, zwischen 2achsige Risalite gespannter Bauteil durch Puille und A. Gärtner ab 1799 bei gleicher Längenausdehnung von einer 11- zu einer 18achsigen Fassade verändert worden war.[14] Östlich an diese Bausubstanz schloß Klenze das Kernstück des neuen Residenzflügels, den Thronsaal, an, auf den Klenze am Außenbau durch den offenen Portikus zu 10 Achsen und zwei Geschossen verwies. Seine Mitte war gegeben »durch ein in Tempelform aufgeführtes im gegenüberliegenden Hofgarten befindliches Brunnenhaus von einigem Umfang, das weder übersehen noch beseitigt werden konnte.«[15] Entsprechend den Symmetriegesetzen wiederholte er die Fassadengliederung des westlichen, neu ummantelten Kaiserhoftraktes im Osten, so daß ein ca. 280 m langer, 2½ geschossiger Baukörper im Rhythmus 3 : 17 : 12 : 17 : 3 entstand mit zwei Eckrisaliten und einem Mittelrisalit mit 8achsigem Portikus, je

1 zu den Daten der inneren Dekoration vgl. Eva-Maria Wasem, Die Münchener Residenz unter Ludwig I. – Bildprogramme und Bildausstattungen in den Neubauten, München 1981, S. 168

2 vgl. N. Lieb, Münchener Barockbaumeister, München 1941, S. 221, Anm. 64

3 vgl. B.-V. Karnapp/W. Nerdinger, Die Residenz, in: W. Nerdinger (Hrsg.), Klassizismus in Bayern, Schwaben und Franken, Kat. zur Ausst., München 1981, S. 142

4 vgl. Hans Ottomeyer, Die Ausstattung der Residenz König Max Josephs von Bayern (1799–1825) in: H. Glaser (Hrsg.), Wittelsbach und Bayern, Kat. zur Ausst., München 1980, Bd. III/1, S. 375

5 vgl. Hans Lehmbruch, Planungen vor dem Schwabingertor, in W. Nerdinger (Hrsg.) Kat. Klassizismus, S. 138 u. S. 141, Anm. 12, dort auch das nachfolgende Zitat Klenzes sowie die Abb. des w.u. genannten Planes v. Klenze (S. 138)

6 Klenzeana, I, Memorabilien Bd. 1, S. 85

7 SGSM, Inv.Nr. 26564, zur Datierung vgl. H. Lehmbruch, Das Hofgartentor, in: W. Nerdinger (Hrsg.), Kat. Klassizismus, S. 152, Anm. 11

8 vgl. GHA, KL I, I A 36 II, 10. März 1821, Klenze an Kronprinz Ludwig, Nr. 108 auf Nr. 106

9 Klenzeana, I, Memorabilien Bd. 1, S. 85f.

10 vgl. E.-M. Wasem, Residenz, S. 165, dort auch das folgende Zitat Kronprinz Ludwigs von 1825

11 Entwurf und kgl. Urteil sind erwähnt in: GHA, KL I, II A 32, 8. Juli 1832, Klenze an Ludwig (Nr. 297) sowie 18. Juli 1832, Klenze an Ludwig (Nr. 298 auf 265)

12 GHA, KL I, II A 32, 8. Juli 1832 (Nr. 297)

13 GHA, KL I, II A 32, 18. Juli 1832 (298 auf 265)

14 vgl. Hans Ottomeyer, Die Ausstattung der Residenz, S. 375

15 Leo von Klenze, Der Festsaalbau am königlichen Residenzschloß in München, in: Försters allgemeine Bauzeitung, Wien 1842, S. 260

36.1

um ein Stockwerk erhöht. Bei der Um-
mantelung des Kaiserhoftraktes war der
alte 2achsige westliche Risalit um eine
Achse erweitert, der östliche in den Mittelrisalit integriert worden. Daneben
mußte Klenze noch den alten Christophsturm – nach alter Überlieferung Sinnbild
für den Fortbestand der Wittelsbacherdy-
nastie – in die Planung des Nordostab-
schnittes einbeziehen, was er ohne nach-
teilige Wirkung für die Fassade durch
Umbauung auch bewerkstelligte.[16] Diese
»Erfindung und wesentliche architektonische Hauptidee« und die »Anordnung des
mittleren Vorbaues« war von keiner Seite
der Kritik unterzogen worden[17], sieht
man davon ab, daß Ludwig I. an Gärtner
offenbar die Frage gerichtet hatte, ob
Vorsprünge bei dem Bau nicht überflüssig
seien und der mittlere Vorbau nicht geringere Tiefe erhalten könne.[18] Gärtner
zerstreute solche Bedenken mit dem Hinweis auf die dabei zu erwartende Monotonie und auf die »organisch« entwickelte
Anordnung des Klenze-Entwurfes. Die
eigentliche Kritik Ludwigs I. an dem ersten Entwurf, die auch von den Gutach-
tern geteilt und von Klenze bei seinen
Korrekturen sogleich berücksichtigt wurde, bezog sich auf den niedrigen Sockel,
mehrere Details des Erdgeschosses, die an

das Hauptgesims stoßenden Mezzanin-
Fenster sowie die zu geringe Höhe des
Baues und des obersten Stockwerks.[19]
Klenze, der in diesem Zusammenhang
ausdrücklich bemerkte, daß er »störrische
Furcht gegen Einreden Anderer fast immer als ein Zeichen von matter Unsicherheit gefunden habe«, bemühte sich, »jene
Winke, welche Eur. Majestät mir über
meinen Entwurf zu geben die Gnade hatten« anzunehmen und »auch den letzten
und allerdings hochgespannten Forderungen zu entsprechen.«[20] Dazu legte er die
erwähnten sechs Änderungsvarianten vor,
wobei er allerdings im Begleitschreiben
immer die von ihm selbst bevorzugte Lösung betonte. Klenze erhöhte den Sockel
von 6 auf 8½ Fuß, zum Gewinn des
Außenbaues, aber zum Nachteil der inneren Organisation, nahm den Fenstern im
Erdgeschoß die durchlaufende Sohlbank,
verringerte die Zahl der horizontalen Fugen von 15 auf 10, beides »um noch mehr
Ruhe und Einfachheit zu gewinnen ohne
arm und nackt zu werden«. Außerdem
gab er den Mezzanin-Fenstern mehr
Raum durch Weglassen der Rahmung
und schlug zur Erhöhung des Baukörpers
eine kleine Balustraden-Attika über dem
Kranzgesims vor, da die »Atticapilaster
(Klenze meinte wohl die Pilaster im 3 OG

36.1 Leo von Klenze (Farbabb.)
Festsaalbau der Münchener Residenz,
Entwurf, perspektivische Ansicht, um
1820
Feder, laviert; 93,0 × 60,0
SGSM, Inv.Nr. 26564

36.2 Leo von Klenze
Festsaalbau der Münchener Residenz,
perspektivische Ansicht von Nordosten,
1832–1838
Stahlstich; 36 × 27,5
MStm, Z 1159

36.3 Leo von Klenze (Abb.)
Festsaalbau der Münchener Residenz,
Prachtstiegenhaus,
Stirnwand im 1. Obergeschoß
Feder aquarelliert; 52,0 × 38,0
SGSM, Inv.Nr. 27392

16 vgl. E.-M. Wasem, Residenz, S. 165
17 vgl. GHA, KL I, II A 32, 18. Juli 1832
Klenze an Ludwig I. (Nr. 298 auf Nr. 265)
18 Der Fragenkatalog Ludwig I. ist nicht erhalten, läßt sich aber aus den Antworten
Gärtners erschließen. vgl. dazu GHA, KL
I, II A 27, 6. Aug. 1832, Fr. v. Gärtner an
Ludwig I.
19 Die Kritik Ludwig I. ist nicht schriftlich
überliefert, geht aber aus den Korrektur-
kommentaren Klenzes hervor, vgl. GHA,
KL I, II A 32, 18. Juli 1832, Klenze an
Ludwig I.
20 GHA, KL I, II A 32, 8. Juli 1832, Klenze an
Ludwig I.

36.4

36.4 Leo von Klenze (Farbabb.)
Festsaalbau der Münchener Residenz,
Thronsaal, perspektivische Innenansicht,
Entwurf, 1834
Feder, Bleistift, farbig aquarelliert;
MStm, M II/101

36.5 Festsaalbau der Münchener Residenz,
Saal Kaiser Karls des Großen, um 1888
(Abb.)
Foto aus: H. Reidelbach, König Ludwig
I. von Bayern und seine Kunstschöpfun-
gen, Hannover 1985, Abb. 16

21 GHA, KL I, II A 32, 18. Juli 1832, Klenze
an Ludwig I. dort auch die vorhergehenden
Zitate
22 Klenzeana XIV, 1, 1832, 21. Juli 1832, Ludwig I. an Klenze, Nr. 266 auf 298
23 GHA, KL I, II A 32, 27. Juli 1832, Klenze
an Ludwig I. (Nr. 301 auf 266)
24 Klenzeana XIV, 1, 1832, 21. Juli 1832, Ludwig I. an Klenze Nr. 266 auf 298
25 GHA, KL I, II A 32, 27. Juli 1832, Klenze
an Ludwig I. (Nr. 301 auf 266), dort auch
die weiteren Zitate

der Risalite, Anm. d. Verf.) ohne alles Verhältnis aufzugeben keine Erhöhung mehr litten.«[21] In seinem Antwortschreiben vom 21. Juli 1832 setzte sich Ludwig I. mit Klenzes Vorschlägen auseinander.[22] Mit der Lösung für das Erdgeschoß zeigte er sich zufrieden und meinte: »Darum brauchen die Gemächer desselben nicht niedriger zu werden. Eines steinernen Tritts innen am Fenster (wie in italienischen Palästen nicht selten) bedarf es nur.« Ansonsten aber übte Ludwig I. an dem korrigierten Entwurf Klenzes massive Kritik: »Mit dem Stock über eine Stiege bin ich ganz und gar nicht einverstanden, weil nichts als Fenster und Pilaster, Mauer wird fast keine gesehen, Ruhe mangelt es durchaus. Die Fenster mit Säulen lassen schön beim Palaste Farnese aber welch großen wohltuenden Raum von einem zum anderen und an der Façade keine Lisenen. Mir scheint das eine oder das andere wegbleiben zu müssen, in keinem Falle aber die Dreyfachlisenen, das einzige was in dem ansonsten so herrlichen Hofe des Farnese Pallastes in Rom mißfiel«. Waren die Dreifachpilaster gegenüber dem König noch mit dem Hinweis auf die griechische Antike (»eine Erfindung der Architektur unter Perikles am Tempel der Akropolis«) zu rechtfertigen und der letztendliche Verzicht auf sie ohne Gesichtsverlust damit zu begründen, daß an Stelle der zunächst vorgesehenen glatt verputzten Wand eine flache Putz-Quaderkonstruktion treten würde[23], so mußte ein zweiter grundsätzlicher Kritikpunkt Klenze tief treffen: »Was an demselben (Palast Farnese), was den schönsten Palästen Roms und Florenz mir vorzüglich gefällt, *ohne welches keine Großartigkeit stattfindet* ist die große Entfernung jeder Fensterreihe voneinander, und aufrichtig gesprochen Ihren meisten Gebäuden mangelt. Ohne die gibt es keine majestätische Ruhe.«[24] In bezug auf den Entwurf der Festsaalbaufassade stellte Klenze sofort klar, daß bis auf die Höhe des vom Kaiserhoftrakt bestimmten Erdgeschosses die Verhältnisse des Palazzo Farnese hier sogar noch übertroffen würden.[25] Was die grundsätzliche Kritik des Königs betraf, holte Klenze zu einer weitreichenden Verteidigung aus und zählt verschiedene »Hindernisse gegen jeden Reiz italienischer Facaden auf«, wie »die Armut der Bauherren, das klein gemessene nordische Bedürfnis, die Noth der wenigen Sonne und Luft von außen

Eingang zu verschaffen, die inneren Räume im Winter heizen zu können.« Fassaden zu machen, »welche ohne Rücksicht des inneres Zweckes sich begnügen blos grade einen äußeren Reiz zu verfolgen«, dazu bedürfe es »wahrlich keine Kunst, Geist, Genie und Erfindungsgabe sondern nur Glück und Gelegenheit . . . ganz andere Geisteskräfte erfordert es aber ein architektonisches Werk zu einem zweckmäßigen, harmonischen, praktischen und organischem *Ganzen* zu gestalten, wozu Inneres und Äußeres so zusammenhängen, wie es Seele und Körper sollen. Nur dieses kann ihm die Dauer in Mitwelt und Nachwelt, und Überleben eines augenblicklichen wechselnden Augenreizes sichern.« Abgesehen von dem allgemeinen Bekenntnischarakter sollten die Äußerungen zum »organischen Ganzen« auf die Gefahr beim Festsaalbau hinweisen, »daß auch nur die Veränderung weniger Zolle im Verhältnisse *mehrerer Theile* den ganzen Plan verändern würden. Viel mehr noch als bei einem ganz freien und neuen Gebäude ist dies bei diesem so vielfach bedingten Werke der Fall.« Klenze zielte mit seinen Äußerungen auf die ihm mit Recht so verhaßten Planänderungen ab, die sich der König in der Einleitung seines Briefes vom 21. Juli bereits vorbehalten hatte, als er schrieb: »So sollen auch die hier folgenden Bemerkungen nicht als unwiderruflich dastehen.« Einem früheren, vom König gut geheißenen Vorschlag Klenzes, die Mezzanin-Fenster in den Risaliten wegzulassen, entsprach ein neuer Entwurf, den Klenze auf Befehl des Königs der Akademie vorzulegen hatte. Deren Gutachten, von Cornelius, Schnorr, Heß, Eberhard Schlotthauer und Gärtner unterzeichnet, fiel günstig aus.[26] Lediglich vom Verzicht auf die Mezzanin-Fenster der Risalite wurde, »obschon für den einzelnen Theil viel besser erachtet«, mit Rücksicht auf die Wirkung des *Ganzen*« abgeraten; ansonsten fanden die vorgelegten und erläuterten Pläne auch der inneren Disposition des Baues die volle Zustimmung dieses Gremiums. Typisch für Ludwigs Vorgehen war außerdem, daß er Klenze veranlaßte, die Pläne auch v. Heideck vorzulegen und daß er – mit Sicherheit ohne Wissen Klenzes – Rücksprache mit Gärtner hielt. v. Heideck lobte die Entwürfe sehr, äußerte sich aber kritisch über den Skulpturenschmuck des Portikus.[27] Klenze hatte über den Säulen des Portalvorbaues 10 »kolossale Löwen, gleichsam als Burgwächter«, darüber auf der Attika 10 Statuen – das Gesetz, die Kraft und die 8 Kreise Bayerns darstellend – plaziert.[28] Die Löwen, von Klenze »ganz nach dem Piräischen vor dem Arsenale in Venedig geformt, weil ich keine

schöneren kenne«, hatte v. Heideck Klenze gegenüber als »Löwen-Pudeln« bezeichnet und in seinem Gutachten gewünscht, sie durch die 10 Statuen zu ersetzen, da so hoch an einer Fassade Tierfiguren überhaupt nichts zu suchen hätten, wie das Beispiel der Pferde an San Marco in Venedig zeige.[29] Im ausgeführten Bau wurde diesen Vorschlägen v. Heidecks insofern Rechnung getragen, als die bayerischen Kreise, flankiert von 2 Löwen, über den Säulen des Portalvorbaues angebracht wurden. Ein anderer Aspekt, von Klenze in seinen 6 Verbesserungsvorschlägen zwar vorgestellt, aber sofort als »manieriert« und »Flickerey« wieder verworfen, fand das Interesse v. Heidecks: eine Behandlung der Fenster des lediglich ummantelten Kaiserhoftraktes, die im Vergleich mit dem gänzlich neu gebauten Flügel auf »Geschichte« hingewiesen hätten. v. Heideck erlaubte sich, »eine zwar durchaus nicht architektonische, aber gewiß große Wirkung auf die Bayern hervorbringende Unsymmetrie zu wünschen, nämlich die 4 Kreuzstöcke, aus denen der hochseelige König Max auf den Hofgarten schaute unangetastet zu lassen. Diese Unsymmetrie würde mehr Beyfall finden, als eine symmetrische Zumauerung der 4 Fenster und dem ganzen nicht schaden – jedem Fremden aber oder Fragenden würde das *Darum* heilig seyn«. Darüberhinaus wies der Militärmaler v. Heideck auf die ungünstige Plazierung der im Schlachtensaal nach Klenzes Vorstellungen anzubringenden Bilder hin, die Ludwig bereits als Kronprinz ab 1809 u.a. von Kobell und Peter Heß hatte anfertigen lassen. In einem Sondergutachten hatte Gärtner zu weiteren, teilweise dilettantischen Fragen Ludwigs I. zu den Klenze-Entwürfen Stellung zu nehmen.[30] Neben der schon erwähnten Überlegung, ob die Risalite nötig seien, ging es noch um die Pilaster des Mittelrisaliten über dem Portikus, um den nach Ludwigs Dafürhalten zu reichen Schmuck im Erdgeschoß des Portalvorbaues und um die Frage nach Attika oder Geländer als oberem Gebäudeabschluß. Gärtner stellte sich in allen Punkten auf die Seite Klenzes, wobei vor allem die sachlich-genaue, vorurteilsfreie Haltung in Gärtners Argumentation überzeugt.

Ludwig I. mochte zwar nach der beschriebenen Anhörung Klenzes und der einzelnen Gutachter die äußere Gestaltung des Baues immer noch nicht endgültig festlegen, doch kam letztlich der von Klenze nach Ludwigs »Winken« veränderte und auf das Gutachten der Akademie hin nochmals geringfügig modifizierte Entwurf zur Ausführung, der sich wie der erste Plan von ca. 1820 auch auf das

26 GHA, KL I, II A 27, Gutachten der Akademie vom 8. Aug. 1832

27 GHA, KL I, II A 27, 6. Aug. 1832, Schreiben v. Heidecks

28 GHA, KL I, II A 32, 18. Juli 1832, Klenze an Ludwig I. Nr. 298 auf 265 dort auch das folgende Zitat v. Heidecks

29 GHA, KL I, II A 27, 6. Aug. 1832, Schreiben v. Heidecks, dort auch die folgenden Äußerungen v. Heidecks

30 GHA, KL I, II A 27, 6. Aug. 1832, Gutachten Fr. v. Gärtners

36.3

36.5

Formenrepertoire römischer Paläste des 16. Jahrhunderts stützt, während im Vorbau, aus grünlichem Sandstein errichtet, sehr frei palladianische Motive verarbeitet sind.[31] Neben den formalen Einzelheiten hatte sich durch die Erhöhung des Sokkels, die Hinzufügung der Balustrade über dem Kranzgesims der Risalite und schließlich durch eine in den Quellen nicht erwähnte, aber wie der Vergleich der verschiedenen perspektivischen Ansichten zeigt, vollzogene Veränderung der Dachneigung vor allem die Proportionierung verschoben. Der ausgeführte Bau wirkt gegenüber dem »gedrückten« Entwurf von 1820 erheblich höher, würdiger und monumentaler.

Wie bei den meisten Projekten so auch

31 vgl. Leo von Klenze, Festsaalbau, S. 261 u. S. 262

32 GHA, KL I, II A 32, 19. Juli, Nr. 299, Klenze an Ludwig I.

33 vgl. E. M. Wasem, Residenz, S. 167

34 GHA, KL I, II A 32, 8. Juli 1832, Klenze an Ludwig I. (Nr. 297)

35 GHA, KL I, II A 32, 10. Aug. 1832, Klenze an Ludwig I. (Nr. 303)

36 Klenzeana XIV, 1, 1832, 14. Aug. 1832, Ludwig I. an Klenze

37 kurzer Abriß der Baugeschichte bei E. M. Wasem, Residenz, S. 167

beim Festsaalbau, dessen Planung sich nahezu 14 Jahre hingezogen hatte, wurde von Ludwig I. im Juli 1832 plötzlich höchste Eile zur Ausführung gefordert. In der sofort gestellten Frage, ob und wann ein Grundstein gelegt werden solle, plädierte Klenze für eine Zeremonie allein mit Rücksicht auf die Größe des Baues, »noch mehr aber damit das Publikum gleich von Anfang hierin sich mit der Idee bekannt macht, daß hier etwas ganz neues, mit dem Königsbau gar nichts gemeinsam habendes begonnen wird, und sich gewöhnt in der Residenz nicht ein Ganzes was ja nach den bestehenden Umständen unmöglich ist, sondern ein Aggregat mehrerer in sich abgeschlossener Bauwerke zu sehen.«[32] Ludwig bestimmte zunächst den 15. Oktober, den Namenstag der Königin, wenig später aus patriotischen Gründen den Jahrestag der Völkerschlacht bei Leipzig, den 18. Oktober, zur Grundsteinlegung mit relativ einfacher Feierlichkeit.[33] Ebenso eilig hatte es Ludwig mit einem Finanzierungs- und Zeitplan. Bereits 1830 hatte Klenze ein Vierjahreskonzept entwickelt, das aber vermutlich damals an den hohen Baukosten scheiterte. 1832 hatte die nach dem Bauboom des Jahres 1829 nahezu auf dem Nullpunkt angelangte private Bautätigkeit eine große Zahl Arbeiter freigesetzt und die Preise gedrückt. Klenze wies auf die günstige Gelegenheit (ca. 10 % Kostenersparnis) hin und machte, fast zynisch im Ton, als weiteres Motiv des Königs für einen baldigen Baubeginn die »menschenfreundliche Absicht den armen Arbeitern Verdienst zu geben . . .« aus, um dann in realistischer Einschätzung festzustellen: »Die Arbeiten sind jetzt sehr selten und gesucht, daß sich die Arbeiter gerne jede Bedingung gefallen lassen.«[34]

Im Juli hatte Klenze einen vorläufigen, auf 5 Budget-Jahre verteilten Arbeitsplan vorgelegt, am 10. August mit den Baumeistern und Bauunternehmern Röschenauer, Widmann und Höchl verhandelt[35] und für letzteren bereits am 14. August die Contract-Genehmigung des Königs erhalten.[36] Die Abbrucharbeiten der Bauteile der Neuen Veste mit Ausnahme von Teilen des Christophturmes waren schon am 28. Juli eingeleitet worden, die ersten Arbeiten zum Ausheben der Fundamente erfolgten am 26. August.[37] Im Sommer 1833 war man beim Mauern des 1. Obergeschosses angelangt und »zu Beginn des Jahres 1835 galt es, sich ernsthaft mit der Wahl der Gegenstände für die innere Ausstattung der Säle zu beschäftigen«, da die Bauarbeiten entsprechende Fortschritte gemacht hatten. Die einzelnen Verträge über die Innendekoration, die

Malereien und plastischen Arbeiten wurden bis 1838 abgeschlossen, als auch der sog. Apothekenflügel unter Dach kam, der im formal gleichen architektonischen System wie die Hofgartenfront gegliedert war, den Apothekenhof östlich begrenzte und sich in seiner Bauflucht an der Fassade der Allerheiligen-Hofkirche orientierte. In dem Briefwechsel zwischen Ludwig I. und Klenze spielte er keine Rolle, wie überhaupt die Ostfassade der Residenz – mit Ausnahme der Allerheiligen-Hofkirche – kaum Beachtung fand, obwohl im Zusammenhang mit dem Marstallbau Klenzes ein städtebaulich nicht unbedeutender Raum entstanden war.

Für den Festsaalbau war diese Ostseite insofern von großer Bedeutung, als sich hier – und nicht wie eigentlich zu erwarten im Portalvorbau in der Mitte der Hofgartenfassade – das Prachtstiegenhaus befand, das durch zwei bescheidene Rundbogenportale über ein Vestibule betreten wurde.[38] Der Eingangsbereich in der Hauptfassade führte als Durchfahrt lediglich in den Apothekenhof und gab Zutritt in die Räume des Erdgeschosses mit den sechs Odyssee-Sälen, die ab 1823 als Pendant zu den Nibelungen-Sälen zunächst im Königsbau, ab 1830 dann für den Festsaalbau archivalisch nachzuweisen sind. An das reich ausgestattete Treppenhaus (mit edlen Materialien, farblich aufeinander abgestimmten grünlich-stuckmarmorierten Wänden und jonischen Säulen aus rötlichem Untersberger Marmor, feinen bunten Arabesken- und Groteskenmalereien an den Lünetten und den 12 Flachkuppeln) schloß sich nach einer Flucht kleiner Vorräume der Ballsaal an – architektonisch ausgezeichnet durch zwei Tribünen-Emporen auf 12 Säulen und mit östlichem Zugang zu den Räumen der Schönheitsgalerie und dem Schlachtensaal. Westlich öffnete sich die Enfilade der sog. Kaisersäle (Saal Karls des Großen, Barbarossa-Saal und Saal Kaiser Rudolf von Habsburg), an deren Ende der Hauptraum des Festsaalbaues, der große Thronsaal lag. An seiner Stirnseite, schon vom Ballsaal aus erkennbar, stand der Thron als Zielpunkt der räumlichen Inszenierung und idealer Mittelpunkt des Königsreiches.

Während die Raumfolge, mit Ausnahme von Stiegenhaus und Ballsaal, in ihrem Charakter hauptsächlich von der plastischen und gemalten Dekoration der Wände und Decken (Gewölbe) sowie von Freskenmalerei und von Bildern geprägt war, erfuhr nun der neue Hauptsaal der Residenz (36,6 × 21,8 × 16 m) zusammen mit seinem Vorraum, dem Saal Rudolfs von Habsburg, eine gezielte architektonische Durchformung. Der großzü-

gigen Weite des Saales entsprach der Verzicht auf kleinteilige Flächendekoration. Eine mächtige Kassettendecke überspannte den ganzen Raum, der in der Längsachse von schmalen Emporen auf korinthisierenden Säulen begleitet wurde und in Struktur und dekorativem Detail an Form und Funktion antiker Basiliken erinnerte.[39] Die Würde der großen Halle wurde durch die farbige Fassung, die mit Ausnahme des Throns auf Buntheit verzichtete, gesteigert. Sie beruhte ausschließlich auf dem Zusammenklang des Grundtones Weiß, der in den Stuckmarmorwänden, den Säulenschäften und der Decke vorherrschte, und dem Gold der ornamentierten Teile. Nach dem Vorbild des Maximiliansgrabes der Innsbrucker Hofkirche kamen zwischen die Säulen überlebensgroße Herrscherfiguren aus der Ahnenreihe der Wittelsbacher zu stehen, die Ludwig I. zunächst weiß wünschte, dann aber nach Klenzes Rat feuervergolden ließ. Der Thronsaal war architektonischer Höhepunkt und großartiger Abschluß einer Raumfolge, deren Ikonographie die Vorfahren des Königs und damit ihn selbst in unmittelbare Verbindung mit den großen Herrschern der deutschen Geschichte brachte und hierin auf die Legitimation des Herrschaftsanspruches des Hauses Wittelsbach und seiner jeweiligen Vertreter abzielte. Dieser Anspruch manifestierte sich nach außen wirkungsvoll und unübersehbar in den Neubauten der Residenz und in der riesigen Fassade des Festsaalbaues durch den großen Loggia-Vorbau als Verweis auf den Thronsaal als dem Zentrum der neuen Schloßanlage und der politischen Macht in Bayern.

Abgesehen von der intendierten Fernwirkung gab die 270 m lange Fassade aber auch dem unmittelbaren Umfeld in Zusammenhang mit den Hofgartenarkaden einen neuen Rahmen und trennte den eigentlichen Hofgarten optisch durch die angedeutete Grenze der verlängerten östlichen Bauflucht vom Exerzierplatz der Hofgartenkaserne ab. Eine Rücksichtnahme auf den unproportionierten Koloß dieses Gebäudes hatte Klenze nicht im Sinn. Bezeichnend ist, daß weder Klenzes Entwurf von 1820 noch zeitgenössische Stiche den an sich unvermeidlich gegebenen Zusammenhang mit dem mißglückten hohen Querriegel am östlichen Ende des Areals zeigen, sondern ausschließlich den Blick von Osten auf Festsaalbau und Theatinerkirche wählen.

F. Zimmermann

38 Zur inneren Disposition des Baues, vor allem aber zu den umfangreichen Bildprogrammen und der Bildausstattung, die im folgenden nur kurz gestreift werden, vgl. die ausführliche Arbeit von Eva-Maria Wasem, Die Münchener Residenz unter Ludwig I., München 1981

39 Die Meinung, »Dekorationssysteme der Längswände und auch der Raumeindruck insgesamt erinnerte in ihren Grundformen an frühchristliche Basiliken Roms« (E. M. Wasem, Residenz, S. 199), kann nicht geteilt werden

37.1

37.1 Leo von Klenze (Farbabb.)
München, nördliche Hofgartenarkaden,
Entwurf zur Dekoration, 1838
Aquarell; 34 × 22
SGSM, Inv.Nr. 1957 : 41

1 Der folgende Beitrag stützt sich im wesentlichen auf Eva-Maria Wasem, Die Münchener Residenz unter Ludwig I., Bildprogramme und Bildausstattungen in den Neubauten, München 1981, S. 221ff.
2 vgl. H. Lehmbruch, Das Hofgartentor, in: W. Nerdinger (Hrsg.), Klassizismus in Bayern, Schwaben und Franken, Kat. zur Ausstellung, München 1980, S. 149ff.
3 im Oktober 1838 erhielt Rottmann für das erste fertiggestellte Bild (Sikyon mit Korinth) 500 fl., vgl. GHA, KKB (Kabinettskassenbücher) 91
4 vgl. GHA, KL I, II A 32, 25. Aug. 1832, Klenze an Ludwig I., Nr. 305 auf 267
5 Einige der Bilder, von Rottmann enkaustisch auf Zementgußplatten gemalt, hängen heute in der Neuen Pinakothek.

37 Dekoration der Hofgartenarkaden, 1826–1837

Bereits unter Maximilian I., zu Beginn des 17. Jahrhunderts, war der Hofgarten an seiner West- und Nordseite mit Arkadengängen eingefaßt und von Peter Candid in Ergänzung zu den Bildprogrammen im Inneren der Residenz mit Themen aus der Bayerischen Geschichte freskiert worden.[1] Nachdem die in schlechtem Zustand befindlichen Bogengänge 1822/1826 von Klenze erneuert und in Zusammenhang mit seinem Hofgartentor auch zwischen Residenz und Kgl. Reitschule (ab 1826 Bazargebäude) Arkaden errichtet waren[2], ging man daran, die lange Reihe der geschützten Wandflächen in drei Schritten mit Bilderfolgen auszumalen: zwischen 1826 und 1829 den Bereich zwischen Residenz und Bazar in Analogie zu den verblaßten Bildern Candids aus der Bayerischen Geschichte, 1829–1833 die übrigen westlichen Bogenfelder mit einer »imaginären Reise« durch Italien von Trient bis Cefalù durch Rottmann. Die nördlichen Arkaden sollten ab 1837 enkaustisch gemalte griechische Landschaften Rottmanns erhalten[3], die man aber aus Angst vor Zerstörungen, wie sie mit Hakke und Tinte bei den italienischen Landschaften geschehen waren[4], vorsichtshalber nicht am vorgesehenen Ort anbrachte, sondern ab 1853 dann in einem eigens für sie eingerichteten Raum der Neuen Pinakothek zeigte.[5] Ein Entwurf Leo v. Klenzes, in den zwei Landschaften – Sikyon und Poros – nach Skizzen Rottmanns eingefügt sind, veranschaulicht, wie die Architektur des beliebten Bogenganges mit pompejanischem Zierat, der die ornamentalen Rahmungen und die Bilder und Ädikulen mit Szenen aus dem griechischen Freiheitskrieg umgab, in heiterer Farbigkeit hätte dekoriert werden sollen.

F. Zimmermann

227

38.1

38 Wittelsbacher Palast,
Brienner Straße, München, 1840–1848

Der in den Jahren 1840–1848 unter der Bauherrschaft von Ludwig I. durch Friedrich von Gätner als Kronprinzenpalais für Maximilian II. entstandene Wittelsbacher Palast bot für das damalige Münchner Stadtbild einen äußerst ungewöhnlichen Anblick, was besonders durch die Stilwahl und die städtebauliche Konzeption hervorgerufen wurde. Ein frei gestellter Baublock mit vier sichtbaren Fassadenseiten, an drei Seiten von Parkanlagen umgeben und aufgrund dieser Stellung von großer monumentaler Wirkung, war in der Tradition der Münchner Stadtpaläste unüblich.

Ursprünglich war für Maximilian kein Neubau vorgesehen, sondern ein Um- bzw. Ausbau eines der bereits bestehenden Stadtpaläste[1], doch zeigt sich, daß Gärtner von Anfang an einen solchen befürwortete und bereits 1840 das spätere Architekturkonzept zu dem Palast klar im Kopf hatte.[2] Überhaupt rief die Planung des Wittelsbacher Palastes eine Stildiskussion in München hervor, die hauptsächlich durch die entwicklungsgeschichtliche Situation bedingt war, da sich in der Entstehungszeit des Palastes ein Wendepunkt innerhalb des Architekturverständnisses ankündigte. Diese Auseinandersetzung verschiedener Architekten mit dem Projekt beweisen einige Stilentwürfe. So fertigt z. B. Ludwig Lange Pläne »zu einem fürstlichen Hause«, die er

zwar erst 1861 veröffentlicht, aber sicherlich schon gleich nach dem Beschluß zur Erbauung des Wittelsbacher Palastes entworfen hat. Wie er selbst im Vorwort hierzu beschreibt, gestaltet er die Architektur im »Rundbogen, sich frei bewegend im romanischen Charakter«, wobei er zur Zierde »die Architektur mit Bilder- und Malerwerken« verbindet.

Daneben erscheinen 1843 von Jean Baptiste Métivier insgesamt drei Entwürfe zu einem allerdings nicht näher bezeichneten Palast. Er benennt sie selbst mit »un palais«, wobei durch Stilwahl und architektonischen Aufbau eine Verbindung zur Planungsgeschichte des Wittelsbacher Palastes nicht auszuschließen ist.

Auf Wunsch des einen seiner Auftraggeber, Maximilian, greift Gärtner auf die Formen der englisch-gotischen Architektur, besonders auf die der dortigen Landsitze zurück, wie sie schon vorher in Deutschland, vor allem in der Gegend um Berlin, Mode geworden war. Die nähere Untersuchung der stilistischen Elemente verdeutlicht jedoch, daß die Gliederungsmittel an diesem durch den gotisierenden Landsitzstil Englands vorgegebenen Baukörper eher den Geist des italienischen Quattrocento mit dem damit verbundenen Streben nach klarer orthogonaler Gliederung verdeutlichen, wie es der Kunstauffassung Ludwig I. entspricht.

Den Entwicklungsgang dieser Kompromißlösung verdeutlichen einige, chronologisch nicht bestimmbare Entwürfe zur Planung des Palastes. Neben insgesamt

1 So z. B. das sog. »Röschenauer Haus« an der Ecke Ludwig/Galeriestr.; der Stadtpalast des Grafen Montgelas, Promenadeplatz 2; das Preysing Palais in der Residenzstr.; das Törring Palais am Carolinenplatz sowie ein ehemaliges Wohnhaus des Fürsten Wrede in der Theatinerstr.

2 In einem Gutachten zu dem bereits vorhandenen Häuserbestand schlägt Gärtner vor, »an der Seite gegen den Garten Sr. königl. Hoheit des Prinzen Carl . . . ein(en) Neubau im Gevierte herumgeführt« zu errichten. (Brief vom 8. 4. 1840, G.S. Nr. 1496). Dieser Garten liegt an der Brienner Straße, an deren Westseite sich das später tatsächlich angekaufte Grundstück anschließt. Es liegt nicht hinter dem Prinz Carl Palais, wie in der Literatur bisher fälschlicherweise angenommen wurde (vgl. O. Hederer, Friedrich v. Gärtner, München 1976, S. 162)

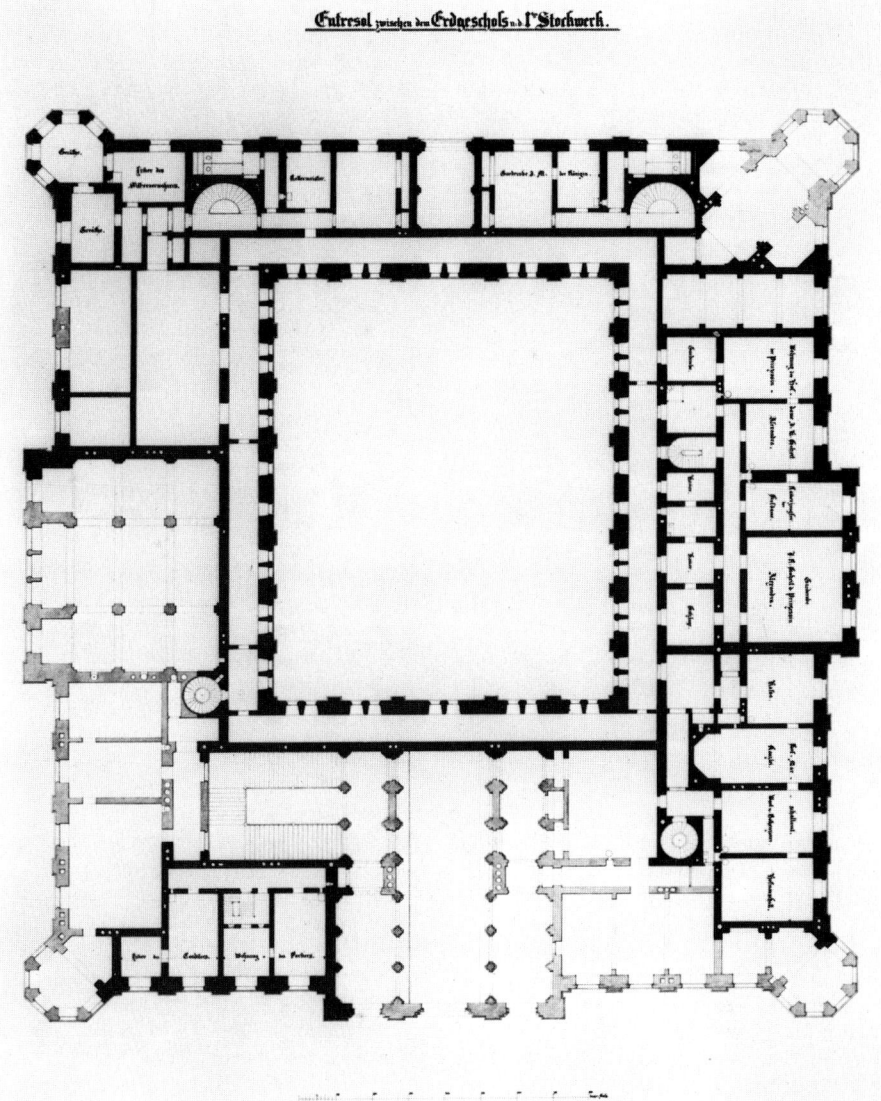

38.2

3 Der erste große neugotische Bau Münchens
war die Maria-Hilf-Kirche in der Au.

4 So äußerte Ludwig I. beispielsweise: »Im
Spitzbogenstil ist der Palast, der aber weder
des Baumeisters Wahl, noch meine war,
sondern nach dem Wunsch meines älteren
Sohnes, für den ich ihn bestimmt, im Äußern und Innern durchgeführt wurde. Für
Kirchen finde ich ihn geeignet, nicht für
uns. Es passen nicht die Neueren dazu, und
er nicht für München, wohl aber für Nürnberg, wo er herrschend«. (Zitat abgedruckt
bei O. Hederer, a.a.O., S. 162)

vier Aufrißplänen zur Außenfassade (davon einer mit eigenhändiger Genehmigung Ludwig I.) existiert eine Bleistiftskizze, an der die verschiedenen Möglichkeiten »ausprobiert« werden. Der von
Gärtner selbst als »Entwurf No. I« bezeichnete Fassadenaufriß steht noch ganz
in der klassizistischen Tradition der strengen Monumentalität, wobei »Gotik« nur
durch Spitzbogenfenster mit Maßwerk-
mustern angedeutet wird. Im Gegensatz
dazu zeigt der architektonische Bukör-
per auf der Bleistiftskizze nun den Anschluß an die Vorlagen Englands aus dem
18. Jahrhundert. Die aufgesetzte Dekoration variiert von typisch englischen Motiven, z.B. die Fensterformen, (für die er
insgesamt fünf verschiedene Möglichkeiten andeutet), bis zu Charakteristika der
deutschen Neugotik, z.B. ein Giebelaufsatz auf den Mittelteil sowie fialen- und

krabbenbesetzte Wimperge an den Fenstern der Obergeschosse. In München
spielte bis zu diesem Zeitpunkt die Neugotik jedoch eine untergeordnete Rolle
und wurde nur für Sakralbauten eingesetzt.[3] Daher ist der genehmigte Entwurf
König Ludwigs, der sowieso gegen die
gotischen Bestrebungen Maximilians
war[4], ohne diese Merkmale mittelalterlicher Gotik.
Ab 1843, nach Ankauf des von ihm bereits vorgeschlagenen Grundstücks, fertigt Gärtner die konkreten Entwürfe zum
Wittelsbacher Palast, wobei sich gerade an
diesem Projekt noch heute das Prinzip
der damaligen neugotischen Gesamtplanung zu einem Bauwerk besonders deutlich nachweisen läßt: von Grundstücks-
über Fassaden- und Grundrißplänen, wobei sogar die Dachaufsicht festgehalten
ist, existieren zahlreiche Skizzen zu kon-

struktiven Teilen, wie z. B. Gewölbe- und Dachkonstruktionen, und zur dekorativen Gestaltung der Innenräume, wie Wandaufrisse und deren Gliederungen (auch in Farbe), Fußböden, Zimmerdecken. Von Gärtner wurden eigenhändig aber auch technische Details für Außen- und Innenbau, wie Werk- und Konstruktionspläne für Gesimskrönungen und -abschlüsse, Fenster, Pfeiler, Ofenanlagen oder Kanalisation bis in die kleinste Einzelheit geplant und entworfen.[5] Die tatsächliche Ausführung stand später allerdings weit hinter der Planung zurück, was einerseits auf Geldmangel, andererseits auf die veränderte Zweckbestimmung zurückzuführen ist, da der Palast aufgrund der politischen Situation nie als Kronprinzenpalais verwendet wurde. Im Gegenteil, König Ludwig selbst mußte – wenn auch ungern – nach seiner Abdankung 1848 in das nur teilweise fertiggestellte Gebäude einziehen[6], das bis zum Sturz Ludwig III. als Wohnpalast des Wittelsbacher Königshauses galt.

Der Standort für den Palast war von Gärtner den Bedürfnissen Maximilians entsprechend gewählt. Das Grundstück lag zwar außerhalb des alten Stadtkerns und auch nicht in unmittelbarer Nähe der Residenz, aber trotzdem an einer repräsentativen Stelle, nämlich der Brienner Straße, der Hauptachse der Maxvorstadt nach Westen. Der Bebauungsplan schreibt für dieses von Max I. Josef Anfang des 19. Jahrhunderts neu erschlossene Gebiet »Villenarchitektur und Landschaftsgrün«[7] vor, was genau zu den Vorstellungen Maximilians paßte.

Im Westen begrenzte die Türkenstraße das Grundstück, in die der Palast direkt hineingebaut wurde, d.h. die vorspringenden Bauteile ragten bis in den Gehweg hinein, so daß eine reine Straßenfront ohne vorgelagertes Gartengrün entstand, obwohl Richtung Osten genug Raum für eine Verlagerung gewesen wäre. Diese absichtliche Plazierung verdeutlicht zum einen das Herrschaftskonzept Maximilians, der seinen Wohnort derart bürgernah und mitten ins Volk verlegen wollte, daß man ihm quasi in die Küchenfenster blicken konnte (denn diese Front beherbergte im Inneren die gewaltigen Küchenanlagen), aber jeder doch gezwungen war, in der geraden Linie seines Weges dem Palast auszuweichen, diesen somit bewußt wahrzunehmen und untertangemäß zu umschreiten. Zum anderen bedeutete diese Westfassade ein Zugeständnis an die »Straßenvorstellungen« Ludwigs, der den Typ des geschlossenen Baublocks entlang einer Straße vorzog.

Die Wichtigkeit der angrenzenden Straßen bestimmte die Wertigkeit der einzel-

nen Gebäudetrakte, was durch mehr oder weniger reichhaltige Dekoration an den Außenfassaden zum Ausdruck kommt. Die innere Aufteilung richtete sich wiederum nach dem äußeren Erscheinungsbild, bzw. diese wurde – gemäß der damaligen Bauauffassung – nach außen hin charakterisiert. Insofern gilt die Südseite als Hauptfront, da sie Richtung Brienner Straße liegt, wie aus den drei spitzbogigen, von zwei Löwen flankierten Eingangstoren in der Mittelachse zu entnehmen ist, über denen sich ein maßwerkgeschmückter Balkon befindet. Die drei Durchgänge führen zum ebenso schmuckvoll ausgestatteten Vestibül. Der Ostflügel markiert die Gartenseite und die Nordfront stellt die Rückseite dar.

Die bauliche Grundstruktur bleibt allerdings für alle Gebäudeflügel – mit Ausnahme der Nordfassade, bei der die Betonung der Mittelachse fehlt – unverändert. An einen dreiachsigen, vorspringenden, erhöhten Mittelteil schließen sich zu beiden Seiten Zwischentrakte mit je vier Fensterachsen an, deren Abfolge durch je einen achteckigen, ebenfalls vorspringenden und erhöhten Eckturm abschließt.

Die Gliederung der Fassade erfolgt durch Vertikal- und Horizontallinien, Lisenen und Gesimse, wobei aber weder die Vertikal- noch die Horizontalrichtung übermäßig betont ist, so daß sie wie ein Raster neben- und übereinander geordnet erscheinen. In dieses Rastersystem ordnen sich die Fenster, die wenig abwechslungsreich gestaltet sind und sich in monotoner Abfolge in die durch die Lisenen vorgegebenen Achsen reihen.

Da die Oberflächenstruktur der Lisenen an den Außenfassaden des Palastes nicht glatt, sondern plastisch differenziert erscheint (plastischer Rahmen und vertieftes Inneres mit Kleeblattbogen im oberen Teil), wirkt die konstruktive Gliederung und dadurch das gesamte Bauwerk leichter und feiner.

Anders an der Hoffassade, die in der Literatur als eine der »schönsten und geschmücktesten Teile des Palastes nach außen«[8] bezeichnet wird. Die vier Hofseiten sind in Aufriß und Gestaltungsweise einander identisch, sie unterscheiden sich lediglich durch eine verschiedene Achsenanzahl, d.h. im Süden und Norden fünf, im Westen und Osten sieben Achsen. Die Gliederung der Fassaden erfolgt wie an den Außenfronten durch Vertikal- und Horizontallinien, wobei hier allerdings die Vertikalrichtung dominiert, denn die Lisenen verlaufen ab dem ersten Stockwerk ohne Unterbrechung nach oben. Der Fassadenaufbau ist hier also auf die strukturgebenden Richtlinien reduziert, deren Zwischenräume durch die Fenster

5 Dazu siehe: F. Zimmermann in W. Nerdinger (Hrsg.), Ausst. Kat., Die Architekturzeichnung, Vom barocken Idealplan zur Axonometrie, München 1986, S. 72

6 Daß er dies wirklich sehr ungern getan hatte, zeigt ein Brief König Ludwigs an seine Frau, Königin Therese, vom 1. 11. 1848: »Dieser Umzug ist mir äußerst zuwider, besonders in spitzbogige Gemächer einzuziehen, da ich gegen meinen Geschmack nur Max zuliebe in diesem Stil das Wittelsbacher Palais ausführen ließ!«

7 K. Gallas, München, Köln 1979, S. 62

8 Pangkofer, Der Wittelsbacher Palast zu München, München o.J., S. 272

38.4

38.5

38.7

fast vollständig »ausgefüllt« werden, wobei, wie am Außenbau, die Mittelachse
betont ist.

Hier nähert sich Gärtner den neuen Ideen
des sich wandelnden Architekturverständnisses der Zeit, die sich aus den modernen Gußeisen- und Industriebauten
Englands herleiteten und in Deutschland
besonders durch Schinkel bekannt wurden. Zwar ist Gärtner in der Gestaltung
der Hoffassade immer noch an die historischen Vorlagen, speziell aus der venezianischen Gotik, gebunden, doch bewirkt er
durch das konstruktive Grundgerüst eine
Auflösung der alten Formen und Strukturen. Insofern stellt der Wittelsbacher Palast zwar keine Abwendung von historischen Stilen dar, wie es z.B. Schinkel
durch seine rein strukturell und funktio-
nell betonten Bauten anstrebte, doch wird
durch den klassizistisch-englischen Baukörper und die englisch-italienischen Details, die im Sinne der Renaissance zu
einer Einheit verschmelzen, auf die neuen
Ideen von Architektur hingewiesen.

An dem Palast herrschte jedoch noch die
eher konservative Stilauffassung vor, da
die fortschrittlichen Elemente in den Hintergrund gestellt sind, während an den
Repräsentationsfronten wenig moderne
Ansätze vorhanden sind. Dies bestätigt
sich in den Ausführungen der Gartenanlagen[9], d.h. in der Anordnung der verschiedenen Gartenformen – rund um den
Palast. So wird der südlichen Hauptfront
zwar Gartengrün vorgelagert, (was für die
stilistische Vollkommenheit des Baukomplexes sehr wichtig, in München aber
unüblich war), jedoch in Form einer Allee, welche den offiziellen Richtlinien für
Grünanlagen entsprach.[10] Im Osten befand sich ein französischer Garten und die

38.6

neue Form des Landschaftsgartens war als
Miniaturpark im Norden angedeutet. Die
von Gärtner angestrebte Stilvielfalt zeigt
sich auch in den Entwürfen zur Innen-
raumdekoration, die allerdings nie zur
Ausführung kamen, was einerseits durch
den Tod Gärtners, andererseits durch den
vorzeitigen Regierungsantritt Maximilians und die damit verbundene Übernahme des Regierungssitzes bedingt war.
Es handelt sich um elf farbige Dekora-
tionsentwürfe, ursprünglich für die privaten Räume des Kronprinzen erstellt[11], in
denen Gärtner die verschiedenen Dekora-
tionsweisen vom ausgehenden 18. Jahrhundert bis zur Mitte des 19. Jahrhunderts verwendet und miteinander vermischt, und auch hier wiederum auf die
zukünftige Entwicklung hinweist.[12] In
Audienzsaal und Adjutantenzimmer ver-

9 Die Gartenanlagen sind nach den Entwürfen des Hofgärtners Seitz gefertigt, doch
auch in Gärtners Plänen erscheint ein ausgearbeiteter Situationsplan über die Gartenanlagen (Arch. Slg. TUM, Gs 1238)
10 Vgl. hierzu: M. Wanetschek, Die Grünanlagen in der Stadtplanung Münchens von
1790–1860, in: MBM Heft 35, München
1971, S. 118f.
11 Für Audienzsaal und Adjutantenzimmer,
mittleren Salon vor dem Adjutantenzimmer,
Schlafzimmer, Wohnzimmer (insgesamt vier Entwürfe), Bibliothek, Bade- und
Toilettenzimmer
12 Zur Entwicklung der dekorativen Wand-
aufrißsysteme, siehe: P. Werner, Pompeji
und die Wanddekoration der Goethezeit,
München, 1969, 2. 102ff.

38.8

wendet er den traditionell vertikal gegliederten Wandaufbau, jedoch sind die strukturgebenden Elemente, wie z. B. vorgelagerte Säulchen, lediglich aufgemalt, so daß der ehemals plastische Schmuck durch bemalte Wandfläche ersetzt wird. Dadurch gelingt Gärtner eine neue Verbindung der herkömmlichen Innenraumgestaltung mit modernen Ausdrucksmitteln, indem er die Wand selbst zur Dekoration werden läßt und dadurch die alte Trennung von Ornament und dessen Träger aufhebt.

Eine Steigerung dieses neuen Entwicklungsgedankens findet sich bei Bade- und Toilettenzimmer. Hier ist zwar der obere Wandteil durch tatsächlich aufgesetzte Spitzbogenarchitektur hervorgehoben, die dahinter liegende Wand bildet jedoch durch die flächige ornamentale Bemalung ausschließlich die Dekoration. Auf plastischen Schmuck wurde – mit Ausnahme je eines Spiegels – verzichtet. Die Stirnwand des Toilettenzimmers verdeutlicht dabei den Höhepunkt, da hier selbst der plastische Friesaufsatz fehlt und somit nur noch eine einheitliche farbige Wandfläche vorhanden ist.

Daneben verwendete Gärtner auch das in der ersten Hälfte des 19. Jahrhunderts neu aufgekommene, durch Sockel – Mittelzone – Fries horizontal definierte Gliederungsschema (z. B. in den Entwürfen zum Wohnzimmer). Der dominierende Mittelteil macht aber an sich schon die Dekoration aus, da er als rein farbige Fläche in Erscheinung tritt und den plastischen Schmuck (einige an der Wand befindliche Bilder) überflüssig erscheinen

läßt. Im Schlafzimmer und dem sog. »Mittleren Salon vor dem Adjutantenzimmer« tauchen Scheinarchitekturen auf, die besonders bei letzterem mit dem gotischen Stil und gemalten mittelalterlichen Bauformen kombiniert werden, indem ein Ausblick auf eine Burg gegeben wird. König Ludwig selbst lehnte das Bauwerk jedoch bis zum Schluß ab[13], wobei in der zeitgenössischen Beurteilung aber durchaus positive Äußerungen nachweisbar sind.[14]

Die ablehnende Haltung überwog aber bis in die heutige Zeit, was nicht zuletzt auch auf die letztmalige Zweckbestimmung zurückzuführen ist. Denn nach dem Sturz Ludwig III., 1919, wurde der Palast von staatlicher Seite für öffentliche, kulturelle und wissenschaftliche Einrichtungen genutzt, ging im Verlauf der NS-Herrschaft in den Besitz des Reiches über, und diente ab 1937 als Hauptsitz der Geheimen Staatspolizei mit Gefangenenhaus und Folterkeller. Als die Ruine des Palastes 1951 aufgrund der Kriegsbeschädigung abgetragen werden mußte, war den Verantwortlichen diese rigorose Lösung zwar aufgezwungen, doch nicht unlieb.[15] Damit wurde aber auch ein Stück Münchner Stadtgeschichte beseitigt. Nur noch der – neu gefertigte – Löwe vor der auf dem Grundstück befindlichen Girozentrale von heute erinnert an das architektonische Baudenkmal von gestern.

U. Bauer-Buzzoni

13 Siehe Zitate Anmerkung 5 und 7
14 So z. B. Pangkofer, a.a.O., S. 277
15 Zur Geschichte des Hauses und Erhaltungszustandes, siehe: U. Bauer-Buzzoni, Baugeschichte und Baubeschreibung des Wittelsbacher Palastes in München, Magisterarbeit, LMU, 1983

39 Die Feldherrnhalle am Odeonsplatz in München, 1841–1844

Mit dem Bau der Feldherrnhalle durch Friedrich Gärtner in den Jahren 1841 bis 1844 wurde nach langen Planungen die städtebauliche Neuordnung des Altstadtgebietes zwischen der Residenz und der Hofkirche St. Kajetan abgeschlossen. Die ersten Projekte waren schon zu Zeiten entwickelt worden, als noch das mittelalterliche Schwabingertor das alte München im Norden begrenzte. Damals ragte der Häuserblock am Zusammenfluß der beiden aus der Altstadt nach Norden zielenden Straßen noch weit bis in die Platzfläche hinein und verdeckte die Kirchenfassade bis zur Hälfte. Schon im letzten Viertel des 18. Jahrhunderts erschien diese Situation als durchaus unbefriedigend, hatte sich daher François Cuvilliés d.J. in dem bis heute unveröffentlichten Manuskript einer bayerischen Architekturlehre Gedanken über ihre Bereinigung gemacht.[1] Er schlug damals vor, die Platzfläche durch Abbruch des Häuserblocks zu vergrößern und mit einer Brunnenanlage neu zu gestalten. Ein staatliches Gebäude sollte an der zurückverlegten Baulinie zwischen der Residenz und der Hofkirche als neue, repräsentative Platzfassade errichtet werden. Wesentliche Gedanken der späteren Planungen waren hier bereits ausgesprochen, doch erst zu Beginn des 19. Jahrhunderts, als im Zuge der Stadtentfestigung der mittelalterliche Torbau abgebrochen werden sollte, wurde die Ausarbeitungen konkreter Planungen wirklich akut.[2] Ludwig I., damals noch Kronprinz, griff 1812 den Gedanken Cuvilliés wieder auf.[3] Mit dem Schwabingertor, so forderte er, müsse auch die Häusergruppe vor der Kirchenfassade fallen. Nördlich der heutigen Viscardistraße sollten nur das Preysingpalais und neben ihm das ehemalige Haus Gumppenberg erhalten bleiben, das seit 1807 vom Staat als Kriegsministerialgebäude genutzt wurde.[4] Dort, so meinte der Kronprinz, könnten der Schloßwache, die durch den Abbruch des Schwabingertores ihr altes Wachlokal verlieren würde, neue Räumlichkeiten eingerichtet werden. Diesen Vorschlag entwickelte Leo von Klenze weiter, als er ab 1816 im Auftrag des Kronprinzen die Planungen für den späteren Odeonsplatz im Norden des Schwabingertores auszuarbeiten begann.[5] Er erkannte, daß die Öffnung und Erweiterung der Altstadt auch Konsequenzen für die städtebauliche Neuordnung des Gebietes zu Füßen der Residenz und der Theatinerkirche zwingend zur Folge haben mußten. Gleich dem Kronprinzen plädierte er für den Abbruch der Häuser-gruppe vor der Kirchenfassade und für die Verlegung der Wache in das Gebäude des Kriegsministeriums, das als südlicher Abschluß der erweiterten Platzfläche eine neue, repräsentative Fassade erhalten sollte.[6] Vorläufig jedoch blieben diese Überlegungen bloße Gedankenspiele. Als 1817 das Schwabingertor abgetragen wurde, wurde der Schloßwache in der Residenz ein neues Wachlokal eingerichtet.[7]

Ein Entwurf Georg Friedrich Zieblands für eine Schloßwache

Erste konkrete Pläne zur Neugestaltung der Situation zwischen der Residenz und der Hofkirche erstellte nicht Klenze, sondern Georg Friedrich Ziebland im Jahre 1828 als Stipendiat des Königs in Rom. Auf Geheiß Ludwigs I. entwarf er den Plan für ein neues Wachgebäude am Standort der späteren Feldherrnhalle.[8] Sorgfältig vermerkte er auf seinem Entwurf die vom König gestellten Bedingungen: Freistellung der Kirchenfassade durch Abbruch der in den Platz ragenden Häusergruppe und zwar einschließlich des Kriegsministerialgebäudes, an dessen Stelle ein Neubau zur Unterbringung von 70 Soldaten und Offizieren errichtet werden sollte. Er sollte als neue Platzfront zugleich die durch den Abbruch der Altbauten freigestellte Brandmauer des Preysingpalais verdecken. Der Entwurf, den Ziebland zur Erfüllung dieser Bedingungen ausarbeitete, ist noch ohne den Blick auf die für den von Gärtner später ausgeführten Bau vorbildliche Loggia dei Lanzi in Florenz entworfen. Dennoch ist hier schon der von Gärtner verwirklichte Gedanke angelegt, die Flucht der Ludwigstraße durch eine offene Halle aufzufangen, die mit drei großen Rundbogenöffnungen anstelle des abgetragenen Schwabingertores gleichsam ein neues Tor zur Altstadt bildhaft darstellen sollte. Zwei turmartige Seitenrisalite mit vorgesetzten Schilderhäuschen erheben sich auf einer erhöhten Plattform und rahmen die doppelgeschossige Hallenarchitektur. Über der unteren Halle bilden im Obergeschoß neun schmale Rundbogenarkaden eine offene Galerie. Rustikaquaderung betont die Festigkeit des Mauerwerks im Erdgeschoß und rahmt als Wandvorlagen die Obergeschosse der Seitenrisalite. Erinnerungen an antike und an mittelalterliche Torbauten sind in den Entwurf miteingeflossen, für dessen Einzelformen Ziebland Motive der Florentiner Renaissance verarbeitete, so wie es in München Leo von Klenze bei seinen Wohnbauten an der Ludwigstraße vorgebildet hatte. Hinter der offenen Halle liegen geschlossene Räume, die in mehreren Geschossen zur Unterbringung der Wache bestimmt sind.

1 StaM, Hist. Verein MS 403 »Anhang zur Einleitung«, fol. 23 recto ff. (S. dazu: Johannes Schnell, François de Cuvilliés' Schule Bayerischer Architektur, Diss. München 1961)

2 So vor allem durch Ludwig von Sckell in dem ersten Teil seines Entwurfs eines Generalplans für München, vorgelegt am 1.7.1811 (BHStA, GL 2781/1136)

3 In einer Stellungnahme zu dem in Anm. 2 genannten Entwurf Sckells eines Generalplans für München. Die Stellungnahme des Kronprinzen scheint verloren, sie läßt sich jedoch aus einer Antwort der Baukommission München an Ludwig vom 25.3.1812 erschließen (BHStA, GL 2781/1136)

4 BHStA, HR II 598/32 u. MF 55794/1.

5 S. dazu: Hans Lehmbruch, Die Planungen vor dem Schwabingertor, in: W. Nerdinger (Hrsg.), Kat. Klassizismus, S. 138ff.

6 GHA, Nachlaß Ludwig I. I A 36 II Memorandum Klenzes zu den Planungen für die Anlage vor dem Schwabingertor vom 14.9.1816; BHStA, HR II 595 Memorandum Klenzes (wie oben) vom 4.11.1816

7 BHStA, HR II 596/2 Akt vom Januar 1818 u. a. über die Verlegung der Schloßwache in die Residenz.

8 BStB, cod. icon 210 d2 Entwurf für eine Schloßwache in München; GHA, Nachlaß Ludwig I. II A 27 Begleitschreiben Zieblands zu seinem Entwurf, Rom 4.9.1828. (S. dazu: Birgit-Verena Karnapp, Georg Friedrich Ziebland, in OA, 104, 1979, S. 13f.) Der Auftrag an Ziebland erfolgte 1827. (Adalbert von Bayern, Als die Residenz noch Residenz war, München 1967, S. 249)

39.1

9 GHA, Nachlaß Ludwig I. 88/4/2 Notiz
vom 12.2.1814. Weiter notierte sich der
Kronprinz für die Denkmalshalle u. a. die
Namen Blücher, Wellington, Wittgenstein,
ferner den Zaren von Rußland und die Könige von Bayern, Preußen u. Schweden.

10 GHA, Nachlaß Ludwig I. 88/4/2. Vorausgegangen war 1830 unter dem Titel »Bildersaal bayerischer Feldherrn« in der halbamt-
lichen Zeitung »Das Inland« u. a. ein länge-
rer monographischer Artikel über Tilly.
(S. 1064ff. u. passim)

11 GHA, Nachlaß Ludwig I. 51/6/1 Verzeichnis des Erz-Vorrathes, welches Privat-Ei-
genthum S.M. des Königs ist

12 Nach M. Dirrigl, Ludwig I. von Bayern,
München 1980, S. 712

13 SGSM, Inv.Nr. 27379

Zieblands Entwurf war nicht mehr als
eine Talentprobe; vom König wohl kaum
zur Ausführung vorgesehen. Doch das
Thema des Projektes, Neubau eines
Wachgebäudes, verfolgte Ludwig I. weiter. Nun aber trat ein neuer Gedanke
hinzu, der sich in Ansätzen ebenfalls bis
in die Kronprinzenzeit zurückverfolgen
läßt: Der Plan zum Bau einer Denkmalshalle für verdiente Heerführer in München. 1814 notierte sich der Kronprinz
den Gedanken, »Europas Rettern« im
Englischen Garten »in der Halle Heiligt-
um« Denkmäler zu setzen[9], unter ihnen
Wrede, dessen Standbild neben dem Tillys tatsächlich in der Feldherrnhalle seinen Platz finden sollte. Auch nach seinem
Regierungsantritt verlor Ludwig I. dieses
Projekt nicht aus den Augen. 1833 scheint
es mit seinem Plan für ein Wachgebäude
bei der Theatinerkirche verschmolzen.
Der König notiert sich am 30. Juni dieses
Jahres als eines der aus der Kabinettkasse
auszuführenden Werke das »Schluß-Ge-
bäude« im Süden der Ludwigstraße, das
unten die Schloßwache enthalten und von
großartiger Wirkung werden sollte. Und
er notierte den Gedanken, vielleicht auch
für Tilly ein Standbild zu setzen.[10] Seit
1832 lag für die Statue Wredes, seit 1839

auch für die Tillys das Erz zum Guß
bereit.[11] Die Gestalt des geplanten Bauwerks stand zu diesem Zeitpunkt noch
nicht fest. Doch schon seit 1824 waren
italienische Vorbilder für ähnliche Denk-
malsbauten in das Blickfeld des Königs
getreten. Damals plante er, in Nürnberg
eine Halle in der Art des Or S. Michele in
Florenz zu errichten, in der eine Kolossalstatue Dürers ihren Platz finden
sollte.[12]

Entwürfe Leo von Klenzes für die
Feldherrnhalle

In diesem Stadium der Vorüberlegungen
griff Klenze den Plan für den Bau einer
Denkmalshalle am südlichen Abschluß
der Ludwigstraße in einer Serie von Entwürfen auf, ohne daß bisher ein Auftrag
des Königs für diese Arbeiten bekannt
wäre. Die Zeichnungen sind undatiert,
doch zeigt sich, daß die Reihe bei dem
von Ziebland 1828 eingereichten Projekt
ihren Ausgangspunkt hat: Ein Hinweis
auf den zeitlichen Rahmen der undatierten Entwürfe Klenzes, die sich von der
ersten Gedankenskizze bis zu nahezu
ausführungsreifen Zeichnungen lediglich
in eine relative Chronologie bringen lassen. Der erste zeichnerische Gedanke[13]

235

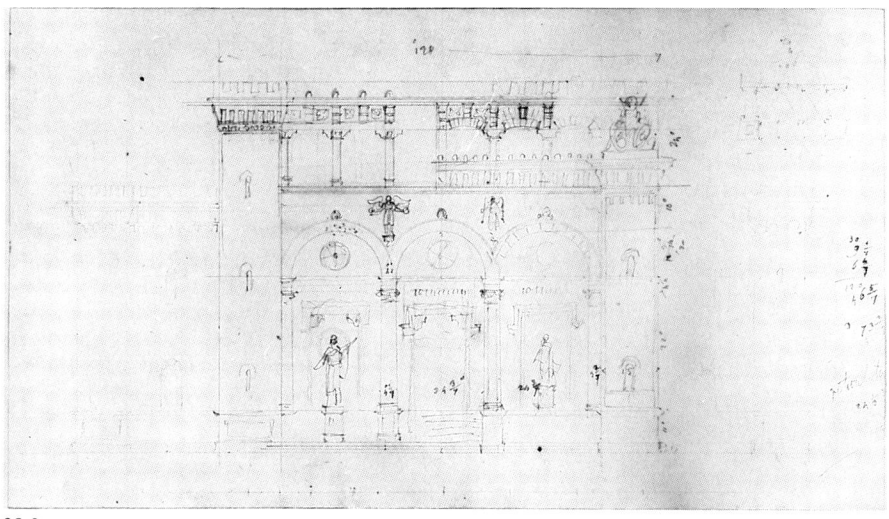

39.3

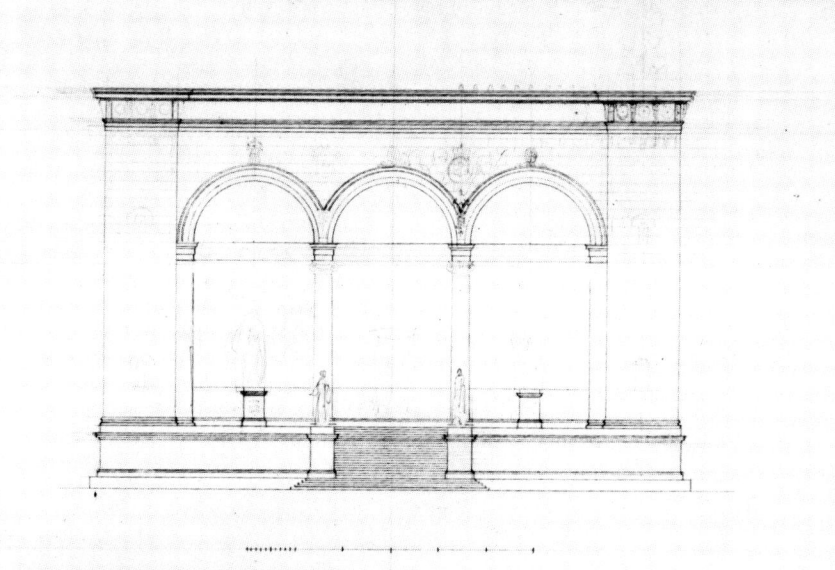

39.4

greift die von Ziebland eingebrachte Überlegung auf, ein Wachgebäude gleichsam als offenes Tor zur Altstadt zu gestalten und verbindet diesen Gedanken mit dem Projekt einer Ehrenhalle für Militärpersonen. Ähnlich wie bei Ziebland flankieren zwei turmartige Seitenrisalite eine in drei Rundbogenarkaden geöffnete Halle mit einer offenen Galerie im Obergeschoß. Mit schmalen, schießscharten-ähnlichen Fenstern in den flankierenden Risaliten und mit einem Zinnenkranz als bekrönendem Abschluß des Bauwerks ist der wehrhafte Aspekt der Architektur mehr noch als bei Ziebland betont. Dennoch wirkt der von Klenze entworfene Bau leichter und zierlicher, weil die schwere Rustikaverkleidung hier aufgegeben ist, dagegen das konstruktive Gerüst der Halle und ihre Öffnung stärker herausgearbeitet sind. Drei Türen in der

Rückwand des Erdgeschosses deuten auch bei Klenze auf geschlossene Räumlichkeiten in der Tiefe des Gebäudes, vielleicht auch hier noch für die Unterbringung einer Wachmannschaft, doch läßt sich auf Grund der Skizze darüber nichts Sicheres aussagen. Neu eingeführt ist das Thema der Denkmalshalle. Höher aufgesockelt als bei Ziebland ist bei Klenze die Plattform der Erdgeschoßhalle; eine Treppe unter der mittleren Arkaden dient als Zugang, die seitlichen Bögen rahmen zwei Standbilder auf hohem Sockel. Ihre Bestimmung als Militärpersonen erscheint durch die Kriegstrophäe über dem rechten Seitenrisalit und durch die geflügelten Viktorien über den Bogenzwickeln wahrscheinlich.

Die Abmessungen des Bauwerks stimmen bei Klenze und bei Ziebland annähernd überein.[14] Beide zeigen steilere Propor-

39.1 Georg Friedrich Ziebland (Farbabb.)
      Entwurf für eine Schloßwache am Ort der Feldherrnhalle am Odeonsplatz in München, Aufriß, 1828
      Feder, farbig aquarelliert; 75,7 × 53,7
      BStB, cod. icon. 210 d 2

39.2 Georg Friedrich Ziebland
      Entwurf für eine Schloßwache am Ort der Feldherrnhalle am Odeonsplatz in München, Aufriß der Seitenfassade, Querschnitt, drei Grundrisse, Situation, 1828
      Feder, farbig aquarelliert; 53,4 × 75,7
      BStB, cod. icon. 210 d 2

39.3 Leo von Klenze (Abb.)
      Entwurf für die Feldherrnhalle am Odeonsplatz in München, Aufriß und Grundriß, 1828/35
      Feder über Bleistift;
      SGSM, Inv.Nr. 27379

39.4 Leo von Klenze (Abb.)
      Entwurf für die Feldherrnhalle am Odeonsplatz in München, Aufriß, 1828/1835
      Feder über Bleistift;
      SGSM, Inv.Nr. 26655

39.5 Friedrich von Gärtner
      Feldherrnhalle am Odeonsplatz in München, Aufriß (Vorentwurf um 1839/40)
      Feder mit Bleistift; 76,5 × 54
      Arch. Slg. TUM, Gs 1161

39.6 Friedrich von Gärtner
      Feldherrnhalle am Odeonsplatz in München, Aufriß der Seitenfassade, Querschnitt, Grundriß, um 1841
      Feder und Tusche; 64,2 × 46,4
      StaM, B 109/3

39.7 Gustav Wilhelm Kraus
      Ansicht des südlichen Odeonsplatzes in München mit dem Bauerngirgl-Gasthaus am Ort der späteren Feldherrnhalle, 1825
      Lithographie aus: Zehn Prospecte der Haupt- und Residenzstadt München;
      39,3 × 23,7
      Mstm, M II 149/5

39.8 Gustav Seeberger (Abb.)
      Ansicht des südlichen Odeonsplatzes mit der Feldherrnhalle, 1845
      Lithographie von Peter Herwegen aus: v. Müller, Universal-Handbuch von München, München 1845; 18,5 × 11,4
      Mstm, Neue Slg. 30/154

39.9 Simon Quaglio
      Palazzo Vecchio mit der Loggia dei Lanzi in Florenz, 1818
      Lithographie
      Aus: R. Armin Winkler, Die Frühzeit der deutschen Lithographie, München 1975, Abb. 103

39.8

Erinnerung an den Ausgangspunkt der Planungen, das Motiv eines Stadttores, zugleich Wachgebäude und Denkmalshalle, und der aus dieser Vielfalt der Ideen resultierende heterogene Charakter des ersten Entwurfes nahezu vollständig eliminiert. Eindeutig ist hier vielmehr die Bestimmung als Denkmalshalle betont. Die Proportionen der Architektur und ihre Zusammenfügung aus geschichtetem Mauerwerk und Öffnungen, aus rahmenden Elementen und eingespannten, dekorierten Flächen, haben sich abgeklärt und fügen sich als Gesamtstruktur zu einer bildhaften Komposition. Die Ausarbeitung des Entwurfs in den folgenden Blättern führte zu keiner grundsätzlichen Neufassung mehr, wohl aber zu weiterer Abklärung dieser Komposition. Auf den am weitesten ausgeführten Blättern sind im Hintergrund der offenen Halle steinerne Bänke auf halbrundem Grundriß zu erkennen. Sie sind, wie Grundriß und Schnitt zeigen, in Nischen eingefügt, die wie halbrunde Absiden aus dem Mauerwerk der Rückwand ausgespart und mit einer Halbkalotte überwölbt sind. Das Gewölbe über der Halle ist als Quertonne ausgebildet, in die von den Arkaden der Fassade und von den korrespondierenden Wandnischen in der Rückwand Stichkappen einschneiden.[16]

Planung und Ausführung durch
Friedrich von Gärtner
Obwohl das Projekt Klenzes Motive historischer Bauten und Stile, zuletzt vor allem Anregungen der florentinischen Frührenaissance verarbeitete[17], ist es ohne direkte Anspielung auf ein eindeutig bestimmbares historisches Vorbild entworfen. Das ausgeführte Werk Gärtners ist dagegen, wenngleich keine Kopie, so doch ein Imitationsbau, der in engster Anlehnung an die Loggia dei Lanzi in Florenz geschaffen wurde. Ausgangspunkt der Planungen Gärtners war ein Auftrag des Königs von 1835 zur Ausarbeitung von Vorschlägen für eine Fassadenarchitektur nach Art der Fontana di Trevi in Rom.[18] Ludwig I. scheint sich also bis zu diesem Zeitpunkt noch keine genaue Vorstellung über die Gestalt des geplanten Bauwerks gebildet zu haben. Der Gedanke an die enge Anlehnung an das Florentiner Vorbild könnte daher unmittelbar von Gärtner stammen, zumal die von ihm überlieferten Entwürfe in allen Varianten stets die Auseinandersetzung ausschießlich mit diesem einen historischen Modell zeigen.[19] Als beispielhafte Architektur war es in München durch graphische Darstellungen schon längst bekannt gemacht. So hatte z.B. Lorenzo Quaglio 1818 eine Radierung veröffentlicht, welche die Log

tionen als der von Gärtner ausgeführte Bau und hätten ihn auch nach der absoluten Höhe überragt. Beide Entwürfe, der anfängerhaft dilettantische von Ziebland und die mit der Hand des geübten Architekten ausgeführte Skizze Klenzes, waren stärker auf die Vertikaltendenz der benachbarten Kirche mit ihren Türmen abgestimmt, würden sich daher vielleicht besser als das ausgeführte Gebäude in die städtebauliche Situation eingefügt haben. Doch zeigt die Skizze Klenzes auch den Schritt zu einem in der Höhe reduzierten und den Proportionen des Gärtnerschen Bauwerkes näher stehenden Projekts. Bei einer in die rechte Hälfte der Skizze eingetragenen Variante ist die Höhe des Gebäudes um die obere Galerie reduziert und dadurch die Vertikalbetonung zurückgenommen. Von hier aus läßt sich der unmittelbare Zusammenhang dieses Entwurfes mit einer Reihe weiterer Zeichnungen herstellen, die bei flüchtiger Betrachtung weit entfernt von ihm scheinen, und die dennoch jenen ersten Entwurf in abgeklärter und weiter ausgeführter Form verarbeiten. Hier erst ist das dargestellte Bauwerk ohne jeden Zweifel als die am Odeonsplatz geplante Denkmalhalle ausgewiesen: Die in einer der Zeichnungen[15] skizzierten Wappen weisen auf analoge Motive am ausgeführten Bauwerk und damit auf eine Entstehungszeit der Entwürfe hin, die bereits in zeitlicher Nähe der Planungen Gärtners liegt. Die Wappen sind in eine Zeichnung eingetragen, die mit schmalen, als Turmbauten gestaltete Seitenrisaliten und mit Türen im Hintergrund der Halle sowie mit einer Trophäe über einem der Turmrisalite noch ganz eindeutig von der ersten Ideenskizze abgeleitet ist. Dennoch ist die

14 Allerdings sind die absoluten Maße auf der Skizze Klenzes nur schwer zu eruieren.
15 SGSM, Inv.Nr. 26655
16 SGSM, Inv.Nr. 26657 u. 26658 sowie 27101 u. 27428
17 Zu denken ist hier an den Mercato nuovo in Florenz, dessen Architektur Klenze aus eigenem Augenschein kannte, und die ihm darüber hinaus auch durch die Publikation von Auguste Grandjean de Montigny und Auguste Famin (Architecture Toscane, Paris 1815, Tafel 57) vor Augen lag
18 Nach dem Tagebuch Ludwig I., zitiert in: Adalbert von Bayern, Die Herzen der Leuchtenberg, München 1963, S. 123
19 S. dazu auch die Zeichnung der Loggia dei Lanzi aus der Hand Gärtners oder eines seiner Mitarbeiter, StaM, Planslg. B 109/10

237

gia dei Lanzi an der Seite des Palazzo Vecchio, des Regierungspalastes von Florenz, zeigt.[20] Die vergleichbare Situation neben der Residenz und die vergleichbare Bestimmung als Denkmalshalle mögen noch vor dem eigenen Augenschein für Gärtner die unmittelbare Inspirationsquelle für die Wiederholung des Florentiner Modells in München gewesen sein.[21] Gleichwohl ist die Feldherrnhalle keine bloße Kopie. Die notwendige Anpassung an die städtebauliche Situation in München, ihre Einbindung einerseits in die unmittelbare Umgebung, die Berechnung der Fernwirkung in der Perspektive der Ludwigstraße andererseits, führte zu charakteristischen Veränderungen. Trotz annähernd übereinstimmender Abmessungen der Bauten in München und in Florenz[22] gibt es scheinbar geringfügige aber dennoch merkbare Unterschiede. So vor allem ist die Plattform der Feldherrnhalle höher über das Niveau der Platzfläche erhoben, der Umriß des Gebäudes dadurch etwas steiler. Durch die verlängerte Stufenfolge und entsprechend vergrößerte Treppenwangen gewann der Aufstieg zur Halle gesteigerte Monumentalität. Das Bauwerk selber erscheint gleichsam als Denkmal der Architektur wie auf einen Sockel gehoben, erscheint distanzierter und stärker dem Alltag entrückt. Diskret zwar und doch in deutlicher Anspielung ist es durch die beiden Wappen an der Gebäudestirn Ludwig I., seinem Stifter, und Königin Therese, seiner Gemahlin, gewidmet.[23] Die auf Fernwirkung berechnete große Form erscheint gegenüber dem Vorbild in Florenz systematisiert und verdeutlicht. Die leeren Flächen des geschichteten Mauerwerks und die dekorierten Teile sind eindeutiger abgesetzt, zugleich stärker in die Fläche der Fassade eingebunden, strenger sind die Statuen durch die Rundbogen der Arkadenöffnungen gerahmt und in die Bildwirkung der Fassadenkomposition einbezogen. Systematisiert und verdeutlicht stellt sich auch das konstruktive Gerüst im Innern der Halle dar. Anders als in Florenz, wo das Gewölbe an der Rückwand auf Konsolen ruht, antwortet in München den drei Pfeilerarkaden der Hauptfront spiegelbildlich die gleiche Konstruktion an der Rückwand der Halle. Gärtner plante, die Feldherrnhalle als allseits offenes Gerüst darzustellen. Zwischen den Pfeilern an der Rückwand wollte er das Mauerwerk durch buntgemusterte, geometrische Teppichmalerei gleichsam wie durch einen textilen Vorhang oder wie durch farbige Glasfenster auflösen.[24] Schließlich aber führte vermutlich die Überlegung, den Standbildern einen ruhigen Hintergrund zu schaffen, um ihre statuarische Wirkung und ihre Würde als Denkmäler zu betonen, zum Verzicht auf diese Absicht und zur Gestaltung eines einheitlichen, neutralen Hintergrundes.

Die Übernahme des historischen Vorbildes für die Feldherrnhalle entsprang einer Idealvorstellung, die zwischen ursprünglichen Bestand und späteren Zutaten keinen Unterschied machte, vielmehr das historisch Gewachsene gleichsam als Abstrakt in dieselbe Zeitebene brachte und auf Grund dieser Sichtweise das Florentiner Bauwerk und seine spätere Nutzung als Skulpturenhalle wie aus einem einheitlichen Konzept und wie aus einem einheitlichen Stil- und Kompositionsprinzip entstanden auffaßte. Dieser Vorstellung, nicht der bloßen Nachahmung, entsprang der Entwurf Gärtners für die Feldherrnhalle und führte zu einem ähnlichen Resultat wie das von Klenze ohne unmittelbaren Bezug auf ein historisches Vorbild entworfene Projekt für die Denkmalshalle: Eine fast abstrakte Konstruktion streng geordnete Komposition, der die Standbilder unter den rahmenden Rundbogen gleichermaßen streng eingeschrieben sind.

Die Ausführung der Feldherrnhalle wurde ab 1835 durch den Ankauf der nördlich des Preysingpalais gelegenen Altbauten zwischen der heutigen Residenz- und der Theatinerstraße in die Wege geleitet. Sie wurden bis 1840 abgetragen.[25] Die Planungen Gärtners waren inzwischen weit fortgeschritten, schon 1837 hatte er eine erste Berechnung der Baukosten vorgelegt. 1840 wurden die ersten Bestellungen für die Steine getätigt.[26] Am 18. Juni 1841 nahm der König die Grundsteinlegung vor.[27] 1844 war der Bau vollendet und die Standbilder der beiden Feldherrn Tilly und Wrede aufgestellt.[28] Am 8. Oktober des Jahres wurden sie durch Ludwig I. enthüllt und damit die Halle ihrer Bestimmung übergeben.[29] »Raum für Künftige« sollte sie bieten, verkündete der König in seiner Ansprache.[30] Entsprechend seinem Wunsch wurde 1892 ein Denkmal für die Gefallenen des Krieges von 1870/71 aufgestellt.[31] Die Löwen auf der Flankenmauer der Treppe hatte schon Gärtner in seinen Plänen vorgesehen.[32] Sie wurden jedoch erst zu Beginn unseres Jahrhunderts durch den Bildhauer Wilhelm Ruemann geschaffen.[33]

H. Lehmbruch

20 Abb. in R. Armin Winkler, Die Frühzeit der deutschen Lithographie, München 1975, Tafel 103

21 Dazu: Die Erläuterung R. A. Winklers (s. Anm. 20) zu der Tafel 103; ferner Hans G. Ewers, Die bayerischen Königsschlösser, in: Historismus und Schloßbau, Hg. von R. Wagner-Rieger u. W. Krause, München 1975, S. 122

22 Die Maße beider Bauten sind zusammengestellt bei O. Hederer, S. 158

23 Es handelt sich um das bayerische Wappen für den König und um das sächsische für seine Gemahlin aus dem Hause Sachsen-Hildburghausen

24 Arch. Slg. TUM, Gs 1174. Gärtner folgte hier einer Anregung des Königs, der rote Übermalung des Mauerwerks wünschte. (BStB, Autograph F. v. Gärtners mit Signat Ludwigs I. vom 20.4.1844)

25 1835 erwarb Ludwig I. das alte Kriegsministerialgebäude im Tausch gegen das aus Mitteln seiner Kabinettskasse vorfinanzierte Blinden-Institut an der Ludwigstraße. (BHStA, MK 13664 u. OBB 8875. S. auch Kat.Nr. 116. Der Innenminister Fürst Öttingen-Wallerstein plante 1836 hier noch die Einrichtung der Stadtkommandantur mit einer dem Orte angemessenen »imposanten« Fassade (GHA, Nachlaß Ludwig I. Blaue Schachtel X 460 Briefe des Innenministers an den König vom 26. bis 28.2.1836)

26 GHA, Nachlaß Ludwig I. 81/2; ferner StA München RA 2141 (Steinlieferungen ab 1842)

27 StaM, Stadtchronik 1841, S. 130

28 Nach Modellen Ludwig Schwanthalers

29 Tilly und Wrede, zur Feier des 8. Oktober 1844, München 1844; Am 8. Oktober 1844. Eine Vision, München 1844. (Anonyme Druckschriften)

30 Zitiert nach Heinrich Leher, Die Feldherrnhalle und das Denkmal der bayerischen Armee in München, in: Das Bayerland 3.1892, S. 284

31 Entwurf und Ausführung von Ferdinand von Miller. (S. H. Leher, wie Anm. 30). Planungen für die Aufstellung seit 1871; Enthüllung am 12.3.1892. (StaM, RP 488/1 u. 2 Sitzungsprotokolle des Magistrats vom 12.1. u. 7.5.1872 sowie RP 574 u. 576 Sitzungsprotokolle der Gemeindebevollmächtigten vom 6.11.1890 u. 25.2.1892)

32 SGSM, Inv.Nr. 1161; StaM, Planslg. B 109/2 recto u. verso u. 109/3

33 StaM, RP 518/4 Sitzungsprotokolle des Magistrats vom 11.11.1902

Literaturauswahl:

Hans Moninger, Friedrich von Gärtner's Original-Pläne und Studien, München 1882, S. 53 ff.; Klaus Eggert, Die Hauptwerke Friedrich von Gärtners, München 1963, S. 101 ff.; Oswald Hederer, Friedrich von Gärtner, München 1976, S. 157 ff.

40.1

40 Das Siegestor an der Ludwigstraße in München, 1843–1852

Das Siegestor gehört zu jenen Bauwerken, deren Errichtung Ludwig I. schon in seiner Kronprinzenzeit plante und durch Jahrzehnte bis noch über seine Abdankung hinaus hartnäckig weiterverfolgte. Seit Leo von Klenze die ersten Entwürfe zur Anlage des späteren Odeonsplatzes vorgelegt hatte, bestand auch der Plan, am Ausgang der neuen Stadtanlage anstelle des mittelalterlichen Schwabingertores, das für die Erweiterung der Altstadt nach Norden abgetragen werden sollte, ein neues Stadtportal nach Art antiker Torbauten zu errichten.[1] Damals standen weder der genaue Standort, noch die Form wirklich fest, erst im Laufe der Jahre sollten sich die Pläne konkretisieren. Bald nach seinem Regierungsantritt (1825) griff Ludwig I. den Gedanken wieder auf. Wie er dem Bildhauer Martin Wagner, seinem Kunstagenten in Rom, in einem Brief vom 12. Juni 1826 mitteilte, plante er außer einem Säulentor nach griechischem Muster, so wie es Klenze als Abschluß für den Königsplatz vorgeschlagen hatte, in München auch ein Siegestor in Form eines römischen Triumphbogens zu setzen.[2] Die Anregung für dieses Projekt hatte der König jenseits der unmittelbaren Kenntnis der historischen Vorbilder in Rom und in Italien vermutlich auch durch vergleichbare Planungen und Bauten in Frankreich und im ehemaligen Machtbereich Napoleons in Italien empfangen. In München hatte schon 1819 der Architekt Gustav Vorherr diesen Gedanken in einem Projekt für ein Denkmalstor zu Ehren Königs Maximilian I. aufgegriffen, das am östlichen Eingang der Stadt, am rechten Ufer der Isar errichtet werden sollte. Sein Entwurf wirkt wie die Vorwegnahme des Siegestores; die Vorbilder sind dieselben: die antiken Triumphbogen des Konstantin und des Septimus Severus in Rom, bei Vorherr vermutlich vermittelt durch den zu Ehren Napoleons errichteten Triumphbogen an der Place du Carousel in Paris.[3]
Als Ludwig I. 1826 Martin Wagner seine Pläne mitteilte, standen weder der Architekt, noch der Standort oder der Baubeginn der beiden Torbauten fest.[4] Dennoch ist mit Sicherheit zu vermuten, daß der König damals schon die Errichtung des römischen Bogentores an der Ludwigstraße beschlossen hatte, die es im Norden als letztes Bauwerk begrenzen sollte. Der genaue Standort an dieser Straße ließ sich jedoch erst festlegen, nachdem die Pläne für ihre Vollendung endgültig genehmigt waren. Leo von Klenze arbeitete 1827 an entsprechenden Planungen.

In diesem Jahre legte er dem König das Projekt für einen Torplatz auf Höhe der Veterinärstraße vor, ein Rundplatz, in dessen Zentrum das Denkmalstor aufgestellt werden sollte. Zwar genehmigte Ludwig I. am 26. September des Jahres Klenzes Plan[5], inzwischen aber hatte dessen Rivale Friedrich Gärtner ein anderes Projekt vorgelegt, demzufolge die Straße weiter nach Norden verlängert und das Tor entsprechend verschoben werden sollte. Damals schon hatte der König die Anregung Gärtners zustimmend zur Kenntnis genommen[6], und als es diesem gelang, Klenze aus der Gunst des Königs zu verdrängen und ihn als Baumeister der Ludwigstraße abzulösen, kam auch Klenzes Plan für das Denkmalsrondell zu Fall. Mit der Bauplanung für die Universität legte Gärtner im Jahre 1835 den Entwurf für die Anlage des Universitätsplatzes in seiner heutigen rechteckigen Gestalt und für den nördlichen Abschnitt der Ludwigstraße bis an die heutige Akademiestraße vor und konnte Ludwig I. für diesen Plan endgültig gewinnen.[7] Damit konnte auch der Standort für den Torbau am Abschluß der Ludwigstraße festgelegt und die Bauplanung eingeleitet werden. Den ersten Auftrag für einen Entwurf hatte der König schon am 1. März 1827 dem jungen Architekten Georg Friedrich Ziebland, der damals als Stipendiat des Königs zu Studienzwecken nach Italien ging, erteilt und ihm den Bogen des Septimus Severus und den des Konstantin in Rom als Vorbild ans Herz gelegt.[8] Ob Ziebland diesen Auftrag ausgeführt hat, läßt sich nicht mehr feststellen. Jedenfalls scheint ein entsprechender Entwurf nicht überliefert zu sein. Die konkrete Bauplanung für das Siegestor ging an Gärtner, der spätestens seit 1840 mit dem Entwurf beschäftigt war. Die große Form des geplanten Bauwerks stand damals fest: Ein reliefgeschmücktes Rundbogentor mit einer größeren Durchfahrt in der Mitte und zwei seitlichen Fußgängerpassagen nach dem Muster des Konstantinsbogen in Rom. Es sollte von einer in Erz gegossenen Löwenquadriga mit der Personifikation der Bavaria als Lenkerin bekrönt werden. Die Modelle für die Bildhauerarbeiten sollte Martin Wagner anfertigen.[9] Er hatte als Freund und künstlerischer Berater des Architekten einen großen Einfluß nicht nur auf das Konzept und die Gestaltung des bildnerischen Programmes, sondern auch auf den Entwurf des Bauwerks selber, den Gärtner auf Grund seiner Kritik mehrfach abänderte.[10]
Am 12. Oktober 1843, Jahrestag der Völkerschlacht bei Leipzig, wurde der Grundstein für das Siegestor gelegt. Doch

1 GHA, Nachlaß Ludwig I. I A 36 I Schreiben Klenzes vom 19.9.1816 an den Kronprinzen: Als Antwort auf eine entsprechende Frage des Kronprinzen rät Klenze von dem durch Ludwig gewünschten Bau eines Propyleions vor dem Schwabingertore ab. In einem weiterem Schreiben an Ludwig vom 2.9.1817 äußert Klenze die Ansicht, daß es noch lange Jahre dauern werde, bis die neue Straße »bis zum Punkte ihres Thores« vollendet sein wird. (Ebd.)
2 Ludwig I. an Martin Wagner, Wagnerstiftung der Universität Würzburg, Briefe des Königs an Wagner Fasc. II, Nr. 278, hier zitiert nach: Winfried von Pölnitz, Ludwig I. von Bayern und Johann Martin Wagner, Schriftenreihe zur bayerischen Landesgeschichte 2, München 1929, S. 311.
3 Hans Lehmbruch, Die Planungen für das Isartor und seine Umgebung, in: Ausst.-Kat. Klassizismus, in Bayern, Schwaben und Franken, München 1980, S. 118ff.
4 »Beschlossen habe ich noch nicht, durch wen«, schrieb der König an Wagner. Wagner möge jedoch die beiden Architekten Thürmer und Gutensohn von seinen Absichten Mitteilung machen. Der Baubeginn werde jedoch erst »nach Jahren« erfolgen. (Zitiert nach W. Pölnitz, wie Anm. 2)
5 BHStA, Planslg. 12649 Signat Ludwigs I. auf einem Stadtplan von München aus dem Jahr 1814, den Klenze als Grundlage für seinen Entwurf verwendet hatte. (S. auch K. Eggert, S. 129)
6 GHA, Nachlaß Ludwig I. 54/4/2 Schreiben Ludwigs I. an Friedrich Gärtner vom 24.3.1827.
7 K. Eggert, S. 130.

40.2

sollte Gärtner seine Fertigstellung nicht mehr erleben. Er starb am 21. April 1847, ehe die Bauarbeiten vollendet und die Skulpturen ausgeführt waren. Seine Nachfolge am Bau trat Eduard Metzger, einer seiner Schüler an.[11] Doch bald nach Übergabe der Geschäfte sollten die Arbeiten eine längere Unterbrechung erfahren. Am 20. März 1848 mußte Ludwig I. abdanken, die Weiterführung der von ihm begonnenen Bauten kam vorläufig zum Erliegen. Zwar hatte sich Ludwig I. von

seinem Sohn und Nachfolger Maximilian II. die Vollendung u.a. des Siegestores vertraglich zusichern lassen, doch war die Abmachung so ungenau abgefaßt, daß es langer, zäher Verhandlungen Klenzes bedurfte, ehe im Oktober 1849 zögernd und spärlich die ersten Gelder zur Fortführung der Bauarbeiten flossen.[12] Ludwig mußte um die Fertigstellung des Werkes bangen. So übernahm er schließlich aus Mitteln seiner Privatschatulle den Weiterbau, der seit dem Frühjahr 1850 durch

8 Adalbert von Bayern, Als die Residenz noch Residenz war, München 1967, S. 249.

9 Wagnerstiftung der Universität Würzburg, Briefe Ludwigs I. an Wagner Fasc. II, Nr. 278, hier zitiert nach K. Eggert, S. 110. Arch.Slg. TUM, Gs 1526; GHA, Nachlaß Ludwig I. 54/4/1; 85/3/6; 89/2 Briefe Gärtners an Ludwig I. zum Siegestor, einsetzend 1840. Die Vorzeichnungen Wagners für die Bildhauerarbeiten befinden sich in der St. Gr.Slg. München.

10 K. Eggert 115 f.

11 Hans Reidelbach, König Ludwig I. von

40.4

40.3

Bayern und seine Kunstschöpfungen, München 1888, S. 248.
12 GHA, Nachlaß Ludwig I. C 20 Korrespondenz Klenzes mit Ludwig I. von März bis November 1849; C 23 II Denkschrift Klenzes, die Vollendung des Doms in Speyer und des Siegestores in München durch König Maximilian II. betreffend vom 7.10.1849.
13 StaM, Zimelien 105a; Urkundenregesten 27.
14 StaM, Zimelien 105b; Urkundenregesten

Metzger rasch vorangetrieben wurde. Im Herbst des Jahres war das Bauwerk bis auf die Löwenquadriga vollendet. Um seinen Unterhalt zu sichern, schenkte Ludwig I. das Siegestor der Stadt München.[13] 1852, nach Aufstellung der Quadriga, ging auch sie als Schenkung an die Stadt über, unter der ausdrücklichen Bedingung, daß ihre Ausrichtung nach Norden nie verändert werden dürfe.[14]
Gemäß dem Auftrag des Königs hatte

Gärtner den Konstantinsbogen in Rom seinem Entwurf als Vorbild zugrunde gelegt. Er übernahm die große Form des Torbaus und seine Instrumentierung mit hochaufgesockelten Säulen, die sich über der Gebälkzone vor der Attika durch Standfiguren nach oben fortsetzen, und er übernahm, wenn auch in sparsamerer Verteilung und in systematisierter, konzentrierter Anordnung, die Ausschmükkung durch Reliefs. Doch ist das Münch-

40.5

ner Siegestor keine bloße Kopie des antiken Musters. Der Umriß wurde steiler, das breite Lagern des Vorbildes ist zugunsten stärkerer Vertikalbetonung aufgegeben, um den Torbogen in der Flucht der Ludwigstraße der Höhenentwicklung der Hausfronten anzugleichen. Entsprechend steiler wurden auch die drei Toröffnungen. Neu gegenüber dem antiken Vorbild und durch jüngere Beispiele der Baukunst angeregt (z. B. Brandenburger Tor in Berlin oder Arc de Triumphe du Carousel in Paris), ist schließlich die von vier Löwen gezogene Quadriga, die von einer Bavaria gelenkt wird, auf der Attika.

Am Eingang der Ludwigstraße bildete das Siegestor damals die Grenze der bebauten Stadt, eine Zäsur, nicht einen Abschluß, am fließenden Übergang zwischen der Stadtstraße und der Landstraße nach Norden. Bevor gegen Ende des 19. Jahrhunderts nördlich der Universität auf der Westseite der Ludwigstraße die Gruppe der drei Privatgebäude und in den dreißiger Jahren unseres Jahrhunderts auf der Ostseite das Haus des Rechts errichtet wurden, begleiteten nur niedrige Mauern den nördlichen Abschnitt des Straßenzuges. Vor die Mauern war eine Pappelreihe gesetzt, die jenseits des Tores in der Pappelallee an der Chaussee nach Schwabing ihre Fortsetzung fand. Das Tor steht ringsherum frei, vom Verkehr umflutet, dennoch ist seine Architektur nicht allseitig ausgerichtet und etwa der Aufstellung des großen Triumphbogens in Paris auf einem Sternplatz zu vergleichen. Die heute auf Höhe des Siegestores einmündenden Seitenstraßen gab es damals noch

nicht, entsprechend sind seine Seitenfassaden nicht als Schaufronten ausgebildet. Das Siegestor hat nur zwei Ansichtsseiten; mit ausgebreiteter Fassade steht es in der Bewegungsrichtung der Straße und antwortet als Abschlußkulisse im Norden des langgestreckten Straßenplatzes den Bogenöffnungen der Feldherrnhalle, die am südlichen Abschluß der Ludwigstraße in vergleichbarer Weise einen Eingang und Übergang, nämlich zur Altstadt, markieren.[15]

Ludwig I. ließ das Siegestor zu Ehren des bayerischen Heeres errichten. Nicht zum Gedenken an eine historisch bestimmte Epoche, an einen Krieg oder an eine Schlacht, sondern als Denkmal der zeitlosen Pflichterfüllung und Tapferkeit bayerischer Truppen. Gegen die Bedenken des Bildhauers Martin Wagner bestand der König ausdrücklich auf diesem Konzept und forderte für die Reliefs exemplarische Darstellungen von Truppengattungen und Kampfarten, nicht im historischen, sondern in einem als zeitlos empfundenen antikisierenden Gewand.[16] Diesem Gedanken der Überzeitlichkeit schlossen sich die Wiederherstellungsarbeiten nach dem Kriege wieder an: Mit der sichtbaren Narbe seiner Kriegsbeschädigungen wurde das Siegestor als Mahnmal für den Frieden wiederaufgebaut.

H. Lehmbruch

58. Die stadtauswärts gerichtete Aufstellung der Quadriga gab Anlaß zu Diskussionen. S. dazu u. a. Ernst Förster, Stand der Kunst in München beim Beginn des Jahres 1850, in: Dt. Kunstblatt 1. 1850, S. 12 ff. K. ders., Die Bavaria des Siegesthores in München, ebd. 3. 1852.

15 vgl. Kat.Nr. 39

16 S. dazu besonders die Einwände Wagners gegen diese Forderung, wiedergegeben in einem Brief Gärtners an Ludwig I. vom 28.6.1840 und die in einem Brief Gärtners an Wagner vom 4.9.1840 zitierte Antwort des Königs auf diese Einwände. (Zitiert bei K. Eggert, S. 116.)

Literaturauswahl:

Das Siegesthor in München, anonyme Druckschrift zur Eröffnung, München 1850; Anselm Pangkofer, Das Siegesthor in München, München 1851; Hans Moninger, Friedrich von Gaertner's Original-Pläne und Studien, München 1882, S. 70 ff.; Hans Kiener, Leo von Klenze, masch. geschr. Dissertation, München 1922, S. 330 ff.; Klaus Eggert, Die Hauptwerke Friedrich von Gärtners, München 1963, S. 110 ff.; M. Bringmann, Das Siegestor als Ruhmesmal der Ludwigstraße. Versuch einer Deutung, in: Denkmäler im 19. Jahrhundert, hrsg. von Hans-Ernst Mittig u. Volker Plagemann, München 1972, S. 69 ff. Oswald Hederer, Friedrich von Gärtner, München 1976, S. 149 ff.

41.1 Leo von Klenze (Abb.)
Monopteros im Englischen Garten,
»Temple polychrome exécuté dans le Parc
Royal à Munich 1836«, Sign. Leo Klenze
1837
Feder, farbig aquarelliert; 49,5 × 67,5
London, Royal Institute of British Architects, Z 7/2
41.2 Gustav Kraus
»Monopteros«, 1836
Lithographie; 14,6 × 11,1
Privatbesitz (aus: Christine Pressler,
Gustav Kraus 1804–52, München 1977,
Nr. 86)

41.1

1 Gottfried Gruben, Die Tempel der Griechen,
München 1980, S. 31
2 Ingrid Weibezahn, Geschichte und Funktion
des Monopteros', Hildesheim 1975, Diss.,
S. 77 ff.
3 Franz Hallbaum, Der Landschaftsgarten,
München 1927, S. 212
4 Hans Rose, Eine unveröffentlichte Denkschrift Friedrich Ludwig von Sckells über
den Englischen Garten, München 1931
5 siehe Anm. 2, S. 61 ff., Abbildung e. Zeichnung vom Lysikrates-Monument in: Oswald
Hederer, Leo von Klenze, Mchn. 1981, S. 78
6 siehe Anm. 2, S. 63: »Die einzelnen Bauglieder erhielten folgende Färbung: Voluten
grün, Kapitelle rot/grün, Architrav rot, Fries
blau/rot, Sima blau/rot, Akroter vorwiegend
rot mit gelb/grün/blau; jeweils vor weißem
Hintergrund«.
7 Diese Angaben stammen aus der Kostenberechnung vom 16. Mai 1833 von Klenze
(GHA, Nachlaß Ludwig I., Nr. 51/1/2)
8 siehe Anm. 2, S. 60

41 Monopteros im Englischen Garten, München, 1833–1836

Der Typus des »Monopteros«, in der Antike als »Auszeichnung heiliger Orte und
Male«[1] verwendet, kam in nachantiker
Zeit erstmalig während der Renaissance in
vereinzelten Beispielen als Gartenpavillon
vor. Die eigentliche Verbreitung in den
Gärten setzte Anfang des 18. Jahrhunderts in England ein. Seine Ausdehnung
auf dem Kontinent fand gleichzeitig mit
dem aus England neu eingeführten
»Landschaftsgarten« um etwa 1760 statt,
von dessen Stil auch Friedrich Ludwig
v. Sckell in der Hauptsache beeinflußt
wurde.[2]

Sckell, dem der Englische Garten in München im wesentlichen sein heutiges Aussehen verdankt, kritisierte bald nach
Übernahme der Leitung der Hofgärtenintendanz im Jahre 1804 neben landschaftsgärtnerischen Gestaltungen die schon bestehenden, gebauten »Staffagen«, wie den
Chinesischen Turm, den 1789–93 errichteten hölzernen Monopteros (Apollo-Tempel genannt) und anderes und forderte: »wenig Gebäude im guten und reinen
Styl, an Stellen errichtet, wo sie Wirkung
hervorbringen.«[3]

Anfänglich schwebte Sckell vor, ein Pantheon zu Ehren der würdigsten Regenten
Bayerns auf einem Hügel zu erbauen, sowie anstelle des auf einer Landzunge zwischen dem Parkbach stehenden, baufälligen Monopteros' aus Holz, einen Monopteros aus Stein zu errichten.[4] Als sich
diese Pläne aufgrund landschaftsgärtnerischer Aspekte zerschlugen, formulierte er
seine Ideen insofern um, als er einen Monopteros mit Gedenkstein auf einem
künstlich aufgeschütteten Hügel vorsah.
Forderungen, wie Anlehnung an einen
nahen Waldrand, eine »aussichtsreiche
Lage«, sowie für den Besucher des Englischen Gartens ein Blickfang von vielen

Richtungen her, überzeugten Sckell von dem Standort, an dem sich der Monopteros heute erhebt. Jedoch erlebte er, 1823 verstorben, die Realisierung des Projektes nicht mehr; sein Neffe und Nachfolger Carl August von Sckell sorgte später für die Ausführung.

Anfang der 1830er Jahre wurde Leo von Klenze mit dem Entwurf beauftragt. Anregungen für ihn bezüglich der formalen Gestaltung brachten nicht nur die in der Literatur bereits veröffentlichten Monpteroi, sondern auch seine intensive Reisetätigkeit nach Italien und Griechenland. Klenze entwarf einen Rundtempel mit 10 Säulen (ohne Kanneluren) in ionischem Stil, auf einem dreistufigen Unterbau. Über den ionischen Voluten sah er einen umlaufenden, verzierten Fries vor; die Rinnleiste schmückte er mit einem Palmettenkranz. Die Anregung für den sich über der Kuppel aus Kupfer erhebenden Pinienzapfen stammte vermutlich vom Diana-Tempel der Villa Borghese in Rom, den er bei seiner Italienreise im Jahre 1806 besichtigte. Die den Pinienzapfen tragenden Voluten waren ein Detail des Lysikrates-Monumentes in Athen, welches Klenze im Jahre 1834 studierte und von dem er genaue Zeichnungen anfertigte.[5] Eine kassettierte Decke bildete die Untersicht der Kuppel.

Als Besonderheit ist die von Klenze geplante »Polychromie« zu nennen, durch welche er – hier mittels Bemalung – eine zusätzliche Differenzierung der Bauteile des Monopteros erreichen wollte.[6] Klenze stellte sich damit gegen eine weitverbreitete Vorstellung von antiker Architektur: »Schon lange hatte ich die Notwendigkeit der Polychromie durch Forschungen in Großgriechenland, Sizilien und auch in Hellas erkannt und laut es ausgesprochen. Zu wenige wissen davon, da nach dem Zeitgeschmack alles weiß, grau und nackt sein solle.«

Am 16. Mai 1833 legte Klenze einen Kostenanschlag über 49000 Gulden aufgrund der für die Jahre 1834–38 vorgesehenen Leistungen vor (von den Fundamentarbeiten und der Hügelaufschüttung bis zur Vollendung).[7] Die Kosten waren überdurchschnittlich hoch, unter anderem deshalb, weil der Tempel durch den 15 Meter hohen, künstlich aufgeschütteten Hügel auf festem Boden gegründet wurde.

Im Jahre 1836 soll der Bau fertiggestellt worden sein;[8] die Pflasterung des Weges sowie die gärtnerische Gestaltung des Hügels (damals ohne Buschwerk) nahmen weitere Zeit in Anspruch. Die endgültige Bausumme belief sich auf 42000 Gulden.

M. Schepe

42 Das Pompejanische Haus in Aschaffenburg, 1840–1850

Friedrich von Gärtner besichtigte 1827 im Auftrag von König Ludwig I. antike Mosaiken in Sassoferrato.[1] Damals soll der König seinen Architekten mit mehreren privaten Aufträgen beehrt haben. Möglicherweise wurde zu dieser Zeit die Idee zur Errichtung eines »pompejanischen Hauses« geboren.[2]

Es mußten aber noch zwölf Jahre vergehen, ehe Gärtner im Frühjahr 1839 während einer Italienreise im Pompeji Vermessungen für eine im antiken Stil zu erbauende Villa durchführen konnte. Seine Arbeiten mit Grundrissen und Detailaufnahmen vom Dioskuren- sowie vom Castor- und Pollux-Haus haben sich in der Architektursammlung der Technischen Universität München erhalten.[3] Das Bauvorhaben König Ludwigs I. wird vorerst noch vor der Öffentlichkeit geheimgehalten, wie ein Brief Gärtners vom 4.11.1839 an Johann Martin von Wagner erhellt.[4] Wagner möge Mosaiken für die Innenräume beschaffen. Da die anzukaufenden Mosaiken zu teuer sind, läßt man den Triester Steinmetz Giovanni Battista Chiochetti die Herstellung von Mosaiken in Rom erlernen.[5]

Am 24. Mai 1840 scheint sich König Ludwig für Aschaffenburg als Bauplatz seines Pompejanischen Hauses entschlossen zu haben.[6] Nordwestlich des Schönthals auf dem Hochufer des Mains sollte die antike Villa errichtet werden. Kristin Sinkel ordnet eine Serie von sechs Plänen, die sich in der Architektursammlung der TU München erhalten haben, der Zeit vor diesem Datum zu.[7] Situationsplan und Nivellementplan (1682 und 1683) dürften danach von Gärtner gezeichnet worden sein. Im Herbst 1840 wurde das Grundstück eingetauscht und mit ersten Erd- und Fundamentarbeiten begonnen, die sich bis 1841 hinzogen. 1842 fing man mit den aufgehenden Geschossen an, und erst am 10. Juni 1843 legte der König den Grundstein.[8] Die örtliche Bauaufsicht wird dem Aschaffenburger Professor der Gewerbeschule Karl Ludwig Louis übertragen. Bis 1847/48 wird der Bau vollendet und die Ausstattung bis 1850 ergänzt.

Gärtner legte seinem Ausführungsgrundriß den Plan des Hauses Castor und Pollux in Pompeji zugrunde. Sein Plan[9] mit der Überlagerung beider Grundrisse verdeutlicht dies. Die durch den Straßenverlauf in Pompeji unregelmäßigen Winkel setzte Gärtner in ein rechteckiges System. Den rückwärtigen Bauteil mit Viridarium (Garten) und Peristyl (Säulenhalle) fügte er entgegen den aus der Achse gerückten Vorbildern symmetrisch dem zwölfsäu-

42.1 Friedrich von Gärtner (Abb.)
Pompejanisches Haus in Aschaffenburg bzw. Haus des Castor und Pollux in Pompeji, Überlagerung beider Grundrisse
Feder über Bleistift, farbig laviert; 43,6 × 52,5
Arch. Slg. TUM, Gs 1674

42.2 Friedrich von Gärtner (Abb.)
Pompejanisches Haus in Aschaffenburg »Nördliche Façade« (= Ostfassade)
Feder über Bleistift; 80,6 × 53,4
Arch.Slg. TUM, Gs 1676

42.3 Friedrich von Gärtner
Pompejanisches Haus in Aschaffenburg »Durchschnitt nach AB im Grundplan«
Feder über Bleistift; 78 × 53,3
Arch.Slg. TUM, Gs 1680

42.4 Friedrich von Gärtner (Farbabb.)
Pompejanisches Haus in Aschaffenburg Perspektive mit Atrium
Feder über Bleistift; aquarelliert; 54,6 × 42,5
Arch.Slg. TUM, Gs 1681

42.5 Friedrich von Gärtner
Pompejanisches Haus in Aschaffenburg Seitenfassade mit Genehmigungsvermerk von Ludwig, 19. Juni 1845
Feder, farbig aquarelliert; 74,5 × 53,5
München, Staatl. Schlösser- und Seenverwaltung

42.6 Friedrich von Gärtner
Pompejanisches Haus in Aschaffenburg Wandabwicklung, pompejanisch, mit Genehmigungsvermerk von Ludwig, 19. Juni 1845
Feder, farbig aquarelliert; 21,5 × 38,5
München, Staatl. Schlösser- und Seenverwaltung

42.7 Friedrich von Gärtner
Pompejanisches Haus in Aschaffenburg Wand in Königszimmer (Nr. I)
zwei aufgeklebte Blätter; Feder, farbig aquarelliert; 34,5 × 53
München, Staatl. Schlösser- und Seenverwaltung

42.8 Friedrich von Gärtner
Pompejanisches Haus in Aschaffenburg Kleines Triclinium (Nr. VII)
Feder, farbig aquarelliert; 52,5 × 39,5
München, Staatl. Schlösser- und Seenverwaltung

1 Klaus Eggert, Die Hauptwerke Friedrich von Gärtners, München 1963, S. 159
2 Kirstin Sinkel, Pompejanum in Aschaffenburg – Villa Ludwigshöhe in der Pfalz (= Veröffentlichungen des Geschichts- und Kunstvereins Aschaffenburg, 22), Aschaffenburg 1984, S. 66
3 Hans Moninger, Friedrich von Gärtner's Original-Pläne und Studien, München 1882, S. 9, Nr. 295–308
4 Eggert, 1963, S. 171
5 Sinkel, 1984, S. 69f.
6 Sinkel, 1984, S. 74
7 Sinkel, 1984, S. 76ff.
8 Oswald Hederer, Friedrich von Gärtner, 1792–1847, München 1976, S. 180
9 Arch. Slg. TUM, Gs 1674

42.4

10 Erich Bachmann, Das Pompejanum, in: Schloß Aschaffenburg und Pompejanum, bearb. v. Burkard von Roda, Amtlicher Führer, München 1982, S. 90ff.
11 Sinkel, Pompejanum, 1984, S. 92
12 Erika Simon, Zum Pompejanum in Aschaffenburg, in: Kunstchronik 30. 1977, S. 230. Vgl. auch zu den Vorbildern für das Pompejanum: Erika Simon, Das Pompejanum in Aschaffenburg und seine Vorbilder in Pompeji, in: Aschaffenburger Jahrbuch 6. 1979, S. 423ff.
13 Simon, Zum Pompejanum in Aschaffenburg, S. 231
14 Sinkel, Pompejanum, 1984, S. 114
15 Hermann Reidel, Emanuel Joseph von Herigoyen 1746–1817, München/Zürich 1982, S. 47
16 Hermann Beenken, Das neunzehnte Jahrhundert in der Kunst, München 1944, S. 27

ligen Atrium an.[10] Gegenüber dem Küchentrakt legte er ein ebenso großes Triclinium (Sommerspeisezimmer) mit einem Vorraum an. Die ursprünglichen fünf Freisäulen des Peristyls zum Garten wurden auf vier reduziert, die übrigen Seiten mit Halbsäulen versehen. Durch diese Maßnahmen erhielt Gärtner einen symmetrischen Baukörper mit großem Atrium, das von Schlaf- und Gästezimmern umgeben ist und über das Tablinum (Wohnraum) zum Peristyl führt, das sich in den Garten öffnet. Treppenanlagen sitzen an den Eckpunkten zwischen dem nahezu quadratischen Baukörper mit dem Atrium und dem hinteren quergelagerten, breiteren Komplex um den Garten.

Das nach außen im Erdgeschoß fast völlig fensterlose Gebäude ist nur über dem Peristyl und den Wohnräumen zweigeschossig. Nur über das Dach des ersten Obergeschosses ist ein Belvedere erreichbar, das das sogenannte Königszimmer enthält.

Für die Ausstattung seines pompejanischen Hauses scheute König Ludwig I. keine Kosten. Die aufwendigen Mosaikböden schuf Giovanni Chiochetti aus Trient, die dekorativen Malereien der Innenräume Joseph Anton Schwarzmann und die figuralen Friedrich Christoph Nilson nach Vorlagen des römischen Malers Carlo Ruspi. Mit den Bildhauer- und Steinmetzarbeiten beauftragte der König die Künstler Joseph Hautmann, Anselm Sickinger und Johann Baptist Scholl. Der letztere, Darmstädter Hofbildhauer, fertigte nach Gärtners Detailzeichnungen

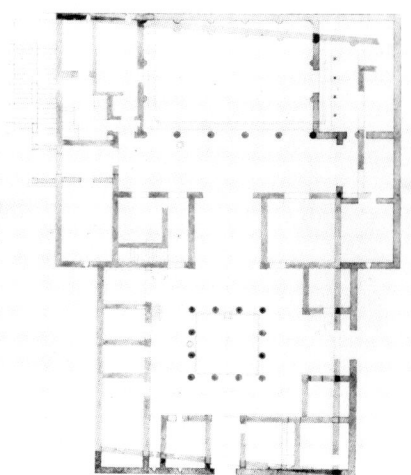

42.1

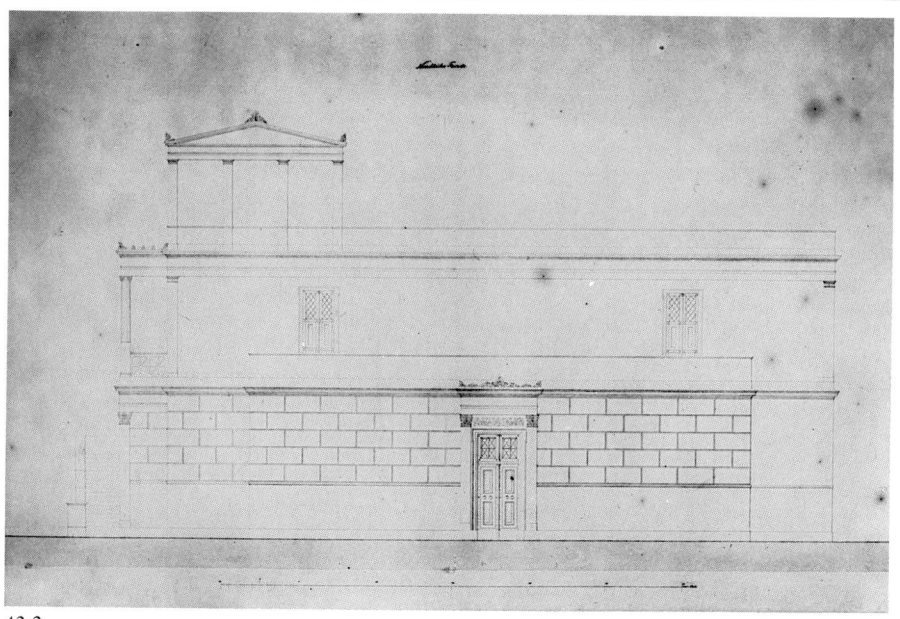

42.2

die Gesimse, Profile, Kapitelle, Akroterien und Palmetten an. Die Wandmalereien im Viridium aus dem Jahre 1850 – nicht im pompejanischen Stil gehalten – bewerkstelligte Emil Theodor Richter. Die farbige Stuckverkleidung des Äußeren begann 1845 Joseph Schlotthauer in der von ihm entwickelten Technik der »Stereochromie« zur Haltbarmachung der Wandmalerei auszuführen.[11]
Bei der Ausstattung des Pompejanums zog Gärtner aus anderen Häusern Pompejis Vorlagen heran. So dekorierte er den Außenbau nach der Eingangsfront des Dioskurenhauses an der »Strada di Mercurio«.[12]
Das Vorbild seines Pompejanums, das pompejanische Stadthaus, verfremdet Gärtner und funktioniert den Baukörper zu einer villa suburbana um. Die fast völlige Verschlossenheit des Gebäudes wird vom Stadthaus kopiert, widerspricht aber der Natur der Villa. Die Schrägansicht des Pompejanums scheint der Architekt als Idealansicht zu übernehmen und auch die Hanglage der typischen pompejanischen Vorstadtvillen wird aufgegriffen. Der Bautyp dieser Villen war zu Gärtners Zeit noch nicht erforscht.[13]
Gärtner sollte für den König kein bewohnbares Sommerhaus errichten, – als Sommerresidenz standen das Schloß Johannisburg in Aschaffenburg und das Lustschlößchen im Schönbusch zur Verfügung – sondern das Innere sollte als

Museum dienen, und das Äußere als Denkmal in zugehöriger Vegetation erscheinen.[14] Das mit einem hohen Belvedere bekrönte Gebäude stellt eine Fortsetzung der bereits unter dem letzten Mainzer Kurfürsten Friedrich Carl Joseph von Erthal begonnenen Parkstaffagen dar, die dieser von seinem Hofarchitekten Emanuel Joseph von Herigoyen seit 1778 ausführen hatte lassen.[15]
Unmittelbar östlich des Pompejanums errichtete Erthal 1782 einen Frühstückstempel am Steilufer zum Main. Dieser nach außen durch Fenstertüren geöffnete Rundbau kontrastiert zu dem nach außen verschlossenen Pompejanum. Die Einbeziehung in die großartige Mainlandschaft läßt dem Pompejanum eine Vermittlerrolle zwischen den bewaldeten Spessartausläufern und den auf der anderen Mainseite gelegenen Englischen Parkanlagen im Schönbusch zukommen. Ins Grenzenlose hatte sich die Landschaftsgestaltung in der Romantik ausgedehnt. Im Pompejanum mit seiner an antiken Vorbildern möglichst getreu orientierten Ausmalung wandelt sich nach Hermann Beenken »der fürstliche Wohnsitz selbst zum Bildungsbau«, »wenn sich Ludwig I. in Aschaffenburg . . . als Villa ein pompejanisches Haus bauen läßt.«[16]
Es wäre zu wünschen, daß die Innenausstattung nach den bedauerlichen Zerstörungen im Zweiten Weltkrieg bald wieder hergestellt werden würde.   H. Reidel

43.1 F. v. Gärtner (Abb.)
Villa Ludwigshöhe Grundriß, Erdge-
schoß
Feder; 49,0 × 61,8
Arch.Slg. TUM, Gs 1813
43.2 F. v. Gärtner (Abb.)
Villa Ludwigshöhe, um 1855
Kupferstich
aus: B. Roland, Villa Ludwigshöhe, S. 75
43.3 F. v. Gärtner
Villa Ludwigshöhe Orangerie
Feder laviert; 69,0 × 46,6
Arch.Slg. TUM, Gs 1825
43.4 Leo v. Klenze (Abb.)
Wandbemalung im Gesellschaftszimmer
der Villa Ludwigshöhe
Feder aquarelliert; 56,8 × 63,6
SGSM, Inv.Nr. 26715

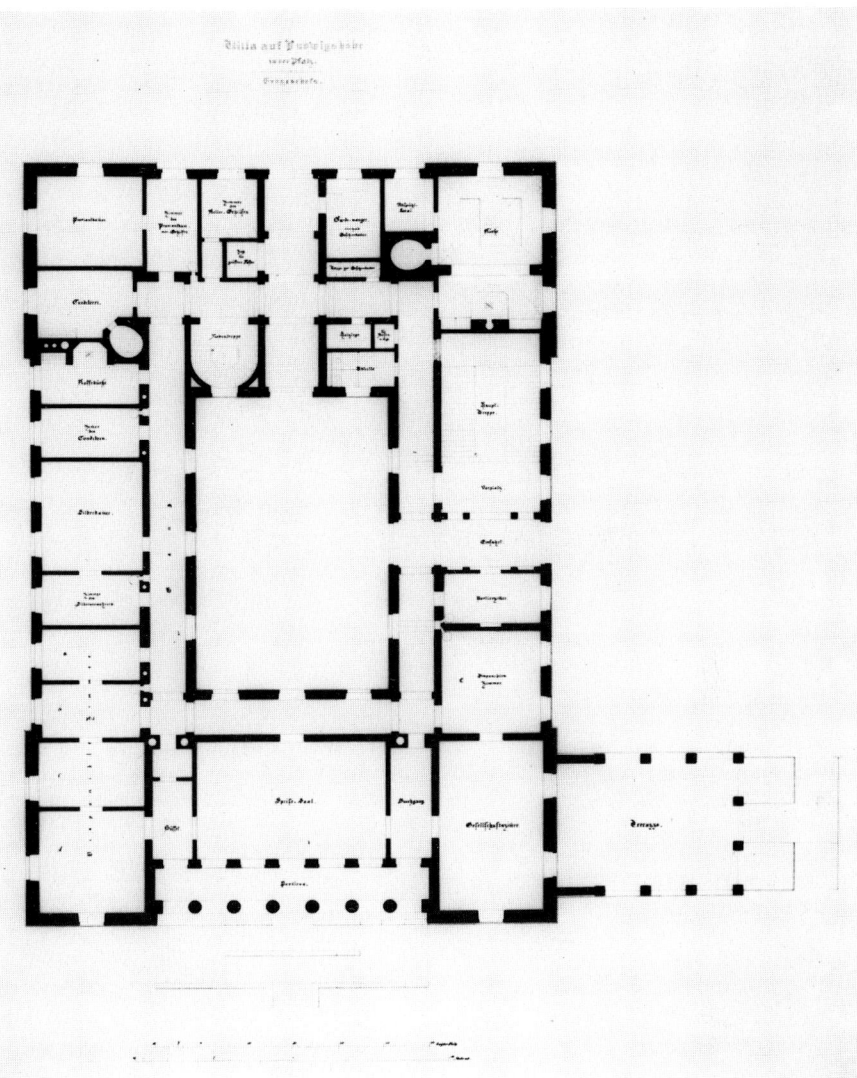

43.4

43.1

43 Villa Ludwigshöhe bei Edenkoben/ Pfalz, 1845–1852

Mit der Errichtung der Villa Ludwigshöhe im linksrheinischen Edenkoben wurde
für diesen Teil der Pfalz ein kgl. Wohnsitz geschaffen, nachdem Bayern mit der
rechtsrheinischen Pfalz auch die Wittelsbacher Residenz in Mannheim verloren
hatte. Bereits in den Jahren 1824/26 trug
sich Ludwig I. mit dem Gedanken, »eine
Villa italienischer Art . . . in des Königreichs mildestem Teile«[1] aufführen zu
lassen. Erst ab 1843, als der König Edenkoben zum Standort wählte, nahm das
Projekt konkrete Züge an. 1845 wurde
der genaue Bauplatz bestimmt und Friedrich von Gärtner mit der Planung betraut.
Noch im gleichen Jahr arbeitete er für die
Gesamtanlage mit kgl. Villa, Nebengebäude (»Prinzenbau«), Stallungen und
Orangerie einen Situationsplan aus und
legte zwei Entwurfserien mit leicht modifizierten Grundrissen vor.[2] Im Mai 1846
konnte der Grundstein gelegt werden.
Wegen der politischen Unruhen und
Ludwigs I. Abdankung im Frühjahr 1848
mußten die Arbeiten bis zum Sommer
1849 unterbrochen werden. 1850 kam es
aufgrund von Unstimmigkeiten zwischen
Ludwig I. und der Gemeinde Edenkoben
erneut zu einer Verzögerung der Fertigstellung. Die hochverschuldete Stadt
wollte einen Kastanienwald in der Nachbarschaft der kgl. Villa abholzen und
stattdessen profitable Weingärten anlegen. Um dies zu verhinden, drohte Ludwig I. mit der Veräußerung des unvollendeten Gebäudes, für das sich allerdings
schwerlich ein privater Käufer bzw. eine
sinnvolle Umnutzung gefunden hätte.
Erst als die Gemeinde Edenkoben ein-
lenkte, wurden die Arbeiten weitergeführt. Von 1852 bis 1866 hielt sich die
kgl. Familie in den Sommermonaten in
zweijährigem Turnus abwechselnd in der

Villa Ludwigshöhe in Edenkoben und im Pompejanischen Haus in Aschaffenburg (vgl. Kat.Nr. 42) auf.

Ein nicht realisierter Fassadenaufriß (Gs 1818)[3] einer Portikus-Anlage für die kgl. Villa mit giebelbekröntem Mittelrisalit und etwas niedrigen, horizontal abschließenden Flügelbauten zeigt zwei übereinander gestellte Säulenordnungen. Dieses Motiv wurde in abgewandelter Form am ausgeführten Bau (von dem sich keine Fassadenpläne erhalten haben) übernommen, wobei sich – in entschieden anderer Auffassung – eine zweistöckige Loggia zu sechs Achsen mit dorischen Säulen im Erdgeschoß und ionischen Säulen im Obergeschoß als Mittelpartie der Gartenfassade zwischen ebenfalls zweistöckige Seitenrisalite mit Dreiecksgiebeln spannt. In der Anwendung der doppelten Säulenhalle zwischen einachsigen, leicht vorspringenden Eckrisaliten adaptierte Gärtner in freier Abwandlung das Schema der venezianischen Villenarchitektur des 16. Jahrhunderts auf der Terra ferma[4], die ihrerseits wiederum von weitreichendem Einfluß auf das deutsche Architekturgeschehen im ersten Viertel des 19. Jahrhunderts war und somit für formale Analogien zwischen der kgl. Villa und Bauten vor allem von Schinkel und Weinbrenner sorgte.[5] Auf diese Weise gestaltete Gärtner die östliche Gartenseite des klar gegliederten und sonst fast schmucklosen Baukörpers als weithin sichtbare Fassade, deren Fernwirkung durch den Kontrast zwischen der pompejanischroten Rückwand der doppelstöckigen Säulenloggia, dem hellen Putz und dem Gelbton der gliedernden Bauornamente aus Pfälzer Sandstein gesteigert wird. Zugleich verweist sie auf die Haupträume im Gebäudeinnern: den geräumigen Speisesaal, das daneben liegende Gesellschaftszimmer mit Zugang zur einhüftig angebauten Veranda im Erdgeschoß und die privaten Räume des Königspaares im Obergeschoß. Die übrigen Räume, im Karree um einen Innenhof gelegt, sind als Enfiladen zu Funktionsgruppen zusammengefaßt. Gärtner gelang so ein zweckmäßig strukturierter, angemessen nobilitierter »Königsbau« von heiter-südländischem Charakter, der durchaus dem Wunsch Ludwigs nach einer Villa in »italienischer Art« entsprach. Die Repräsentationsräume im Erdgeschoß der Villa Ludwigshöhe – Gesellschaftszimmer mit Vorzimmer und Speisesaal – sind mit Dekorationsmalereien versehen, deren Stil »auf die farbigflächige Vereinheitlichung der Wand abzielt, sich bei genauer Kenntnis der antiken Vorbilder weitgehend an pompejanischen Wänden orientiert, aber im Vergleich zum

43.2

Pompejanum in Aschaffenburg keine Kopie ganzer Wandaufrisse darstellt.«[6] Idealtypisch wird in didaktischer Absicht in jedem der drei Räume eine Entwicklungsstufe der pompejanischen Wanddekoration vorgestellt. Auch die Intarsien der Parkettböden sind nach pompejanischen Mosaiken entworfen. Nach K. Sinkel muß die Gesamtkonzeption der Raumausstattung Gärtner zugeschrieben werden, auch wenn mit der Ausführung erst im Herbst 1849, also zweieinhalb Jahre nach dessen Tod, begonnen wurde und zu diesem Zeitpunkt lediglich eine Beteiligung Leo von Klenzes an der Ausstattung des Gesellschaftszimmers und des Speisesaals quellenmäßig belegt ist.[7] Ob und inwieweit Gärtners Mitarbeiter am Pompejanum – die gefragten Dekorationsmaler Joseph Anton Schwarzmann und Friedrich Christoph Nilson – an der Ausmalung der kgl. Villa mitwirkten, ist aufgrund der lückenhaften Quellenlage nicht zu klären.

Nach einer durchgreifenden Restaurierung ist die Villa Ludwigshöhe, heute im Besitz des Landes Rheinland-Pfalz, der Öffentlichkeit zugänglich gemacht. In einem Teil ihrer Räume werden in ständiger Ausstellung Gemälde und druckgraphische Werke aus dem Nachlaß Max Slevogt gezeigt.

A. Gruhn-Zimmermann

1 Kirstin Sinkel, Pompejanum in Aschaffenburg. Villa Ludwigshöhe in der Pfalz, Aschaffenburg 1984, S. 17; zu den folgenden Ausführungen vgl. vor allem Sinkel, S. 17–65; weitere Literatur zur Villa: B. Roland, Villa Ludwigshöhe, Kaiserslautern 1969; L. Schütte, Die Wittelsbacher und Schloß Ludwigshöhe bei Edenkoben, Neustadt 1969; O. Hederer, Fr. v. Gärtner, München 1976, S. 185ff.; W. Weber, Villa Ludwigshöhe, Kaiserslautern 1969

2 vgl. Sinkel, S. 23–25 und Arch.Slg. TUM, Gs 1812–1816

3 vgl. Weber, S. 6ff. und Sinkel, S. 37ff., S. 13 (Anm. 7); dort auch zu eventuellen allerersten Entwurfszeichnungen von der Hand Gärtners (Nachlaß Moninger im Privatbesitz Hans Förtsch/München)

4 vgl. im Gegensatz dazu das Pompejanum (Kat.Nr. 42), das gewissermaßen als Architekturkopie entworfen wurde

5 vgl. auch das Palais Degenfeld und das Salettel am Biederstein, 1810 von Carl von Fischer (siehe F. Zimmermann in: W. Nerdinger (Hrsg.), Carl von Fischer, Ausst.Kat. München 1982 und S. Habermann, ibid. S. 138), ebenso Métiviers Landhaus-Entwurf von 1839/40 (siehe dazu F. Zimmermann in: W. Nerdinger (Hrsg.), Die Architekturzeichnung, Ausst.Kat. München 1985, S. 68/69)

6 Sinkel, S. 64; vgl. auch P. Werner, Pompeji und die Wanddekoration der Goethezeit, München 1970

7 vgl. Sinkel, S. 30, Anm. 52–55 und S. 54; K. Sinkel gründet ihre These von der Urheberschaft Gärtners auf einen Vergleich der Dekorationssysteme von Schloß Ismaning und der kgl. Villa: ersteres stammt in der Gesamtplanung von L. v. Klenze und appliziert das Ornament auf die Wand, während bei letzterem »die farbigen Flächen ... ein unlösbares Verhältnis von Dekoration und Wand« bilden, vgl. Sinkel, S. 62

Vûe du château de «Hohenschwangau» appartenant à S. Alt. Roy: Mr. le Kronprinz. —

44.1

44 Schloß Hohenschwangau, 1832–1856

Kronprinz Maximilian, von seinem Vater zu einem strengen Geschichtsbewußtsein erzogen, entdeckte 1829 in der Gegend des Lechrains die Ruinenanlage einer der Hohenschwangauer Burgen.[1] Maximilians eigene Neigung zur Geschichtswissenschaft und zur Familientradition im besonderen, was er in der Wahl seiner Studienfächer im Herbst 1829 bekundete, macht verständlich, wie sehr ihm die mittelalterliche Burgruine – ehemals bewohnt von seinen Vorfahren –, beeindruckte. Er wollte sie unter allen Umständen erwerben, um sie zu restaurieren und erneut bewohnbar zu machen. Die zähen Kaufverhandlungen mit dem Besitzer Adolph Sommer führte der Architektur- und Theatermaler Domenico Quaglio, der dem Kronprinzen auch Zeichenunterricht erteilt hatte.

Als Hohenschwangau endlich im Herst 1832 in Maximilians Besitz war, wurde D. Quaglio mit den Instandsetzungsarbeiten und dem Ausbau der Ruine beauftragt. Dem Maler war dies keine fremde Aufgabe, denn der Kronprinz hatte ihn 1831 gebeten[2], alle »vorzüglichen Burgen Bayerns nach und nach« zu zeichnen. Außerdem studierte er auf vielen Reisen Schloßruinen und Burgen, was seine zahlreichen Gemälde und Skizzen dokumentieren.[3] Das erste bekannte Gemälde Quaglios von Hohenschwangau entstand im Dezember 1830 – noch vor dem Kauf der Ruine – auf Wunsch Maximilians und weitere Skizzen folgten. Aber Quaglio zeichnete keine maßgerechte Bauaufnahme, sondern malte den damaligen romantischen Empfindungen entsprechend Bilder, die vor allem den malerischen Wert des Bauwerkes ausdrücken. Diese Blätter dienten als Vorlage zur Wiederherstellung der Ruine, die der Kronprinz im Juli 1836 erstmals beziehen konnte. Am 9. April 1837 starb D. Quaglio, und Joseph Daniel Ohlmüller, dessen Hauptwerk – die Mariahilf-Kirche in der Au bei München – ihrer Vollendung entgegenging, wurde die Bauführung in Hohenschwangau übertragen. Unter seiner Leitung entstand 1838 der neue Eckturm im Südwesten, der dem Bau eine annähernd symmetrische Grundform gibt, und das neue Portal am Haupteingang. Auch das Pultdach über dem Küchenbau im Norden wurde 1838 durch eine Plattform mit zwei Ecktürmchen ersetzt, die vom heutigen Billard-Zimmer im ersten Stock zu betreten ist. Zwei Jahre später, am 22. April 1839, starb auch Ohlmüller. Im Mai 1840 bat Georg Friedrich Ziebland König Ludwig um die ihm vom Kronprinzen übertrage-

ne Beaufsichtigung der Renovierungen und Reparaturen auf dem Schloß. In München war der von Ziebland erstellte Gebäudekomplex von Basilika St. Bonifaz mit Stift und Ausstellungsgebäude in vollem Gange, so daß er vorerst nur sporadisch in Hohenschwangau sein konnte und ihn dort Architekt Diepold vertrat. 1842 heiratete Maximilian Prinzessin Marie Friederike von Preußen. Damit wuchs die Hofhaltung und Hohenschwangau, der bevorzugte Aufenthaltsort des Kronprinzen, bedurfte einer räumlichen Erweiterung. An der Nordostseite des Schloßberges, über den Hof erreichbar, lag ein eingeschossiges Stallgebäude mit Wagenremise und anschließendem Gewächshaus. Nun schlug Ziebland im November 1843 vor, alle drei Gebäudeteile um ein Stockwerk nach und nach zu erhöhen. Diese Planung wurde erst nach 1850 in abgewandelter Form ausgeführt durch die Versetzung des Gewächshauses an den Nordosthang und den Ausbau des Prinzen- bzw. Fürstenbaues sowie die Errichtung des Kavalierbaues mit den Kommunikationsgängen. Dafür wurde ab 1843 unterhalb des Schlosses im Ort Hohenschwangau das bestehende Unhaghaus um vier Zimmer erweitert und eine Wagenremise für 22 Wagen angebaut. Auf der gegenüberliegenden Straßenseite wurde das Stallgebäude gekauft und von Ziebland unter Mitarbeit des Baupraktikanten Ferdinand Ziegenhain funktionsfähig ausgebaut.

Der 1816 in Speyer geborene und an den polytechnischen Schulen in München und Karlsruhe ausgebildete F. Ziegenhain war Ziebland sowohl in Hohenschwangau als auch bei den Restaurierungsfragen zum Hambacher Schloß eine Hilfe. Nachdem sich Ziebland bei der Renovierung von Hohenschwangau wohl bewährt hatte, zog ihn Maximilian ebenso bei der Maxburg hinzu, die er anläßlich seiner Hochzeit von den Pfälzern als Geschenk erhalten hatte. Ziebland besuchte im April die Ruine, stellte Vermessungen an und wiederholte dies im April 1844, wobei er die Pläne an Ort und Stelle mit dem Kronprinzen besprach. Während seiner ersten Reise besichtigte der Architekt – vermutlich in Hinblick auf Hohenschwangau – die restaurierten rheinischen Burganlagen von Rheinstein und Stolzenfels, die seit 1823 im Besitz der preußischen Prinzen waren. Wahrscheinlich hatten diese ehemaligen Ruinen, ebenso wie die damals bekannten Vorlagebücher zum neugotischen Bauen in England, den Kronprinzen mitangeregt zur Restaurierung von Hohenschwangau.[5] Dem romantischen Zeitgeist entsprechend wurde diese Anlage wieder aufgebaut und bewohnbar ge-

44.1 Wilhelm Scheuchzer (Farbabb. S. 249)
Ansicht von Schloß Hohenschwangau von Südwesten, 1838
Aquarell; 19,2 × 15
MStm, Inv.Nr. 56/60

1 ausführlich behandelt bei B.-V. Karnapp, G. Fr. Ziebland. Studien zu seinem Leben u. Werk, OA 104, 1979, S. 69–83
2 GHA, NL Max II. 82/6/3, Schr. Quaglio an Kronprinz v. 23.11.1831
3 B. Trost, Domenico Quaglio, München 1973, Werkverzeichnis
4 Tagebuch-Aufzeichnungen Zieblands über seine Tätigkeit auf der Maxburg, Korrespondenz mit Fr. Ziegenhain und Hausmann befinden sich im Stiftsarchiv St. Bonifaz München
5 vgl. B.-V. Karnapp, Hohenschwangau. Zur Geschichte und Ideenwelt eines romantischen Schlosses, in: OA 104, 1984, S. 133–145
6 U. Rathke, Preußische Burgenromantik am Rhein, München 1979, S. 39
7 H. Biehn, Residenzen der Romantik, München 1970, S. 115

45.1

45.1 Zug auf das Hambacher Schloß am 27.
Mai 1832 (Abb.)
Federlithographie, koloriert; 26,2 × 18,2
Speyer, Historisches Museum der Pfalz,
Inv.Nr. BS 690 b

45.2 Die Maxburg, idealisierte Ansicht der ge-
planten Fertigstellung, 1846 (Abb.)
Kupferstich; 15,5 × 10,5
Speyer, Historisches Museum der Pfalz,
Inv.Nr. BS 733

45.3 August von Voit (Abb.)
Schloß Maxburg in Hambach, Empfangs-
zimmer Wandansicht
Bleistift, aquarelliert auf Zeichenpapier;
27,0 × 22,5
Arch.Slg. TUM, 4.5

45.4 August von Voit
Schloß Maxburg in Hambach, Ankleide-
zimmer, Wandansicht
Bleistift, aquarelliert auf Zeichenpapier;
21,0 × 26,5
Arch.Slg. TUM, 4.15

45.5 August von Voit
Schloß Maxburg in Hambach, Möbel für
das Ankleidezimmer
Bleistift und Feder auf Zeichenpapier;
22,3 × 37,3
Arch.Slg. TUM, 4.11

macht, wobei nicht die originalgetreue
Wiederherstellung von Bedeutung war,
sondern die Ruine als solche den Baustil
diktierte, wie Baumeister Wilhelm Kuhn
formulierte, der den Aufbau von Schloß
Rheinstein 1825–1829 leitete.[6] Der preußische Kronprinz hatte bei Schloß Stolzenfels (1823 Geschenk der Stadt Koblenz) bestimmt, daß »die Überreste soviel als möglich zu schonen, und auf alten
Grundmauern in dem vorhandenen Burg-
gebäude ein nachgebildetes, aber den Bedürfnissen der jetzigen Zeitverhältnisse
entsprechendes vollständiges Ganzes wiederherzustellen« sei.[7]
An eine Restaurierung in diesem Sinne
muß der bayerische Kronprinz gedacht
haben, als er Hohenschwangau wieder-
herstellte, die Fassaden mit gotischen
Bauelementen und einem Zinnenkranz
verzieren ließ. Diese bauliche Gestaltung
von Schloß Hohenschwangau kann als
Vorbild gelten für die Anlagen von
Schloß Hopferau/Landkreis Füssen oder
Schloß Berg am Starnberger See.

B.-V. Karnapp

45 Maxburg bei Hambach, 1845–1847

Über dem Dorf Hambach, bei Neustadt
an der Haardt, erhob sich die alte Kästen-
burg, eine Schloßruine, die 1832 von Neu-
städter Bürgern gekauft wurde. Hier fand
vom 27. bis 30. Mai 1832 das berühmte
»Constitutionsfest« statt, das ursprünglich an den Jahrestag der bayerischen
Konstitutionsgebung in Gaibach und an
die damit verbundenen Bürgerrechte erinnern sollte.[1] Nach der brutalen Nieder-
schlagung der sich von hier ausbreitenden
Freiheitsbewegung durch bayerisches Mi-
litär, neuen Zensurgesetzen und dem folgenden »ludovizianischen Justizterror«[2]
war das Verhältnis zwischen der Pfalz
und dem bayerischen Hof besonders an-
gespannt. Als eine Art symbolischer Un-
terwerfungsgeste wurde deshalb dem
bayerischen Kronprinzen Maximilian, anläßlich dessen Vermählung, 1842 das
Hambacher Schloß – in Maxburg umbenannt – als Hochzeitsgeschenk angebo-
ten. Der zukünftige König sollte dadurch
in der Pfalz einen festen Wohnsitz erhal-

45.2

ten und auf diese Weise auch enger an diesen Landesteil gebunden werden.[3] Maximilian ließ daraufhin 1843 die Ruine von Ziebland untersuchen und einen Kostenanschlag für den Ausbau erstellen, der allerdings so hoch ausfiel, daß vorläufig nichts geschah. Erst als Ziebland 1844 neue, mit Hilfe des ortskundigen August von Voit stark reduzierte Kostenanschläge vorlegte, begannen 1845 nach den Plänen von Voit die Bauarbeiten. Voit projektierte ein repräsentatives gotisierendes Königsschloß mit aufwendiger neugotischer Innenausstattung nach dem Geschmack des Kronprinzen, mit dem jede

Erinnerung an den Versammlungsort der Freiheitskämpfer ausgelöscht werden sollte. An einigen Stellen behielt Voit zwar das alte Mauerwerk der Schloßruine bei, zumeist entwarf er jedoch neu, erweiterte Teile oder fügte neue Baugruppen hinzu. In freier historisierender Weise entstand so ein völlig neuer Schloßbau. Als sich jedoch Ludwig I. in Edenkoben selbst einen Herrschaftssitz in der Pfalz errichten ließ, zog sich Maximilian von dem Projekt zurück und sperrte 1846 die weiteren Mittel.[4] So blieb das Schloß als halbfertiger Rohbau liegen und verfiel allmählich wieder.   W. Nerdinger

1 vgl. Wilhelm Herzberg, Das Hambacher Fest, Ludwigshafen 1908, S. 89 ff.; Ausstellungs-Katalog Hambacher Fest, Mainz 1982, S. 178

2 Heinz Gollwitzer, Ludwig I. von Bayern, eine politische Biographie, München 1986, S. 471

3 vgl. Wilhelm Weber, Das Hambacher Schloß – ein Denkmal der deutschen Demokratie, in: Das Hambacher Schloß, Neustadt 1968/69

4 vgl. Hans-Jürgen Kotzur, Forschungen zum Leben und Werk des Architekten August von Voit, Diss. Heidelberg 1977, Bd. 2, S. 44 ff.

45.3

M.E. Ainmiller, Mariahilfkirche mit Herbergen im Vordergrund, Mstm, Inv.Nr. 31/284

V. Sakralbau und Kirchenpolitik

Religion und Kirche sollten nach Ludwig I. seine Untertanen – den Begriff Staatsbürger verbot er – »zum Gehorsam erziehen«. In diesem Sinne war der von ihm proklamierte »Bund zwischen Thron und Altar« das Fundament seiner neoabsolutistischen Auffassung vom Königtum. Ludwig fühlte sich zudem berufen, gegenüber dem protestantischen Norden, Bayern zum »Schild und Eckstein der katholischen Kirche« (J. v. Görres 1827) zu machen; aus außerbayerischer Sicht wurde es jedoch nur zum Zentrum des Obskurantismus. Die von Montgelas unter Max Joseph eingeführte aufklärerische Entwicklung würgte Ludwig systematisch ab. Gegen den Widerstand des Landtags ließ er zahlreiche Klöster wieder öffnen oder neugründen, delegierte immer mehr Erziehungsbereiche an Geistliche und förderte den katholischen Kirchenbau im ganzen Land. Diese »Förderung« bestand allerdings nur aus minimalen Beträgen, die jedoch die Gemeinde verpflichteten und ihnen die finanzielle Hauptlast aufzwangen, während Ludwig zudem noch Form und Umfang diktierte.

Bis Anfang der 30er Jahre lieferte Klenzes »Anweisung zur Architectur des christlichen Cultus« die Mustervorlagen für die Kirchenbautätigkeit in ganz Bayern. Ab 1829 mußten alle öffentlichen Planungen im neugegründeten Baukunstausschuß in München vorgelegt werden, in dem sich bald Gärtner gegenüber Klenze durchsetzte; dadurch kam es zu einer allmählichen Dominanz von Rundbogenstil-Bauten in ganz Bayern. Daneben gewann im Kirchenbau ab den 40er Jahren die Neugotik zunehmend an Bedeutung. Um protestantische Kirchen kümmerte sich Ludwig allerdings wenig, so daß sich Klagen über deren Verfall häuften. Hier spiegelten sich die im vielfachen Verfassungsbruch den Protestanten auferlegten Schikanen, darunter der berüchtigte Kniebeugungserlaß für protestantische Soldaten. Eine krankhafte Konfessionalisierung bestimmte bis 1848 das gesamte Leben in Bayern; so wurde z. B. nicht nur der Geschichtsunterricht an Mittelschulen vom jeweiligen Religionslehrer erteilt, sondern man trennte sogar noch Gefangene nach Konfessionen. Ludwigs Kirchenpolitik als Instrument seines Neoabsolutismus vertiefte die Gegensätze zwischen Alt- und Neubayern.

W. N.

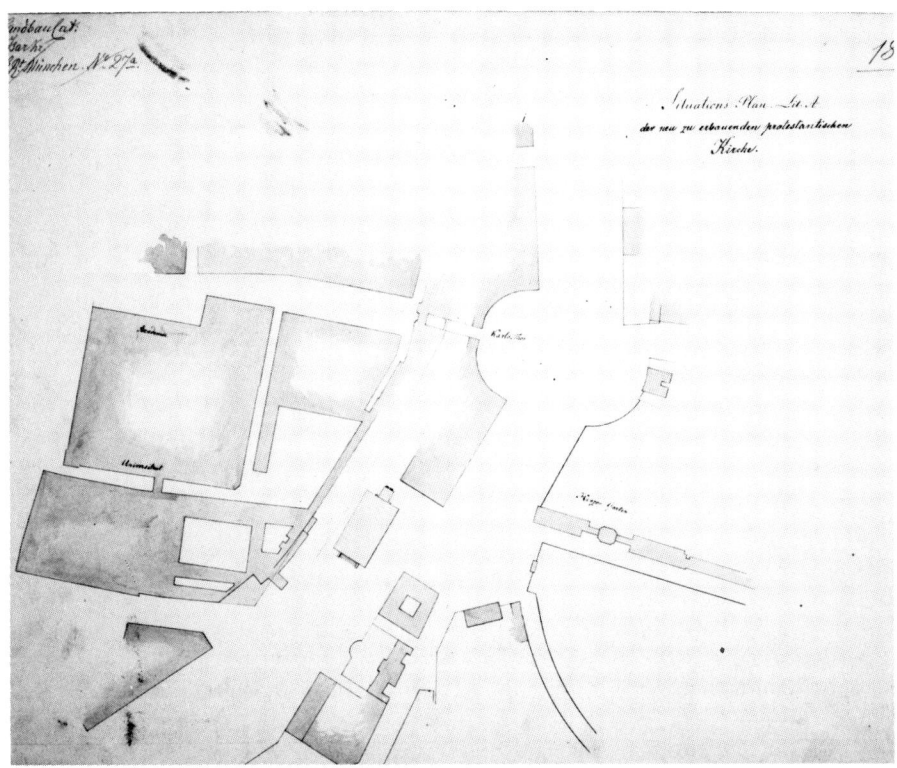

46.1

46.3

46 Protestantische Kirche
St. Matthäus, München, 1827–1833

Zur Planungsgeschichte der protestantischen Kirche St. Matthäus in München[1] konnte ein bisher verschollener Entwurf von J. N. Pertsch wieder aufgefunden werden.[2] Die Urheberschaft von Pertsch für diese unsignierten Pläne ist durch einen signierten und – bis auf die Beschriftung und Rahmung der Marmortafel an der Eingangsfront – identischen Fassadenaufriß in der Graphischen Sammlung[3] gesichert. Als Vorentwurf für St. Matthäus können die Pläne durch folgende Beschreibung bei Reidelbach identifiziert werden: »›Es verlautete als zuverlässig‹, berichtete Bürgermeister Klar am 6. August 1827 an den Magistrat, ›daß Seine Majestät von beiden durch den Oberbaurat Pertsch vorgelegten Bauplänen den minder schönen, nämlich ein Langhausgebäude mit Turm gewählt, den Plan zu einem Rundgebäude aber verworfen habe‹. Nach seinem weiteren Berichte will er es durch den Minister bei dem Könige durchgesetzt haben, daß statt eines bereits vom Könige bestimmten anderen Bauplatzes der jetzige in der Sonnenstraße

vom Könige genehmigt und mit Rücksicht auf diesen Platz der ovale Plan nochmals in Erwägung gezogen wurde«.[4]
Die vorliegenden Alternativpläne zum Ausführungsentwurf von St. Matthäus zeigen, daß Pertsch lediglich die Raumform des Gemeindehauses variierte, ansonsten aber Motive und Wandgliederung beibehielt. Das einfache Langhaus wurde im ausgeführten Entwurf durch ein querovales Gemeindehaus ersetzt, geringe Änderungen an der Frontseite, wie eine flachere Giebelform und die Einfügung eines halbkreisförmigen Fensters, sollten die Anpassung des Portikus an die flachere Dachneigung des Ovalbaues gewährleisten. Gerade der zwischen Vorhalle und Chor eingeschobene dominante Ovalbau erregte aber bei der Vollendung von St. Matthäus 1833 allgemeines Mißfallen. Dementsprechend schließt Reidelbach seine Bemerkungen im Hinblick auf die Ablehnung von Pertschs Entwurf mit Langhaus mit den kritischen Worten: »Die Einflußnahme des Bürgermeisters auf die Auswahl des Planes scheint uns keine günstige gewesen zu sein, da die ausgeführte Kirche nur geringen Anklang fand.«[5]   G. Schickel

46.1 Johann Nepomuk Pertsch (Abb.)
Prot. Kirche St. Matthäus, Situationsplan
Feder mit Bleistift, farbig laviert;
47 × 61,5
OBB
46.2 Johann Nepomuk Pertsch
Prot. Kirche St. Matthäus, Seitenansicht
Feder über Bleistift, farbig laviert;
62,8 × 82,3
OBB
46.3 Johann Nepomuk Pertsch (Abb.)
Prot. Kirche St. Matthäus, Vorderansicht
Feder, grau laviert; 60 × 81,9
OBB
46.4 Protestantische Kirche St. Matthäus
(Farbabb.)
Aquarell; 14 × 15,7
MStm, M II/79

1 vgl. G. Dischinger, Prot. Kirche St. Matthäus, in: W. Nerdinger (Hrsg.), Klassizismus in Bayern, Schwaben und Franken. Ausst.Kat. München 1980, S. 84ff. und S. Habermann, Vorprojekt für St. Matthäus, ibid., S. 162ff.
2 Frdl. Hinweis von Herrn Nerdinger
3 SGSM, Inv.Nr. 46668
4 H. Reidelbach, König Ludwig von Bayern und seine Kunstschöpfungen, München 1888, S. 216f.
5 ibid., S. 217

46.4

47 Ludwigskirche, Ludwigstraße, München 1828–1844

1827 wies der Münchener Magistrat die kgl. Regierung darauf hin, daß die Einrichtung einer eigenen Pfarrei in den neuen Stadtteilen vor dem Schwabinger Tor den Wünschen der Stadt entspreche. Allerdings sei für einen Kirchenneubau kein Geld vorhanden, so daß zunächst die Theatinerkirche als Pfarrkirche mitbenutzt werden solle.

Auf diese Magistratseingabe reagierte der König mit dem Auftrag an Friedrich Gärtner, Entwürfe für eine Pfarrkirche auszuarbeiten. Um das Kirchenprojekt gegen die Absichten des Magistrats durchzusetzen, stellte er eine Spende für den Kirchenneubau in Aussicht, die mit

folgenden Bedingungen verknüpft war: »Wenn diese Pfarrkirche in der Ludwigstraße auf die Seite des Kriegsministeriums aufgeführt, so zwar, daß die Mitte derselben der Löwenstraße gegenüber zu stehen käme, wenn ferner der Grundstein hierzu am 25. August 1829 gelegt, dann im Herbste desselben Jahres noch die Grundlage hergestellt, und hierauf der Bau in der geeigneten Jahreszeit ununterbrochen fortgesetzt, und wenn endlich die Kirche im Inneren mit Fresko-Gemälden von Cornelius verziert werden wird, alles vorbehaltlich unserer Genehmigung, so werden wir zur Bestreitung der Kosten die Summe von Einhunderttausend Gulden aus unserer Kabinettskasse in vierundzwanzig Monatsfristen vom Oktober 1829 anfangend, beitragen.«[1]

1 StA München, RA 51 187, Abschrift der Entschließung an die Regierung des Isarkreises vom 26.1.1828

47.1

47.3

47.4

Trotz dieses Angebots entspann sich angesichts von Gärtners Kostenvoranschlag, der sich alles in allem auf 500 000 Gulden belief, ein jahrelanger Streit zwischen Magistrat und Regierung um die Finanzierung des Baues. Der König drohte sogar mit der Verlegung der Universität und der Residenz, falls das Projekt nicht zustande kommen sollte. Der Magistrat beharrte prinzipiell auf seiner Entscheidungsfreiheit gegenüber der königlichen Regierung und weigerte sich, die enorme Kostenbelastung zu übernehmen, damit »der vaterländischen Baukunst ein Denkmal«[2] gesetzt werde. Er wies darauf hin, daß der Neubau der protestantischen Kirche etwa 150 000 Gulden erfordert habe und es deshalb möglich sein müsse, eine neue katholische Kirche um den Betrag von 300 000 Gulden zu erbauen. Aus einem Schreiben Eduard von Schenks wird jedoch ersichtlich, daß der Maßstab des Königs für den Kirchenneubau tatsächlich weder das aktuelle Seelsorgebedürfnis noch der vorgeschlagene Finanzrahmen war, da es heißt: »Hierbei hätte dem Magistrat nicht entgehen sollen, daß eine Pfarrkirche in der Haupt- und Residenzstadt in einer Straße, in welcher bereits Privatgebäude als Meisterwerke der fortschreitenden vaterländischen Baukunst bestehen und noch ferner errichtet werden, nicht in einem unwürdigen, ein Rückschreiten der Baukunst bezeichnenden Style erbaut werden könne[3]

Die Planungsgeschichte der Ludwigskirche ist erst vor kurzem von Frank Büttner ausführlich dargelegt worden.[4] Bei der Neuaufstellung des Planungsablaufs gegenüber den Ergebnissen von Eggert[5] und Hederer[6] geht Büttner davon aus, daß die Planungsgeschichte der Ludwigskirche

»erstaunlich gradlinig«[7] verlief und Zufälligkeiten im Prinzip ausgeschlossen werden können. Die Konsequenz, mit der nach Büttners Darstellung die verschiedenen Entwurfsstadien aufeinander folgten, ist in der Tat bemerkenswert.

Ausgangspunkt für Gärtners Entwurfsarbeit waren die Vorschrift des Königs, daß das Gebäude »im gereinigten byzantinischen Style«[8] zu errichten sei, die schon zitierte Einbindung des Baues in die Front der Ludwigstraße axial zur heutigen Schellingstraße und die Absicht, das Kircheninnere mit großen Freskogemälden auszustatten. Eine Bemerkung Gärtners beweist jedoch, daß er sich in der Stilwahl bewußt nicht durch den Wunsch des Königs einengen ließ: »Jedoch hielt ich mich nicht zu strenge daran und ließ mehr das darin, was mir eine christliche oder katholische Kirche im allgemeinen aussprechen läßt.«[9] Diese Andeutung Gärtners bezieht sich auf seine Idee einen Stil aus rundbogigen Formen zu schaffen, die er im Sommer 1827 während einer Italienreise entwickelt hatte. Damals waren ihm die frühchristlichen und mittelalterlichen Kirchen als vorbildhaft für den katholischen Kirchenbau aufgefallen. Als Mittelweg zwischen antikem und gotischem Stil wollte er sich weder nach »allzu strengen« Regeln richten, wie sie von Klenze propagiert wurden, noch wollte er ohne Einschränkung die gotische Bauweise als die richtige anerkennen.

Offensichtlich entsprach aber auch der »gereinigte byzantinische Styl«, also die vom König empfohlene romanische Architektur Italiens, nicht völlig Gärtners Vorstellungen von einem einer christlichen Kirche angemessenen Stil. Gerade seine – heute im einzelnen nicht mehr

2 ibid., Brief Schenks an die Regierung des Isarkreises vom 7.7.1829

3 ibid.

4 F. Büttner, Die Planungsgeschichte der Ludwigskirche in München, in: Münchner Jahrbuch der bildenden Kunst, 3. Folge, 35, 1984

5 K. Eggert, Friedrich von Gaertner, der Baumeister König Ludwig I., München 1963, S. 5ff.

6 O. Hederer, Friedrich von Gärtner 1792–1847, München 1976, S. 84ff.

7 Büttner, S. 194

8 Zit. bei Büttner, S. 204, nach Brief Gärtners an Wagner vom 8.2.1829, Martin-von-Wagner-Museum, Würzburg, Wagner-Nachlaß, Künstlerbriefe III, S. 171 f.

9 ibid.

47.1 Friedrich von Gärtner (Abb.)
Vorstudie zur Ludwigskirche (1829/30)
Bleistiftskizze, farbig laviert; 21 × 33,5
Arch.Slg. TUM, Gärtner-Mappe 1.27

47.2 Friedrich von Gärtner
Vorentwurf Ludwigskirche, Vorderansicht mit Nebengebäuden (1829/30)
Bleistiftskizze; 35 × 43
Arch.Slg. TUM, Gärtner-Mappe 1.26

47.3 Friedrich von Gärtner (Abb.)
Grundsteinlegungsprojekt zur Ludwigskirche (1829)
Lithographie; 35,1 × 41,8
Arch.Slg. TUM, Gs 425

47.4 Friedrich von Gärtner (Abb.)
Lageplan zur Staatsbibliothek (Königsplatz) und Skizzen zur Ludwigskirche, Vorderansichten
Federzeichnung, laviert mit Bleistiftskizzen und Tusche, farbig laviert;
44 × 59
Arch.Slg. TUM, Gärtner-Mappe 1.29

47.5 Friedrich von Gärtner (Farbabb.)
Ludwigskirche, Vorderansicht
Bleistift, koloriert; 28,7 × 42,3
Arch.Slg. TUM, Gs 422

47.6 Friedrich von Gärtner (Abb.)
Entwurf zur Ludwigskirche, Vorderansicht mit Nebengebäude
Bleistiftzeichnung, braun laviert;
26 × 31,2
MStm, M II/1183

47.7 Friedrich von Gärtner (Abb.)
Ludwigskirche, 2 Grundrisse
Lithographie; 44,7 × 61,2
Arch.Slg. TUM, Gs 429

47.8 Friedrich von Gärtner (Farbabb.)
Ludwigskirche, Vorderansicht mit Nebengebäuden (1829/30)
Federzeichnung, farbig laviert;
55,5 × 80,5
Arch.Slg. TUM, Gärtner-Mappe 1.31

47.9 Gustav Seeberger (Abb.)
Ludwigskirche Innenansicht
Bleistiftzeichnung; 44,6 × 56,6
Arch.Slg. TUM, Gs 497

47.10 Friedrich von Gärtner
Ludwigskirche, Querschnitt
Federzeichnung; 42,5 × 61
Arch.Slg. TUM, Gs 496

47.11 Friedrich von Gärtner
Ludwigskirche, Längsschnitt
Federzeichnung, laviert; 42,6 × 61
Arch.Slg. TUM, Gs 495

47.12 Friedrich von Gärtner (Abb.)
Ludwigskirche, Kapitell
Federzeichnung und Bleistift, laviert;
44,9 × 62,3
Arch.Slg. TUM, Gs 438

47.5

bekannten – Ausführungen zur Entwicklung eines eigenen Stils zwischen Antike und Gotik hatten den König dazu bewogen, ihm die Planungen für eine neue Kirche in der Au zu überlassen. Da dieses noch stark an Klenzes »Anweisung« orientierte und in den Neuerungen zaghafte Projekt wegen anderer Bauvorhaben der Auer Gemeinde nicht ausgeführt werden konnte, bot sich bei den Entwürfen für die Ludwigskirche eine erneute Gelegenheit, einen eigenen Sakralbaustil zu entwickeln. Anhand der überlieferten Planungen Gärtners zur Maria-Hilf-Kirche und zur Ludwigskirche wird der unterschiedliche Ansatzpunkt für beide Projekte ersichtlich. War bei den Entwürfen für die Au das Verfahren dasjenige, einen an Klenze orientierten Kirchenentwurf durch mittelalterliche Detailformen im Sinne der neuen Gärtnerschen Rundbogenformen zu verändern, so war der Weg der Formfindung bei der Ludwigskirche gerade umgekehrt derjenige von historischen Vorbildern zu einer Neuschöpfung. In der langen Planungsgeschichte der Ludwigskirche wird deutlich, wie aus der Auseinandersetzung Gärtners mit verschiedenen historischen Bauten langsam eine autonome Verwendung der mittelalterlichen Formen entsteht.

Die eklektische Anwendung von Motiven des gotischen Doms in Siena und verschiedener romanischer Dome Italiens in den frühesten Entwürfen (Kat.Nr. 47.1) ist im Grundsteinlegungsprojekt vom Mai 1829 (Kat.Nr. 47.3) einer historisierenden Fassadengestaltung gewichen, die entfernt auch von einem zeitgenössischen Werk, Klenzes Allerheiligenhofkirche, inspiriert wurde. Historisierend ist die Fassade des Grundsteinlegungsprojektes für die Ludwigskirche darin, daß die Herkunft der Einzelmotive von mittelalterlichen Bauten deutlich erkennbar bleibt, ja auch gar nicht verleugnet werden soll. Dies gilt für die Fassadenform genauso wie für die Maßwerkrose oder das Rundbogenmotiv. Aber diese Motive sind als eigenständige versatzstückartige »Zitate« in einen neuen Zusammenhang gebracht. So ist z.B. das Giebeldreieck nicht durch ein Gesims abgesetzt und die Fensterrose wurde aus dem quadratischen Feld, das im Vorentwurf als motivische Einheit mitübernommen worden war, herausgelöst. Der Fassadenaufbau entsteht bei diesem Aufriß nicht mehr durch das Zusammenfügen verschiedener Schmuckzonen, sondern ist gewissermaßen »von außen her« durch ein Lisenenraster festgelegt. So zeichnet sich das Projekt zur Ludwigskirche gegenüber der Allerheiligenhofkirche durch einen konsequenteren Wandaufbau aus. Die Wandvorlagen, die bei der Allerheiligenhofkirche als reine Zierform verwendet sind, dienen hier als Gerüst für die Fassadengliederung. Glatte Wandflächen sind durch die Lisenenrahmung gegeneinander als Träger eines bestimmten Motivs oder einer Motivgruppe abgesetzt. Im Vergleich zu den Vorentwürfen läßt das Grundsteinlegungsprojekt auch eine veränderte Auffassung der räumlichen Konzeption erkennen. Starke Druchbrechungen und einseitig richtungsbetonte Elemente sind vermieden und machen einer genau kalkulierten Ausgewogenheit zwischen Vertikale und Horizontale Platz.

Auch in dem ausgeführten Fassadenentwurf, bei dem zwei Fassadentürme an Stelle eines ursprünglich vorgesehenen Chorturms eingeplant sind, werden die beschriebenen gestalterischen Prinzipien bewahrt. In verschiedenen Alternativentwürfen beschäftigte sich Gärtner offenbar immer wieder mit der Turmlösung. In einer der Skizzen (Kat.Nr. 47.4) ist ein

47.6

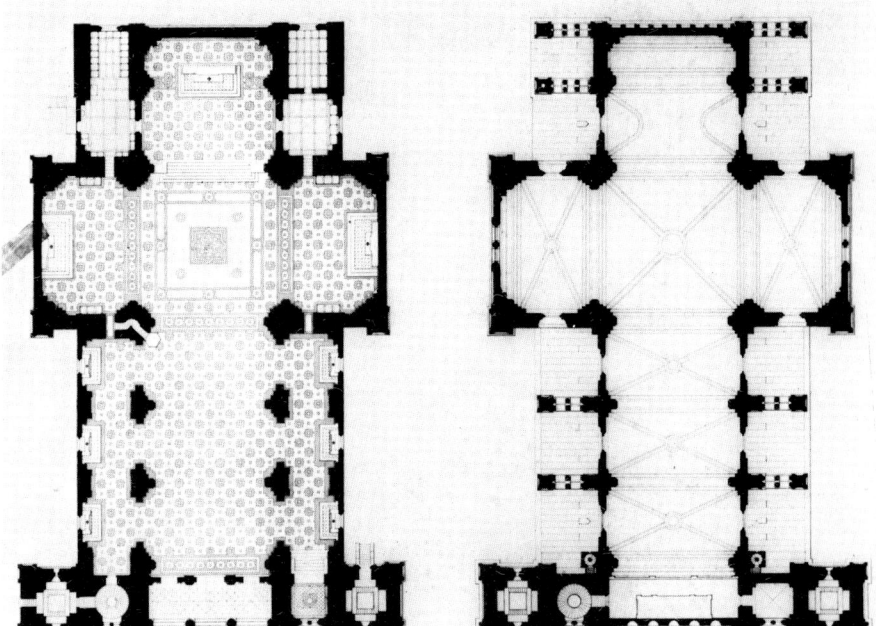

47.7

Chorturm ins Verhältnis zu einer Schauseite gebracht, bei der die Proportionen mehr in die Vertikale gestreckt wurden und der spitzere Giebel die Fassade schmäler wirken läßt als bei dem an die Allerheiligenhofkirche erinnernden, frühen Entwurf. In einer anderen Variante ist erstmals die Möglichkeit einer Turm-

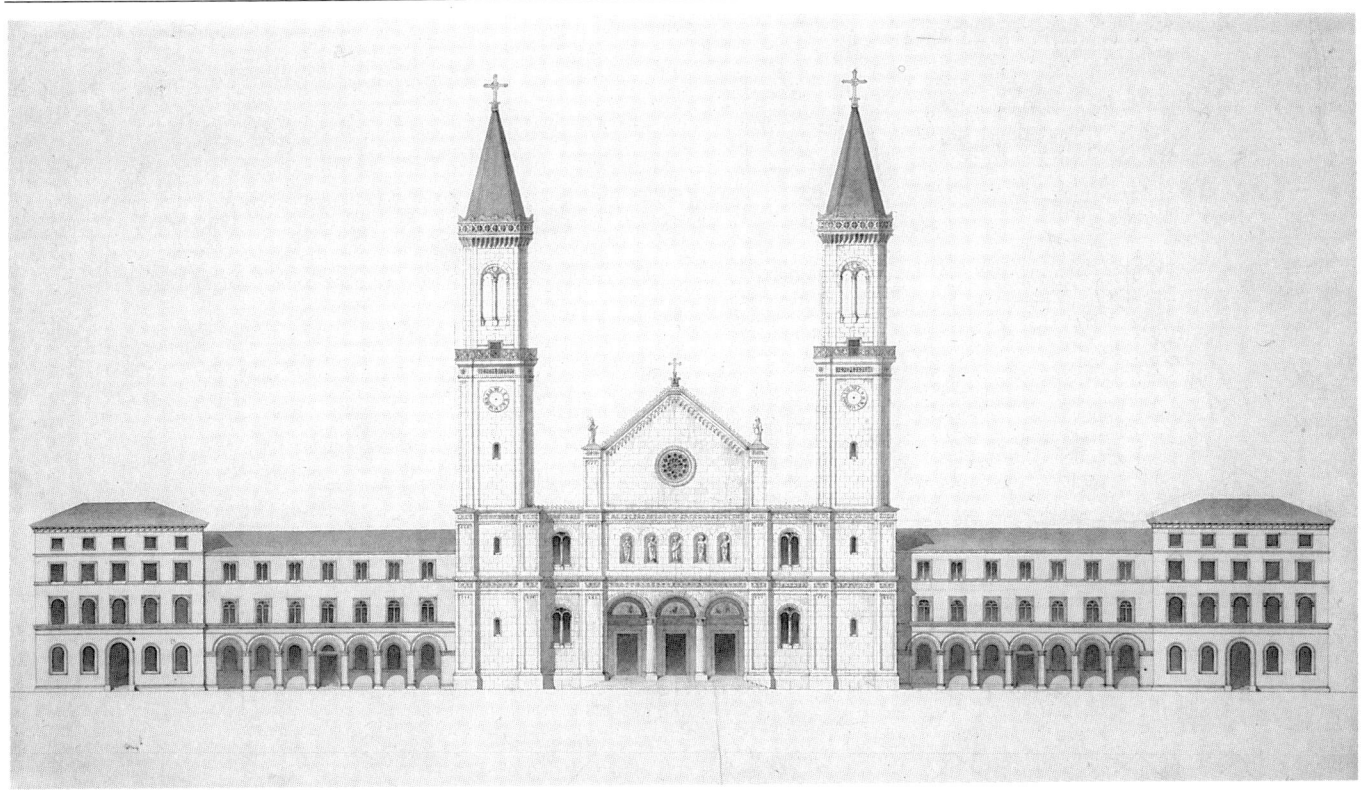

47.8

10 H. Reidelbach, König Ludwig I. von Bayern und seine Kunstschöpfungen, München 1888, S. 218
11 Büttner, S. 204
12 Zit. bei Büttner, S. 210 nach Martin-von-Wagner-Museum, Würzburg, Wagner-Nachlaß, Künstlerbriefe III, S. 186f.
13 StA München, RA 51 188
14 BStB, Klenzeana XIII, I, S. 55

fassade mit zwei kleineren seitlichen Türmchen und einem mittleren Hauptturm erprobt.

Schließlich ist an dieser Stelle noch ein Fassadenentwurf (Kat.Nr. 47.5) zu nennen, den Eggert und Hederer nach dem Grundsteinlegungsprojekt datieren. Eggert bezieht sich auf Reidelbach: »im Jahre 1834 verfiel dann der Architekt auf die Idee, die Fassade mit zwei Türmen auszustatten. Aber auch diese Türme standen anfänglich näher beisammen und flankierten das nach vorne horizontal abgeschlossene Mittelschiff; außerdem war die Durchführung der Fassade in abwechselnd weißen und roten Steinschichten beabsichtigt«[10] Büttner weist diese Datierung zurück, da sie unterstellen würde, »daß Gärtner, um seine Lösung der Doppelturmfassade zu finden, mit der Planung noch einmal begann, um nachher für den Mittelteil der Fassade wieder zu dem Entwurf zu gelangen, den er zur Grundsteinlegung ausgearbeitet hatte ... Ob der aquarellierte Entwurf für eine Zweiturmfassade in der Gärtnersammlung für die Ludwigskirche bestimmt war, kann ebenfalls nur Vermutung bleiben ... Zu bedenken ist, daß die Stellung der Türme Ähnlichkeiten zu der skizzierten Choransicht aufweist. Mit dieser Skizze zusammen könnte diese Fassadenansicht allenfalls im weiten Vorfeld der Planungen der Ludwigskirche entstanden sein.«[11]

Die Durchsetzung der Zweiturmfassade, die natürlich eine erhebliche Verteuerung des Kirchenbaus mit sich brachte, bedeutete für Gärtner erst die Vollendung seines Projektes: »denn es wurmte mich doch immer, nur einen Thurm und diesen hintangestellt zu wissen.«[12]

Die wenigen Veränderungen am Mittelteil der Fassade beim ausgeführten Enwurf gegenüber dem Grundsteinlegungsprojekt – wie die Vergrößerung des mittleren Eingangs und die stärkere Betonung der Figurennischen – belegen erneut das Bestreben nach Ausgleich der Gewichtungen. In den Untergeschossen nehmen die zwei seitlich gestellten Türme die Fassadengliederung auf, die beiden Freigeschosse sind durch kräftige Gesimse in die Gesamtkonzeption der Fassade eingebunden. Die ursprünglich beabsichtigte »Herstellung der beyden Türme in Quadern mit den Spitzen von Stein und durchbrochener Arbeit«[13] wurde wohl wegen der zu hohen Kosten wieder verworfen und mit der ornamentalen Reliefierung der Turmhelme angedeutet. Aufgrund einer Bemerkung Klenzes, der am 19.1.1829 einen Plan Gärtners zur Ludwigskirche als »Byzantinisierte Kopie der Michaelskirche«[14] kritisierte, kann der zu den frühen Fassadenentwürfen gehörige Längsschnitt ermittelt werden. »Bei diesem Entwurf liegt eine Vergleichbarkeit zur Michaelskirche darin, daß das

261

Langhaus von einer mit breiten Gurten
gegliederten Tonne überwölbt werden
sollte. Die deutlich heraustretende Vierung trägt dagegen eine flache Pendentiv-
kuppel. Die figuralen Skizzen auf der
Stirnwand des Querhauses machen deutlich, daß in diesem Projekt die Wandmalerei eine große Rolle spielen sollte«.[15]
Die Datierung dieser Skizze und ihre Verbindung zu einem Fassadenentwurf
(Kat.Nr. 47.6), der von Gärtners Sohn
fälschlich als »erster Entwurf zur Ludwigskirche« bezeichnet worden war, ist
für den Planungsvorgang deshalb bedeutsam, weil sie beweist, daß bei den frühen
Planungen Fassade und tonnengewölbtes
Langhaus in keinem Zusammenhang stehen, Gärtner sein Projekt also von zwei
Ausgangspunkten – der Fassade und dem
Innenraum – her durcharbeitete.[16] Der
Fassadenentwurf, der dem Längsschnitt
wegen der genauen Übereinstimmung in
den Maßen unmittelbar zugeordnet werden kann, zeigt im wesentlichen die Konzeption der Grundsteinlegungspläne,
während der »Innenraum der im Fassadenentwurf gefundenen Stilvorstellung
Schritt für Schritt«[17] erst noch angepaßt
werden mußte. Im Grundsteinlegungsprojekt »war das von Klenze kritisierte
›Tonnenprojekt‹ aufgegeben und die Entscheidung für Kreuzgewölbe im Langhaus gefallen«.[18] Diese Anpassung des Innenraums an die mittelalterlich anmutende Fassadengestaltung resultiert jedoch
nicht aus einer konstruktiven Umorientierung, sondern »aus der Überformung
des aus Wänden gebildeten Baukörpers.
Der Rundbogenstil Gärtners ist nicht ein
architektonisches Prinzip . . . sondern er
ist nur eine von verschiedenen Möglichkeiten der Dekorationsform«.[19]
Die Erarbeitung der endgültigen Innenraumgestaltung erfolgte in mehreren
Etappen vom ›Tonnenprojekt‹ über einen
Entwurf mit Kreuzgratgewölbe und Vierungskuppel bis zur Aufgabe der Kuppel
und der Konzeption eines Kreuzrippen-
gewölbes. Parallel dazu wurde der Außenbau verändert, der – ursprünglich ohne Strebewerk – waagrechte Streben zur
Ableitung des Gewölbeschubes erhielt.
Büttner geht davon aus, daß die Planungen mit Kreuzgewölbe Ende Februar
1829 der Akademie zur Begutachtung
vorlagen, da die geschilderten Änderungen sonst noch nach dem Grundsteinlegungsprojekt erfolgt sein müßten.
Auch wenn Gärtner erst 1833 von der
»Gruppe«[20] spricht, die die Ludwigskirche mit ihren Flügelbauten einmal bilden
sollte, beweisen schon die frühen Planungen, daß er im Interesse der Einbindung
der Kirchenfassade in den Straßenzusam-
menhang an Anbauten dachte. Die Be-

47.9

deutung der offenen Arkaden und der
beiden Wohnhäuser für die Gesamtwirkung der Fassade ist oft beschrieben worden. Erst im Ensemble mit den Seitenflügeln kann die Schauseite der Ludwigskirche mit den weit auseinandergestellten
Türmen als Einheit verstanden werden,
während gleichzeitig der städtebauliche
Zusammenhang innerhalb der Ludwigstraße vom Odeonsplatz bis zum Siegestor neu akzentuiert wird. Bereits der zum
›Tonnenprojekt‹ gehörige Fassadenplan
in der Maillingersammlung zeigt auf der
rechten Kirchenseite einen eingeschossigen Anbau mit Erdgeschoßarkaden.
Nicht lange nach dem von Büttner abgebildeten ersten Fassadenaufriß mit Dop-
pelturmfront im Kunstmuseum Düsseldorf[21] von 1830 muß der Plan der symmetrischen Gesamtanlage mit dreigeschossigen Zwischengliedern und Pavil-

15 Büttner, S. 199 f.
16 vgl. Büttner, S. 205
17 ibid.
18 ibid.
19 Büttner, S. 213
20 vgl. Büttner, S. 211
21 Büttner, S. 211
22 Hederer, S. 99, Abb. 49
23 vgl. K. Wittek, Die Ludwigskirche in München, München 1951, S. 15

47.12

48 Basilika und Kloster St. Bonifaz, Karlstraße, München, 1828–1850

Seit der Erbauung von Basilika und Kloster St. Bonifaz sowie dem anschließenden Kunstausstellungs-Gebäude wird immer wieder in der Literatur festgestellt, daß diese drei Bauten von Ludwig im Sinne der mittelalterlichen Einheit von Religion, Wissenschaft und Kunst konzipiert worden seien. Dieser naheliegende Gedanke kann bislang nicht nachgewiesen werden, entspricht aber zweifellos dem damaligen romantischen Zeitgeist.

Basilika

Auch die Maxvorstadt, die unter den Bauplanungen König Ludwigs sich immer weiter ausdehnte, bedurfte einer neuen Pfarrkirche, nachdem bereits am 7. August 1827 die Pfarrkirche zum hl. Ludwig für den gerade erschlossenen Bezirk vor dem alten Schwabinger Tor entstanden war. Diese neue Pfarrkirche in der Maxvorstadt[1] sollte in Verbindung mit einem Benediktiner-Kloster errichtet werden. Die Form einer Basilika für diesen Kirchenneubau stand bereits fest, als der König 1827 Georg Friedrich Ziebland zum Studium frühchristlicher Basiliken nach Italien schickte und ihm im März dieses Jahres nach Rom schrieb[2]: »noch Einiges den Entwurf zur neuen Basilika betreffend ... wenn derselbe 2 Säulenreihen bekommt, so sind 3 Altäre an deren Enden anzubringen, wenn 4 Säulenreihen so steht es ihrem Ermessen frei ob 5; an den Seiten dürfen keine stehen da hier der 12 Apostel kolossale Bildsäulen. Wenn es im Einklange, ein Fries, wozu Thorwaldsen 2 Stücke bereits Moduliert, in Gyps geformt hat ... Nebenräume z. B. Sakristey mit allem Zugehörugen ... ziehen Sie über dieses alles genaue Erkundigungen ein, wie ich denn überhaupt wünsche, daß der Entwurf mit recht reiflicher Ueberlegung recht durchdacht werde, bis er ins Reine gebracht werde.«

An diese Wünsche hat sich Ziebland mit seinem ersten Entwurf zu einer Basilika gehalten, den er im September 1828 an den König schickte.[3] Der Standort der Kirche mit dem projektierten Kloster ist zwischen der Ludwig-, Löwen- (heutigen Schelling-) und Türkenstraße angegeben. Die fünfschiffige Anlage, die auch bei den folgenden Entwürfen beibehalten wird, mit Haupteingang an der Ludwigstraße hat Querhaus, Presbyterium und Apsis, wobei die äußeren Nebenräume des Querhauses jeweils in einen Gang einmünden, der rückwärts die Sakristeien und das Untergeschoß des Glockenturmes erschließt. Die geschlossenen Seitenschiffwände ermöglichen die Aufstellung

lonbauten – dem Pfarrhaus und dem Gärtnerhaus – entstanden sein.

Die besonders gelungene Verbindung von Straßenraum und Kirchengebäude wird an zwei Stellen deutlich. Durch die leicht in die Straße vorgestellte Kirchenfassade mit offener Vorhalle wird der Zusammenhang von der Straße zum Innenraum vermittelt. Die offenen Arkaden mit Durchblick auf das Langhaus der Kirche und den umliegenden Garten sollten wohl die Einbeziehung des Gebäudekörpers mit seinem naturhaften Umraum in die Gesamtkonzeption gewährleisten. Auf einer Zeichnung von Seeberger ist die rückseitige Ansicht der Ludwigskirche dargestellt.[22] Gärtner selbst hat mit dem Umgang um das Kirchengebäude gerechnet, da im Garten ursprünglich ein Kreuzweg angebracht war.[23] Von der Rückseite wird nun auch die basilikale Grundform des Gebäudes mit Querschiff durch die klare Absetzung der einzelnen Raumteile erkennbar.

Durch Schwanthalers Figuren des Christus und der vier Evangelisten an der Fassade vorbereitet, ist im Innenraum der Ludwigskirche an den Wand- und Deckenräumen des Querschiffs und des Chors in den Fresken von Cornelius ein christologisches Programm entwickelt, dessen Höhepunkt das »Jüngste Gericht« an der Chorwand bildet. Auch alle übrigen Architekturglieder sind mit farbigen Ornamenten, die Decke des Mittelschiffs blau mit goldenen Sternen bemalt. Die starkfarbige Fassung der Architektur wurde, wie die gesamte Ausstattung, von Gärtner selbst entworfen.   G. Schickel

1 siehe B.-V. Karnapp, G. F. Ziebland. Studien zu seinem Leben und Werk, OA 104, 1979, S. 36–49
2 BHStA, NL Ziebland: Schreiben des Königs v. 16.3.1827
3 GHA, NL Ludwig I. II/A27

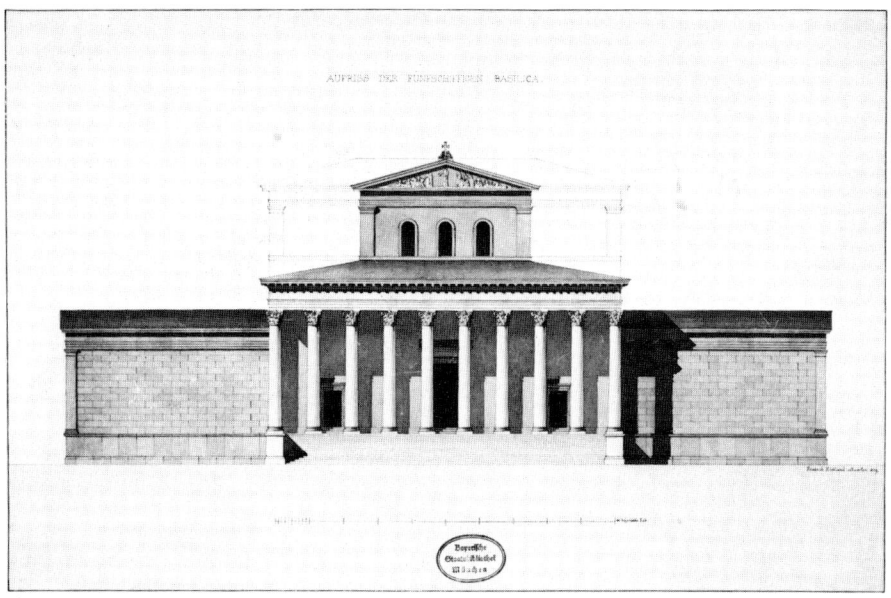

48.4

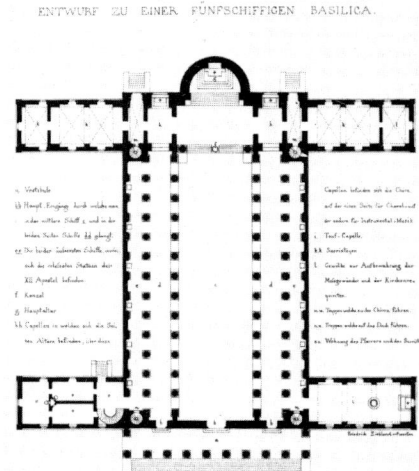

48.3

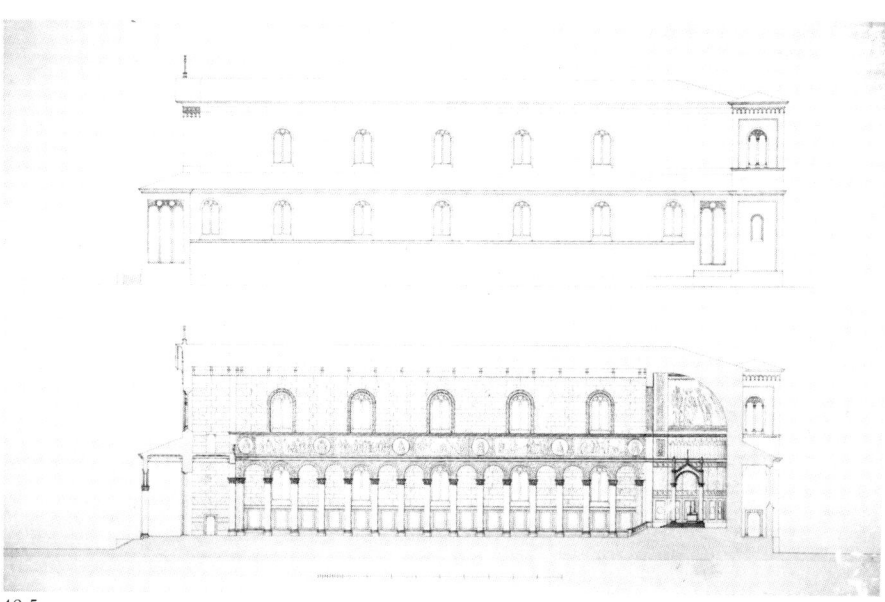

48.5

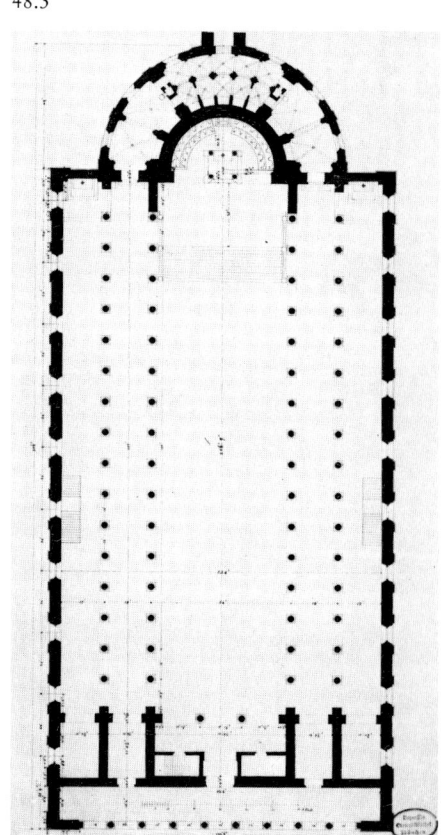

48.6

der 12 Apostelstatuen. Der im Hauptschiff angeordnete Fries soll Szenen aus
dem Leben Christi zeigen. Eine Variante
zum ersten Entwurf bringt die Apostelstatuen in Nischen und den Obergaden
entsprechen Fenster in den Zwischenach-
sen der Seitenschiffe. Die Fassaden zeigen
an der Eingangsseite eine achtsäulige ionische Vorhalle und an den Langseiten Ädikulen. Der Glockenturm überragt nur
wenig das Hauptschiff. Ein weiteres Blatt
mit den Grundrissen und Querschnitten
der fünfschiffigen Anlage von S. Paolo,
St. Bonifaz und der dreischiffigen S. Maria Maggiore stellt den direkten Bezug zu
den römischen Basiliken her. S. Paolo hat
ein doppeltes Querhaus mit anschließen-
der Apsis, S. Maria Maggiore hingegen

nur Chor und Apsis. Eine Verbindung
beider Kirchentypen zeigt Ziebland in
seinem ersten Entwurf.

Auffallend ist die Lage an der Ludwigstraße. Vielleicht entwickelte der Architekt in Rom diesen Entwurf in Hinblick
auf die im Bau befindliche neue Prachtstraße.[4] Die Idee der Basilika muß den
König weiterhin beschäftigt haben, denn
im Mai 1829 schrieb Martin v. Wagner an
Ziebland in Rom, der König wünsche,
daß er auf seiner Rückreise nach München den Weg über Ravenna nehme, und
die dortigen »Kirchen St. Apolinaro in
Classe, und St. Apolona in Città« besich-
tigen solle, »Letztere der Wandverzierun-
gen wegen, oberhalb der Säulen.«[5]

4 vgl. hierzu: F. Büttner, Die Planungsgeschichte der Ludwigskirche in München,
in: Münchner Jahrbuch der bildenden
Kunst, 35. 1984, S. 189 f.
5 Stiftsarchiv St. Bonifaz, München, NL
Ziebland: Schreiben vom 14. 5. 1829

48.2

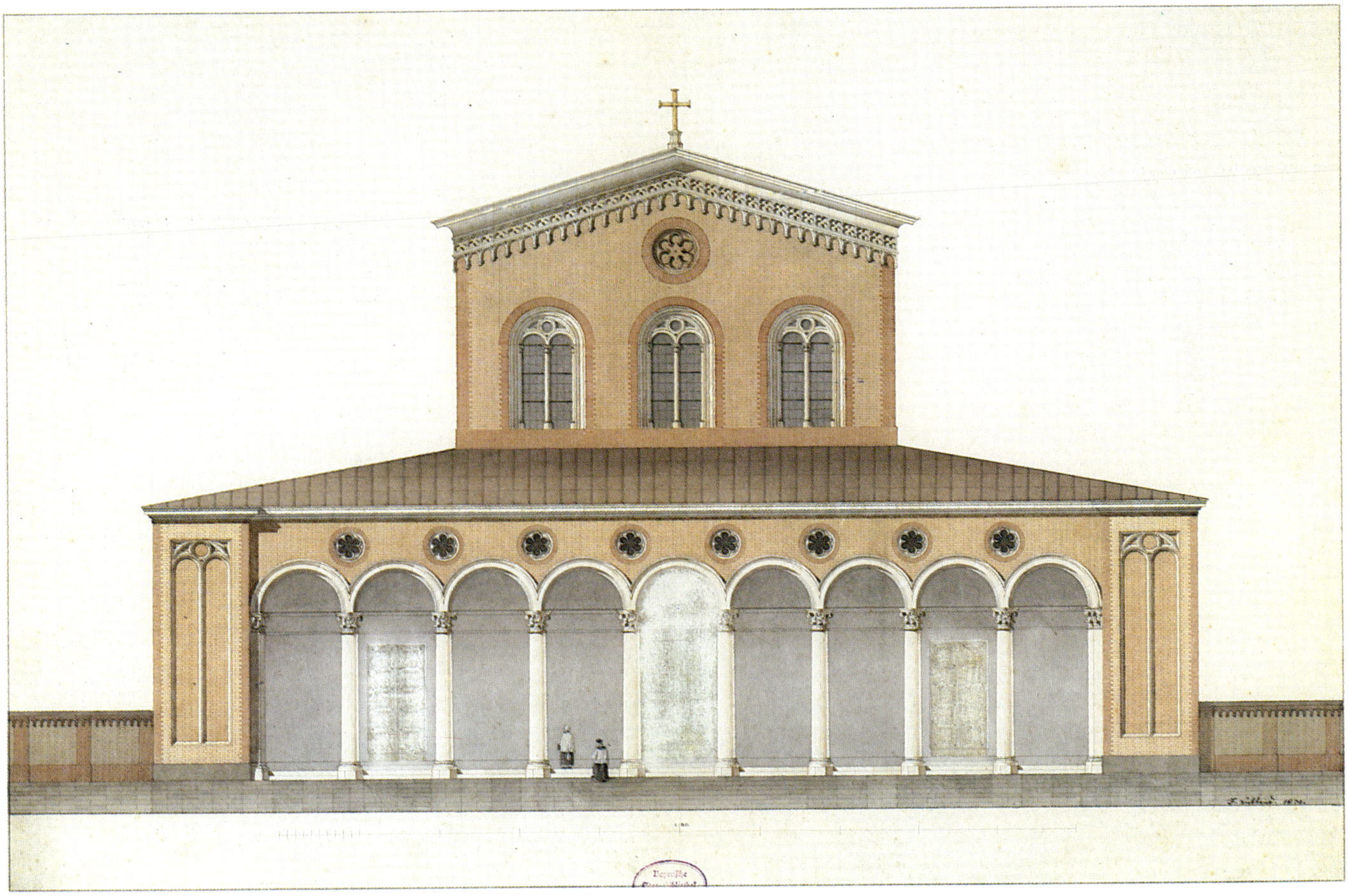

48.7

6 GHA, NL Ludwig I. 50/4/1: Contract v. 6.6.1834, genehmigt vom König am 1. Juli 1834; bezieht sich auf die Arbeiten während der Jahre 1835–1841

1829 – vermutlich nach der Rückkehr aus Italien – legte Ziebland dem König einen zweiten Entwurf vor. Dieser ist als direktes Pendant zur Glyptothek auf der Süd-

seite des Königsplatzes zu verstehen: ein durch eine vorgelagerte Treppenanlage erhöhter Mittelteil mit korinthischer Säulenhalle und niedrigeren Seitenflügeln, die

265

auf einer Variante jeweils drei Mauernischen tragen – also direkt Bezug nehmend auf die Glyptothek. Im Innern der Kirche sind in den entsprechenden Annexen, die im Norden und Süden an das Querschiff bzw. den Eingangsbereich anschließen, Nebenräume angeordnet. Eine erhöhte, halbkreisrunde Apsis bildet den Abschluß. Die 12 Apostelstatuen und der im Hauptschiff umlaufende Fries sind auch in diesem Entwurf beibehalten. Das Langhaus ist hier um zwei Säulenstellungen erweitert und zeigt diesmal ionische Kapitelle, während die Säulenvorhalle korinthische Säulen hat.

Der dritte Entwurf von 1831 bringt eine stark vereinfachte Konzeption in Form eines rechteckigen Grundrisses. Vier Reihen von jeweils 16 Säulen gliedern das Hauptschiff von den vier gleich breiten Seitenschiffen. Das Querschiff fällt fort, die Apsis stößt in gleicher Breite an das Hauptschiff. Nebenräume, von den äußeren Seitenschiffen her zu begehen, füllen den Raum des Rechtecks. Der Altar ist hier von der Wand gelöst und steht in Gestalt eines Ziboriums in der erhöhten Apsis. In der Breite des Hauptschiffes tragen im Eingangsbereich zwei Säulen eine Empore in der Höhe der Seitenschiffe. Die antikisierende Innenraumgestaltung wird ersetzt durch eine Bogenarchitektur mit einem breiten Freskenband darüber. Auch die Vorhalle erhält Bogenstellungen mit Rosetten in den Zwickeln und die Seitenfassaden und Wandvorsprünge weisen Blendwerk auf. Der 1831 datierte Entwurf zur Fassade gehörte zu diesem Entwurfstadium, obwohl das Blatt die Beschriftung »V. Entwurf« trägt. Nach außen schließt die Rückseite mit einer geraden Wand und seitlichen Ecktürmen in Höhe des Hauptschiffes.

Dieser Entwurf dürfte das endgültige Stadium anzeigen, da jetzt Ziebland erstmals einen Kostenvoranschlag über 329 184 fl. beifügte, und der König die Pläne im Februar 1833 zur Begutachtung an die Akademie der bildenden Künste weitergab. Diese sowie die folgenden Planungen beziehen sich auf den späteren Bauplatz an der Karlstraße.

Der vierte Entwurf vom März 1834 unterscheidet sich vom vorherigen durch weitergehende Gliederung des Innenraumes. In Breite der inneren Seitenschiffe wird die Apsis von Sakristeien und Aufbewahrungsräumen konzentrisch umgeben. Eine reiche Bemalung der gesamten Innenwände ist vorgesehen und hierzu haben sichtlich die oben erwähnten ravennatischen Kirchen als Vorbilder gedient. Bei dem Kostenanschlag über 453 832 fl. sind allein 58 000 fl. für Hein-

rich v. Hess vorgesehen, dem die gesamte Innendekoration übertragen wurde.[6]
Als die Planung der Basilika an der Karlstraße schon mehrere Jahre lang lief, da erst erwarb Ziebland, am 15. Januar 1835, im Auftrag des Königs das Grundstück zwischen Königsplatz, Luisen- und Karlstraße.[7]
Der fünfte Entwurf[8] und auch der ausgeführte Bau zeigen nur geringe Abweichungen vom vierten. Der Eingangsbereich mit Seitenkapellen – und damit die Emporen darüber – und die Vorräume erhalten eine größere Tiefe. Eine Treppenanlage in Breite des Mittelschiffes führt von der 14. Säulenstellung hinauf zur Apsis mit dem geplanten Ziborium.[9] In Höhe der 6./7. Säulenstellung sind in den äußeren Seitenschiffen Treppen angegeben, die zur Gruft leiten.

Die Fassaden erhalten erstmals eine Gliederung durch Lisenen auf den Seitenwänden und der Apsis. Unterhalb der Dachtraufe umziehen Bogenfriese den Bau, wobei das herausgehobene Hauptschiff darüber hinaus zusätzlich durch ein breites Ornamentband betont wird.
Die Ausmaße der Basilika (76 m lang, 36 m breit) sind am besten zu ersehen bei einer Gegenüberstellung verschiedener Bauten, die Ziebland auf einem Blatt darstellt: Frauenkirche in München, St. Peter in Rom, Kölner Dom, Pantheon, Mariahilf-Kirche in der Au, Dom zu Florenz, Glyptothek und Ludwigskirche in München, Grabmal des Augustus in Rom und Allerheiligen-Hofkirche in München – alle in Grundriß und Aufriß.
Der am 24. November 1850 konsekrierte Bau war für 7000 Gottesdienstbesucher berechnet. Tauf- und Grabkapelle, die Ludwig für seinen eigenen Sarkophag bestimmt hatte, lagen westlich und östlich des Eingangsbereiches. Durch Erhöhung des Presbyteriums wurde nach alter Tradition die Unterkirche geschaffen, die unterhalb des Altars die Krypta einnimmt. Im Umgang unter den Sakristeien waren die Grabkammern der Mönche angeordnet. Der gesamte Innenraum war reich mit Malereien, buntem Marmorfußboden und einem farbig bemalten offenen Dachstuhl ausgestattet, daß zur damaligen Zeit der Eindruck entstand, »wohin das Auge blickt, es wähnt die Wunder der orientalischen und romantischen Zauberwelt verwirklicht.«[10]
Im Gegensatz zur reichen Raumausstattung wirkte der Außenbau schlicht und streng. Das Bauwerk ist in naturfarbenem Backstein von warmer rötlicher Farbe ausgeführt und zeigt Lisenengliederung mit Rundbogenfries. Allein die Eingangsseite mit der Vorhalle und den drei Eingängen wird mit Portalumrahmungen

48.1 Georg Friedrich Ziebland
»Seiten Ansicht der fünfschiffigen Basilica. Situations Plan. Vergleichung der Hauptform und des Flächen Inhaltes der projectirten Basilica mit den beiden Basiliken S: Paol und Maria Maggiore in Rom. I^ter Entwurf.«
Feder, farbig aquarelliert auf Zeichenkarton; 76,0 × 54,0
München, Stiftsarchiv St. Bonifaz

48.2 Georg Friedrich Ziebland (Farbabb.)
»Durchschnitt der fünfschiffigen Basilica nach der Länge. I^ter Entwurf«.
Feder, farbig aquarelliert, auf Zeichenkarton; 107,3 × 54,2
BStB, cod. icon 210^c(6

48.3 Georg Friedrich Ziebland (Abb.)
»Entwurf zu einer fünfschiffigen Basilica. II^ter Entwurf«. Grundriß (1829)
Feder-Tuschzeichnung auf Zeichenpapier; 30,5 × 34,1
BStB, cod. icon 210^c(6

48.4 Georg Friedrich Ziebland (Abb.)
»Aufriss der fünfschiffigen Basilika. II^ter Entwurf«. 1829
Feder, farbig aquarelliert, auf Zeichenpapier; 46,0 × 32,0
BStB, cod. icon 210^c(6

48.5 Georg Friedrich Ziebland (Abb.)
Basilika St. Bonifaz. Aufriß der Langseite und Längsschnitt. III^ter Entwurf
Feder, aquarelliert, auf Zeichenkarton; 71,2 × 48,7
BStB, cod. icon. 210^c(6

48.6 Georg Friedrich Ziebland (Abb.)
Basilika St. Bonifaz, Grundriß »V^ter Entwurf«
Feder, aquarelliert auf Zeichenkarton; 32,6 × 59,7
BStB, cod. icon. 210^c(6

48.7 Georg Friedrich Ziebland (Farbabb.)
Basilika St. Bonifaz, Aufriß der Eingangsseite »V^ter Entwurf«.
Feder, farbig aquarelliert, auf Zeichenkarton; 65,5 × 43,5
BStB, cod. icon. 210^c(6

48.8 Georg Friedrich Ziebland (Farbabb.)
Basilika St. Bonifaz, Entwurf zur Wanddekoration
Feder, farbig aquarelliert, auf Zeichenpapier; 43,6 × 33,4
BStB, cod. icon. 210^c(6

48.9 Basilika St. Bonifaz, Dachstuhlmodell
Holz, bemalt; H. 42,5, B. 90, T. 28
Bamberg, Historisches Museum, Inv.Nr. Pl 1/112

48.10 Louis Hofmeister
»Basilika S. Bonifacius zu München. Mit herzoglich Sachsen-Meiningen'schen Priviligium«.
Stahlstich; 17,3 × 23,5
MStm, Z 682

48.11 Georg Friedrich Ziebland (Abb.)
Klostergebäude St. Bonifaz, Grundriß
Feder, Tuschzeichnung, farbig aquarelliert auf Zeichenpapier; 58,2 × 46
BHStA, Planslg. 12759

48.12 Basilika St. Bonifaz
Aufnahme ca. 1900

48.13 Basilika St. Bonifaz, Innenansicht (Abb.); Aufnahme ca. 1888
aus: H. Reidelbach, Abb. 25

48.8

7 GHA, NL Ludwig I. 50/4/1: Kaufvertrag mit den beiden Grundstücksbesitzern k. Kammerrath Steinheil und k. Legationsraths-Wittwe von Biarowsky

8 Ein weiterer Entwurf zu einer dreischiffigen Basilika ist nachzuweisen, der aber weder Datum noch Signatur trägt (MStm, M/II 121 A). Beschrieben werden diese Blätter bei J. M. Forster, Das gottselige München . . . München 1895, S. 869. Dieser Zuschreibung an Ziebland kann aber nicht ohne weiteres zugestimmt werden.

9 Diese Erweiterung des Presbyteriums ist wohl auf ein Schreiben des Bischofs von Augsburg, dat. 7.4.1835 (Stiftsarchiv St. Bonifaz), zurückzuführen, der den Basilika-Entwurf zwar sehr lobt, aber ausdrücklich ein Presbyterium von solcher Größe wünscht, daß der Raum zum einen den Bedürfnissen des katholischen Kultus vollkommen entspreche und zum anderen bei Anwesenheit des Königs genügend Platz für dessen Thron und Hofstaat bieten soll, was weder in der Allerheiligen Hofkirche noch in der Ludwigskirche beachtet wurde.

10 R. Lecke, Die Basilika zum heiligen Bonifacius in München . . . München 1850, S. 12

11 C.-W. Schümann, Der Berliner Dom im 19. Jahrhundert, Berlin 1980

und Apostelstatuen geschmückt. Eine schlichte Glockenmauer leitet über zum Klosterbau. Die Gestalt der Kirche, wie sie Ziebland geschaffen hat, geht zurück auf den Typus der altchristlichen Basilika, wobei er zwei Elemente miteinander verband. Zunächst deutet die Vorhalle auf S. Paolo, S. Lorenzo fuori le mura und S. Maria in Trastevere oder erinnert auch an S. Apollinare in Classe zu Ravenna. Der ausgeführte Innenraum orientiert sich an den zumeist querschifflosen dreischiffigen Basiliken Roms (u.a. S. Sabina, S. Maria Maggiore in Rom und S. Apollinare in Classe und S. Apollinare Nuovo in Ravenna) und den fünfschiffigen Anlagen mit Querschiff vom Typus S. Paolo fuori le mura oder der Lateransbasilika.
Auch die Anzahl der Säulenstellungen entspricht nicht der Regel von 12 Säulen – wie bei den Anlagen von S. Sabina, S. Pietro in Vincoli oder bei den bereits genannten ravennatischen Basiliken –, oder von 20 Säulen wie in S. Maria Maggiore oder S. Paolo fuori le mura. Der Gesamteindruck der Basilika mit ihrem

Raumschmuck geht eindeutig zurück auf S. Paolo, jener Anlage, die Ziebland als große Ruine nach dem Brand von 1823 sah.
Des Königs Bestrebungen um die Erneuerung des Kirchenbaues und die Wiederbelebung früherer Baustile hatte Ludwig bereits bei der Mariahilf-Kirche in der Au und der Allerheiligen-Hofkirche bewiesen, und nun bei St. Bonifaz. Der bayerische König war aber nicht der erste und einzige, der dieses altchristliche Schema des Kirchenbaues wieder aufgriff. Auch der preußische Kronprinz und spätere König Friedrich Wilhelm IV. ließ als Hauptkirche des Protestantismus und als würdiges Gegenstück zum Kölner Dom einen »Nationaldom« schaffen, auch in Anlehnung an die frühchristliche Architektur.[11] Die Münchener Basilika jedoch fand Nachfolge in der Stadtpfarrkirche in Friedberg bei Augsburg (1873 geweiht) und vor allem in der Liebfrauenkirche von August Hardegger (1894 geweiht) in Zürich.
1944 und 1945 wurde der Bau durch Luftangriffe zerstört und ab 1945 von Hans

Döllgast unter Einbeziehung der erhaltenen Gebäudeteile verändert wieder aufgebaut.

Klostergebäude
»Wir König Ludwig von Bayern ... haben beschlossen, eingedenk des großen Nutzens, welchen der Benedictiner-Orden seit vielen Jahrhunderten der Kirche, dem Staate, und durch seine Forschungen den Wissenschaften gebracht, in der Haupt- und Residenz-Stadt München eine ... Abtey Sct: Bonifaz nebst Pfarrei, welch' Letztere der Abtei aber nicht plene zu incorporiren, mit dem 24. November dieses Jahres [1850] zu gründen«[12] Zu diesem Zeitpunkt war bereits der Klosterbau[13] – ebenfalls nach den Plänen Georg Friedrich Zieblands – vollendet. Aber schon 1835 muß ein Projekt vorhanden und dem Bischof von Augsburg[14], J. A. Riegg, vorgelegen haben, denn dieser äußerte sich unter anderem negativ zur unpraktischen Anordnung des Refektoriums im Stockwerk über der Küche und über die Hauschorkapelle, die zwischen Basilika und Klostergebäude einen passenderen Platz finden könnte. Diese Einwände bezogen sich vermutlich auf einen Grundriß vom 1. Stockwerk des Kloster- und direkt anschließenden Kunstausstellungs-Gebäudes.[15] Da das Blatt die Beschriftung »II. Entwurf« trägt, müssen mehrere Zeichnungen hierzu entstanden sein. Bei der Ausführung hat Ziebland offensichtlich die Ratschläge des Bischofs von Augsburg befolgt, denn die Raumanordnung ist nun folgendermaßen[16]: um zwei Innenhöfe liegen im Erdgeschoß die Zimmer der Haushaltung, der Hausdienerschaft, des Pfarrers und Ökonoms, sowie das Refektorium, das durch zwei Geschosse geht; im Prälaten-Stock – dem 1. Stockwerk – sind die Räume des Abtes, Gastzimmer und Zellen, die alle Fenster zu den Innenhöfen haben, Vorlesezimmer und Rekreationssaal angeordnet; der 2. Stock beherbergt neben den Zellen und weiteren Gastzimmern die Wohnungen des Priors und Subpriors sowie den Kapitelsaal, das Meditationszimmer und die Bibliothek und Krankensaal. Alle Stockwerke sind über eine Haupttreppe im Südtrakt und kleinere Spindeltreppen zu erreichen.
Dieser schlichte Klosterbau, im gleichen naturfarbenen Backstein ausgeführt wie die Basilika, hatte als einzigen bemerkenswerten Schmuck im Refektorium ein Freskogemälde mit der Darstellung des letzten Abendmahls von Heinrich Hess, der gleichzeitig für die Malereien in der Basilika verantwortlich war. Das Klostergebäude ist in kaum verändertem Bauzustand bis heute erhalten.   B.-V. Karnapp

48.13

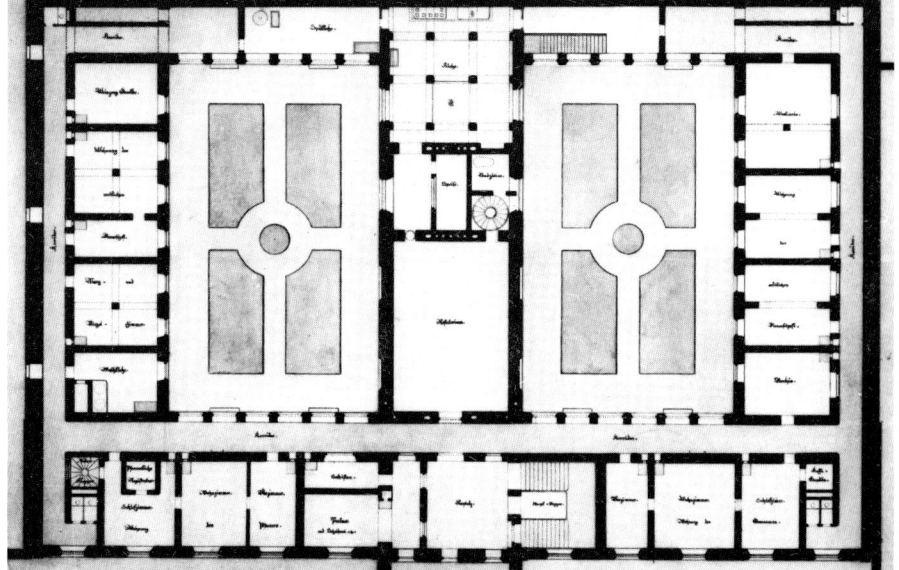

48.11

12 GHA, NL Ludwig I. 47/4/19(1): Stiftungsurkunde vom 9.11.1850
13 siehe B.-V. Karnapp, Georg Friedrich Ziebland. Studien zu seinem Leben und Werk, OA 104, 1979, S. 49–52
14 Stiftsarchiv St. Bonifaz: NL Ziebland, Note des Bischofs von Augsburg Ignatz Albert von Riegg vom 7.4.1835. Dieser Brief scheint ein persönliches Schreiben des Bischofs an Ziebland zum Programm der Raumaufteilung eines Klostergebäudes zu sein.
15 Stiftsarchiv s.o.
16 BHStA, Planslg. Nr. 12759-12764 und BStB, icon. 210f. (1-3)

49 Maria-Hilf-Kirche, München/Au, 1831–1839 und Friedhofsanlage, 1843

Von den ehemals fünf Kirchen der Au waren vier säkularisiert worden. Die 1802 zur Pfarrkirche erhobene alte Maria-Hilf-Kirche wurde für die wachsende Stadtgemeinde zu klein und war überdies baufällig. Deshalb wurde auf Antrag der Gemeinde ab 1822 die Notwendigkeit eines Kirchenneubaues geprüft. In den Jahren 1822–1827 kamen Pläne für dieses Vorhaben von den Baumeistern Joseph Höchl, Anton Petzl und von dem Oberbaurat Pertsch bei der kgl. Regierung zur Vorlage, Johann Michael Vorherr reichte einen Gesamtbebauungsplan für das Gebiet um den Maria-Hilf-Platz ein (vgl. Artikel Vorstadtplanung Au).

Außer dem Entwurf von Vorherr konnten jetzt auch die Pläne von Höchl und Petzl aufgefunden werden.[1] Sowohl die »barocke Anlage im klassizistischen Stil« von Petzl, als auch die beiden Alternativentwürfe veranschaulichen die Orientierungslosigkeit im nachsäkularen Sakralbau. Der Entwurf von Petzl und ebenso der Neubauentwurf Höchls wurden vom Auer Magistrat für gut befunden und bei der Kreisregierung eingereicht. Diese wies ihn jedoch darauf hin, daß seine Beratungen über den Kirchenneubau »unter Benutzung der am 7.1.1825 zugefertigten ›Anweisung zur Architectur des christlichen Cultus‹«[2] erfolgen müßten.

Der kgl. Baurat bei der Kreisregierung J. M. Vorherr nahm die Aufforderung, das Bedürfnis eines Kirchenneubaus in der Au zu prüfen, im Herbst 1822 zum Anlaß, die Erbauung einer »Rotunde nach dem herrlichen Vorbilde des Pantheons zu Rom«[3] zu fordern. In einem »Generalplan über die beßere Gestaltung des Mariahilfplatzes der Vorstadt Au«[4] bezog er die neue Kirche 1823 in ein durchorganisiertes Stadtzentrum ein. Im August 1824 favorisierte er, erneut im Zusammenhang mit einer generellen Durchplanung des Gebiets um den Maria-Hilf-Platz den Vorschlag, die neue Kirche auf der Höhe des Lilienberges zu errichten.[5]

Im Herst 1826 wandte sich der Auer Magistrat mit der Vermutung an das kgl. Landgericht, »ob nicht seine Gesuche« um die Genehmigung eines Kirchen- und Gemeindehaus-Baues »gänzlich ad acta gelegt worden seien.«[6] Er betonte, »daß gerade jetzt eine moralische Einwirkung auf das immer sich mehrende, aber auch mehr entartete Volk dahier nothwendig ist«[7] und bat darum »eine gütige Verwendung bey Seiner Majestät dem Könige zu erhalten, daß der Bau der hiesigen Pfarrkirche die allerhöchste Bestätigung erhalte, und so durch eine neue Wohltat für das

moralische Wohl der Unterthanen sich die Weisheit der allerhöchsten Regierung in den Annalen des Vaterlandes wieder ein Monument setzt.«[8] Obwohl Pertsch 1827 ein Gutachten zu einem der vorgelegten Kirchenentwürfe anfertigen und einen eigenen Entwurf vorlegen mußte[9], fiel keine Entscheidung.

Im gleichen Jahr noch vergab Ludwig I., wohl angesichts der bereits eingereichten Entwürfe, an mehrere Architekten den Auftrag, neue Pläne für die Auer Kirche zu entwerfen. Wie aus einem Brief Friedrich Gärtners an Johann Martin Wagner vom 13.1.1828[10] hervorgeht, reichten Klenze, Pertsch und ein »Ungenannter« Pläne im »griechischen Stil« und im »Comiß Stil« ein. Gleichzeitig verfaßte Gärtner, der der Prüfungskommission angehörte, einen Aufsatz über die Erfindung eines neuen Stils, der zwischen dem antiken und dem mittelalterlichen Stil liegen müsse. Über diesen Aufsatz ist nur bekannt, was Gärtner Wagner in seinem Brief mitteilt. Er sei während seiner Italienreise zu der Überzeugung gelangt, »daß zwischen diesen strengen griechischen oder überhaupt den schulgerechten strengen architektonischen Regeln und dem rein Gemüthlichen und Phantastischen des Mittelalters etwas liegen müsse, wenn es vereint werden könnte, sicher das Beste für christliche namentlich katholische Kirchen sein müßte.«[11]

Gärtners Aufsatz wurde dem König vorgelegt. Daraufhin beauftragte dieser den Architekten ebenfalls mit einem Entwurf für die neue Kirche in der Au. Der Vorschlag von Gärtner fand sowohl beim König als auch, mit Ausnahme Klenzes, bei der Akademiekommission Anerkennung.[12] Der Situationsplan der Planserie[13] zeichnet sich durch eine großräumige Anlage aus. Mit Kirche und Rathaus sind an den Stirnseiten des zu einem Längsrechteck begradigten Maria-Hilf-Platzes zwei Schwerpunkte gesetzt. Entlang der Längsseiten ist der Platz jenseits der Hauptstraßen durch eine nicht näher bezeichnete, doch wohl einheitliche Bebauung abgeschlossen. Grundriß und Querschnitt des Kirchengebäudes zeigen eine dreischiffige Basilika mit geradem äußerem Chorabschluß, an den der quadratische Turm angefügt ist. Die Voransicht ist mit einem Portikus dorischer Ordnung und einem Giebeldreieck im Obergaden gegliedert. Trotz der Einfügung von großen Rundbögen in die Pilasterordnung des Portikus und von Biforienfenstern im Obergaden und am Turm, erinnert sie auffällig an Klenzes Musterentwürfe aus der »Anweisung zur Architectur des christlichen Cultus« von 1822. Diese enge Orientierung an Klenze ist

1 frdl. Hinweis von Herrn Nerdinger
2 StaM, Au 255, Brief vom 14.4.1825
3 StA München, RA Fasz. 663 Nr. 11806, Bd. 1 Gutachten Vorherrs vom 3.10.1822; dazu StaM, Au 255 Situationsplan
4 StA München, RA Fasz. 663 Nr. 11806, Bd. 1 »Generalplan über die beßere Gestaltung des Mariahilfplatzes der Vorstadt Au, entworfen durch den K. Baurath Vorherr zu München 1823«
5 ibid., Anmerkungen Vorherrs zu einem Schreiben des Landgerichts vom 28.8.1824
6 StA München, 7240 Schreiben des Magistrats vom 9.8.1826
7 ibid.
8 ibid.
9 BHStA, OBB 6423 Gutachten Pertschs vom Juni 1827
10 Zit. in: K. Eggert, F. v. Gärtner. Der Baumeister König Ludwig I., München 1963, S. 21f.
11 ibid.
12 vgl. H. Reidelbach, König Ludwig I. von Bayern und seine Kunstschöpfungen, München 1888, S. 222
13 Die Planserie befindet sich im BHStA, Planslg. Nr. 12107, 12110, 12112, 12113

49.2

49.1

49.3

49.4

49.5

Klaus Eggert auch bei den sogenannten Vorprojekten 1 bis 3 der Ludwigskirche aufgefallen.[14] Oswald Hederer schrieb diese Pläne sogar Klenze selbst zu und glaubte sie als dessen Entwürfe für die neue Kirche in der Au identifizieren zu können.[15] Die Entdeckung der Entwürfe Gärtners für die Au[16] wirft ein neues Licht auf die sog. Vorprojekte zur Ludwigskirche, da alle vier Planfolgen als Variationen desselben Grundentwurfs ange-

sehen werden können. Demnach wäre die Planfolge für die Au als erster Entwurf, die Vorprojekte 1 bis 3 als seine Variationsreihe in den klassischen Säulenordnungen zu betrachten. Projekt 3 wäre bei Annahme einer konsequenten Entwicklungsreihe als am weitesten »mittelalterliche« Planung als die Überarbeitung des ersten Entwurfes zu betrachten, die Gärtner Anfang 1829 zum Auer Kirchenbau einreichte. Auch Gärtners Entwurf wur-

14 K. Eggert, F. v. Gärtner. Der Baumeister König Ludwig I., München 1963, S. 28
15 O. Hederer, Friedrich von Gärtner 1792–1847. Leben, Werk, Schüler, München 1967, S. 262 f.
16 vgl. F. Büttner. Die Planungsgeschichte der Ludwigskirche in München, in: Münchner Jahrbuch der bildenden Kunst, Dritte Folge, Bd. XXXV, Sonderdruck 1984, S. 194 ff.

49.1 Anton Petzl (Abb.)
Entwurf für die Maria-Hilf-Kirche,
Vorderansicht
Feder, grau laviert; 39,5 × 52,3
OBB

49.2 Joseph Höchl (Abb.)
Entwurf für die Maria-Hilf-Kirche,
Seitenansicht (1822)
Feder, grau laviert; 34 × 63
OBB

49.3 Friedrich von Gärtner (Abb.)
Entwurf für die Maria-Hilf-Kirche,
Vorderansicht (1829)
Tusche; 51 × 72,5
Arch.Slg. TUM, Gärtner-Mappe 1.4

49.4 Friedrich von Gärtner (Abb.)
Entwurf für die Maria-Hilf-Kirche,
Grundplan
Tusche mit Bleistiftskizzen; 52,5 × 73
Arch.Slg. TUM, Gärtner-Mappe 1.6

49.5 Daniel Joseph Ohlmüller (Abb.)
Vorentwurf für die Maria-Hilf-Kirche,
Vorderansicht
Feder, 29,5 × 64
MStm, MS II/92/A 3

49.6 Daniel Joseph Ohlmüller (Farbabb.)
Vorentwurf für die Maria-Hilf-Kirche,
Vorderansicht
Feder, farbig aquarelliert; 35,4 × 60,5
MStm, M II/92 A 1

49.7 Daniel Joseph Ohlmüller (Abb.)
Ausführungsentwurf Maria-Hilf-
Kirche, Vorderansicht
Lithographie; 35,7 × 106
MStm, M II/92/18

49.8 Daniel Joseph Ohlmüller
Ausführungsentwurf Maria-Hilf-
Kirche, Seitenansicht
Feder; 41,7 × 53,3
MStm, M II/93/2

49.9 Daniel Joseph Ohlmüller (Abb.)
Ausführungsentwurf Maria-Hilf-
Kirche, Grundplan
Feder und Tusche, farbig laviert;
34 × 61
MStm, M II/92/B 1

49.10 Daniel Joseph Ohlmüller
Vorstudie zur Maria-Hilf-Kirche,
Vorderansicht
Feder, braun laviert; 28,2 × 61,3
MStm, M II/1514 C 13

49.11 J. Poppel (Abb.)
Innenansicht der Maria-Hilf-Kirche
Stahlstich; 15,7 × 23,7
MStm, M III/155/12 (Ka 66)

49.12 Daniel Joseph Ohlmüller (Farbabb.)
Maria-Hilf-Kirche, Tod der hl. Maria
Kupferstich nach ehem. Glasgemälde,
farbig aquarelliert; 30 × 111,5
München, Pfarrarchiv Maria-Hilf-
Kirche, Au

49.13 Daniel Joseph Ohlmüller (Farbabb.)
Maria-Hilf-Kirche, Grablegung
Kupferstich nach ehem. Glasgemälde,
farbig aquarelliert; 30 × 111,5
München, Pfarrarchiv Maria-Hilf-
Kirche, Au

49.14 Kirchenmodell, laut Inschrift »1841 von
Zeller gemacht«, nach dem Vorbild der
Maria-Hilf-Kirche
Freising, Diözesanmuseum

49.6

271

de nicht ausgeführt, da der Auer Magistrat den Bau eines Rathauses vorzog.

Eine erneute Wende in der Planungsgeschichte der Maria-Hilf-Kirche trat 1830 ein, als Ludwig I. an Daniel J. Ohlmüller den Auftrag für eine »gotische« Kirche vergab. Bei dem Wunsch des Königs, nunmehr eine Kirche im »altteutschen« Stil erbauen zu lassen, verstand sich die Wahl des Architekten nahezu von selbst. Gärtner war bereits mit dem Bau der Ludwigskirche beschäftigt und Ohlmüller hatte schon für den Walhallawettbewerb einen neugotischen Entwurf eingereicht.[17] Darüber hinaus war Ohlmüller Mitglied in verschiedenen historischen Vereinigungen der Münchener Romantiker, die sich mit der Wiederbelebung gotischer Kunst beschäftigten. Hier hatte er z.B. auch Kontakt mit F. Hoffstadt, der 1840 ein »Gothisches A-B-C-Buch, das ist: Grundregeln des gothischen Styls für Künstler und Werkleute« herausgab.

Am 17. August 1830 legte Ohlmüller dem Auer Magistrat mehrere Pläne und zwei Kostenvoranschläge vor.[18] Diese beziehen sich auf eine kleinere Kirche aus Backstein mit Sandsteinverzierungen und einer Turmspitze aus Gußeisen, sowie auf eine größere Kirche mit vereinfachter Fassade und einer Turmspitze aus Backsteinen. Am 2. September schon schrieb Eduard von Schenk aus dem Innenministerium an die Gemeinde, daß sowohl der Baukunstausschuß als auch die Oberste Baubehörde Ohlmüllers Pläne als zur Ausführung geeignet erachteten.[19] Im gleichen Zusammenhang teilte er die Entschließung des Königs mit, daß eine Vergrößerung der Kirche nicht notwendig erscheine und daß der »erste« Plan unverändert ausgeführt werden solle.

In einem Gutachten über den Kirchenbau in der Vorstadt Au nahm Klenze zu einem gotischen Entwurf – mit Sicherheit also zu einem Entwurf Ohlmüllers – Stellung.[20] Klenze geht auf keine Besonderheiten des Planes ein. Er gründet sein Urteil auf die von ihm selbst in der »Anweisung« aufgestellten Kriterien, die durch den Entwurf erfüllt seien. Über den gotischen Baustil könne er allerdings als Fachmann nichts sagen, da dieser »keine Regel und auch keinen Styl« habe, nach denen er beurteilt werden könne. Der Entwurf gefalle ihm jedoch »mehr vielleicht als irgendein bestehendes Gebäude der Art«. Deutlich gibt er zu verstehen, daß er die Wahl des Baustiles als Entscheidung des Königs respektiere: »und über die (gewählte) Art in welcher dieser Bau ausgeführt werden soll, und das Urtheil der urtheilsfähigen Mit- und Nachwelt darüber; über die Rückwirkung auf Kunst und Nationalgeist muß

49.7

uns die deutlich ausgesprochene Rücksicht beruhigen, daß König Ludwig selbst sie festsetzte.«

Entgegen den Wünschen des Königs, der die neue Kirche dem Hl. Bonifazius weihen lassen wollte, entschied sich die Gemeinde für die Übernahme des alten Kirchentitels, beharrte auf einer Vergrößerung der Kirche und wies überdies nachdrücklich auf eine Verpflichtung der Staatskasse zur Kostenübernahme hin. Daraufhin unterbreitete von Schenk dem Magistrat am 2. März 1831 folgenden Vorschlag des Königs: »Wenn der letzte von mir genehmigte Plan im sogenannten gothischen Style ausgeführt wird, so verspreche ich aus meiner Kabinets-Kasse im Jahre 1831/1832 die Summe von Zwanzigtausend Gulden, und in jedem der vier folgenden Jahre ebenso viel zu geben, was also im Ganzen Hundert Tausend Gulden

49.15 Dachstuhl der Auer Kirche, Lehrmodell (Abb.)
Holz; 18 × 53 × 48
Historisches Museum Bamberg, Inv.Nr. Pl. 1/109

49.16 Georg Friedrich Ziebland
Friedhof der Vorstadt Au, 2 Grundpläne, 1843
Feder, farbig aquarelliert; 32,5 × 43
MStm, M II/92 C 1

49.17 Georg Friedrich Ziebland
Friedhof der Vorstadt Au, Entwurf zu den Arkaden, 1843
Feder, farbig aquarelliert; 39,2 × 48,5
MStm, M II/92 C 5

49.18 Ludwig empfängt von J. D. Ohlmüller ein Modell der Maria-Hilf-Kirche, 1852
Bronzetafel nach Entwurf von Matthias Berger, gegossen von Ferdinand Miller; 108 × 174
München, Kirchenstiftung Mariahilf

17 vgl. W. Nerdinger, in: W. Nerdinger (Hrsg.), Klassizismus in Bayern, Schwaben und Franken, Ausst. Kat., München 1980, S. 328
18 StA München, RA Fasz. 663 Nr. 11806 Bd. 1 Kostenanschlag vom 17.8.1830
19 ibid., Schreiben aus dem Staatsministerium des Innern vom 22.9.1830
20 BStB, Klenzeana XIII, 6 Kirchenbau in der Vorstadt Au

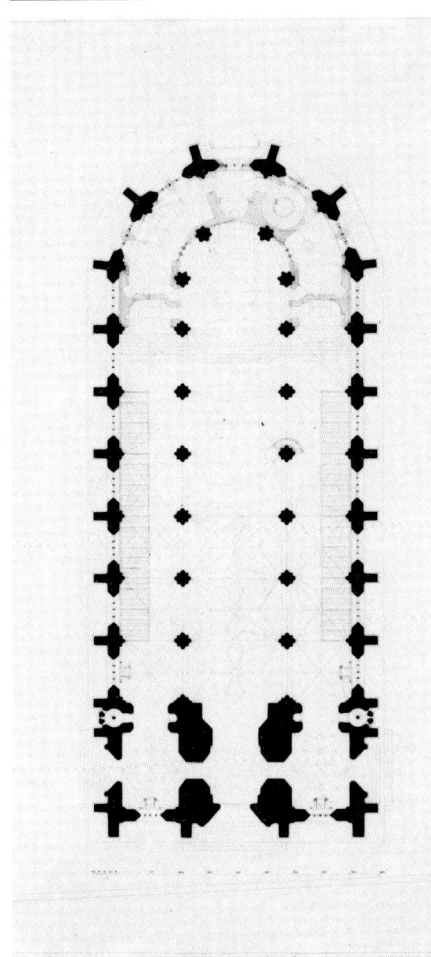

49.9

49.11

21 StA München, RA Fasz. 663 Nr. 11806
   Bd. 3 E. v. Schenk am 2.3.1831
22 ibid., Schreiben vom 30.9.1831
23 ibid., Brief Ohlmüllers vom 16.5.1832

betragen würde.«[21] Am 27. September dann legte der König die Grundsteinlegung für den Bau auf den 13. Oktoberfest, jedoch »vorbehaltlich der näheren Bestimmung des Bauplans, welche auf die Größe der Kirche keinen Einfluß hat«, auch »um den Erwerbslosen der Au Arbeit zu verschaffen.«[22]

In einem Brief Ohlmüllers vom 7. Mai 1832 heißt es zum Planungsverlauf: »Seine Majestät der König gab mir vor zwei Jahren den allerhöchsten Auftrag, für die Vorstadt Au eine Kirche zu entwerfen;

vom entworfenen reich verzierten Charakter dieser Bauart herab, bis auf eine gemäßigte den Mitteln der Gemeinde entsprechende Einfachheit erforderte der entworfene Plan mehrere mühevolle Umarbeitungen.«[23] Dementsprechend lassen sich unter den erhaltenen Fassadenaufrissen Ohlmüllers deutlich drei verschiedene Konzeptionen unterscheiden. Als »erster« Entwurf könnte derjenige identifiziert werden, dessen reich ornamentierte Einturmfassade an französischer Kathedralgotik orientiert scheint. Die Fassade ist in große Ornamentfelder aufgegliedert, zentrales Motiv ist die Fensterrose über dem Portal. Der gedrungene Turm zeigt eine Spitze mit kassettenartigen Durchbrechungen. Möglicherweise ist damit der auf den gemauerten Turmschaft aufgesetzte gußeiserne Helm gemeint, der im ersten Kostenvoranschlag erwähnt war. Ein zweiter Entwurf mit abgeschrägten Fassadenseiten ist deutlich auf eine vertikale Gliederung hin angelegt. Die sparsamere Ornamentierung geht einher mit größerer Vereinheitlichung der Schmuckelemente. In einem dritten Entwurf ist der Fassadenumriß des ersten Projektes wiederaufgenommen, ebenso die wichtigsten Schmuckformen. Der Gesamteindruck der Fassade ist jedoch zu größerer Geschlossenheit entwickelt. Der Turm mit durchbrochenem Helm kann jetzt deutlich als Variante des Turms des Freiburger Münsters verstanden werden.

Die nicht ausgeführte Seitenansicht unterscheidet sich vom ausgeführten Entwurf vor allem durch das flachere Dach, das auf ausdrücklichen Wunsch des Königs in ein steiles, mit farbigen Ziegeln gedecktes Dach abgeändert wurde.

Ein Brief Ohlmüllers gibt Zeugnis davon, wie der bereits im Entstehen begriffene Bau immer wieder verändert werden mußte.[24] Als man bei der Grundsteinlegung feststellte, daß der abgesteckte Innenraum für die Gemeinde zu klein sei, wurde eine entsprechende Vergrößerung mit Erhöhung des Turmes veranlaßt. Ludwig I. gab daraufhin Befehl, aus den Mitteln seiner persönlichen Spende statt fünf Chorfenster sieben mit Malereien auszustatten. Nun wurde auch das ursprünglich ganz einfache Kirchengewölbe mit einem reicheren Sternrippengewölbe verziert. Entgegen der genehmigten Planung setzte man jetzt zwei Seiteneingänge ein. Der Bericht Ohlmüllers veranschaulicht, wie die Bedürfnisse der Gemeinde, die Einflußnahme des Königs und die ästhetischen Erfordernisse die Baugestalt über die reine Planungsphase hinaus bestimmten. Vor allem jedoch wird deutlich, wie sich die Einstellung der Gemeinde zu diesem Bauvorhaben umkehrte. Der Magistrat war von rein praktischen Bedürfnissen ausgegangen, aber schließlich durch die Spende des Königs für die berühmten Glasgemälde dazu bewogen worden, »daß dieser Bau sowohl in Hinsicht seines Styles, als der hiezu erforderlichen Decorirung ohne Rücksicht auf die erforderlichen Kosten zur Vollendung kommen solle.«[25]

Allen Entwürfen Ohlmüllers und auch dem ausgeführten Rohbacksteinbau ist die deutlich klassizistische Prägung der »gotischen« Architektur gemeinsam. Die Anschaulichkeit mittelalterlicher Baukonstruktion war von Klenze in der »Anweisung« als »Aufwand an Schönheitssinn, um den eigentlichen Mangel klassischer Formen und statischer Harmonie zu verstecken«[26] diskreditiert worden. Von Ohlmüller wurde das statische System des Strebewerks zurückgenommen zugunsten eines geschlossenen Baukörpers, dem gotisierendes Ornament – und dazu gehören jetzt auch die Streben – vorgeblendet ist. Auf einem steinernen Sockel stehend wurde das Gebäude dem Betrachter gleichsam denkmalhaft präsentiert. Die Ambivalenz eines »modernen Bauwerks« das »die Kunst der Väter wieder zu Ehren bringt«[27], wurde von den Zeitgenossen als Einheit verstanden. Sie sahen sich – dank verbesserter technischer Möglichkeiten – als Vollender der Gotik. Das Selbstbewußtsein des Architekten, den Baumeistern des Mittelalters auch im Wissen um die Baukonstruktion wieder ebenbürtig zu sein, spiegelt sich in einem Brief Ohlmüllers, in dem er seine Maria-Hilf-Kirche umstandslos in eine Reihe mit mittelalterlichen Bauten stellt. Die technische Bewältigung des Turmbaus verlieh der Maria-Hilf-Kirche das Signum bester Gotik und stand für die Meisterschaft des Architekten: »obgleich dieser Thurmbau eine der schwierigsten Aufgaben für Technik, sowie für Form gewesen, so ist er ... nach schon bestehenden Thürmen der vierte, und nach 300 Jahren der erste in Europa, welcher wieder nach dem Geheimniß der Alten in kunstmäßigem altteutschem Style erbaut wurde.«[28]

In diesen Zusammenhang gehört auch die nicht näher bezeichnete Darstellung einer gotischen Kirche von Ohlmüller. Präzise gibt sie die Westfront des Freiburger Münsters wieder. Wie auch die Erwähnung mehrerer Studienreisen in den Quellen bestätigt, hat er sich ausgiebig mit dem historischen Vorbild beschäftigt. Eine Besonderheit dieser Darstellung ist die Einbeziehung der beiden Osttürmchen in die Fassade; Ohlmüller ging es offenbar um die Erfassung des Gesamteindrucks, wie er sich von der Ferne geltend macht.

Der Innenraum der Maria-Hilf-Kirche zeigt eine dreischiffige Halle mit Vorhalle. Der gegen die Seitenschiffe abgeschlossene Chorumgang wurde als Sakristeiraum genutzt.

Das Hauptgewicht der Innenraumkonzeption liegt auf dem Verhältnis von Architektur und farbigem Licht der Glasmalereien. Ein zeitgenössischer Stich macht deutlich, wie die Zierlichkeit der Bündelpfeiler und des Sternrippengewölbes durch die Wirkung des einfallenden Lichts zu einer architektonischen Stim-

24 ibid., Brief Ohlmüllers vom 23.1.1839
25 ibid.
26 L. v. Klenze, Anweisung zur Architectur des christlichen Cultus. München 1822, S. 12
27 Die Maria-Hilf-Kirche in der Vorstadt Au bei München, München 1886, Vorwort
28 StA München, RA Fasz. 663 Nr. 11806 Bd. 3 Brief Ohlmüllers vom 23.1.1839

49.12

49.13

mungskulisse gerät. In den 30er Jahren des 19. Jahrhunderts scheint sich ein Aspekt des Stilideals gotischen Bauens in der Konzeption des »romantischen Farbraumes« verwirklicht zu haben. Hier erscheint die Architektur zwar von jeglicher Ikonologie befreit, wird aber – selbst schon mit angeblich dem Volkscharakter

entsprechenden christlichen und nationalen Wertvorstellungen behaftet – durch das farbige Licht stimmungshaft aufgeladen. Diese Vereinigung von Architektur, Farbe und Licht entspricht dem zu Beginn des 19. Jahrhunderts erneuerten Streben nach der Verwirklichung eines Gesamtkunstwerkes, das sich z. B. auch in der Forderung zeigt, daß der Architekt im Interesse der »Stileinheit« die gesamte Kirchenausstattung zu entwerfen habe. So hat Ohlmüller außer den Kirchenmöbeln selbst Monstranz und Meßgewänder entworfen.

Die Ikonologie war in der Maria-Hilf-Kirche auf die Darstellungen des Marienlebens in den Glasmalereien und auf die Altäre beschränkt. Aber auch bei den Glasgemälden kam es weniger auf das inhaltliche Programm an, als auf die von den Nazarenern beeinflußte Stilvorstellung und die Wirkung der Farben, die »alle ohne Darstellung eines bestimmten Wesens durch ihre Zusammensetzung wie die Töne auf das Gemüt wirken können«.[29]

Um so deutlicher war die Botschaft, die den ikonographischen Gehalt des liturgischen Kernpunktes, des Hauptaltars, bestimmte. Hier wurden durchaus traditionelle Bildthemen durch den Bezug auf Ludwig I. aktualisiert. Das linke Hauptaltarrelief zeigte Ludwig IX., wie ihm das Modell der Auer Kirche überreicht wird. Die Bildnisse des Baumeisters und des Bildhauers, die dem König gegenübertreten, waren Porträts von D. J. Ohlmüller und F. Schönlaub. Auf der rechten Tafel überreichte die Hl. Therese dem Bischof von Avila die Ordensregel. Diese Darstellungen können als Präsentation des idealisierten Selbstverständnisses von Ludwig I. gedeutet werden, der sich mit seiner Religionspolitik dem »Idealbild des christlichen Herrschers« verpflichtet sah. Im Zweiten Weltkrieg wurde die Maria-Hilf-Kirche so schwer beschädigt, daß bei ihrem Wiederaufbau nur wenig von der originalen Bausubstanz, besonders die Turmspitze, erhalten werden konnte.

Friedhofsanlage
Nach Ohlmüllers Tod 1839 wurde G. F. Ziebland mit der Vollendung der Maria-Hilf-Kirche beauftragt.[30] Im wesentlichen hatte er sich dabei mit Detailarbeiten nach Ohlmüllerskizzen zu beschäftigen. Noch während dieser Arbeiten wurde ihm die Erweiterung des Auer Friedhofs anvertraut. Ende 1843 reichte er seine Entwürfe, die wie Gärtners Neuer Südfriedhof dem Typus eines »campo santo« verbunden sind, beim Magistrat ein.
Der alte Auer Friedhof – im nordwestlichen Teil des heutigen Ostfriedhofes gelegen – hatte die Form eines schmalen, im

49.15

unteren Teil abgeschrägten Rechtecks. Ziebland verbreitert das Friedhofsterrain um jeweils 30 Schuh, begradigt die untere Schmalseite und baut sie durch drei offene Arkaden zur Eingangsseite aus. Die ganze Friedhofsanlage umgibt eine Mauer aus gebrannten Ziegeln, die nach innen im unteren Teil mit Arkadengängen geschmückt, im hinter dem Leichenhaus liegenden Gebiet als einfache Mauer belassen wird. Die Verbindung zwischen beiden Bereichen ist durch offene Arkaden gewährleistet. Ziebland behält das alte kreuzförmige Wegesystem bei, gestaltet es aber großzügiger und schafft um das Leichenhaus einen platzartigen Freiraum. Die Entwürfe zu den Arkaden zeigen Varianten im gotisierenden Stil. Anfang 1844 wurde der aufwendigste Entwurf vom Magistrat genehmigt. Hier wechseln Arkadenbögen mit Öffnungen, die als gekuppelte Maßwerkfenster gestaltet sind. Mit der Bitte um Detailpläne für den Baukunstausschuß enden die Quellenbelege zum Auer Friedhof.   G. Schickel

29 Zit. in: M. Dirrigl, Ludwig I., König von Bayern 1825–1848, München 1980, S. 215 nach dem Reiseschriftsteller und Priester Alban Stolz 1843

30 B. V. v. Karnapp, G. F. Ziebland, Studien zu Leben und Werk, Innsbruck 1971, S. 133 ff. und dies., G. F. Ziebland (1800 bis 1873), Studien zu seinem Leben und Werk, in: OA 104, 1979, S. 59 ff.

50.1 Friedrich von Gärtner (Abb.)
Mutterhaus der Barmherzigen Schwestern, Fassade und Schnitt, 1837
Feder, farbig aquarelliert; 75 × 50
München, LBK, Akt Nußbaumstr. 5

50.2 Friedrich von Gärtner
Mutterhaus der Barmherzigen Schwestern, Grundriß »1. Stockwerk« (Erdgeschoß), 1837
Feder, farbig aquarelliert; 60 × 50
München, LBK, Akt Nußbaumstr. 5

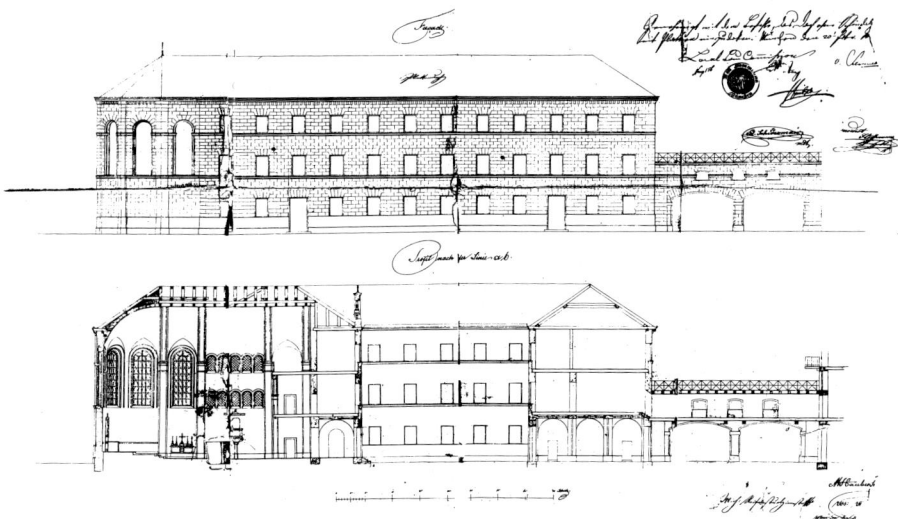

50.1

50 Mutterhaus der Barmherzigen Schwestern vor dem Sendlinger Tor, München, 1837–1839

Der Orden der Barmherzigen Schwestern verdankt seine Entstehung einer Stiftung des heiligen Vinzenz von Paul (gest. 1660) in Frankreich. Er schrieb den Schwestern ein einfaches und enthaltsames Leben – jedoch nicht als Bindung auf Lebenszeit –, sowie als erstes und oberstes Gebot die Krankenpflege vor.[1] Schon in der Jugendzeit erfuhr Ludwig I. von der segensreichen Tätigkeit des Ordens; die Möglichkeit einer Ausbreitung in Bayern ergab sich durch seine Thronbesteigung im Jahre 1825. Mit einem Reskript vom Juli 1827 ordnete Ludwig I. die Berufung des Ordens an; aber erst das Eintreffen der Schwester Ignatia Jorth im Januar 1832 in München bildeten den Anfang der Tätigkeit.[2] I. Jorth wurde zur Gründerin und Generaloberin des Ordens in Bayern.[3]

Sie und Superior Hauber waren die Triebfeder für die Errichtung des Mutterhauses in München, welches der Erprobung und Ausbildung der Schwestern dienen sollte, und sowohl Sitz der Generaloberin wie auch der Verwaltung war.[4] Als Bauplatz wurde der unmittelbar an das Allgemeine Krankenhaus westlich angrenzende Teil des Gartens gewählt (heute Nußbaumstraße 5). Ludwig I. übertrug Fr. v. Gärtner die Erstellung der Pläne; die Bauausführung hatte der Stadtmaurermeister J. Höchl aus München. Im Mai 1837 erfolgte die Grundsteinlegung für das Mutterhaus und die dazugehörige Kirche, im September 1839 fand die feierliche Einweihung statt.

Durch einen gedeckten Gang mit dem Allgemeinen Krankenhaus verbunden, plante Gärtner das Mutterhaus als zweckmäßigen, schlichten, dreigeschossigen Bau. Allseits einbündig, um einen Innenhof angeordnet, versah er ihn mit einfachen und gleichmäßig angeordneten Fenstern, sowie Horizontalgesimsen. Der sehr eindrucksvolle, geräumige Kreuzgewölbe-Gang – immer mit Blick auf den Innenhof – erschloß sowohl die schlichten Räumlichkeiten z.B. das Refektorium, die Arbeitssäle, 5 Schlafsäle mit je 18 Betten (durch Vorhänge abgetrennt), 20 Einzelzimmer etc., als auch die Hallenkirche, welche derart in das Gebäude eingebaut war, daß nur der fünfseitige Chorabschluß mit 7 hohen Fenstern im Rundbogenstil hevorragte. Als Besonderheit für kranke Schwestern gab es sogar Zimmer, deren Fenster einen Blick in das Kircheninnere gestatteten.[5]

Der weiß gehaltene Innenraum der Kirche wurde nachträglich mit Glasmalereien aus der königlichen Anstalt versehen. 1839 entstand ein nach außen geschlossener, überdeckter Gang, der das Gebäude einrahmte und einen zweiten Hofbereich bildete. Außerhalb desselben befand sich der übliche Gemüsegarten.

Trotz Bestrebungen – beginnend im Jahre 1915 –, das Mutterhaus innerhalb Münchens zu verlegen[6], finden wir es noch heute am gleichen Ort. Im Zweiten Weltkrieg wurde das Gebäude teilweise beschädigt, die Kirche fast vollständig zerstört. Heute ist sie, um 5 Meter länger als 1839, wieder aufgebaut.

M. Schepe

1 I. M. Forster, Das gottselige München, München 1895
2 J. von Bauer, Annalen der städtischen allgemeinen Krankenhäuser zu München, Festschrift, Band 15, Beitrag von H. Kerschensteiner S. 186ff., München 1913
3 Emil Clemens Scherer, Schwester Ignatia Jorth und die Einführung der Barmherzigen Schwestern in Bayern, München 1932, S. 736ff
4 BHStA, MK 39646
5 Dank an Schwester Diemut aus dem Mutterhaus für die frdl. Unterstützung. Originalpläne von 1837 sowie weiteres Planmaterial befinden sich in München, LBK, Akt Nußbaumstr. 5
6 BHStA, MInn 61674

51.2

51 St.-Paulus-Kirche in Perlach, München, 1841–1849

Nach der protestantischen St.-Matthäus-Kirche, ehemals inmitten der Sonnenstraße gelegen, ist die St.-Paulus-Kirche[1] in dem von Pfälzern besiedelten Heidegebiet bei Perlach das zweitälteste Gotteshaus des Dekanatbezirks München. 1817 hatten 14 Bauernfamilien eine protestantische Schul- und Kirchengemeinde gegründet, aber erst 1834 durfte ein evangelischer Gottesdienst abgehalten werden – und zwar in einem Bauernhaus. Es folgte ein langjähriger Gemeindekampf mit dem protestantenfeindlichen Ministerium Karl von Abel[2], bis endlich der kleine Kirchenbau am Hachinger Bach (heute Sebastian-Bauer-Straße) begonnen werden konnte. 1838 war ein Wohnhaus vom Dosenfabrikanten Neher in Perlach erworben worden, das als Schul- und Vikariatshaus diente. Gleichzeitig begannen die Bemühungen der Gemeinde um ein protestantisches Bethaus mit Plan- und Kostenerstellung, die die kgl. Bezirksinspektion München I respektive der Zivilbauinspektor Georg Friedrich Ziebland anfertigte.[3] Vom Oktober 1841 sind Skizzen und Kostenberechnungen[4] nachzuweisen zu einem Kirchenbau über langrechteckigem Grundriß mit eingezogener abgerundeter

Apsis, die Eingangsseite mit Pultdach und Giebelturm mit spitzem Turmhelm versehen. Der Bau war zur damaligen Zeit für 200 Kirchenbesucher berechnet. Im September 1846 konkretisierte sich die Planung, als Dekan D. Böckh erneut den Architekten Ziebland um den Entwurf zu einem »Kirchlein in Perlach« bat, nach einem früheren Plan zum »Bethaus in Feldkirchen«.[5]

Für die Gebäudesituation in Perlach fertigte Ziebland im Dezember des Jahres zwei weitere Entwürfe mit Kostenvoranschlägen an, da die Höhe der im ganzen Königreich für diesen Bau gesammelten Kollekte noch nicht bekannt war: dabei handelte es sich um einen Kirchenbau für 10 486 fl. und einen niederen Bau mit einfach überdecktem Eingang zu 8685 fl. Als die Kollekte höher als zunächst erwartet ausfiel, entschied man sich für den ersten Entwurf, Lit. A, der auch einen würdigeren Kirchenraum aufwies. Geringfügige Änderungswünsche des Baukunst-Ausschusses bezüglich der Stellung von Kanzel und Kanzeltreppe wurden befolgt, und Ziebland fertigte Tekturen an. Am 18. Juni 1847 fand die Grundsteinlegung statt, am 7. August wurde der Dachstuhl aufgeschlagen und am 9. September 1849 die Kirche eingeweiht. Den schlichten Ziegelsteinbau mit dem geschlossenen

51.1 Georg Friedrich Ziebland
»Façade für das neu zu erbaute Bethaus in Perlach« und Grundriß, 1846
Feder und Bleistift, farbig aquarelliert auf Zeichenpapier; 20,3 × 32,8
StaM, Perlach 111

51.2 Georg Friedrich Ziebland (Abb.)
St. Paulus in Perlach. Situationsplan, Grundriß, Fassadenansichten und Schnitte mit Tektur der Kanzel, 1846
rote und schwarze Feder auf Seidenpapier, auf Zeichenpapier aufgeklebt; 47,8 × 33,7
MStm, Slg. Lang V/19

1 vgl. B.-V. Karnapp, G. Fr. Ziebland. Studien zu einem Leben und Werk, OA 104, 1979, S. 63–69
2 Diese Auseinandersetzungen sind veröffentlicht in: Augsburger Allgemeine Zeitung v. 2.2.1835; Korrespondent von und für Deutschland v. 1.3.1841 und Berliner Allgemeine Kirchenzeitung v. 31.4.1841
3 StaM, Perlach 111
4 Stiftsarchiv St. Bonifaz, München, Nachlaß Ziebland
5 ebenda
6 StaM, Perlach 111 Protokoll v. 12.9.1849

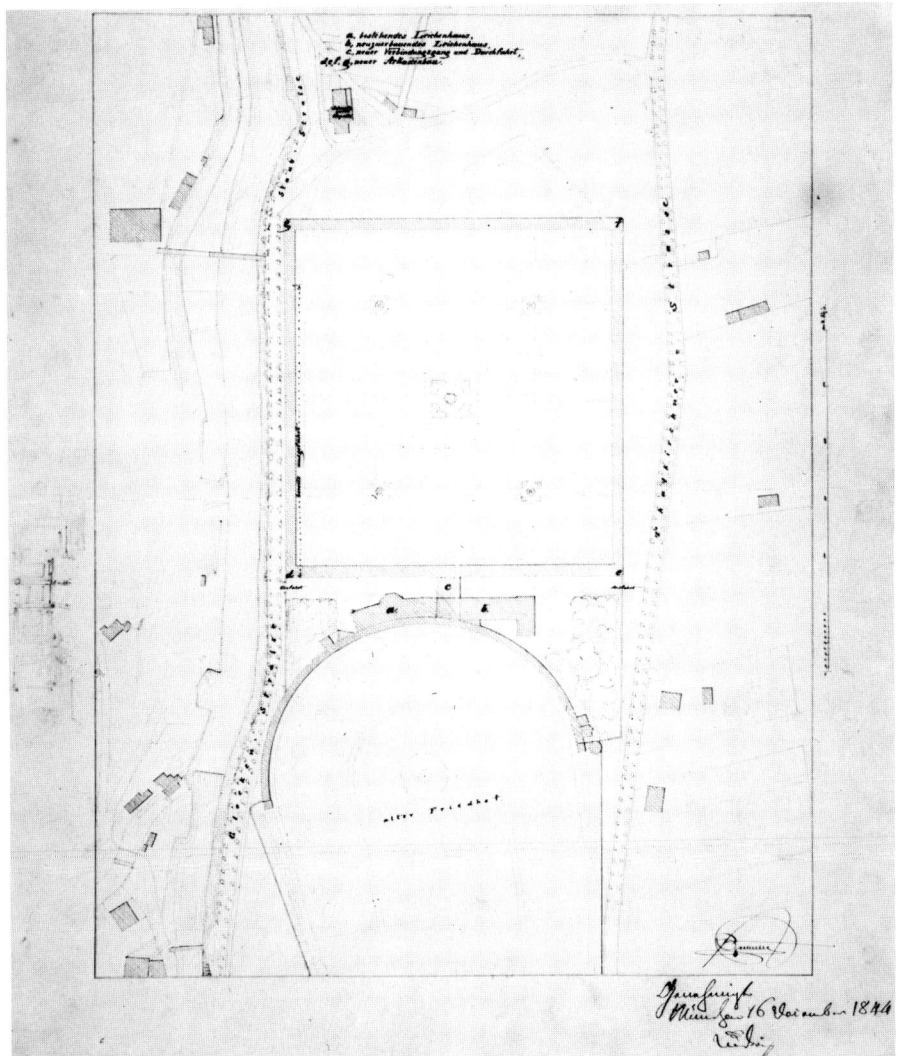

52.1

Vorraum und dem kleinen Turm auf der Giebelseite führte der Maurermeister Jordan aus München auf. Durch eine Trennwand in geringer Höhe entstand eine abgeschlossene Sakristei in der Apsis. Der Zugang hierzu wurde vom Altar verdeckt. Der hölzerne Aufsatz über der Trennwand und die Kanzel mit ihrem Schalldeckel zeigen gotische Stilformen. Auch die Fenster im Langhaus und Chor, samt dem Rundfenster über dem Eingang sowie die Gewölberippen entsprechen gotischen Vorbildern. Der in der Mittelachse vor dem Altar angeordnete Taufstein – zunächst in Holz geplant, dann der Tradition folgend in Stein ausgeführt –, die Kanzel und Orgel wurden nach Entwürfen Zieblands ausgeführt.

Der heute noch erhaltene Kirchenraum war ursprünglich vollständig bemalt: die Wände mit einfarbig grünlich grauer Leimfarbe, die Gewölberippen mit silbergrauer Ölfarbe.[6]   B.-V. Karnapp

52 Der neue Südfriedhof, München, 1842–1850

1817 war der ehemalige St. Stefans Gottesacker vor dem Sendlinger Tor zum 5. Mal seit seinem Bestehen vergrößert worden.[1] G. Vorherr hatte die von der Stephanskirche ausgehende trapezförmige Anlage – vermutlich im Sinne einer »architecture parlante« – zu einem Friedhofsterrain in Sarkophagform mit einem Leichenhaus am südlichen halbkreisförmigen Abschluß erweitert.[2] Da nach einer Choleraepedemie 1836/1837 die Vergrößerung dieses ersten Kommunalfriedhofes von München oder die alternative Errichtung einer neuen Begräbnisstätte unumgänglich wurde, erhielt F. Gärtner den Auftrag, den alten Vorherrschen Friedhof zu erweitern. Als Vorbild sollte ihm bei der Neuplanung die Certosa bei Bologna dienen, die Ludwig I. zusammen mit dem Architekten besucht hatte.[3]

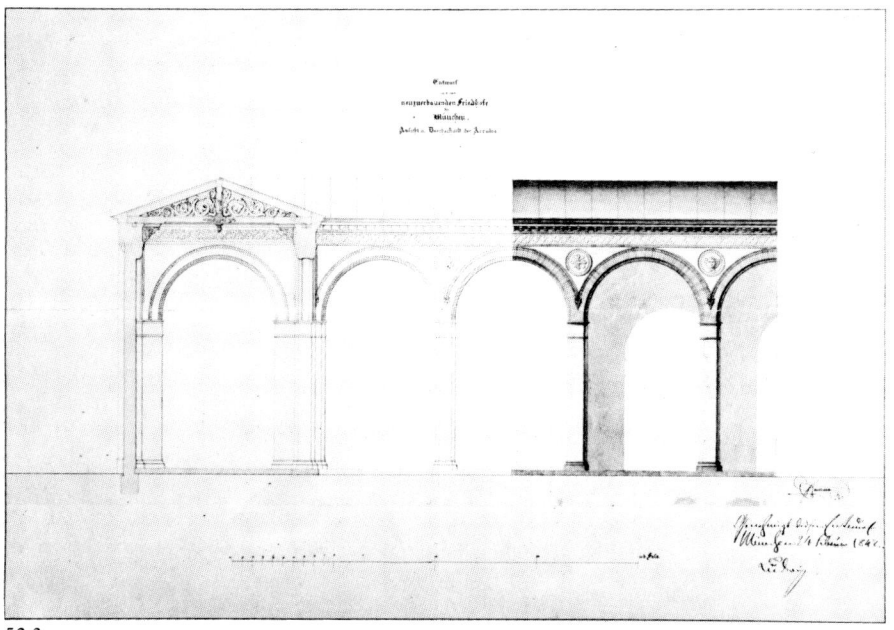

52.3

Als der Magistrat sich weigerte, die entstehenden Kosten von etwa 300 000 fl zu tragen und eine Reduzierung der 1842 vorgelegten Pläne verlangte, um die Kosten auf die Hälfte zu senken, beschloß der König, »daß da mit dieser Summe nichts der Hauptstadt Bayerns Würdiges geschaffen werden könne, es bey der bisherigen Anordnung zu verbleiben habe.«[4] Durch Lage und Form des alten Friedhofes bedingt, konnte Gärtner bei seiner Planung nicht wie Vorherr auf eine homogene Ausdehnung der bestehenden Anlage abzielen. In dem noch unbebauten Geländestreifen zwischen Glockenbach und Thalkirchnerstraße hinter dem alten Leichenhaus grenzte er ein 197,5 × 164 m großes Rechteck aus, das er mit einer Backsteinmauer mit offenen inneren Arkaden umgab. Durch eine Mittelachse teilte Gärtner das neue Friedhofsgebiet in eine symmetrische Anlage aus 16 viereckigen Grabfeldern, in deren Zentrum ein großes Wasserbassin geplant war. Die im Vergleich zur alten beträchtlich höhere neue Friedhofsmauer glich sich in den Schmuckformen an der Außenseite dem Bestand an. Nach innen wurde sie mit zu den Arkadenöffnungen korrespondierenden Wandvorlagen gegliedert, die die Plätze für die Grabmäler rahmten. Der Boden der Arkadengänge war mit farbigen Majolikaplatten belegt, »das schön kassettierte Deckengebälk ist, um das Reißen und Springen zu vermeiden, aus fourniertem Fichtenholz hergestellt, die Verzierungen in den Bindern sowie die Knöpfe sind aus Eisenguß gefertigt und bronziert.«[5] Die Verbindung seines »campo santo«

zum alten Friedhof stellte Gärtner durch eine an das alte Leichenhaus anschließende dreischiffige Pfeilerhalle mit böhmischen Gewölben her. Die erst 1844 projektierte Vergrößerung des alten Leichenhauses schließlich bot ihm die Gelegenheit, die Verbindungshalle zwischen den beiden Friedhofsteilen in einen Gebäudekomplex einzufügen und das Gebiet um die Leichenhalle durch eine Mauer mit seitlichen Einfahrtstoren nach außen abzuschließen. So entstand zwischen altem und neuem Friedhof ein funktionales Verwaltungszentrum. Die schlichte langgestreckte Fassade des neuen Leichenhauses wurde lediglich durch die offene Halle akzentuiert. Das Gebäude enthielt neben der Wohnung des Leichenwärters und einem Bureau Leichensäle für die I. – V. Klasse, einen Saal für die an ansteckenden Krankheiten Verstorbenen, einen Sektionssaal und ein »Wächterzimmer mit der mechanischen Vorrichtung wegen Scheintod.«[6]

1850 wurde der neue Friedhof eingeweiht. Der erste Tote, der hier beigesetzt wurde, war der schon 1847 verstorbene F. Gärtner selbst, dessen zwischenzeitlich im alten Friedhof bestatteter Leichnam auf Wunsch des Königs in den neuen Friedhof transferiert wurde. Mit der großzügigen Arkadenanlage im neuen Südfriedhof löste Gärtner den Anspruch des Königs ein, indem er den adäquaten Rahmen für die Errichtung von wahrhaften Grab»denkmälern« schuf.

Nach den Kriegszerstörungen wurde Gärtners Anlage 1954/1955 durch Professor Döllgast teilweise wiederhergestellt werden.   G. Schickel

1 vgl. S. Röttgen, Der Südliche Friedhof in München. Vom Leichenacker zum Campo Santo, in: S. Metken (Hrsg.), Die letzte Reise, Ausst. Kat. München 1984, S. 285 ff.
2 vgl. M. Schepe, Der alte Südfriedhof, in: W. Nerdinger (Hrsg.), Klassizismus in Bayern, Schwaben und Franken, Ausst. Kat. München 1980, S. 99 ff.
3 H. Reidelbach, König Ludwig I. von Bayern und seine Kunstschöpfungen, München 1888, S. 229
4 ibid., S. 230
5 ibid.
6 Plan des Alten und des Neuen Südlichen Friedhofs, Lithographie, 1855, MStm, Graph. Slg.

53.1 Johann Baptist Bernlocher
»Plan über das neu zu erbauende Kloster-Institut zum guten Hirten«, Grundriß des Erdgeschosses, 1841
Feder auf Transparentpapier;
12,8 × 22,3; 35 × 37,5; 13 × 22,3
MStm, MS II/126,1

53.2 »Entwurf des Institut und Klostergebäudes zum guten Hirten in Haidhausen. Östliche Ansicht«. (Abb.)
Feder auf Transparentpapier, auf Zeichenpapier aufgeklebt; 100 × 44 (2 Teile)
MStm, Inv.Nr. 36/2338/1

53.3 Georg Friedrich Ziebland
Aufriß der Nord- oder Südfassade des Klosters der Frauen zum guten Hirten, 1840
Feder, Bleistift auf Zeichenpapier;
56 × 26,5
MStm, MS II/127

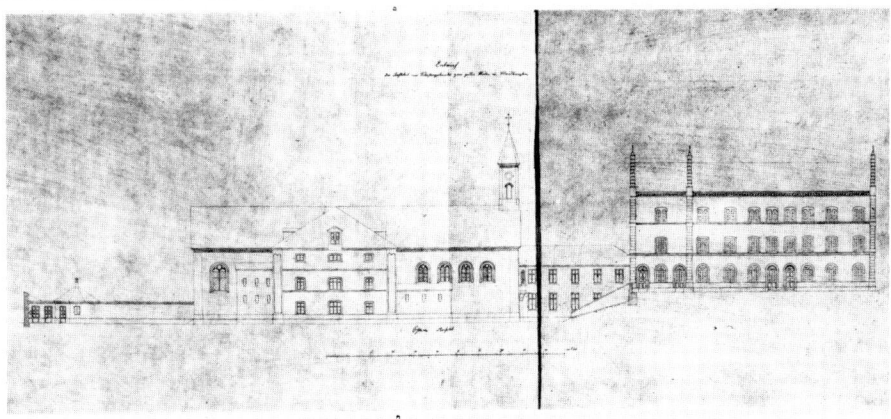

53.2

1 StaM, Kultusstiftungen 939a und Klosterarchiv der Frauen zum guten Hirten, Schr. v. 31.5.1840
2 ebenda
3 Schematismus der Geistlichkeit des Erz-Bisthums München mit Freysing für das Jahr 1841, München o.J., S. 142
4 Klosterarchiv, Handschriftl. Chronik, S. 73
5 StaM, Haidhausen 326, Schr. v. 3.7.1844
6 knappe Beschreibung bei F. Reber, Bautechnischer Führer, München 1876, S. 124
7 Schematismus a.a.O. für das Jahr 1844, S. 164

53 Das Kloster der Frauen zum guten Hirten, München, 1843–1847

Da in München eine Institution zum »Zwecke der Besserung gefallener Mädchen, Frauen und Wittwen, dann der Bewahrung der jungen schutzlosen weiblichen Unschuld vor Verführung«[1] fehlte, genehmigte König Ludwig I. laut Kabinettsorder vom 6. November 1839[2] die Gründung des Frauenordens zum guten Hirten in Bayern. Vom Mutterhaus des seit 1829 in Angers/Nordfrankreich bestehenden Ordens, erbat sich der König durch den damaligen Hofprediger an der St.-Michaels-Kirche in München, Herrn Anton Eberhard, die designierte Oberin. Zur Unterbringung des Ordens diente zunächst das Preysing-Schlößchen in Haidhausen. Hier zogen am 9. November 1840 die Schwestern ein. Eine Spende König Ludwigs über 10000 Gulden aus seiner Kabinettskasse[3] und weitere Schenkungen sowie Kollekten ermöglichten im Mai 1841 den Baubeginn einer Kirche und zweier Wohngebäude. Diese wurden im Frühjahr 1843 bezogen. 1842 war ein Noviziat eingerichtet worden, denn das Institut sollte als Mutterhaus für das Königreich Bayern dienen, während die Schwestern weiterhin in dem inzwischen beengten Preysing-Schlößchen wohnten. Die Steine dieses 1843 niedergelegten Preysing-Schlößchens verwendete man dann zur Gruft des neuen Klostergebäudes, das zwischen 1843 und 1847 errichtet wurde.[4] Durch geschicktes Taktieren erbat die Oberin 1843 das südlich anstoßende Grundstück mit dem damaligen Schlößchen Haidenau.

Mit der Errichtung aller Gebäude war Maurermeister Johann Bernlocher aus Landshut beauftragt.[5] Die einschiffige Kirche mit rückwärtigem Betsaal[6] für die Schwestern flankierten in der Tiefe des Mitteltraktes zwei Betsäle für die Kinder und Pönitentinnen. Beidseitig schlossen die völlig separaten Schlaf- und Wohntrakte für die beiden oben erwähnten Abteilungen an, wobei die Grundrißeinteilung in allen drei Stockwerken symmetrisch angeordnet war. Helle und luftige Zimmer zeichneten die Innenarchitektur aus, was zur damaligen Zeit noch nicht üblich war.[7] Von der Leonhardstraße führte ein Eingang mit seitlichen kleinen Gebäuden für Sprechzimmer zur Kirche. Mit dem im Osten anschließenden Klosterbau entstand ein niederer Verbindungstrakt, der das ansteigende Gelände ausglich. Das Klostergebäude war ebenfalls dreigeschossig angelegt mit seitlichen Flügelbauten und einem vorgezogenen Mitteltrakt. Die Giebelseiten waren mit Treppen und einem Rosettenfenster versehen. Eine Entwurfszeichnung von Georg Friedrich Ziebland, wahrscheinlich zur Nordfassade, deutet diese gotisierenden Bauelemente an.

1963 wurde der gesamte Besitz des Klosters vom Erzbischöflichen Ordinariat erworben. Das Kloster fand eine moderne neue Unterkunft in St. Gabriel in Solln. Von der ehemaligen Anlage in Haidhausen besteht die veränderte Kirche, rundum von Neubauten der verschiedenen Institutionen des »Katholischen Zentrums« umgeben, wobei nur noch der ehemalige Klosterbau als Kern im heutigen Verwaltungsbau enthalten ist. B.-V. Karnapp

54.3

54 Gruftkapelle, Scheyern, 1836

Ein Passus in der Stiftungsurkunde Ludwig I. vom 20. August 1838 zur Wiedereröffnung des säkularisierten Klosters Scheyern weist darauf hin, daß dieses Unternehmen für den König unmittelbar mit der Rückbesinnung auf die Tradition der Grablege des Hauses Scheyern-Wittelsbach verbunden war. Nach dem Beispiel der drei vorhandenen Grabanlagen beabsichtigte er hier seine eigene Familiengrabstätte zu errichten. In der Urkunde heißt es: »Wir behalten uns jedoch vor, auf dem vom Kloster nordwestlich gelegenen Hügel ... eine königliche Grabstätte erbauen zu können, deren Unterhalt und Aufsicht den Benediktinern obzuliegen hat«.[1] Im Gegensatz zu den bestehenden Grabstätten, die sich innerhalb der Klostergebäude befanden, beauftragte Ludwig I. F. Gärtner also mit der Projektierung eines freistehenden Mausoleums. Gärtner legte mehrere Entwürfe im Spitzbogen- und Rundbogenstil vor. Darunter befinden sich zwei Projekte, die über die reine Architektur hinaus durch einen Skulpturenschmuck auf ein ikonographisches Programm hin angelegt zu sein

scheinen. Ein gotisierender Entwurf zeigt ein dreigeschossiges Oktogon mit Kreuzarmen, dessen Ecken von Figuren bekrönt werden. Die Vorderseite ist durch eine Freitreppe, die zu einer offenen Eingangshalle im Mittelgeschoß führt, inszeniert. Bei einem zweiten Projekt sind die Figuren als Grabwächter auf dem hohen überstehenden Sockel des Gebäudes zu seiten des Eingangs um das polygonale Bauwerk herum angeordnet. In drei weiteren Varianten entwickelte Gärtner das Thema des Mausoleums mit Kuppelsaal im Rundbogenstil. Vom König genehmigt wurde der Plan für einen oktogonalen Zentralbau mit überhöhtem Mittelteil. Die Schmuckformen sind auf das romanisierende Stufenportal mit reichem Gewände, auf die Hauptgesimse, die Zwillingsfenster und ein Rundfenster über dem Portal beschränkt. Der hohe gestufte Sockel verweist gleichsam als architektonische Würdeform auf die Krypta im Unterbau.

Die Konzeption einer Grabkapelle auf einem neu aufgefundenen Plan von D. J. Ohlmüller rechtfertigt durch ihre Größe und aufwendige Gestaltung die Annahme, daß es sich um einen Alternativentwurf

54.1 Friedrich von Gärtner (Abb.)
Gruftkapelle in Scheyern, Ansicht mit Freitreppe
Federzeichnung, laviert; 33,4 × 49,7
Arch. Slg. TUM, Gs 2168

54.2 Friedrich von Gärtner (Abb.)
Gruftkapelle in Scheyern, Grundriß, Aufriß und Schnitt
Feder- und Bleistiftzeichnung;
40,6 × 40,9
Arch. Slg. TUM, Gs 2167

54.3 Daniel Josef Ohlmüller (Farbabb.)
Gruftkapelle Scheyern, Aufriß
Feder, laviert; 57,5 × 31
Privatbesitz

54.4 Daniel Josef Ohlmüller (Farbabb.)
Gruftkapelle Scheyern, Schnitt
Feder, farbig aquarelliert; 54,5 × 40
Privatbesitz

1 GHA, 47/4/19/4 Abschrift der Stiftungsurkunde
2 frdl. Hinweis von Herrn Nerdinger
3 Rudolf Marggraff, D. J. Ohlmüller nach seinem Leben und Wirken im Umriß dargestellt, in: Erster Jahresbericht des historischen Vereins von Oberbayern, München 1839, S. 103

54.4

54.1

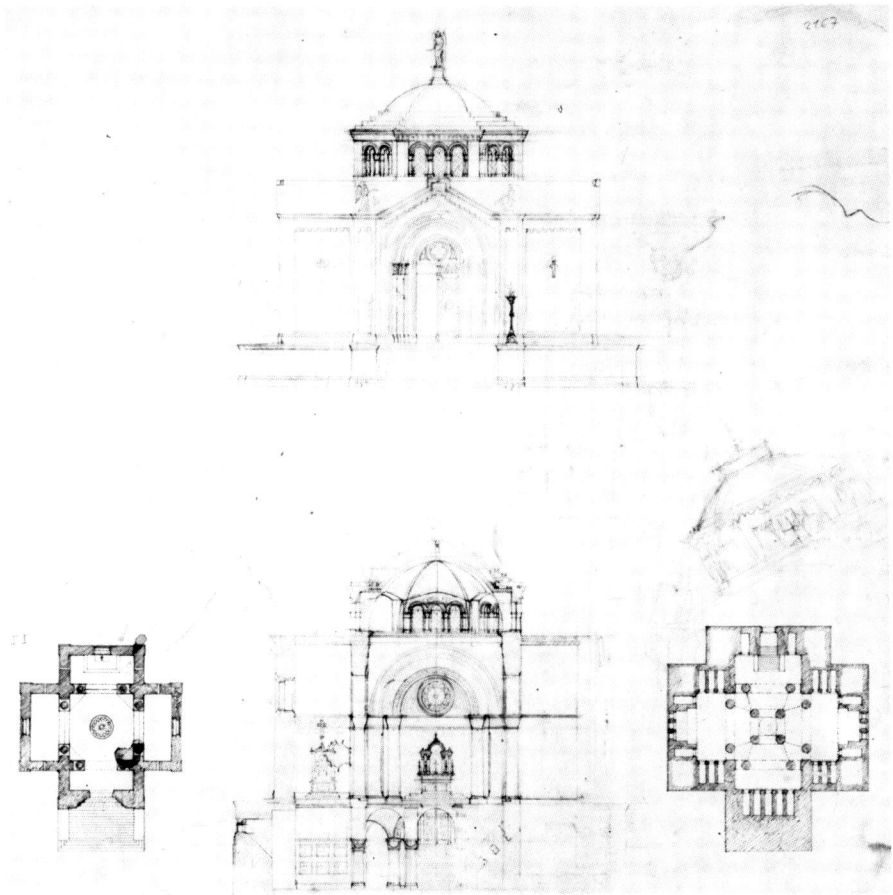

51.1

zu den Vorschlägen Gärtners handelt.[2]
Auch der motivische Hinweis auf die
Funktion und den Gehalt des Gebäudes
durch große Kandelaber und eine Krone
über der Lichtöffnung begründet diese
Vermutung. Der Zentralbau mit seitlichen dorischen Vorhallen zeigt zwei
übereinanderliegende Kuppelsäle. Der
untere ist als Begräbnisstätte im Rundbogenstil, der obere als Kapelle mit korinthischen Pilastern angelegt. Ohlmüller hatte
schon im Zusammenhang mit seinen 1824
erschienenen »Ideen zu Grabdenkmä-
lern« mehrere Entwürfe zu Grabkapellen
im römischen Stil mit kuppelförmigen In-
nenräumen angefertigt.[3] Dagegen errichtete er 1834/35 für das Mausoleum der

Grafen von La Rosée in Inkofen einen
neogotischen Zentralbau.
Die Gruftkapelle in Scheyern wurde nicht
gebaut. Da Ludwig I. sie als Familiengrabstätte vorgesehen hatte, stand ihrer
Ausführung der Einwand des Priors von
Scheyern entgegen, daß der protestantischen Königin nicht die üblichen katholischen Begräbnisfeierlichkeiten zuerkannt
werden könnten. Die Auseinandersetzung um die liturgischen Bestimmungen
zog sich bis 1843 hin, bis aus Rom ein
endgültig abschlägiger Bescheid eintraf.
1856 ließ Ludwig I. seine Grabstätte in
St. Bonifaz errichten, wohin auch die zunächst in der Theatinerkirche beigesetzte
Königin überführt wurde.   G. Schickel

55.1

55.1 Karl Alexander von Heideloff (Abb.)
Prot. Kirche in Ingolstadt
Aufnahme nach einer Postkarte des Lan-
deskirchlichen Archivs Nürnberg
55.2 Karl Alexander von Heideloff
Prot. Kirche in Ingolstadt, Innenansicht
Aufnahme nach einem Foto des Landes-
kirchlichen Archivs Nürnberg

1 German. Nat. Mus., Heideloff-Nachlaß
30. März 1841
2 ibid., 5. März 1842
3 K. A. v. Heideloff, Architektonische Entwürfe und ausgeführte Bauten im byzantinischen und altdeutschen Styl, Bd. 1, Nürnberg 1850
4 Württemberg. Landesbibl. Stuttgart, Cod.
hist. 2° 867, 13. Juli 1842
5 Ohne Quellenangabe zitiert in: H. Saalfeld,
Erst aus der Kirche kam das Heimatrecht, in:
Ingolstädter Heimatblätter, 31. Jg., Nr. 4,
1968
6 Die Planungsgeschichte ist ausführlich behandelt in: A. Schirer-Faber, Die erste protestantische Kirche in Ingolstadt – Ein Bau
Karl Alexander von Heideloffs, in: Sammelblatt des historischen Vereins Ingolstadt,
90. Jg., 1981, S. 137ff.
7 German. Nat. Mus., Heideloff-Nachlaß Mai
1844

55 Protestantische Kirche, Ingolstadt, 1841–46

Die protestantische Gemeinde in Ingolstadt wollte mit dem Bau ihrer ersten
Kirche ein sichtbares Zeichen konfessio-
neller Emanzipation setzen. Deshalb war
es ihr Hauptanliegen, daß die Kirche einen repräsentativen Turm erhalte, »da das
fragliche Kirchengebäude in eine Stadt zu
stehen kommt, die mitunter hohe Gebäude hat«.[1] Die Entwurfsvergabe an den
Architekten und kgl. Konservator K. A.
von Heideloff war sicher dadurch beeinflußt, daß dieser auf sein Honorar verzichten wollte. Er sah auch in diesem
Auftrag eine Gelegenheit, »dem architektonischen Unwesen, das gegenwärtig statt
Kirchen, Fabrik-, Tanz- und Theater-Säle
hinstellt, überall kräftig entgegen zu treten«.[2] Allerdings waren dem Kirchenvor-
stand die mit dem neogotischen Entwurf
– einer Staffelhalle mit Westturm, polygo-
nem Chor und Satteldach – verbundenen
Implikationen nicht bewußt. Heideloff
setzte mit seinem Plan den Typisierungs-
bestrebungen des Baukunstausschusses
den von ihm entwickelten und später in

dem Aufsatz »Über den Kirchenbau der
Protestanten, namentlich der evangelischen«[3] propagierten Kirchentypus entgegen, mit dem er »den protestantischen
Kirchenbau mit der Kunst zu versöhnen,
ihm mehr Glut, mehr Poesie einzuhau-
chen«[4] hoffte. Vornehmlich sah der katholische Architekt seine Aufgabe aber
darin, protestantische Kirchen »rein im
catholischen Sinne« zu erbauen, »mit der
festen Überzeugung, daß die Zeit kommen wird, in welcher die verirrten Schafe
wieder zu ihrem guten Hirten zurückkeh-
ren werden und in dieser Zeit sind dann
meine Kirchen sogleich zu gebrauchen«.[5]
Gegen den Widerstand des Baukunstausschusses, der Heideloffs Entwurf wegen
zu hoher Kosten und technischer Mängel
ablehnte, gelang es 1844 doch noch die
Genehmigung des Bauplans durch den
König zu erlangen.[6] Enttäuscht von der
Haltung des Baukunstausschusses beschloß Heideloff jedoch, daß die Ingolstädter Kirche sein einziger Sakralbau in
Altbayern bleiben solle, denn »ich habe
allen Muth verloren, in Bayern noch zu
bauen, und bleibe lieber in meinem ge-
liebten Auslande«.[7]   G. Schickel

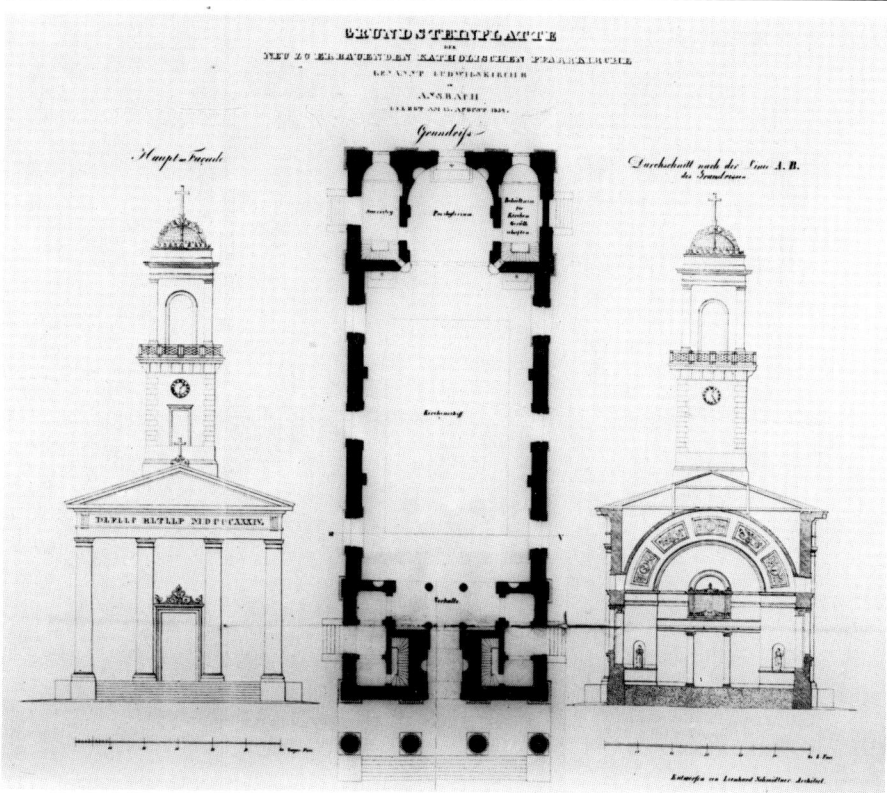

56.1

56.1 Leonhard Schmidtner (Abb.)
St. Ludwig in Ansbach, Grundplan, Vorderansicht, Querschnitt
Federzeichnung, getuscht; 46 × 52 cm
StA Nürnbeg, Reg. v. Mfr., K.d.I. Abg. 1952, Nr. 6276

57.1 Kummer/Schierlinger (Abb.)
Entwurf Kirche Eltmann, Aufrisse
Durchzeichnung zur Vorlage im Baukunstausschuß
BHStA, Abgabe OBB

57.2 Leo von Klenze (Abb.)
Kirche Eltmann, Aufrisse, Schnitt, Grundriß
korrigierter Entwurf im Baukunstausschuß
BHStA, Abgabe OBB

56 St. Ludwig, Ansbach, 1833–1840

Im protestantischen Ansbach war die Abhaltung des Gottesdienstes für die Katholiken untersagt, bis sie 1775 die Erlaubnis erhielten, ein Bethaus im Aussehen eines gewöhnlichen Wohngebäudes zu errichten. Nachdem das Fürstentum 1792 an den König von Preußen verkauft worden war, vergrößerte sich die katholische Gemeinde durch den Zuzug französischer Emigranten und – nach der Aufteilung Polens – durch die Einweisung polnischer Soldaten in die Ansbacher Garnison. Nach der 1806 erfolgten Vereinigung des Fürstentums mit dem Königreich Bayern wurde eine katholische Pfarrei errichtet, jedoch erst 1829 erging der Beschluß zu einem Kirchenneubau. Er sollte einem allerhöchsten Befehl zufolge, »in einem der Bestimmung des Gebäudes angemessenen reinen Stile«[1] ausgeführt werden.

Mit seinem 1833 eingereichten und zum Bau genehmigten Entwurf eines Prostyltempels zeigt sich der Rivale Heideloffs, Leonhard Schmidtner, dessen Theaterbau in Nürnberg gerade fertiggestellt wurde[2], als später Vertreter des von Klenze in der »Anweisung« propagierten streng klassizistischen Kirchenbaustiles. Für den Kirchenbau war diese Baugesinnung zum Zeitpunkt der Fertigstellung von Rinnthal schon konservativ. Wie in Rinnthal repräsentiert jedoch auch das neue Kirchengebäude in Ansbach durch Stil, Größe und Lage den von München an die Provinz herangetragenen Anspruch einer großstädtischen architektonischen Konzeption. So bestand die Kreisregierung auf dem Vorschlag Schmidtners, als der Stadtmagistrat von Ansbach Einspruch gegen die Plazierung der Kirche parallel zu den Häuserfronten erhob, mit der Begründung, daß »nicht nur in den ältesten Städten Italiens die antiken, sondern auch in dem mit vielen modernen Prachtgebäuden gezierten Florenz, in den großen Städten Deutschlands, Wien, Berlin, Dresden, München etc. etc. stets nur die Hauptmauern der Prachtgebäude, Paläste und Kirchen im Allignement mit den nebenbefindlichen Gebäuden stehen, und die Antrittsstufen, Vortreppen und Portalsäulen allenthalben auf den mit dem Baustyle übereinstimmenden Dimensionen in die Straßen oder Plätze hervorragen«.[3]

G. Schickel

1 Zit. in: Kalender für katholische Christen, 26. Jg., Sulzbach 1866, S. 99
2 vgl. N. Götz, Um Neugotik und Nürnberger Stil, Nürnberg 1981
3 StA Nürnberg, K.d.J. Abg. 1952, Nr. 6274

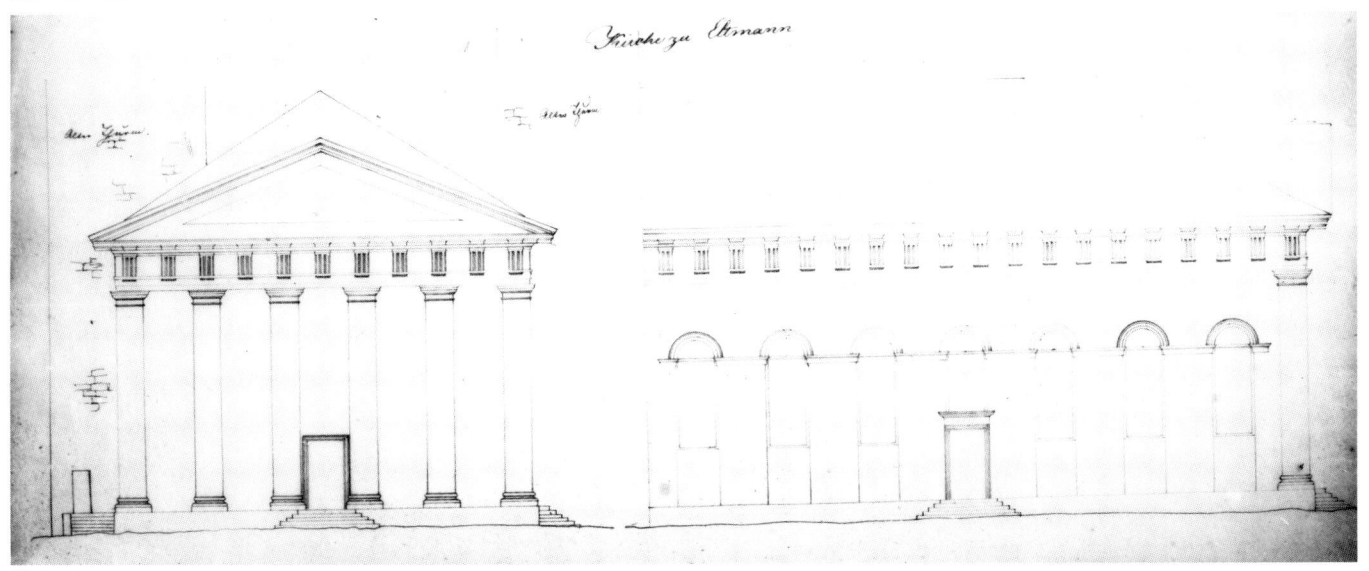

57.1

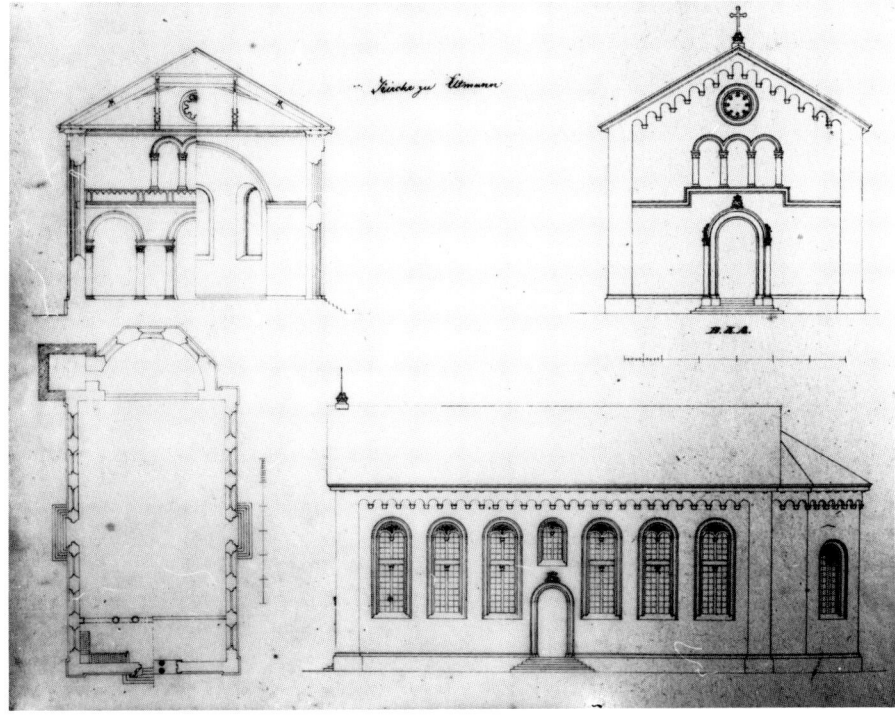

57.2

57 Katholische Kirche, Eltmann, 1823–1838

Die Angaben zur Planungsgeschichte der katholischen Kirche in Eltmann in der vorliegenden Literatur sind widersprüchlich.[1] Erste Ansätze zu einer Neubauplanung bestanden seit 1823, doch scheinen erst 1826/1827 Entwürfe des Landrichters Kummer und des Kreisbaurates Schierlinger vorgelegen zu haben. 1830 wurde ein vermutlich von Gutensohn überarbeiteter Plan verworfen, 1831 dann das Projekt von Klenze zur Ausführung genehmigt.

Intendiert war mit diesem Musterentwurf ein neuer Typus »für geräumige und luftige, aber billige Landkirchen«.[2] Tatsächlich stellt die Kirche von Eltmann unter Klenzes Musterbauten in mehrfacher Hinsicht eine Ausnahme dar. Mit der Verwendung des »byzantinischen« Stils, der Anbringung eines Apsisanbaus und der Beibehaltung des Turmes des Vorgängerbaus wich Klenze scheinbar von seinen eigenen, in der »Anweisung« publizierten Regeln ab. Dennoch bleibt in dem motivisch deutlich an die Allerheiligenhofkirche erinnernden Bauwerk die Konzeption der »Anweisung« in veränderter Formensprache erhalten. Durch eine Umorientierung des Langhauses, für die das Schulhaus abgebrochen werden mußte, erreichte Klenze eine Turmstellung seitlich des Langhauses an der platzabgewandten Seite des Gebäudes. Der Turm und der an ihn anschließende, als Sakristei verwendete alte Choranbau wurden somit weder in den Grundriß noch in den Aufriß der Kirche integriert. Von der Schauseite gesehen wirkt vielmehr der klare »Oblongus« des Langhauses, und auch die »formlose Riesenhalle mit der kassettierten flachen Decke«[3] im Innern erinnert an die spröden klassizistischen Entwürfe in Klenzes Musterbuch. Wie sehr den Architekten selbst die von der alten Kirche übernommenen Anbauten gestört haben müssen, ist in einer Anekdote überliefert: »Indes soll der kunstbegeisterte König nicht in allem mit der Kirche zufrieden gewesen sein und namentlich den Effekt des jetzt wieder entfernten Spiegelglases in den drei durch Turm und Sakristei geblendeten Fenstern als ›Theater, Theater!‹ abgelehnt haben«.[4]

G. Schickel

1 Die Planungsgeschichte ist am ausführlichsten behandelt bei: E. Wegner, Forschung zu Leben und Werk des Architekten Johann Gottfried Gutensohn (1792–1851), Frankfurt/M, Bern, New York 1984, S. 132 ff.
2 G. Goepfert, Amt Wallburg und Stadt Eltmann, Eltmann 1908, S. 88
3 ibid.
4 ibid., S. 239

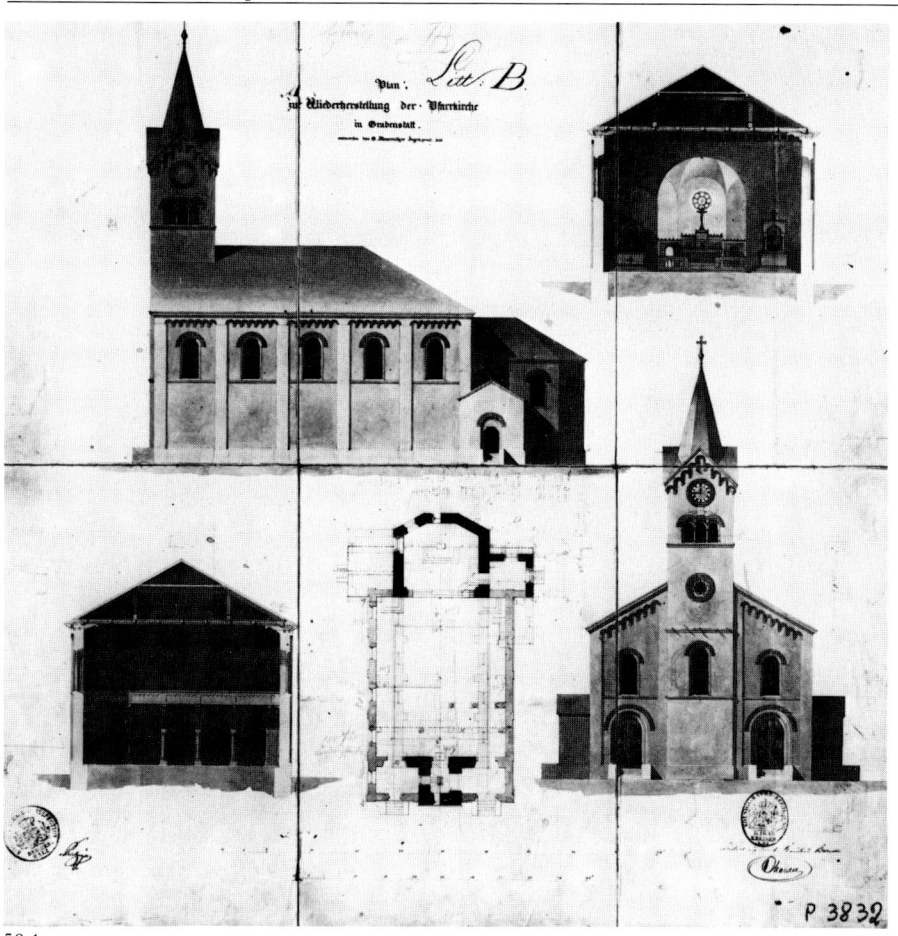

58.1

58.1 Gottfried Neureuther (Abb.)
St. Maximilian in Grabenstätt, Seitenansicht nach Osten und Westen, Grundriß, Vorderansicht, 1836
Feder, farbig aquarelliert; 54,2 × 54,5
StA München, Planslg. 3832

59.1 Flörchinger (Abb.)
Entwurf Kirche Rinnthal, Aufrisse, Schnitt, Grundriß
Durchzeichnung zur Vorlage im Baukunstausschuß
BHStA, Abgabe OBB

59.2 Daniel Joseph Ohlmüller (Abb.)
Kirche Rinnthal, korrigierter Entwurf im Baukunstausschuß
BHStA, Abgabe OBB

58 St. Maximilian, Grabenstätt, 1836–1849

Der Wiederaufbau der ursprünglich barocken Pfarrkirche St. Maximilian war notwendig, nachdem im September 1834 ein Dorfbrand große Teile von Grabenstätt zerstört hatte. Die Entwurfsaufgabe wurde dem Ingenieur-Practicanten bei der kgl. Bezirksbauinspektion Reichenhall Gottfried Neureuther übertragen, der 1836 den Ausführungsplan vorlegte.

In der Literatur findet sich der Hinweis auf Neureuthers umfassende Kenntnis des zeitgenössischen Architekturgeschehens und auf die Orientierung des »Saalraums mit flacher Kassettendecke«[1] an Klenzes »Anweisung«. Außerdem wurde sowohl ein maßgeblicher Einfluß von Klenzes Kirche in Eltmann[2] als auch der Kirche in Homburg am Main von A. Voit[3] behauptet. Darüber hinaus läßt sich aber auch die Anlehnung an verschiedene Gärtnerbauten mit dem Verweis auf enge

motivische Verwandtschaft[4] mit dem gleichen Recht plausibel machen, wie weitergehend der Zusammenhang der zeitlich früheren Kirche in Grabenstätt mit dem Fassadenplan Gärtners von 1842 für die Kirche in Ebermannstadt vermutet werden könnte! Neureuthers Kirchenentwurf ist also weniger der Beweis für den Einfluß eines bestimmten zeitgenössischen Vorbildbaues, als vielmehr für die durchgreifende Typisierung im Sakralbauwesen, die bis zu einer stereotypen, versatzstückartigen Verwendung von Einzelmotiven reicht. Bezeichnend ist in diesem Zusammenhang gerade auch die unbeholfene Konzeption von Chor und Sakristeianbauten. Ihre Anlage war durch die verfügte Einbeziehung des alten Choranbaus in den Neubau bedingt, jedoch konnte Neureuther offensichtlich auf kein gültiges Bauschema zurückgreifen, das ihm eine bessere Lösungsmöglichkeit eröffnet hätte.

G. Schickel

1 F. Hufnagl, in: W. Nerdinger (Hrsg.), Gottfried Neureuther: Architekt der Neorenaissance in Bayern, 1811–1887, Ausst. Kat. München 1978, S. 22
2 ibid.
3 J. Paczkowski, Die Homburger Pfarrkirche in der Baukunst des 19. Jahrhunderts, in: 1200 Jahre Homburg am Main Bd. II, Markt Triefenstein 1982
4 F. Hufnagl, G. v. Neureuther. Leben und Werk, München 1979, S. 43

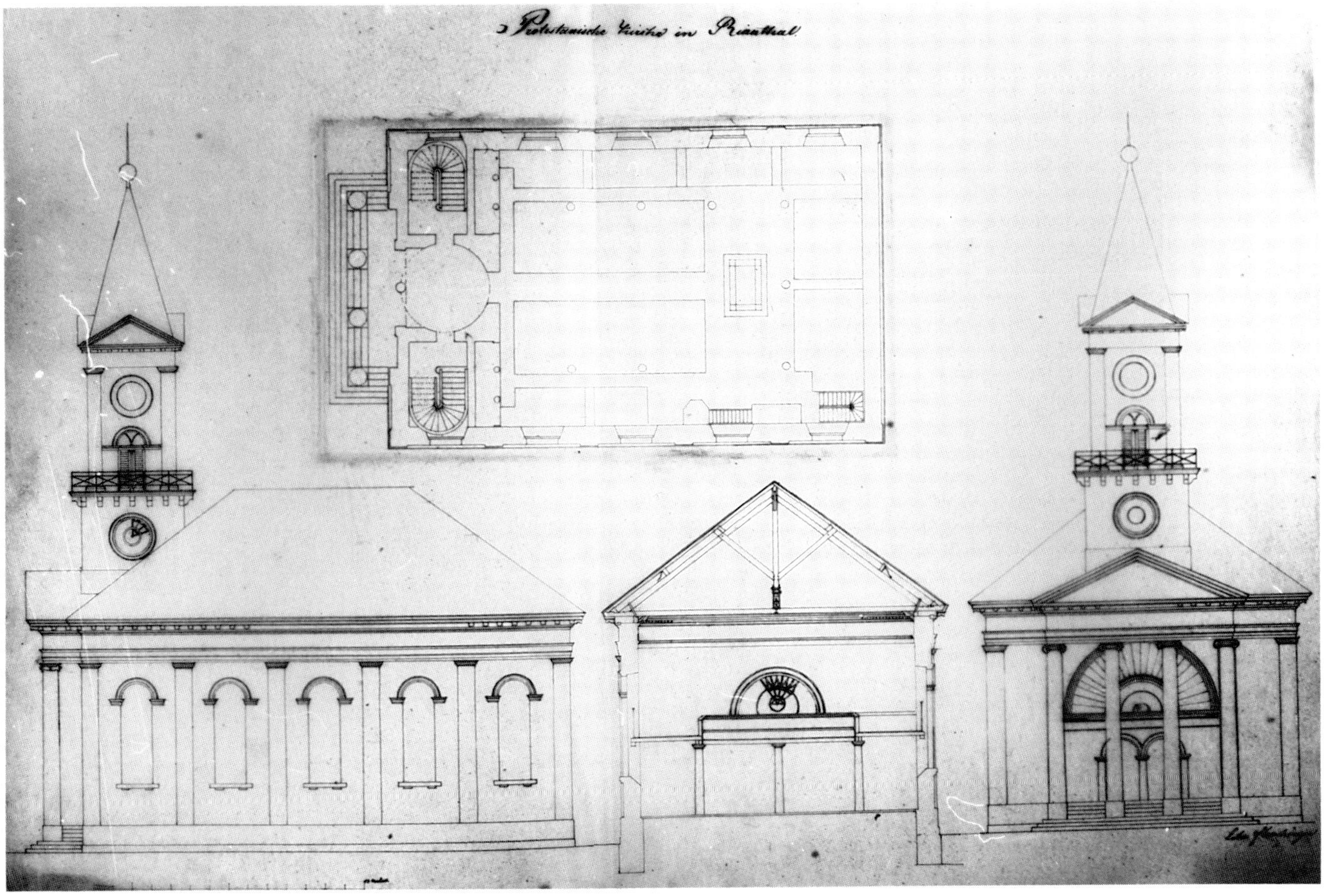

59.1

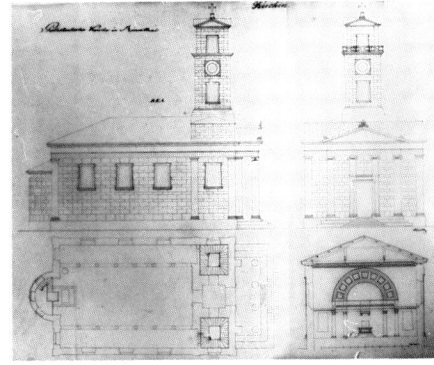

59.2

59 Protestantische Kirche, Rinnthal, 1827–1834

Als der Bauschaffner Flörchinger 1829 seine Entwürfe für eine neue Kirche in Rinnthal bei der kgl. Regierung einreichte, wurden sie wegen zu hoher Kosten, stilistischer und technischer Mängel abgelehnt. Die Gemeinde betonte jedoch, daß sie mit dem Bauplan zufrieden sei und ihn nach Behebung der technischen Fehler ausführen lassen wolle. Darüber hinaus äußerte sie den ausdrücklichen Wunsch, »daß an der neu zu erbauenden Kirche, die für Jahrhunderte erbaut werden soll, nicht gespart, sondern sowohl für Solidität als Schönheit« gesorgt werden solle, »denn es dürfte auf jeden Reisenden einen weit besseren Eindruck machen, in dem wilden Thal und deren einfachen Bewohnern wenigstens an ihrem Gotteshaus, das sie in jetziger Zeit erbauen, Geschmack und Dauerhaftigkeit zu erblicken«.[1] Diese Argumentation der Gemeinde erweckte das besondere Wohlwollen des Königs, weil er darin eine Bestätigung seiner Kunstpolitik sah. Der Baukunstausschuß beschloß daraufhin, in Rinnthal einen Musterbau für eine mittelgroße Kirche ausführen zu lassen. Unter der Leitung Klenzes arbeitete D. J. Ohlmüller einen neuen Fassadenplan aus und korrigierte die übrigen Entwürfe Flörchingers. Doch schon bei der Einweihung 1834 zog das einem Tempel im jonischen Stil nachempfundene Kirchengebäude, das von der Gemeinde kaum noch hatte finanziert werden können, harte Kritik auf sich: »Diese Kirche ist zu kostbar und großartig, steht in grellem Widerspruch mit den einfachen, armen stiefmütterlichen Natur- und anderen Gegenständen der Umgebung, und was die bedeutenden Opfer betrifft, so werden die Nachkommen sich dafür schwerlich zum Dank gegen die gegenwärtigen Zeitgenossen verpflichtet fühlen«.[2] In einem politischen Klima, das durch die Angriffe der Opposition auf die Kunstpolitik des Königs geprägt war, zogen diese Worte des Pfarrers von Rinnthal eine polizeiliche Untersuchung wegen »politischer Verirrungen« nach sich.

G. Schickel

1 H.-J. Kotzur, Forschungen zum Leben und Werk des Architekten August von Voit, Heidelberg 1978, Bd. II, S. 175
2 ibid., Bd. I, S. 68

60.2

60.1 Karl Viktor Keim (Farbabb.)
     Gruftkapelle, Längsschnitt, 1835
     Feder über Bleistift, farbig aquarelliert;
     29,3 × 22,5
     Fürst Thurn und Taxis Zentralarchiv,
     Planslg.
60.2 Karl Viktor Keim (Abb.)
     Gruftkapelle, Aufriß der Ostfassade, 1835
     Feder über Bleistift, farbig aquarelliert;
     35,4 × 21
     Fürst Thurn und Taxis Zentralarchiv,
     Planslg.
60.3 Bernhard Grueber
     Gruftkapelle, Innenansicht nach Osten,
     um 1845
     Stahlstich; 15 × 20
     Fürst Thurn und Taxis Zentralarchiv,
     Graphische Slg. TT.B.I. 65

60 Die Gruftkapelle der Fürsten Thurn und Taxis in Regensburg, 1835–1843

Seit der Übersiedelung des Hauses Thurn und Taxis nach Regensburg im Jahre 1748 fanden die Angehörigen der fürstlichen Familie ihre letzte Ruhestätte in der Wolfgangskrypta unter dem Westchor der St. Emmeramskirche. Unmittelbar nach der Beisetzung der verstorbenen Fürstin Wilhelmine im Jahre 1835 verfaßte der fürstliche Baurat Karl Victor Keim ein umfassendes Gutachten über die Grablege in der nicht fundamentierten Wolfgangskrypta.[1] Keim legte dar, daß jede weitere Bestattung eine Einsturzgefahr bei dem Baukörper des 11. Jahrhunderts bedeuten könnte. Keims Bericht zwang die fürstliche Familie zur Aufgabe dieser Grablege, und veranlaßte Fürst Maximilian Karl seinen Baurat mit dem Entwurf für eine Gruftkapelle zu beauftragen. Dieser legte am 10. August 1835 die ersten Pläne und ein umfangreiches Begleitschreiben vor, in dem er für die Lage einen Vorschlag machte: »Innerhalb des ganzen Schloßumfanges Sct. Emeram findet sich nur eine ruhige, dem Auge entzogene und von den fürstlichen Appartements entlegene Baustelle vor, die sich zur Erbauung einer Gruft eignen dürfte. Diese ist in dem sogenannten Kreuzgarten, der von drei Seiten von dem herrlichen Kreuzgang aus dem edlen Baustyl des Mittelalters eingeschlossen wird«.[2] Bei der Lage des Bauplatzes sei aber die Wahl des Baustils nicht mehr frei gegeben, fügte Keim hinzu.[3] Die Gruft müsse im Baustil des Mittelalters ausgeführt werden, welcher sich wegen seiner edlen und ruhigen Form ganz gut eignete.

Fürst Maximilian Karl billigte die Pläne Keims, so daß dieser bereits 1836 den Gruftbau in Angriff nehmen konnte. Bedauerlicherweise fielen dem Gruftbau das Brunnenhaus, die Abdon- und Sennen-Kapelle und die Annakapelle zum Opfer, da der große fast quadratische Neubau über ein Viertel des Kreuzgartens bedeckte und das Erscheinungsbild der Kreuzgangflügel möglichst vereinheitlich werden sollte. 1843 war der Bau fertiggestellt. In der Mitte des westlichen Kreuzgangflügels entfernte Keim die mittleren beiden Joche und ersetzte sie durch drei ungleich große, deren Mittelarkade sich nach Osten auf eine Treppenanlage zur Kapelle öffnet, während die beiden schmäleren seitlichen die Abgänge zur Gruft ermöglichen. Anschließend an den schmäleren Baukörper der Treppenanlagen fügt sich der nahezu quadratische, dreischiffige und dreijochige Gruftkapellenbau mit »Todenhalle – Toden-Kapelle« im Untergeschoß und darüberliegender Kapelle im Obergeschoß an.[4] Der hohe Hallenraum oben mit Rippengewölben in Sternform erfährt nach Osten zu eine Erweiterung durch den dreiseitig geschlossenen Chor, in dessen Zentrum die 1831 oder 1832 von Johann Heinrich von Dannecker geschaffene Christus-Figur aufgestellt wurde. Glasmalereien mit figürlichen Darstellungen nach den Apostel- und Prophetenfiguren Peter Vischers am Sebaldusgrab in St. Sebald in Nürnberg lassen die Halle in ein mystisches Dämmerlicht tauchen, während die Christusfigur hinter einem filigranen Maßwerk am Chorbogen in Helligkeit erstrahlt. Der unter der Halle liegende kreuzrippengewölbte Gruftraum birgt die Sarkophage der fürstlichen Familie.

1 Max Piendl, Ein Jahrhundert Schloßbaugeschichte Regensburg 1812–1912, in: Thurn und Taxis-Studien 11. 1979, S. 21 ff.
2 Zitiert nach: Michael Groblewski, Die Gruftkapelle des Fürstlichen Hauses Thurn und Taxis im Kreuzgang von St. Emmeram, in: Thurn und Taxis-Studien 15. 1986, S. 103
3 Piendl, 1979, S. 22
4 Groblewski, 1986, S. 116.
5 Hans Dünninger, Jean Baptiste Métivier und Karl Victor Keim in ihrer Bedeutung für das fürstliche Bauwesen, in: Thurn und Taxis-Studien 3, 1963, S. 310.

60.1

Keims Gruftbau erregte bereits während der Erbauung die Aufmerksamkeit der Zeitgenossen. So berichtet 1839 der Regensburger Regierungspräsident Eduard von Schenk an König Ludwig I., daß Friedrich von Gärtner die Zeichnung Keims vollkommen gebilligt habe.[5] Gustav Friedrich Waagen besichtigte 1841 die fast fertiggestellte Gruftkapelle und bemerkt 1845 darüber: »Sehr zweckmäßig ist dieselbe im Äußeren ganz in dem Baustyle des Kreuzganges ausgeführt, dabei sind die Verhältnisse gut im Charakter desselben gehalten, die Arbeit in schönen Werkstücken des harten, unweit Regensburg brechenden Kalksteins sehr scharf und genau«.[6]

Waagen beurteilte die durch ihre Größe den Kreuzgang beeinträchtigende Gruftkapelle sehr positiv. Der nach Außen sehr kubisch wirkende Baukörper verrät den Klassizisten Keim, der in seinen sonstigen Werken ausschließlich einen trockenen klassizistischen Baustil verwendet.[7] Das Innere des Baus gestaltete Keim jedoch ganz im Sinne einer romantischen Gotikrezeption, die in ihrer Bühnenhaftigkeit an den Entwurf des Luisen-Mausoleums von Karl Friedrich Schinkel aus dem Jahre 1810 erinnert.[8]

Michael Groblewski zeigt in seiner umfangreichen Arbeit über den Thurn und Taxis-Gruftbau drei Charakteristika auf.[9] Bemerkenswert sei die Lage des Bauplatzes innerhalb des Schloßbereiches, die Gestalt einer quadratischen gotischen Halle über einem gleichgestalteten Gruftgewölbe ohne Vorbild und die zentrale Öffnung im Pflaster der Kapelle, die eine visuelle und realräumliche Verbindung zwischen Kapelle und Gruft herstellt.

Als dynastisches Mausoleum verkörpert die Gruftkapelle im Anspruch ihrer programmatischen Architektur die Rolle eines politischen Monuments, das Groblewski im Sinngehalt ebenbürtig neben die Regensburger Domrestaurierung und den Bau der Walhalla bei Donaustauf stellen möchte.[10]

H. Reidel

6 Gustav Friedrich Waagen, Kunstwerke und Künstler, Bd. 2, Leipzig 1845, S. 111.
7 Vergleiche Keims Erweiterungsbau am Dörnberg-Palais in Regensburg von 1834 und seinen Schloßbau in Donaustauf von 1842.
8 Groblewski, 1986, S. 109.
9 Groblewski, 1986, S. 123.
10 Groblewski, 1986, S. 132.

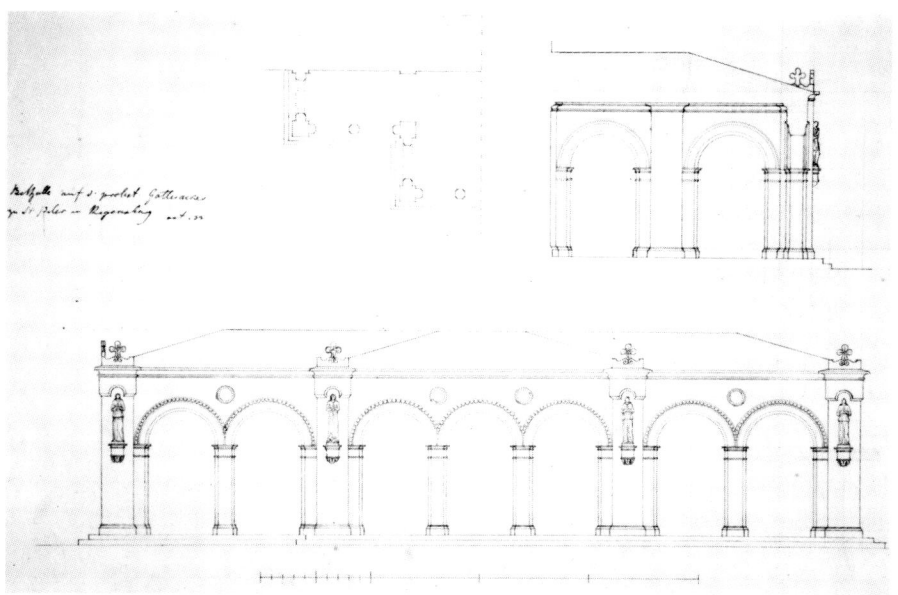

61.1

61.1 Leo von Klenze (Abb.)
Bethalle auf dem protestantischen Friedhof zu St. Peter in Regensburg, sig.: »act. 33«
Fassadenrisse und Teilgrundriß
Feder über Bleistift; 42,9 × 29,8
SGSM, Inv.Nr. 27211

61 Bethalle auf dem protestantischen Gottesacker zu St. Peter in Regensburg, 1838–1840

In der Mitte des 16. Jahrhunderts legte die evangelische Gemeinde der Reichsstadt – Rat und Bürgerschaft waren 1542 zur neuen Lehre übergetreten – einen zweiten Friedhof vor dem Weih-St. Peterstor im Südosten der Stadt an.[1] Bereits 1564 mußte dieser erweitert werden. Als zu Beginn des 19. Jahrhunderts auch die katholischen Begräbnisplätze innerhalb der Stadt aufgelöst und unmittelbar neben die evangelischen vor den Toren der Stadt verlegt wurden, errichteten die katholischen Stadtpfarrer der unteren und oberen Pfarrei kleine Friedhofskapellen, die vom evangelischen Stadtpfarramt der unteren Stadt mit einer Bethalle erwidert wurden. Etwa gleichzeitig mit dem Bau einer Leichenhalle für beide Religionsgemeinschaften in den Jahren 1832/33 auf dem Lazarusfriedhof im Westen der Stadt fließen Spenden für die geplante Bethalle auf dem Petersfriedhof.[2] Spätestens 1840 war die Bethalle vollendet, denn im September dieses Jahres genehmigte die Regierung der Oberpfalz und von Regensburg die Kostenrechnung des Baus und bemängelt nachträglich das Fehlen eines Kostenvoranschlags.[3] 1846 erstellt der Bildhauer Heinrich Hundertpfund einen Voranschlag über die Reparatur von vier Figuren aus Stein am protestantischen Bethaus.[4]

Über das Aussehen dieser Bethalle informiert uns eine Federzeichnung Leo von Klenzes von 1833, die einen eingeschossigen, ringsum in Rundbogen-Arkaden sich öffnenden Bau zeigt, dessen drei Mittelarkaden um eine Achse in Form eines Risalits vorgerückt werden.[5]

Zwischen den äußeren und mittleren Arkaden sind kräftige quadratische Pfeiler vorgesetzt, die unter einem eingeschnittenen Rundbogen vier betende Konsol-Figuren tragen. Darüber brachte Klenze Akroterien an. In den restlichen Bogenzwickeln sitzen kleine Tondi. Die profilierten Arkaden stützen sich auf unregelmäßige Achteckpfeiler.

In der Wahl des Rundbogenstils lehnt sich Klenze eng an die seitlichen Arkaden der Münchner Ludwigskirche von Friedrich von Gärtner an, so daß dieser Entwurf kaum als schöpferische Eigenleistung Klenzes gelten kann.

Wie Klenze zu diesem Bauauftrag in Regensburg kam, ließ sich aus den Archivalien nicht belegen. Das im Südwesteck des Friedhofs errichtete Gebäude muß bald nach der Verlegung des Platzes in den Süden der Stadt um 1900 abgebrochen worden sein.[6]

H. Reidel

1 Karl Bauer, Regensburg, Regensburg 1970², S. 471
2 Evang.-Luth. Pfarrarchiv. Nr. 322. Die Chronik vermeldet laut Eintrag vom 5. 3. 1834 Einnahmen in Höhe von 400 fl. aus Verlassenschaften der Jahre 1832/33 für den Bau einer Bethalle.
3 Evang.-Luth. Pfarrarchiv Nr. 982
4 Evang.-Luth. Pfarrarchiv Nr. 983. Offensichtlich hatten die Figuren nach wenigen Jahren bereits wieder Schäden erlitten.
5 SGSM, Inv.Nr. 27211
6 Zur Lage des Bethauses vgl. Plan von 1844 im StA Amberg, Kgl. Promenadenkommission Regensburg 25

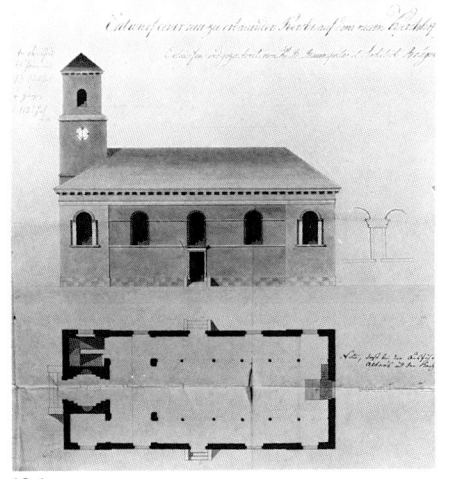

62.1

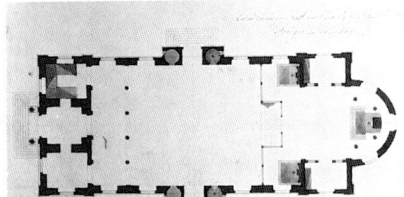

62.3 (untere Hälfte)

62.3

62.1 Anton Brüger (Abb.)
Prot. Kirche in Fürth, Grundplan, Vor-
der- und Seitenansicht
Tuschzeichnung und Bleistift, farbig
aquarelliert; 41,5 × 53,5
Fürth, Stadtarchiv, B 230

62.2 Anton Brüger
Vorentwurf zur prot. Kirche in Fürth,
Vorder- und Seitenansicht
Tuschzeichnung, farbig aquarelliert;
30,6 × 46,8
Fürth, Stadtarchiv, Fach 173/17

62.3 Anton Brüger (Abb.)
Kath. Kirche in Fürth, Grundplan und
Seitenansicht
Tuschzeichnung, farbig aquarelliert;
40,2 × 59
Fürth, Stadtarchiv B 120/1824 Bl. 120a

62 Katholische Kirche, 1820–1829 und Protestantische Kirche, 1824–1826, Fürth

Die katholische und protestantische Kirche in Fürth sind etwa gleichzeitig und
beide durch den kgl. Bauinspektor Brüger
erbaut worden. Sie können als Beispiele
für den klassizistisch beeinflußten vorhi-
storistischen Kirchenbau angesehen werden. Brügers Entwürfe unterlagen noch
nicht der von Ludwig I. eingeführten
strengen Überwachung durch den Baukunstausschuß an Hand von Klenzes
»Anweisung«. Umgekehrt verdeutlichen
sie aber exemplarisch den Ausgangspunkt
für Klenzes Normierungsbestrebungen.
Schon hier lassen sich die wesentlichen
Grundtypen und Motive, die er in seiner
Publikation verwandte, erkennen. Klenzes Leistung lag somit weniger in der
Erfindung neuer Motive oder Typen, sondern in der Sichtung und Abwandlung
der bereits vorhandenen Formen sowie

vor allem in der Erarbeitung verbindli-
cher Regeln, nach denen diese vorgegebenen Formen zueinander ins Verhältnis gesetzt werden sollten. Die Orientierungs-
instanz für seinen Typen- und Motivka-
non waren die historischen Vorbilder der
Antike, wodurch er einer »willkürlichen«
Verwendung antikisierender Motive, wie
z. B. bei den beiden Fürther Kirchen, Einhalt gebieten wollte. Besonders die Vorentwürfe zur protestantischen Kirche, die
ursprünglich als Friedhofskapelle geplant
war, zeigen die Unsicherheiten Brügers in
der stilistischen Konzeption. Die katholische Kirche, die als erster Sakralbau dieser
Konfession in Fürth mit Unterstützung
der protestantischen und israelitischen
Gemeinde errichtet wurde, ist ein aufwendiger Bau, bei dem der Architekt versuchte, mit ausgeschiedener Apsis, groß-
räumigem Chor und drei Altären im Inneren auf die Erfordernisse der katholischen Liturgie einzugehen.

G. Schickel

63 Fassadenneugestaltung an Barfüßerkirche und Mesnerhaus in Augsburg, 1826–1830

Eine systematische Stadtplanung, bei der ganze Erweiterungsgebiete neu angelegt werden konnten, gab es in Augsburg erst nach der Aufhebung des befestigten Stadtbereiches im Jahre 1866. Der Beschluß vom 30. März 1824, den Barfüßertorturm »zum Nachtheile des alterthümlichen Ansehens der Stadt, aber zum Besten der lebhaften Passage«[1] abzubrechen, ermöglichte einen punktuellen städtebaulichen Eingriff, bei dem man alle Bauvorhaben auf einer einheitlichen klassizistischen Stillage verwirklichen wollte. Dies betraf die Ladenbauten auf der Barfüßerbrücke, das Mesnerhaus und die Fassadenerneuerung der Barfüßerkirche. Johann Michael Voits Entwürfe für monumentale Ladenbauten in Form von halbkreisförmig geführten Arkaden waren auf dem Papier geblieben.[2] Unter Stadtbaurat B. v. Hößlin wurden nur die wesentlich bescheidener angelegten, in ihrem nördlichen Teil noch bestehenden Ladenzeilen im Jahre 1826 gebaut. Zu beiden Seiten der Straße wurden die Läden auf der Brücke über den Lechkanal zwischen dorische Pilaster eingelassen, die einen Triglyphenfries tragen. Die Mitte der Brücke akzentuiert ein flacher Giebel mit Blattranken und Zirbelnuß. Als Architekt der Anlage kommt der damalige Bauführer im Stadtbauamt Johann Bürgel in Frage. In seinem Fassadenaufriß zum Mesnerhaus (Kat.Nr. 63.1) ist der gebaute Zustand der Brücke bereits skizziert.[3]

Unmittelbar neben der südlichen Ladenzeile auf der Brücke schloß sich stadteinwärts die Barfüßerkirche an, an deren nördliche Chorseite das Mesnerhaus angelehnt war. Das alte Mesnerhaus wurde 1826 abgebrochen und durch einen Neubau von Johann Bürgel ersetzt. Wie schon der Vorgängerbau sollte auch der Neubau Läden mit jeweils separaten Eingängen im Erdgeschoß und die Wohnung des Mesners der Barfüßerkirche in den Obergeschossen aufnehmen.[4] Der Eingang zur Mesnerwohnung lag in einem seitlich angebauten, niedrigeren Gebäudetrakt, von dem aus auch eine Tür in den Chorraum der Kirche führte. Trotz seiner zahlreichen Nutzungseinheiten zeigt das Haus mit einem rustizierten Erdgeschoß und zwei Obergeschossen, deren Fenster in Dreiergruppen rhythmisiert und durch Gesimse zusammengefaßt sind, eine übersichtliche Fassade.

Die Barfüßerkirche bestand zu dieser Zeit als eine spätgotische Basilika mit barocken Umbauten, sie wurde im zweiten Weltkrieg weitgehend zerstört. Die Neugestaltung der Haupt- und nördlichen Seitenfassade ging auf eine Initiative der Pfarrgemeinde zurück. Der äußere Anlaß war die Säkularfeier für die Überreichung der Confessio Augustana, die im Sommer 1830 begangen werden sollte. Die Realisation des Projektes lag in den Händen des Stadtbauamtes, dessen Ingenieure Joseph Pertsch und Anton Schreyer die Pläne anfertigten, die von Stadtbaurat B. v. Hößlin zum Teil gegengezeichnet sind. Zwei Bauaufnahmen Pertschs (Kat.Nr. 63.2 und 63.3) dokumentieren den alten Zustand der Haupt- und nördlichen Seitenfassade der Kirche. Die Hauptfront war durch einen Anbau des 18. Jahrhunderts an das südliche Seitenschiff asymmetrisch geworden und wies ein Sammelsurium unterschiedlich konturierter Fenster und Türen auf wechselndem Niveau auf. Die Neugestaltung der Fassade sollte diese Unstimmigkeiten bereinigen. Schon in der Bauaufnahme sind Korrekturlinien eingetragen, die die Symmetrie der Fassade wiederherstellen. Zwei unter einem Spitzbogen zusammengefaßte Türen mit gotischen Profilrahmungen bildeten das Hauptportal am nördlichen Seitenschiff. Die Türen und Fenster der Läden, die im Inneren der Kirche als kastenförmige Einbauten erschienen, waren schmucklose Mauerdurchbrüche mit querliegenden Oberlichtern. Wiederum sind in der Bauaufnahme mit Bleistift erste Ideen der Umgestaltung skizziert, die unregelmäßigen Öffnungen der Läden sollten einer gleichförmigen Reihe von spitzbogigen Türen weichen, was auch die Verlegung des Hauptportals an die Vorderseite erfordert hätte.

Ein unbeschriftetes und unsigniertes Blatt (Kat.Nr. 63.4) stellt dem eine Alternative entgegen, die vom vorhandenen gotischen Portal ausgeht und dessen Türenpaar mit den flachen Stürzen für die Ladentüren multipliziert. Das Ungenügende dieses Vorschlages stand dem Zeichner wohl selbst vor Augen, denn er versuchte in den Bleistiftkorrekturen die monotone Reihe der Ladentüren durch verschiedene Wimpergaufbauten aufzulockern und die Portalzone durch einen Spitzbogen zu beruhigen. Als Entwerfer des Blattes kommt aufgrund der Ausführung und der vorgeschlagenen Lösung Anton Schreyer in Betracht, da Joseph Pertsch zu dieser Zeit schon die Entwürfe für eine klassizistische Neugestaltung vorlegte.[5] Pertsch hat das Portal an die Hauptfront der Kirche gelegt und dadurch freie Hand für einen grundlegenden Umbau der Seitenschiff-Fassade bekommen (Kat.Nr. 63.5). Die Ladentüren sitzen in einem rustizierten Sockelgeschoß als ungeram-

63.1 Johann Bürgel
»Ansicht von dem neu zu erbauenden Meßner Hause an der Barfüßer Kirche zu Augsburg 1826«
Feder auf Bleistift, farbig aquarelliert; 63,5 × 44
Augsburg, Stadtarchiv, Planmappe 5, Kirchen und Klöster

63.2 Joseph Pertsch
»Gegenwärtiger Zustand der Barfüßer Kirche aufgenommen im Jahre 1830«
Feder und Bleistift; 52 × 40
Augsburg, Stadtarchiv, Planmappe 5, Kirchen und Klöster

63.3 Joseph Pertsch
»Gegenwärtiger Zustand der Barfüßer Kirche, aufgenommen im Jahre 1830 Seiten-Facade«
Feder und Bleistift; 51,5 × 39,5
Augsburg, Stadtarchiv, Planmappe 5, Kirchen und Klöster

63.4 Anton Schreyer
Entwurf für die Seitenfassade der Barfüßer Kirche in Augsburg, 1830
Feder und Bleistift; 58,5 × 42,5
Augsburg, Stadtarchiv, Planmappe 5, Kirchen und Klöster

63.5 Joseph Pertsch
»Project einer neuen Seiten-Facade an die Barfüßer Kirche in Augsburg«, 1830
Feder über Bleistift, farbig aquarelliert; 51,5 × 40
Augsburg, Stadtarchiv, Planmappe 5, Kirchen und Klöster

63.6 Joseph Pertsch
»Project einer neuen Haupt-Facade an die Barfüßer Kirche in Augsburg«, 1830 (Abb.)
Feder über Bleistift, farbig aquarelliert; 51,5 × 40
Augsburg, Stadtarchiv, Planmappe 5, Kirchen und Klöster

63.7 Joseph Pertsch
»Entwurf einer neuen Haupt- und Neben-Facade für die Baarfüßer Kirche in Augsburg, 1830
Feder und Bleistift; 40 × 26
Augsburg, Stadtarchiv, Planmappe 5, Kirchen und Klöster

63.8 Joseph Pertsch
»Entwurf einer neuen Haupt- und Neben-Facade für die Baarfüßer Kirche zu Augsburg«, 1830 (Abb.)
Feder mit Bleistift; 38,5 × 26
Augsburg, Stadtarchiv, Planmappe 5, Kirchen und Klöster

63.9 Anton Schreyer
»Entwurf einer neuen Haupt- und Seiten-Facade für die Barfüßer Kirche zu Augsburg«, 1830 (Abb.)
Feder mit Bleistift; 40 × 27,5
Augsburg, Stadtarchiv, Planmappe 5, Kirchen und Klöster

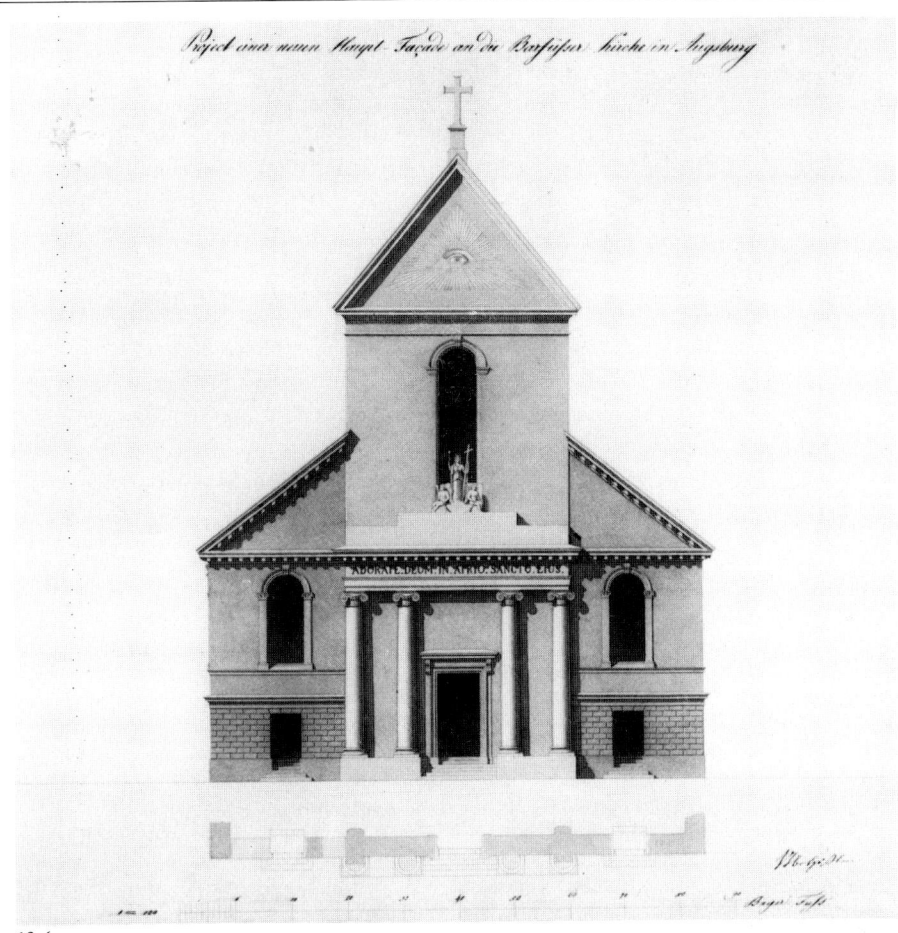

63.6

1 F. A. Witz, Beschreibung aller Merkwürdigkeiten bei einem Spaziergange durch und um die Stadt, in: Karl Jäger, Geschichte der Kreishauptstadt Augsburg von ihrem Anfange bis zu den neuesten Zeiten, Augsburg 1840, S. 269

2 vgl. A. Debold-Kritter, in: W. Nerdinger (Hrsg.) Ausst. Kat. Klassizismus, München 1980, S. 348 ff.

3 ein Teilentwurf des ausgeführten Baus findet sich auf der Rückseite einer Bauaufnahme Bürgels vom alten Mesnerhaus vom Oktober 1825, Augsburg, Stadtarchiv, Kirchen und Klöster, Planmappe 5

4 vgl. die Bauakten, weitere Blätter des Entwurfes und Bauaufnahmen des alten Mesnerhauses im Stadtarchiv Augsburg, Bestand 2, Nr. 4275 und Planmappe 5, Kirchen und Klöster

5 Matthias Arnold, Ausst. Kat. Architektur des 19. Jahrhunderts in Augsburg, Augsburg 1979, Nr. 37, schreibt den hier Schreyer zugeschriebenen Fassadenaufriß Joseph Pertsch zu, dies auch deshalb, weil er die ganze Planfolge in eine falsche Reihenfolge legte (Nrn. 35–42). Daß es sich bei den beiden Fassadenaufrissen Pertschs um die ersten Entwürfe des Projektes handelt, geht aus einem detaillierten Kostenvoranschlag zu diesen Entwürfen vom März 1830 und den weiteren Bauakten im Stadtarchiv Augsburg, Bestand 2, Nr. 2591 hervor.

te Öffnungen mit strahlenförmig auf die Türstürze zulaufenden Fugenschnitten. Die Fenster haben Pilastervorlagen mit ionisierenden Kapitellen und profilierten Rundbögen als Rahmung erhalten. Die Zone zwischen den Türen und den Fenstern wird durch ein Gurtgesims und ein weiteres Gesims, auf dem die Fenster aufsitzen, gefüllt.

Die Gliederung der Seitenfassade unterhalb des Traufgesimses wird an der Vorderseite weitergeführt, wobei die Seiteneingänge durch Freitreppen modifiziert sind (Kat.Nr. 63.6). Die maßgebliche Neuerung des Entwurfes zeigt sich in der Behandlung des Mittelschiffes, das nun als Risalit aufgefaßt ist, welcher horizontal in drei Zonen unterteilt ist, denen eine Abstufung in der Tiefe entspricht. Nur in diesem Entwurf der ganzen Serie wird das Portal nicht durch applizierte Ornamentik oder gliedernde Gesimse hervorgehoben, sondern in den Kontext eines Portikus gestellt. Er besteht aus zwei ionischen Säulenpaaren, die einen Architrav mit der Inschrift »ADORATE DEUM IN ATRIO SANCTO EIUS« tragen. Über dem Portal ist auf einen glatten, gestuften Sockel die Skulptur der Fides, die von

zwei Engeln begleitet wird, in das nach unten verlängerte Rundbogenfenster des Mittelschiffes gestellt. Der Giebel ist durch ein Rahmenband nach unten zu einem gleichseitigen Dreieck geschlossen, mit dem die Fassadenmalerei korrespondiert.

Pertsch hebt das Mittelschiff durch plastische Architekturformen von den Seitenschiffen ab, Skulptur und Malerei bestimmen das Erscheinungsbild in den höher gelegenen Bereichen der Fassade. Diese schematische Einteilung vermittelt nicht zwischen den Seitenschiffen und dem hohen Mittelschiff der Basilika. Diese Unstimmigkeiten resultierten teilweise aus den Vorgaben des alten Baubestandes, die Beteiligten waren sich vor allem der wenig glücklichen Proportionierung des Aufrisses, die darauf zurückzuführen ist, wohl bewußt. Dies geht aus einem Gutachten des Stadtbaurates v. Hößlin hervor, in dem er gleichzeitig den Entwurf im »modernen römischen Style« verteidigt, weil er mit dem »anstoßenden Meßnerhause, welches in eben diesem Style gebaut sind am meisten übereinstimmt, nur sich jedenfalls am schönsten ausnehmen würde, mir nur allenfalls der hohe

63.9

aber nicht gothische Gibel in etwas dem schönen Verhältniße weh thun könnte, welches aber bei der schon bestehenden Dachhöhe ohne große Kosten nicht zu ändern ist, und überhaupt Niemanden als einem Künstler, der nur nidrige Dächer zu sehen gewohnt ist auffallend seyn kann«.[6] Hößlins Verteidigung mit ihrem Seitenhieb auf die flachen Dächer der neuen Bauten in München hat nur noch prinzipiellen Charakter im Rahmen des Kompetenzstreites zwischen dem Stadtbauamt und der obersten Baubehörde in München, die Pertschs Entwürfe bereits aus Kostengründen zurückgewiesen hatte.

Die Baubehörde hatten jedoch auch künstlerische Gründe zur Ablehnung bewogen, da »der gothische Gibel mit der modernen Architektur des Portals nie in Einklange gebracht werden kann, so muß man sich wohl darauf beschränken, der Kirche, wie sie dermalen besteht, und ohne den Baustil ihres Äußern im Wesentlichen abzuändern, ein entsprechendes, einfaches und harmonisches Ansehen zu verschaffen, welches geschehen kann, in dem man zu der Hauptsache die dem vorgelegten Plane zu Grunde gelegte Idee beibehält, und die Eingänge in die Kirche auf die Gibelseite, die Läden aber ausschließend auf die lange Seite verlegt«.[7] Damit standen die Direktiven für die weitere Planung fest. Den formalen Forderungen entsprachen bereits zwei Entwürfe im »byzantinischen Style« und im »vorgothischen Style« von Pertsch, die v. Hößlin in seinem schon zitierten Gutachten nennt.[8]

Der Entwurf im »byzantinischen Style« (Kat.Nr. 63.7) zeigt in der Mischung der Formen, wie sehr es sich bei ihm um einen Kompromiß handelt. Dem klassizistischen Formenrepertoire der aus Palmetten gebildeten Traufgesimse, der Einfassung des Portals mit einere akroterienbe-

krönten Profilrahmung und der Skulpturengruppe stehen romanische Motive gegenüber, die sich vor allem an den Tür- und Fensteröffnungen zeigen. Eintragungen mit Bleistift zeigen Alternativen an, so die paarweise Zusammenfassung der Ladentüren an den Seiten unter Rundbögen und der Ersatz des zweibahnigen Rundbogenfensters am Mittelschiff durch eine Fensterrosette.

Der Entwurf im »vorgothischen Style« (Kat.Nr. 63.8) verzichtet auf das Profil- und Schmuckwerk an Fenstern und Türen, lediglich die Mauern der Kirche sind quadriert. Die einschwingenden Türstürze der Ladentüren wurden zugunsten von flachen Türabschlüssen aufgegeben, das Rundbogenprofil des Hauptportals wurde in reduzierter Form beibehalten.

Die Münchner Baubehörde genehmigte – gegen den Beschluß des Kirchengemeinderates, der sich für den ersten der beiden neuen Entwürfe entschieden hatte[9] – den zweiten Entwurf, und diesen auch nur in abgeänderter Form.[10]

Ein von Anton Schreyer angefertigter Entwurf kommt diesen Änderungsbestimmungen nach: Die Quaderung wurde fallengelassen; das Hauptportal wurde vom Entwurf im »byzantinischen Style«, jedoch ohne das Ornament über dem Bogen und die Skulpturengruppe, übernommen; die Fenster entsprechen mit ihren eingestellten Säulen teilweise denen des ersten Entwurfes. Die markanteste Neuerung besteht in den mit sichtbaren Steinlagen gemauerten Rundbögen der Fenster und Türen.

Auch dieses Projekt scheiterte schließlich aus Kostengründen und wurde aufgegeben, weil die Zeit in diesem ermüdenden Entscheidungsprozeß über den unmittelbaren Anlaß der Fassadenerneuerung hinweggegangen war.

D. Erben

6 Gutachten vom 12. Mai 1830, Stadtarchiv Augsburg, Bestand 2, Nr. 2591

7 Schreiben vom 28. April 1830, Stadtarchiv Augsburg, Bestand 2, Nr. 2591

8 a.a.O., die beiden Zeichnungen sind durch die Beschriftung auf der Rückseite als zu diesem Gutachten gehörig ausgewiesen

9 Schreiben vom 1. Juli 1830, Stadtarchiv Augsburg, Bestand 2, Nr. 2591

10 Schreiben vom 26. Juli 1830 mit den Änderungsbestimmungen, Stadtarchiv Augsburg, Bestand 2, Nr. 2591

64.1

64.1 Johann Michael Voit (Abb.)
Evangelische Gottesacker Capelle, 1825,
Aufriß Eingangsseite und Längsseite
Feder über Bleistift, farbig aquarelliert;
44,5 × 39
Augsburg, Stadtarchiv, Planmappe 5, Kirchen und Klöster
64.2 Leichenhaus auf dem protestantischen
Friedhof, Ansicht, 1986 (Abb.)

1 Johann Michael Voit, Die Land-Baukunst in
allen ihren Haupttheilen oder Unterricht in
der Materialien-Kunde und Anleitung zur
Entwerfung der Pläne vorzüglicher öffentlicher und Privat-Gebäude dann zur Construction der Bauwerke, 4 Bde., Augsburg
und Leipzig 1826–29, Bd. I . . . in besonderer Rücksicht auf Gebäude des Kultus und
der Erziehung 1826, S. 295
2 a.a.O. S. 338 ff. u. Taf. VI
3 Augsburg, Protestantische Friedhofsverwaltung, Bauakten zur Friedhofskapelle
4 Leo von Klenze, Anweisung zur Architektur
des christlichen Cultus, München 1822, S. 19
5 a.a.O., S. 18

64.2

64 Kapelle und Leichenhaus im protestantischen Friedhof Augsburg, 1825–1826

Die Kapelle des protestantischen Friedhofes ist der einzige klassizistische Kirchenneubau in Augsburg. Sie wurde in den Jahren 1825–1826 nach dem Entwurf von Johann Michael Voit unter Stadtbaurat B. v. Hößlin erbaut. Ein Blatt mit Grund- und Aufrissen (Kat.Nr. 64.1) stellt den ausgeführten Bau dar. Während der Erbauung wurde die Turmbekrönung modifiziert, statt einer auf einem ionischen Kapitell stehenden Figur wurde ein Kreuz auf dem gleichen Sockel postiert. Die Kapelle besteht aus einem rechteckigen Baukörper mit Satteldach, auf dessen First an der Chorseite ein Dachreiter gesetzt ist. Der Turm ist mehrfach abgestuft und durch Gesimse gegliedert, eine Maßnahme, die Voit in seinen Bemerkungen zum Kirchenbau mit der Entsprechung von äußerer Erscheinung und Konstruktion begründet: »Mit jedem Stockwerke werden die Mauern dünner, und man soll sie von außen absetzen, weil dadurch ein Profil erscheint, welches auf statische Gesetze gegründet ist.«[1] Die Kapelle ruht auf einem gestuften Sockel, unter dem Dach umzieht ein Kranzgesims mit Voluten die Außenmauern. Auf dem Sockel sitzen an den Längsseiten drei hohe Rundbogenfenster. Die großzügige Durchfensterung geht wohl auf ein Anliegen der Kirchengemeinde zurück, sie findet sich bei den anderen Kirchen Voits nicht (Kat.Nr. 66 u. 67). Über eine Freitreppe tritt man durch drei Pfeilerarkaden in eine Vorhalle. Durch seitlich abgehende Treppen wird die Orgelempore erschlossen, diesen Treppenhäusern entsprechen an der Chorseite eine Sakristei und eine Treppe zum Turm. Vor dem Turmunterbau ragt das Podest des Presbyteriums in das Kirchenschiff.

Zahlreiche Kupferstiche (Arch.Slg. TUM, Voit-Nachlaß) mit Schnitten, Grund- und Aufrissen der Kapelle waren wohl für eine spätere Publikation bestimmt. Sie sind von August Voit signiert und geben den Entwurf des Vaters wieder, der Sohn hatte keinen Anteil am Entwurf der Augsburger Kapelle. Dies illustriert die unterschiedliche stilistische Ausprägung einer »Kirche auf einem Gottesacker«, die August Voit für die ›Land-Baukunst‹ des Vaters entworfen hatte.[2] Die Grunddisposition des Projektes und der Augsburger Kapelle entsprechen sich, doch stattet August Voit seine Kirche innen und außen mit einem reichen antikisierenden Dekor aus. Die Rundbogenarkaden am Eingang hat er mit zwei eingestellten kannelierten dorischen Säulen konzipiert. Wie weit August Voit in die Ausführung der Kapelle in Augsburg involviert war, ist nicht bekannt, die Akten geben darüber keinen Aufschluß.[3]

Johann Michael Voit hat für die Kapelle den Typus der Saalkirche gewählt und entspricht damit den Weisungen, die von Klenze für den Kirchenbau ausgegeben wurden. Klenze hat – ausgehend von italienischen Vorbildern – den Typus der Saalkirche für kleinere Landkirchen in Dienst genommen und für den zeitgenössischen Kirchenbau propagiert: »Wir glauben, daß die einfache Masse eines Oblongums mit Giebeldache und an der Vorderseite gehörig bezeichnetem Eingange das ist, was dem Zwecke am besten entsprechen würde, und wir hoffen auch den Beweis zu liefern, daß diese einfache schöne und klassische Form, wenigstens für Kirchen, deren Größe nicht dasjenige übersteigt, was noch als normal angenommen werden kann, in allen Fällen Genüge leisten wird.«[4] Die Orientierung Voits an der Schrift Klenzes schlägt bis in die Gestaltung der Einzelformen durch, wie sich z. B. an den Bemerkungen der beiden Architekten über die Anlage des Turmes zeigt, Klenze schreibt dazu: »Das Gesetz aber, wonach solche Thürme angelegt werden müssen, ist große Festigkeit des unteren Theiles, welche sich je weiter nach oben, in je leichtere Formen auflöst, ... um die unteren Theile weniger zu belasten.«[5] Bei aller Anpassung Voits an die Leitlinien Klenzes – die wohl auch nötig war, um einen langwierigen Planungsprozeß zu vermeiden –, hat Voits seine stilistischen Eigenheiten bewahrt. Klenze gliedert die Baukörper seiner Kirchen durch ein mehrteiliges Dekorationssystem, in das auch die Tür- und Fensteröffnungen einbezogen werden. Voit dagegen reduziert das Dekor auf rahmende Profilierungen und auf Schmuckwerk an den Grenzen des Baukörpers. Aufgrund dieser Beschränkung drohen jedoch die Tür- und Fensteröffnungen in den Fassaden zu schwimmen.

Mit dem Leichenhaus (Kat.Nr. 64.2) entstand im Jahre 1837 ein weiterer Neubau auf dem protestantischen Friedhof. Sein Architekt Franz Joseph Kollmann griff hierfür auf eine Entwurfsidee für ein Leichenhaus im katholischen Friedhof (Kat.Nr. 65) zurück, das er mit einer zentralen Rotunde konzipiert hatte (Grundriß im Stadtarchiv Augsburg, Planmappe 1, Städtische Gebäude). Im protestantischen Leichenhaus ist die überkuppelte Rotunde als Vorhalle an die vordere Fassade gerückt. Sie wird seitlich von zwei Besucherräumen begleitet. Hinter der Vorhalle liegt in der Mittelachse des Gebäudes das ehemalige Wärterzimmer, das von zwei Aufbahrungsräumen flankiert wird. Die Vorhalle ist im Inneren durch kannelierte Halbsäulenvorlagen ausgezeichnet, außen erscheint sie als übergiebelter Risalit, der durch eine Gruppe von Türen geöffnet ist. Der Architrav der seitlichen Öffnungen ist als Gurtgesims um den ganzen Bau geführt und durchschneidet die Fenster unterhalb der Rundbögen. Der Bau besteht in seiner äußeren Form noch heute, das Innere wurde 1964 den modernen Bedürfnissen angepaßt. Der feine Fugenschnitt, antikisierende Blattkapitele an den Fenstern und am Portal unterstreichen die graphischen Qualitäten des Gebäudes und im Baumbestand des Friedhofes erinnert das Leichenhaus an ein Belvedere.

D. Erben

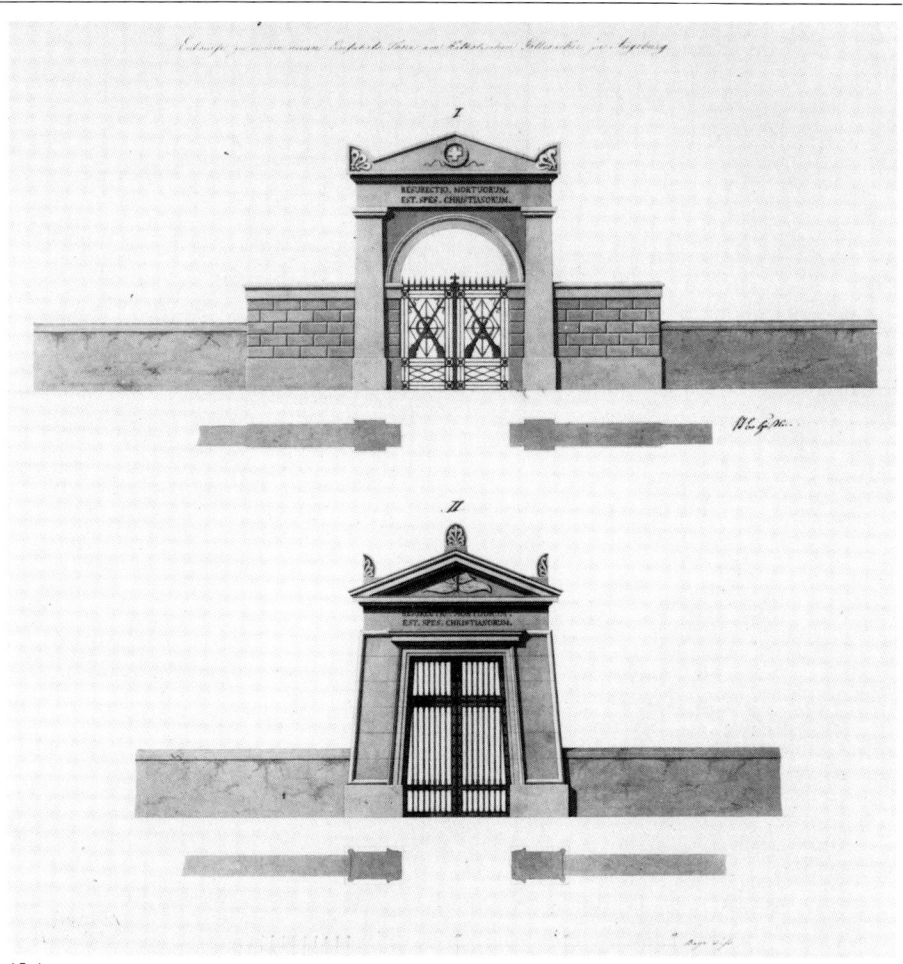

65.1

65 Leichenhaus des katholischen Friedhofes in Augsburg, 1830–1832

Unmittelbar nachdem die Planung für die Fassadenneugestaltung an der Barfüßerkirche (Kat.Nr. 63) zu den Akten gelegt worden war, faßte man die Erweiterung des katholischen Friedhofes an der Hermanstraße und den Neubau eines Leichenhauses ins Auge. Wiederum zog man Joseph Pertsch für die Ausarbeitung des Projektes hinzu. Beim Betrachten der Planungsgeschichte bietet sich das gleiche Bild: Ein großangelegter Entwurf wird auf das Minimum an Substanz zusammengestrichen und bleibt nichtrealisiert liegen. Einen besonderen Akzent bekommt die Planung des Leichenhauses dadurch, daß sich Leo v. Klenze als der damalige Leiter der obersten Baubehörde in München selbst mit einem Entwurf zu Wort meldet. Damit wird nicht nur einmal mehr der Willen seiner Behörde zur Kontrolle über das architektonische Geschehen auch außerhalb Münchens demonstriert, es wird darüber hinaus die Ablehnung der von Pertsch eingereichten Entwürfe durch Klenze als das Resultat

65.1 Joseph Pertsch
»Entwürfe zu einem neuen Einfahrts-Thore am Katholischen Gottesacker zu Augsburg«, 1830 (Abb.)
Feder über Bleistift, farbig aquarelliert;
49,5 × 71,5
Augsburg, Städt. Kunstsammlungen
Inv.Nr. G 18859

65.2 Joseph Pertsch
»Entwurf eines neuen Leichen-Hauses nebst Porticate im Gottesacker zu Augsburg«, 1830
Feder über Bleistift, farbig aquarelliert;
50 × 71,5
Augsburg, Städt. Kunstsammlungen
Inv.Nr. G 18856

1 vgl. Hans-Kurt Boehlke, Über das Aufkommen der Leichenhäuser, in: ders. (Hrsg.) Wie die Alten den Tod gebildet, Mainz 1979
2 Franz Eugen Freiherr von Seida und Landensberg, Historisch Statistische Beschreibung aller Kirchen-, Schul-, Erziehungs- und Wohlthätigkeitsanstalten in Augsburg. Von ihrem Ursprunge an bis auf die neuesten Zeiten, 2 Bde., Augsburg u. Leipzig o.J. (1819), S. 141 f.
3 Jacob Atzel, Über Leichenhäuser vorzüglich als Gegenstände der schönen Baukunst betrachtet, Stuttgart 1796, S. 47
4 a.a.O., S. 54

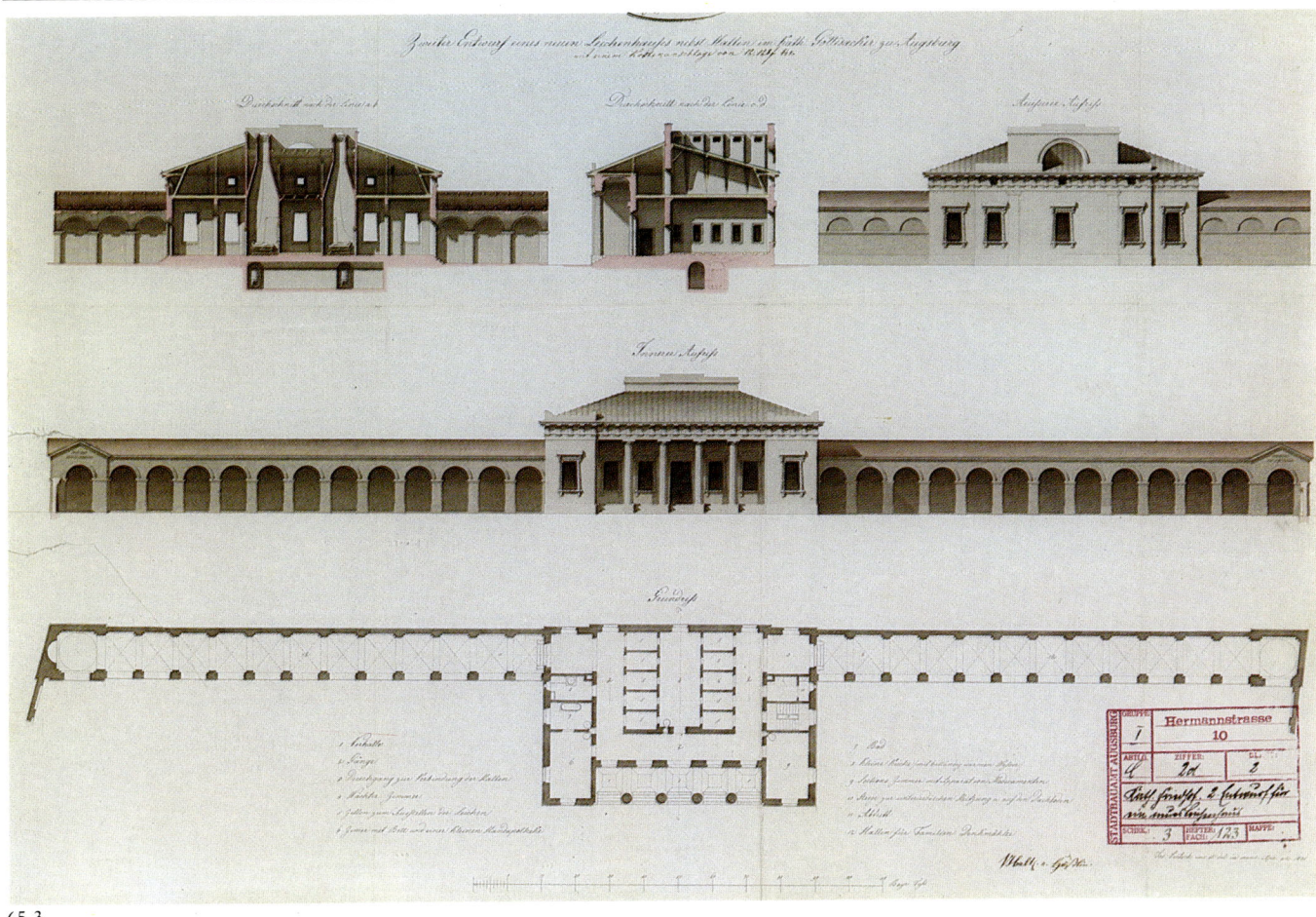

65.3

65.3 Joseph Pertsch
»Zweiter Entwurf eines neuen Leichen-
hauses nebst Hallen im Kath. Gottesak-
ker zu Augsburg«, 1831 (Farbabb.)
Feder über Bleistift, farbig aquarelliert;
49 × 71
Augsburg, Städt. Kunstsammlungen
Inv.Nr. G 18857

65.4 Joseph Pertsch
»Dritter Entwurf eines neuen Leichen-
hauses im Kathol. Gottesacker zu Augs-
burg«, 1831
Feder über Bleistift, farbig aquarelliert;
46,5 × 71
Augsburg, Städt. Kunstsammlungen
Inv.Nr. G 18858

65.5 Joseph Pertsch
»Vierter Entwurf eines neuen Leichen-
hauses im Kathol. Gottesacker zu Augs-
burg«, 1831
Feder über Bleistift, farbig aquarelliert;
44 × 53
Augsburg, Städt. Kunstsammlungen
Inv.Nr. G 18855

65.6 Leo von Klenze
»Entwurf zu einem Leichenhause auf
dem Katholischen Gottesacker in Augs-
burg«, 1832 (Abb.)
Feder über Bleistift; 37 × 22,5
Augsburg, Stadtarchiv, Planmappe 5,
Kirchen und Klöster

zweier unterschiedlicher Konzepte für die
Lösung dieser Bauaufgabe verständlich.
Im Umgang mit den Toten befand man
sich seit der späten Aufklärung in einem
Dilemma[1]: Einerseits mußten die verwe-
senden Leichen aus medizinisch-hygieni-
schen Erwägungen schnell begraben werden, andererseits wollte man die Bestattung Scheintoter verhindern. Diesem Dilemma suchte man durch die Errichtung
von Leichenhäusern zu entkommen; die
Toten sollten isoliert von den Lebenden
aufbewahrt werden, bis man sich ihres
definitiven Todes sicher sein konnte. Es
ist ganz diesem Denken verhaftet, wenn
sich Freiherr von Seida von der neuen
Trauer- und Leichenordnung aus dem
Jahr 1812 die Errichtung »eines unter po-
lizeilicher Aufsicht stehenden Leichenhauses« erwartet, um der »Gefahr, schein-
todt begraben, oder durch schädliche
Ausdünstungen nach dem Tode der Gesundheit der Hinterlassenen nachtheilig
zu werden, und eine weitere Ansteckung
zu verbreiten« zu entgehen und um den-
jenigen, »denen es in ihren Wohnungen
an Raum zur nöthigen Absonderung und
geziemenden Behandlung ihrer Todten

gebricht, einen Ort darzubieten, wohin
sie die Leichname mit der beruhigenden
Überzeugung bringen können, daß diese
bis zur Beerdigung daselbst gehörig aufbewahrt und mit der möglichsten Sorgfalt
behandelt werden.«[2] Diese Begründung
der neuen Bauaufgabe hatte schon Jakob
Atzel gegeben. Er hat wohl auch die Idee
entwickelt, an den Fingern und Zehen der
Leichen Schellenzüge zu befestigen, »wodurch der geringste, dem Auge kaum
merkliche, Zug (des Scheintoten) ein Ruf
zur Beihilfe des Arztes wird«[3], eine Ku-
riosität, die sich auch in Pertschs Entwürfen findet. Atzel hat den Katalog der
Zweckforderungen um ästhetische Gesichtspunkte erweitert, er bewegt sich
im Bereich der Charaktèrelehre: »Wenn
irgend ein Gebäude schon vermöge seiner
Gestalt dasjenige zu seyn scheint, was es
ist, so hat es den, seiner Bestimmung ge-
mäsen Charakter und Ausdruck.«[4] Über
diese allgemeinen Richtlinien hinaus läßt
er dem Künstler freie Hand: »Was übrigens die Bestimmung der Verhältnisse in
Rücksicht auf die Schönheits-Lehre be-
trift, so ist hier dem Genie ein Feld geöffnet, auf dem es kühn als ein freygebohr-

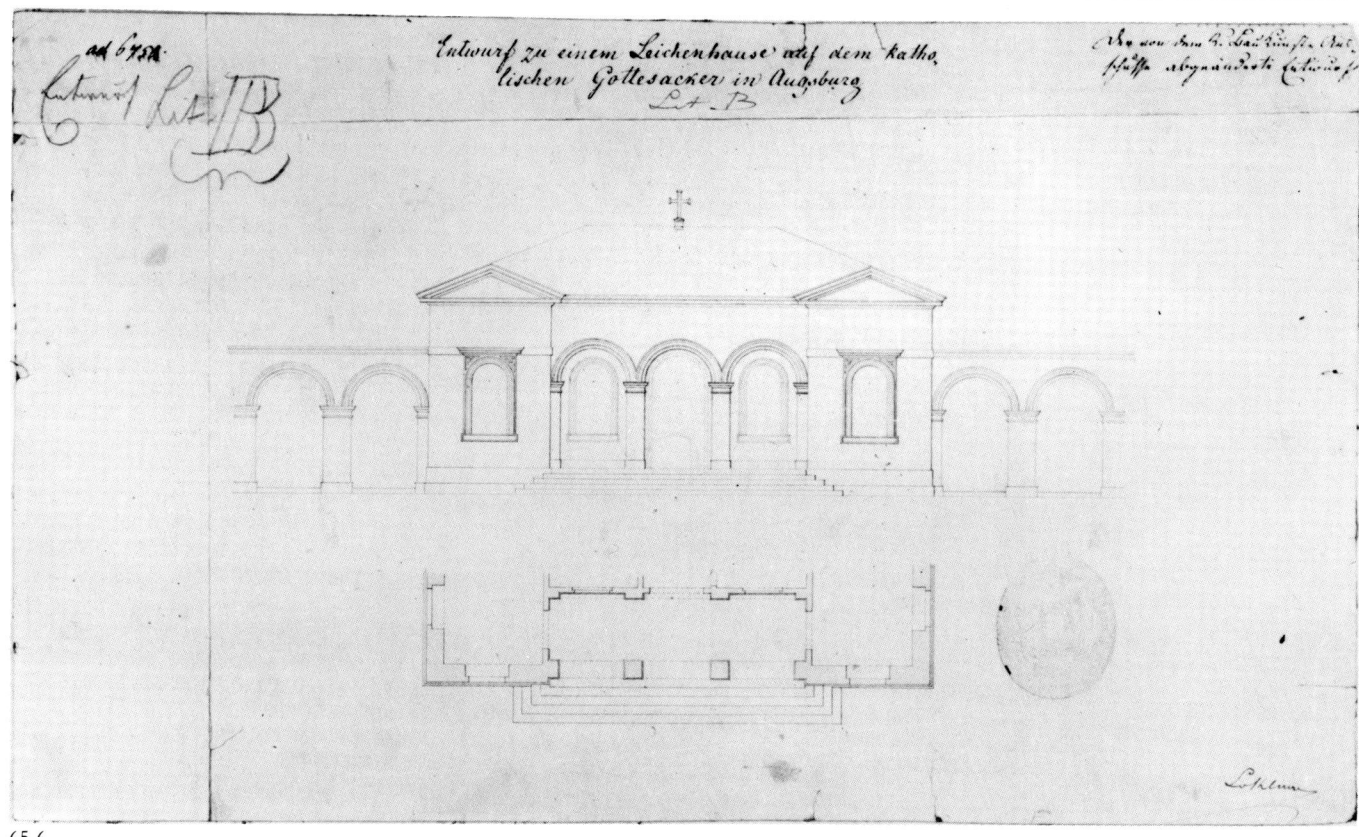

65.6

nes Kind der Natur und des Himmels vorangehen kann.«[5] Gerade im Verzicht auf jede Emblematik ist auch Pertschs Augsburger Leichenhaus diesem Geist verpflichtet. Ein Situationsplan Pertschs vom Juli 1830 (Augsburg, Städt. Kunstslgen, Inv.Nr. G 18860) zeigt die vorgesehenen Erweiterungsmaßnahmen für den Friedhof an, durch neue Gräberfelder wird er nahezu um das Doppelte nach Süden vergrößert. Die Gesamtfläche ist durch Wegeachsen in ein Raster von unregelmäßigen, viereckigen Kompartimenten eingeteilt. Die südliche Friedhofsmauer wird von einem Arkadengang gebildet, in dessen Mitte das Leichenhaus hervorgehoben ist. An der Nahtstelle zwischen der alten und der neuen Einfriedung war an der Hermanstraße eine Toranlage geplant, die auf dem Friedhofsgelände von einem halbrunden Platz hinterfangen wird.

Pertsch legte für die Portalanlage Alternativentwürfe vor (Kat.Nr. 65.1). Im ersten Vorschlag wird die rundbogige Türöffnung von einer Ädikula gerahmt, deren dorische Pilaster einen Architrav mit der Inschrift »RESURECTIO MORTUORUM EST SPES CHRISTIANORUM« tragen. Unterhalb des Rundbogens ist der Durchgang mit einem Gitter verschlossen, dessen Felder mit Todesemblemen – gekreuzten, nach unten gekehrten Fackeln – sowie mit sich in den Schwanz beißenden Schlangen und Totenköpfen vor gekreuzten Knochen gefüllt sind. Demgegenüber ist der Schwellencharakter des Portals beim zweiten Entwurf prononcierter, sein ägyptisierender Stil assoziiert stärker eine Funeralarchitektur. Schräggestellte Pfeiler fassen die mit einer Konsole waagrecht abschließende Tür ein, die nun mit einem schmucklosen Gitter bis oben geschlossen ist. Im vertieft liegenden Giebelfeld sitzt ein Nachtfalter. Es ist sehr wahrscheinlich, daß sich Joseph Pertsch bei diesen Entwürfen von einer Portalanlage mit Wärterzimmer und Leichenhalle inspirieren ließ, die sein Vater Matteo Pertsch ab 1822 für den Friedhof St. Anna in Triest gebaut hatte.[6] Die Emblematik des ersten Entwurfes wurde weitgehend aus dem Motivbestand dieser Anlage kompiliert. Die gebösche Tür und das Gitter des zweiten Entwurfes sind nahezu identisch mit dem Portal in Triest. Die Kombination von Portikus und ägyptisierenden Tür- und Fensterrahmungen war – wenn auch in abgewandelter Form – bei Matteo Pertschs Portal vorgegeben und prägt das Erscheinungsbild der Fassaden der Leichenhausentwürfe des Sohnes Joseph Pertsch.

5 a.a.O., S. 46
6 vgl. Wolfgang Bensch, L'Architetto Matteo Pertsch a Trieste. Nuove Considerazioni sulla sua vita e sulla sua opera, in: Archeografo Tristino 36, Triest 1976, Abb. 9 A u. B
7 Carrol Meeks, Italian Architecture 1750–1914, New Haven u. London 1966, S. 186
8 Allgemeine Bauzeitung Nr. 37, Jg. 1838, S. 352

Ein erstes Projekt (Kat.Nr. 65.2) zeigt eine Anlage, deren Mitte durch das Leichenhaus hervorgehoben ist. Die davon seitlich abgehenden Arkadengänge sind durch Pfeilerstellungen nach vorn rundbogig geschlossen, die einzelnen Joche sind kreuzgratgewölbt, nur die beiden äußeren sind als überkuppelte Hallen ausgebildet, die an der Fassade als Risalite ablesbar sind. Der Fassade des Leichenhauses ist ein dorischer Tetrastylportikus vorgelegt, dessen Triglyphenfries den ganzen Baukörper umspannt.

Ein zweiter Entwurf (Kat.Nr. 65.3) vergrößert das Leichenhaus um zwei Fensterachsen, denen zwei Arkaden weichen. Ein Loggienportikus gleicht die Verbreiterung bei gleichbleibender Gebäudehöhe optisch aus, darüber hinaus erhalten die beiden äußeren Fensterachsen durch Aufmauerungen mit Akroterien einen gewissen Eigenwert. Die Umwandlung des Satteldaches in ein Walmdach macht eine Verblendung der Lichtschächte an der Vorderseite überflüssig, sie wird an der Rückfront von einer durch ein Thermenfenster durchbrochenen Mauer geleistet. Die Rückseite nimmt durch eine Pilastergliederung und durch die leichte Abstufung des mittleren Baublockes die Einteilung der Fassade wieder auf. Die beiden ersten Entwürfe liegen zeitlich ein Jahr auseinander. Es scheint erst der in der Bausubstanz erweiterte zweite Entwurf der Münchner Baubehörde vorgelegt worden zu sein. Der weitere Fortgang der Planung zeigt, daß alles auf eine Reduktion der äußeren Monumentalität wie der Räumlichkeiten im Inneren hinauslief, die sogar den ersten Entwurf hinter sich ließ. Der dritte Entwurf (Kat.Nr. 65.4) zeigt schon die Kennzeichen eines Kompromisses. Die zeichnerische Ausführung des Blattes und die Präsentation des Gebäudes bleiben weit hinter den vorangegangenen Entwürfen zurück. Die Gestaltung der Fassade wurde als ein Konglomerat von Motiven bewerkstelligt, die Entwürfen entlehnt sind. Die Struktur des Grundrisses stammt vom zweiten Entwurf, wurde jedoch wieder auf die Größe des ersten zurückgenommen.

In einem letzten Entwurf (Kat.Nr. 65.5) wurde die Innendisposition neu angelegt, die separaten Aufbahrungskammern machen zwei größeren Räumen Platz, in denen mehrere Tote gleichzeitig aufgebahrt werden konnten. Ein ovaler Vorplatz und ein Besucherraum in der Mittelachse des Gebäudes ersetzen die Gänge der früheren Entwürfe. Der Wegfall der Licht-

schächte ermöglicht ein einfaches Walmdach.

Da Leo v. Klenzes Fassadenentwurf der Grundriß von Pertschs letztem Entwurf zugrundeliegt, hatte er ausschließlich künstlerische Gründe, selbst einen Entwurf vorzuschlagen.

Bei Pertsch fungiert das Leichenhaus als Zentrum der Arkadengänge, während es zugleich in der formalen Gestalt mit Portikus und geböschten Türen und Fenstern im Kontrast zur Erscheinung der Arkaden steht. Pertsch paraphrasiert in dieser Diskrepanz – wie auch schon in der Anlage der Gräberfelder in einem Raster – Formulierungen, wie sie in klassizistischen Friedhöfen in Italien vorgeprägt waren. In Anlehnung an den Campo Santo waren um die Wende zum 19. Jahrhundert in Pisa, Brescia, Genua und Verona bebaute Friedhöfe entstanden[7], die dem in Italien geborenen Pertsch bekannt gewesen sein dürften. In diesen Anlagen bilden Kapellen den Blickfang für die Arkaden und beide stehen zugleich relativ unvermittelt nebeneinander. Freilich wurde in den italienischen Friedhöfen für die Kapellen auf das Paradigma des Pantheons zurückgegriffen, wohingegen es sich bei Pertschs Leichenhausentwürfen eher um eine Adaption des Typus der oberitalienischen Renaissancevilla handelt.

Klenze bindet sein Leichenhaus (Kat.Nr. 65.6) stärker in die Arkaden ein. Der Bau ist durch seitliche Risalite mit Giebeln in der Horizontalen betont. Der Loggienportikus hat wie die Fenster Rundbögen erhalten, damit ist eine formale Entsprechung mit den Arkaden hergestellt. Das vom italienischen Renaissancepalazzo übernommene Motiv der Fenstereinfassungen mit einem Rundbogen, der von einem rechteckigen Rahmen umschlossen bleibt, hat Klenze schon für die Erdgeschoßfenster der Alten Pinakothek verwendet. Das dort isolierte Motiv bekommt am Leichenhaus strukturellen Wert, indem durch die horizontalen Abschlüsse der Fenster ein Gesims geführt wird, das in die Traufleiste der Arkaden übergeht.

Es findet sich kein Nachweis, daß Klenzes Leichenhaus gebaut wurde. Eine Nachricht in der Allgemeinen Bauzeitung, wonach die »Fassade für das Leichenhaus auf dem Gottesacker der Katholiken ... nach dem Plane des königl. bayerischen Geheimrath L. v. Klenze in dorischem Baustyle ausgeführt« wurde[8], steht allein und dürfte auf einer Information aus erster Hand beruhen. D. Erben

66.1

66 Pfarrkirche St. Pankratius, Aretsried bei Augsburg, 1828

Die katholische Pfarrkirche St. Pankratius gehört neben den Kirchen in Waldberg (1817) und der Kapelle auf dem protestantischen Friedhof in Augsburg (Kat.Nr. 64) zu den drei realisierten Kirchenbauten Johann Michael Voits. Nach mehreren Vorentwürfen von verschiedenen Architekten legte Voit 1827 Pläne für den Kirchenneubau vor[1], die sich heute jedoch nicht mehr nachweisen lassen.

Die Kirche erscheint als kastenförmiger Baukörper mit flachem Satteldach, in den auch der Chor einbezogen wurde. Der Turm des Vergängerbaues steht separat an der südlichen Längsseite, er wurde während des Neubaus nur aufgestockt. Die Westfassade wird durch einen niedrigen Vorbau mit zwei seitlichen Eingängen und kannelierten Eckpilastern betont. Zwischen dem Vorzeichen und der Kirchenwand vermitteln kannelierte, korinthische Pilaster und steigern zusammen mit einer Gesimsverdachung und einem rundbogigen Mauerrücksprung den Fassadencharakter. Im Inneren ist vor das Kirchenschiff ein schmaler Vorraum gelegt, in dem sich zwei Treppen auf die Doppelempore befinden. Das Schiff besteht aus einem weiten Saalraum mit Rundbogenfenstern, der sich in der Chorapsis fortsetzt, die zwischen zwei Sakristeien eingelassen ist.

An der Kirche von Aretsried werden die Grenzen des Saalbaus deutlich. War Voit mit der Augsburger Friedhofskapelle ein homogener, proportional ausgewogener Kirchenbau gelungen, so droht die Monumentalität der Kirche in Aretsried ins Monotone umzuschlagen.

D. Erben

67 Pfarrkirche St. Georg in Bachern bei Friedberg, 1831

In den Jahren nach 1820 unternahm die Gemeinde von Bachern mehrere Versuche, ihren spätgotischen Kirchenbau, der sich in einem für den Gottesdienst untauglichen, ruinösen Zustand befand und zudem außerhalb des Dorfes gelegen war, durch einen Neubau zu ersetzen. Die Genehmigung wurde 1830 erteilt.

Von Johann Michael Voit, damals Ingenieur am Augsburger Stadtbauamt, haben sich Alternativentwürfe für die Kirche erhalten. Voit hat eine Variante der Entwürfe bereits 1826 in seiner »Land-Baukunst« veröffentlicht, dabei läßt er keinen Zweifel daran, daß die Kirche nach diesem Entwurf tatsächlich ausgeführt sei, er vermeidet es jedoch, ihren Standort zu nennen.[1] Er plante die Kirche mit einem rechteckigen Schiff und schmäleren Anbauten für Chor und Turm, deren Satteldächer das Walmdach des Schiffes durchdringen. Er schreibt dazu: »Das Dach mußte, wie gesagt, mit Ziegeln bedeckt werden, und dem Dache des Hauptgebäudes ober dem Schiff wollte ich deswegen Walme geben, damit nicht vier Giebel entstehen sollen; auch die hohe Dachfläche scheint dadurch etwas gemildert und leichter zu werden.«[2] Eine Eingangstür mit Konsolverdachung befindet sich hinter einer hohen Arkade am Turmvorbau im Westen der Kirche. Ein zweites Portal führt an der Längsseite des Kirchenschiffes ins Innere, ihm liegt ein zweigeschossiger Sakristeianbau gegenüber. Voit hat diesen Eingang als Ädikula mit ionischen Pilastern ausgezeichnet, deren Architrav ursprünglich mit Rosetten geschmückt sein sollte. Er begründet diese unübersichtliche und unentschlossene Eingangslösung, durch die der Besucher um die ganze Kirche herumgeführt wird und dieser Weg zugleich durch ein zweites Portal abgekürzt werden kann, mit der Lage der Kirche: »Man konnte den Haupteingang in die Kirche nicht in die Giebelseite verlegen, welche an die Dorfgasse stößt, weil das Gebäude die Richtung gegen Abend hat, denn die Gemeinde und der Messe lesende Priester soll das Gesicht gegen Morgen gekehrt haben.«[3] Für den Lichteinlaß sorgen eine Reihe von hochliegenden Thermenfenstern. Dieser Art der Durchfensterung gibt Voit generell den Vorzug, denn »jede christliche Kirche soll ... im Innern angenehm erhellt seyn, und das Licht kann in hoch angebrachten Fenstern dahin fallen.«[4] Der Turm gleicht in der Anlage demjenigen der protestantischen Friedhofskapelle in Augsburg (Kat.Nr. 64), auf dessen Schmuckbekrönung jedoch zugunsten ei-

66.1 Ansicht der Pfarrkirche St. Pankratius in Aretsried (Abb.) Aufnahme 1985

Anmerkung zu Kat.Nr. 66:

1 vgl. die Bauakten im Diözesanarchiv Augsburg, Pfarrarchiv Aretsried, Nr. 6, Fach IV, Nr. 8

67.1 Johann Michael Voit
»Plan zur neuen Kirche in Bachern«, um
1825/1826
Feder, farbig aquarelliert; 36,6 × 44,7
Arch. Slg. TUM, Voit-Nachlaß

67.2 Johann Michael Voit
Grund-, Aufrisse und Schnitt für die
Pfarrkirche Bachern, um 1825/1826
(Abb.)
Feder, farbig aquarelliert; 38 × 46,3
Arch. Slg. TUM, Voit-Nachlaß

67.3 Michael Klein
»Ansicht der neuen Pfarrkirche in Ba-
chern Landgericht Friedberg«, 1830
Feder über Bleistift, aquarelliert; 32 × 45
Augsburg, Diözesanarchiv, Pfarrarchiv
Bachern (Nr. 44), Fach VI, Fasc. 3

67.2

1 Johann Michael Voit, Die Land-Baukunst in
allen ihren Haupttheilen oder Unterricht in
der Materialien-Kunde und Anleitung zur
Entwerfung der Pläne vorzüglicher öffentlicher und Privat-Gebäude dann zur Construction der Bauwerke, 4 Bde. Augsburg u.
Leipzig 1826–1829, Bd. I ... in besonderer
Rücksicht auf Gebäude des Kultus und der
Erziehung 1826, S. 309 ff., Taf. I; die Tafel-
abbildungen entsprechen dem Entwurf
Kat.Nr. 67.1
2 a.a.O., S. 311 f.
3 a.a.O., S. 309
4 a.a.O., S. 302
5 Diözesanarchiv Augsburg, Pfarrarchiv Bachern (Nr. 44), Fach VI, Fasc. 5, Im Schreiben der Pfarrgemeindevorsteher an das
Landgericht Friedberg vom 16.10.1830 werden die Architekten nicht genannt, die Pläne
sind nur durch die Beschreibungen zuzuordnen.
6 a.a.O., Fach I, Fasc. 2

nes einfachen Pyramidendaches verzichtet wurde. Die beiden Entwürfe Voits
stellen nur in ästhetischer Hinsicht Alternativen dar: Im einen Entwurf sorgt ein
Gurtgesims für eine Betonung der Horizontalen und den Anschluß der Anbauten
an das Kirchenschiff, im zweiten Entwurf
werden die einzelnen Baukörper durch
rustizierte Ecklisenen in ihrem Eigenwert
hervorgehoben, zugleich wird dem Kirchenbau ein Höhenzug verliehen.
Wie sehr solche formalen Fragen an den
Bedürfnissen und Möglichkeiten der Gemeinde in Bachern vorbeigingen, zeigen
die Argumente, mit denen in der Pfarrge-
meindeversammlung gegen die Entwürfe
Voits zugunsten eines weiteren, später
ausgeführten Planes entschieden wurde.
Gegen Voits Entwürfe wurde vorge-
bracht, daß »der Thurm am Eingange der
Kirche in die Kirche selbst eingebaut (ist),
dadurch geht nun in der Kirche sowohl
als Emporkirche bedeutend viel Raum
verloren.« Neben diesen funktionalen
Gesichtspunkten dürften für die Ablehnung der Entwürfe Voits letztlich die Ko-

sten ausschlaggebend gewesen sein, waren
doch für seine Planung 200 Gulden mehr
als für den gebauten Entwurf veranschlagt.[5] Der für diesen Entwurf verantwortliche Architekt geht aus den Akten
nicht zweifelsfrei hervor, es dürfte sich
jedoch um den Zeichner des Blattes, Michael Klein aus Schongau handeln, der als
Maurermeister auch den Bau der Kirche
ausführte.[6] Der Grundstein wurde am
11.4.1831 gelegt, am 28.10. des Jahres
waren die Arbeiten abgeschlossen. Der
Neubau wurde als einfache Saalkirche erstellt, deren Erscheinung vor allem durch
das weit überstehende Satteldach geprägt
wird. Der Eingangsvorbau besteht aus
zwei Säulen, die durch einen Rundbogen
verbunden sind und ein Satteldach tragen.
An den Seiten werden drei hohe Rundbogenfenster von den Thermenfenstern der
Empore und den Sakristeien an der Chorseite flankiert. Zwischen den Sakristeien
liegt im Inneren als schmale Nische der
Chor. Mit geringen Veränderungen besteht die Kirche im Gewand der Scheune
noch in dieser Form.   D. Erben

68–71 Kirchenbau in der Rheinpfalz

Bei Betrachtung der Kirchenbautätigkeit unter Ludwig I. fällt die große Anzahl von Kirchenum- und neubauten mit Beginn der Amtstätigkeit des Zivilbauinspektors August von Voit 1832 im sogenannten Rheinkreis auf. Dieser Aufschwung im Sakralbauwesen wird im Zusammenhang mit der besonderen gesellschaftspolitischen Situation in der Pfalz verständlich.

1816 war die linksrheinische Pfalz dem Königreich Bayern zugeschlagen worden. »Mit den Städten Mainz, Straßburg und Trier, den Hauptorten der französischen Departemente mit deren Abschnitte der Rheinkreis zusammengesetzt worden, war der Sitz der Bildungsanstalten und des Bauluxus ins Ausland gefallen.«[1] Nur durch eine Militärstraße mit dem Hauptstaatsgebiet verbunden, durch Zollgrenzen isoliert und einzig als Reichtumsressource für die bayerische Regierung benützt, geriet der Rheinkreis ohne wirtschaftliches Zentrum und Infrastruktur in eine schwere Krise. In Folge der zunehmenden Verarmung wanderten bis Anfang 1833 zwei Prozent der Bevölkerung nach Amerika aus. Aber nicht nur die wirtschaftliche Benachteiligung, auch die – von Bayern als Sonderregelung für die Pfalz akzeptierte – fortschrittliche napoleonische Gesetzgebung und das Vorherrschen des stärker säkularisierten und politisierten Calvinismus ließen den Pfälzer Bürgern die Restaurationspolitik Ludwig I. wenig vorteilhaft erscheinen; die Differenzen zum bayerischen Staat kumulierten 1832 auf dem Hambacher Fest. Gegen diese liberalen Tendenzen suchte der König seine Verbündeten besonders bei der katholischen Kirche. Die Gemeindepfarrer wurden aufgefordert, über »revolutionäre Umtriebe« zu berichten, verderbliche Bücher aus den Gemeinden zu entfernen und Vereine zu gründen, die gute Bücher unter das Volk bringen sollten.[2] Die Einrichtung rein katholischer Ausbildungsstätten verdankte sich dem Wirken des neueingesetzten Bischofs, der es sich »zur strengen Pflicht« gemacht hatte, keine anderen Forderungen an die Regierung zu stellen »als welche mir mein Amt im wohlverstandenen gemeinsamen Interesse der Kirche und des Staates zur Pflicht gemacht.«[3]

Vor diesem Hintergrund kann die Kirchenbautätigkeit unter der Oberleitung August von Voits als Gelegenheit für die katholische Kirche verstanden werden, sich neben dem Protestantismus zu etablieren. Für den König war sie eine Möglichkeit, durch den Einfluß der Geistlichkeit sowohl in katholischen als auch protestantischen Kreisen restaurative Tendenzen gegen den Liberalismus zu setzen. So ist es nicht verwunderlich, daß Voits Bautätigkeit vor allem in konservativen, königstreuen Kreisen gelobt wurde. Der Pfarrer Blaul z.B. sieht den Umbau der Speyrer Seminarkirche ganz im Sinne der erzieherischen Wirkung, die sich auch der König durch seine Kunst- und Religionspolitik für die Bevölkerung erhoffte: »Voit . . . soll noch ein junger Mann sein; umso besser, weil er zu desto schöneren Hoffnungen berechtigt. Rheinbayern darf wirklich froh sein, wenn es solche Männer erhält, welche dieser so ins Leben eingreifenden Kunst eine andere Richtung geben[4] . . . Eine gänzliche Reform dieses Kunstzweiges tut hier umso mehr not, weil im rheinbayerischen Volk der Sinn für das Schöne erst geweckt, der Geschmack erst geläutert werden muß . . . Voit scheint mir der Mann für diese Reform zu werden.«[5]   G. Schickel

1 Zit. in: H.-J. Kotzur, Forschungen zum Leben und Werk des Architekten August von Voit, Heidelberg 1978, Bd. 1, S. 394 Anm. 270

2 vgl. hierzu: L. Stamer, Kirchengeschichte der Pfalz, IV. Teil 1801–1918, Speyer, 1964, S. 147 ff.

3 ibid., S. 171, Bischof Geissel am 20.3.1841 an Minister Abel

4 als die »unchristlich« klassizistische (Anm. d. Verf.)

5 Zit. in: H. Reetz, August von Voit, Seine prot. Kirchenbauten in der Pfalz, in: Der Turmhahn, Heft 1/2, 1973, S. 4 nach: F. Blaul, Träume und Schäume vom Rhein, 1838

68.1 August Voit (Abb.)
Katholische Kirche in Brücken, Ansicht der Eingangsfassade, 3 Gesimsprofile (1834)
Rückseite: Ansicht wie Vorderseite mit Variante des Turmes und 2 Skizzen
Bleistift, farbig aquarelliert; 20,9 × 33,4
Arch. Slg. TUM, Voit 32.1

69.1 August Voit (Abb.)
Katholische Kirche in Neupotz, Ansicht der Eingangsseite mit Turm, 4 Ornament-Details, 1 Turmdetail (1835)
Feder und Bleistift; 26 × 35
Arch. Slg. TUM, Voit 33.1

68.1

69.1

68 Katholische Kirche St. Laurentius, Brücken, 1834–1839

Nachdem er sich schon 1829 mit der Bitte um eine Baugenehmigung für einen Kirchenneubau an den König gewandt hatte, reichte der Fabrikrat von Brücken 1833 den Antrag für eine Kollekte zur Aufbringung der Kosten des Vorhabens ein. In diesem Schreiben wird darauf hingewiesen, daß die alte Kirche »mehr den Namen eines feuchten, baufälligen Kapellchens verdient«[1] und für die ca. 1000 Gemeindemitglieder unbrauchbar sei. »Aus diesem Grunde müssen die Pfarrkinder sämtliche arme Bauersleute oder Arbeiter in den Bergkohlenwerken in ihrer Armuth, auch des Trostes der Religion entbehren.«[2]
1834 wurde endlich die Baugenehmigung erteilt und eine erste Planung von der kgl. Bauinspektion Zweibrücken durchgeführt. Ende des Jahres aber entwarf A. v. Voit das Projekt, das unter seiner Bauleitung auch fertiggestellt wurde.
St. Laurentius war ein materialsichtiger Sandsteinbau mit halbrunder Apsis und aufgesetztem Westturm. Während Gärtner, an dessen Stilvorgaben sich Voit häufig orientierte, in München ausschließlich italienisierende rundbogige Formen verwendete, schloß sich Voit in Brücken zumindest vorrübergehend deutschen romanischen Vorbildern an. Dies allerdings im Vergleich mit der späteren Kirche in Homburg noch sehr zurückhaltend und deutlich am klassizistischen Raumkubus haftend.

G. Schickel

69 Kath. Kirche St. Bartholomäus, Neupotz, 1837–1840

Da die alte Kirche von Neupotz für die wachsende Gemeinde zu klein geworden war, beschloß der Gemeinderat 1833 einen Neubau. Erste, nicht erhaltene Entwürfe des Baupraktikanten Köhler wurde vom Gemeinderat wegen des zu kleinen Chors und der Anlage von Sakristei und Taufkapelle beanstandet. Anstatt die vorliegenden Pläne auftragsgemäß umzuarbeiten, reichte A. v. Voit 1835 einen neuen Entwurf mit vereinfachtem Grundriß ein. Dieser wurde 1836 mit geringen Änderungen von der Obersten Baubehörde genehmigt. Den Wünschen des bischöflichen Ordinariats in Speyer entsprach eine Verlängerung des Chors, die ebenfalls beanstandete Unterbringung der Sakristei im Chor behielt Voit entgegen dem Einwand der kirchlichen Behörde, daß »nothwendig das Schöne dem Bedürfnis weichen muß«[1] jedoch bei.
Die Saalkirche mit rechteckigem Grundriß und ausgegliedertem Chor wurde als Backsteinbau mit architektonischen Ziergliedern in rotem Sandstein ausgeführt, ist aber getüncht. Die Verwendung von rundbogigen Formen und kräftigen »klassizistischen« Gesimsen kann als Beispiel für die mit dem Stilpluralismus eröffnete Beliebigkeit der stilistischen Motivwahl gelten.

G. Schickel

Anmerkungen zu Kat.Nr. 68:
1 GHA, XVI, 185, Den Kirchenbau zu Brücken im Baierischen Rheinkreise betreffend
2 ibid.

Anmerkung zu Kat.Nr. 69:
1 Zit. in: H.-J. Kotzur, Forschungen zum Leben und Werk des Architekten August von Voit, Heidelberg 1978, Bd. 2, S. 166f.

70.1

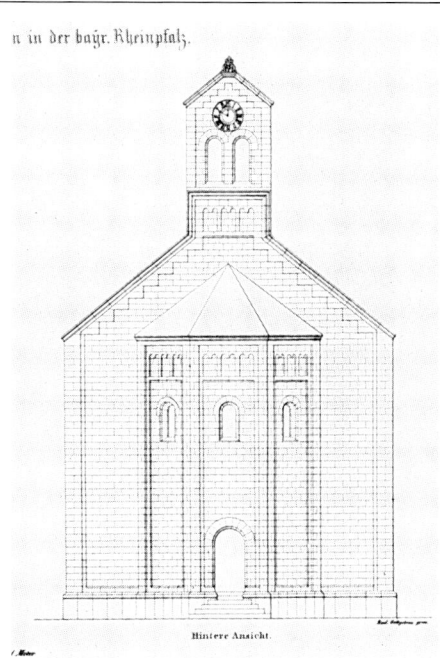

n in der bayr. Rheinpfalz.

Hintere Ansicht.

71.1 (Ausschnitt)

70 Kath. Kirche St. Jakobus, Schifferstadt, 1839/1840

Die Entwürfe Voits von 1839/1840 für den Neubau einer katholischen Kirche in Schifferstadt wurden nicht ausgeführt. Erst 1854 war die Gemeinde finanziell in der Lage, wenigstens eine Erweiterung der bestehenden Kirche durchzuführen. Voits Pläne für diesen Umbau sind nicht erhalten, so daß nicht überprüfbar ist, inwieweit der ausgeführte Bau seinen Vorschlägen entspricht.[1]

Die Entwürfe für das Neubauprojekt sahen eine dreischiffige Stufenhalle mit eingeschobenem, von Sakristeiräumen flankiertem Chorjoch vor. Mit diesem Entwurf, in dem der Turm vor die Fassadenwand gestellt und die ausgeschiedene Apsis in zweiter Variante als Chorpolygon angelegt ist, macht sich Voit in der Raumbildung vom Kirchentypus der »Anweisung« frei und bezieht sich mehr auf historische Vorbilder. Dies allerdings nicht im Sinne einer stilistisch getreuen Nachahmung – die Fensterformen zeigen den deutlichen Einfluß von Gärtners Ludwigstraßenbauten. Hier erweist sich der doppelte Bezug, der in Voits Bauten mehrfach beobachtet werden kann: einerseits der Rückgriff auf original mittelalterliche Bauten, andererseits auf die »modernsten« Gebäude historistischen Bauens.

G. Schickel

71 Protestantische Kirche, Elmstein, 1840–1843

Zu Voits letzten Arbeiten in der Pfalz zählt die protestantische Kirche in Elmstein. Die Veröffentlichung der Pläne als Anschauungsmaterial für die Architektenausbildung weist darauf hin, daß dieser Kirchenbau von der kgl. Akademie als vorbildlich angesehen wurde.[1] Als Voit im Mai 1840 die Entwürfe in München einreichte, erhielt er einen Monat später ohne Änderung die Baugenehmigung. Aus Kostengründen war zunächst der Beschluß ergangen, den Turm des Vorgängerbaus in den Neubau miteinzubeziehen. Als jedoch aufgrund einer Spende Ludwig I. und einer allgemeinen Hauskollekte mehr Mittel zur Verfügung standen, stellte der Pfarrer an Voit den Antrag, einen neuen Turm zu planen. Er argumentierte mit der »Stileinheit«: »Dieses Ziel wird nicht erreicht werden können, wenn dieser unförmliche Thurm in seiner nichtssagenden Stumpfheit die schönen Formen byzantinischer Kunst auf eine lächerliche Weise beeinträchtigen sollte.«[2] Voit kam dem Verlangen mit der Planung eines Dachreiters nach. Der einfache Rechteckbau mit polygoner Apsis und dem von Gärtners Blindeninstitut übernommenen Fassadenportal erhält seine Wirkung durch die Eigenwertigkeit des Materials der roten Sandsteinquader und die mehrschichtige Wandgliederung. Damit kündigt sich eine neue Qualität der Wandbehandlung an, die bereits auf den späten Historismus weist.

G. Schickel

70.1 August Voit (Abb.)
Katholische Kirche in Schifferstadt, Grundriß, 2 Ansichten der Schmalseiten, Querschnitt und Teillängsschnitt, Glockengeläut und Bleistiftornamente (1839/1840)
Feder; 35 × 48,3
Arch. Slg. TUM, Voit 36.1

71.1 August Voit (Abb.)
Protestantische Kirche in Elmstein
aus: Sammlung von Rissen von hauptsächlich in München ausgeführten Privat- und Gemeindegebäuden. Unter Hinzufügung der Details gezeichnet und herausgegeben von Joseph Unger und August Voit, München 1841–1846, 6. Heft, Bl. XLIII.

Anmerkung zu Kat.Nr. 70:

1 vgl. H.-J. Kotzur, Forschungen zum Leben und Werk des Architekten August von Voit, Heidelberg 1978, Bd. 2, S. 184ff.

Anmerkung zu Kat.Nr. 71:

1 Sammlung von Rissen von hauptsächlich in München ausgeführten Privat- und Gemeindegebäuden. Unter Hinzufügung der Details gezeichnet und herausgegeben von Joseph Unger und August Voit, München 1841–1846
2 zit. in: H.-J. Kotzur, Forschungen zum Leben und Werk des Architekten August von Voit, Heidelberg 1978, Bd. 2, S. 24f.

72.3

72 Synagoge, Fürth, Umbau 1831

Die Anfänge einer jüdischen Gemeinde in Fürth sind bereits am Beginn des 16. Jahrhunderts nachweisbar. Ihre Hauptsynagoge wurde im 1. Viertel des 17. Jahrhunderts, jedoch im spätgotischen Stil nach dem Vorbild der Pinkas Synagoge in Prag erbaut. Nach der Barockisierung der Inneneinrichtung – Leuchter, Thoraschrein, Almemor und Gitter der Frauenschule – 1692, erweiterte man am Anfang des 18. Jahrhunderts das Gebäude durch kleinere Anbauten. Um 1830 gehörte die Fürther jüdische Gemeinde ihrer berühmten Talmud-Schule wegen zu den größten und angesehensten Gemeinden in Deutschland. Als die Plätze in der Synagoge für die Zahl der Gemeindemitglieder zu knapp wurden, beabsichtigte die jüdische Gemeinde 1831 den Innenraum mit Emporeneinbauten ausstatten zu lassen. In einem Gutachten der städtischen Bauräte werden die Emporen als notwendig, aber als »keine Verschönerung« bezeichnet. Da jedoch »das schön construirte Gewölb dieses Tempels hinlänglich sichtbar verbleibt«[1], wurden die Umbaupläne des Direktors der Nürnberger Kunstschule Albert von Reindel geneh-

1 Stadtarchiv Fürth, Fach 27 No 17, Gutachten vom 22. Juni 1831
2 Kunstblatt (Hrsg. L. Schorn), 12. Jg. Nr. 91, 1831, S. 364

307

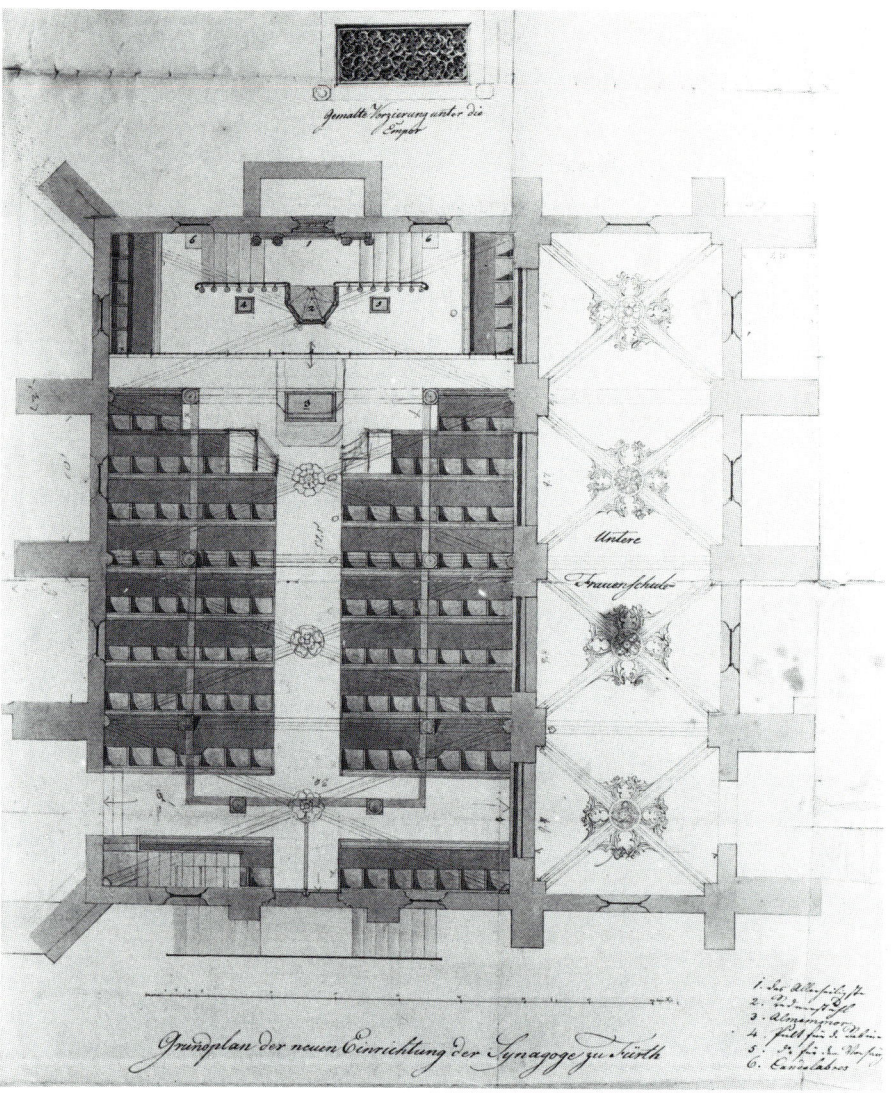

Gemalte Verzierung unter die Empor

Untere

Frauenschule

Grundplan der neuen Einrichtung der Synagoge zu Fürth

72.1

migt. Gleichzeitig erließ der Magistrat die Auflage, daß keine der Nebensynagogen geschlossen werden dürfe, um die Kauf- und Pachtpreise für die Plätze in der Hauptsynagoge nicht in die Höhe zu treiben. Ein zeitgenössischer Bericht über die Neuausstattung der Synagoge im Schornschen Kunstblatt bringt die von Reindel vorgenommene Gotisierung in Zusammenhang mit der reformerischen Gesinnung des neuen Rabbiners: »Es ist eine erfreuliche Erscheinung unserer Zeit, daß das Licht der Aufklärung sich immer mehr verbreitet ... Diese Reformen hatten denn auch zur Folge, daß man darauf dachte, die alte ... Synagoge ... inwendig nicht allein zu säubern, sondern anders und geschmackvoller einzurichten.«[2] Die den christlichen Kirchen entsprechende Stilwahl wurde also weniger als Reflex auf die vorhandene Bausubstanz verstanden, als als Ausdruck einer Annäherung an die christliche Umwelt, die sich im jüdischen Kultus z.B. auch durch die neueingeführte Verwendung der deutschen Sprache geltend machen sollte. Schon 1863–1866 baute man die Fürther Synagoge wegen erneuten Platzmangels abermals um und veränderte sie dabei völlig. Im November 1938 wurde die Synagoge von den Nationalsozialisten zerstört und schließlich ganz abgetragen.

G. Schickel

73.1 Friedrich von Gärtner (Abb.)
Synagoge in Ingenheim
Bleistiftskizze; 21,5 × 35,5
Arch. Slg. TUM, 1972/169

73.1

73 Synagoge, Ingenheim/Pfalz, 1829–1832

1829 reichte Bezirksinspektor Wolff für den Neubau der Synagoge von Ingenheim, der größten jüdischen Gemeinde in der Pfalz, einen klassizistischen Entwurf mit Portikus ein. Dieser Plan wurde nach vereinfachenden Abänderungen vom König zur Ausführung genehmigt. Als die israelitische Gemeinde jedoch Einspruch erhob und aus Kostengründen eine erneute Überarbeitung der Pläne forderte, beauftragte der Baukunstausschuß F. Gärtner mit der Anfertigung neuer Entwürfe. Gleichzeitig wurde in einer exemplarischen Debatte um die Stilwahl festgehalten, daß der »Unterschied zur christlichen Kirche ... sich nach Ansicht des Baukunstausschusses künftig nicht nur in der Weglassung des Turmes und der durch den jüdischen Kultus bedingten besonderen Einteilung und Ausstattung des Baues manifestieren, sondern darüber hinaus auch im Stil kundtun«[1] sollte.
Gärtner entwarf daraufhin einen längsrechteckigen Bau mit Treppengiebel und setzte am Portal und an den Fenstern Hufeisenbögen ein. Der nach diesem Plan ausgeführte Bau erhielt im Inneren Emporenarkaden im Rundbogenstil und eine von Voit entworfene ägyptisierende Ausstattung.
Die erstmalige charakterisierende Anwendung von Stilelementen des sog. »maurischen Stiles« in Bayern am Außenbau der Synagoge entsprach der vom Baukunstausschuß geforderten Absetzung des jüdischen Kultbaues gegenüber christlichen Kirchenbauten. Darüber hinausgehend lag der Akzent der Stilwahl jedoch auch auf der zeitgenössischen Klassifizierung der Juden als orientalisches, fremdartiges Volk.
Unter der Bauleitung von Wolff wurde die aus Privatmitteln finanzierte Synagoge 1832 fertiggestellt. Ihre Wirkung als Musterbau war bedeutend. Nicht nur die wenig später von Voit entworfenen Synagogen von Kirchheimbolanden und Speyer, sondern auch noch die von F. Bürklein um 1850 erbaute Synagoge von Heidenheim, standen deutlich unter dem Einfluß des Gärtnerbaues.
Die Ingenheimer Synagoge wurde in der sogenannten Reichskristallnacht niedergebrannt und wenig später vollständig abgebrochen.

G. Schickel

1 Hans-Jürgen Kotzur, Forschungen zum Leben und Werk des Architekten August von Voit, Heidelberg 1978, Bd. I, S. 398, Anm. 288

74 Synagoge, Kriegshaber bei Augsburg, Entwurf 1846

Schon 1843 bestand die Absicht, die alte Synagoge von Kriegshaber wegen Bauschäden durch einen Neubau zu ersetzen, aber erst 1846 wurden von J. Moninger Entwürfe eingereicht. Wegen ungenügender Finanzmittel konnte das vom König genehmigte Projekt nicht ausgeführt werden.

Die neue Synagoge von Kriegshaber sollte an der Straße nach Augsburg auf einem freien Wiesengrundstück in wenig repräsentativer Umgebung errichtet werden. Moninger orientierte sich mit der Grundkonzeption seines Entwurfs deutlich an Métiviers Münchener Synagoge von 1825.[1] Die Stellung des Gebäudes mit der Breitseite zur Straße, der längsrechteckige Grundriß mit Vorhalle, Frauenemporen und dem Thoraschrein in der Apsis sowie die Gliederung der Fassade sind von dem konventionellen klassizistischen Vorbild entlehnt. Einige wenige Unterschiede in der Gebäudeanlage und die veränderte Formensprache deuten jedoch auf ein gewandeltes Bauverständnis im Zusammenhang mit der Emanzipation der israelitischen Kultusgemeinden und der damit einhergehenden Forderung nach einem neuen Synagogentypus, wie er schon mit Gärtners Ingenheim entwickelt worden war, hin. So setzt Moninger vor die Fassade eine aufwendige Freitreppenanlage mit Rampen, die zu den nach jüdischem Brauch getrennten Eingängen für Männer und Frauen führen, behält aber gleichzeitig den traditionellen Haupteingang gegenüber dem Thoraschrein an der quer zur Straße liegenden Stirnseite des Baues bei. Die Stellung des Almemors ist wohl im Zusammenhang mit den 1845 auf der Rabbinerversammlung in Frankfurt am Main beschlossenen Kultusreformen leicht zum Thoraschrein hin verschoben. Wieder sind – nach Gärtners Vorbild – die Fensterformen als charakterisierende Stilelemente verwendet, in einem nicht genehmigten Vorentwurf fehlt auch der in die Fensterbögen eingesetzte Davidstern nicht. Neu ist die Gestaltung des Innenraums. Durch orientalisch anmutende, filigrane Ornamentik wurde versucht, dem stilistischen Charakter des Außenbaues zu entsprechen, also eine Übereinstimmung von Außenbau und Innenraum herzustellen, die in vielen Vorgängerbauten noch nicht gegeben war.

G. Schickel

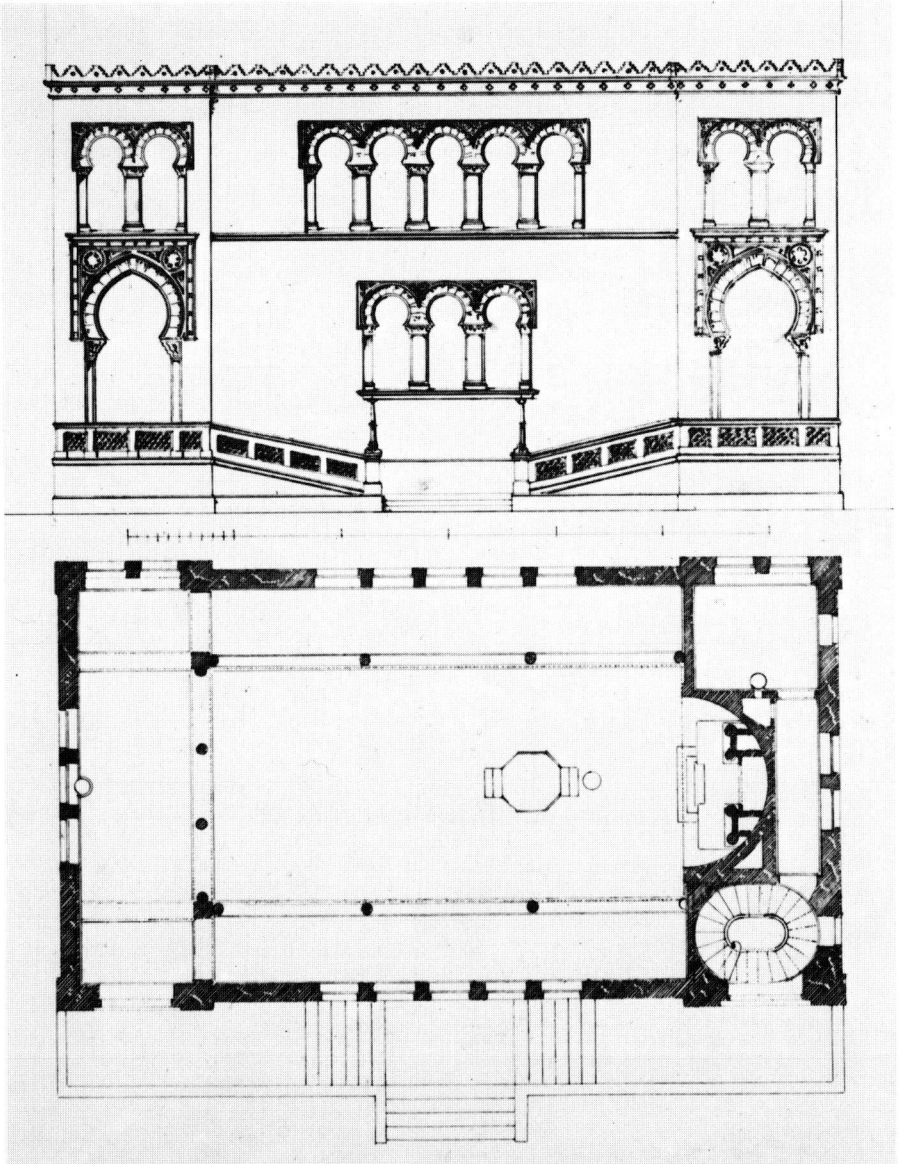

74.1

74.1 Johann Moninger (Abb.)
Synagoge in Kriegshaber, Grund- und Aufriß
Federzeichnung; 39,6 × 47,5
Arch. Slg. TUM, Gs 2550

74.2 Johann Moninger
Synagoge in Kriegshaber, Querschnitt- und Seitenansicht
Federzeichnung mit Bleistift; 44 × 59,6
Arch. Slg. TUM, Gs 2553

1 vgl. G. Dischinger, Ehem. »Tempel der Israeliten«, in: W. Nerdinger (Hrsg.), Klassizismus in Bayern, Schwaben und Franken, Ausst. Kat. München 1980, S. 112ff.

75.1 Regensburg, Untere Bachgasse 3, Synagoge nach dem Umbau, 1841 (Abb.)
Original verschollen, Foto nach I. Meyer, Zur Geschichte, Abb. 14

75.2 Regensburg, Untere Bachgasse 3, Inneres der Synagoge, 1841
Original verschollen, Foto nach I. Meyer, Zur Geschichte, Abb. 15

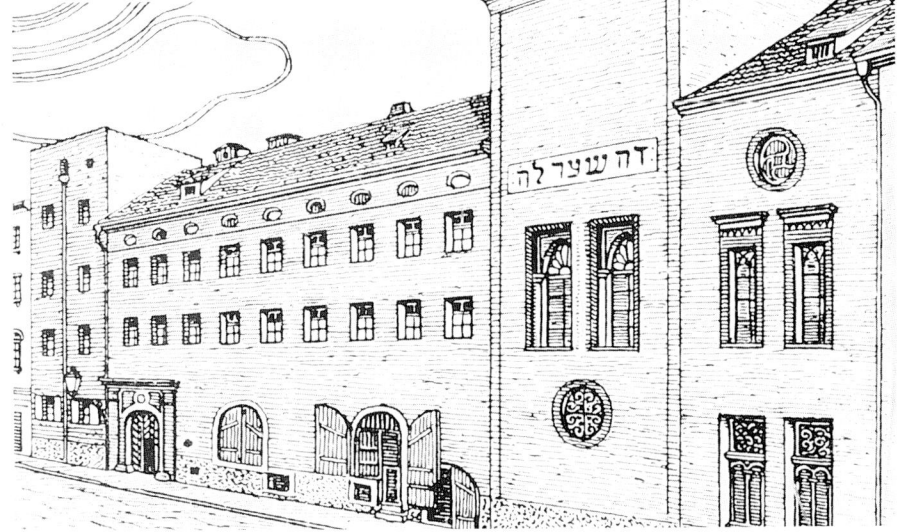

75   Synagoge, Regensburg, 1841

Die 1519 aus Regensburg vertriebenen Juden konnten sich erst am Ende des 17. Jahrhunderts wieder in der Stadt ansiedeln. Zu Beginn des 18. Jahrhunderts richtete sich die Gemeinde im Haus B 91 »Hinter der Grieb« eine Synagoge ein.[1] Nach fast 140jähriger Benützung dieses Gebäudes entschloß sich die jüdische Gemeinde, da sich das alte Ritualbad in einem gesundheitsgefährdenden Zustand befand, ein neues und größeres Synagogenlokal zu errichten. In der Unteren Bachgasse E 2 erwarb man 1838 das ehemalige Gasthaus zum goldenen Brunnen, das vormalige Stammhaus des Bürgergeschlechts der Steyrer, und das südlich anschießende Haus der Woller mit Turm und Verenakapelle aus dem 13. Jahrhundert.[2] Der Gebäudekomplex bestand aus einem langgestreckten Wohnhaus, das von zwei Wohntürmen flankiert wurde und der im Süden gelegenen Verenakapelle. Im südlichen der beiden Türme richtete man den Synagogenraum ein, in der Verenakapelle einen Vorraum. Das Wohnhaus nahm Ritualbad, Volksschule, Gemeindesitzungszimmer, Lehrerwohnung und Wohnräume für arme Gemeindemitglieder auf.[3] Nach zweijähriger Umbauzeit konnte am 2. April 1841 die Synagoge eröffnet werden.[4] Die Regensburger Zeitung vom 5. April 1841 würdigte die Verdienste der Gemeinde in einem Artikel: »Die Synagoge ist im Spitzbogenstyle stattlich erbaut und überzeugt den Beschauer, daß die Gemeinde zur Herstellung eines würdigen Gotteshauses weder Mühe noch Kosten gescheut hat ... Die Leiter des Baues haben jedenfalls auf den Dank ihrer Glaubensgenossen Anspruch zu machen.«[5] Von der Außen- und Innenansicht bildet Isaak Meyer je eine Zeichnung ab, die uns das Aussehen der 1938 abgebrochenen Synagoge dokumentieren.[6]

An der Fassade des Turmes wurde der Zinnenkranz beseitigt und durch ein Hohlkehlengesims erneuert. Die alten gotischen Fenster wurden ausgebrochen und durch Rundbogenfenster im »maurischen Stil« mit Rechteckrahmung ersetzt.[7] Die Zufahrt zum Turm wurde zugesetzt und mit einem Rundfenster versehen, ebenso wie an der Westfassade der ehemaligen Verenakapelle.

Das Innere des Turmes stattete man ganz im Sinne der Gotik aus. Der durch zwei Geschosse reichende Betraum erhielt an drei Seiten eine Empore mit von Vierpässen geschmückter Balustrade. Im Osten erhob sich der vielteilige neugotische Schrein, der auf Vorbilder des 14. Jahrhunderts zurückgehen soll. Ein neues gotisches Gewölbe aus Brettern mit unterlegten stuckierten Rippen wurde mit goldenen Sternen auf blauem Grund bemalt. Merkwürdig erscheint die Diskrepanz zwischen Entgotisierung der äußeren Gestalt und gotischer Innenausstattung, welche letztere den Eindruck einer christlichen Kapelle gab. Harold Hammer-Schenk sieht in der andersartigen Außenform die Möglichkeit einer gewissen Furcht bei der jüdischen Gemeinde, »mit öffentlich gezeigten christlichen Bauformen zu großes Aufsehen zu erregen.«[8] Möglicherweise war die Gemeinde bei der Wahl des Baustils auch durch die gerade im Entstehen befindliche fürstliche Gruftkapelle im Kreuzgang zu St. Emmeram beeinflußt worden. Der Architekt des Synagogenbaus ist noch unbekannt.

H. Reidel

1 Isaak Meyer, Zur Geschichte der Juden in Regensburg, Berlin 1913, S. 35

2 Vgl.: Richard Strobel, Das Bürgerhaus in Regensburg, Tübingen 1976, S. 46. Über den Erwerb berichtet Jakob Guggenheimer am 16.3.1838 an den Stadtmagistrat (Stadtarchiv Regensburg, Zentralregistratur 644)

3 Meyer, 1913, S. 75

4 Harold Hammer-Schenk, Synagogen in Deutschland. Geschichte einer Baugattung im 19. und 20. Jh. (1780–1933), 2 Bde., Hamburg 1981, S. 248

5 Regensburger Zeitung vom 5.4.1841, Nr. 81

6 Meyer, 1913, Bild 14 und 15

7 Hammer-Schenk, 1981, S. 248

8 Hammer-Schenk, 1981, S. 249

78.1 Cramer-Klett'sche Maschinenfabrik, um 1855, Nürnberg Stadtgeschichtliche Museen

VI. Wirtschaft und Industrie

Zwei Drittel der bayerischen Bevölkerung waren zur Zeit Ludwigs I. in der Land- und Forstwirtschaft tätig, etwa ein Viertel in Handel und Gewerbe. Die Lage der Bauern war besonders schlecht, da nur ein geringer Prozentsatz die Grundfreiheit erwerben konnte und somit ein Großteil der Bevölkerung in nahezu totaler wirtschaftlicher und rechtlicher Abhängigkeit verblieb. Auch für die Arbeiterschaft bedeutete die Regierungszeit Ludwigs I. einen ständigen Abstieg des Lebensstandards, weshalb es immer wieder zu sozialen Spannungen kam. 1847 erreichte der Bruttoreallohn der Arbeiter einen absoluten Tiefstand. Das Zunftwesen hatte zwar eine Reform 1804 beseitigt, das 1825 erlassene Gewerbegesetz war jedoch mit zahlreichen Einschränkungen zur Konzessionserteilung versehen, und das Gewerbewesen wurde insgesamt so wenig unterstützt, daß es auch in diesem Bereich zu keinem Aufschwung kam. Bezeichnenderweise stiegen die Staatseinnahmen in 30 Jahren insgesamt nur um knapp 10%, im Gegensatz zu 30% Anstieg in Baden oder Preußen.

Eine verstärkte Industrialisierung begünstigte Ludwig I. sowieso nicht, denn sie paßte nicht in sein patriarchalisch-konservatives Weltbild. Zwar entstanden vereinzelt Industriebetriebe, wie z.B. seit 1817 die Druckmaschinenfabrik Koenig & Bauer im säkularisierten Kloster Oberzell bei Würzburg, aber erst Ende der 30er Jahre setzte in Augsburg und Nürnberg die Frühindustrialisierung ein. Augsburg wurde zum Zentrum der bayerischen Textilproduktion, in Nürnberg versammelten sich besonders metallverarbeitende Betriebe. Der Aufschwung des Eisenbahnwesens trieb dabei besonders die Entwicklung der Firmen Kramer-Klett (Monopol für Waggonbau) und Maffei (Lokomotiven) voran. Eine besondere bauliche Differenzierung ist in dieser Frühphase aber noch kaum zu finden. 1847 erkannte zwar auch Ludwig, daß durch die Ausbeutung in Fabriken »dem Communismus in die Hände gearbeitet wird«, Maßnahmen für das Proletariat wurden allerdings nicht ergriffen.

W.N.

77.1

76.1

76 Tuchfabrik in Wöhrd an der Pegnitz, 1822–1844

Der Nürnberger Kaufmann Johann Philipp Lobenhofer betrieb seit 1822 eine nach englischem Vorbild ausgestattete Tuchfabrik in Wöhrd. Die Anlage war einer der frühesten Textilbetriebe Bayerns. Vgl. Aufsatz Chr. Koch, S. 70f.

77 Maschinenfabrik J. W. Spaeth am Dutzendteich, 1825

J. W. Spaeth errichtete anstelle eines Hammerwerks eine Maschinenfabrik, die in Form und Maßstäblichkeit dem Vorgängerbau noch angepaßt war. Als Energiequelle diente der Wasserlauf, bis 1848 eine Dampfmaschine aufgestellt wurde. Vgl. Aufsatz Chr. Koch, S. 71f.

78 Maschinenfabrik mit Eisengießerei Cramer-Klett, Nürnberg, 1838

Aus einer kleinen maschinengestützten Werkstatt baute der Nürnberger Kaufmann Klett ab 1841 eine moderne Fabrik und Eisengießerei mit Dampfmaschinenbetrieb auf. Für die Serienproduktion von Eisenbahnwaggons wurde ab 1849 eine ständig wachsende Fabrikanlage geschaffen. Vgl. Aufsatz Chr. Koch, S. 72f.

79 Maschinenfabrik Joseph Anton von Maffei, Hirschau bei München, 1837

1837 erwarb der Kaufmann Joseph Anton von Maffei ein Hammerwerk bei München, das er zur Maschinenfabrik ausbaute. Hier entstand mit Hilfe von englischen Ingenieuren und Arbeitern 1841 die erste Lokomotive. Parallel mit der Entfaltung des Eisenbahnwesens entwickelte sich auch die Maschinenfabrik zu einer Großindustrieanlage. Vgl. Aufsatz Chr. Koch, S. 73

80 Lackier-Fabrik Martin Denecke, Nürnberg, 1840

Der Betrieb stellte maschinell Holz- und Blechdosen her, unterschied sich aber in der architektonischen Anlage noch kaum von den umliegenden älteren Handwerkerhäusern. Vgl. Aufsatz Chr. Koch, S. 74

81 Bleistiftfabrik A. W. Faber, Stein bei Nürnberg, 1840

1840 führte A. W. Faber als erster Produzent von Bleistiften eine maschinelle Herstellung ein. Für diese mechanisierte, arbeitsteilige Produktion wurde ein entsprechender Fabrikneubau errichtet. Vgl. Aufsatz Chr. Koch, S. 74

76.1 Tuchfabrik in Wöhrd an der Pegnitz, Aufnahme um 1900 (Abb.)
Bildstelle Stadt Nürnberg
77.1 Georg Friedrich Wilder (Abb.)
Spaethsches Hammerwerk am Dutzendteich, um 1840
Foto nach Aquarell
Nürnberg, Stadtgeschichtliche Museen N.F.Nr. 1144.1
78.1 Cramer-Klettsche Maschinenfabrik, um 1850 (Abb. 312)
Lithographie; 22,5 × 12,5
Nürnberg, Stadtgeschichtliche Museen, Inv.Nr. 2081
79.1 Hof in der Maschinenfabrik Kraus-Maffei, um 1850 (Abb.)
Kupferstich; 23,5 × 15,5
Mstm, P 34/3364
79.2 Auf dem Fabrikhof von Kraus-Maffei
Xylographie (Abb.)
aus: Leipziger Illustrierte Zeitung
79.3 Die Montierungswerkstätte bei Kraus-Maffei
Xylographie
aus: Leipziger Illustrierte Zeitung
80.1 Lackierfabrik Martin Denecke, um 1850 (Abb.)
Radierung; 15,5 × 12,8
Nürnberg, Stadtgeschichtliche Museen Inv.Nr. St B zu Nr. 1485, 1/62
81.1 Bleistiftfabrik Faber-Castell (Abb.)
Werkseinfahrt und Fabrikgebäude, Aufnahme 1872
Faber-Castell, Centralarchiv
81.2 Bleistiftfabrik Faber-Castell (Abb.)
Acht Ansichten der Fabrikräume
Lithographien koloriert; 26,0 × 16,0
Faber-Castell, Centralarchiv

80.1

79.1

81.1

81.2

79.2

81.2

81.2

81.2

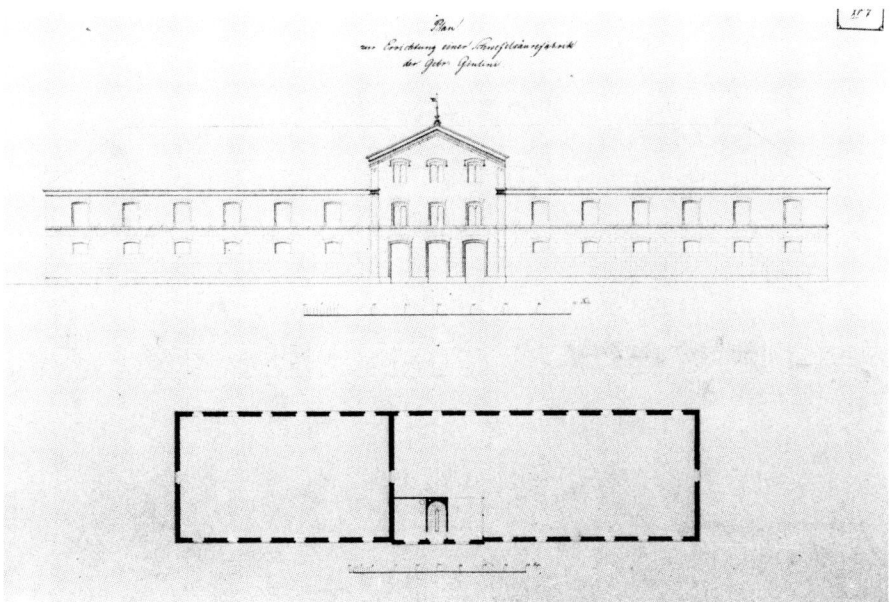

82.1

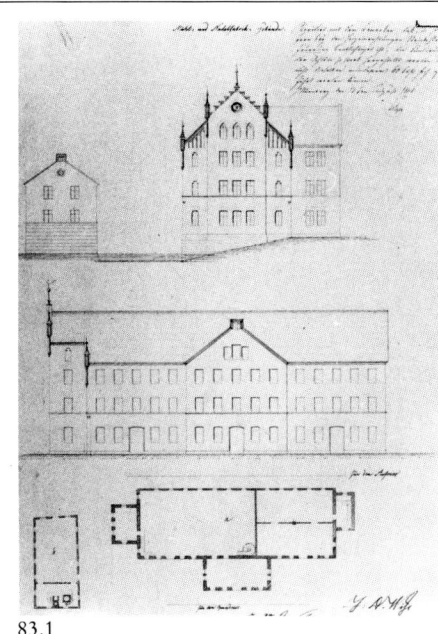

83.1

82 Schwefelsäurefabrik der Gebr. Guilini, Gostenhof bei Nürnberg, 1842

Die Brüder Guilini besaßen bereits in Mannheim eine Schwefelsäurefabrik. Da in Nürnberg der Bedarf an Säure aus dem Ausland gedeckt werden mußte, rechneten sie sich dort gute Absatzchancen aus und ließen einen Fabrikbau planen, der 1842 in Betrieb genommen wurde. Vgl. Aufsatz Chr. Koch, S. 74

83 Mühl- und Nadelfabrik J. D. Wiß, Nürnberg, 1845

1845 erwarb der Nürnberger Kaufmann Wiß die Katharinenmühle, um an ihrer Stelle eine Nadelfabrik zu errichten. Der entsprechend der Nürnberger Bautradition mit neugotischem Dekor errichtete Bau wurde nach einer Beschwerde der Bäcker und Mehlhändler als Kunstmühle genützt. Vgl. Aufsatz Chr. Koch, S. 74f.

84 Ultramarin-Fabrik, Nürnberg, 1840

Thomas Leykauf entdeckte die künstliche Herstellung des Ultramarinfarbstoffes, die sein Schüler F. W. Heyne weiterentwickelte. Dessen Schwager Johannes Zeltner finanzierte den Aufbau einer Fabrik im Vorort Steinbühl, die in der zweiten Jahrhunderthälfte zu einem der größten Betriebe Nürnbergs wurde. Vgl. Aufsatz Chr. Koch, S. 75

85 Mechanische Baumwollspinnerei und Weberei, Augsburg, 1837–1838

Die »Gesellschaft für die mechanische Baumwoll-Spinnerei und Weberei in Augsburg« wurde 1837 durch das Bankhaus Schaezler gegründet. Noch vor der Erteilung der Fabrikkonzession durch die bayerische Staatsregierung begann man im gleichen Jahr mit der Planung, ein Jahr später mit dem Bau des Werkes auf dem Gelände am Proviantbach.[1] »Vor den Toren entstanden riesenhafte Fabrikkasernen; innerhalb der Mauern dagegen sind überhaupt seit Jahrzehnten kaum ein paar Neubauten aufgestiegen.«[2] Riehls Äußerung wirft ein Licht auf den Fabrikanten als dem potentesten Bauherrn der Zeit und läßt zugleich die Bindungslosigkeit des Einzelbetriebes an der Peripherie in der städtebaulichen Situation erahnen. Als Architekt konnte der Weinbrenner-Schüler Ludwig Lendorff gewonnen werden, die Bauleitung lag in den Händen des Ingenieurs Ludwig Kraemer aus Neuburg a.D. Ein Jahr vor dem Planungsbeginn in Augsburg hatte Lendorff die Spinnerei und Weberei in Ettlingen entworfen[3] und dort – wie dann auch beim Augsburger Bau – mit einem mehrgeschossigen, einfachen rechteckigen Baukörper, der auf reichere architektonische Schmuckformen verzichtete, einen Typus des Fabrikbaus verwirklicht, wie er in England mit den mehrgeschossigen Mühlen der Textilindustrie vorgeprägt war.[4]

In Augsburg handelt es sich um einen sechsstöckigen, schmalen Backsteinbau mit Segmentbogenfenstern und flachem Walmdach. Er war ursprünglich nur auf

82.1 Schwefelsäurefabrik, Grund- und Aufriß (Abb.)
Feder; 50,4 × 39,6
StA Nürnberg, Planslg. der Reg. von Ansbach, Mappe XV/7

83.1 Mühl- und Nadelfabrik (Abb.)
Feder; 34,7 × 51
StA Nürnberg, Planslg. der Reg. von Ansbach, Mappe XV/14

84.1 B. K. Heller (Abb.)
Ultramarinfabrik, um 1850
Foto nach Lithographie
Privatarchiv Zeltner

84.2 Ultramarinfabrik mit Ludwigsbahn, um 1850 (Abb.)
Kupferstich; 8,4 × 13,4
Nürnberg, Stadtgeschichtliche Museen, Inv.Nr. Hopf 2203

84.3 Ultramarinfabrik Nürnberg, um 1850
aus: Leipziger Illustrierte Zeitung 1855

1 zur Firmengeschichte vgl. die Akten im BHStA, MH Nr. 5677 und im Stadtarchiv Augsburg, Bestand 1, Nr. 1247 sowie die Festschrift: Hundert Jahre Mechanische Baumwoll-Spinnerei und Weberei Augsburg, o.O.u.J. (Augsburg 1937)
2 Wilhelm Heinrich Riehl, Augsburger Studien (1857), in: ders., Culturstudien aus drei Jahrhunderten, Stuttgart 1862, S. 317
3 zur Person Lendorffs und zum Ettliger Bau vgl. Wolfgang Müller-Wiener, Die Entwicklung des Industriebaues im 19. Jahrhundert in Baden, Diss. T. H. Karlsruhe 1955, S. 83ff.
4 zur Typenbildung vgl. Wolfgang Müller-Wiener, Art. »Fabrikbau« in: RDK, Bd. 6, München 1973

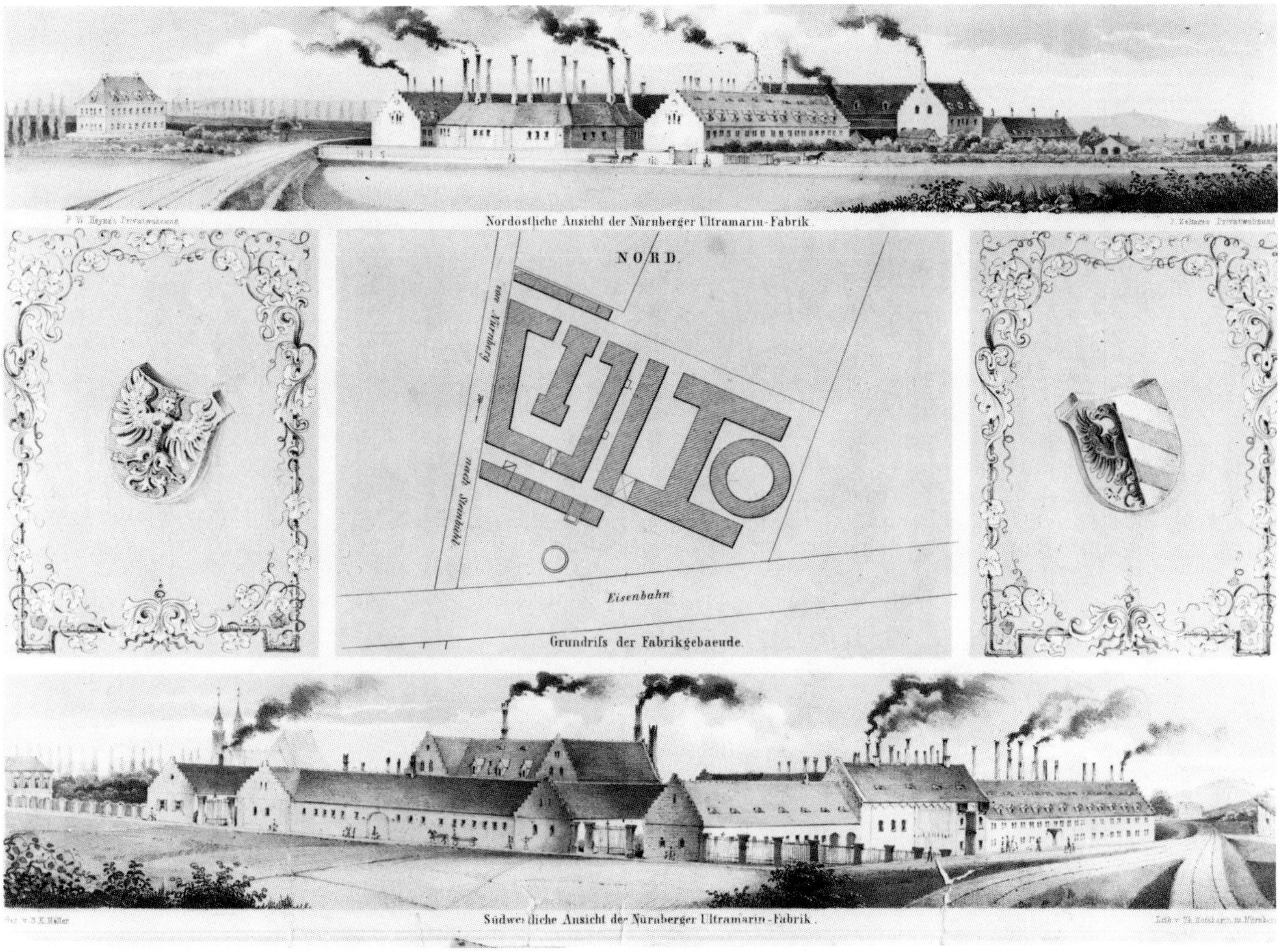

F. W. Heyne's Privatwohnung

Nordöstliche Ansicht der Nürnberger Ultramarin-Fabrik.

J. Zeltner's Privatwohnung

NORD.

Eisenbahn

Grundriß der Fabrikgebaeude.

Gez. v. S. K. Heller

Südwestliche Ansicht der Nürnberger Ultramarin-Fabrik.

Lith v. Th. Rothbarth in Nürnberg

84.1

Die Gebäude der Nürnberger Ultramarinfabrik.

84.2

fünf Geschosse mit Rundbogenfenstern und rustiziertem Erdgeschoß angelegt (Kat.Nr. 85.1). Jede der Etagen bildete einen langen Arbeitssaal mit jeweils zwei Reihen Innenstützen, an dessen Enden Versorgungsbereiche mit Treppen, Aborten und kleineren Räumen für verschiedene Zwecke lagen. Der Fertigungsprozeß verlief von oben nach unten, wobei in den oberen Sälen die leichteren Spinnmaschi-nen, in den mittleren die Kartätschen und in den unteren die schweren Webmaschi-nen aufgestellt waren. Die Maschinen wurden aus England importiert. Für die Innenkonstruktion wurde noch Holz an Stelle eines Gußeisenskeletts, wie es in England schon gebräuchlich war, verwen-det. Der hohe Grundwasserspiegel des Baugrundes machte es nötig, den Haupt-bau des Werkes auf einem hölzernen Rost

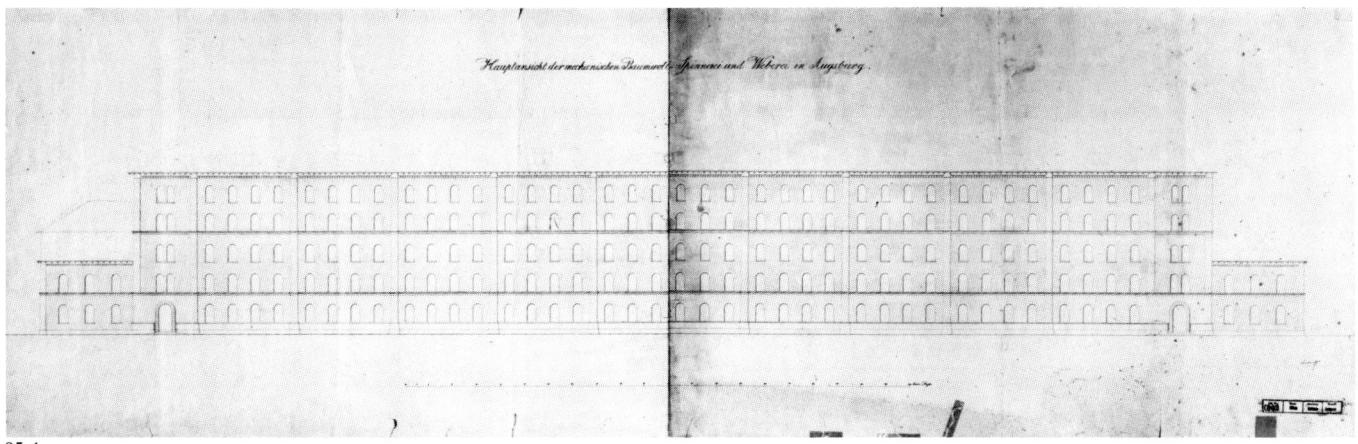

85.1

zu fundieren. Zwei Wasserturbinen in dem niedrigen Anbau an der Stirnseite des Hauptgebäudes über dem Kanal dienten zur Energiegewinnung. Weitere Gebäude mit verschiedenen Funktionen lagen in einer gestreuten Bebauung auf dem Werksgelände.
Über die Energieverteilung im ganzen Werk mittels Transmissionen gibt ein Bericht Auskunft, der zur Eröffnung am 27. August 1840 erschienen ist: »Die das Ganze bewegende Kraft geht von zwei Turbinen ... aus. ... ober dem Wasser vereinigen sie mittelst kolossaler Räder ihre Kraft, die hier von der senkrechten zu horizontalen sich umändert, und einen eisernen Wellenbaum, so lang als das ganze Gebäude, in Bewegung setzt. ... Von dem Wellenbaum geht außer lokaler Bewegungsmittheilung zugleich die Bewegung eines perpendikulären, in der Mitte des Gebäudes sich befindlichen andern großen Wellenbaumes aus. ... Dieser perpendikuläre Wellenbaum setzt wieder andere horizontale Wellenbäume in den oberen Sälen, die aber natürlich nicht mehr so kolossal sind als der unterste, in Bewegung, von denen sie mittelst vieler Trommeln und Riemen auf die einzelnen Maschinen übergeht.«[5] Die Energieverteilung und eine Folge von maschinellen, arbeitsteiligen Verarbeitungsstufen des Rohstoffes zum Tuch wurden unter einem Dach zu einer Einheit zusammengefaßt, sie diktierten die Disposition des Gebäudes. Innerhalb dieses Rahmens blieb ein formaler Spielraum, den der Architekt souverän genutzt hat.
Der reinen Zierde dienen nur die Blendarkaden an der Traufleiste, die übrigen Gliederungen stehen im Zusammenhang mit der Konstruktion. Lendorff erweckt durch die Verwendung zweier Typen von Wandvorlagen an den Längsseiten und einer differenzierten Rhythmisierung an der Fassade den Eindruck einer Zentralisierung. Die horizontale Mitte wird

durch ein verstärktes, profiliertes Gesims betont. Indem die Wandpfeiler nach oben schlanker werden, nehmen sie dem Baukörper in der Höhe die Schwere; das gleiche leistet die hierarchische Einteilung der Stockwerke durch ein ausgeschiedenes Erdgeschoß und ein Mezzaningeschoß unter dem Dach.
In der Ansicht Kraemers (Kat.Nr. 85.3) werden diese Effekte besonders hervogehoben. An Stelle der rechteckigen Wandvorlagen läßt er oktogonale Strebepfeiler stark plastisch aus der Wand hervortreten. Wie sehr seine Darstellung insgesamt idealtypisch überhöht ist, zeigt die Wiedergabe des Heizwerkes im Vordergrund. Die auf geometrische Körper reduzierte Anlage und die Erhebung des Schornsteines als freigestellte dorische Säule mit Kämpferplatte zum Monument sind dem Formenschatz der Revolutionsarchitektur entlehnt.
Lendorffs weitgehende Beschränkung der Formen auf das konstruktiv Notwendige ermöglicht es, den Bau mit den Begriffen der Materialgerechtigkeit und der Konstruktionswahrheit zu charakterisieren, wie sie von der zeitgenössischen Architekturtheorie erarbeitet wurden. Heinrich Hübsch, wie Lendorff ein Schüler Friedrich Weinbrenners in Karlsruhe, hatte aufgrund »technostatischer« Erwägungen den Rundbogenstil postuliert. Er argumentiert funktional-konstruktiv, wenn er sagt: »Wie der oberste Grundsatz in der Kunst Wahrheit sein soll, so darf man die leeren Wände, welche aus der Bestimmung hervorgehen, nicht durch fingirte Constructionen verblenden«; in diesem Sinne rechtfertigt er auch Wandvorlagen: »Es sei übrigens zum Troste derjenigen, welche demnach in dem neuen Style fast zu lange glatte Wände befürchten, gesagt: daß auch selbst wenn die innere Decke nicht gewölbt ist, und also kein Seitendruck auf einzelne Puncte der Wände statt findet, es dennoch in den meisten

85.1 Ludwig Lendorff
»Hauptansicht der mechanischen Baumwoll-Spinnerei und Weberei in Augsburg«, 1837 (Abb.)
Feder über Bleistift; 189 × 61
Augsburg, Techn. Archiv der mech. Baumwollspinnerei (SWA)
85.2 Ludwig Lendorff
»Mechanische Baumwoll-Spinnerei und Weberei in Augsburg. Theil des Länge-Durchschnittes«, 1837
Feder über Bleistift; 95,5 × 68
Augsburg, Techn. Archiv der mech. Baumwollspinnerei (SWA)
85.3 Ludwig Kraemer
Idealansicht der mech. Baumwollspinnerei und Weberei (Abb.)
Kupferstich; 37,5 × 25,8
Augsburg, Städt. Kunstsammlungen, Inv.Nr. G 19380

5 Augsburger Tagblatt, Nr. 237 vom 29. August 1840
6 Heinrich Hübsch, In welchem Style sollen wir bauen? (1828), Repr. Karlsruhe 1984, S. 47f.
7 Allgemeine Bauzeitung, Nr. 37, Jg. 1838, S. 352

85.3

1 zur Firmengeschichte vgl. die Festschrift 100 Jahre Augsburger Kammgarnspinnerei 1836–1936. Ein Beitrag zur Geschichte des Deutschen Wollgewerbes, Augsburg 1936, S. 52ff.

Fällen entschieden vortheilhaft ist, an den Ecken und längs den Wänden stellenweise Wandpfeiler vortreten zu lassen, weil alsdann die eigentlichen Wände viel dünner angelegt werden können.«[6] Es ist wohl die Umsetzung dieser Prinzipien gemeint, wenn der Augsburger Bau »wegen der ernsthaften und reinen Ausstattung der Außenseiten« gelobt wurde.[7]

Das Werk wurde im Zweiten Weltkrieg zerstört, nur das Wasserkraftwerk besteht noch in modernisierter Form. In den Jahren von 1897 bis 1910 entstanden als sog. »Fabrikschlösser« noch drei weitere Bauten der Mechanischen Baumwollspinnerei und Weberei, von denen noch die Werke III und IV in Betrieb sind.

D. Erben

86 Kammgarnspinnerei, Augsburg, 1845/1846

Im Jahre 1836 verlegte der Fabrikant J.A.F. Merz sein Nürnberger Unternehmen nach Augsburg. Um die Energieversorgung des expandierenden Betriebes zu sichern, wählte Merz einen Standort, an dem die Ressourcen der Wasserkraft verfügbar waren, die Spindeln in der Nürnberger Fabrik waren noch durch Ochsenkraft angetrieben worden. Eine Aktiengesellschaft wurde 1845 zur Mobilisierung der Geldressourcen gegründet. Im gleichen Jahr begann man den Bau einer neuen Fabrik am Proviantbach, die im Frühjahr des nächsten Jahres bezogen wurde.[1] Für diesen Bau, der im 2. Weltkrieg zer-

319

86.1

86.1 Ansicht der Kammgarnspinnerei Augsburg (1852) (Abb.)
Kupferstich; 10 × 7
Augsburg, Werksarchiv der Kammgarnspinnerei

stört wurde, haben sich keine Pläne erhalten, er ist bisher nur in einem zeitgenössischen Stich und in späteren Teilansichten greifbar.

Die verschiedenen Funktionen für die Verarbeitung der Schafwolle wurden unter einem vierstöckigen, längsgerichteten Block mit ausgebautem Dachgeschoß zusammengefaßt, dessen Dimensionen durch die anliegenden älteren Fabrikanlagen noch gesteigert wurden. Hinsichtlich der Fassadengliederung ist der Stich ungenau. Nicht nur an den Enden, sondern auch in der Mittelachse des Gebäudes wurden je zwei Fensterachsen durch oktogonale Wandvorlagen zusammengefaßt. Ein schweres Gurtgesims über dem Erdgeschoß verlieh dem Bau mehr Festigkeit. An der vorderen Schmalseite befand sich ein Treppenhausvorbau, über den Kanal wurden zwei Turbinenhäuser gebaut. In den Jahren 1847 und 1849 wurde das Werk um eine Gasanstalt und eine Dampfturbine erweitert, deren Türme im Hintergrund zu sehen sind.

Architekt war der Ingenieur Hosp[2], der auch die Pläne für einen ersten Anbau lieferte.[3] Das Modell für die Kammgarnspinnerei dürfte das Werk der mechanischen Baumwollspinnerei und Weberei (Kat.Nr. 85) in der unmittelbaren Nachbarschaft am Proviantbach gewesen sein, ohne daß jedoch dessen Vielfalt der die Fassade gliedernden Elemente und die Belebung der Wandflächen durch ein sichtbares Ziegelmauerwerk erreicht wurden.

D. Erben

87 Die Glashütten Ludwigsthal und Theresienthal bei Zwiesel, 1827–1830/1836

»Der Reichtum an Holz und an gutem Quarzsande ... setzt Bayern in den Stand, 45 Glashütten zu unterhalten ... Ihr Erzeugniß giebt einen bedeutenden Ueberschuß über das Bedürfniß des Inlandes und ist daher ein vorzüglicher Gegenstand des Handels in das Ausland ... In der Verfertigung feiner Glaswaren sind die englischen, französischen und böhmischen Glashütten den unsrigen überlegen«[1] – so schildert der Präsident des Unterdonaukreises 1827, also zur Gründungszeit der Glashütten Ludwigs- und Theresienthal, den Entwicklungsstand der bayerischen Glasindustrie.[2] Der unerschöpflich scheinende, sonst wenig geschätzte Wald des ostbayerischen Grenzgebietes lieferte das in großen Mengen benötigte Brennholz für die Glasöfen und die Herstellung der Pottasche, die als Flußmittel für den Schmelzfluß damals noch unabdingbar war. Dazu kamen die natürlichen Vorkommen des Glasrohstoffes Quarz. Der immense Holzbedarf hatte zur Folge, daß der mit rentablen Mitteln zu erreichende Holzbestand in der Umgebung einer Hütte bald erschöpft war und das gesamte Unternehmen den Standort wechseln mußte (»Fliegende Hütte«).

Aus diesem Grund wurden die Hüttengebäude – meist aus der lokalen Bautradition entwickelte, locker gruppierte Anlagen – bis ins 19. Jahrhundert hinein nur in leichter Holzbauweise konstruiert, um ihren Abbruch und Transport zu erleichtern.

2 Ferdinand August Oldenburg, Die Fabriken von Augsburg und Blicke auf die europäische Industrie und Gewerbe-Ausstellungen, Augsburg 1850, S. 19
3 ab diesem Zeitpunkt liegen die Pläne im Werksarchiv vor

87.1

1 I. Rudhart, Ueber den Zustand des Königreiches Bayern, Erlangen 1827, S. 101 ff.
2 Zur Geschichte der bayer. Glasindustrie
siehe vor allem: F. Discherl, Das ostbayeri-
sche Grenzgebiet als Standraum der Glasindustrie, o.O. 1936; I. Rudhart, vgl. Anm.
1; Ed. Vopelius, Entwicklungsgeschichte
der Glasindustrie Bayerns, Stuttgart 1895;
Chr. Schmitz, Mittheilungen für Thonwaa-
ren und Glasfabrikation, H.1: Bemerkungen über die Glasfabrikation in Bayern,
München 1835; B. Grueber/A. Müller, Der
bayerische Wald (Böhmerwald), Regensburg 1846, S. 236 ff.; R. Haller, Historische
Glashütten in den Bodenmaiser Wäldern,
Bodenmais 1975; J. Blau, Die Glasmacher
im Böhmer- und Bayerwald, Kallmünz-Re-
gensburg 1954
3 Grueber/Müller, S. 237
4 BHStA, MH 5988: 9.3.1822
5 BHStA, MH 5988: Schreiben an den König,
wohl 1822
6 vgl. die Gründung der Schönbacher Spie-
gelhütte bei Bodenmais, deren Gebäude
1831 noch aufgezimmert und verschindelt
wurden; R. Haller, Historische Glashütten,
S. 56 ff.

Zeitgenössische Chronisten nannten die
Gegend um Zwiesel »das wahre Eldora-
do« der Glasmacher: »nicht weniger als
acht der bedeutendsten Glasfabriken – zu
Theresienthal, Oberzwieselau (2), Ludwigsthal, Frauenau (2), Rabenstein (2) –
liegen hier in einem Umkreise von wenigen Meilen beisammen.«[3] Die Anfänge
von Ludwigsthal gehen auf das Jahr 1822
zurück, als die Glasfabrikanten B. v. Poschinger zu Oberwieselau und W. v.
Kiesling zu Rabenstein um die Erlaubnis
ersuchten, zusammen mit ihrem gemeinsamen Schwager J. Chr. Abele aus Neu-
hurkenthal in Böhmen eine »Zollspiegel-
glasfrabique« am Kolbersbach im Revier
Zwiesler Waldhaus errichten zu dürfen.[4]
Die Spiegelfabrikation war damals ein
wichtiger Erwerbszweig der bayerischen
Industrie, die schwerpunktmäßig im
Raum Nürnberg/Fürth/Erlangen vorwiegend in Heimarbeit ausgeführt wurde.
Die inländischen Hütten konnten allerdings
den Bedarf an rauhem Spiegelglas,
das in weiteren Arbeitsgängen noch po-
liert und geschliffen werden mußte, nicht
decken. In Kenntnis dieser Lage versuchte B. v. Poschinger den König von
der volkswirtschaftlichen Notwendigkeit,
auch in Bayern großes weißes Zollspiegel-
glas herzustellen, zu überzeugen und trug
ihm in einer euphorischen Zukunftspro-
gnose die Segnungen eines derartigen

Produktionszweiges vor: »daß dieser
Spiegelhandel jährlich eine sehr bedeutende Maße baaren Geldes vom Aus- ins
Inland bringe, ... daß die zahlreichen
Glasschleifwerke in den geschäftigen
Umgebungen von Nürnberg und Fürth
in Anspruch nehme, welche zahlreichen
Familien Arbeit und Nahrung gewähren ..., daß dadurch der Staat an Bevölkerung, somit an arbeitenden und schüt-
zenden Kräften gewinnen, wodurch die
Maße inländischer Consumenten vollzäh-
liger, der Umsatz einheimischer Urpro-
dukte vermehrt, und erleichtert wird, daß
sich durch ihn Agronomie und Gewerbe-
fleiß gegenseitig treiben und steigern, und
so ein höherer Grad von Wohlstand und
Nationalreichthum als eine wohltätige
Folge aus ihm hervorgehe.«[5] Noch 1822
erhielt das Gemeinschaftsprojekt der drei
Fabrikanten die königliche Genehmigung, gelangte aber zunächst nicht zur
Ausführung. 1825 wurde die Konzession
zur Zollspiegelglasfabrikation auf Abele
alleine übertragen. Von der daraufhin neu
errichteten Glashütte, die sich im Unterschied zu früheren und auch zeitgleichen
Betrieben[6] stabil gemauert als planmäßige
Anlage an einem Standort auf Dauer etablierte, ist keinerlei Anschauungsmaterial
erhalten. Das Konzept der Gebäudesitu-
ierung ist jedoch in dem Gesuch Abeles
von 1827, dem »neuen Etablissement ...

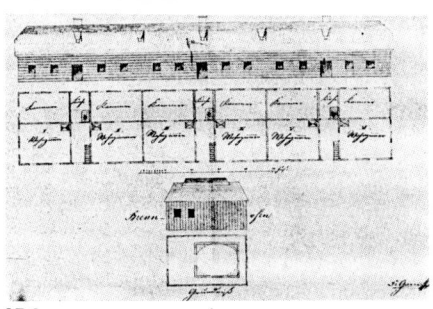

87.2

den Namen Ludwigsthal beilegen zu dürfen«, schriftlich überliefert: »der Plan ist so angelegt, daß die Gebäude auf beiden Seiten der Landstraße nach Böhmen, (die) die Anlage durchschneidet (stehen). Auf der einen Seite ist bereits ein großes Fabrik-Gebäude aufgeführt, auf der anderen Seite stehen schon sechs Wohnhäuser für die Arbeiter nebst Oekonomiegebäuden unter Dachung, und ein größeres Wohnhaus ist bereits bewohnbar. Das Wohngebäude für den Fabrikherrn ist auf einer kleinen Anhöhe ausgesteckt, und zu mehreren kleinen Wohngebäuden der Grund gelegt ... Das Ganze ist nach einem verständigen Plane geordnet, alle Wohnungen sind gegen die Mittag-Seite in einem Halb-Zirkel gestellt, das Innere der Gebäude ist zweckmäßig und dauerhaft eingerichtet.«[7]

Im Juni 1826 war allgemein mit der Errichtung der Anlage nach den Plänen des »k.k Hofbaumeister Herrn von Zobel aus Prag« begonnen worden, im Herbst 1828 wurde der erste gewalzte Weißglas-Spiegel hergestellt, 1830 kam Abeles Wohnhaus unter Dach.[8]

1836 gründete der Würzburger Glasfabrikant Franz Steigerwald ebenfalls in der Nähe von Zwiesel einen Glasfabrikationsbetrieb, den er zu Ehren der Königin Theresienthal nennen durfte. Dazu hatte er ein altes Glashüttenanwesen aufgekauft, das er noch im gleichen Jahr um eine neue Fabrik und diverse Werkgebäude zu erweitern begann.[9] Ein Jahr später wurde eine Aktiengesellschaft zum Betrieb der »Crystall- und Glaswaaren-Fabrik Theresienthal« eingesetzt. Als Vertreter einer neuen Unternehmerkategorie leitete ab 1842 ein Konsortium von in

München lebenden Ausschußmitgliedern die Fabrik, deren Produktion von eingesetzten Faktoren überwacht wurde.[10]

Die ökonomische Bedeutung der beiden Glashütten für Bayerns Industrie der Ludwigsära darf nicht unterschätzt werden, ihr architektonisches Gewicht ist dagegen bescheidener. Die Theresienthaler Glashütte behielt auch nach der Neugründung durch Steigerwald den heterogenen Charakter eines Konglomerats aus verschiedensten Werk- und Wohngebäuden, bedingt durch die sich verändernden fabrikationstechnischen und ökonomischen Verhältnisse, bei.[11] Dagegen wurde die Glashütte in Ludwigsthal nach einem geordneten Schema von Grund auf neu erbaut. Die hierarchische Sozialstruktur dieser Anlage – wie beispielsweise die Position des Herrenhauses innerhalb der Anlage und sein Verhältnis zu den Glasmacherhäusern – ist bis heute trotz des veränderten Zustandes und abgegangener Gebäude erfahrbar. Ebenso belegen die ausgesprochen barocken Züge des als »Schlößchen« bezeichneten Herrenhauses durch Mansardwalmdach und Frontispiz die feudalen Ambitionen des »Glasfürsten«[12] Abele.

Die existentielle Abhängigkeit der Glashüttenarbeiter erstreckte sich auch auf die Befriedigung elementarster Lebensbedürfnisse. Sie wohnten »um das Fabrikgebäude herum in kleinen Häusern, welche ihnen, nebst einigen Grundstücken, der Herr pachtweise« überließ.[13] Die Glasmacherhäuser beider Anlagen – Theresienthal 4 einstöckige Reihenhausfolgen zu je 4 Wohneinheiten, in Ludwigsthal einstöckige Doppelhäuser – sind damals gängige und in ganz Deutschland bei den unterschiedlichsten Produktionsanlagen anzutreffende Typen von Arbeiterwohnhäusern.[14] Die aus Ziegeln gemauerten langgestreckten Arbeiterwohnbauten in Theresienthal (heute in der Dachform leicht verändert) stellen ein sehr weitverbreitetes Schema der Glasmacherhäuser vor, wie es z.B. bei der als fliegende Hütte konzipierten Anlage in Schönbach bei Bodenmais 1834 noch in reiner Holzkonstruktion vorkommt.

A. Gruhn-Zimmermann

87.1 Anlage der Glashütte in Theresienthal, um 1840 (Abb.)
Lithographie; 55 × 48
Privatbesitz
87.2 Arbeiterwohnhäuser der Glashütte Schönbach, Grundrisse, Ansicht (Abb.) nach: R. Haller, Historische Glashütten in den Bodenmaiser Wäldern, Bodenmais 1975, S. 76

7 BHStA, MH 5988: 7.7.1827
8 Abele, der auch im böhmischen Hurkenthal und Deffernik mehrere Spiegel-, Schleif- und Polierwerke hatte errichten lassen, verfaßte über die Gründung von Ludwigsthal eine kleine Schrift, die in einer Blechkapsel im Türmchen des Herrenhauses hinterlegt war. Das Dokument kam 1870 zum Vorschein, als ein Sturm das Türmchen umstürzte; vgl. J. Blau, Die Glasmacher, S. 233
9 StA Landshut, Nr. 41208: Neuschätzung des Hypothekenwertes, September 1839
10 Zur Geschichte von Theresienthal, quellenmäßig schlecht belegt und in der Literatur kaum erwähnt, siehe H. Feuchtinger (Hrsg.), Der Landkreis Regen. Heimat im Bayerischen Wald, Grafenau 1982, S. 199ff.; H. Bleibrunner, Niederbayern. Kulturgesch. des bayerischen Landes in zwei Bänden, Bd. II, Landshut 1982², S. 394; bedanken möchte ich mich bei Herrn M. Gangkofner, Zwiesel, für freundliche Hinweise und Anregungen
11 Der Betrachter auf der wohl einzigen zeitgenössischen Ansicht, die mit einer Reihe von perspektivischen Ungereimtheiten und ohne genaue Differenzierung von alter und neuer Bausubstanz keinen Wert auf eine authentische Wiedergabe legt, ist als romantisches Motiv aus dem »Wanderer über dem Nebelmeer« von C. D. Friedrich übernommen.
12 »Die Glashüttenbesitzer sind fast durchgehends sehr vermögliche Männer, die sich in ihren glücklichen und unabhängigen Verhältnissen geltend zu machen wissen, weshalb ihnen auch der Volkswitz den Titel »Glasfürsten« beigelegt«; vgl. B. Grueber/ A. Müller, S. 239
13 ibid.
14 z.B. bei den Salinen in Bad Rappenau und Bad Dürrheim, bei der Gießerei in Winnweiler, beim »Lottenhammer« in Rentrisch, bei der »Carlshütte« in Büdelsdorf; vgl. R. Slotta, Technische Denkmäler in der Bundesrepublik Deutschland, Bochum 1975

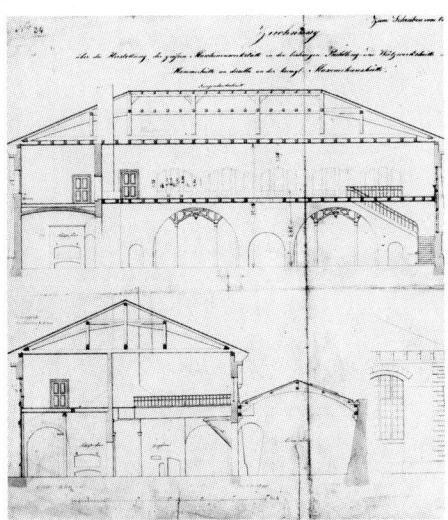

88.1 (Ausschnitt)

88.2

88.1 Maximilianshütte in Bergen (Abb.)
Längs- und Querschnitt der Puddlingshütte, die zur Maschinenwerkstätte umfunktioniert ist, Teilaufriß von Puddlingshütte und Hammerhütte (12.12.
1841)
Feder, farbig aquarelliert; 81,8 × 62,2
Archiv BHS, Peißenberg
88.2 Südseite der Puddlingshütte in Bergen
(Abb.)
Foto 1986 (Gruhn-Zimmermann)

1 Für viele wichtige Hinweise danke ich ganz
herzlich dem letzten Direktor des Hüttenwerkes Bergen, Herrn Willi Rieger, Bad Reichenhall.
Zur Geschichte des Hüttenwerkes Bergen
und der bayer. Hüttenwerke allgemein: Der
Bayerische Staatsbergwerks-, Hütten und
Salinenbesitz und seine Verwaltung bis zur
Übertragung auf die Bayerische Berg-, Hüt-
ten- und Salzwerke Aktiengesellschaft, München 1967, S. 50ff.; K. Rottacker, Zur Geschichte der staatl. Hüttenwerke Bayerns,
1921; ders., Zur Geschichte der bayerischen
Gießereiindustrie, in: Giesserei-Zeitung, Jg.
22, H.12, Berlin 1925, S. 342ff.
2 Das Hochofenroheisen wird im Frischofen
nochmals geschmolzen, wobei überflüssiger
Kohlenstoff verbrennt und schmiedbares Eisen entsteht; vgl. F. Hailer, Der Torfpuddel-
ofen auf der Maximilianshütte bei Traunstein
in Oberbayern, in: Zschr. f.d. Berg-, Hüt-
ten- und Salinenwesen in dem Preussischen
Staate, Bd. 4, Berlin 1857, S. 236ff.
3 BHStA, OBB 6727: 5.8.1834 und 23.8.
1834

88 Die Maximilianshütte in Bergen, 1834–1843

Die Anfänge der Maximilianshütte liegen
im Jahr 1539, als Herzog Wilhelm IV. im
sog. Vogelwald bei Traunstein ein Hoch-
ofen- und Hammerwerk für die Produktion von Kanonenkugeln und den Eisen-
warenbedarf der Saline in Reichenhall
bauen ließ. 1552 erwarb Pankraz von
Freyberg, der Besitzer der Erzgrube am
Kressenberg bei Bergen, den Hochofen.
1608 kaufte sich der Staat durch Herzog
Max I. wieder zur Hälfte in das Freyberg-
sche Unternehmen ein, 1808 ging es dann
vollends in bayerischen Staatsbesitz zurück. Zu Beginn der 20er Jahre des 19.
Jahrhunderts waren in Bayern insgesamt
43 Hochofenwerke in Betrieb, darunter 8
staatliche, wovon je eines auf Oberbayern
(Bergen), Oberfranken (Stadt Steinach,
gegr. 1815), Schwaben (Sonthofen),
Rheinpfalz (Schönau) entfiel und 4 auf die
Oberpfalz (Bodenwöhr/Fichtelberg/Kö-
nigshütte, gegr. 1812/Weiherhammer) kamen. Von der Gründung des Werkes in
Bergen, das ab 1824 den Namen »Maximilianshütte« (nach dem Maximiliansflöz
am Kressenberg) führte, bis zum Ausbla-
sen seines Hochofens 1881 machten der
Munitionsguß und die Erzeugung von
Roheisen für andere Eisenhütten einen
beträchtlichen Teil der Produktion aus,
nach 1881 arbeitete es als Maschinenfabrik und Erzgießerei weiter. Der Hoch-
ofenbetrieb war unwirtschaftlich geworden, da zum einen die Erzvorräte der
Grube am Kressenberg verbraucht waren,
zum anderen die ungleich billigeren Produkte aus dem Siegerland den Markt be-
herrschten.[1] Unter Ludwig I. wurde in
der unstrukturiert gewachsenen Anlage
der Maximilianshütte an Stelle der alten
baufälligen Hammerhütte eine neue

»Puddlings-Frischhütte« samt Walzwerk,
das den schwerfälligen und langwierigen
Hammerbetrieb ersetzen sollte, gebaut.[2]
Der König hatte am 23.8.1834 die Entwürfe Fr. v. Schenks von der K. General-
Bergwerks- und Salinenadministration,
nach einer Korrektur der Außenansicht
durch J. D. Ohlmüller vom Baukunst-
Ausschuß, genehmigt. Die Gesamtkosten,
die aus den Bergwerksgefällen zu bestreiten waren, beliefen sich für Gebäude,
Puddlingsöfen, Maschinen etc. auf 85306
Gulden.[3] Bereits 1841/1843 wurde die
erst ca. 5 Jahre alte Puddlingshütte zu
einer großen Maschinenwerkstätte mit
Feineisenwalzwerk umfunktioniert und
eine Hammerhütte, in den angrenzenden
Hang hineingerückt, angebaut.
Die Puddlingshütte, 41 m lang und 22,5 m
breit, ist noch heute das imposanteste und
architektonisch bedeutsamste Werksgebäude innerhalb der Agglomeration unterschiedlichster Bauten der Maximilianshütte. In Bayerns industrieller Aufbruchphase, in die auch die Errichtung der
Bergener Puddlingshütte fiel, wurden erst
die technischen und organisatorischen Erfahrungen gesammelt, die im Laufe des
19. Jahrhunderts allgemein zu einem produktionsspezifischen Fabrikbau führten.
So stammen die formalen Anleihen der
technisch recht fortschrittlich eingerichteten Puddlingshütte[4] in Bergen auch weniger von den damals architektonisch noch
kaum typisierten Hüttenwerken als aus
dem Bereich von Wehrarchitektur und
Festungsbau. Die hochgeböschten, an den
Kanten bossierten Mauern mit dem wul-
stigen Überfang, der weite Dachüber-
stand und die mächtigen Kragsteine geben
dem massigen Quaderbau ein trutzig-
düsteres Aussehen, das in Spannung zu
seiner Funktion als reich befensterte
Werkhalle steht. Die durchaus gelungene

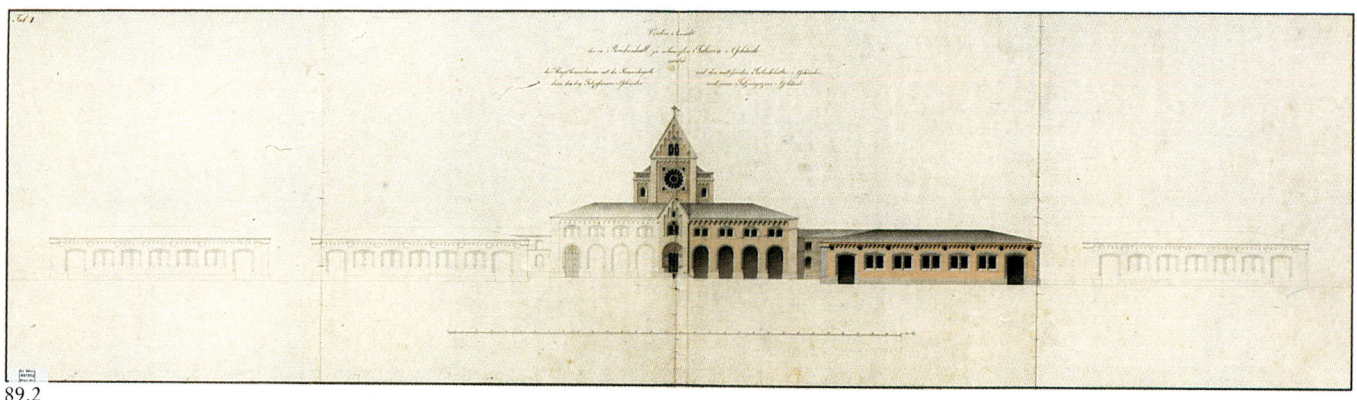

89.2

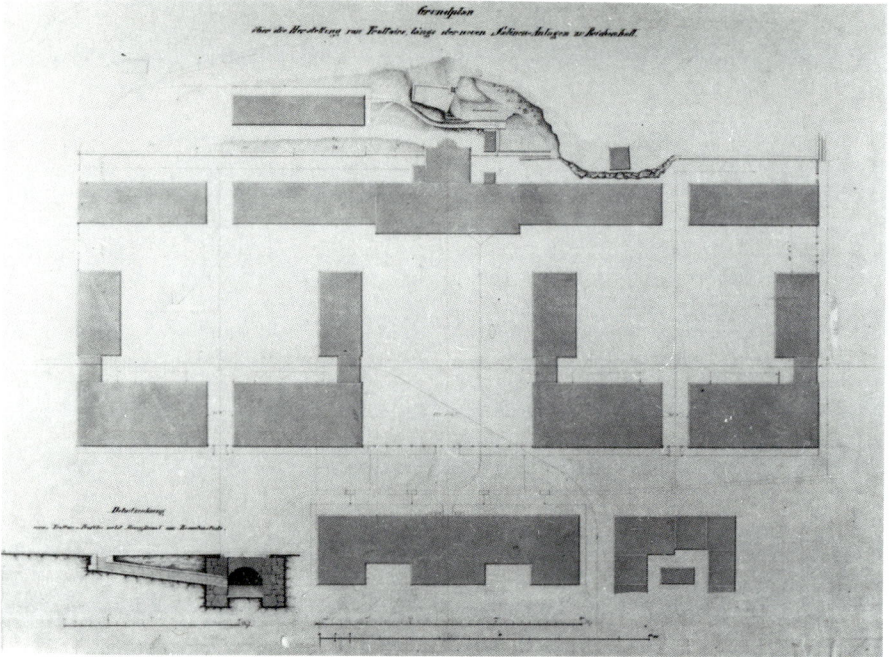

89.1

baukünstlerische Lösung der Puddlingshütte zeigt jedoch keinerlei konstruktive oder formale Verwandschaft mit der Architektur der fast zeitgleichen Sayner Hütte, einem der herausragenden »Eisen-Inkunabelbauten Europas«[5], von Carl Ludwig Althans (1826–1830).

In der verputzten Fassade des späteren Hallenanbaues der mechanischen Werkstätte (der hohe Kamin diente der Dampfmaschine des Walzwerkes) wurden die formalen Grundformen der Puddlingshütte aufgegriffen, aber ins Zierliche transformiert. Die Puddlingshütte, mit veränderten Fenstern an der Frontseite, und die mechanische Werkstätte sind, obgleich stillgelegt, bis heute erhalten, der Anbau der Hammerhütte von 1841/1843 mußte einem Gebäude neueren Datums weichen.

A. Gruhn-Zimmermann

89 Die neue Salinenanlage in Reichenhall nach dem Stadtbrand von 1834

Die Reichenhaller Saline ist die älteste in Deutschland und auch eine der frühesten in Europa. Schon Kelten und Römer nützten die gehaltreichen, durch einen natürlichen Auslaugungsprozeß enstandenen Solequellen des Lattengebirges zur Salzgewinnung. Die Erschürfung einer starkgrädigen Quelle und Brennstoffmangel führten zur Gründung der Filial-Salinen Traunstein und Rosenheim, die dank bahnbrechender Erfindungen – Holzdeichleitung (1617/1619 durch Reifenstuel) und Wassersäulenmaschine (1808 durch G. v. Reichenbach) – mit Reichenhaller Sole beschickt werden konnten.[1] Der Großbrand von 1834 vernichtete neben weiten Teilen der Stadt Reichenhall auch sämtliche Salinengebäude.[2] Die erste

89.1 Grundplan der Salinenanlage (Abb.)
Feder, farbig aquarelliert;
Archiv BHS, Bad Reichenhall

89.2 »Vorder Ansicht der in Reichenhall zu erbauenden Salinen-Gebäude . . .«
(Farbabb.)
Feder, farbig aquarelliert; 195 × 63
Deutsches Museum, Plansg.Nr. 002973

89.3 Detailzeichnung für gußeiserne Konstruktionsteile
Feder, farbig aquarelliert;
Archiv BHS, Bad Reichenhall

89.4 Hauptbrunnhaus/Querschnitt mit Seitenansicht der Brunnkapelle und Zuleitung des Aufschlagwassers (Abb.)
Feder, farbig aquarelliert;
Archiv BHS, Bad Reichenhall

89.5 Brunnhauskapelle, Grundriß (Abb.)
Feder, Tusche;
Archiv BHS, Bad Reichenhall

89.6 Brunnhauskapelle, Innenraum mit Blick gegen Apsis (Farbabb.)
Foto 1986 (Gruhn-Zimmermann)

89.7 Beamtenstock, Fassadenaufriß und Grundriß EG (Vorentwurf)
Feder, farbig aquarelliert; 58,5 × 39,7
Archiv BHS, Peißenberg

89.8 Friedrich von Gärtner
Beamtenstock, Hauptfassade/Aufriß
(30.4.1836: Genehmigung durch Ludwig I.)
Feder; 96 × 51,5
Archiv BHS, Peißenberg

89.9 Blick vom Treppenhaus im Hauptbrunnhaus gegen den Beamtenstock (Farbabb.)
Foto 1986 (Gruhn-Zimmermann)

4 Auf der zweiten Industrie-Ausstellung von 1835 erhielten Bergener Produkte vor allem wegen des reinen Gusses und der hohen Qualität des Eisens ausgezeichnete Prädikate, vgl. L. W. Schwertel, Ueber den Zustand d. bayer. Gewerbeindustrie . . ., München 1836, S. 123; die beiden Brunnen vor der Universität in München wurden in Bergen gegossen.

5 R. Slotta, Technische Denkmäler in der Bundesrepublik Deutschland, Bochum 1975, S. 211; Hans H. Friedrich, Die bauliche Gestaltung deutscher Eisenhüttenanlagen, in: Stahl und Eisen, Jg. 80, H. 22, 1960, S. 1634ff.; vgl. auch allg. W. Lindner, Bauten der Technik, Berlin 1927

89.6

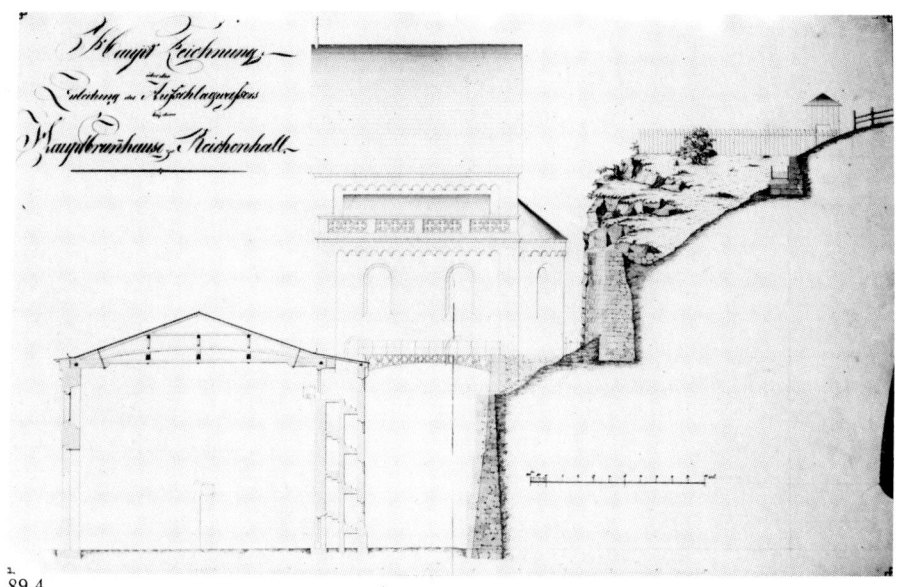

89.4

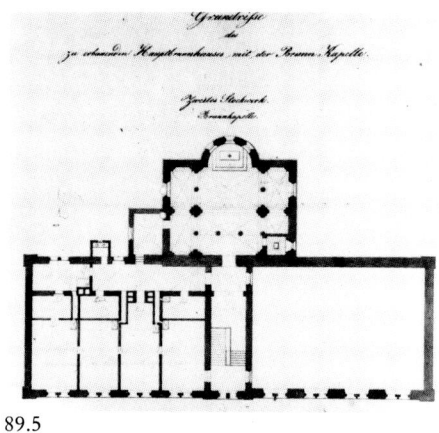

89.5

Nachricht über eine neue Anlage steht im Zusammenhang mit zwei summarischen Situationsplänen J. D. Ohlmüllers zum Wiederaufbau der Stadt (vgl. Kat.Nr. 7): »Der beantragte Bau der Salinengebäude ist in beyden Plänen derselbe, und gründet sich zunächst auf die Entwürfe der K. Salinen-Inspektion u. resp. General Bergwerks u. Salinen Administration.«[3] Der genaue Planungsverlauf und Bauhergang müssen aufgrund der schlechten Quellenlage weitgehend ungeklärt bleiben. Fast die gesamte neuere Literatur[4] bezeichnet Salinenanlage und -gebäude als ein Werk Ohlmüllers. Diese These, in keinem Fall archivalisch ausgewiesen, geht wohl auf einen Bericht von 1858/1860 zurück, der wegen der vermutlich authentischen Kenntnis der Vorgänge als glaubwürdige Quelle gewertet werden kann.[5]

Die Errichtung der neuen Saline in Reichenhall fiel in die Blütezeit des deutschen Salinenbaues. Infolge eines erheblich gestiegenen Bedarfs an Salz und dank verbesserter Erschließungs- und Bohrtechniken entstanden im ersten Drittel des 19. Jhs. in allen Teilen Deutschlands große Salinen, deren achsensymmetrische Gebäudeanlagen sich noch weitgehend an den regelmäßigen Strukturen barocker Gehöfte und Schloßanlagen orientierten. Sie hatten allesamt keine Gradierwerke mehr[6], dafür aber umso größere Sudhäuser (mit verbesserten Siedepfannen und Feuerungssystemen), die meist zusammen mit Verwaltungsgebäuden weite regelmäßige Höfe umschlossen. Neben den etwas älteren Salinen von Bad Dürrheim (1822–1827) und Bad Rappenau (ab 1823), beide nach Plänen von Fr. Arnold erbaut[7], ist die Reichenhaller Saline unter

den erhaltenen Anlagen die architektonisch herausragendste in Deutschland. Ihr Konzept zeigt weder im inhaltlichen noch formalen Bereich Berührungspunkte mit der damals durch Ledoux' Publikation weithin bekannten, von sozialutopischen Ideen getragenen Saline von Chaux, was bei Ludwigs entschiedener Gegnerschaft zur Aufklärung nicht weiter verwundert.

Am 23.9.1841 wurde in Reichenhall der Grundstein für das Hauptbrunnhaus gelegt. In die Flucht der Symmetrieachse gestellt und durch seine Abmessungen unter den gedrungenen Werksgebäuden herausgehoben, bildet es das Herzstück der Produktionsanlage über dem unterirdischen Quellenbau. In seinem rechten Gebäudeteil ist die Maschinenhalle untergebracht: »Zwei oberschlächtige Wasserräder von 13 m Durchmesser auf Marmorsockeln übertragen durch Gestänge ihre Kraft auf die Reichenbach'sche Pumpenanlage im Brunnenschacht und heben die Sole in den Leitungen. Diese mit Speichen, Balanciers und Zahnrädern ausgestatteten Wasserräder sind die wohl größten und beeindruckendsten Maschinen aus der ersten Hälfte des 19. Jahrhunderts. Sie stehen auch heute noch im Betrieb und stellen mit der kunstvollen Maßwerkverzierung der gegossenen Einzelteile auch in ästhetischer Hinsicht eine einzigartig ausgewogene monumentale Leistung dar: die beiden Pumpen müssen als technische Denkmäler allerersten internationalen Ranges angesehen werden.«[8] Wie sein abgebrannter Vorgängerbau ist das Hauptbrunnhaus rückwärtig mit der Salinenkapelle verbunden, die sich als schlanker Giebelbau hoch über die

1 Zur Geschichte der Reichenhaller Saline und der Salinen allgemein vgl. M. Oberneder, Bayer. Salzfibel, München o.Jg.; R. Slotta, Technische Denkmäler in der Bundesrepublik Deutschland, Bochum 1975, S. 89ff.; H. Klaiber, Die bayer. Salinen, in: Saline, 5, 1940; Der Bayer. Staatsbergwerks-, Hütten- und Salinenbesitz und seine Verwaltung bis zur Übertragung auf die Bayerische Berg-, Hütten- und Salzwerke AG, München o.J.; W. Lossen, Geschichte und Beschreibung der Reichenhaller Solequellen, Bad Reichenhall 1968; vgl. Anm. 4

2 Zu den Salinengebäuden vor 1834 siehe B. Rehfus, Saline in Reichenhall, in: W. Nerdinger (Hrsg.), Kat. Klassizismus 1980, S. 304ff.

3 BHStA, M Inn 43444: 19.12.1835

4 O. Hederer, Fr. v. Gärtner, München 1976, S. 195 (hier wird ohne Quellennachweis vor allem auch Gärtner genannt); W. Müller-Wiener, Fabrikblau, in: RdK, Bd. VI, 1973, Sp. 875; W. Lossen, vgl. Anm. 1

5 H. Hermann, Topograph. Geschichte der Stadt Reichenhall, OA, Bd 19, 1858/1860, S. 116 und S. 130; ein 1961 verfaßtes »Verzeichnis über die in der alten Registratur der Saline Reichenhall befindlichen, noch vorhandenen alten Akten . . .« (in Kopie in StA München) legt, den Aktentiteln nach zu schließen, die Vermutung nahe, daß diese in Reichenhall leider hermetisch unter Verschluß gehaltenen Akten die entscheidenden Aufschlüsse geben würden. Am 26.4.1838 genehmigte Ludwig Entwürfe zum Wiederaufbau der »Salinen-Werks-Gebäude«, die von der General-Bergwerks- und Salinenadministration vorgelegt und »welche in einem mit dem bereits a.H. genehmigten Entwurfe zu der Beamtenwohnung harmonisierenden Baustyle . . .« angefertigt, aber so nicht ausgeführt wurden, vgl. BHStA, OBB 6416.

6 das alte Reichenhaller Gradierwerk beim Brand verschont, heute saniert und für Kurzwecke genutzt

89.9

7 RdK, Bd. VI, 1973, Sp. 875 und R. Slotta, Technische Denkmäler, Bochum 1975, S. 194 ff.

8 R. Slotta, S. 92

9 H. Hermann, OA, Bd. 19, 1858/1860, S. 131

10 F. Hofmann, Der große Stadtbrand von Reichenhall, in: Reichenhaller Tagblatt, 7. 11. 1984, S. 14

11 J. Osterhammer, Topographie und Geschichte der Königl. Salinen-Stadt Reichenhall, München 1848, S. 46

12 H. Hermann, OA, Bd. 19, 1858/1860, S. 131

13 BHStA, MF 68647: 9. 11. 1844

14 Die Dekorationsmalerei ist von dem Münchener E. Schwarzmann ausgeführt, die Glasfenster der Apsis entwarf Moritz von Schwind, vgl. H. Hermann, OA, Bd. 19, 1858/1860, S. 116

15 BHStA, OBB 6415, 30. 11. 1835: dem König erscheint der untere Teil des Entwurfes Lit. A zu gedrückt; 28. 2. 1836: Nachricht vom Entwurf Lit. B des Baukunstausschusses. 31. 3. 1836: der König vermerkt: »Auch der Entwurf B entspricht mir nicht und ich habe Professor Gärtner beauftragt mir einen neuen zu zeichnen«

16 idealer Betrachterstandort vom Treppenhaus des Hauptbrunnhauses aus (vgl. Kat.Nr. 89.9)

Anlage erhebt. Im Obergeschoß seines linken Gebäudeteils liegt bis heute die Wohnung des Salinenkaplans, darunter befanden sich früher die verschiedenen Reserven (dahinter am Gruttenstein ein großes Reservegebäude). Im rechten verlängerten Flügelanbau wurden ehemals die »Vorräthe an verschiedenem Bau- und Betriebsmateriale von höherem Werthe« gelagert, daneben waren Siedezimmerei und Schlosserei eingerichtet.[9] Entlang der geräumigen Salinenstraße, die zusammen mit Oberem und Unterem Lindenplatz von der Salinenverwaltung angekauft wurde, um den angrenzenden Stadtraum von Bebauung frei zu halten[10], stehen die 4 Sudhäuser, deren »beispiellose Reinlichkeit« von den Zeitgenossen gerühmt wurde.[11] Sie sind untereinander und mit dem gemauerten Brunnenschacht des Quellenbaus durch gewölbte unterirdische Gänge, in denen auch die verschiedenen Leitungen laufen, verbunden. Quer an jedes Sudhaus schließen, zwei Innenhöfe begrenzend, die Magazingebäude an.

1844 wurden im ersten Sudhaus am Oberen Lindenplatz zum ersten Mal die Pfannen untergefeuert, 1851 ging das vierte und letzte Sudhaus am Unteren Lindenplatz in Betrieb. Alle Sudhäuser verfügten

über »die sehr holzsparende Pultfeuerung, und jedes derselben (über) eine Vorwärm- und eine Körnpfanne, nebst den nöthigen Dörr- und Trockenherden, dann (über) je vier Saggpfannen, welche alle für ein Sudhaus durch ein und dasselbe Feuer betrieben«[12] wurden.

Ende 1844 war die Brunnkapelle vollendet[13], erst 1851 wurde sie eingeweiht. Durch das romanisierende Säulenportal des spitzgieblgen Mittelrisalites, dessen Proportionen und architektonische Zierglieder sich in der Kapellenfassade wiederholen, betritt man das Hauptbrunnhaus. Von dort führt eine weitläufige Marmortreppe zu der im zweiten Stockwerk gelegenen, unmittelbar an den Gruttenstein anstoßenden Salinenkapelle, die dem Gründer und Schutzpatron der Saline, dem Salzburger Bischof Rupertus, geweiht ist. Konzept und Details der reichen Innendekoration und Ausstattung haben ihre formale Voraussetzung in der wenig älteren Ludwigskirche in München. Sie verleihen dem nur zwei Joche tiefen dreischiffigen Emporenraum eine überzeugend geschlossene Raumwirkung.[14] Seine sakrale Aura wird durch reiche Schmuckformen, insbesondere die Fensterrose, in der Kapellenfassade ver-

90.2

90.1 Max von Hoermann (Abb.)
»Neue Gebäude-Anlage am Salzberg zu Berchtesgaden«, Fassadenaufrisse Vorder- und Rückseite, Grundrisse, Querschnitte, 1842; vgl. Anm. 5
Feder, farbig aquarelliert; 80 × 61
Deutsches Museum, Planslg. Nr. 001743
90.2 Ansicht der Anlage zur Ache hin, 1986 (Abb.)
Foto (Gruhn-Zimmermann)

sinnbildlicht, welche wiederum zusammen mit dem farbig-gemusterten Dach den hoch aufragenden Giebelbau der Kapelle als weithin sichtbaren formalen und ideellen Mittelpunkt der frühindustriellen Salinenanlage auszeichnet.

Als erste Baumaßnahme bei der Wiederherstellung der Saline wurde die Errichtung des sog. Beamtenstocks in Angriff genommen. Auch seine Planungs- und Baugeschichte sind größtenteils ungeklärt und müssen wegen der schlechten Quellenlage weiterhin offen bleiben. Aus den spärlichen Informationen ist aber zu schließen, daß Abmessungen und Grundrisse des ausgeführten Gebäudes von einem Baubeamten der General-Salinen-Administration, dessen Fassadenentwurf dem König mißfiel, entwickelt wurden. Nach einem weiteren, ebenfalls abgelehnten Entwurf des Baukunstausschusses beauftragte der König schließlich Gärtner mit der Fassadengestaltung[15] und genehmigte am 30.4.1836 dessen Vorschlag. 1839 konnten die zahlreichen Verwaltungsräume und Dienstwohnungen bezogen werden. Ähnlich wie beim Damenstiftsgebäude in der Münchener Ludwigstraße (vgl. Kat.Nr. 132) zeichnet sich die gemischte Nutzung in der Fassade nicht ab. Seiner anders gearteten Aufgabe wegen steht der Beamtenstock abgesondert vom eigentlichen Produktionsareal der Saline. Durch die streng axiale Ausrichtung auf das Hauptbrunnhaus und durch die gewollt schnörkellose Sachlichkeit der endlosen Fassadenfront[16] wird seine autonome Funktion innerhalb des Salinenorganismus visualisiert.

A. Gruhn-Zimmermann

90 Gebäudeanlage am Salzberg in Berchtesgaden, 1834–1840

Der Salzbergbau in Berchtesgaden reicht bis in das 12. Jahrhundert zurück, das Salzbergwerk selbst wurde 1517 mit dem Anschlagen des Petersberg-Stollen gegründet. Die dort künstlich erzeugte Sole leitete man zunächst zur Pfannstätte Schellenberg, später zum Sudbetrieb Frauenreuth. Anders als in Reichenhall wird in Berchtesgaden seit jeher nur Steinsalz gewonnen, das durch entsprechende Verfahren zu vollgrädiger Sole aufgelöst und zu Siedesalz verarbeitet wird. Mit der Fürstpropstei Berchtesgaden kamen 1814 auch Salzbergwerk und Saline an Bayern. 1928 löste man die Saline nach 400jährigem Bestehen auf und leitet seitdem die gesamte Sole nach Reichenhall.[1]

Zwischen 1834 und 1840 entstand am Fuße des Salzberges gegenüber der Einfahrt in den Ferdinandstollen das heute noch erhaltene Gebäude-Ensemble aus sog. Berghaus und Werksgebäuden. Im April 1834 hatte der König einen Entwurf des Baukondukteurs Fr. Ziebland für das Berghaus genehmigt, der aber wegen Schwierigkeiten bei der Materialbeschaffung nicht ausgeführt werden konnte. Daraufhin wurde im Juli des gleichen Jahres ein vorangegangener Plan, den die General-Bergwerks- und Salinenadministration ausgearbeitet hatte, mit leichten Korrekturen durch den Baukunst-Ausschuß und einem Kostenvoranschlag von 8493 Gulden zur Ausführung bestimmt.[2] Das Raumprogramm belief sich im wesentlichen auf »ein Anstalts-Zimmer für 192 Bergknappen, ein Zimmer für das Auf-

1 Der Bayerische Staatsbergwerks-, Hütten- und Salinenbesitz und seine Verwaltung bis zur Übertragung auf die Bayerische Berg-, Hütten- und Salzwerke AG, München 1967, S.42
2 BHStA, OBB 6415: 24.4.1834 und 9.7.1834; Weder Lit. A noch Lit. B sind bekannt
3 StA München, Salzwerke Berchtesgaden Nr. 379
4 ibid., 26.9.1838
5 auch die Originalpläne dieser beiden Gebäude sind nicht erhalten; es existiert eine Bauaufnahme der neuen Gebäudeanlage von Max Hoermann, 1842, die allerdings die Wirkung des Steinschnitts überzeichnet und die Einzelformen plastischer und differenzierter wiedergibt als sie tatsächlich erscheinen.

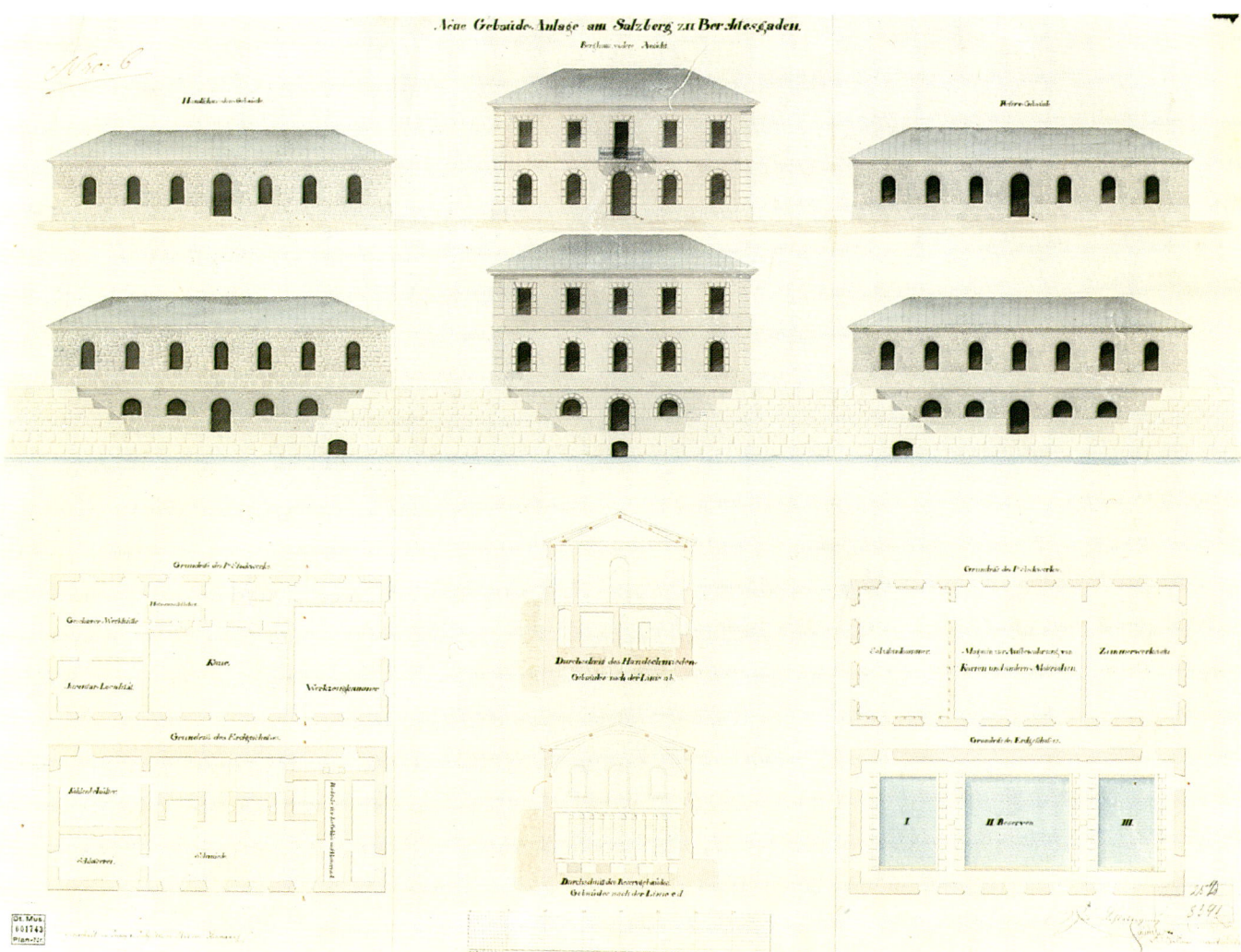

90.1

sichtspersonale, und zwey Ankleidezimmer für Berggäste verschiedenen Geschlechts« im Erdgeschoß, »ein Comißions- und ein Ankleidezimmer für allerhöchste Herrschaften, eine Berg-Kanzley und ein Registraturs-Lokale«[3] im Obergeschoß. 1838 wurden Verhandlungen über die Innendekoration des fertiggestellten Berghauses geführt und gleichzeitig mit der Projektierung der beiden flankierenden Werksgebäude begonnen: das linke sollte die Handschmiede, das rechte als »Reservgebäude« Solenbehälter, Steinsalz- und Materialmagazin aufnehmen. Die Pläne legte wieder die Salinenadministration vor. Auf das Begleitschreiben des Baukunst-Ausschusses bei der Planvorlage notierte der in solchen Fällen sparsame König, ob die Gebäude denn notwendig seien;[4] dessenungeachtet wurden sie 1838/1840 ausgeführt.[5]

Die allgemeine Stillage der Gebäudegruppe hängt unmittelbar von Gärtner ab und spielt durch den Materialcharakter der Hausteine und die Wucht der derben Formensprache – bei gleichzeitig außerordentlich qualitätvoller handwerklicher Ausführung – sowohl auf den topographischen Standort als auch auf den Bergbau an. Das Berghaus ist als erhöhter Mittelbau aus der Anlage herausgehoben und vor allem an der Fassade gegenüber dem Bergwerkseingang zurückhaltend nobilitiert. Zur Ache hin tritt die Anlage in einer eher trutzigen Front als Zweckarchitektur in Erscheinung. Spiegelgleiche Treppenläufe rhythmisieren die geböschten Ufermauern und führen zum jeweiligen Eingang der Untergeschosse, die ursprünglich nur auf diese Weise zugänglich waren. Die Verbindungsglieder zwischen den ehemals freistehenden Bauten sind neueren Datums.

A. Gruhn-Zimmermann

91 Stearinkerzenfabrik, Fraunhoferstraße, München, 1839

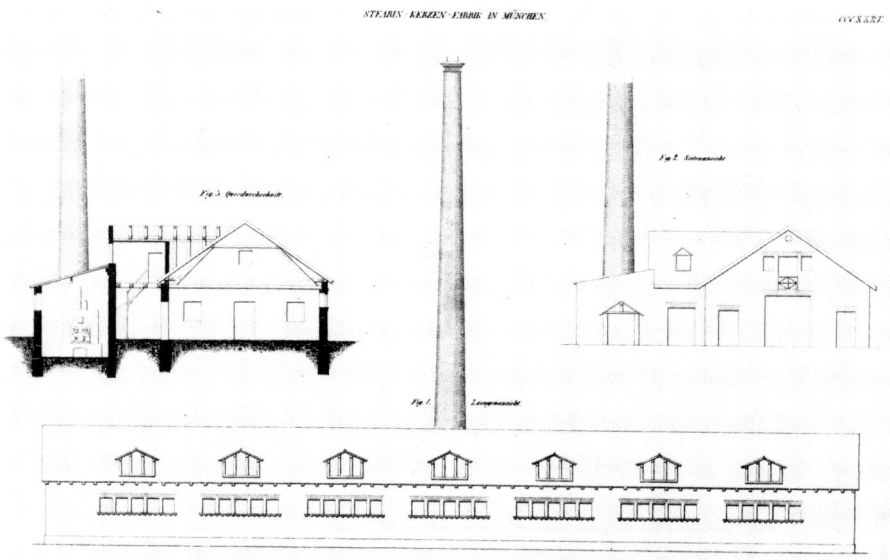

91.1

Zu den frühen Industriebauten Münchens gehört die 1839 nach Plänen des Civil-Ingenieurs und Architekten Franz Jakob Kreuter für Freiherrn Ferdinand von Schaetzler errichtete »königlich bayerische privilegierte Milly-Kerzen Fabrik«, die nach verschiedenen Erweiterungen, u.a. 1849 und 1851 durch Franz Xaver Beyschlag, und unter verschiedenen Besitzern bis nach 1945 Bestand hatte.[1] Weniger die architektonische Gestaltung des über 50 m langen nüchternen Nutzbaues als vielmehr die technische Ausrüstung der Anlage und das beim Aufmauern des mehr als 30 m hohen und ungewöhnlich schlanken Kamines angewandte Verfahren wurde damals dem interessierten Fachpublikum vorgestellt.[2] 1827 war es dem frz. Chemiker Chevreul gelungen, Fett in seine einfachen Substanzen zu zerlegen. Nachdem des weiteren festgestellt wurde, daß sich die Grundstoffe Stearin- und Margarinsäure zur Herstellung von Kerzen eigneten, entstand in Etoile bei Paris durch de Milly eine erste Stearin-Kerzen-Fabrik, die glänzende Umsätze erzielte und nach Vergrößerung und Verlegung nach Paris 4000 Pfund Kerzen täglich erzeugte. In Zusammenarbeit mit de Milly wurden in mehreren Städten Englands, dann in Petersburg, Marseille, Stockholm, Wien, Berlin und München Fabriken errichtet. Die Anlage in München war auf die Produktion von 1500 Pfund täglich ausgelegt, »zugleich kamen hierbei alle Erfahrungen und Verbesserungen, welche bis heut zu Tage in diesem Industriezweige gemacht worden sind, in Anwendung.«[3] Die für die Kerzenherstellung notwendigen Maschinen wurden in Deutschland konstruiert. Während der Dampfkessel von Dobbs und Poensgen aus Aachen dem Stand der Technik entsprach, waren die in München gefertigten hydraulischen Pressen den vergleichbaren englischen und französischen Produkten bei ähnlichem Preis unterlegen. Dennoch stand die Fabrik 1845 »in schwunghaftem Betriebe« und setzte zusammen mit einer ebenfalls von Kreuter errichteten Sodafabrik »jährlich mehr als eine Million in loco um. Viele Tausende, die früher für diesen Artikel ins Ausland wanderten, bleiben nun demselben erhalten, und bedeutender Handel wird damit nach Au-

ßen getrieben.«[4] Neben dem schlanken Schornstein und dem hohen Dach mit seinen Gauben sind auffällige architektonische Merkmale des schmucklosen Baues die zu Fünfergruppen zusammengefaßten, fast wie horizontale Bänder wirkenden Fenster, die, in ca. 2 m Höhe angeordnet, viel Licht ohne zu blenden einließen. Außerdem konnte man »von Innen nicht heraus, und von Außen nicht hinein sehen«, was sicherlich in Zusammenhang mit den strengen Disziplinierungsmaßnahmen, denen die Arbeiter hier auch sonst unterworfen waren, zu sehen ist.[5] Schwierigkeiten beim Bau bereitete, vor allem für die Gründung des ca. 30 m hohen Schlotes, der Grundwasserstand in der Isar-Vorstadt.[6] Zum Aufmauern des Kamines wurde – im Gegensatz zu dem in England gängigen Verfahren, bei dem das Mauern von innen heraus über Tritte erfolgte – ein Gerüst aufgeschlagen. Bei der starken Rußentwicklung durch Torffeuerung sollte ein von den Mauertritten begünstigtes schnelles Zusetzen des Schornsteines vermieden werden. Die Überlegungen zeigen, wie weit Kreuter, der im Torf ein zukunftsträchtiges Brennmaterial sah und meinte, daß »die reichen Torflager Bayerns ... die größte Aufmerksamkeit der Industriellen«[7] verdienten, entsprechend der Aufgabe sich nicht nur als Architekt, sondern vor allem als Ingenieur verstand.

F. Zimmermann

91.1 Franz Jakob Kreuter (Abb.)
Stearinkerzenfabrik, München, Fraunhoferstraße; Längenansicht, Seitenansicht, Querdurchschnitt 1839
aus: Allgemeine Bauzeitung, 1840, Blatt CCCXXXV

1 zur Baugeschichte vgl. StaM, LBK 2808
2 vgl. auch zu den im Folgenden gemachten Angaben: Kreuter, Stearinkerzen-Fabrik in München, in: Foersters allgemeine Bauzeitung, 1840, D.68-76 und Blatt CCCXXXV und CCCXXXVI
3 ebd. S. 69
4 BHStA, OBB 7544, Kreuter, 8. Jan. 1845, Kreuter an König Ludwig I.
5 vgl. Kreuter, Stearinkerzen-Fabrik, S. 69
6 zum Bau des Kamines vgl. ebd. S. 74ff.
7 BHStA, OBB 7544, Kreuter, 8. Jan. 1845, Kreuter an Ludwig I.

92.1 Josef Puschkin
»Das Muffatbrunnhaus nächst der Zwei-
brückenstr.«, um 1890
Aquarell; 20,6 × 26,7
MStm, B 5648

92.2 Franz Karl Muffat
Brunnhaus auf der Kalkofen-Insel, Quer-
ansicht, 1840
Abbildung in: Unger u. Voit, Sammlung
von Rissen (s. Anm. 4), »Grav. v. J.
Minsinger«; 33,5 × 48,5
BStB

92 Brunnhaus auf der Kalkofen-Insel, München, 1835–1836

Um den Bedürfnissen der Bürger nach reinem und gesundem Trinkwasser gerecht zu werden, reichte es längst nicht mehr aus, alte Brunnwerke zu verbessern, um damit den Wasserertrag zu erhöhen.[1] Als Ersatz für das älteste Brunnwerk der Stadt aus dem 16. Jahrhundert, das am Gasteigberg stand, sollte das neue Haus auf der weiter unterhalb liegenden Kalkofen-Insel entstehen. Der städtische Baurat Franz Karl Muffat sah dabei vor, die Quellfassungen am Gasteigberg zu vergrößern[2], sodann diese in das vom Auer-Mühlbach betriebene Brunnwerk zu leiten, um schließlich das Wasser in Richtung Stadt zu pumpen. Bereits 1833 lag das Projekt der Regierung im Entwurf vor; jedoch Argumente wie Beeinträchtigungen des Brunnwerks durch Hochwasser oder durch die jährliche Auskehr des Auer-Mühlbachs standen einer Genehmigung im Wege.[3] Ein wiederholtes Gesuch des Magistrates lehnte Ludwig I. mit der Erklärung ab, daß die beantragte Erbauung »als dem Zwecke nicht entsprechend und der finanziellen Lage der Stadt nicht angemessen, zu unterbleiben habe« (16.6.1834).[4] Nach langem Hin und Her kam Ende 1834 die Baugenehmigung.

Zur Anlage: Das Wasser der verschiedenen Quellen lief in eine sogenannte Brunnstube am Gasteigberg, sodann in einem hölzernen Kanal zu dem eigentlichen Brunnhaus auf der Kalkofen-Insel in die dort befindlichen Behälter der Saug- und Druckpumpen (8 Paar insgesamt). Ein Seitenkanal des Auer-Mühlbaches, der unter dem Haus durchgeleitet wurde, trieb 2 Wasserräder an, deren Kolbenstangen die Pumpen bewegten. Der Turm diente der Unterbringung der Hauptsteigrohre und Reserven, von denen das Wasser dann in die 3 Hauptwechsel in Richtung Stadt geleitet wurde.[5]

Muffat umrahmte das Brunnwerk, welches sich vom Typ her schon in anderen städtischen und königlichen Brunnhäusern bewährt hatte, mit einem schlichten, quadratischen, zweigeschossigen Bau sowie einem ebenfalls quadratischen Turm. Die dreigeteilten Fassaden des niedrigeren Gebäudes wurden durch jeweils 5 Rundbogenfenster und mittig einer Rundbogentür – in unverputztem Mauerwerk angeordnet – gegliedert. Im Erdgeschoß desselben befand sich das Brunnwerk, im Obergeschoß die Wächterwohnung, die von einer Treppe im Turm erschlossen war. Zweckmäßigerweise an die Nordostseite gesetzt, war der Turm nicht nur räumlich, sondern auch gestalterisch eng mit dem Haus verbunden. Beides bildete

92.1

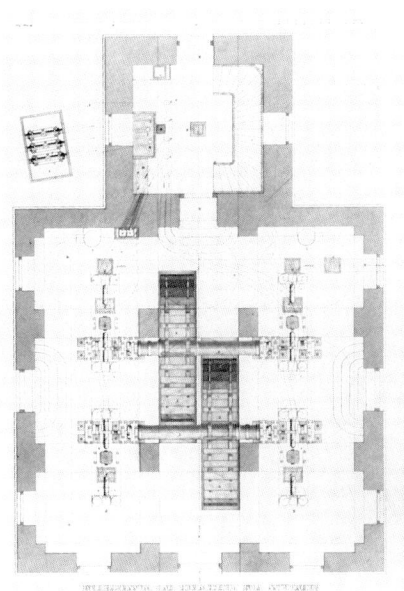

nach außen eine Einheit, wie es zu jener Zeit immer noch üblich war, funktionelle Unterscheidungen von Räumlichkeiten nicht unbedingt in der Fassade ablesbar zu machen.

1867 zu Ehren seines Erbauers Muffat-Werk genannt, wurde das Brunnwerk 1883 stillgelegt. Heute finden wir das Gebäude – ohne den Turm – einverleibt in das Elektrizitätswerk direkt neben dem Müllerschen Volksbad vor.

M. Schepe

1 Birgit Rehfus, Das Brunnhaus in Nymphenburg und die Wasserversorgung in München, in: W. Nerdinger (Hrsg.), Ausst. Kat. Klassizismus, München 1980, S. 298ff.

2 Ernst Henle, Die Wasserversorgung der königlichen Haupt- und Residenzstadt München, ihre Entwicklung und ihr gegenwärtiger Stand, Festschrift, München 1912

3 StaM, Wasserwerke 58, BHStA, MInn 57929

4 BHStA, MInn 57929

5 Joseph Unger und August Voit, Sammlung von Rissen von hauptsächlich in München ausgeführten Privat- und Gemeindegebäuden, München (1841–1846)

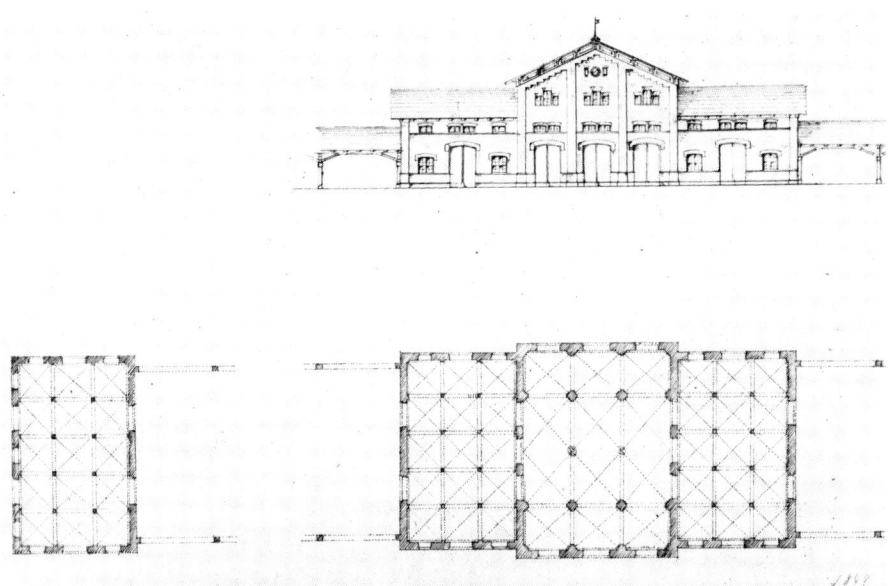

93.1

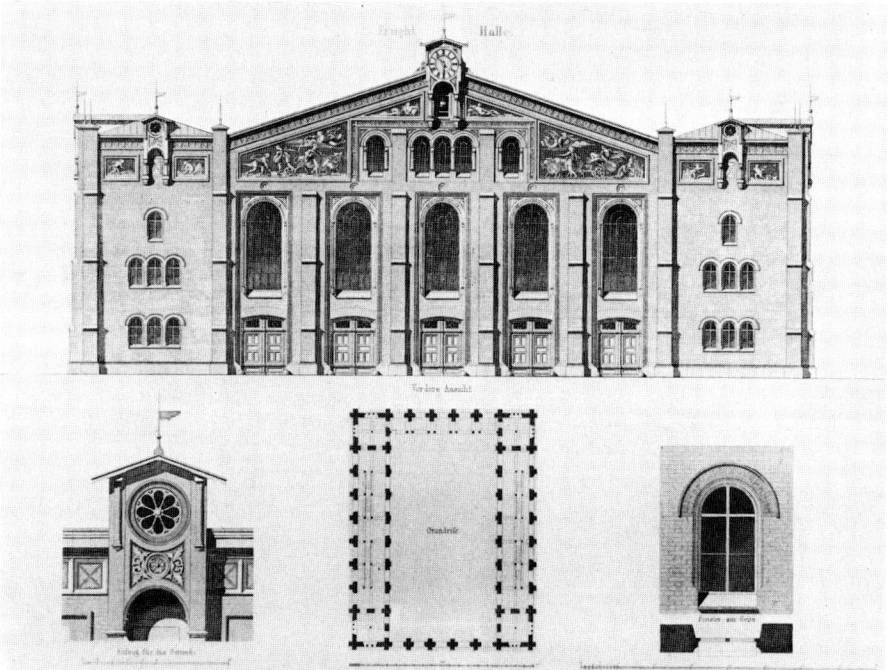

93.2

93.1 Friedrich von Gärtner (Abb.)
Schrannenhalle, Grundriß, Aufriß
Feder; 39,5 × 29,6
Arch. Slg. TUM, Gs 359
93.2 Ludwig Lange (Abb.)
Fruchthalle, Aufriß, Grundriß und
Details
Kupferstich; 63,5 × 44,5
Arch. Slg. TUM, Nachlaß L. Lange
93.3 Ludwig Lange
Fruchthalle, Aufriß, Schnitte
Kupferstich; 63,5 × 44,5
Arch. Slg. TUM, Nachlaß L. Lange
93.4 C. Muffat (Abb.)
Maximiliansgetreidehalle (mit 2 Varianten
der offenen Halle), ca. 1850
Feder;
MStm, M III/68

93 Planungen für eine Frucht- und Getreidehalle in München, 1842–1847

Schon mit Beginn der Entfestigung kam es 1791 zu Überlegungen, den Schrannenmarkt (auf dem Marienplatz) vor die Stadt zu verlegen.[1] Seit 1808 finden sich dann Planungen, den Maximiliansplatz als Schrannenplatz zu gestalten. Die Gewerbetreibenden der Münchner Innenstadt wehrten sich jedoch heftig gegen diese Maßnahme, mit der eine große Einnahmequelle für Gastwirte, Mietstallbesitzer etc. verloren gegangen wäre. Trotz eini-

ger konkreter Projekte kam es zu keinem Neubau. Noch 1823 wurde unter den Neubauten für den Isarkreis nur allgemein angeführt, daß für die Getreideschranne »außerhalb der Mauern Münchens ein geräumiger regulairer Platz hergestellt werden«[2] soll.
Mit dem Regierungsantritt Ludwigs I. verschwanden diese Planungen für längere Zeit, denn Ludwig selbst war nur an seinen Monumentalbauten interessiert, zu deren Durchführung er der Stadtgemeinde derartige finanzielle Lasten aufzwang, daß für eine Schrannenhalle keine Überle-

1 Vgl. den Beitrag von H. Lehmbruch, in: W. Nerdinger (Hrsg.), Ausstellungs-Katalog Klassizismus in Bayern, Schwaben und Franken, München 1980, S. 190–195 und W. Nerdinger, Carl von Fischer, München 1982, S. 150f.
2 Neubaue und Bauverschönerungen in Baiern, in: Monatsblatt für Bauwesen und Landesverschönerung 1828, S. 6
3 Paul Ruf (Hrsg.), Johann Andreas Schmeller, Tagebücher Bd. 2, München 1956, S. 362
4 Leo von Klenze, Memorabilien V/25, BStB Klenzeana

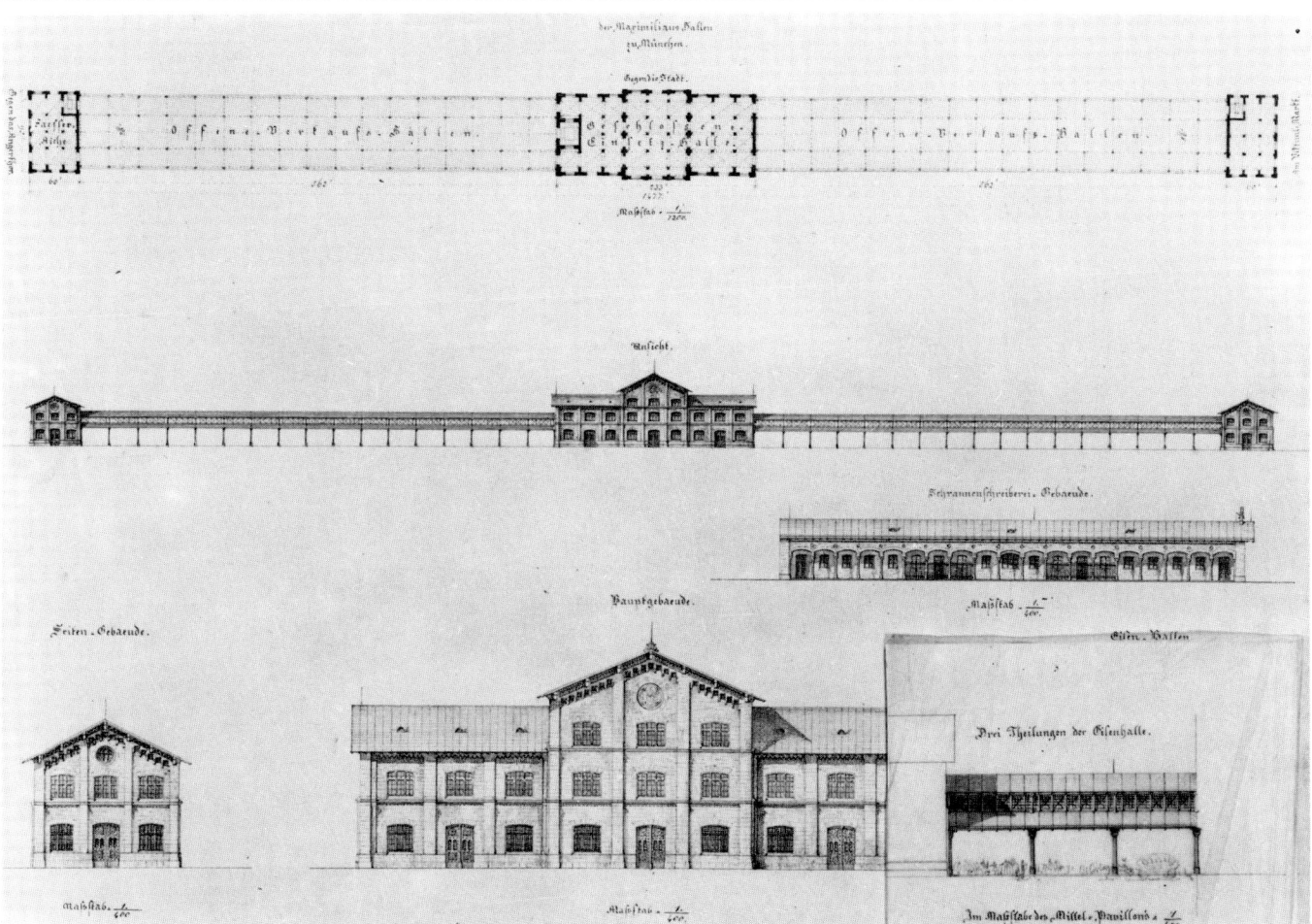

93.4

5 Ludwig Lange, Werke der höheren Baukunst, 3. Heft, Darmstadt 1858, Erläuterungen

6 z.B. von J. Moninger, vgl. Arch. Slg. TUM Gs Nr. 2535 oder Fr. Beyschlag, Gs Nr. 2205

7 vgl. Der Münchner Glaspalast 1854–1931, Ausstellungs-Katalog, München 1981, S. 53 f.

gung mehr blieb. Da der »Fruchthandel«, zu dem auch der für Münchens Bierwirtschaft höchst bedeutsame Hopfen gehörte, weiterhin auf dem Marienplatz abgewickelt werden mußte, wodurch nicht nur wöchentlich die Innenstadt total überfüllt war, sondern auch der Bevölkerung die Vernachlässigung ihrer Interessen dauernd vorgeführt wurde, kam bei den Münchnern Unmut auf. So notierte Schmeller die Äußerung eines einfachen Mannes bei der Grundsteinlegung zur Ruhmeshalle am 15.12.1843 in seinem Tagebuch: »Nun seinen schon zu vielen derley Wal-, Ruhmes- Sieges- und andern Hallen, aber noch zu keiner Getreid- und dergleichen Halle der Grund gelegt, meinte er. Da halte es der König von Württemberg ganz anders. Der sorge für die, die jetzo leben.«[3]

Auf fast groteske Weise erhielten die Planungen dann 1846/1847 einen neuen Anstoß. Über Lola Montez kam der Vorschlag von Eduard Metzger zum Bau einer Schranne direkt zu Ludwig. Metzger, der Lolas Palais umbaute, suchte auf diesem Weg an Aufträge zu kommen. Graf Rechberg wandte sich zwar dagegen, wie Klenze in seinen Memorabilien berichtete, da dies »schon seit 30 Jahren erörtert, aber stets wieder verlassen, da man sich überzeugt habe, daß die städtischen Sonderinteressen dadurch zu sehr gefährdet würden.«[4] Aber der hörige Monarch ließ doch von verschiedenen Architekten Pläne anfertigen. So entwarf Ludwig Lange, der in München als Architekt Fuß fassen wollte und deshalb Vorschläge für wichtige Bauaufgaben mehrfach zur Diskussion stellte, eine Fruchthalle an der Theresienwiese, gegenüber der Ruhmeshalle. Eine große Halle mit Emporen für den Hopfenhandel, sollte einen hölzernen oder eisernen Dachstuhl erhalten. Am Ziegelmauerwerk der Hauptseite wollte Lange die Zweckarchitektur mit Fresken, als einen »höheren Ausdruck des Gebäudes«[5], schmücken. Auch aus dem Kreis der Gärtner-Schüler entstanden einige Entwürfe für eine Schrannenhalle[6] und Gärtner selbst legt einen Plan vor, der einen Mittelbau und zwei Kopfbauten zwischen die lange, offene Halle eingespannt waren, vorsah. Diesen Vorschlag verwirklichte

94.1

Stadtbaurat Muffat, allerdings erst nach Ludwigs Abdankung unter Maximilian, 1851–1853 an der Blumenstraße. Anstelle der von Gärtner vorgeschlagenen Holzkonstruktion der Hallen, setzte er Eisenhallen von basilikalem Querschnitt. Die 403 m lange Anlage wurde in den 20er Jahren demontiert, heute steht nur noch ein Kopfbau am Viktualienmarkt und Teile der Halle dienen im Norden Münchens dem städtischen Gaswerk.[7]

W. Nerdinger

94   Fruchthalle in Kaiserslautern, 1841–1845

Im Unterschied zu den meisten Städten mit einem großen Fruchtmarkt besaß die Stadt Kaiserslautern trotz ständig zunehmendem Umsatz im Fruchthandel bis Ende der 1830er Jahre keine Verkaufshalle. Nachdem eine Reihe kommunaler Bauaufgaben wie Schul-, Pfarrhaus- und Straßenbau bewältigt waren, schien die Finanzierung einer Fruchthalle möglich und man nahm im Sommer 1839 das Projekt in Angriff. Zivilbauinspektor August von Voit, an den man sich gewandt hatte, legte 1841 Pläne und einen Kostenanschlag über 90000 Gulden zu einem Gebäude vor, dessen Raumprogramm auf Wunsch des Stadtrates über den eigentlichen Zweck einer wettergeschützten Fruchthalle hinaus noch einen geräumigen Saal für große Veranstaltungen (Synodalsitzungen, Industrieausstellungen, Musikfeste), zwei weitere Säle für die städtische Naturaliensammlung und die städtische Bibliothek sowie einen Raum für das

94.1 Fruchthalle Kaiserslautern (Abb.)
Aufnahme um 1900
Fotoarchiv G. Gehringer GmbH,
Graphische Kunstanstalt Kaiserslautern

1 Zu den folgenden Ausführungen siehe vor allem: H. J. Kotzur, Forschungen zum Leben und Werk des Architekten August von Voit, Bamberg 1977, Bd. II, S. 90 ff.; der von Kotzur erwähnte Fassadenentwurf im Stadtbauamt Kaiserslautern ist verschollen (vgl. Abb. 78)
2 Grundrisse Stadtarchiv Kaiserslautern, A III Nr. 373 und A II Nr. 76

Friedensgericht umfaßte. Voits Pläne, vom Baukunstausschuß unter Klenzes Vorsitz zur Ausführung geeignet befunden, erhielten am 2. Februar 1843 die kgl. Genehmigung. Ludwig I., äußerst angetan von dem Entwurf, erkundigte sich nach dem tüchtigen Baumeister und war über die beträchtlichen Einnahmen der Stadt, die einen so kostspieligen Bau erlaubten, erstaunt. Im März 1843 begannen die Bauarbeiten, die Ende 1845 im wesentlichen abgeschlossen waren.

Die in Voits Entwürfen sehr schlicht gehaltene Ausstattung erfuhr, als bei der Fundamentierung Kosten gespart werden konnten, eine Aufwertung: der große Saal wurde nach Plänen des Zivilbauinspektors Jodl dekorativer ausgestaltet und erhielt an Stelle der einfachen Holzdecke eine stabilere »Wölbung«.

Nachdem das Geschäft im Fruchthandel rückläufig war und 1910 die Auflassung des Marktes erfolgte, wurden in der Folge hauptsächlich noch die Säle für kulturelle Zwecke genutzt. Dabei kam es zu einer ganzen Reihe von Umbauten im Innern, die sich am Außenbau vor allem in der »stilgerechten Ausmauerung« der ehemaligen Toröffnungen niederschlug.

Der Grundriß des Gebäudes ist nach einem strengen Rastersystem Gärtnerscher Prägung von 5 zu 13 Achsen strukturiert, wobei die Flachtonne der weiten ehemaligen Lagerhalle auf 48 Pfeilern aufruht.[2] Der Hauptsaal, der einen großen Bereich des ersten und zweiten Obergeschosses einnimmt, tritt am Außenbau formal nicht in Erscheinung wie überhaupt der eigenwillig gestaltete mächtige Rechteckblock seine gemischte Nutzung in den gleichwertigen Gebäudeseiten nicht ausdrückt. Der Sockel und die sparsamen Gliederungs- und Zierelemente sind in Buntsandstein gearbeitet und kontrastieren mit dem hellen Ton der Putzrustika. Insgesamt steht die Fruchthalle in der Grundrißstruktur, der Fassadengestaltung und dem durch die 14 großen Tore gegebenen Hinweis auf die Erdgeschoßhalle Voits Hauptzollamtsgebäude in Passau (vgl. Kat.Nr. 138) sehr nahe, mit dem sie ja bereits ihre hauptsächliche Zweckbestimmung verbindet.

A.Gruhn-Zimmermann

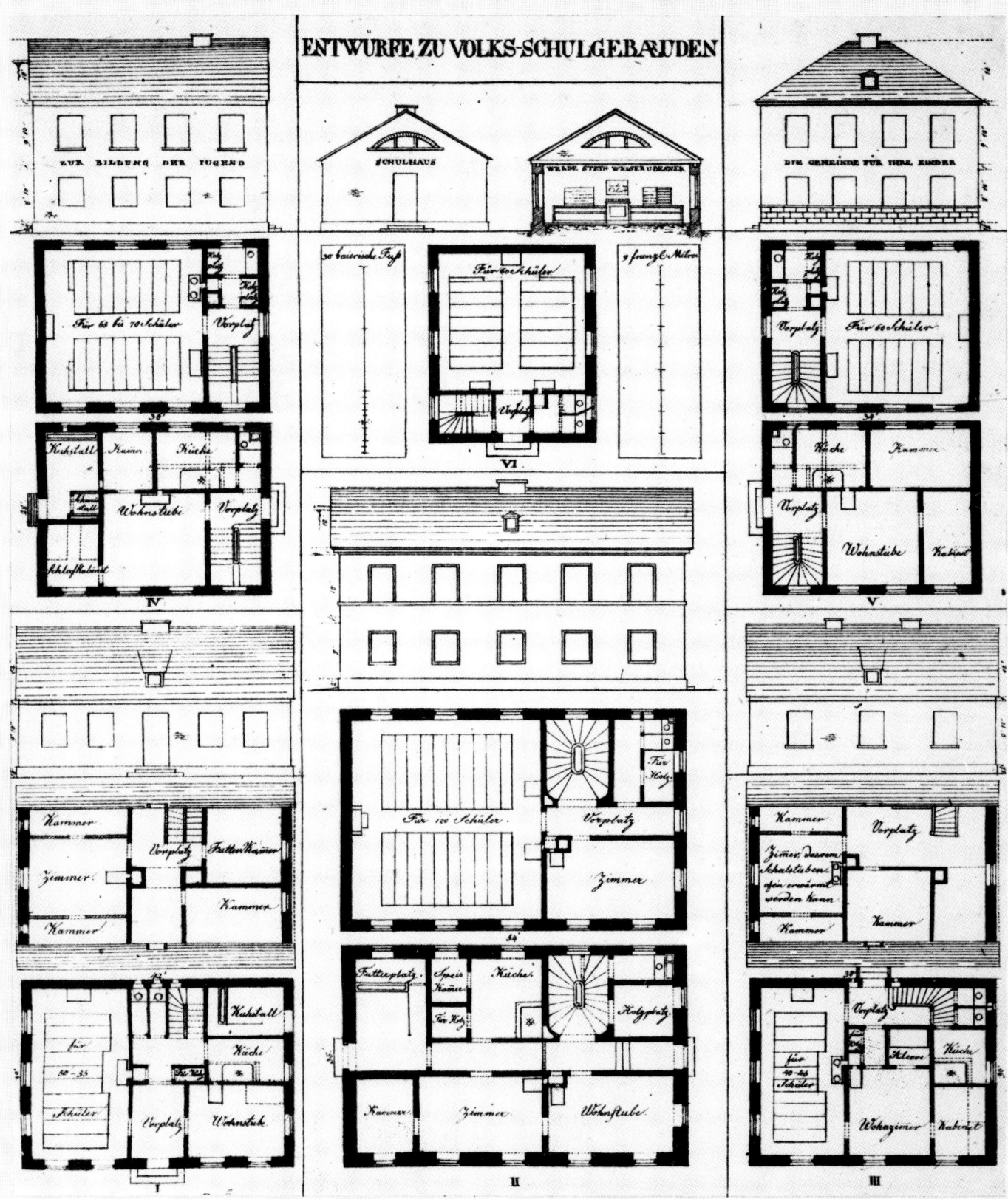

ENTWÜRFE ZU VOLKS-SCHULGEBÆUDEN

J.M.C.G. Vorherr, Musterentwürfe für Schulhäuser, 1834

VII. Schulbau und Bildungspolitik

Die Einführung der allgemeinen Schulpflicht 1802 mit 6jährigem Pflicht-Schulbesuch erforderte den Bau zahlreicher neuer Schulen. Der aufklärerische Architekt Vorherr entwickelte Musterschulen nach dem Vorbild vornehmer Wohnhäuser, hygienisch und funktional gestaltet, um das Ideal einer freien Volksbildung in entsprechenden, ausgezeichneten Bauten zu demonstrieren: »Freies Licht, freie Luft, freies Leben«. Während der Ludwigzeit wurden Vorherrs Vorschläge ihres gesamten ideellen Gehalts beraubt und auf einen vereinfachten Pfarrhaustyp reduziert, der schematisch überall im Land gebaut wurde. Bezeichnenderweise entließ Ludwig sofort nach seinem Regierungsantritt Vorherr, denn seine eigene reaktionäre Schulpolitik war das wichtigste Mittel seiner Restaurations-Regierung: »Die Erziehung namentlich an den Volksschulen ist ein Gegenstand, der meine besondere Aufmerksamkeit auf sich gezogen hat, da ich in derselben das wirksamste Mittel erkenne, den bösen Geist der Zeit zu bannen«. Bildungsziel für sein Volk war deshalb: »Nur nicht vieles und gar letzteren (den Bauern) am allerwenigsten; in den Volksschulen kommt es nicht auf bloßes Wissen an, sondern auf die Erziehung zum Rechten, Guten und Heiligen«. Dementsprechend lehnte er ein siebtes Pflichtschuljahr ab: »Sie sollen Christen und brave Hausväter werden, über diesen Zweck soll nicht hinausgegangen werden«.

Anstatt allgemeiner Volksbildung wurde deshalb auch die höhere Bildung nach dem vom Altphilologen Thiersch seit 1825 entwickelten Schulsystem auf frühester Stufe von der Elementarschule abgekoppelt und unter Ausschaltung der Realfächer auf Neuhumanismus konzentriert, um Gesellschafts- und Bildungsschranken bereits im Ausbildungsgang zu fixieren. Weder neue höhere noch polytechnische Schulen brauchten deshalb überhaupt gebaut zu werden. Der Bildungsetat blieb 30 Jahre lang gleich und betrug für ganz Bayern nur ein Viertel der Civilliste für das Königshaus. W. N.

95.1

95–97 Drei Volksschulen von Ulrich Himbsel in München, 1826–1829

Nach den Plänen des Baurates Ulrich Himbsel wurden in den Jahren 1826–1829 drei Volksschulhäuser in München errichtet. Es sind nur für Unterrichtszwecke konzipierte mehrräumige Schulgebäude, wie sie in den Anfängen des bayerischen Schulbaus nur die Residenzstadt vorweisen konnte. Unter dem Einfluß Klenzes, und wie dieser Mitglied der K. Baukommission, orientierte sich Himbsel zunehmend an der römischen und florentinischen Renaissance-Architektur, die vor allem über die großen Stichwerke der Zeit – allen voran jenes von Percier/Fontaine[1] – eine weitreichende Verbreitung erfuhr. Himbsel war durch die beruflichen Kontakte und die Aktualität von Klenzes Neubauten eng mit dessen Formenrepertoire vertraut, das er in den wenigen Entstehungsjahren der

Schulgebäude rasch aufgriff und geschickt adaptierte; dennoch lassen seine Schulen auch eine durchaus eigenständige Handschrift erkennen.

Mit betonter Sorgfalt hält Himbsel das gängige Gestaltungsprinzip der hierarchischen Stockwerksabfolge ein. Daneben zeigt er eine ausgeprägte Vorliebe für die plastische Wirkung von kräftigen Profilen und für eine effektvolle Bossierung der hohen Erdgeschoßzonen.

Die innere Organisation der drei Schulhäuser, die sich nach außen der herrschenden Fassadenarchitektur anpassen, zeichnet sich durch geräumige Treppenaufgänge und weite Schulsäle aus, deren Sitzordnung konsequent auf einen Lichteinfall von links achtet. Die nach Geschlechtern getrennten Abteilungen verfügen über eigene Abtrittanlagen im Haus, wodurch die Gebäude einen recht fortschrittlichen sanitären Standard aufweisen.[2]

A. Gruhn-Zimmermann

1 Ch. Percier/P. Fr. L. Fontaine, Palais, maisons et autres édifices modernes dessinées à Rome, Paris 1798
2 vgl. Franz Reber, Bautechnischer Führer durch München, München 1876, S. 210
1824 unternahm Himbsel eine Reise nach Frankreich, auf der er für den Magistrat »zweckdienliche Erkundungen« einziehen sollte, u. a. auch »über die Erziehungs- und Unterrichtsgebäude, Beschäftigungshäuser«. Welche Neuerungen Himbsel mitbrachte, ist nicht bekannt, es ist aber anzunehmen, daß Anregungen in seine wenig später errichteten Schulhäuser einflossen, StaM, Personalakt 2188, k. Baurath Himbsel, Ulrich

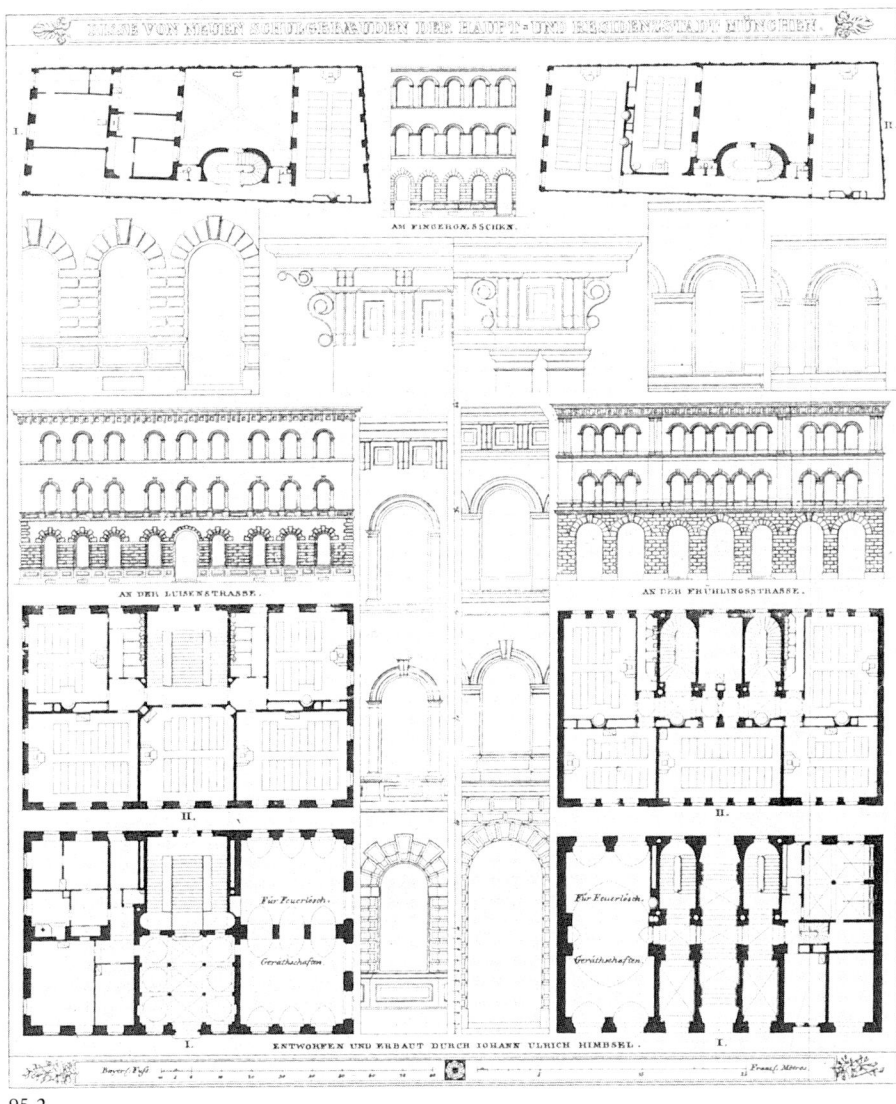

95.2

95.1 Schulhaus Von-der-Tann-Straße 2 (Abb.)
Aufnahme 1906
StaM, Fotoslg.
95.2 J.M.C.G. Vorherr, Monatsblatt für Bauwesen und Landesverschönerung; Jg. X,
H.9, München 1830 (Abb.)

1 StA München, RA 23991: 13.10.1826;
Grundrißpläne LBK, Von-der-Tann-Str. 2
2 StaM, Schulamt Nr. 3675, 15.12.1821: 275
Kinder mußten untergebracht werden, Raum
gab es nur für 180 Kinder in 3 Schulsälen
3 StA München, ibid.
4 ibid.
5 vgl. z.B. das westlich anschließende Wohngebäude Ludwigstr. 25/26/27 – Frühlingsstr.
1, den sog. »Hasslauer-Block« von Klenze/
Deiglmayr (Kat.Nr. 168)
6 Verwaltungsberichte der Stadt München
1877–78; 1891; StaM, Schulamt Nr. 3761
7 LBK, Von-der-Tann-Str. 2; Max Megele,
Baugeschichtlicher Atlas der Landeshauptstadt München 1951, S. 137

95 Schul- und Feuerhaus an der Frühlingsstraße 2 im Schönfeld (Von-der-Tann-Straße 2), München, 1826–1827

Ab Oktober 1826 sind Verhandlungen des Magistrats der Stadt München mit der Regierung des Isarkreises über ein Projekt mit bereits vorliegenden Plänen für ein neues Schulhaus bekannt.[1] Das alte baufällige Schulhaus war zu klein geworden[2], die nächsten ebenso ungenügenden Schulhäuser lagen weit entfernt in der St. Anna-Vorstadt, bei der Frauenkirche und bei der Schießstätte. Überdies rechnete man mit einer »in dieser Gegend nothwendig zunehmenden Kinderzahl.«[3] Die Wahl des Bauplatzes war nicht nur im Hinblick auf eine zentrale Lage des Schullokals innerhalb seines Einzugsgebietes, sondern ebenso auf eine zweckdienliche Situierung des Feuerhauses getroffen worden: »Die Vereinigung des Schul- und Feuerhauses in ein Gebäude ist nicht nur vollkommen thunlich, sondern zugleich deßwegen sehr vorteilhaft, weil sich dadurch eine bedeutende Kostenersparung ergeben wird. Der erste Stock und die Nebengebäude können für die Feuerrequisition und die höheren Stockwerke ganz für die Schulen verwendet, und hier rückwärts und vorwärts geräumige Schulzimmer angebracht werden.«[4] Die zunächst geplante »Beheizung mit gewärmter Luft« sollte der konventionellen Ofenheizung weichen, was auf Unverständnis bei dem besonders in sanitären Belangen fortschrittlich denkenden Kreisbauinspektor Vorherr stieß. Der Magistrat lehnte diese Art der Beheizung ab, da er ihre Zweckmäßigkeit noch nicht bewiesen sah und man bei einem so »kostspieligen Bau« nicht gesonnen war, unwirtschaftliche Experimente zu machen. Die Bauarbeiten wurden aus Rücksicht auf eine besondere Solidität des Gebäudes und die im Erdgeschoß anzubringenden Gewölbe absichtlich nicht in Akkord gegeben.

Das Schulhaus an der Frühlingsstraße stellt einen außerordentlich repräsentativen Typus eines städtischen Gebäudes dar und ist in seiner Erscheinung den zeitgleichen herrschaftlichen Wohngebäuden im Anspruch durchaus gleichgestellt. Nach außen ist es in keiner Weise individuell als Schule charakterisiert, sondern ordnet sich reibungslos in Klenzes Fassadenschema der mittleren Ludwigstraße ein.[5] Vorbildgetreu übernimmt Himbsel das Motiv des Gruppenfensters vom Mittelrisalit des wenig früher entstandenen Bazargebäudes am Odeonsplatz. Den bis dahin nur selten als Gliederungselement vorkommenden Pilaster führt er in diesem Ludwigstraßenbereich ein.

Ende des 19. Jahrhunderts beherbergte das als »Ludwigsschule« bekannte Gebäude u.a. die Frauenarbeitsschule, später dann verschiedene Berufsschulzweige, das »Binter'sche Marionetten-Theater« und die Modellwerkstatt für den Generalbaurat der »Hauptstadt der Bewegung«.[6] Das kriegsbeschädigte Haus ging 1949 an die Deutsche Beamtenversicherung, die es 1961 an die heutige Eigentümerin, die Bayerische Handelsbank, verkaufte«.[7]

A. Gruhn-Zimmermann

**96 »Schul- und Feuerlösch-
Requisiten-Haus an der Louisenstr. 3«
für die Maxvorstadt, München,
1828–1829**

Am 15. Dez. 1821 übermittelte die K.
Regierung des Isarkreises dem Magistrat
einen Bericht der K. Lokal-Schulkom-
mission »über die Nothwendigkeit eines
neuen Schulhauses in der Maxvorstadt.«[1]
Als Argument für einen Neubau wurde
neben dem Hinweis auf den gefahrvollen
weiten Schulweg in die Stadt vorgetragen,
daß sich die Maxvorstadt vor allen anderen Vorstädten durch »Geschmack,
Pracht, Herrlichkeit und eine hochan-
sehnliche Einwohnerschaft« auszeichne.
Daher ersuche man »gnädigst zu bewirken, daß zur Ehr unser Hauptstadt, wo
eigentlich noch gar kein *zweckmäßiges*
Schulhaus ist – hier in dieser, in einem so
herrlich Baustyle aufblühenden Max-
Vorstadt, die mit so vielen geschmackvollen und vorzüglich schönen Meisterstük-
ken der Baukunst pranget – ein muster-
haftes Schulhaus errichtet werden möchte«, um »auch für diese Vorstadt ... ein
der öffentlichen Erziehung und Bildung
der Jugend geweihtes Gebäude empor-
steigen zu sehen.«[2] Erst 1827 wurde das
Projekt in Angriff genommen.[3] Einem
Gutachten des Magistrats sind die Vorgaben · zu entnehmen, die Himbsel beim
Entwurf des neuen Schulhauses zu beachten hatte: dreistöckig, freistehend, Vermeidung aller kostspieligen Verzierungen; »das Gebäude muß ein Gewölbe für
die Löschrequisiten, zwei besondere Stiegen für die männlichen und weiblichen
Schulkinder, eine kleine Wohnung für
den Hausmeister, dann 11 Schulzimmer,
nämlich 5 für 60 Kinder und 6 für 80 bis
90 Kinder enthalten«; alle Stockwerke
waren mit den nötigen Abtritten in Verbindung mit Schwindgruben und nicht,
wie früher üblich, mit beweglichen Fäs-
sern zu versehen; auf die Beheizung mit
erwärmter Luft wurde zugunsten der
Ofenheizung verzichtet (vgl. Schulhaus in
der Frühlingstraße). Himbsel hatte drei
unterschiedlich reich dekorierte Fassadenpläne vorgelegt,[4] über die sich ein Dis-
put bezüglich des Vorbild- und Repräsen-
tationscharakter der Schulhausfassade in
der »ersten Gemeinde des Königreichs«
entspann. Die finanzielle Ersparnis beim
Verzicht auf architektonischen Schmuck
erachtete man als unbeträchtlich und wies
darauf hin, daß in der Umgebung eines
»so wichtigen öffentlichen Gebäudes ...
selbst die Privatgebäude mit schöneren
Facaden versehen« seien.[5]
Nach einer Bauzeit von 14 Monaten wurde das Schulhaus am 12. Okt. 1829 eröffnet. Großzügig dimensioniert, ist es mit

96.1

wirkungsvollem plastischem Schmuck aus
dem gängigen Formenschatz als herr-
schaftlicher Bau gestaltet. Von seinem
monumentalen Treppenaufgang und der
aufwendigen Eingangshalle schwärmte
1892 der Stadtschulinspektor A. Böhngen: »der herrliche, von allen Seiten freistehende Bau ... mit seiner geräumigen
von vier Säulen getragenen Vorhalle,
seiner breiten, lichten, den fünften Teil
des ganzen Hauses einnehmenden Freitreppe.«[6]
Im September 1841 erfolgte eine Eingabe,
das neue Gebäude mit der Aufschrift
»Schulhaus«, wie sie »sehr zweckmäßig
und schön« das Schulhaus der St. Anna-
Vorstadt von Fr. von Gärtner trägt, in
seiner Funktion benennen zu dürfen.[7]
Mit Beginn des Schuljahres 1844/1845
gingen die Münchner Bezirksschulen in
Pfarrschulen über. Nach Errichtung der
Pfarrei St. Bonifaz 1850 führte die Schule
den Namen dieser ihr zugeteilten Pfarrei
als »St. Bonifaz-Pfarrschule«.[8] Im Zusammenhang mit den Baumaßnahmen für
das Mädchenlyzeum von Th. Fischer
wurde das Gebäude 1900 abgebrochen.[9]
A. Gruhn-Zimmermann

96.1 Schulhaus Luisenstraße 3, Zustand vor
dem Abbruch 1900 (Abb.)
Foto von Aquarell in StaM, Fotoslg.

1 StaM, Schulamt Nr. 3675: 15.12.1821
2 ibid.
3 StaM, Schulamt Nr. 3673: 24.12.1827
4 StaM, Schulamt Nr. 3672: Geschichte der
Innern St. Bonifazschule A in München von
A. Böhngen, Stadtschulinspektor, 1891/
1892, S. 10; die drei Pläne sind nicht erhalten
5 ibid.: 19.4.1828 und 14.5.1828
6 vgl. Anm. 4, S. 12
7 StaM, Schulamt Nr. 3675: 1.9.1841, was aus
Abbildungen zu schließen nicht geschah
8 vgl. Anm. 4, S. 12
9 M. Megele, Baugeschichtlicher Atlas, München 1951, S. 134

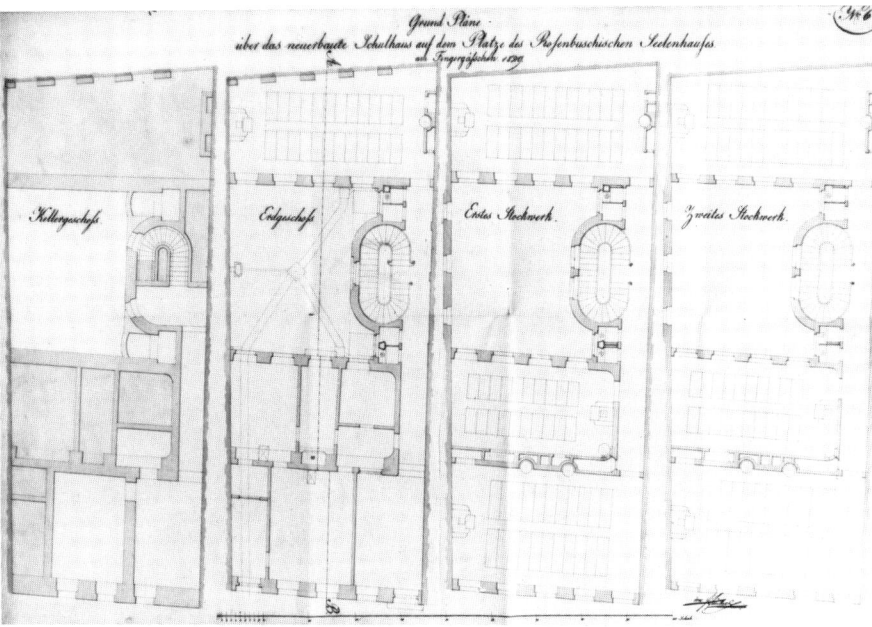

97.2

97.1

97.1 Ulrich Himbsel (Abb.)
Schulhaus im Fingergäßchen, 1829,
Grundrisse
Feder, farbig aquarelliert; 82,4 × 56,5
StaM, LBK 6308/1

97.2 Domschule in der Maffeistraße 18
(ehemals Fingergäßchen 2, später
Kardinal-Faulhaber-Straße 14 (Abb.)
Aufnahme um 1900
StaM, Fotoslg.

1 Verwaltungsberichte der Stadt München
1877–1878; Max Megele, Baugeschichtlicher
Atlas der Landeshauptstadt München, München 1951, S. 139

97 Domschule im Fingergäßchen 2 (Kardinal-Faulhauber-Str. 14), München, 1829

Von 1829 stammen Himbsels Pläne für
die Knabenabteilung der Domschule, deren Mädchenklassen seit 1822 im Schulhaus Nr. 19 an der Löwengrube untergebracht waren. Der Neubau kam an Stelle
des 1575 erbauten ›Rosenbusch'schen
Seelnonnenhauses‹ zu stehen, das die
Stadt 1827 zum Abbruch gekauft hatte.
1907 mußte das Schulhaus zusammen mit
dem Nachbargebäude einem Neubau der
Bayerischen Vereinsbank weichen.[1]
Himbsel fand trotz des schmalen, dafür
aber recht tiefen Grundstücks in der Altstadt eine kluge Grundrißlösung für die
Raumanlage, wofür ihm eine zufrieden-
stellende Belichtung der Schulsäle das
entscheidende Kriterium war: die beiden
größeren Räume liegen zur Straße hin,
von wo mehr Licht durch die je fünf
Fenster einfallen kann als vom relativ engen Innenhof in die kleineren Räume zu
vier Fenstern. Die Erschließung der beiden Gebäudetrakte erfolgt über lange
schmale Gänge, die über das zwischen
den Flügeln liegende elliptische Treppenhaus bedient werden. Die Fassade zeigt
die für Himbsel typische Plastizität, ihre
dominante horizontale Gliederung gibt
dem Gebäude im engen Häuserverband
der Altstadt ein gravitätisches Aussehen.
Für die Abfolge von Rundbogen/Kämp-
fer könnte wiederum der Mittelrisalit des
Basargebäudes Vorbild gewesen sein (vgl.
Schulhaus in der Von-der-Tann-Str.).

A. Gruhn-Zimmermann

98 Schulhaus in der St. Anna-Str. 1 für die St. Anna-Vorstadt, München, um 1841

In der Literatur finden sich widersprüch-
liche Angaben zum Architekten des St.
Anna-Schulhauses[1], einem weiteren Beispiel für einen eigenständigen mehrräumi-
gen Schulbau, wie er nur in der Residenzstadt vorkam (vgl. auch Kat.Nr. 95, 96,
97). Tatsächlich scheint es von Gärtner
selbst bzw. in dessen Büro entworfen
worden zu sein. Planungs- und Baugeschichte sind nicht überliefert.
Zwei stilistisch unterschiedliche Varianten der klaren, ernsten Fassade sind erhalten.[2] Die erste[3] zeigt verschiedene romanisierende Schmuckformen und eine fein
gemusterte Sichtziegelverblendung, wie
sie in ähnlich zarter Präzision am Bau der
Salinendirektion vorkommt (vgl. Kat.Nr.
133). Die zweite, von Gärtner signierte
Variante[4], ist gegenüber der ersten formal
gestrafft, die kompakt gebündelten Fen-
stergruppen und die Türen nun einheitlich von schlichten Profilen gerahmt, das
erste Obergeschoß jedoch mit wenigen
pointiert gesetzten Ziergliedern dezent
hervorgehoben und die Fassadenwand
wiederum in äußerst schmalen Ziegellagen verkleidet. Für den zweiten Fassadenentwurf existiert ein undatierter Farb-
musterplan[5] von dem damaligen Stadt-
baumeister Muffat in den Farbakkorden
grau-gelb über hell-ocker zu rötlich-
ocker.
1841 wurde die Schule bezogen und mit
der Aufschrift »Schulhaus« – was bis dahin nicht vorkam – in seiner Funktion

341

98.3

98.1

98.1 Friedrich von Gärtner (Abb.)
Schulhaus in der St. Anna-Vorstadt in
München, Fassadenaufriß
Feder, Bleistift; 62,4 × 45
StaM, Schulamt Nr. 3582 a

98.2 Fr. Karl Muffat
Schulhaus in der St. Anna-Vorstadt in
München, Fassadenaufriß
Feder, farbig aquarelliert; 54,3 × 42,8
StaM, Schulamt Nr. 3582 a

98.3 Schulhaus in der St. Anna-Straße 1, im
Vordergrund die städt. Suppenanstalt, um
1870 (Abb.)
StaM, Photosammlung Karl Valentin

benannt.[6] Aus dem Verwaltungsbericht der Stadt München von 1877/78 ist zu erfahren, daß »das Gebäude massiv aus Ziegelsteinen erbaut und an den Facaden mit Mörtel verputzt . . . 32 m lang mit Parterre und 2 Stockwerken hergestellt«[7] war. Über die Farbigkeit wird nichts berichtet. Die rhythmisierte Schauseite des freistehenden Baus lag zur St. Anna-Straße, von der ihn der Stadtmühlbach trennte. Seiten- und Rückansicht, wie man sie von der nördlich gelegenen Suppenanstalt und der rückwärtigen Stadtsäge aus sehen konnte, zeigten eine gleichmäßige Achsenabfolge.[8] Die Innenraumorganisation läßt sich heute nur mehr ansatzweise an-

hand der Anbaupläne von 1876/1877[9] rekonstruieren: vermutlich führte eine Eingangshalle in der Breite der fünf Mittelachsen zu einem rückwärtig liegenden schlichten Treppenaufgang und von dort zu den Schulzimmern, die sich um einen fensterlosen Gang in der Gebäudemitte reihten. Größe und Anzahl der Räume artikulieren sich auch in der Fassade – Ausdruck von Gärtners Auffassung über die Angemessenheit von Architektur und Bauaufgabe.

1864 erhielt das Schulhaus ein drittes Stockwerk, 1876/1877 einen Anbau gegen Norden, im Zweiten Weltkrieg wurde es zerstört.[10]   A. Gruhn-Zimmermann

1 K. Eggert, Friedr. von Gärtner, München 1963, S. 163 und O. Hederer, Fried. von Gärtner, München 1976, S. 225 nennen Gärtner; F. Reber, Bautechnischer Führer durch München, München 1876, S. 210 und M. Megele, Baugeschichtlicher Atlas der Landeshauptstadt München, München 1951, S. 131 nennen Muffat

2 von möglicherweise 4 Varianten (Lit. A bis Lit. D)

3 Arch. Slg. TUM, Gs 356 (Lit. A)

4 StaM, Schulamt Nr. 3582 a (Lit. D)

5 ibid.

6 StaM, Schulamt Nr. 3675: Sept. 1841 Eingabe für die Aufschrift »Schulhaus« an der Schule der Maxvorstadt nach dem Vorbild der St. Anna-Schule; die Aufschrift auf dem Plan Lit. D ist wahrscheinlich nicht von der Hand Gärtners

7 Verwaltungsbericht der Stadt München 1877/1878, S. 75

8 vgl. R. Bauer, Das alte München. Photographien 1855–1912 gesammelt von Karl Valentin, München 1982, Abb. 129, 130

9 StaM, Schulamt 3582 a

10 Verwaltungsbericht 1877/78 und M. Megele, S. 131

99.2

99.1 Ed. Schidermair (Abb.)
Schulhaus für die protestantische und die
höhere Töchterschule, Situationsplan,
Grundrisse, Querschnitt, Fassadenaufris-
se, 1847
Feder, Bleistift, farbig aquarelliert;
41,7 × 33,2
StaM, Schulamt Nr. 3650

99.2 Franz Jakob Kreuter (Abb.)
Schulhaus an der Glockenstraße,
Fassadenaufriß, Juni 1848
Feder, blau aquarelliert; 67,5 × 43,2
StaM, Schulamt Nr. 3650

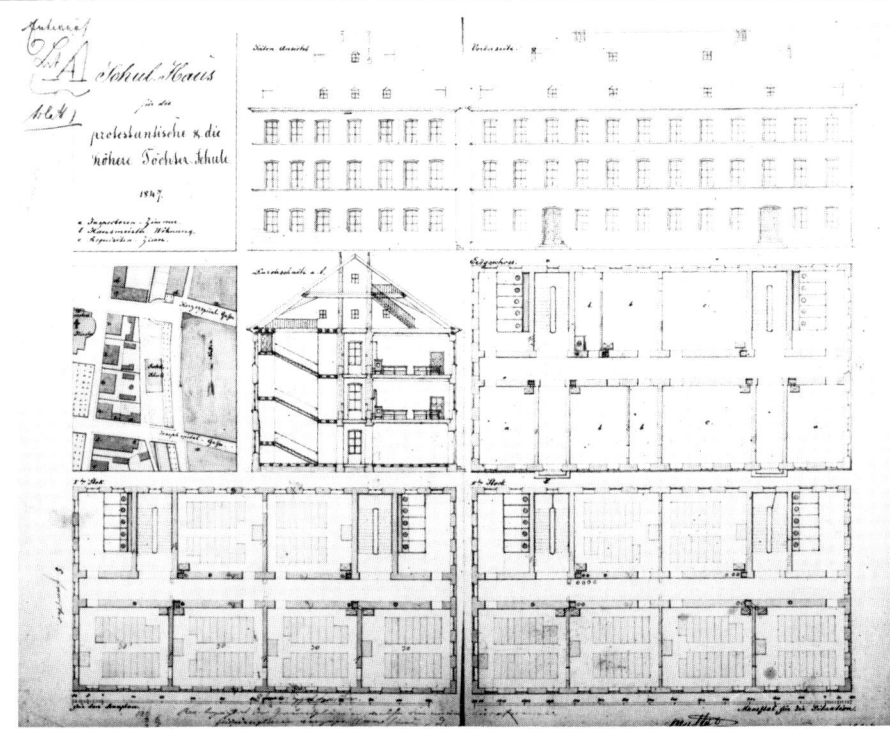

99.1

1 L. Turtur, A. L. Bühler, Geschichte des
prot. Dekanats und Pfarramtes München
1799–1852, Nürnberg 1969, S. 173 ff.; J. Ge-
bele, 100 Jahre Münchner Volksschule, München 1903, S. 253
2 StaM, Schulamt Nr. 3650
3 Turtur, Bühler, S. 177
4 StaM, Schulamt Nr. 3650
5 vgl. dazu Bauten von Braunmühl und Moninger in F. Zimmermann, Wohnbau in
München, München 1984, Abb. 74, 78, 79
6 ibid., Abb. 69, 71, 73
7 StaM, fotografische Aufnahme vom erheblich veränderten Bau aus der Zeit nach dem
Anbau von 1885/1886 und der Höhung um
ein Stockwerk 1888: Fensterform, Gurtgesims und Achsenverteilung entsprechen dem
Entwurf Schidermairs.
8 M. Megele, Baugeschichtlicher Atlas der
Landeshauptstadt München, München 1951,
S. 133

99 Erste protestantische Schule an der Glockenstraße 15 a (heute Herzog-Wilhelm-Straße 30), München, 1847–1851

Das erste protestantische Schulhaus ist zugleich der letzte unter Ludwig I. geplante und noch weitgehend ausgeführte Schulbau in München. Den Münchner Protestanten wurde 1800 eine Privatschule genehmigt, die auch noch nach Einführung der allgemeinen Schulpflicht von 1802 und der Abschaffung der Konfessionsschule weitergeführt wurde. Trotz stetig wachsender Schülerzahl vernachlässigten Stadt und Staat die Lehranstalt gegenüber den katholischen Schulen, denen sie vom Status her gleichgestellt war, in auffälliger Weise. Im August 1847 beschloß die Stadt endlich den Bau eines Schulhauses für die protestantische Gemeinde, deren Schulstelle 1850/1851 nach einem 50jährigen Wanderleben zwischen meist erbärmlichen, viel zu engen Behausungen in ein neues Gebäude unweit der protestantischen St. Matthäus-Kirche, das sie sich mit der »Höheren Töchterschule« teilen mußte, einziehen konnte.[1]

Auf dem von Ed. Schidermair 1847 entworfenen Plan[2] ist das Gebäude als Doppelschule konzipiert, was nicht aus der bei den Katholiken üblichen, von den Protestanten jedoch nicht praktizierten Geschlechtertrennung herrührte, sondern höhere Töchterschule und protestantische Volksschule voneinander separierte. Schi-

dermair gestaltete das stattliche Schulhaus, das allein 502 protestantische Kinder aufnehmen mußte[3], als schmucklosen Zweckbau mit schmalen Gesimsen und einfach profilierten Stichbogenfenstern, wie sie im Laufe der 40er Jahre immer mehr zur Anwendung kamen.

Seine handschriftliche Korrekturangabe am unteren Rand des Schidermairschen Planes, die Fassaden mit »8 Doppelfenstern« zu versehen und die Grundrisse entsprechend abzuändern, setzte der Civilbauinspektor Fr. Jakob Kreuter in einem eigenen Fassadenentwurf[4] vom Juni 1848 um: 8 segmentbogig gekuppelte Doppelfenster faßt er paarweise in je einem Mauerfeld zusammen und kontrastiert dessen feinteiligen Ziegelverband mit dem Haustein der Erdgeschoßzone und den rahmenden Wandvorlagen. Das Spielen mit unterschiedlich farbigen Materialien, das Verweben variabler Gliederungs- und Dekorationselemente, die feine Detailzeichnung und die malerische Darstellung der zu erwartenden Erscheinung des Gebäudes sind bekannte Komponenten des Gärtnerschul-Stils.[5]

Im Vergleich mit Kreuters Wohnbauten vom Anfang der 40er Jahre[6] stellt sich der Entwurf für die protestantische Schule dagegen nur als mäßig originell und eigenständig vor. Vermutlich wurde der nüchterne und in der Ausführung billigere Entwurf Schidermairs realisiert.[7]

Das Schulhaus wurde im 2. Weltkrieg zerstört.[8]   A. Gruhn-Zimmermann

100 Schul- und Benefiziatenhaus in Oberwittelsbach, 1832/1834

»So möchten wir an demselben Orte, wo die Eiche des Wittelsbacher Stamms ihre ersten Wurzeln trieb, wo sich die Liebe eines treuen Volkes in dem Denkstein besiegelte, ein anderes Denkmal des hocherleuchteten und gottgesegneten Fürstenstandes sich erheben sehen, bezeichnend dessen fortwährendes Streben für die Erhaltung der Lebensquellen, der Religion und wahren Bildung, und bestehend in der wiederhergestellten Kirche, nebst einem Schul- und Pfarrhause«[1] – mit dieser pathetisch-glorifizierenden Hymne auf das Königshaus appellierte ein am 1. Februar 1834 verfaßter Spendenaufruf an die Bevölkerung, ihren Obulus zum bezeichneten Bauvorhaben auf dem Burgplatz von Oberwittelsbach beizusteuern. Am 1. August des gleichen Jahres wurde dort auch das Wittelsbacher Nationaldenkmal[2] enthüllt. Es war ebenfalls aus Spenden des bayerischen Volkes finanziert worden, der K. Zivilbauinspektor J. Daniel Ohlmüller hatte es entworfen. Ihm wurde auch die Planung für das vom König gewünschte Schul- und Benefiziatenhaus übertragen, eine Lithographie seines Entwurfes ist erhalten. Ohlmüller, Architekt der Mariahilfkirche (vgl. Kat.Nr. 49) und bedeutender Protagonist der Neugotik in Südbayern, orientierte sich auch bei der Gestaltung dieses Baus an gotischen Vorbildern, die er stilisierend abwandelte. Die Proportionierung des Baukörpers ist ausgewogen und klar, ebenso das Verhältnis zwischen horizontalen und vertikalen Baugliedern, Zier- und Schmuckformen sind zurückhaltend behandelt. Die stille Noblesse des Backsteinbaus vermittelt seinen ehrgeizigen Repräsentationsanspruch, sein Grundriß entspricht in der achsialen Ausrichtung des herrschaftlichen Treppenhauses »noch weitgehend dem eines kleinen barocken Palais«. Zwar konnte die Gemeinde Oberwittelsbach, die im Spendenaufruf als »dürftig und unscheinbar« beschrieben wird, nun nach außen hin mit einem »palastähnlichen« Bauwerk renommieren, hatte aber dennoch ein nur völlig unzureichendes Schullokal, »das in Hinsicht seiner hohen Zimmer und schweren, kostspieligen Beheizung und ... wegen ... bestehend offenstehenden Aus- und Eingangs, ein wahrer Strafposten (?) für den Benefiziaten und den in einem einzigen Stübchen ohne Kammer und Herd wohnenden Schulverweser« war. Das Gebäude ist erhalten.

A. Gruhn-Zimmermann

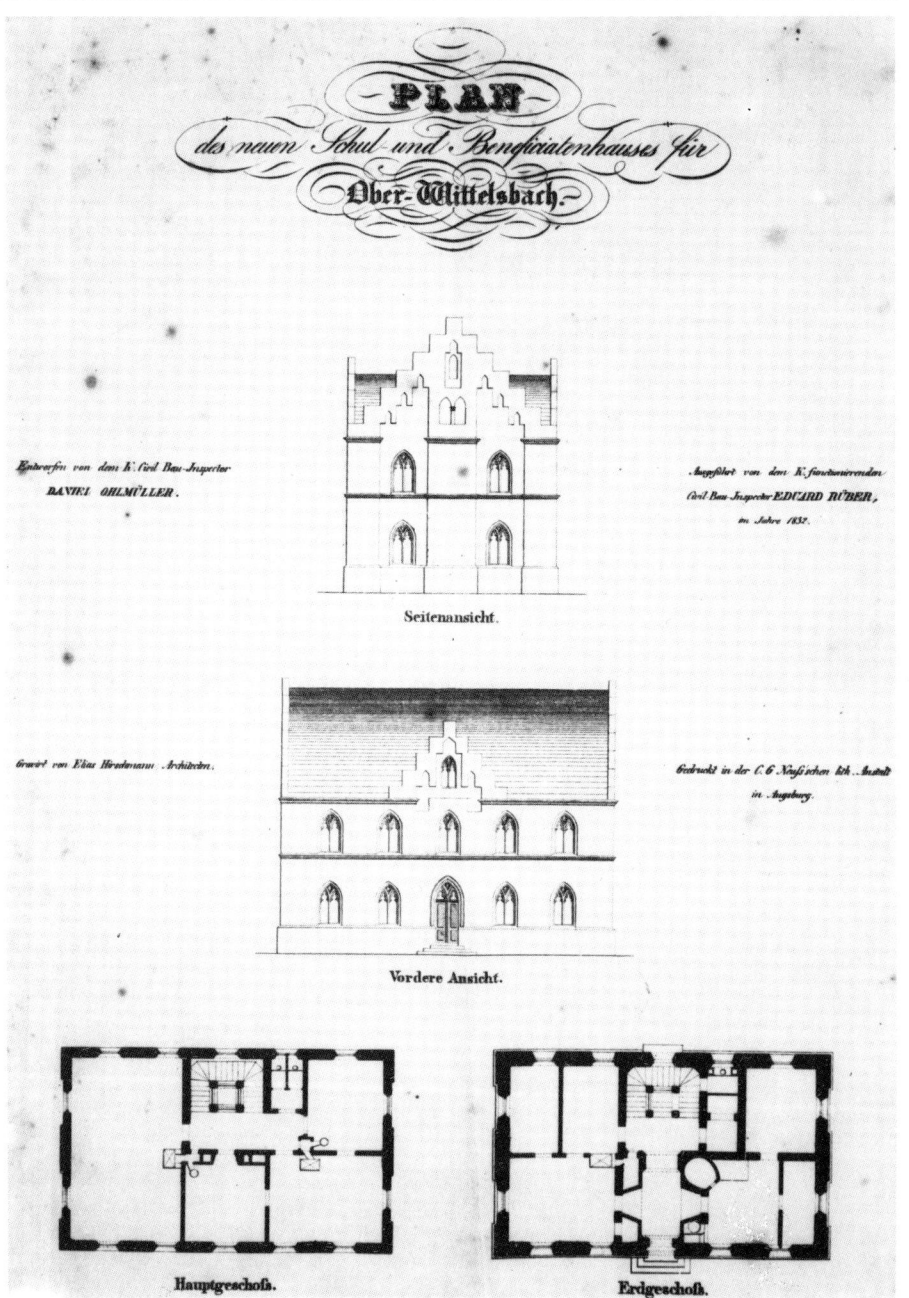

100.1

100.1 Joseph Daniel Ohlmüller (Abb.)
Schul- und Benefiziatenhaus
Oberwittelsbach, Fassadenaufrisse,
Grundrisse (1832)
Lithographie
vormals Pfarrarchiv Aichach,
verschollen (Negativ im B. Landesamt
für Denkmalpflege)
100.2 Schule Oberwittelsbach
Foto aus T. Grad (Hsg.),
Die Wittelsbacher im Aichacher Land,
Aichach 1980, Abb. S. 348

1 Volker Liedke, Das Schul- und Benefiziatenhaus zu Oberwittelsbach, in: Toni Grad (Hsg.), Die Wittelsbacher im Aichacher Land, Aichach 1980, S. 349
2 vgl. Kat.Nr. 21

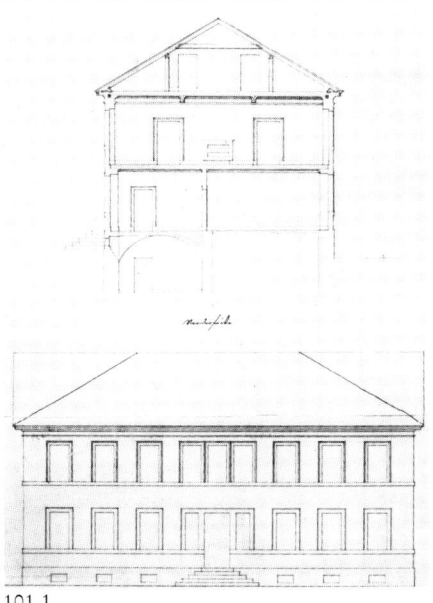

101.1

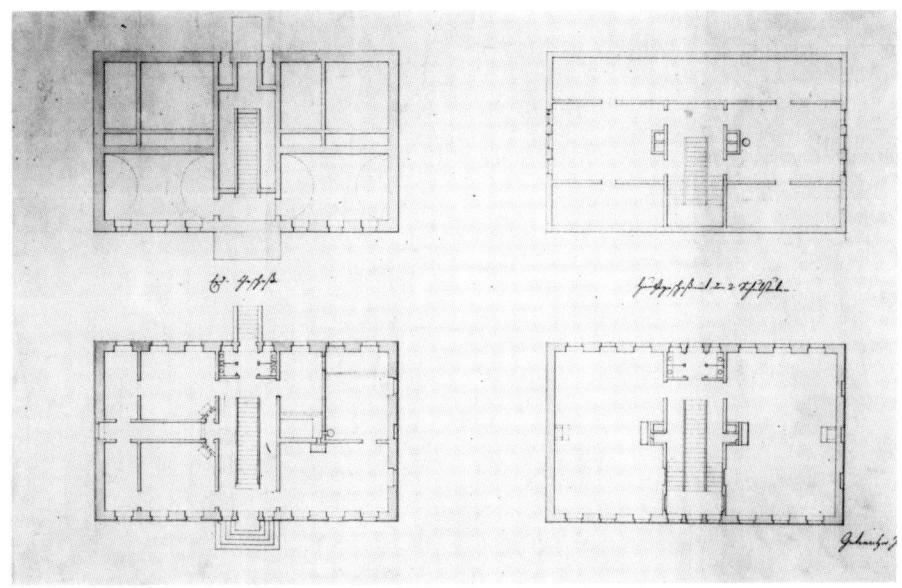

101.2

101.1 Johann Gottfried Gutensohn (Abb.)
Entwurf für ein Schulhaus in Oberstreu,
Querschnitt und Aufriß
Feder, Bleistift; 30,4 × 47
StA Würzburg, Reg. Abg. 1943,
Nr. 4949

101.2 Johann Gottfried Gutensohn (Abb.)
Schulhaus in Oberstreu, Grundrisse
Feder, Bleistift, farbig aquarelliert;
25,3 × 39,4
StA Würzburg, Reg. Abg. 1943,
Nr. 4949

---

1 StA Würzburg, Reg. v. Ufr., Nr. 4949,
  23.5.1835;
2 E. Wegner, Joh. Gottfried Gutensohn,
  Frankfurt/Bern/New York 1984, Diss.,
  S. 114
3 ibid., S. 32
4 ibid., S. 139
5 StA Würzburg, ibid., 2.10.1835
6 E. Wegner, S. 138

101 Entwurf für ein Schulhaus in Oberstreu, 1833

Im Februar 1833 legte Joh. Gottfried Gutensohn Risse und einen Kostenvoranschlag für ein Schulhaus in Oberstreu vor, die vom Baukunstausschuß abgelehnt wurden. Gutensohn gab sich gekränkt und meldete seine »gehorsamsten Bedenken« dagegen an.[1] Aus dem Baukunstausschuß entlassen, war Gutensohn am 23.11.1831 auf den Posten eines Civilbau-Inspektors des Untermainkreises versetzt worden.[2] Mißmutig versah er diesen Dienst und reagierte mit großer Verbitterung, als »der einzige Bau von einiger Wichtigkeit in (seinem) Baubezirk, der Kursaal in Kissingen« an Gärtner gegangen war.[3] Häufig machte er in diesen Jahren schriftliche Eingaben, auf die der König immer gereizter antwortete.

Gutensohns abgelehnter Entwurf zeigt ein zweigeschossiges Schulhaus zu 9 Achsen auf einer Grundfläche von 10,5 auf 23,3 m – »ein völlig gewöhnliches Gebäude also, wäre nicht die Fassade durch die Zusammenziehung der drei mittleren Fenster zu einem Drillingsfenster ausgezeichnet, was sich im Erdgeschoß mit dem von zwei Fenstern unmittelbar assistierten Eingang wiederholt. Dieser äußeren Rhythmisierung korreliert im Innern das die ganze Tiefe des Gebäudes einnehmende Treppenhaus, welches seine ungewöhnliche Ausdehnung mit den im Obergeschoß befindlichen, beiden großen Schulräumen erklärt«.[4] Mit seiner Kritik am genehmigten Entwurf handelte sich Gutensohn einen Verweis des Innenministeriums ein wegen seiner »ungeziemenden, der Dienstesordnung ganz zuwiderlaufenden Bemerkung« und erfuhr gleichzeitig, was an seinem Plan nicht gefallen hatte: »wegen der zu großen Anzahl von Fenstern, des unrichtigen Verhältnisses zwischen Öffnungen und Mauern, deren erstere zu viel Raum einnahmen, der häßlichen, unmittelbar neben der Hausthüre zu beyden Seiten angebrachten Fenster, sowie des dreifachen darüber.«[5]

Gutensohns eigenwillige Fassadenlösung wirkte damals sicherlich befremdlich, da Gebäude dieser Art »vornehmlich einer einfachen, soliden und zweckmäßigen Bauweise und doch einer herausgehobenen, wenn auch genormten Gestaltung unterliegen«[6] sollten. Dagegen kam sein Raumkonzept den Anforderungen eines reibungslosen Schulbetriebs sehr entgegen und wies sich durch hygienische Standards wie gute Belüftung, vorbildliche Belichtung und die Geräumigkeit der Schulsäle, des Treppenhauses und der sanitären Anlagen für ein Landschulhaus als außergewöhnlich fortschrittlich aus.

A. Gruhn-Zimmermann

102 Volksschulhaus der protestantischen Gemeinde Münchberg, 1840–1841

Die Stadt Münchberg war erst 1811 von der protestantischen Markgrafschaft Ansbach-Bayreuth an das katholische Bayern gekommen. 1837 brannte der größte Teil der »Oberen Stadt«, vor allem die Ludwigstraße, nieder. So kam es, daß – vergleichbar dem Zustand Reichenhalls nach dem Stadtbrand von 1834 (vgl. Kat.Nr. 7) – ein ganzer Straßenzug und ein Großteil der kommunalen Bauten von einheitlichem stilistischem Zuschnitt sind.[1] Auch das Schulhaus mußte durch einen Neubau ersetzt werden, in den die Stadt (1840: 3 170 Einwohner) – beispielhaft für die in schulischen Dingen meist auffallend engagierten protestantischen Gemeinden – ihren ganzen Ehrgeiz setzte.[2] Auf dem Platz der alten Schule gegenüber der ev. lutherischen Stadtpfarrkirche errichtete sie 1840/1841 ein wesentlich vergrößertes, nach Martin Luther benanntes Gebäude (Gesamtkosten 37 921 Gulden).[3] Die Pläne hierfür lieferten die Maurermeister Erhard Krauß und Peter Flessa, die auch beim Wiederaufbau des Rathauses und des neuen Bezirksamtsgebäudes entwerfend tätig waren.[4]

Die ausgeführte Hauptfassade ist gegenüber dem erhaltenen Fassadenplan[5] leicht modifiziert. Sie zeigt jedoch eine ähnlich ausgewogene und ruhige Gliederung, die auf der gut proportionierten Dreiteilung mit erhöhtem Mittelrisalit, auf der klaren Zuordnung von horizontalen Gesimsen und vertikaler Eckrustika und der gleichmäßigen Fensterreihung beruht. Statt der 7 Achsen auf dem Plan Lit. B besitzt sie im Mittelteil 9 Achsen, deren zweite und dritte, siebente und achte zu einem Zwillingsfenster zusammengefaßt sind. Der recht fortschrittlichen stilistischen Gestaltung des Äußeren[6] entspricht die betont zweckdienliche Raumkonzeption im Inneren. Die 6 geräumigen Schulsäle liegen alle im Mittelteil des Gebäudes, jeweils flankiert von den Wohnungen des Kirchners und Kantors und der Lehrer. Bescheidener als bei Rathaus und Bezirksamt, aber der Bauaufgabe angemessen, sind nur die Gebäudekanten aus Sandstein, der Bau im übrigen geputzt. Der tonnengewölbte Durchgang im Erdgeschoß des Schulhauses, das auf einer Geländekante an der Stadtgrenze steht, war bis 1879 einer der öffentlichen Eingänge vom tiefer liegenden Hinterland aus in die Stadt.

1879 wurden die Seitenflügel stilistisch angleichend aufgestockt. Zusammen mit der Stadtpfarrkirche[7] und einer Reihe von privaten und kommunalen Bauten im

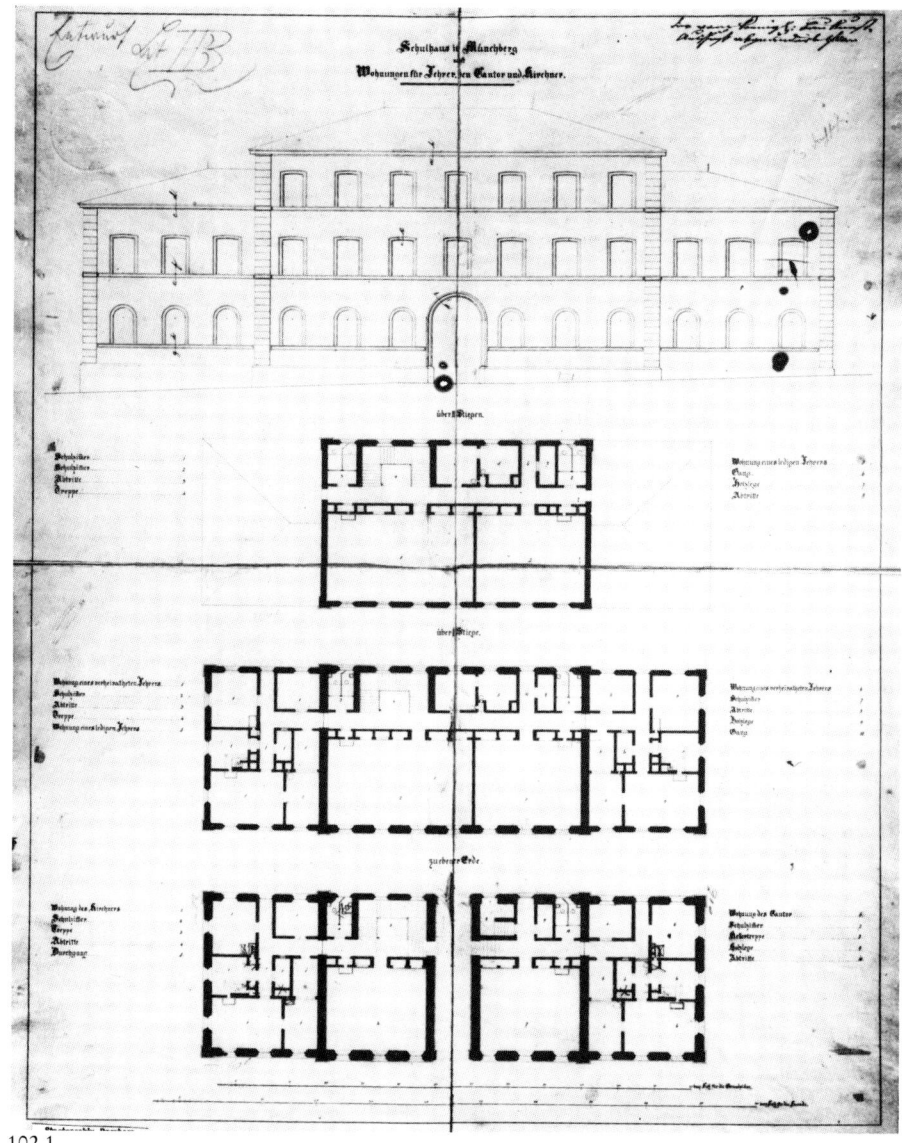

102.1

Bereich Kirchplatz/Ludwigstraße bildet das Schulhaus heute ein bauhistorisch aufschlußreiches Denkmal-Ensemble der Bautätigkeit einer kleinen Stadt im zweiten Drittel des 19. Jahrhunderts.

A. Gruhn-Zimmermann

1 Ludwigstr. 15: schönes Traufseithaus aus Steinquadern, mit Rundbogenfenstern und Dachreiter; Ludwigstr. 14: ehem. Bezirksamt, heute Landratsamt; ebenso eine ganze Anzahl von Wohnbauten in der Ludwigstr. und um den Kirchplatz

2 Münchberg-Helmbrechter Zeitung, Beilage »Blätter vom Fichtelgebirge«, 11.5.1950; die Kirche, der früher das Schulhaus unterstellt war, bedang sich im neuen Gebäude nur 3 Wohnungen für Rektor, Kantor und Kirchner aus, deren Wohnrecht erst 1924 von der Stadt abgelöst wurde

3 ibid.

4 Bayer. Kunstdenkmale, T. Breuer, Landkreis Münchberg, 1961, S. 28

5 StA Bamberg, K 27 Nr. 1194, Lit. B.

6 vgl. F. v. Gärtners Entwurf zu einem »Kanzleygebäude« für das Hauptsalzamt in Reichenhall, Kat.Nr. 7

7 ab 1867 von A. v. Voit

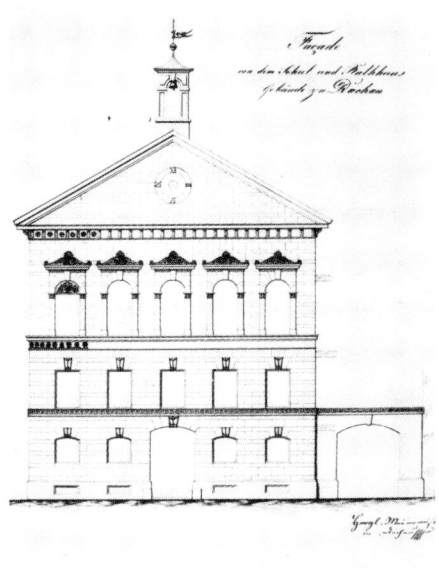

103.1

103.3

1 A. Kübler, Dachau in verflossenen Jahrhunderten, Dachau 1928, S. 165; StA München,
   LRA 34913, 14.12.1829
2 StA München, RA Nr. 54371, 22.12.1829
3 ibid., 11.3.1830
4 F. Zimmermann, Wohnbau in München,
   München 1984, S. 292
5 StA München, Planslg. Nr. 231, 232, 233,
   234, 235, 236 und LRA 34913, 12.6.1831
6 StA München, LRA 34913, 29.3.1831
7 ibid., Denkschrift zur Grundsteinlegung
   vom 27.3.1832
8 StA München, RA 54371, 10.6.1832 und
   6.6.1844
9 A. Kübler, Straßen, Bürger und Häuser in
   Alt-Dachau, Münnerstadt 1934, S. 135

103 Schulhaus mit kommunalen Versorgungseinrichtungen in Dachau, Pfarrstr. 13, 1832

Bereits 1635 war Dachau im Besitz eines Schulhauses, in dessen Erdgeschoß eine Herberge, ein Laden und ein Waaghaus eingerichtet waren. 1671 baute die Gemeinde drei Fleischbänke dazu, 1699 und 1815/1816 wurde das Gebäude nochmals erweitert.

1829 führten der Magistrat der Stadt und das Landgericht Dachau Klage, daß die zwei Schulsäle nicht mehr geräumig genug seien für 220 bis 240 Kinder und daß auch die im Schulgebäude befindlichen Wohnungen für die beiden Lehrer und den Mesner einer »bedeutenden Reparatur« bedürften.[2] Die Stadt erwog nun, das Gebäude um eine Etage aufzustocken und den Mittelteil ganz neu aufzuführen, die Seitenteile mit dem »Feuerlösch-Requisiten-Locale« und den Fleischbänken dagegen nur gründlich zu sanieren. Der Verfechter der sog. Sonnenbaulehre, J. M. Vorherr, in seiner Funktion als Kreisbaurat des Isarkreises mit dem Dachauer Schulhaus befaßt, insistierte von Anfang an auf einem Neubau an einem freien, trockenen Platz, da das Schulhaus an der Nordseite des höher gelegenen Friedhofs »weder von den wohltätigen Strahlen der Sonne beschienen noch von einer gesunden Luft beweht werden«[3] könne. Wegen unrentabel hoher Reparaturkosten wurde der gemeindliche Sanierungsplan hinfällig und es mußte neu gebaut werden. Der eifrige Maurermeister Hergl, der sich zur gleichen Zeit in der Münchner Bayerstraße in Sachen Wohnbau betätigte[4] und im Dachauer Raum später eine Reihe von Dorfschulhäusern simpelster Art baute, entwarf 1831 sowohl ein Rathaus mit Schulsälen[5] als auch umgekehrt ein Schulgebäude mit städtischer Freibank und diversen Wohnungen für öffentlich Bedienstete.[6] Für das erste Projekt ersann er eine kuriose Rathausfassade aus mißverstandenen Einzelformen vorwiegend aus dem Formrepertoire Klenzes mit Turm, Uhr, Quadermauer und einer Art piano nobile. Dieser Fassadenmaskerade stand sein schmuckloser, bieder-braver Schulhausentwurf gegenüber. Er war in den gleichen Abmessungen konzipiert wie das ein Jahr später an Stelle der alten baufälligen Schule errichtete Gebäude nach Plänen des Bezirksbauinspektors Weidner, der eine ebenso wenig originelle, aber doch recht solide Lösung fand. Am 15.10.1832, dem Namenstag der Königin Therese wurde das binnen 6½ Monaten aufgeführte Schulhaus feierlich eröffnet. Seine Finanzierung verteilte sich zu 1000 Gulden auf den Kreisschulfonds, 4350 Gulden auf Stiftungen des K. Landgerichts, 300 Gulden auf die 1180 Einwohner zählende Marktgemeinde Dachau plus Hand- und Spanndiensten.[7] Der räumliche Zugewinn für die Schule, die im dritten Stock untergebracht wurde, belief sich letztlich auf nur ein »Lehrzimmer«.[8] Aus dem Jahre 1885 ist bekannt, daß außer der Schule (1853 war in Dachau eine Mädchenschule gebaut worden) noch eine Schrannenhalle, ein Waaglokal, eine Hausmeister- und eine Mesnerwohnung unter einem Dach vereint waren.[9]

Das Gebäude ist, in seinem äußeren Erscheinungsbild nur wenig verändert, bis heute erhalten.

A. Gruhn-Zimmermann

104.1

104 Protestantisches Schul- und Bethaus in Feldkirchen bei München, Bahnhofstr. 4, 1837

Im bayerischen Religionsedikt vom Januar 1803 wurde allen christlichen Untertanen der gleiche bürgerliche Status zugesprochen. Damit war die rechtliche Basis geschaffen, protestantische Kolonisten aus der Pfalz und Baden im Donaumoos und in den Moorgründen bei Rosenheim und Dachau anzusiedeln. Eine der ersten Niederlassungen der sog. »Überrheiner« und die erste protestantische Pfarrei in Oberbayern überhaupt war Großkarolinenfeld bei Rosenheim, weitere Kolonien folgten u.a. in Perlach (vgl. Kat.Nr. 51) und Feldkirchen bei München, in Oberallershausen und Lanzenried im Dachauer Land, in Untermaxfeld, Karlshuld und Ludwigsmoos im Donauried.[1]

1811 wurde in Feldkirchen auf Initiative von insgesamt 20 Familien mit 60 Kindern eine protestantische Schulstelle eingerichtet.[2] Noch im Gründungsjahr erwogen sie den Bau eines neuen Schulhauses – ein frommer Wunsch, der bei den bescheidenen Einnahmen des Vikariats erst 1837 nach Ablauf einer landesweiten Kollekte in protestantischen Gemeinden in Erfüllung ging.[3]

Das Feldkirchner Schul- und Bethaus stellt in seiner Doppelfunktion und der puristischen Ausgestaltung den reformierten Typus eines evangelischen Kirchenbaus vor. Lediglich Giebelreiter und Bogenfries schmücken seine Stirnseite, der asketisch karge Betsaal, der das ganze Obergeschoß einnimmt, ist am Außenbau durch keinerlei Zierformen markiert. Die Schule bezog den großen, doppelbelichteten Erdgeschoßsaal, vor dem eine kleine Wohnung für den Vikar, der gleichzeitig den Schuldienst versah, lag.[4]

1870 wurde dem Gebäude statt des Giebelreiters ein »lutherischer« Turm aufgesetzt. In dieser Form ist es bis heute erhalten.   A. Gruhn-Zimmermann

104.1 Prot. Schul- und Bethaus in Feldkirchen (Abb.)
Stahlstich; 19,5 × 13,5
Evang.-Luth. Pfarramt Feldkirchen

1 C. J. Roepke, Die Protestanten in Bayern, München 1972, S. 326 ff.
2 L. Turtur, A. L. Bühler, Geschichte des prot. Dekanats und Pfarramtes München 1799–1852, Nürnberg 1969, S. 121 ff.. Die umliegenden kathol. Landschulen waren z.T. mit in keinster Weise ausgebildeten Lehrern besetzt, in Kirchheim unterrichtete ein Maurer, Aschheim hatte gar keine Schule
3 StA München, RA 14218, 14.7.1837
4 StA München, AR 2939/445: ähnlicher Alternativentwurf von Leimbach, der an der Eingangsseite noch kleine flankierende Anbauten vorsah und gegenüber dem ausgeführten Bau keinen apsidialen Abschluß hatte

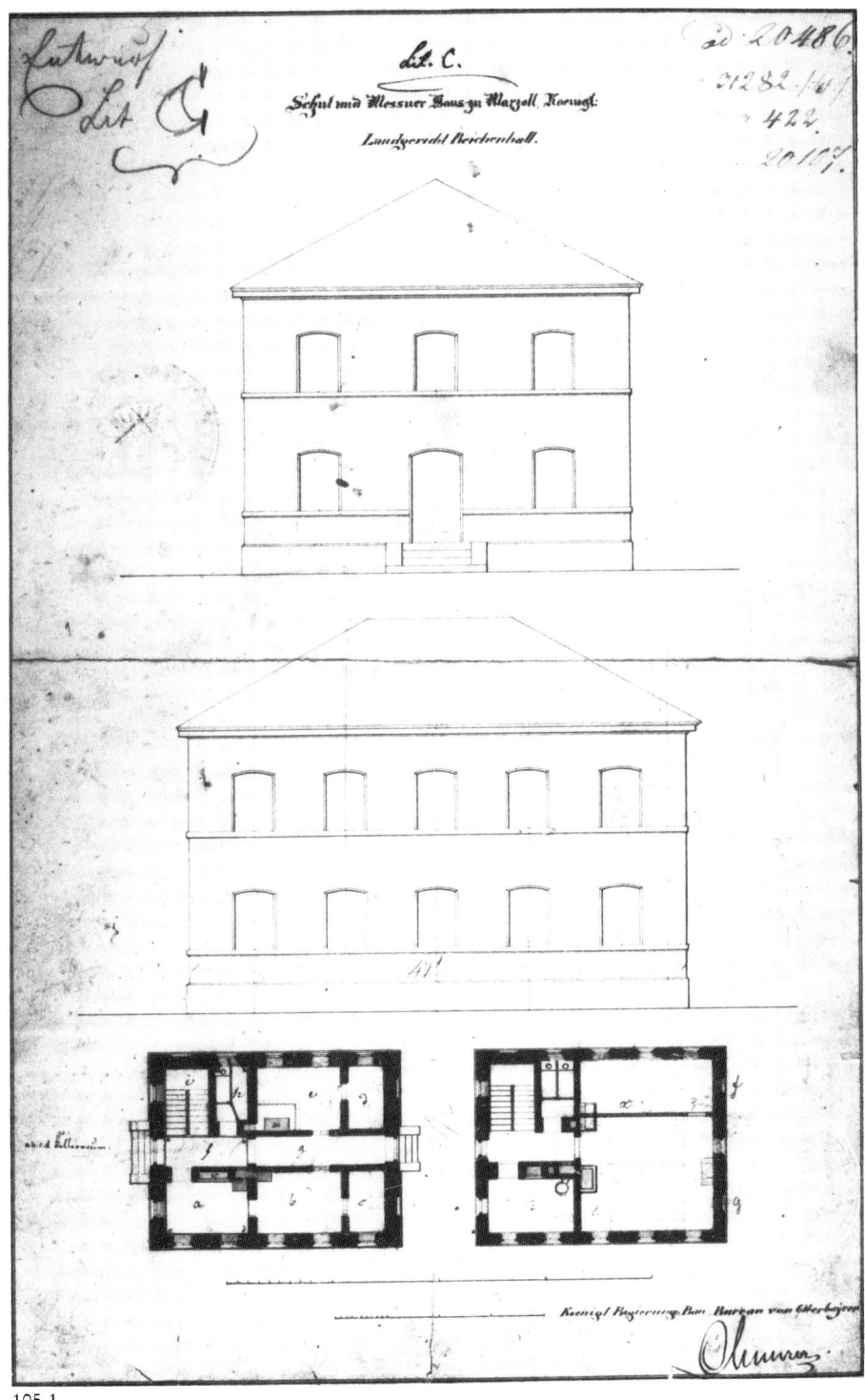

105.1

105.1 Schul- und Mesnerhaus in Marzoll
(Abb.)
Grundriß, Fassadenaufrisse
Feder; 32 × 21
StA München, Landbauämter 1852

1 StA München, Landbauämter Nr. 1852
2 StA Bamberg, K 27 Nr. 1260; vgl. auch ibid.
  Nr. 1060: Schule zu Lauenstein

105 Schul- und Mesnerhaus in Marzoll, 1839–1843

Die Entstehungsgeschichte des Schul- und Mesnerhauses in Marzoll belegt, wie schwerfällig und langwierig selbst über so kleine Bauvorhaben oft verhandelt wurde. Von der Ausmittlung eines geeigneten Platzes 1839 bis zur Fertigstellung des Schulhauses, das von der örtlichen Kirchenverwaltung finanziert wurde, vergingen vier Jahre, in denen immer wieder hartnäckig um die notwendige Größe des einzigen zu errichtenden Schulzimmers zwischen den beteiligten Instanzen gerungen wurde. So forderte z.B. die K. Regierung von Oberbayern die K. Bauinspektion von Reichenhall 1841 auf, einen neuen Plan zu entwerfen, da der erste ein Schulzimmer für 100 Kinder vorsehe, den Akten jedoch zu entnehmen sei, daß nur für 61 Kinder geplant werde müsse, was aus Reichenhall mit einer zu berücksichtigenden Schülerzahl von 86 und dem Argument eines potentiellen Zuwachses erwidert wurde.[1]

Das Schul- und Mesnerhaus in Marzoll veranschaulicht als eines von vielen Beispielen, wie neben dem staatlich gelenkten Kirchenbau auch der obrigkeitlich dirigierte Schulbau stilistischen Trends auf dem Land zu einer gewissen Breitenwirkung verhalf. Ein mit dem Marzoller Schulhaus nahezu identischer Entwurf für das Schulhaus im fränkischen Neukenroth[2], 1847 von dem K. Bauinspektor Simon von Waldenfels, zeigt die stereotype Anwendung eines einmal schematisierten Gebäude- bzw. Fassadentypus ohne Rücksicht auf lokale Bautraditionen. Waldenfels war zur Zeit des Marzoller Schulbaus bei der K. Bauinspektion Reichenhall, wenig später bei der K. Bauinspektion in Hof beschäftigt.

Das Schul- und Mesnerhaus ist noch erhalten und wird heute als Pfarrhaus genutzt.

A. Gruhn-Zimmermann

106 Handelsgewerbeschule am Lorenzerplatz 27, Nürnberg, 1844/1845

Die Institution der Handelsgewerbeschule war als städtische Gründung nur mit Mühe gegen die Intentionen des Ministeriums durchgesetzt worden. In Nürnberg strebte man die Einrichtung einer eigenen Institution für die gehobene Ausbildung zum Handelsgewerbe an, während die staatlichen Pläne dahin gingen, diese Ausbildung in das allgemeine Gewerbeschulwesen zu integrieren, das das Kernstück der großen Schulreform von 1833 gewesen war. Ludwigs Innenminister, Ludwig Fürst v. Oettingen-Wallerstein, hatte die Schulreform als eine »der kolossalsten und segensreichsten Schöpfungen der Epoche« bezeichnet.[1] Solgers Neubau verdeutlichte in anschaulicher Weise, was der Kunsthistoriker Ralf v. Retberg 1854 über die Bautätigkeit des Nürnberger Stadtbaurates mit einem Seitenhieb auf die romantische Heideloff-Gotik geschrieben hatte: Ausnahmen von einem falsch verstandenen Anschließen an das Alte seien »die Neubauten des Baurats Bernhard Solgers, welcher wiederum mit freiem Geist und nicht bloß äußerlich sich dem Alten anschloß, ohne zu vergessen, daß er für Leute des 19. Jahrhunderts baute«.[2] Das an der Stelle des ehemaligen Zeughauses des Fränkischen Kreises errichtete Gebäude zeigte tatsächlich einen in ausgewogenen Proportionen entworfenen modernen Baukörper, der von sehr bestimmten, kantig gehaltenen Gliederungselementen strukturiert wurde. Deren Herkunft aus der Architektur der Gotik verband sich unverkrampft mit dem in der zeitgenössischen Fassadengestaltung, nicht zuletzt durch die Münchner Bauten Ludwigs I. verbreiteten abschließenden Konsolkranzgesims. Lediglich in der Schmuckzone über dem spitzbogigen Portal nahmen die neugotischen Formen eine plastischere Gestaltungsweise an. Durch eine Kreuzblume getrennt erschienen hier die Porträtmedaillons Ludwig I. und Königin Thereses, umrahmt von gotischen Paßformen.

N. Götz

106.1

107 Projekt zum Bau einer Polytechnischen Schule, Nürnberg, 1825/1826

1822 wurde in Nürnberg eine städtische Gewerbeschule gegründet, die 1823 eröffnet und allgemein als Polytechnische Schule bezeichnet wurde. 1833 wurde das Institut in staatliche Regie übergeführt. Die Schulgründung stand im Zusammenhang mit den sich neu entwickelnden technisch-industriellen Bestrebungen, jedoch auch mit der Forderung des Studiums und der Wiederaufnahme mittelalterlicher Bauformen. Für diesen Zusammenhang steht zumindest der Umstand, daß Carl Alexander Heideloff, der als Kenner der mittelalterlichen Kunst nach Nürnberg gekommen war, der Schule von ihrer Gründung an als Lehrer und Kgl. Professor, zeitweise auch als Direktor angehörte. Ähnlich der Einrichtung der ersten deutschen Eisenbahnlinie galt die Gründung und Erweiterung der Polytechnischen Schule dem Kreis um den zweiten Bürgermeister Johannes Scharrer als unabdingbare Forderung des technischen Fortschritts. Notdürftig war die Anstalt zunächst in den Räumen des Augustinerklosters untergebracht. Bereits 1825, als eine Nürnberger Delegation Ludwig I. die Huldigung der Stadt anläßlich seiner Thronbesteigung entgegenbrachte, wurden dem König Pläne zu einem groß angelegten Neubau einer Polytechnischen Schule in Nürnberg vorgelegt. Ludwig äußerte sich sowohl zum Ausbau der Polytechnischen Schule als auch zur Frage der richtigen Bauformen für die Stadt ganz im Sinne der Nürn-

106.1 Bernhard Solger (Abb.)
Handelsgewerbeschule
Nürnberg, 1844/1845
Fotografie von Ferdinand Schmidt,
um 1900
Nürnberg, Hochbauamt, Bildstelle,
Repro 66/3

1 Otto Barthel (Bearb.), Die Schulen in Nürnberg, 1905–1960 mit Einführung in die Gesamtgeschichte, Nürnberg 1964, S. 312
2 Ralf v. Retberg, Nürnbergs Kunstleben in seinen Denkmalen dargestellt, Stuttgart 1854, S. 199

107.2

107.1 Carl Alexander Heideloff (Abb.)
Projekt für den Bau einer Polytechnischen Schule. Nachzeichnung, um 1850
Feder, Tusche; 45,7 × 29,1
Nürnberg, Stadtgeschichtliche Museen, Gr. A 2074 g

107.2 Carl Alexander Heideloff (Farbabb.)
Entwurf Polytechnische Schule, um 1850/55
Feder, farbig aquarelliert;
Nürnberg, Stadtarchiv, Sign. A 4 Nr. 1091/9

107.1

1 N. Götz, Um Neugotik und Nürnberger Stil, S. 55–57
2 M. Brix, Nürnberg und Lübeck im 19. Jahrhundert, S. 98 u. Abb. 121

berger Delegation.[1] Die Bestimmung der Stadt zur Industriestadt zeichnete sich bereits ab. Zum anderen hatte sich spätestens mit der Restaurierung des »Schönen Brunnens« (1821–1824) der Denkmalpflegegedanke durchgesetzt, der sich gerade in Nürnberg frühzeitig auf die Erhaltung des gesamten Stadtbildes bezog. Sicher auch ermutigt durch die positive Resonanz in München zeichnete Heideloff im folgenden Jahr detaillierte Pläne für den Neubau der Polytechnischen Schule, der am Platz des ehemaligen Augustinerklosters errichtet werden sollte. Der Widerstand von Teilen des Kollegiums der

Gemeindebevollmächtigten gegen die Kosten des Neubaus war jedoch so groß, daß er nicht ausgeführt wurde, zumal ein Staatszuschuß ebenfalls nicht bewilligt wurde. Stattdessen verlegte die Schule ihre Räumlichkeiten in das sog. Baumeisterhaus, das ehemalige Rentamtsgebäude am Bauhof. Dort errichtete 1837 Leonhard Schmidtner einen langgestreckten, in schlichten klassizistischen Formen gehaltenen Ergänzungsbau.
Für Heideloff bedeutete dies das Scheitern seiner ersten Pläne, mit einem historisierenden Neubau ein Reagieren auf den Stadtcharakter in großem Stil zu demon-

351

strieren. Entsprechend dieser programmatischen Bedeutung, die dem Bau zugekommen wäre, war der Aufwand, mit dem Heideloff ihn entwarf. Besonders die Einbeziehung eines umfangreichen figürlichen Programms, mit dem das Gebäude auf die Dürerzeit anspielen sollte, hätte das Unternehmen nicht nur nach finanziellen Maßstäben, sondern sicher auch in bezug auf die künstlerischen Kapazitäten an die Grenzen des in Nürnberg möglichen geführt. Ein im Stadtarchiv Nürnberg aufbewahrter Plan, gibt Heideloffs Intentionen bereits in reduzierter Form wieder.[2] Für die Veröffentlichung seiner »Projektierte(n) und ausgeführte(n) Bauten bestimmte Heideloff eine um 1850 entstandene Nachzeichnung, die für deren nicht mehr erschienenen dritten Band bestimmt war. Ohne äußere Beschränkungen wird in diesem Plan die Intention Heideloffs deutlich. Der Riß kommt dadurch einem »Idealentwurf« nahe und dürfte einige in der Entwicklung Heideloffs erst später mögliche Details aufweisen. Doch ist er gerade dadurch besonders geeignet, die Dimensionen Heideloffscher Neugotik für Nürnberg zu vergegenwärtigen.

Mit insgesamt 15 Achsen entwickelt der Entwurf den Bau in die Breite. An den Ecken wird er durch fialengeschmückte, sakramentshausartige Türmchen akzentuiert. Die durchbrochenen Maßwerkornamente der Spitzbogenfenster sind phantasievoll jeweils anders gestaltet, ein Prinzip, das Heideloff etwa von den Fenstern des großen Kreuzgangs des Kartäuserklosters in Nürnberg übernehmen konnte. Zu seiten des Eingangsportals waren die Figuren Albrecht Dürers und Peter Vischers vorgesehen, im ersten Geschoß eine Reihe kleinerer Statuetten der Schüler Dürers. Die neugotischen Architektur- und Schmuckformen sind auf diese Weise in ein Denkmalsystem eingebunden, das die Funktion des Gebäudes auf die Vergangenheit der Stadt bezieht.

N. Götz

108 Das Universitätsforum in München: Universität – Georgianum – Adeliges Erziehungsinstitut, 1835–1840

In einer seiner ersten Amtshandlungen als König holte Ludwig I. 1826 die Universität von Landshut in die Residenzstadt. Trotz maßgeblicher Einwände wurde neun Jahre später der Grundstein für ein neues Universitätsgebäude gelegt.

Herzog Ludwig der Reiche hatte 1472 in Ingolstadt die Landesuniversität[1] der bayerischen Wittelsbacher gegründet, 1495 stiftete sein Sohn Georg der Reiche dort ein Seminar zur Priesterausbildung, das Collegium Georgianum.[2] Schon im Laufe des 18. Jahrhunderts wurde mehrfach die Translokation der Universität nach München erwogen. 1800 erfolgte jedoch ihre provisorische, 1802 ihre definitive Übersiedlung nach Landshut – nun unter dem offiziellen Namen »Ludwig-Maximilians-Universität« nach dem Stifter Ludwig dem Reichen und dem »Neustifter« Kurfürst IV. Joseph, der wie die meisten Regenten die rebellische Studentenschaft von der Hauptstadt fernhalten wollte. Ludwig I. hatte dagegen schon als Kronprinz ein umfassendes kultur- und bildungspolitisches Programm entwikkelt, das als durchgreifende Maßnahme auch eine Übersiedlung der Landesuniversität nach München vorsah – zur gegenseitigen Befruchtung der kulturellen und wissenschaftlichen Einrichtungen und wegen des Zugewinns an Ansehen und politischer Bedeutung für die Residenzstadt. Überdies interessierten den König die finanziellen Vorteile, die eine institutionelle Verbindung von Universität und Akademie der Wissenschaften mit sich brachte. In München zog die Universität interimistisch[3] in das Jesuitenkolleg Wilhelminum an der Neuhauser Straße, das bereits die Akademie und das Reichsarchiv beherbergte. Das gleichzeitig nach München verlegte Georgianum wurde in das Karmeliterkloster am Promenadeplatz eingewiesen.[4] Schon zum Zeitpunkt der Translokation hatte sich der König mit der Idee eines neuen Universitätsgebäudes für einen nicht genau identifizierbaren Ort[5] befaßt. Mit einem von ihm selbst erstellten Raumprogramm wandte er sich im November 1826 an die Rom-Stipendiaten Gr. Chr. Gau, J. Thürmer und J. G. Gutensohn[6] und erst im Januar 1827 an Fr. v. Gärtner, der damals von seinem Widersacher L. v. Klenze noch erfolgreich im beruflichen Abseits gehalten wurde.[6] Bis zur Fertigstellung des Gebäudes sollten durch eine Erweiterung des Wilhelminums angemessene Räume für die Universität geschaffen werden.[7] Beides unterblieb vorerst.

108.1 Friedrich von Gärtner (Abb.)
Universitätsgebäude, Aufriß der Hauptfassade
Federzeichnung; 219 × 44,9
Arch.Slg. TUM, Gs 1033

108.2 Friedrich von Gärtner (Abb.)
Universitätsgebäude, Grundriß EG
Feder, Tusche; 74,7 × 43,1
Arch.Slg. TUM, Gs 1030

1 Zur Geschichte der Universität und ihren Bauten: K. Eggert, Fr. v. Gärtner, München 1963; O. Hederer, Fr. v. Gärtner, München 1976; dergl., Die Ludwigstraße in München, München 1942; N. v. Seckendorf, Die Universität München, Der Bau Fr. v. Gärtners, Mag. arbeit, masch. schriftlich, LMU München 1985; Hans Moninger, Fr. v. Gärtners Originalpläne und Studien..., München 1882; H. Reidelbach, König Ludwig I. und seine Kunstschöpfungen, München 1888; L. Boehm, J. Spörl (Hrsg.), Ludwig-Maximilians-Universität Ingolstadt-Landshut-München 1472–1972, Berlin 1972

2 Zur Geschichte vgl. A. Schmid, Geschichte des Georgianums in München, 1894; Ph. Funk, Von der Aufklärung zur Romantik. Studien zur Vorgeschichte der Münchener Romantik, 1925, S. 33ff.

3 Brief F. v. Gärtner an M. Wagner am 22.7.1827, vgl. Eggert, S. 84

4 Umbaumaßnahmen aus diesem Anlaß, BHStA, Planslg. Nr. 12201, 12202

5 Brief Klenze an M. Wagner, 10.10.1826: Platz für Universität ist kein Eckplatz, sondern liegt in einer Straße mit nur einer sichtbaren Fassade und an den sich andere Gebäude anschließen, aus K. Eggert, S. 83; Brief des Königs an M. Wagner, November 1826: Fassade der Universität gegen Westen, an einer sehr breiten Straße, ibid; vgl. auch O. Hederer, Gärtner, S. 131: Hederer schließt aus diesen Angaben auf einen Platz »gegenüber der Staatsbibliothek, von der Ecke der Schellingstraße bis zum letzten Haus an der Theresien-/Ludwigstraße, also anstelle von Blindeninstitut und Damenstift«.

6 Raumprogramm des Königs für die Universität, mitgeteilt in dem Brief an M. Wagner vom November 1826: »Lokalbedürfnis der Universität in München ohne die Sammlungen: 1 akademische Aula für 600 Personen, 12 akademische Hörsäle, und zwar 1 zu 300, 2 zu 200, 4 zu 100, 5 zu 50 Zuhörern, 1 Rektoratszimmer, 1 Sekretariatszimmer, 1 Sitzungszimmer, 1 Kassierzimmer, 1 Registraturzimmer, Hausmeisterwohnung, Carcer (Abtritte etc. sind nicht zu vergessen!)«, zitiert nach Egert, S. 87; in diesem Zusammenhang entstandene Pläne sind nicht bekannt.

7 vgl. Anm. 3

108.1

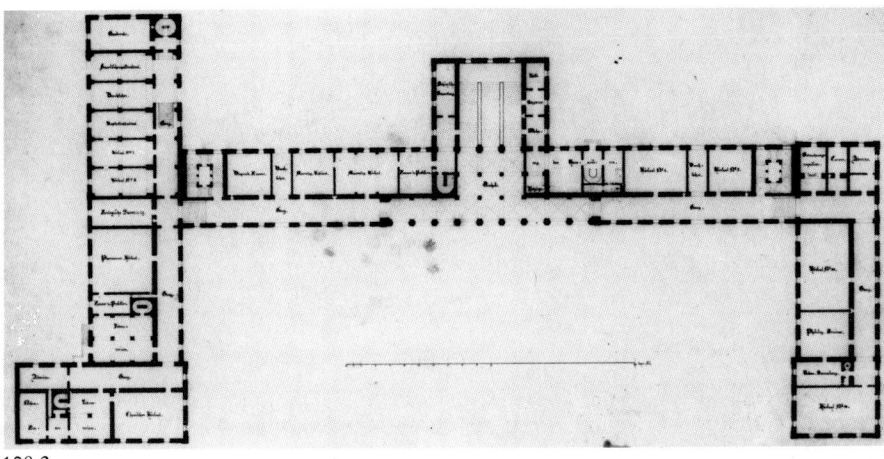

108.2

Vom Februar 1832 hat sich ein einzelner Verakkordierungsentwurf der Maurerarbeiten für Neubauten von Universität und Georgianum[8] erhalten, der aber keine Schlüsse auf Art und Stand der Planung zuläßt.[9] 1835 forcierte der König die Projektierung der beiden Gebäude. Er hatte im Frühjahr im Hinblick auf den weiteren Ausbau der Ludwigstraße seinen Innenminister Fürst Oettingen-Wallerstein veranlaßt, ihm Institute zu nennen, »welche vermöge ihres Vermögensstandes einen Neubau ganz oder theilweise bestreiten können.«[10] In seinem Antwortschreiben vom 8.3.1835[11] nannte der Innenminister neben dem Damenstift und dem Central-Schulbücher-Verlag auch das weibliche Erziehungsinstitut und die Universität samt Georgianum als potentielle Bauherren und errechnete in einem detaillierten Finanzierungsplan einen von den beiden Letztgenannten gemeinsam noch aufzubringenden maximalen Baukostenbetrag von 650000 Gulden.[12] Diese Summe erlaubte es dem König, zwei lang verfolgte ehrgeizige Projekte überraschend realisieren zu können: das seit 1826 zur Diskussion stehende Universitätsgebäude und den etwa gleich alten, immer wieder aufgegriffenen Plan, die Ludwigstraße durch einen repräsentativen Platz abzuschließen. Vor allem die Universität selbst brachte dem neuen Gebäude massivsten Widerstand entgegen, weil sie, zur Finanzierung gezwungen, ein untragbares jährliches Defizit im Universitätsetat auf sich nehmen mußte und eine Zersplitterung

der wissenschaftlichen Institute bei einem Universitätsstandort am Stadtrand befürchtete. Ungeachtet dessen trieb Ludwig mit der für ihn charakteristischen Vehemenz und autokratischen Durchsetzungskraft die weitere Planung voran. Bereits am 20.3.1835, also nur 12 Tage nach Wallersteins Finanzierungsentwurf, hatte Gärtner einen Vorbericht »insbesondere über die Form des Platzes vor dem Universitätsgebäude und die hierauf zusammenhängenden Fragen wegen der Grundform des Bauwerkes selbst«[13] verfaßt. Am 11.4.1835 erging eine Ministerialentschließung, in der zum ersten Mal die aneinander gekoppelten Bauvorhaben Universität und Georgianum an einem die Ludwigstraße schließenden »Universitätsplatz« offiziell genannt wurden.[14] Eine Entschließung vom 11.6.1835 berichtet, daß Gärtner sich »anheischig« gemacht habe, die beiden Neubauten für nur 580000 Gulden herzustellen. Der unverzügliche Baubeginn wurde angeordnet, um beide Gebäude bis zum Sommersemester 1837 bezugsfertig herstellen zu können; von dem festgesetzten Maximalbetrag der Baukosten hatte die Universität 500000 Gulden und das »Priesterhaus« 150000 Gulden zu tragen.[15] Am 25.8., dem »Ludwigstag«, 1835 wurde der Grundstein für die neuen Gebäude gelegt.[16] Über den genauen Bauhergang geben ausführliche Quartalsberichte Auskunft.[17] Gärtner konnte die verordnete Frist bis zur Fertigstellung jedoch nicht einhalten, da es wegen der immensen Bau-

8 Arch. Slg. TUM, Gs 1078
9 O. Hederer, Ludwigstraße, S. 54 und K. Eggert, S. 84 nehmen an, daß beide Gebäude bald begonnen worden wären, wenn der immense Schuldenstand der Stadt durch den Bau der Ludwigstraße dies nicht verhindert hätte.
10 GHA, XIII 119, Hinweis darauf im Schreiben Wallersteins an Ludwig vom 15.5.1835
11 ibid., den »Ausbau der Ludwigstraße betreffend«
12 ibid., erwähnt im Schreiben vom 15.5.1835
13 H. Moninger, S. 47 (ehemals Gs 1064, verschollen)
14 ibid., (ehemals Gs 1065, verschollen)
15 ibid., S. 41, Gs 1066
16 Zum Bauverlauf beider Gebäude siehe vor allem K. Eggert, S. 80, S. 85 ff.; O. Hederer, Gärtner, S. 129 ff.
17 Gs 1025 und 1077

353

108.6

tätigkeit in München »sowohl an Material wie an Werkleuten auf eine nie statt gehabte Weise« mangelte.[18] Ende November 1836 waren die Gebäude, wie vom König anberaumt, zwar unter Dach, bezugsfertig dagegen erst im Sommer 1840. Das adelige Erziehungsinstitut, ein Internat für Töchter höherer Stände und nach seinem Begründer auch Max-Joseph-Stift genannt, sollte lt. Entschließung vom 10.4.1835 im Rahmen des allgemeinen Ausbaus der Ludwigstraße ebenfalls ein neues Gebäude erhalten.[19] Als Bauplatz war das Grundstück Ecke Ludwig-/Löwen(heute Schelling)straße bestimmt, auf dem ab 1838 jedoch das Gebäude der Salinendirektion (vgl. Kat.Nr. 133) aufgeführt wurde. Ursprünglich wollte man noch 1835 mit dem Bau beginnen, der Grundstein wurde dann aber erst am 8. Juli 1837 an dem neu gewählten Standort an der Nordostseite des Universitätsplatzes gelegt. 1840 war der nach Plänen Gärtners errichtete Bau vollendet.

Seit 1827 wurden mehrfach Überlegungen zum nördlichen Abschluß der Ludwigstraße angestellt.[20] Klenze unterbreitete den ersten Vorschlag – einen kreisrunden Platz mit einem Triumphbogen in der Mitte in Anlehnung an den Arc de l'Etoile in Paris. Seine Ausführung wurde von Gärtner, den der König zur Korrektur aufgefordert hatte, verhindert. Einen Kreisplatz zeigte auch ein von Gärtner 1833 an den König gesandter Plan. Zwei Jahre später wurde im Zusammenhang mit der Projektierung von Universität und Georgianum erneut die Frage nach der Platzgestalt aufgegriffen (vgl. Gärtners Vorbericht am 20.3.1835). Gemäß dem Wunsch des Königs sollte nun ein Obelisk in der Mitte eines runden Platzes

stehen: »Man sollte durch das Siegestor von Norden München betreten wie Rom durch die Porta del Popolo, dann auf einer der Piazza del Popolo ähnlichen Platz gelangen«.[21] Gärtner konnte den König mit dem Argument der Kostenersparnis und der schwierigen Raumdisposition bei kreisbogig angeordneten Gebäude von dieser – im Hinblick auf das Konzept der Ludwigstraße – städtebaulich unsinnigen Idee abbringen und dafür seine Vorstellung eines Rechteckplatzes durchsetzen[22], woraus sich zwangsläufig folgende Gebäudeanordnung ergab: die Universität als Hauptgebäude mußte die Westfront einnehmen, da die Ostfront von der Veterinärstraße unterbrochen wurde. So ergab sich die Symmetrieachse für das Priesterseminar und das adelige Erziehungsinstitut.[23] Letzteres war zu diesem Zeitpunkt noch an Stelle der Salinendirektion vorgesehen und das Pendant zum Gebäude des Georgianums daher ohne »eigentliche Bestimmung«[24] – außer der, Fassade zu sein. Bezüglich der äußeren Form der Gebäude verordnete der König apodiktisch: »Wenn nicht alle vier (Kopfbauten), was das Schönste seyn dürfte, doch wenigstens immer die beyden einander gegenüberstehenden Ecken müssen gleich seyn.«[25] Dieser Idee einer strengen Symmetrie stand Gärtners Auffassung über die Angemessenheit von Architektur und Nutzung grundsätzlich entgegen. Ohne seine eigene Position ganz aufzugeben, arrangierte er sich mit der Anordnung des Königs jedoch weitgehend und verzichtete zugunsten einer übergeordneten formalen Angleichung auf eine prägnante Charakterisierung der einzelnen Bauten nach ihrer Zweckbestimmung, gestaltete sie aber dennoch in-

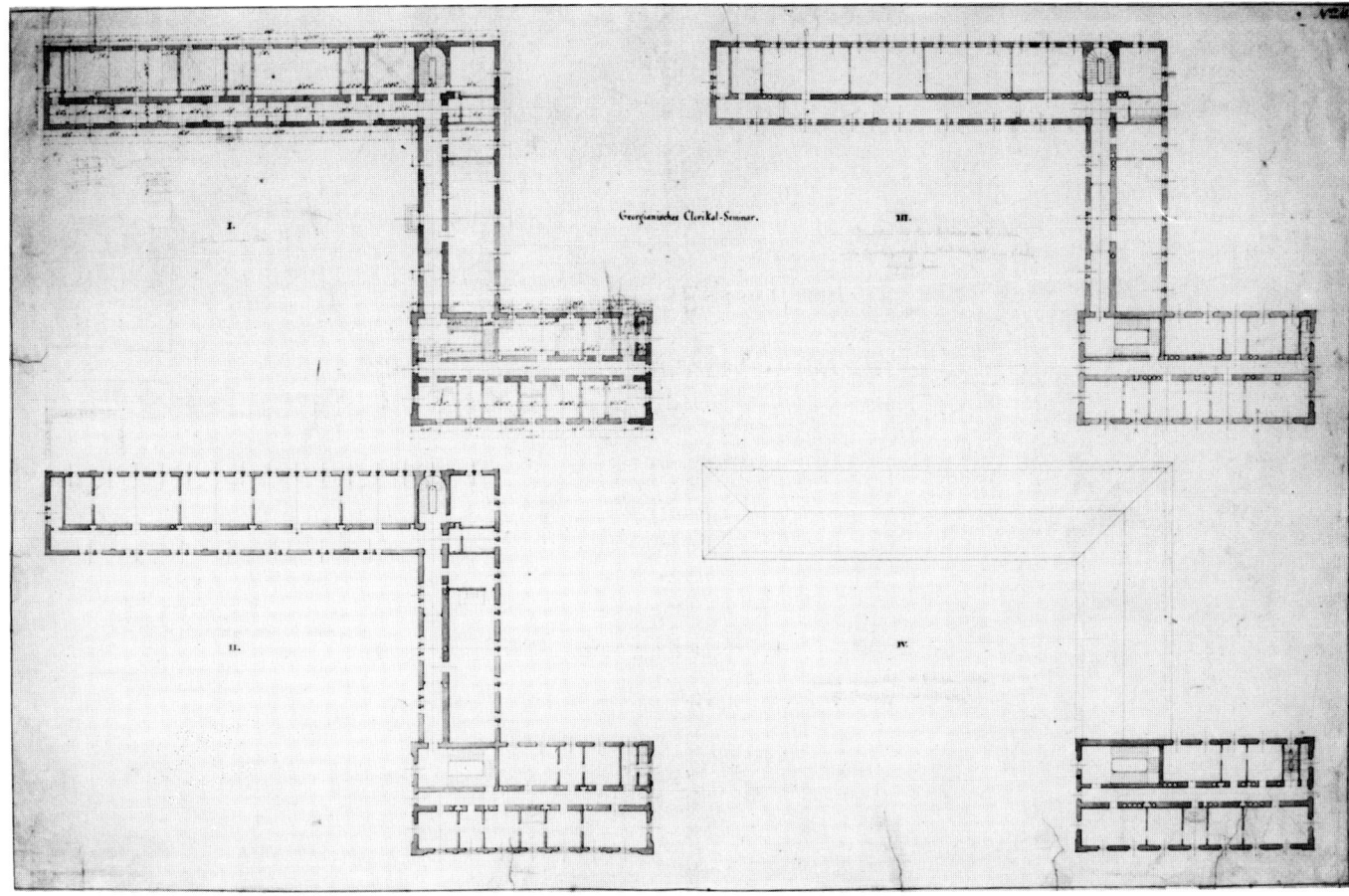

Georgianisches Clerikal-Seminar.

108.8

dividuell. Besonders augenfällig ist dieser Kompromiß am Pavillon des Georgianums in der engen Bezugnahme auf Gliederung und Einzelformen zum gegenüberliegenden südlichen Seitenflügel der Universität.

Der Altphilologe und wohl radikalste Vertreter des Neuhumanismus in München, Friedrich Thiersch, legte als Stellvertreter der Professoren am 4.3.1835, eine Woche bevor der Bauauftrag an Gärtner ging, ein Gutachten über den Raumbedarf der Universität vor.[26] Die geforderten wissenschaftlichen Einrichtungen – u.a. eine Reihe naturwissenschaftlicher Laboratorien und Sammlungen, Kupferstich- und Kunstkabinett, Bibliothek, Archiv und Sternwarte – berücksichtigte Gärtner in seinen Grundrißentwürfen ausnahmslos. In einer ersten Serie[27] folgte die Baulinie des nördlichen Seitenflügels noch der schräg in die Ludwigstraße einschneidenden Adalbertstraße, ebenso der südliche Flügel den ursprünglichen Grundstücksgrenzen. Nach Moninger sprach sich der König ausdrücklich gegen diese Lösung aus und befahl, »dass das Gebäude durchweg rechtwinklig im Grundplan gehalten werden müsse. Eine diesbezüglich abge-

änderte zweite Grundrißserie (die der Ausführung zugrundelag) übernahm von der ersten das Funktionsschema der Raumorganisation. Den Mittelpunkt der Flügelanlage bildet darin eine kreuzgratgewölbtes Vestibül, das in ein mächtiges, als eigenständiger Baukörper gebildetes Treppenhaus übergeht. Die zweigeschossige Aula liegt in einem gesonderten rückwärtigen Flügel, der merkwürdigerweise von Norden kein Licht erhält (was beim ausgeführten Bau revidiert wurde[29]). Alle Räume der einhüftigen Seitenflügel, mit Ausnahme derjenigen der Kopfbauten, sind nach Süden orientiert, die des Mitteltraktes nach Westen. Über ihre Ausgestaltung können keine Angaben gemacht werden, da weder Entwürfe noch Anschauungsmaterial erhalten sind. Wie bei den Universitätsgebäuden des 19. Jahrhunderts üblich, war Treppenhaus und Aula eine herausragende repräsentative Rolle beigemessen, die schon in der Grundrißdisposition angelegt und in der Ausstattung sinnfällig gemacht wurde.[30] Ludwigs Bedürfnis nach Selbstdarstellung bestimmte das Ausstattungsprogramm der Aula: mit Büsten und Bildnismedaillons als Gedenkstätte bayerischer Fürsten, die sich um die Universität verdient

18 Bericht Gärtners an Ludwig vom 24.7.1835, zitiert nach Hederer, Ludwigstraße, S. 66 (ehemals Gs 1021, verschollen)
19 Zur Planungs- und Baugeschichte siehe K. Eggert, S. 92ff.; O. Hederer, Gärtner, S. 140
20 K. Eggert, S. 129ff.; O. Hederer, Gärtner, S. 129ff.
21 K. Eggert, S. 129
22 H. Reidelbach, S. 244; O. Hederer, Ludwigstraße, S. 64
23 O. Hederer, Gärtner, S. 130
24 Gs 1020, Brief Gärtners an Kreutzer vom 16.7.1830
25 ibid., Signat vom 21.7.1835
26 BStB, Abeliana 1, 11, Nr. 14
27 Gs 1027–1029
28 H. Moninger, S. 46
29 Gs 1035
30 Gs 1044, 1045, 1047–1051; vgl. auch N. v. Seckendorff, S. 66ff., S. 71ff.

108.4

gemacht hatten, ausstaffiert, stand an ihrer Stirnseite die Kolossalstatue Ludwigs als dem Hauptakteur unter den königlichen Wohltätern.[31] Farbig ornamentierte Stichkappen des Spiegelgewölbes und ein umlaufendes Friesband dekorierten den Saal. Die Rückwand des Treppenhauses schmückten in Höhe des ersten Podestes drei rundbogige Fenster mit bunter Glasmalerei und Okuli mit den Wappen der drei Universitätsstandorte. Die verzierten Gewölbe von Vorhalle und Treppenhaus wurden von Säulen mit vegetabilen Kapitellen gestützt.

Am Außenbau gestaltete Gärtner das mittlere, in der Symmetrieachse liegende Fassadenintervall als inhaltlichen und zugleich architektonischen Kulminationspunkt der Universitätsanlage, ohne es jedoch aus deren formaler Gesamthaltung und dem Gleichklang der regelmäßigen Achsenmetrik auszusondern. Hinter die durchlässige Raumgrenze der 9achsigen Arkatur legte er den frei zugänglichen Bereich von Loggia und Vorhalle und verzahnte auf diese Weise den öffentlichen Stadtraum symbolhaft mit dem Universitätsgebäude. Den Ausdruckswert der Wandöffnung, der insbesondere in der für Gärtner ungewöhnlich dichten Fenster-

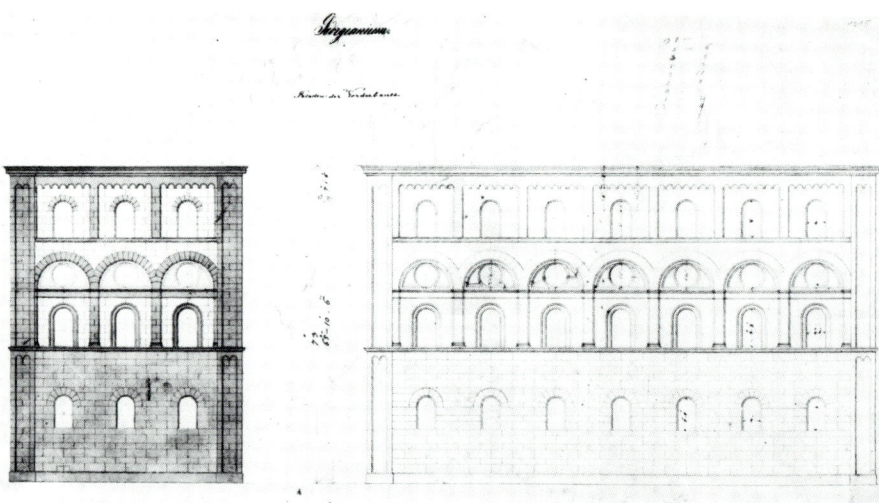

108.7

abfolge des ersten Obergeschosses zum Tragen kommt, übersetzte er idealtypisch in ein Synonym für die offene und allgemein zugängliche Bildungsinstitution Universität. Demgegenüber erscheint das Georgianum für die Exklusivgemeinschaft der Alumnen des Klerikal-Seminars klösterlich abweisend und streng geschlossen. Gärtner hatte beabsichtigt,

31 H. Moninger, S. 45; Gs 1073
32 Gs 1036, 1038
33 H. Reidelbach, S. 256
34 Gs 1069–1072
35 vgl. Seckendorff, S. 45ff.: Versuch einer Rekonstruktion vgl. auch das Seitz-Modell im Bay. Nat. Museum, München
36 Klenzeana I, 1 Memorabilien III S. 65
37 ibid.
38 Gs 2415–2419

108.10

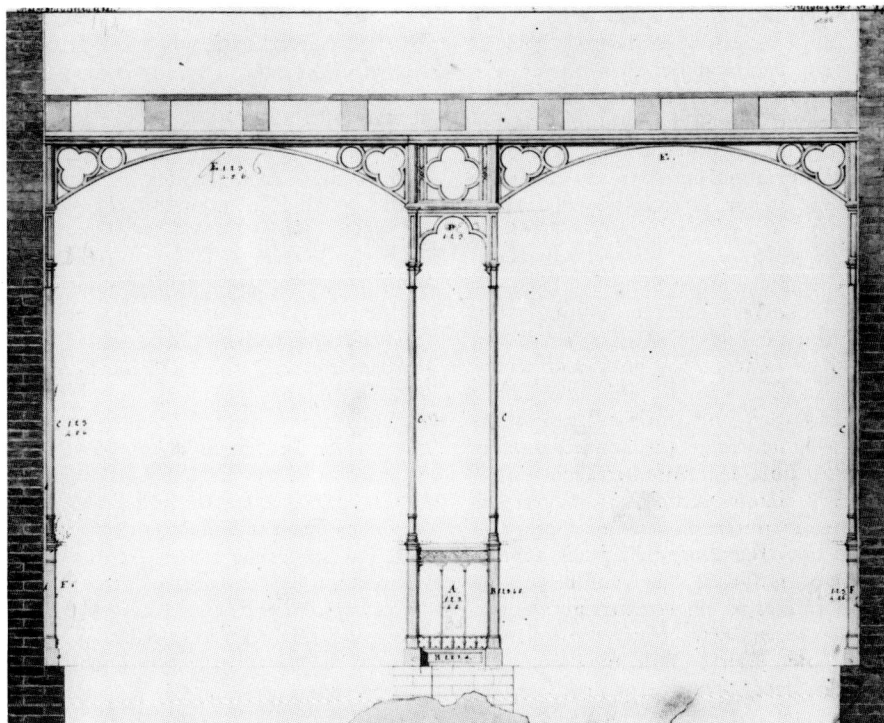

108.9

108.11

39 BStB, cod. icon 207 k/1, 22–25
40 K. Rückbrod, Universität und Kollegium,
Baugeschichte und Bautyp, Darmstadt
1977, S. 150

durch eine kleinteilig-minutiöse Ornamentierung der Hauptgeschoßfenster und des breiten Friesbandes samt dem Kranzgesims belebende farbige Akzente in die Gleichförmigkeit der großen glatten Wandflächen zu bringen.[32] Der König lehnte diesen Fassadenentwurf mangels klimabeständiger Farben ab[33], woraufhin das Gebäude mit blaß-gelb schattierter Putzquaderung überzogen wurde. Zur Illustrierung der geistigen Tradition der Universität wurden in die Lünetten der gekuppelten Fenster des Hauptgeschosses (mit Ausnahme der von Maßwerk durchbrochenen des mittleren Intervalls) Terrakotta-Medaillons mit einer mehr zufälligen Auswahl von Portraits berühmter – nach dem Willen des Königs bayerischer und nicht wie vom Senat vorgeschlagen deutscher – Gelehrter in chronologischer Folge ihres Sterbejahres gesetzt.[34] Von der ursprünglichen Rückseite des Universitätsgebäudes sind keinerlei Pläne oder Ansichten erhalten.[35]

Glaubt man Klenze, der die drei Gebäude am Universitätsplatz ein »Machwerk« nannte, so ließ sich Gärtner bei der Fassadengestaltung von dem Diktat des »momentanen architektonischen Geschmacks« des Königs (»möglichst wenig und möglichst kleine Fenster und – recht große glatte Mauerflächen«[36]) korrumpieren. Klenze tat Gärtner, für den er selbst als alter Mann kaum ein freundliches Urteil findet, mit seiner Einschätzung Unrecht, da bei aller Kompromißbereitschaft

die Prinzipien von Gärtners Architekturauffassung in den zwar verhalten, aber dennoch eindeutig charakterisierten Fassaden nirgends geleugnet werden. Berechtigt ist dagegen Klenzes Vorwurf, Gärtner sei gewissermaßen der Vollstrekker des vom König angeordneten »Gesetze(s) möglichst langer Ausdehnung an der Straßenfront«[37], was in diesem speziellen Sinne sicherlich auch für andere Bauten an der Ludwigstraße zutrifft. Im Unterschied zu dem Gärtner auferlegten Problem, das Universitätsgebäude in den städtebaulichen Zusammenhang einer Platzanlage zu integrieren, sind die Universitätsentwürfe von K. Klumpp/1832[38] und Ed. Riedel/1834[39] frei von Standortproblemen entwickelt. Vermutlich handelt es sich um Studienarbeiten der damals 21jährigen Akademiestudenten, in denen das aktuelle Universitätsprojekt außerhalb eines konkreten Planungszusammenhangs aufgegriffen wurde. Beide Entwürfe zeigen eine vom barocken Schloßbau herkommende Dreiflügelanlage mit Ehrenhof, wie sie seit dem 18. Jh. gebräuchliches Bauschema der Universität war.[40] Ihre nach dem Symmetrieprinzip geordneten Grundrisse sind streng gerastert, die Fassaden an römischen Vorbildern – etwa dem Innenhof des Palazzo Farnese – orientiert. Bei Riedel ist in Art und Kombination von Loggia und Vorhalle und im Typus des Treppenhauses Gärtners Lösung vorweggenommen.

Das rechtwinklige dreigeschossige

Hauptgebäude des Georgianums wurde wie die Universität einhüftig angelegt, sein Grundriß war denkbar einfach. An langen, zum Universitätsplatz hin gelegenen Gängen reihten sich Wohnräume und Lehrsäle, die Treppenaufgänge waren ins Gelenk der aufeinanderstoßenden Flügel gestellt. Für den Eckpavillon, den einzigen viergeschossigen Bauteil des ganzen Forums, der in seiner Gesamtwirkung mit dem dreigeschossigen Südflügel der Universität korrespondieren mußte, fand Gärtner eine geschickte Fassadenlösung: Einerseits faßte er das erste und zweite Obergeschoß durch die großzügige Blendarkatur – in formaler Bezugnahme auf die Universität – zusammen und erweckte damit den Anschein eines dominanten Hauptgeschosses, andererseits verwies er durch das kräftige Gesims in Höhe des Blendbogenkämpfers auf die interne Geschoßabfolge. Von der Fassade des Kopfbaus ist ein zweifarbiger, jedoch nicht ausgeführter Entwurf erhalten. »Durch dunklere Färbelung wäre das Sockelgeschoß sowie das rahmende Gliederungssystem der beiden Obergeschosse, letzteres wie eine abhebbare Schicht ... hervorgehoben worden.«[41] Die Vorsteherin des adeligen Erziehungsinstitutes, die sich lt. Klenze lange und heftig gegen ein »so ganz unvernünftiges Unternehmen«, das Mädcheninternat in unmittelbare Nähe von Seminaristen und Studenten zu verlegen[42], gewehrt hatte, legte 1835 schließlich doch verschiedene Vorschläge für das Raumprogramm des Neubaus vor, die dem König aber zu aufwendig und kostspielig erschienen und abgelehnt wurden.[43] Am 1.6.1837 genehmigte er einen Plan Gärtners mit reduziertem Raumangebot, nach dem unverzüglich mit der Herstellung des Gebäudes begonnen wurde.[44] Auch der Pavillon des Erziehungsinstitutes wurde von Gärtner in Geschoßzahl und Gebäudehöhe, Achsenzahl und -rhythmik und dem sockelartigen hohen Erdgeschoß sowohl seinem Pendant am Georgianum als auch dem gegenüberliegenden Nordflügel der Universität angeglichen. Ganz anderer stilistischer Herkunft und überhaupt singuläres Beispiel innerhalb der Ludwigstraße waren allerdings die Fensterformen des Erziehungsinstitutes. Am Pavillon verwendete Gärtner fein profilierte Fensterverdachungsbögen, wie sie als Dekormotiv im englischen Gothic Revival in Anwendung waren (z.B. Strawberry Hill) und über Erdmannsdorffs »Gotisches Haus« (Gartenpavillons) im Park von Wörlitz in Deutschland Eingang fanden.[45] Die Form der gekoppelten Fenster der rechtwinklig aufeinanderstoßenden Flügelbauten entstammt der englischen

Spätgotik. In der gußeisernen Innentreppe setzte Gärtner eine von mehreren, für ihn richtungsweisenden Anregungen um, die er auf seiner Berlin-Reise 1835 durch die Bekanntschaft mit Schinkel erhalten hatte und in dessen Nachfolge er zum süddeutschen Protagonisten in der Anwendung von Gußeisen und Terrakotta (vgl. auch Treppe und Gebäude der Salinendirektion) wurde.

Nach Fertigstellung der Gebäude 1840 machte sich Gärtner an die Ausgestaltung des Platzes, jedoch im Unterschied zum heutigen Zustand ohne jegliche Bepflanzung.[46] Auch nach 1835, als sich der König von Gärtner die Idee einer runden bzw. ovalen Platzform bereits hatte ausreden lassen, hielt er weiter an einem in der Platzmitte situierten Obelisken fest. Ein erstes Projekt von 1836 zeigt in der Mitte der Ludwigstraßen-Achse einen Brunnen mit Obelisk und 4 Löwen. Nach einem zweiten modifizierten Entwurf von 1839 sollte eine vergoldete Säule »in Erzguß« (95 Schuh = ca. 28,5 m hoch)[47] mit einer Statue der »Hellas« (13 Schuh = ca. 4 m hoch) bekrönt werden.[48] Es folgten bis 1840 noch zwei weitere Projekte[49], bei denen der Obelisk aufgegeben war und die »Hellas« – wieder mit Schwert, Kreuzesfahne und Athenehelm versehen, auf einem der beiden Entwürfe den Fuß in der Art der Apokalyptischen Madonna auf den islamischen Halbmond gesetzt – über mehrfach gestuften Überlaufschalen thronte. Nach Eggert stand »die Idee eines Denkmals für das sich vom Türkenjoch befreiende christliche Griechenland auf dem Universitätsplatz ... in Beziehung zum Siegestor, das ursprünglich einmal auf die Mitte des damals noch kreisrund konzipierten Platzes, also auf die projektierte Stelle des Denkmalbrunnens, geplant war. Das Bayerische Heer, dem das Siegestor errichtet wurde, sollte durch dies Denkmal des griechischen Befreiungskampfes mit geehrt werden, war doch seine Teilnahme an diesem Kampf von großer Bedeutung«.[50] 1840 unterbreitete Gärtner dem König einen neuen Vorschlag, der im Unterschied zu den vorangegangenen Projekten den Platz nun dezidiert als Universitätsforum auswies. Die Statuen von vier berühmten Gelehrten, in den Platzecken aufgestellt, sollten die vier Fakultäten der Universität – Theologie, Medizin, Artes liberales und Jurisprudenz (Kreittmayr) – repräsentieren, immer noch im Platzzentrum stand ein runder Einzelbrunnen. »Palermos herrlicher Domplatz durch Bildsäulen geziert«[51], hatte zu dieser Komposition, die nicht ausgeführt wurde, den Anstoß gegeben. Zuguterletzt entschied sich der König 1840 für die beiden Schalenbrunnen nach

41 K. Eggert, S. 81
42 Memorabilien III, S. 66
43 Gs 1093–1095, 1096
44 Gs 1097
45 vgl. auch K. Eggert, S. 94
46 Die Grünanlage des Platzes ist 1872 entstanden, vgl. N. v. Seckendorff, S. 101
47 vgl. K. Eggert, S. 108, Abb. 53 (ehemals Gs 1191, verschollen)
48 Gs 1021; BStB cod. icon 210, vol. II, Nr. 17
49 Gs 1192, 1193; BStB cod. icon 210, vol. II, Nr. 18
50 K. Eggert, S. 109
51 GHA, Nachlaß Ludwig I. 89/2, Brief Gärtner an Ludwig vom 6.8.1840 mit beigelegtem Plan

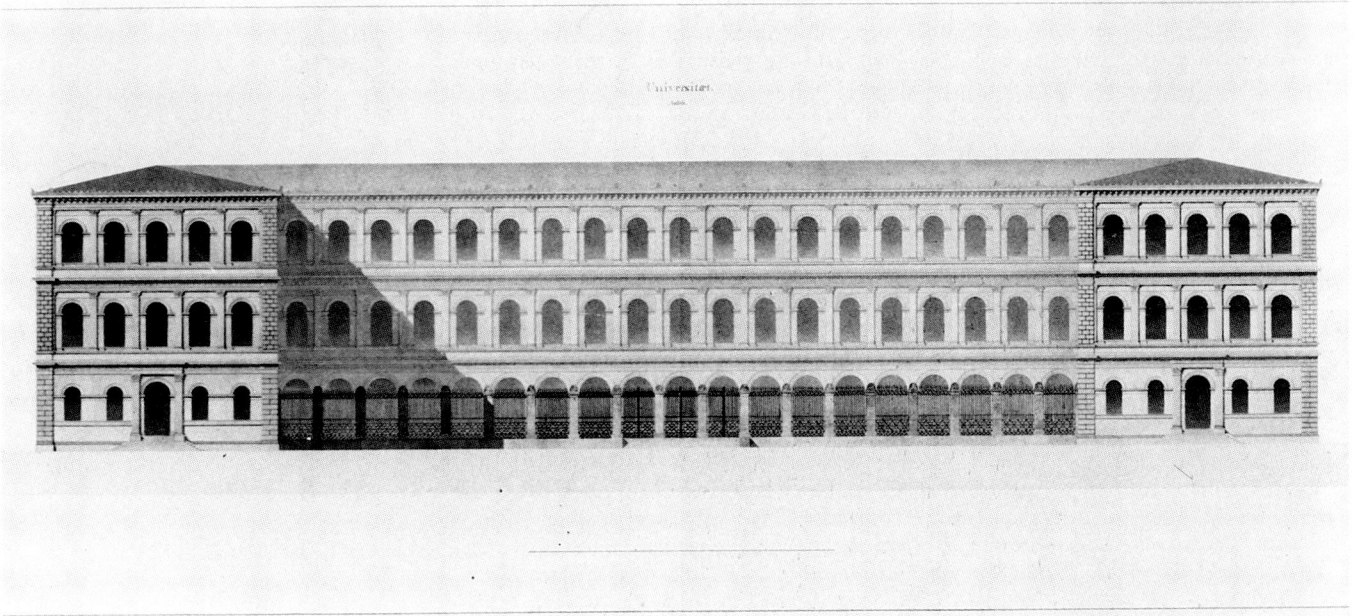

108.13

dem Vorbild der Brunnen von Bernini auf dem Petersplatz[52], wie sie seit ihrer Fertigstellung 1844 bis heute in der Symmetrieachse der Gebäudeanlage, aber aus der Achse der Ludwigstraße gerückt, stehen.[53] Damit aber wurde der Platz, entgegen der ursprünglichen Absicht des Königs, optisch zweigeteilt und ein durchgehender Straßenzug bis zum Siegestor geführt.

Die Kritiker des neuen Universitätsgebäudes kamen wiederum in erster Linie aus der Reihe der Professoren. 1848 baten sie in einer Eingabe an den Senat um die Rückverlegung in die »günstigeren« Räume des zentral gelegenen Wilhelminums. Auch der Direktor des Georgianums beschwerte sich über die Unbrauchbarkeit des Baus für die Bedürfnisse eines Priesterseminars. 1873, als erste Klagen über Raumnot laut wurden, forderten die Professoren erneut eine Verlegung der Universität – diesmal in die Nähe der Kliniken vor dem Sendlingertor oder des Alten Botanischen Gartens.[54] Aus dieser fortdauernden Unzufriedenheit heraus ist wohl Ed. Riedels unausgeführt gebliebenes »Project zu einer Universität, Universitätskirche, Georgianum mit Priesterhaus« von 1863 an der Stelle des heutigen Justizpalastes entstanden, das Max II. ein Jahr vor seinem Tod angeordnet hatte.[55]

Verschiedene Erweiterungsbauten[56] folgten im Laufe der Jahrzehnte: 1878/1881 die Errichtung des Aulaturmes am rückseitigen Ende des Südflügels, 1897/1898 die westliche Fortsetzung des Nordflügels entlang der Adalbertstraße durch E. Seidl, 1906/1909 der ausgedehnte Erweiterungsbau und 1909/1911 durchgreifende Umnutzungs- und Sanierungsmaßnahmen am Gärtner-Bau durch G. Bestelmeyer. Im Sommer 1944 wurde das Universitätsforum fast vollständig zerstört. Während man beim Wiederaufbau[57] die Hauptfassade der Universität zur Ludwigstraße originalgetreu rekonstruierte, ersetzte man den Hauptbau des Max-Joseph-Stiftes »durch einen historisierenden Abklatsch, für dessen Formen der nordöstliche Eckbau Pate stand. Ein maßstäblicher Zusammenhang ist trotzdem nicht gelungen . . . Zudem bestand keinerlei Notwendigkeit für die Änderung der Fassaden, nachdem weder Achsen- noch Stockwerkszahl verändert wurden, noch die neue Nutzung . . . eine Begründung dafür hergegeben hätte.«[58] 1972 wurden als letzte Veränderungsmaßnahmen die Eingänge zur U-Bahn in den nördlichen Flügel der Universität und den Pavillon des Erziehungsinstitutes eingebaut.

A. Gruhn-Zimmermann

52 H. Moninger, S. 57
53 Zur Planungsgeschichte und zu den technischen Schwierigkeiten der Brunnenanlage vgl. K. Eggert, S. 107; O. Hederer, Gärtner, S. 144; H. Moninger, S. 57
54 vgl. N. Seckendorff, S. 131
55 BStB, Riedeleana, cod. icon 207 K II 183–193; cod. icon 207 K V
56 siehe vor allem L. Böhm/J. Spörl, S. 317ff. und N. v Seckendorff, S. 24ff.
57 ibid.
58 E. Schleich, Die zweite Zerstörung Münchens, Stuttgart 1978, S. 26f.

115.4 C. Deifel, Theaterplatz in Nürnberg, nach 1836

VIII. Kunst und Kulturpolitik

Bauten für Kunst und Kultur sind fast ausschließlich auf die Residenzstadt begrenzt. Ihre Errichtung ist für die Nachwelt zwar vielleicht das bedeutungsvollste Erbe Ludwigs, aber gerade diese Bauten waren zur Zeit ihrer Entstehung besonders umstritten und auch an ihnen offenbart sich der nur auf die Person Ludwigs zugeschnittene Charakter aller kulturellen Bestrebungen. Die Mehrzahl der Abgeordneten wandte sich gegen eine Finanzierung von Odeon und Alter Pinakothek aus dem Staatshaushalt, nicht so sehr weil sie zwar von allen bezahlt, aber nur wenigen zugute kamen, sondern weil kulturelle Einrichtungen sonst im ganzen Land fehlten. Selbst ein öffentlicher Bau wie die Staatsbibliothek war Ausdruck der egoistischen Kunstwelt Ludwigs: Ihn interessierte nur das große Prachttreppenhaus, das auch nur von ihm betreten werden durfte. Benutzer der Bibliothek wurden an der Treppe abgehalten und mußten durch den Hof zu einer Hintertreppe, um verwinkelt auf Nebenwegen zum Lesesaal zu gelangen. Auf Öffentlichkeit legte Ludwig keinen Wert. Ähnliches gilt für die Museumsbauten Glyptothek, Pinakothek und Kunstausstellungsgebäude; sie waren zwar öffentlich zugänglich, dienten nach Ludwigs Auffassung jedoch als Tempel der Kunst, als Heiligtümer, von denen sein Ruhm als Beschützer der Kunst ausgehen sollte.

Die Kunst hatte letztlich für Ludwig nur zweierlei Funktionen zu erfüllen. Einerseits diente sie als Kompensation für den Mangel an politischer Macht: Wenn Preußen das politische Zentrum Deutschlands war, so sollte in Bayern die »teutsche« Kunst und Kultur verwaltet werden – wenn auch nur in Monumenten. Andererseits stand die Kunst im Dienst der Staatsräson und sollte Legitimationshilfen für das formal zwar konstitutionelle, letztlich aber neoabsolutistische Königtum liefern. Dementsprechend war Ludwig ausschließlich an der von ihm gewünschten »Wirkung« von Kunst interessiert. Die Künstler hatten wie Lakaien seine ständig wechselnden Wünsche zu erfüllen, wurden rücksichtslos gegeneinander ausgespielt, schikaniert und nach Bedarf ausgetauscht.

W.N.

109 Die Alte Pinakothek in München, 1826–1836
»ΝΟΜΟΝ ΤΗΣ ΤΕΧΝΗΣ ΕΘΗΚΕ«[1]

Die Fresken an den Außenwänden der Neuen Pinakothek (1846/1853) nach Entwürfen von W. Kaulbach wiesen immer wieder auf das mäzenatische Verhältnis König Ludwig I. zur Kunst hin; im vierten Bild an der Südseite – »Ludwig I., umgeben von Künstlern und Gelehrten, steigt vom Thron, um die ihm dargebrachten Werke der Plastik und Malerei zu betrachten«[2] – sind im Hintergrund drei von ihm initiierte Gebäude für Sammlungen gezeigt: Alte Pinakothek, Glyptothek, Staatsbibliothek.

Die Glyptothek bezahlte Ludwig aus Privatmitteln für seine von ihm geschaffene Sammlung. Die Alte Pinakothek, mit staatlichen Mitteln errichtet, enthielt einen nicht hoch genug einzuschätzenden Gemäldezuwachs auf Initiative Ludwigs. Die Staatsbibliothek, damals auch für Archivzwecke benutzt, wurde so dimensioniert, daß sie auch für die fernere Zukunft genügend Platz enthielt. Den Menschen zu bilden, durch Kunst zu veredeln, die geschichtliche Entwicklung der Kunst aufzuzeigen, waren die ordnenden Ideen zu seiner Sammeltätigkeit, die häufig zwangsläufig mit großen neuen Bauaufgaben verbunden war.

Wie wichtig Ludwig die »Heimstätten der Kunst« waren, beweist allein schon sein bei J. Stieler bestelltes offizielles Bildnis im Krönungsornat von 1826[3]: nicht nur wurde der König auf ausdrücklichen Wunsch mit der Verfassungsurkunde gemalt, sondern es erscheinen auch im Bildmittelgrund Bauelemente der (in Planung begriffenen, ab 7.4.1826 im Bau befindlichen) Alten Pinakothek wie im Hintergrund die Walhalla. Die Veranschaulichung seines politischen wie historischen Bewußtseins war ihm auch im offiziellen höfischen Bereich wichtig.

Bereits um 1807 tauchen in Briefen erste Gedanken Ludwigs zu einem öffentlichen Galerieneubau (oder zumindest -umbau) auf.[4] Das unter Kurfürst Karl Theodor zwischen 1777/1783 durch Aufstockung der Nordarkaden am Hofgarten errichtete 170 m lange Galeriegebäude von Karl Albrecht Lespiellez war bald zu klein geworden. Ursprüngliche offizielle Planungen sahen einen Umbau oder eine Erweiterung der Hofgartengalerie vor; bald nach der Säkularisation und dem Zusammenfluß der Sammlungen aus Mannheim, Düsseldorf und Zweibrücken war die Raumnot durch diese unvorhersehbare Bilderflut immer akuter geworden. Ludwigs Pläne, wesentlich weiter führend, blieben allgemein erst einmal geheim, da

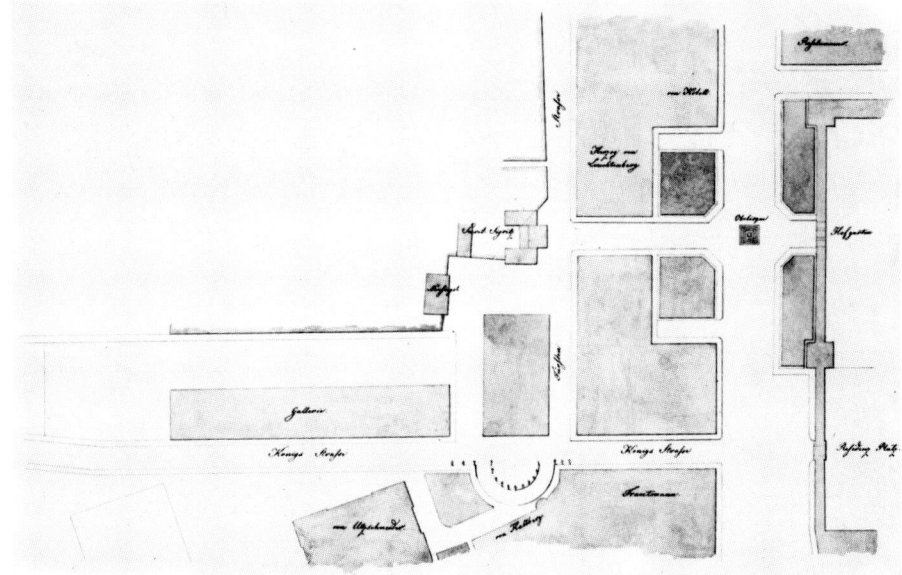

109.1

mit Widerstand bei seinem Vater, König Max I. Joseph, wie auch in Regierungskreisen zu rechnen war.

Das Konzept des Galerieneubaus war Gedankengut des Kronprinzen, des Galerie-Inspektors an der königlichen Galerie am Hofgarten, Johann Georg von Dillis (1759–1841), der mit Ludwig ab 1805 in engem Kontakt als Reisebegleiter, Berater und Kunstagent stand, sowie von Leo von Klenze (1784–1864). Dieser begegnete Ludwig 1814, übersiedelte 1816 nach München und begann als »Privatarchitekt« des Kronprinzen mit den Ausführungsplänen zu dessen erstem Museumsbau, der Glyptothek. Als Hofbauintendant, kgl. Baurat und Vorstand der Obersten Baubehörde (1820 bzw. 1825) hatte er später, abgesehen von der intensiven Mitsprache seines Auftraggebers, weitgehend freie Hand zur Realisierung seiner Ideen und Erfahrungen für diesen monumentalen Museumsneubau. Von Anfang an (ab 1816) wünschte Ludwig allerdings die Zusammenarbeit des Architekten mit dem Praktiker Dillis (für die Genese des Baus wurde dies äußerst wichtig).

Insgesamt gab es bei der Wahl des Bauplatzes sieben Varianten. Bereits der erste Vorschlag von Dillis (1807) sah einen Galeriebau innerhalb eines Gartens vor (sog. Salabertgarten nördlich des Hofgartens). Klenze (1816) wollte nach Neugliederung des Gebietes um das Schwabinger Tor als Platzabschluß einen freistehenden monumentalen Galeriebau (später errichtete er dort das Bazargebäude). Als Dillis in diesem Jahr seine Zusammenarbeit mit dem Architekten aufgenommen hatte und seine strikte Forderung nach Ost-Westlage des Gebäudes für Nordlicht der Gemäl-

1 Leo von Klenze, Entwurf zur Ruhmeshalle, 29.7 × 21,4 cm, Blei und Pinsel laviert, Privatbesitz, München. – »Er hat der Kunst eine Heimstatt geschaffen« steht in Griechisch auf einer Ludwigsherme, die von der Statue der Bavaria gekrönt wird. – A. v. Buttlar, Leo v. Klenzes Entwürfe zur Bayerischen Ruhmeshalle in: architectura 1985, S. 23 f.

2 W. von Kaulbach, Ludwig I., umgeben von Künstlern und Gelehrten, steigt vom Thron, um die ihm dargebrachten Werke der Plastik und Malerei zu betrachten, Entwurfsskizze, 78,5 × 63 cm, bezeichnet, signiert und datiert 1848, Neue Pinakothek, München; die Fresken wurden 1848/1854 von F. Chr. Nilson ausgeführt.

3 L. Stieler, König Ludwig I. im Krönungsornat, Lw, 230 × 170 cm, signiert und datiert 1826, Alte Pinakothek, München; U. von Hase, Joseph Stieler, München 1971, S. 67 ff, 131, Nr. 123

4 Alle näheren Angaben, Begründungen und Literatur siehe: P. Böttger, Die Alte Pinakothek in München, München 1972; Hinweis auf die unbekannten Klenze-Zeichnungen Kat.Nr. 109.1–109.5 von W. Nerdinger. R. an der Heiden, Die Stellung der Alten Pinakothek in der Entwicklung des Museumsbaues. In: Festschrift zum 150jährigen Bestehen der Alten Pinakothek, München 1986, S. 176 ff.

109.2

109.3

109.4

109.1 Leo von Klenze (Abb.)
Entwurf Pinakothek an der Brienner
Straße, Lageplan
Feder, farbig laviert; 58 × 44,5
OBB

109.2 Leo von Klenze (Abb.)
Entwurf Pinakothek, Aufriß
(palladianisch)
Feder, grau laviert; 126 × 47,7
OBB

109.3 Leo von Klenze (Abb.)
Entwurf Pinakothek, Aufriß
Feder, Bleistift; 84 × 28,6
OBB

109.4 Leo von Klenze (Abb.)
Entwurf Pinakothek, Aufriß
Feder, grau laviert; 131,8 × 49,5
OBB

dekabinette in die Planung einbrachte, fiel Klenzes Wahl auf den Rechberg-Garten (heutige Brienner Straße). Gegner aus praktischen wie ästhetischen Gründen (Gefahr von Brand und Straßenstaub, »Bier- und Brauhausumgebung«) war hier aber Dillis. Der Konflikt zog sich bis 1823 hin, plötzlich entschied sich trotz 1822 erfolgtem Ankauf des Rechberggeländes die Platzfrage zugunsten Dillis, da das Hoftheater abgebrannt war, die Innenstadt im höfischen Bereich somit zu gefährlich war. Aus Sicherheitsgründen schlug der Galerie-Inspektor einen Bauplatz beim heutigen Haus der Kunst vor – im Grünen und doch noch in zumindest mittelbarer Umgebung des Hofes. Der Kronprinz wünschte jedoch inzwischen den Neubau in Nähe der im Bau befindlichen Glyptothek. Bis zum endgültigen Bauplatz im Geviert Theresien-, Arcis-, Gabelsberger- und Barer Straße schoben sich noch einige Vorschläge dazwischen, die jedoch unwesentlich waren. Entschei-

dend wurde die Zustimmung des Königs für einen Galerieneubau auf Intervention des Innenministers Thürheim: 12.6. 1823. Der endgültige Bauplatz für den Neubau lag somit außerhalb der Stadt im Grünen und isolierte vor Staub und Brand, war in Nachbarschaft von Ludwigs erstem Museumsbau und Klenze konnte ohne Rücksichtnahme auf bestehende Architektur einen monumentalen Bau in geforderter Ost-West-Orientierung errichten.

Das mit seinen Flügeln (Klenze spricht von Eckpavillons) knapp 150 m lange monumentale Gebäude wurde durch seine Laternenaufsätze des Daches für Oberlicht der Mittelsäle und an der Schaufront im Süden durch das langgestreckte isolierte Band von Arkaden im Hauptgeschoß charakterisiert.

Zwischen 1816 (dem Beginn der Zusammenarbeit von Dillis und Klenze) und 1822 (dem Datum der Ausfertigung seines Gutachtens zum Museumsneubau für die

109.6

Ministerien und der nun offiziellen Arbeit) verfaßte Dillis ein vierzehn Punkte
umfassendes »Promemoria« für einen Galerieneubau (unter anderem enthält dieses
Kabinette mit Nordlicht, miteinander
verbundene Säle mit Oberlicht und jeweils eigenem Zugang von einem im Süden gelegenem Gang, Magazine im Erdgeschoß, unterschiedliche Saalgrößen je
nach Bilderauswahl – diese waren nach
Schulen gehängt vorgesehen). Die Verwirklichung der den Bau entscheidend
charakterisierenden Anordnung von va-
riationsreicher Saalfolge mit Oberlicht
und begleitenden Kabinetten im Norden
sowie südlichem Gang fällt in diese Zeit.
Klenze hatte nach dieser Festlegung den
Bau von innen nach außen geplant.
Schauseite des Gebäudes war die Südseite
(das Treppenhaus wurde an die schmale
Ostseite gelegt, die Mitte des Erdgeschosses durchschnitt in Süd-Nord-Richtung
eine Durchfahrt für Bildertransporte).
Die allgemeine Wertschätzung Raffaels
im 19. Jahrhundert und die früh einsetzenden Bestrebungen Ludwigs für den
Erwerb von Raffael-Gemälden (1808,
1819, 1828; insgesamt können elf Käufe
mit Raffael in Verbindung gebracht werden) überzeugten Bauherrn, Dillis und
Klenze, daß die ästhetischen (und moralischen) Zielsetzungen bei dem Galerieneubau am besten unter dem Patronat Raffaels verwirklicht werden können: Fassade
im Stil der römisch-florentinischen Renaissance und an der Schauseite als Zitat
im Hauptgeschoß Bramante-Raffaels
Loggien des Vatikanischen Palastes (die
Außenseite der Alten Pinakothek spiegelte das erste Obergeschoß, die Dekora-
tionsgliederung des innen laufenden Gan-
ges mit 25 Pendentifkuppeln das zweite
Obergeschoß). Dieses Planstadium war
gegen 1823 erreicht. Ein undatiertes Skizzenbuch Klenzes zeigt den Grundriß des
Hauptgeschosses und einen Querschnitt
durch die Pinakothek, dabei erstmals das
Motiv von überkuppelten Loggienkompartimenten eines südlich laufenden Gan-
ges; es bleibt jedoch fraglich, ob bereits an
eine Analogie zu Bramante/Raffaels Log-

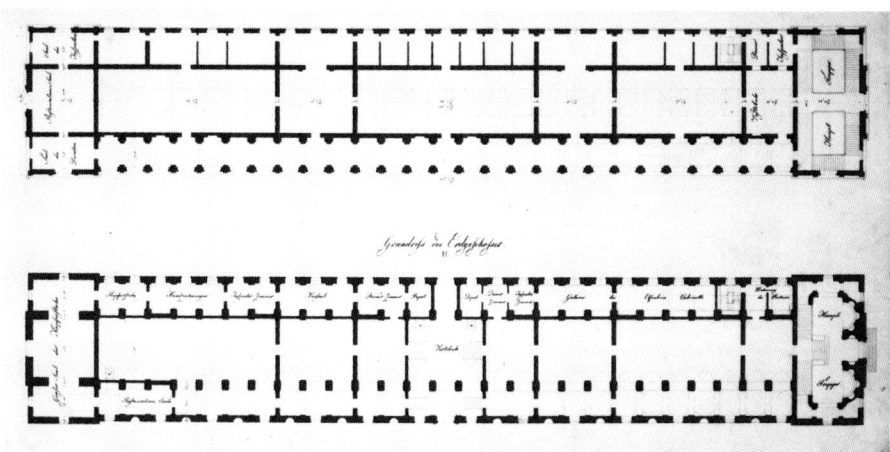

109.5

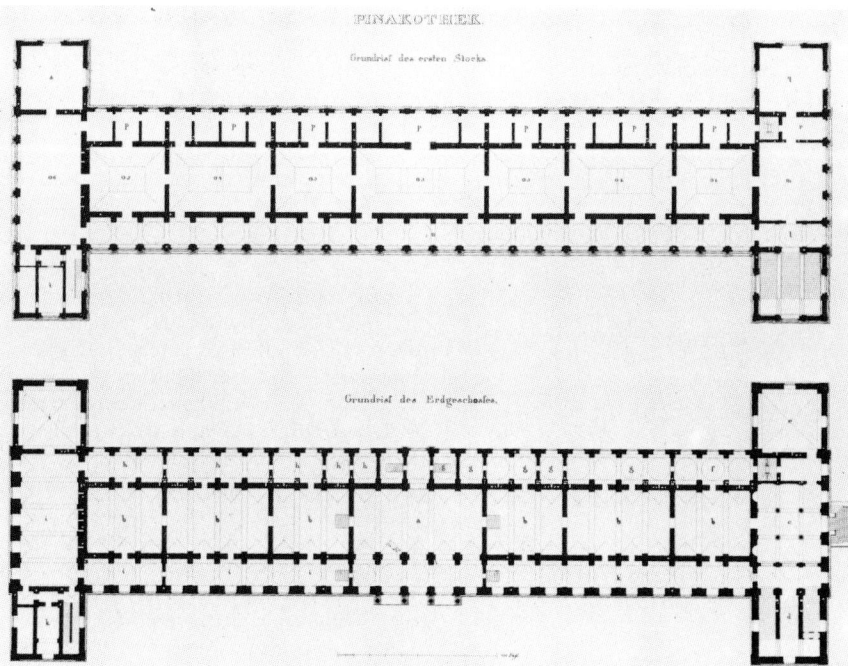

109.7

109.8

109.5 Leo von Klenze (Abb.)
Pinakothek, Grundrisse
Feder, rote Tusche; 97,1 × 63,3
OBB

109.6 Leo von Klenze (Abb.)
Pinakothek, Südseite, Ausführungsent-
wurf
Feder, grau laviert; 93,7 × 57,2
SGSM, Inv.Nr. 26471

109.7 Leo von Klenze (Abb.)
Pinakothek, Grundrisse
Lithographie, 57,2 × 45,6
Mstm, Inv.Nr. 61/622/4

109.8 Pinakothek von Südosten (Abb.)
Aquarell;
Mstm, Inv.Nr. 37/1278

109.9 Leo von Klenze/Jean Baptiste Métivier
(Abb.)
Stuckierung eines Gewölbefeldes
Feder über Bleistift auf Zeichenpapier;
47,4 × 55,7
Arch. Slg. TUM, Klenze-Nachlaß
22.92

109.10 Leo von Klenze/Jean Baptiste Métivier
(Abb.)
Bemalung Vasensammlung
Feder, farbig aquarelliert; 39,7 × 54,0
SGSM, Inv.Nr. 26459

109.11 Jean Baptiste Métivier (Abb.)
Pinakothek-Entwurf
Feder, laviert; 49,5 × 45,5
Arch. Slg. TUM, Métivier 4.13

gien in Außen- und Innenanlage gedacht
werden kann. Das Skizzenbuch wird
kurz nach Kenntnisnahme von Dillis'
»Promemoria« datiert.
Im gleichen Schriftstück bezeichnete Dillis den südlichen Korridor des Hauptgeschosses als »wie in Florenz«, also in Analogie zu den Uffiziengängen mit den jeweiligen Zugängen vom Korridor her.
Die Einfügung der Eckpavillons, also der
Flügel des Galeriebaus, erfolgte unter
Hinweis auf die ergänzenden Flügel des
Palazzo Pitti in Florenz.
Die spätere Zusammenfassung der Raf-
faelgemälde mit weiteren Meistern der
Hochrenaissance in einem »Tribuna« bezeichneten Saal der Pinakothek verwies
nochmals auf die Uffizien und der dortigen Auslese von Kunstwerken in der sog.
Tribuna, aber auch auf die Sonderstellung
Raffaels als »höchster Zielsetzung«. Und
nochmals erscheint das Patronat Raffaels:
die Grundsteinlegung erfolgte an Raffaels
Geburtstag auf Anregung Klenzes. Keh-
ren wir nochmals zur Fassadengestaltung
zurück: die vom Architekten verwendeten Motive und Formen wurden in neuem
Zusammenhang zitiert, insbesondere im
Hinblick auf die Bestimmung des Baus;
Dillis formulierte dies: »sie soll . . . ih-

rem Äußeren . . . nach dem Beschauer
bedeutende Effecte darbieten, geeignet die
Seele desselben in die passliche Stimmung
zu versetzen . . .«
Die Rhythmik der Saalfolge (1-2-1-3-1-2-
1), 1823 bereits ausgeprägt, ergab sich aus
der Bilderauswahl und ihrer vorgesehenen Hängung. In dem nur einmal, nämlich im Zentrum der Galerie, erscheinen-
den großen Saal, durch ein Bogenportal
hier mit dem anschließenden Nordkabi-
nett verbunden, sollte das »Jüngste Gericht« von Rubens hängen. Die nach
Osten von dort verlaufenden Räume waren für die »südlichen Schulen«, die nach
Westen gehenden für die »nordischen
Schulen« vorgesehen. Entsprechend den
Saalgrößen und im genauen Verhältnis zu
ihnen plante Klenze das Oberlicht, dessen
Laternen dem Gebäude einen entscheidenden Akzent setzten und die Raumrhythmik widerspiegelten.
Durch das Musée Français bzw. Musée
Napoléon (d. h. die Gestaltung des Salon
Carré und der Grande Galerie des Louv-
re) sowie davon angeregten Umbauten
von napoleonischen Museumsneugrün-
dungen in Italien (Parma, Mailand, Venedig; Klenze besuchte die Städte 1823)
übernahm der Architekt Anregungen bei

Saalabmessungen und Oberlicht sowie für deren gegenseitige Abhängigkeit.

Mit dem Bau der Galerie im Leuchtenbergpalais (1817/1821) hatte Klenze bereits erste Erfahrungen mit Oberlichtbeleuchtung sammeln können, ein Saal der Galerie hatte Ober-, aber auch zusätzlich Seitenlicht. Er verwendete hierbei bereits das gleiche Prinzip wie später bei der Pinakothek: Laternen mit Kupferblechbedachung und seitlichen Spiegelglasschrägen. Klenzes Galeriebau war der erste Museumsbau für Gemälde, der konsequent in allen großen Räumen Oberlicht, also gleichmäßige Beleuchtung ohne wesentliche Spiegelungen, hatte.

Neu war in der Gestaltung der Pinakothek auch das Abrücken Klenzes von der Palastarchitektur durch Verzicht auf besondere Gestaltung der Fassadenmitte, etwa Mittelrisalit mit Giebel. Dafür setzte er eine mehr horizontale Betonung durch Reihung, das relativ flache Dach, unterbrochen von Künstlerstatuen auf der Balustrade, setzte eigenwillige Akzente durch die Dachgauben der Oberlichter. Aus der intensiven Arbeitszeit Klenzes der Jahre 1822/1823 erhielt sich eine Reihe, zum Teil unpublizierter Variationen von Südfassadenaufrissen, die diese Entwicklung dokumentiert. In der Gestaltung des Erdgeschosses ging Klenze von einem Fenster-Nischen-Wechsel aus, bis er zu Ende des Planungsstadiums ein einheitliches Fensterband erreicht hat, das nur noch in der verschiedenen Rahmung der Fenster variiert wird. Ein entscheidender Planungswechsel zugunsten der ununterbrochenen Reihung von Säulen-Bogen-Stellungen war der Verzicht auf zwei der vier Risalite.

Zu dieser Vereinheitlichung und Konzentration auf wenige Motive trug auch die Eliminierung eines jeglichen »Palladio-Motivs« bei (ursprünglich in allen vier, dann noch in den beiden Eck-Risaliten aufgenommen).

Insgesamt zeigen die Pläne deutlich das bewußte Abrücken vom Schloßbau und die Hinwendung zu einer neuen zweckgebundenen Form für den modernen Galeriebau des 19. Jahrhunderts.

Im Zusammenhang mit dem Planungsstadium von 1822/1823 ist ein J. B. Métivier zugeschriebener Entwurf für die Pinakothek interessant. Er weist eine Vierflügelanlage auf, die in der Hauptfassade Rückgriffe auf Klenze (Glyptothek) und auf französische Idealentwürfe zu Museen zeigt.

Die Innenorganisation: Das Souterrain umfaßte Holzmagazine sowie 14 Ofenanlagen, das Erdgeschoß das östliche Besucher-Vestibül mit Treppenhaus, eine Mittelzone mit Magazinen sowie der großen

109.9

Durchfahrt, Räume für die Sammlungen von Graphik und Handzeichnungen, antike Malereien und Vasensammlung, einen Restaurier- und Kopiersaal und Räume für Galeriediener und -inspektor. Die Grundstruktur des Hauptgeschosses wurde bereits geschildert. Die Säle waren mit Klostergewölben versehen, in welche im Scheitel die Oberlichtschächte eingelassen waren, die Kabinette stattete Klenze mit flachen Plafonds aus (sie besaßen Seitenlicht von Norden) – eine Ausnahme bildete das große Rubenskabinett, das mit dem Mittelsaal verbunden war und tonnengewölbte Stichkappen besaß.

Über den Nordkabinetten lagen Mezzaninräume für Werkstätten und Magazine. Die Dekoration in den Schauräumen zeigte auf Wunsch des Auftraggebers eine reiche Gestaltung der Plafonds, in den südlichen Loggienkompartimenten eine üppige Freskierung. Die Decken der Säle erhielten nach Entwürfen Klenzes in Stuckierung rein dekorative Elemente

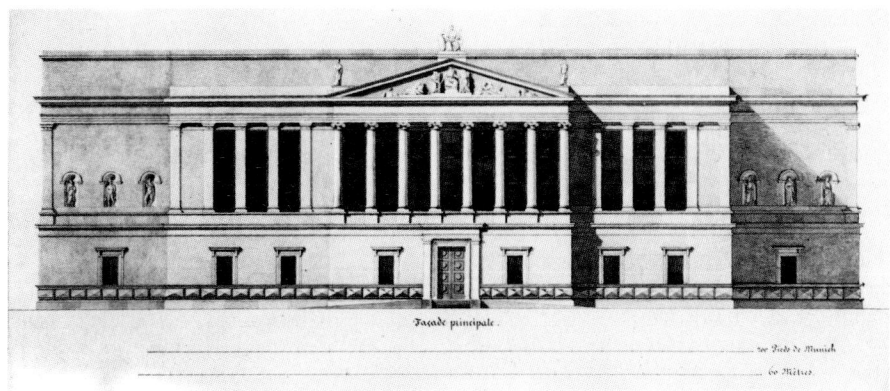

109.11

oder detailliert auf die Hängung abgestimmte stuckierte Szenen in prunkvoller Rahmung. Die Entwürfe für die Freskierung des Loggienganges stammten von Peter Cornelius. Zitierte Klenze als Architektur das erste Obergeschoß des vatikanischen Loggienganges, so entwarf Cornelius auf Wunsch Ludwigs formal wie in etwa auch inhaltlich nach der Konzeption des zweiten Obergeschosses. Neben den dekorativen Grotesken-Elementen erschienen als kunstgeschichtliches Lehrgedicht Szenen mit Künstlern des Nordens und der südlichen Schulen. Mittelpunkt bildete Raffael; von ihm als Höhepunkt europäischer Malerei liefen nach beiden Seiten die Bilderzählungen mit nordischen und südlichen Künstlern (nicht parallel zur Hängung in den Sälen, sondern in umgekehrter Richtung, aber es korrespondierte jeweils eine Szene mit einem Künstler des Nordens und des Südens).[5] Der freskierte Loggiengang (als Gang eine Forderung von Dillis, die Wahl des Vorbildes von Klenze) bildete Ruhe- und Besinnungsplatz für den Beschauer und entsprach seiner Stellung nach in etwa den ebenfalls von Cornelius geschmückten Festsälen der Glyptothek. Im Erdgeschoß erhielten die Räume für die »Sammlung antiker Malerei auf Gefäßen, Mosaiken und Wandgemälden« eine besondere Dekoration (Wandlünetten und Deckengewölbe).
Entwurfszeichnungen aus dem Atelier Klenzes zeigen uns heute noch die Wand- und Deckenmalereien nach dem Vorbild etruskischer Grabkammern. Der Architekt übernahm zum Teil genau diese Dekoration wieder bei der Ausstattung des Saales für antike Vasen in der Neuen Eremitage in St. Petersburg.
Der Bau der Alten Pinakothek blieb im 19. Jahrhundert vorbildlich. Klenze selbst wiederholte auf ausdrücklichen Wunsch des Zaren in seinem Bau der Neuen Eremitage in St. Petersburg in einem Quertrakt für Gemälde die Raumdisposition der Pinakothek. Das der Neuen Pinakothek zu Grunde liegende Bauprogramm, von Ludwig I. bestimmt, bedingte eine weitgehend ähnliche Baudisposition zum gegenüber liegenden Bau der Alten Pinakothek.
Auch die Galerie an der Schönen Aussicht in Kassel von H. von Dehn-Rotfelser und das herzogliche Museum in Braunschweig von O. Sommer stehen in einem direkten Abhängigkeitsverhältnis zur Alten Pinakothek.
Selbst ein so eigenständiger Bau wie G. Sempers Gemäldegalerie in Dresden und davon wiederum abhängige Bauten wie das Städelsche Kunstinstitut in Frankfurt von O. Sommer zeigen vielfältige Ähnlichkeiten zu Klenzes Gemäldegalerie in München.
Die Pinakothek stand an einem Wendepunkt des Museumsbaus, sie war einer der drei ersten selbständigen, nur für die Ausstellung von Kunstwerken bestimmten Museumsbauten außerhalb des fürstlichen Residenzbereiches in Deutschland. Ebenso ist es der erste freistehende Monumentalbau eines Museums, konsequent von innen nach außen konzipiert; er zeigt seine Oberlichtkonstruktionen in der Dachzone, damit die innere Raumrhythmik, und in den Hauptfassaden die Gliederungsprinzipien der dahinter liegenden Räume und ihrer Funktionen. Die Alte Pinakothek ist außerdem der erste Bau in Deutschland, bei dem Elemente des Quattro- und Cinquecento aufgenommen wurden, die Zitate aber neu eingesetzt und nicht nur kopiert wurden.

R. an der Heiden

5 G. Goldberg, Ehemalige Ausstattung und Konzeption der Bilderhängung in der Alten Pinakothek. In: Festschrift zum 150jährigen Bestehen der Alten Pinakothek, München 1986, S. 140 ff.

109.10

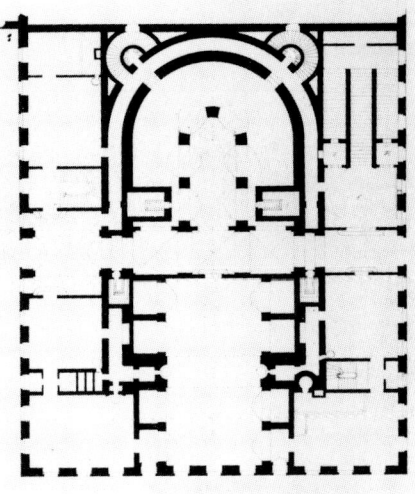

110.1

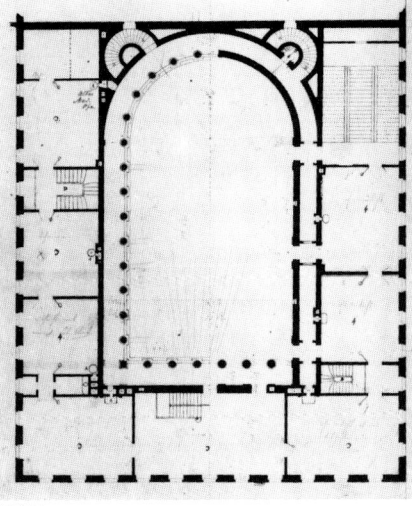

110.2

110   Das Odeon am Odeonsplatz
in München, 1826–1828

Das Odeon wurde 1826 bis 1828 durch Leo von Klenze als Konzertgebäude und für andere festliche Veranstaltungen der bürgerlichen Gesellschaft errichtet.[1] Die Ausstattungsarbeiten wurden erst 1837 mit der Aufstellung von zehn durch den Bildhauer Johann Leeb geschaffenen Musikerbüsten in Wandnischen hinter dem Orchesterpodium vollendet. Die Baukosten wurden aus dem Etat des Nationaltheaters bestritten, dem auch die Verwaltung des fertiggestellten Gebäudes unterstand. Die Benennung des Konzertgebäudes erfolgte nach dem Muster der Glyptothek und der Pinakothek in Anlehnung an griechische Wortbildungen.[2] Der gewählte Standort an der seit 1816 von Klenze geplanten Platzanlage zu Füßen der Residenz und am Ursprung der Ludwigstraße[3] erwies sich trotz der günstigen, für das Publikum leicht erreichbaren Lage in der Nähe der Altstadt in Hinblick auf die Funktion des Bauwerks als eine schwere Hypothek. Der 1817 genehmigte Bebauungsplan für den späteren Odeonsplatz sah als Abschluß des Platzes gegen Westen zwei symmetrische Großbauten vor. Maß und Gestalt waren durch das seit 1817 ebenfalls von Klenze entworfene Palais des Herzogs von Leuchtenberg bestimmt.[4] An der kurzen, als Platzausgang nach Westen gerichteten Querstraße sollte dem Adelspalais als symmetrisches Pendant ein getreues Abbild seiner Architektur gegenübergestellt werden, ohne daß bei Festlegung des Bebauungsplanes die Zweckbestimmung dieses Gebäudes bereits feststand. Städtebauliche Kriterien hatten hier absoluten Vorrang vor anderen Erwägungen und

führten bei der Planung des Konzertgebäudes zu schwer überwindbaren Problemen besonders in Hinblick auf die Anlage der Zufahrten und Fußgängerpassagen oder bei der Ausbildung ausreichend großer Treppen und anderer Kommunikationsräume im Innern.

Situation, Gestalt und Abmessungen des Odeons als rechteckiger, auf drei Seiten freistehender Baublock waren also durch das Leuchtenbergpalais seit 1817 vorbestimmt. Die Langseiten sind im Osten dem Odeonsplatz und nach Westen dem Wittelsbacherplatz zugewandt, die nördliche Schmalseite liegt an der kurzen Querstraße dem Leuchtenbergpalais gegenüber, während die südliche als Kommunmauer an die benachbarten Gebäude der Brienner Straße grenzt. Die Einzelformen der Fassade, aus dem Stilvorbild der römischen Frührenaissance entwickelt, folgen dem vorgegebenen Muster des benachbarten Adelspalais selbst in Bildungen, deren Ikonographie Klenze seinerzeit ganz unmittelbar in Hinblick auf die Person des Bauherren entworfen hatte. So z. B. die Adlerkapitelle der Fensterrahmungen im ersten Obergeschoß als Anspielung auf seine Herkunft als Stiefsohn Napoleons oder die Trophäe in Gestalt einer römischen Rüstung am Scheitel des Torbogens an der Schmalseite des Gebäudes in Anspielung auf seine Vergangenheit als Heerführer. Ähnliches gilt für die Wiederholung des Säulenbalkons an der Schmalseite, traditionelles Statussymbol Münchner Adelspaläste des 17. und 18. Jahrhunderts. Am Leuchtenbergpalais rahmten die Säulen als Portikus die Hauptzufahrt in das Gebäude; am Odeon jedoch lagen die Haupteinfahrten nicht auf der Schmalseite, sondern in Gestalt von zwei großen Rundbogenportalen auf

1 Baugeschichte und Typologie des Odeons sind ausführlich und grundlegend erarbeitet worden durch Heinrich Habel, Das Odeon in München, München 1976; ders., Klenzes Entwürfe für das Odeon in München, in: Jahrbuch der bayerischen Denkmalpflege 32 für das Jahr 1978, München 1980, S. 210 ff. Bei Habel auch die weiterführende Literatur, Angabe der einschlägigen Archivalien und Abbildung der bekannten Pläne aus der Erbauungszeit. Die bei Habel mit Standort Landbauamt verzeichneten Pläne befinden sich inzwischen im StA München, Planslg. Planmappe 3307) Die folgenden Ausführungen stützen sich auf die Arbeiten Habels
2 Ausführlicher bei H. Habel, Das Odeon (wie Anm. 1), S. 96 f.
3 S. dazu: Hans Lehmbruch, Planungen vor dem Schwabingertor, in: W. Nerdinger (Hrsg.), Kat. Klassizismus München 1980, S. 138 ff.
4 S. dazu: Hans Lehmbruch, das Leuchtenbergpalais am Odeonsplatz, in: W. Nerdinger (Hrsg.) Kat. Klassizismus, S. 159 ff.
5 Klenze hatte, nachdem schon während des Rohbaus Kritik am Fehlen gesonderter Fußgängerpassagen aufkam, die notwendigen Abänderungen bereits 1826 im Plan vorbereitet, machte ihre Ausführung, »da es natür-

den beiden Langseiten, zwischen denen eine Durchfahrt unter dem Konzertsaal den Odeonsplatz mit dem Wittelsbacherplatz verband. In der Anordnung der Einfahrten mußte Klenze mit Rücksicht auf den Publikumsverkehr Abweichungen von dem Modell in Kauf nehmen: Das Leuchtenbergpalais hatte damals nach Osten, zum Odeonsplatz, weder Tür noch Tor, sondern war mit der Haupteinfahrt allein zur Schmalseite und auf die kurze Querstraße ausgerichtet. Erst beim Wiederaufbau des Leuchtenbergpalais nach dem Kriege wurde die Symmetrie zwischen den Gebäuden durch Anlage eines Eingangs zum Odeonsplatz annähernd hergestellt. Um zu Zeiten großen Publikumandranges die Fußgänger vor dem rollenden Verkehr zu schützen, legte Klenze am Odeon außerdem gesonderte Fußgängerpassagen neben den Haupteinfahrten an. Zu diesem Zweck schlitzte er auf beiden Seiten der Rundbogenportale die Fenster fast bis zum Boden auf und machte sie mit einigen Stufen als Eingangstüren zugänglich: Eine durch die Funktion des Bauwerks bedingte Maßnahme, die jedoch die von Klenze für das Leuchtenbergpalais entworfene Fassadenkomposition an den Langseiten des Odeons empfindlich störte.[5] Auch hier wurden bei den Wiederherstellungsarbeiten nach dem Kriege in Hinblick auf die Gebäudesymmetrie Abänderungen vorgenommen und die Fußgängerpassagen zugesetzt.

Größter Raum im Inneren war der Konzert- und Ballsaal, der durch beide Obergeschosse des Hauses reichte. Er lag über dem durch die Wagendurchfahrt quergeteilten Erdgeschoß mit den Betriebsräumen, einer Hausmeisterwohnung und einer Gastwirtschaft. Mit dem Konzertsaal war es Klenze gelungen, einen Veranstaltungssaal zu schaffen, dessen Akustik stets gerühmt wurde. Er besetzte die Mitte der beiden Obergeschosse gleichsam wie ein überdachter Innenhof entsprechend dem Hofraum im Palais Leuchtenberg. Der Saalgrundriß bildete ein Rechteck, an das sich eine halbkreisförmige Exedra mit dem Orchesterpodium anschloß, das gelegentlich auch als Bühne für szenische Aufführungen genutzt wurde. Eine zweigeschossige Kolonnade umstellte den Saal, nur unmittelbar hinter dem Orchesterpodium war die Wand aus akustischen Gründen im Parterre geschlossen. Die Kolonnade wurde im Parterre als Umgang genutzt; im Rang bot sie Raum für Stehplätze und für eine kleinere Anzahl von Sitzplätzen. Die Hauptmasse der 1445 Sitze jedoch befand sich im Parkett.[6] Die kassettierte Decke über dem Saal sparte drei größere Felder aus, die von

110.3

Schülern des Akademiedirektors Peter von Cornelius mit Szenen aus der antiken Mythologie ausgemalt waren, die – mit Apollo als Hauptfigur – die Wirkung der Musik darstellten.[7]

Auf drei Seiten war der Konzertsaal von einer Raumflucht in zwei Geschossen umgeben, die vierte grenzte an die südliche Kommunmauer, so daß er von den Seiten kein Tageslicht erhielt. Drei verglaste, durch den Dachstuhl geführte Licht-

lich eine bedeutende Veränderung am Äußeren der Façade herbeiführt«, von der Zustimmung des Königs abhängig. (GHA, Nachlaß Ludwig I., II A 31, Briefe Klenzes an Ludwig I. vom 2. und 16. August 1826) Die Durchführung erfolgte erst 1847 (H. Habel, Das Odeon, wie Anm. 1, S. 31).

6 Ein späterer Sitzplan liegt im StA München, Plansammlung 3307 (Planmappe)

7 Die Maler waren: Wilhelm Kaulbach (Parnaß), Adam Eberle (Apoll unter den Hirten) und Hermann Anschütz (Urteil des Midas)

110.1 Leo von Klenze (Abb.)
Odeon am Odeonsplatz in München,
Erdgeschoß-Grundriß, 1825/1826
Feder über Bleistift, rote Deckfarbe mit
Bleistift; 33,1 × 46
StA München, Planslg. Nr. 3307

110.2 Leo von Klenze (Abb.)
Odeon am Odeonsplatz in München,
zweigeteilter Grundriß: erstes und zwei-
tes Obergeschoß, 1825/1826
Feder über Bleistift, rote Deckfarbe mit
Bleistift; 33 × 45,8
StA München, Planslg. Nr. 3307

110.3 Leo von Klenze (Abb.)
Odeon am Odeonsplatz, Aufriß der
Decke im Konzertsaal, 1826
Feder, farbig aquarelliert; 62 × 96,3
StA München, Planslg. Nr. 3920

110.4 Leo von Klenze
Odeon am Odeonsplatz, Teilaufriß und
Profil eines Kapitells, 1826/1827
Feder über Bleistift; 70,8 × 80,8
StA München, Planslg. Nr. 3307

110.5 Leo von Klenze (Abb.)
Odeon am Odeonsplatz in München,
drei Teile eines Pappmodells für die In-
nenausstattung des Konzertsaales (er-
stellt auf Anforderung Ludwigs I. an
Klenze vom 11. November 1826[8])
Feder, farbig aquarelliert, auf starker
Pappe aufgezogen; Reste der durchge-
trennten Verbindungen des Modells
durch grünes Stoffband auf der Rücksei-
te; 61,6 × 40,8 (zwei Teile: die beiden
Längswände), 44,3 × 40,8 (rückwärtige
Schmalseite)
StA München, Planslg. Nr. 3307

110.6 Leo von Klenze (Abb.)
Odeon am Odeonsplatz in München,
perspektivische Ansicht des Konzertsaales, Blick zur rückwärtigen Schmalwand
(1826)
Feder auf Transparentpapier;
45,9 × 38,1
MStm, Sammlung Lang III, 55

110.7 Leo von Klenze
Odeon am Odeonsplatz in München,
Längsschnitt (1825/1826)
Feder über Bleistift mit Bleistift;
51,3 × 34
StA München, Planslg. Nr. 3307

110.8 Odeon am Odeonsplatz in München
Karikatur auf die Eingangssituation
Fliegende Blätter Bd. 2, 1845

110.5

110.6

8 Ludwig I. an Klenze, d. 11. November 1826:
»Ordnen Sie unverzüglich: [. . .] 4.) zeitig
genug, bevor die Zeit zur Ausführung, auf
Pappendeckel, alle Wände des großen Ode-
ons-Saales darstellend, gemalt, wie Sie wünschen, daß er verziert werde, damit die Stük-
ke Pappendeckel zusammgesetzt den Saal
bilden.« (Zitiert nach: Ludwig Schrott,
Biedermeier in München, München 1963,
S. 121)

schächte ließen von oben her durch drei
geöffnete, nur mit Ziergittern verdeckte
Kassetten der Decke spärliches Tageslicht
einfallen. Die Raumfluchten auf den drei
Seiten des Saales waren in den beiden
Geschossen mit annähernd gleichem
Grundriß in Enfilade angeordnet. Die untere lag auf der Höhe des Parketts, hatte
daher direkte Zugänge in den Saal. Nicht

so die obere, da sie sich nicht auf der
Höhe der oberen Galerie befand. Beide
dienten bei Konzertveranstaltungen als
Foyers und als Erfrischungsräume, bei
Bällen und Festen als Gesellschaftszimmer. Sie wurden durch die Haupttreppe
im Südwesten des Gebäudes bedient, die
vom Wittelsbacherplatz ihren Zugang
hatte. Drei Räume waren von der allge-

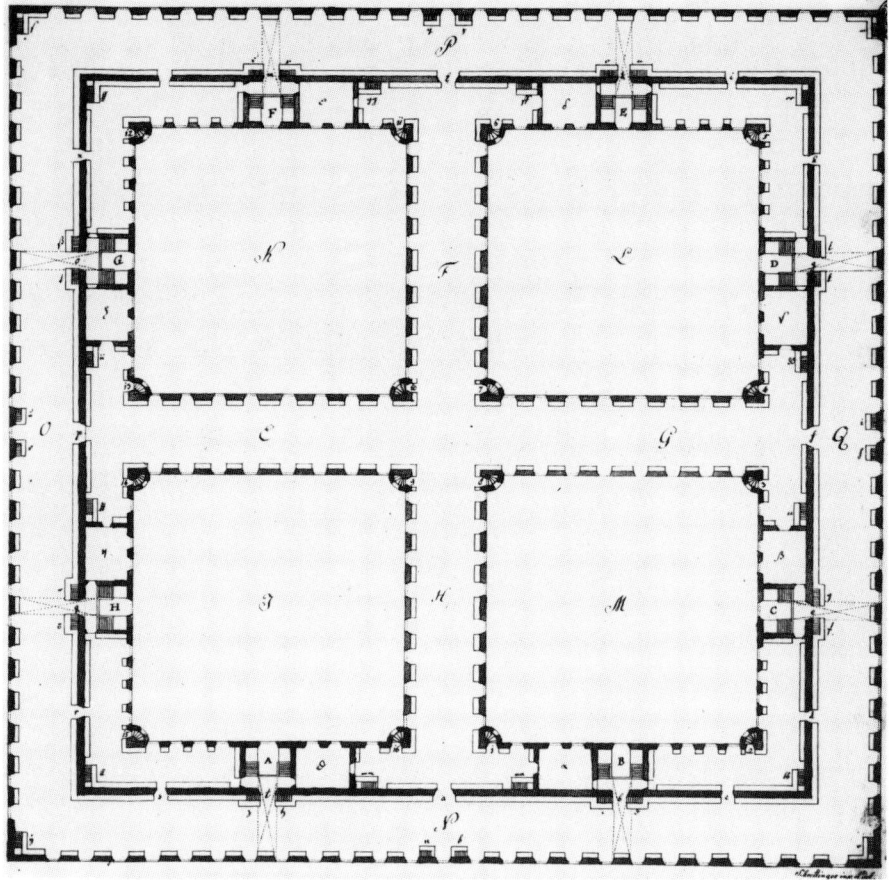

111.1

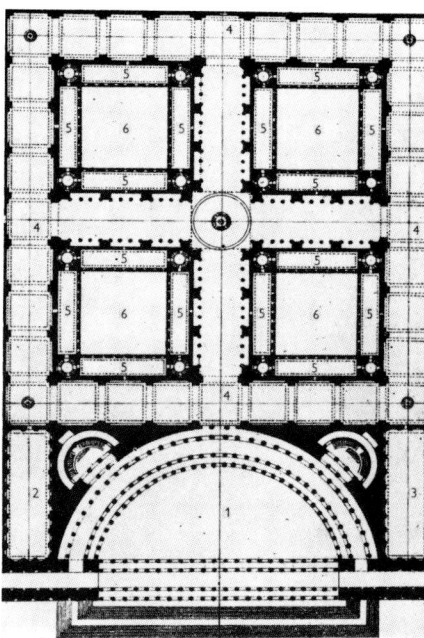

111.2

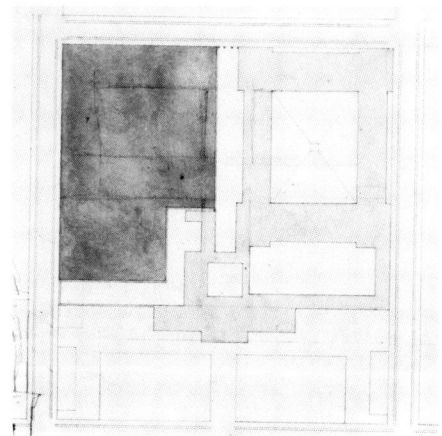

111.4

meinen Benutzung durch das Publikum ausgenommen. Sie gruppierten sich nahe der Orchesterbühne im ersten Obergeschoß um eine Nebentreppe auf Seite des Odeonsplatzes. Zwei Räume dienten der königlichen Familie bei Konzert- und Ballbesuchen als Aufentshalts- und Empfangszimmer, der dritte war für die Hoftheaterintendanz reserviert.

Das Odeon wurde im Kriege stark beschädigt und nicht mehr mit den alten Räumen wiederhergestellt. Der Konzertsaal wurde mit Resten der alten Architektur durch Joseph Wiedemann zu einem offenen Innenhof umgestaltet; die ihn umgebenden Raumfluchten wurden mit verändertem Grundriß als Büroräume ausgebaut.

H. Lehmbruch

111 Die Bayerische Staatsbibliothek an der Ludwigstraße in München, 1827–1843

Das heute allein von der Bayerischen Staatsbibliothek genutzte Gebäude an der Ludwigstraße wurde in den Jahren 1832 bis 1843 durch den Architekten Friedrich Gärtner ursprünglich für die Unterbringung von zwei staatlichen Sammlungen errichtet. Nämlich für die durch Herzog Albrecht V. in der zweiten Hälfte des 16. Jahrhunderts als Hofbücherei gegründete Bibliothek[1] und für das »Reichsarchiv«, für das staatliche Archiv des Königsreichs Bayern. Beide Institutionen waren seit dem Ende des 18. Jahrhunderts im ehemaligen Jesuitenkolleg an der Neuhauserstraße höchst unzulänglich untergebracht[2] und sollten in dem Neubau ausreichenden Raum zur Aufstellung und Nutzung ihrer Bestände unter konservatorisch befriedigenden Bedingungen finden. Die Bestände der Bibliothek hatten sich zu Beginn des 19. Jahrhunderts durch die Einbringung großer Büchermassen aus säkularisierten Klöstern und anderen dem bayerischen Staate einverleibten Institutionen von zuvor etwa 100 000 Bänden auf etwa eine halbe Mil-

1 Zur Geschichte der Staatsbibliothek: Ingrid Bezzel, Bayerische Staatsbibliothek München, München 1967; Rupert Hacker, Die Münchner Hofbibliothek unter Maximilian I., in: Ausst. Kat. Wittelsbach und Bayern Bd. II/1, München 1980, S. 353 ff.
2 Zur Einrichtung des Bibliotheksaales im ehemaligen Jesuitenkolleg: Peter Volk, Der ehemalige Hofbibliothekssaal von 1783/ 1784 in München, Sitzungsberichte der Bayerischen Akademie der Wissenschaften, Heft 9, München 1974. Zur Schilderung der Bibliotheksunterbringung in den ersten Jahrzehnten des 19. Jahrhunderts: Bericht Martin Schrettingers vom 22.6.1826 (BStB, Alte Reg. A 1/I); ders., Memorandum zum Umbau des Saales der lateinischen Kongregation im ehem. Jesuitenkolleg (o.D., BStB, Schrettingeriana 8); ders., Die Beschwerden einiger Gelehrter über die Münchner Hof- und Staats-Bibliothek in ihrem wahren Lichte dargestellt, in: Das Inland 1830, bes. die Nr. 12 vom 12.11.1830

111.5

111.6

3 Paul Ruf, Die Bayerische Staatsbibliothek und die Säkularisation, in: Bayerische Bibliotheken, Das Bayerland, Sonderausgabe 1964, S. 12ff.

4 Zum Neubau aus der Sicht der Archivplanung: Wilhelm Volkert, Zur Geschichte des Bayerischen Hauptstaatsarchives 1843 bis 1944, in: Archivalische Zeitschrift 73, 1977, S. 131ff.

5 S. u. a. den Bericht des Bibliotheks-Direktors Haefflin zur Einrichtung einer künftigen Hofbibliothek vom 11.11.1803 (BHStA, MInn 24076/V) und das im Nachlaß Ludwigs I. aufbewahrte anonyme Memorandum vom 4.4.1825 »Vorläufige Gedanken über den Bau einer Centralbibliothek in München.« (GHA, Nachlaß Ludwig I. 89/3/I. Sicherlich nicht vom König selbst verfaßt, wie von Gottlieb Leinz, Baugeschichte der Glyptothek 1800–1830, in: Ausst. Kat. Glyptothek München 1830–1980, München 1980, S. 124, vermutet)

lion schlagartig vermehrt[3]; vor allem ihre geordnete Unterbringung und Nutzung sollten durch den Neubau gesichert werden. Daher gewannen für die Formulierung des Bau- und Raumprogrammes die Forderungen der Bibliothek vor den Bedürfnissen des Reichsarchivs absoluten Vorrang. Aus diesem Grunde erscheint es in diesem Rahmen gerechtfertigt, den Neubau vorrangig unter dem Gesichtswinkel der Bibliotheksplanung zu betrachten.[4]

Das Grundrißschema des Bibliothekars Martin Schrettinger

Die konkreten Neubauplanungen setzten nach jahrzehntelangen Vorüberlegungen[5] seit 1827 ein. Grundlage bildete eine von der Bibliotheksleitung vorgelegte Berechnung des Raumbedarfs für beide Institutionen[6] sowie ein von dem Bibliothekar Martin Schrettinger, dem »Baureferenten« der Bücherei, verfaßtes Grundriß-

schema für ein Bibliotheksgeschoß: Eine zum Quadrat geordnete Vierflügelanlage mit weitem Innenhof, in den ein innerer Flügel in Form eines griechischen Kreuzes eingeschrieben ist.[7] Vorbild für diese Anordnung war ein von dem französischen Architekten Etienne Boullée im letzten Viertel des 18. Jahrhunderts aus dem barocken Schloßbau übernommenes[8] und durch ihn und seine Schule in vielfältigen Varianten zu einem für öffentliche Großbauten, darunter auch für Großbüchereien, vielseitig verwendbaren Universalgrundriß weiterentwickeltes Planschema gleicher Konfiguration.[9] Zuletzt hatte vor allem Jean Nicolas Durand seit dem Beginn des 19. Jahrhunderts durch seine Veröffentlichungen zur Verbreitung dieses Schemas in ganz Europa beigetragen.[10] Nach dem Entwurf Schrettingers bildete der innere Flügel einen einzigen großen, durch keine Einbauten verstellten und von beiden Seiten hell belichteten

111.7

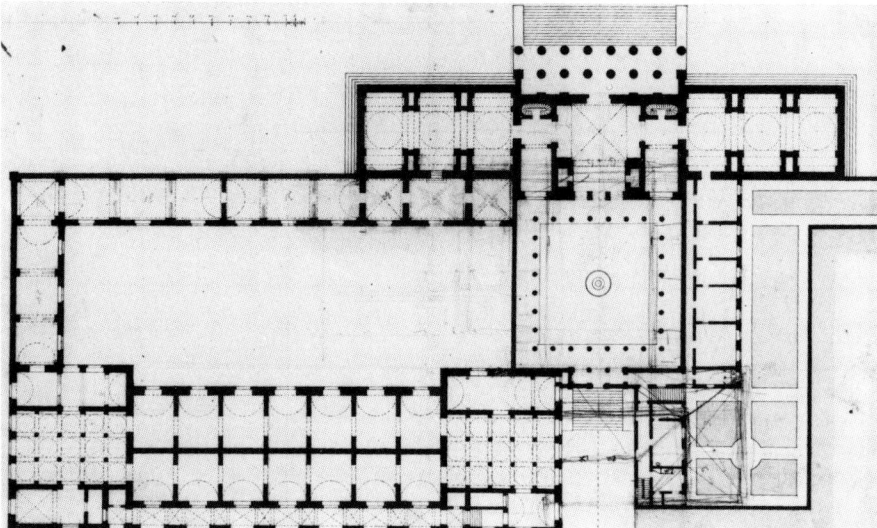

111.8

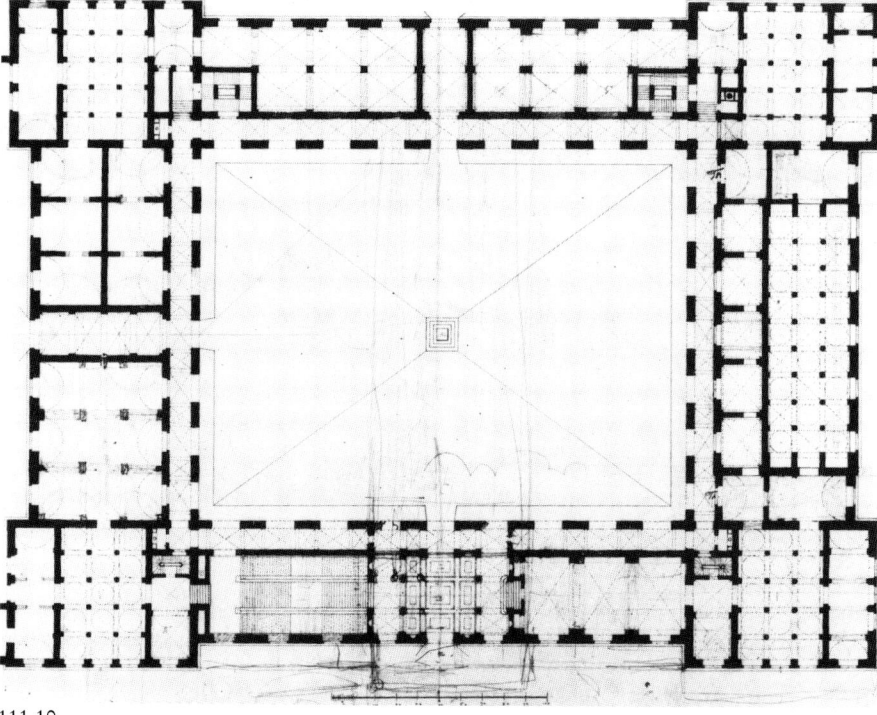

111.10

111.1 Martin Schrettinger, (Abb.)
Idealgrundriß für ein Bibliotheksgeschoß als Vorschlag für den Neubau
eines Archiv- und Bibliotheksgebäudes
in München (1827)
Feder und Tusche; 41 × 44
StaM, Planslg. B 109/5

111.2 Étienne-Louis Boulée (Abb.)
Projekt für den Bau der königlichen
Bibliothek in Paris anstelle des Ka-
puzinerklosters, Erdgeschoßgrundriß
(1784/1785)
Aus: Jean-Marie Pérouse de Montclos,
Étienne-Louis Boulée, Paris 1969, Abb.
93

111.3 Bernard Poyet und Louis-Emmanuel-
Aimé Damesme
Projekt für eine Universität am Mars-
feld in Paris, Ansicht aus der Vogel-
schau (1812)
Aus: Yvon Christ, Paris des Utopies,
Paris 1979, S. 95

111.4 Friedrich von Gärtner (Abb.)
Entwurf für den Neubau des Staatsbi-
bliotheks- und Archivgebäudes am Kö-
nigsplatz und an der Luisenstraße in
München, Situation (1827)
Tusche, farbig laviert; 44 × 59
Arch.Slg. TUM, Gärtner-Mappe 2.1
(Ausschnitt)

111.5 Friedrich von Gärtner (Farbabb.)
Entwurf für den Neubau des Staatsbi-
bliotheks- und Archivgebäudes am Kö-
nigsplatz und an der Luisenstraße in
München. Ansicht von Nordwesten
(1827)
Feder laviert; 48 × 21,6
BStB, cod icon 210/1 Nr. 45

111.6 Friedrich von Gärtner (Abb.)
Entwurf für den Neubau des Staatsbi-
bliotheks- und Archivgebäudes an der
Luisenstraße in München, Aufrißva-
riante für die Hauptfassade zur Luisen-
straße (1827)
Feder, farbig aquarelliert; 137 × 38,5
Arch.Slg. TUM, Gärtner-Mappe 2.13

111.7 Friedrich von Gärnter (Abb.)
Entwurf für den Neubau des Staatsbi-
bliotheks- und Archivgebäudes an der
Luisenstraße in München, Teillängsschnitt des Hauptflügels an der Luisenstraße: Vorfahrtshalle und Treppenhaus (1827)
Feder, farbig aquarelliert; 47,1 × 28,3
BStB, cod icon 210/1 Nr. 46

111.8 Friedrich von Gärtner (Abb.)
Entwurf für den Neubau des Staatsbi-
bliotheks- und Archivgebäudes am Königsplatz und an der Luisenstraße in
München, Teilgrundriß des Bauteiles
am Königsplatz und des nördlichen
Querflügels des Bauteiles an der Luisenstraße (1827)
Feder, farbig aquarelliert mit Bleistift;
60 × 34
Arch.Slg. TUM, Gärtner-Mappe 2.2

6 Auf Anforderung des Königs vom 7.3.1827 verfaßt von Martin Schrettinger. (BStB, Alte Reg. A 1/I u. ebd. Schrettingeriana 15,1) Eine gesonderte Aufstellung des Raumbedarfs für das Archiv liegt aus dem Jahr 1828 vor. (BHStA, G Dr R Ah 8)

7 Das Planschema Schrettingers ist in zwei leicht abweichenden Exemplaren überliefert. (BStB, Schrettingeriana 8 u. StaM, Pl.Slg. B 109/5)

8 Vgl. hier vor allem den Grundriß des Schlosses von Caserta. Für die Anwendung des Grundrißschemas außerhalb des Schloßbaus s. u.a. Joseph Furttenbacher, Architectura civilis, Ulm 1628, Tafel 38 »Spital italienischer Manier« oder den Grundriß des Hospitals von Genua, publiziert u.a. bei Jean Nicolas Louis Durand, Recueil et parallèle des édifices anciens et modernes, Paris 1802, Tafel 29.

9 Als Bibliotheksentwurf zu nennen ist hier vor allem ein Projekt Boullées zum Umbau des Kapuzinerklosters in Paris für die Königliche Bibliothek von 1784/1785.

10 Jean Nicolas Louis Durand, Précis des leçons d'architecture, Bd. 2, Paris 1817, Tafel 11; Partie graphique des Cours d'architecture, Paris 1821, Tafel 5 u. 13. (Beide Publikationen im Nachdruck, Unterschneidheim 1975. Zu Durand s. auch Anm. 8.) In München hatte vor 1827 u.a. Karl von Fischer dieses Schema im Jahre 1814 für einen Glyptotheks-Entwurf verarbeitet. (Ausst. Kat. Glyptothek 1830–1980, München 1980, S. 434) Friedrich Gärtner hatte sich bei seinem Aufenthalt in Paris (1813) ebenfalls mit dem Grundrißschema nach dem Vorbild Durands auseinandergesetzt. (s. Arch.Slg. TUM, Gs 93 u. 94)

11 Die durch die Buchstabenlegende im Plane implizierte schriftliche Erläuterung des Entwurfs von Schrettinger hat sich bisher in den Archiven nicht nachweisen lassen.

12 Laut Mitteilung an Lichtenthaler hielt Klenze das Planschema für einen Bibliotheksbau durchaus geeignet. Er rechnete mit etwa 1 Million Gulden Baukosten. (BStB, Schrettingeriana 2, Bd. 3 Tagebucheintragung Schrettingers vom 11.3. 1827) Der Aufforderung des Königs, auf Grund der durch die Bibliotheksleitung gelieferten Unterlagen einen Plan auszuarbeiten (Max Spindler, König Ludwig I. als Bauherr, in: Erbe und Verpflichtung, München 1966, S. 331), scheint der Architekt nicht nachgekommen zu sein. Die Zuschreibung eines Bibliotheksentwurfs an Klenze durch Oswald Hederer (s. Anm. 20) erscheint jedenfalls irrig.

13 K. Eggert, S. 51f. Neben Klenze (s. Anm. 12) und Gärtner wurde am 4.3.1827 auch Georg Friedrich Ziebland vom König zur Ausarbeitung eines Bibliotheksentwurfs aufgefordert. Jedoch zog der König diesen Auftrag bald darauf zurück. (Winfried von Pölnitz, Ludwig I. von Bayern und Johann Martin Wagner, Schriftenreihe zur bayerischen Landesgeschichte 2, München 1929, S. 156)

kreuzförmigen Saal: Hauptlesesaal und Herz des Büchereibetriebes. An den Pfeilern zwischen den Fenstern sind Bücherregale aufgestellt, durch Emporen in der Höhe in mehrere begehbare Ebenen unterteilt. Darauf deuten kleine Treppen an den Enden und im Zentrum des Kreuzflügels, die vermutlich zu Aufgängen für die Emporen bestimmt waren. In der Anordnung des von Büchern umstellten und durch Emporen in der Höhe unterteilten großen Lesesaales wirkt noch das Vorbild barocker Büchersäle nach, die Hauptmasse der Bestände aber ist moderneren Bedürfnissen entsprechend in den vier Außenflügeln des Grundrißquadrats in langen Bücherkorridoren magaziniert. Zur Gewinnung von Stellfläche sind die vier Flügel durch Längsmauern jeweils in zwei parallele, einseitig belichtete Raumfluchten unterteilt. Entlang den Wänden erstrecken sich die Bücherregale, auch hier in Greifhöhe durch Emporen unterteilt, die durch kleine Treppen zugänglich sind. Die äußere Raumflucht erstreckt sich als schmaler umlaufender Korridor ohne jede Querteilung über alle vier Seiten des Quadrats; die innere ist dagegen durch Querwände in kleinere Raumkompartimente, vermutlich Arbeitsräume für das Bibliothekspersonal, unterteilt. Hier münden außerdem auf allen vier Seiten des Quadrats zwei große Treppen als Verbindung zwischen den Geschossen. Unklar bleibt, wie im Erdgeschoß der Eingang in das Gebäude und von dort der Zugang zu den Geschossen organisiert werden soll.[11]

Das Projekt Friedrich Gärtners für einen Archiv- und Bibliotheksbau am Königsplatz

Der Plan Schrettingers wurde mit der Bedarfsrechnung der Bibliotheksleitung durch Ludwig I. dem Architekten Leo von Klenze zur Begutachtung und als Grundlage für Planungsvorschläge übergeben.[12] Zugleich aber erhielt ohne Wissen Klenzes sein Rivale Friedrich Gärtner vom König einen Planungsauftrag für das Archiv- und Bibliotheksgebäude.[13] Von dem Planschema Schrettingers allerdings scheint Gärtner zu diesem Zeitpunkt noch keine Kenntnis gehabt zu haben. Als Standort für den Neubau wählte der König in Absprache mit Gärtner nach umständlicher Suche ein Grundstück an der Südseite des Königsplatzes[14], für das der Architekt 1827 ein erstes Projekt für den Archiv- und Bibliotheksbau entwarf. Die Bedingungen waren ungünstig: Gärtner mußte sich an den von Klenze für den Königsplatz entwickelten Bebauungsplan halten, demzufolge auf der Südseite gegenüber der Glyptothek ein Bauwerk von vergleichbarem Stil und gleicher Baumas-se, also ein ebenerdiges Gebäude mit überhöhtem Tempelportikus als Eingangstrakt in der Mitte, errichtet werden sollte.[15] Der Raumbedarf für die beiden Institutionen war in dem ebenerdigen Bau nicht zu decken, zumal für seine Ausdehnung in die Tiefe hier nicht wie für die Glyptothek der Platz für eine voll ausgebildete Vierflügelanlage zur Verfügung stand. Nur ein schmaler Grundstücksstreifen gehörte auf der Südseite des Königsplatzes dem Staat, daher wurde diesem Areal ein zweites, im rechten Winkel angrenzendes Grundstück an der Luisenstraße zugeschlagen.[16] Um unter den Bedingungen des Bebauungsplanes den unregelmäßig zugeschnittenen Baugrund optimal zu nutzen, entwarf Gärtner eine asymmetrische Baugruppe aus zwei Gebäuden von unterschiedlicher Baumasse und unterschiedlichem stilistischem Habitus. Der Bauteil am Königsplatz spiegelte als ebenerdiger Flachbau mit überhöhtem Eingangstrakt in Gestalt einer korinthischen Tempelfront die Architektur der Glyptothek und erfüllte so die Auflage des Bebauungsplanes. Er enthielt nur wenige Räume. Hinter dem Flügel am Königsplatz ergab sich der Platz für einen kleinen säulenumstandenen Hof, dem auf der einen Seite noch einige wenige kleinere Räume anlagen.[17] Wie dieses Gebäude für die Bibliothek oder für das Archiv genutzt werden könnte, ist aus dem überlieferten Planmaterial nicht ersichtlich. Der eigentliche Sammlungsbau, das Hauptgebäude, sollte sich an der Luisenstraße mit Erdgeschoß und zwei Obergeschossen als rechteckiger Baublock mit vier Flügeln um einen Innenhof erheben. Die Hauptfront und Eingangsseite liegt an der Luisenstraße, die südliche Schmalseite grenzt unmittelbar an die Karlstraße, während die nördliche vom Königsplatz abgerückt und mit dem der Glyptothek gegenüberliegenden Bauteil am Gelenk der beiden rechtwinklig zugeordneten Grundstücke durch einen ummauerten Hof nur lose verbunden ist. Der Entwurf Gärtners ist, soweit bekannt, nicht als vollständiger und ausgearbeiteter Plansatz erhalten.[18] Für die Hauptfront an der Luisenstraße und für die südliche Schmalseite liegen jeweils zwei Varianten des Entwurfs vor, die sich nicht in der großen Form, wohl aber in Einzelheiten unterscheiden.[19] Bei beiden ist der Baublock durch die Ausbildung von Seitenrisaliten in der Vertikalen gegliedert, zugleich aber in deutlicher Absetzung der Geschosse durch kräftig profilierte Gurtgesimse und durch die horizontale Reihung der Rundbogenmotive als gelagerter und horizontal geschichteter Baukörper dargestellt.

111.12

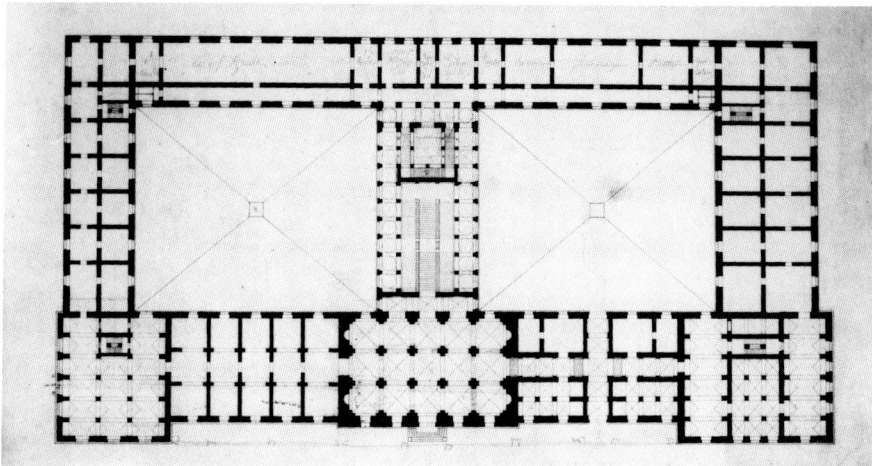

111.13

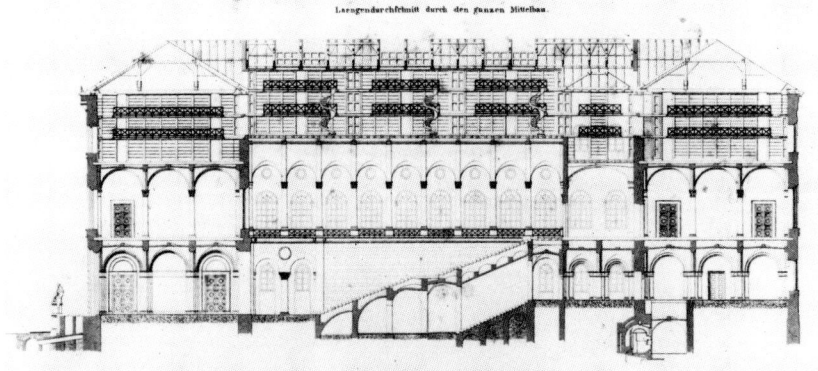

111.16

Gärtner entwickelte bei diesem Entwurf, den ersten an ihn ergangenen Großauftrag des Königs, noch unter dem Einfluß von Klenze[20] und in Erinnerung an römische Bauten der Spätrenaissance die Ansätze zu dem Rundbogenstil, der für seine Bauten an der Ludwigstraße charakteristisch werden sollte. Bei beiden Entwurfsvarianten sind die beiden Obergeschosse zwischen den Seitenrisaliten an der Hauptfassade im Wechsel mit den Fensteröffnungen durch Figurennischen geschmückt: Erste Überlegungen für das Figurenprogramm, das – allerdings in ganz anderer Weise – das Bibliotheksgebäude an der Ludwigstraße vor den benachbarten Bauten auszeichnen sollte.

Den Innenhof des Baublocks umzieht ein dreigeschossiger Laubengang, der als umlaufender Korridor die Räume auf der Ebene der Geschosse verbindet. Gärtner ließ sich nach eigener Aussage zu diesem Motiv durch den Innenhof der Sapienza, der Universität von Rom, anregen.[21] Innenaufteilung und Raumprogramm des Gebäudes lassen sich an Hand des überlieferten Planmaterials nur unvollkommen beschreiben.[22] Hervorragendes Element der Innenarchitektur ist eine große Treppenanlage, die im Hauptflügel parallel zur Luisenstraße angeordnet ist. Sie liegt beim Haupteingang seitlich einer Unterfahrt, deren innere Portalfassade als Triumphbogen ausgestaltet ist. Ein hoher

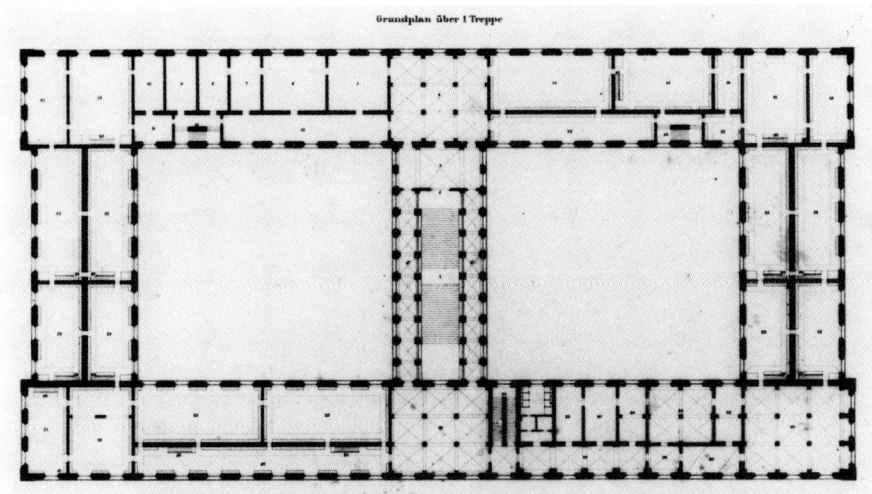

Grundplan über 1 Treppe

111.15

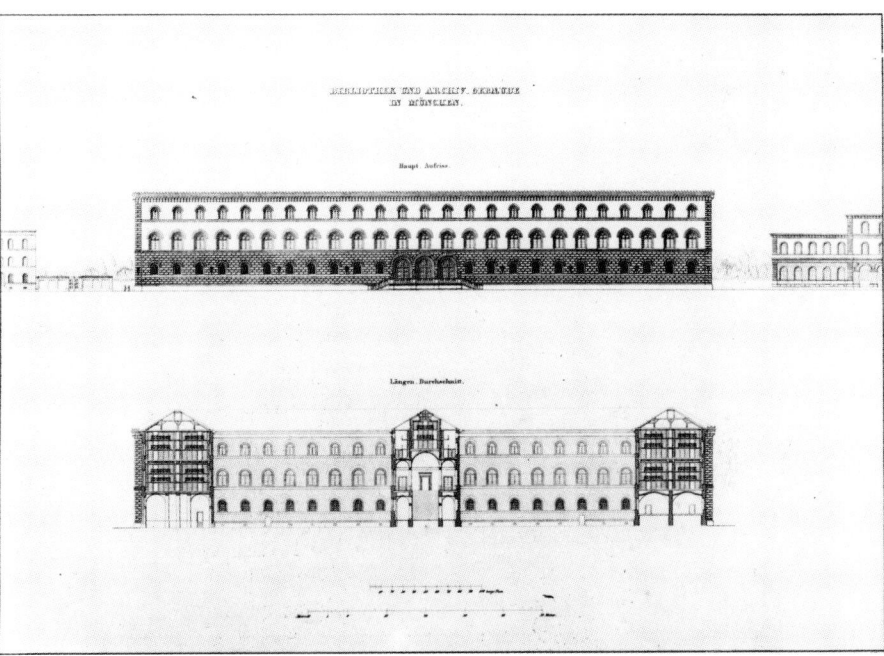

111.14

14 GHA, Nachlaß Ludwig I. 54/4/2. U. a. stand seit 1822 ein Grundstück Ecke Ludwig/Schellingstraße, das Ludwig I. durch Klenze ankaufen ließ, für den Neubau zur Debatte. (Ebd. I A 36 II Briefe Klenzes an Ludwig I., April 1822 bis Juli 1827 passim)

15 Eckart Bergmann, Der Königsplatz – Forum und Denkmale, in: Kat. Glyptothek 1830–1980, München 1980, S. 296f.

16 Arch.Slg. TUM, Gärtner-Mappe 2.1. (Mehrfach genutztes Blatt u. a. mit der Situation des geplanten Neubaus am Königsplatz)

17 Arch.Slg. TUM, Gärtner-Mappe 2.2 u. 2.5. Der von H. Moninger (S. 29, Kat.Nr. 702) und ihm folgend von R. Buttmann (Tafel VII), K. Eggert (Abb. 30) u. O. Hederer (S. 266) für das Projekt in Anspruch genommene Grundriß, läßt sich mit keinem anderen für das Projekt am Königsplatz entworfenen Plan in Zusammenhang bringen. Weder stimmt seine Konfiguration mit dem zur Verfügung stehenden Bauplatz (ein Maßstab fehlt), noch das Raumprogramm (Stallungen und Remisen!, dagegen fehlen die für das Archiv geforderten gewölbten Erdgeschoßräume etc.) mit der Funktion des geplanten Bauwerks überein.

18 Die Vorlage an den König setzt einen vollständigen, ausgearbeiteten Plansatz voraus.

19 Aufriß und Fassade zur Luisenstraße: Arch.Slg. TUM, Gärtner-Mappe 2.6 u. 2.13; StaM, Planslg. C 482/5. Aufriß Seitenfassade: StaM, Planslg. B 109/2. Perspektivische Darstellung des Projektes: BStB, cod icon 210/I Nr. 45

20 Die Nähe des Entwurfs zu Klenze hat O. Hederer (Leo von Klenze, München 1981², S. 359, Abb. 222a) dazu geführt, den Aufriß Arch.Slg. TUM, Gärtner-Mappe 2.13 Klenze zuzuschreiben.

21 Laut Schreiben Gärtners an Wagner vom 22.7.1827 plante Gärtner, den Laubengang zur Gewinnung zusätzlicher Räume wieder aus dem Entwurf zu streichen. (K. Eggert, S. 61) Das ist nicht geschehen, wie sowohl die erhaltenen Pläne (u. a. Gebäudeschnitt, StaM, Planslg. C 482/1; ferner die Grundrisse Arch.Slg. TUM, Gärtner-Mappe 2.2 u. 2.3) als auch die in der Kritik Lichtenthalers an dem Projekt Gärtners vom 17.8.1827 (s. Anm. 25) enthaltene Beschreibung der fertigen Planung beweisen.

22 S. dazu die in Anm. 21 genannten Zeichnungen

23 Darauf deutet die Tatsache, daß für die Treppe vergleichsweise viel Material: Vor- und Ausführungszeichnung oder Kopien, erhalten ist. (Arch.Slg. TUM, Gärtner-Mappe 2.11 u. 2.12, s. hier aber Anm. 24. Ferner: BStB, cod. icon. 210/I Nr. 46; MStm, M II 104 u. Neue Slg. 34/638) Gärtners Interesse an Treppenarchitekturen wird darüber hinaus durch seine Zeichnungen Arch.Slg. TUM, Gs 143 bis 168 u. 178: Treppenanlagen italienischer Wohnhäuser u. Paläste, deutlich

Besuch konnte von der Unterfahrt und vom Wagenausstieg die Treppe unmittelbar erreichen. Nach Aussage der überlieferten Pläne widmete Gärtner ihrem Entwurf viel Aufmerksamkeit.[23] In drei Läufen steigt sie bis in das zweite Obergeschoß, wo sie sich auf der Hofseite mit Rundbogenarkaden auf den Laubengang gleichsam wie auf eine seitliche Galerie öffnet: erste Formulierung eines auch für den Neubau an der Ludwigstraße verwendeten Gedankens. Gärtner baute für die Planungen an der Ludwigstraße auf dem hier erreichten Entwurfsstadium auf und entwickelte dort das Motiv des Treppenhauses zum repräsentativen Hauptraum des Gebäudes weiter.[24]

Bevor der Architekt seinen Entwurf dem König zur Genehmigung einreichte, legte er ihn dem Bibliotheksdirektor Lichtenthaler und dessen »Baureferenten« Schrettinger zur Beurteilung vor. Bei beiden stieß er auf radikale Ablehnung des Projektes.[25] Ein Hauptpunkt der Kritik war die Wahl des Bauplatzes, ihrer Ansicht nach viel zu klein und durch den unregelmäßigen Zuschnitt auf keinen Fall für den geforderten Großbau mit ausreichendem Raumangebot sowohl für die Bibliothek als auch für das Archiv geeignet. Dazu kam das Disparate der von Gärtner entworfenen Gesamtanlage und ihre mangelhafte Organisation in Hinblick auf die rationelle Nutzung des Bau-

111.20

komplexes für den Archiv- und Büchereibetrieb. Hier konnte nach Meinung der
beiden Bibliothekare nur der Ankauf des
gesamten, im Süden des Königsplatz liegenden Planquadrats als Baugrund und
seine Ausnutzung ohne Rücksicht auf Stil
und Baumasse der Glyptothek, besser
aber noch die Bestimmung eines völlig
anderen Standortes für den Neubau wirkliche Abhilfe schaffen. Unabhängig aber
von der Standortfrage und allen sich daraus ergebenden Planungsmängeln erschien den beiden Kritikern auch das von
Gärtner entworfene Hauptgebäude an der

24 Erste Entwürfe für den Bau an der Ludwigstraße zeigen ebenfalls eine dreiläufige
Haupttreppe. (Arch.Slg. TUM, Gärtner-
Mappe 2.8: Grundriß des Gebäudes mit
perspektivischer Ansicht der Treppe) Möglicherweise gehört auch die Zeichnung
Gärtner-Mappe 2.12 zu dieser Entwurfsserie, da auf der Rückseite des Blattes der
Schnitt einer Nebentreppe dargestellt ist,
die den frühen Entwürfen für die Ludwigstraße zuzuordnen ist.

25 Vorlage des Projektes durch Gärtner am
12.8.1827 (BStB, Schrettingeriana 15,1 Bi-
bliothek-Chronik von Martin Schrettinger,
Heft 1.) Die Kritik an der Planung ist in
einer ausführlichen, an Gärtner gerichteten
schriftlichen Stellungnahme vom 17.8.1827
enthalten. (BStB, Alte Reg. A 1/I) Lichtenthaler wiederholte seine Kritik am Standort
Königsplatz (nicht an der Planung Gärtners) in einem an den König gerichteten
Schreiben vom 3.4.1830. (ebd.)

26 Gärtner schilderte diesen Vorgang und die
Reaktion des Königs, allerdings ohne Er-
wähnung der vorausgegangenen Kritik
Lichtenthalers an seinem Entwurf, in einem
Brief an Martin Wagner vom 13.1.1828
(Zitiert bei O. Hederer, S. 113)

27 Klenze stand seit spätestens 1826 in Verhandlungen mit dem Stadtmagistrat über
die kostenlose Übergabe des Baugeländes
an den König. Damals war auf diesem Areal
auch ein Neubau für die Universität unmittelbar neben dem Bibliotheksgebäude geplant. (GHA, Nachlaß Ludwig I. II A 31
Schreiben Klenzes an Ludwig I. vom
7.11.1826; StA RA 33646)

28 Das Festhalten der Bibliothekare an dem
Planschema ist u.a. durch die Beilage zu
einer Stellungnahme Lichtenthalers zu den
Planungen Gärtners vom 3.4.1830 (BStB,
Alte Reg. A 1/I), ferner durch eine Tage-
buchnotiz von Andreas Schmeller vom
15.6.1836 (Andreas Schmeller, Tagebücher
1826–1852, hg. von Paul Ruf, Schriftenreihe zur bayerischen Landesgeschichte 48,
München 1956, S. 219f.) und schließlich
auch durch die Beschreibung der bestmög-
lichen Grundrißform für eine Großbü-
cherei in: Martin Schrettinger, Handbuch
der Bibliothek-Wissenschaft, Wien 1834,
5. Abschnitt § 2, belegt.

29 Arch.Slg. TUM, Gärtner-Mappe 2.7; 2.8
verso; 2.10; 2.15; StaM, Planslg. C 482/2 u.
482/6

30 Vgl. mit Anm. 32 das Schreiben des Kronprinzen Ludwig an den Architekten Haller
von Hallerstein über den gewünschten Entwurf für die Glyptothek und die Walhalla
vom 11.8.1813: »Keines der Gebäude soll
einen Vorsprung haben, als welches die Linie unterbricht, das Gebäude kleiner erscheinen macht, und den Eindruck
schwächt.« (Zitiert nach G. Leinz, wie
Anm. 5, S. 123)

31 Zu nennen sind hier vor allem zwei Fassa-
denentwürfe Boullées für den Umbau und
die Erweiterung der Königlichen Bibliothek
in Paris aus dem Jahre 1785

Luisenstraße verfehlt und ohne ausreichende Rücksicht auf die Bedürfnisse der
Bibliothek geplant. Gärtner, der zu diesem Zeitpunkt noch am Anfang seiner
Karriere stand und Klenze bei Ludwig I.
erst noch zu verdrängen trachtete, mußte
um das Vertrauen des Königs in seine
Fähigkeiten als Architekt fürchten, falls
die Bibliothekare vor dem Monarchen ihre Kritik wiederholten. Er ergriff daher
die Flucht nach vorne und trug dem König ihre Einwände vor, als wären es eigene
Bedenken. Er selber schlug dem König
die Ablehnung seines Projektes und die
Ausarbeitung eines völlig neuen Planes
für einen besser geeigneten Standort vor.

Die Planungen Friedrich Gärtners
für das Archiv- und Bibliotheksgebäude
an der Ludwigstraße

Der Monarch, überwältigt von der
scheinbaren Ehrlichkeit und Selbstkritik
des Architekten, ging auf Gärtners Vorschlag ein.[26] Als neuer Bauplatz wurde
ein Areal auf der Ostseite der Ludwigstraße in unmittelbarer Nachbarschaft des
von Klenze entworfenen Kriegsministeriums endgültig bestimmt.[27] Auch hier
war Gärtner in seinen Planungen nicht
völlig frei. Er mußte den Neubau dem
Gesamtkonzept der Ludwigstraße unter-
ordnen und auf die Architektur seines
Rivalen Klenze eine angemessene Antwort finden, ohne die Einheit des Stra-
ßenbildes zu verletzen. Darüber hinaus
aber galt es, sowohl auf die sehr ausgeprägten Vorstellungen des Königs als auch
auf die bestimmten Wünsche der Bibliotheksleitung und damit auf Forderungen
Rücksicht zu nehmen, die sich nicht immer widerspruchsfrei vereinigen ließen.
Für die Bibliotheksleitung blieb das 1827
von Schrettinger vorgelegte Planschema,
die gleichseitige Vierflügelanlage mit ein-
geschriebenem Kreuzflügel, der Idealgrundriß.[28] Gegen ihre Einwände mußte
jedoch auf Geheiß des Königs das Gebäude als langgestrecktes Rechteck mit ausgebreiteter Straßenfront und vergleichsweise geringer Bautiefe der Erstreckung der
Ludwigstraße unterworfen werden. Die
Anordnung eines inneren Kreuzflügels
wurde damit unmöglich; lediglich ein
kurzer Querflügel konnte als Verbindung
der beiden gestreckten Haupttrakte in der
Mitte eingeplant werden. Die Abmessungen des Baublocks, rund 150 mal 77 Meter
bei einer Höhe von etwa 24 Metern, waren an der Ludwigstraße zuvor noch nicht
erreicht. Die künstlerische Bewältigung
dieser Dimensionen stellte Gärtner vor
eine schwierige Aufgabe, wie die überlieferten Skizzen und Entwürfe vor allem
für die Hauptfassade an der Ludwigstraße
zeigen. Gärtner hatte zunächst in direkter

Weiterentwicklung seines für die Luisenstraße ausgearbeiteten Projektes ein Gebäude entworfen, dessen Baumasse durch
Risalitbildung, durch Pilastergliederung
und rhythmische Verteilung der Öffnungen oder auch durch basilikale Staffelung
der Geschosse[29] in der Größe reduziert
erscheinen sollte. Der König jedoch betrachtete die durch keine Gliederung optisch reduzierte große Dimension der
Fassadenfläche als eine ästhetische Qualität und forderte von dem Architekten
eine rigoros vereinfachte und weitgehend
schmucklose, am besten sogar fensterlose
Fassade zur Ludwigstraße.[30] Ohne Zweifel stand der König bei diesen Vorstellungen unter dem Eindruck der Arbeiten
französischer Architekten, wie sie vor allem Boullée und seine Schule für öffentliche Großbauten, so auch für Bibliotheksgebäude, seit dem Ausgang des 18. Jahrhunderts entwickelt hatten.[31] Gärtner
aber, der nach eigener Aussage die Monotonie der ungegliederten und schmucklosen großen Fassadenfläche fürchtete[32],
fand sich nur schwer bereit, sich den
Wünschen des Monarchen zu unterwerfen. Nur schrittweise reduzierte er die
plastische Durchgestaltung der Fassade,
deutete zuletzt noch eine Risalitbildung
durch Rustikavorlagen wenigstens an[33],
bis er schließlich die uneingeschränkte
Ausbreitung der Fläche zum Hauptmotiv
der Straßenfront des Gebäudes machte.
Er gewann dadurch für die Vollendung
der Ludwigstraße, für ihre Besetzung mit
Großbauten, eine neue und entwicklungs-
fähige ästhetische Dimension, die in dem
von Klenze ausgeführten südlichen Abschnitt noch nicht angelegt war. Dennoch
war, stärker als bei den späteren Bauten
Gärtners, hier noch eine Annäherung an
die Architektur Klenzes gesucht, blieb neben der Ausbildung der Fassadenfläche
auch die Darstellung des Baublocks wichtig. Die Freistellung des Gebäudes[34] und
die Gliederung der schmalen Nebenfassaden durch Seitenrisalite waren dafür von
Bedeutung.

Vor der Ausbreitung der Fassade an der
Ludwigstraße erscheint die horizontale
Schichtung zurückgenommen. Gleichwohl prägt auch der horizontale Aufbau
der Geschosse, die Reihung der Fensteröffnungen und der Kontrast des Sockelgeschosses zu den oberen Etagen, die große Form der Fassade. Sparsam eingesetzte
plastische Elemente bilden den Rahmen
und die innere Struktur. Hauptelemente
der Flächengestaltung sind Farbigkeit und
Textur der Oberfläche. Deutlich ist das
Archivgeschoß zu ebener Erde als hoher
Sockel durch Struktur und Tönung des
Rustikamauerwerks aus »hydraulischem
Zement« zu der glatten, buntfarbig

111.19

111.21

32 »Der König geht nun einmal nicht von der Idee ab, sie in einer Front aufbauen zu lassen, ohne Vorsprung, ohne Säule, ohne Portikus, lauter rundbogige Fenster alla Fiorentina, kein Aufbau oder Mittel- oder Seitenerhöhung, kurz, eine langweilige Bücherkaserne.« (Schreiben Gärtners an Wagner vom 16.8.1830, hier zitiert nach Hans Reidelbach, König Ludwig I. von Bayern und seine Kunstschöpfungen, München 1888, S. 254)

33 Arch.Slg. TUM, Gs 713 u. 714; Deutsche Kunstbibliothek Berlin 1984/44 AOZ

34 Nach den Forderungen der Bibliothekare sollte die Freistellung des Neubaus den freien Zutritt von Licht und Luft gewähren und das Gebäude vor Brandgefahr schützen, die von angrenzenden Bauten ausgehen konnte. (BStB, Alte Reg. A 1/I Gutachten Lichtenthalers zu den Planungen Gärtners vom 3.4.1830. Ferner Martin Schrettinger, Versuch eines vollständigen Lehrbuches der Bibliothek-Wissenschaft, Heft 1, München 1808, S. 20 ff. u. ders., Handbuch der Bibliothek-Wissenschaft, Wien 1834, S. 3 ff.)

35 Entwurf von Ludwig Schwanthaler, Ausführung von Johann Ernst Mayer und Francesco Sanguinetti. Nach dem Kriege durch Nachschöpfungen ersetzt.

36 Entwurf und Ausführung von Ludwig Schwanthaler. (s. auch Anm. 37)

schimmernden Backsteinverkleidung der Bibliotheksgeschosse in Kontrast gesetzt. Das Netz der schmalen, verschatteten Fugen des Rustikasockels und die farbig abgesetzten Umrandungen der Fensterbögen in den Obergeschossen bilden ein zartes Relief und bleiben als graphische Elemente in die Textur der Oberfläche eingebunden. Das Muster der Schmuckformen gewann Gärtner in Annäherung an Motive benachbarter Bauten Klenzes aus dem Vorbild der florentinischen Renaissance.

Der Haupteingang des Gebäudes ist durch eine Freitreppe bezeichnet, die gleichsam als begehbares Monument in den Straßenraum ragt und mit zwei seitlichen Läufen auf eine Plattform vor drei große, gekoppelte Rundbogenportale führt. In denkmalhafter Verkörperung durch vier überlebensgroße Sitzfiguren[35] der Vertreter antiker Literatur und Wissenschaft sind auf der Brüstung der Plattform Inhalt und Bildungsauftrag der Staatsbibliothek dargestellt. Die Portale öffnen sich in ein Vestibül, eine gewölbte Pfeilerhalle, von der auf beiden Seiten die Eingänge in die Räume des Archivs und in gerader Linie die im mittleren Querflügel des Baublocks angeordnete Haupttreppe zu den Publikumsräumen der Bücherei im ersten Obergeschoß führen. In einem steilen Schacht steigt die Treppe mit einem Absatz auf halber Höhe zum Eingang der Bibliothek. Auf kräftigen Rundpfeilern aus Marmor überwölbt ein dreischiffiges Tonnengewölbe den Treppenschacht und zwei seitliche, durch hohe Rundbogenfenster belichtete Galerien im Obergeschoß. Einst setzte die buntfarbige Dekoration des Gewölbes und der Fensterwände in den seitlichen Galerien mit Porträtmedaillons von Schriftstellern, Verlegern und Druckern sowie mit allegorischen Darstellungen der Künste das durch die Sitzfiguren auf der Freitreppe angeschlagene Thema bis in die zeitgenössische Gegenwart fort. Der spiegelnde Marmor der Säulen und der Verkleidung des Treppenschachtes, der farbige Glanz der Fliesen auf Vorplätzen und Absatz, die bunt leuchtende bildhafte Dekoration im Obergeschoß, schließlich das Würdemotiv der acht Säulenpaare, die in den überlebensgroßen Standbildern Herzog Albrecht V., dem Begründer der Bücherei, und König Ludwig I., dem Bauherrn des Neubaus[36], zu beiden Seiten des Bibliothekseinganges ihren Zielpunkt hatten, verliehen dem Aufstieg aus der dämmerigen, farbreduzierten Zone des Archivgeschosses, wo die Urkunden vergangener Zeiten, gleichsam das Fundament des Staates und der Dynastie, ruhten, zu der hell belichteten oberen Region der Literatur und Wissenschaft einen festlichen, aus dem Alltag hervorgehobenen Charakter.

Bis zu den Kriegszerstörungen und den nachfolgenden Modernisierungen bildete die Haupttreppe das repräsentative Schaustück der Innenarchitektur. Ihr repräsentativer Rang und ihre ikonographische Bedeutung lassen sich unmittelbar mit barocken Vorbildern vergleichen. Sinnfällig zeigte sich hier der von Ludwig I. vertretene Rückbezug auf die Kunst des absolutistischen Zeitalters für die Darstellung staatlicher Ordnung und Zielsetzung. Welchen Stellenwert die Haupttreppe der Staatsbibliothek auch in der politischen Rangordnung gewann, zeigt unter anderem die Tatsache, daß sie während der Regierungszeit Ludwigs I. vom Publikum nicht benutzt werden durfte und damit ihre Begründung als geradlinige Verbindung vom Eingang in das Gebäude zu den Publikumsräumen der Bibliothek de facto verlor. Der König nahm im Jahre 1843 sogar die Verschiebung der Bibliothekseröffnung um mehrere Tage in Kauf, bis ein zusätzlicher Aufseher eingestellt war, der die Bibliotheksbenutzer von der Haupttreppe hinweg und quer über den südlichen Innenhof zu einer Nebentreppe im Rückflügel des Gebäudes zu weisen hatte.[37] Erst nach der Revolution von 1848 und nach der Abdankung Ludwigs I. wurde die Haupttreppe für die allgemeine Benutzung freigegeben.[38] Gegen den Willen der Bibliotheksleitung hatte der König die große Treppenanlage dem Raumprogramm der Bücherei oktroiert; ihre Architektur und Ausstattung waren wesentlich von ihm mitbestimmt.[39] Als pompöse Vorzeigearchitektur besetzte sie im Hauptgeschoß der Bibliothek den zentralen Gebäudeflügel. So folgerichtig der geradlinige Anstieg vom Eingang des Gebäudes zu den Benutzerräumen der Bücherei im Obergeschoß erscheint, so nachteilig wirkte es sich für den Bibliotheksbetrieb aus, daß die kurze Verbindung zwischen den beiden langgestreckten Haupttrakten in der Mitte des Baublocks für den internen Büchereibetrieb nicht zu nutzen war.[40]

Unmittelbar an der Mündung der Treppe lag, nur durch einen kurzen Absatz getrennt, noch in dem mittleren Querflügel als erster Publikumsraum die Buchausleihe[41], dann folgte im Rücktrakt des Baublocks der allgemeine Lesesaal, eine gewölbte Pfeilerhalle von drei mal drei Jochen, heute Foyer für den nach dem Kriege errichteten neuen Lesesaal. Zu beiden Seiten der Pfeilerhalle gruppierten sich ein Katalograum und ein »Journalzimmer« sowie die Arbeitsräume für das Bibliothekspersonal, welche die Publikumsräume in die Mitte nahmen und wie diese

abgerückt vom Verkehrslärm der Straße mit Aussicht auf die Gärten der Schönfeldvorstadt in ruhiger Lage angeordnet waren. Ein zweiter Lesesaal und weitere Arbeitsräume lagen in weniger privilegierter Situation an der südwestlichen Ekke des Baublocks an der Ludwigstraße. Hier waren die Sammlungen untergebracht, die unter besonderer Aufsicht standen: Handschriften und Inkunabeln sowie die erotische Literatur. Die Lage dieser Räume an der Ludwigstraße war ursprünglich nicht eingeplant; sie ergab sich aus der Baugeschichte des Hauses, von der noch die Rede sein wird.

Mit einundsechzig von fünfundsiebzig Bibliotheksräumen (Treppen, Korridore u. Ä. nicht mitgezählt) machten die Büchermagazine den Hauptteil des Raumprogramms aus. Sie besetzten im Hauptgeschoß die beiden Seitenflügel sowie die nördliche Hälfte des Flügels an der Ludwigstraße und das gesamte zweite Obergeschoß. Ähnlich wie von Schrettinger in dem Planschema von 1827 vorgeschlagen, waren die Bautrakte für die Magazinräume durch Längsmauern in zwei parallele, einseitig belichtete Raumfluchten abgeteilt, die hier jedoch nicht als lange Bücherkorridore belassen, sondern durch Quermauern zu einer Folge von Sälen zugeschnitten waren. Die vier Wände waren jeweils mit geschoßhohen Bücherregalen besetzt und zur leichteren Bedienung der Bestände durch zwei übereinanderliegende Emporen in Greifhöhe unterteilt. Die Mitte der Säle blieb von hohen Regalen frei; hier waren niedrige Pulte zur Aufbewahrung und Auslegung größerer Mappenwerke aufgestellt. Diese großzügige Nutzung der Bücherräume bildete 1831 bei den Debatten im bayerischen Landtag um die Finanzierung des Neubaus einen wesentlichen Punkt der Kritik. Von vielen Abgeordneten wurde das Konzept für die Magazinierung der Bestände als pure Raumverschwendung heftig bekämpft. Mit Nachdruck wurde die Forderung erhoben, die Stellfläche in dem Gebäude durch niedrigere Büchergeschosse zu vermehren und sie durch dicht gestellte Querregale anstelle der Wandaufstellung oder wenigstens durch Einführung von Längsdurchzügen in der freien Saalmitte besser zu nutzen.[42] Schrettinger jedoch und mit ihm die Bibliotheksleitung kämpften für die Einrichtung der hohen, großzügig zugeschnittenen Räume mit freier Mitte und setzten sich beim König mit ihrer Forderung durch.[43] Hier wirkte vermutlich der Eindruck barocker Büchersäle fort. Die Herkunft Schrettingers als Klosterbibliothekar war in diesem Punkt sicher von Bedeutung.[44]

37 Johann Andreas Schmeller, Tagebücher (s. Anm. 28), S. 366, Tagebucheintragung vom 13.1.1844; Leipziger Illustrierte Zeitung Band IV, Nr. 87 vom 1.3.1845, S. 136ff. Ähnliche Bedeutung gewann auch der Streit um die Aufstellung der beiden von Schwanthaler geschaffenen Fürstenbilder Albrechts V. und Ludwigs I. vor dem Bibliothekseingang im ersten Obergeschoß. Die Figuren waren seit 1847 fertiggestellt, der Landtag aber gab die für ihre Bezahlung erforderlichen Mittel nicht frei, mit der Begründung, ihre Bestellung sei im Privatauftrag Ludwigs I. erfolgt und daher vom König aus Mitteln der Zivilliste zu bestreiten. Ludwig I. hingegen weigerte sich auch noch nach seiner Abdankung im Jahre 1848 entschieden gegen diese Forderung: er habe nicht als Privatmann, »sondern als König, als Regierender« gehandelt. (Signat Ludwig I. vom 7.2.1850. BHStA, OBB 8933) Das Innenministerium fand schließlich eine Möglichkeit, die Forderung der Erben (des inzwischen verstorbenen) Schwanthalers am Landtag vorbei aus einem anderen Titel zu befriedigen und so die Herausgabe der Figuren zu erreichen. (Ebd.)

38 BHStA, MK 15627; BStB, Alte Reg. A 1/III

39 BStB, Alte Reg. A 1/III

40 Lichtenthaler vermochte den König lediglich davon abzubringen, auch das zweite Obergeschoß des Querflügels für den Bibliotheksbetrieb zu sperren, um dort eine Dachterrasse einzurichten. (BStB, Alte Reg. A 1/III Einige Notizen über die Erbauung der neuen Bibliothek vom 25.10.1837: Kritik Lichtenthalers an diesen Überlegungen, jedoch ohne Nennung des Königs)

41 Die Buchausleihe wurde nach dem Kriege verlegt, die Wände des Raumes an der Treppenmündung abgetragen und der Bibliothekseingang zurückversetzt. Dadurch erst wurde der heutige vergrößerte obere Treppenabsatz gewonnen

42 Verhandlungen der zweiten Kammer der Ständeversammlung des Königreichs Bayern vom Jahre 1831, Bd. 20, München 1831, u.a. S. 68 bis 133; BStB, Alte Reg. A 1/I Anfrage des Innenministeriums an Lichtenthaler zur Möglichkeit der Einführung von Längsdurchzügen in den Büchersälen vom 2.1.1829

43 Zur Verteidigung der von der Bibliotheksleitung gewünschten großzügigen Einrichtung der Büchersäle s. BStB, Alte Reg. A 1/I Antwort Lichtenthalers vom 12.1.1829 auf die in Anm. 42 erwähnte Anfrage des Innenministeriums; ferner Gutachten Lichtenthalers zu den Planungen Gärtners vom 3.4.1830. (Ebd.)

44 Zur Person Schrettingers: Allgemeine Deutsche Biographie 32, Leipzig 1891, S. 491

45 BStB, Alte Reg. A 1/I

46 »Den Plan zur Bibliothek hat der König nach hundertfacher Umgestaltung endlich genehmigt.« (Gärtner an Wagner, d. 15.2.1831, zitiert nach H. Reidelbach, wie Anm. 32)

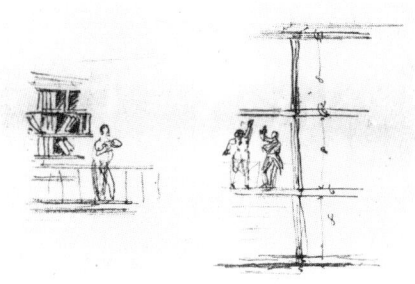

111.22

111.23

47 Verhandlungen etc. (wie Anm. 42). Der Innenminister hatte in Erwartung der Einsprüche der Opposition nicht die volle, von Gärtner veranschlagte Bausumme, sondern nur eine erste Tranche von 550000 Gulden zur Bewilligung in den Landtag eingebracht
48 BStB, Alte Reg. A 1/II Lichtenthaler, Einige Bemerkungen über die Erbauung der neuen Bibliothek in der Ludwigstraße vom 25.10.1837
49 StaM, Stadtchronik 1832, S. 22ff.
50 BHStA, MInn 44415; StA München, RA 220
51 Bauakten u.a.: StA München, RA 220; 2159; 3578. Ferner H. Moninger, S. 37f., Kat.Nr. 910ff.

Literaturauswahl:

Hans Moninger, Friedrich Gaertner's Original-Pläne und Studien, München 1882, S. 26ff.; Georg Reismüller, Zur Vorgeschichte des Neubaus der Bayerischen Staatsbibliothek, in: Das Bayerland 43. 1932, S. 387ff.; Rudolf Buttmann, Beiträge zur Baugeschichte der Bayerischen Staatsbibliothek, in: Festschrift Georg Leyh, Leipzig 1937, S. 193ff.; Klaus Eggert, Die Hauptwerke Friedrich Gärtners, München 1963, S. 51ff.; Oswald Hederer, Friedrich von Gärtner, München 1976, S. 112ff.

Große Aufmerksamkeit hatte der Architekt bei seinen Planungen auf nachdrücklichen Wunsch der Bibliotheksleitung den technischen Einrichtungen des Hauses und der internen Kommunikation gewidmet. Ein engmaschiges Netz von Verbindungen zwischen allen Büchersälen erleichterte die Bedienung der Bestände. Sowohl auf der Ebene der Geschosse als auch in Höhe der Wandgalerien waren in allen Sälen Durchgänge für den Übertritt von einem Raum zum anderen und zwar in der Regel sowohl in Längs- als auch in Querrichtung angeordnet. Entsprechend dicht waren auch die vertikalen Verbindungen eingerichtet. Drei größere Nebentreppen reichten durch alle Geschosse des Hauses. Darüber hinaus waren die Büchersäle in den beiden Bibliotheksgeschossen bis hinauf zu den obersten Galerien durch kleine eiserne Stiegen durch beide Geschosse hindurch verbunden. Für die Erwärmung der Räume im Winterbetrieb waren in den Fundamenten des Gebäudes vierzehn Heizöfen in feuerfest gemauerten und gewölbten Brennkammern, dazu vier ebenfalls gewölbte Räume zur sicheren Unterbringung des Brennmaterials installiert und durch schmale Gänge untereinander verbunden. Durch ein Röhrensystem stieg erwärmte Luft aus den Brennkammern jeweils in die darüberliegenden Räume des Archivs und der Bibliothek, wo sie durch Wandöffnungen austrat. Allerdings wurde nicht das ganze Gebäude, sondern im wesentlichen nur die Arbeitszimmer und Lesesäle beheizt, nicht aber die Magazinräume. Dementsprechend waren die Heizkammern nur unter dem Rückflügel des Neubaus und unter dem südwestlichen Teil an der Ludwigstraße installiert.

Finanzierung und Ausführung des Neubaus

Die Realisierung der von Gärtner entworfenen Planung nahm mehr als zehn Jahre in Anspruch. Der offizielle Auftrag an den Architekten erging durch das Innenministerium am 29. Juni 1828.[45] Am 15. Februar 1831 genehmigte der König das mehrfach umgearbeitete Projekt.[46] Die Gelder für seine Ausführung mußten als Teil des Staatsbudgets durch den Landtag bewilligt werden. Dort aber stand die liberale Mehrheit in Opposition zum Monarchen und suchte durch das Mittel des Budgetrechts den König durch Beschneidung seiner Bauprojekte in seinem Selbstverständnis und Herrschaftsanspruch zu treffen. Statt der von Gärtner errechneten Bausumme von 1,5 Millionen Gulden bewilligte der Landtag nach langen, polemischen Debatten nur 300000, da sich nach Ansicht der Mehrheit bei Reduzierung des als überflüssig betrachteten Bauaufwandes und zumal durch besseren Zuschnitt und Nutzung der Magazinräume auch für diese Summe ein völlig ausreichender Neubau für das Archiv und die Bibliothek erstellen ließ. Nachbewilligungen wurden ausdrücklich ausgeschlossen.[47] Der König jedoch war nicht bereit, sich diesem Beschluß zu beugen. Er war sich mit dem Architekten und den beiden Institutsleitern darin einig, daß von dem ursprünglichen Plan nicht abgewichen werden sollte.[48] Er ordnete daher die Ausführung des Flügels an der Ludwigstraße mit den bewilligten Mitteln als ersten Bauabschnitt der Gesamtanlage nach kaum verändertem Plane an. Einziges Zugeständnis war die Einrichtung eines zuvor nicht eingeplanten Lesesaales im ersten Obergeschoß, der ein voll funktionsfähiges Raumprogramm schon dieses Bauabschnittes vortäuschen konnte. Später wurden, wie oben berichtet, um den Lesesaal an der Ludwigstraße die Sondersammlungen gruppiert. Die Rechnung des Königs ging auf. Am 8. Juli 1832 legte der Innenminister, Fürst Öttingen-Wallerstein, den Grundstein zu dem Neubau.[49] Gärtner vollendete mit der bewilligten Summe den Flügel an der Ludwigstraße, ohne daß dieser in Benutzung genommen wurde. Vielmehr ließ der König zwischen 1834 und 1840 die zur Fertigstellung der Gesamtanlage erforderlichen Mittel in einzelnen Tranchen in den Landtag einbringen[50] und erreichte auf diese Weise gegen den vehementen Widerstand der Opposition die Bewilligung von insgesamt 1,3 Millionen Gulden, mit denen Gärtner das Gebäude nach dem ursprünglichen Plan mit nur unwesentlichen Änderungen und Abstrichen bis zum Jahre 1843 fertigstellen konnte.[51]

H. Lehmbruch

112.1

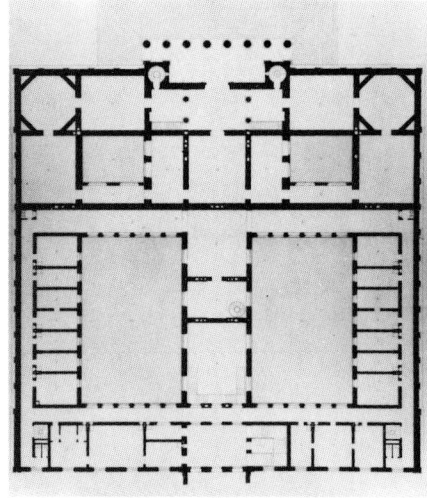

112.2

112   Das Kunstausstellungs-Gebäude am Königsplatz, München, 1838–1845

Den architektonischen Abschluß des Gebäudekomplexes von Basilika und Kloster St. Bonifaz bildet nach Norden hin das Ausstellungs-Gebäude.[1] Dieser Bau liegt an der Südseite des Königsplatzes und ist entsprechend der Mittelachse des Platzes orientiert. Ausstellungs-Gebäude und Kloster sind miteinander verbunden, ihre seitlichen Begrenzungsmauern sind identisch. Sie bilden damit im Äußern eine Einheit. Der Grundstein zu diesem Gebäude wurde am 25. August 1838 gelegt und die erste Ausstellung am 25. August 1845 eröffnet.

Der Bauplatz war vom Kronprinzen vorher für verschiedene Bauwerke, wie ein Gefallenen-Denkmal, eine Apostelkirche und den Bau der Staatsbibliothek vorgesehen, bis letztlich Pläne von Georg Friedrich Ziebland für ein Ausstellungs-Gebäude entstanden. Zwei Entwurfsprojekte sind nachzuweisen: Auf der Rückseite einer Zeichnung zur Glyptothek[2] hat Ziebland ein Gebäude mit Säulenvorhalle – wobei zum Königsplatz hin drei große Räume angegeben sind – und direktem Verbindungsglied zu einer fünfschiffigen Basilika an der Luisenstraße entworfen. Dieser Basilika-Grundriß würde ungefähr jenem des dritten numerierten Entwurfes in der Reihenfolge von Zieblands Plänen entsprechen und wäre damit um 1831 zu datieren. Ein weiteres Blatt mit »II. Entwurf« bezeichnet[3], zeigt zwei völlig in sich abgeschlossene Gebäude, wobei das Ausstellungs-Gebäude eine achtsäulige Vorhalle über einem Stufenpodest erhält. Neben der Eingangshalle sind jeweils zwei Säle angeordnet. In den Innenhof und zum Klosteranschluß schiebt sich eine dreiteilige Treppenanlage, die drei Räume des oberen Geschosses erschließt. Vermutlich hatte dieser Entwurf 1834 der Kgl. Akademie der bildenden Künste[4] vorgelegen, als diese in drei Sitzungen der Außenarchitektur dieses Gebäudes sofort voll zustimmte, für das Innere aber einen modifizierten Grundriß, Oberlicht statt Seitenfenster und eine Vergrößerung der allgemeinen Räumlichkeit forderte. So entstand der weitere Plan Zieblands mit den Ausstellungs-Räumen auf einer Ebene mit Peristyl und Vestibül, »in so guter Verbindung, daß sie auch bei dem größten Zudrange von Menschen zu freier und bequemer Zirkulation Raum gewähren«. Mit Ausnahme von zwei Sälen hatten nun alle Räume Oberlicht, was sich auch als Vorteil für die Ausstellungsfläche bei allen vier Wänden erwies. Die in die Seitenflügel verlegten Ausstellungssäle wurden durch zwei Gänge mit dem mittleren Gebäudekörper verbunden. Auch die drei Räume im Obergeschoß des Mitteltraktes sind gestaltet durch zweckmäßige Gliederung und den Zugang vom Vestibül. Hervorgehoben werden in diesem Raumprogramm die beiden seitlichen Ecksäle, die als regelmäßige Achtecksäle letztlich ausgeführt wurden. Mit diesem »Prachtbau«, wie er von der Akademie bezeichnet wurde, hatte die Glyptothek ein adäquates Gegenstück mit korinthischer Säulenhalle und geschlossenen, nur durch Pilaster gegliederten Seitenflügeln erhalten. In antiker Manier wird die Säulenhalle von einem Skulpturengiebel gekrönt, der von Ludwig Schwanthaler geschaffen, die Bavaria umgeben von den Künsten zeigt.

Im Kriege brannte das Innere des Gebäudes aus und wurde zwischen 1962 und 1967 nach Plänen von Johannes Ludwig im heutigen Zustand hergestellt.

B.-V. Karnapp

112.1 Karl Ludwig Seeger, Ansicht des Kunstausstellungs-Gebäudes von Nordosten (Abb.)
Bleistift und Feder, grau u. hellblau aquarelliert; 15,6 × 10,0
MStm, M II/247

112.2 Georg Friedrich Ziebland (Abb.)
Kunstausstellungs-Gebäude, Grundriß Erdgeschoß
Feder, Tusche; 43 × 56,9
Mstm, M II/123/1

1 vgl. B.-V Karnapp, Georg Friedrich Ziebland, Studien zu seinem Leben und Werk, OA 104, 1979, S. 52–59
2 MStm, MS I/1701 (48
3 Stiftsarchiv St. Bonifaz, Nachlaß Ziebland
4 BHStA, OBB 8881: Schreiben der Akademie an König Ludwig vom 18. 5. 1834; folgendes Zitat ebenda

113.2

113.1 Ausstellungssaal der kgl. Glasmalerei, um 1850 (Abb.)
Anonymes Sepia-Aquarell; 22 × 33
MStm, M II/135

113.2 Glasmalerei in München, Ansicht von Nordosten, um 1860 (Abb.)
Stahlstich, farbig aquarelliert; 23,5 × 18
MStm, Z 1068

113.3 Schmelzküche der kgl. Glasmalerei-Anstalt, um 1850
Anonymes Sepia-Aquarell; 16,5 × 20,5
MStm, M II/136 Nr. 1

1 Dr. Christian Bauer, Dr. Elgin van Treeck-Vaassen, Dr. Peter van Treeck, Colloquium über die Glasmalerei des 19. Jahrhunderts aus München am 28. April 1983, erh. von der bayerischen Hofglasmalerei Gustav van Treek, München, S. 10ff.
2 Eva Frodl-Kraft, Die Glasmalerei, Wien & München 1970
3 Joseph Ludwig Fischer, Handbuch der Glasmalerei, Leipzig 1937, S. 187ff.
4 BHStA, OBB 8897
5 StA München, RA 64726
6 BHStA, OBB 8897
7 Dr. Elgin van Treeck-Vaassen, Dr. Peter van Treek, Zur Geschichte von August von Voits Gebäude für die kgl. Glasmalereianstalt, erscheint demnächst in der Zeitschrift »Kultur und Technik« des Deutschen Museums; hier wird auch eine Rekonstruktion der Räumlichkeiten des Gebäudes erläutert. Dank für die frdl. Unterstützung.
8 Hans-Jürgen Kotzur, Forschungen zum Leben und Werk des Achitekten August von Voit, Diss. Heidelberg 1977; Verwechslung auf S. 31: statt der »Glasmalerei-Anstalt« beschreibt Kotzur die spätere »Kunstgewerbeschule«.

113 Glasmalerei-Anstalt an der Luisenstraße, München, 1843–1846

Die Glasmalerei-Anstalt in der Luisenstraße war der erste Bau, den August von Voit im Auftrag von Ludwig I. in den Jahren 1844–1846 in München ausführte. Diesere Neubau sollte die Raumsorgen beheben, mit denen die königliche Glasmalerei-Anstalt – im Jahre 1827 von Ludwig I. ins Leben gerufen – zu kämpfen hatte.

Anfang des 19. Jahrhunderts kam es überall in Europa zu einer Wiedererweckung der Glasmalerei.[1] »Die Triebfeder für die Erneuerung der monumentalen Glasmalerei im 19. Jahrhundert war die romantische Hingezogenheit zur Kunst des Mittelalters. Aber die technischen Traditionen der mittalterlichen Glasmalerei waren so gründlich in Vergessenheit geraten, daß die Widerbelebung einer Neuentdeckung gleichkam.«[2]

Schon als Kronprinz unterstützte Ludwig I. aufgrund seiner weitreichenden Kunstinteressen den Neuanfang; so wurde 1818 der bereits für seine Versuche bzgl. der alten Techniken bekannte Glasmaler Michael Sigmund Frank nach München berufen, um in diesem Bereich weiterzuforschen.[3] Die Glasmalerei war der Nymphenburger Porzellanmanufaktur unterstellt; 1822 wurde Friedrich von Gärtner als ihr »artistischer Leiter« bestimmt.

Der erste große Auftrag von Ludwig I. im Jahre 1826 war die Erstellung von Fenstern für den Regensburger Dom, an dem Frank, Gärtner und dessen Schwager, der Maler Heinrich Maria von Hess, arbeiteten. Für die Finanzierung sorgte Ludwig I., wie auch bei späteren Aufträgen (z.B. den Fenstern für die Maria-Hilfkirche in der Au), aus seinen Privatmitteln.

1837 übernahm Hess die künstlerische Leitung der königlichen Glasmalerei-Anstalt; die technische Leitung erhielt der Maler Max Emanuel Ainmiller.

Beide Künstler waren die Triebfeder für den genannten Neubau, zu dem August von Voit Ende 1843 den Auftrag erhielt. Ein geeignetes Grundstück fand sich in der Luisenstraße gegenüber der Glyptothek, jedoch mit der Auflage von Ludwig I., daß der Bau vom Glyptothek-Platz aus nicht gesehen werden dürfe;[4] so konnte Voit nicht in die Höhe planen, sondern mußte ihm eine »beträchtliche« Tiefe geben, wobei er die Räumlichkeiten um einen Innenhof anordnete. Über die Stilvarianten der Fassaden schreibt Voit in einem späteren Brief (29.4.1847): »diese (Pläne) ursprünglich in romanischer Bauweise entworfen, wurden aus Veranlassung der Inspektion der Glasmalerei-Anstalt in sogenannt gothischen Style abgeändert. Da die allerhöchste Genehmigung zu denselben aber nicht erfolgte, so mußten sie abermals ... gänzlich umgearbeitet werden.«[5] Der entgültige Entwurf war im mittelalterlich-deutschem Stil, ohne Verwendung des Spitzbogens. Seine Absicht, das Gebäude als Backsteinrohbau ohne Verputz (erst beim Bau verputzt) auszuführen und alle Materialien in ihrer natürlichen Beschaffenheit und Konstruktion sichtbar zu lassen, kam den Bestrebungen Ludwig I. nach äußerster Sparsamkeit entgegen.

Voit entwarf einen Hauptbau mit Innenhof und einen Nebenbau, beide zweigeschossig und durch gedeckte Gänge miteinander verbunden. Die Fassaden untergliederte er einerseits durch Lisenen und Eckpilaster sowie Horizontalgesimse, andererseits durch große Fenster mit Flachbögen im Erdgeschoß und kleinere Zwillingsfenster mit Schulterbögen im Obergeschoß.

Das Innere des Gebäudes war schlicht gehalten, nur der große Ausstellungssaal für die Kirchenfenster war reicher ausgestattet. An den Innenwänden befanden sich Dekorationsmalereien. In dem von Voit erstellten Bauprogramm vom September 1843 ist zu lesen:[6] »Nach dem Entwurfe kommt an die Südseite des Hauses der Haupteingang (Anm.: später an die Ostseite) ... In dem Stockwerke zu ebener Erde sind ferner gegen die Süd- und Ostseite die Werkstätten der Glaser und die Farbenlabore, sodann gegen Norden die Malerateliers untergebracht«. Im ersten Stockwerk befinden sich nach Süden und Osten die Räume für die königliche Inspektion und für die Anfertigung der Kartons sowie die Buchhaltung, nach Norden wiederum Malerateliers. »Der hauptsächlich zu größeren Kirchenfen-

113.1

stern bestimmte Ausstellungssaal, welcher wegen der nöthigen Tiefe nicht gut im Hauptbau anzuordnen war, wurde neben demselben projektiert, und mit ihm durch einen gedeckten Gang in Verbindung gesetzt ... Dieser bestmöglich hohe Saal erhält im Inneren an den Umfangsmauern drey von Holz konstruierte Galerien übereinander, um den Zugang der mit der Malerey beschäftigten Künstler zu dem Gemälde in jeder Höhe zugänglich zu machen.« Die Galerien sind durch eine Wendeltreppe miteinander verbunden. Ebenfalls im Nebengebäude befindet sich die Schmelzküche mit den Brennöfen, in welchen die Farben auf das Glas geschmolzen werden.

Die offizielle Übergabe des fertiggestellten Gebäudes fand am 4. April 1846 statt. Durch umfangreiche Aufträge im In- und Ausland und nicht zuletzt durch die Persönlichkeit von Ainmiller wurde die Glasmalerei-Anstalt berühmt (Fenster für den Kölner Dom, die Kathedrale von Glasgow, das Parlamentshaus in Edinburgh etc.). Meiner Kenntnis nach sind keine Originalpläne mehr vorhanden.[7] 1849 wurde der Betrieb – bedingt durch die Abdankung des Königs und die Revolutionsjahre – kurzzeitig geschlossen, bis sie Ainmiller auf Privatrechnung, jedoch unter der Oberaufsicht des Staates, übernahm und bis zu seinem Tod 1870 leitete. 1873 löste Ludwig II. die »Anstalt« auf; das Gebäude wurde zur Kunstgewerbeschule umgebaut. Dazu setzte man ihm ein drittes Geschoß auf.[8] Ein Anbau im Norden folgte 1884; im II. Weltkrieg wurde der gesamte Komplex zerstört.

M. Schepe

114 Die Neue Pinakothek in München, 1846–1853

Am 25. Oktober 1853 wurde die Neue Pinakothek[1] eröffnet, nach Glyptothek (1830) und Alter Pinakothek (1836) das dritte »ludovizianische« Museumsgebäude innerhalb eines knappen Vierteljahrhunderts. Für Bau und Grundstück hatte Ludwig I. aus seinen Privatmitteln 545270 Gulden bezahlt.
Am 12. Oktober 1846, dem Jahrestag der Vermählung des Königspaares (12. Oktober 1810) war der Grundstein gelegt worden. Nach den Worten des Königs wurde das Gebäude »für Gemälde aus diesem und aus künftigen Jahrhunderten ... bestimmt. Erloschen war die höhere Malerkunst, da entstand sie wieder, im XIX. Jahrhundert, durch Teutsche; ein Phönix entschwang sie sich ihrer Asche; und nicht allein die malende, jede bildende Kunst entstand aufs neue herrlich. Als Luxus darf die Kunst nicht betrachtet werden; in allem drücke sie sich aus, sie gehe über in's Leben, nur dann ist, was seyn soll. Freude und Stolz sind Mir meine großen Künstler. Des Staatsmanns Werke werden längst vergangen seyn, wenn die des ausgezeichneten Künstlers noch erhebend erfreuen.«
Die ehemalige, nach erheblichen Kriegsschäden im Jahr 1949 abgerissene Neue Pinakothek Ludwigs I. stand auf dem selben Grundstück, auf dem zwischen 1975 und 1981 der Neubau der Neuen Pinakothek errichtet worden ist. Die Heßstraße ist erst 1867 angelegt worden. Der querrechteckige Baukörper der Neuen Pinakothek war parallel zu der jenseits der Theresienstraße auf dem südlich angrenzenden Gelände stehenden Alten Pinakothek angeordnet. Das zugrunde gelegte Bauprogramm hatte die Abhängigkeit von der Alten Pinakothek auf die innere Einrichtung bezogen. Auch ihr Haupteingang lag an der Barer Straße. Im Vergleich mit der Alten Pinakothek war die Neue Pinakothek wesentlich schlichter: sie besaß keine Kopfbauten, ihr Längenmaß war geringer, ihre Breite jedoch annähernd identisch. Der Baustil wurde »modificirt-romanisch« genannt. Der über einem aus Spiegelquadern bestehenden Sockelgeschoß zweigeschossige Bau der Neuen Pinakothek war 107,3 m lang und 29,1 m breit. In Gesimshöhe sprang die Mauer zurück; ein gleichsam innerer Baukern wuchs aus der Dachzone noch bis zu einer Gesamthöhe von 26,5 m heraus. Zur Gemäldegalerie (Obergeschoß) gelangte man von der Ostseite auf einer breiten Doppeltreppe; hier befanden sich in der Längsachse fünf große Oberlichtsäle. Sie waren es, die sich am Außenbau

114.1 Rohde (Farbabb.)
Neue Pinakothek von Südosten
Lithographie; 26,3 × 20,4
MStm, Z 115
114.2 August von Voit (Abb.)
Neue Pinakothek, Aufriß und Grundriß
Lithographie; 29,5 × 35,9
MStm, M II/139/1
114.3 Neue Pinakothek von Nordosten (Abb.)
Aufnahme um 1900
StaM, Photoslg.
114.4 Neue Pinakothek, Saal III (Abb.)
Aufnahme um 1900
Archiv der BStGS
114.5 sog. Voit-Pokal (Zur Ehrung des Erbauers der Neuen Pinakothek)
Privatbesitz
114.6 Neue Pinakothek, Modell-Nachbau 1976
BStGS

1 Alle näheren Begründungen, Angaben und Literatur siehe:
Werner Mittlmeier, Die Neue Pinakothek in München. 1843–1854. München 1977.
Hans-Jürgen Kotzur, Forschungen zum Leben und Werk des Architekten August von Voit. Phil. Diss. (Heidelberg 1977). Bamberg 1978.
Gisela Goldberg, Die ehemalige Neue Pinakothek. In: Festgabe zur Eröffnung der Neuen Pinakothek in München am 28. März 1981. München 1981, S. 42ff.
dies., Die erste Neue Pinakothek 1846–1949. In: Weltkunst. 51. Jg., 1981, S. 1300f.
Dies., Deckelpokal für August Voit: Eine Hommage von 1847. In: Weltkunst. 51. Jg., 1981, S. 1652ff.
Rüdiger an der Heiden, Die Stellung der Alten Pinakothek in der Entwicklung des Museumsbaues. In: Festschrift zum 150jährigen Bestehen der Alten Pinakothek. München 1986, S. 176ff.
Gisela Goldberg, Ehemalige Ausstattung und Konzeption der Bilderhängung in der Alten Pinakothek. In: Festschrift zum 150jährigen Bestehen der Alten Pinakothek. München 1986, S. 140ff.
Mein Dank gilt S.K.H. Herzog Albrecht von Bayern für die Erlaubnis, den Eintrag im Tagebuch Ludwig I. (12. Oktober 1846) einsehen zu dürfen (frdl. Mitteilung der Generaldirektion der Bayerischen Staatlichen Bibliotheken vom 23. Juni 1986; Genehmigung zur Publikation des Zitates erteilt am 1. Juli 1986) (BStB: Ludwig I. – Archiv 3, 150)

114.1

durch das aus der Dachzone herausragende Mauerwerk abzeichneten. In Saal III, der Mitte des Gebäudes, hing Wilhelm von Kaulbachs 1846 vollendetes Monumentalgemälde »Die Zerstörung Jerusalems« (Leinwand, 585 × 705 cm). Dieses Bild konnte man vom südlichen kleinen Saal III aus betrachten – eine ähnliche Raumsituation wie bei Rubens' »Großem Jüngsten Gericht« im Mittelsaal der Alten Pinakothek.

Die kleinen Säle an der Südseite erhielten ebenfalls Oberlicht; in diesem Gebäude fehlte der südliche Gang, der dem Loggiengang der Alten Pinakothek hätte entsprechen können. Vierzehn Kabinette mit seitlichem Lichteinfall begleiteten die Säle an der Nordseite des Gebäudes. In der Breite der Neuen Pinakothek war an ihrer Westseite der »Rottmann-Saal« als querrechteckiger Raum vorgelagert. Er zeigte unter besonderen Lichtverhältnissen (abgedunkelte Raummitte; an den Wänden senkrechter Lichteinfall) den Zyklus von Griechenlandbildern Carl Rottmanns.

Im Erdgeschoß fanden zunächst Aufstellung: die Porzellangemäldesammlung, die Sammlung von Gipsbüsten ausgezeichneter Künstler und Gelehrter sowie das originalgroße Gipsmodell der Quadriga des Siegestors, außerdem die Sammlung von

photographischen Abbildungen von Gebäuden und antiken Ruinen Venedigs, Roms und Griechenlands und das sogen. kgl. Antiquarium.

Sämtliche Wandflächen der Fassaden des Obergeschosses waren bemalt: mit stehenden Einzelfiguren (zwischen der Fensterreihe der Nordfassade) und vierzehn vielfigurigen, unterschiedlich breiten szenischen Darstellungen auf den undurchbrochenen Wänden. Diese Fresken wurden bis 1854 nach Entwürfen Wilhelm von Kaulbachs (1804–1874) insbesondere von Friedrich Christoph Nilson (1811–1879) ausgeführt. Ihre Haltbarkeit war nicht von langer Dauer. Der König wünschte hier in szenischen Darstellungen die Geschichte der modernen, von München unter seiner Ägide ausgehenden Kunstentwicklung zu sehen. Kaulbach, der sich nicht scheute, noch lebende Künstler gleichsam zu karikieren, erhielt sowohl höchstes Lob als auch schärfste Kritik seiner Zeitgenossen. Erstaunlicherweise griff Ludwig I. in die heftig entbrannte Diskussion nicht ein.

Zur Baugeschichte

Wie man inzwischen, mit weiteren Argumenten als bisher, annehmen kann, dürfte die Überlegung, ein eigenes Museum für neueste Gemälde zu errichten, bereits zu Anfang der dreißiger Jahre angestellt worden sein, zu dem Zeitpunkt nämlich, als man endgültig davon Abstand nahm, die Alte Pinakothek auch für moderne Malerei – wie dies noch zur Zeit der Grundsteinlegung geplant war – vorzusehen.

Die überlieferten Fakten zur Baugeschichte sind außerordentlich gering, können jetzt jedoch präzisiert werden. Werner Mittlmeier maß bereits 1977 Friedrich von Gärtner (1792–1847) eine wichtige Rolle bei der Pinakotheksplanung bei (erste, nicht erhaltene Entwürfe); bis dahin hatte August von Voit (1801–1870) als der Architekt gegolten. Neue Aufschlüsse zur Baumeisterfrage der Neuen Pinakothek gewährt der inzwischen bekannt gewordene Eintrag im Tagebuch Ludwigs I. am Tag der Grundsteinlegung (12. Oktober 1846): »... den Grundstein d. Neuen Pinakothek gelegt, in Gegenwart = Zuthun, ihrer beyden Baumeister v. Gärtner u. Voit (obgleich unter des letztern Namen, hat ersterer viel Theil an d. Plan).« Einerseits zeigt sich nun also, daß Mittlmeier die Frage nach Gärtners Rolle bei Planung und Entwurf der Neuen Pinakothek zu Recht gestellt hat; ob seine Antworten darauf schlüssig sind, muß letztlich die künftige Architekturforschung bestätigen. Andererseits wird jetzt deutlich, daß dieser Bau zweier Architekten mit Wissen (und damit Bewilligung) Ludwigs als das Werk nur eines von beiden in der Öffentlichkeit galt.

August (von) Voit, der Sohn des Architekten Johann Michael Voit, studierte ab 1822 an der Münchner Akademie Architektur bei Friedrich von Gärtner. Nach langjährigem auswärtigen Aufenthalt wurde er 1841 an Gärtners Stelle als Professor an die Münchner Akademie berufen, 1842 zum Mitglied des kgl. Baukunstausschusses, 1847 zum Oberbaurat und Mitglied der Obersten Baubehörde in Bayern ernannt. Unter seinen Münchner Bauten ist vor allem der für die Allgemeine deutsche Industrie-Ausstellung im Jahr 1854 errichtete Glaspalast zu nennen; im gleichen Jahr Verleihung des Verdienstordens der Bayerischen Krone, verbunden mit dem nicht vererbbaren Adelsprädikat. Die von W. Mittlmeier herangezogenen Briefe Friedrich von Gärtners begründeten seine Meinung von dessen bislang nicht erkannter entscheidender Beteiligung an Planung und Entwurf der Neuen Pinakothek. Ludwig I. hatte Gärtner die geheime Suche nach einem geeigneten Bauplatz anvertraut (1843); Gärtner teilte dem König mit, »daß der Entwurf zu der neuen Pinakothek, nach den aller-

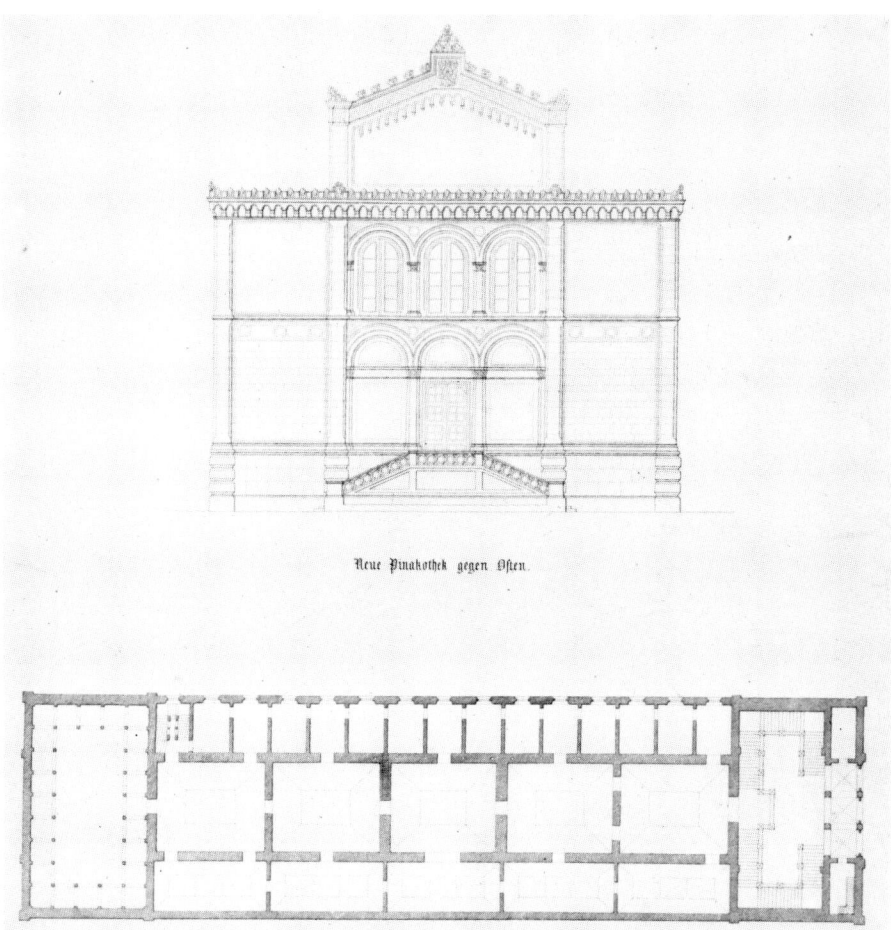

Neue Pinakothek gegen Osten.

114.2

114.3

höchsten Bestimmungen, so weit abgeändert ist, um wenigstens die Verhältnisse daran beurteilen zu können« (1845) (alle von Mittlmeier detailliert ausgewerteten Quellen wurden von ihm publiziert).

114.4

Der 1871 erschienene Nachruf Gottgetreus auf Voit geht auch auf Planänderungen ein: »Aber zwischen einem ersten Entwurf und der wirklichen Bauausführung liegt oft eine gewaltige Kluft, und so wirkten namentlich auch hier die Zeitverhältnisse ... auf die Entwickelung des Voit'schen Bauentwurfs so ungünstig mit ein, daß unser Architekt so manche seiner besten Ideen aufgeben musste und er, bei der definitiven Bestimmung des gegenwärtigen Bauplatzes, vollauf zu thun hatte, seinem vielfach beschnittenen Projecte Dasjenige zu erhalten, was ein Gebäude von monumentalem Charakter nicht mehr entbehren kann. Zu den Schwierigkeiten der Lösung des endgiltig aufgestellten Bauprogrammes gehörte die Forderung, dass die Hauptzierde der Aussenseiten der neu zu erbauenden zweiten Pinakothek aus kolossalen Freskogemälden zu bestehen habe, welche die ganze Fläche des Hauptgeschosses auf allen vier Seiten einnehmen sollten. Diese weitgehende Betheiligung der monumentalen Malereien erschwerte es in hohem Grade, die architektonischen Massen und Gliederungen auch nur einigermassen in freier Behandlung zu der gewünschten Wirkung zu bringen, und es blieb im Grunde genommen nur die Ostfront übrig, an der durch weniger ausgedehnte Bilder für die architektonischen Formenentwicklung grössere Freiheit gestattet ward. Um eine harmonische Gesammtwirkung von Architektur und Malerei erwirken zu können, wäre es wünschenswerth gewesen, entweder die kolossalen Fresken bei den verhältnismässig nur geringen Baumassen, wie sie durch das Programm sich ergeben hatten, in entsprechend kleinerem Maßstabe auszuführen, oder für die kolossalen Fresken einen Bau von bedeutend grösseren Massen zu errichten. Unter den obwaltenden, höchst ungünstigen Umständen hat August Voit die ihm gestellte, schwierige Aufgabe mit aller Umsicht zu lösen gewusst und München mit einem seiner schönsten Bauwerke bereichert, das namentlich in seinem Innern, in Bezug auf Arrangement und künstlerische geschmackvolle Ausstattung, Nichts zu wünschen übrig lassen möchte.« – Die 1928 von Ernst Voit aufgezeichnete Chronik der Familie Voit berichtet ebenfalls über die außerordentlich gravierenden Planänderungen: »Auch für die neue Lage arbeitete jetzt Voit Pläne aus, die sich immer noch wesentlich von den später zur Ausführung gelangten unterschieden ... Die Hauptfront war, wie bei der ›alten‹ Pinakothek nach Süden gerichtet; eine Säulenhalle war dem Bau hier vorgelagert innerhalb deren eine Freitreppe zu dem im ersten Stock gelegenen Hauptein-

1843 ließ Ludwig I. das Gelände nördlich des Leprosenhauses am Gasteig von Gärtner auf die Verwendbarkeit für ein Privatmuseum untersuchen und in Erfahrung bringen, ob der Magistrat einem Verkauf zustimme. Zu diesem Zeitpunkt schon wurden erste Vorstellungen von der Größe des vorgesehenen Gebäudes bekannt: die äußeren Abmessungen folgen »allerhöchster Bestimmung«, nämlich die Länge soll der des Bazargebäudes am Münchner Odeonsplatz »vom südlichen Eck bis zum Ende des mittleren Pavillons« entsprechen; die »Breite ist genau die der Pinakothek in deren Mitte«. Zieht man den Nachruf auf August von Voit aus der Feder seines Schülers Rudolf Wilhelm Gottgetreu heran, stellt sich die Frage, ob das oben genannte »Gelände nördlich des Leprosenhauses am Gasteig« mit demjenigen identisch ist, das Gottgetreu nennt: das Gelände, wo »gegenwärtig [1871] das Maximilianeum steht«. »Diese Aufgabe erfüllte unseren Architekten mit freudigster Begeisterung, um so mehr, da der in Aussicht genommen Bauplatz, die Höhe, auf welcher gegenwärtig das Maximilianeum steht, äusserst günstig war, und so entstand auch bald der Plan, der als das Ergebnis eines selbständigen Schaffens allseitigen Beifall sich errang«.

Am 26. Februar 1845 war das Baugelände im Norden der Alten Pinakothek dem König übereignet worden. Am 23. April 1845 teilte Gärtner dem König mit, »daß der Entwurf zu der neuen Pinakothek, nach den allerhöchsten Bestimmungen, so weit abgeändert ist, um wenigstens die Verhältnisse daran beurteilen zu können.« Kann man dieser Briefstelle eindeutig entnehmen, wer der Autor des genannten »Entwurfs« ist, Gärtner oder Voit?

115.1

gang führte. Im Schutze der Säulenhalle, also in gedecktem Raume waren nach des Königs ausdrücklichem Wunsch Wandflächen für Freskogemäle vorgesehen, die Neureuther fertigen sollte. Aber auch dieser Plan wurde umgestoßen. Zunächst wurde die Ausführung der Fresken W. Kaulbach übertragen; der aber verlangte kategorisch größere Flächen. So wurde in einem zweiten Projekt die Säulenhalle niedriger gehalten und ein über ihr befindliches, die ganze Längsseite einnehmendes Feld für die Fresken bereitgestellt. Auch das genügte jedoch Kaulbach nicht und da gleichzeitig König Ludwig auf äußerste Einschränkung der Kosten drang, mußte schließlich die Säulenhalle fallen, der Eingang wurde an die östliche Schmalseite verlegt und die ganze Südseite den Kaulbachschen Fresken überlassen; ja, auf des Königs direkten Wunsch mußte sogar auf jegliche architektonische Umrahmung dieser Flächen verzichtet werden«.

G. Goldberg

115 Entwürfe zu einem Theatergebäude, Nürnberg, 1828/1832

1816 war die Kirche des Augustinerklosters St. Veit auf Abbruch verkauft worden. Seit diesem Zeitpunkt war das Terrain des Klosters in der Sebalder Altstadt mit den noch verbliebenen Gebäuden immer wieder für die Errichtung größerer Neubauten im Gespräch, bis schließlich dort 1872–1877 das Justizgebäude errichtet wurde. Nach dem Scheitern der Pläne zum Bau einer Polytechnischen Schule an der Stelle des Klosters stand das Gelände für die Errichtung eines Theaters[1] zur Debatte. Der Vorgängerbau war zwar erst 1800 am Lorenzer Platz errichtet worden, wurde jedoch bereits 1827 wieder wegen Baufälligkeit geschlossen.

Heideloffs neugotischer Entwurf
Die Planungsphase des neuen Theaters wurde für C. A. Heideloff und seine Vorstellungen neugotischer Architekturformen für Nürnberg zu einer Kraftprobe mit den klassizistisch orientierten Architekten, dem Bauinspektor Leonhard Schmidtner und dem Baurat Johann Chri-

115.1 Carl Alexander Heideloff (Abb.)
Entwurf zu einem neugotischen Theatergebäude Nürnberg, um 1828
Deckfarben; 87 × 62
Nürnberg, Stadtgeschichtliche Museen, Av Pl. 385
115.2 Carl Alexander Heideloff (Farbabb.)
Frontaufriß und Querschnitt zu einem neuen Theatergebäude in Nürnberg, um 1829
Feder, Deckfarben; 60,8 × 84,7
Nürnberg, Germanisches Nationalmuseum, Graph.Slg. Kps. 1368 a, HB 24279 k
115.3 Carl Alexander Heideloff
Zweierley Front-Aufrisse und Quer-Durchschnitts-Riß zu einem neuen Theater in Nürnberg
Feder, Aquarell; 76,3 × 54,2
Nürnberg, Germanisches Nationalmuseum, Graph.Slg. Kps. 1368a, HB 24279f.
115.4 C. Deifel (Farbabb. S. 360)
Theaterplatz in Nürnberg, nach1836
Lithographie, kolor.; 34 × 30,4
Nürnberg, Stadtgeschichtliche Museen

115.2

stian Wolff. Heideloff, der von vorneherein bei der Wahl eines Architekten für das neue Theatergebäude nicht berücksichtigt werden sollte, schaltete sich mit eigenen Entwürfen selbst in die Diskussion ein. 1828 veröffentlichte er einen neugotischen Entwurf für den Augustinerplatz und ein klassizistisches Projekt für den Platz hinter dem Chor der Lorenzkirche.[2] Sein neugotisches Projekt wurde 1839 im Baukunstausschuß mit Joseph Daniel Ohlmüller als Berichterstatter diskutiert. Während sich der Baukunstausschuß der Entscheidung des Magistrats der Stadt Nürnberg anschloß, äußerte Ludwig I. Sympathien für den Entwurf Heideloffs, respektierte jedoch die Nürnberger Entscheidung: »Für das alterthümliche Nürnberg würde ich den Entwurf im sogenannten gothischen Style vorgezogen haben, wenn nicht der Magistrat sich für den Schmidtner'schen allerdings (das Dach ausgenommen) schönen Entwurf ausgesprochen hätte.«[3] Diese Äußerung ist ein Beweis mehr, daß neugotisches Bauen in der »altdeutschen« Stadt Nürnberg den Intentionen Ludwigs I. sehr entsprach. Der Idealentwurf Heideloffs vergegenwärtigt den von ihm geplanten Bau in einer Aufwendigkeit, wie er wohl angesichts der Finanzlage der Stadt, kaum eine Chance gehabt hätte, ausgeführt zu werden. Trotz eines aufwendigen, phantasievollen gotischen Formeninstrumentariums zeigt die Fassade in Proportion und Flächenbehandlung deutlich klassizistische Struktur. Dem Denkmalgedanken, den gerade Heideloff in Nürnberg mit Nachdruck vertrat, sollte im Giebelfeld Raum gegeben werden. Hans Sachs, umgeben von den neun Musen, sollte dort auf die Rolle Nürnbergs für die Entwicklung des deutschen Schauspiels hinweisen.

Heideloffs klassizistischer Entwurf
In ihrer entscheidenden Dimension war die Auseinandersetzung um ein neues Theatergebäude für Nürnberg ein Ausdruck des zeitimmanenten Dualismus' von Klassizismus und Neugotik. Daneben war die Auseinandersetzung um Neugotik und Klassizismus in Nürnberg allerdings auch eine Konkurrenz der beteiligten Architekten um die raren Aufträge von städtischer Seite. Dabei wurde mitunter erbittert gekämpft. In einem Briefkonzept an Ludwig I. charakterisierte Heideloff beispielsweise seinen Rivalen, den städtischen Bauinspektor Leonhard Schmidtner mit schonungsloser Deutlichkeit: »in seiner Person trat zugleich der entschiedenste Feind des guten und reinen Styls auf; – durchaus nicht der höheren Baukunst zugebildet, scheint er

eigens darauf auszugehen, die ehrwürdigen Überbleibsel einer vergangenen Kunst-Zeit, die er weder kennt noch zu würdigen weiß, zu zerstören und eben dadurch seinen Mangel an Kunstsinn und Geschmack . . . zu beurkunden«.[4] Diese Kritik zielte vor allem auf Schmidtner als im »modernen Styl« bauenden Architekten. Als sich Heideloff in die Konkurrenz um ein Theatergebäude einschaltete, legte er allerdings neben seinem neugotischen Projekt für den Augustinerplatz auch mehrere klassizistische Entwürfe für den Lorenzerplatz vor. Einen davon, den wohl von ihm selbst favorisierten, veröffentlichte er gemeinsam mit dem Projekt im »altdeutschen Stil.«[5] Der zugrundeliegende Entwurf hat sich in der Graphischen Sammlung des Germanischen Nationalmuseums erhalten. In seiner einfachen klassizistischen Struktur ist er der Schmidtnerschen Lösung nicht unähnlich. Schmuckvoll hervorgehoben wird nur der Mittelteil des mit einem Walmdach gedeckten Gebäudes. Über den drei Eingangsportalen sollte eine Fensterzone liegen, die von Pilasterpaaren gegliedert und mit theatralischen Masken über den Fensteröffnungen geschmückt ist. Das abschließende Halbgeschoß zeigt vier geflügelte Genien. Der mit Akanthuslaub und Greifenfiguren gefüllte Dreiecksgiebel schließt mit dem nochmaligen Zitat der Theatermaske. Der beigegebene Querschnitt zeigt den Blick auf das Bühnenportal mit der Darstellung des Apoll und der neun Musen auf dem Vorhang. Noch schlichter gibt sich ein als »Projekt Nro. 2« bezeichneter Entwurf, der zwei unterschiedliche Fassadenlösungen und einen Querschnitt zeigt. Unter weitgehendem Verzicht auf plastischen Schmuck schließen die Entwürfe an die Frühzeit des Klassizismus in Deutschland an. Formal etwas aufwendiger erscheint der obere Vorschlag mit der halbkreisförmigen Portalnische, die von Laternen flankiert wird, und der Galerie ionischer Säulen darüber. Der untere Entwurf mit den drei einfachen Rechteckeingängen und den Rundbogenfenstern dürfte als Minimallösung anzusehen sein.

Schmidtners klassizistischer Entwurf
Die Konkurrenz um den Stil des neu zu errichtenden Theatergebäudes war eine von Heideloff in privater Initiative provozierte Auseinandersetzung gewesen. Nach anfänglichen Bemühungen um einen auswärtigen Theaterbauarchitekten stand für die städtischen Behörden bald fest, daß das Projekt Leonhard Schmidtners, der als Inspektor beim städtischen Bauamt angestellt war, favorisiert wurde. Schmidtner entwarf einen bescheidenen

1 W. Nerdinger (Hrsg.) Kat. Klassizismus, München 1980, Nr. 100, S. 379–380 (M. Brix); M. Brix, Nürnberg und Lübeck im 19. Jahrhundert, S. 97f.; N. Götz, Um Neugotik und Nürnberger Stil, S. 59–70
2 Carl Alexander Heideloff: Erklärungen zu den Entwürfen eines neuen Theaterbaus in Nürnberg, Nürnberg 1928
3 BHStA, MInn, 54134, freundlicher Hinweis von Dr. Michael Henker, München
4 Heideloff-Nachlaß, Germanisches Nationalmuseum, Archiv für Bildende Kunst, Fasz. 5/2
5 C. Heideloff: Entwürfe zu einem neuen Theatergebäude in Nürnberg. Nürnberg 1829
6 Friedrich Mayer: Nürnberg im 19. Jahrhundert mit stetem Rückblick auf seine Vorzeit. Nürnberg, S. 306
7 Ralf v. Retberg: Nürnbergs Kunstleben in seinen Denkmalen. Stuttgart 1854, S. 199

klassizistischen Bau nach gängigem Schema für den Lorenzer Platz, der der Finanzierung durch Aktien gerade entsprach. Selbst dieser Entwurf lief Gefahr, nur reduziert ausgeführt zu werden. Doch gelang es, die Aktionäre zu bewegen, einer Zinssenkung zuzustimmen, die die Ausführung des Theatergebäudes nach Schmidtners Entwurf gestattete. Ursprünglich war der Bau mit einem abschließenden Dreiecksgiebel geplant gewesen, dessen Ausführung jedoch unterblieb, nachdem Ludwig I. den Entwurf zwar gelobt, »das Dach« jedoch kritisiert hatte.

Der Körper des im Zweiten Weltkrieg zerstörten Gebäudes wurde vor allem von Rustikaelementen gegliedert, der nur leicht vorgezogene Mittelrisalit von flachen Pilastern akzentuiert. Doch wirkte das Gebäude vor allem durch seine unprätentiöse kubische Gebundenheit. Das Innere wurde früh als ungeschickte Nachahmung des Münchner Nationaltheaters kritisiert.[6] Im architektonischen Gefüge der Platzsituation hinter dem spätgotischen Hallenchor der Lorenzkirche behauptete sich das Theater durchaus, obwohl die Argumente für und gegen den Stil des Gebäudes auch weiterhin die Diskussion bestimmten. Ralf v. Retberg urteilte noch 1854 ganz aus der Perspektive der Einheitlichkeit des Stils, als er für Nürnberg forderte, die »Eigenthümlichkeit des Ganzen« müsse gewahrt werden und Schmidtners Theatergebäude als Beweis nahm, daß »neumodische Bauwerke ... nirgends so nüchtern und ungeschickt sich darstellen ... wie in Nürnberg.«[7]

N. Götz

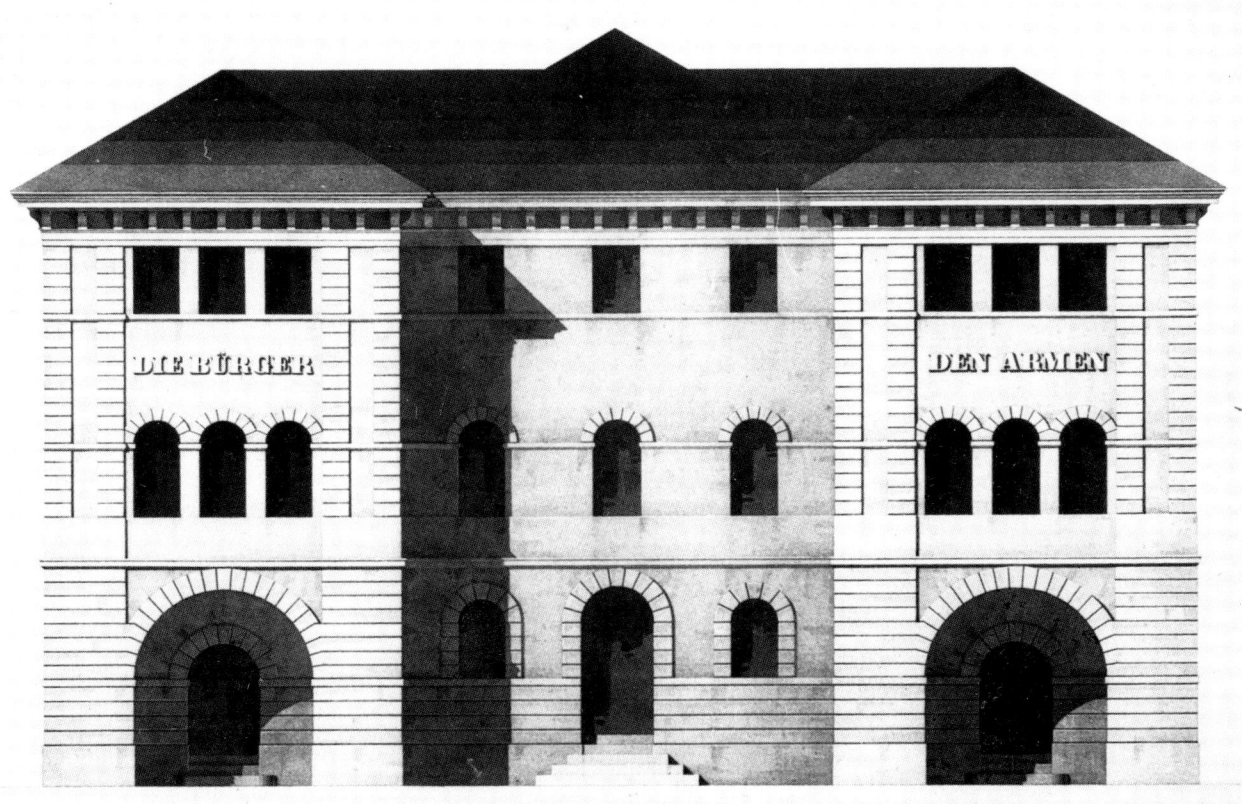

J. Maurer, Armenhaus für Eichstätt, um 1830, StA Nürnberg

IX. Soziales und Vergnügen

Auf städtische Initiative und durch gemeindliche Finanzierung entstanden während der Regierungszeit Ludwigs I. größere neue Krankenhäuser nur in Nürnberg, Fürth und Kempten. Für psychisch Kranke, die bis zum Beginn des 19. Jahrhunderts noch zusammen mit Sträflingen untergebracht waren, forderte zwar der Landtag 1828 die Errichtung von Irrenanstalten in jedem Kreis des Königreiches, trotz mehrerer Projekte kam es vor 1850 jedoch zu keinem Neubau einer solchen Anstalt in Bayern. Von Ludwig selbst wurde nur die Errichtung des Blindeninstituts an der Ludwigstraße aus der Kabinettskasse finanziert.

Im Bäderbereich entfaltete sich in Bad Brückenau und Bad Kissingen, den von Ludwig I. Dutzende Male besuchten Kurorten, eine besondere Bautätigkeit.

In Bad Brückenau, das in den 20er Jahren fast als zweiter Regierungssitz galt, ließ Ludwig ein pompöses Kurhaus aus dem Etat für Landbauten errichten. Der Landtag lehnte die Finanzierung ab, denn er sah hier kein notwendiges öffentliches Interesse, das die Inanspruchnahme des Landbauetats gerechtfertigt hätte, sondern den »Privatzweck einer königlichen Lustresidenz«. In den 30er Jahren verlagerte Ludwig seine zahlreichen Kuraufenthalte nach Bad Kissingen, wo er wieder aus Staatsmitteln einen repräsentativen Kursaal errichten ließ, um auch in Bayern einen Treffpunkt des Adels und Großbürgertums zu schaffen, der mit Baden-Baden, Wiesbaden oder Karlsbad konkurrieren konnte. Für das Volk kam es staatlicherseits nicht einmal zum Neubau eines Bierkellers in München.   W.N.

116 Das Blindeninstitut an der Ludwigstraße in München, 1833–1836

116.3

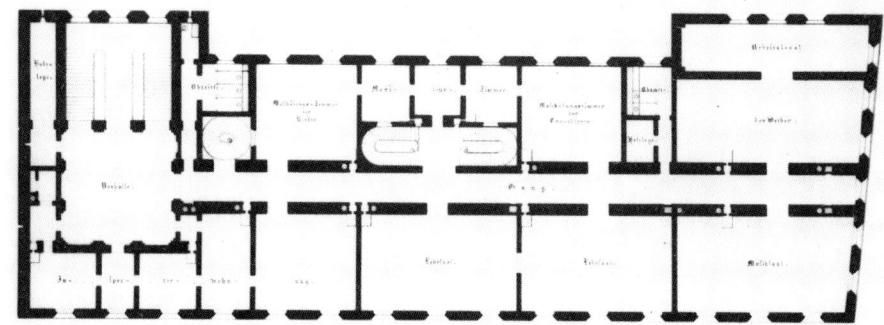

116.2

Spätestens seit 1831 ließ Ludwig I. Vorbereitungen zur Gründung einer Versorgungsanstalt für Blinde in München treffen. Ihre Unterbringung war in einem Altbau geplant, der Mangel an geeigneten Gebäuden führte jedoch zu dem Neubau an der Ludwigstraße.[1] Für eine Blindenanstalt erscheint der Standort an einer belebten Hauptverkehrsstraße nicht zwingend: Die Wahl entsprang nicht zuletzt der Sorge des Königs um rasche Vollendung der von ihm angelegten Prachtstraße. Nach seinen ersten Überlegungen war das Grundstück an der Ecke zur Schellingstraße für die Errichtung der Staatsbibliothek bestimmt[2], dann hatte Georg Friedrich Ziebland im Jahre 1827 auf Geheiß des Königs für diesen Platz den Entwurf einer Kirche ausgearbeitet.[3] Der Auftrag zur Planung des Blindeninstituts erging im Frühjahr 1833 an Friedrich Gärtner, am 25. August des Jahres, Geburts- und Namenstag Ludwig I., wurde der Grundstein gelegt. Drei Jahre später, am 25. August 1836, erfolgte die Gründung der Münchner Blinden-Beschäftigungs-Anstalt, in der ein seit 1826 in Freising bestehendes Erziehungsinstitut für Blinde aufging.[4] Damals war der Rohbau des Hauses an der Ludwigstraße seit etwa einem Jahr vollendet. An der Inneneinrichtung wurde noch gearbeitet.[5] Der Bezug des Neubaus erfolgte am 31. Mai 1837.[6]

Das Gebäude erstreckt sich mit einer Hauptfront von fünfzehn Fensterachsen an der Ludwig- und mit sechs Achsen an der Schellingstraße. Der Grundriß folgt der schiefwinkeligen Einmündung der Schelling- in die Hauptstraße, ist also nur annähernd rechtwinkelig und bildet an der Rückfront zwei flache Seitenrisalite aus. Nach einem ersten Entwurf hatte Gärtner auch an der Hauptfassade Seitenrisalite geplant, die den Baublock an den Ecken einfassen sollten.[7] Der ausgeführte Bau betont dagegen die Längserstreckung der Fassade an der Ludwigstraße. Ohne jede vertikale Gliederung ist die horizontale Schichtung des Baublocks mit Erdgeschoß und zwei Obergeschossen durch kräftig profilierte Gesimse und durch die gleichmäßige Reihung der Fensteröffnungen betont. Als Relikt der ursprünglich geplanten Risalitbildung blieben die beiden bis fast an die äußeren Kanten des Gebäudes auseinandergerückten ausladenden Portalrahmungen. Die Putzfläche der Fassade erscheint durch das graphische Muster der imitierten Hausteinfugen nur wenig belebt; die Fensteröffnungen bilden tiefe Nischen, deren Ausbildung

eine Hierarchie der Geschosse andeutet, die allerdings in der inneren Raumaufteilung keine Begründung findet. Am reichsten ausgestaltet, mit eingestellten kleinen Säulen und kräftiger profilierten Laibungen, sind die Rundbogenfenster im ersten Obergeschoß[8], einfacher die Rundbogenfenster im Erdgeschoß. Die Fensternischen im etwas niedrigeren zweiten Obergeschoß schließen mit Flachbögen; darüber verläuft unter dem vorkragenden Dach ein breiter Schmuckfries.

Die beiden Portalrahmungen an den äußeren Enden des Gebäudes bilden die einzig wirksamen Akzente der Hauptfassade. Sie zeigen sowohl durch ihre große Form als auch durch die Einzelmotive ihrer Architektur- und Schmuckformen die Bestimmung des Gebäudes als eine unter kirchlichem Schutze stehende Institution an. Das flach gestufte Gewände der Rundbogenportale wird von Pilastern gerahmt und von einem Dreieckgiebel bekrönt, den auf beiden Seiten Heiligenstatuen nach Entwürfen des Bildhauers Konrad Eberhard flankieren. Die Spitze des Giebels ist mit einem Kreuz geschmückt. Nur das südliche, das linke, Portal ist als Eingang benutzbar, das symmetrische Pendant zur Rechten ist eine Scheintür. Möglicherweise war diese Pendantbildung ursprünglich nicht nur in dem Wunsch nach symmetrischer Gestaltung begründet. Nach ersten Überlegungen der zuständigen Behörden sollten die Erziehungsanstalt sowie das Versor-

1 E. Moninger, S. 42; K. Eggert, S. 74.
2 GHA, Nachlaß Ludwig I. IA 36 II Briefe Klenzes an Ludwig I. vom April 1822 bis Juli 1827 passim
3 Birgit-Verena Karnapp, Georg Friedrich Ziebland, in: OA 104. 1979, S. 38f.
4 StaM, Stadtchronik 1836, S. 126ff.
5 BHStA, MF 68427; MK 13664; StA München, RA 14533. (Meist zur Inneneinrichtung)
6 StA München, RA 14533
7 MStm, Neue Slg. 34/639/1
8 Die von Johann Nepomuk Sepp (Ludwig Augustus, König von Bayern und das Zeitalter der Wiedergeburt der Künste, Schaffhausen 1869, S. 349f.) und in seinem Gefolge auch von Hans Reidelbach (König Ludwig I. von Bayern mit besonderer Berücksichtigung seiner Kunstschöpfungen, München o.D., S. 317) berichtete Episode, Gärtner habe ursprünglich »unter dem Simse des ersten Stockes noch einen Astragalfries« angebracht, der auf Weisung des Königs nachträglich abgeschlagen werden mußte, scheint u.a. durch die Zeichnungen Arch.Slg. TUM, Gs 971 bis 973 u. 978 bis 980 sowie MStm, Neue Slg. 34/639/2, in denen noch ein zusätzlicher Fries enthalten ist, bestätigt.
9 StA München, RA 14533
10 BHStA, MF 68427 u. 68655; OBB 8875; MK 13664

Literaturauswahl:

Hans Moninger, Friedrich von Gärtner's Original-Pläne und Studien, München 1882, S. 40ff.; Klaus Eggert, Die Hauptwerke Friedrich von Gaertners, München 1963, S. 74ff.; Oswald Hederer, Friedrich von Gärtner, München 1976, S. 126

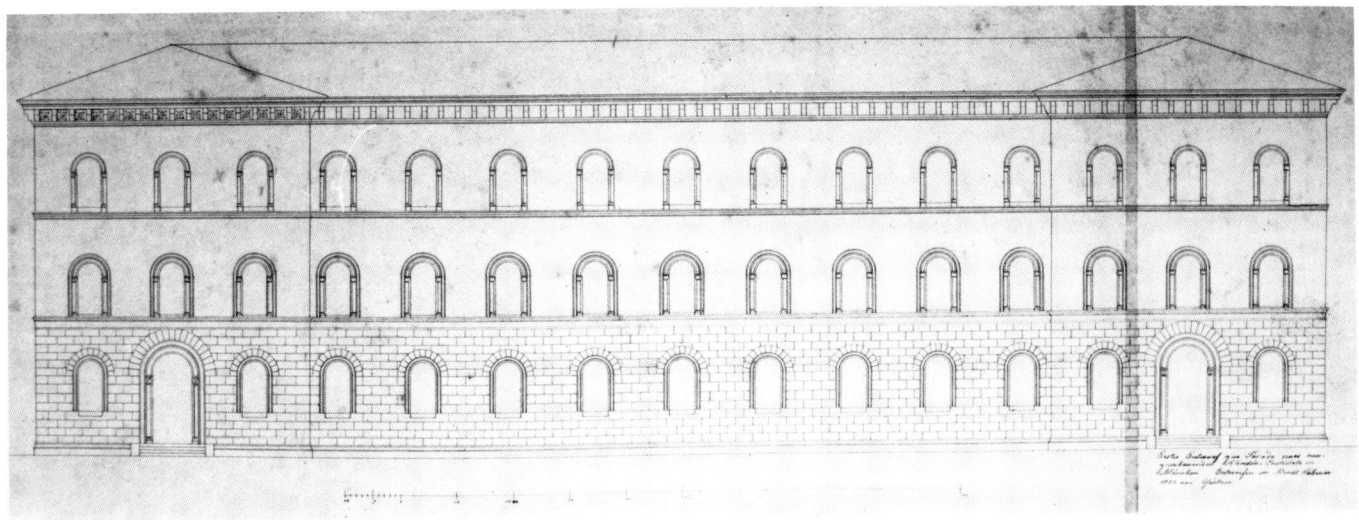

116.1

116.1 Friedrich von Gärtner (Abb.)
Blindeninstitut an der Ludwigstraße in
München, Vorprojekt: Aufriß der
Hauptfassade (1833)
Feder auf Transparentpapier;
58,4 × 22,7
MStm, Neue Slg. 34/639/1

116.2 Friedrich von Gärtner (Abb.)
Blindeninstitut an der Ludwigstraße in
München, Grundriß des ersten Oberge-
schosses (1833)
Feder, Tusche; 58,4 × 36
Arch.Slg. TUM, Gs 956

116.3 Friedrich von Gärtner (Abb.)
Blindeninstitut an der Ludwigstraße in
München, Aufriß der Hauptfassade
(1833)
Feder, laviert; 95,2 × 43,3
Arch.Slg. TUM, Gs 959

116.4 Friedrich von Gärtner
Blindeninstitut an der Ludwigstraße in
München, Grundriß und Aufriß eines
Portals (1833)
Feder über Bleistift, farbig aquarelliert;
40,5 × 52,0
MStm, M II/68/20

116.5 Friedrich von Gärtner
Blindeninstitut an der Ludwigstraße in
München, Entwurf für die Dekoration
des Speisesaales (1835/1836)
Bleistift; 17,8 × 27,9
Arch.Slg. TUM, Gs 982

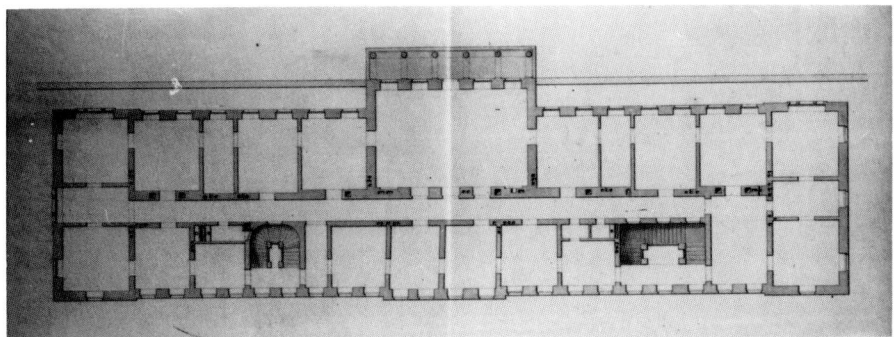

117.1

gungsinstitut für Blinde als zwei gesonderte Einrichtungen unter dem gemeinsamen Dach auch räumlich getrennt werden.[9] Denkbar, daß für die beiden Institutionen auch zwei getrennte Eingänge angelegt werden sollten, doch läßt sich diese
Vermutung durch das überlieferte Material nicht belegen. Der ausgeführte Bau
jedenfalls hatte nur den einen gemeinsamen Eingang, hinter dem eine Vorhalle
und ein durch alle Geschosse reichendes
Treppenhaus lagen, von dem aus die innere Einteilung der Geschosse organisiert
war. Auf sämtlichen Etagen durchzog ein
Mittelgang das Gebäude in Längsrichtung
als Zugang zu den auf beiden Seiten auf-
gereihten Räumen. Es waren meist größere Säle, entsprechend der Bestimmung des
Neubaus: Ein Speisesaal und die Arbeitsräume für die männlichen Heimbewohner
im Erdgeschoß, Arbeitsräume für die
weiblichen Bewohner sowie Lehr- und

Musikzimmer im ersten Obergeschoß,
darüber die Schlafsäle, getrennt nach Alter und Geschlecht der Bewohner. Kleinere Zimmer im Erdgeschoß dienten der
Verwaltung und für Wirtschaftsräume,
die Zimmer für die Heimleitung und das
Personal lagen im Obergeschoß.
Ludwig I. hatte das Gebäude aus Mitteln
seiner Kabinettskasse vorfinanziert. Im
Jahre 1835, also noch während der Bauzeit, ging es im Tausch gegen einen zwischen der Residenz- und der Theatinerstraße liegenden Altbau aus Staatsbesitz,
den der König für die Errichtung der
Feldherrnhalle abtragen lassen wollte, in
das Eigentum des Staates über, der es an
die Blindenanstalt vermietete.[10] Heute ist
nur noch die Fassade des Gebäudes erhalten. Das Innere wurde ausgekernt und für
Universitätszwecke neu eingerichtet.

H. Lehmbruch

117.2

118.2

117 Irrenhausprojekt, München, 1832

Zu Beginn des 19. Jhs. werden die sog. Zucht- und Tollhäuser nach und nach aufgelöst, in denen Geisteskranke zusammen mit Sträflingen untergebracht waren.[1]

1828 wird im bayerischen Landtag der Bau von Irrenanstalten für jeden Kreis des Königreiches gefordert.[2] Für den Isarkreis setzt die Diskussion um eine Kreisirrenanstalt 1829 ein.[3] Der Landrat bestimmt die Gebäude des ehemaligen Klosters Indersdorf für die neue Kreisirrenanstalt. 1831 kommen jedoch Verhandlungen mit der Haupt- und Residenzstadt München zustande in Hinblick auf die dort bestehende städtische Irrenanstalt in Giesing[4] »zum Zwecke deren Abtretung und Vergrößerung zu einer Kreis-Irrenanstalt.« Bei seiner Sitzung im Mai 1832 äußert sich der Landrat zu diesem Projekt günstig, vor allem wegen der Nähe zur Universität, aber der von der »Magistratskommission entworfene Bauplan« wird als zu ausgedehnt und kostspielig abgelehnt.

In diesem Zusammenhang ist möglicherweise der unsignierte Entwurf zu einem Irrenhaus in München zu sehen. Der Entwurf scheint für eine Hanglage berechnet zu sein. Die Fassade ist repräsentativ ausgezeichnet durch einen kräftig vorspringenden fünfachsigen Mittelrisalit mit Säulenstellung im Erdgeschoß, darüber eine Pfeilerarkade mit Balkon und massigem Gebälk – in dieser Verbindung ungeschickt und unproportioniert im Verhältnis zum Gesamtbau.

1836 werden der Medizinalrat Ringseis und der Ingenieur Joseph Unger beauftragt, beispielhafte ausländische Irrenanstalten zu besuchen.[5] Unger übernimmt daraufhin die Planung für die Umbauarbeiten in Indersdorf.[6] 1850 wird jedoch Indersdorf als Standort für die neue Kreisirrenanstalt aufgegeben. Erst 1856–1860 wird die Kreisirrenanstalt nach Entwürfen des Kreis-Bau-Inspektors Reuter in Giesing gebaut.[7]

H. Voß

118 Waisenhaus, Nördlingen, 1846–1898

1846 beabsichtigt der Magistrat der Stadt Nördlingen, an der Stelle des bereits abgerissenen alten Waisenhauses einen Neubau zu errichten.[1] Die Finanzierung aus Wohltätigkeitsstiftungen ist gesichert.[2] Den Auftrag für Entwurf und Bauleitung erhält der aus Nördlingen gebürtige Civil-Architekt Johann Moninger. Seine Pläne werden am 22. April 1846 von Ludwig genehmigt. Einige Planänderungen im Verlauf der Ausführung rechtfertigt Moninger damit, daß sie die ursprünglich projektierte Fassade nicht verändern und daß sie in Absprache mit Gärtner vorgenommen wurden. Der Bau war für die Aufnahme von 40 Waisenkindern und einem Waisenvater sowie die Unterbringung der Stadtbibliothek im oberen Stockwerk konzipiert.

In der zeitgenössischen Literatur wird schon die Modernität des Baus hervorgehoben, in einem »Geschmacke, wie man ihn in München besonders zahlreich an den Neubauten repräsentiert sieht«.[3]

Moninger gehört zum engsten Umkreis Gärtners. Mit diesem entsprechend dem Ort und der Aufgabe sehr zurückhaltend gestalteten Bau trägt auch er zur Verbreitung der Grundprinzipien der Gärtner-Schule bei.

H. Voß

117.1 Irrenhausprojekt, Grundriß, 1832 (Abb.)
Feder, aquarelliert; 81,5 × 57
BHStA, OBB Planslg. Nr. 12221

117.2 Irrenhausprojekt, Aufriß, 1832 (Abb.)
Feder über Bleistift, farbig aquarelliert; 79,3 × 26,5
BHStA, OBB Planslg. Nr. 12218

118.1 Johann Moninger
Waisenhaus in Nördlingen, Grundrisse
Lithogravur; 41,9 × 29,9
Arch.Slg. TUM, Gs 2561

118.2 Johann Moninger (Abb.)
Waisenhaus in Nördlingen, Aufriß
Lithogravur; 41 × 29,9
Arch.Slg. TUM, Gs 2562

Anmerkungen zu Kat.Nr. 117:

1 Dieter Jetter, Geschichte des Hospitals, Wiesbaden 1966
2 Würschmidt, Die Kreisirrenanstalt Erlangen, in: Die Irrenanstalten des Kreises Mittelfranken, Ansbach 1904, S. 27
3 StA München, RA 1898, Nr. 30761 Geschichtliche Darstellung über die Errichtung einer Irrenanstalt in Indersdorf
4 zu diesem Bau: Anselm Martin, Geschichtliche Darstellung der Kranken- und Versorgungsanstalten zu München..., München 1834, S. 185ff. Hermann Kerschensteiner, Geschichte der Münchener Krankenanstalten, München 1939, S.67ff. Akten im StA München
5 wie Anm. 3 und Nr. 30767
6 StA München, RA 1898, Nr. 30758
7 Carl Wibmer, Medizinische Topographie und Ethnographie der k. Haupt- und Residenzstadt München, München 1862, S. 181

Anmerkungen zu Kat.Nr. 118:

1 BHStA, MInn 58221, Stadt Nördlingen, Erbauung eines Waisenhauses, Aufstellung eines neuen Brunnens 1846–1856, 27. März 1846
2 Carl Beyschlag, Geschichte der Stadt Nördlingen bis auf die neueste Zeit, Nördlingen 1851, S. 194
3 wie Anm. 2

119.1 Simon Mayr (Abb.)
Distriktsspital Kempten, Grund- und Aufrisse
Försters Allg. Bauzeitung, Wien, 1842, Tafel CDLXXV

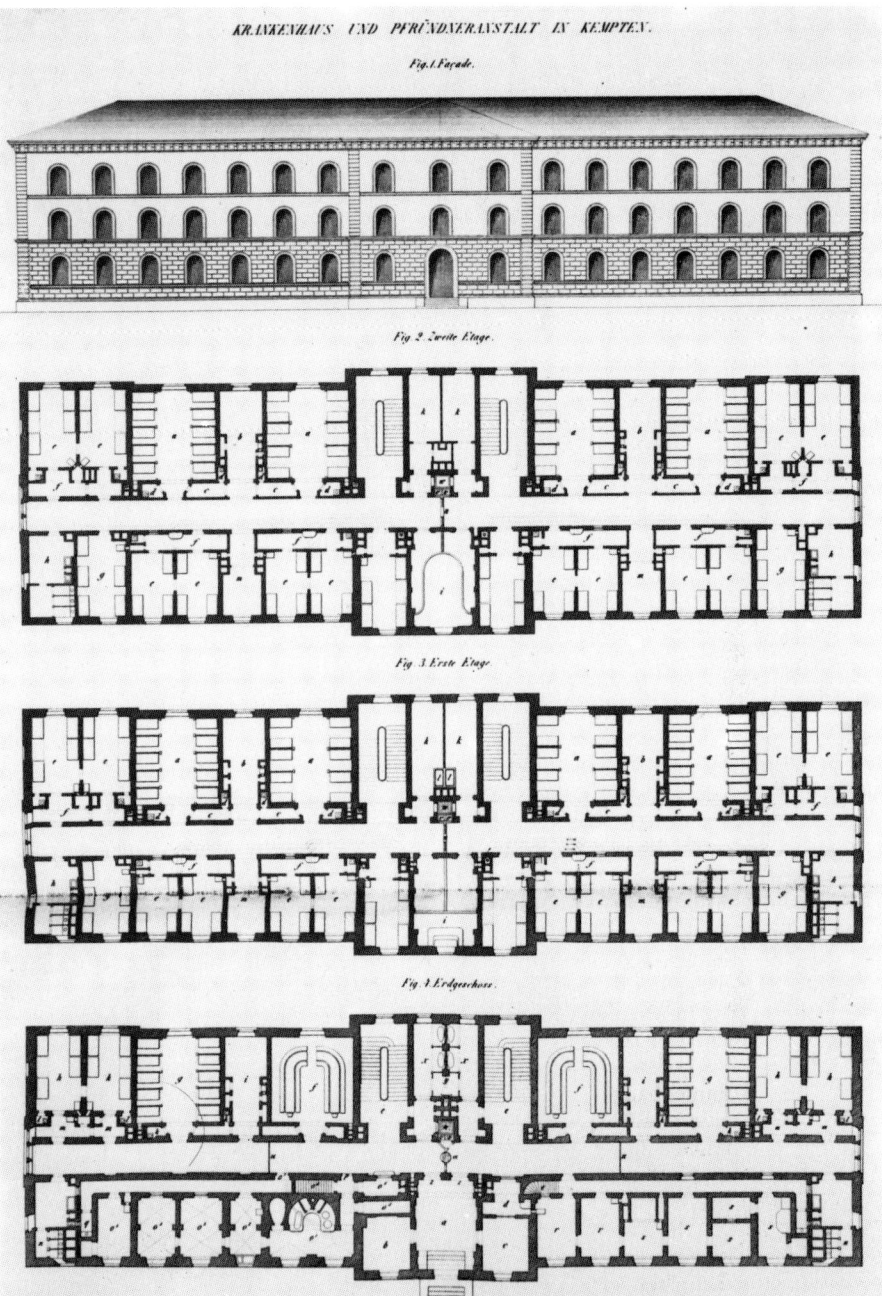

119.1

1 Joseph Rottenkolber, Das Distriktsspital Kempten (Festschrift zum 100jährigen Bestehen), Kempten 1941, S. 10
2 ibid. S. 54 ff.
3 Dankwart Leistikow, Das deutsche Krankenhaus in der ersten Hälfte des 19. Jhs., in: Studien zur Krankenhausgeschichte im 19. Jh. im Hinblick auf die Entwicklung in Deutschland, Hrsg. Hans Schadewald, Göttingen 1976, S. 11–38, hier S. 25
4 Axel Murken, Die bauliche Entwicklung des deutschen allgemeinen Krankenhauses im 19. Jh., Göttingen 1979 (Studien zur Medizin des 19. Jhs., Bd. 9), S. 113
5 ibid., S. 114 und Dieter Jetter, Geschichte des Hospitals. Bd. 1 Westdeutschland von den Anfängen bis 1850, Wiesbaden 1966 (Sudhoffs Archiv, Heft 5), S. 197
6 s. Kat.Nr. 121
7 Michael Petzet, Stadt und Landkreis Kempten, Bayerische Kunstdenkmale V, München 1959, S. 41, vgl. außerdem: F. Mayr, Beschreibung der neuen Kranken- und Pfründner-Anstalt zu Kempten, in: Försters Allgemeine Bauzeitung, Wien 1842, S. 293–297, Bl. CDLXXV und CDLXXVI; Kempten, Distriktsspital, in: Försters Allgemeine Bauzeitung, Wien 1837, S. 74

119 Distriktsspital, Kempten, 1831–1845

1802 wird das Stift Kempten aufgelöst und dem Kurfürstentum Bayern zugeschlagen, weshalb sich die vom bayerischen Staat betriebene Neuordnung des Gesundheitswesens auch hier niederschlägt.[1] Bereits in einem Bericht von 1807 wird das Spital in Kempten, bestehend aus einem Haus für Kranke und einem für Pfründner, als völlig unzureichend geschildert. 1823 kommt es zu konkreten Neuplanungen, wobei in ei-

nem Gebäude getrennte Abteilungen für männliche und weibliche Kranke und Pfründner eingerichtet werden sollen. Der Entwurf des Stadtbaumeisters Benedikt Franziskus wird jedoch abgelehnt. 1827 wird das Projekt wieder aufgenommen und auf Empfehlung des Kreismedizinalrates Flacho an den kgl. Hofbauinspektor Simon Mayr aus München vergeben, der 1831 seine Pläne vorlegt. 1835 erfolgt die Grundsteinlegung. 1841 können die Pfründner einziehen.[2]
Der Bau ist ein langgestreckter Block, die für kleinere Anlagen geeignete Form ne-

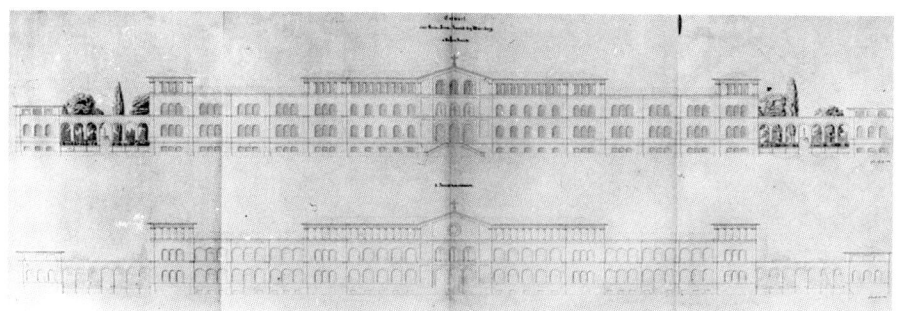

120.2

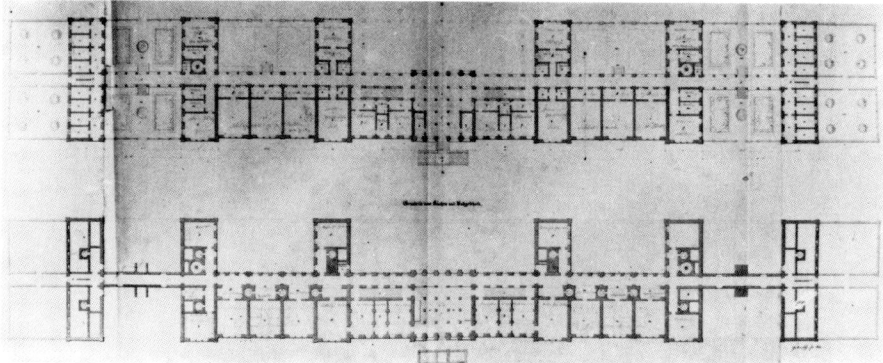

120.1

ben den sonst üblichen vier- oder dreiflügeligen oder H-förmigen Anlagen.[3] Der
Grundriß entspricht dem im zeitgenössischen Krankenhausbau gängigen Schema:
Symmetrie zur Mittelachse, die eine Hälfte für Frauen, die andere für Männer, in
der Mitte die Kapelle, das erste und zweite Stockwerk übergreifend. Die Kabinette
mit Aborten vor den Krankenzimmern
sind von dem von Häberl für das Münchner Allgemeine Krankenhaus entwickelten Schema übernommen.[4] Das Lüftungs-
system – ein Hauptproblem des Kranken-
hausbaus der Zeit – ist hier noch weiter
verbessert als in München, das allgemein
als vorbildlich gilt.[5]
Die Verbindung von Alten- und Kran-
kenfürsorge unter einem Dach ist noch
konservativ, zunehmend wird die Trennung der verschiedenen Fürsorgebereiche
gefordert. Im Gegensatz zu Fürth[6] liegt
das Schwergewicht auf der Krankenpflege. Dazu kann im Notfall auch das den
Pfründnern vorbehaltene Erdgeschoß
eingerichtet werden, da es den gleichen
Zuschnitt hat wie die Obergeschosse.
Mehrfach ist darauf hingewiesen worden,
daß sich an diesem Bau die Münchner
Architektur deutlich widerspiegelt, insbesondere die Architektur Gärtners.[7] Kennzeichnend ist die Sparsamkeit der Formensprache, besonders der Verzicht auf
architektonische Würdeformen im Mittelteil, die in der Krankenhausarchitektur
durchaus geläufig sind.

H. Voß

120 Entwurf Kreisirrenanstalt, Würzburg, 1841/1845

Im Zuge der Bemühungen des Königreiches Bayern um einen modernen, groß-
zügigen Ausbau des Versorgungssystems
für psychisch Kranke soll der Kreis
Unterfranken eine Kreis-Irrenanstalt in
Würzburg erhalten, da es dort bereits eine
psychiatrische Abteilung innerhalb des
Juliusspitals gab.[1]
Für dieses Vorhaben liegen Pläne von
1841 des zuständigen Civilbau-Inspektors
Johann Gottfried Gutensohn vor. Es handelt sich um einen lang gestreckten Komplex für eine Irrenheilanstalt, d.h. zur
Aufnahme heilbarer Kranke bestimmt.
Die Fassade ist prospekthaft ausgebreitet:
Der dreiachsige Mittelrisalit mit flachem
Dreiecksgiebel nimmt die Kapelle auf,
nach außen insbesondere durch plasti-
schen Schmuck betont; der insgesamt
19 Achsen umfassende Mittelteil ist
ebenso wie die dreiachsigen Eckbauten
durch eine aufgesetzte Loggia über
die dazwischen liegenden neunachsigen
Trakte erhoben. Alle Fenster haben
Rundbogen. Daran schließen sich offene
Bogenarkaden an, die die Verbindung zu
Nebenbauten herstellen. Der aufwendige
Entwurf ist mit der Gärtner'schen Architektur verwandt, etwa der Fassade der
Ludwigskirche, und nimmt Elemente der
späteren Athenäums-Entwürfe vorweg.
Vergleichsweise bescheidener nimmt
sich der Nachfolgeentwurf von 1845 des

1 Dieter Jetter, Grundzüge der Geschichte des
Irrenhauses, Darmstadt 1981, S. 54ff.
2 Kat.Nr. 117
3 zur Zusammenarbeit zwischen Unger und
Klenze: Florian Hufnagl, Leo von Klenze
und die Sammlung Architectonischer Entwürfe, Worms 1983, S. 29

121.2

121.1 Neubauten in Fürth, um 1850
Lithographie (Nachdruck 1980)
Stadtarchiv Fürth

121.2 Hospital in Fürth, Aufnahme um 1900
(Abb.)
Stadtarchiv Fürth

1 Julius Sax, Topographie und Statistik von
Fürth im Jahre 1862 mit Reflexionen auf die
Vergangenheit, 3. Das Hospital in Fürth,
Fürth o.J. (1862), S. 2
2 BHStA, MInn 79928, 30. Mai 1828
3 Stadtarchiv Fürth, Fach Nr. 64b, 1–47, speziell zum Turm Nr. 10
4 Axel Murken, Die bauliche Entwicklung des
deutschen allgemeinen Krankenhauses im
19. Jh., Göttingen 1979 (Studien zur Medi-
zingeschichte des 19. Jhs., Bd. 9), S. 342
5 s. Anm. 3, Nr. 42
6 Fronmüller (o. V.), Das christliche Krankenhaus zu Fürth, in: Deutsche Klinik 7, Berlin
1855, 8–10, 22–24, 32–34

121 Hospital, Fürth, 1827–1830

Das Fürther Hospital wird seit 1819 geplant, aber erst 1826 stehen genügend
Geldmittel zur Verfügung.[1] Finanziert
wird der Neubau von der Stadtgemeinde
Fürth durch einen Aufschlag auf Bier.[2]
1827 wird der etwas außerhalb der Stadt
gelegene Bauplatz an der Schwabacher
Straße bestimmt. Kreisbaurat Keim aus
Ansbach legt am 30. April 1827 den Bauplan vor, der am 14. April 1828 genehmigt
wird. Am 28. Mai 1828 erfolgt die
Grundsteinlegung, am 1. November 1830
der Bezug des Gebäudes. Ludwig teilt am
18. Juni 1828 der Gemeinde Fürth sein
Wohlgefallen über das Projekt mit.

Es handelt sich um eine dreiflügelige Anlage mit im rechten Winkel anschließenden Seitenflügeln und der Hoföffnung
zum rückwärtigen Geländeteil. Die langgestreckte Fassade an der Schwabacher
Straße ist mehrfach abgestuft: Der neun-
achsige Mittelrisalit mit Walmdach ist
durch Dreigeschossigkeit hervorgehoben.
Davon sind die drei mittleren Achsen besonders betont durch Toreinfahrt, zweites
und drittes Geschoß übergreifende Rund-
bogenarkade – hier befindet sich wie üblich die Kapelle – und Dreiecksgiebel im
Dachbereich. Daran schließen sich zweigeschossige Flügelbauten an, die den Mittelrisalit vierachsig flankieren, dann um
13 Achsen zurückspringen und in der
Tiefe den Mittelteil um sieben Achsen
fortsetzen. Im Erdgeschoß befinden sich
Rechteck-, im Obergeschoß Rundbogenfenster. Der ursprünglich nicht geplante
kleine Turm wird 1828 in die Planung
einbezogen.[3]

Der Bau sollte 100 Pfründner, 30 Kranke
und 20 Arme aufnehmen.[4] Die Kombination verschiedener sozialer Aufgaben war
zu dieser Zeit bereits veraltet, zunehmende Spezialisierung beginnt sich immer
mehr durchzusetzen. Bereits 1835 wird
auch in Fürth das Konzept geändert, indem Arme und Pfründner getrennt werden[5], und bis 1855 hat sich das Verhältnis
weitgehend zugunsten der Krankenpflege
verschoben.[6] H. Voß

Bauingenieurs Joseph Unger aus.[2] Das
Programm hat sich geändert, geplant wird
jetzt eine Kreis-Irrenheil- und Bewahran-
stalt, d.h. in benachbarten Komplexen
sollen heilbare und unheilbare Kranke getrennt untergebracht werden. Die Anzahl
der Achsen ist reduziert, geblieben ist die
Gruppierung in Mittelrisalit mit Dreiecksgiebel, die anschließenden Teile
ebenso wie die Eckbauten um ein Geschoß über die dazwischen liegenden
Trakte erhoben. Alle architektonisch aufwendigen Elemente wie Rundbogenarkaden, Loggien, Plastik sind gestrichen, statt
Rundbogenfenster hier schlichte Rechteckfenster. Dieser Entwurf ist in der Tradition Klenzes zu sehen.[3]

Der Kreis Unterfranken erhält erst 1855
eine eigene Nervenklinik in dem ehemaligen Schönbornschen Schloß in Werneck.
Gebäudeadaptierungen sind auch im fortgeschrittenen 19. Jahrhundert noch
durchaus üblich für den Zweck einer Irrenanstalt. H. Voß

122.2

122.1 Georg Christoph Wilder nach Leonhard
Schmidtner
Entwurf für ein Krankenhaus in Nürn-
berg, um 1837
Feder, aquarelliert; 71,3 × 50,2
Nürnberg, Stadtgeschichtliche Museen,
St.N. 16760

122.2 Georg Christoph Wilder (Abb.)
Das neue Krankenhaus in Nürnberg,
nach 1845
Lithographie; 27,5 × 24
Nürnberg, Germanisches National-
museum, Graph.Slg., Kps. 1064, SP 9016

122 Neues Krankenhaus in Nürnberg, 1845

Der Neubau des Krankenhauses, der
1839–1845 an der Stelle des heutigen
Opernhauses auf den Feldern südlich der
alten Stadt erfolgte, war das erste große
kommunale Bauunternehmen außerhalb
der Mauern der eng werdenden Nürnberger Altstadt. Charakteristisch für die Situation des Bauens in Nürnberg zu dieser
Zeit ist der Umstand, daß seine Planungsgeschichte die Beteiligung der drei Architekten ausweist, die in Nürnberg das Bau-
en der ersten Hälfte des 19. Jahrhunderts
und darüber hinaus prägten. Vor dem
später mit Entwurf und Bauleitung beauf-
tragten städtischen Baurat Bernhard Solger fertigte Leonhard Schmidtner, der ab
1837 Civilbauinspektor des Unterdonau-
kreises wurde, Pläne für den Neubau.[1]
Diese Pläne provozierten die entschiedene Kritik Carl Alexander Heideloffs, der
als Kgl. Konservator mit der Revision der
Bauten hinsichtlich ihrer Verträglichkeit
mit dem »altdeutschen« Charakter der
Stadt beauftragt war. Heideloff kritisierte
an Schmidtners Entwurf besonders eine
seiner Meinung nach unangebrachte Mischung aus englischer Neugotik und
dem sog. »modernen« Stil des Klassizismus: »Beim Parterre toscanischer, beim
1. Stock schlecht byzantinischer, beim
oberen Stock englisch gotischer Styl und
alle diese Stylarten wieder mit modernen

Gurden durchzogen.«[2] Auch der neue
Stadtbaurat Bernhard Solger lehnte in
Übereinstimmung mit Heideloff den Entwurf Schmidtners mit der Begründung ab,
daß er mit der »durch ihren alterthümlichen Baustyl markierten Stadt . . . nicht
im vollkommen Einklang stehe.«[3] Für
die Stadt als Bauherrn rangierte die Stilfrage zweitrangig hinter der Notwendigkeit einer zweckgerechten, hygienisch un-
bedenklichen Anlage. Nachdem Solger
am 22. März 1839 mit der Bauleitung beauftragt wurde, überarbeitete er Schmidtners Pläne im Sinne einer stärkeren Funktionalisierung und gab dem äußeren Erscheinungsbild die Formen seiner reduziert instrumentierten Neugotik. Der von
zwei Seitenflügeln mit schlichten Treppengiebeln flankierte Bau bildete durch
die dichte Reihung der Fenster die Rationalität seiner inneren Gliederung nach außen ab. Schlichte Gliederungselemente,
wie durchlaufende, linear geführte Gesimse ergänzten ein einfaches Formenrepertoire, das den aufwendigsten Akzent
durch die Rosetten der Seitengiebel erhielt. In seiner Gesamtheit konnte der
Neubau jedoch den Anspruch einlösen, in
dezenter Weise auf die Bauformen der
Stadt zu reagieren. 1898 wurde die Anlage
abgebrochen, nachdem ein neues städtisches Krankenhaus im Nordwesten der
Stadt im damals ganz aktuellen Pavillonsystem errichtet worden war.

N. Götz

1 Ausst. Kat. Nürnberg zur Zeit König Ludwigs I. von Bayern. Zeichnungen von Georg
Christoph Wilder (1794–1855) aus dem Besitz der Stadt Nürnberg. Hrsg. von den
Stadtgeschichtlichen Museen Nürnberg,
Nürnberg 1986, Kat.Nr. 78
2 N. Götz, Um Neugotik und Nürnberger
Stil, S. 87
3 Ebenda

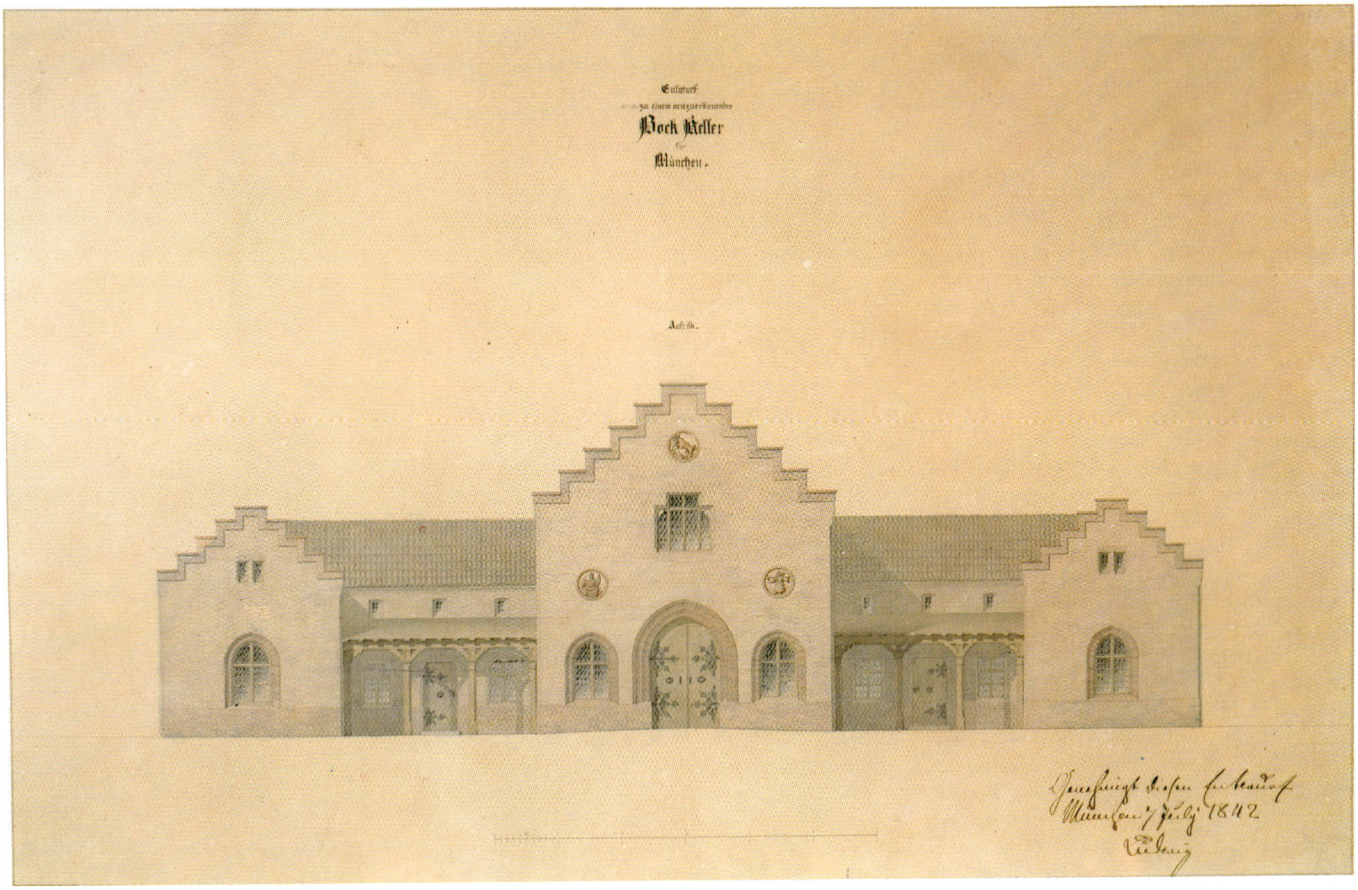

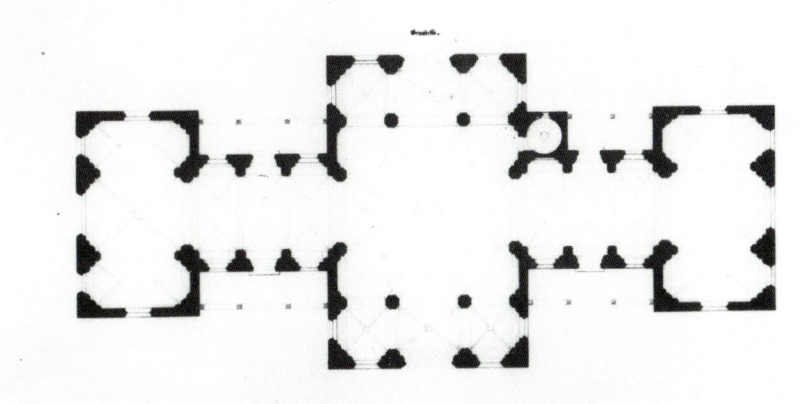

123.2

123.1 Friedrich von Gärtner (Abb.)
Grundriß Bockkeller, Erdgeschoß,
Februar 1842
Feder; 55 × 37,5
Arch.Slg. TUM, Gs 2153

123.2 Friedrich von Gärtner (Farbabb.)
Ansicht Bockkeller, 1842
Feder, aquarelliert; 56 × 37
Arch.Slg. TUM, Gs 2155

123.1

1 Hans Moninger, Friedrich von Gärtners
Originalpläne und Studien, München 1882
2 G. K. Nagler, Acht Tage in München, München 1863
3 Hans Reidelbach, König Ludwig I. von Bayern und seine Kunstschöpfungen, München
1888
4 siehe Katalognummern
5 sämtliche beschriebenen Entwurfsalternativen befinden sich in München, Arch.Slg.
TUM
6 BHStA, OBB 8877

123 Entwürfe Hofbräuhaus-Bockkeller, München, 1840–1844

Ludwig I. informierte zu Anfang der Jahre um 1830 Friedrich von Gärtner über
die Absicht, einen eigenen Bockkeller
bauen zu wollen.[1] Dieser war auf dem
Eckgrundstück zwischen dem »Plätz-
chen« und dem »Münzgässchen« gegenüber dem königlichen Hofbräuhaus geplant; hier befand sich damals noch der
alte Bockkeller, welcher in der herzogli-

chen Münzschmiede untergebracht war.
Der Neubau war als einzeln stehender
Erweiterungsbau zum Hofbräuhaus für
den Ausschank gedacht, mit der Besonderheit, in den ersten Maitagen das sogenannte Bockbier trinken zu können.[2] Das
Für und Wider dieses Bauvorhabens zog
sich über die Abdankung Ludwigs I.
(1848) hinaus. Es blieb ein nie zur Ausführung gelangtes Projekt mit mehreren
Entwurfsalternativen in spätgotischem
Stil.

Der erste Entwurf von Gärtner aus den 30er Jahren zeigt einen zweigeschossigen, kreuzförmigen Zentralbau mit der gewölbeüberdeckten Schankhalle als Mittelpunkt. Rundbogenfenster- und -türen im Erdgeschoß, Flachbogenfenster im Obergeschoß sowie Stufenzinnen auf den Ortgängen der vier Giebelseiten bilden die Gestaltungselemente der Fassaden.

Entwurf II von 1840 ist ebenfalls ein Zentralbau; nur ragt die Schankhalle als wichtigster Bereich höhenmäßig über die als Kranz angeordneten Nebenräume hinaus. Entwurf III fällt insofern aus dem Rahmen, als er den Bockkeller mit einem Wirtschaftsgebäude verbunden darstellt (nach einem Raumprogramm der königlichen Regierungsfinanzkammer). Dreiseitig um einen Innenhof angeordnet, demonstriert diese »schloßartige« Anlage die übertriebene Anwendung spätgotischer Stilelemente zu damaliger Zeit. Gärtner sparte nicht an der Verwendung von kleinen Dachgaupen, Fialen, Stufenzinnen und Erkern.[3]

Entwurf IV von 1842 zeigt den Bockkeller wieder als einzeln stehenden Bau mitten auf dem Grundstück. Die Schankhalle ist in eine Haupt- und zwei Nebenhallen unterteilt. Die Stilelemente sind reduziert; Gärtner kehrt zu der Einfachheit der ersten beiden Entwürfe zurück, jedoch verwendet er diesmal den Spitzbogen als Hauptgestaltungsmotiv. Vom Baukunstausschuß im März 1842 genehmigt und von Ludwig I. selbst am 7. Juli 1842 unterzeichnet, wurde er dennoch nie realisiert.[4]

Gärtner versuchte 1844 noch einmal eine Variante von Entwurf IV hinsichtlich der Lage, indem er den Bockkeller um 90° versetzte und ihm das Wirtschaftsgebäude als einzelnen Bau gegenüberstellte.[5] Jedoch Ludwig I. – von dem Gedanken dieses Projektes schon so lange eingenommen – konnte nur bemerken, daß es »in der gegenwärtigen Periode unterbleiben, jedoch der betreffende Antrag in das Budget der VI. Finanzperiode angestellt werden soll« (3. 9. 1844).[6]

Nach der Abdankung des Königs blieb das Projekt weiter liegen. Auch ein neuer Kostenanschlag im Jahre 1853 aufgrund der Pläne Gärtners, vorgelegt von der Kammer des Inneren, führte zu keiner Realisierung.

M. Schepe

124–128 Bäder in Bayern

Die endgültige Gestalt des bayerischen Staatsgebiets 1816, insbesondere der Gewinn des Fürstentums Bayreuth 1810, der Gewinn des Großherzogtums Würzburg 1814 und der südlichen Ämter des ehemaligen Fürstbistums Fulda 1816, konfrontierten das nunmehrige Königreich Bayern mit einer bislang nicht wahrgenommenen oder sich durch Verkauf entledigten Aufgabe; die Fürsorge der wieder ins Staatseigentum übergehenden einstigen fürstbischöflichen und markgräflichen Heilbrunnen und Heilbäder. Dies betraf das im Oberland des einstigen Fürstentums Kulmbach-Bayreuth gelegene Alexandersbad, während das im Unterland gelegene, einst bedeutende Wildbad bei Burgbernheim in den Besitz der Gemeinde übergegangen war. Erbteil des Hochstifts Würzburg waren die Bäder Bocklet und Kissingen, und als ehemals fürstbischöflich-fuldisches Bad war Brückenau zuletzt hinzugekommen. Die 1816 zum Königreich Bayern gekommene Pfalz hatte zu dieser Zeit keine nennenswerten Quellen. Selbstverständlich gab es in Altbayern ein entwickeltes Badewesen. Die Schwefelbäder von Abbach und Gögging an der Donau waren schon zur Römerzeit benutzt und Abbach konnte sich mit bescheidenen Einrichtungen im 19. Jahrhundert wieder einen Ruf erwerben. Augenfällig ist, daß selbst die traditionsreichen Heilbäder und -brunnen Altbayerns und Schwabens, die mit Adelholzen, Mariabrunn bei Dachau, dem Alten Bad von Kreuth, und dem Krumbad nicht unbedeutende und konkurrenzfähige bauliche Anlagen hervorgebracht hatten, allesamt der besonderen staatlichen Förderung entbehrten, oder veräußert wurden. Es fehlte eine Entsprechung zu den zentralen Gesellschafts- und Heilbädern in den erworbenen kleineren Territorien.

Prägendes Gewicht in Altbayern hatte die Zugehörigkeit der zumeist regional bedeutenden Kuranstalten zum Klosterbesitz. Diese Heilanstalten kamen infolge der Aufhebung der Mediatklöster und -stifte in private Hände. Eher eine Ausnahme bildet das Bad Mariabrunn oder Mochinger Bad bei Dachau, das 1662 durch den Leibarzt Ferdinand Marias, Ignaz von Thiermayer, eine Neuanlage aus Kapelle und Badgebäude erhalten hatte, die bis 1816 zu einem Gesundbrunnen aus drei Gebäuden und Wirtshaus ausgebaut wurde. Mit der Einverleibung der Reichsabtei Ursberg Ende 1802 fiel Bayern der umfängliche Baukomplex des traditionsreichen Krumbades zu, wohl eine spätmittelalterliche, von der Abtei erworbene Gründung, die nach 1812 mit großen

Neubauten versehen, zu einer größeren staatlichen Kurorten vergleichbaren Heilanstalt wurde. Der zweite große Heilbetrieb bildete das wohl im frühen 17. Jahrhundert erneuerte Wildbad Adelholzen. Der Baukomplex aus Kur-, Wirts-, und Gästehaus, Kapelle, Kurgarten und mehreren Badehäusern gruppierte sich um die Primuskapelle. Nachdem 1840 das Kurhaus abbrannte, wurde der stagnierende Kurbetrieb Ende des 19. Jahrhunderts eingestellt. Im Klosterbesitz befanden sich neben vielen anderen das Bad bei Höhenstadt nahe Passau, das Marienbad bei Mindelheim und Heilbrunn bei Tölz. Besitz des Klosters Tegernsee war das »Wildbad zum heiligen Kreuz« bei Kreuth, eine kleine, an einen Bauernhof erinnernde bauliche Anlage aus Bade- und Logierhaus und 1707 geweihter Kapelle. Die wohl schon seit dem frühen 16. Jahrhundert zur Heilung und Erholung genutzte Quelle gibt trotz Nutzungsänderung noch heute einen guten Eindruck von der klösterlichen Bäderorganisation. Auf diesem 1817 zusammen mit der Umgebung erworbenen Areal ließ Max I. Joseph abseits des »alten Bades« ab 1818 eine privatwirtschaftlich arbeitende Heilanstalt erbauen, die mit einer identischen Verlängerung seit 1824 eine langgereihte Gruppe aus zwei zweigeschossigen, miteinander in Verbindung gesetzten Logierhäusern bildete. Das königliche Privathaus ist aus der Front an den Rand zurückgestellt. Baulicher Abschluß bildete das 1825/1826 mit einer offenen Vorhalle die Front verlängernde, quergestellte Kursaalgebäude. Mit der an die Konzeption des Wilhelmsbades bei Hanau erinnernden, aber eigenständigen, durch den eher privaten Charakter betonten Anlage, entstand das erste für die Ausbildung einer bayerischen Kurarchitektur wichtige Bad. Der 1824 in die Armenbad-Stiftung eingebrachte Komplex ist bei seiner intimen Einfügung in die Landschaft ein geradezu biedermeierlicher Nachtrag zu den sommerlichen Kur- und Zerstreuungsstätten des 18. Jahrhunderts.

Das Gros der privaten und kommunalen Kuranstalten zur Zeit Max I. Josephs und Ludwigs I. entfaltete nur regionale Bedeutung. Die Badekur behielt gegenüber der reinen Trinkkur eine stärkere Stellung. Selbst in den Traditionsbädern, die spätestens seit dem 18. Jahrhundert Trink- und Badekuren kombinierten und hierfür verschiedene Quellen bereithielten, erfuhr die Badekur eine Erstarkung. Die privaten und kommunalen Bäder verfügten für gewöhnlich über ein mit einem Logierhaus verknüpftes, seltener davon getrenntes Badhaus. Insgesamt war ein Großteil der Heilanstalten bei entspre-

chender Klientel äußerlich nicht weit von Landgasthäusern verschieden. Hierzu zählten in der Oberpfalz Abbach und Neumarkt, in Niederbayern das Oettinger Wildbad bei Altötting und Bad Höhenstadt, in Schwaben das Klingenbad, in Oberbayern Leutstetten bei Starnberg und Rosenheim, sowie in Mittelfranken Wemding und Rothenburg. An anderen Quellen stand nur ein Badehaus zur Nutzung der Quelle bereit, wie in Weißenburg und Nördlingen (Mittelfranken), Wipfeld (Unterfranken) und Wiesau (Oberpfalz). Über ein Saalgebäude oder Kurhaus verfügten die wenigsten dieser Anstalten. Allerdings ist anzumerken, daß die Terminologie im 19. Jahrhundert nicht genau schied und überdies Ende des 19. Jahrhunderts ein Bedeutungswechsel stattfand. Das Kurhaus der Ludwigszeit ist nicht mit der heutigen Vorstellung eines verschiedene Säle und Gesellschaftszimmer umfassenden Gebäudes identisch, sondern wird hier in seiner Bedeutung als Logierhaus mit Speise- und Gesellschaftssaal gebraucht, das überdies in der Regel auch Badeeinrichtungen bereithielt. Zur minimalen Grundausstattung eines Kurortes gehörte ein solches Kurhaus zusammen mit einer Badeabteilung bzw. einem Badehaus. Kleine gärtnerische Anlagen und Spazierwege waren nicht überall anzutreffen, und Quellentempel und Wandelgang gehörten zur nicht überall anzutreffenden Ausstattung der Trinkkur. Nur Bad Bocklet verfügte 1816 über ein eigenständiges Saalgebäude. Das Kursaalgebäude als festlich-gesellschaftlicher Mittelpunkt erwuchs zum eigentlichen Beitrag der bayerischen Kurarchitektur der Ludwigszeit. War in Altbayern und Schwaben die Verbindung mit einer Kapelle traditionell geläufig und aus den ehemaligen Klosterbesitzungen auch verständlich, so erhielten Kultusbauten erst zur Mitte des 19. Jahrhunderts wieder den Rang einer wünschenswerten Ergänzung.

Ein methodisches Förderungskonzept für die Staatsbäder gab es unter Max I. Joseph noch nicht. Einer verständnisvollen Unterstützung verdankten die durch die Kriegswirren und den mehrmaligen Besitzwechsel heruntergekommenen unterfränkischen Bäder die Instandsetzungen und ersten Neubauten. Beim Projekt des Brückenauer Kurhauses, dem sog. Badbau, wird erstmals Ludwigs mehrfach wiederkehrendes Axiom überliefert; »Bei so wirksamen Bädern ist es staatswirthschaftlich, auf Zinsen gelegtes Geld, für die erforderlichen Baulichkeiten zu sorgen. Ich wünsche demnach, lieber Baron, daß gebaut und daß gut gebaut werde, nicht prächtig«.[2].

1 Das Königreich Bayern in seinen alterthümlichen ... Schönheiten, Band 1, München 1843, S. 45–50
2 Hans Reidelbach, König Ludwig I. von Bayern und seine Kunstschöpfungen, München 1888, Seite 292, Anmerkung 121

In dieser Zeit wurde die erst 1829 veröffentlichte systematische Untersuchung aller 61 bekannten Quellen des Königreichs nach Quantität und Qualität erstellt, die der Professor der Chemie August Vogel ab 1823 im Auftrag durchführte.[3] Hiermit lag eine übersichtliche Charakterisierung der Quellen vor, deren Systematik bereits über das 18. Jahrhundert hinausreichende Tradition hatte.[4]

Mit Vogels Untersuchung lag die Grundlage für eine konsequent betriebene Heilbäderpolitik vor, die stark auf die Konkurrenzfähigkeit der bayerischen Bäder im deutschen Bund abgestellt, auf die bayerische Heilbäder-Landschaft einwirkte. Bereits bei der Aufzählung der 1830 bestehenden staatlichen, kommunalen und privaten Kurbetriebe wurde deutlich, daß diese Landschaft starken Veränderungen unterworfen ist, daß damals bedeutende und wohlbekannte Gesundbrunnen durch Versiegen der Quellen, oder bedingt durch veränderte Publikumsgunst untergegangen sind, oder aufgelassen wurden. Auf der anderen Seite gab es eine Vielzahl heute geläufiger Heilbrunnen noch nicht; ein ständiger, nicht abgeschlossener Prozeß.

Erbteil des Gebietszuwachses Bayerns war die Vielzahl der auf Säuerlinge gegründeten Heilbäder mit ihrer betont gesellschaftlichen Dimension. Ihre Heilkraft war im 19. Jahrhundert umstritten, in einigen Fällen erschüttert. Diese nach heutiger Kenntnis nicht gerechtfertigte Einschätzung führte für das Staatsbad Bocklet dazu, daß es auf Ludwigs I. ausdrücklicher Anweisung nur in seiner Substanz zu sichern sei. Dieses einst dem Hochstift Würzburg gehörende Bad hatte zuletzt um 1800 einen beispiellosen Aufschwung genommen, der noch am Vorabend der Säkularisation 1801/1802 den Neubau eines Saalgebäudes durch Andreas Gärtner veranlaßte.[5]

Im gleichen Maße wie ärialische Kurbäder vernachlässigt oder ausgebaut wurden, mündete Ludwigs Heilbäderpolitik in eine Förderung privater und kommunaler Anstalten, sowie in ihren Erwerb durch den Staat. Auf die als bedeutendste Sulfatquelle Bayerns erachtete Quelle von Höhenstadt, einst dem Kloster Fürstenzell gehörend, waren insbesondere wegen der Anwendung des Badeschlammes große Hoffnungen gesetzt, die es in Verbindung mit Bad Eilsen brachte. 1829 war Ludwig I. der »lebhaften Überzeugung ...«, daß jede Ausgabe auf das Bad Höhenstadt, dieses einzige Schlammbad in Bayern in ihren staatswirtschaftlichen Folgen gewiß auf sehr gute Zinsen angelegt seyn wird.«[6] Höhenstadt wurde am 1. Oktober 1830 bayerisches Staatsbad.

Jean Baptiste Métivier
Mineralbad in Partenkirchen
Feder, aquarelliert;
Arch. Slg. TUM, 4.65

Dem Erwerb der Stebener Quelle stand Ludwig I. skeptisch gegenüber, wohl besonders, weil die Qualität des Hydrogencarbonat-Wassers als Säuerling eingeschätzt wurde. Trotzdem fügte sich Ludwig I. dem angeratenen Kauf durch den Staat. Beweggründe sind neben den gebräuchlichen Topoi der »Wohltat für die leidende Menschheit« und »Quellen des National-Wohlstandes«[7] auch die Hebung der wirtschaftlichen Verhältnisse eines ärmlich strukturierten Gebietes.

Eine Marginalie blieb der Erwerb des Kainzenbades bei Partenkirchen für den Staatsbesitz 1840/1841. Die völlig zerstrittene Erbengemeinschaft Hibler nutzte als Eigentümer der unzureichenden kleinen Badeanstalt, die zudem über keine Logiermöglichkeiten verfügte, weder zugesagte Zuschüsse, noch ging man gemeinschaftlich auf die Kaufabsichten Privater und des Staates ein. Ein 1829 bereitgestellter Zuschuß war an die Bedingung geknüpft, daß Oberbaurat Johann Nepomuk Pertsch die Pläne für das Kurhaus fertigen sollte. Den dann vorgelegten preiswerten Plan zur »Erweiterung der Heilbad-Anstalt zu Partenkirch« von Bau-Konduktuer Hörl ließ Ludwig I. 1830 mit den vom Baukunstausschuß versehenen Fassadenänderungen passieren.[8] Dieses Projekt blieb wie eine andere, vom übel beleumdeten Kanonikus Johann Baptist Hibler in Auftrag gegebene Planung unausgeführt. Von den privaten Interessenten, Regierungsrat von Braunmühl und der Münchener Hausbesitzer Karl Deininger, ließ letzter 1837 von Jean Baptist Métivier Entwürfe für ein Kurhaus fertigen. Der Tod mehrerer Mitglie-

3 August Vogel, Die Mineralquellen des Königreichs Bayern, München 1829
4 z.B. Johann Gottlieb Kühn, Systematische Beschreibung der Gesundbrunnen und Bäder Deutschlands, Breslau und Hirschberg 1789
5 vgl. Ewald Wegner, Staatsbad Bocklet, in: Rolf Bothe, Kurstädte in Deutschland – zur Geschichte einer Baugattung, Berlin 1984
6 BHStA, MInn 62256, 12.7.1829
7 desgl.
8 StA München, RA 157228, 25.11.1830
9 BHStA, MF 70459, Juni 1837
10 desgl. 23.11.1840
11 Ferdinand Kirchgessner, Beobachtungen über die Heilkraft und Mineralquellen des Ludwigsbades bei Wipfeld, Würzburg 1830

der der Erbengemeinschaft kam dem eingeleiteten Enteignungsverfahren zuvor, das das Emporbringen des Bades, dieser wohltätigen Stütze der leidenden Menschheit, sowie den Nahrungs- und Wohlstand der Bewohner des Landgerichts Werdenfels befördern sollte.[9] Ludwigs I. vordringliches Ziel war die Förderung der Kuranstalt, die gemäß seiner Kaufgenehmigung vom 23.11.1840 nicht als Staatsbad geführt werden sollte, sondern alsbald an einen Privaten oder eine Aktiengesellschaft verkauft werden sollte.[10] 1842 erwarb der Tölzer Apotheker und Arzt Dr. Joseph Braun die Kuranstalt. Er ließ 1843 durch Anton von Braunmühl ein Kurhaus errichten, das Badezimmer im Erdgeschoß und Logierzimmer in beiden Obergeschossen vereinigte. Die gereihten und geschoßweise variierten Fenster weisen eine Beletage aus und verhüllen in den Zwillingsfenstern des Erdgeschosses die schmalen Baderäume. Eigenartigerweise kommen Saal und Gesellschaftszimmer nicht als zentrale Mitte des Gebäudes zum Ausdruck, sondern sind als in Risalittiefe vortretender Quertrakt einer Seite angefügt, was in der ungelenken Aufrißzeichnung Braunmühls nur unzureichend erklärt wird. Kniestock und Überstand des flachgeneigten Satteldaches sowie vielfältige Holzapplikationen lehnen sich an alpenländische Bautraditionen an, eine Lösung, die Vorbildcharakter für die späteren Hotelbauten von Garmisch-Partenkirchen einnahm. Die durch Kurhaus und spätere kleine Bauten, schließlich mit einem neuen Kurhaus vermehrte bauliche Anlage des Kaintzenbades lebt heute nur in der Benennung eines dort gelegenen Freibades fort.

Zeugnischarakter für die Förderung nichtstaatlicher Heilbetriebe, bei denen sich Ludwig I. durch Zuschüsse eine Einwirkungsmöglichkeit zu sichern wußte, hat das Wipfelder Bad in Unterfranken, dessen Gebäude in Teilbeständen in das heutige Ludwigskloster aufgegangen sind. Die Nutzung der kommunalen Schwefelquelle begann nach der Quellenuntersuchung von 1811 durch Dr. Pickel von der Kreisregierung mit der Einrichtung von sechs Badekabinen. Nachdem Ludwig I. bereits am 16. Mai 1825 die Genehmigung gab, daß das Bad seinen Namen führen dürfe, ließ er durch den Würzburger Kreisbaurat Dreischütz den Plan zu einem neuen Kurhaus entwerfen, den Klenze zu revidieren hatte. Die finanziell unvermögende Gemeinde konnte die Erwartung eines bayerischen Schwefel-

bades nicht einlösen und verkaufte die Quelle an den Würzburger Kaufmann J. B. Herold, der 1827/1828 nach Plänen des Würzburger Kreisbaurates Heinrich Gries ein dreieinhalbgeschossiges Kurhaus errichten ließ. Neben acht Badekabinetten im Erdgeschoß und Logierzimmern enthielt es einen Saal.[11] Obgleich 1837, 1839 und 1874 Erweiterungen stattfanden, ging der von Mai bis September dauernde Kurbetrieb mit zuletzt 72 Zimmern bald ein.

Bestimmendes Gewicht hatten die ärarialischen, also staatseigenen Kuranstalten, die Ludwig I. neben den auf das Königreich zugekommenen Alexandersbad, Bocklet, Brückenau und Kissingen um Höhenstadt und Steben vermehrte. Hier werden die architektonischen Ambitionen wie der balneologische Stellenwert besonders deutlich. In Abkehr zur teilweise überdeutlichen Gesellschaftsfunktion der Kurorte des 18. Jahrhunderts ließ Ludwig I. neue Badehäuser in allen Staatsbädern außer Bocklet errichten und förderte die Anlage und den Ausbau von Promenadenwegen und Gartenanlagen. Der architektonische Stellenwert der unter Ludwig I. geschaffenen Badehäuser, Kurhäuser und Kursaalgebäude reicht über die qualitätsfördernde Überwachung durch Baukunstausschuß und König hinaus. In Brückenau und Kissingen wurden Leo von Klenze, Johann Gottfried Gutensohn, Johann Nepomuk Pertsch und Friedrich von Gärtner unter Ausschaltung der Kreiskompetenz direkt mit Neubauten beauftragt. In anderen Fällen wurden die Entwürfe der Bauinspektionen und Civilbauinspektoren durch Joseph Daniel Ohlmüller mit dem Instrument des Baukunstausschusses neugefaßt. Dies erklärt, weshalb in Bayern eine phantasievolle, vielfältige Architektur entstand, die einen bedeutenden gattungsgeschichtlichen Beitrag zur Kurarchitektur des 19. Jahrhunderts lieferte. Bis zur neuen Blüte des Badewesens vor 1900, die sich mit einer bereits internationalen Kurarchitektur monumental in Szene setzte, genügten die heute noch die historischen Kurorte prägenden Bauten der Ludwigszeit.

Einen Überblick über die Bauaufwendungen (ohne Unterhaltungskosten) in Relation zu den Kurgastzahlen gibt der nebenstehende, aus zeitgenössischer Bäderliteratur und Akten aufgestellter Vergleich, wobei ein Geldverlust zwischen 1825 und den 1840er Jahren in Rechnung zu setzen ist.

E. Wegner

	Kurgäste jährlich
Alexandersbad	150
Brückenau	von 550 bis 750
Höhenstadt	250
Kissingen	von 700 bis 4000
Steben	von 160 bis 250

	Bauaufwendungen gesamt
Alexandersbad	10 000 fl.
Brückenau	220 000 fl.
Höhenstadt	90 000 fl.
Kissingen	380 000 fl.
Steben	50 000 fl.

124 Kuranlagen Bad Brückenau, 1826–1888

Das 1747 als Kurbad des Hochstiftes Fulda gegründete, nach Plänen des Hofarchitekten Andreas Gallasini bis 1751 als symmetrische Anlage entstandene, bald ausgebaute Bad, kam nach mehrfachem Besitzwechsel im Gefolge der Säkularisation 1816 an Bayern. Nachdem die Anwesenheit des Kronprinzen Ludwig bereits in Tirol den Integrationsbestrebungen der Krone dienlich sein sollte, nahm das Kronprinzenpaar aus gleichem Grunde 1816 in Würzburg offiziell Residenz. 1818 besuchte Ludwig im Anschluß eines Italienaufenthaltes erstmals das Bad und wohnte im ehemaligen fürstbischöflichen Sommerhaus, das aus dem ärarialischen Besitz ausgeklammert und in den Besitz des Königshauses übergegangen war. Ludwig I. weilte 26mal, gewöhnlich im Anschluß an einen Italienaufenthalt, im Bad Brückenau, das ihm Refugium und pastoraler Gegenpol seines rastlosen Lebens wurde.[1]

Die achsensymmetrisch quer zu einer Senke gruppierte und die Hauptquelle einbeziehende, im Süden offene, und auf den Fürstenhof auf der nördlichen terrassierten Anhöhe orientierte bauliche Anlage erfuhr bereits 1818/1819 eine Erweiterung. Der sog. Kellerbau, ein Gast- und Logierhaus, schloß die vierte Seite in Gegenüberstellung zum Fürstenhof. Die eigenständige klassizistische Palladiorezeption des von Tirol zum Untermainkreis (Unterfranken) gekommenen Landbaurates Bernhard Morell wurde nicht mit dem Beifall des Kronprinzen ausgeführt.[2] Er beauftragte 1820 Leo von Klenze mit Entwürfen zu einem neuen Badehaus und einem Kursaalgebäude. Klenzes 1822/1823 erbautes Badegebäude übernahm die Bezeichnung des Vorgängerbaues, stellte jedoch im eigentlichen Sinne auch ein Kurhaus dar.[3] Zu Entwürfen für das Saalgebäude scheint es in der Kronprinzenzeit nicht mehr gekommen zu sein. Bereits 1826 saß die Akademie dann über Entwürfe für dieses von Ludwig I. mit Vorrang bedachten Gebäudes vor. Sie waren vom Kreisbaurat des Untermainkreises verfertigt und fielen durch.[4] Dagegen begutachtete die Akademie die erstmals von Friedrich von Gärtner hierzu gefertigten Zeichnungen positiv. Währenddessen hatte Ludwig I. nach seinem ureigensten Programm die in Rom weilenden bayerischen Architekten Johann Gottfried Gutensohn und Joseph Thürmer zum Entwurfswettbewerb eingeladen.[5] Gutensohn gewann und gelangte in mehreren Verbesserungen im Juli 1827 abschließend zu einer körperlich-kompakten Lösung.[6]

Der bossierte Unterbau der Pfeilerhalle des Kellers sockelt das aufwendig aus heimischen hellen Sandsteinquadern gefügte Saalgebäude. Das Entwurfsverfahren eines ordnenden Grundrißrasters von 14 × 9 Feldern fand seine bautechnische Entsprechung in der tragenden Pfeilerkonstruktion. Die mit Blendkolonnaden kombinierte Pfeilerbogenwand wird innen und außen zum einheitsstiftenden Hauptmotiv. Um das gesamte Gebäude ist entsprechend des Bauprogrammes ein als Pfeilerarkatur ausgebildeter, aus mit böhmischen Kappen überkuppelten Einzelkompartimenten zusammengesetzter Wandelgang gelegt. An der übergiebelten und in leichter Risalitbildung gegebenen Haupt- und Parkfassade ist er in den zweigeschossigen Gebäudeteil integriert. Die Raumanordnung ist entlang der Mittelachse organisiert. Dem zweigeschossigen, quadratischen Kursaal ist ein Foyer mit Königsloge darüber vorgelagert und ein entsprechendes Foyer mit Musiktribüne ist zum anschließenden quergestellten kleinen Kursaal zwischengestellt. Der in sich gelagerte, zentralisierte, als Speise- und Tanzsaal bezeichnete Kursaal mit Spiegeldecke, zeigt an allen Seiten den gleichen Aufriß. Den drei Bogenstellungen in der achsialen Bewegungsrichtung entsprechen seitlich Logen. Über Saal und Logen breitet sich eine festliche Groteskenmalerei im Vorbild des italienischen Cinquecento. Saal und Königsloge überspannen Vela.

Für die großen Kurorten vorbehaltene Bauaufgabe Kursaalgebäude gelang hier erstmals eine gattungseigene Ausprägung von assoziativer Kraft im Sinne des Historismus. Gutensohns sich in Tafelwerken niederschlagenden Studien der römischen Basiliken und der Renaissancearchitektur des Cinquecento[7] fand hier eine mit den Architekturbestrebungen der Zeit aufs engste verknüpfte Synthese. Der gänzlich von der Renaissanceausprägung überformte, basilikal gestaffelte Baukörper vereinigt in sich die Forderung, daß sich Zweck und Nutzung, Form und Stil zu entsprechen haben. Solche Intentionen der Zeit waren theoretisch vorbereitet. Friedrich Weinbrenners Studienentwurf eines Ballhauses in der Konstruktion einer fünfschiffigen Basilika von 1796 setzt sich konkret ein in ein im Architektonischen Lehrbuch veröffentlichtes Basilikenprojekt Karl Friedrich Schinkels fort. Während die kaiserzeitliche Themenarchitektur 1866 durch Gottfried Semper erst spät für die Kursaalarchitektur vorgeschlagen wird, findet man fast zeitgleich mit Gutensohns Version für Georg Mollers antike Peristylhaus als Vorbild für den Bad Homburger Kursaal.

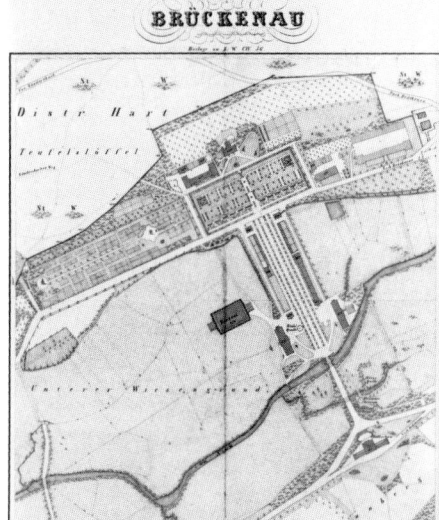

124.1

124.3

1 Vgl. Kaspar Gartenhof, Bad Brückenau in der Ludwigszeit, Mainfränkische Hefte 34, Würzburg 1959

2 Ewald Wegner, Forschung zu Leben und Werk des Architekten Johann Gottfried Gutensohn (1792–1851), Frankfurt und Bern 1984, Seite 238f

3 Ewald Wegner, Leo von Klenzes Badehaus im Staatsbad Brückenau, in: Mainfränkisches Jahrbuch für Geschichte und Kunst, Band 31, Würzburg 1979, Seite 143–151

4 »Es scheint mir höchst sonderbar bey völlig freyem Raum Formen zu wählen, die höchstens nur bey gänzlicher Beschränkung derselben zu entschuldigen sind.« GHA NL Ludwig I., Die Bäder betreffend, 28.9.1826

5 Zur Entwurfs- und Baugeschichte vgl. Winfried Nerdinger, Kursaal Bad Brückenau, in: W. Nerdinger (Hsg.), Kat. Klassizismus in Bayern, Schwaben und Franken – Architekturzeichnungen 1775–1825, München 1980, Seite 415–420

6 BHStA, Plansammlung 15980, 15982, 15983, 15985

124.4

Gutensohns Renaissance-Rezeption vollzieht sich als eine das Vorbild verändernde, oftmals abstrahierende Übernahme, die neu zusammenstellt, neu interpretiert und alles in eine Synthese bringt. Das Streben des Historismus, eine Bauaufgabe mit einem charakteristischen, bauhistorisch legitimierten, assoziativen Stil zu verbinden, wurde in genialer Weise entsprochen. Der Palasthof als repräsentative Mitte ist zum überdachten Festsaal übersetzt. Die Raumanordnung ist vom römischen Palast beeinflußt. Das Logenmotiv ist aus dem Obergeschoß der Loggien des Vatikan entlehnt und verknüpft Wandelgang und Saallogen. Hinzu tritt die intime Lösung der Farnesina-Villa in Rom, deren Dekoration und unmittelbarer Bezug zum Park die Bedürfnisse eines Saalgebäudes vorformulierte. In dieser historistischen Lösung hat Gutensohn einer bis dahin durch klassizistische Stilformen geprägten Bauaufgabe die Neurenaissance entgegengesetzt.[8] Von den frühen Neurenaissance-Bauten Deutschlands ist das Kursaalgebäude das erste, das in dieser Konsequenz das römische Cinquecento rezipiert. Die Bedeutung des Gebäudes wurde von den Zeitgenossen erkannt.[9] Wichtiger als die sich bald als Irrweg erweisende Ernennung Gutensohns zum Otto I. mitgegebenen Regierungs- und Hofarchitekten des neugriechischen Staates erwies sich die nochmalige Ausschöpfung seines Lehrgebäudes im Saalgebäude von Bad Ems, einem der wenigen damals in Deutschland gebauten Kursäle.

Anstelle des sich westlich des Fürstenbaues anschließenden Remisen- und Stallgebäudes, das 1827/1828 von Gutensohn unter Wahrung des spätbarocken Kontinuums aufgestockt und zum Kavalierbau für das Hofpersonal umgebaut wurde, mußte ein den Hof- und Gästebedürfnissen gleichermaßen dienender Neubau erstellt werden. Für das aus der symmetrischen Bauanlage genommene und an den östlichen Ausgang des Kurortes seitlich der Straße hingelagerte Stall- und Remisengebäude verwarf Ludwig I. die hierfür von der Verwaltung der kgl. Schlösser und Gärten des Untermainkreises vorgelegte Planung. Er beauftragte den soeben zum Oberbaurat arrivierten Johann Nepomuk Pertsch mit dem Neuentwurf, den er am 24.1.1827 zur Ausführung anwies.[10] Im Sommer 1828 war das Gebäude vollendet. Über sein ursprüngliches Aussehen gibt eine vom 10.2.1827 datierte Entwurfskopie genaue Auskunft. Ein ummauertes Hofkarree von 80 zu 40 m wird straßenseitig vom breitgelagerten, eingeschossigen Stallgebäude für 62 Pferde geschlossen, während rückwärtig eine für 18 Einstellplätze vorgesehene Wagenremise die Ummauerung einbezieht. Nach Anordnung des Gesamten und Gliederung des dreigeteilten Stallgebäudes liegt hier die klassizistische Neufassung nach barockem Schema vor. Eine achsensymmetrisch ausgerichtete, hofumschließende Rechteckanlage, deren breitgelagertes, von einem hohen Satteldach abgeschlossenes Hauptgebäude durch pa-

7 Johann Gottfried Gutensohn und Johann Michael Knapp, Denkmale der christlichen Religion, oder Sammlung der ältesten christlichen Kirchen oder Basiliken Roms, Rom 1822–1827
Johann Gottfried Gutensohn und Joseph Thürmer, Sammlung von Denkmalen und Verzierungen der Baukunst in Rom vom 16ten Jahrhundert, Rom 1826

8 Vgl. Ewald Wegner, Staatsbad Brückenau, in: Rolf Bothe: Kurstädte in Deutschland – Zur Geschichte einer Baugattung, Berlin 1984, Seite 265–280

9 Martin-von-Wagner-Museum Würzburg, Künstlerbriefe, Friedrich Gärtner, 8. 9. 1833; »Ich besah später den Cursaal in Brückenau von Gutensohn. Ein großartiges schönes Werk was ihm alle Ehre macht. Schade daß der Narr vor dessen Vollendung davon lief.«

10 BHStA, MInn 62245, 24.1.1827

11 Florian Zimmermann, Die neue Isarkaserne, in: W. Nerdinger (Hrsg.) Kat., Klassizismus, München 1980, Seite 130–132

125.3

villonartige Eckrisalite und mittlerem übergiebelten Torrisalit gegliedert wird. Hochsitzende Lünettenfenster an den aus Bruchsteinen gemauerten Seiten, die Zuweisung rundbogiger Fenster an den aus Quadersteinen gemauerten Eckpavillons und die abweisend durch Rundbogenblende und vorgelagerter Rampe akzentuierte Mitte spricht Funktion und innere Disposition am Außenbau aus. Für das Konzept gab es Vorbilder. Auf die funktionalen Gemeinsamkeiten bezogen, also Erdgeschoß und Gliederung, ist dies etwa die 1818 fertiggestellte Isarkaserne der Kavallerie in München.[11] Die architektonisch anspruchsvolle Ausbildung entwikkelte sich, auf dekorative Elemente verzichtend, aus den zweckgebundenen Möglichkeiten zu herber Gestik. Nutzungsanpassungen führten zu An- und Umbauten, ohne daß Substanz und architektonische Qualität einschneidend vermindert wurden. Vermutlich 1925 wurde ein barockisierendes Mansardendach aufgesetzt und der straßenseitige Mittelrisalit mit dem Ziermotiv einer wehrhaften Zinnenattika aufgemauert. Das in ihrer Gattung seltene und repräsentative Zeugnis ist gegenwärtig vom Abbruch bedroht.

Nach dem Kursaalgebäude war die Bautätigkeit der Ludwigszeit erschöpft. Zu den kleinen Maßnahmen zählen ein nicht erhaltener toskanischer Quellenmonopteros über der Stahlquelle und die Erweiterungen des Fürstenbaues von Morell und Gutensohn. Nachdem Gutensohn sich noch völlig der barocken Anlage einordnenden Badbau Klenzes nicht ohne Freude zur seitlichen Assistenzfunktion des Saalgebäudes benutzt hatte, wurde das bereits 1827 vorgesehene Pendant, der sog. Elisabethenbau, erst 1888 als identische Kopie verwirklicht. Damit war die durch Max Littmann und Eugen Drollinger nach Osten fortgesetzte Querachse eingeführt.

E. Wegner

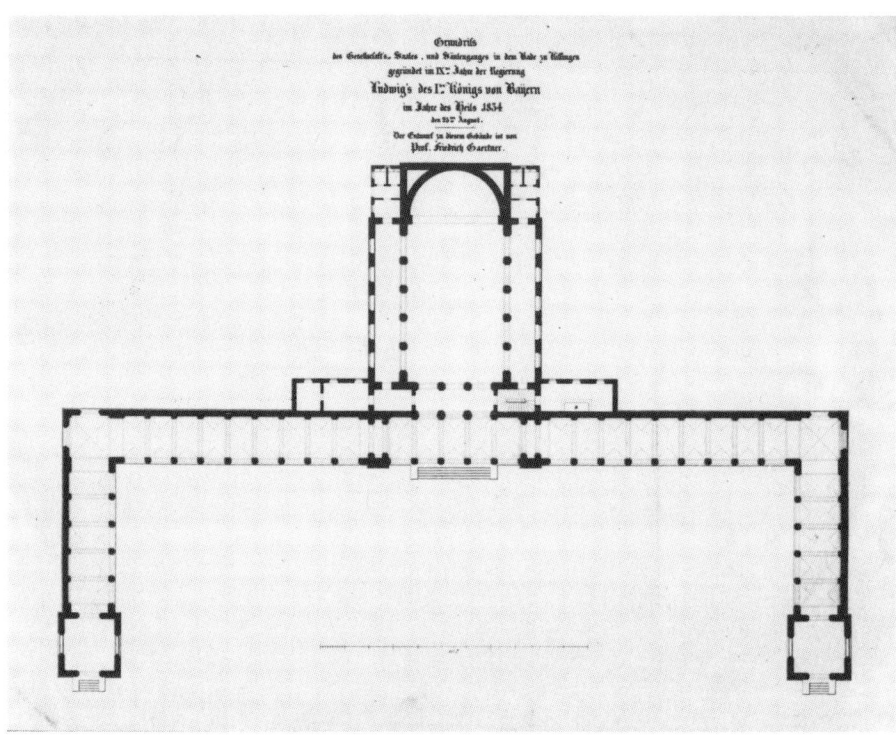

125.2

125 Kuranlagen und Kirche, Bad Kissingen, 1833–1838

Die Anfänge eines unorganisierten Trinkbrunnenbetriebes um den heutigen Maxbrunnen und eines Badebetriebes um die heutige Pandur-Quelle gehen in das frühe 16. Jahrhundert zurück, und bald setzten erste balneologische Schriften ein. Das Hochstift Würzburg blieb abwartend und investierte erst einmal in die Bekanntmachung und Pflege der Quellen, zumal die Kissinger Salzgewinnung den bedeutenderen Wirtschaftszweig darstellte. 1724 besaß das Hochstift mit der neuentdeckten Heilquelle von Bocklet zwei Heilbrunnenorte ohne eigentliche Kureinrichtungen. Die tatsächliche Gründung der Kuranstalt fällt in die Neugründungs- und Ausbauphase deutscher Kurstädte. Ab 1737 entstand nach Plänen Balthasar Neumanns der Kurgarten und das schon 1768 erweiterte Kurhaus. Bei der Ver-

125.1 Kreisingenieur Miller
Plan von Kissingen mit der Planung der Stadt- und Kurerweiterung, 1834
Federzeichnung, aquarelliert;
91,5 × 62
BHStA, Planslg.Nr. 16735

125.2 Friedrich von Gärtner (Abb.)
Kursaalgebäude und Arkadengang in Bad Kissingen, Grundriß, 1834
Lithographie; 46,4 × 36,8
Arch.Slg. TUM, Gs 1613

125.3 Friedrich von Gärtner (Abb.)
Kursaalgebäude und Arkadengang in Bad Kissingen, Aufriß der Hauptfassade, 1834
Lithographie; 46,3 × 36,8
Arch.Slg. TUM, Gs 1614

125.4 Friedrich von Gärtner (Farbabb.)
Kursaal Bad Kissingen, Vorentwurf/
Längs- und Querschnitt
Feder, farbig aquarelliert; 56,8 × 36,4
Arch.Slg. TUM, Gs 1615

125.4

1 vgl. Ewald Wegner, Friedrich von Gärtner und das Bad Kissingen, Mainfränkische Studien 25, Würzburg 1981
2 BHStA, MInn 62233, 25.7.1838
3 BHStA, MInn 62267, 28.2.1834; »so kommt nun alles darauf an, ob das Finanzaerar als Eigenthümer des Bades Kissingen auch seinerseits Opfer zu bringen gesonnen ist. Dieses dürfte natürlicher sein, da die erhöhte Frequenz des Bades auch dessen Einnahmen erhöht, und kein Geld nutzbringender angewendet werden kann als jenes welches von dem Eigenthümer auf ein schon vorhandenes Eigenthum zur Erhöhung des Ertrages verwendet wird. Überdies erscheint die Deckung des Kostenrestes aus Staatsrealitäten, Kaufschillingen um so gegründeter und um so finanziell wichtiger, als Bäder im Ertrage weichen, wenn sie nicht mit jenen des Auslandes gleichen Schritt halten, ein Aufwand auf die Verbesserung also nicht sowohl eine Meloration im weiteren Sinne, als viel mehr eine Maaßregel zu Sicherung der vorhandenen Staatsbauten konstituirt, und als in Kissingen, dem Aerar als Eigenthümer auch jene Summen zu Guten gehen, welche der Bau-Etat streng genommen wider seine Bestimmung auf das Bad verwendet, als danach das Finanzministerium doppelt erndet, wo es als Eigenthümer nur einfach sparte.«
4 Martin-von-Wagner-Museum Würzburg, Künstlerbriefe, Friedrich Gärtner, 8.9.1833
5 vgl. Kurt Winkler, Bad Kissingen, in: Rolf Bothe, Kurstädte in Deutschland – Zur Geschichte einer Baugattung, Berlin 1984, Seite 361–384

legung des Flußbettes der Saale zur Sicherung der Quelle wurde damals die Rakoczy-Quelle wiederentdeckt. Nachdem das Hochstift Würzburg 1802 an Bayern gefallen war, wurde es 1806 an das Großherzogtum Toskana abgetreten und kam 1814 an das Königreich zurück. Bei der Übernahme des ab 1824 verpachteten Bades an den Staat deutete nichts auf den gigantischen Aufstieg der jährlich kaum 200 Gäste zählenden Kuranstalt zu einem Bade europäischen Ranges hin, das 1832 erstmals über 1000 Gäste, 1835 schon über 2000 und in den 1840er Jahren knapp 4000 Gäste anzog.

Neben der Neufassung der Quellen und der Vergrößerung des Kurgartens entstand in der Regierungszeit Max I. Josephs ein von zwei Pavillons flankierter Wandelgang nach dem Entwurf des Kreisbaumeisters Dreischütz. Der 1824 vollendete, sich zum Kurplatz in einer Bogenwand öffnende ca. 58 m lange, entlang der Saale zu den Quellen Rakoczy und Pandur führende Gang stellt den Vorgänger des Arkadenganges von Gärtner dar. An der Struktur des sich an den südlichen Stadtausgang hinlegenden Kurbezirks, den eine Straße in Verlängerung der Saalebrücke durchschnitt, änderte sich nichts. Das in seiner Nutzung als Bade-, Logier- und Gesellschaftsgebäude überlastete Kurhaus erhielt nach Plänen des Würzburger Kreisbaurates Heinrich Gries einen rückwärtigen Winkelbau, für den Ludwig I. am 23.9.1828 die Genehmigung erteilte.[1] Dieses kubische und kräftig lapidar klassizistisch ausgeprägte, den Vorderbau überragende Logierhaus steht noch außerhalb der von Ludwig I. nach ureigensten Vorstellungen geformten und Friedrich von Gärtner überantworteten Ausgestaltung. Gleichfalls ent-

stand 1833 ein neues Remisen- und Stallgebäude. Noch galt Ludwigs I. Hauptinteresse fast ungeteilt dem Ausbau des Brückenauer Bades. Seit Ende 1832 aber traten alle Kurprojekte hinter den Ausbau Bad Kissingens zurück. »Für Kissingen, diesem europäischen Bade, soll dermalen am meisten gethan . . . werden«, wies Ludwig I. noch 1838 an.[2] Die Kissinger Investitionen befürwortete das Innenministerium 1834.[3] Bereits im September 1833 hatte Friedrich von Gärtner an Martin von Wagner nach Rom berichtet: »Das Blinden-Institut ist begonnen – und nun hat mich S.M. der König mit einem neuen Auftrag beehrt – nämlich mit dem Entwurf zu einem Cursaal in Kissingen. Der König ließ mich eigens dahin rufen.«[4] Dabei muß auch bereits der Generalplan für Kissingen besprochen worden sein. Die Landtagsabschiede von 1834 und 1837 stellten jeweils 100000 fl. bereit, angereichert durch zusätzliche Titel, Erübrigungen und nachträglich genehmigte Überschreitungen, die schließlich einen Gesamtaufwand von 340000 fl. für die Neubauprojekte ergaben. Bezeichnenderweise ermunterten die architektonischen Vorstellungen des Königs Gärtner zu Planungen, die das enggefaßte Kostenvolumen von Beginn an sprengten. Schließlich blieb das Projekt eines neuen Kurhauses Entwurf für eine platzartige Gesamtgestaltung. Die in Bad Kissingen besonders signifikante Antwort auf den vor der Jahrhundertwende einsetzenden Kurboom war Max Littmann zwischen 1905 und 1927 anvertraut.[5] Sein pompöser neuklassizistisch gefärbter Neubarock vor 1914, ergänzt vom gemäßigten Neuklassizismus der 1920er Jahre, ließ bei aller Überlagerung die Konzeption Gärtners spürbar bleiben.

Stadtplanung

Daß die Ausgestaltung des Bades Kissingen nicht allein eine Neuordnung des Kurbereiches bedeutete, sondern eine durch Generalplan geordnete städtebauliche Qualität einschloß, zeigt der Plan von Kissingen, den der Kreisingenieur Miller auf Ludwigs Anmahnung 1834 zeichnete.[6] Das Instrument der Planung, von Ludwig I. durch bauaufsichtliche Überwachung, dann auch durch Geländekauf und Errichtung von Staatsbauten unbeirrt verfolgt, wurde in seinen wichtigen Teilen tatsächlich verwirklicht, wenn die Ausführung auch bis 1914 währte.

Die annähernd ein quadratisches Karree um die Stadt umschreibende Ummauerung fiel allmählich seit 1820. An ihre Stelle sollte das Äquivalent beidseitig von Neubauten in offener Bauweise gebildeter Straßenräume treten. Die Parzellen sollten insbesondere einen Anreiz für den Bau privater Kurhäuser geben. Der Ring bildet sich aus Theresienstraße im Westen, Maxstraße im Norden, Salinenstraße im Osten und Ludwigstraße im Süden. Als erstes Gebäude nach dem neuen Parzellenplan gab das von der Königin Therese »für arme, hülf- und obdachlose Dienstboten« 1833 gestiftete Theresienkrankenhaus den Auftakt in der Maxstraße.[7] Die bislang abseits vorbeigeführte Landstraße mit dem den Kurgarten durchschneidenden Saaleübergang erkannte Ludwig I. als Unzuträglichkeit. »Bey Meiner Anwesenheit in Kissingen habe Ich Mich persönlich überzeugt, wie mancherley höchst wichtige Bedürfnisse dieses in neuere Zeit immer berühmter werdende Bad noch hat. Das dringendste ist die Vereinigung der beyden Kur-Plätze; jezt sind beyde durch den Weg zur Saal Brücke getrennt.«[8] Der neue Saaleübergang war so nach Westen zu verlegen, daß er in die Ludwigstraße als die neue, Stadt- und Kurbereich scheidende Hauptstraße überging. Der Brückenbau, 1834 von Gärtner im Baukunstausschuß referiert und von Ludwig I. 1835 genehmigt, wurde nach Vorarbeiten 1836 begonnen. Die die Ludwigstraße kreuzenden altstädtischen Straßen gaben die Koordinaten für das Raster der südlichen, anfangs als zwei große geschlossene Baublöcke geplante Stadterweiterung vor. Der durch die Lage im Saaleknie dreiseitig freiliegende Kurbereich erhielt nun eine An- und Einbindung zur Stadt. Die attraktive Lage der Kurhausstraße war für die Ansiedlung privater Kurhäuser prädestiniert und am Schnittpunkt von Altstadt und Kurbereich war ein repräsentativer Übergang zu schaffen (siehe Kurhäuser). Einen besonderen Akzent erhielt die Planung durch die Front der als Auftakt und Abschirmung gedachten Kurhäuser, die sich leicht über das Saaletal erhoben, zu beiden Seiten vor die Ludwigsbrücke hinlegen sollten (siehe Westend-Haus). Fatal und noch heute als Eigentümlichkeit im Stadtgrundriß erkennbar, erwies sich das Fortbestehen der alten Landstraße über der Saale (heutige Theaterstraße), die sich mit dem Raster der Stadterweiterung überlagerte und sich mit der damaligen Neuen Straße stumpfwinklig schnitt. Nachdem Gärtner sein protestantisches Bethaus in der einzigen Abänderung des Generalplanes als Blickpunkt der neuen Straße auswies, entfaltete die alte Straße nach 1848 eine neue, das »Hindernis« umfahrende Funktion.

Kursaal und Arkadenbau

Die mit Gärtner im Juli 1833 in Bad Kissingen besprochene Planung präzisierte Ludwig I. mit der an das Brückenauer Gebäude anknüpfenden Vorgabe, daß es nach allen vier Seiten Wandelgänge haben sollte,[9] was Gärtner unter Hinweis auf die Plazierung nahe der Saale und als rückwärtiger Abschluß des Kurplatzes zu einem sich zur Kurhausstraße ehrenhofartig öffnenden Wandelgang uminterpretieren konnte. Im Februar 1834 lagen die Entwürfe vor. Wie für Großprojekte üblich, fand die Grundsteinlegung am Geburts- und Namenstag des Königs, dem 25. August, allerdings ohne Ludwigs Anwesenheit statt. Die Bauleitung war dem Civilbau-Praktikant des Isarkreises Ludwig Hagemann anvertraut, der bereits das Brückenauer Saalgebäude vollendet hatte. Das im feuchten Baugrund auf einen Pfahlrost gegründete Gebäude wuchs mit vielerlei Schwierigkeiten verbunden bis 1836 empor. Insbesondere die Beschaffung der weißen Sandsteinquader für den Arkadengang verlangte bald den Ausweg einer Kombination mit rotgeäderten Steinen. 1837 wurde das an drei Seiten verputzte Saalgebäude im Inneren ausgebaut und dekoriert. Joseph Anton Schwarzmann führte seit Januar 1838 die Dekorationsmalereien aus, wobei die nicht erhaltenen Vedouten der Kurorte Ems, Gastein, Baden-Baden, Wiesbaden und Karlsbad an der halbrunden Stirnseite programmatisch Kissingens Eintritt in die bedeutendsten Bäder des Deutschen Bundes demonstrierte. Als Eröffnungstermin für das mit knapp 210 000 fl. über das Doppelte des Anschlages gekommene Saal- und Arkadengebäude bestimmte Ludwig I. den 8. Juli 1838, den Geburtstag seiner Frau Therese. »S. M. d. König wird nun bald Aschaffenburg verlassen und nach Brückenau ziehen, von wo derselbe nach Kissingen kommen wird um den bis zum 8. Juli vollendeten Saal- und

125.5 Friedrich von Gärtner (Abb.)
Erweiterung des Arkadengangs zum Quellentempel, Aufriß, Grundriß und Lageplan, 1840
Feder, farbig aquarelliert; 66 × 43,8
BHStA, Planslg. 16745

125.6 Friedrich von Gärtner
Quellentempel Bad Kissingen, Querschnitt, Grundriß, Aufriß, 1837
Federzeichnung; 51,8 × 67,7
Arch.Slg. TUM, Gs 1618

125.7 Friedrich von Gärtner (Abb.)
Theatergebäude für Bad Kissingen, Aufriß, Quer- und Längsschnitt, zwei alternative Grundrisse, 1834
Feder, laviert; 48,2 × 38,6
Arch.Slg. TUM, Gs 1620

125.8 Friedrich von Gärtner (Abb.)
skizzierter Entwurf für ein Kurhaus in Bad Kissingen, zwei Aufrisse, ca. 1835
Bleistift, laviert; 43,7 × 31,6
Arch.Slg. TUM, Gs 1623

125.9 Friedrich von Gärtner
Projekt eines Kurhauses für Bad Kissingen, Aufriß der Fassade, ca. 1836/1837
Feder, teilweise rosa laviert; 97,5 × 34,6
BHStA, Planslg.Nr. 16740

125.10 Friedrich von Gärtner
Evang. Bethaus für Bad Kissingen, Fassadenaufriß und Querschnitt, 1845
Feder auf Transparent; 46 × 30,6
Arch.Slg. TUM, Gs 1626

125.11 J. Poppel
Kuranlagen Bad Kissingen, »Eiserner Pavillon«
Stahlstich
aus: H. Bleibrunner (Hrsg.) Das Königreich Bayern, Faks.-Ausgabe nach der Ausgabe von G. Franz, München 1970

125.12 J. Poppel (Abb.)
Kuranlagen Bad Kissingen, Trinkhalle mit Quellfassungen im »Eisernen Pavillon«, Stahlstich
aus: H. Bleibrunner (Hsg.), Das Königreich Bayern, Faks.-Ausgabe nach der Ausgabe von G. Franz, München 1970

6 GHA, 48/5/31 23, 23.5.1834
7 BHStA, MInn 79933
8 GHA, 48/5/31 23, 1.8.1833
9 desgl.
10 Martin-von-Wagner-Museum Würzburg, Künstlerbriefe, Friedrich Gärtner, 16. 6. 1838; Ludwig I. nahm nicht an der Einweihung teil
11 Winfrid von Pölnitz, Münchener Kunst und Münchener Kunstkämpfe, Oberbayerisches Archiv Jg. 1936, N. 72, München 1936

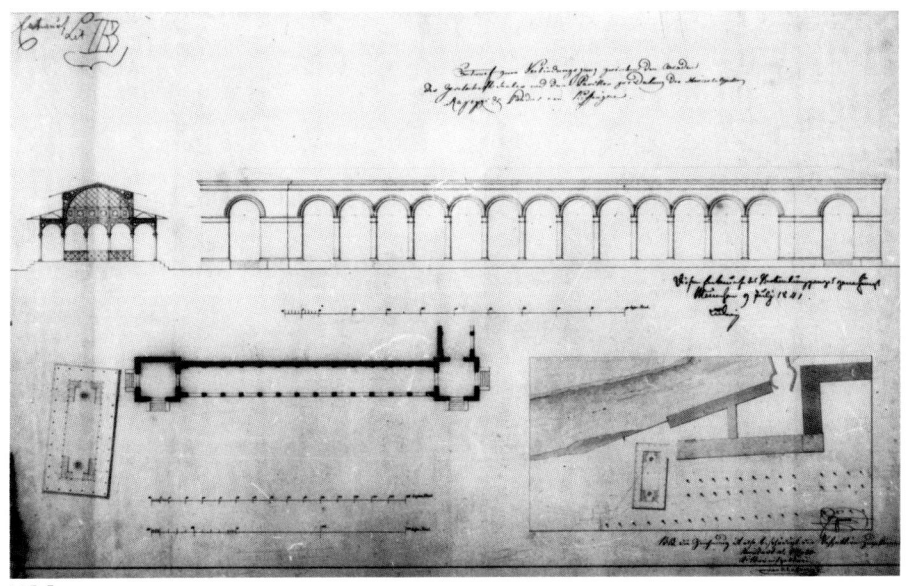

125.5

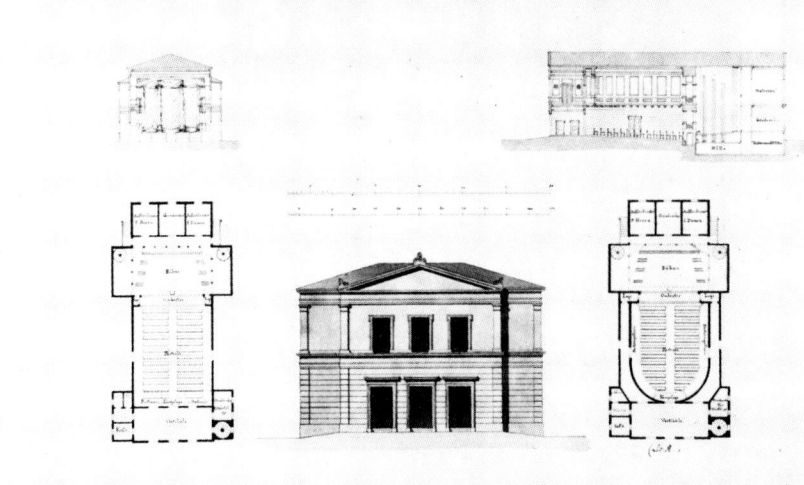

125.7

125.8

Arkadenbau in Augenschein zu nehmen, wohin ich mich auch begeben werde mit dem sehnlichsten Wunsche, daß dieses Bauwerk seinen Beifall erhalte.«[10]

In den von Moninger gesammelten Architekturzeichnungen Gärtners existiert ein farbig aquarellierter Längs- und Querschnitt zu einem Saalgebäude, der, abgesehen von der ungefähren Länge und dem an der Stirnseite zur offenen Vorhalle integrierten Wandelgang, kaum als Vorentwurf anzusehen ist. Für Gärtner ungewöhnlich, präsentiert sich der zweigeschossige Saal mit dem Hauptmotiv der Pfeilerarkatur und der etwas generalisiert aufgelegten Dekoration nach italienischen Renaissancevorbildern, die pompejanische Malerei auflockert. Diese in Gärtners Werk isolierte Zeichnung ist der Planung des Brückenauer Kursaalgebäudes zugeordnet. Gärtner war mit den Entwurfszeichnungen Gutensohns und Thürmers durch die Akademie befaßt und er versuchte durch eine Verbindung seines Entwurfes mit dem Entwurf I von Thürmer eine Auftragserteilung zu erreichen. »Tatsächlich wurde diese Methode aus fremden Plänen Nutzen zu ziehen damals in München gehandhabt. So schrieb Gärtner an Wagner man wolle ihm die Ausführung des Brückenauer Kurhauses übertragen, wenn er aus den hiefür eingereichten Plänen, vorzüglich aber aus dem Thürmers Nutzen ziehen und einen neuen Entwurf fertigen wolle.«[11]

Die lithographierten, auch dem Grundstein beigegebenen Pläne im Grund- und Aufriß zeigen den ausgeführten, eingeschossigen, sich zum Kurplatz öffnenden Pfeilerarkadengang, der einen ca. 85 zu 26 m großen Hof umschreibt und an den Enden in die unter der gemeinsamen flachen Überdachung einbezogenen Pavillons mündet. Die Fassade des Saalgebäudes ist der kraftvolle, völlig aus dem Arkadengang herausentwickelte zweigeschossige Mittelakzent. Hier rhythmisieren an die fünf Bogenachsen ausgrenzende Blendfelder mit Bogenfries die ruhige Reihung. Das einen kleinen, zum Kurplatz sich öffnenden Saal umfassende Obergeschoß weist eine identische Wiederholung der darunter gelegenen Bogenstellung auf.

Der Wandelgang ist durch Blendarkaden an der geschlossenen Rückwand und durch die Balkenlage der Flachdecke, anstelle der eigentlich vorgesehenen Muldengewölbe in einzelne Abschnitte definiert. Die mit architravierten Archivolten kombinierten, an den Ecken abgefasten Pfeiler auf Basen und aus Wulst und profiliertem Kämpfer akzentuierten Kapitelle stellen den Prototyp Gärtnerscher Arkadenbildung dar, wie er an den seitlichen Verbindungsarkaden der Münchener Ludwigskirche vorformuliert ist. 1842 diente Gärtner der Kissinger Wandelgang als direkte Vorlage für den, in eine Backsteinkonstruktion mit offenem Dachstuhl umgesetzten Arkadengang des neuen Campo Santo am Münchener Südfriedhof.

Das Saalgebäude entwickelt sich hinter dem monumentalen Arkadenvorbau als basilikaler Raum. Die Zeitgenossen vermerkten indigniert eine ungebührliche Vernachlässigung dieses dreiseitig freistehenden, lapidar gegliederten Putzbaues: »dem Plan mangelt es an Einheit und sind nicht weniger als 4 Anbaue angeklebt, so daß man in Ganzen bey diesem Baue der auf ein so einfaches Bedürfniß hingewiesen ist, 7 verschiedene Arten von Dächern erblicken wird, derselbe steht ganz frey, wobey 3 Seiten desselben auf eine grobe Weise vernachlässigt werden, wie in der Plastik, so soll man auch in der Architectur trachten, daß die Werke bey freyen Stand von allen Seiten einen günstigen Anblick gewähren, auch dieser Bau wird im byzantinischen Stil.«[12] Mit einer Saaltiefe von fünf Fensterachsen und einer unter der Traufe des Vorhauses bleibenden Firsthöhe wird der Eindruck der Unterordnung verstärkt. Das Basilikenvorbild wird außen und innen offengelegt. Die in den Saal hineingeführte Arkatur trennt seitlich die »Logenschiffe« ab. Der von einer erhaltenen, großteiligen Kassettendecke überspannte, eineinhalbgeschossige Mittelsaal biegt sich an der Stirnseite zu einem apsidialen Rund. »Der Grundplan hat ganz die Gestalt einer Kirche, man darf blos einen Altar hineinstellen, so kann man den Raum für religiöse Zwecke verwenden.«[12] Zurückhaltender, aber mit gleichem kritischem Unterton schrieb das Vaterländische Magazin 1839 vom »majestätischen, fast zu kirchenähnlichen Gesellschaftssaale«. Gärtners eigenständig und im Ganzen souverän gebildete Anlage knüpft formal an das klassizistische Urbild der dreiflügeligen Anlage der Wiesbadener Kolonnade von Christian Zais an und interpretiert sie zusammen mit einer Verknüpfung des Saalgebäudes historistisch in den italienisch gefärbten Rundbogenstil. Mit der basilikalen, in Brückenau noch verhüllten Ausprägung werden erstmals die idealen Entwürfe z.B. Schinkels für einen Kursaal etwas puristisch umgesetzt. Innerhalb kurzer Zeit hatte Bayern mit zwei unterschiedlichen Beiträgen zur historistischen, gattungseigenen Lösung der verselbständigten Bauaufgabe die wesentlichen Beiträge zur deutschen Kursaalarchitektur der Zeit geleistet. Dies ist vor allem ein Dokument für die nach angemessenen Lösungen suchende, innovationsfreudige Atmosphäre in Bayern.

Krugmagazin

Die Verlagerung des noch innerhalb des erweiterten Kurplatzes stehenden und daher als Belästigung empfundenen Krugmagazins, einem Abfüllbetrieb für Heilwasser im heutigen Sinne, war Teil der Gesamtplanung. Da die Nähe der Quellen Voraussetzung für den Betrieb war, entstand das von Gärtner entworfene Gebäude, von dem keine Entwurfszeichnungen vorliegen, an dem für repräsentative Logierhäuser vorgesehenen Standort in der Kurhausstraße. Gärtner mußte seinen am 24.6.1835 von Ludwig I. bereits genehmigten, bei dessen Anwesenheit in Bad Kissingen angesichts der wenig vorteilhaften Wirkung wieder verworfenen Entwurf überarbeiten.[13] Der Anfang 1838 vollendete, zweigeschossige, etwas provinziell mit einem Kniestock überhöhte Putzbau in Ecklage weist als signifikantes Gestaltungsmerkmal zu Drillingsfenstern gruppierte segmentbogige Fenster auf. Der kubische Baukörper ist auf die Wirkung der Wandflächen eingesetzt, die nur von den differenziert ausgebildeten Gesimsen horizontal untergliedert werden. In der Verbindung von Nutzbau mit Hofanlage und Wohnhaus stellte Gärtner eine höchst beachtliche, durch völlige Reduzierung des Schmuckapparates erreichte Lösung vor. Sie entstand aus der Zwitterstellung von Funktionen, Lage und Nutzung, und repräsentiert und legitimiert so anschaulich Gärtners Sachlichkeit bzw. seinen gereinigten Stil. Das heute für die Bäderverwaltung genutzte Gebäude blieb in seiner Modernität den Zeitgenossen unverständlich. »Es ist zwar auch in einem Stile erbaut, allein es ist schwer zu entscheiden in welchem«[14], mißverstand J. B. Niedergesees die Intentionen Gärtners. Für die Bebauung der Kurhausstraße hatte das Krugmagazin keine Vorbildstellung.

Quellenpavillon

Für die gemeinsame Überdachung der Quellen Rakoczy und Pandur mit einem Pavillon, der sich mit einem umlaufenden Wandelgang für die Wassertrinkenden erweiterte, lag bereits 1837 der von Ludwig I. genehmigte Entwurf vor, den Friedrich von Gärtner als Alternativentwurf des Baukunstausschusses als eine Eisenkonstruktion entworfen hatte.[15] Die kompetenzgemäß von der Kreisregierung vorgelegte Planung traditioneller Brunnentempel hatte auch hier nur vordergründig formalen Charakter, da Friedrich von Gärtner über alle Kurbauten Kissin-

12 Martin-von-Wagner-Museum Würzburg, Künstlerbriefe, Johann Gottfried Gutensohn, 20.9.1834

13 BHStA, MInn 62269, 3.6.1836

14 vgl. Walter Mahr, Geschichte der Stadt Kissingen, Bad Kissingen 1959

15 BHStA, MInn 62270, 6.3.1837

125.12

gens im Ausschuß referierte und letztlich angehalten war, sämtliche Entwürfe zu erstellen. Der im kgl. Berg- und Hüttenwerk Bodenwöhr angesichts der Dauer wahrscheinlich mit Schwierigkeiten hergestellte und 1842 montierte Gußeisenbau wurde gleichzeitig mit einer neuen südlichen Verlängerung, anstelle des Bogenganges von 1824, an den Arkadengang angebunden. In dessen Gegenüberstellung wird die filigrane, ca. 12 m breite und doppelt so tiefe, unerhört neuartige Konstruktion augenscheinlich. Die Konstruktion erhebt sich über den 3,7 m tiefen, gemauerten Brunnenschacht mit den beiden Quellen. Die Benennung »Brunnentempel« und der gestaffelte Aufbau sind sehr verhalten sakrale, auf die Quellensphäre übertragene Reminiszensen, denen Vierpaßfüllungen, Gitteraussteifungen, Blattkapitele der Eisensäulen und gotisierende Paßblenden in den Bogenzwickeln entsprechen könnten. Die historischen Stilanleihen unterstreichen eher die konstruktive Dominanz. Der Funktion entsprechend setzt sich die gestaffelte Säulenhalle zu einem lichten Festzelt aus erhöhtem Quellenbau und Umgang mit Pultdachanteil zusammen. Der gegenüber einem massiven Säulenbau kaum preiswertere, aber sich unerhört neuartig und flexibel dem Zweck anpassende Quellenbau stellt die erste Erprobung in der bayerischen und wahrscheinlich deutschen Kurarchitektur dar. 1909 wich er der Quellenhalle von Max Littmann.

Das evangelische Bethaus

Ludwig I. ordnete am 30.8.1844 den Bau eines evangelischen Bethauses im Hinblick auf die Vielzahl z.T. hochgestellter evangelischer Gäste, jährlich etwa 500, denen nur unpassende Möglichkeiten der Religionsausübung gegeben waren.[16] Daß mit Bad Kissingen die Kultbauten wieder beginnen, Teil der Kurarchitektur zu werden, – 1859 folgt die kath. Badkapelle in Bad Steben –, wird auch am kurplatznahen Standort deutlich. In Revision des Generalplanes schloß das auf den Kurplatz ausgerichtete Bethaus die Parallelstraße zur Ludwigstraße als point-de-vue ab und leitete damit die städtebauliche Verödung dieser Straße ein.

Nach Ludwigs Auffassung sollte das Gebäude dem entsprechen, was in Bezug auf Einfachheit, Anständigkeit und Zweckmäßigkeit für alle solchen Bauten galt. Die Gesamtkosten hatten sich auf 40000 fl. zu beschränken, worin auch eine umlaufende Galerie berücksichtigt werden sollte. Das den königlichen Stempel tragende Bauprogramm präzisierte, daß im Unterschied zu einem Kirchenbau ein Bethaus vorgesehen sei, »nicht Kirche, also ohnehin ohne Turm«.[16] Auch hier war die Entwurfstätigkeit der Kreisregierung nur von formaler Natur. Ihr am 24.11.1844 nach München gesandter Entwurf wurde schon am 28.1.1845 beschieden, daß König Ludwig I. nicht den angeforderten, »sondern den verbesserten und dem k. Director und Oberbaurathe v. Gärtner verfaßten Entwurfe ... zu genehmigen geruht haben.«[17] Im September 1846 war das 42000 fl. kostende Gebäude einschließlich der von Joseph Anton Schwarzmann gemalten Dekoration, insbesondere der Apsis vollendet. Entgegen dem Entwurf hatte Gärtner anstelle des Giebelkreuzes noch nachträglich einen Giebelreiter durchgesetzt. Zum Beginn der Kursaison 1847, am 6. Juni, wurde das Bethaus eingeweiht. Gärtner, der sich die künstlerische Einheit durch Detailzeichnungen vom Gebäude über die Dekorationsmalereien und der Einrichtung, bis zu den Geräten gewährleistete, war kurz zuvor, am 21. April verstorben. Das 1890/1891 durch August Thiersch mit Doppelturmfassade, Querhaus, Vierungsturm und neuem Chor zu sprechender Neuromanik gebrachte Gebäude ist nach der Renovierung von 1980 wieder teilweise in seiner inneren Konzeption erlebbar gemacht.

Der Ursprungsbau präsentierte sich als konsequenter stereometrischer Giebelbau, dem auch die halbrunde Altarnische einbezogen war. Die strenge Reihung der in zwei Geschossen angeordneten Rundbogenfenster an den Langseiten wird von

16 StA Würzburg, Reg. v. Ufr. 9047, 5.9.1844
17 desgl., 28.1.1845

einer Lisenengliederung unterstrichen. Eine Verdichtung des knappen Apparates des »byzantinischen« Rundbogenstils erfährt die Giebelfassade, wo leichte neuromanische Einflüsse oberitalienischer Provenienz den Gärtnerstil offenbaren. Den von einer hölzernen Kassettendecke bedeckten Raum umstellt zu drei Seiten eine für den evangelischen Kirchenbau typische hölzerne Galerie. Das Bethaus ist ein Dokument der Umsetzung königlicher Entwurfsvorgaben zu einem kleinen, auf ein Gesamtkunstwerk abzielenden Kirchenraum innerhalb der Bestrebungen des Rundbogenstils. Gerade in der Vereinfachung werden die Gärtnerschen Stiltendenzen im Sinne einer Mustervorlage klargelegt. Die Gärtner aufgrund raumbildnerischer und motivischer Übereinstimmungen sicherlich bekannten Kirchenbauten von Heinrich Hübsch für Bulach, insbesondere aber für Barmen, beide in den »Bauwerke« von Hübsch 1838 publiziert, kommt bei ähnlichen Intentionen, eingeschränkt die Qualität eines Ideengebers zu. Die gehobene architektonische Bedeutung des Kirchenbaues war bei Gärtner bereits zu einem gefestigten Lehrgebäude ausgebildet.

Zu den kleinen Bauten Gärtners gehört das anspruchslose, 1841 erbaute, ursprünglich eingeschossige Salinenbadehaus zu sechs Fensterachsen, das in mehreren Etappen bis 1902 erweitert und aufgestockt wurde. Daneben lassen sich einige nicht ausgeführte Projekte für Bad Kissingen nachweisen.

Das Kurtheater

Das Projekt eines Kurtheaters ist Ausdruck einer von Ludwig I. gering geachteten Bemühung der Stadt und der Kreisregierung eine Tradition fortzuführen, die wahrscheinlich schon im späten 18. Jahrhundert wohl als Komödien- und Ballhaus in der sog. Alten Burg an der Nordost-Ecke der Stadt begann. 1830 lag der Entwurf eines klassizistischen Theatergebäudes von Landbauinspektor Donle aus Münnerstadt vor, der im Baukunstausschuß als zu schlecht empfunden wurde, um überhaupt verbessert werden zu können.[18] Verschiedene fahrende Truppen fanden während der Ludwigszeit in privaten Räumen eine den Darbietungen entsprechende anspruchslose Unterkunft, bis 1855/1856 ein Sommertheater am Standort des heutigen, 1905 von Max Littmann erbauten Theatergebäudes entstand.[19] Gärtners auf einem Blatt in zwei leicht unterschiedlichen Alternativen vorgetragenes Projekt eines schlichten, Bühnen- und Zuschauerhaus unter einem flachen Giebeldach vereinigenden Theaters entsprach bei Ludwigs ablehnender Haltung

den Intentionen der Kreisregierung. Das als verputzter Fachwerkbau geplante, nur ein Parkett, und in der Alternative zusätzlich einen Rang und Proszeniumslogen vorsehende Theater, zeigt eine zurückgenommene Gliederung durch Putzbänderung im Erdgeschoß, Eckpilaster und Frontgiebel. Einigermaßen unerwartet ist die klassizistische Stilsprache, die hier eine traditionelle, nun gattungseigene Zuordnung übernimmt.

Entwurf zu einem Kurhaus

Dieses aus Kostengründen nicht ausgeführte Projekt hätte in Gegenüberstellung zum Arkadenbau den großartigen Abschluß des Kurparkensembles zu einer geschlossenen baulichen Anlage erbracht, die in ihrer städtebaulichen und architektonischen Qualität Intentionen der Münchener Ludwigstraße verwirklicht hätte. Das im Kern spätbarocke, zuletzt durch den rückwärtigen Winkelbau des Logierhauses erweiterte Kurhaus wurde den wachsenden Gästezahlen nur noch als Provisorium gerecht. Im Erdgeschoß waren Kaufläden und die Badekabinen untergebracht, im Obergeschoß befanden sich Säle und Gesellschaftsräume, die immer wieder umgebaut und schließlich vereinigt werden mußten. Die bisherigen hohen Aufwendungen ließen keinen Neubau zu. Noch 1836 bestimmte Ludwig I. zwar den Anbau eines Speisesaales, aber keinen Neubau.[20] 1835 war von der Kreisregierung die dringende Bitte um Entwürfe zu einem neuen Kurhaus vorgetragen worden, um nicht »den unter allen Anständen nöthigen Neubau eines größeren und vollkommnen Kurhauses weiter hinaus zu schieben und nicht die vielen und großen Mängel des Kurhauses zu beseitigen.«[21] Bereits Ende 1834 scheint ein Neubau im Generalplan vorgesehen zu sein, allerdings beschränkt auf das Grundstück des alten Kurhauses, was nie alleinige Planungsvorgabe Gärtners war. Die ersten skizzenhaften Entwürfe sind auf 1835 zu datieren. Sie versuchen zuerst eine Lösung des Problems der Gegenüberstellung zum Arkadenbau, damit verbunden der Körpergliederung und Raumanordnung, und einer Anbindung an das bestehende rückwärtige Logiergebäude. Grundstücksankäufe ermöglichten eine allen Entwürfen beibehaltene Fassadenerstreckung von 120 m, also eine bis zur Ludwigstraßenbebauung vorstoßende Länge. Die erste Fassadenskizzierung macht das Bemühen deutlich, den großvolumigen Baukörper achsensymmetrisch zum gegenüberliegenden, parallelgestellten Arkadenbau in Übereinstimmung zu bringen. Der fünfachsigen Kursaalfassade hätte ein dreigeschossiger, achsengleicher

18 StA Würzburg, Reg. v. Ufr. 6888

19 vgl. Ewald Wegner, Friedrich von Gärtner und das Bad Kissingen, Mainfränkische Studien, Band 25, Würzburg 1981, S. 46–49

20 BHStA, MInn 62269, 15. 6. 1836, Dezember 1836

21 BHStA, MInn 62268, 21. 2. 1835

22 BHStA, MInn 62269, 15. 8. 1836

23 Ewald Wegner, Forschung zu Leben und Werk des Architekten Johann Gottfried Gutensohn (1792–1851), Frankfurt und Bern 1984, Seite 202–213

Mittelbau geantwortet, der in den seitlichen, reich ornamentierten Zwischenflügeln zu zwei Geschossen, das Arkadenmotiv direkt aufnehmen sollte, das auch die zweigeschossigen Seitenflügel geprägt hätte. Diese wären wegen dem nördlich über den Arkadenbau hinausreichenden Grundstück unterschiedlich breit ausgefallen. Dies war der Hauptgrund dafür, daß er in der daruntergesetzten Skizzierung eine ungebrochene dreigeschossige Fassade mit der Fensterbogenwand des ersten Obergeschosses den achsialen Bezug aufgab und durch motivische Entsprechungen die Einheitlichkeit herstellte. Die Binnengliederung ist noch kleingliedrig und weist das erste Obergeschoß in Höhe und Arkatur als Saalgeschoß aus. Erdgeschoßsockel, Ecklisenen und eine Pilasterordnung für das zweite Obergeschoß kontrastieren mit Sohlbankgesimsen zu den Putzflächen. Die räumliche Disposition bestimmt im insbesondere für die Badeeinrichtungen vorgesehenen Erdgeschoß zwei seitliche, durch die Stellung des Rückgebäudes vorgegebene Torfahrten. Dazwischen waren die Haupttreppe und die Gesellschaftsräume vorgesehen. Im Obergeschoß wäre ein unzureichend beleuchteter Mittelgang an beiden Enden in Säle ausgemündet: nördlich in den langrechteckigen Speisesaal und südlich in den, wohl anfangs als Tanzsaal vorgesehenen, ebenso großen Raum, in dem nachträglich ein Theater skizziert ist. Zu monumentaler Geschlossenheit reifte das Projekt im fertigen, nicht zur Genehmigung vorgelegten Entwurf. Einerseits ist der kubische Baukörper mit seiner italienischen Stilcharakterisierung den großen Intentionen der Münchener Ludwigstraße entlehnt, zeitlich und stilistisch eingestellt zwischen Blindeninstitut und Damenstiftsgebäude. Das sicherlich für eine Ausführung in weißen Sandsteinquadern vorgesehene Bauwerk übertrug aber nicht einfach eine monumentale Konzeption auf ein Kurhaus. Die lange, gleichgegliederte, um eine Achse zurückspringende und zwischen Eckrisalite eingespannte Mittelfront ist im Erdgeschoß bündig zur Fluchtlinie mit einem direkt den Arkadenbau aufnehmenden Laubengang geschlossen. Die darübergelegene gußeiserne Veranda ist echtes Attribut an die Kurarchitektur. Gereift ist auch die innere Disposition. Das von zwei Durchfahrten unterbrochene Erdgeschoß war ausschließlich Badekabinen- und Einrichtungen vorbehalten. Neben Spielzimmern, Konversations- und Billardzimmer mit Nebenräumen hätten zwei Säle über beide Obergeschosse gereicht: der Tanzsaal im südlichen Eckbau und der langrechteckige Speisesaal im nördlichen Bereich des Hauptgebäudes. Hier zeigt der Durchschnitt in der Blendarkatur des Obergeschosses und in der Galerie, aber auch in der Spiegeldecke, einen umdekorierten Nachhall des Brückenauer Saalgebäudes.

Kurhäuser

Ein Kernstück der Stadtplanung war die Ansiedlung von privaten Kurhäusern, die ab 1833 wie in keiner anderen Kurstadt in großer Anzahl und im repräsentativen Charakter entstanden und darin einen eigenen Typus ausbildeten. Die ersten Kurhäuser entstanden bereits 1834 im südlichen Anschluß des kgl. Kurhauses in der Kurhausstraße. Allein im Frühjahr 1835 wurden zwölf neue Gebäude begonnen.[1] Als über die Überwachung der Einhaltung der Baulinien hinausgehende Einwirkung, bestimmte Ludwig I. die Planvorlage der Neubauten in Kurplatznähe an ihn.[22] Eigentümlicherweise läßt sich an diesen Projekten Friedrich von Gärtners Mitwirkung nicht ablesen und nachweisen.

Die einheitliche, zwischen 1833 und ca. 1840 an leicht gebogener Baulinie zusammengewachsene Gruppe viergeschossiger, großvolumiger Kurhäuser zwischen Kurhaus und Krugmagazin ist nur unbeträchtlich überformt worden. Das Gliederungskonzept schöpft vom Hinterbau des staatlichen Kurhauses, ist jedoch als aus dem Wohnhausbau entwickelt auch monumentalisiert. Fensterverdachungen kennzeichnen das erste Obergeschoß als Beletage. Ansonsten zeigen alle Geschosse eine gleichmäßige Reihung rechteckiger Fenster auf Sohlbankgesimsen. Die flächenbetonte Fassadenerscheinung ist durch Sockel, rustizierte Gebäudekanten und ausladende Konsolgesimse in einen festen Rahmen gesetzt. Kurbezogene und gattungseigene Akzente setzten die zur Mitte gezogenen, geschoßübergreifend angeordneten gußeisernen Veranden.

Zu diesen Neubauten gehört auch der Altstadt und Kurbereich verbindende Neubau des 1836 von Johann Gottfried Gutensohn entworfenen Hauses Boxberger, das bei seiner Fertigstellung als das größte und eleganteste Privatgebäude Kissingens rangierte. Das Traditionshaus der Apotheke Boxberger war ursprünglich auch Kurhaus, wurde 1933 aufgestockt, die rundbogigen Erdgeschoßfenster sind zu Ladenbögen verlängert und die Fassade hat einen entstellenden Anstrich. Das zu den guten italienischen Renaissancerezeptionen zählende Gebäude zeigt in der Beletage eine anspruchsvolle architektonische Rahmung der rundbogigen Fenster, die an Motive Klenzes erinnert, jedoch unabhängig davon vom Vorbild der römischen Cancellerie entlehnt

126.3

126.1 Plan von Bad und Ort Steben ca. 1840
farbig lavierter Situationsplan;
105,4 × 35,4
BHStA, Planslg. 17974
126.2 Landbauamt Bayreuth
Badehaus in Steben; Bauaufnahme des
Grundrisses vom Ursprungsbau, 1852
Feder und graue Tusche; 35,5 × 21
StA Bamberg, K3 FVIIa Nr. 1041
126.3 G. Könitzer (Abb.)
Ansicht des Bades Steben
Lithographie ca. 1850
Luise Mörtel, Bad Steben

wurde. Das nicht mehr vorhandene, einen ungeheueren Stilbruch erzeugende Motiv der gotizierenden Durchfahrt ist zweifelsohne auf Bauherrnwünsche zurückzuführen.

Einen durchaus eigenständigen Beitrag zur Kurhausarchitektur leistete der unterfränkische Civilbauinspektor Gutensohn mit den ca. 1840 entstandenen Kurhäusern Ballinghaus (Martin-Luther-Straße 3) und Westendhaus (Bismarckstraße 26).[23] Die beiden kubischen, dreigeschossigen Bauten mit sehr flachem Walmdach zeigen identische Konstruktions- und Gliederungsmerkmale, die parallel auch bei den beiden Flügelbauten seines Kursaalgebäudes in Bad Ems auftauchen und insgesamt das Lehrgebäude italienisch ausgebildeter Neurenaissance dokumentieren. Das geistvolle tektonische Gliederungsgerüst ist von ausgereifter Klarheit. Die Gebäude bauen sich geschoßweise auf. Erdgeschoß und Beletage sind als Bogenwände ausgebildet, die horizontal durch Sohlbank- und Kämpfergesimse untergliedert sind, und durch Eckpilaster gerahmt sind. Dem dritten Geschoß ist eine Pilasterordnung aufgelegt. Den Eingängen sind toskanische Säulenportiken vorgelagert, die sich mit Balkonen zu Altane verbinden. Die Raumanordnung entlang längserschließender Mittelgänge ist dem Zweck entsprechend, verbindet sich jedoch mit anspruchsvollen mittleren Treppen und Foyers, die sich im Ballinghaus erhalten haben.

E. Wegner

126 Kuranlagen, Bad Steben, 1833–1839

Das im Frankenwald gelegene Steben weist, als ehemalig zum Markgrafentum Bayreuth gehörend, das gleiche politische Schicksal wie Alexandersbad auf, mit dem es 1810 zu Bayern kam und in den Obermainkreis (Oberfranken) eingegliedert wurde. Bis 1751 ist auch das Schicksal beider Heilquellen vergleichbar. Die älter bekannte Stebener Quelle, über die bereits 1690 eine Brunnenschrift von Gottfried Stein vorlag[1], wurde 1750, und die von Alexandersbad 1751 aus dem markgräflichen Besitz herausgenommen, als das umgebende Ödland gewissermaßen zwangsweise von den Bauern anteilig gekauft werden mußte. Damit waren die Erwartungen zunichte, daß Steben neben dem im Unterland Bayreuths gelegenen Bad Burgbernheim treten könnte. 1738 unterblieb der Bau eines bereits genehmigten zweigeschossigen Kurhauses aus Geldmangel. Der von einem hohen Mansardenwalmdach gedeckte, ca. 60 m lange Fachwerkbau, dessen mittlerer Frontispiz die Lage des Saales bezeichnete, nahm in der unverputzten Konstruktion fränkische Traditionen etwa von Burgbernheim wieder auf.[2] Auch der 1746 zu einem eingeschossigen Rechteckbau zu ca. 25 m Länge zusammengeschmolzene Entwurf blieb unausgeführt.[3] Anläßlich von Reparaturen wird 1746 bekannt, daß es sich bei einem bestehenden »Lustschlößlein und Gallerie« um eine bretterne Trinkhalle handelt.[4] Die Unternehmungen des Ho-

1 Gottfried Stein, Stebecrene, Bayreuth 1690
2 StA Bamberg, C 9 VI Nr. 17791
3 desgl. 1746
4 desgl. 1746

fer Landeshauptmannes Philipp Ludwig von Weitershausen zur Gründung einer Kuranstalt scheiterten letztlich an den Eigentumsverhältnissen. Dennoch hinterließ er ein abseits der Quelle 1788 erbautes, bald zweckentfremdetes erstes Kurhaus und eine Allee zu den Quellen.[5] Während der preußischen Verwaltung wurde 1803 der Grund für ein Badehaus gekauft, für das 1805 Risse und Kostenanschläge vorlagen, aber unausgeführt blieb. In diese Planung ist wohl auch Carl Christian Riedels Projekt eines Gesellschaftsgebäudes einzustellen, das in der im 18. Jahrhundert gebräuchlichen Funktion als »Traiteur- und Gesellschaftshaus« noch 1822 in dieser Benennung von der Regierung des Obermainkreises befürwortet wurde.[6] Bis 1825 blieben die ungünstigen Kurvoraussetzungen unverändert fortbestehen. Die unmittelbar zusammenliegenden Brunnen, hier als Quelle benannt, waren seit 1802 auf drei vermehrt; es gab einen Brunnenaufseher, einen in Hof wohnenden Amtsphysikus als Brunnenarzt und keine Apotheke. Die Bäder wurden nach wie vor unzulänglich in den privaten Quartieren des Ortes Untersteben abgegeben.

»Die Quellen sind Eigenthum der Gemeinde und dieß hindert in mancher Beziehung das Gedeihen der Badanstalt, indem die Einwohner keine Vorschläge zu bessern Einrichtung von irgend Jemand anzunehmen verbunden sind.«[7] Beachtlich nimmt sich die wachsende Zahl der dies in Kauf nehmenden Badegäste aus: 1827 immerhin 120 und 1829 bereits 190, in der Regel jedoch jährlich ca. 150. Als tätige Fürsprecherin der Stebener Quelle trat besonders die Kreisregierung des Obermainkreises auf, die neben der Forderung nach baulichen Einrichtungen 1825 die Frage stellte, ob die Heilmittel nicht am besten für den Staatsbesitz zu erwerben und zur Staatsanstalt zu erheben seien.[8] Angesichts der Krise im Erzbergbau hatte dies auch eine soziale Begründung. Ludwig I. zeigte sich solchen Plänen sehr bedeckt, da »es an Quellen ähnlicher Art nicht gebreche« und andere Anstalten, besonders die Schwefelquelle bei Wipfeld, die Sorge des Staates dringender in Anspruch nehmen. Nachdem Ende 1831 aus den »Erübrigungen der 2. Finanzperiode« 50 000 fl. für die Landgerichtsgebäude des Kreises und besonders für die Herstellung der Kuranstalt Stebens bereitstanden, trat die Kreisregierung mit der Gemeinde Untersteben in Kaufverhandlungen. Am 8. Juni 1832 wurde der Kaufvertrag ratifiziert, doch erst am 5.12.1834 unterzeichnet. Die Quelle mit Überdachung, der Salon und der gemeindeeigene Grund von vier Tag-

werk gingen für 600 fl. in Staatseigentum. Der gleichzeitig getätigte Ankauf von zehn privaten, insgesamt ¾ Tagwerk umfassenden Parzellen des Gemeindeangers erforderte 1100 fl. Von weitreichender Bedeutung erwies sich die Verpflichtung des Staates, nicht nur die Quellen zum Gebrauch der Kurgäste zu unterhalten, sondern auch durch Verbesserungen und Erweiterungen der Anstalt den gemeinnützigen Gebrauch der Quellen zu erhöhen; hierzu gehörte die Pflasterung und Chaussierung der Ortshauptstraße. Bereits 1832 begann die Planung zur Gründung eines Kurbades, für das einschließlich Erwerbungskosten 39 000 fl. eingestellt waren. Ludwig I. war noch im Mai 1833, als ihm die ersten Entwürfe zur Errichtung eines Badehauses, einer gedeckten Promenade und einer Quellenüberdachung vorlagen, keineswegs einem Kauf zugeneigt. Die Quelle sollte als Gemeindeeigentum bestehen bleiben und durch einen Zuschuß gefaßt werden. Die grundsätzliche Distanz drückte sich in der Ablehnung der Überdachung aus und besonders in der Kritik des Entwurfes für den Wandelgang, für den »ein einfacher und dem Zwecke vollkommen entsprechender vorzulegen« sei. Die Regierung entschuldigte sich für diese nicht überlieferten, aber dem Civilbauinspektor Anton Weiß zuzuordnenden Entwürfe damit, »weil die Gelegenheit nur selten sich ergiebt, daß das Beispiel einer geschmackvollen und zweckmäßigen Bauausführung in solchen Gegenden gebracht werden kann.« Die revidierten Pläne der Kreisregierung für ein Badehaus und einen Wandelgang referierte Joseph Daniel Ohlmüller bei der prüfenden Sitzung des Baukunst-Ausschusses im August 1834. Hierfür hatte er eine gänzliche Neuplanung gefertigt, die mit einer Änderung der Fenster auch angenommen wurde. Nur das Mitglied Friedrich von Gärtner gab seine Zustimmung halbherzig mit dem Hinweis auf die allgemeinen Mängel der alten Pläne. Auf die Vorlage der Entwürfe Ohlmüllers und auf die Ausbauvorstellungen der Kreisregierung reagierte Ludwig I. unwirsch. Seinen Anweisungen war man nicht nachgekommen; ein Kurhaus hätte den finanziellen Rahmen gesprengt, weshalb die Kreisregierung auf private, staatlich bezuschußte Initiative vertraute. Zwar ordnete Ludwig I. den Entwurf eines sich bald als nicht realisierbar erweisenden kombinierten Bade- und Logierhauses nach probatem Muster an, doch blieb es schließlich bei den am 19. September 1834 von Ludwig I. genehmigten Plänen Ohlmüllers, eines Wandelganges und eines Badehauses. Des Königs grundsätzliche Haltung und die

5 vgl. Heinrich Mörtel, Dorf und Bad Steben im Wandel der Zeiten, Hof 1970
6 Petra Simon, Bad Steben, Ausst.Kat. Klassizismus in Bayern, Schwaben und Franken, München 1980, S. 386–387
7 August Vogel, Die Mineralquellen des Königreichs Bayern, München 1829, S. 25
8 BHStA, MInn 62305, 1825; danach folgende Angaben und Zitate

architektonischen Meinungsverschiedenheiten in der stilistischen Umsetzung gleichermaßen erhellend, sind Ludwigs Kritik und Ohlmüllers Stellungnahme. »Die Quelle soll nicht überbaut werden. Der von dem Baukunst-Ausschuße entworfene Plan zu einem bedeckten Wege gefällt Mir durchaus nicht, Ich erwarte Aufklärung, was das für ein Styl seyn soll und wie viel jeder der beiden anderen Pläne, deren Verbesserung dem Baukunst-Ausschuße zu beantragen frei steht, zur Ausführung kosten würde. Der bedeckte Gang muß allerdings bis nahe an die Quelle laufen (...) Der Plan zum Badehaus gefällt Mir aus gleichem Grunde wie der bedeckte Gang nicht. Eine Prämie für ein Wirtschaftsgebäude scheint Mir nicht geeignet, es ist Mir genau zu berechnen, ob nicht durch Überbauung des Badehauses ein Wirtschaftsgebäude gewonnen und dann vortheilhaft verpachtet werden könne. Ludwig«.

»Der Styl, in welchem der Spaziergang ein Plan Lit. B entworfen worden, ging aus der reinen Hoch[?]Construction hervor. Ganz einfache viereckige Säulen von Holz – scheinen aber dem Referenten sie zur Vermeidung der Monotonie durch verschiedene Formen zu zieren, am zweckmäßigsten um den Spaziergehenden durch Beschauung derselben Unterhaltung zu verschafen; diese Art ... Zierde findet sich häufig im altdeutschen Style vor, und war ein Hauptaugenmerk der alten Baumeister, die gerne Wiederholung vermieden.« Das Badhaus glaubte Ohlmüller im Stil anpassen zu müssen. Er wollte beide Bauten aber nicht verbinden, um das Badehaus beidseitig erweitern zu können. Nach den überarbeiteten Entwürfen wurde 1835 unter Leitung des Civilbauinspektors Anton Weiß mit den Bauarbeiten begonnen. Zur Kurzeit 1837 war der Wandelgang, im Juni 1839 das Badhaus mit seinen technischen Einrichtungen vollendet.[9] Steben stand nun mit seiner intimen, eingeschossigen baulichen Anlage »den größeren Badeanstalten des Inlandes würdig zur Seite.«[10]

Die eigenwillige rechtwinklige Anordnung von Kolonnade und Badehaus beiderseits der Hauptquelle am Ende der fast geradwinklig zuführenden Allee legte der Zuschnitt des vom Stebenbach durchtrennten, beschränkten Grundstückes nahe. Die 1910 der neuen Wandelbahn gewichene Kolonnade läßt sich als insgesamt 50 m langer, rückwärtig massiv geschlossener und auf 18 Holzsäulen ruhender, leicht gesockelter, sich zum Kurplatz öffnender Wandelgang rekonstruieren. Er war zwischen übergiebelten Eckpavillons mit wahrscheinlich gebößten Eingängen eingespannt. Der bedeutendere Teil des Kurensembles ist das mit einem flachen kupfergedeckten Satteldach abgeschlossene Badehaus. Ursprünglich bestand es aus vierachsigen Seitenflügeln und mittlerem, überhöhten, mit Dreieckgiebel abgeschlossenen Querbau. Dieser öffnet sich zum Kurplatz in drei toskanischen Säulenarkaden zur offenen Stirnhalle. Das Gliederungssystem dieses noch sehr klassizistisch klar empfundenen, mit Hausteilen aus Granit kombinierten Putzbaues wägt Durchdringung und Zusammenbindung der Teile ab. Das glatte Traufgesims der Flügel ist in der Mitte als Kämpfergesims beibehalten. Durch die seitlich zu Ohren überstehenden Fensterstürze der Hausteineinfassungen entsteht ein leicht geböschter Eindruck, der so mit dem Wandelgang korreliert. Die innere Raumdisposition entsprach nicht ganz der im Außenbau erweckten Anordnung. Ein mittlerer Gang erschloß das Gebäude in seiner ganzen Länge. Beidseitig der Seitenflügel waren die zwölf Badekabinen und ein kleines Gesellschaftszimmer angeordnet. Hinter der offenen Vorhalle lag nur ein kleiner langrechteckiger Saal. Die Hälfte des Mittelbaues nahm die Badküche ein. Die Bäder hatten in Steben eine außergewöhnlich hohe Bedeutung.[11] Der Erweiterungsbau von 1854 nach Plänen des Civilbauinspektors Fanero wurde als identische Wiederholung des Badbaues nach Süden erstellt, wobei allerdings der nunmehrige mittlere Verbindungsflügel nur mit zwei Fensterachsen auf sechs gestreckt wurde. Der zusätzliche Querbau nahm nun den Konversationssaal auf.[12] Das mehrfach durch rückwärtige Anbauten erweiterte Gebäude, 1891/1892 mit einem neuen Moorbadehaus verbunden, wurde 1980 abgetragen und bis Ende 1981 unter Einbeziehung originaler Architekturteile im Außenbau identisch nach dem Bestand von 1860 neuerrichtet. Die bauliche Ausgestaltung unter Ludwig I. war 1839 abgeschlossen. Kleinere Maßnahmen betrafen die Fassung der beiden Hauptquellen mit Granitsteinen, der zweiten Badequelle, sowie der Tornesiquelle 1838. Ein Kurhaus wurde nicht erbaut. 1841 genehmigte Ludwig I. aber den Kauf eines neuerbauten Bürgerhauses, das zum mehrmals erweiterten Kurhotel Bayerischer Hof umgebaut wurde.[13] Stebens heutige Erscheinung als Prinzregentenbad prägen die in der großen Ausbauphase der deutschen Kurorte, zwischen 1892 bis 1911 geschaffenen Gesellschafts-, Logier- und Therapiebauten. Ohlmüllers Kurgebäude[14] sind Ausdruck der im bayerischen Kurleben sehr ausdrücklich gepflegten architektonischen Gleichbehandlung gesellschaftlicher und therapeutischer Einrichtungen. Bemer-

9 BHStA, MInn 62306, 20.3.1839
10 desgl., 1839
11 1842 wurden für die 168 Kurgäste 4032 Bäder abgegeben, davon 2098 im Badehaus, die restlichen noch in privaten Unterkünften. Neben Mineralbädern wurden im Badehaus von Beginn an Moorbäder verabreicht
12 StA Bamberg, K3-FVIIa, Reg. v. Ofr. KdI. Nr. 1041, 22.2.1853, 31.3.1854, 13.5.1854
13 BHStA, MInn 62306, 27.2.1841, 9.6.1841
14 bisher ohne Beleg Klenze zugeschrieben, z.B.: Elga Beck, Wie Steben Staatsbad wurde, in: 150 Jahre Bayerisches Staatsbad Bad Steben, Hof 1982, S. 9–14; dagegen ist bereits im 24. Band der Allgemeinen Deutschen Biographie, S. 185ff., Ohlmüller als Planverfasser benannt

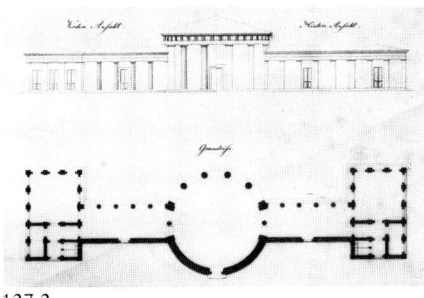

127.2

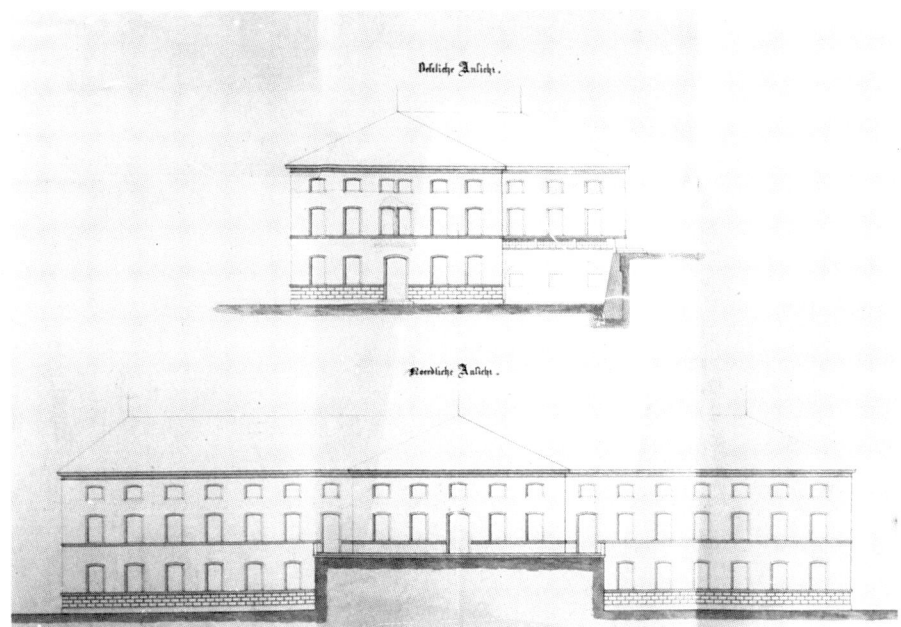

127.5

127.6

127.1 Erasmus Hofstetter
Plan des Bades Höhenstadt mit der projektierten Neuanlage (1834)
Feder, farbig aquarelliert; 53,2 × 36,3
BHStA, Planslg. 16130
127.2 Michael Frank (Abb.)
Projekt einer Quellenrotunde mit Wandelgang für Höhenstadt; in Vorder- und Rückansicht achsensymmetrisch geteilter Aufriß, Grundriß (1832)
Feder; 69,5 × 52
BHStA, Planslg. 16136
127.3 Michael Frank
Projekt eines Kurhauses für Höhenstadt; Fassadenaufriß (1832)
Feder; 68,7 × 51,4
BHStA, Planslg. 16137
127.4 Erasmus Hofstetter
Projekt eines Kurhauses für Höhenstadt; Fassadenaufriß (1834)
Feder; 83,2 × 52,6
BHStA, Planslg. 16143
127.5 Joseph Daniel Ohlmüller (Abb.)
Fassadenrevision des Kurhausentwurfes Hofstetters für das Kurhaus in Höhenstadt; Fassaden- und Seitenaufriß (1839)
Feder, rot und braun laviert; 55,5 × 51,5
BHStA, M Inn 62257
127.6 Friedrich von Gärtner (Abb.)
Fassadenrevision des Kurhauses für Höhenstadt; Aufriß Seitenfassade (1839)
Feder; 30 × 24
BHStA, M Inn 62257

kenswert ist, daß die nahen, als scharfe Konkurrenz empfundenen böhmischen Bäder mit ihren spezifischen baulichen Lösungen keinen Einfluß nahmen. Augenscheinlich ließ sich Ohlmüller für seine Anlage vom 1826/1828 von Karl Friedrich Schinkel geschaffenen Sommersitz Charlottenhof bei Potsdam inspirieren. 1831 war Charlottenhof in mehreren Tafeln seiner »Sammlung Architektonischer Entwürfe« publiziert. Diese in der Umsetzung auf einen bayerischen Kurort unerwartete Rezeption, die durch Ohlmüllers anfänglich altdeutsch intendierte Stildekorationen unvermutet erscheint, ist trotz andersartiger Interpretationen, besonders der Vorhalle, evident und offenbart sich angefangen von der baulichen Anordnung (Schloß und Pergola), Stilverwandtschaft, Gliederung und Durchbildung der Baukörper, bis in den Details.
E. Wegner

127 Kuranlagen, Bad Höhenstadt, 1834–1842

Zur kurgemäßen Nutzung der bei Passau in einer Talsohle nahe beieinander gelegenen beiden Höhenstädter Quellen gründete Abt Abundo vom Kloster Fürstenzell anfang des 18. Jahrhunderts eine kleine Heilanstalt. An der Straße von Griesbach nach Neuhaus entstand unterhalb Höhenstadts am Zusammentreffen mit der Straße nach Fürstenzell ein an den Hang erbautes Kurhaus, das in seiner Anlage Ähnlichkeit mit einem Landgasthaus für gehobene Ansprüche hatte. Umgeben von Wirtschaftsgebäuden repräsentierte sich die Anlage aus einem massiven zweigeschossigen Halbwalmbau, der im Erdgeschoß Badstuben aufnahm und einem angebundenen kleineren Gebäude. Auf der südlichen Anhöhe an der Straße nach Fürstenzell komplettierte das heute noch

421

bestehende, jedoch durch Veränderungen beeinträchtigte Kellergebäude den Kurbereich. In dem Gebäude waren nicht nur die Keller untergebracht, sondern auch das für die zeitgenössischen Heilbäder selbstverständliche öffentliche Gasthaus. Als Auswirkung der Kirchengutsäkularisation kam das Bad in private Hände und wurde als solches weiterbewirtschaftet. Außer zusätzlicher Provisorien hatte sich bis zur Ludwigszeit kaum etwas verändert. Über den Zustand dieser gegen alle Unannehmlichkeiten nicht in Vergessenheit geratenen Anstalt berichtet August Vogel: »Was den innern Zustand der Anstalt selbst betrifft, so läßt sie in der That Manches zu wünschen übrig. Obgleich das Bad häufig besucht wird, indem dort täglich über 100 Bäder abgegeben werden, so ist im Badhause doch nur ein wenig Raum für die Badegäste; diese wohnen theils bey den Bauern in Höhenstadt und beym Hrn. Pfarrer ... Die Zimmer im Badehause sind sehr klein, ausser dem Bett fast ganz ohne Möbeln; die hölzerne Badwanne wird nicht durch eine Röhrenleitung mit Wasser, sondern durch mühsames Tragen des Wassers vermittelst Eimern gefüllt.«[1] Der gesamte Umfang der Baulichkeiten geht aus einer Bestandsaufnahme von 1834 hervor.[2]

Neue Aufmerksamkeit erregten die Quellen 1829, als sie zu den reichhaltigsten Schwefelquellen Bayerns gezählt wurden, und auch der Badeschlamm in Anwendung kam. Die staatswirtschaftliche Bedeutung des einzigen bayerischen Schlammbades, das sich seine Position in Deutschland nur mit Bad Eilsen teilen mußte, wurde vom Innenministerium unterstrichen, das den Erwerb für den Staat begutachtete.[3] »Wäre nicht Höhenstadt für den Staat zu erwerben, billig? Lieber freilich in Privathänden, aber gar schade würde es sein, wenn dieses Bad vernachlässigt bliebe«, resümierte Ludwig I. 1830 und genehmigte den am 1. Oktober 1830 erfolgten Kauf zu 29000 fl. mit der Anweisung: »Es sollen Mir nun sogleich Vorschläge gemacht werden, damit dieselben ehestens vollzogen werden können.«[5] Leo von Klenze ernüchterte die euphorischen Neugründungspläne bereits im Vorgriff auf den Kauf mit der ihm eigenen pragmatischen Sichtweise. Da er das Bad einmal gesehen hatte, erübrigte sich für ihn eine Reise dorthin: »für diese Anstalt ist durchaus alles noch zu thun, die bestehenden Gebäude sind in ihrer Stellung und Anlage so elend, daß an Verbesserungen derselben gar nicht zu denken ist; ebenso mangelhaft und elend ist das Mobiliar; von Anlagen und Spaziergängen keine Spur vorhanden; die Grundstücke worin die Mineralquellen liegen sind mit-

gekauft, aber der Raum zu jedem neuen Bau, und jeder Anlage muß gekauft werden. Über die zweckdienlichste Lage der anzukaufenden Gründe, und der aufzuführenden Gebäude habe ich dem Baubeamten schon, soviel es an mir war, aufgeklärt, und die Lokalverhältnisse gestatten darin keine Wahl. Bei dieser Lage der Sache scheint mir eine Abordnung von hier noch nicht nützlich, und ich glaube, es wäre die Regierung zuerst zum Gutachten aufzufordern.«[6]

Die 1832 bereitgestellten Mittel von 20000 fl. für die Verbesserung der Badgebäude brauchten Instandsetzungen, Renovierungen und der Ankauf der beim Badkauf in grotesker Weise vernachlässigten Grundstücke. Zwischenzeitlich hatte der Bezirksingenieur der Bauinspektion Passau, Michael Frank, 1832 die auf 129000 fl. berechneten, jedoch kaum unter 250000 fl. zu realisierenden und damit utopischen Entwürfe zu einer gänzlichen Neuanlage vorgelegt. Abgesehen davon, daß ein so herausragendes Projekt kaum einem untergeordneten Baubeamten anvertraut worden wäre, gewähren die Entwurfszeichnungen einen hervorragend dokumentierten Einblick zur Ideengeschichte der Kurarchitektur und in den Bildungsstand dieser keineswegs unterzubewertenden Baubeamten der unteren Kreisebene. Für die sogenannte Obere Quelle reflektiert Franks Entwurf einer Quellenrotunde mit seitlich anschließenden Wandelgängen und abschließenden Flügelbauten direkt Friedrich Schinkels 1824–1828 ausgeführten Entwurf für den Aachener Elisenbrunnen, der 1828 im 1. Band von Schinkels Sammlung architektonischer Entwürfe veröffentlicht war. Frank entlehnte sich nicht nur die Grundkonzeption und die dorische Säulenordnung in Verbindung zu dorischen Pilastern für die Eckpavillons, er folgte selbst Schinkels Begründung eines Zeltdaches für die Quellenrotunde.

Kernstück der baulichen Anlage sollte das aus zwei alternativen Standorten auszuwählende »Bad-Gebäude« darstellen, das in seinem Erdgeschoß die Badezimmer aufnahm, aber mit den über zwei Geschossen verteilten, entlang eines Mittelflurs gereihten Logierzimmern, dem Hauptsaal und den Gesellschaftszimmern die klassische Form des kompakten Kurhauses darstellt. Das im Baukörper und in der Inneneinteilung durch Rasterung gänzlich systematisierte Gebäude ist als dreiflügeliges Hofgebäude über quadratischem Grundriß entworfen. Ein freistehendes Sudhaus sollte die vierte Seite schließen, die überdies durch ein in ganzer Flügelbreite gezogenes Ökonomiegebäude abgeriegelt und zu einer idealen,

1 August Vogel, Die Mineralquellen des Königreichs Bayern, München 1829, Seite 47
2 BHStA, MInn 62257, März 1834; Badgebäude, hölzerne Waschküche, hölzerne Remise, zum Badegebäude gehörendes sogenanntes Austraghaus mit Holzschuppen, Hofraum, Kellergebäude mit Taverne.
3 BHStA, MInn 62256, 12.7.1829
4 desgl. 1.5.1830
5 desgl. 13.7.1830
6 desgl. 13.8.1830
7 BHStA, MInn 62257, 20.3.1834
8 desgl. August 1838
9 desgl. 9.3.1839
10 desgl. 8.5.1839
11 BHStA, MInn 62258, 1844

Unverträglichkeiten durch die Nutzung in Kauf nehmenden Einheit zusammengeschlossen ist. Die Fassadengliederung, das Formenrepertoire und die gesamte monumentale Charakterisierung zeigen überdeutlich eine Abhängigkeit zu Klenzevorbildern der Münchener Ludwigstraße, insbesondere dem Wohnhaus Nr. 11, das die Konzeption gereihter Fenster auf den waagrecht durchmessenden Gesimsen palaisartig erweitert. Fast als von Métiviers Palais Almeida inspirierter Nachhall sollte die Erdgeschoßrustizierung am Mittelteil aussetzen und von einer gebänderten, durch einen Balkon akzentuierten Gruppe aus Tor und seitlichen kleinen Fenstern geprägt werden. Ein weiterer Entwurf sah vor, das Kellergebäude unter Einbeziehung vorhandener Bausubstanz zu einem kleinen Saalbau mit außen durch eine Blendarkatur gekennzeichnetem Kegelraum umzuwandeln.

Das Projekt blieb ohne die Chance seiner Verwirklichung. Nachdem seit 1832 die Civilbauinspektoren an den Kreisregierungen installiert waren, arbeitete der an die Regierung des Unter-Donau-Kreises abgestellte Erasmus Hofstetter bis März 1834 den Vorentwurf für das später verändert ausgeführte Gebäude. Den nun in das neue Kurhaus einzubeziehenden Altbau integrierte Hofstetter als westlicher Eckrisalit in das sich östlich entwickelnde Kurhaus-Projekt. Den zweigeschossigen Baukörper mit einer Frontlänge von 100 m sollten Eckrisalite und ein um ein Halbgeschoß erhöhter, auch architektonisch ausgezeichneter Mittelbau nach Art einer Schloßkonzeption gliedern. Die Formensprache leugnet nicht den Einfluß Karl von Fischers; für den Mittelbau sind applikativ Motive Klenzes entlehnt. Das Gebäude mit 88 Logierzimmern und über eineinhalb Geschossen reichendem Saal, veranschlagte Hofstetter bei einer von ihm ausbedungenen Bauleitung samt Stall, Remise und Wirtschaftsgebäude sowie Fundamentierung und aufwendiger Futtermauer zum Hang auf etwas über 56 000 fl. »Welche Anmassung! wer übrigens die Ausführung dieses Projektes erhält, ist übrigens nicht zu beneiden: Der Anschlag wird ihm viele Verlegenheiten, der Bau keine Ehre bringen.«[7] Bedingt durch die finanzielle Konzentration auf Bad Kissingen bestimmte Ludwig I. erst 1838, nachdem auch die Abgeordneten des Unterdonau-Kreises gegen die für ein Staatsbad unerträglichen Zustände Höhenstadts protestierten, von den in der IV. Finanzperiode eingestellten 72 000 fl. für die Emporbringung der Staatsbäder 32 000 fl. für den Neubau eines Kurhauses in Höhenstadt.[8] In diesem Rahmen reduzierte Hofstetter bis Januar 1839 seinen ersten Entwurf so, daß er das alte Kurhaus zum siebenachsigen Seitenflügel des nun zweieinhalbgeschossigen, verkürzten Kurhauses ausbildete. An der hanggerichteten Längsseite verdeckt die Stützmauer ein Geschoß, die der zum Querbau verlängerte, an der Gartenseite zum Risalit ausgebildete Mittelbau überwindet. Den mit einem flachen Walmdach bedeckten Putzbau überführte Hofstetter zu einer aufsehenerregenden streng-kubischen und ornamentlosen Ruhe. Die Teilkörper korrelieren mit glatten Flächen, in die wahrscheinlich rundbogige Fenster schneiden sollten und die horizontal nur durch schmale Sohlbankgesimse für die Hauptgeschosse und abschließendem Zahnschnittfries gegliedert waren. Diese ohne historische Stilanleihen auskommende Konzeption hatte durch Joseph Daniel Ohlmüllers Revision für den Baukunstausschuß kaum eine grundsätzliche Änderung erlitten. In der Sitzung vom 9.3.1839 wurde die leichte Fassadenänderung angenommen, die nun für alle Öffnungen einen gemauerten Sturz vorsah.[9] Den Ludwig I. zur Genehmigung nach Italien weitergesandten Plan verbesserte offensichtlich der Reisebegleiter Friedrich von Gärtner mit einem auszeichnenden architektonischen Motiv. Die dem mittelerschließenden Gang zugeordneten Zwillingsfenster an den Tiefenseiten wurden durch Blendrahmungen zu Biforienfenster vereinigt und durch einen vorgelagerten Balkon ergänzt. Gleichzeitig wurden die Segmentbogenfenster bis auf das Mezzanin gestrichen und wieder durch rundbogige Fenster ersetzt. »Dieser von mir veranlasste Entwurf lit D zur Erweiterung des Baad Gebäudes in Höhenstadt soll ausgeführt werden« beschriftete Ludwig I. die Änderung auf Ischia am 27.4.1839 und leitete sie am 8.5. weiter.[10] Die Planungsgeschichte des 1840 begonnenen und 1842 fertiggestellten Gebäudes stellt ein Lehrbeispiel für das hierarchisch geordnete Entwurfsverfahren der Ludwigszeit dar. Die weiteren Aufwendungen für Höhenstadt betrafen einen neuen Stall- und Remisenbau 1840, der später an der Straße nach Neuhaus neu entstand. Bereits 1844 genehmigte Ludwig I. den Verkauf der Badeanstalt, die jährlich einen Zuschuß von etwa 1000 fl. erforderte, an einen »soliden Privatmann«.[11] Aber erst 1871 schied Höhenstadt aus dem Verband der Staatsbäder aus und wurde von dem Privatier Wilhelm Straßner aus Bamberg gekauft. Der Kurbetrieb ist heute eingestellt. Das nach den Bedürfnissen der neuen Nutzung leicht veränderte Kurhaus beherbergt eine Langzeiteinrichtung für psychisch Behinderte.   E. Wegner

128 Kuranlagen, Alexandersbad, 1837–1842

Der 1734 entdeckte Heilbrunnen bei Sichersreuth im Oberland des Markgrafentums Kulmbach-Bayreuth erhielt unter Friedrich von Bayreuth 1752 ein erstes massives Badehaus, das 1755 zu einem kleinen Kurhaus aufgestockt wurde. Den bis dahin auch durch den Wasserversand bekannt gewordenen Brunnen verband Markgraf Karl Alexander von Ansbach-Bayreuth mit der schon bei seiner Fertigstellung nach ihm benannten, zwischen 1780 und 1783 ausgeführten baulichen Anlage, von der das Kurhaus, das sogenannte Markgrafenschloß überdauert hat. Mit den von Bauinspektor Johann Gottlieb Riedel achsensymmetrisch zur Quelle ausgerichteten barockklassizistischen Bauten und der von Hofgärtner Rosengart angelegten Parkanlage war das Ziel erreicht, daß die nunmehrige bedeutendste Brunnen- und Badeanstalt der in Personalunion vereinigten Fürstentümer einen prominenten Platz als Luxusbad unter den deutschen Kurorten erobern konnte.[1] Nach dem Intermezzo der preußischen Ära 1791–1806, und der französischen Verwaltung ab 1807, fielen die Markgrafentümer Ansbach-Bayreuth 1810 an das Königreich Bayern; Alexandersbad wurde ärialisches Bad.
Bis auf die die Quellen in Schrägstellung beidseitig flankierenden Badehäuser Riedels wurden die Bauten nach 1826 als in gutem Zustand bezeichnet. Dies und das Heilmittel der eisenhaltigen Kohlensäurequelle hielten Ludwigs I. Interesse an Alexandersbad gering. Schon 1826 stellte sich angesichts einer rückläufigen Frequenz die Frage, »ob Alexandersbad als Sanitäranstalt und auch in finanzieller Hinsicht im Staatseigentum bleibe, oder ob es nicht rätlich wäre, es zu veräußern.«[1] Da sich aber Ausgaben und Einnahmen dank des zum Kurort gehörenden Forstes die Waage hielten, blieb Alexandersbad vorerst ärialisches Bad, ohne mit durchgreifenden Förderungsmaßnahmen rechnen zu können. 1830 wurde der Monopteros am Berg abgebaut und als Quellentempel wiederaufgebaut[3]; 1838 der Kurgarten vergrößert.[4] Während die Kurgastzahl spektakulär zurückging und 1838 nur mehr zehn betrug, verfielen die Badehäuser. Zwar hatte Ludwig I. 1837 den von Joseph Daniel Ohlmüller im Baukunstausschuß neuentworfenen Plan eines Badehauses anstelle des vom oberfränkischen Civilbau-Inspektors Anton Weiß geplanten Projektes genehmigt, doch konnte erst 1842 mit dem Bau begonnen werden.[5] Dann wurde ohne eine Entwurfsänderung anstelle einer Ausfüh-

rung in Backsteinen eine Verblendung aus heimischen Granitquadersteinen erlaubt. Das eingeschossige Gebäude riegelte die Achse Quelle-Kurhaus im Osten ab und kam zwischen und teilweise auf die beiden divergierenden alten Badehäuser Riedels zu stehen, die Ende 1841 abgebrochen worden waren. Die Verwandtschaft zum Badehaus von Steben ist offensichtlich. Mit ihm hat es insbesondere die sich als Arkatur öffnende mittlere Stirnhalle gemeinsam. Doch wurde in Alexandersbad kein leicht überhöhter Querbau, sondern ein vom profilierten Traufgesims zusammengebundener, risalitartig vorgezogener Portikus ausgebildet. An dem ursprünglich durch rundbogige Doppelachsen für die kurzen Seitenflügel sowie Lisenen als Eckverstärkungen charakterisierten, von einem flachen Walmdach bedeckten Gebäude verdichtete sich der Bauschmuck an den Blattkapitellen des Portikus. Nach dem Anbau eines rückwärtigen Kesselhauses 1856, der angleichenden zweiseitigen Erweiterung um eine Doppelachse und der Bereicherung des Risalits durch Attika und Giebelaufsatz wurde das Gebäude 1957 abgebrochen. Ähnlich dem in Bad Steben entstandenen Badehaus schöpft es seine Bedeutung in einer materiell und architektonisch aufgewerteten Gestaltung, die sich gegenüber den sonst abzeichnenden, rein funktional bestimmten Lösungen als eine symptomatisch bayerische Variante aufweist, die für Badehäuser eine spezifische und herausgehobene Gestaltung erstrebte.
Die halbherzige staatliche Fürsorge initiierte eine ansonsten von Ludwig I. gewünschte private Unternehmung. Der Arzt Dr. Georg Fikentscher, der als Badearzt und Landgerichtsphysikus die übliche Konstellation der kurärztlichen Betreuung vereinigte, führte zur Kursaison 1838 in Bayern die aus Gräfenberg in Sachsen bekannt gewordene Kaltwasser-Heilmethode in bereitgestellten Räumen des Kurhauses ein. Mit Unterstützung von Kreisregierung und Gemeinde Sichersreuth gründete sich eine Aktiengesellschaft für den Bau einer Kaltwasserheilanstalt, die 1838 nach dem Entwurf des Baumeisters Johann Andreas Ritter aus Wunsiedel erbaut, schon ein Jahr später bezogen werden konnte. Das großvolumige, L-förmige Gebäude zu drei Geschossen respektiert den Ordnungsfaktor der Kuranlage, indem es die Achse zur Luisenburg mit dem kürzeren Flügel begleitet und die Hauptfront parallel zum Markgrafenschloß nach Norden ausbreitet, ohne jedoch bis heute eine gleichgewichtige südliche Entsprechung erhalten zu haben. Das Kur- und Badehaus der Kaltwasseranstalt, von dem die Bauherren

128.1 Bauinspektion Hof
Situationsplan über die Stellung des neuen Badhauses in Alexandersbad
Feder;
StA Bamberg, Bestand K 27 Nr. 202

128.2 Joseph Daniel Ohlmüller
Badehaus in Alexandersbad,
Grund- und Aufriß
(Kopie des Entwurfes von 1837?)
Feder, Bleistift;
StA Bamberg, Bestand K 27, Nr. 202

128.3 Kurhaus der Kaltwasseranstalt,
Alexandersbad, 1838 (Abb.)
Aufnahme ca. 1950
Kurverwaltung Bad Alexandersbad

1 Heinz Rippert, Chronik des staatlich anerkannten Heilbades Bad Alexandersbad, o.O. 1980; Petra Simon, Alexandersbad, in: W. Nerdinger (Hrsg.), Klassizismus in Bayern, Schwaben und Franken – Architekturzeichnungen 1775–1825, München 1980, Seite 381–384
2 BHStA, M Inn 62240, 1826
3 desgl. 1830
4 BHStA, MF 70443, 31.12.1838
5 BHStA, M Inn 62240, 14.3.1837; 9.4.1837; 15.3.1842; StA Bamberg, K3/F VIIa Nr. 2151, 25.6.1837, 27.4.1837, 21.9.1841
6 StA Bamberg, Reg.Ofr. KdI, K3 FIII 71, 1838

128.3

selbstbewußt vermerken, daß es »allen Erfordernissen der Baugesetze, und namentlich dem edlen Styl der Bayerischen Bau-Praxis«[6] entspreche, ist mit 77 Logierzimmern, Badezimmern und stuckgefaßten Gesellschaftszimmern im Erdgeschoß ein in der Ludwigszeit beispielloses privates Kurunternehmen. Das hochgesockelte, im Hochparterre von rundbogigen Fenstern, in der von einem breiten Gurtgesims unterstrichenen Beletage von schlank proportionierten Rechteckfenstern und darüber von mezzaninartigen, kurzrechteckigen Fenstern gekennzeichnete Gebäude, ist an der Hauptfassade aus gleichen Intervallen von fünf mal drei Achsen zusammengefügt. Das hohe, von doppelreihig angeordneten Gauben besetzte Walmdach und die französisch-klassizistisch inspirierte Fassadengliederung bringen eine anachronistisch regional gefärbte, aber damit auch individuelle, sich mit der baulichen Anlage abstimmende Facette. Ausgezeichnet ist das Kurgebäude durch einen mittleren Tetrastylos in unkannelierter, doch schlanker Dorik. Die Dekoration der Gesellschaftszimmer ist in Empire gehalten.

Das verpachtete ärarialische Bad und die private Wasserheilanstalt durchlebten bis zu ihrer Vereinigung 1881 verschiedene Schicksale. 1873 schied Alexandersbad durch Verkauf aus dem Verband der bayerischen Staatsbäder.   E. Wegner

129.6 J. Thürmer und G. Gutensohn, Entwurf für ein Ständehaus, 1821

X. Kommunal- und Verwaltungsbauten

Das Gemeindeedikt von 1818 teilte die Städte je nach Größe in drei Klassen ein und regelte die gemeindliche Selbstverwaltung. Entsprechend dem Zweikammersystem mußten Räume für Magistrat und Gemeindebevollmächtigte geschaffen werden und zudem Polizeibüros und Arrestzellen, da auch die Polizei den Städten und Märkten unterstellt worden war. Der Neubau von Gemeindeneubauten unterlag jedoch der Kontrolle des Baukunstausschusses in München, in dem Friedrich von Gärtner seit den 30er Jahren die künstlerische Richtung bestimmte. Der von Gärtner vertretene architektonische Schematismus beliebig addierbarer Baueinheiten mit Rundbogen und Strecklisenen wurde von seinen Schülern besonders bei Verwaltungsbauten über ganz Bayern verbreitet. Diese kärgliche, schematisierte Architektur korrespondierte mit dem rigorosen Sparprinzip, das Ludwig I. der gesamten bayerischen Verwaltung und Beamtenschaft aufzwang. Bezeichnenderweise entstand mit Ausnahme des Rathauses in Fürth kein repräsentativer Verwaltungsbau in Bayern.

Im Bereich der Verwaltung, öffentlichen Sicherheit und Rechtspflege wurden während der Regierungszeit Ludwigs derart gravierende Einsparungen durchgesetzt, daß über die Not, Kümmerlichkeit und Verbitterung der Betroffenen sogar höchste Regierungsstellen unentwegt Klage führten. Die Bezahlung der Lehrer lag zumeist unter dem Existenzminimum, so daß sie häufig gezwungen waren, Nebenbeschäftigungen auszuüben. Beamte wurden zwangsweise zu einem Zeitpunkt in den Ruhestand gesetzt, daß ihnen Teile der Pension verloren gingen, Gerichte und Dienststellen konnten wegen Personalmangel ihren Dienstaufgaben nur noch begrenzt nachkommen. Ludwig scheute sich auch nicht, den Zinssatz von Versorgungskassen herabzusetzen, um dadurch Geldmittel für »seine« Bauten abzuzweigen. Ludwigs Haltung gegenüber der Verwaltung spiegelt somit letztlich nur seine Auffassung, daß es keine Staatsbürger, Staatsangehörigkeit oder Staatsregierung gebe, sondern daß alle amtliche Gewalt nur von seinem Auftrag ausgehe. Der Begriff Staat war deshalb zu vermeiden: »Untertan, Bayer bezeichnet hinlänglich«.   W. N.

129.7

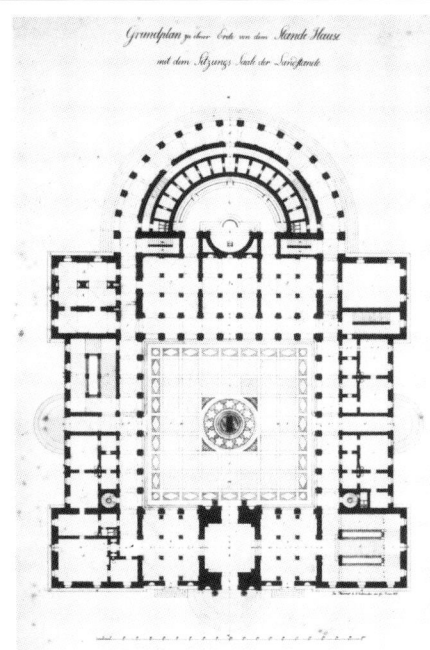

129.1

129 Planungen für ein Ständehaus in München, 1818–1846

Obwohl Kronprinz Ludwig an der Verfassung vom 26. Mai 1818 nicht beteiligt gewesen war, sonnte er sich doch anfänglich gerne in deren freiheitlichem Glanz. Er wollte sogar ein neues Ständehaus an »seinem« Königsplatz errichten lassen. Klenze, den er mit Vorüberlegungen beauftragte, wehrte sich dagegen, denn für ein Parlamentsgebäude war natürlich »neben« der Glyptothek kein Platz. Im Dezember 1818 notierte Klenze in seinen Memorabilien: »So entstand bei dem Kronprinzen der Gedanke, die neuen Ständehäuser neben die Glyptothek zu erbauen, wogegen ich jedoch nebst der entfernten Lage den Einwand machte, daß die Maßen zu groß für die Glyptothek sein werden«.[1] Ludwig beauftrage trotzdem Architekten mit Entwürfen, die allerdings zu keinem Ergebnis führten, wie Klenze im November 1821 notierte, denn nun wollte Ludwig, daß er die Restplätze am Königsplatz mit Privatgebäuden ausfüllen sollte.[2]

Zu diesen weiteren Planungen für ein Ständehaus gehört ein aufwendiger, wieder aufgefundener Entwurf von Thürmer und Gutensohn, den beide gemeinsam in Rom 1821 fertigten. Als Standort wählten sie jedoch nicht den Königsplatz, sondern eine Situation, die dem Wittelsbacher Platz entspricht, der sich zu dieser Zeit in den Planungen erst als Platz konkretisier-te, aber noch nicht baulich fixiert war. Die imponierende Anlage ist U-förmig aufgebaut mit einem Triumphbogen und zwei flankierenden Portalen zur Eingangsseite. Durch einen Innenhof erreicht man den halbkreisförmigen Sitzungssaal der Landstände, der nach dem Vorbild der Pariser Ecole de Médecine von Gondoin geformt ist.[3] Das Halbrund des Saales bildet den rückwärtigen Abschluß des Ständehauses und macht damit die Funktion ablesbar, ähnlich wie später die Theaterbauten von Moller und Semper. Der rechteckige zweigeschossige Sitzungssaal der Reichsräte ist quergestellt dem Saal der Landstände vorgelagert und ein Geschoß überhöht, so daß er die Mitte des Baukörpers in der perspektivischen Fernsicht besonders betont. Beide Säle haben Konchen für die Aufstellung des Thrones, denn der König präsidierte in beiden Kammern.

Das Projekt von Thürmer und Gutensohn kam nie über die repräsentative Vorlage-Planung hinaus. Die Landstände tagten seit 1819 im von Klenze umgebauten Redoutenhaus an der Prannerstraße.[4] Da dort die Platzverhältnisse sehr beengt waren, wurden zwar mehrfach Nachbargrundstücke angekauft und einige Umbauten durchgeführt, außerdem plante Métivier 1845/1846 im Montgelas-Palais am Promenadenplatz eine Deputiertenkammer einzurichten[5], ein großes Landtagsgebäude entstand allerdings erst 1884 durch Oberbaurat Sieber. W. Nerdinger

129.1 J. Thürmer und G. Gutensohn (Abb.)
Projekt Ständehaus,
Grundriß Erdgeschoß, 1821
Feder; 56,2 × 76,2
OBB

129.2 J. Thürmer und G. Gutensohn
Projekt Ständehaus,
Grundriß Obergeschoß, 1821
Feder; 56,5 × 76,3
OBB

129.3 J. Thürmer und G. Gutensohn
Ständehaus Hauptfassade, 1821
Feder, farbig aquarelliert; 82,6 × 55,6
München, Oberste Baubehörde

129.4 J. Thürmer und G. Gutensohn
(Farbabb.)
Ständehaus, Rückseite, 1821
Feder, farbig aquarelliert; 82,3 × 55,6
OBB

129.5 J. Thürmer und G. Gutensohn
(Farbabb.)
Ständehaus Längsschnitt, 1821
Feder, farbig aquarelliert; 111,5 × 55,7
München, Oberste Baubehörde

129.6 J. Thürmer und G. Gutensohn
(Farbabb. S. 426)
Ständehaus, Schaubild, 1821
Feder, farbig aquarelliert; 74,3 × 30,7
OBB

129.7 Johann Baptiste Métivier (Abb.)
Umbau des Montgelas Palais in eine
Deputiertenkammer, 1845
Feder, farbig aquarelliert; 58,0 × 45,5
Arch.Slg. TUM,
Nachlaß Métivier Sign. 4.41

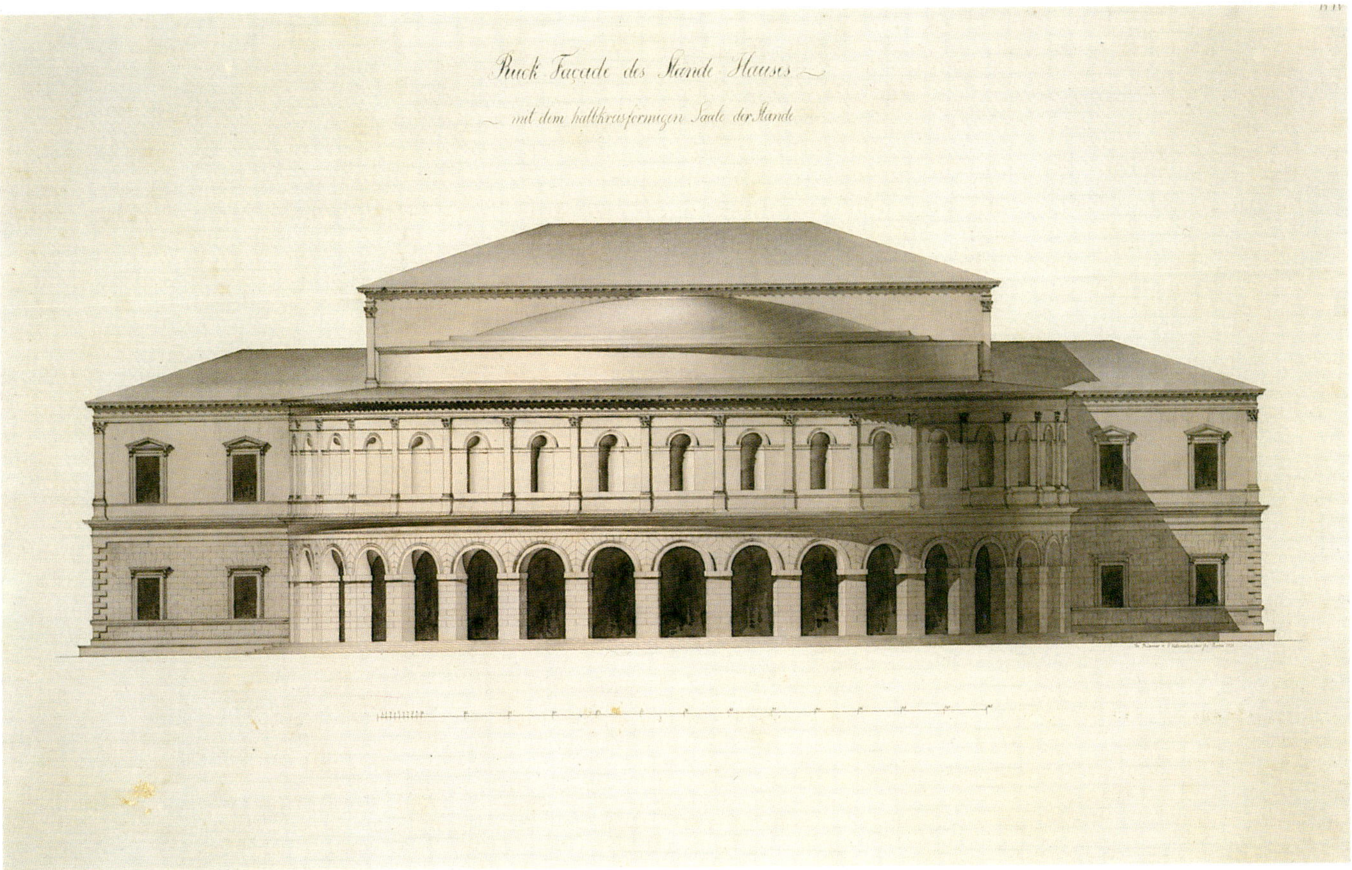

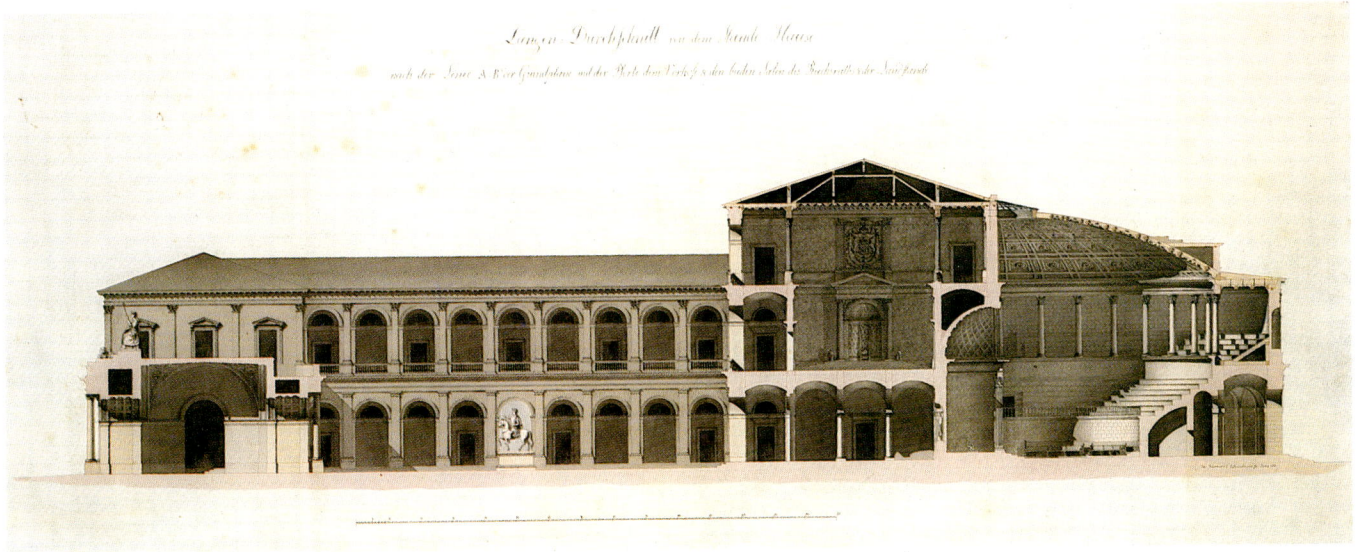

Ruck Façade des Stände Hauses

mit dem halbkreisförmigen Saale der Stände

129.4

Langer Durchschnitt vor dem Stände Haus

129.5

1 Klenze Memorabilien I, 80
2 Klenze Memorabilien I, 115
3 vgl. Nikolaus Pevsner, A History of Building Types, London 1976, S. 35 ff.
4 vgl. W. Nerdinger (Hrsg.), Kat. Klassizismus, S. 285
5 vgl. Nachlaß Métivier, Architektursammlung TUM Sign.Nr. 4.31, 4.37, 3.39, 4.41–43

130 Hauptpost am Max-Joseph-Platz, München, 1833–1838

Durch Ankauf des Törringpalais und dessen Umbau nach Plänen Leo von Klenzes, die aus den Jahren 1833/1835 datieren, entstand 1835–1838 die Münchner Hauptpost, auch »Residenzpost« genannt. Planungs-, Bau- und Finanzierungsgeschichte sowie das architektonische Ergebnis müssen als Musterbeispiel einer in erster Linie an Stadtverschönerung interessierten, zugleich höchst fragwürdigen Baupolitik unter Ludwig I. gesehen werden.

Letztlich wurden bei den äußerst komplizierten und kaum durchschaubaren Vorgängen, bei denen man auch den Einsatz eines Strohmannes und die bewußte Verfälschung und Verschleierung wichtiger Tatsachen nicht scheute, nahezu alle mit den Plänen befaßten Instanzen (Postadministration/Postdirektor v. Lippe, Ministerium des Königlichen Hauses und des Äußeren/Minister v. Gise, Ministerium des Inneren, Ministerium der Finanzen/Minister v. Lerchenfeld sowie die Ständevertretung) in unterschiedlicher Form und in jeweils anderen Punkten getäuscht und ausgenutzt.[1]

Der 1802 nach Abbruch des Franziskanerklosters entstandene Platz südlich der alten Residenz hatte an seiner Ostseite bereits ab 1811 unter König Max I. Joseph durch den Bau des Nationaltheaters von Carl von Fischer[2] und ab 1826 unter Ludwig I. durch den Königsbau Klenzes (vgl. Kat.Nr. 34) an seiner Nordseite eine monumentale Fassung erhalten. Die neue Pflasterung des Platzes und die Errichtung des Denkmals für Max I. Joseph (Klenze und Chr. Daniel Rauch[3], 1833 bereits in der Realisation) setzten weitere entscheidende Akzente. Während die Westseite von einer Reihe von Bürgerhäusern eingenommen wurde, zeigte sich die Südseite zu Beginn der 1830er Jahre ästhetisch völlig unbefriedigend. Sie wurde von der ehemals dem Franziskanerkloster zugewandten, architektonisch anspruchslosen Seitenfassade des Törring-Palais (1747 bis 1754 nach Plänen von Ignaz Anton Gunetzrhainer errichtet[4]) eingenommen. Ein platzverschönernder Eingriff an dieser, der königlichen Wohnung gegenüberliegenden Front mußte im Interesse Ludwigs I. sein, konnte aber Graf Törring weder zugemutet noch aufgezwungen werden. Nachdem Klenze bereits 1827, als Herzog Max sich nach einem geeigneten Palast in München umsah, daran gedacht hatte, diesem das Törring-Palais zum Umbau vorzuschlagen[5], bot nun 1833 die drückende Raumnot der staatlichen Post für Ludwig I. und Klenze die Möglichkeit, die Kasse der Postadministration mit dem Erwerb des Törringschen Palais und dessen Umbau zu belasten.[6] Nach einem ersten Verkaufsangebot über 250 000 Gulden senkte Törring auf Einspruch Ludwigs I. den Preis aus »patriotischer Gesinnung« auf 185 000 Gulden, um am 11. 9. 1834 einen um weitere 5 000 Gulden gedrückten Vertrag zu unterzeichnen. Klenzes seit Herbst 1833 geplanter Vorbau einer Säulenhalle von 90 m Länge und einem Kostenanschlag über 95 000 fl.[7] (der aus dem Verkauf des alten Postgebäudes zu »kompensieren« war) stieß wegen seiner Unzweckmäßigkeit bzw. Unglaubwürdigkeit auf erhebliche Vorbehalte seitens der Ministerien, die einen Gegenanschlag des Maurermeisters Höchl mit einfacher Fassade anstelle des Bogenganges einholten.[8] Der ministerielle Vorschlag, die Städtevertretung von ihrem Vorwurf, es handle sich um einen »Luxusbau«, durch einen angemessenen Beitrag aus der Schatulle des Königs abzubringen, stieß bei Ludwig I. auf selbstherrliche und schroffe Ablehnung: »Die Stände über Fassaden von Gebäuden zu hören ist der Verfassung nicht gemäß. Einmischung derselben in die Administration leide ich nicht. Dieses ist mein letztes Wort in Betreff dieses Gegenstandes.« Joseph Daniel Ohlmüller, dem man offensichtlich ohne genaue Kompetenzfestsetzung die Bauführung übertragen hatte, legte einen Kostenvoranschlag von 123 992 fl. vor[9], der auf Signat Ludwigs, das Veränderungen zur Residenzgasse untersagte, auf 107 918 fl. korrigiert wurde.[10] Von Baubeginn im Frühjahr 1835 bis zum Herbst 1836 hatten sich die Baukosten infolge »höchst nöthiger und diensttauglicher Bauwendungen« auf 186 229 fl. erhöht[11], weshalb Ludwig I. »das ernstliche Mißfallen« gegenüber Klenze, Ohlmüller und Postdirektor Lippe aussprach. Unmittelbar danach ordnete Ludwig unter Umgehung der Ministerien in mündlichem Befehl an Klenze die von diesem wohl 1834/1835 vorgeschlagene »polychromistische Bemalung« an. Noch vor der offiziellen Eröffnung am 24. August 1838 waren bereits Verkaufsüberlegungen für das unzweckmäßige Postgebäude angestellt, die aber letztlich am hohen Kaufpreis und an der Forderung, daß ohne kgl. Genehmigung nichts an der Fassade geändert werden dürfe, scheiterten. Als letzter Schritt zur Fertigstellung der Fassade zum Max-Joseph-Platz wurden schließlich am 21. November 1838 noch die sechs Bilder mit Rosseführern angeordnet, die von Hiltensperger auf den roten Grund der Hallenrückwand gemalt wurden. Nach weiteren »Arrondierungen« im Laufe des 19. Jahr-

130.1 Leo v. Klenze (Abb.)
München, Hauptpost (Umbau Törring-Palais) am Max-Joseph-Platz, Aufriß, erste Skizze in zwei Alternativen (1833)
Bleistift; 64 × 33
SGSM, Inv.Nr. 26622

130.2 Leo v. Klenze (Abb.)
München, Hauptpost (Umbau Törring-Palais) am Max-Joseph-Platz, Grundriß, 1. Obergeschoss (1834)
Feder, schwarze Tusche, rot laviert; 85 × 61
MStm, Lang VI/37

130.3 Leo v. Klenze (Abb.)
München, Hauptpost (Umbau Törring-Palais) am Max-Joseph-Platz, Aufriß (1834)
Feder, grau laviert; 91 × 43
MStm, Lang VI/34

130.4 Leo v. Klenze
München, Hauptpost (Umbau Törring-Palais) am Max-Joseph-Platz, Teilaufriß, (1834/1835)
Feder, aquarelliert; 55 × 36
MStm, Lang VI/35

1 Die umfangreichen Akten des ehemaligen Postarchivs, heute STA München, OPD, Verz.Nr. 7, 1833 Nr. 4; 1834 Nr. 17, 18, 19, 20; 1835 Nr. 17; 1836 Nr. 16 sind ausführlich ausgewertet bei: Heinrich Hartmann, Die Entstehungsgeschichte der Residenzpost in München, in: Archiv für Postgeschichte in Bayern, 1954 Nr. 1, S. 209–225. Die Kenntnis von Aufsatz und Lagerort des Aktenbestandes verdanke ich dem freundl. Hinweis von Herrn Maderholz.

2 Zum Nationaltheater vgl. Bernd-Peter Schaul/Hermann Reidel, Nationaltheater am Max-Joseph-Platz, in: W. Nerdinger (Hrsg.), Klassizismus in Bayern, Schwaben und Franken, Kat. zur Ausst. München 1980, S. 252–278.

3 vgl. Barbara Eschenburg, Das Denkmal König Maximilians I. Joseph in München. 1820–1835, München 1970, S. 41 ff.

4 vgl. Helene Voelckel, Die Baumeister Gunezrhainer, Diss. masch. München 1923, S. 11–28.

5 GHA, KL I., II A 31, 20. Juli 1827, Klenze an Ludwig I., Nr. 250.

6 Die äußerst komplizierten, für die Baupolitik Ludwig I. und Klenzes sicherlich typischen und aufschlußreichen Vorgänge sind in den in Anm. 1 angegebenen Akten der OPD äußerst gut dokumentiert und von Heinrich Hartmann ausführlich dargestellt. Korrekturen und Ergänzungen sind allerdings an Hand des Briefwechsels zwischen Ludwig I. und Klenze (Klenzeana XIV, 1833, 1834 und GHA, KL I, II A 32) möglich und nötig. Die folgende kurze Baugeschichte stützt sich im wesentlichen auf Hartmann und ist unter Ausklammerung aller mühsam zu beschreibenden Verwicklungen und Detailprobleme auf die wichtigsten Daten und Fakten reduziert. Die Auswertung des Briefwechsels Ludwig I.– Klenze folgt weiter unten.

130.1

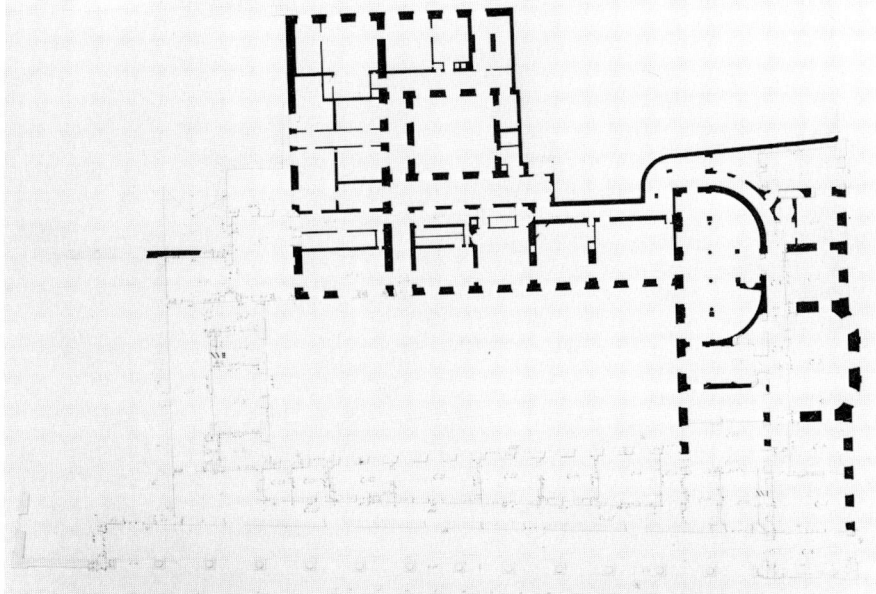

130.2

130.3

Nachdem im Sommer 1833 die Postadministration über erheblichen Raummangel geklagt hatte, legte Klenze am 1. September dem König zwei Baulinienalternativen für den Umbau des Törring-Palais zu einem neuen Postgebäude vor.[13] Die erste sah eine (mit Ausnahme der Westseite) rechtwinklige Platzgestalt vor, bei der die Bauflucht des Neubaues in den gleichen Abstand wie der Königsbau zur Mittelachse des Nationaltheaters gebracht war – mit dem Ergebnis, daß das Postgebäude zwar billig sein, höchstens aber »nur eine ganz in Karikatur fallende Breite« von ca. vier Metern haben würde. Der zweite Vorschlag rückte die Bauflucht weiter in den Platz, ausgerichtet auf die Südecke der Perusagasse, was erheblichen Gewinn an Raumtiefe für das Postgebäude bedeutete. Ludwig I. entschied sich für die erste Lösung, da im anderen Falle das Denkmal für seinen Vater aus der Platzmitte geraten wäre.[14] Daraufhin waren aber offenbar keine Anordnungen Ludwigs I. mehr erfolgt, das bevorzugte Konzept weiter auszuarbeiten. Ohne »Anspruch auf diesen Bau zu begründen«, trug Klenze jedoch Möglichkeiten vor, die er zur Kaschierung der 292 Fuß langen und 70–80 Fuß hohen Front auf dem nur 18–19 Fuß tiefen bebaubaren Grundstück für geeignet hielt.[15] Dabei verfiel er »auf den Gedanken eines offenen Portikus – eines so schönen Gedankens der alten und neuen Zeiten, wozu hier der Bauplatz und seine Lage nach Norden und sein Verhältnis wie geschaffen scheint.« Aus Proportionsgründen hielt er es für besser, »die Analogie einer Anlage aus dem Cinque-Cento als aus der Antike zu nehmen.« Beide in einer beigelegten Skizze gegebenen Alternativen stützte er auf renommierte Vorbilder. Zu der in der Zeichnung mit Ausnahme der Okuli noch ohne Schmuck gebliebenen Rückwand äußerte Klenze, es ließe sich »eine vom Königsbau aus vorzüglich anzusehende Zierde dieser Arcade« leicht finden. »Es scheint mir hier eine der seltenen Gelegenheiten die Großartigkeit und Einfachheit der Florentinischen Gebäude, welche ich soviel wie irgendjemand kenne und schätze, ohne Manier, Gewalt und Opfer dessen, was Vernunft und architectonische Consequenz erheischen anzuwenden und zu erreichen«. Dem möglichen Wunsch des Königs nach einer dem Königsbau ähnlichen Fassade begegnete Klenze im Voraus mit dem Hinweis auf die völlig unterschiedlichen Größenverhältnisse. Ludwig I. fand die Entwürfe »sehr ansprechend«, wollte sich aber erst nach einem Gespräch mit Klenze endgültig festlegen und äußerte lediglich Bedenken, ob die Arkade nicht mit den links

7 StA München, OPD, Verz. 7, 1834, Nr. 17, 28. May 1834, Kostenanschlag Klenzes.
8 ebd., 6. Juni 1834, Kostenanschlag Höchl über 64 000 fl.
9 ebd., 31. Sept. 1834, Kostenanschlag Ohlmüller.
10 ebd., 20. Februar 1835, Signat Ludwig I.
11 ebd., 24. September 1836, Kostenabrechnung Ohlmüller.
12 zur Geschichte des Baues nach 1838 und zu den Maßnahmen von 1977 vgl. Jürgen Bell, Die Hauptpost in München, Geschichte und Restaurierung, in: Jahrbuch der Bayerischen Denkmalpflege, Bd. 33, 1979, München 1981, S. 216 ff.

hunderts sowie inneren Umbauten und Modernisierung wurde das bis heute im Besitz der Post befindliche Gebäude Ende des Zweiten Weltkrieges schwer beschädigt.[12] 1956 war der Wiederaufbau, leider unter Verzicht auf die barocke Westfassade Gunetzrhainers zunächst abgeschlossen, 1977 wurde der inzwischen schadhafte Klenze-Portikus in Zusammenarbeit mit dem Bayerischen Landesamt für Denkmalpflege unter Berücksichtigung von Befunduntersuchungen und unter Benutzung der farbigen Pläne Klenzes erneuert.

und rechts des Nationaltheaters geplanten und bereits gebilligten Bogenreihen in eine störende Konkurrenz geraten könnte.[16] Mit dem Hinweis auf die Wirkung der an drei Seiten von Bogenhallen gefaßten Piazza SS. Annunziata in Florenz und auf die geschlossenere Form der neben dem Theater vorgesehenen Bögen zerstreute Klenze die Einwände und antwortete auf die Frage des Königs nach der Materialwahl: »Die Construction habe ich mir für Säulen und Bögen aus Stein von Ebenwies (wovon die Ludwigskirche) und den Rest aus gelblichen Ziegeln wie die der Pinakothek gedacht.«[17] Zum Ausgangspunkt für die Ausarbeitung der Baupläne wurde die rechts in der Skizze gegebene Variante, die im Obergeschoß – den Arkadenachsen zugeordnet – 13 Rundbogenfenster in ädikula-artigen Rahmungen vorgesehen hatte. Ebenso wie die zunächst gewählten Materialien und Farben erfuhr auch die Fassadenstruktur noch wesentliche Modifikationen. Der schon in der Bogen-Fenster-Zuordnung angeschlagene Bezug auf Brunelleschis Ospedale degli Innocenti wurde durch Einführung der seitlichen Risalite dem Florentiner Vorbild genähert: Einerseits verleihen sie der Bogenhalle optische Festigkeit, andererseits ist durch den linken Risalit sehr genau Bezug genommen auf die Tiefe des von Säulen getragenen Giebelportikus am Nationaltheater, wodurch die städtebauliche Einbindung des Postgebäudes überzeugend fixiert wird. Der relativ hohe Sockel der Halle ist im Ausführungsplan nur mehr einmal durch den tiefen Einschnitt der Tordurchfahrt durchbrochen – im Gegensatz zur ersten Skizze, wo Stufen in der 4., 8. und 12. Arkade auf das höherliegende Hallenniveau führen. In der scharfen Trennung von Platz und Loggia liegt ein wesentlicher Unterschied zum Florentiner Vorbild, wo die über die gesamte Breite des Baues ausgedehnten Stufen vom Platz zur offenen Halle überleiten. Von wesentlichem Einfluß auf das Erscheinungsbild des Gebäudes ist seine Material- und Farbgestaltung. Während gemäß den ersten Vorstellungen Klenzes entsprechend bei Bögen, Säulen und Sockel weißer Kalkstein Verwendung fand, wurde die ursprünglich gedachte gelbe Ziegelverblendung aufgegeben und an ihre Stelle zunächst für den gesamten Bau auf Putz gemalte Quaderimitation in variierenden grünlich bis ockerfarbigen Sandsteintönen vorgesehen. Eine entscheidende Veränderung des Konzeptes erfolgte hier wohl 1834/1835[18]: Vor der Folie des nun in Pompejanisch-Rot gehaltenen, 1838 mit den Malereien Hiltenspergers versehenen Grundes der Loggia heben

sich die Säulen und Bögen der Arkaden äußerst wirkungsvoll ab, hierin Schinkels Altem Museum in Berlin folgend. Die Loggia und die übrige polychrome Bemalung (»das basreliefe Ornament im Friese am Hauptgesimse ist weiß, auf rother Grundfarbe; das Hauptgesims so wie die anderen Gesimse und Fenstereinfassungen sind größtentheils mit enkaustischen Farben, nach der an mehreren altgriechischen Monumenten noch sichtbaren Art, mit Laub und Schnürkeln bunt verziert«[19]) fanden den Beifall des Königs, aber auch das ungeteilte Interesse des Fachpublikums und müssen als bahnbrechende Leistung Klenzes auf diesem Gebiet gewürdigt werden. Den englischen Architekten und »Auguraten der Polychromiediskussion«, Charles Robert Cockerell, begeisterte die unterstützende Funktion der Farbe am Postgebäude[20] und die »Allgemeine Bauzeitung« betonte 1836, daß durch die Färbung der Hauptmassen und durch die polychromen Verzierungen ein Effekt erzielt sei, »der, so fremdartig er sein mag (weil man buntverzierte Fassade zu sehen noch nicht gewohnt ist), dennoch sehr harmonisch genannt werden muß.«[21] So überzeugend Klenze den für Ludwig I. im Vordergrund stehenden Aspekt der städtebaulichen Vollendung des Max-Josephs-Platzes gelöst und dabei sogar eine höchst fortschrittliche und eigenständige Synthese italienischer Renaissance-Architektur mit einer an antike Vorbilder angelehnten Farbigkeit erzielt hatte, so enttäuschend war das Ergebnis für die Belange der Postadministration. Der teure Vorbau, dem dann doch die Demolierung des alten Nordflügels des Törring-Palais vorausgegangen war, brachte kaum Zugewinn an Raum, der überdies durch die mangelnde Belichtung (wenige, nach Norden gerichtete, im Erdgeschoß und Zwischengeschoß noch dazu im Arkadenschatten liegende Fenster) nur sehr schlecht nutzbar war. Auch die damals hervorgehobene Funktion der Loggia, »welche den Abreisenden oder den Freunden der ankommenden Reisenden einen angenehmen Aufenthaltsort zum Abwarten darbietet«[22], konnte die Kosten kaum rechtfertigen und die Mängel, wie sie ein Bericht der Postadministration bereits 1837 offenlegte, aufwiegen. Auch die an der barocken Schauseite vorgenommenen Umbauten – eine aus der Ästhetik begründete südliche Erweiterung des Baues um eine Achse zur Erhaltung der Fassaden-Symmetrie ohne größeren praktischen Nutzen sowie auf die Bogenhalle bezogene umfangreiche stilistische Angleichungen[23] – waren aus der Postkasse zu finanzieren. Der von Klenze

13 GHA, KL I., II A 32, 1. Sept. 1833, Klenze an Ludwig I., Nr. 317.

14 Klenzeana XIV, 1, 1833, 4. Sept. 1833, Ludwig I. an Klenze, Nr. 273 auf Nr. 315–317.

15 vgl. GHA, KL I., II A 32, 13. Sept. 1833, Klenze an Ludwig I., Nr. 319 auf 274.

16 vgl. Klenzeana XIV, 1, 1833, 17. Sept. 1833, Ludwig I. an Klenze, Nr. 275 auf Nr. 319.

17 GHA, KL I., II A 32, 22. Sept. 1833, Klenze an Ludwig I., Nr. 320 auf Nr. 275; darüberhinaus antwortet Klenze auf eine Frage Ludwig I. vom 17. Sept. 1833, ob der Vorbau, »da er *nur* Zierde« sei, der Post überhaupt zugemutet werden könne: »daß vornehmlich der obere Stock . . . für den Nutzen der Post eingerichtet werde« und stellt weiter fest, daß in dem Gebäude auch noch das dringend benötigte Theaterdekorations-Magazin untergebracht und dafür eine Summe von den Ständen verlangt werden könne. Tatsächlich wurden später die für das Theater-Magazin benötigten Mittel aus dem hierfür zuständigen Etat des Landbauamtes gedeckt; vgl. dazu BHStA, OBB 8874, Der neue Postbau . . .

18 zur Frage der Polychromie am Postgebäude vgl. A. v. Buttlar, Klenzes Beitrag zur Polychromie-Frage, in: Ein griechischer Traum – Leo von Klenze, der Archäologe, Kat. zur Ausst. München 1985/86, S. 219ff.

19 Über die Fassade des neuen königlichen Postgebäudes in München, in: Allgemeine Bauzeitung Nr. 41, Wien 1836, S. 333.

20 vgl. Buttlar, Klenzes Beitrag zur Polychromie-Frage, S. 221.

21 Allgemeine Bauzeitung Nr. 41, Wien 1836, S. 333.

22 ebd.

23 vgl. H. Voelckel, Gunezrhainer, S. 27.

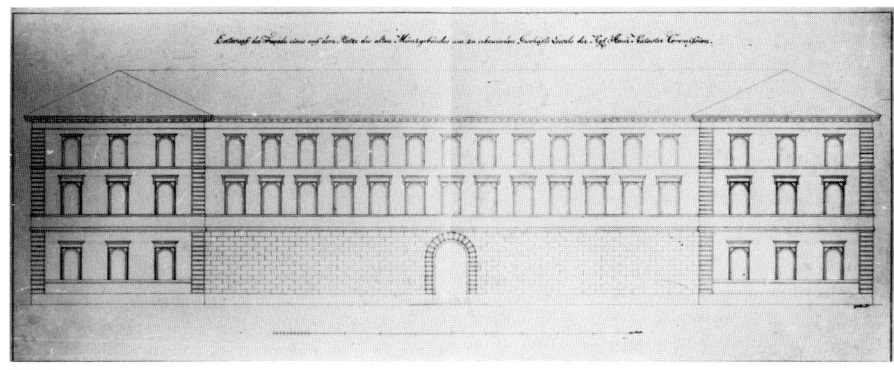

131.1

131.4

131 Steuerkataster-Kommission im Alten Hof, München, 1830–1832

Die Lokalitäten der Steuerkataster-Kommission, die sowohl das Grund- als auch Häuser-Steuer-Kataster des ganzen Königreiches Bayern beherbergte, waren im Jahre 1830 immer noch auf fünf Gebäude in München verteilt, wobei das Steinmagazin im Kellergewölbe vom Osttrakt des Alten Hofes und die Druckerei mit Lithographie in der baufälligen, aber erst teilweise abgetragenen alten Münze untergebracht waren. Dieser Zustand, für den Transport der Steine zeitraubend, kostspielig und auch sehr gefährlich, bedurfte dringend der Abhilfe.[1] Bereits im April 1829 hatte Ingenieur Weidner von der Bauinspection München II Pläne samt Kostenvoranschlag für einen Neubau des Brauhaus-Traktes im Alten Hof angefertigt und weiterhin hierüber verhandelt, bis auf ausdrücklichen Wunsch König Ludwigs der Architekt Georg Friedrich Ziebland für diesen Bau verpflichtet wurde.[2] Ziebland hatte im September 1830 zwei Projekte erarbeitet. Es handelte sich dabei um den »Entwurf eines auf dem Platze des alten Münzgebäudes neu zu erbauenden Geschäfts Locals der Kgl. Steuer Cataster Commission« auf dem Gelände zwischen Pfisterbach, Münzgäßchen und Platzl, einem neuen »blos die Steingewölbe, Lithographie, Druckerei, Magazine und die Schule enthaltenden Baue«[3], und um einen Neubau auf den Gewölben des Osttraktes im Alten Hof für die gesamte Anstalt.[4]

Hierauf reagierte König Ludwig mit folgendem Vorschlag: Wenn schon ein großes und schönes Kataster-Gebäude geplant würde, dann sei dieses gleich an der Ludwigstraße zu errichten, da in der Altstadt die Baustellen teuer seien. Minister von Schenk wehrte ab, da die Baukosten in der Ludwigstraße weit höher lägen.[5] Im November dieses Jahres legte Ziebland Entwürfe zu einem zwei- beziehungsweise am Pfisterbach dreigeschossigen Baues vor. Eine Variante mit hinzugefügtem Halbgeschoß würde sogar die Unterbringung von Wohnungen von Inspektor und Konservator sowie der Kataster-Schule ermöglichen. Aus Zieblands beigefügter Beschreibung geht hervor, daß er die Abtragung des bestehenden östlichen Bautraktes im Alten Hof bis zum Fußboden-Niveau des Hofes vorsah, wobei die starken Hauptmauern und die Gewölbe, die das Erdgeschoß zum Pfisterbach hin bildeten, erhalten bleiben sollten und darauf die geplanten Stockwerke errichtet werden könnten.

Nachdem der König die Pläne Zieblands bewilligt, den Bauplatz in Augenschein

131.1 Georg Friedrich Ziebland (Abb.)
»Entwurf der Façade eines auf dem Platze des alten Münzgebäudes neu zu erbauenden Geschäfts Lokals der Kgl. Steuer Kataster Commission«, 1830
Feder über Bleistift auf Zeichenpapier; 99,8 × 44,0
BHStA, Planslg. 12628

131.2 Georg Friedrich Ziebland
Steuerkataster-Kommission, Grundriß Erdgeschoß, 1830
Feder über Bleistift, farbig aquarelliert, auf Zeichenpapier; 64,3 × 40,2
BHStA, Planslg. 12553

131.3 Georg Friedrich Ziebland
Steuerkataster-Kommission, Aufriß, um 1830
Feder über Bleistift auf Zeichenpapier; 67,0 × 40,3
OBB

131.4 Ansicht der nordöstlichen Ecke des Alten Hofes, rechts Steuerkatasterkommission, um 1880 (Abb.)
Fotografie von C. Teufel
MStm, Inv.Nr. 38/1243

und Ohlmüller unterlaufene Befehl Ludwig I., jegliche Abänderung an der Fassade des Törring-Palais zu unterlassen, gibt Anlaß zu folgenden Überlegungen: entweder war das Verbot nur fiktiv und Teil der erwähnten großangelegten Täuschungsaktion zur Durchsetzung des Stadtbild verschönernden Vorhabens; war der Befehl jedoch ernst zu nehmen, so macht der rigorose und sichtbare Eingriff in das barocke Palais ein merkwürdiges Verständnis von Architektur spürbar, das sehr einseitig eine Schauseite im Auge behielt, am Gesamtzusammenhang des Baues aber kein Interesse zeigte. Als »moderner« Umgang mit alter Bausubstanz, der das Vorgehen bewußt zeigt, ja sogar thematisiert, dürften die Forderungen Ludwig I. wohl kaum zu verstehen sein.

F. Zimmermann

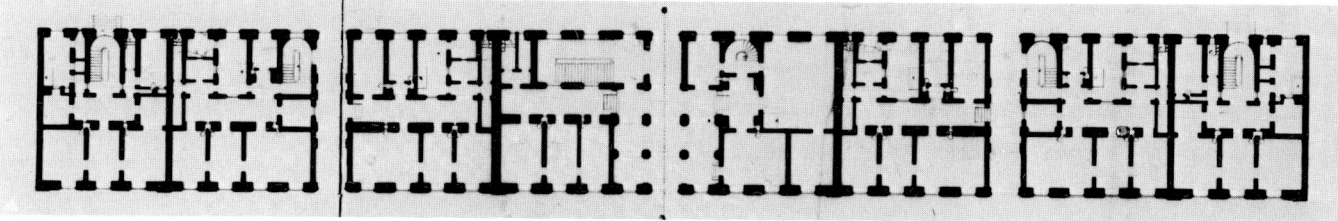

132.1

132.2

genommen und bereits am 31.1.1831 vermerkt hatte: »Das alte Münzgebäude soll mit Ausnahme der Gewölbe, welche . . . künftig zum Ausschenken des Bockes dienen sollen, auf Abbruch versteigert, der Platz vor dem Bockh Gewölbe mit Bäumen bepflanzt . . . das Kataster Gebäude aber über dem dermaligen Bockkeller errichtet« werden, entschied Ludwig, die Bauangelegenheit zu beschleunigen, den Entwurf nur dem Baukunst-Ausschuß vorzulegen und nicht der Akademie der Künste, denn »es ist periculum in mora«.[6] Nach Zieblands Vorschlägen wurde der Bau letztlich mit geringen Abweichungen in der Raumverteilung innerhalb von nur 17 Monaten – vom April 1831 an – ausgeführt auf den Fundamenten des herzoglichen Einbockkellers mit Brauhaus, wobei das damalige Reichsarchiv[7] zunächst ausziehen mußte, ehe der Abbruch des Gebäudes begann. Es sei am Rande bemerkt, daß die endgültige Bausumme um ca. 13 000 fl. unter dem Kostenvoranschlag zurückblieb.

Das am Pfisterbach viergeschossige, zum Innenhof hingegen nur dreigeschossige Gebäude beherbergte nun sämtliche Abteilungen der Steuerkataster-Kommission.[8] Die nur durch Gurtgesimse gegliederten Fassaden des schlichten Zweckbaues erhielten als einzigen Schmuck eine in Putz ausgeführte Rustikagliederung um die Fensterbögen, die an florentinische Vorbilder erinnern und so den Bezug zu den Bauten Klenzes und vor allem Gärtners herstellen.

B.-V. Karnapp

132   Das Damenstiftsgebäude an der Ludwigstraße in München, 1835–1839

Das sogenannte Damenstiftsgebäude, heute Bayerischer Verwaltungsgerichtshof, wurde in den Jahren 1835 bis 1839 von Friedrich Gärtner als Mietshaus gebaut. Es verdankt seinen Namen der Tatsache, daß Ludwig I. in Sorge um die rasche Vollendung der von ihm angelegten Prachtstraße zur Ausfüllung der großen Baulücke gegenüber der Staatsbibliothek das Vermögen des im 18. Jahrhundert gegründeten Damenstifts zur Finanzierung des Neubaus heranzog.[1] Nach der offiziellen Version wurde der Bau damals als Wohnsitz für die Stiftsdamen selber geplant, doch stand von Anfang an fest, daß nicht sie, sondern fremde Mieter in das Gebäude einziehen würden. Das zwangsweise investierte Kapital des Stiftes sollte sich auf diese Weise verzinsen. Um dem Neubau nicht das gesamte Stiftsvermögen zu opfern, wurde schließlich auch der gleichfalls unter staatlicher Kuratel stehende Zentral-Schulbuchverlag zur Finanzierung herangezogen.[2] Er übernahm mit der Hälfte der Baukosten auch das halbe Eigentum an dem Gebäude, in welchem er seine Geschäftsräume einrichtete; die Druckerei installierte er in einem älteren Gebäude, das im Rücken des Neubaus auf dem Anwesen erhalten blieb.[3]

Bei der Planung des Gebäudes erinnerte sich der Architekt seiner Vorentwürfe für die Staatsbibliothek[4], deren Hauptfassade mit einer Länge von etwa 150 Metern von der Straßenfront des Damenstifts mit rund 130 Metern beinahe erreicht wird. Ähnlich wie für die erste Entwurfsfassung der Bibliotheksfassade[5] ist das langgestreckte Bauwerk des Damenstifts durch

132.1 Friedrich von Gärtner (Abb.)
Damenstiftsgebäude an der Ludwigstraße in München, Erdgeschoß-Grundriß, 1835
Feder; 107 × 32
Arch.Slg. TUM, Gs 993

132.2 Friedrich von Gärtner (Abb.)
Damenstiftsgebäude an der Ludwigstraße in München, Aufriß der Hauptfassade, 1835
Feder; 101,9 × 38,4
Arch.Slg. TUM, Gs 996

1 BHStA, OBB 8913, Schr. v. 21.9.1830
2 ebenda Notiz Ludwigs vom 21.4.1831 an Minister von Schenk: »Es ist aber gerade Meine Absicht, daß Architect Ziebland bey dieser Gelegenheit eine volle practische Übung durch die Leitung des Baues nicht blos in artistischer sondern auch in technischer Beziehung sich erschaffe«.
3 BHStA, Planslg. Nr. 12628, 12553–12555 und MStm, MS II/91/1
4 BHStA, OBB 8913, Schr. v. 21.9.1830
5 ebenda Schr. v. 23.9. und 10.10.1830
6 ebenda Schr. v. 7.4.1831
7 Dieses Reichsarchiv ist der unmittelbare Rechtsvorgänger der Stammabteilung des 1921 gegründeten Bayerischen Hauptstaatsarchivs, das bis zu der Zeit im Magazintrakt der Bayer. Staatsbibliothek untergebracht war.
8 vgl. B.-V. Karnapp, G. Fr. Ziebland. Studien zu seinem Leben und Werk, OA 104, 1979, S. 27–31

1 BHStA, KL München, Damenstift St. Anna 73 u. 74; GHA, Nachlaß Ludwig I. Blaue Schachtel X 460 u. XIII 169.

2 BHStA, KL München, Damenstift St. Anna 73

3 Erwin Schleich, Wo der Bayerische Landesverein für Heimatpflege zu Hause ist, in: Schönere Heimat 65. 1976, Heft 1.

4 Siehe Kat.Nr. 111

5 Vgl. insbesondere: StA München, Planslg. C 482/2 u. 482/6

6 Vgl. insbesondere: Arch.Slg. TUM, GS 713 u. 714; Kunstbibliothek Berlin, 1984/44 AOZ

7 K. Eggert (S. 79) verweist auf die Verwandtschaft zu dem von Klenze entworfenen Bazargebäude am Odeonsplatz. Zur Zeit der Erbauung des Damenstifts war jedoch die Verwandtschaft der beiden Bauwerke weit weniger ausgeprägt als es heute erscheint: Die beiden überhöhten Eckpavillons des Bazars wurden erst 1855/1856 auf die gleiche Höhe wie der Mittelbau aufgestockt (StaM, LBK 7057)

Literaturauswahl:

Hans Moninger, Friedrich von Gaertner's Original-Pläne und Studien, München 1882, S. 42f.; Klaus Eggert, Die Hauptwerke Friedrich Gärtners, München 1963, S. 77ff.; Oswald Hederer, Friedrich von Gärtner, München 1976, S. 128

einen Mittel- und zwei Seitenrisalite in fünf Abschnitte gegliedert. Doch dient die Risalitbildung nicht so sehr der plastischen Durchgestaltung des Baukörpers. Vielmehr erscheint die Fassadenfläche entsprechend einem weiterentwickelten Zwischenstadium der Bibliotheksentwürfe[6] weitgehend eingeebnet und allein durch die Rustikarahmung der Risalite in der Vertikalen rhythmisiert. Bewegter und grundsätzlich anders als bei jenen Entwürfen ist die Dachlandschaft des Damenstifts: Die Risalite überragen die Zwischentrakte um ein Geschoß und bilden über ihrer Firstlinie eigene Walmdächer aus. Dadurch vor allem erhält der gestreckte Baukörper vertikale Akzente, doch ist die Gliederung angesichts der Ausdehnung der Fassade nicht so sehr für die Frontalansicht, sondern für den streifenden Blick und als Abwicklung aus der Sicht des vorbeirollenden Verkehrs berechnet. Grundsätzlich unterscheidet sich in dieser Hinsicht der Baublock des Damenstiftsgebäudes von ähnlich ausgebildeter Gliederung und Dachlandschaft im barocken Schloßbau, wo dieses Motiv in ganz anderer Weise zur Herstellung einer Hierarchie der Fassadenkomposition und für eine auf die Mitte konzentrierte Gestalt des Bauwerks angewendet ist.[7]

Die Einzelformen der Fassade spiegeln Motive des ausgeführten Bibliotheksbaus: Die Form der Fenster und der Einfahrtstore und ihre Einfassung durch Putzbänder in Form von Keilsteinen, die Vertikalrahmung der Fassadenabschnitte durch Rustikabänder, schließlich auch der Konsolfries unter dem vorkragenden Dach. Doch entsprechend seiner Bestimmung als Wohnungsbau sind bei dem Damenstiftsgebäude die Fensterachsen dichter gereiht als bei der Bibliothek. Vor allem aber macht die Ausführung, die Materialwahl für die Fassade, den sparsameren Einsatz der finanziellen Mittel und damit zugleich die geringere Bedeutung des Mietsgebäudes gegenüber der staatlichen Institution deutlich. Trotz der applizierten Zierformen wirkt die Putzfläche der Fassade leer und spannungslos, und trotz bewegter Dachlandschaft erscheint der Baublock als bloße Erstreckung an der Ludwigstraße ohne ausgeprägte Physiognomie.

Das Innere des Gebäudes war in 24 Wohnungen unterschiedlicher Größe unterteilt. Die größten nahmen jeweils eines der drei Obergeschosse im Mittelrisalit ein, die kleinsten lagen in den Seitenrisaliten. In den Zwischentrakten waren jeweils zwei Wohnungen untergebracht. Die Abfolge der Wohnungsgrößen war mit absteigender Zahl der Fensterachsen symmetrisch von der Mitte her organisiert (3–4–5–9–5–4–3). Im Erdgeschoß bedingten die Einfahrten eine etwas andere Aufteilung. In allen Wohnungen aber lagen die Haupträume zur Ludwigstraße; Treppenhäuser, Wirtschaftsräume, Dienstbotenzimmer und Nebengelasse zur Hofseite. H. Lehmbruch

133 Das Gebäude der General-Bergwerks- und Salinen-Administration an der Ludwigstraße in München, 1838–1843

Das Gebäude der Bergwerks- und Salinenverwaltung wurde von 1838 bis 1843 durch Friedrich Gärtner errichtet. Es war neben dem Kriegsministerium von Leo von Klenze[1] der zweite reine Verwaltungsbau an der Ludwigstraße. Der Bauplatz an der Ecke der Schellingstraße fand erst nach wechselnden Planungen seine endgültige Bestimmung. 1831 hatte Klenze hier für den Bierbrauer Silberbauer, dem die Grundstücke an der Nordseite der damals so genannten Löwen- (Schelling-) Straße bis an die Amalienstraße gehörten[2], die Fassade für ein Wohnhaus entworfen, die vom König am 28. Februar des Jahres mit gewissen Auflagen genehmigt wurde.[3] Der Entwurf zeigt ein stattliches Gebäude mit zwei voll ausgebildeten Obergeschossen und einem Mezzanin über dem rustizierten Erdgeschoß, in dem ein Rundbogenportal die Symmetrieachse der Fassade bezeichnet. Das Dach kragt auf beiden Seiten vor und ist auf beiden Seiten abgewalmt, so daß der Eindruck eines in offener Bauweise geplanten, freistehenden Gebäudes bewirkt wird. Der Eindruck täuscht: Wie die fensterlose Brandmauer auf dem Grundriß zeigt, sollte sich das Nachbargebäude an der Ludwigstraße im Norden in geschlossener Reihe anfügen. Solch »täuschende« Darstellung einer Fassade war nicht ungewöhnlich, auch den Fassadenentwurf für andere Reihenhäuser an der Ludwigstraße hat Klenze in derselben Weise gleichsam wie für freistehende Gebäude dargestellt.[4] Zwei flache einachsige Risalite rahmen die Fassade und fassen die äußeren Fensterachsen durch Rustikavorlagen wie in Anspielung auf flankierende Turmbauten ein. Eng gesetzt in horizontaler Reihung sind dagegen die Fenster im Mittelabschnitt der Fassade, wo die architektonischen Motive konzentriert und dicht gedrängt erscheinen: Jeweils sieben gekoppelte Fensteröffnungen in den beiden Obergeschossen, gefaßt durch eine Rustikarahmung, die vor der glatten Putzfläche ein flaches Relief bildet. Für die Einzelformen griff Klenze auf Motive seiner Wohnbauten an der südlichen Ludwigstraße zurück, bei denen er Anregungen der italienischen Renaissance verarbeitet hatte. Das Netz der dicht gedrängten Dekorationsformen strukturiert die Fassade als bildhafte Komposition, anders etwa als bei dem wenige Jahre später von Friedrich Gärtner entworfenen Damenstiftsgebäude, wo ähnliche Schmuckformen, jedoch vereinzelt erscheinen: Die Ausbreitung

133.2

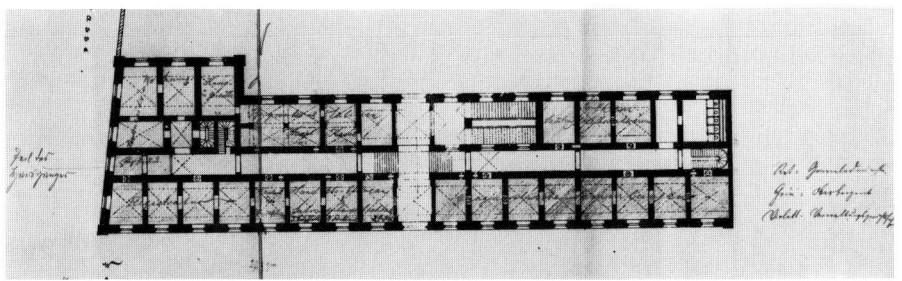

133.3

der Wandfläche ist dort das bestimmende Element der Fassadengestaltung.[5]
Zur Ausführung des Entwurfs von Klenze kam es nicht, da sein Auftraggeber in finanzielle Schwierigkeiten geriet.[6] Ab 1832 ließ der König das Grundstück mit dem im Norden benachbarten Anwesen durch Friedrich Gärtner ankaufen. Zu diesem Zeitpunkt war hier ein Neubau für das Max-Joseph-Stift, ein Erziehungsinstitut für Mädchen, geplant.[7] Doch war die Leiterin des Institutes aus verschiedenen Gründen mit dieser Platzwahl nicht einverstanden. Gärtner schlug daraufhin die Nutzung des Areals für das Verwaltungsgebäude der damals in mehreren Altbauten[8] nur unzulänglich untergebrachten Bergwerks- und Salinenadministration vor und fand damit die Zustimmung sowohl des zuständigen Finanzministers als auch des Königs.[9] Nach den aufgegebenen Planungen für das Erziehungsinstitut an diesem Platz sollte der Neubau nicht unmittelbar an den Südflügel der Universität grenzen, vielmehr sollte hier eine Baulücke bleiben. Gärtner wollte damals das Eckgrundstück in der Weise bebauen, daß das Schulgebäude mit rund 54 Meter Länge an der Ludwigstraße als gleichgewichtige Baumasse dem Neubau des Blindeninstitutes[10] mit gleicher Fassadenlänge und Gebäudetiefe an der Mündung der Schellingstraße gegenüberstand. Noch bis 1838, also bis in das Jahr der Grundsteinlegung für das Salinengebäude, zeigen Situationspläne noch diesen Planungsstand.[11] Für das geplante Verwaltungsgebäude aber reichte der Bauplatz nicht aus. So entschloß sich der König (»In den sauren Apfel beiße ich!«[12]) zum Ankauf auch des unmittelbar

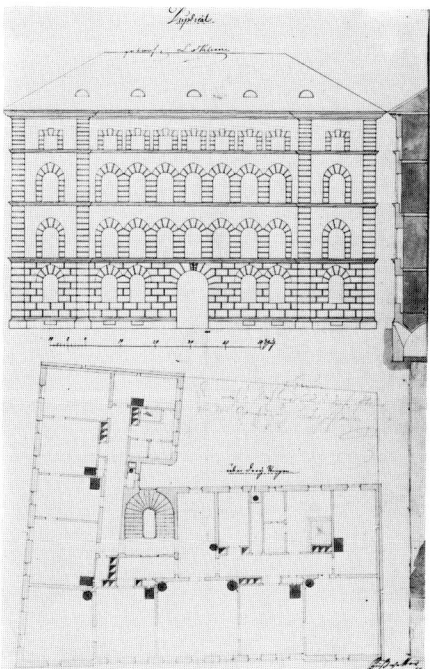

133.4

1 S. dazu: Florian Zimmermann, Montur-Magazin und Kriegsministerium an der Ludwig-/Schönfeldstraße, in: W. Nerdinger (Hrsg.) Kat. Klassizismus in Bayern, Schwaben und Franken, München 1980, S. 160ff.
2 StaM, LBK 107
3 Durch Signat auf dem Fassadenentwurf, SGSM, Inv.Nr. 27199. S. auch: Florian Zimmermann, Wohnbau in München 1800–1850, MBM 129, München 1984, S. 92f.

133.1 Friedrich von Gärtner (Farbabb.)
General-Bergwerks- und Salinen-Administration an der Ludwigstraße in München, Vorentwurf: Teilaufriß der Hauptfassade (1836)
Feder über Bleistift, farbig aquarelliert; 27,8 × 42,4
Arch.Slg. TUM, Riedel-Mappe

133.2 Friedrich von Gärtner (Abb.)
General-Bergwerks- und Salinen-Administration an der Ludwigstraße in München, Aufriß der Hauptfassade (1837)
Feder, farbig aquarelliert; 113,8 × 45,4
Arch.Slg. TUM, Gs 1111

133.3 Friedrich von Gärtner (Abb.)
General-Bergwerks- und Salinen-Administration an der Ludwigstraße in München, Erdgeschoßgrundriß
Bauaufnahme des Landbauamts München 1909
BHStA, MF 68657

133.4 Leo von Klenze (Abb.)
Entwurf für ein Wohnhaus an der Ludwigstraße in München. Nicht ausgeführtes Projekt am Orte der späteren General-Bergwerks- und Salinen-Administration, Grundriß des dritten Obergeschosses, Aufriß der Hauptfassade, Teilschnitt, 1831
LBK München, Zentralregistratur

133.5 General-Bergwerks- und Salinen-Administration an der Ludwigstraße in München, Teilansicht der Laibung am Hauptportal (1971) (Abb.)
Foto von Margrit Behrens, Zentralinstitut für Kunstgeschichte

4 Vgl. u.a. den Aufriß für Haus Ludwigstraße 17, der in der gleichen Weise gezeichnet ist, obwohl das Gebäude den Mittelbau der Häuserzeile zwischen Rheinberger- und Theresienstraße bildet. (SGSM, Inv.Nr. 27190 u. StaM, LBK 6206; Aufriß datiert von 1829. Abb.: F. Zimmermann, wie Anm. 3, S. 91)

5 siehe Kat.Nr. 132

6 Laut Schreiben Gärtners an Ludwig I. vom 17.7.1832. (GHA, Nachlaß Ludwig I. II A 27)

7 BHStA, MF 68655; GHA, Nachlaß Ludwig I. Blaue Schachtel X 460; StA München, RA 22345; siehe Kat.Nr. 108

8 U.a. in der Maxburg. (BHStA, HR II 599/34)

9 BHStA, MF 68655

10 vgl. Kat.Nr. 116

11 S. u.a. MStm, M II 23/2, 24/2 u. 31

12 BHStA, MF 68655 Signat Ludwigs I. vom 25.3.1838

133.1

südlich der Universität liegenden Nachbaranwesens trotz überhöhter Forderungen der Besitzerin. Schon 1836, noch vor Abschluß der Grundstücksverhandlungen, hatte der König Gärtner die Planung für das gesamte Areal aufgetragen. Falls nicht anders möglich, sollte vorerst als erster Bauabschnitt nur der Teil an der Ecke zur Schellingstraße bebaut werden.[13] Am 28. Juli 1837 genehmigte er die von Gärtner eingereichten Pläne, am 25. August des folgenden Jahres, dem Geburts- und Namenstag Ludwigs I., wurde durch den Finanzminister Wirschinger der Grundstein für den Neubau gelegt.[14] Im September 1843 waren der Bau und die Inneneinrichtung weitgehend vollendet, so daß die Behörde mit dem Einzug beginnen konnte. Bis zum Jahresende hatte sie ihn vollständig in Benutzung genommen.

Unter den Bauten Gärtners an der nördlichen Ludwigstraße fällt das Gebäude der Salinenverwaltung durch die farbig abgesetzte Terrakottaverkleidung: rotes Sokkelgeschoß, gelbe Wandflächen mit roten Rahmenelementen an den Obergeschossen, besonders auf. Dunkler getönte Wandvorlagen strukturieren die hellere Grundfläche der Obergeschosse und bilden Rahmenfelder, in denen jeweils ein Rundbogenfenster mit gleichfalls dunkler getönter Laibung sitzt. Fast wie ein Fremdkörper erscheint das Gebäude an der Ludwigstraße, dennoch weicht es vom Muster der anderen Großbauten Gärtners nicht grundsätzlich ab. Die große Form: der Aufbau des Baublocks in drei Geschossen, in denen sich die Rundbogenöffnungen in gleichmäßiger Abfolge reihen, und die Betonung des Erdgeschosses als Gebäudesockel, die Unterstreichung der horizontalen Schichtung durch kräftig profilierte Gurtgesimse, schließlich auch die Verwendung von Wandvorlagen und einer farbigen Backsteinverkleidung, das alles sind Motive, die sich auch an den Nachbargebäuden der Ludwigstraße aufzeigen lassen. So vor allem hatte Gärtner an der seit 1832 im Bau befindlichen Staatsbibliothek[15] als ein Hauptelement der Fassadengestaltung farbige Backsteinverkleidung angewendet und dadurch in vergleichbarer Weise die beiden Obergeschosse vom Sockelgeschoß abgesetzt. Dort allerdings nicht durch unterschiedliche Farbigkeit des gleichen Materials, sondern durch einen Haustein imitierenden Rustikaputz im Erdgeschoß. Auch der zweischichtige Wandaufbau hat Parallelen an der Ludwigstraße und zwar an dem Flügel des Georgeanums, der dem Salinengebäude gegenüberliegt[16], sowie an der Verbindungsmauer zwischen diesem Flügel und

dem benachbarten Pfarrhaus von St. Ludwig. Und obwohl sich die Ausbildung der Vorlagen bei den beiden Gebäuden durchaus unterscheidet, scheinen Zeichnungen Gärtners, vermutlich Vorentwürfe für den Verwaltungsbau, auf eine engere Verwandtschaft der Entwurfsfindung hinzudeuten, als es das ausgeführte Bauwerk annehmen läßt. Sie zeigen, vergleichbar dem Flügel des Georgeanums, durch Rundbogen gekoppelte Wandvorlagen, die zwei Geschosse übergreifen, vor einer vermutlich in Putzbänderung geplanten Fassadenfläche.[17]

Der Abstand zwischen den vermutlichen Vorentwürfen und dem ausgeführten Bau erscheint mehr als eine bloße Variante, ist vielmehr ein entscheidender Wechsel des Entwurfskonzeptes. Die ausschließliche Verwendung der Terrakottaverkleidung für die Fassade, die strengere, ohne Rundbogenformen angelegte Aufrasterung der Wandflächen der oberen Geschosse durch Wandvorlagen, schließlich besonders die konsequent aus der Farbigkeit und Formbarkeit des Werkstoffes entwickelte Oberflächengestaltung, nämlich die plastischen Formen der Profile und Ornamente bei Laibungen und Gesimsen sowie die aus der Farbigkeit des Backsteins gewonnene Tönung der Wand und der geometrischen Musterung des Schmuckfrieses unter dem vorkragenden Dach, lassen ein neu erworbenes Verständnis des Architekten für die Möglichkeiten der Backsteinarchitektur erkennen. Der entscheidende Anstoß dürfte von Friedrich Schinkel gekommen sein, den Gärtner 1835 bei einer Reise in Berlin kennenlernte und mit dem er seither in brieflichem Kontakt geblieben war, ehe er ihn wenige Wochen vor der Grundsteinlegung für das Salinengebäude in Kissingen noch einmal traf.[18] Die Begegnung mit Schinkel und seinem Werk, so vor allem mit dem Gebäude der Bauschule in Berlin, das 1835 kurz vor seiner Vollendung stand, hat vermutlich entscheidend auf die Entwurfsfindung für das Salinengebäude in München eingewirkt. Der König spürte offenbar das Besondere der Planung; er tat sich nicht leicht, sie zu akzeptieren. Darauf deutet ein Signat vom 10. September 1836, in dem Ludwig I. zwar sein grundsätzliches Einverständnis mit dem Entwurf Gärtners, gleichzeitig aber auch Bedenken gegen die farbige Absetzung des Erdgeschosses von den Obergeschossen und gegen die Lisenengliederung zu erkennen gibt.[18] Schließlich aber hat der König den Ausführungsentwurf ohne Veränderung der kritischen Punkte genehmigt.

Der Grundriß des Baublocks hat die Form eines langgestreckten angenäherten Rechtecks; an der Schellingstraße folgt er

13 Signat Ludwigs I. vom 1.8.1836: »Die Mauer gegen das Haus der Wittwe Deroy ist mit der nöthigen Verzahnung aufzuführen«, damit der Bau nach Erwerb ihres Anwesens entsprechend erweitert werden kann. (BHStA, MF 68655. Dort auch das Folgende.)
14 StaM, Stadtchronik 1838, S 167ff. Bericht von der Grundsteinlegung mit Wiedergabe der Rede des Finanzministers
15 vgl. Kat.Nr. 111
16 S. vor allem die Zeichnung Arch. Slg. TUM Gs 1015. S. auch Kat.Nr. 108
17 Arch.Slg. TUM, Gs 1109 u. Mappe Riedl-Nachlaß
18 O. Hederer, S. 49f.
19 BHStA, MF 68655 Signat Ludwigs I. vom 10.9.1836

Literaturauswahl:

Hans Moninger, Friedrich Gaertner's Original-Pläne und Studien, München 1882, S. 50ff.; Klaus Eggert, Die Hauptwerke Friedrich von Gärtners, München 1963, S. 95ff.; Oswald Hederer, Friedrich von Gärtner, München 1976, S. 146ff.

133.5

der schiefwinkligen Einmündung der Seitenstraße in die Ludwigstraße. Entlang der Schellingstraße läßt ein auf der Hofseite ausspringender Risalit die Seitenfassade des Gebäudes tiefer erscheinen, als es insgesamt ist. Der Haupteingang zur Ludwigstraße wird durch ein hohes Rundbogenportal in der Mittelachse des Erdgeschosses gebildet. Es führt zu einer gewölbten Vorhalle und zu dem ebenfalls gewölbten Haupttreppenhaus, das an der Rückseite des Gebäudes liegt und vom Hof her Licht erhält. Zwei kleinere Nebentreppen bieten zusätzliche Verbindungen zwischen den Geschossen an den beiden Enden des Baublocks. Die innere Organisation der Geschosse wird durch einen Mittelgang bestimmt, der das Gebäude in Längsrichtung durchzieht. Auf ihn öffnen sich auf beiden Seiten die Türen der Arbeitszimmer, deren »Standartmaß« jeweils eine Fensterachse umfaßt. Im Hauptgeschoß gibt es einige größere Räume, darunter für die Amtsbibliothek. Heute sind, nach Kriegsschäden und Umbauten für eine neue Nutzung durch die Universität, nur noch Reste der alten Raumstruktur besonders in der südlichen Hälfte des Baublocks erhalten.

H. Lehmbruch

134–137 Rathäuser

Rathausgebäude der ersten Hälfte des 19. Jahrhunderts sind auch eine Darstellung der Städte als Verwaltungsbehörden unter modernen Bedingungen. Wenn in diesem Zeitraum Rathäuser neu geplant und gebaut wurden, geriet das zum Ausdruck der geförderten Selbstverwaltungen der Städte. Neue Rathäuser waren Abbilder dieser Selbstverwaltungen als untere Verwaltungsträger, von denen die Staatsaufsicht zunehmend gelockert und deren Magistratsverfassung stetig verbessert wurde. Mit dem Gemeindeedikt vom 17. Mai 1818[1] war die gemeindliche Selbstverwaltung bleibend wiederhergestellt, für die damit festgelegten Gemeindeaufgaben mußte insbesondere bei Neubauten jetzt Vorsorge getroffen werden. Auch wenn diese Aufgaben der Städte, die entsprechend ihrer Größe nach drei Klassen eingestuft wurden, unterschiedlich waren, mußte in jedem Fall entsprechend dem Zweikammernsystem – Magistrat als Verwaltung und Gemeindebevollmächtigte als gewählte Gemeindevertreter – für geeignete Büro- und Sitzungsräume oder Säle gesorgt werden. Nachdem allen Städten und Märkten die gesamte Lokalpolizei übertragen war, mußten in den Rathäusern auch Polizeibüros und Arrestzellen geschaffen werden. In den Vollzugsvorschriften vom 31. Oktober 1837 zum revidierten Gemeindeedikt wurde zudem festgelegt, wie die Planung von Stiftungs- und Gemeindeneubauten mit den zuständigen Behörden, dem Königlichen Staatsministerium des Inneren, welches den »künstlerischen Werth durch den Kunstbauausschuß prüfen läßt«, abzuwickeln war. Die Wahl des Architekten war den Gemeinden aber in keiner Weise beschränkt. Alle hier vorgestellten Rathausplanungen sind Illustrationen dieser staatlichen Kuratelaufsicht, die aber auch angewiesen war, »sich bezüglich etwaiger Abänderungen auf Verbesserung des ursprünglichen Entwurfes zu beschränken.«[2] Soweit die Korrekturen auch gegangen waren, blieben die zuerst vorgelegten Pläne die Grundlage, da sie vor allem gestalterische Details zu verbessern suchten.

Für Städte, die ihre neuen erweiterten Aufgaben zu erfüllen suchten und hierfür die nötigen Gemeindeeinrichtungen, zu denen auch die öffentlichen Uhren gehörten, bereitstellen wollten, konnte aus drei Gründen die Notwendigkeit eines Rathausneubaues entstehen: weil bisher überhaupt kein solches Gebäude bestanden hat, weil das alte nicht mehr den Anforderungen entsprach oder weil es zerstört war.

W. Lübbecke

1 Dokumente zur Geschichte von Staat und Gesellschaft in Bayern, III/3 Regierungssystem und Finanzverfassung, München 1977.
2 Karl Weber, Neue Gesetz- und Verordnungssammlung für das Königreich Bayern, Band III, Vollzugsvorschriften zum revidierten Gemeindeedikt vom 31.12.1837, § 97.

134 Rathaus Fürth, 1837–1843

In Fürth, ein Ort, der bis 1792 unter der Dreiherrschaft der Dompropstei Bamberg, des Fürstentums Brandenburg-Ansbach und der Reichsstadt Nürnberg gestanden hatte, war erst mit der Neuordnung des bayerischen Staates 1808/1818 und der Einordnung als Stadt I. Klasse (1808 noch II. Klasse) die Notwendigkeit eines Rathauses, das es nicht gegeben hatte, erwachsen. Fünf Jahre nach der feierlichen Einsetzung des Magistrates und der Übertragung der Polizeiverwaltung begann 1823 die Rathausplanung. Obwohl hierfür schon 1825 ein Fassadenplan von Leo von Klenze vorlag[1], konnte erst 1840 nach ganz anderen Plänen der Bau begonnen und erst am 1. Januar 1851 die Vollendung feierlich eingeläutet werden. Trotz dieser langwierigen Planungs- und Baugeschichte, zu der ein langandauernder Streit um den Bauplatz gehörte, ist das Rathaus von Fürth nicht nur ein Prototyp geworden, sondern auch ein städtebaulicher Kristallisationspunkt dieser wichtigen bayerischen Stadt des 19. Jahrhunderts. Die Planung entstand 1837 bei einer internen Konkurrenz von Gärtner-Schülern E. Bürklein, W. Waser, Koeppel und Tappe.[2] Die Bedingungen des Wettbewerbs sind in Eduard Bürkleins Entwurf (Kat.Nr. 134.1) nachzulesen, woraus hervorgeht, daß ein dreistöckiges Rathaus mit einem Sitzungssaal, der einen Zugang zu einem Balkon haben sollte, mit Festsaal, Polizeiwache und Gefängnis zu planen war, daß ein als Wartturm mit Turmwächterwohnung ausgebildeter Rathausturm an einer vorbestimmten Stelle im Gesamtkomplex verlangt war. Die Wettbewerbsentwürfe illustrieren nicht nur die Planungsgeschichte des hervorragendsten und größten Rathauses der 1. Hälfte des 19. Jahrhunderts in Bayern, sondern in architekturgeschichtlicher Hinsicht auch, was damals noch oder schon mögliche Alternativen waren.

Eduard Bürklein (1816–1871) war so unbekannt geblieben, daß lange Zeit das Fürther Rathaus für ein Werk seines Bruders Friedrich Bürklein gehalten wurde.[3] Dabei sind im Bayerischen Hauptstaatsarchiv in München die Pläne des Schülerwettbewerbs von 1837 erhalten, die zeigen, daß die Entwürfe (Kat.Nr. 134.2,3,4) des 21jährigen Bürklein durchaus in allen Grundzügen in die Ausführung übergegangen sind. So blieb der strenge Rhythmus der Rundbogenfenster, die Klassizität des Gärtnerschen Historismus, wenn auch in den Details des Portalvorbaues und des Wartturms in der Ausführung prägnantere Motive gefunden wurden. Da der Rathaus- und Wartturm in der

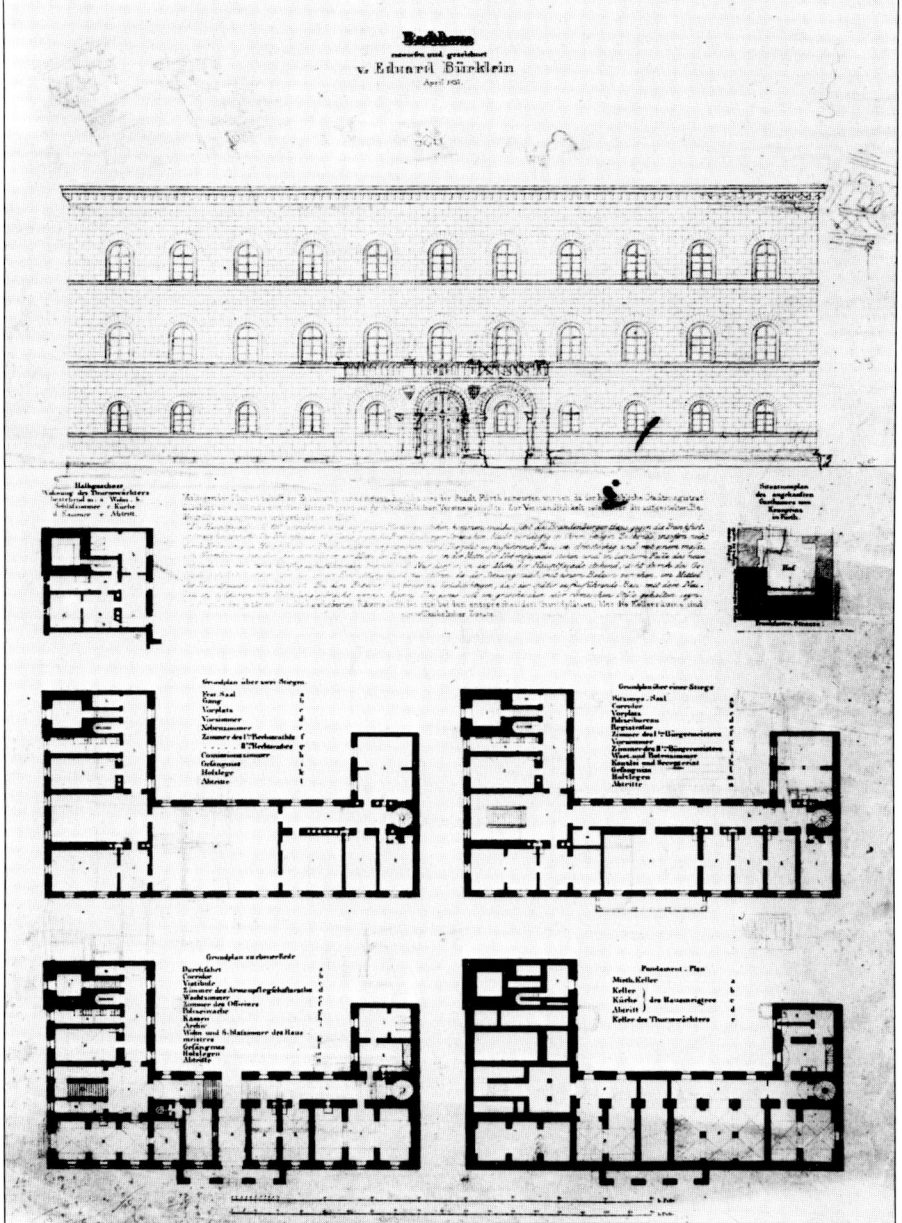

134.1

Ausführung durch Aufsetzen neuer Geschosse über dem auskragenden Umgang wesentlich erhöht und daher schlanker proportioniert erscheint, bürgerte sich der nachvollziehbare Vergleich mit dem Florentiner Palazzo vecchio ein. Dieser Rathausturm ist gewissermaßen Symbol der sich selbstverwaltenden Stadt geworden, gleichwohl war seine Bedeutung polyfunktional als städtebauliches Zentrum, daher bestens geeignet als tatsächlicher Feuerwächterturm wie als Träger der öffentlichen Uhren und Glocken, wie als konstruktiv vorbestimmter und zeichenhaft passender Ort für Arrestzellen. Die noch klassizistische Ruhe und Ausgewogenheit, die dieser Planung und ihrer Aus-

1 Hans Lippert, Die Geschichte des Fürther Rathauses, in: Fürther Heimatblätter 4, 1940, S. 29ff.

2 Oswald Hederer, Friedrich von Gärtner 1792–1847, München 1976, S. 223, 224.

3 Aber bei Hederer, S. 223, richtig gestellt.

4 Kunstführer durch die Schweiz, begründet von Hans Jenny, Band I, Wabern 1975[6], passim, gibt Einblick in Wasers späteres Werk.

5 Auch bei Lippert, S. 35, erwähnt. Abb. der Schüler Gärtners bei Hederer, S. 237; nennt einen Köppl, der vielleicht identisch mit diesem Entwerfer ist.

6 Erst 1900/1901 wurde der bestehende Rathaussaal mit Allegorien der Verwaltungsressorts hergestellt.

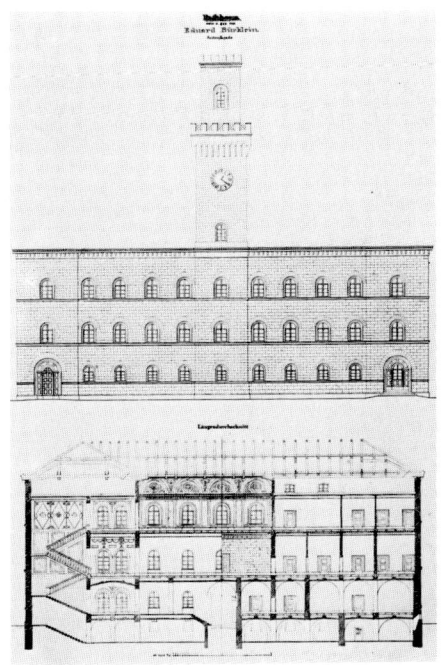

134.9

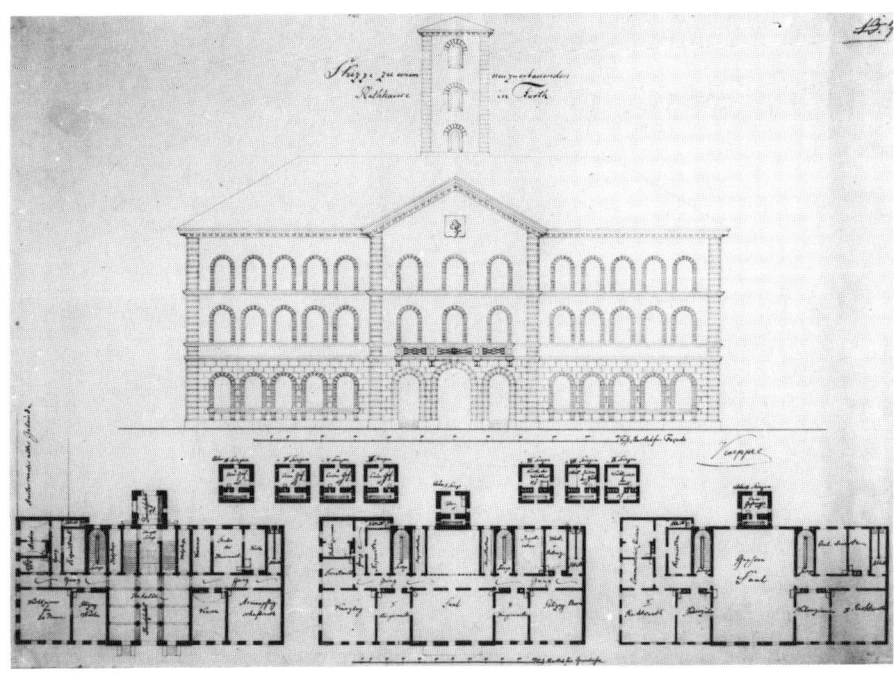

134.7

134.1 Eduard Bürklein (Abb.)
Rathaus für Fürth, Hauptfassade und
Grundrisse, 1837
Lithographie mit Bleistifteintragungen;
31,5 × 44,8
Arch.Slg. TUM, Gs 2317

134.2 Eduard Bürklein
Rathaus für Fürth, Vorderansicht, 1837
Feder; 105,8 × 66,5
BHStA, Planslg. 15757

134.3 Eduard Bürklein
Rathaus für Fürth, Seitenansicht, 1837
Feder; 106,5 × 70,5
BHStA, Planslg. 15760

134.4 Eduard Bürklein
Rathaus für Fürth, Durchschnitt, 1837
Feder, farbig aquarelliert; 77 × 54,5
BHStA, Planslg. 15762

134.5 Wilhelm Waser
Rathaus von Fürth, 1837
Feder; 97 × 61
BHStA, Planslg. 15756

134.6 Wilhelm Waser
Rathaus von Fürth, 1837
Feder; 62,5 × 85
BHStA, Planslg. 15758

134.7 Koeppel (Abb.)
Rathaus von Fürth, Hauptfassade und
Grundrisse
Feder; 67 × 47
BHStA, Planslg. 15759

134.8 Carl Tappe
Rathaus von Fürth, Hauptfassade, 1837
Feder; 83,5 × 62
BHStA, Planslg. 15767

134.9 Eduard Bürklein (Abb.)
Rathaus Fürth, Aufriß und Querschnitt
Lithographie; 32,4 × 64,4
Arch.Sgl. TUM, Gs 2318

führung eignet, kann bis in die gotisierenden, detaillierten Zeichnungen der Fen-
stergitter, Fenstersprossen, der Türblätter
und der signifikanten Stadt- und Staatswappen überprüft werden.
Die Schülerkonkurrenten waren mit ihrem frühen Historismus, wo die italienisch mittelalterlichen Implikationen teilweise stärker ausgeprägt waren, deutlich
Eduard Bürkleins Entwurf unterlegen.
Dennoch können vor allem die Entwürfe
des Zürichers Wilhelm Waser (1811 bis
1866) durchaus verglichen werden
(Kat.Nr. 134.5,6). Allerdings instru-
mentierte Waser seine Entwürfe viel reicher,
indem er die Hauptfassade sowohl durch
breite Lisenen dreifach gliederte und die
Fenster durchaus italienisch wie münch-
nerisch als Biforienfenster differenzierte.
Sein Wart- und Rathausturm wäre aber
zu sehr fortifikatorisch ausgefallen, hätte
durch die von der stengen Rechtwinklig-
keit abweichende Polygonalität bereits
den malerischen Abwechslungsreichtum
eines späteren Historismus eingeleitet.[4]
Wie Schülerentwürfe auch ausfallen
konnten, demonstrieren Koeppel und
Carl Tappe. Von Koeppel[5] wurde die
Hauptfassade so ungeschickt gegliedert,
daß der Wartturm genau in der Mittelachse eines übergiebelten Mittelrisalites wie
entgegen den Wettbewerbsbedingungen
hinter dem Gebäude postiert worden
wäre, womit er architektonisch nicht eingebunden und in keiner Weise auch nur
annähernd die Bedeutungen des Turmes
bei Bürklein erhalten haben würde
(Kat.Nr. 134.7). Dagegen ist der Entwurf

von Carl Tappe insofern auffallend, als
hier, lange bevor dies in derartiger Konsequenz ausgedrückt und ausgeführt wurde, ein reich instrumentiertes neugotisches
Rathaus vorgesehen war. Tappe plante
bereits eine asymmetrisch gegliederte
Hauptfassade mit zinnenbekröntem Eckturm, mit gotisierenden Biforienfenstern
und einem Staffelgiebel über einem Mittelrisalit. Da wären nicht nur eine Fensterrose, Stadt- und Staatswappen sondern auch Lisenen bekrönende bayerische
Löwen aufgetaucht (Kat.Nr. 133.8).
1838 war die endgültige Entscheidung für
den Rathausbau nach den Entwürfen
Eduard Bürkleins durch Entschließung
des Staatsministeriums des Inneren unter
Empfehlung des kgl. Oberbaurates Friedrich von Gärtner gefallen. Am 1. November 1840 wurde der Bau begonnen und
am 1. Oktober 1845 fand darin die erste
Feierlichkeit statt, während der Ostteil
erst in diesem Jahr begonnen worden und
der Turm erst 1848 im Rohbau vollendet
war. Von der ursprünglichen Ausstattung
ist lediglich die 1978/1979 restaurierte
ornamentale Ausmalung im Eingangsbereich erhalten. Die Glocken mit den für
die Rathausikonographie bezeichnenden
Geflügelten Worten nach Schillers Lied
von der Glocke: »Arbeit ist des Bürgers
Zierde./Segen ist der Mühe Preis./Bür-
gerglück das höchste Streben«. wurden
im Zweiten Weltkrieg eingeschmolzen.
Von der Saalausstattung Bürkleins mit einer Justitia, den das Rathaus als Rechtsort
ausgewiesen hätte, ist nichts bekannt.[6]

W. Lübbeke

441

135   Rathaus Wunsiedel, 1834–1837

Die Voraussetzungen für einen Rathausneubau in Wunsiedel im Fichtelgebirge
waren ganz andere, auch ist hier die Planung anfangs allein von örtlichen Kräften
ausgegangen. In Wunsiedel, das nur in der
Zeitspanne von 1812 bis 1818 und seiner
neuen Zugehörigkeit zum Königreich
Bayern seine Selbständigkeit verloren hatte, hatte es ein altes Rathaus gegeben.
Nicht jedoch die Neudefinition nach dem
Gemeindeedikt von 1818 als Stadt II.
Klasse, sondern ein verheerender Stadtbrand im Jahre 1834, der auch das vorhandene Rathaus mit seinem Turm vernichtet
hatte[1], war Anlaß einer Neuplanung. Von
Wunsiedeler Beamten und Bürgern ausgehend wurde diese Stadtzerstörung als
Gelegenheit ergriffen, eine neue moderne
Stadtplanung zu versuchen. Hierfür wurde eine königliche Baukommission gebildet, für die technische Durchführung
wurde dem Maurermeister und Magi-
stratsrat Johann Andreas Ritter (1796 –
1856) gleich 1834 die Leitung übertragen.[2] Nach einem Konzept des Vorsit-
zenden der Gemeindebevollmächtigten,
dem Apellationsgerichtsadvokaten Heinrich Vogel wurde Ritter beauftragt, eine
Planskizze für die Neugestaltung der
Stadt vorzulegen, ein Planungsvorgang,
aus dem er dann auch die Rathausplanung
entwickeln sollte. Ritter hatte hierfür
schon Erfahrungen gesammelt, als er z.B.
1828/1829 einen Rathausbau in Weißen-
stadt, ebenfalls als Neubau nach Stadtbrand, ausgeführt hatte.[3]
In diese rechtwinklig neugeordnete Stadt
mit neuem rechteckigen Marktplatz sollte, isoliert betrachtet, wiederum ein dreigeschossiges Rathaus gestellt werden, das
mit regelmäßiger Reihung von Rundbogenfenstern und einer dreiteiligen Torbo-
gengruppe im Zentrum ganz vergleichbar
der Fürther Rathaushauptfassade gestaltet
ist. Auch die Art des Planungsvorgangs
ist vergleichbar, als es auch hier einen
Entwurf gibt, der Fenster und ihre
Fenstergliederung, der Türblätter und
die Konsolen des Kranzgesims genau
planerisch festzulegen versucht (Kat.Nr.
135.1). Diese Fassadenplanung ist dem
Klassizismus noch näher als die in Fürth,
auch wenn entgegen dem Entwurf Lit. B
von 1835 der Dachreiter durch die Alternative Lit. C (vgl. Kat.Nr. 135.2) die
Anklänge an einen noch barocken Klassizismus durch eine strengere Nüchternheit
verloren hat. Die Rathausplanung kann,
wie auch dieser Plan mit der gesamten
Längsfassade des Marktplatzes dokumentiert, nur als integraler Teil der Stadtplanung und des neuen Marktplatzes behandelt werden. Die Zusammengehörigkeit

135.3

wurde so weit getrieben, daß das später
als die anstoßenden Nachbarhäuser gebaute Rathaus sich nicht nur nach diesen
richten mußte, sondern um zwei Achsen
länger ist als es den Anschein gibt, da
jeweils eine Fensterachse der Nachbarhäuser schon Teil des Rathauses sind (vgl.
Grundrisse Kat.Nr. 133.3). Diesem von
dem königlichen Staatsministerium des
Inneren, Sektion Bauwesen durch Siegel
genehmigten Entwurf Lit. C. entspricht
das 1836/1837 erbaute Rathaus mit dem
rückwärts angehängten Treppenhaus und
mit der geräumigen Eingangshalle, die aus
einem großen Querraum und einer kurzen nach hinten zum Treppenhaus führenden dreischiffigen Pfeilerhalle zusammengesetzt ist.
Planänderungen waren durch Wegfall der
Gewerbeschule, Variationen der Erdgeschoßhalle, der Stärke der Fensterprofile
wie des Dachreiters einzuarbeiten gewesen, trotzdem gilt auch hier, daß die ursprüngliche örtliche Planung trotz der behördlichen Korrekturen im Charakter erhalten geblieben ist. Dies kann dahingehend interpretiert werden, daß von Anfang an in Kenntnis der Gärtnerschen Architektur geplant wurde. Ohne daß direkt
ein Zugriff des Oberbaurats Gärtners behauptet werden kann[4], ist doch beden-
kenswert, daß in Wunsiedel ein Plan von
1838 von Gärtner für die an anderer Stelle
errichtete Gewerbeschule erhalten ist.[5]
Bei einem Rathaus dieser Zeit und dieser
Größe ist die Rathausikonographie nicht
sehr ausgeprägt, trotzdem sollen die Uhr
und die zwei Glocken von 1837 des
Dachreiters, der damit durchaus öffentliche Funktionen erfüllen konnte, der von
Adolph Westphal ausgemalte und 1975
restaurierte Saal[6], wo heute noch das
1836/1837 gekaufte obligate Königspor-
trait Ludwig I. von dem Münchener Maler Josef Bernhardt hängt, erwähnt sein.
Das am 3. Dezember 1837 eingeweihte
Rathaus von Wunsiedel ist, so wie es der
Sohn des Baumeisters Ritter Adam Christian Ritter schon 1846 retrospektiv dokumentiert hat, erhalten.

W. Lübbeke

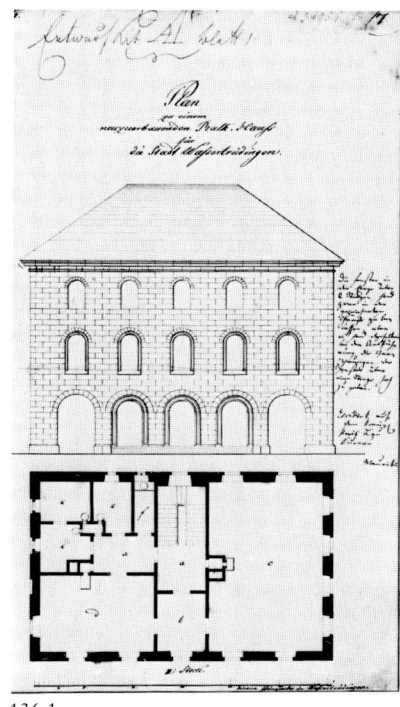

136.1

135.1 Johann Andreas Ritter
Rathaus von Wunsiedel, Fassadenent-
wurf mit teilweise vollständig ausge-
führten Details für Fenster und Tore
Feder mit Bleistiftradierung; 52 × 39
Stadtarchiv Wunsiedel, Akt XXVI/246

135.2 Johann Andreas Ritter
Rathaus von Wunsiedel mit anschließen-
den Bürgerhäusern
Feder, Bleistifteinzeichnung, mit einge-
klebter Korrektur; 56,5 × 29,5
Stadtarchiv Wunsiedel, Akt XXVI/246

135.3 Adam Christian Ritter (Abb.)
Rathaus von Wunsiedel mit anschließenden Bürgerhäusern und Grundrissen
Plansammlung des Stadtbauamtes Wunsiedel

136.1 Johann Steingruber (Abb.)
Rathaus von Wassertrüdingen, Entwurf
Lit. A Blatt 1, Beilage zu Kostenan-
schlag vom 20. Okt. 1842
Feder mit Bleistifteintragungen;
21,2 × 34,5
Stadtarchiv Wassertrüdingen, Akt XIX
10.1.3. fol. 7

1 Wunsiedel's Brandunglück im Jahr 1834,
Bayreuth 1848 (Reprint Wunsiedel 1984).
2 Elisabeth Jäger, Wunsiedel 1810–1932, III.
Band einer Geschichte der Stadt Wunsiedel,
Wunsiedel 1983, S. 67.
3 Bernhard H. Röttger, Landkreis Wunsiedel
und Stadtkreis Marktredwitz, Kunstdenkmäler von Bayern, München 1954,
S. 392–394.
4 Ebenda, S. 546.
5 Jäger, Abb. S. 74; Herrn Stadtarchiv Wolfgang Daum wird für seine Kooperation gedankt.
6 Jahrbuch der bayerischen Denkmalpflege 30,
1975/1976, München 1978, S. 175/176.

136.2 Rathaus von Wassertrüdingen, Entwurf
Baukunstausschuß (Abb.)
Feder mit Bleistifteintragungen;
21,7 × 23,9
Stadtarchiv Wassertrüdingen, Akt XIX
10.1.3. fol. 31

136.3 Eduard Bürklein (Abb.)
Entwürfe für Möbel im Rathaus Wasser-
trüdingen (1850)
Kolorierte Bleistiftzeichnung; 43 × 30,7
Stadtarchiv Wassertrüdingen, Akt XIX
10.1.3. fol. 78

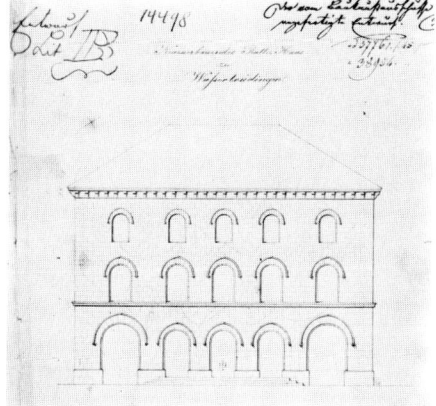

136.2

136.3

136   Rathaus Wassertrüdingen, 1842–1850

In Wassertrüdingen, ebenfalls eine Stadt
II. Klasse, waren die Bedürfnisse bei einem Rathausbau geringere und andere.
Als kleinstes hier vorgestelltes Beispiel
war in ihm zusätzlich die Schranne eingeplant und obwohl es keinen Turm oder
Dachreiter erhielt, erhebt es sich in seiner
Dreigeschossigkeit deutlich über die Bürgerhäuser der Stadt. Die laut Aktenlage
1842 beginnende Planung hat insofern
wieder andere Voraussetzungen, als in
Wassertrüdingen noch ein altes Rathaus
von 1670/1680 erhalten war, das aber als
baufällig, gefährdend und unzweckmäßig
durch einen Neubau ersetzt werden sollte.[1] Der Bürgermeister und Maurermeister,
auch Mitglied der landgerichtlichen
Baukommission, Johann Steingruber legte
zusammen mit einem Kostenanschlag
vom 20. Oktober 1842 eine erste Planung
vor (Kat.Nr. 136.1). Dieser Entwurf hatte für die weitere Planung das Rathaus als
dreigeschossigen Walmdachbau mit fünf
Fensterachsen an der Hauptfassade und

wieder einer dreiteiligen Portalgruppe
festgelegt. Die erste Revision des königlichen Kreisbaubüros empfahl bereits Veränderungen der »Verzierungen« der Fenster im zweiten Obergeschoß. Solche
Fensterverzierungen wurden dann tatsächlich in einem am 12. Februar 1846
genehmigten Entwurf (Kat.Nr. 136.2),
der vom Baukunstausschuß auf der Basis
Steingrubers angefertigt worden war, präzisiert, indem sämtliche Fenster- und
Türöffnungen durch eine leicht spitzbogige Profilleiste überfangen wurden.[2] Mit
dieser Redaktion der Rundbogenfenster
des Entwurfes war auch eine Annäherung
an den 1842 programmatisch geforderten
»byzantinischen Styl« erreicht.[3] Auf dieser Grundlage wurde wieder von Johann
Steingruber weitergeplant, bis der Polier
der kgl. Eisenbahnsektion Konrad Frank
per Magistratsbeschluß zum Bauführer
bestellt wurde. Frank zeichnete tatsächlich 1850 einen Ausführungsplan, der
steingerecht den Fugenschnitt in traditioneller Handwerkstechnik festlegte. Zugleich mußten die Seitenfassaden statt wie
vorgesehen vierachsig jetzt dreiachsig
umgeplant werden. Man hatte nämlich
vor allem den Erdgeschoßgrundriß verändert, da eine Holzlege überflüssig geworden war, aber für die Schranne durch den
1849 begonnenen Betrieb der Ludwig-
Süd-Nord-Bahn in Wassertrüdingen eine
größere Benutzungsfrequenz erwartet
wurde.[4] Dieses 1850 gebaute und vollendete Rathaus mit einem Polizeilokal samt
Arreststube, einem Sitzungszimmer und
einem Saal im ersten Obergeschoß erfüllte
die neue Selbstverwaltung auch insofern,
als dadurch auch die wirtschaftlichen Verhältnisse der Stadt gefördert wurden.
Entsprechend einer Petition von Wassertrüdinger Handwerkern und Gewerbetreibenden profitierten diese am Abbruch
des alten wie an der Errichtung des neuen
Rathauses. Dagegen hatte das Sparpro-
gramm beim Eisenbahnbau im gleichen
Zeitraum nur ein erdgeschossiges Provisorium als Stationsgebäude ermöglicht,
welches erst 1858 wie das Rathaus als
massiver Sandsteinquaderbau errichtet
werden konnte.[5] Friedrich Bürklein war
Sektionsarchitekt für Wassertrüdingen,
das mag erklären, daß im Wassertrüdinger
Rathausakt ausgerechnet von seinem Bruder Eduard Bürklein, dem Fürther Rat-
hausarchitekten, Möbelentwürfe erhalten
sind. Diese Entwürfe für einen acht-
armigen Kandelaber, zwei Stühle und einen sechsbeinigen Sitzungstisch (Kat.Nr.
136.3) sind ausgeprägter neugotisch als
das noch klassizistisch wirkende Rathaus.

W. Lübbeke

1 Norbert Ott, Die Wassertrüdinger Rathäuser, Entwicklungs- und Spiegelbilder einer
mittelfränkischen Stadt, Wassertrüdingen
1980.
2 Stadtarchiv Wassertrüdingen, Akt XIX
10.1.3.
3 Programm vom 28. Dezember 1842, Stadtarchiv Wassertrüdingen a.a.O.
4 Urkunde in den Eckstein des neuen Rathauses gelegt am 28. Mai 1850, nach Ott S. 27.
5 Béatrice Sendner-Rieger, Bahnhöfe der Ludwig-Süd-Nord-Bahn, Zur Geschichte des
bayerischen Staatsbauwesens, Bamberg 1985
(Dissertation Bern 1986), Band 2, Katalog
S. 178.

137 Rathaus Weißenhorn, 1849

In Weißenhorn kam es trotz langjähriger und detaillierter Planungen zu keinem Rathausneubau. Seit 1833 sind die Vorbereitungen im Gange, die 1848 zu einem Auftrag an den Zivilbauinspektor bei der kgl. Regierung von Schwaben und Neuburg Georg Freiherr von Stengel (1814–1882) geführt haben. Stengel legte bereits am 1. April 1849 neben einem Entwurf Lit. A eine neue Skizze Lit. B vor. In der Architektursammlung der Technischen Universität München sind zwei unsignierte Entwürfe für das Rathaus in Weißenhorn erhalten, der eine mehr skizzenhaft aber reich instrumentiert (Inv.Nr. 1976/1746) und der andere als Entwurf Lit. B (Inv.Nr. 1976/1745) bezeichnet. Diese Entwürfe wurden seit Moninger dem Gärtnerschüler Anton von Braunmühl (1820–1858) zugeordnet.[1] Nachdem aber in den Akten des Stadtarchivs Weißenhorn zur Rathausplanung lediglich der Architekt Georg Freiherr von Stengel auftaucht und außerdem in den Sammlungen des Weißenhorner Heimat- und Museumsvereins von Stengel signierte Pläne erhalten sind, die weitgehend der einen Planskizze in der Architektursammlung entsprechen, muß deren traditionelle Autorschaft bezweifelt werden.[2] Vielmehr können in den in der Architektursammlung aufbewahrten Zeichnungen die ersten aus den Jahren 1848/1849 stammenden Entwürfe gesehen werden, die Stengel, ja gleichfalls ein Gärtnerschüler, zu einem Plansatz Lit. C ausgearbeitet hat (Kat.Nr. 137.1,2,3). Mit diesem Rat- und Schrannenhaus sollten in einem weit umfänglicheren Ausmaß als in Wassertrüdingen sowohl die Funktionen des Rathauses als Verwaltungsgebäude mit repräsentativem Sitzungssaal wie als Schrannenhaus, hier sogar an ein Kornhaus einer mittelalterlichen Reichsstadt erinnernd, erfüllt werden. Architekturgeschichtlich hätte Stengel für den Rathausbau den Schritt zu einer reich entwickelten Neugotik getan, die ornamental wie ikonographisch mit Uhr, Giebelreiter und Bauplastik die Selbstverwaltung eines Zweikammernsystems repräsentiert hätte. Eine Fortsetzung der Planung ist belegt durch einen Satz von elf Plänen, die der Weißenhorner Baumeister Josef Deibler 1856 bildmäßig ausführte (Kat.Nr. 137.4, 5). Diese Planung ist eine Fortschreibung von Stengel, der hierbei als begutachtender und revidierender Baubeamter teilnahm (Kat.Nr. 137.5). Diese neuerliche Planung ist auch deswegen von Bedeutung, als hier der mittelalterliche Rathaussaal mit Spitztonnengewölbe, wie er etwa im alten Münchener Rathaus er-

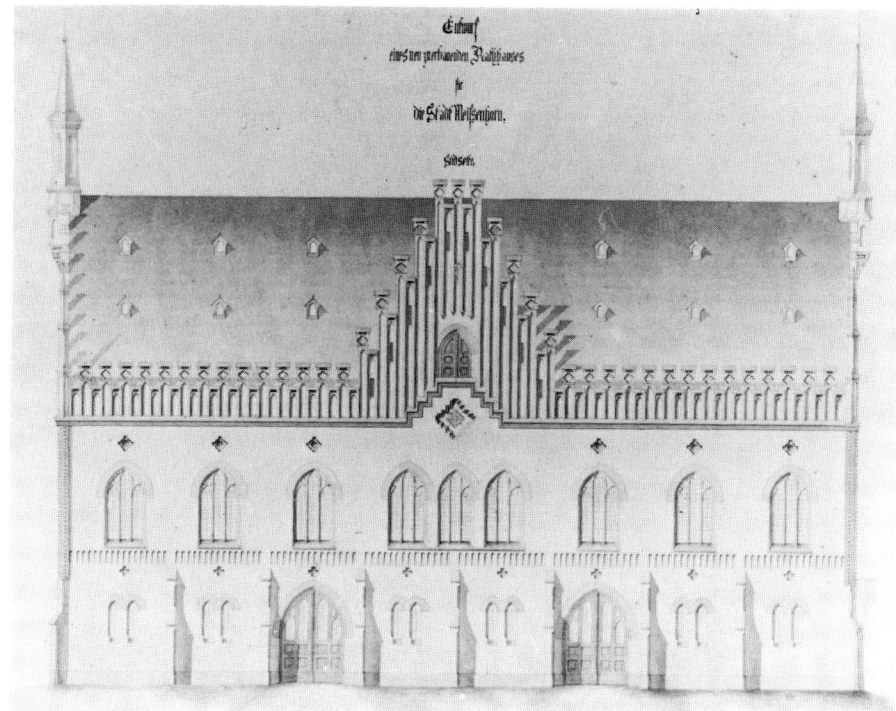

137.4

halten ist und wie er auch im späteren 19. Jahrhundert wieder Verbreitung finden sollte, planmäßig wieder aufgenommen und schon voll ausgebildet ist. Damit wäre nach Fürth ein neues epochemachendes Rathaus entstanden, das aber nach Einsturz der Weißenhorner Stadtpfarrkirche im Jahr 1859 vorübergehend, wie man damals glaubte, aber in Wirklichkeit überhaupt nicht zur Ausführung kam.

Mit dieser Auswahl von Rathausplanungen wird beispielhaft gezeigt, wie diese öffentliche Bauaufgabe von den zuständigen Baubehörden auf verschiedene Weise kontrolliert wurde, wie sowohl lokale Baumeisterplanung als auch der mächtige Einfluß Gärtners und seiner Schüler maßgebend sein konnte. Die Œuvre der Gärtnerschüler Eduard Bürklein und Georg Freiherr von Stengel müssen, obwohl letzterer viele neuromanische und neugotische Kirchen im Regierungsbezirk Schwaben geplant hat, noch weiter erforscht werden, gerade auch im Zusammenhang mit der architekturgeschichtlichen Entwicklung vom Münchener Klassizismus zum Historismus. Als öffentliche Architektur, die nach den durch das Königreich Bayern geschaffenen politischen Voraussetzungen neue und immer wachsende Programmfunktionen zweckmäßig erfüllen sollte, waren beim Rathausbau durchaus konsequente Leistungen zu konstatieren.

W. Lübbeke

137.1 Georg Freiherr von Stengel
Rathaus von Weißenhorn, Fassaden
Feder und Bleistift, farbig aquarelliert; 36 × 54,5
Heimat- und Museumsverein Weißenhorn und Umgebung e. V.

137.2 Georg Freiherr von Stengel
Rathaus von Weißenhorn, Querschnitte
Feder aquarelliert; 41,2 × 30,3
Heimat- und Museumsverein Weißenhorn und Umgebung e. V.

137.3 Georg Freiherr von Stengel
Rathaus von Weißenhorn, Längendurchschnitt
Feder aquarelliert; 41,3 × 30,7
Heimat- und Museumsverein Weißenhorn und Umgebung e. V.

137.4 Josef Deibler (Abb.)
Rathaus Weißenhorn, Längsfassade
Feder und Bleistift, koloriert; 56 × 44,5
Heimat- und Museumsverein Weißenhorn und Umgebung e. V.

137.5 Josef Deibler
Rathaus Weißenhorn, Querschnitt
Feder und Bleistift, koloriert; 44,7 × 59,3
Heimat- und Museumsverein Weißenhorn und Umgebung e. V.

1 Hans Moninger, Friedrich von Gärtners Original-Pläne und Studien, München, 1882, S. 108.
2 Stadtarchiv Weisenhorn, Akt 114 und 114; für zahlreiche Hinweise wird Herrn Anton H. Konrad gedankt.

138.1 Leonhard Schmidtner (Abb.)
Hauptzollamtsgebäude in Passau, Fassadenaufrisse
Feder, farbig aquarelliert; 73,8 × 52,3
StA Landshut, Planslg. der Reg. v. Niederbayern, Nr. 117

138.2 Leonhard Schmidtner
Hauptzollamtsgebäude in Passau, Grundrisse EG und 1. OG
Feder, farbig aquarelliert, 73,4 × 52
StA Landshut, Planslg. der Reg. v. Niederbayern, Nr. 117

138.3 Anton Harrer
Hauptzollamtsgebäude in Passau, Längsschnitt
Feder, farbig aquarelliert; 33,2 × 20,5
Archiv Finanzbauamt Passau

138.4 Hauptzollamt Passau (Abb.)
Foto Frühjahr 1986 (Gruhn-Zimmermann)

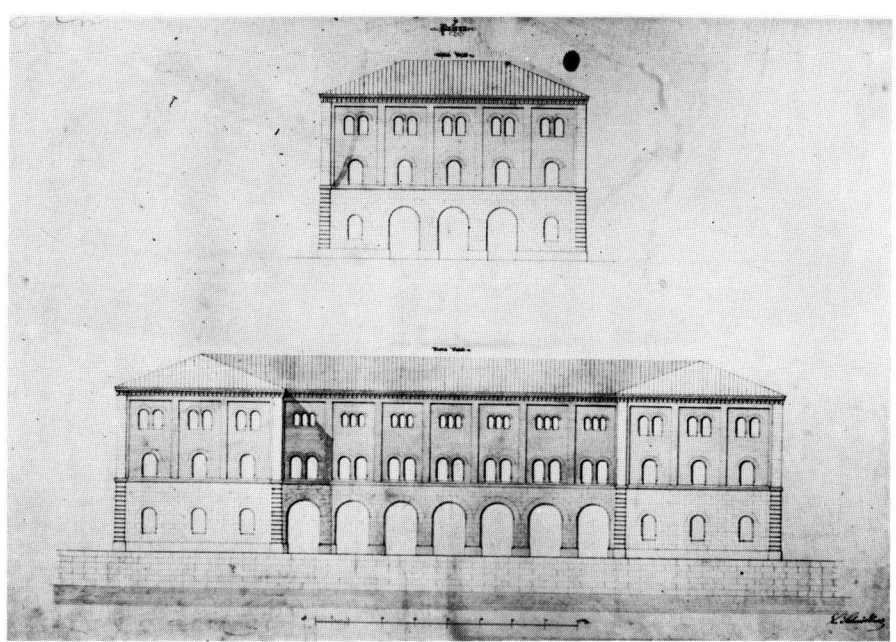

138.1

138.4

138   Hauptzollamtsgebäude in Passau, Fischmarktgasse 1, 1844–1851

Das Hauptzollamtsgebäude, in seiner äußeren Erscheinung unverändert erhalten, steht an städtebaulich exponierter Stelle unmittelbar an der Donau. In seiner Längenausdehnung erstreckt es sich parallel zum Fluß, seine schmale Westseite grenzt an den Rathausplatz (früher Fischmarkt), an dem sich von altersher die Donaulände befand.

Von 1803, als Passau bayerisch wurde, bis 1845 war das Hauptmautamt im sog. Tanzhaus, erbaut 1425, untergebracht. Raumnot und veränderte Anforderungen führten 1844 zu dem Plan, statt seiner ein neues Zollgebäude zu errichten. Der schriftlichen Mitteilung dieser Absicht an die K. Reg. von Niederbayern vom 3.7.1844 legte die K. General-Zolladministration ein Raumprogramm bei »und zur näheren Erörterung dieses, eine von dem k. Professor Voit gefertigte Planscizze . . ., nach welcher beiläufig das Projekt für den Neubau ausgearbeitet werden dürfte.«[1] Während der zuständige Regierungs- und Kreisbaurat Math. Bernatz

445

auf einer Studienreise zweckdienliche Informationen über derartige Einrichtungen einholte[2], hatte der Civilbauinspektor L. Schmidtner, der zwischenzeitlich alle Vorbereitungen für einen zügigen Projektablauf regeln sollte, bereits einen vollständigen Plan erarbeitet.[3] Mit nur wenigen Korrekturen an der Raumaufteilung durch Voit erhielt dieser Entwurf 1845 die königliche Genehmigung. In einem ersten Bauabschnitt sollte zunächst das alte Mautamt abgebrochen und unter Verwendung des Bauschutts eine in den Fluß hineingerückte Lände mit einer »Ufermauer von beträchtlicher Länge«[4] hergestellt werden, um vor allem die außerordentlich tiefen Fundamente des als eine Art Zollbastion ins Donaubett vorgeschobenen Neubaus zu schützen. Bis 1847 waren diese vorbereitenden Maßnahmen noch nicht weitgediehen und man stellte fest, daß die Fundamentierung allein den bewilligten Betrag von 87 000 Gulden verschlingen würde. Bodenuntersuchungen des Bauplatzes nach Abbruch des Tanzhauses ließen außerdem ein Absinken des Gebäudes erwarten, falls Bauumfang und Standort beibehalten würden. Voit[5] erarbeitete daraufhin für eine Lage außerhalb des Flußbettes einen entsprechend abgeänderten Entwurf, dessen zu überbauende Grundfläche gegenüber Schmidtners Plan beträchtlich reduziert war, wobei durch »Einlegung eines vierten Stockwerks ohne wesentliche Erhöhung des Baues der erforderliche Lagerraum«[6] zurückgewonnen wurde. In dieser Form meinte man – trotz immer noch ungünstigem Baugrund und dem großen Gewicht des Gebäudes durch lagernde Güter – die erforderliche Stabilität der Anlage zu erreichen. Die Kostenberechnung belief sich nun auf 103 000 Gulden einschließlich der erforderlichen Hebemaschinen für die Lagerräume. Zwischen Mai 1848 und August 1851 wurde der Bau aufgeführt.

L. Schmidtner war 1837 nach heftigen Richtungskämpfen zwischen ihm als dem Vertreter des »modernen Styl« und dem Neugotiker Heideloff von Nürnberg nach Passau gewissermaßen zwangsversetzt worden.[7] So ist auch sein Fassadenentwurf für das Hauptzollamtsgebäude in »moderner« Gärtner-Manier mit einer ganzen Reihe erprobter Stilelemente von Bauten der Ludwigstraße gestaltet. Auch

das rationelle Rasterschema, nach dem Gärtner insbesondere den Grundriß der Staatsbibliothek entwickelte, kehrt in Schmidtners Projekt wieder.

Die von Voit ausgearbeiteten Pläne existieren im Original nicht mehr, sind aber in einer Kopie des Bauführers am Hauptzollamtsgebäude, Anton Harrer, überliefert.[8] Der nach ihnen ausgeführte Bau zeigt sich im Passauer Stadtbild in selbstbewußter und absichtlicher Eigenart als unverputzter, schmuckloser Reckeckblock mit einem Mittelrisalit von der Tiefe der Eckrustika. Sein Erdgeschoß ist als hoher, wuchtiger Sockel gestaltet, die grau-gelben Quader aus Bayerwald-Granit[9] kontrastieren mit dem kleinteiligen Ziegelverband der roten Backsteine. Die flachen Mittelrisalite rhythmisieren den monolithischen Baukörper zwar, verweisen aber gleichzeitig auf seine strenge Gleichförmigkeit zurück. Die gleiche Wirkung erzielt das Verhältnis zwischen den symmetrisch verteilten rundbogigen Toren und der monotonen Reihung einheitlicher Fensterpaare und Okuli. Ein Vergleich mit der ebenfalls von Voit entworfenen Fruchthalle in Kaiserslautern, 1843/1846 (vgl. Kat.Nr. 94) zeigt die enge programmatisch-stilistische Verwandtschaft der beiden Nutzbauten. In allen Stockwerken von Mittelteil und Ostflügel des Gebäudes waren weite Lagerräume in blanker Holzkonstruktion[10] eingerichtet, im Westflügel dagegen Büroräume und die Wohnung des Zollamtsverwalters. Das gesamte Erdgeschoß überspannt ein noch erhaltenes Kreuzgewölbe.

Die solitäre, sicherlich auch auf Fernsicht angelegte Erscheinung des Hauptzollamtsgebäudes war der Passauer Bevölkerung stets ein Stein des Antstoßes. 1924 wurde der Bau als »unschön«, »plump«, »düster«, »orts- und heimatfremd« geschildert und man beantragte, »durch Anstrich des Ziegelmauerwerks mittels Brokatfarbe die unschöne Farbe zu mildern und soviel wie möglich dem Platzbild einzufügen.«[11] Bereits sieben Jahre nach Fertigstellung hatte eine über die Jahrzehnte fortdauernde Umnutzung vor allem der weiten Lagerräume begonnen, die – je nach Bedarf – durch Zwischenwände kleinräumig aufgeteilt wurden. 1971 zog erneut das Hauptzollamt ein – nun in ein innen völlig umgebautes und erneuertes Haus.[12]   A. Gruhn-Zimmermann

1 BHStA, OBB 8495, 20.10.1845
2 ibid., M Inn 40099
3 ibid., OBB 8495, 20.10.1845; StA Landshut, Planslg. der Reg. v. Nied.bay. Nr. 117
4 BHStA, OBB 8495, 20.10.1845
5 1841 als Professor der Baukunst an die K. Akademie der bildenden Künste, deren Direktor F. v. Gärtner war, berufen, seit 1842 Mitglied des K. Baukunstausschusses an Stelle des verstorbenen J. D. Ohlmüller
6 BHStA, OBB 8495, 23.10.1847
7 BHStA, OBB 7833, 16.5.1837: »... daß er als städtischer Inspektor keine Zerstörung oder Veränderung von Gebäuden mittelalterlichen Styls provozierte, stets aber bleibt wahr, daß Schmidtner bey seiner sehr ausgedehnten Privat-Praxis ... stets im modernen Styl baute, und hiedurch mitunter die Harmonie ganzer Straßen zerstören half.« »... haben Eure Koenigliche Majestät ... denselben nach Paßau berufen, und in dieser Stadt würde seine Richtung nicht schaden.«
8 BHStA, OBB 9472, 19.10.1848: Harrer wird mit der Kopierung der Baupläne und der Ausarbeitung der Detailpläne beauftragt
9 Karl Lezuo, Ausbau und Instandsetzung des Dienstgebäudes für das Hauptzollamt Passau, in: Stein auf Stein, Beilage der Bayerischen Staatszeitung Nr. 48, 1971, S. 16
10 Karl Lezuo, S. 16
11 Archiv Finanzbauamt Passau, Akt: Zollamtsgebäude, Fischergasse 1 1928 – 1924, zitiert nach M. Stöhr, Baustudie des HZA in Passau, Institut für Bauaufnahme und Baugeschichte, masch.schr. 1982/1983, S. 46
12 Karl Lezuo, S. 19

139.2

139.1 Genehmigter Plan zu dem neuen Bank-
gebäude in Nürnberg
Tusche, Feder; 37,5 × 24,7
StA Nürnberg, Planslg. der Reg. von
Mittelfranken, Mappe I/169
139.2 Das neue Königliche Bankgebäude in
Nürnberg (Abb.)
Holzstich; 24,2 × 17,5
Nürnberg, Stadtgeschichtliche Museen,
Slg. Hopf, 10242

1 Stadtarchiv Nürnberg, Pl. 1066
2 M. Brix, Nürnberg und Lübeck im 19. Jahrhundert, S. 37, Abb.; N. Götz, Um Neugotik und Nürnberger Stil, S. 91–94

139 Gebäude der Königlichen Bank, Nürnberg, 1847–1849

Für den Neubau der Königlichen Bank
zeichnete Bernhard Solger zunächst 1847
ein zweistöckiges Gebäude in den Formen seiner schlichten funktionalen Neugotik.[1] 1848 erfolgte jedoch eine Planän-
derung. Das Bankgebäude sollte nun ein
Stockwerk erhöht, im ganzen auch repräsentativer und wirkungsvoller werden.
Die damit verbundene Forderung, die
zwischen dem neuen Bankgebäude und
dem Chor der St. Lorenzkirche liegende
Nikolauskapelle des Heilsbronner Hofes
abzureißen[2], führte zu einer lange andau-
ernden und intensiven Auseinandersetzung mit dem denkmalpflegerischen Engagement Heideloffs. Für Heideloff bedeutete die Rettung des schlichten mittelalterlichen Kapellenbaus die Frage nach

der Denkmalpflege in Nürnberg schlechthin. Zwar neigte er damit nicht nur nach
der Ansicht der Bankdirektion und der
zuständigen Regierungsbehörde zu einer
Überbewertung des Baus, doch war die
durch die schließlich genehmigten Abriß-
pläne geschaffene Situation durch den ab-
surden Zug gekennzeichnet, daß, an die
historischen Formen angepaßte neugotische Architektur tatsächliche historische
Architektur in ihrem Bestand gefährdete
und schließlich sogar vernichtete. Der
Bau der Staatsbank mit seinen vier fialen-
flankierten, dominierenden Seitengiebeln
wurde unter der Bauleitung Solgers aufgerichtet. Er trug auch dessen künstlerische Handschrift, obwohl gerade in der
Gestaltung der Giebel auch deutliche Zugeständnisse an die Formen der Heideloff-
Gotik zu erkennen sind.

N. Götz

447

140.4 Lorenz Hoffmann, Studienentwurf Arsenal, 1832

XI. Innere und äußere Sicherheit

Der bayerische Militäretat betrug während der gesamten Regierungszeit Ludwigs I. gleichbleibend ein Vietel der Staatsausgaben. Zwar kürzte Ludwig auch hier in vielen Kleinigkeiten und wollte diesen Etat in Friedenszeiten nicht anwachsen lassen, um Geld für »seine« Bauten zu sichern, eine Einengung des Militärs erfolgte jedoch zu keinem Zeitpunkt; im Gegenteil, der Ausbau der beiden bayerischen Landesfestungen Ingolstadt und Germersheim (letztere finanziert aus französischen Reparationsgeldern) verursachte die weitaus größten Kosten dieser Jahrzehnte. Die Bauarbeiter an der Festung Ingolstadt, die Schanzer, wurden allerdings derartig menschenunwürdig behandelt, daß es zu offenem Aufruhr kam. Germersheim sollte die rebellische Pfalz befrieden, Ingolstadt die Residenzstadt absichern; ihre Fertigstellung zog sich jedoch zwei Jahrzehnte hin, u. a. weil Ludwig Defensionsgelder illegal zur Finanzierung seines Sohnes, König Otto in Griechenland, abgezweigt hatte, die er zwangsweise 1849 zurückzahlen mußte.

Bis zu den Unruhen 1830/31 waren viele bayerische Gefängnisse in einem derartig schlechten baulichen Zustand, daß im Landtag darüber geklagt wurde, die Sicherheit der Gefangenen selbst sei in solchen Bauten gefährdet. Nach dem Zensur-Erlaß für die Presse und dem Hambacher Fest wurde jede freiheitliche Regung in Bayern mit zahllosen skandalösen Beschlagnahmungen, Prozessen und Einkerkerungen unterdrückt. Ludwig I. initiierte und förderte persönlich diesen »ludovizianischen Gerichtsterror«, der in der kriminellen jahrelangen Einkerkerung seines ehemaligen Jugendfreundes, des Würzburger Bürgermeisters Behr und des Journalisten Eisenmann wegen angeblicher Majestätsbeleidigung gipfelte. Die damit verbundene entwürdigende Abbitte vor dem Bild des Königs, die schon Schiller mit dem »Gessler-Hut« angeprangert hatte, war in Bayern bis 1861 gesetzlich niedergelegt. Bezeichnenderweise entstanden nun in der rebellischen Pfalz mehrere Gefängnis- und Gerichtsneubauten. Der architektonische Schematismus und Spar-Stil Gärtners und seiner Schüler ließ sich auch diesen Bauaufgaben problemlos anpassen.

W.N.

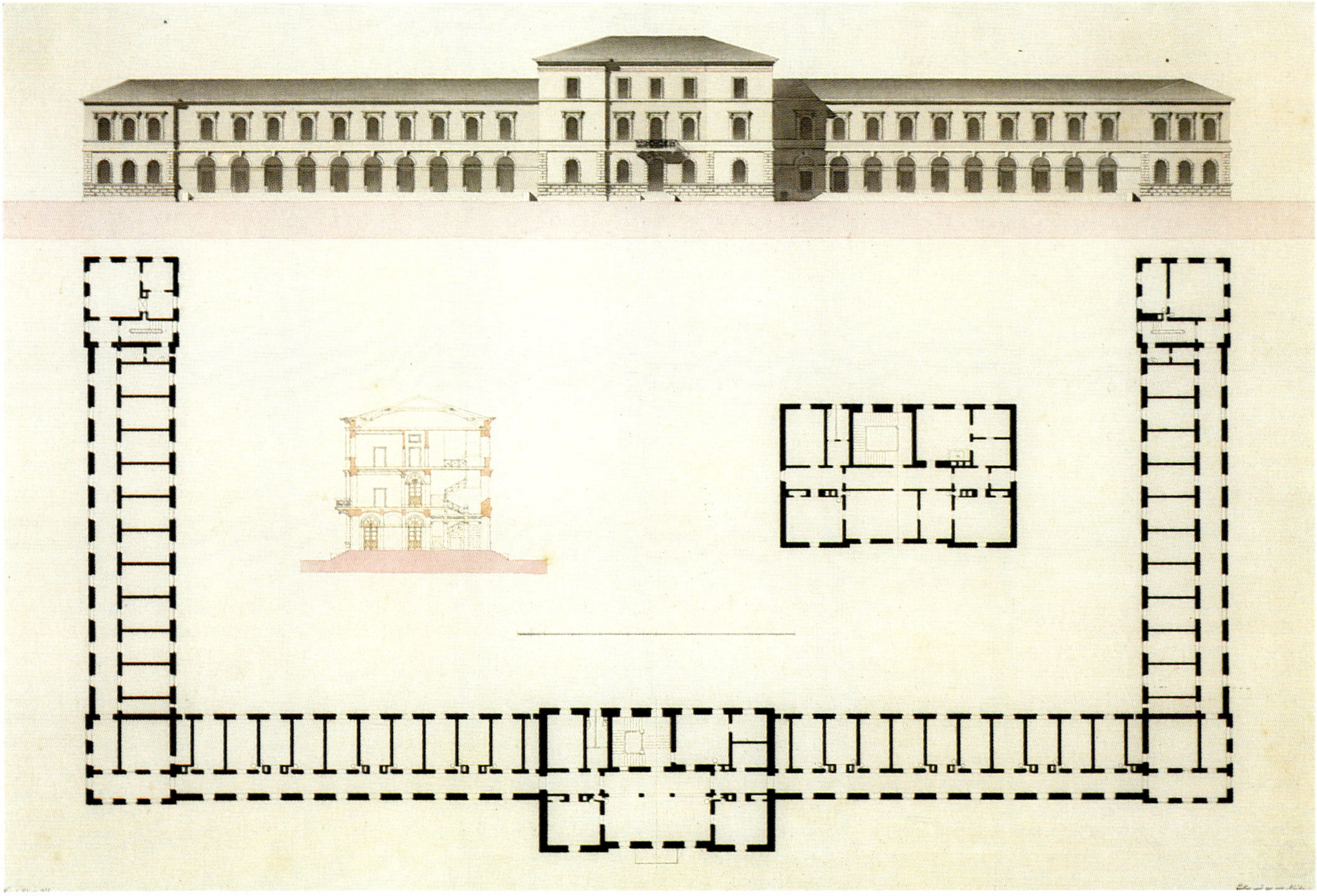

140.3

140   Studienentwürfe aus der Gärtnerschule für ein Gefängnis, Gerichtsgebäude, 1827, und Arsenal, 1832

Auf der Suche nach einem »eigenthümlichen zeitgemässen Baustyl«[1] hatte Friedrich von Gärtner ein neues Formenrepertoire entwickelt, das er zuerst an den Bauten der Ludwigstraße in München anwendete.

Durch seine Tätigkeit an der Akademie vermittelte er dieses architektonische Vokabular an seine Schüler und machte damit »München zum Zentrum der Lehre vom Rundbogenstil.«[2] Die Studenten sollten lernen, für verschiedenste Bauaufgaben dieselben bewährten Elemente immer wieder neu zu kombinieren und zu variieren. Diese Gärtnersche Architekturschule bestimmte »für Jahrzehnte das Baugeschehen in Bayern«.[3]

Beispiel für die Ausbildung an der Akademie ist ein Musterentwurf von Anton Mühe[4] für ein Central-Gefängnis. Die Aufgabe verlangt traditionsgemäß eine gewisse Wehrhaftigkeit und Strenge der Gestaltung, dementsprechend werden die architektonischen Formen eingesetzt: Die

140.1

drei Geschosse sind durch Sohlbankgesimse getrennt, der Bau ist durchgehend rustiziert, die Gebäudeecken sind durch leicht geböschte Bandrustika betont, die gleichmäßig gereihten Fenster sind von Rustika eingefaßt, das Dach liegt einem kräftigen Kranzgesims auf. In einem Entwurf Bürkleins ist dieselbe Aufgabe ganz ähnlich gelöst.[5] In Entwürfen Anton Mühes für ein Gerichtsgebäude (1827) und eines weiteren Gärtnerschülers Lorenz Hoffmann für ein Arsenal (1832) wird der von Gärtner gelehrte Entwurfs-Schematismus auf ähnliche Aufgaben übertragen.

H. Voß

1 Architektonische Entwürfe zu Pracht- und Civilgebäuden. Ausgearbeitet nach Motiven des Oberbaurates und Direktors Friedrich von Gärtner . . ., München 1846

2 Winfried Nerdinger, Die Bauschule der Akademie – Höhere Baukunst für Bayern, in: Thomas Zacharias (Hrsg.), Tradition und Widerspruch, 175 Jahre Kunstakademie München, München 1985, S. 277

3 Winfried Nerdinger, Ausbildung und Gärtnerschule, in: Winfried Nerdinger (Hrsg.), Gottfried von Neureuther, Kat. zur Ausstellung, München 1978, S. 18

4 zu Anton Mühe: Hans Moninger, Friedrich von Gärtner's Original-Pläne und Studien, München 1882, S. 122 f.

5 wie Anm. 1

140.1 Anton Mühe (Abb.)
Studienentwurf Gefängnis, Aufriß
Feder, laviert; 62,1 × 42,7
Arch.Slg. TUM, Gs 2593

140.2 Anton Mühe (Abb.)
Studienentwurf Gefängnis, Grundrisse
Feder, laviert; 42,7 × 62,1
Arch.Slg. TUM, Gs 2592

140.3 Anton Mühe (Farbabb.)
Studienentwurf Gerichtsgebäude,
Grundriß, Aufriß, Schnitt, 1827
Feder, laviert; 63,1 × 43,2
Arch.Slg. TUM, Gs 2572

140.4 Lorenz Hoffmann (Farbabb. S. 448)
Studienentwurf Arsenal, Aufrisse, 1832
Bleistift, schraffiert; 27,9 × 33,4
Arch.Slg. TUM, Gs 2374

140.5 Lorenz Hoffmann
Studienentwurf Arsenal, Grundriß, 1832
Feder, laviert; 51,7 × 42,7
Arch.Slg. TUM, Gs 2372

141.1 Friedrich Samuel Schwarze (Abb.)
Landgericht Schillingsfürst, Haupt-
fassade, Aufriß
Feder; 33,8 × 20
StA Nürnberg, Reg. v. Mfr., K.d.I.,
Abg. 1952, Nr. 7149

141.2 Andreas Schulz
Landgericht Schillingsfürst, Haupt-
fassade, Aufriß
Feder; 32,3 × 28
StA Nürnberg, Reg. v. Mfr., K.d.I.,
Abg. 1952, Nr. 7149

1 Auf Grund des lückenhaften Aktenbestandes war nur dieses eine Datum zu ermitteln.
StA Nürnberg, Bestand K.d.I., Abg. 1952,
Nr. 7149, 13. Mai 1841
2 wohl identisch mit Friedrich Samuel Schwarze; zu diesem: Hans-Jürgen Kotzur, Forschungen zum Leben und Werk des Architekten August von Voit, Heidelberg 1977
(Diss.), Anm. 281
3 Ewald Wegner, Forschung zu Leben und
Werk des Architekten Johann Gottfried
Gutensohn (1792–1851), Frankfurt 1984
(Diss.), S. 379 und 380. Von Schulz stammt
die Irrenanstalt in Erlangen; dazu: Dieter
Jetter, Geschichte des Hospitals, Wiesbaden
1966, S. 216; Würschmidt, Die Kreisirrenanstalt Erlangen, in: Die Irrenanstalten des
Kreises Mittelfranken, Ansbach 1904

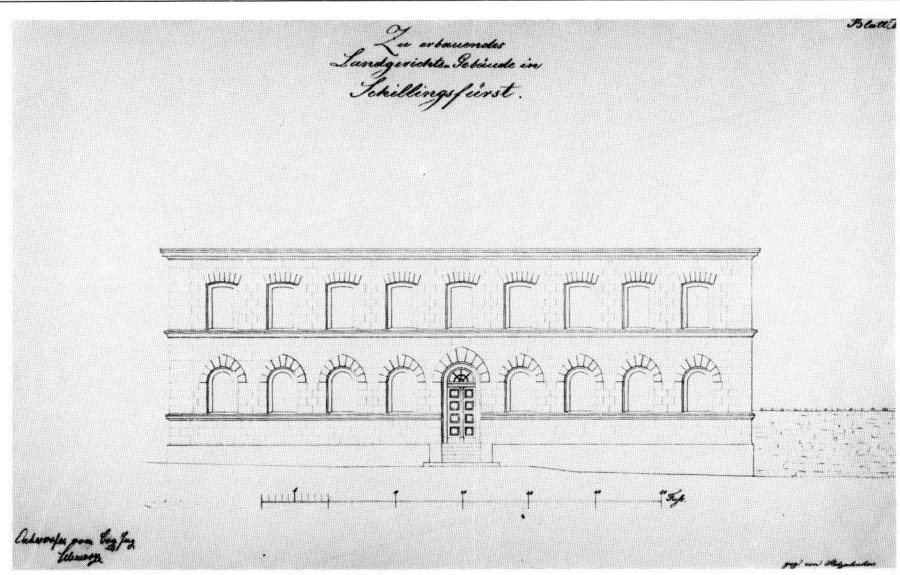
141.1

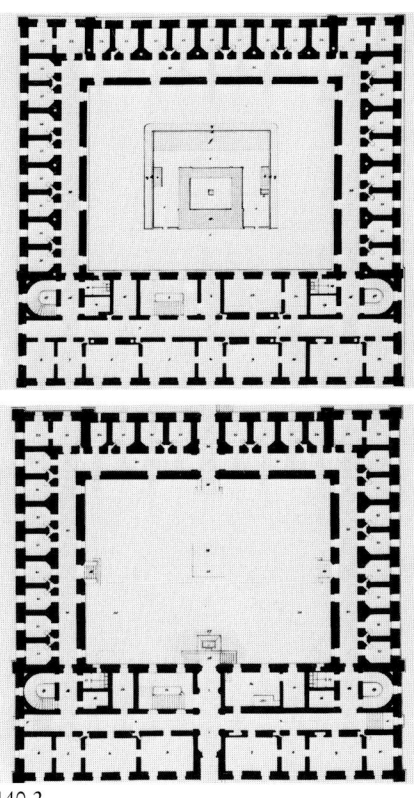
140.2

141 Landgerichtsgebäude, Schillingsfürst, 1841

Für das ab 1841[1] geplante Landgerichtsgebäude im fränkischen Schillingsfürst
liegen zwei Alternativentwürfe vor.
Der eine Entwurf stammt von einem Ingenieur Schwarze.[2] Es handelt sich um
einen neunachsigen Bau mit hohem Sok-
kel, die beiden Geschosse sind durch
Sohlbankgesimse getrennt. Die Wand ist
durchgehend rustiziert. Im Erdgeschoß
befinden sich Rundbogenfenster mit Rustikarahmung, im Obergeschoß Rechteckfenster.
Der andere Entwurf des Civilbau-Inspektors des Rezatkreises Andreas Schulz[3]
arbeitet mit denselben Elementen, er
stellt quasi die sparsamere Variante dar:
Er hat nur sieben Achsen, die Wand ist
glatt belassen, in beiden Geschossen
sind Rundbogenfenster angewendet. Die
Strecklisenen als dekorative Elemente erwecken eher den Eindruck einer gewissen
Unbeholfenheit.
In beiden Entwürfen wird das Formenvokabular des Gärtnerschen Rundbogenstils
in provinziellen Varianten durchgespielt.
H. Voß

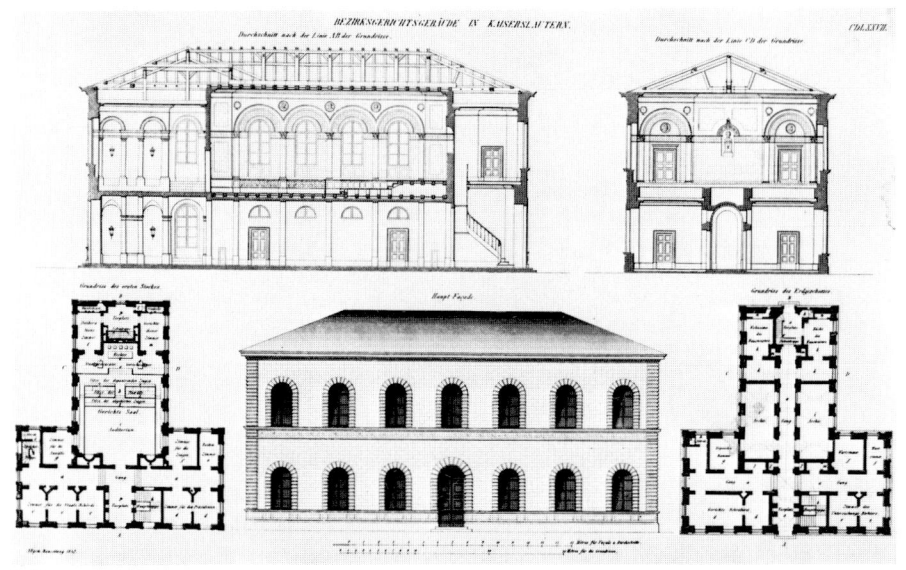

142.1

142 Bezirksgerichtsgebäude, Kaiserslautern, 1835–1839

In der Zeit der französischen Besatzung war Kaiserslautern Hauptort eines Departements und damit Sitz eines Bezirksgerichts geworden[1], das gegen Miete in einem städtischen Gebäude untergebracht war. Um den Unzulänglichkeiten dieses Gebäudes abzuhelfen, schlägt die Regierung des Rheinkreises 1830 einen Umbau vor.[2] Man entschließt sich bald für einen Neubau. Im März 1835 werden die von Voit dafür erarbeiteten Pläne vom Baukunstausschuß in München genehmigt. Ein im Juni 1836 eingereichter, leicht veränderter Plan – der Sitzungssaal erhöht und mit Säulenumgang und Oberlicht versehen – wird aus Kostengründen abgelehnt. 1839 ist der Bau abgeschlossen.
Voit rezipiert hier florentinische Palastarchitektur, in der Disposition des Baus – Regelmäßigkeit in Grundriß und Proportionen – und im Formenvokabular – Sockel, gequaderte Eckpfeiler und Fensterrahmungen, Fries und vorspringender Sims zur Trennung von erstem und zweitem Geschoß.[3] Darin ist der Bau noch dem Stil Klenzes verpflichtet, besonders den Bauten der oberen Ludwigstraße. Klenze bevorzugt renaissancistisches Formenvokabular gegenüber antikem, wenn es um Bauaufgaben geht, die lediglich ein zurückhaltendes Maß an Repräsentativität erfordern. Im Falle der modernen Bauaufgabe Gerichtsgebäude, die erst in der 2. Hälfte des 19. Jahrhunderts voll ausgebildet wird, hält sich Voit an diesen »italienisierenden« Klassizismus Klenzes, der Alternative zum »hellenisierenden« Klassizismus.[4]

H. Voß

143 Polizeihauptwache in Augsburg, 1836

Die Stadtpolizei wurde 1806 im Rahmen der Mediatisierung verstaatlicht, ein Jahr später wurde ihr Wirkungskreis, Geschäftsgang und Personal festgelegt. Ab 1818 wurde die Lokalpolizei im Sinne der Gemeindeordnung wieder in städtische Regie überführt.[1]
In unmittelbarer Nachbarschaft zum Fuggerhaus hat man 1836 eine neue Polizeihauptwache an der Ecke Maximilianstraße – Apothekergäßchen geplant. Die Wache sollte aus dem Umbau des bestehenden Feuerlöschhauses und einem Anbau in Richtung der Maximilianstraße erstellt werden, es läßt sich jedoch aus dem vorliegenden Planmaterial keine genaue Vorstellung vom Baubestand des Feuerwehrhauses gewinnen.[2] In der Skizze Schreyers[3] (Kat.Nr. 143.1) läßt im Grundriß nichts mehr auf die Funktion des Gebäudes als Feuerwehrhaus schließen, dieses befindet sich möglicherweise im auf dem Plan nicht mehr ausgeführten, rückwärtigen Teil des Gebäudes. Die Frontseite besteht aus einem Portikus, dessen vier Pfeiler mit dorischen Pilastern verstärkt sind, erschlossen wird er durch eine niedrige Freitreppe. Im Tympanon des flachen Giebels weisen Waffentrophäen auf die Funktion des Baus hin. Im Gegensatz zur symmetrischen Innendisposition des Gebäudes auf der Skizze ist der Grundriß des Planes (Kat.Nr. 143.2) sehr unübersichtlich. Die Räume der Feuerwehr haben im schmalen hinteren Gebäudetrakt Platz gefunden. Schreyer verblendet den Zwischenraum zum Nachbarhaus, um der Fassade mehr Breitenausdehnung zu geben; dadurch wird es

142.1 August von Voit (Abb.)
Bezirksgericht Kaiserslautern
Grund- und Aufrisse, Schnitte, 1835
aus: Försters Allgemeine Bauzeitung, Wien 1842, Taf. CDLXXVII

143.1 Anton Schreyer
»Skizze für das neue Hauptwachlocale am u. im Feuerlöschrequisitenhaus. 1836«
Feder auf Bleistift; 20 × 33
Augsburg, Stadtarchiv, Planmappe 1, Städtische Gebäude

143.2 Anton Schreyer
»Plan zur Herstellung eines neuen Hauptwachlocales in Augsburg. 1836« (Abb.)
Feder auf Bleistift; 60 × 31
Augsburg, Stadtarchiv, Planmappe 1, Städtische Gebäude

143.3 Anton Schreyer
»Plan für die Umgestaltung des gegenwärt. Polizeigebäudes in das Hauptwachlocale in Augsburg. 1836«
Feder auf Bleistift; 40 × 25,5
Augsburg, Stadtarchiv, Planmappe 1, Städtische Gebäude

1 Anton Eckardt und Torsten Gebhard, KDB IX. Landkreis Kaiserslautern, München 1942, S. 17
2 BHStA, OBB Nr. 9254, 28. Dez. 1830 Reg. d. Rheinkreises an Ludwig
3 Hans-Jürgen Kotzur, Forschungen zum Leben und Werk des Architekten August v. Voit, Heidelberg 1977 (Diss.), Anm. 319 und 320
4 Kotzur, Anm. 286; weitere Quellen und Literatur: StA Speyer, H 3, Nr. 1123 (Bauakt, Pläne Voits); August v. Voit, Bezirksgerichtsgebäude zu Kaiserslautern in der Rheinpfalz, in: Försters Allgemeine Bauzeitung, Wien 1842, 298–300, Taf. CDLXXVII

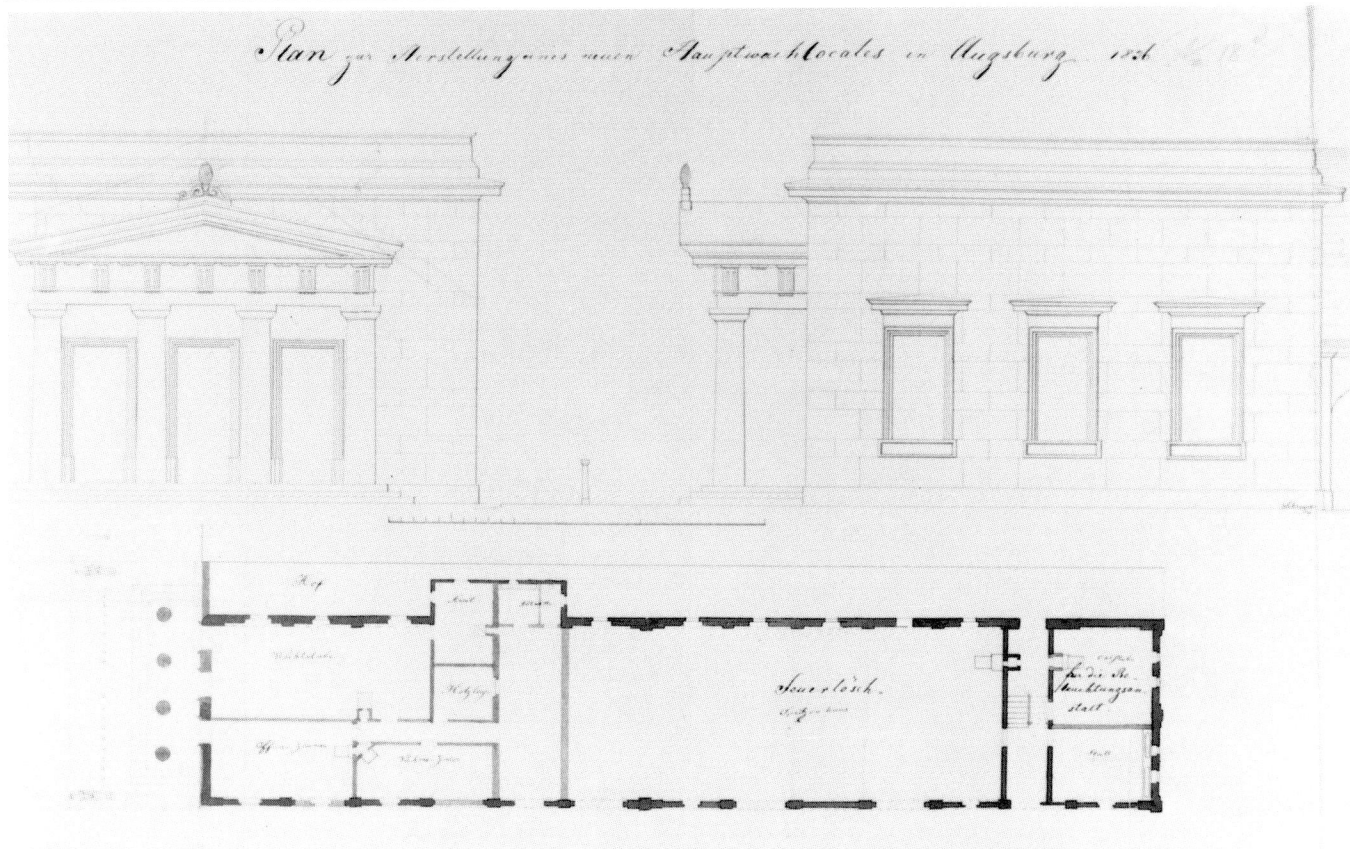

143.2

1 Regierungsblatt für das Königreich Bayern 1806, Stück 29, S. 240ff.; 1807, Stück 2, S. 61ff.; 1818, Stück 31, S. 683ff.
2 die Feuerwehr gehörte in den Zuständigkeitsbereich der Polizei
3 Anton Schreyer (1807–1875) wird als Architekt kaum greifbar, er hat sich zeitlebens vor allem mit Ingenieurbaukunst beschäftigt, vgl. die Personalakten BHStA, OBB Nr. 5763 u. 9550
4 vgl. M. Arnold, Kat. Ausst. Architektur des 19. Jahrhunderts in Augsburg, Augsburg 1978, Nr. 11
5 zahlreiche Grundrisse aus dem Jahr 1836, die die neue Nutzung zeigen, befinden sich im Stadtarchiv Augsburg, Planmappe 1, Städt. Gebäude

möglich, die Fassade mit einem freistehenden dorischen Tetrastylportikus auszuzeichnen. Eine Zirbelnuß auf dem Giebel weist die Wache als städtisches Gebäude aus. An der Seitenfront sind die Fenster vor dem Quadermauerwerk mit alternierenden Steinlagen durch gerahmte Sohlbänke, Profilrahmungen und Konsolverdachungen plastisch stark hervorgehoben. Der Anschluß des Fassadenbaus an das Feuerwehrhaus durch ein niedriges, korbbogiges Tor ist nicht recht schlüssig. Insgesamt ist der Fassadenvorbau Schreyers eine Abbreviatur von Schinkels Berliner Neuer Wache, die es in die Augsburger Provinz verschlagen hat. Der mit einem flächigen Quadermauerwerk kubisch geschlossene Bau, der an der Fassade nur durch einen Portikus geöffnet wird, das hohe, den ganzen Baukörper umziehende Gesims, hinter dem sich ein Flachdach verbirgt, sowie der quadratische Grundriß lassen an Schinkels Bau denken, der im übrigen durch die ausführliche Veröffentlichung in der »Sammlung Architektonischer Entwürfe« (1819) bekannt war.

Aus dem gleichen Jahr 1836 datiert ein Umbauentwurf (Kat.Nr. 143.3) für das Alte Polizeigebäude, das nach dem Entwurf von Johann Michael Voit ab 1819 schräg gegenüber dem Rathaus errichtet worden war.[4] Anscheinend wurden die Neubaupläne an der Maximilianstraße zugunsten eines Umbaues fallengelassen. Um im Erdgeschoß die Nutzfläche zu erweitern, wurde die Durchfahrt zum rückwärtigen Teil des alten Polizeigebäudes eliminiert, statt ihrer war eine gewölbte, geräumige Wachstube im vorderen Teil vorgesehen. An die Stelle des Rundbogentores und seiner beiden flankierenden Fenster tritt am Umbau ein Portikus in Form einer flachen Mauervorlage, dessen Pilaster drei Türen einrahmen. Dem Giebel sind die Belustergruppen gewichen, die am Altbau als Sohlbänke für die Fenster des ersten Geschosses dienten. Diese und die weiteren Veränderungen in Details zeigen das Bestreben Schreyers, mit einem Portikus die durch kleinteiliges Ornament vielfältig gegliederte Fassade Voits zu monumentalisieren. Da jedoch die Fassade bis an die Straße herangerückt war, mußte er sich auf eine bloße Anwendung dieses Gedankens in der Fläche beschränken. Durch die Einrichtung von Diensträumen der Polizei im Erdgeschoß des Rathauses wurde auch diese Planung obsolet.[5]

D. Erben

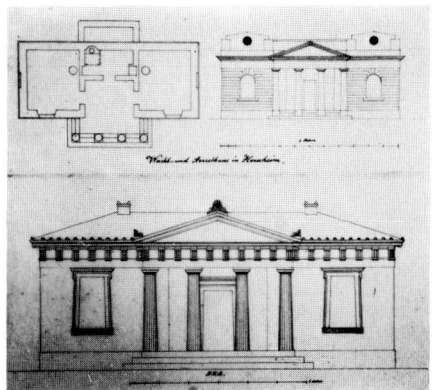

144.1

144 Wacht- und Arresthaus, Herxheim, 1830

Bei einer Reise durch den Rheinkreis im Juni 1829 beurteilte Ludwig die dortige moderne Architektur sehr negativ.[1] Ab Oktober 1829 müssen alle Entwürfe zu neuen Gemeinde- und Sakralbauten dem Baukunstausschuß in München vorgelegt werden, wo Klenze ihnen seinen Stempel aufdrückt. Beispiel dafür ist das Wachthaus in Herxheim.

1829 beschließt die Gemeinde Herxheim den Bau eines Wachthauses. Die zuständige Bauinspektion Landau läßt von einem Bauschaffner Flörchinger Pläne anfertigen, die vom Baukunstausschuß in München abgelehnt werden. Daraufhin ändert Klenze die Pläne. 1830 genehmigt Ludwig die neuen Pläne mit der ausdrücklichen Anweisung, daß sie in jedem Falle auszuführen sind, auch wenn die Kosten höher als beim ersten Entwurf sein sollten. Die Finanzierung liegt bei der Gemeinde Herxheim, die den Anweisungen nachzukommen hat.

Klenze entwickelt hier einen »hellenisierenden« Klassizismus, gekennzeichnet durch Architravsystem, mit dorischer Ordnung und geraden Fenster- und Türstürzen. Damit befolgt er das kanonische Schema für die in den ersten Jahrzehnten des 19. Jahrhunderts häufige Bauaufgabe des Wachthauses: Säulenvorhalle, hervorgehobener Mittelbau, Dorica. Der repräsentative Charakter ist legitimiert durch die Auffassung der Wachthäuser als »Propyläen« zur Stadt.[2]

Klenzes Entwurfstätigkeit für die Pfalz soll Vorbildcharakter haben, der sich jedoch nur bedingt auswirkt. Der erste Civilbau-Inspektor in der Pfalz, Voit, wendet sich im Laufe seiner Tätigkeit immer mehr im Sinne der Romantik der Wiederbelebung der mittelalterlichen Stile zu, was im folgenden die Architektur in der Pfalz zunehmend bestimmen wird.[3]

H. Voß

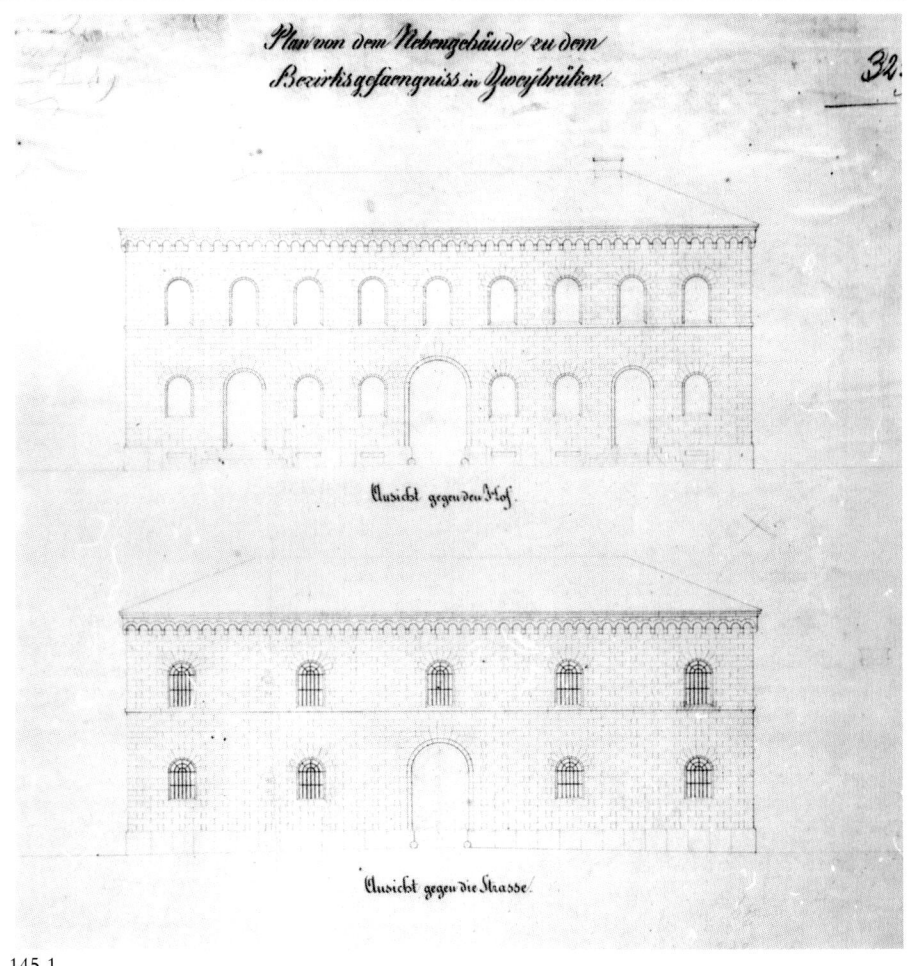

145.1

145 Bezirksgefängnis, Zweibrücken, 1839

Von dem Gefängnisprojekt August von Voits für Zweibrücken in der Pfalz, das 1839 genehmigt wird[1], sind lediglich Entwürfe für das Nebengebäude vorhanden. Der Bau ist mit dem Formenrepertoire des Gärtnerschen Rundbogenstils gestaltet: Die beiden Geschosse sind durch ein Sohlbankgesims getrennt, der Bau ist durchgehend rustiziert, die Rundbogenfenster sind mit Rustika eingefaßt, das Dach liegt einem Rundbogenfries auf.

Bei dem ca. zehn Jahre später entstandenen Gefängnis in Landau hat sich Voit davon entfernt zugunsten einer völlig schmucklosen Formensprache.

H. Voß

144.1 Wacht- und Arresthaus Herxheim (Abb.)
Flörchingers Entwurf und Klenzes Korrektur als Durchzeichnungen im Baukunstausschuß
BHStA, Abgabe OBB

145.1 August von Voit (Abb.)
Entwurf Bezirksgefängnis Zweibrücken, 1839
Feder, farbig aquarelliert; 38,5 × 63
BHStA, Planslg. Nr. 16752

146.1 August von Voit (Abb.)
Bezirksgefängnis Landau
Grund- und Aufrisse, Schnitte, 1848
aus: Försters Allgemeine Bauzeitung, Wien 1857, Bl. 105

1 Hans-Jürgen Kotzur, Forschungen zum Leben und Werk des Architekten August v. Voit, Heidelberg 1977 (Diss.), Anm. 282; danach weitere Angaben
2 Ingrid Haug, Peter Speeth, Bonn 1969, (Diss.), S. 140–142
3 H. J. Kotzur, S. 83.

1 Hans-Jürgen Kotzur, Forschungen zum Leben und Werk des Architekten August von Voit, Heidelberg 1977 (Diss.), 2. Bd., S. 239ff.

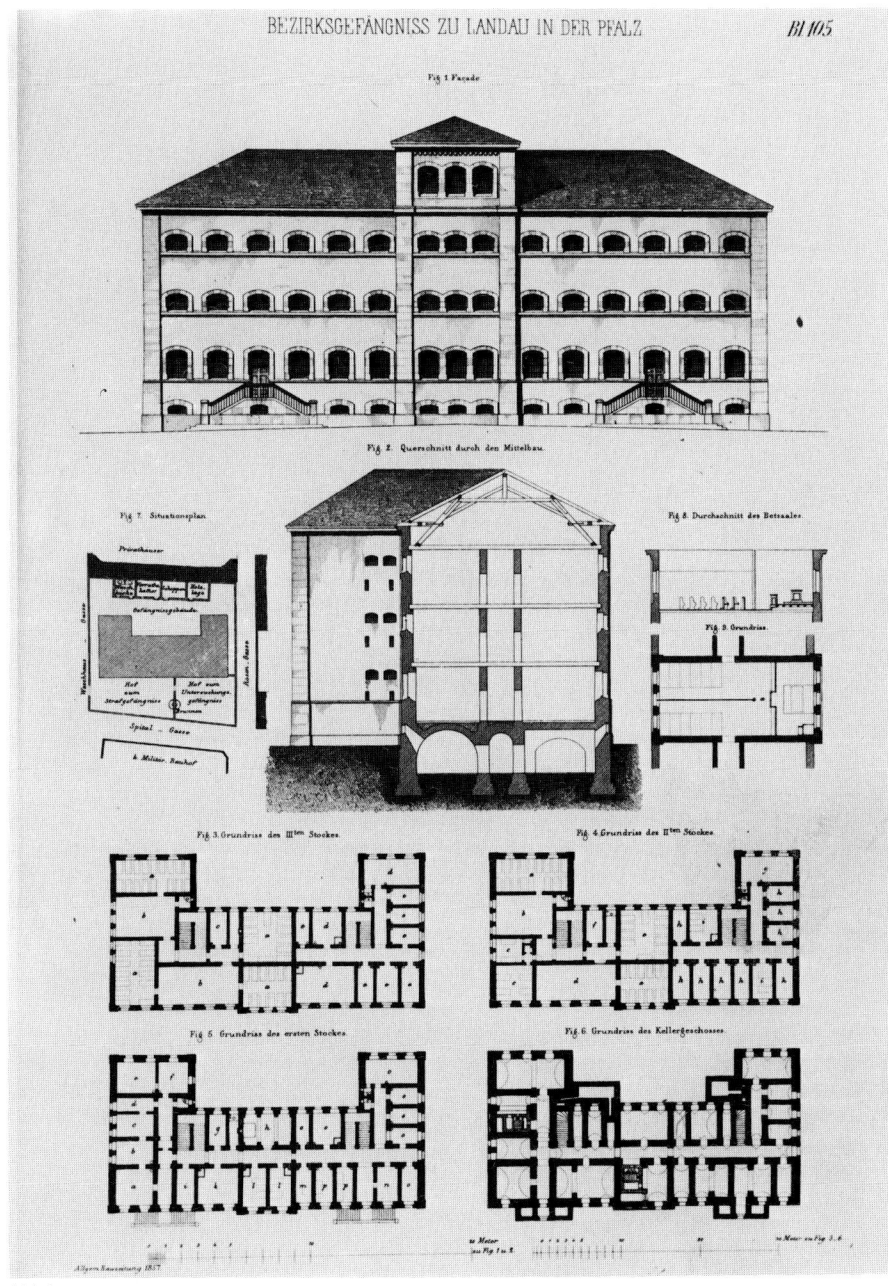

146.1

1 Hanns Helmut Böck, K. Ph. Fürst v. Wrede als politischer Berater König Ludwig I. von Bayern (1825–1838), München 1968, S. 180–185

2 BHStA, OBB Nr. 9276, 23.5 und 6.11.1830, danach die weiteren Angaben

3 Försters Allgemeine Bauzeitung, 22. Jg., 1857, 131–133, Bl. 10

4 Wasmuths Lexikon der Baukunst, Bd. 2, Berlin 1930, Artikel »Strafanstalten«

5 Hans-Joachim Graul, Die baulichen Voraussetzungen für den Vollzug von Freiheitsstrafen, Aachen 1965 (Diss.), S. 92

6 Hans Jürgen Kotzur, Forschungen zum Leben und Werk des Architekten August v. Voit, Heidelberg 1977 (Diss.), 2. Bd., S. 126

7 Kotzer, 1. Bd., S. 45

146 Bezirksgefängnis, Landau, 1848–1850

Die Pfalz ist besonders seit dem Hambacher Fest ein Krisenherd. Die wirtschaftliche Rückentwicklung schürt die revolutionäre Stimmung in der Bevölkerung. Um die »Ordnung« wiederherzustellen, werden bis 1834 zahlreiche Verhaftungen vorgenommen.[1]
Schon 1830 beantragt die Regierung des Rheinkreises eine Erweiterung des Gefängnisses in Landau, um wenigstens Grundforderungen des modernen Gefängniswesens erfüllen zu können: Trennung der Gefangenen nach Geschlecht, Art der Strafe usw. Das Ersuchen wird abgelehnt.[2]

1837 wird der Ankauf von Baugrund für einen Neubau in der Nähe des Bezirksgerichts genehmigt. 1838 gibt Ludwig jedoch dem Ausbau des Gefängnisses in Zweibrücken den Vorzug. Für Landau werden Pläne erst 1848 von Zivilbauinspektor Hagemann vorgelegt, die jedoch mißfallen und daraufhin von Voit überarbeitet werden. Dieser wesentlich billigere Entwurf wird genehmigt.

Voit gestaltet hier ausschließlich mit architektonischen Mitteln. Ein leicht vorspringender Mittelrisalit teilt den dreigeschossigen Bau scheinbar in zwei Hälften, gehört in der Raumaufteilung aber zum linken Teil des Gebäudes, der als Strafgefängnis dient, während im rechten Teil das Untersuchungsgefängnis untergebracht ist. Innen sind beide Bereiche nur im Erdgeschoß durch eine Tür verbunden – diese Trennung ist eine wichtige Forderung an die zeitgenössische Gefängnisarchitektur. Der Aufbau im Dachbereich gibt dem Risalit den Charakter eines Wachturmes. Untergebracht ist hier der Betsaal, nach außen gekennzeichnet nur durch große Fenster wie im Erdgeschoß und einen Klötzchenfries – dem einzigen dekorativen Element der Fassade.

Um Kommunikation unter den Gefangenen zu verhindern, werden nur die Gemeinschaftsräume des Strafgefängnisses zentral beheizt, die Einzelzellen des Untersuchungsgefängnisses dagegen separat.[3] Auch ein einheitliches Entwässerungssystem gibt es deshalb nicht.

Die damals aktuelle Diskussion um die verschiedenen Gefängnissysteme – Reihung oder strahlenförmige Anordnung der Zellentrakte[4] – spielt wegen der geringen Größe des Baus für ca. 100 Gefangene keine Rolle.[5]

Der Bau zählte zu den modernsten Strafanstalten in Süddeutschland, wurde als Musterbau gelobt und war auch außerhalb der Pfalz verbildlich.[6]

Voit wurde als Mitglied der Obersten Baubehörde in den 60er Jahren häufig mit Gefängnisbauten betraut, u.a. dem Nürnberger Zentralgefängnis 1864–1867 und dem Bezirksgefängnis in München 1865–1867.[7]

H. Voß

147 Festung, Ingolstadt, 1827–1852

Nach den Erfahrungen vom Anfang des Jahrhunderts sieht Ludwig bei seinem Regierungsantritt 1825 sein Land nach wie vor von Ost und West bedroht.[1] Ihm ist an einer starken Militärmacht sehr gelegen, um Bayerns Souveränität zu demonstrieren.[2] Einsparungen im Militärbereich will er darum wieder militärischen Zwecken zuführen, und zwar der Errichtung einer zentralen Landesfestung – obwohl die moderne Kriegstechnik Festungen weitgehend überflüssig macht.

Ludwig setzt sich für seine Idee »über alle Instanzen und Zuständigkeiten«[3] hinweg. Die 1826 gegründete Festungsbaukommission schlägt als Standort aus strategischen Gründen Regensburg vor, der König bestimmt aber Ingolstadt, u. a. mit der Begründung, daß in Regensburg wertvolle Kunstschätze gefährdet würden, in Ingolstadt dagegen nichts zu verderben sei. Außerdem hat Ingolstadt als Festung eine lange Tradition. 1827 werden aus unbekannten Gründen zwei Gesamtentwürfe von Ingenieur-Offizieren vorgelegt. Die Kommission empfiehlt den Entwurf Bekkers, der Aspekte der modernen preußischen Festungen Koblenz und Köln verarbeitet. Ludwig genehmigt jedoch den Entwurf Michael von Streiters, der auf dem historischen Zirkularsystem Albrecht Dürers basiert.[4] Bei dieser Entscheidung haben offensichtlich künstlerische Aspekte – Symmetrie der Anlage, Bezug zu Dürer – eine größere Rolle gespielt als fortifikatorische.[5]

Im März 1828 wird Klenze hinzugezogen.[6] Seine Aufgabe besteht darin, die rein technischen Entwürfe in architektonischer Hinsicht zu überarbeiten, zunächst nur die Außenseiten der Bauten, dann – auf seinen Einspruch hin – auch die Innenseiten. Er ist um formale Zurückhaltung bemüht, d. h. er bringt keine »eigentlichen Verzierungen« an, sondern »alle architektonischen Formen sind unmittelbar aus dem Zwecke der Sache genommen«. Das Formenvokabular, u. a. Zinnenkranz und Rustika, stammt aus der Tradition des Festungsbaus. Das vielzitierte psychologische Moment – »damit die Moral der Soldaten nicht durch das gar so abschreckende Aussehen ihrer Wohnungen leidet« – ist wohl eher als vorgeschobenes Argument zu bewerten, um Ludwig ›die Sache schmackhaft zu machen‹.

Am 24. 8. 1828 erfolgt die Grundsteinlegung zu dem Reduit (beschußsichere Verteidigungsanlage) auf der rechten Donauseite, das im wesentlichen als Werk Klenzes und Streiters zu betrachten ist. Zwischen beiden kam es während der Pla-

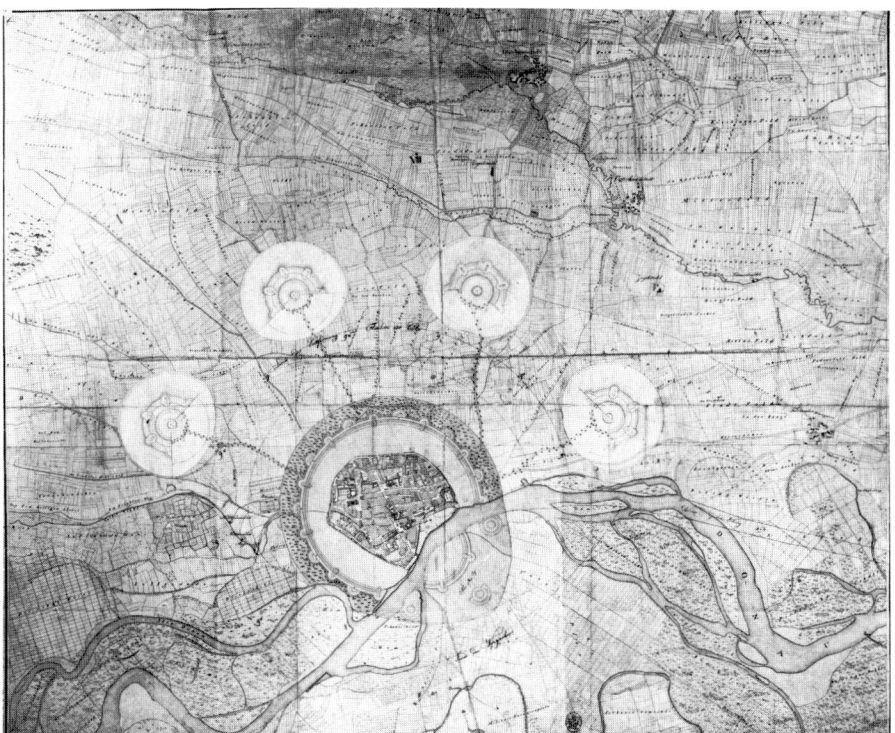

147.1

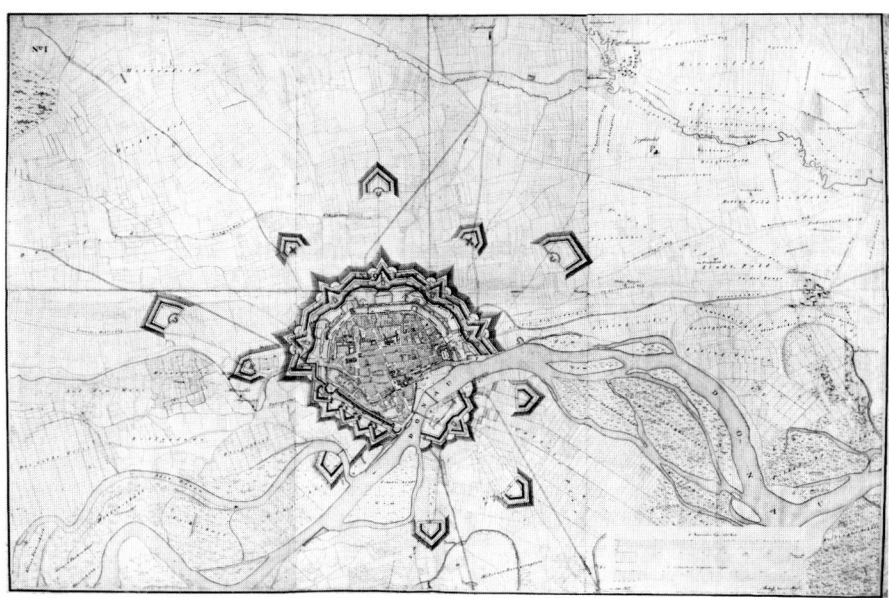

147.2

nung zu Differenzen, weil Streiter mit den »ästhetisch motivierten Eingriffen« Klenzes nicht einverstanden war.[7]

Im weiteren Verlauf der Baugeschichte werden die Stimmen von militärischer Seite gegen das bisherige Konzept des Zirkularsystems immer lauter, so daß auch Ludwig sich davon abbringen läßt, zumal die Kosten für Streiters Pläne rapide steigen.[8]

Die von Streiter im Dezember 1829 vorgelegten Entwürfe für die Stadtbefesti-

1 Franz Mayer, Wie Ingolstadt vor 100 Jahren Festung wurde, in: Ingolstädter Heimatgeschichte, 1. Jg., Nr. 1–3, 1928
2 Hanns Helmut Böck, K. Ph. Fürst v. Wrede als politischer Berater König Ludwig I. v. Bayern (1825–1838), München 1968, S. 39
3 Böck, S. 30
4 Johann Caspar Riedl, Der Festungsbau von Ingolstadt unter Ludwig I. (1827–1854), in: Sammelblatt des Historischen Vereins Ingolstadt, 48. Jg., 1929, S. 26–52, Taf. 1, 2

147.3

147.4

5 Franz Mayer, Zur Baugeschichte der Festung Ingolstadt. Aus den hinterlassenen Papieren d. Generals v. Heideck (abgedruckt: Manuskript vom 4. Sept. 1830, 2 Briefe an Ludwig, 3 Briefe Ludwigs an Becker von 1842), in: Ingolstädter Heimatgeschichte, 1. Jg., Nr. 8, 1929
6 Emil Lacroix, Klenzes Tätigkeit an der Festung Ingolstadt, Karlsruhe 1931 (Diss.), danach folgende Angaben
7 Alexander Frh. v. Reitzenstein, Die Festung Ingolstadt König Ludwigs I., in: Ingolstadt, die Herzogstadt, die Universitätsstadt, die Festung, Hrsg. Theodor Müller und Wilhelm Reissmüller, Ingolstadt 1974, 2 Bd., 359–395, S. 373
8 Riedl, S. 39
9 Riedl, Taf. 8

gung auf dem linken Donauufer werden von einer Spezialkommission abgelehnt. Unter Leitung Beckers werden neue Entwürfe erstellt, die Ludwig im Oktober 1833 genehmigt.[9] Am 25. August 1834 erfolgt hierfür die Grundsteinlegung.

Auch an der Planung der Stadtbefestigung wird Klenze beteiligt, und zwar erhält er 1836 den Auftrag zur Gestaltung der drei Haupttore. Er macht aus den Toren quasi Denkmäler, die in ihrer Aufwendigkeit nicht recht mit dem Zweck des Baus übereinstimmen wollen. Am Tor Hepp werden Reiterstandbilder der Renaissance-Festungsbaumeister bzw. -theoretiker Solms-Münzenberg und Daniel Speckle angebracht, am Tor Heideck wappenhaltende Ritter, die die am Bau selber beteiligten Ingenieure Becker und Streiter darstellen. 1847 werden die Tore dem Verkehr übergeben.

1852 werden die Bauarbeiten aus finanziellen und militärischen Gründen eingestellt. Der Bau ist veraltet.

Die ausgeführte Gesamtanlage sah folgendermaßen aus: Die Stadt auf dem linken Donauufer wurde im ¼-Kreis mit einer polygonal gebrochenen Schutzmauer um-

mantelt mit im spitzen Winkel vorstehenden Bastionen und dahintergeschalteten Kaponieren, die die Verteidigung ins Glacis und in den Graben ermöglichen. In den stumpfen Winkeln dieser Mauer waren sog. Kavaliere, kasemattierte Verteidigungskasernen mit Geschützplattform, integriert. Die vollständige Schließung des Ringes war durch die Donau sowie durch den auf der anderen Flußseite gelegenen Brückenkopf gewährleistet, bestehend aus Reduit mit drei Vorwerken. Der gesamte Mauerring wurde durch drei Haupttore unterbrochen.

Die Festung Ingolstadt ist ein doppeldeutiger Bau: Einerseits militärische Festung, andererseits Denkmal der Festungsbaugeschichte, quasi Denkmal für sich selber. Diese Ambivalenz war durch den Bauherrn Ludwig I. angelegt und ein Grund für die zähe Diskussion um dieses Projekt mit kriegstechnischen Argumenten von der einen Seite, künstlerisch-historischen von der anderen, angefangen bei der Frage der Standortwahl. Im Verlauf mußte Ludwig auf der künstlerischen Seite Abstriche machen und kriegstechnischen Aspekten den Vorzug geben. H. Voß

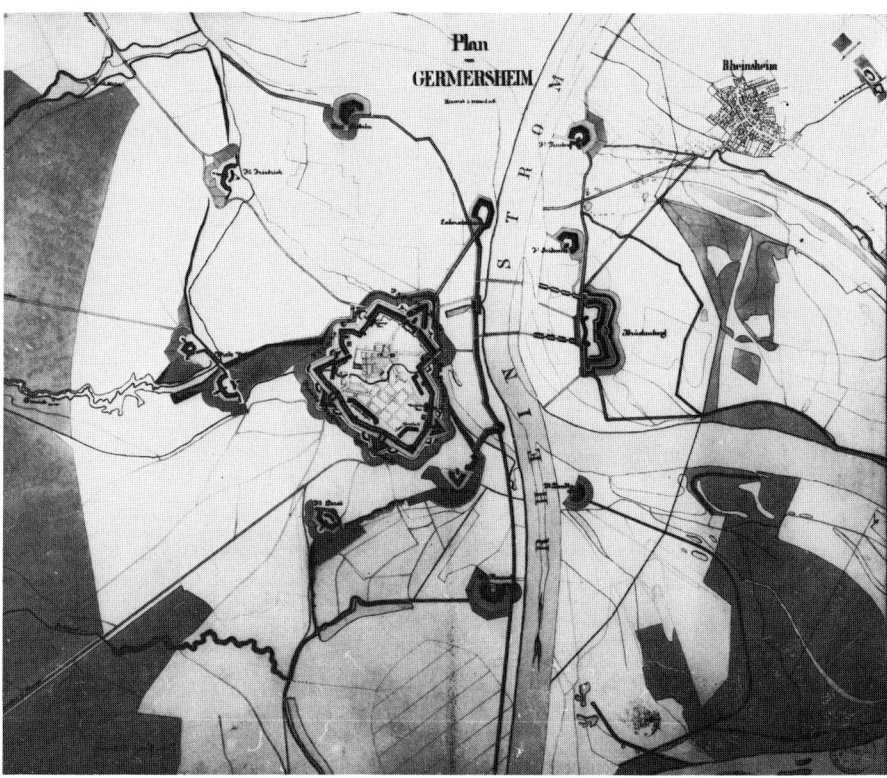

148.1

148.1 Friedrich Schmauss (Abb.)
       Festung Germersheim, Lageplan, 1833
       Feder, Bleistift, teilw. aquarelliert;
       62 × 54
       BHStA, Kriegsarchiv, Germersheim 404
148.2 Friedrich von Gärtner (Abb.)
       Festung Germersheim, Außenansicht
       des Weissenburger Tores, 1838
       Feder; 40,2 × 33,4
       Arch.Slg. TUM, Gs 1608

148 Festung, Germersheim, 1832–1836

In Germersheim liegen die Voraussetzungen anders als in Ingolstadt, da dieser Festungsbau keine rein bayerische Angelegenheit ist. 1815 kommt Germersheim zusammen mit dem Rheinkreis an Bayern, gleichzeitig wird die Stadt zur Bundesfestung erhoben. Zum Ausbau der Festung erhält Bayern vom Deutschen Bund 15 Mill. Gulden.[1] Es laufen verschiedene Planungen an, die alle nicht zur Ausführung kommen.[2]

Aktuell wird der Festungsbau 1830, als durch die Julirevolution in Frankreich akute Kriegsgefahr für Europa entsteht[3], weil das revolutionäre Frankreich zum Hauptfeind für die konservativen Staaten Europas wird. Die Militärkonferenz des Deutschen Bundes 1832 in Berlin kommt dem Sicherheitsbedürfnis der süddeutschen Staaten, insbesondere Bayerns, nicht nach, so daß sich Ludwig auf Anraten des höchsten bayerischen Offiziers, Wrede, zur Eigeninitiative entschließt.[4] Am 2. November 1832 beauftragt Ludwig Kriegs- und Außenministerium gemeinsam mit der Planung für den Festungsbau in Germersheim.[5] Ab November 1833 erarbeitet der Ingenieur-Major Friedrich Schmauss einen »Hauptentwurfsplan für Germersheim«. Gleichzei-

tig kommen Grundstücksverhandlungen in Gang.[6] Am 18. Oktober 1834, dem Jahrestag der Schlacht bei Leipzig, erfolgt die Grundsteinlegung.

Im Gegensatz zu Ingolstadt verläuft die Baugeschichte hier reibungslos. Die Wahl des Ortes ist allein strategisch begründet. Für den Befestigungsplan übernimmt Schmauss die in Ingolstadt erarbeiteten Grundlagen, erntet damit allgemein Lob und die sofortige Anerkennung im Bundestag. Auf Befehl Ludwigs werden dann die technischen Pläne von einem Architekten, in diesem Falle Gärtner, baukünstlerisch überarbeitet. Die offizielle Auftragserteilung ist wie in Ingolstadt in den Akten nicht nachweisbar. Anlaß für architektonischen Aufwand sind wie in Ingolstadt die Torbauten, die repräsentative Schauseiten erhalten, versehen mit traditionellem festungsarchitektonischem Vokabular – Rustika, Zinnenkranz, Blendarkaden – und Bauplastik.

Auch an der Festung Germersheim schlägt sich Ludwigs Kunstpolitik nieder. Während für die von Preußen mustergültig ausgebaute Festung Koblenz 1825 – 1835 auch für die Architektur nur Ingenieure tätig waren, ist in Bayern auch eine Festung Gegenstand architektonisch anspruchsvoller Gestaltung und damit Aufgabe für die führenden Architekten.

H. Voß

1 Josef Probst, Geschichte der Stadt und Festung Germersheim, Speyer 1898, S. 117
2 Georg Ball, Germersheim, die geschleifte Festung, Speyer 1930, S. 6 f.
3 Hanns Helmut Böck, K. Ph. Fürst v. Wrede als politischer Berater König Ludwig I. v. Bayern (1825–1838), München 1968, S. 144
4 Böck, S. 151
5 Böck, S. 534
6 BHStA, MInn 65909, Befestigung der Stadt Germersheim, Bd. I 1832–1836

148.2

188.1 Becksches Gebäude am Schrannenplatz in Nürnberg, 1841

XII. Adelssitze und Bürgerhäuser

Durch Mediatisierung und Säkularisierung veränderte sich die wirtschaftliche und politische Stellung des Adels. Die gutsherrliche Gerichtsbarkeit blieb jedoch noch in der Verfassung von 1818 bestehen und die Grundfreiheit der Bauern ging nur äußerst langsam voran, sodaß die mediatisierten Standesherren noch bis 1848 vielfach eine Art Unterlandesherrschaft ausübten. Größere Bauten wurden vom Adel aber nur noch sehr selten ausgeführt, zumeist beschränkte sich die Bautätigkeit auf Umbauten oder Wirtschaftsgebäude. Viele ritterschaftliche Familien gingen sogar lieber in benachbarte Länder, als in Bayern, dem sie gewaltsam einverleibt worden waren, zu bleiben. Gegen Mitte des Jahrhunderts entstanden, zumeist für das aufsteigende Bürgertum und den neuen Geldadel, zunehmend herrschaftliche Villen mit Adelsgepräge am Rand der größeren Städte.

Der Wohnungsbau entfaltete sich in der Residenzstadt München anfangs parallel mit der umfangreichen Bautätigkeit Ludwigs I. Um die Neubaugebiete im Umfeld der Ludwigstraße zu füllen, wurden von den Behörden die Genehmigungen und Überwachungen von Bauten derartig locker gehandhabt, daß die wildeste Bauspekulation um sich griff. Zwischen 1825 und 1830 entstanden zumeist aufwendige Neubauten, die an den Bedürfnissen und Möglichkeiten der ärmeren Bevölkerungsschichten völlig vorbeigeplant wurden, mit der Folge, daß 1600 Wohnungen mit Raum für ca. 10% der Münchner Bevölkerung leer blieben. Darauf brach der Münchner Wohnungsbaumarkt zusammen, 355 Häuser kamen 1834 zur Versteigerung. Dieser Häuserbankrott war begleitet von einer gesamtstädtischen Wirtschafts- und Finanzkrise, von der sich die Stadt erst Anfang der 40er Jahre wieder erholte. Noch 1844 hieß es in einem Gedicht: »Was hilfts, wenn unsere Stadt geziert,/Die Häuser sind alle lackiert,/und doch das Brot vom Mund will fliegen«.

Vorbilder für den bürgerlichen Wohnungsbau lieferten in den 20er und 30er Jahren Klenzes Prachtbauten, deren Details einfach versatzstückartig verwendet wurden. Nach dem Häuserbankrott setzte sich von München ausgehend in ganz Bayern die Sichtziegelbauweise Gärtners und seiner Schüler durch. Ausnahme war Nürnberg, »die altdeutsche Stadt«, wo in Anlehnung an die mittelalterliche Bebauung, unter der Führung des Stadtbildpflegers Heideloff, bevorzugt mit gotischen Dekorationsformen gebaut wurde.

W. N.

149 Schloß Schmachtenberg bei Zeil am Main, 1826

Für einen Wiederaufbau der Burgruine Schmachtenberg bei Zeil am Main läßt sich der Freiherr Sigmund von Rotenhan von dem herzoglich Sachsen-Coburg-Saalfelder Landbaumeister Friedrich Streib[1] und anderen Architekten, so dem in diesem Raum nicht nachweisbaren Carl Keim[2], dem königlich baierischen Landbaumeister Baptist Eck[3] und einem Zimmermeister Ignaz Hauß[4] aus Zeil eine Reihe von Entwürfen fertigen, die sowohl eine teilweise Rekonstruktion auf erhaltenen Mauerzügen und Turmsockeln vorsehen und deren Baulichkeiten zum Sommersitz der Freiherren von Rotenhan bestimmt waren, als auch die Errichtung einer Ökonomie. Die verschiedenen Bauten sollten den architektonischen Teil einer vollständigen Neugestaltung des Schmachtenberges bilden, auf dem vorhandene Ruinenteile mit Neubauten von Wirtschafts- und Wohngebäuden eingebettet in eine Parkanlage einem der Zeit entsprechenden Gesamtkonzept folgend alle Bereiche des Lebens auf dem Lande umfaßten.

Zu diesem Projekt sind zwei Bestände von 24[5] bzw. 17[6] Plänen erhalten, welche außer den Entwürfen für das Sommerhaus und Nebengebäude solche für die Ökonomie und den Park sowie Bestandspläne des Geländes beinhalten.

Die Serie beginnt 1818 mit zwei klassizistischen Entwürfen des Zeiler Zimmermeisters Ignaz Hauß. Drei weitere Pläne, ebenfalls von Hauß, zeigen einen aufwendigeren Neubau, wohl außerhalb des Ruinengeländes.

Das Projekt von Streib, datiert 19.6.1826, umfaßt vier Blätter mit Grundriß, Ansichten und Schnitten und zeigt aufbauend auf dem südlichen Teil der Ummauerung der alten Burg ein an den Hang gebautes zweigeschossiges Haus mit in dem vom Hof aus begehbaren oberen Stockwerk sieben spitzbogigen, im Untergeschoß fünf rechteckigen Fenstern, das zum Tal hin auf einem Souterrain für Nebenräume aufbaut. Das zum Innenhof abgeschrägte Pultdach faßt nach außen hin ein Attikageschoß mit Fenster und Zinnen ein.

Der den Hauptbau flankierende Mauerzug auf der Südseite des Plateaus mit Zinnen bestückt, die ebenso wie das Attikageschoß leicht vorkragen, bindet den Bau in die vorhandene gesamte Ummauerung des Burggeländes ein, welche an drei Seiten erhalten ist.

Der Architekt Carl Keim, welcher auch gleichzeitig mit den Planungen für ein Rotenhansches Erbbegräbnis in Rent-

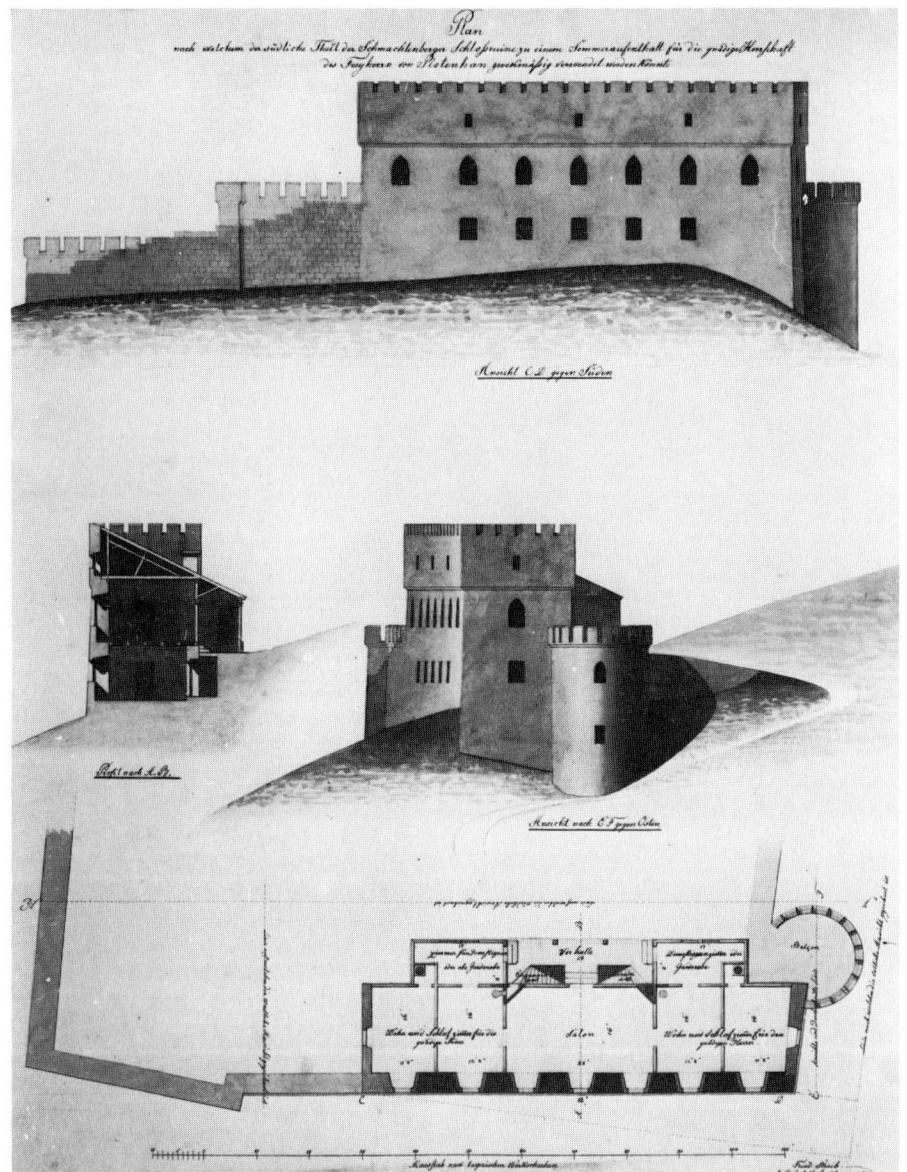

149.2

weinsdorf betraut wird, liefert dazu Varianten für den Aufbau der Türme im Südost- und Nordwesteck und variiert die Bauaufgabe mit dem Plan für den Hauptbau in Form von Ökonomiegebäude mit Wohntrakt. Er fertigt drei Entwürfe für ein Wirtschaftsgebäude, das gleichzeitig einen Anbau mit Sommerwohnung enthält.

Vom königlich-baierischen Landbaumeister Baptist Eck aus Bamberg, der ebenfalls mit Planungen für den Rotenhanschen Friedhof beauftragt ist, stammt ein Alternativentwurf zu dem Sommerhaus in der Burg, fünffachsig, mit Zinnenabschluß der Außenmauer und in deren Fortführung auch der Hofmauern. Ein größerer Bestand von neun Skizzen und Plänen für die Ökonomie von der glei-

1 Willi Breuer, Friedrich und Wilhelm Streib. Aus dem Leben und Werk einer Coburger Architektenfamilie im 19. Jahrhundert, in: Jahrbuch der Coburger Landesforschung Coburg 1972 S. 141 ff. und: Karl Sitzmann, Künstler und Kunsthandwerker in Oberfranken, S. 539, Kulmbach 1957; Die Plassenburg, Schriften für Heimatforschung und Kulturpflege in Oberfranken, Band 12. Übereinstimmend wird darauf hingewiesen, daß bisher keine Bauten und Pläne Streibs außerhalb des Herzogtums bekannt sind.
2 Die Familie Keim stellte mehrere Baumeister. In den Coburger Archivalien ist ein Alois Keym, 1817–1838, erwähnt. Carl Keim war später Baumeister des Fürsten Thurn und Taxis in Regensburg.
3 Sitzmann, S. 133, Hof- und Staatshandbuch des Königreiches Baiern, München 1824, S. 337

149.1 Ignaz Hauß
Schloßneubau-Entwurf Schmachtenberg, 1818
Feder, laviert;
Gräfl. Schönbornsches Archiv Wiesent-
heid, Depositum StA Würzburg, unverzeichneter Planbestand

149.2 Fried. Streib (Abb.)
Entwurf zum Umbau der Schloßruine
Schmachtenberg, 1826
Feder, laviert;
Gräfl. Schönbornsches Archiv Wiesent-
heid, Depositum StA Würzburg, unver-
zeichneter Planbestand

149.3 Carl Keim
Entwurf zum Umbau der Schloßruine
Schmachtenberg, 1826
Feder, laviert;
Gräfl. Schönbornsches Archiv Wiesent-
heid, Depositum StA Würzburg, unver-
zeichneter Planbestand

149.4 Carl Keim
Entwurf zum Umbau des Schloßturms
Schmachtenberg, 1826
Feder, laviert;
Gräfl. Schönbornsches Archiv Wiesent-
heid, Depositum StA Würzburg, unver-
zeichneter Planbestand

4 Nicht weiter bekannt; wohl einer der zahllosen Baumeister, die von Zeil wie anderen
Landesstädten aus ihr Geschäft betrieben,
wobei der Ort für das Bauhandwerk durch
seine Sandsteinbrüche besondere Bedeutung
gewann.
5 Plansammlung des gräflich Schönbornschen
Archives, Depositum StA Würzburg, unverzeichnet.
6 Plansammlung des freiherrlich v. Rotenhanschen Archives Schloß Rentweinsdorf, unverzeichnet.
7 Albrecht Graf v. u. zu Egloffstein, Ritterschaftliche Schlösser des 18. Jahrhunderts in
Franken. Ein Beitrag zur Bau- und Ausstat-
tungskunst des Barock, Rokoko und Früh-
klassizismus, ungedr. Diss., München, 1986,
S. 106 ff.
8 Julius Freiherr v. Rotenhan, Die Geschichte
der Familie Rotenhan, älterer Linie, 2 Bände,
Würzburg, 1865, Band 2, S. 405 ff.

chen Hand weist enge Verbindungen zur
Architekturtheorie für Wirtschaftsgebäude dieser Zeit auf.
Neben sieben Bestandsplänen des Geländes der Ruine und der anschließenden
Bergkuppe zeigen unter anderem neun
Blätter Parkentwürfe und Bepflanzungs-
vorschläge mit der Anlage von Obst-
baumalleen. Der Bauherr setzte damit seine Bemühungen fort, die schon vor dem
Ende des alten Reiches in Rentweinsdorf
mit der Anlage eines großen noch barok-
ken Geist atmenden Residenzortes und
weitläufigen Nebengebäuden im Anschluß an den Schloßneubau begonnen
hatten[7] und gleichzeitig in bevölkerungs-
und wirtschaftspolitischen Maßnahmen
wie Peuplierungspolitik und Ansiedlung
von Gewerbe einen durchaus nicht nur
erfolgreichen Niederschlag fanden.
Rotenhan verfolgte auch nach der mit
dem Ende des Reiches verbundenen Mediatisierung seine Bemühungen um die
nun nicht mehr eigenen reichsritterschaft-
lichen Territorien, sondern privaten Gütern der Familie, welche er mit einer vor-
bildlichen Reorganisation der Bewirtschaftung nach neuesten Gesichtspunkten
grundlegend sanierte. Die aus der landesherrlichen Zeit herrührenden Bestrebungen um die Gestaltung des eigenen Residenzortes fanden ihre zeitgemäße Fortsetzung in Projekten einer Art Landesverschönerung, zu der unter anderem auch
das Vorhaben Schmachtenberg sowie die
Anlage von Alleen zählt. Daß dabei gerade der Ausbau von Ökonomiegebäuden
eine große Rolle spielt – so ist auch für
Rentweinsdorf ein Bestand an Bauplänen
vorhanden, der mit den besagten Projekten Ende des 18. Jahrhunderts unter anderem eines großen Ökonomiehofplanes
vom letzten Trierer Hofbaumeister Andreas Gärtner beginnt – zeigt das gewandelte Verständnis innerhalb einer Generation vom absolutistischen Landesherrn
als Fortführendem der Planungen eines
Residenzortes, welche tief im Geist des
18. Jahrhunderts verwurzelt sind, zum
vor allem an Fragen der Ökonomie interessierten, den folglich auch in erster Linie
diese Bauvorhaben beschäftigen. Der
Freiherr von Rotenhan gibt damit das seltene Beispiel eines trotz Mediatisierung –
sie unterwarfen sich als eine der letzten
Familien der fränkischen Reichsritterschaft
dem bayerischen König – erstaunlich ungebrochenen, nunmehr gewandelten
Selbstverständnisses. Als Freimaurer, mit
weitgespannten verwandtschaftlichen
Verbindungen – seine erste Frau war die
Tochter des Hannoverschen Ministers
Freiherr von Lenthe – hatte er eine über
die normale Kavalierstour hinausgehende
Reise unter anderem nach Frankreich unternommen, wo er
sich intensiv mit der Französischen Revolution beschäftigte, von der er anfangs
gleichermaßen begeistert wie später abge-
stoßen war, und vor allem mittels einer
großen Korrespondenz und vielseitigster
Lektüre ein großes Wissen auf vielen Gebieten angesammelt. Dieses alles fand seinen Niederschlag unter anderem in dem
Aufbau einer interessanten Bibliothek mit
den literarischen Grundlagen für seine
spätere Arbeit erst als Landesherr und
dann als Verwalter des Familienvermö-
gens.
Seine aus diesen theoretischen Grundlagen fließenden Aktivitäten befaßten sich
außer mit der Bewirtschaftung des Betriebes und den damit verbundenen Aufgaben mit vielerlei erfolgreichen Bemühungen für das Allgemeinwohl, worunter die
für das Schulwesen besonders hervorzu-
heben sind. So verwundert es nicht, daß
diese theoretischen Kenntnisse in den
Themen für die von ihm beschäftigten
Baumeister ihren Niederschlag fanden.
Das 18. Jahrhundert hatte auch die Freiherren von Rotenhan mit über die Kräfte
gehenden Bauvorhaben belastet. Am Beginn des 19. Jahrhunderts entwickelte
sich nach dem Wegfall der eigenstaat-
lichen Einnahmen aus dem ritterschaftlichen Territorium außer einer durch die
Not der Kriege noch zusätzlich zu den
Verpflichtungen aus den überzogenen
Bauvorhaben des 18. Jahrhunderts erhöhten Schuldenlast auch die dringende Notwendigkeit, die gewonnenen Kenntnisse
neuer Methoden der Bewirtschaftung unter anderem aus England in die Tat umzusetzen und hierfür die entsprechenden
baulichen Voraussetzungen zu schaffen.
Die rein persönlich-private Bautätigkeit
konnte sich bestenfalls in kleineren
Vorhaben wie den verschiedenen Projekten für Sommerwohnungen auf dem
Schmachtenberg entweder als kleine isolierte Bauten oder nur in direktem Zusammenhang mit Ökonomiegebäuden
entwickeln. Bezeichnenderweise bediente
man sich auch zu diesem Zweck wieder
der Baumeister aus dem nahen Coburg
und Bamberg, die bereits für die Rotenhanschen Barockschlösser und anderen
Bauvorhaben die Pläne geliefert hatten.
Während viele ritterschaftliche Familien
es vorzogen, nach dem Ende des alten
Reiches zumindestens zeitweise ihren angestammten Landen den Rücken zu keh-
ren, versuchten die Freiherren von Rotenhan in Rentweinsdorf, sich auf die neuen
Verhältnisse einzustellen und zur Überwindung vor allem der materiellen
Schwierigkeiten die Bewirtschaftung ihrer
Besitzungen zu verbessern. Daß Vertreter ihres Hauses darüber hinaus aktiv an

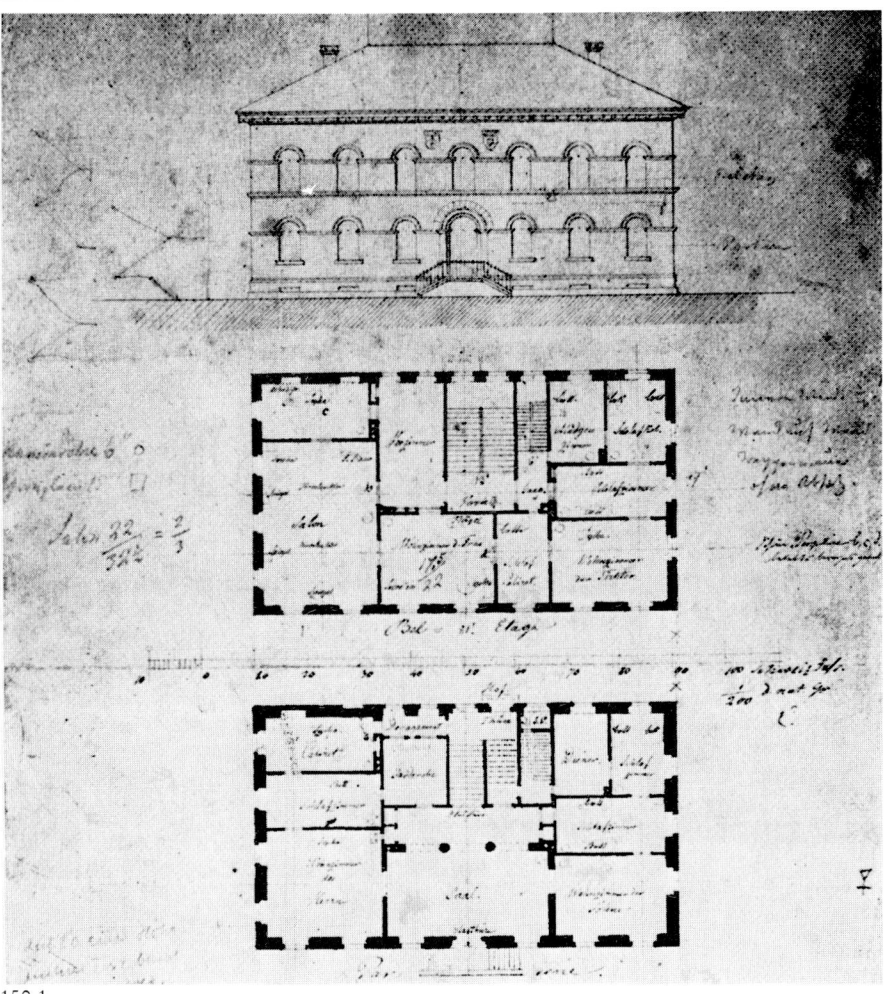

150.1

150.1 Georg Moller (Abb.)
Ministerhaus in Heinersreuth, 1827
aus: Fröhlich/Sperlich, Georg Moller,
Darmstadt 1959

den nationalen Erneuerungsbewegungen teilnahmen, ist ein weiterer Ausdruck eines ungebrochenen Kontinuitätsgefühles, knüpften doch viele Gedanken der Einigung eines deutschen Reiches an Traditionen, für deren Erhaltung bis zum letzten gerade die kleineren Reichsstände und die Reichsritterschaft gestanden hatten.

Ein gleiches Traditionsgefühl und das Anküpfen an Angestammtes verrät das Bauvorhaben, auf einer Burgruine einen romantisch-neugotischen Sommersitz zu errichten und sich dabei insbesondere auch der Verwendung von Türmen, wie sie anderenorts in Parks und Gärten künstlich ohne Vorgängerbauten errichtet wurden, zu bedienen, die ihrer mehrfachen Funktion als Herrschaftsarchitektur entkleidet dabei nurmehr praktischen und vor allem dekorativen Funktionen zuzuordnen sind.

A. Graf Egloffstein

150 Ministerhaus Heinersreuth, 1827

Im 1823 an die Freiherren von Lerchenfeld gelangten Heinersreuth plant der Hessen-Darmstädter Hofarchitekt Georg Moller[1] 1827 eine Villa. Sie gehört zu den sehr wenigen klassizistischen Neubauten und ist wohl der einzige von bedeutender Qualität unter den Schlössern auf dem Lande in Franken aus dieser Zeit. Das zweigeschossige Haus, dessen verputzte Fassade über einem gequaderten Sockelgeschoß durch ein stärkeres Gesims auf der Höhe der Sohlbänke des Obergeschosses und ein schwächeres auf der Höhe des Bogenansatzes der Fenster gegliedert wird, ist von zurückhaltender Eleganz. Das vorkragende Dach auf Konsolgesims verstärkt den Charakter eines Landhauses. Die Innenausstattung ist schlicht, gefelderte Türen, Stuckleisten und Öfen wohl auch aus der Erbauungszeit. Das System der Architektur ist dem des Hauses für den Legationsrat Gladbeck und anderer Häuser für die Rheinstraße in Darmstadt verwandt.

A. Graf Egloffstein

1 Fröhlich/Sperlich, Georg Moller, Darmstadt 1959, S. 282 ff., Kurzinventar Stadtsteinach S. 38 f.

151.2

151.1 Leo von Klenze
Schloß Biederstein, 1. Entwurf, Aufriß,
1828
Feder auf Transparent; 48 × 37
Mstm, Slg. Lang III/105
151.2 Ferdinand Le Feubure (Abb.)
Schloß Biederstein, Ansicht von Osten,
um 1830
Aquarell; 22,4 × 15,4
Mstm, Slg. Proebst Nr. 685

1 Über den Biederstein ausführlicher: OA,
1965, Nr. 87, S. 7–48
2 S. Habermann in Nerdinger (Hrsg.), Carl
v. Fischer, München 1982, S. 138f.
3 Ausst. Kat. Wittelsbach und Bayern III/2
Krone und Verfassung, München 1980,
Kat.Nr. 12313, S. 645
4 MStm, Slg. Lang/III/105
5 Ansicht, Zeitgenöss. Aquarell, Ferdinand Le
Feubure, MStm, Slg. Proebst

151 Schloß Biederstein bei München, 1828–1830

Der Biederstein wurde 1802 von Kurfürst
Max IV. Joseph aus dem Eigentum des
Wirklichen Geheimen Rates Stephan v.
Stengel erworben, der es seinerseits 1785
vom Freiherren v. Aretin gekauft und im
Jahre 1803 der Kurfürstin Caroline übergeben hatte. Stengel hatte den Biederstein
als Landschaftsgarten im Sinne der senti-
mentalischen Romantik nach den Theo-
rien des Werkes von Hirschfeld gestaltet
und sich auch als Malerdilettant betätigt.
Für die neue Eigentümerin erweiterte
Hofbaumeister Franz Thun das bestehende Schlößchen um zwei Seitenflügel. Ab
1804 wurde unter Sckell der Garten als
englischer Landschaftsgarten erweitert.
Unter den Baulichkeiten, die sie im Park
errichten ließ, ist das 1810 von Carl v.
Fischer erbaute Belvedere besonders zu
erwähnen.[2] Zum gleichen Zeitpunkt erfolgte auch eine Erweiterung des Gartens.
Ein Modell aus dem Jahre 1822 zeigt den
damaligen Zustand.[3] 1825 wurde der Biederstein Witwensitz der Königin. Im Jahre 1828 setzte Klenze gegen anfänglichen
Widerstand der Bauherrin den Abbruch
des Fischerschen Belvedere durch, um
an der gleichen Stelle ein villenartiges
Schlößchen zu errichten, das bis 1934 bestand.

Der ursprünglich geplante fünfachsige
Bau[4] sah einen dreiachsigen Mittelrisalit
mit Dreiecksgiebel und genuteten Lisenen
in der gleichen Art wie die Ecklisenen
vor. Als Dachabschluß eine Aussichts-
plattform mit Geländer, wie sie aus Belve-
deres und Jagdschlössern auch schon in
der Barockzeit bekannt ist. Dieses Projekt knüpft in vielem an eine lange Reihe
von Vorbildern an. Palladio und seine
italienischen Nachfolger hatten für den
Typus der Villa dreigeschossige, fünf-
bzw. siebenachsige Fassaden mit dreiach-
sigem Mittelrisalit und einem Mezzanin
als oberstem Geschoß vorgesehen. Seither
durchzieht dieser Typus die Architekturgeschichte des europäischen Villenbaues,
von Inigo Jones' Entwurf einer fürstlichen Residenz, Jacob van Campens Mau-
ritshuis, Gabriels Petit Trianon oder Ledoux' Schloß Eguierre und hat bis hin zu
Schulze-Naumburg Nachfolger gefunden. Gerade für die Architektur der deutschen Villen blieb dieses Grundkonzept
für das ganze 19. und frühe 20. Jahrhundert vorbildhaft. Entgegen diesem vorliegenden Plan wurde die Fassade mit sieben
Achsen, die äußeren jeweils nochmals
durch Lisenen abgeteilt, ausgeführt.[5] Diese Abweichung brachte nicht unbedingt
eine Verbesserung.

A. Graf Egloffstein

152.1

152 Schloß Waldleiningen, 1828–1847

Das in den ausgedehnten Waldungen des Odenwaldes gelegene Schloß Waldleiningen stellt eine einzigartige Mischung aus Jagdschloß und Sommerresidenz dar. Die Entstehungsgeschichte des weitläufigen Komplexes in einem abgelegenen Tal bei Amorbach, benannt nach einer Gründung der Leiningen aus dem 18. Jahrhundert in ihren pfälzischen Stammlanden, umfaßt einen Zeitraum von 70 Jahren.[1] Im Jahre 1803 begann direkt nach der im Zuge der Säkularisation erfolgten Übernahme der Klosterbesitzungen durch das Haus Leiningen als bis 1806 selbständiges Fürstentum die Planung für einen Wildpark. 1808–1810 entstand im Steinichtal ein erstes Jagdhaus, das aus drei Teilen bestand und in Form einer künstlichen Ruine wohl z. T. nach Plänen des teilweise gleichzeitig in Coburger Diensten stehenden Hofmalers Sebastian Eckardt errichtet wurde.[2] Eckardt war 1782 geboren, stammte aus dem nahen Wallfahrtsort Walldürn und diente als Maler, Innenarchitekt und Kunsterzieher der fürstlichen Familie. 1812 verband der fürstliche Baumeister Friedrich Brenner die ursprünglich nicht zusammenhängenden Bauteile durch einen Mittelflügel mit gotischem Saal und einem Turm, wozu wiederum Eckardt die Entwürfe lieferte.[3] Der Verfall der leicht gebauten Anlage, deren Architekturgliederung nur auf die Holzverkleidungen aufgemalt war, konnte aber nicht aufgehalten werden. Bereits 1816 versuchte man vier Kavaliershäuser des sog. Dörfchens vor dem Haus auf Abbruch zu verkaufen. 1818 mußte ein Teil abgebrochen werden. 1826 begann der Abbruch der mit Schindeln und Stroh gedeckten Bauten. 1827 stürzten dann erste Teile ein.

Der Bauherr des ab 1828 beginnenden Neubaus hatte etliche Jahre in England verbracht, wohin ihn auch Eckardt begleitete.[4] Der Sohn Karl des Architekten Friedrich Brenner führte die im wesentlichen auch von Eckardt konzipierten Bauten, welche schrittweise den Schloßkomplex entstehen ließen, aus. Friedrich Karl und Bonaventura Berg leisteten die Bildhauereiarbeiten. Dabei wurden aber auch, entsprechend der Mode der Zeit, Spolien von mittelalterlichen Bauten verwandt, so z. B. Wappen des Fahnenturmes von dem 1836 abgebrochenen Schloß Rippberg, welche aus dem Jahre 1594 stammen.

Der Neubau begann mit der Errichtung eines Jagdhauses. Dieses hatte man bis 1829 mit den beiden risalitartig vorgezogenen Seitengiebeln als Kern des Mittelbaues fertiggestellt. Bei Abschluß der Arbeiten wurde bereits eine Erweiterung ins Auge gefaßt. Vom 22.11.1829 existiert ein Erweiterungsplan Eckardts. Die einzelnen Maßnahmen scheinen von ihm immer zuerst unter malerischen Gesichtspunkten in Form von Aquarellen konzipiert worden zu sein.[5] 1830 wurde der bestehende Teil mit etwas zurückgesetzten kurzen Flügeln verlängert und der rückwärtig in der Mitte gelegene Fahnenturm errichtet. 1832 folgte der Innenausbau. 1836–1839 entstand der um die Tiefe des Mittelbaues zurückspringende Westflügel, im Jahre 1841 war der entsprechende Ostflügel im Bau, so daß 1847 die Gesamtanlage mit Ausnahme von Kapelle und Marstall im Äußeren fertiggestellt war.[5]

A. Graf Egloffstein

1 Zur Baugeschichte: Friedrich Oswald, Schloß Waldleiningen o.J.
2 drei Aquarelle im Amorbacher Archiv der Fürsten Leiningen geben diesen ersten Bau in seinen einzelnen Teilen wieder.
3 Abgebildet bei: H. Biehn, Residenzen der Romantik, S. 80–81
4 Max Walther, Die Kunstbestrebungen des Fürstenhauses Leiningen, in: Mainfränkische Hefte 5, Würzburg 1950, S. 29ff.
5 Die Planmappe im Amorbacher Archiv enthält zu den ersten Bauabschnitten Aquarelle mit der Wiedergabe der Ansichten.
6 Der Planbestand enthält viele Einzelentwürfe, vor allem aber auch Hinweise auf englische und deutsche Vorbilder, die in Reproduktionsgraphik des 19. Jahrhunderts unter den Entwürfen mit diesen vermischt einen gleichen Bestand bilden.

153.1 Schloß Burgfarrnbach (Abb.)
Aufnahme um 1980

153.1

153 Schloß Burgfarrnbach, 1830–1831

Das Schloß Burgfarrnbach bei Fürth[1] ist eines der wenigen großen Schloßbauvorhaben, welche in der ersten Hälfte des 19. Jahrhunderts in Bayern auf dem Lande verwirklicht werden. Nachdem am 8.5.1830 ein Bericht über Bauschäden und akute Einsturzgefahr des bestehenden Schlosses vorgelegt wurde, erfolgte am 6.7. durch das königliche Kreisbaubüro Ansbach die Baugenehmigung für einen bereits vorliegenden Plan. Der Voranschlag des Architekten vom 13.9. nennt eine Bausumme von 64 340 Fl. 1830 wird der Bau mit der Grundsteinlegung im Park südlich des alten Schlosses begonnen.[2] Bis Ende 1831 waren bereits 47 381 Fl. für das gesamte Bauwesen – es entstanden gleichzeitig auf dem nördlich vorgelagerten Wirtschaftshofgelände der alten Schloßanlage auch neue Ökonomiebauten – davon 39 882 Fl. für das Schloß verbaut.[3]

Die Pläne lieferte der königliche Bauinspektor Leonhard Schmidtner aus Nürnberg, der 1848 das Tucherschloß Simmelsdorf grundlegend umgestaltete.[4] Der Bauvertrag und Zahlungen für die Erstellung der Pläne datieren vom 22.11.1830. Ausführender war ein wohl örtlicher Maurermeister Müller, der auch weitere Pläne für Nebengebäude des Schlosses liefert.[5]

Der kasernenartig langgestreckte, dreischossige Bau von 23 Achsen, aus Sandsteinquadern errichtet, ist durch einen dreiachsigen Mittelrisalit, der wie die ebenso breiten mit vier Geschossen aber turmartig wirkenden Seitenrisalite nur schwach hervortritt, gegliedert. Über rustiziertem Sockelgeschoß mit Rundbogenfenstern sind diejenigen des ersten Stocks als des Wohngeschosses durch profilierte Rahmung und Sturzgesims betont, während die wesentlich kleineren des zweiten Obergeschosses wiederum ohne Rahmung in die Quadermauer eingeschnitten sind. Die auf Höhe der Fensterbänke in allen Geschossen durchlaufenden Gesimsbänder unterstreichen die Länge der Fassade zusätzlich. Der Giebel als Abschluß nimmt das Wappen des Hauses Pückler mit ornamentaler Rahmung auf. Das oberste Geschoß der Seitenrisalite, deren erstes und zweites Stockwerk die rustizierten Ecklisenen des Erdgeschosses fortführen, wirken mit ihren Rundbogenfenstern in den zwischen Pilastern zurückgesetzten Flächen wie spätere Zutaten.

Der ganze Komplex ist wohl nach einem Gesamtkonzept entstanden. Die ungewöhnlich weitläufige Anlage ist in der Qualität der Gestaltung auch der Details aber nicht erstrangig und bezieht ihre Wirkung lediglich aus der Größe. Im Inneren, dessen Räume sich beidseitig eines Mittelganges erstrecken und die nur im ersten Obergeschoß durch ein hinter der Halle gelegenes doppelläufiges Treppenhaus erschlossen werden, zeigt eine eher bescheidene wandfeste Ausstattung. Der Saal wiederholt im Inneren für die Wandgliederung das Konzept der Fassade des Mittelrisalits. Er ist in vielem dem allerdings erheblich qualitätvolleren Saal des Neuen Schlosses in Pappenheim verwandt. Nur wenige Räume weisen noch Reste der alten Ausstattung, z.B. einer z.T. aber wohl erst später ausgeführten Dekorationsmalerei auf.

A. Graf Egloffstein

1 August Gebessler Kurzinventar, Landkreis Fürth, München 1963, S. 53 ff.
2 Pückler-Archiv Burgfarrnbach, 871/I
3 Pückler-Archiv, 876/I
4 Inventar Landkreis Lauf, S. 479 ff.
5 Pückler-Archiv, A 867

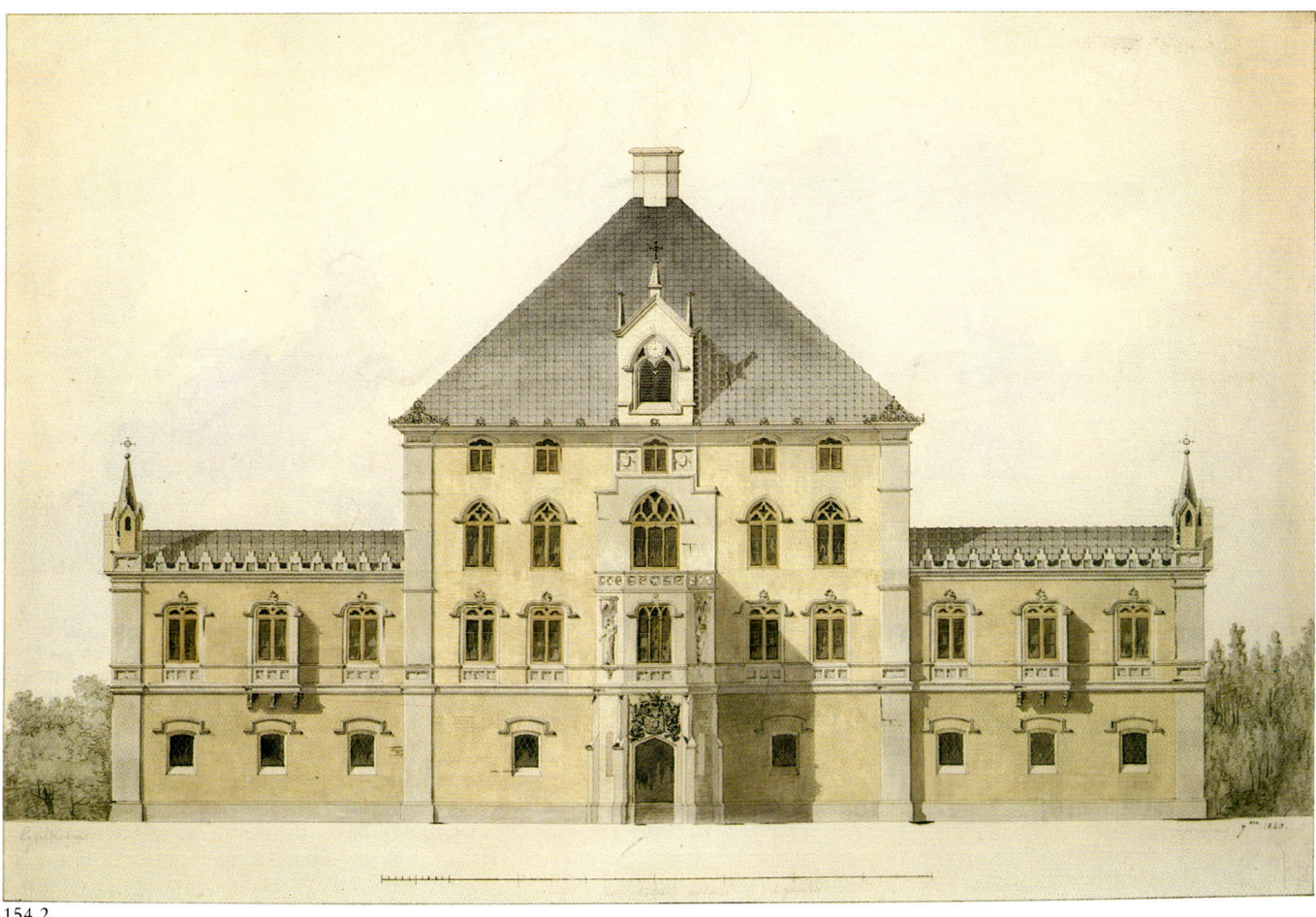

154.2

154 Schloß Egglkofen bei Deggendorf, 1833–1840

Zu den ersten Aufträgen, die J.B. Métivier nach seiner Ankunft in München erhalten hat, gehören Arbeiten für den Minister Montgelas, welcher vielleicht auch für Métiviers Übersiedlung nach München verantwortlich ist. 1811–1813 dekoriert er das von Herigoyen begonnene Palais am Promenadeplatz. 1816 baut er das Maison Tirolienne im Park des Grafen Montgelas in Bogenhausen und 1817/ 1818 Schloß Zaitzkofen bei Eggmühl. 1822/1823 entsteht das Palais am Karolinenplatz, 1833/1834 folgen dann Arbeiten für das Schloß in Egglkofen bei Deggendorf, für das er angeblich[1] zuvor eine bisher aber nicht belegbare klassizistische Renovierung durchgeführt hat. Die Fassadenbearbeitung im neugotischen Stil zeigt ein erhaltener Plan mit fünfachsigem, viergeschossigen Bau, dessen dreiachsige Seitenflügel nur zweigeschossig ausgeführt sind.

A. Graf Egloffstein

155 Schloß Weyhern, 1834–1845

Für die Freiherren von Lotzbeck ist Jean Baptiste Métivier mit mehreren Bauvorhaben tätig gewesen und wohl auch so stark mit der Familie verbunden, daß er neben Klenze und Graf Pappenheim auch Lotzbeck zum Taufpaten für seine Kinder wählte.[1] Im Jahre 1827 beginnt er als erstes mit den Planungen für die Umbauten und Restaurierung der Schloßanlage Weyhern.[2] 1826 hatte der 1815 in den Freiherrenstand erhobene Ludwig Karl v. Lotzbeck den Besitz erworben. Er fand in dem 1190 erstmals erwähnten Ort einen Schloßbau vor, der ab 1721 zum letzten Male umgebaut worden war. Zuerst wird die Fassade des Hauptbaues nach Métiviers Plan[3] klassizistisch verändert, wobei wohl im wesentlichen lediglich eine Dekoration der Fenstergewände und Akzentuierung der Portalanlage durch einen säulengetragenen Balkon im ersten Obergeschoß, dessen auf den Balkon führende Tür durch eine Pilasterrahmung mit Giebelfeld eingefaßt wird, erfolgt. Die Dachfläche unterbricht in der Mittelachse ein

154.1 Jean Baptiste Métivier
Eingangsportal Schloß Egglkofen, 1833
Feder, farbig laviert; 32 × 42
Arch.Slg. TUM, Nachlaß Métivier 4.75
154.2 Jean Baptiste Métivier (Farbabb.)
Schloß Egglkofen, Fassadenentwurf, 1840
Feder, aquarelliert; 57 × 39,5
Arch.Slg. TUM, Nachlaß Métivier 4.59

1 H. Rose, Jean Bapt. Métivier, der Erbauer des Braunen Hauses in München, in: Zeitschrift des deutschen Vereins für Kunstwissenschaft, Bd. 1, 1934, S. 49ff.

156.1

155.1 Jean Baptiste Métivier (Abb.)
Schloß Weyhern, Aufriß
Feder, laviert; 58 × 41
Arch.Slg. TUM, Nachlaß Métivier 4.3
156.1 Chr. Bankel (Abb.)
Schloß Reichenschwand, 1916
Aquarell; 24 × 16
Privatbesitz

155.1

Dachausbau, der unter Verzicht auf die beiden geplanten seitlichen Fenster über einem großen, querrechteckigen Feld mit dem Wappen der Familie einen weiteren längsrechteckigen Giebelaufbau mit Uhr trägt. 1834 folgen Arbeiten für die das Schloß flankierenden Wirtschaftsgebäude, das Gewächshaus, die Gärtnerwohnung, eine Remise für Feuerspritzen und den Kornspeicher, sowie Ausbesserungsarbeiten am Schloß. 1837 werden eine Feldkapelle errichtet und 1840 nochmals Umbauarbeiten im Schloß vorgenommen. 1840/1841 folgt eine zweistöckige Gloriette für den Garten, 1842 weitere Teile der Innendekoration. 1843 liefert Métivier wiederum Entwürfe für Weyhern und arbeitet auch im Jahre 1845, nun aber zum letzten Mal für dieses Haus.

Ab 1848 wird als zweiter Baumeister Friedrich Bürklein mit dem Umbau mehrerer Zimmer und der Einrichtung einer Bildergalerie für die Gemäldesammlung Lotzbecks beauftragt. Josef Anton Schwarzmann wird für Dekorationsmalereien erwähnt. Dieser Zeit sind wohl die im Gegensatz zu den klassizistischen Räumen Métiviers neoromanischen Details der Ausstattung von neun Zimmern zuzuordnen. Der heute bedauerlicherweise völlig verwahrloste, seiner Ausstattung beraubte und in seiner wichtigen Substanz akut gefährdete Bau weist mit der dreigeschossigen Fassade von neun Achsen und einer Tiefe von zehn Achsen um einen kleinen Innenhof gruppiert noch die Gestalt, welche er im 19. Jahrhundert erhielt, auf. Ebenfalls erhalten sind die beiden den Hof flankierenden Wirtschaftsgebäude. Die Denkmalpflege sollte sich dieser Anlage annehmen.
A. Graf Egloffstein

156 Schloß Reichenschwand, 1837

Das Schloß Reichenschwand im Landkreis Hersbruck bei Nürnberg entstand unter Fürst Adolf von Wrede, der es 1837–1845 besaß. Die Gestalt des Vorgängerbaues überliefert eine Federzeichnung von Haller von Hallerstein mit einer rückwärtigen Ansicht aus dem Jahre 1794[1], während das 1916 entstandene Aquarell von Chr. Bankel die neugotische Fassade zeigt[2], die 1837 von Heideloff entworfen wurde und heute nurmehr Teile ihrer ursprünglichen Gestalt besitzt.

Das auf einer Pegnitzinsel gelegene Schloß steht an der Stelle einer 1553 weitgehend zerstörten Vorgängerbaues und wurde in der zweiten Hälfte des 16. Jahrhunderts erneuert. Mit der Restaurierung unter Heideloff entfernte man die fortifikatorischen Teile wie Mauern und Gräben und ließ die Türme der Umfriedung stehen.

Der zweigeschossige Hauptbau des Schlosses von 7 zu 2 Achsen mit 2 Rundtürmen an den vorderen Ecken erhielt eine vollständige neugotische Fassade und Innenausstattung. Auf der Trauflinie umzog die Vorderfassade und die Türme ein Aufsatz mit Zinnen und Fialen. Ein dreiachsiger Mittelrisalit wurde durch einen abgetreppten, dreiteiligen Giebel dessen Attika mit aufgesetzten Rosetten dekoriert waren, hervorgehoben. Im Inneren wurden alle Räume mit einer neugotischen Dekoration der Wände und Decken in Holzverkleidungen, die auch Fenster, Türen und Treppengeländer mit einbezieht, versehen. Die Neuausstattung mit neuen Möbeln erfolgte zur gleichen Zeit, vermutlich auch nach Heideloffs Entwürfen.[4]
A. Graf Egloffstein

1 H. Ratfisch, Das Ismaninger Schloß und seine beiden Prunkräume, Mag. Arbeit Universität München 1983/1984, S. 81
2 Baudenkmäler in Bayern, Landkreis Fürstenfeldbruck, München 1978, S. 92 ff.

1 Inventar Hersbruck, Abb. 250
2 a.a.O., Abb. 251
3 Heinz Biehn, Residenzen der Romantik, München 1970, S. 42 ff.
4 Inventar Hersbruck, S. 259 f.; Franz zu Sayn-Wittgenstein, Schlösser in Franken, München 1974, S. 32

157 Schloß Egg bei Deggendorf, 1837–1853

Im Jahre 1837 besucht der Architekt Ludwig Foltz auf Vorschlag des Bildhauers Ludwig Schwanthaler das Schloß Egg[1], welches der ehemalige Minister Graf Joseph Ludwig v. Armannsperg, in dessen Familie sich das auf das 12. Jahrhundert zurückgehende Schloß seit 1751 befindet, als Ruhesitz ausbauen will. Im gleichen Jahr beginnen die Planungen für einzelne Ausstattungsstücke. Von den Detailplänen zur Ausstattung hat sich ein großer Bestand erhalten. Die Baurechnungen aus den Jahren 1838–1842 belaufen sich auf 83 385 Fl. Aus den Jahren 1841–1844 und 1852/1853 liegen Entwürfe für die Innenausstattung vor.

Bei dem Ausbau war Foltz trotz vieler Eingriffe darauf bedacht, die Gruppierung der Baumassen und ihren malerischen Eindruck zu erhalten. Bei allen Baumaßnahmen ist er bemüht, das alte Mauerwerk auch der Ökonomiegebäude im äußeren Hof zu erhalten. Nur die Wirtschaftsgebäude im Innenhof werden nach außen verlegt. In den Details der Fassaden nimmt Foltz wesentliche Veränderungen vor. So wird die Fenstergliederung grundlegend umgestaltet. Dem Hauptbau setzt man an drei Seiten einen neuen Giebel und an allen Ecken kleine Türmchen auf. Der Bergfried wird mit Zinnenkranz, Ecktürmchen und kleinem Spitzdach versehen. Die Öffnung des an die innere Ringmauer gebauten Wehrganges mit einer dreibogigen Öffnung nach außen und Umwandlung in einen Laubengang, verändert den durch andere Maßnahmen gesteigerten Eindruck der Wehrhaftigkeit ins Wohnliche. Auf dem Dach der Schloßkapelle wird über dem Chor ein kleines Holztürmchen aufgesetzt. Weitere Veränderungen erfolgen an den Toren, der Treppe und dem Brunnen, die gesamte Wehrmauer wird mit kleinen Holztürmchen verziert. Für die meisten dieser Details liegen Entwurfszeichnungen vor. Bezeichnend für den romantischen Schloßbau, zu dessen ersten Beispielen in Bayern Egg gehört[2], ist einerseits die Betonung mittelalterlich-fortifikatorischer Details (Zinnen, Ecktürme) andererseits aber die völlige Negierung der inneren Notwendigkeiten von Verteidigungsarchitektur, beispielsweise die Durchbrechung der Ringmauer mit einer

157.1

Loggia. Die Verteidigungsarchitektur wird Dekoration, ebenso wie für die Innenausstattung die kriegerischen Szenen und Waffendekorationen nur eine historische Reminiszenz bilden. Der äußeren Umwandlung entspricht eine weitgehende Veränderung des Inneren an Treppen, Öfen, Kaminen. Die wandfeste Ausstattung wir durchgehend erneuert und die Räume vollständig mit Möbeln, meist nach Entwürfen von Foltz, eingerichtet.

A. Graf Egloffstein

157.1 Ludwig Foltz (Abb.)
Südseite Schloß Egg
Kupferstich
Privatbesitz

1 Rosa Micus danke ich für die frdl. Überlassung ihrer Diss. über Foltz, in der sie Schloß Egg S. 34–67 abhandelt.
2 Es handelt sich nicht, wie Micus und Steinitz annehmen, um den ersten. Sugenheim wird erheblich früher gotisiert.

158.4

158 Schloß Anif, 1839–1848

Das unweit von Salzburg an der Straße nach Hallein gelegene Schloß Anif ist in seiner jetzigen Form eine Schöpfung der Neogotik, der jedoch ein alter Kern zugrunde liegt. Es gehört in den Kreis der charakteristischen kleineren Schloßbauten, die sich seit dem Mittelalter um die Stadt Salzburg herumlegten. Vor diesen war es freilich von Anfang an durch seine Bedeutung als erzbischöfliches Urbaramt, seit dem 17. Jahrhundert jedoch als Sommerresidenz der Fürstbischöfe von Chiemsee ausgezeichnet. Über sein damaliges Aussehen sind wir durch eine

Reihe von Aquarellen, vermutlich von Louis Wallée, informiert.[1] Aus ihnen geht auch hervor, daß das Schloß von einem bereits 1798 angelegten Landschaftsgarten im englischen Stil umgeben war, der für das Voralpengebiet eine Seltenheit darstellte. Seine heutige Gestalt erhielt es durch Alois Graf Arco-Stepperg, der das Schloß 1837 von dem Verwalter der Brauerei Kaltenhausen, dem Besitznachfolger des letzten Fürstbischofs, kaufte und in den Jahren 1839–1848 zu einem romantischen Schloß umbaute.

Graf Arco entstammte einem alten bayerischen, ursprünglich in Südtirol beheimateten Adelsgeschlecht. Sein Vater, kö-

1 11 Blatt, entstanden zwischen 1804 und 1814, Museum C.-A. Salzburg
2 vgl. hierzu W. v. Steinitz, Bayern und der romantische Schloßbau in Salzburg, Historismus und Schloßbau, Studien z. Kunst d. 19. Jhs. Bd. 28, München 1975, dort weitere Literatur; eine Monographie über Anif ist z.Z. vom Verfasser in Vorbereitung
3 Alle Pläne, Rechnungen und Lieferverträge im Archiv Schloß Anif
4 Angaben über Schönauer in den Akten der Bayr. Salinendirektion, BHStA, M Wi 2520 u. BHS 30-1903
5 Das Verwandschaftsverhältnis hat sich bisher nicht feststellen lassen. Beide Familien kommen aus Niederbayern

nigl. bayrischer Reichsrat und Kämmerer, war Schwager des allmächtigen Ministers Montgelas, seine Mutter die verwitwete Kurfürstin Marie-Leopoldine von Bayern, geborene Erzherzogin von Österreich-Este und Enkelin der Kaiserin Maria-Theresia. Sie hatte in erster Ehe den Kurfürsten Karl-Theodor von Pfalz-Bayern, nach dessen Tod ihren Obersthofmeister Graf Ludwig Arco geheiratet. Ihre beiden Söhne Alois und der als »Adlerjäger« bekannte Max gehörten dem Kreis um den Kronprinzen an. Diese Umstände erklären den geradezu fürstlichen Zuschnitt, den Anif besonders im Inneren erhielt.

Sowohl Graf Arco selbst als auch die ausführenden Künstler – Dürk, Entres, Schwanthaler etc. – waren von romantischen Ideen erfüllt und sahen im Stil des Mittelalters ihr Vorbild. So wurde Anif ein Denkmal bayrischer Romantik auf Salzburger Boden, das in seiner Bedeutung nur mit dem etwas früheren Hohenschwangau zu vergleichen ist.[2]

Ein reiches, wenn auch unvollständiges Planmaterial und die komplett erhaltenen Baurechnungen[3] erlauben eine nahezu lückenlose Rekonstruktion der Baugeschichte, der freilich eine wichtige Ergänzung fehlt. Da der diesbezügliche Teil des Arco'schen Archivs im zweiten Weltkrieg zugrunde gegangen ist, gibt es keinerlei Unterlagen oder Hinweise auf die Intentionen des Bauherrn oder die Herkunft der Bauideen, so daß man hier ganz auf Vermutungen angewiesen ist.

Als Architekt erscheint seit 1838 zunächst ein gewisser Mennas Schönauer, seines Zeichens »Salinenbaukondukteur« in Berchtesgaden, ein Mann, der bis dahin mit Wasser- und Wegebau zu tun gehabt, aber nur wenig Erfahrung im Zivilbau geschweige denn im Schloßbau hatte.[4] Nach seinem Ausscheiden im Sommer 1840 infolge seiner Versetzung nach Traunstein trat Heinrich Schönauer an seine Stelle. Dieser hatte einige Jahre im Büro seines Namensvetters – und vielleicht Onkels[5] – gearbeitet und sich dort einige praktische Kenntnisse angeeignet. Graf Arco hatte ihn zwar als »Architekt« in seine Dienste genommen. In Wirklichkeit war er aber nicht mehr als Baupraktikant, als der er auch in seinen späteren Tätigkeiten erscheint. Beide Schönauers spielen infolgedessen in Anif nur eine untergeordnete Rolle. Graf Arco wollte, wie das bereits eine Marmortafel in der Schloßeinfahrt kündet, selbst der Erbauer seines Schlosses sein. Er verlangte deshalb von seinen Architekten in erster Linie technische Fähigkeiten, während er die Ideen selbst beisteuerte.

Der erste Entwurf, der noch vor dem Auftreten Schönauers entstand und vermutlich in das Jahr 1837 fällt, behielt den bestehenden Bau im Wesentlichen bei und warf ihm nur ein gotisches Gewand über. Die Walmgiebel sind durch Staffelgiebel ersetzt, das Dach des rechten Hofflügels durch eine Terrasse mit Türmchen, das Glockentürmchen der Kapelle durch einen gotischen Dachreiter. An der Brückenfassade bezeichnen große spitzbogige Fenster mit kräftiger Gurtenumrahmung das eigentliche Wohngeschoß, wobei der Große Saal – der heutige Rote Saal – und das Schlafzimmer durch Balkons und eine dreiteilige, nach oben ausschwingende Fenstergruppe mit reichem Maßwerk hervorgehoben sind. Vieles in diesem Entwurf erinnert an Hohenschwangau, das auf dem Gebiet der Neugotik in Bayern eine Pionierrolle spielte und das damals nahezu vollendet war. Über den Autor des unsignierten Entwurfs ist nichts bekannt.

Der romantische Charakter der Gesamtskizze und die Landschaftsumgebung lassen jedoch an einen Künstler aus dem Kreise Domenico Quaglios oder Joseph Daniel Ohlmüllers, der damals schon Quaglios Nachfolge in Hohenschwangau angetreten hatte, denken.[6]

Der Entwurf Mennas Schönauers von 1838/1839 sticht davon auffallend ab. Er sah eine wesentliche Vergrößerung des Schlosses vor, aber auch eine völlige Umformung. Der Grundriß ist in ein regelmäßiges Rechteck gebracht. Der Südflügel ist um ein Stockwerk erhöht und hat als Abschluß gegen Westen einen Turm, der im Untergeschoß die Kapelle enthält. Der Nordflügel besteht aus einer monotonen Reihung von großen Fenstern mit einem Billardsaal dahinter. Darüber läuft in voller Länge eine Terrasse. Sowohl in der Gesamtkomposition als auch in den Details – Dachabschluß, Entlastungsbögen der Fenster etc. – zeigt sich hier der Einfluß der Gärtnerschule, der möglicherweise über den Bau der Saline in Reichenhall auf Schönauer gewirkt hat.[7]

Schönauers zweiter Entwurf von 1839, der nur für den Südflügel existiert, ist dagegen erstaunlich phantasievoll. Nicht nur die Fenster von Hauptbau und Südflügel sondern auch der Turm tragen reichen, ja z.T. überreichen Dekor. Am Hauptbau sind Strebepfeiler angedeutet, von denen die mittlere eine Wappenkartusche tragen sollte.

Die Ausführung begann im Sommer 1839 mit dem neuen Südflügel, nachdem man zuvor den alten Südflügel und die Kapelle abgebrochen hatte. Sie ging zügig voran und folgte im Wesentlichen, mit Ausnahme des Turms, dem zweiten Schönauerschen Entwurf.

158.2

158.1 Louis Wallée (Abb.)
Schloß Anif, 1803
Gouache
Archiv Schloß Anif

158.2 Anonymer Gesamtentwurf Schloß Anif, vermutl. 1837 (Abb.)
Bleistift; 20 × 26
Archiv Schloß Anif

158.3 Mennas Schönauer
Schloß Anif, 1. Entwurf Nordseite, vermutl. 1838
Feder, farbig aquarelliert; 33,5 × 44,5
Archiv Schloß Anif

158.4 Leopold Rottmann (Abb.)
Schloß Anif, Gesamtansicht, 1849
Tonlithographie; 21,5 × 27,7
Salzburger Museum C.-A., Inv.Nr. 132/57

158.5 Ansicht Schloß Anif von Südosten
Aufnahme um 1900
Archiv Schloß Anif

In der Brückenfassade nahm man die mittelalterliche Fenstereinteilung wieder auf, vergrößerte jedoch die Fensterstöcke und hob den Saal durch zwei große Spitzbogenfenster, denen ein weiteres auf der Hofseite entspricht, hervor. Es scheint, als habe Schönauer, wie aus einem Fassadenriß von 1840 hervorgeht, seine Ideen noch zu retten versucht, indem er wenigstens auf der rechten Fassadenhälfte seine gleichförmigen Spitzbogenfenster beibehielt. Aber gegenüber dem Bauherrn, der die Rechteckfenster bevorzugte, vermochte er sich nicht durchzusetzen. Die Grundform des alten Schlosses blieb somit im Hauptbau erhalten, wenn auch infolge der vielen Ausbesserungen im Mauerwerk von der alten Substanz nicht mehr viel übrig ist. Zu den neogotischen Zutaten gehören an der Brückenfassade das Schloßportal[8] mit der darüber schwebenden, das Arcosche Wappen einschließenden Ädikula[9], und an der Nordseite das sog. Burgverlies, ein polygonaler Anbau mit Terrasse, der kein Gefängnis, sondern Gastzimmer enthielt und der unverkennbar englischen Einfluß verrät.
Die breite Terrasse mit ihren Zinnen und schießschartenartigen Fenstern, die dem Hauptbau gleichzeitig vorgelegt wurde, sollte den mittelalterlichen Charakter des Schlosses betonen.
Die romantische Stimmung des Baues kommt jedoch vor allem auf der Hofseite zum Ausdruck. Hier ließ Graf Arco auf der Westseite das sog. Schiffsgewölbe bauen, einen unterirdischen Hafen in Form einer Grotte, in der Boote für die Fahrt über den Weiher bereit lagen. Spitzbogige Einfahrtstore schließen das Gewölbe nach beiden Seiten hin ab. Die zum Weiher hin gelegene Seite ist von einer Zinnenmauer abgeschlossen, die drei Türme festungsartig überragen.[10] Der Zugang zur Anlegestelle erfolgt über eine Wendeltreppe durch den mittleren Turm.
Daneben errichtete man anstelle einer vorübergehend aufgeführten und bald darauf wieder abgerissenen Terrasse, die den alten Nordflügel ersetzt hatte, den sog. Nymphensaal – heute Bildersaal –, der die Figur einer Nymphe aufnehmen sollte. Die Nymphe als Schutzgeist des Schlosses – damit war die Beziehung zu Wasser und zur Sagenwelt des Mittelalters in echt romantischer Weise hergestellt. Die Marmorfigur der Nymphe schuf Ludwig Schwanthaler 1845.[11] Die Verbindung des Nymphensaals am äußeren Ende des Nordflügels zum Hauptbau bildet eine schlanke Arkatur von drei Spitzbögen, die auf Säulen ruhen. Mit Ausnahme des etwas späteren Stolzenfels ist diese Arkatur ohne Beispiel in der

Baukunst des frühen 19. Jahrhunderts.[12] Sie ist, wie aus den Zeichnungen einwandfrei hervorgeht, eine persönliche Idee des Bauherrn, die dem Schloß einen unverwechselbaren Zug von Eleganz verleiht.
Der Südflügel erhielt seit 1841 seinen Abschluß durch Errichtung des Turms. Hier war man von der Idee des zinnenbewehrten Burgturms, wie er auf allen früheren Entwürfen erscheint, abgekommen und hatte sich zu einem glatten Balustradenabschluß mit Ecktürmchen und zurückgesetzten Obergeschoß entschlossen. An einem Oktobersonntag 1842 wurde der Turm »bei Hoher Anwesenheit der Gnädigen Herrschaft« bestiegen und eingeweiht. Die unteren beiden Geschosse nahm die Kapelle ein, das 2. Stockwerk der Speisesaal. Darüber lagen der Billardsaal und zuoberst die über eine Wendeltreppe erreichbare Waffenkammer.
Die Kapelle war schon von Anfang an geplant, das Mamorportal schon 1839 bei Berchtesgadener Steinmetzen in Auftrag gegeben worden. Die Fertigstellung verzögerte sich jedoch. Sie war erst 1851 abgeschlossen. Den Schnitzaltar lieferte der bekannte Münchner Bildhauer Entres.
Ein Zeichen für die impulsive und sprunghafte Planung, die für Anif charakteristisch ist, ist das Stiegenhaus in der Südostecke des Hofes. Es verdankt seine Entstehung einem plötzlichen Sinneswandel des Bauherrn, der 1841 das eben erst erbaute Stiegenhaus im Südflügel wieder abbrechen ließ, um ein neues außerhalb der inneren Raumfolgen zu errichten. Dieses Stiegenhaus ist mit seiner rasterartigen Einteilung und seinen horizontalen Schmuckbändern ein Fremdkörper. Es ist ein Stück französischer Schloßarchitektur der Spätgotik, vermutlich eine Erinnerung an französische Reiseeindrücke, die der Bauherr mitgebracht hatte.
Auf persönliche Eindrücke geht sicher auch der Dachabschluß des Schlosses mit seinen durchbrochenen Zinnen und der Fialenschmuck der beiden Giebel zurück, der dem Bau seine charakteristische Silhouette verleiht. Hier war ursprünglich ein einfacher Bogenfries vorgesehen, wie er nur am Südflügel ausgeführt ist.
Die weitgehend unberührte Inneneinrichtung, die nicht nur Möbel sondern auch Gemälde, Porzellan und Glasmalerei umfaßt, ist zum großen Teil nach englischen Vorbildern, aber von einheimischen Künstlern und Handwerkern geschaffen.[13] Sie steht mit der Architektur im völligem Einklang und trägt entscheidend dazu bei, daß sich Anif noch heute den einheitlichen Charakter der Romantik bewahrt hat.

W. Graf Kalnein

6 Zu beiden bestand eine engere Verbindung, da sie gemeinsam mit Graf Arco Mitglieder im Ausschuß des Münchner Kunstvereins waren; Bericht über den Bestand u. das Wirken d. Kunstvereins in München während des Jahres 1832, do. für 1835 u. 1836
7 Im November 1838 erhielt Schönauer den Auftrag zum Bau des Pfarrhauses in Berchtesgaden, dessen Entwurf Gärtner liefern sollte
8 Für das Portal lagen 2 Entwürfe vor: 1. eine einfache Halbkreisform in rechteckigem Rahmen, im ersten Schönauerschen Entwurf; 2. ein Portal im Stil des Münchner Stadtwappens mit Zinnenabschluß und Ecktürmchen, im Fassadenriß von 1840. Die Ausführung griff, unabhängig von neogotischen Klischee, auf den Typ des Kielbogenportals mit Maßwerkumrahmung zurück
9 An dieser Stelle saß ursprünglich ein Fenster, das durch die Erhöhung der Durchfahrt überflüssig wurde
10 Auf den ersten Entwürfen sind die Türme noch nicht vorhanden. Sie wurden erst in der weiteren Planung zugefügt
11 F. Otten, Ludwig Michael Schwanthaler 1802–1848, München 1970, S. 145. Eine verkleinerte Replik in Bronze im Münchner Hofgarten, eine weitere in Marmor in Somerleyton Hall, Suffolk
12 Es ist fraglich, ob Graf Arco den Entwurf Schinkels für ein Mausoleum der Königin Luise, der für Stolzenfels vorbildlich war, gekannt hat. Die allgemeine bauliche Situation spricht dagegen
13 Unter den Möbeln befinden sich mehrere Stücke nach Vorlagen von A. W. Pugin; vgl. G. Himmelheber, Die Kunst des deutschen Möbels Bd. 3, München 1973

159 Burg Schwaneck, 1844–1845

Der Bau von Schwaneck gehört in die Reihe der seit dem späten 18. Jahrhundert bekannten einzelnen Turmbauten, die nicht als Hinzufügung an einen Hauptbau, sondern als isolierte selbständige Bauten entstehen.[1]

Bezeichnend für den romantischen Schloßbau ist auch wiederum, daß kein Architekt, sondern der Künstler eines anderen Fachs, in diesem Falle der Bildhauer Ludwig Schwanthaler, die Konzeption entwickelt und der Architekt Friedrich v. Gärtner nur mehr Hilfestellung leistet.[2] Bestimmendes Element der Anlage ist der 26 m hohe Bergfried, der einen seitlichen Treppenturm erhält, beide mit Zinnen versehen. Dieses Mißverständnis – ein Bergfried hatte seinen Zugang ursprünglich immer in einem möglichst hohen Geschoß, dessen Eingang man über hölzerne Brücken oder Treppen erreichte[3] – ist kennzeichnend für die romantischen Schloßbauten. Auch gehören zu einem Bergfried nicht die hier vorhandenen großen Fenster, Balkon und Erker der oberen Geschosse. Der eigentliche Schloßbau ist lediglich ein Annex. Hauptgebäude bleibt der Turm. 1844 wird er ausgeführt. 1845 folgen einige Nebengebäude, darunter auch eine Kapelle, passend zur romantischen Konzeption dem Heiligen Hubertus geweiht. Ringmauer, Graben und Zugbrücke sind ebenso wie die Zinnen dekorative Versatzstücke einer ursprünglich verteidigungstechnischen Architektur. Dem entsprach eine Inneneinrichtung mit einer vollständigen Ausstattung, wie man sie sich für mittelalterliche Burgen vorstellt und zu der u. a. auch alle Arten von Waffen gehörten. Der Freundeskreis, welcher sich um den Hausherren sammelte, ist unter dem Namen »die Humpenau« als sog. Ritterverein ein Zusammenschluß vorwiegend gesellligen Charakters bekannt, der 1831 in die »Gesellschaft für deutsche Altertumskunde von den drei Schilden« einging.[4] Der alte und neue Künstlerkreis traf sich häufig in Schwaneck, dessen geselliges Leben auch von Festlichkeiten und Mummenschanz im Stil mittelalterlich-ritterlichen Lebens bestimmt wurde. Bis 1902 blieb die dann erweiterte Burg in der Form erhalten, wie sie Schwanthaler und Gärtner konzipiert hatten.

A. Graf Egloffstein

160 Das Schloß der Fürsten Thurn und Taxis in Donaustauf, 1841–1842

1812 gelangte die ehemals zum Hochstift Regensburg gehörige Herrschaft Donaustauf in den Besitz des Fürstlichen Hauses Thurn und Taxis.[1] Das östlich vor dem Marktort am Hochufer der Donau gelegene, einem größeren Gutshof ähnliche Schloß wurde in den folgenden Jahren zu einem fürstlichen Sommersitz umgebaut.[2] Bereits 1830 weilte König Ludwig I. von Bayern anläßlich der Grundsteinlegung der Walhalla als Gast bei Fürst Maximilian Karl, so daß in Erwartung der Eröffnungsfeierlichkeiten 1842 mit einem erneuten Besuch des Monarchen zu rechnen war. Karl Victor Keim, der fürstliche Baurat, erhielt am 30. November 1841 den Auftrag, den unregelmäßigen alten Schloßkomplex zu erweitern und mit einer ansehnlichen Fassade zu versehen.[3]

Der Altbau mit vier verschiedenen Flügeln wurde an seinem West- und Südtrakt erweitert und mit einem neuen Ostflügel versehen, so daß ein imposantes dreiflügeliges, palastartiges Gebäude entstand. 1842, in nur sechseinhalb Monaten, hatte Keim das Werk vollendet.

Das viergeschossige Schloß mit einer Donaufront von 22 Fensterachsen und je sechs an den Seitenflügeln gestaltete Keim im Stile des späten Klassizismus mit flachen Mittelrisaliten an den Seiten und doppelten Eckrisaliten an der Schaufassade. Ein flaches Walmdach schloß die Kuben ab.

Vielleicht gefiel dem Bauherrn die monotone Gestalt seines neuen Sommerschlosses nach der Errichtung weniger als erwartet, denn der zwischen 1837 und 1852 in Regensburg lebende Baumeister und Bildhauer Ludwig Foltz entwarf zwei Federzeichnungen, die eine Umgestaltung des vorhandenen Baukörpers im neugotischen Stil vorsahen.[4] Blatt 1 zeigt die langgestreckte Flußfassade, die Foltz im Westen durch einen in den Untergeschossen achteckigen und in den Obergeschossen runden, mit Zinnen gekrönten Turm erweiterte. Zwei mit Staffelgiebel versehene viergeschossige Erker gliedern die fensterreiche Front. Ein im Südosten vorgelegter offener Laubengang und eine steilaufragende Kapelle mit schlankem Glockentürmchen im Osten verstärken die Asymmetrie der Anlage. Blatt 2 bildet die ähnlich gestaltete Westfassade ab. Da Foltz in seinem neugotischen Projekt vom bestehenden Baukörper Keims zweifellos ausgeht, dürfte die von Rosa Micus vorgesehene Datierung der Blätter in die Jahre 1840–1842 nicht passen. Vielmehr könnte man an eine Entstehungszeit der Blätter um 1845 denken, als Foltz Sarko-

159.1

159.1 Burg Schwaneck (Abb.)
Aquarell; 21,5 × 28
MStm, M II 238

1 Biehn, Residenzen der Romantik, S. 42
2 F. Otten, L. M. Schwanthaler 1802 – 1848, München 1970, S. 114
3 O. Piper, Burgenkunde, München 1912, S. 173 ff., insbes. S. 198 ff.
4 Steinitz, Bayern und der romantische Schloßbau in Salzburg, in: R. Wagner-Rieger und W. Krause, Historismus und Schloßbau, Studien zur Kunst des 19. Jahrhunderts, Bd. 28, München 1975, S. 129 ff.

160.2

160.1

160.1 Ludwig Foltz (Abb.)
Schloß Donaustauf, Südfassade, Projekt
zur Gotisierung, um 1845
Feder über Bleistift, grau laviert;
32 × 21
Fürst Thurn und Taxis Zentralarchiv,
Graph. Slg. TT. B.V 17 a
160.2 Ludwig Foltz (Abb.)
Schloß Donaustauf, Westfassade, Pro-
jekt zur Gotisierung, um 1845
Feder über Bleistift, grau laviert;
26 × 21,5
Fürst Thurn und Taxis Zentralarchiv,
Graph. Slg. TT.B.V 17 b

1 Max Piendl, Das Fürstliche Haus Thurn und
Taxis, Regensburg 1980, S. 98
2 Ulf Zahn, Die Landschaft der Walhalla im
Wandel, in: Die Walhalla. Idee – Architektur
– Landschaft, hrsg. v. Jörg Traeger, Regensburg 1979, S. 100
3 Hans Dünninger, Jean Baptiste Métivier und
Karl Victor Keim in ihrer Bedeutung für das
fürstliche Bauwesen, in: Thurn und Taxis-
Studien 3. 1963, S. 315 f.
4 Rosa Micus, Ludwig Foltz (1809–1867). Architektonische und kunstgewerbliche Arbeiten. Ein Beitrag zur Geschichte des Maximilianstils. Phil. Diss. Regensburg 1986,
S. 68 f., 395, Kat.Nr. 254, 255
5 Zitiert nach Hans Dünninger, 1963, S. 323.
Auszug aus einem Bericht Keims vom
26. März 1873
6 Ulf Zahn, 1979, Abb. 59, S. 102

phag-Entwürfe für die neue fürstliche
Gruftkapelle anfertigte. Foltz' Zeichnungen – eher Ideenskizzen für den fürstlichen Bauherrn – spiegeln fantastisch romantische Gedanken wider und erinnern
an die Gotisierung des Schlosses Ehren-
burg in Coburg durch Karl Friedrich
Schinkel von 1812–1840. Foltz muß mit
diesen Entwürfen zu den Wegbereitern
des Maximilianstils gezählt werden. Sein
Hauptwerk ist die in neugotischen Formen von 1854 bis 1856 errichtete Königliche Villa in Regensburg.
Merkwürdig erscheint die Wahl des Baustils in klassizistischen Formen durch
Keim für das Donaustaufer Schloß in Anbetracht der in unmittelbarer Nähe liegenden mittelalterlichen Burgruine Stauf,
des alten Ortes und der im selben Jahr
1842 von Leo von Klenze im »byzantinischen Stil« umgestalteten St. Salvatorkirche. Keim selbst hatte 1830 bei der
Grundsteinlegung der Walhalla »das alte
Schloß in Stauf in wenigen Tagen äußerlich in eine Ritterburg«[5] verwandelt.
Kurz vor dem Schloßumbau in Donaustauf führte Keim ab 1836 die fürstliche
Gruftkapelle in gotischen Formen aus.
Vielleicht dachte Keim sich an den Stil der
nahen Walhalla angleichen zu müssen.
Ein Stahlstich von Johann Poppel nach
August Brandmayer verdeutlicht das Nebeneinander der beiden Großbauten.
Keims Schloßbau verbindet Marktkirche
und St. Salvatorkirche durch seine Tallage
am Donauufer.[6]
1880 wurde das Schloß beim Großbrand
von Donaustauf ein Raub der Flammen.
Die in den Umfassungsmauern stehengebliebene Brandruine wurde kurz darauf
abgetragen.

H. Reidel

161 Palast für den Fürsten Thurn und Taxis in Regensburg, 1846

Bereits bei Umbaumaßnahmen am äußeren Ostflügel des fürstlichen Schlosses
St. Emmeram in den Jahren 1826 bis 1828
wurde der Münchner Hofbaudekorateur
und Baurat Johann Baptist Métivier aus
München von 1827 bis 1828 für die Neuausstattung und Dekoration dieses Bautraktes gewonnen.[1] Während der ersten
Umgestaltung im ehemaligen Kloster
St. Emmeram hatte Fürst Karl Alexander
1817 und 1819 Leo von Klenze herangezogen.[2] Vielleicht erhielt zehn Jahre später Métivier durch Klenzes Vermittlung
diesen Auftrag. Métiviers größte Bauaufgabe erfüllte sich nach diesen bescheideneren Arbeiten in den Jahren 1829–1831
mit dem Bau des neuen Marstalls und der
Reithalle am Schloß von St. Emmeram.[3]
In Métiviers Werkverzeichnis, das sich in
der Handschriftenabteilung der Bayerischen Staatsbibliothek erhalten hat, führt
der Baumeister unter der Nr. 140 »Rein-
zeichnungen zum Bau eines Palais für den
Fürsten von Thurn und Taxis in Regensburg im Jahre 1850« an.[4] Es gibt zu diesem
Um- oder Neubauprojekt im Fürstlichen
Zentralarchiv keine archivalischen Belege.
Zwei Fassadenrisse in der Architektursammlung der TU München könnten mit
diesen Zeichnungen identifiziert werden.[5]
Den Hinweis auf den fürstlichen Auftraggeber liefern die bei beiden Blättern an
den Fassaden über den 1. Obergeschossen
angebrachten Wappenschilder mit Für-
stenhut. Blatt Nr. 30 stellt ein fünfzehn
Achsen langes, dreiteiliges Palais dar, dessen vierachsige, leicht vorgezogene Seitenflügel zweigeschossig sind, während
der Mittelteil mit vorgelegter Rundbo-
genaltane dreigeschossig ist. Das wohl
flache Satteldach versteckt Métivier hinter
einer mit Vasen gekrönten Attika. Die

161.1

161.2

162.1

1 Hans Rose, Jean Baptiste Métivier der Erbauer des Braunen Hauses in München, in:
Zeitschrift des Deutschen Vereins für Kunstwissenschaft 1.1934, S. 67 Nr. 33
2 Max Piendl, Ein Jahrhundert Schloßbaugeschichte Regensburg 1812–1912 (= Thurn
und Taxis-Studien 11.1979), S. 11
3 Hermann Reidel, Fürstlich Thurn und Taxis-
scher Marstall in Regensburg, Emmerams-
platz 6, in: W. Nerdinger (Hrsg.) Kat. Klassizismus in Bayern, Schwaben und Franken,
München 1980, S. 323f.
4 BStB, cod. gall. 892
5 Arch. Slg. TUM, Nachlaß Métivier, 4.30 und
4.40

Fassadendekoration weist Renaissance-
formen auf.

Der zweite Entwurf auf Blatt Nr. 40 zeigt
einen weitaus größeren Palast, dessen polygonal gestalteter Mittelrisalit mit Portikus und korinthischer Kolossalordnung
von dreiachsigen Eckrisaliten flankiert
wird. Das dreigeschossige, im Erdgeschoß mit Rundbogenfenstern gegliederte
Gebäude erinnert mit seinem viersäuligen
Portikus und dem Attikaabschluß an die
großen Pariser Hôtels um 1800.

Der im siebten Lebensjahrzehnt stehende
Métivier versuchte mit diesen und anderen Entwürfen, die verschiedenen Archi-
tekturströmungen des beginnenden Historismus nebeneinander zu verarbeiten.
Er hoffte, vielleicht dadurch neue Bauaufträge zu erhalten. Das bislang noch unbe-
kannte Projekt des Fürsten Thurn und
Taxis ist jedoch nicht ausgeführt worden.
Erst 1883–1888 läßt Fürst Maximilian
Maria durch seinen Baurat Max Schultze
das Schloß St. Emmeram in den Formen
der deutschen Renaissance umgestalten.

H. Reidel

162 Sog. Palais Baiersdorff-Almeida, München, Brienner Str. 14, 1824/1826

1825/1826 errichtete der königliche Hof-
bau-Dekorateur Jean Baptiste Métivier
nach eigenen Plänen (1824) und auf eigene
Kosten das repräsentative Palais wohl unter dem Aspekt des Weiterverkaufs, der
alsbald an die Freyfrau von Baiersdorff
erfolgte.[1] Das noch erhaltene Gebäude,
zwischenzeitlich im Besitz der Familie
Almeida, bildet – entgegen der ursprünglichen Situation mit den damals unmittelbar nach Westen anschließenden Gärten
und dem ab 1843 errichteten Wittelsbacher Palast – heute die Ecke zum verkehrsreichen Altstadtring. Métiviers Bau,
auf dem schön gearbeiteten Fassadenplan
gänzlich freistehend gegeben, schließt sich
in Wirklichkeit an die Klenze-Bauten der
Brienner Straße an und zeigt in der Ansicht wie im Grundriß deutlichen Bezug
zu barocken Strukturen. Die innere Organisation lehnt sich ähnlich wie Fischers
Kronprinzenpalais am Karolinenplatz[2]
oder Klenzes Wohnhaus des Kriegsmini-
sters in der Schönfeldstraße[3] in der Raumfolge von Tordurchfahrt, geräumigem

162.3

Treppenhaus, Vestibule, Salon an Vorbilder des 18. Jahrhunderts an und entspricht damit sicher den noch gültigen Repräsentations-Vorstellungen des Adels in jener Zeit. Die Fassade nimmt vor allem in dem durch hohe Pilaster und Frontispiz betonten dreiachsigen Mittelrisalit, dem ausgeprägten Sockelgeschoß und dem großen Konsol-Balkon im 1. OG das Schema der großen Stadtpalais auf, wie sie etwa durch François Cuvilliés (Palais Hohenstein 1733–1737) oder Joseph Effner (Preysing-Palais 1723–1728) in München errichtet wurden.[4] Die Einzelformen der Dekoration aber folgen dem streng gräzisierenden ornamentalen Vokabular der Zeit, allerdings in besonders reicher, geschmackvoller und eleganter Ausprägung des zumeist vegetabilen Rankenwerkes, wofür der französisch geprägte Métivier seinerzeit berühmt war und bei einer Reihe von großen Bauten umfangreiche Proben lieferte.[5] Der gesamte Bau, vor allem seine Dekoration und Teile der aufwendigen technischen Ausrüstung, wie ein für den Brandfall für Löscharbeiten fest installiertes Wasserreservoir, wurden ausführlich als Musterbeispiele exquisiter Architektur in Ungers großem Stichwerk publiziert.[6] Das Palais ist Beispiel dafür, »wie die spätbarocke Idee einer Einheit von Bau, Raum, Dekoration und Mobiliar auf eine klassizistische Kunstschöpfung angewandt werden« konnte, wobei es »weniger auf monumentale Wirkung ankam, als auf die Werte intimer Wohnlichkeit.«[7] Im Rückraum des längsrechteckigen Grundstückes hatte Métivier als Begrenzung und Durchfahrt zur Finkenstraße ein im Halbrund angeordnetes, dem Anspruch des Palais angemessenes Remisen- und Stallgebäude errichtet.

F. Zimmermann

163 Barlow-Palais, München, ehem. Brienner Straße 38, 1828

1828/1829 ließ Jean Baptiste Métivier wie das Palais Baiersdorff-Almeida auch das vornehme Wohnhaus an der Brienner Straße nach eigenen Plänen und auf eigene Kosten durch den Maurermeister Rudolf Röschenauer errichten. Es war ebenfalls zum baldigen Weiterverkauf bestimmt.[1] Nach verschiedenen Besitzerwechseln (Barlow, Hoffotograf Jos. Albert) und kleineren Umbauten kam es um 1930 in den Besitz der NSDAP, wurde zum »Parteiheim« umgebaut (Abänderungen z.T. durch Paul Ludwig Troost) und erlangte unter dem Namen »Braunes Haus« als einer »der Paläste, die die ›Arbeiterpartei‹ ausgerechnet im sog. Adelsviertel in der Brienner Straße erworben«[2] hatte, traurige Berühmtheit. Nach Kriegszerstörungen wurde es bereits 1945 abgebrochen. Die dreigeschossige Fassade, deren einachsige Eckrisalite den fünfachsigen Mittelteil fassen, ist von den Klenze-Bauten der östlichen Brienner Straße beeinflußt. Fensterformen und -bedachungen zeigen den üblichen Stil der 1820er Jahre. In den Pilasterordnungen des 1. und 2. Obergeschosses überträgt Métivier ein Motiv des Königsbaus der Residenz auf den privaten Wohnbau. Zusammen mit den schön profilierten, horizontal gliedernden Gesimsen tragen sie zu dem nobel-ruhenden Charakter des Baus bei. Die aufwendige Dekoration des (wie seine Vorbilder) auf die italienische Renaissance-Architektur zurückgehenden Hauses zeigt in ihrer Feingliedrigkeit durchaus die Handschrift des französisch geprägten Hofbaudekorateurs. Überraschend ist die innere Organisation des Gebäudes, von dessen ehrgeizigem Anspruch die Raumfolge von gewaltigem Erdgeschoß-Vestibule, aufwendigem Treppenhaus, oberem Vestibule und großem Salon zeugt. Eigenartig ist die Lage des Salons, der zum einen nicht zwingend an Vestibule und Treppenhaus anschließt, zum anderen entgegen den Gepflogenheiten zum Garten hin, dabei aber nicht auf die Mittelachse des Gebäudes ausgerichtet ist.[3] Es kam hier wohl eine hauptsächlich bei den vornehmen Mietwohnhäusern zu beobachtende Entwicklung zum Tragen, die erlaubte, die repräsentative Ausrichtung der Raumanlage zu Gunsten praktischer Lösungen zurückzunehmen, wodurch eine gewisse Gleichschaltung einzelner Räume erfolgte.[4]

F. Zimmermann

162.1 Jean Baptiste Métivier (Farbabb.)
sog. Palais Baiersdorff-Almeida, München, Brienner Straße 14, Fassadenaufriß, 1824/1826
Feder, laviert; 54 × 39
Arch.Slg. TUM, Nachlaß Métivier 4.5
162.2 Jean Baptiste Métivier
sog. Palais Baiersdorff-Almeida, München, Brienner Straße 14, Schnitt (1824/1826)
Joseph Unger, Sammlung von Rissen . . ., Tab. XIX Mstm, MS 4632, XIX
162.3 Jean Baptiste Métivier (Abb.)
sog. Palais Baiersdorff-Almeida, München, Brienner Straße 14, Photo von Süden (1824/1826)
StaM, LBK 1599/2

Anmerkungen zu Kat.Nr. 162:
1 vgl. StaM, LBK 1599/2
2 vgl. W. Nerdinger/F. Zimmermann, Kronprinzen-Palais, Karolinenplatz 4 in: W. Nerdinger (Hrsg.), Carl v. Fischer, Kat. zur Ausstellung, München 1982, S. 116
3 vgl. F. Zimmermann, Montur-Magazin und Kriegsministerium an der Ludwig/Schönfeldstraße in: W. Nerdinger (Hrsg.) Klassizismus in Bayern, Schwaben und Franken, Kat. zur Ausst., München 1980, S. 172
4 vgl. Karl Erdmannsdorfer, Das Bürgerhaus in München, Tübingen 1972, S. 77ff., sowie Abb. T.32 und T.37
5 Meist war Métivier als Dekorateur bei Klenze-Bauten beschäftigt, wie etwa bei der Alten Pinakothek oder dem Max-Palais
6 Josef Unger (und Voit, August) Sammlung von Rissen von hauptsächlich in München ausgeführten Privat- und Gemeinde-Gebäuden unter Hinzufügung der Details gezeichnet und herausgegeben von Jos. Unger (kg. Civil-Bau-Ingenieur) und Aug. Voit (Professor a.d.k.b. Akad. der bild. Künste), 9 Hefte mit 74 Tafeln, München 1829ff, Tab XVII-XXIV
7 H. Rose, J. B. Métivier, der Erbauer des Braunen Hauses in München, in: Zeitschrift des Deutschen Vereins für Kunstwissenschaft, Jg. 1, 1934, S. 60

Anmerkungen zu Kat.Nr. 163:
1 zur Baugeschichte vgl. StaM, LBK 1623, sowie H. Rose, J. B. Métivier, der Erbauer des Braunen Hauses in München, in: Zeitschrift des Deutschen Vereins für Kunstwissenschaft, Jg. 1, 1934, S. 49ff.
2 Münchener Post, 5. Juli 1932, Nr. 153
3 Nahezu alle vornehmen Villen zwischen 1810 und 1840 besaßen einen zur Straße gerichteten Salon, dessen Lage in der Zusammenfassung der mittleren Fenster im 1. Obergeschoß nach außen sichtbar wurde; vgl. dazu: F. Zimmermann, Wohnbau in München 1800–1850, München 1984, S. 116ff.
4 vgl. F. Zimmermann, Wohnbau, S. 152ff.

163.2

163.1 Jean Baptiste Métivier
sog. Barlow-Palais, München, ehem.
Brienner Str. 38, Grundrisse Keller, Erd-
geschoß, 1. und 2. Obergeschoß, 1828
Feder, laviert; 72 × 52
StaM, LBK 1623

163.2 Jean Baptiste Métivier (Abb.)
sog. Barlow-Palais, München, ehem.
Brienner Str. 38, Südseite, Aufnahme ca.
1934
StaM, Photoslg. Brienner Str.

1 Zur Familiengeschichte der Herzöge in
Bayern: Hermann von Witzleben u. Ilka
Vigneau, Die Herzöge in Bayern, München
1976
2 Herzog Pius Augustus, der Vater des Prinzen, hatte sich von der Familie weitgehend
zurückgezogen und lebte zu diesem Zeitpunkt als Eremit in Bayreuth. Die Erziehung Maximilians hatte Herzog Wilhelm,
der Großvater, übernommen. (S. die in
Anm. 1 zitierte Lit., S. 198 ff., u. S. 202)
3 GHA, Nachlaß Ludwig I. II A 31 Briefwechsel Klenzes mit Ludwig I. Juli/No-
vember 1827 (Briefe Nr. 250 bis 258)
4 BHStA, MInn 43419; StaM, städt. Grundbesitz 1661 u. 1662
5 S. dazu: Hans Lehmbruch, Das Leuchtenbergpalais am Odeonsplatz, in: W. Nerdinger (Hrsg.), Kat. Klassizismus, München
1980, S. 159 ff.
6 U.a. Charles Percier u. Pierre François
Léonard Fontaine, Palais, Maisons, et autres
Édifices modernes dessinés à Rome, Paris
1798; dieselben, Choix des plus célèbres
maisons de plaisance de Rome et de ses
environs, Paris 1809; Jean Nicolas Louis
Durand, Recueil et parallele des édifices de
tout genre anciens et modernes, Paris 1802;
Auguste Grandjean de Montigny u. Auguste Famnin, Architecture Toscane, Paris
1815; Charles Normand. Parallele des Ord-
res de l'Architecture, Paris 1819 u.a.m.

164   Der Palast des Herzogs Maximilian in Bayern an der Ludwigstraße in München, 1828–1831

Das in den Jahren 1828 bis 1831 durch
Leo von Klenze errichtete sogenannte
Maxpalais schließt die lange Reihe der seit
dem 17. Jahrhundert im nahen Umkreis
der fürstlichen Residenz in München entstandenen Adelspaläste. Zur Zeit seiner
Erbauung hatte mit Ende der hervorgehobenen politischen Rolle des Adels auch
die Bautätigkeit adeliger Familien in der
bayerischen Landeshauptstadt nahezu jede Bedeutung eingebüßt und setzte nur
selten noch städtebauliche Daten. Das
Maxpalais bildete hier eine der letzten
Ausnahmen. Rang und Anspruch des Gebäudes leiteten sich aus den nahen verwandtschaftlichen Beziehungen des Bauherrn mit der Familie der regierenden
Monarchen ab. Kurz vor 1800 war Pfalz-
graf Wilhelm von Birkenfeld-Gelnhausen
gleichzeitig mit der damals noch kurfürstlichen Familie der Wittelsbacher nach
München gekommen. Seine Souveränität
als regierender Fürst hatte er mit seinen
Besitzungen im Westen des deutschen
Reiches infolge der politischen und territorialen Umwälzungen dieser Jahre verloren, war jedoch durch die Verleihung des
Titels eines Herzogs in Bayern und durch
die Vergabe neuer Besitzungen u.a. aus
säkularisiertem Klostergut für den Verlust entschädigt worden.[1] Seit seiner Ankunft in München residierte Herzog Wilhelm in einem älteren Adelspalast an der
Theatinerstraße. Die Verlobung seines
Enkels[2] Maximilian im Dezember 1827
mit einer Schwester König Ludwigs I.
machte die Installation des Paares in einem selbständigen Haushalt notwendig.
Die Vorbereitungen wurden in enger Absprache mit dem Monarchen und unter
Zuziehung seines Architekten Leo von
Klenze schon vor der offiziellen Verlobung in Angriff genommen.[3] Nach ersten
Projekten zum Umbau des Törring-Palais
am Max-Joseph-Platz (heute Hauptpost)
fiel die Entscheidung für den Neubau an
der Ludwigstraße, zumal der König hier
eine Gelegenheit sah, durch die Gewinnung eines prominenten Auftraggebers
die ins Stocken geratene Baukonjunktur
wieder zu beleben und durch den Palast-
bau die damals noch angestrebte Vollendung der neuen Anlage als vornehme
Wohnstraße voranzutreiben. Als Bauplatz wurde ein Areal auf der Westseite
gewählt, das wie eine Insel allseitig von
Straßen begrenzt war (heute: Oskar-von-
Miller-Ring, Fürsten- und Rheinberger-
straße). An der in geschlossener Reihe
bebauten Ludwigstraße konnte durch die
Freistellung des Gebäudes in isolierter

Lage der fürstliche Status[2] des Bauherrn
und der Rang seines Wohnsitzes als
Adelspalast vor der bürgerlichen Nachbarschaft besonders hervorgehoben werden. Die Kosten für den Ankauf des Bauplatzes übernahm auf nachdrückliche
Fürsprache des Königs zum größten Teile
die Stadt, den geringeren Teil mußte der
Herzog tragen. Im Februar 1828 stimmt
der Magistrat nach längerem Sträuben
dem Handel zu;[4] daraufhin erhielt Klenze
am 27. des Monats den mündlichen Auftrag für die Planung des Neubaus, zu dem
am 28. April 1828 durch Kronprinz Maximilian (II.) in Vertretung des erkrank-
ten Königs der Grundstein gelegt wurde.
Am gleichen Tage unterzeichnete der
Herzog den schriftlichen Vertrag über die
Ausführung des Gebäudes und seiner Inneneinrichtung durch Klenze. Die Bauarbeiten machten rasche Fortschritte: Bis
zum November 1828 waren der Rohbau
unter Dach und der Innenausbau begonnen. Bis 1831 waren mit Vollendung der
Fresken in den Festräumen auch die Ausstattungsarbeiten weitgehend abgeschlossen, so daß der Neubau von der herzoglichen Familie in Gebrauch genommen
werden konnte. Die offizielle Eröffnung
durch einen Ball erfolgte jedoch erst am
10. November 1833.
Mit dem Herzog in Bayern hatte Klenze
einen der reichsten Bauherrn in München
gewonnen, der entsprechend seinem gesellschaftlichen Rang als Verwandter und
Schwager des Königs seinen Status durch
einen repräsentativen Neubau darstellen
wollte. Der von Klenze für ihn errichtete
Palast an der Ludwigstraße war der größte Wohnbau jener Jahre in München und
wurde nur noch durch die neuen Flügel
der königlichen Residenz übertroffen.
Bereits zehn Jahre zuvor hatte Klenze mit
der Planung des Leuchtenbergpalais am
Odeonsplatz für Eugène de Beauharnais,
Stiefsohn Napoleons und Schwiegersohn
König Maximilians I. von Bayern, eine
Aufgabe von ähnlicher Bedeutung übernommen.[5] Damals hatte er für die äußere
Gestaltung des Palastgebäudes das Stilvorbild italienischer Wohnbauten der
Frührenaissance verarbeitet, wie sie in
den Jahren um 1800 als beispielhafte Musterbauten durch die Publikationen französischer Architekten vermittelt worden
waren.[6] Auch für die Planung des Maxpalais schöpfte Klenze aus dem Vorrat der
Formmotive dieses Vorbildkreises und
ließ sich hier vor allem durch den Palast
der Cancelleria in Rom inspirieren.
Der Baukomplex des Maxpalais bestand
aus einer in Hufeisenform um einen Innenhof angeordneten Dreiflügelanlage als
Hauptgebäude, dem sich ein von vier
ebenerdigen Bautrakten umschlossener

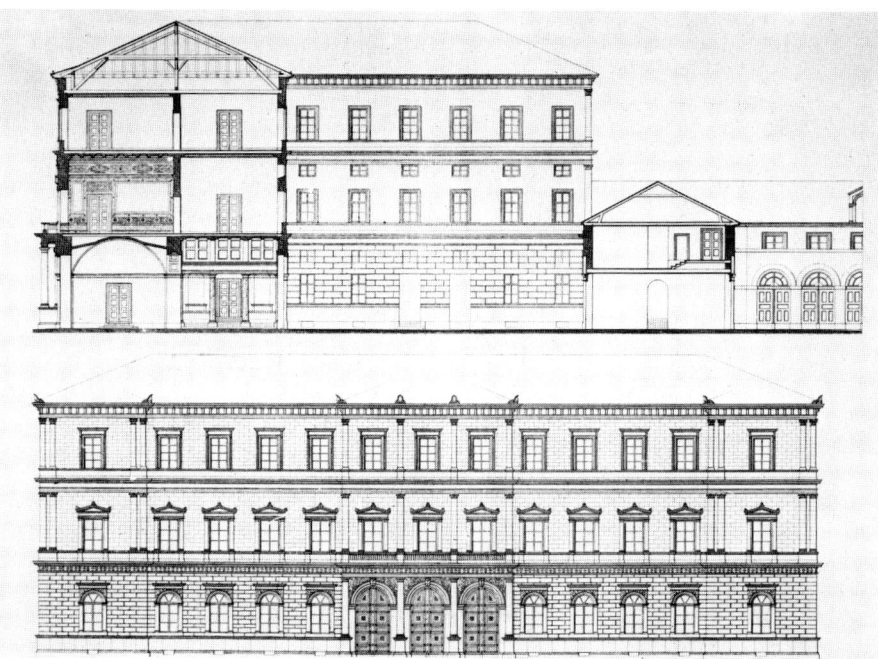

164.2

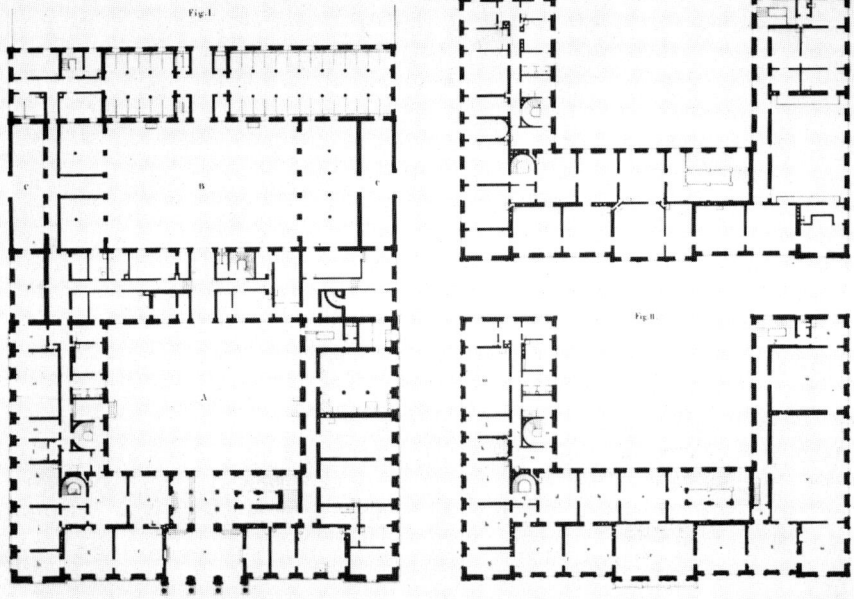

164.1

Literatur:

Bettina Corßen, Das Herzog-Max-Palais, masch. geschr. Magisterarbeit der LMU München, 1984. Erste ausführliche Gebäudemonographie mit weiterführender Literatur, Angabe der Quellen sowie Plan- und Abbildungskatalog. Der obige Katalogbeitrag stützt sich vor allem in Hinblick auf die Baudaten, soweit nicht anderweitig belegt, auf diese Arbeit.

Wirtschaftshof unmittelbar anfügte. Im Westen des Anwesens lag an der Fürstenstraße ein spitzwinkliges Restgrundstück, ursprünglich ein ummauerter Garten, später teilweise mit Nebengebäuden besetzt. Die drei Flügel des Hauptgebäudes bildeten nach außen einen Baublock mit Erdgeschoß und zwei Obergeschossen, die vierte Seite des Innenhofes war durch einen ebenerdigen Quertrakt der unmittelbar angrenzenden Wirtschaftsgebäude geschlossen. Die Hauptfront des Baublocks erstreckte sich mit dreizehn Fensterachsen an der Ludwigstraße, die beiden Seitenflügel von je elf Achsen lagen an schmalen Nebenstraßen, der Frühlingsstraße (Oskar-von-Miller-Ring[7]) und der Schönfeld-(Rheinberger-)Straße. Vor den bürgerlichen Wohnbauten der Nachbarschaft war der Palast durch seine hohen Geschosse ausgezeichnet, die durch friesartige Streifen und kräftig profilierte Gesimse deutlich voneinander abgesetzt waren. Die Hierarchie der Geschosse war an den Fensterformen ablesbar; sie unterschied sich auf subtile Weise von dem

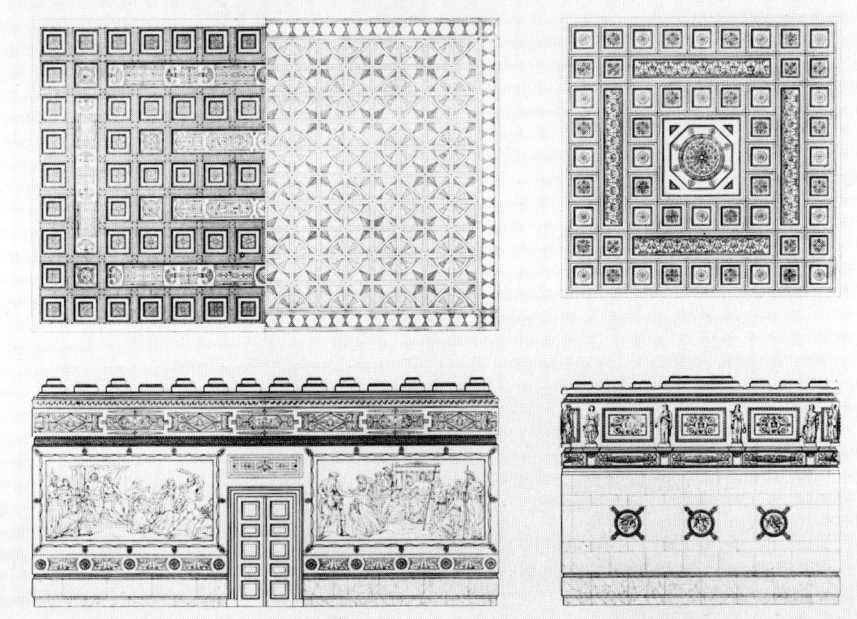

164.3

7 Heute um ein Mehrfaches verbreitert

8 Klenze wandte das gleiche Fenstermotiv in leicht veränderter Form u.a. auch bei dem für Forstrat Schilcher in Nachbarschaft des Maxpalais entworfenen Wohnhaus Ludwigstraße 11 im ersten und zweiten Obergeschoß an. (StaM, LBK 6207 Aufriß, signiert Klenze, für die Ausführung genehmigt am 19.9.1829)

9 Zur Beschreibung der Inneneinrichtung: Leo von Klenze, Der Palast Sr. Hoheit des Herzogs Maximilian von Bayern-Birkenfeld, in: Sammlung architektonischer Entwürfe etc., München 1830–1850, Heft 4, S. 9f. Ferner: Veronika Schäfer, Leo von Klenze, Möbel und Innenräume, MBM 89, München 1980, S. 132 bis 165 passim

10 Fresken von Wilhelm Kaulbach, Robert Langer u. Clemens Zimmermann; Bildhauerarbeiten von Ludwig Schwanthaler, Johann Ernst Mayer u. Joseph Ernst Bandel. Erhalten blieben einzelne Teile eines Relieffrieses von Schwanthaler (heute im Vorraum der Bayerischen Landeszentralbank), ferner einige der Kaulbachfresken (in der Musikbibliothek der BStB)

11 Die Thematik der Fresken wurde nach Eindruck eines von Klenze an Kaulbach gerichteten Schreibens vom 28.4.1828 vom Architekten grundsätzlich bestimmt, jedoch z.T. von den ausführenden Künstlern, jedenfalls aber von Kaulbach, eigenmächtig abgeändert. (BStB, Klenzeana XIII 30, hier zitiert nach B. Corßen, S. 110f.)

12 So auch schon von den Zeitgenossen eingeschätzt. August Lewald sah in dem Maxpalais »das schönste Privatgebäude in München« und rühmte es als »in sehr reinen Verhältnissen erbaut, und von einer edlen, ansprechenden Einfachheit«. (Panorama von München, Stuttgart 1835, 2. Teil, S. 15)

traditionellen Muster. Das erste Obergeschoß, in dem sich neben der Wohnung der Herzogin die Haupträume des Hauses, nämlich die repräsentativen Festsäle befanden, war durch die Ädikularahmung der Fenster wie üblich als Hauptgeschoß ausgezeichnet. Das zweite Obergeschoß mit den Räumen für die älteren Kinder des herzoglichen Paares und für die Hofbeamten war ihm durch die einfache, gerade Verdachung der Fenster deutlich untergeordnet. Weniger deutlich untergeordnet war dagegen das durch eine großflächige Quaderstruktur als Sockelgeschoß gekennzeichnete Erdgeschoß. Anders als bei den Obergeschossen reihten sich hier die Fenster in Rundbogenform. Sie waren durch Pilaster und durch hochrechteckige Rahmenfelder eingefaßt, ein Motiv, das Klenze in kaum abgewandelter Form vom Hauptgeschoß der Cancelleria in Rom abgeleitet hatte.[8] Damit erschien auch das Erdgeschoß in seiner Bedeutung hervorgehoben: Hier befanden sich die Gemächer des Hausherrn.

Die horizontale Schichtung der Geschosse und ihre Fensterordnung setzte sich auch an den Seitenflügeln fort. Nur an der Hauptfassade wurde sie durch flach hervortretende Risalite in der Vertikalen zusammengebunden und rhythmisiert. Einachsige Seitenrisalite, die an den beiden Obergeschossen durch Doppelpilaster eingefaßt waren, rahmten den Baublock; ein dreiachsiger Mittelrisalit mit einfacher Pilasterordnung an den Obergeschossen bildete das hierarchische Zentrum der Architektur in der symmetrischen Ausbreitung der Fassade. Im Erdgeschoß des Mittelrisaliten öffnete sich die Hauptein-

fahrt mit drei Rundbogenportalen, vor denen sich ein Säulenportikus von vier hochaufgesockelten Rundpfeilern erhob. Er stützte über die volle Breite des Risaliten einen Balkon im ersten Obergeschoß. An der Front zur Ludwigstraße bildete der Säulenvorbau einen betonten Akzent und zeichnete als traditionelles – wenngleich nicht mehr exklusives – Attribut Münchner Adelspaläste das herzogliche Palais in der Reihe der Wohnbauten an der südlichen Ludwigstraße deutlich aus. Die Wirkung des Baublocks war auf den Blick von der Hauptstraße berechnet: In der frontalen Ansicht offenbarte sich die klare, strenge Gliederung der Hauptfassade, als eine durch die Betonung der Mittelachsen zentrierte und symmetrisch geordnete Komposition. Im Schrägblick des vorbeiflutenden Verkehrs wirkte vor allem die große Form des Baublocks, seine Mächtigkeit und seine gravitätische Gestalt.

Die drei Portale öffneten sich auf ein dreiachsiges Vestibül, das sich in einer einachsigen Durchfahrt fortsetzte, die das ganze Anwesen bis zu dem Gartenplatz an der Fürstenstraße in der Mittelachse erschloß. Von der Mittelachse her war auch die innere Einteilung der Hauptgeschosse im Hauptbau organisiert. In der linken, der südlichen Hälfte reihten sich an der Ludwig- und an der damaligen Frühlingstraße im Erdgeschoß die Gemächer des Hausherrn, darüber die der Dame des Hauses. Beide Appartements waren auf der Hofseite von Räumen für die Dienerschaft begleitet, die im Erd- und ersten Obergeschoß jeweils durch ein zusätzliches Mezzanin in der Höhe unterteilt, also in vier Etagen angeordnet waren. In der rechten, nördlichen Hälfte des Gebäudes lagen entlang der Ludwig- und an der damaligen Schönfeldstraße unten die Hauskapelle und die Wirtschaftsräume, darüber, im ersten Obergeschoß, eine Flucht größerer Säle, Festräume, die das gesellschaftliche Zentrum des Palastes bildeten. Sie dienten der repräsentativen Selbstdarstellung des Herzogs und seines Hauses, waren daher, seinem hohen Rang entsprechend, durch ihre Größe und Ausstattung besonders ausgezeichnet; im Grundriß des Gebäudes beanspruchten sie insgesamt sehr viel Raum. Wie für die intimeren herzoglichen Wohngemächer hatte Klenze auch für die Gesellschaftsräume die Ausstattung entworfen.[9] Sie war hier ganz auf öffentliche und repräsentative Wirkung berechnet, so vor allem durch die Ausschmückung mit Wand- und Deckenmalereien und mit Reliefs[10], die Szenen aus der griechischen Mythologie darstellten. Die Darstellungen folgten keinem erkennbaren ikonographischen Pro-

164.7

164.5

165.1

gramm.[11] waren vermutlich auch nicht, soweit heute noch feststellbar, auf die Person des Bauherrn unmittelbar bezogen, es sei denn, daß sich in einem ganz allgemeinen Sinn durch die Ausmalung und durch die überaus reiche Ausstattung der Räume der Reichtum und der gesellschaftliche Rang des Herzogs auf eine Weise widerspiegelten, die – wiederum – nur durch die Ausmalung und Ausstattung der neugebauten Flügel der königlichen Residenz übertroffen wurde.

Als der letzte große, aus dem Standesbewußtsein des hohen Adels in München entstandene Stadtpalast war das Maxpalais als hervorragendes Zeugnis der Kunst der Ludwigzeit[12] bis in unser Jahrhundert mit seiner festen Ausstattung noch nahezu vollständig erhalten. Als Stadtwohnung der Herzöge in Bayern hatte es allerdings seine Bedeutung verloren. Schon seit dem Ausgang des 19. Jahrhunderts wurden zunächst die Wirtschaftsgebäude, dann auch Teile des Haupthauses kommerziell genutzt. Der Abbruch des Palastes im Jahre 1937 für den Neubau eines Bankgebäudes war noch vor den Zerstörungen des Krieges für die Kunst- und Kulturgeschichte Münchens ein großer Verlust.

H. Lehmbruch

165 Palais Dürkheim, Türkenstraße 4, München, 1843–1844

Nach Plänen Franz Jakob Kreuters entstand wohl 1843/1844 auf einem relativ schmalen Grundstück nahe dem in der Planung befindlichen Wittelsbacher Palais das Palais Dürkheim, später Preußische Gesandtschaft.[1] Als Zugang zum Rückraum mit seinen Remisen und Stallungen erhielt der Bau eine mittlere Wagendurchfahrt, die zugleich durch ihre äußere Gestaltung auch als Hinweis auf die repräsentative Aufgabe des Gebäudes verstanden werden mußte. Die Fassade des Baues war bestimmt von dem exakten und scharfen Schnitt der Gebäudekanten, von der neuen lebendigen Farbigkeit der Sichtziegel, den präzis ausgeführten, in verschiedenfarbiger Terrakotta, in Sandstein und bunt glasierten Ziegeln gearbeiteten Architekturdetails und der ausgewogenen Proportionierung ihrer inneren Struktur. Letztere ist wesentlich geprägt von dem nur im Erdgeschoß leicht vortretenden Risalit des Portalbereiches mit dem ihm einbeschriebenen, sicher und elegant gehandhabten Palladiomotiv. Für den noblen, ruhig lagernden Eindruck des Baues spielt neben den Proportionen die gleichmäßige horizontale Schichtung der

165.1 Franz Jakob Kreuter (Abb.)
Palais des Grafen Dürkheim, München, Türkenstr. 4, Fassenaufriß 1843/1844 (?)
Feder auf gelbl. Karton, 47 × 61
Arch.Slg. TUM, Nachlaß Kreuter
Sign. 1.3

165.2 Franz Jakob Kreuter (Farbabb.)
Palais des Grafen Dürkheim, München, Türkenstr. 4, Plafond-Malerei im Salon (1843/1844)
Feder, farbig aquarelliert; 40 × 51
MStm, Inv.Nr. 30/1821/3

165.3 Franz Jakob Kreuter
Palais des Grafen Dürkheim, München, Türkenstr. 4, Aufnahme von Nordwesten, 1986 (Zimmermann)

165.2

1 Die eigentlichen Baudaten sind archivalisch nicht greifbar, zur weiteren Baugeschichte vgl. StaM, LBK 10021
2 zitiert nach: Erwin Schleich, Der Denkmalwert städtischer Wohnbauten des 19. Jahrhunderts, in: Deutsche Kunst und Denkmalpflege, XV, München, Berlin 1957, S. 136
3 zur Würdigung vgl. Klaus Merten, Türkenstraße 4, in: Habel/Merten/Petzet/Quast, Münchener Fassaden, Nr. 343

verschiedenfarbigen Ziegellagen im ersten und zweiten Obergeschoß die entscheidende Rolle. Typisch für Kreuters »modernes« Denken ist auch die Darstellung konstruktiver Elemente, etwa der Mauertechnik von Bögen oder Fensterstürzen. Der quadratische Grundriß ist nicht nach einem starren System angelegt, sondern variiert mit Achsverschiebungen – dabei offensichtlich auf die speziellen Bedingungen jedes Raumes innerhalb der Hauptraumfolge und des Gesamtzusammenhanges Rücksicht nehmend. Folge dieser Verschiebungen sind vier völlig unterschiedlich durchfensterte Fassadenflächen. Auch wenn sich die entscheidenden

Asymmetrien lediglich in den kaum einsehbaren Nebenfassaden zeigen, so ist doch der Schritt weg vom Symmetriedenken vorhergehender Jahrzehnte bedeutend. Große Aufmerksamkeit schenkte Kreuter auch bei diesem Palais repräsentativen Elementen und der Bequemlichkeit. Bemerkenswert reichlich belichtet ist das geräumige Treppenhaus, auffallend ist die Anzahl der Nebentreppen, der schmalen Kommunikationsgänge und der Tapetentüren, die u. a. eine für den Gast unsichtbare, diskrete, aber schnelle und immer präsente Bedienung sicherten. Darüber hinaus stellte Kreuter auch hier seine überragenden Fähigkeiten bei der

166.2

166.1 Franz Jakob Kreuter
Palais Schönborn-Wiesentheid, München, ehem. Ottostr. 9, Fassadenaufriß, 1. Entwurf, 1843
Feder, schwarz und blau, farbig laviert; 44 × 58
StaM, LBK 7167
166.2 Franz Jakob Kreuter
Palais Schönborn-Wiesentheid, München, ehem. Ottostr. 9, perspektivische Ansicht von Osten (Abb.)
aus: Leipziger Illustrierte Zeitung, 1846, S. 392
166.3 Franz Jakob Kreuter
Palais Schönborn-Wiesentheid, München, ehem. Ottostr. 9, Boiserie-Saal (Abb.)
aus: Leipziger Illustrierte Zeitung, 1846, S. 393

Dekoration unter Beweis, etwa bei der höchst geschmackvollen, im Entwurf minutiös gezeichneten und aquarellierten Plafondmalerei des Salons.

Leider ist der Bau nur verstümmelt erhalten. Auf unbedeutende Umbauten im Inneren (1855) und in den Hintergebäuden (1864 durch Zenetti) folgte 1912 ein grundlegender Eingriff in die Fassade, durch den sich allerdings der geplante Abbruch des Gebäudes abwenden ließ. In einer Sitzung der Künstlerkommission wurde ein Neubau mit dem Hinweis auf den »hohen künstlerischen und architektonischen Wert der Fassade, deren Erhaltung als im höchsten Grade wünschenswert«[2] erschien, abgelehnt. Bei Verlegung der Durchfahrt aus der Mittelachse wurde das eindrucksvoll umgeformte Palladiomotiv zerstört. Durch weitere Verschiebung entstand vor allem bei den Bogen auf Pilastern eine völlig verunglückte Proportionierung. Dem Erdgeschoß war die formale Monumentalität entzogen, die dem Bau früher eine besonders harmonische Ausgewogenheit verliehen hatte. Einen weiteren entscheidenden Eingriff in das äußere Erscheinungsbild des Palais Dürkheim bedeutete der Abbruch des nördlichen Nachbarhauses zugunsten einer veränderten Verkehrsführung im Bereich Oskar-von-Miller-Ring/Gabelsbergerstraße, der einer unbedeutenden Nebenseite durch Freistellung unangemessenes Gewicht verleiht. Der Neubau der Bayerischen Landesbank schließlich hat, trotz spürbarer Rücksichtnahme auf das Palais, die Maßstäblichkeit des Bezugsrahmens zerstört und den Bau[3] zum aparten Schmuckstück moderner Bankarchitektur degradiert.　　F. Zimmermann

166　Palais Graf Schönborn, München, ehem. Ottostraße 9, 1843/1844

Im Herbst 1843 legte Franz Jakob Kreuter erste Pläne zu einem Palais für den Reichsrat Graf von Schönborn-Wiesentheid in der Ottostraße vor.[1] Es ging um den Umbau eines um 1810 errichteten Gebäudes, das wohl den repräsentativen Ansprüchen Schönborns angepaßt werden sollte. In dem ersten Fassaden-Entwurf, der über die geplante Materialwahl keine Auskunft gibt, kommt ganz offensichtlich noch die für die Zeit um 1810 typische Struktur des Vorgängerbaues mit seinem dreiachsigen, flachen Mittelrisalit zum tragen.[2] Das palmettenbesetzte Kranzgesims und die korinthisierenden Pilaster mit dem ebenfalls palmettenbekrönten Gebälk der mittleren Fenstergruppe des piano nobile sind neben dem filigranen gußeisernen, sich »maurisch« gebenden Balkonvorbau auffallende Gestaltungselemente.

Der ausgeführte Bau geht mit Ausnahme des leichten Konsolbalkons auf einen zweiten Entwurf vom Frühjahr 1844 zurück, der einen Balkon auf schlanken Säulchen – ebenfalls eine Gußeisenkonstruktion – vorsah. Die im Typus ganz allgemein von italienischen Villen abgeleitete Schauseite (die »südliche« Staffage in Degens »Architectonischem Album« unterstreicht hier die Intentionen Kreuters) bedient sich in der Betonung des piano nobile, der Zusammenfassung der mittleren drei Fenster und der Anbringung des Balkons der gängigen Strukturen vornehmer Herrschaftsarchitektur. Die noble Wirkung, die von dem scharf geschnittenen Baukörper ausgeht, findet ihre Ent-

1 zur Baugeschichte vgl. StaM, LBK 7167
2 zum Typus der freistehenden Wohnbauten um 1810/1820 vgl. F. Zimmermann, Wohnbau in München, 1800–1850, München 1984, S. 116 ff.
3 vgl. F. Zimmermann, Privater Wohnbau in München 1791–1825, in: W. Nerdinger (Hrsg.), Klassizismus in Bayern, Schwaben und Franken, Kat. zur Ausst., München 1980, S. 43
4 vgl. Leipziger Illustrierte Zeitung, 1846, S. 392 ff., wo eine umfangreiche Würdigung und genaue Beschreibung vor allem der Inneneinrichtung erfolgte. Als Künstler werden für die Malereien Philipp Folz und Petzl genannt. An Kunstwerken beherbergte das Palais u. a. »den Hirtenknaben« sowie » . . . vier köstliche Original-Reliefs in Marmor . . . welche sich den Wänden einverleibt finden . . .« von Thorwaldsen.
5 StaM, LBK 7167, Umbaupläne von 1884

166.3

sprechung in der für München im Privat-
bau erst durch Kreuter eingeführten
Sichtziegelverkleidung in rot-ocker gehal-
tener Färbung und der Qualität der in
Sandstein oder Terrakotta gearbeiteten
Details (Pilaster, Fensterumrahmungen,
Balkonbrüstungen, Tondi, Gesimse und
Friese), die fast alle in freier Umformung
dem Repertoire italienischer Renaissance
entnommen sind. Neuartig und für den
Stil der späteren Maximilianstraße Bürkleins nicht ohne Bedeutung war das weit
vorkragende Dach. Kreuter hatte auf dem
relativ schmal bemessenen und auch nicht
sehr tiefen Grundstück ein enormes, vom
Anspruch des Bauherrn bestimmtes
Raumprogramm unterzubringen. Hierfür
wählte er u.a. eine bereits in den 1820er
Jahren häufige Lösung, den Baugrund mit
erdgeschossigen Aufbauten weitgehend
zu nützen, ohne dabei die eigentlich geforderte offene Bebauung gänzlich aufzugeben.[3] Nach der vierten seitlichen Fensterachse setzte, von der Straße aus kaum
erkennbar, der sich in die Tiefe erstrek-
kende zweigeschossige Flügelbau an. Die
innere Organisation des Palais war von
Aspekten der Repräsentation und der
praktischen Bewohnbarkeit bestimmt.
Eine ausgedehnte »Führungslinie« leitete
die Gäste auf dem Weg zum Gesell-
schafts- oder Speisesaal von der Auf-
fahrtsrampe durch das Vestibule, den
Vorraum des Treppenhauses – dann über
die kreisförmig gedrehte weite Treppe,
durch einen weiteren Vorraum, zwei Salons und schließlich durch einen Gang
mit der Sammlung Niederländischer Bilder. Gleichzeitig waren die hausinternen
Wege für Dienstpersonal und Herrschaft
mittels Nebentreppen und Tapetentüren
in ausgeklügelter Weise auf ein Minimum
reduziert. Der Bau zeigte einen für Münchener Verhältnisse kaum gekannten
Reichtum an Komfort und Aufwand und
fand, vor allem wegen der ungeheuer lu-
xuriösen Innenausstattung, große Beachtung.[4]
Das Palais ging später in den Besitz der
Familie Cramer-Klett über und erhielt
1884 einen Säulenbalkon sowie einen
Vorgarten im Neurenaissance-Stil durch
A. Gnauth.[5] Nach schweren Kriegsbeschädigungen erwog die Familie Cramer-
Klett 1947 einen Wiederaufbau mit stei-
lem Dach. Man entschloß sich schließlich
zum Abbruch und ersetzte Kreuters Villa
durch einen Neubau.

F. Zimmermann

167   Die Villen an der Schwabinger Landstraße, München, 1845–1847

Obwohl bereits 1827 durch Ministerialentschließung die Fortsetzung der Ludwigstraße in gerader nördlicher Richtung
bis zum Dorf Schwabing, wo sich die
Chaussee in die Landstraßen nach
Schleißheim und nach Freising gabelte,
angeordnet war[1], dauerte es bis in die 40er
Jahre, bis man im Bereich jenseits des als
Straßenabschluß und Stadtgrenze geplanten Siegestores tätig wurde. Zum einen
waren Gelder für umfassende straßenbau-
liche Maßnahmen an der eigentlichen
Chaussee zunächst nicht verfügbar[2], zum
anderen gab es aber in den 30er Jahren,
während des Münchener Häuserbank-
rotts (vgl. Aufsatz Wohnbau), unter den
wenigen zahlungsfähigen »Bauwilligen«
kein Interesse an den weit von der Stadt
entfernten Bauplätzen. 1827 war die heutige Adalberstraße auf Vorschlag Klenzes
»letzte Straße« genannt worden – einerseits, um das ungeregelte Wachstum der
Stadt zu begrenzen, da sich »... die
Stadt in dieser Gegend in lauter angefan-
genen Straßen und Häusern noch endlich
bis Schleißheim *hindorfen* ...«[3] würde,
andererseits auch, um hier eine eindeutige
Zäsur zwischen Stadt und Land zu benennen. Im Kontrast zur geschlossenen städtischen Bebauung wurde für die genannte
Verlängerung der Ludwigstraße jenseits
des geplanten Tores und Platzes folgerichtig bereits 1827 eine Bauweise festgesetzt«, ... in der einzeln stehende Häuser pavillonartig in gewissen Distanzen
zwischen Gärten aufzuführen sind.«[4] Erst
1839 erfolgte durch Regierungserlaß eine
Differenzierung der früheren Vorstellungen.[5] 1840 wurde für die Schwabinger
Landstraße Alleebepflanzung angeordnet,
deren Fertigstellung nach Schwabing äußerst träge voranging, 1853 in einem kurzen Straßenabschnitt erfolgt war und erst
1855 vollendet wurde.[6]
Die 1839 erlassenen Bebauungsvorschrif-
ten setzten fest, daß sämtliche Bauvorhaben »zur Erholung der allerhöchsten Genehmigung vorzulegen« seien. Dies betraf
nicht nur Baulichkeiten, sondern auch –
und zunächst vor allem – die angemessene
Gestaltung der unmittelbar hinter der jeweils geplanten zweiten Pappelreihe befindlichen Gartenzäune und Einfahrten.[7]
So mußte Bierwirt Serempus, dessen
Schänke fast in Schwabing gelegen war,
1839 seine Tafel »Eingang in den Serem-
pus-Garten« aus ästhetischen Gründen
entfernen, außerdem hatte er bis 1847 immer wieder Schwierigkeiten mit seinen
Vorschlägen zum Gartenzaun.[8] Erhalten
ist ein von Ludwig I. genehmigter (Muster?-)Entwurf zu einer Einfahrt in die

Gärten an der Schwabinger Landstraße. Für die Gebäude schrieb die Regierungsentschließung »ein der Umgebung der Haupt- und Residenzstadt angemessenes Äußeres nach der Art der italienischen Landhäuser ... ohne jedoch diese Vorbilder ängstlich nachzuahmen« vor. Angaben zum Abstand der Häuser voneinander (recht vage als »der verhältnismäßige Raum zu Gartenanlagen« beschrieben) und zur zulässigen Bauhöhe (erstaunlicherweise war diese je näher zur Stadt desto geringer vorgeschrieben) war die Vorschrift angeschlossen, den Bauentwürfen »jedesmal einen Übersichtsplan der ganzen Straße mit Bezeichnung der Baustelle für das neue Gebäude und dazu gehöriger Gartenanlagen« beizufügen. Auf diese Weise hoffte man, für die Schwabinger Landstraße als nördlicher Verlängerung der Ludwigstraße ebenfalls einen repräsentativen, wenn auch gänzlich anders gearteten Charakter gewährleisten zu können. Der vornehme Anspruch der wichtigen Stadtzufahrt, die ja gleichzeitig auch noch Verbindung mit dem (allerdings in seiner Bedeutung zurückgedrängten) Schloß Schleißheim war, drückte sich in der Zurücksetzung der Baulinie (vergleichbar der Situation an der Briennner Straße) aus.

Ähnlich dem Fortgang straßenbaulicher Maßnahmen wollte auch die Errichtung von Wohnbauten an der Schwabinger Landstraße nicht in Gang kommen. Wohl erst 1845 setzte hier eine gewisse Bautätigkeit ein, doch blieb es zunächst bei nur vier ausgeführten Gebäuden[9] – Gärtners Königlicher Villa, Moningers Haus Wolf, Braunmühls Villa Rosipal sowie einer Villa, deren Bauherr und Architekt unbekannt blieben und die sich 1851 im Besitz des Cafetiers Petz befand. Daneben existieren noch einige Entwürfe, so von Carl Deiglmayr 1847[10] und von Fr. v. Gärtner[11], die nicht ausgeführt wurden. Alle genannten Hauptgebäude hielten sich an den vorgeschriebenen Häuserabstand und die Baulinie. Die Bedingung, »nach Art der italienischen Landhäuser« zu bauen, wurde in allgemeinster Form ausgelegt. Ausdrücklich Italienisches ist bei keinem der nur geplanten oder auch ausgeführten Gebäude greifbar, stattdessen wurde eher eine Hinwendung zum ländlichen Stil des Alpenraums vollzogen, wie sie etwa bei den Nebengebäuden zum Haus Wolf oder bei den Holzkonstruktionen der Pergolen für Gärten und Zugänge der königlichen Villa anzutreffen sind. Vor allem aber die interessanten Entwürfe Carl Deiglmayrs vom 14. Sept. 1847 für Ludwig Butti zu drei Doppelhäusern an der verengten und nunmehr von einer Pappelallee gesäumten äußeren Schwa-

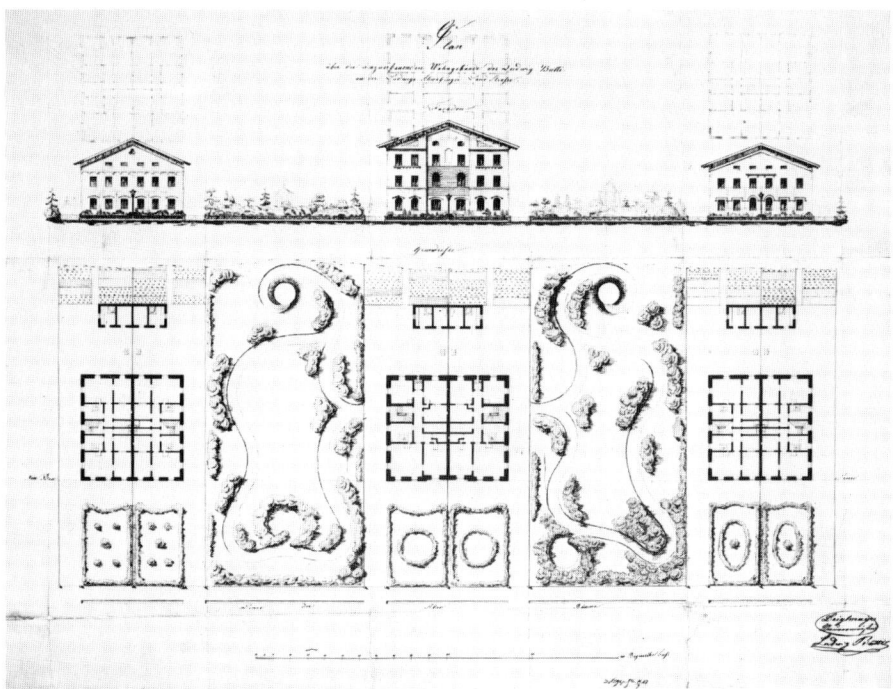

167.1

binger Landstraße sind ausdrücklich im alpenländischen Stil gehalten. Eigentümlich ist hier die Verbindung von giebelständiger Fassade und relativ flach geneigtem, weit überstehendem Dach – orientiert an oberbayerischen Bauernhöfen – mit Zierelementen aus dem Repertoire der Gärtnerschule, wie Sichtziegelverblendung oder gotisierenden Wasserschlagleisten über den Fenstern.

Die sog. Königliche Villa, ursprünglich wohl für einen vermögenden bürgerlichen Bauherrn bestimmt[12], dann aber für Königin Therese erbaut, zeigt in ihrem Grundriß, entsprechend dem Zeitgeschmack, eine gewisse Verbürgerlichung traditioneller Repräsentationsformen. Zwar sind die Einzelelemente vornehmsten Wohnens wie Vestibules, geräumiges Treppenhaus, Salons und Loggia gegeben, doch nicht in der bei einem solch exponierten Bau zu erwartenden zwingenden Raumfolge. Ungewöhnlich waren die im »Unterbau« untergebrachten Wirtschaftsräume und auch die Situierung des Schlafzimmers der Kammerfrau im Erdgeschoß und jenes der Königin in der Südwestecke des ersten Obergeschosses, beide mit Alkoven für die Betten ausgestattet.

Für die Fassadenwirkung des in seinen Ausmaßen eher bescheidenen Baues ist der wirkungsvolle Kontrast der gelblichen Wandflächen zu ihren roten Rahmungen, wie ihn Gärtner bereits an der Salinendirektion erprobt hatte, entscheidend. Freitreppe, Balkon, Fenstergruppe als Hinweise auf die Salons sowie der

1 vgl. O. Hederer, Die Ludwigstraße in München, München 1942, S. 42

2 vgl. Margret Wanetschek, Die Grünanlagen Münchens vom 1790–1860, München 1971, S. 115

3 GHA, Ludwig I., AKO 32, fol. 83, 27.6.1827, Klenze an König Ludwig I.

4 Ministerialentschließung vom 12. November 1827, zitiert nach O. Hederer, Ludwigstraße, S. 42

5 StaM, LBK 67/1, Regierungserlaß vom 19. Februar 1839, Nr. 4978, Wiedergabe im Anhang an die Steinsdorffsche Sammlung der Bauvorschriften 1842

6 zum Fortschreiten der straßenbaulichen Maßnahmen vgl. Wanetschek, Grünanlagen, S. 115

7 vgl. LBK München, Baulinienakt Schwabinger Landstraße

8 vgl. StaM, LBK 5745

9 Die Quellenlage zu den Villen in der Schwabinger Landstraße ist ungünstig. Die wenigen erhaltenen Bauakten setzen erst nach der eigentlichen Erbauungszeit ein und beziehen sich auf Umbauprojekte; LBK 11277, Königliche Villa, Umbauten 1872 durch Mathias Berger, 1883 durch Max Steinmetz). Zur Quellenlage und zur (etwa bei O. Hederer, Fr. v. Gärtner, München 1976, S. 156 höchst fragwürdigen) Würdigung vgl. F. Zimmermann, Wohnbau in München 1800–1850, München 1984, S. 259, Anm. 11. Pläne: Königl. Villa, Gärtner, Arch.Slg. TUM, Gs 355-358; Villa Wolf, J. Moninger, Arch.Slg. TUM, Gs 353-354; Villa Rosipal, A. v. Braunmühl, Arch.Slg. TUM Gs 1753-2754

10 LBK München, Baulinienakt Schwabinger Landstraße, Plan zu drei Doppelhäusern für Ludwig Butti 14. Sept. 1847

11 Wohnhaus Koch, Arch.Slg. TUM, Gs 359

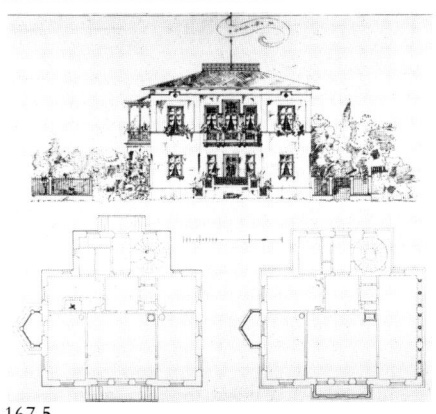

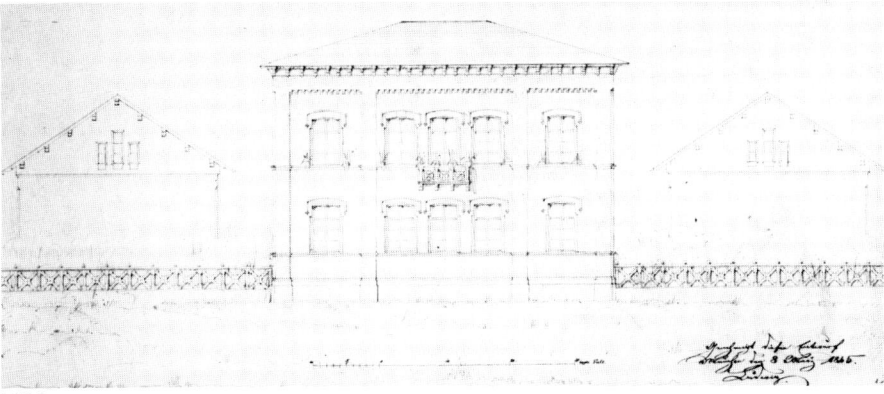

167.5

167.2

167.4

167.1 Carl Deiglmayr (Abb.)
München, Schwabinger Landstraße,
Plan zu drei Doppelhäusern für Ludwig
Butti, Grundrisse, Aufrisse (1847)
Feder, Tusche; 81 × 62
München LBK, Baulinien Leopold-
straße
167.2 Johann Moninger (Abb.)
München, Schwabinger Landstraße,
Wohnhaus f. Moritz Wolf
Aufriß (1845)
Feder; 43 × 34
Arch.Slg. TUM, Gs 369
167.3 Friedrich von Gärtner
München, Schwabinger Landstraße,
Villa der Königin, Aufriß zur Straße,
Gartentor, Pergolen, Details (1846)
Bleistift; 111 × 40
Arch.Slg. TUM, Gs 373
167.4 Königliche Villa an der Schwabinger
Landstraße (Abb.)
Aufnahme um 1900
StaM, Photosammlung
167.5 Anton von Braunmühl (Abb.)
München, Schwabinger Landstraße,
Villa im Rosipalschen Anwesen
Aufriß, Grundrisse Erdgeschoß,
1. Obergeschoß
Feder auf Transparent; 56 × 44
Arch.Slg. TUM, Gs 2217

12 vgl. Beschriftung der Grundrisse. Typisch
für die Zeit ist, daß der Bau ohne besondere
strukturelle Änderungen zur Königlichen
Villa umfunktioniert werden konnte
13 Ein nicht weiter benannter Plan eines
neu zu erbauenden Wohnhauses an der
Schwabinger Landstraße (Arch.Slg. TUM,
Inv.Nr. 1976/356) zeigt mit der Fassadenlösung, vor allem was den signalisierten Anspruch des Baues angeht, große Ähnlichkeit
und kann daher als Vorentwurf angesehen
werden.
14 vgl. E. Schleich, Die zweite Zerstörung
Münchens, Stuttgart 1978, S. 142

flache Risalit, der im Giebel als Standflä-
che für skulpturalen Schmuck gebrochen
ist, hoben den repräsentativen Anspruch
der Villa heraus.[13] Außerordentlich fein
waren die dekorativen Details aus Terrakotta zusammengefügt und gearbeitet. In
ihrer dünnen und feingliedrigen Ausbildung verliehen sie dem Bau einen fragilen
Charakter. Ein zweites, nur im Entwurf
überliefertes Projekt Gärtners zu einem
Wohn- und Ölfabrikgebäude des Friedrich Koch hat mit der Villa der Königin
vor allem die Materialwahl gemeinsam, ist
aber durch seine einfache und sachliche
Gestaltung in erster Linie als Nutzbau
charakterisiert.

Moningers Haus Wolf ist, was den aus
dem Erscheinungsbild ablesbaren Anspruch angeht, den Gärtner-Entwürfen
zuzuordnen. Es weist strukturelle Ähnlichkeit mit der Villa der Königin auf, ist
aber in allen Teilen zurückhaltender: der
Balkon ist kleiner, auf Risalit und Giebel
wurde verzichtet und die Details – hier
auf die englische Tudor-Gotik zurückge-
hend – sind schlicht gehalten. Die abgefasten Gebäudekanten nehmen dem Kubus
die Strenge und Schärfe, lassen ihn
freundlicher erscheinen.

Braunmühls Villa Rosipal, in der Grund-
tendenz der Stil- und Farbwahl den übrigen Bauten ähnlich und im Anspruch dem
Haus Wolf vergleichbar, wirkt in der Variationsbreite der Einzelformen bei Fenstern und Details verspielter und weniger
festgelegt und stellt sich im Entwurf
durch den Zeichenduktus ausgesprochen
malerisch vor. Der Bau besitzt in Ausrichtung und Grundrißdisposition ungewöhnlich »moderne« Züge. Treppenhaus,
Abtritt und Wirtschaftsräume sind nach
Norden, der Gartensalon mit kleiner

Freitreppe und Salon im 1. Obergeschoß
nach Süden und ein weiterer großer Raum
im 1. Obergeschoß ist nach Osten gerichtet. Der im wesentlichen auf die Wohnlichkeit und die Lichtverhältnisse im Ta-
geslauf abgestimmte Bau wendet sich also
mit der eigentlichen Hauptfassade nicht
der Straße zu. Ein Blickpunkt für die
Öffentlichkeit wurde an dem vergleichsweise weit von der Schwabinger Landstraße entfernten Haus durch einen kleinen polygonalen Balkonvorbau, auf den
die Zufahrt von der Chaussee hinführte,
geschaffen.

Keine der Villen Gärtners und seiner
Schüler in der Schwabinger Landstraße ist
erhalten. Nachdem die Königliche Villa
bereits 1936 abgebrochen wurde, mußte
das in unserem Zusammenhang nicht be-
handelte, im Stil aber den genannten Gebäuden ähnliche und qualitativ ebenbürti-
ge freistehende Wohnhaus des Cafetiers
Petz, das den Krieg unbeschadet über-
standen hatte und in den 1950er Jahren
das Studio 15 beherbergte, den Neubauplanungen der Universität weichen, wobei sein ehemaliger Standort dann nicht
einmal beansprucht wurde.[14]

F. Zimmermann

168 Sog. Haslauer-Block, Ludwigstraße 6, 8, 10, München, 1826–1827

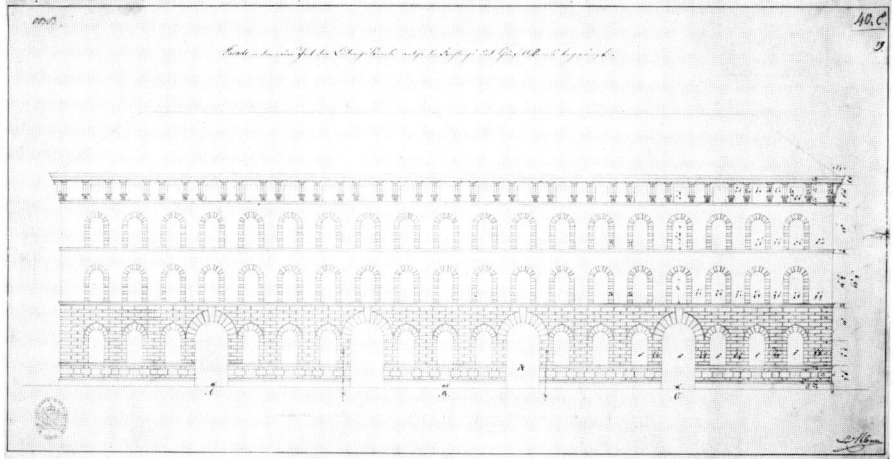

168.1

Nachdem am 10. April 1826 offiziell die Verlängerung der Ludwigstraße über die Frühlingstraße hinaus bis zur heutigen Schellingstraße festgeschrieben worden war, erhielt die Stadt München »den Auftrag, unverzüglich die Grundstücke zu beiden Seiten der neuen Straßenführung in einer Tiefe von (ca.) hundert Metern zu erwerben«.[1] Nach Aufteilung in bebauungsfähige Parzellen sollten die einzelnen Grundstücke an die Meistbietenden verkauft werden. Am 27. Juli 1826 schrieb Klenze an Ludwig I.: »Der Magistrat hat, um zur Versteigerung der Plätze in der Ludwigstraße zwischen der Frühling- und Schönfeldstraße schreiten zu können, die dort zu erbauende Façade verlangt. Ich habe diese nun den Befehlen Eur. Majestät gemäß im florentinischen Style und in einer Maße entworfen . . .«.[2] Klenze hatte entsprechend den Monumentalisierungsideen des Königs drei Häuser hinter einer gewaltigen, ca. 66 m langen Fassade zusammengefaßt und den Bau mit vier Tordurchfahrten – drei zu den Häusern gehörig und eine als Durchfahrt in den Garten des Herzogs von Bayern – versehen. Ludwig war mit der Fassade Klenzes nur bedingt zufrieden. Er äußerte Kritik an den zwischen die Tragbalken des Kranzgesimses geschobenen Fenster (»es gibt ein gedrücktes Aussehen«), an der geraden Zahl der Tore und monierte, »daß zu jeder Seite der äußeren nur ein Fenster steht . . . Sieht aus, als wäre das Haus nicht ausgebaut, als fehlten noch Fenster.«[3] Klenzes Antwort verwies auf die oben genannte Notwendigkeit der Tore und begründete die bemängelte Fensterstellung unter dem Dach aus den Verzinsungswünschen der Baulustigen. Was die Anordnung der Tore anging, nahm er den Vorschlag Ludwigs I. auf: »Diese Thore habe ich aber nach Eur. Majestät sehr richtigen Bemerkung so gestellt, daß immer drei Fenster und ein Thor abwechseln, und am Ende des Gebäudes wieder drey Fenster erscheinen. Dieses macht sich sehr gut, und die Schwierigkeiten der inneren Einteilung werden sich auch beseitigen lassen.«[4] Nachdem Ludwig die Fassade mit der knappen Frage »wer baut? und wann?« am 24. Aug. 1826 akzeptiert hatte[5], erhielten die Pläne nach Versteigerung der Grundstücke am 8. Juni 1827 die Genehmigung der Lokalbaukommission.[6] Der Bau, der sich acht Ach-

sen weit in die Frühlingstraße erstreckte, war wegen der Grundstückssituation an der Schönfeldstraße zunächst nur einachsig (!) geblieben und hier später in den gleichen Formen bei reduzierten Fensterabständen erweitert worden. Nach erheblichen Kriegsbeschädigungen wurde der sog. Haslauerblock durch eine »um 1965 von Erwin Schleich errichtete Rekonstruktion« ersetzt.[7] Über die heute gegebene Quaderbemalung und die farbige Fassung der Tragsteine des Kranzgesimses, ähnlich der an der Hauptpost am Max-Joseph-Platz von 1833/1838, fehlen die Belege aus der Erbauungszeit, auch ältere Photos zeigen diese nicht.

Der schwerfällige Bau mit dem relativ hohen Sockel und den aus der Florentiner Renaissance entlehnten Rustizierungen und Fensterformen war vor allem für die Dimensionierung ein extremes, aber doch nachgeahmtes Vorbild.[8] Fragwürdig wirkt der Versuch, die Fenster des obersten Geschosses zwischen die Kragsteine zu schieben, um bei den von Ludwig I. gewünschten Stockwerkhöhen doch den Renditewünschen der Bauherren entgegen zu kommen. Die Monumentalität des Baues scheint gesteigert, da zunächst nur zwei Obergeschosse erkennbar sind. Jedoch wirkt die Lösung beinahe als unfreiwillige Karikatur eines architektonischen Verständnisses von Klassik und Renaissance, auf die sich Klenze selbst ständig berief, und offenbart die völlige Unvereinbarkeit der entgegengesetzten Interessen von König und Bauherren. Auch die Zusammenfassung mehrerer Bauten hinter einer Fassade gab Klenze in einem ähnlich gelagerten Fall wohlweislich auf.[9]

F. Zimmermann

168.2

168.1 Leo von Klenze (Abb.) sog. Haslauerblock, Ludwigstraße 6, 8, 10, Fassadenaufriß (1826) Feder, Bleistift; 74,5 × 38 OBB

168.2 Leo von Klenze (Abb.) sog. Haslauerblock, Ludwigstraße 6, 8, 10, (1826) StaM, Photoslg. Ludwigstraße

1 Oswald Hederer, Die Ludwigstraße in München, München 1942, S. 39
2 GHA, Ludwig I., II A 31, 27. Juli 1826, Nr. 239
3 BStB, Klenzeana XIV, 1, 1826, 8. Aug. 1826, Ludwig I. an Klenze, Nr. 245
4 GHA, König Ludwig I., II A 31, 16. Aug. 1826, Klenze an Ludwig I., Nr. 242 auf Nr. 245
5 Klenzeana XIV, 1, 1826, 24. Aug. 1826, Ludwig I. an Klenze, Nr. 246 auf Nr. 241 u. 242
6 StaM, LBK 7144, Genehmigungsvermerk auf dem Eingabeplan
7 Heinrich Habel/Helga Hiemen, München (Denkmäler in Bayern, Bd. I, 1) München 1985, S. 241
8 z.B. Karlstraße 21, 1829 v. Jos. Höchl
9 Ludwigstr. (ehem.) 9/10/11, vgl. Florian Zimmermann, Wohnbau in München 1800 bis 1850, S. 90ff.

169.1 Kronprinz Ludwig (Abb.)
Skizze zu Fensterform und Fensterverteilung bei Gebäuden in der Ludwigstraße, (1823)
Feder; 17 × 21
BStB, Klenzeana XIV, 1, 1823, 28/31 Juli
1823

169.2 Leo von Klenze (Abb.)
Ludwigstraße, ehem. 12/13, Fassaden-
aufriß, erster Entwurf im venezianischen
Stil (1829)
Feder; 54 × 36
SGSM, Inv.Nr. 27200

169.3 Leo von Klenze (Abb.)
Ludwigstraße, ehem. 12/13
»Facade des in der Ludwigstraße neu zu
erbauenden Hauses des Kistlermeisters
Scherff, von S. Majestät dem Könige
allergnädigst genehmigt und entworfen
von L. v. Klenze, 1829«
Feder; 56 × 40
StaM, LBK 6209

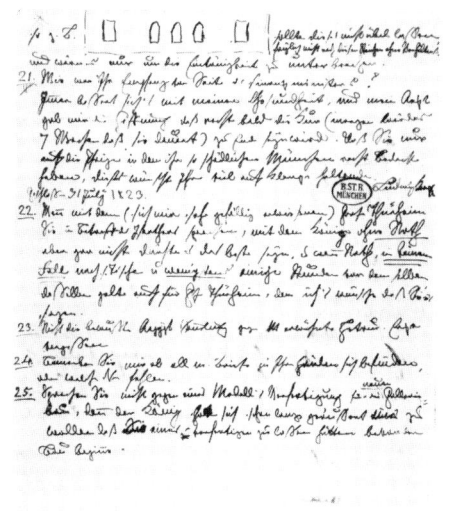

169.1

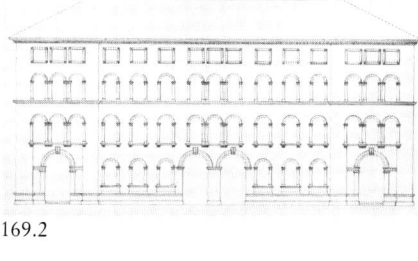

169.2

169.3

1 vgl. Klenzeana, Kasten XIV, 1820, 21. Juni
1820 Kronprinz Ludwig an Klenze Nr. 77
2 vgl. dazu Florian Zimmermann, Montur-
Magazin und Kriegsministerium an der
Ludwig-/Schönfeldstraße, in: W. Nerdinger (Hrsg.) Klassizismus in Bayern, Schwaben und Franken, Kat. zur Ausst., München 1980, S. 170
3 GHA, König Ludwig I., II A 31, 19. Juli
1829, Klenze an Ludwig I. (o. Nr.), ohne
Namensnennung des Interessenten
4 vgl. Florian Zimmermann, Wohnbau in
München 1800–1850, München 1984,
S. 77ff.
5 GHA, König Ludwig I., II A 31, 19. Juli
1829, Klenze an Ludwig I. (o. Nr.)
6 Klenzeana, XIV, 1, 1823, 28.–31. Juli 1823,
Kronprinz Ludwig an Klenze, Nr. 189 auf
Nr. 182
7 vgl. GHA, König Ludwig I., I A 36 II, 20.
Aug. 1823, Klenze an Ludwig I., Nr. 185
auf Nr. 189
8 zum Bazar-Gebäude vgl. H. Lehmbruch,
Das Bazargebäude am Odeonsplatz, in:
W. Nerdinger (Hrsg.), Kat. Klassizismus,
S. 152–155
9 Klenzeana XIV, 1, 1829, 22. Juli 1829, Ludwig I. an Klenze, Nr. 254 auf Nr. 269 u.
270
10 GHA, König Ludwig I, II A 31, 11. Aug.
1829, Klenze an Ludwig I., Nr. 271
11 vgl. Heinrich Habel/Helga Hiemen (Bearb.), München (Denkmäler in Bayern, Bd.
I, 1) München 1985, S. 242 (Ludwigstraße
21)

169 Wohnhaus, München, Ludwigstraße, ehemals Nr. 12/13, 1829

Bereits 1820 hatte Kronprinz Ludwig wegen mangelnder privater Baulust die Errichtung von Staatsgebäuden in der späteren Ludwigstraße ins Auge gefaßt.[1] Der
Bau des Kriegsministeriums auf Kosten
des arg- und ahnungslosen Militär-Ae-
rars[2], der Bau der Staatsbibliothek und
der Ludwigskirche – beide seit 1828 in der
Ludwigstraße geplant – trieben deren Bebauung zwar entscheidend vorwärts, dennoch schienen private Bauherren hier un-
verzichtbar. Klenze selbst schaltete sich
1829 in die Suche nach Baulustigen ein:
»Ich habe mich bemüht jemanden zu finden, der den ersten Platz der Ludwigstraße, welcher nach der Theresienstraße
folgt, und deren Ecke bildet, bebauen
will. Dieser Platz ist, da er bei 140 Fuß
Länge in der Straße nur etwa 65 Fuß
Tiefe, also nur ein Höfchen von 10 bis 12
Fuß breit haben kann, äußerst ungünstig
zu bebauen, und ich glaube, daß es ein
großer Vorschub der Fortsetzung wäre,
wenn er bebaut würde. Ein Unternehmer
hat sich nun gefunden.«[3] Klenzes Dilemma, zwischen den Wünschen des Königs
und den Möglichkeiten der Bauunternehmer vermitteln zu müssen (was wiederholt zu unbefriedigenden Kompromissen
geführt hatte[4]), tritt auch hier zutage: »Ich
habe gesucht, die durchaus unvermeidli-
chen zwey Thore in der Mitte so zu grup-
pieren, daß sie wenn nicht gerade einen
schönen, aber doch keinen unangenehmen Eindruck machen werden. Die oberen Fensterreihen, immer der große Stein des An-
stoßes, sind wenigstens auf eine in der
venezianischen Architektur ganz klassische Art angewendet.«[5] Klenze griff bei
seinem Entwurf einen alten Wunsch des
Kronprinzen wieder auf, der 1823 eine
eigenhändige Skizze kommentierte:
»Auch das wäre ein Mittel um mehrer-
ley Faciaden zu erhalten, wenn nicht alle
Fenster in der selben Reihe gleich wären . . . freylich nicht nach diesen Stri-
chen ohne Verhältnis, und wäre es nur
um die Eintönigkeit zu unterbrechen.«[6]
Schon damals hatte Klenze in seiner Antwort auf venezianische Beispiele für die
Fenstergruppierung verwiesen und eine
baldige Umsetzung angekündigt[7], die er
beim Bazar-Gebäude 1825/1826 auch verwirklichte.[8]
Sein am 19. Juli 1829 vorgelegter Entwurf
zu den Häusern Ludwigstraße 12/13 erhielt die königliche Genehmigung jedoch
nicht: »Der überschickte Hausplan will
mir nicht gefallen, und mögen in Venedig
die oberen Fenster classisch genannt werden kann ich demselben meinen Beyfall
doch nicht geben, und gar die Tho-
re!! . . . Nicht venezianischen, florentinischen Styl wünsche ich die Häuser in der
Ludwigstraße, auch römischen, wenn wie
an des Schwagers Max Pallaste die Verhältnisse in solcher Größe ausgeführt
werden.«[9] Am 11. August übersandte
Klenze, die Notwendigkeit der Tore für
die Bauherren nochmals betonend[10], den
überarbeiteten Fassadenplan, bei dem die
rhythmisierte Struktur des »venezianischen« Entwurfes einfach mit einer Rustika à la fiorentina überzogen wurde und
auch die Einzelformen dem Florentiner
Fundus entstammten. Die in dem genehmigten Plan gegebene Synthese aus venezianischen und Florentiner Elementen ist
wohl das früheste Beispiel einer derart
ausgeprägten Stilvermischung in München. Klenzes Mietwohnhaus mußte 1911
einem neoklassizistischen Bau weichen.[11]

F. Zimmermann

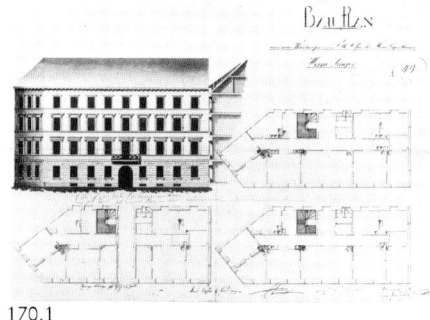

170.1

170 Mietwohnhaus München, Ottostraße, ehem. Nr. 4, 1827

Das nach Plänen Anton Baumgartners, einem der führenden Münchener Baumeister, für den Bauunternehmer und Häuserspekulanten Joseph Singer[1] 1827 errichtete herrschaftliche Gebäude[2] ist ein typisches Beispiel für die Mietwohnhäuser der ausgehenden 1820er Jahre. Jedes Stockwerk enthielt nur eine riesige, ca. 400 qm große Wohnung, deren mehr als 50 qm großer Salon in der Mitte der Hauptschauseite gelegen war und im piano nobile Zutritt zu einem Balkon bot. Der Luxus dieser Wohnungen bestand allerdings mehr in ihrer Lage zur Altstadt (nahe dem traditionellen Wohngebiet des Adels) und in dem ungeheuren Raumangebot als in einer aufwendigen Ausstattung. Mit Ausnahme eines Schlafzimmer-Alkovens und der bei gehobenen Wohnungen üblichen Hinterladeröfen (im Salon symmetrisch angeordnet) ist auf jegliche architektonische Auszeichnung einzelner Räume verzichtet. Die Fassade, im Eingabeplan für diese Zeit ungewöhnlich liebevoll laviert, zeigt versatzstückartig zusammengefügt ausnahmslos Motive aus den Klenze-Bauten der südlichen Ludwigstraße und der Brienner Straße – so vor allem im 1. OG das in München von fast jedem Maurermeister benutzte charakteristische Ädikula-Fenster von Brienner Straße 10.[3] Bereits im Frühjahr 1828 wurde, wie bei nahezu allen Gebäuden jener Jahre, zur Verbesserung der Rendite der Dachausbau beantragt und genehmigt. Der Rückraum des Hauses wurde im Laufe der Zeit mehr und mehr verbaut.[4] Heute steht an Stelle des klassizistischen Mietwohnhauses der Neubau der Fachhochschule, 1966–1970 von A. Seifert/F. Ruf/R. ter Haerst.

F. Zimmermann

171 Wohnhausgruppe, München, Karlstraße 18, 20, 22, 1828

Die symmetrisch gegliederte Gruppe der drei Miethäuser mit großen Wohnungen gehobenen Anspruchs wurde 1828 nach Plänen Rudolf Röschenauers, einem der meistbeschäftigten und eigenständigsten Münchener Maurermeister, im ersten Drittel des 19. Jahrhunderts für den bürgerlichen Schlossermeister Johann Schmitz erbaut[1] und ist mit relativ geringfügigen Änderungen bis heute erhalten geblieben. Die Gliederung des 21achsigen (6, 9, 6) Gesamtkomplexes (mit einer Fassadenlänge von ca. 60 m eine der umfangreichsten Privatbauunternehmungen der Zeit) mußte wohl zwei einander entgegengesetzte Aspekte – die Selbstdarstellung des Bauherrn und ersten Besitzers und die Möglichkeit des Verkaufes der einzelnen Häuser an verschiedene Interessenten – berücksichtigen. Die Symmetrie der Anlage mit der formalen Steigerung im Mittelteil und die Übereinstimmung der Sohlbankhöhen und einzelner Gesimse betont die Einheit. Die durch symmetrische Ergänzung der Durchfahrten und Eingänge mit Blendtoren und -türen bereits in einem ersten Entwurf veranschaulichte Eigenständigkeit der einzelnen Häuser wird im ausgeführten zweiten Plan durch die geringfügig unterschiedliche Höhe der Fensterstürze der Seitenhäuser und der Bogenansätze der Fenster und Stichbogentore des Mittelbaues mit der Folge eines differierenden Putzfugenschnittes noch weiter verstärkt. Außerdem erfordert die Pilasterstellung im Erd- und 1. Obergeschoß, die den Mitteltrakt formal aufwertet, hier eine hohe Gebälkkonstruktion, die trotz gemeinsamer Sohlbankhöhen die Einzelhäuser eher auseinandertreten läßt, als daß sie zusammengefaßt würden.[2] Ablesbar wird hierin der Widerstreit schwer vereinbarer Ansprüche von Bauherrn, Spekulationsbauwesen und herrschendem Geschmack (Mode und Stilempfinden) auf die Fassadengestaltung. Deutlich wird aber auch im Vergleich mit Klenze-Bauten und Arbeiten anderer Maurermeister die weitgehende stilistische Unabhängigkeit Röschenauers (vgl. Aufsatz Wohnbau), die sich in den ungewöhnlichen Pilasterhäufungen und -stellungen sowie in den Füllungen der Rundbogenfenster im Erdgeschoß des Mittelbaues zeigt. Nur eine Tordurchfahrt führte in den an sich großzügig bemessenen Rückraum der Gebäude mit Werkstätte, Remisen und Stallung.

F. Zimmermann

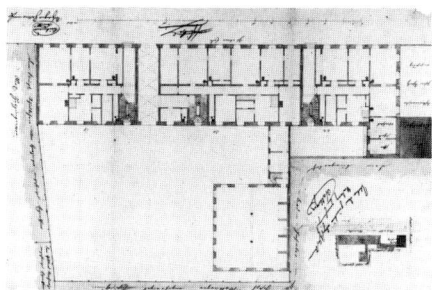

171.4

171.1

170.1 Anton Baumgartner (Abb.)
Mietwohnhaus, München, Ottostr. ehemals Nr. 4, Ansicht, Schnitt, Grundrisse Erdgeschoß, 1. und 2. OG, 1827
Feder, farbig laviert; 63 × 42
StaM, LBK 7162

171.1 Rudolf Röschenauer (Abb.)
Wohnhausgruppe, München, Karlstraße 18, 20, 22, Grundriß Erdgeschoß, 1828
Feder, farbig aquarelliert; 49 × 41
StaM, LBK 4808

171.2 Rudolph Röschenauer
Karlstraße 18, 20, 22, Fassaden-Aufriß, 1. Entwurf, Juli 1828
Feder; 86 × 34
StaM, LBK 4808

171.3 Rudolph Röschenauer
Karlstraße 18, 20, 22, Fassaden-Aufriß, ausgeführter Entwurf 1828, Oktober
Feder; 84 × 32
StaM, LBK 4808

171.4 Karlstraße 45, 46, 47 (Abb.)
Aufnahme 1983 (Zimmermann)

Anmerkungen zu Kat.Nr. 170:

1 Singer besaß u. a. die Häuser Ottostraße 11/12 und Karlstraße 23; vgl. StaM, LBK 7169, 7171 und LBK 4845

2 vgl. StaM, LBK 7162. Der Plan wurde am 16. May 1827 genehmigt

3 vgl. ehem. Brienner Straße 46/47 (heute Nr. 10), F. Zimmermann, Wohnbau, S. 100 u. S. 258, Anm. 135

4 vgl. StaM, LBK 7162

Anmerkungen zu Kat.Nr. 171:

1 zur Baugeschichte vgl. StaM, LBK 4808, 4810, 4816/1

2 betont wird der Aspekt der Trennung auch durch die jüngste Renovierung, bei der die drei Häuser in unterschiedlichen, stark kontrastierenden Farben gestrichen wurden.

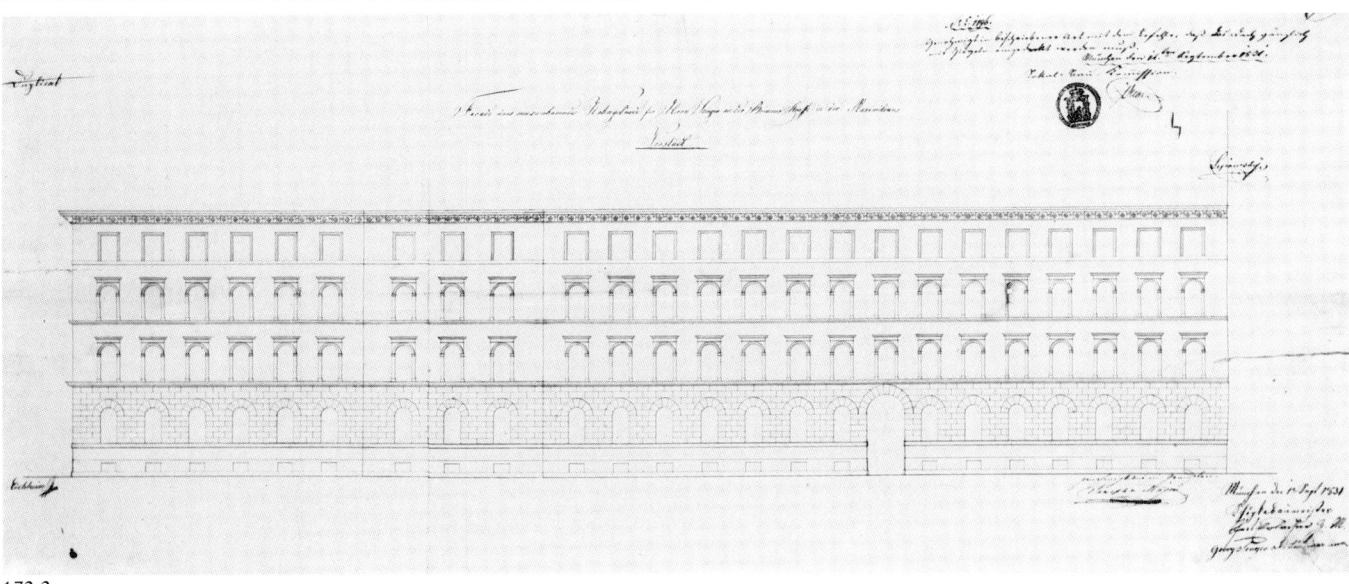

172.2

1 vgl. StaM, LBK 85/I, 1, Listen über leerste-
  hende, in der Gant befindliche Wohnungen,
  1831
2 vgl. StaM, LBK 1593
3 vgl. StaM, LBK 1594
4 vgl. F. Zimmermann, Wohnbau, S. 62 ff.

172 Mietwohnhaus, München, Brienner Straße, ehem. Nr. 13, 1831

Privatier Georg Senger, der um 1830 eine ganze Reihe von großen Wohnbauten errichtete und in zeitgenössischen Quellen als Bauspekulant (durchaus im heutigen Sinne) bezeichnet wurde[1], ließ 1831 nach Plänen des Maurermeisters Friedrich Schöpke ein mächtiges Mietwohnhaus mit zwei hochherrschaftlichen Wohnungen zu fünf bis acht Zimmern und einer Reihe von Kammern je Stockwerk erbauen.[2] Das Gebäude, mit der 15achsigen Hauptschauseite zur Brienner Straße gerichtet und um die Ecke in die Ottostraße zweimal gebrochen, nahm entsprechend dem seit 1816 bevorzugten und in der östlichen Brienner Straße angewandten geschlossenen Bausystem die gesamte Grundstücksbreite ein und suchte – zusammen mit dem 1830 von Schöpke ebenfalls für Senger errichteten Haus Brienner Straße 14[3] – keinerlei Bezugnahme auf die bald nach 1810 in Form von Pavillons erfolgte Bebauung der Nachbarschaft. Ein erster Fassadenentwurf, als Abwicklung der drei Fassaden mit 6, 3 und 15 Achsen gegeben, zeigt sich als ins »Monumentale« übertragene Nachahmung des Klenze-Stils der südlichen Lud-

wigstraße aus den frühen 1820er Jahren. Eine Variante der Hauptschauseite, sechs Wochen später genehmigt, orientiert sich an Klenzes Ludwigstraße 6, 8, 10 (vgl. Kat.Nr. 168). Beide Pläne weisen Schöpke als Hauptvertreter einer vergleichsweise ideenlosen und langweiligen Klenze-Rezeption aus. Gleichzeitig macht Schöpkes Bau an einem neuralgischen Punkt der Max-Vorstadt, an dem das Radial-Straßensystem der Zeit um 1800 mit dem Rastersystem Carl von Fischers und das offene und das geschlossene Bausystem kollidierten, eine entscheidende Schwäche der Klenze-Nachfolge in den 1820er und 1830er Jahren deutlich: das Desinteresse an der individuellen Lösung für besondere örtliche Gegebenheiten. Schöpke nutzte die ausgeprägte Ecksituation und die von der östlichen Brienner Straße aus gegebene Fernsicht nicht. Stadtgestalterische Möglichkeiten, etwa die Schaffung eines point de vue, wie sie in Karlsruhe Weinbrenner oder in Darmstadt Moller, aber auch früher in München Carl von Fischer[4] oder später die Gärtnerschüler ausgesprochen gesucht hatten, blieben unberücksichtigt. Nach Bombenschäden wurde der Bau nach dem 2. Weltkrieg abgerissen.

F. Zimmermann

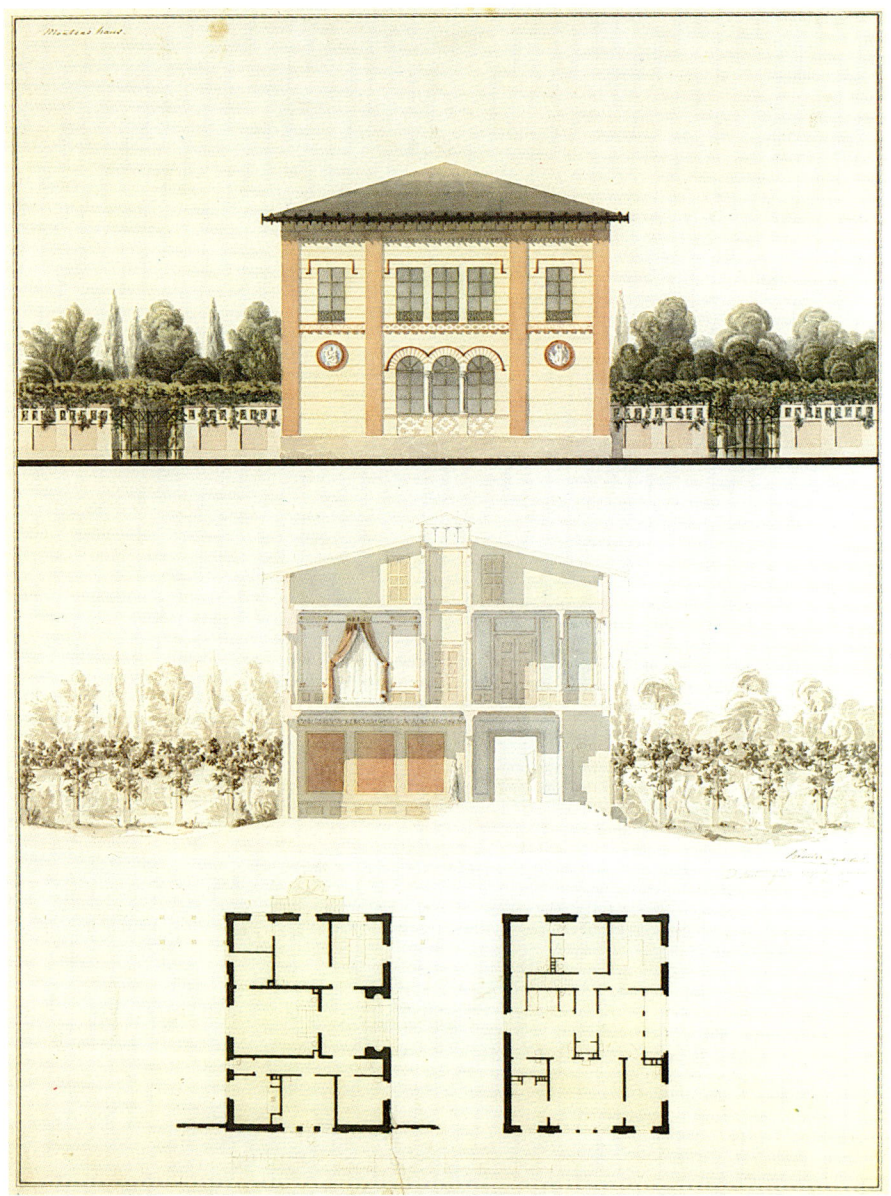

173.1

173 Villa des Malers Monten, München, ehem. Obere Gartenstr. 16½, um 1841

Noch vor 1842 entstand wohl als erster privater Blankziegelbau Münchens nach Plänen Franz Jakob Kreuters eine kleine Villa für den Historien-, Schlachten- und Genremaler Ditrich Monten[1], die bald nach dessen Tod 1843 von Wilhelm v. Kaulbach erworben wurde.[2] Der Grundriß des mit der Schmalseite zur Straße gerichteten Baues orientierte sich an den Bedürfnissen des Malers, die ein Nebeneinander von Atelier und Wohnräumen verlangten. Das Atelier, der größte Raum des Hauses, schloß im Erdgeschoß unmittelbar an den Eingangsbereich an und erhielt reines Nordlicht. Der Salon war in traditioneller Weise zur Straße gerichtet. Raumprogramm und innere Dekoration waren nicht in erster Linie dem Zweck aufwendiger Repräsentation, sondern intimem, aber elegantem Wohnen verpflichtet.

Der Schnitt des strengen Kubus und die auffällige Fensterverteilung machen den Bruch zum Klenze-Stil deutlich und scheinen sich in diesem Punkt auf Vorstellungen Carl v. Fischers zurückzubeziehen. Die feine Terrakotta- und Sandstein(?)-Dekoration, die erstaunlich frei Elemente unterschiedlicher Epochen und Landschaften zusammenfügt, unterstreicht die Noblesse des kleinen Baus.

Das Haus Monten/Kaulbach wurde 1899 abgerissen.[3]

F. Zimmermann

173.1 Franz Jakob Kreuter (Farbabb.)
Villa des Malers Monten, München, ehem. Obere Gartenstr. 16½, Aufriß Straßenseite, Querschnitt, Grundrisse, ca. 1841
Feder, Bleistift, farbig aquarelliert; 44 × 58
MStm, Inv.Nr. 30/1819

174.1 Franz Jakob Kreuter
Wohnhaus des Malers Karl Stieler, München, ehem. Barer Str. 6½, »project rejeté«, Aufriß, Schnitt, Grundrisse Keller, Erdgeschoß, 1. Obergeschoß, 1841 (?)
Feder, farbig aquarelliert; 47 × 61
MStm, Inv.Nr. 30/1815 a

174.2 Franz Jakob Kreuter (Farbabb.)
Wohnhaus des Malers Karl Stieler, München, ehem. Barer Str. 6½, Ausführungsentwurf, Aufriß, Schnitt, Grundrisse, 1841 (?)
Feder, farbig aquarelliert; 46 × 62
MStm, Inv.Nr. 30/1815 b

174.3 Franz Jakob Kreuter (Abb.)
Wohnhaus des Malers Karl Stieler, München, ehem. Barer Str. 6½, 1841 (?)
Aufnahme von Osten, 1914
StaM, Photoslg. Barer Str.

1 BHStA, OBB 7544, 14. Mai 1842; Arbeiten, die Fr. J. Kreuter seit 1838 in München aufgeführt hat
2 vgl. BHStA, OBB 7544, 8. Jan. 1845
3 vgl. StaM, LBK 4953, 4954; zum Haus Monten/Kaulbach und zu dessen Baugeschichte vgl. Chr. Hoh-Slodczyk, Das Haus des Künstlers im 19. Jahrhundert, München 1985, S. 41 und S. 173

174.3

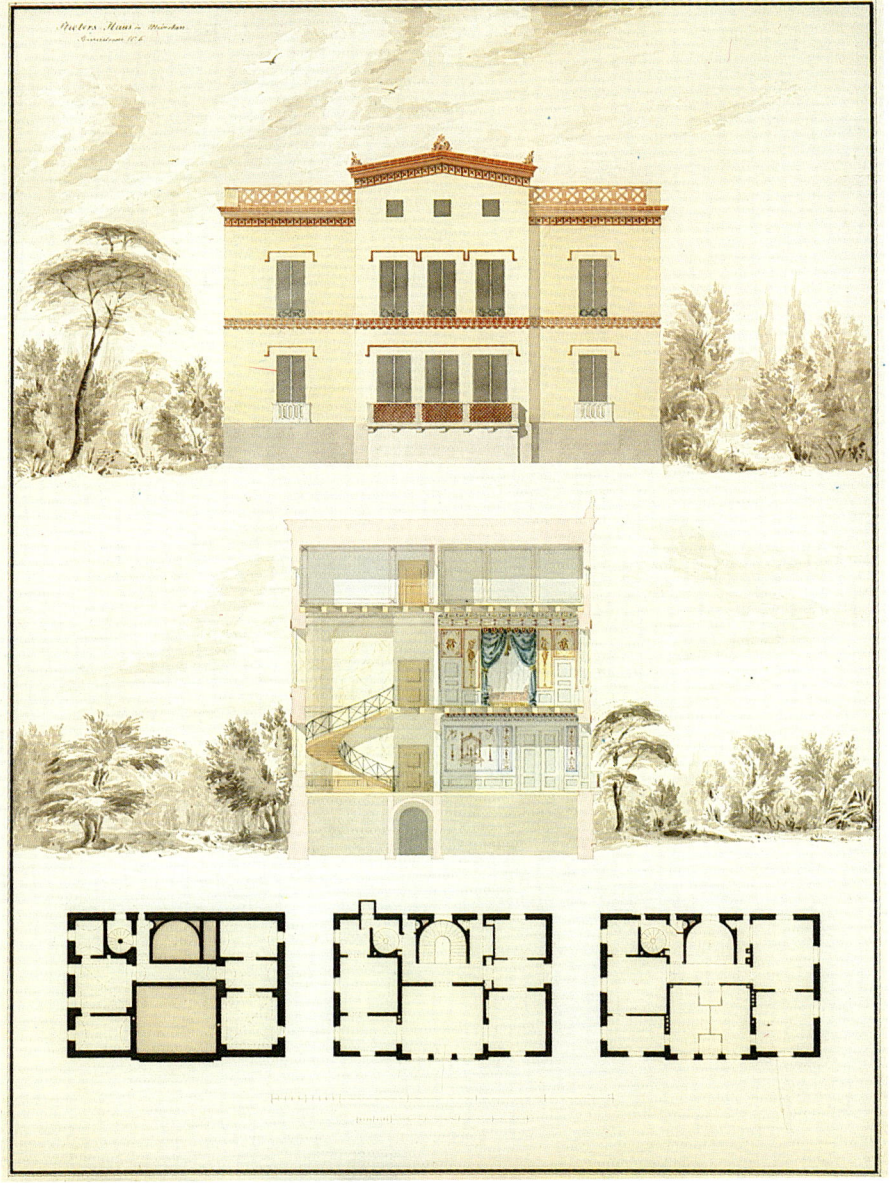

174.2

der Etagen in den beiden Varianten noch die gleichen Merkmale auf, wie sie bereits bei den gehobenen freistehenden Wohnbauten der Zeit Carl von Fischers üblich war.[3] Die Schnitte der Entwürfe zeigen die schlichte, aber feine Wandfelderung und Ornamente, die typisch sind für die, auch bei zurückhaltendem Aufwand, hohe Qualität der Arbeiten Kreuters, der sich vor allem bei der Innendekoration des Tambosischen Kaffeehauses im Bazar einen Namen gemacht hatte. Beide Fassaden waren wohl als Sichtziegelbauten in Rot- und Ockertönen konzipiert und in der strengen, großzügigen Flächigkeit der kubischen Form bestimmt von der Schärfe der Gebäudekanten und der fast schmucklosen Fenstereinschnitte. Beide Entwürfe besitzen den in der Münchner Tradition stehenden flachen Mittelrisalit, der im ausgeführten Entwurf allerdings um ein Stockwerk erhöht und nicht, wie früher üblich, durch ein Frontispiz, sondern lediglich durch ein geknicktes Gebälk abgeschlossen wird. Die Risalitüberhöhung mildert eine in Lochmuster gemauerte Attika auf den Seitenteilen, hinter der sich die flachen Pultdächer verbergen. Noch ungewöhnlicher ist die bei dem nicht realisierten Entwurf offenbar geplante Dachlösung. Der Schnitt zeigt hinter dem Kranzgesims (mit Akroterien und Palmetten) zur Gebäudemitte hin abfallende flache Dächer, deren Regenwasser in einer Mittelrinne gefaßt und seitwärts abgeleitet werden sollte. Mehr noch als das »Project rejeté« lebte der ausgeführte Bau aus dem spannungsreichen Verhältnis zwischen glatter Wand und kaum geschmückter Öffnung einerseits und der Schmuckentfaltung hervorragend gearbeiteter Details in den Gesimsen, vor allem der Attikazone andererseits. 1914 wurde der außergewöhnliche Bau Kreuters zusammen mit dem unmittelbar südlich anschließenden Wohnhaus Baron von Bernhard (vgl. Kat.Nr. 178) abgebrochen.[4]

F. Zimmermann

1 Die Bauakten zu dem Gebäude (StaM, LBK 1156/1) setzen erst wesentlich später ein. Das Wohnhaus Stielers wird von Kreuter aber 1842 in einer Art Werkverzeichnis genannt; vgl. BHStA, OBB 7544, 14. Mai 1842, Arbeiten, die Fr. J. Kreuter seit 1838 in München aufgeführt hat.
2 So Hofbildhauer Kirchmaier, Karolinenplatz, ehem. Nr. 1 und Moritz Kellerhoven, Brienner Str., ehem. Nr. 43; vgl. W. Nerdinger (Hrsg.), Carl v. Fischer, Kat. zur Ausstellung, München 1982, S. 126 und S. 132.
3 vgl. F. Zimmermann, Wohnbau in München 1800–1850, 1984, S. 116ff.
4 vgl. StaM, Chronik der Stadt München, 1914, Bd. II, S. 1665; zum Haus und seiner Baugeschichte vgl. Chr. Hoh-Slodczyk, Das Haus des Künstlers im 19. Jahrhundert, München 1985, S. 41 und S. 173.

174 Wohnhaus Stieler, München, ehem. Barer Straße 6½, 1841

Wohl 1841[1] entstand nach Plänen Franz Jakob Kreuters das Wohnhaus für den in München in hohem Ansehen stehenden Maler Karl Stieler in der Nähe des Karolinenplatzes, wo sich bereits seit 1810 einige Künstler ansässig gemacht hatten.[2] Kreuter hatte Stieler zwei Entwürfe vorgelegt, die beide im Grundriß konventionell, in der Dekoration der Räume exquisit und in der Fassadenlösung höchst neuartig waren. Die Struktur des Inneren wies mit den zur Straße gerichteten Haupträumen in der Mitte des Erd- und 1. Obergeschosses und der Erschließung

175 Mietwohnung, München, ehem. Fürstenstraße 8c, 1843

1843/1844 entstand nach Plänen Friedrich Bürkleins das herrschaftliche Wohnhaus für den Dekorationsmaler Schwarzmann in der Fürstenstraße[1], die zwischen Theresien- und Frühlingstraße nach Grundstücksregulierungen erst zu Beginn der 1840er Jahre bebauungsfähig wurde und neben der neu eröffneten südlichen Amalienstraße durch ihre Nähe zu Ludwigstraße und Residenz zu dieser Zeit zum beliebten Wohnquartier gehobener Kreise avancierte.[2] Dieser frühe Bau Friedrich Bürkleins war in mehrerlei Hinsicht von größter Bedeutung für die Entwicklung des Wohnbaues in München.

Der relativ tiefe Baukörper ist ein erstes Beispiel für die zunehmend intensivierte Nutzung des verfügbaren Baugrundes. Gesteigerte Rendite hätte auch die in einem ersten Plan vorgelegte Lösung versprochen, durch Einschieben eines Mezzanins die Zahl der Obergeschosse auf 4 zu erhöhen – eine Lösung, die wieder aufgegeben werden mußte, wenig später aber üblich wurde, meist mehr oder weniger geschickt kaschiert, an den Fassaden kaum in Erscheinung trat. An den von Bürklein geplanten Erkern schließlich entwickelte sich offenbar eine Grundsatzdiskussion über deren Zulässigkeit, die mit der Genehmigung per Regierungsentscheid endete[3] und auf deren Basis eine ganze Reihe von Entwürfen der führenden Münchener Architekten und Baumeister gestaltet wurde. Das äußere Erscheinungsbild des Baues ist außerordentlich variantenreich. Über dem hohen gefugten Sockelgeschoß mit den beiden schön dekorierten symmetrischen Toren und den damals in Mode kommenden Wandlaternen (vgl. Kat.Nr. 177) erheben sich die reich geschmückten Hauptgeschosse.

Neben den aufwendig gearbeiteten Erkern ist das Wandfeld der mittleren sechs Achsen durch das feine Muster der zweifarbig gehaltenen Sichtziegelverblendung ungewöhnlich reich geschmückt. Bürklein zeigte etwa zeitgleich mit Kreuter (vgl. Kat.Nr. 165, 166, 173, 174) völlig andere Anwendungsmöglichkeiten dieser Technik, die bei ihm jedoch stärker dem Dekorativen als dem Tektonischen verpflichtet sind. Vergleichen lassen sich lediglich die auf Heinrich Hübschs Karlsruher Finanzministerium von 1827 zurückgehenden[4], im Hell-Dunkel-Kontrast radial gemauerten Rundbögen der Fensteröffnungen.

Die für Münchener Verhältnisse mit 60 Fuß (ca. 18 m) ungewöhnlich hohe Fassade sollte nach dem Willen einiger Bauunternehmer in formaler Hinsicht, aber auch was die zulässige Bebauungshöhe anging, zum Präzedenzfall werden. Entsprechende Anträge wurden aber mit dem Hinweis abgelehnt, das Gebäude »bilde gleichsam den Mittelpavillon«[5] der gesamten Fürstenstraßenbebauung, auf den die Schönfeldstraße direkt zuführe und sei deshalb Sonderbedingungen unterworfen. Diese Überlegungen zeugen von einem neuartigen, größere Zusammenhänge beachtenden Denken, das seit Beginn der 1840er Jahre mehr und mehr das Erscheinungsbild ganzer Straßenzüge ins Auge faßte.[6] Nach erheblichen Kriegsschäden wurde das Gebäude abgebrochen und durch einen belanglosen Neubau ersetzt.

F. Zimmermann

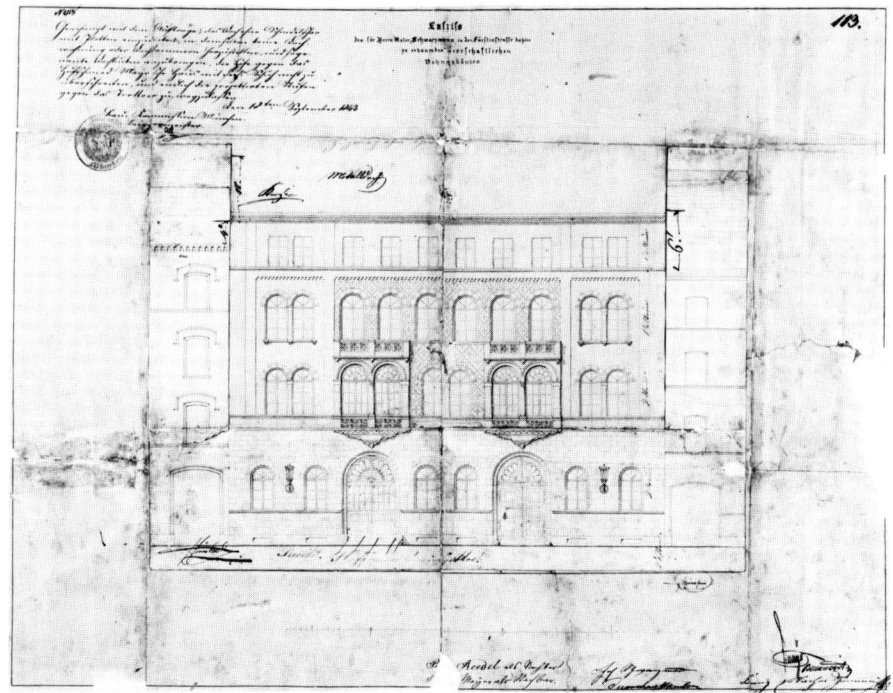

175.2

175.1 Friedrich Bürklein
Haus des Dekorationsmalers Schwarzmann, München, ehem. Fürstenstr. 8c, Grundrisse, Keller, Erdgeschoß, 1. Obergeschoß, Situationsplan, 1843
Feder, Bleistift, farbig aquarelliert; 51 × 42
StaM, LBK 11114

175.2 Friedrich Bürklein (Abb.)
Haus des Dekorationsmalers Schwarzmann, München, ehem. Fürstenstr. 8c, Fassadenaufriß, Tektur, 1843
Feder, Bleistift, mit Tektur; 48 × 37
StaM, LBK 11113

1 zur Baugeschichte vgl. StaM, LBK 11113
2 vgl. F. Zimmermann, Wohnbau in München 1800–1850, München 1984, S. 12
3 In den Bauakten des Hauses konnte der Schriftwechsel nicht gefunden werden, doch fand die Regierungsentschließung in der Folge bezugnehmende Erwähnung: z.B. LBK Müllerstr. 39
4 vgl. M. Brix/M. Steinhauser, »Geschichte allein ist zeitgemäß«, Lahn-Giessen 1978, S. 202, Abb. 2
5 vgl. LBK München, Fürstenstr. 6
6 F. Zimmermann, Wohnbau, S. 12

176.2

176.1 Eduard Metzger
Palais Heideck, München,
ehem. Kasernstr. 13, Aufriß, Schnitt,
Grundrisse, 1843
Feder, Bleistift; 40 × 59
StaM, LBK 3031
176.2 Eduard Metzger (Abb.)
Palais Heideck, München,
ehem. Kasernstr. 13, Raum für das
Puppentheater, Innenraumperspektive,
1843
Allgemeine Bauzeitung, Wien, 1845,
Bl. DCLVL
176.3 Eduard Metzger (Abb.)
Wohnhaus Dürck, München,
Amalienstr. ehem. 66, Aufriß
Südfassade, Schaubild, 1844/45
Zeitschrift für praktische Baukunst, 11,
1851, Taf. 8

1 vgl. F. Zimmermann, Wohnbau in München 1800–1850, München 1984, S. 12
2 ebd. S. 199 u. S. 270, Anm. 44
3 Haus des Freiherrn v. Heideck in: Allgemeine Bauzeitung, 1845, S. 71 ff. sowie in:
Eduard Metzger, Wohnbauten, ausgeführt
von E. Metzger, München 1846. »Haus
Dürck« in: E. Metzger, Wohnbauten München 1846, sowie in: Zeitschrift für praktische Baukunst, 11, 1851, Sp. 65/66, Taf.
7–11
4 Die Genehmigungspläne in StaM, LBK
3031
5 ausführliche Beschreibung des Baues durch
Metzger in: Allgemeine Bauzeitung, 1845,
S. 71 ff; dort auch, wenn nicht anders ausgewiesen, sämtliche folgende Zitate
6 vgl. dazu E. Metzger, Beitrag zur Zeitfrage:
In welchem Stil man bauen soll! in: Allgemeine Bauzeitung, 1845, S. 177 ff.
7 Originalentwürfe in StaM, LBK 3022; ein
erster Entwurf mit Eingangsvermerken der
LBK vom 25. Nov. 1844 wurde am 2. April
1845 mit Auflagen genehmigt; ein modifi-
zierter zweiter Entwurf erhielt am 27. Mai
1845 die Genehmigung

176 Die vornehmen Wohnbauten Eduard Metzgers an der Amalien-/Kasernstraße, München, 1843–1845

Grundstücksregulierungen hatten erst
1843 eine Verlängerung der südlichen
Amalienstraße in Richtung Altstadt über
die Theresienstraße hinaus sowie die
Fortsetzung der Kasern- (heute Gabels-
berger-)straße bis zu diesem neuen Straßenabschnitt mit sich gebracht.[1] Ungeklärt ist bisher, warum Eduard Metzger,
von dem sonst keine Wohnbauten nachweisbar sind, die Planung von drei Häusern (zwei ausgeführt) an der Ecke Ama-
lien-/Kasernstraße für verschiedene Bauherren übertragen wurde. Die Bauaufgabe stellte hohe Anforderungen, da hier
zum einen das offene Bausystem der Kasernstraße auf das geschlossene Bausystem der Amalienstraße traf, und zum
anderen nach den Wünschen der Bauherren unterschiedliche Haustypen – Palais
und vornehmes Miethaus – errichtet werden sollten. Metzger löste die Aufgabe als
malerische Gesamtgruppe. Außerdem
schuf er das damals einzige neugotische
Ensemble der Stadt, in der diese Stilrich-
tung, trotz des etwa gleichzeitig errichteten Wittelsbacher Palastes (vgl. Kat.Nr.
38) im Profanbau niemals recht Fuß fassen konnte.[2] Die beiden ausgeführten
Bauten, das Palais des Freiherrn von Heideck und das Wohnhaus für den Portrait-
maler Dürck, publizierte Metzger mehrfach[3] und versuchte damit offensichtlich
seine Vorstellungen bekannt zu machen.
Die Entwürfe zum Palais des General-
Majors Freiherr v. Heideck,[4] der als Schüler von D. Quaglio auch künstlerisch am-
bitioniert war, schränkten verschiedene
Vorgaben – zum sehr zurückhaltend for-
mulierten Mißfallen Metzgers[5] – ein. Das
kleine, nur einstöckige ehemalige Häuschen Heidecks, »in das er sich hineinge-
lebt hatte«, prägte Form und Struktur des
Grundrisses des Neubaues und bereitete
dem Architekten ebenso Schwierigkeiten
wie die durch die »Pietät des Bauherrn für
das alte Haus bedingte Wiederverwen-
dung mancherlei Baustücke welche nach
dem Abbruch desselben übrig geblieben
waren, von denen namentlich einige Dut-
zend alter Türen und Fenster... auch
noch zur Hauptform des Gebäudes die
Spezialform desselben vorschrieben, weshalb man häufig zu architektonischen
Lügen (Dekorationen) seine Zuflucht
nehmen mußte«.
Organisation und Angebot der Räume
entsprachen dem üblichen Standard vornehmer Villen, von außerordentlichem
Reichtum aber war die Innenausstattung.
Alle wichtigen Räume wurden bemalt
und erhielten unterschiedlich konstruierte

Kassettendecken in feinster Schnitzarbeit
sowie ausgesuchte Parkettböden. Neben
dem Salon verfügte das Palais in dem »für
ein kleines Puppentheater zur zeitwei-
gen Belustigung der jungen Herrschaften
der königlichen Familie« eingerichteten,
gegen Westen liegenden Mittelzimmer
und dem mit Reliefs von Thorwaldsen
geschmückten Vorgemach des Salons
über zwei besonders reizvolle Räume.
In der Grundstruktur der Fassade blieb
der für vornehme Villen traditionelle
Münchener Mittelrisalitbau wirksam, das
Gliederungsgerüst war aber Pfeilern und
Lisenen übertragen. Die Symmetrie der
neugotisch dekorierten Schauseite wurde
mit dem an der Seitenfassade zurückgesetzt angebauten Turm für Abtritte (!)
aufgehoben. Der Versuch Metzgers, hier
einen malerischen Akzent zu setzen, ist
ein erstes Beispiel, den Münchner Wohnbau auf diese Weise von den eingefahre-
nen starren Gestaltungsprinzipien der
Klenze-Ära zu befreien. Ähnlich wie die
anderen Architekten der Gärtnerschule
setzte sich Metzger auch mit den Problemen des Blankziegelbaues und der unterschiedlichen Farbgebung von Mauer und
Gliederung auseinander, was in Anwendung auf die gotische Formensprache zu
anderen Umsetzungen als bei seinen Kol-
legen führen mußte. Profilierte Glieder
wie Pfeiler, Gesimse und die Mehrzahl
der Fenstereinfassungen waren aus Backstein hergestellt, in Stein geschnitten oder
im Model geformt und, um sie hervorzu-
heben, »je nach Maßgabe der Übereinstimmung«, beim »Abputz« rot oder gelb
gefärbt. In sich differenziert, setzen sich
die Dekorations- und Gliederungselemente kontrastreich von den bräunlich-
grünen Mauerflächen ab. Daneben spielte
beim Palais Heideck auch Gußeisen eine
wesentliche Rolle, – ein Material, dem
Metzger auch in konstruktiver Hinsicht
eine Zukunft gab und für das ihm der
gotische Stil formal adäquat zu sein
schien.[6] Die rückwärtige Freitreppe, der
Balkon und die großen filigranen Fenster-
rahmen im ersten Obergeschoß wurden
nach seinen Entwürfen bei Maffei gefertigt, wobei letztere im oberen Teil vor das
Mauerwerk gelegt und zwischen den
»Verspannungsformen« ausgemalt wurden, um einen hohen Raum im Inneren
vorzutäuschen, der den vornehmen Anspruch des Baues steigern sollte.
Einige Ansätze vom Palais Heideck nahm
Metzger beim Eckhaus für den Maler
Dürck, 1844/1845 entstanden[7], wieder
auf. Auch bei diesem, zu großen Teilen
als Mietwohnhaus zu nutzenden Gebäude, bediente er sich Vorbilder aus dem
gotischen Profanbau. Vor allem aber
schloß die malerische Asymmetrie mit ei-

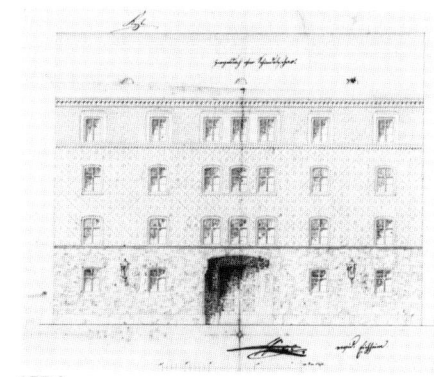

177.2

176.3

nem Eckkerker als Blickpunkt an die früheren Intentionen an. Gerade die Ausführung dieses geplanten Erkers wurde von der Baukommission untersagt – sehr zum Schaden der Gesamtwirkung, wie Metzger meinte, denn die Ecke würde »angenehm und reizend gebrochen sein« und der Fassade hätte sie »ein, wenn auch malerisches Gleichgewicht«[8] gegeben. Dem ausgeführten Bau fehlte nun in der Tat ein Bezugspunkt zu dem Turmanbau des Palais Heideck, vor allem aber das gerade zwischen so unterschiedlichen Schauseiten nötige Gelenk, das zwischen der auf das geschlossene Bausystem der Amalienstraße bezogenen traufseitigen Fassade mit ihren durch Lisenen streng geordneten Fensterachsen und der in der Höhenentwicklung abgestuften Giebelfassade der Kasernstraße, die im Zusammenhang mit dem Palais Heideck gesehen werden wollte, vermittelte. Metzger versuchte auf diese Weise die Schwierigkeiten bei sprunghaft wechselnden Bauhöhen und beim Aufeinandertreffen des offenen und geschlossenen Bausystems zu meistern. Sein Rückgriff auf gotische Vorbilder bedeutete in diesem Fall nicht nur die Anwendung applizierbarer Details oder übertragbarer Fenster- und Türformen, sondern die Übernahme von Strukturen, wie sie in mittelalterlichen Städten »gewachsen« waren. Deutlich wird dies nicht nur in der Wiederbelebung der Giebelfront, sondern vor allem in der unregelmäßigen Verteilung der Fensterachsen, die nicht willkürlich erscheint, sondern begründet ist in der strukturellen Unterscheidung von Hauptbau und niedrigem Flügel, die beide in sich symmetrisch und einheitlich sind und die wiederum mit dem einachsigen, verbindenden Zwischenstück ein gewachsenes, harmonisch auf die Umgebung bezogenes Bild ergeben sollen.

Ein dritter, nicht ausgeführter Bau Metzgers für Herrn Schmidt-Osting[9] sollte sich in der Amalienstraße an das Dürcksche Haus anschließen. Die aus der Mittelachse gerückte, auch nicht als Blendtor wiederholte Durchfahrt hätte dem Bau die mittels zwei korrespondierender Erker betonte Symmetrie im Erdgeschoß genommen. Die beim Palais Heideck in aufwendigem, bei den Häusern Dürck und Schmidt-Osting in schlichtem Maße angewandten gotischen Detailformen stammen aus dem Repertoire der gerade in Stilwerken veröffentlichten historischen Beispielen.[10] Auch wenn die Bauten Metzgers, vor allem in der zeichnerischen Überlieferung, akademisch aufgesetzt und trocken erscheinen, ist sein Beitrag zur Überwindung des Klenze-Stiles nicht zu unterschätzen. Recht behielt der zeitgenössische Kritiker, der 1846 zwar Metzgers Palais Heideck und das Haus Dürck als »das Geistreichste, was in dieser Richtung entstanden«, bezeichnete, zugleich aber auch meinte, »daß beide Bauten schwerlich in allen Beziehungen Anerkennung finden werden.«[11] Im Zweiten Weltkrieg stark beschädigt, wurden beide Häuser zugunsten der neuen Verkehrsführung des Oskar v. Miller-Ringes abgebrochen. F. Zimmermann

8 E. Metzger, Wohngebäude, Beschreibung zu Bl. III u. IV
9 StaM, LBK 540; 3 Bl., Fassade, Schnitt, Grundrisse, mit Genehmigungsvermerk der Nachbarn vom 30. Dez. 1844, Eingangsvermerk der LBK vom 3. Jan. 1845
10 vgl. (J.H. v. Hefner-Alteneck), Mittelalterliche Verzierungen Englands und Frankreichs nach Originalen der vorzüglichsten Architekten, München 1842
11 Übersicht der neuesten Kunstthätigkeit in München, in: Kunstblatt, 1846, Nr. 22, S. 90

177.1 Anton von Braunmühl
Wohnhaus Prof. Recht, München, ehemals Augustenstr. 3d, Grundrisse Keller, Erdgeschoß, 1. und 2. Obergeschoß, 1845
Feder, aquarelliert; 54 × 43
StaM, LBK 926

177.2 Anton von Braunmühl (Abb.)
Wohnhaus Prof. Recht, München, ehemals Augustenstr. 3d, Fassadenaufriß
Bleistift, Feder; 54 × 43
StaM, LBK 926

178.1 Anton von Braunmühl
Wohnhaus Baron von Bernhard, München, ehem. Barer Str. 6, Aufriß Südfassade, 1845/1846
Feder, farbig aquarelliert; 43 × 27
Arch.Slg. TUM, Gs 2222

178.2 Anton von Braunmühl (Abb.)
Wohnhaus Baron von Bernhard, München, ehem. Barer Str. 6, 1845/1846
Aufnahme von Südwesten, 1914
StaM, Photoslg. Barer Straße

178.2

Anmerkung zu Kat.Nr. 177:

1 die wenigen Anhaltspunkte zur Baugeschichte in: StaM, LBK 926

Anmerkungen zu Kat.Nr. 178:

1 Bauakten haben sich nicht erhalten. 1846 wird der Bau als Werk Braunmühls erwähnt, in: Übersicht der neuesten Kunstthätigkeit in München, Kunstblatt, 1846, Nr. 22, 30. April, S. 90; ein Erker des Gebäudes trug die Jahreszahl 1846; vgl. dazu: StaM, Chronik der Stadt München, 1914, Bl. II, S. 1665; neben den abgebildeten Zeichnungen existiert noch ein weiteres Blatt (Arch.Slg. TUM, Gs 2212, 1748), dessen zwei Fassadenskizzen in den Strukturen und Einzelformen so große Ähnlichkeit mit dem Haus Baron v. Bernhard aufweisen, daß sie diesem als Vorstudien zugeschrieben werden müssen; vgl. Hans Moninger, Friedrich von Gärtners Original-Pläne, München 1882, S. 109, Nr. 2212

2 vgl. Gustav Wengg, Topographischer Atlas von München in seinem ganzen Burgfrieden, München 1849/1851, Max-Vorstadt, Plan Nr. 14, Barer Straße 6

3 vgl. StaM, Chronik 1914, Bl. II, S. 1665

177 Wohnhaus Prof. Recht, München, ehem. Augustenstraße 3d, 1845

1845/1846 ließ sich Professor Recht durch Anton von Braunmühl in der Augustenstraße, also fast an der damaligen Peripherie der Stadt, ein außerordentlich vornehmes Wohnhaus mit Mietwohnungen errichten, dessen Schicksal nicht näher bekannt und dessen tatsächliches Aussehen in keinerlei Photographie dokumentiert ist.[1] Der Bau war in der Grundrißstruktur der ca. 250 m² großen (teilbaren) Wohnungen konventionell gestaltet, in der Ausstattung – etwa den schön gemusterten Parkettböden des piano nobile – aber sehr aufwendig gehalten. Das Äußere des Baues, in der feinen Zeichnung Braunmühls überliefert, unterscheidet sich von anderen vergleichbaren Bauten dieser Jahre durch die ruhige Folge der Geschosse, durch den Rhythmus der nahezu schmucklosen Fenster und die Art, wie mit dem Sichtziegel umgegangen wird. Mit Ausnahme des mit Haustein verblendeten Sockelgeschosses ist die gesamte Fassade gleichmäßig mit Flächenmuster in der Art eines »opus reticulatum« überzogen. Im Gegensatz zu Architekten wie Metzger, Berger oder Bürklein (vgl. Kat.Nr. 176, 180, 179, 175), aber auch im Unterschied zu eigenen späteren Entwürfen (vgl. Kat.Nr. 178), verläßt sich Braunmühl hier auf die Wirkung weniger Elemente, etwa der ungewöhnlichen Tornische, und vermeidet die Überladung durch einander überlagernde Motive.

F. Zimmermann

178 Wohnhaus Bernhard, München, ehem. Barer Str. 6, 1845/1846

Zu den ungewöhnlichsten Wohnbauten der 40er Jahre des 19. Jahrhunderts in München gehört das stattliche Gebäude, das Baron von Bernhard Wohl 1845/1846 in der Barer Straße nach Plänen Anton von Braunmühls errichten ließ.[1] Grundrisse sowie Nachrichten über die innere Struktur fehlen. Im Vergleich mit den Bauten vergangener Jahrzehnte, deren Hauptschauseite stets zur Straße gewandt war, fällt die neuartige Situierung auf: Der Baukörper ist mit der nur dreiachsigen Schmalseite an die Straße gestellt und gänzlich an die nördliche Grundstücksgrenze gerückt. Auf diese Weise wurde vor der breiten Südfassade eine relativ große Fläche geschaffen und der Bau, unter Ausnützung des unbebauten Gartenteiles des Törringpalais am Karolinenplatz, trotz des schmalen Grundstückes großzügig freigestellt.[2]

Außergewöhnlich war die Gliederung der im Plan bossierten, in der Ausführung wohl glatten Sockelzone, zu deren hochliegendem Eingangsgeschoß eine zweiläufige Freitreppe, an den Aufgang zu mittelalterlichen Rathäusern erinnernd, führte. Die Struktur der beiden Obergeschosse mit einzeln stehenden und in Zweier- und Dreiergruppen zusammengefaßten, mit Wasserschlagleisten überfangenen Rundbogenfenstern sowie die allgemein aufwendigen Zierformen lassen den Versuch erkennen, durch Formenreichtum und sorgfältig ausgeführte Ornamentdetails der Langeweile der Klenze-Nachfolge Lebendigkeit und Vielfalt entgegenzusetzen. Die Fülle der Einzelteile mit Mauerkrone, Eckerkern, Balkon (zur Straße), gekuppelten Fenstern und Freitreppe, die samt ihrer Ornamentik dem Fundus der Romanik, z.T. auch der Gotik entstammen, wirkt eher bemüht und aufgesetzt. Die Begeisterung des zeitgenössischen Kritikers, der in dem Bau Braunmühls »zumal bei der sorgfältigen Behandlung der Ornamente« Ähnlichkeiten zu einem »Schmuckkästchen« sah,[3] mag aus dem Vergleich mit dem »ermüdenden Einerlei paradenartig geordneter Fensterreihen« zu verstehen sein, die eigentlichen Probleme Klenzescher Fassadenarchitektur erwiesen sich aber durch neue Stilmittel alleine als nicht gelöst. Grundsätzliche Neuerungen Braunmühls, wie etwa die Situierung des Baues, weisen jedoch einer modernen Entwicklung entscheidende Wege.

1914 wurde das interessante Wohngebäude abgebrochen.[4]

F. Zimmermann

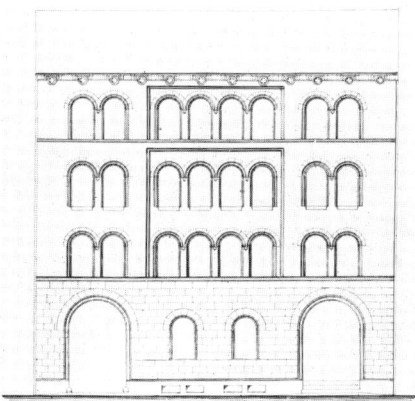

179.1

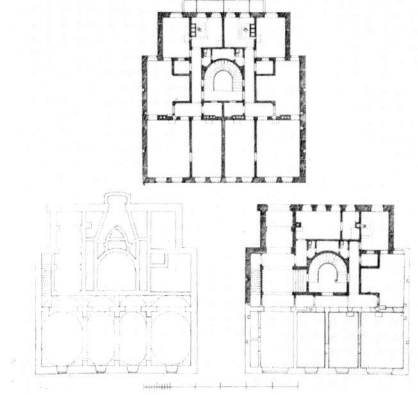

179.2

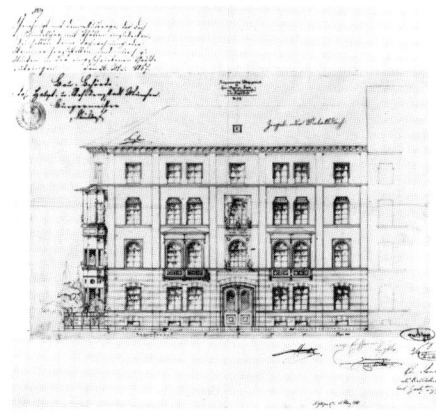

180.1

179 Mietwohnhaus, München, ehem. Amalienstraße 59, 1846

Friedrich Bürkleins 1846 in der Amalienstraße errichtetes Mietwohnhaus[1] ist ein typisches Beispiel für dessen maßgeblichen innovativen Einfluß auf die Entwicklung des Münchner Wohnbaus in jenen Jahren.[2] Ein wesentliches Problem war für F. Bürklein die zweckmäßige Anlage von Durchfahrt und Treppenhaus und die ausreichende Belichtung der Räume bei erheblicher Steigerung der Bautiefe zur Hebung der Rendite. Bei diesem Projekt stießen die Möglichkeiten einer sozial vertretbaren Bodennutzung an ihre Grenzen. Das Treppenhaus war bei dem extrem tief angelegten Gebäude (18,6 m plus zusätzliche hölzerne Balkone an der Rückfront) in dessen Kern gerückt und nur noch durch ein Oberlicht erhellt. In der Gebäudetiefe waren je Wohnung drei Räume hintereinandergereiht. Um dem in der Mitte befindlichen Zimmer wenigstens spärliches Licht zu verschaffen, mußte in der Tiefe des hinteren Raumes die seitliche Hauptmauer ein Fenster breit eingerückt werden. Die Abtritte wurden durch einen hinter dem Treppenhaus angelegten Lichtschacht belichtet und belüftet und die Magdkammern waren nur mittelbar über das Treppenhaus dürftig erhellt. In der Fassade blieb das Gesetz der Symmetrie gewahrt, indem zum hohen Durchfahrtstor ein Blendtor (vermutlich mit Ladeneingang) als Pendant gesetzt wurde. In der bereits 1846 als für F. Bürklein charakteristisch bezeichneten Weise waren »seine Fenster ... in der Regel rundbogig in Gruppen gestellt.«[4] Ihre mittlere Vierergruppe faßte F. Bürklein durch gesonderte Rahmen zusammen, wobei er auf Strukturen zurückgriff, die an deutschen Profanbauten der Romanik gängig waren.[5] Nach Kriegszerstörungen wurde der für Bürklein bezeichnende Mietwohnbau abgebrochen.

F. Zimmermann

180 Wohnhaus in München, Sophienstraße 5, 1847–1898

Das in vereinfachter Form erhaltene Haus Sophienstraße 5 an der spitzwinkeligen Ecke zur Arcostraße geht zurück auf Zeichnungen Mathias Bergers und wurde durch Franz Xaver Kobinger 1847/1848 erbaut.[1] Einfache Pläne hierzu von Anton v. Braunmühl, 1847 genehmigt, kamen nicht zur Ausführung.[2] Ein erster Entwurf Bergers – äußerst vielgestaltig und variationsreich – war Grundlage für das letztlich in zurückhaltendere Formen erbaute Wohnhaus. Die Überfülle der Motive an Erker, Balkons, Altane, Fenstern und die unterschiedlichen Materialien (Sichtziegel, Putz und Steinmetzarbeit) – im Entwurf Bergers unterstützt durch locker gezeichnete Begrünungen und Staffagen – wurde auf eine immer noch reiche, aber einheitlichere Formensprache reduziert. Die ausgefallene Situation des Grundstückes wurde nicht übergangen (wie das in den 20er und 30er Jahren der Fall war; vgl. Kat.Nr. 172), sondern wirkungs- und reizvoll durch die neuartige und mit einer ausgefallenen Bedachung (in Gußeisentechnik oder Holz?) versehene dreigeschossige Altane betont. Ausführlich wurden die formalen Details in Degens Münchener architektonischem Album publiziert[3], ebenso die äußerst komplizierte Dachstuhlkonstruktion und die Grundrisse. Das Bemerkenswerte an diesem Bau ist, wie er der Krümmung der Sophienstraße folgt und die schwierige Grundstückssituation zur Anlage damals eher ungewöhnlicher Innenräume genutzt wurde.

F. Zimmermann

179.1 Friedrich Bürklein (Abb.)
Mietwohnhaus, München, ehem.
Amalienstr. 59, Fassadenaufriß, 1846
Feder; 32 × 34
Arch.Slg. TUM, Gs 2350
179.2 Friedrich Bürklein (Abb.)
Mietwohnhaus, München, ehem.
Amalienstr. 59, Grundrisse Keller,
Erdgeschoß, 2. Obergeschoß, 1846
Feder; 44 × 37
Arch.Slg. TUM, Gs 2349
180.1 Mathias Berger (Abb.)
München, Wohnhaus Sophienstraße 5,
Fassadenaufriß, 1847
Feder, Bleistift auf Transparent
(auf Karton aufgezogen);
StaM, LBK, Bauakt Sophienstraße 5
(Sonderabgabe)
180.2 Mathias Berger (Abb.)
Wohnhaus, München, Sophienstraße 5,
Grundrisse, Balkenlagen der Dachkonstruktion (1847)
Ludwig Degen, Münchener architektonisches Album, Heft 3, Bl. 6

Anmerkungen zu Kat.Nr. 179:
1 Bauakten sind nicht erhalten. Die Datierung nach Joseph Wiedenhofer, Die bauliche Entwicklung Münchens im Lichte der Wandlungen des Baupolizeirechts, München 1916, S. 121
2 zur Bedeutung Bürkleins für die Entwicklung des Münchener Wohnbaus vgl. F. Zimmermann, Wohnbau in München 1800 bis 1850, München, 1984, S. 200–210
3 vgl. dazu Wiedenhofer, Baul. Entwicklung, S. 120ff.
4 Übersicht der neuesten Kunstthätigkeit in München, 1. Architektur, in: Kunstblatt 1846, Nr. 22, S. 90
5 vgl. dazu Günther Binding, Architektonische Formenlehre, Darmstadt 1980, S. 199, Abb. 537

Anmerkungen zu Kat.Nr. 180:
1 zur Baugeschichte vgl. StaM, LBK, Bauakt Sophienstr. 5 (Sonderabgabe)
2 ebd. Fassadenplan A. v. Braunmühl, mit Genehmigung vom 14. Mai 1847
3 Ludwig Degen (Red.), Münchener Architektonisches Album, München 1859, Heft 3, Bl. 3–6

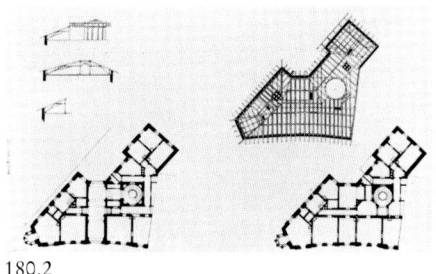

180.2

181.1

181.1 Mennas Schönauer (Abb.)
»Das neue Pfarrgebäude zu Berchtes-
gaden«, Ansicht zur Straße, 1841
Feder; 33,8 × 21,3
Landbauamt Traunstein

181.2 Pfarrgebäude in Berchtesgaden
Fassadenaufriß Rückseite, Fenster,
Profile/Schnitt
Feder, aquarelliert; 30 × 32
Landbauamt Traunstein

181.3 Pfarrgebäude Berchtesgaden
Giebel/Nordseite
Foto 1986 (Gruhn-Zimmermann)

Anmerkungen zu Kat.Nr. 181:

1 Landbauamt Traunstein, Akt VI, 2, Haus-
Inventar vom Sept. 1856

2 ibid., Akt VII, 4.6, 24.10.1838

3 ibid., Akt VI, 2, Haus-Inventar vom Sept.
1856

Anmerkungen zu Kat.Nr. 182:

1 August Voit, Land- und Garten-Gebäude.
Als Fortsetzung der Sammlung vorzüglicher
Wohngebäude, Landhäuser und anderer
Bauwerke. Zweites Heft mit 6 radierten
Blättern, Augsburg 1825, Tafeln I u. II

2 a.a.O., Erläuterungen

3 vgl. B. R. Schwahn, in W. Nerdinger
(Hrsg.), Ausst. Kat. Klassizismus in Bayern,
Schwaben und Franken, München 1980,
Kat.Nr. 58

181 Das Dekanatsgebäude in Berchtesgaden, Nonntal 4, 1841

Vom April bis zum September 1841 zog sich die Errichtung des Berchtesgadener Dekanatsgebäudes hin, dessen Kosten sich inklusive Grundstücksankauf und Gartenanlage auf 23489 Gulden beliefen, die von der K. Regierung von Oberbayern getragen wurden.[1] Es ist ein Werk des Salinen-Baukondukteurs Schönauer aus Berchtesgaden, nach dessen Plänen mit dem Bau begonnen wurde, noch ehe sie die »allerhöchste Genehmigung« erhalten hatten.[2]

Im vereinheitlichten Schema aus einfachem Baublock, mit zwei Stockwerken zu 5 oder 7 Achsen, Fenster und Eingangstüre schlicht dekoriert, wurden ab den 30er Jahren als Folge der zentralistischen Kunstpolitik Ludwigs auch die Pfarrhäuser – äußerlich von Schulhäusern dieses Typs nicht zu unterscheiden – landesweit gebaut. Der Berchtesgadener Bau ragt durch seine individuelle baukünstlerische Gestalt und die außerordentlich differenzierte und sorgfältige handwerkliche Ausführung aus der engen Norm dieser Gebäudegattung heraus. Er ist im wesentlichen aus Bruchsteinen aufgemauert und mit rosa-bräunlichen Hausteinquadern, die nach oben in drei Stufen zunehmend kleiner werden, verkleidet. Das um den Baukörper gekröpfe Kaffgesims und die Fensterlaibungen sind dagegen aus gebrannten rötlichen Ziegeln (die Ecken des Giebelgesimses im gleich Profil aus Stein gehauen) und außerhalb eines konstruktiven Zusammenhangs als reine Zierelemente auf das robuste Mauerwerk appliziert. Die stilistische Einordnung des Gebäudes als »florentinisch« durch die K. Baukommission in Reichenhall ist ein Beispiel dafür, wie sehr die Stilfrage in den unteren Baubehörden bisweilen Mißverständnissen ausgesetzt war.[3]

A. Gruhn-Zimmermann

182 Ein Landhausprojekt August Voits, 1825

Am Anfang seiner Karriere als Architekt legte August Voit eine schmale Sammlung architektonischer Entwürfe vor, die im Kontext der gemeinsamen Arbeit mit dem Vater an der ›Land-Baukunst‹ zu sehen ist, die dieser ab 1826 veröffentlicht hat. In seiner Sammlung von Idealentwürfen für Land- und Gartengebäude stellt August Voit auf zwei Tafeln eine Villa vor, zu der sich mehrere aquarellierte Zeichnungen im Voit-Nachlaß erhalten haben.[1] Der Bau ruht auf einem rustizierten Kellergeschoß; zwischen das flache Walmdach und das Erdgeschoß ist – durch ein Gurtgesims getrennt – ein Mezzaningeschoß eingeschoben, »in jenem befinden sich die Gemächer für die Dienerschaft; die Küche; Speiskammer; der Abtritt etc. etc. Das erste Stockwerk ist die eigentliche Wohnung für die Herrschaft«.[2] Der Wohnbereich ist zu beiden Seiten der Mittelachse angelegt, die sich aus der Raumfolge von einer tonnengewölbten Peristylhalle, einem durch zwei Stockwerke reichenden Saal und einem querliegenden Vestibül ergibt. Dem achsialen Grundriß entspricht die Öffnung der Villa zur Straßen- und Gartenseite. Das Portal der Fassade zur Straßenseite ist als Palladiomotiv mit eng an die Wand gestellten Säulen aufzufassen. William Kent hatte die Säulenstellung mit Architrav, die von einer Nische hinterfangen wird, vielleicht als erster aus dem antiken Fundus gegriffen und an seinem Venustempel in Stowe (1735) verwendet. Es wurde dann zu einem Hauptmotiv der Brüder Adam, wurde gelegentlich von den Revolutionsarchitekten verwendet, und wohl von dort durch Gilly nach Deutschland übernommen. Beide von Voit für die Portale benutzten Motive waren bereits bei Leo von Klenze im Zusammenhang mit der Glyptothek aufgetaucht. In seinem zwei-

182.1

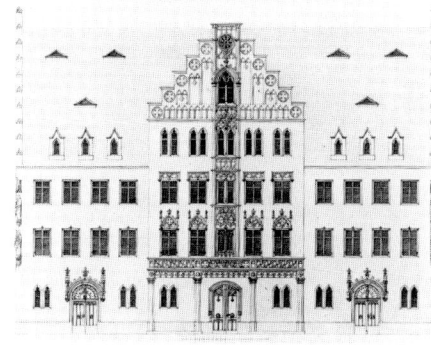

183.1

ten Konkurrenzentwurfkampf hat Klenze das Nischenmotiv zur Fassade gereiht[3], in der ausgeführten Rückfassade gebraucht er das Palladiomotiv als Fenster in zwei den Portikus flankierenden Risaliten. Auch dieses Motiv hatte im englisch-palladianischen Landhausbau, etwa in Colen Campbells Entwurf für Houghton Hall Anwendung gefunden. Dem damit intendierten Bildwert der Architektur entspricht, daß das Areal hinter der Glyptothek im landschaftlichen Stil bepflanzt werden sollte, wodurch die Architektur vedutenhaft eingerahmt wird.[4]

Johann Michael Voit hat ganz im Sinne der Ästhetik des Landschaftsgartens eine Unterordnung der Architektur unter den Naturfreiraum des Gartens gefordert: »Wenn die Gartenkunst, mit der Architektur vereint, eine Gegend zu ihren Darstellungen wählen, so gebührt der Gartenkunst dabei die erste Stimme. Jedes Bauwerk soll der Gegend, und nicht die Gegend des Bauwerks wegen da seyn, denn der Boden ist älter als das Gebäude, das auf demselben steht. ... Die Kunst zu verbergen und das freie Streben der Natur nie zu unterdrücken, ... und alle einzelne Theile zu einem harmonischen Ganzen zu verbinden, das soll das Bestreben des wahren Gartenkünstlers seyn und darin soll ihn der Baumeister mit seinen Bauwerken unterstützen. ... Auf dem Lande ... gibt der Architekt seinem Gebäude mehr Ausdehnung als Höhe durch die Stockwerke übereinander ... Ideal ist eine Lage der Villa im Garten und wenn sie gleichzeitig von der Straße aus gesehen wird. ... Die allermeisten Land- und Gartenhäuser sind so situiert, daß sie von allen Seiten eine freie Lage haben, und dadurch gewinnt natürlich die äußere Ansicht des Ganzen«. Eine Villa »soll mehr im schönen, als im prächtigen Styl, einfach und edel, zierlich und in gefälliger Form aufgeführt werden«.[5]

D. Erben

183 Projekt für das Wohn- und Geschäftshaus des Marktvorstehers Benedikt von Schwarz, Nürnberg, 1820–1825

Als Heideloffs denkmalpflegerische Tätigkeit in Nürnberg durch ein K. Reskript vom 12. April 1836 eine wichtige Stütze erhielt, wurde neben anderen Bauten und Restaurierungen, die das »besondere(s) und lebhafte(s) Wohlgefallen« Ludwigs I. erregt hatten, auch die Dekoration des v. Schwarzschen Hauses am Lorenzerplatz erwähnt. Es war die erste umfassende Arbeit dieser Art gewesen, und Heideloff berichtete später über die Schwierigkeiten, die sich in der Frühzeit der neugotischen Bestrebungen selbst in Nürnberg einer derartigen Lösung entgegenstellten. Der Entwurf war zunächst wegen des zu hohen Satteldaches von der Baubehörde abgelehnt worden. Heideloff nahm ihn 1850 in die Herausgabe seiner »Architektonische(n) Entwürfe und ausgeführte(n) Bauten« auf.[1] Der Bauherr, Benedikt v. Schwarz gehörte schon seit den letzten Jahren der reichsstädtischen Zeit zum führenden Nürnberger Handelsbürgertum. Die Dekoration war in Stuck ausgeführt und sollte dem Gegenüber des Chors von St. Lorenz stilistisch entsprechen. Der Entwurf wurde für die Veröffentlichung in Idealform gebracht. Tatsächlich hatte Heideloff in Wirklichkeit eine Fensterachse des Hauses von der Dekoration abgespalten, um eine Scheinsymmetrie herzustellen. Auch das Tasten nach Formen des späten Mittelalters entwickelte sich auf diese Weise deutlich aus klassizistischen Vorstellungen. Die angestrebte Wirkung, durchaus nicht mittelalterlicher, sondern biedermeierlicher Ästhetik, wurde von den Zeitgenossen honoriert. Das Haus habe, »was einem Privatgebäude wünschenswert ist, ein heiteres Aussehen ...«[2]

N. Götz

182.1 August Voit
Grund-, Aufrisse und Schnitt eines Landhauses (1825) (Abb.)
Feder, farbig aquarelliert; 67 × 48,8
Arch.Slg. TUM, Voit-Nachlaß

183.1 Carl Alexander Heideloff (Abb.)
Projekt für das Haus des Kaufmanns Benedikt v. Schwarz (Nachzeichnung nach einem Projekt von 1820–1823, um 1850)
Feder, Tusche; 45,1 × 28,2
Nürnberg, Stadtgeschichtliche Museen, GR A 2074 e

4 Margret Wanetschek, Die Grünanlagen in der Stadtplanung Münchens (= MBM 35), München 1971, S. 94 f.; Adrian von Buttlar, Vom Englischen Garten zum Glaspalast. Englisches in München 1789–1854, in: John Harris (Hrsg.), Kat. Ausst. Englische Architekturzeichnungen des Klassizismus 1760–1830, München 1979, S. 31 f.
5 Johann Michael Voit, Die Land-Baukunst in allen ihren Haupttheilen oder Unterricht in der Materialien-Kunde und Anleitung zur Entwerfung der Pläne vorzüglicher öffentlicher und Privat-Gebäude dann zur Construction der Bauwerke, 4 Bde. Augsburg und Leipzig 1826–1829, Bd. IV ... in besonderer Rücksicht auf öffentliche Gebäude zur Beförderung des Vergnügens und auf Privat-Gebäude 1829, S. 35 ff.

1 C. A. Heideloff: Architektonische Entwürfe und ausgeführte Bauten im byzantinischen und altdeutschen Styl. I. Heft, Nürnberg 1850, S. 4 f. und Platte II
2 Neues Taschenbuch von Nürnberg, Teil 1, Nürnberg 1822, S. VII

184.2

184   Fassadenprojekt für das Wohnhaus des Kaufmanns Platner, Egidienplatz 25–27, Nürnberg, 1828

Ein typisches Schicksal für die sich wandelnde Geschmackssituation zwischen 1800 und 1830 hatte das ehemalige Imhofsche Haus am Egidienberg.[1] An der Wende vom 18. zum 19. Jahrhundert war das im Renaissancestil errichtete patrizische Anwesen mehrmals veräußert, geteilt und in seinem Formenreichtum stark reduziert worden. 1827 erwarb es der Nürnberger Unternehmer Georg Zacharias Platner, der in der Stadt eine bedeutende Rolle spielte. Platner war beispielsweise Mitinitiator der Eisenbahnlinie Nürnberg-Fürth. Heideloff veröffentlichte 1851 in seinen »Architektonische(n) Entwürfe(n) und ausgeführte(n) Bauten« den Idealentwurf für das Gebäude[2], der sich im Stil von dem nur ein Jahr zuvor veröffentlichten für das v. Schwarzsche Haus so deutlich unterscheidet, daß angenommen werden darf, daß die Entwürfe trotz ihres späten Veröffentlichungstermins, den Stilwandel in Heideloffs Gotik-Verständnis zwischen dem Beginn und dem Ende der zwanziger Jahre des 19. Jahrhunderts widerspiegeln. Heideloff betont, daß die schließlich ausgeführte Dekoration dem Willen des Bauherrn, nicht seinen eigenen Intentionen entsprach. Heideloff wollte den Bau mit dem angrenzenden Pellerhaus »in ein großes harmonisches Ganze(s)« fassen und mit zwei repräsentativen übereinanderliegenden gußeisernen Balkons ausstatten. Der veröffentlichte Entwurf zeigt ein freigestelltes Wohnhaus, dessen auch sonst schmuckreicher ausgestatteter Mittelteil von einem gotischen Dreiecksgiebel mit Fialen und Blendbögen übergriffen wird. Die in Nürnberg vorherrschenden traufenständigen Fassaden boten der Heideloffschen Dekorationsfreude zu wenig Möglichkeiten, als daß er sich mit der Adaption dieses Gebäudetyps begnügt hätte. Die ausgeführte Dekoration zeigte eine bestimmende klassizistische Struktur.

N. Götz

185.1

185   Wohn- und Geschäftshaus für den Bankier Georg v. Kalb, Nürnberg, 1835–1836

Zum großen Ärger Heideloffs setzte sein Rivale um Baustil und Aufträge Leonhard Schmidtner direkt neben das von jenem dekorierte v. Schwarzsche Haus am Lorenzer Platz den palazzoartigen Bau für den Privatbankier Georg v. Kalb. Mit einem ähnlichen Recht konnte Schmidtner die sinnvolle Korrespondenz des Gebäudes mit dem klassizistischen, von ihm schräg gegenüber errichteten Stadttheater sehen. Mit einem für Nürnberg tatsächlich ungewohnten Aufwand hatte Schmidtner den Repräsentationswert des Bankgebäudes besonders betont. Über einem rustizierten, von Konsolsteinen rhythmisierten und großen Rundbogenfenstern durchbrochenem Erdgeschoß stand ein ausladender gußeiserner Balkon. Von Eckrustika gefaßt, waren die beiden Obergeschosse noch durch dekorative Details, wie Palmettenornamenten, einem Mäanderband und abschließendem Konsolgesims mit Rosetten aufgewertet. Die ganze Anlage entsprach den allgemeinen Anforderungen der Bauaufgabe, ohne den von Heideloff geforderten Bezug auf die historische Architektur der Stadt zu berücksichtigen.

N. Götz

184.1

1 M. Brix, Nürnberg und Lübeck im 19. Jahrhundert, S. 91, 94, Abb. 110. N. Götz, Um Neugotik und Nürnberger Stil, S. 74–76
2 Carl Alexander Heideloff, Architektonische Entwürfe und ausgeführte Bauten im byzantinischen und altdeutschen Styl. II. Heft, Nürnberg 1850, S. 71 und Platte X

186.1

186 Landsitz Platnersberg bei Nürnberg, 1837

Georg Zacharias Platner, (vgl. Kat.Nr. 184) erwarb 1836 den einstmals der Nürnberger Patrizierfamilie Groland, später der Familie Thumer gehörenden Landsitz an der Laufer Chaussee vor den Mauern Nürnbergs. Was ihm bei der Umgestaltung des Platnerschen Hauses auf dem Egidienberg nur bedingt gelungen war, konnte Heideloff mit der Neugotisierung des bald Platnersberg genannten Schlosses realisieren. In zweijähriger Arbeit wurden das Äußere und das Innere in den Formen Heideloffscher Neugotik dekoriert.[1] Mauern, Türme und das Hauptgebäude erhielten ein gotisierendes Formeninstrumentarium. Die spitzbe-

helmten, würfelförmigen Dacherker wurden hier dem Bau aufgesetzt, obwohl Heideloff das Motiv für seine Entwürfe von Wohnhausfassaden für die Nürnberger Innenstadt nicht verwendete. Insgesamt war der Umbau ein anschauliches Beispiel des Rückbezuges auf patrizische Lebensformen durch das Handelsbürgertum des 19. Jahrhunderts, dem die Nachfahren des reichsstädtischen Patriziats nur mit ganz wenigen Ausnahmen angehörten. Die Betonung der Eigenständigkeit, die sich im politischen Bereich in der Wahrnehmung der bedingten städtischen Selbstverwaltung äußerte, ließ sich im ästhetischen Rückgriff in den Formen einer Nürnbergisch verstandenen Spätgotik ausdrücken.

N. Götz

186.1 Georg Christoph Wilder (Farbabb.) Der Landsitz Platnersberg (Thumenberg) bei Nürnberg, 1837 Aquarell; 40,3 × 27,5 Nürnberg, Germanisches Nationalmuseum, Graph.Slg. Kps. 1059, Norica 463

1 Friedrich Mayer, Nürnberg im 19. Jahrhundert mit stetem Rückblick auf seine Vorzeit, Nürnberg 1843, S. 404f.

187.1

188.1

187.1 Carl Alexander Heideloff (Abb.)
Entwurf eines Kaufmannshauses
Nürnberg 1839, Nachzeichnung um
1850
Tusche, Feder; 28,3 × 46
Nürnberg, Stadtgeschichtliche Museen,
Gr A 2074 n

188.1 Ansicht des Beckhschen Gebäudes am
Schrannenplatz in Nürnberg,
Nürnberg, nach 1841 (Abb. S. 460)
Lithographie; 25,7 × 7
Nürnberg, Stadtgeschichtliche Museen,
Slg. Hopf, 1879

Anmerkungen zu Kat.Nr. 187:

1 Urs Boeck: Karl Alexander Heideloff, in:
Mitteilungen des Vereins für Geschichte der
Stadt Nürnberg 48 (1958) S. 314–390 (S. 328
und Abb. 18); M. Brix, Nürnberg und Lübeck im 19. Jahrhundert, S. 90 u. Abb. 116.
2 Carl Alexander Heideloff, Architektonische
Entwürfe und ausgeführte Bauten im byzantinischen und altdeutschen Styl, I. Heft,
Nürnberg 1850, S. 6, Platte III

Anmerkungen zu Kat.Nr. 188:

1 Das Germanische Nationalmuseum Nürnberg 1852–1977. Beiträge zu seiner Geschichte. Im Auftrag des Museums herausgegeben von Bernward Deneke und Rainer
Kahsnitz, München 1978, S. 55
2 Ebenda, S. 74

187 Idealentwurf eines Kaufmannshauses, 1839

Die zunehmende Auseinandersetzung mit
historischer Architektur führte Heideloff
seit den dreißiger und verstärkt seit den
vierziger Jahren des 19. Jahrhunderts zur
Einbeziehung direkter Vorbilder, insbesondere auch Nürnberger Architektur-
motive des späten Mittelalters. Ein Beispiel ist der Entwurf eines Kaufmannshauses[1], den Heideloff nach eigener Aussage für den Buchhändler und Verleger
Friedrich Campe für eine musterbucharti-
ge Veröffentlichung »Zur Verschönerung
deutscher Städte« schuf.[2] In diesem Entwurf bezog er die 1515 von Hans Beheim
geschaffene Gestaltung der Ratsstubenfassade am alten Nürnberger Rathaus mit
ihren zarten, von Stäben überhangenen
Maßwerken ein. Darüber allerdings erscheint ein hoher gotischer Giebel, den
das traufenständige Vorbild gerade nicht
kennt. Die großen, rundstabprofilierten
Bogenöffnungen des unteren Geschosses
entstammen ebenfalls dem Vorbild der
Ratsstubenfassade. Heideloff versuchte
mit ihrer Einbeziehung in die Fassadengestaltung ein Problem zu lösen, das sich
zunehmend stellte. Der Geschäftshaus-
bau des 19. Jahrhunderts verlangte eine
Durchlässigkeit, die der mittelalterlichen
Bauweise fremd war. Nur wenige Vorbilder konnten hier glaubwürdig umgesetzt
werden.

N. Götz

188 Beckhsches Gebäude am Schrannenplatz, Nürnberg, 1839–1841

An der Stelle des heutigen Heuss-Baus
des Germanischen Nationalmuseums entstand nach Entwürfen des Stadtbaurats
Bernhard Solger, das Geschäfts- und
Wohnhaus der Eigentümer der Beckhschen Fabrik, einem Unternehmen der
leonischen Industrie. Das Haus war von
palaisartigem Zuschnitt und hatte unter
anderem die Funktion, die außerordentlich kinderreichen Familien der Brüder
Beckh aufzunehmen. Nicht zuletzt daraus erklärt sich die symmetrische Anlage
mit den beiden gleichen Seitentrakten mit
dem jeweils eigenen Eingang. Hinter dem
Gebäude breiteten sich, bis an die Kartäu-
serkirche grenzend, die Fabrikationsstät-
ten aus. Der Mittelteil des Hauses war mit
dem eigentlichen Geschäftseingang besonders betont, leicht vorgezogen und
über den Dachansatz der Seitenflügel hin-
ausgeführt. Solger entwarf das Gebäude
in einfachen klassizistischen Formen nach
weit verbreitetem Grundmuster.
In die Binnengliederung und in die Struktur des Dachansatzes drangen leichte Anklänge an gotische Formen, die den Bau
anspielungshaft auch mit dem Architek-
turcharakter der Stadt aussöhnen sollten.
Am 1. Oktober 1910 ging die Beckhsche
Fabrik für die, teilweise durch eine Lotterie im gesamten Reichsgebiet aufgebrach-
te Summe von 1 200 000 Mark an das Germanische Nationalmuseum über.[1] 1928
wurde in dem Gebäude das Kupferstich-
kabinett des Museums eingerichtet.[2]

N. Götz

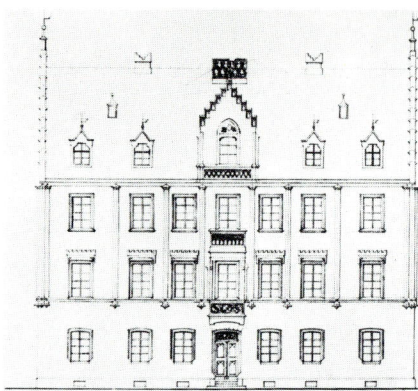

189.1 (Ausschnitt)

189.1 Leonhard Schmidtner (Abb.)
Entwurf zu einem neugotischen Wohn-
haus, Nürnberg um 1840
Feder, Tusche;
StA Nürnberg,
Regierungsplansammlung von Mittel-
franken, Mappe XV/23
190.1 Johann Georg Hutzelmeier (Farbabb.)
Entwurf eines Privathauses im Heide-
loff-Stil, 1850
Deckfarben; 38,5 × 52
Nürnberg, Germanisches Nationalmu-
seum, Graph.Slg. Kps. 1064, Hz 304
191.1 Carl Alexander Heideloff (Abb.)
Wohn- und Geschäftshaus des Kauf-
manns und Fabrikanten Johann David
Wiß, 1853/1854
Fotografie von Ferdinand Schmidt, vor
1909
Nürnberg, Hochbauamt, Bildstelle, KS
46/XVIII

190.1

189 Entwurf eines Wohnhauses in neugotischem Stil, Nürnberg, um 1840

1837 wurde Heideloffs stets klassizistisch
bauender Rivale, Leonhard Schmidtner,
Regierungsbauinspektor des Oberdonaukreises und wechselte seinen Amtssitz
nach Landshut. Für einen Bauherrn gleichen Namens entwarf er nach diesem
Zeitpunkt ein Wohnhaus für Nürnberg
und zwar kurioserweise in neugotischem
Stil. Im Verlauf der dreißiger Jahre hatte
sich als der allgemein akzeptierte Baustil
doch eine reduzierte, in ihren formalen
Details knappe Neugotik durchgesetzt.
Ein von Heideloff und Solger revidierter
Plan zeigt Trauf- und Giebelfassade des
Gebäudes, an dem die historischen Formen mit den gegenwärtigen Bedürfnissen
nicht gänzlich in Deckung gebracht wurden. Charakteristisch dafür ist das Nürnberger »Chörlein«, das einen Balkon
trägt, der den zeitgenössischen Bedürfnissen entsprach. Die Straßenfassade wird
von Vertikalelementen gegliedert, deren
Abstand sich auf die Mitte zu verringert
und dem Entwurf eine etwas bemühte
Originalität gibt. N. Götz

1 M. Brix, Nürnberg und Lübeck im 19. Jahrhundert, S. 167 u. Abb. 204
2 Carl Alexander Heideloff, Die Ornamentik
des Mittelalters . . ., Nürnberg 1838–1852,
Heft 25, S. 8

191.1

190 Entwurf eines Privathauses im Heideloff-Stil, Nürnberg, 1850

Obwohl erst zwei Jahre nach der Abdankung Ludwig I. entstanden, spiegelt der von Hutzelmeier gezeichnete Entwurf[1] die Summe der von C. A. Heideloff für Nürnberg entwickelten Neugotik, zu der er in den Jahrzehnten zuvor, nicht zuletzt durch die Protektion Ludwig I. gefunden hatte. Die Türme der Lorenzkirche, das Nassauerhaus oder die Fassade der Ratsstube am alten Rathaus waren konkrete Nürnberger Vorbilder für eigene Entwürfe. Als besonderer Verlust der ersten Jahre der Zugehörigkeit Nürnbergs zum Königreich Bayern galt allgemein der 1810 erfolgte Abbruch der »Alten Schau«, des 1454 errichteten städtischen Beschauamtes für Goldschmiedearbeiten und Münzen, gegenüber dem Rathaus im Schatten des Chores von St. Sebald gelegen. An ihrer Stelle war ein klassizistisches Hauptwachgebäude entstanden, das zunehmend als Fremdkörper im Gefüge der Altstadt Nürnbergs empfunden wurde. Heideloff polemisierte in seiner Ornamentik des Mittelalters massiv gegen das Gebäude der Hauptwache, »die neben der grandiosen St. Sebalduskirche einem gewöhnlichen modernem Gartenhäuschen gleicht, einen widerlichen Eindruck macht und höchst störend in die Harmonie des Ganzen einwirkt«.[2] Intensiv befaßte er sich mit der Rekonstruktion des reichsstädtischen Beschaugebäudes. Den rekonstruierten Giebel, den Heideloff in seine »Ornamentik des Mittelalters« aufnahm, bezog Hutzelmeier in seinen Entwurf eines traufenständigen neugotischen Privathauses ein. Auch die Details der Fensterformen, das Stabwerk des Portals sind aus dem von Heideloff wiederum aus der Beschäftigung mit historischer Nürnberger Architektur gewonnenen Formenrepertoire entlehnt.

N. Götz

191 Wohnhaus des Kaufmanns Johann David Wiß, Nürnberg, Hauptmarkt 26, 1853–1854

Die aufwendigste seiner neugotischen Hausdekorationen konnte Heideloff erst in seiner späten Nürnberger Zeit ausführen. Doch verbindet sich deren Form und Programm so sehr mit den während der Regierungszeit Ludwigs I. entwickelten Intentionen Heideloffs, die ein eigen-

künstlerisches Weiterbauen am mittelalterlichen Stadtbild anstrebten, daß er berechtigt in eine Bestandsaufnahme der Architektur der ludovizianischen Ära aufgenommen werden kann. Hinzu kommt, daß sich Heideloff konsequent gegen die Bestrebungen Maximilians II. aussprach, einen neuen Stil für das 19. Jahrhundert zu finden. Mehr noch, er begründete seine mit der Abdankung Ludwigs verbunden abnehmende Resonanz in München mit seinem klaren Bekenntnis zur Orientierung an der mittelalterlichen Baukunst: »weil ich der mittelalterlichen Baukunst das Wort rede und von deren neuen Styl-Erfindungen nichts wissen will.«[1] Der Kunstmühlenbesitzer und Nadelfabrikant Johann David Wiß war einer der reichsten Männer Nürnbergs und wollte sein Wohn- und Handelshaus »im Charakter der Stadt umbauen.« Die Ausführung mit dem großen dreistöckigen Mittelerker über der Nahtstelle der beiden mit einer Fassade zu vereinigenden Anwesen, dessen reich ornamentierter Maßwerkschmuck, weitere Details, wie das Blendmaßwerk über den Fenstern, weisen den Bau als ein besonders pittoreskes Zeugnis der Heideloffschen Neugotik aus. Die Ausführung war wegen des zu tiefen Erkers nur gegen den Widerstand der Eigentümer der angrenzenden Anwesen zustande gekommen. Heideloff hatte selbst die Kartons für alle Steinmetzarbeiten gezeichnet und den Handwerkern auch den großen Erker maßstabgetreu vorgelegt.[2] Im Gegensatz zu den früheren Hausdekorationen Heideloffs in Nürnberg, die nur in Stuck ausgeführt waren, konnte der Entwurf Heideloffs in Sandstein umgesetzt werden. Der Reliefgrund erfuhr eine farbige Behandlung in Rot und Braun. Für Heideloff war diese Fassadengestaltung von exemplarischer Bedeutung: »Dieser Bau gehört gewiß zu den wichtigsten der Stadt und widerlegt die Behauptung, die Steinmetzen der Gegenwart seien nicht mehr imstande, die Reinheit und Korrektheit der alten Meister und Gesellen zu erreichen«, schrieb er dazu in der »Ornamentik des Mittelalters«.[2] Der Kunsthistoriker Wilhelm Lübke, der später einer der Hauptverfechter der deutschen Renaissance werden sollte, kritisierte 1855 im Deutschen Kunstblatt den Bau als »Scheingotik« der dem wirklichen Charakter Nürnbergs widerspräche.[3]

N. Götz

1 Heideloff-Nachlaß, Germanisches Nationalmuseum Nürnberg, Archiv für Bildende Kunst, Fasz. 5/1
2 Leipziger Illustrierte Zeitung 1854, Nr. 552, 28. Januar, S. 73
3 Deutsches Kunstblatt 1855, S. 339 – Zu dem Bau vgl. auch: M. Brix, Nürnberg und Lübeck im 19. Jahrhundert, S. 95 f.; N. Götz, Um Neugotik und Nürnberger Stil, S. 78–80, 116

192.1

192.1 Johann Gottfried Gutensohn (Abb.)
Haus Boxberger, Bad Kissingen, 1836
Stahlstich um 1840

192 Das Haus Boxberger, Bad Kissingen, 1836

Das 1836 nach Plänen von Johann Gottfried Gutensohn für Anna Maria Boxberger errichtete Apotheken-, Wohn- und Kurhaus war zu seiner Zeit das größte und eleganteste Privatgebäude Bad Kissingens.[1] Nach Abtragung des Mauerrings und im Zusammenhang mit dem durch Ludwig I. ab 1833 geförderten Ausbau der Kuranlagen und der dazugehörigen Baulichkeiten unter Leitung Friedrich von Gärtners erlebte die Stadt einen erheblichen Aufschwung, der sich auch in einer beträchtlich gesteigerten Bautätigkeit zeigte. Die im Umkreis der staatlichen Kurhausbauten errichteten Wohn- und privaten Kurhäuser folgten in ihrem äußeren Erscheinungsbild aber nicht dem »Rundbogenstil« Gärtners, der selbst keine vorbildhaften stil- bzw. geschmacksbildenden Wohnhäuser gebaut hatte. Seine Vorstellungen setzten sich, durch seine wichtigsten Schüler auf den Wohnbau übertragen, in München, dem Zentrum der architektonischen Entwicklung, erst nach dem dortigen Häuserbankrott zu Anfang der 1840er Jahre durch.[2] So entstanden auch in Bad Kissingen in der 30er Jahren sämtliche Privatbauten im Neorenaissancestil, der in seiner Ausprügung in der Art Leo von Klenze mit Sicherheit dem Modegeschmack des Publikums entsprach. Gutensohn, als Civilbauinspektor des Untermainkreises mit der Situation in Bad Kissingen vertraut und dort auch bekannt, bot als ehemaliger Schüler Klenzes und Mitarbeiter in dessen Büro[3] den Bauherren die Gewähr, Entwürfe ihren stilistischen Vorstellungen entsprechend zu liefern. Überdies interessierte sich Gutensohn, gewissermaßen nach Würzburg (zum Untermainkreis) strafversetzt und dort von den wichtigsten Bauaufgaben (Kurbauten Bad Kissingen) ausgeschlossen, nicht übermäßig für seine Amtsgeschäfte[4] und war wohl auch aus diesem Grunde offen für sämtliche privaten Bauaufträge.

Das Haus Boxberger, vor dem Balling- und dem sog. Westendhaus sein bedeutendster Auftrag in Bad Kissingen, folgt als stattlicher 13achsiger Bau weitgehend den Klenze-Vorbildern. Die stereometrische Grundform des Baukörpers, die Flächenhaftigkeit der Fassade, die Form der Sockelzone, die Rustizierung von Erdgeschoß und Gebäudekanten, das verhältnismäßig mächtige Kranzgesims waren Gutensohn aus seiner Münchener Zeit und durch seine häufigen Reisen in die Hauptstadt bekannt. Auch die Detailformen, hier das auf die Cancelleria in Rom zurückgehende rechteckig gerahmte, gerade verdachte Rundbogenfenster im 1. Obergeschoß, waren in der Architektur Klenzes und seiner Nachfolger beliebtes Zitat. Sehr eigenständig ist die Pilasterbildung des Durchfahrtstores und der begleitenden Eingänge, die allerdings im Zusammentreffen mit dem repäsentativen Konsolenbalkon eher mißglückt erscheint. Die innere Struktur des Hauses entspricht vor allem im herrschaftlichen Durchfahrts-Vestibule dem Standard gehobener bürgerlicher Wohnkultur. Das Gebäude ist in allerdings erheblich veränderter Form – Aufsetzung eines weiteren Geschosses und eines Dachgeschosses 1933/1934 und vollständiger Umbau mit einer farblich gegliederten Fassadenfassung 1972 – noch erhalten.[5]

F. Zimmermann

1 Der folgende Artikel stützt sich im wesentlichen auf: Ewald Wegner, Forschung zu Leben und Werk des Architekten Johann Gottfried Gutensohn (1792–1851), 1984
2 zu den Anfängen des »Gärtnerstiles« im Münchener Wohnbau vgl. F. Zimmermann, Wohnbau in München 1800–1850, München 1984, S. 178 ff.
3 vgl. Wegner, Gutensohn, S. 59 ff.
4 vgl. ebd. S. 32
5 vgl. ebd. S. 449, Anm. 5

193.1 August von Voit (Abb.)
Lichtenbergersches Haus, Ludwigshafen, Fassadenaufriß, Schnitt, 1833/1834
Feder über Bleistift auf Zeichenkarton;
47 × 56
Arch.Slg. TUM A.v.Voit, Sign. 61.2

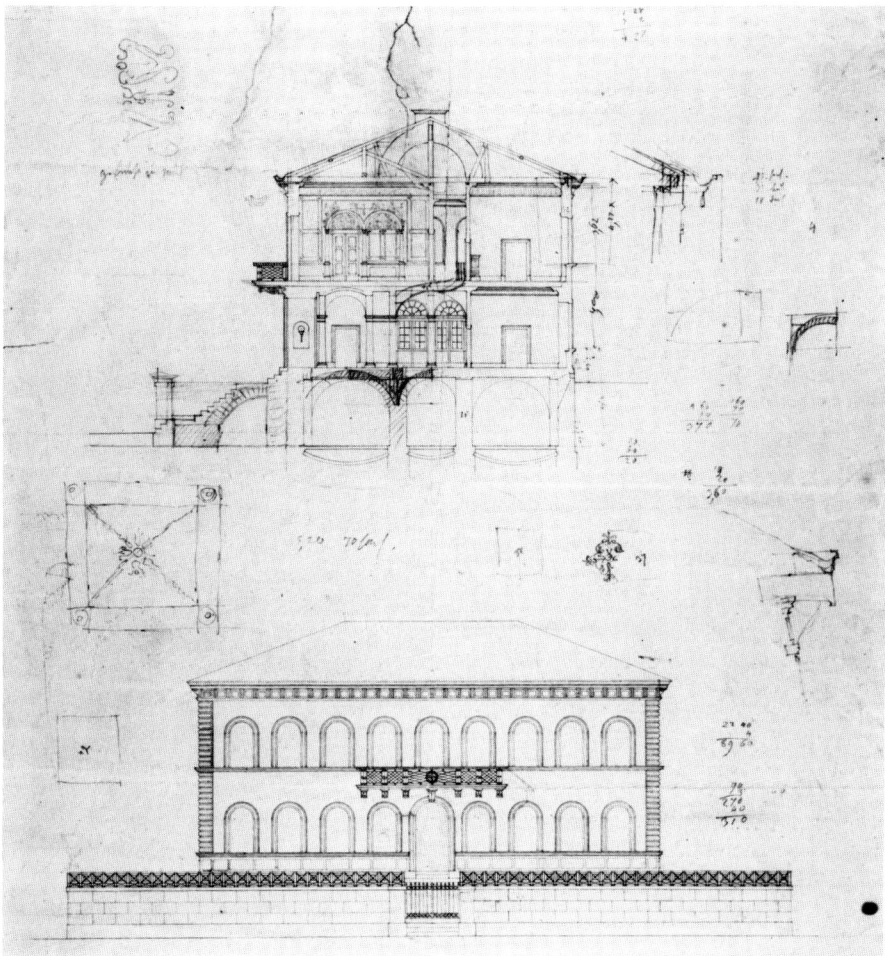

193.1

1 Der folgende Artikel stützt sich auf Hans-Jürgen Kotzur, Forschungen zum Leben und Werk des Architekten August von Voit, Bamberg 1977, Bd. 1, S. 104, Bd. 21, S. 142f.
2 Zu den Geschichtsdaten Ludwigshafens vgl. ebd. Bd. 2, S. 144
3 Die dem Bau zugeordneten Grundrisse (Arch.Slg. TUM, A.v.Voit, Sign. 61.1) gehören offenbar einer Vorstufe der Planung an; die großen Abweichungen zu Fassade und Schnitt sind durch spätere flüchtige Einzelzeichnungen zum Teil korrigiert.

193 Lichtenbergersches Haus, Ludwigshafen, ehem. Kaiser-Wilhelm-Straße 3, 1833/1834

1833/1834 entwarf der Zivilbauinspektor für die Pfalz, August von Voit, für den Kaufmann Heinrich Lichtenberger ein stattliches Wohnhaus.[1] Der Bau wurde auf der »Rheinschanze«, dem seit dem Grunderwerb durch den bayerischen Staat 1843 Ludwigshafen benannten Vorwerk der Zitadelle Friedrichsburg, durch Bauunternehmer Joseph Hoffmann bis 1836 auf leicht abfallendem Gelände errichtet.[2] Über dem in den Hang gebauten Keller erheben sich die beiden Wohngeschosse, die auf diese Weise von der Straße aus über die Grundstücksmauer hinweg sichtbar sind, was den herrschaftlichen Charakter des Hauses, zusammen mit dem schönen Konsolenbalkon, wesentlich bestimmt. Der gut proportionierte Bau – Vorbild für viele weitere Privatbauten in der Pfalz – hängt in der Gestaltung des Sockels (Plattenfries), der Eckru-stizierung und der Reihung der auf durchlaufender Sohlbank aufruhenden profiliert gerahmten Rundbogenfenster vom Wohnbau für den Kriegsminister in der Münchener Schönfeldstraße ab (dem eigentlich einzigen freistehenden Wohnbau mittlerer Größenordnung von der Hand Klenzes) und ist ein gutes Beispiel für die Bedeutung des »Klenze-Stiles«, der den Wohnbau nahezu in ganz Bayern bis zum Beginn der 40er Jahre prägte.

Im Inneren entsprach der Bau mit dem aufwendig gestalteten Durchgang im Erdgeschoß und dem fein dekorierten, zur Straße gerichteten Salon im 1. Obergeschoß den Vorstellungen gehobenen Wohnens in jener Zeit.[2]

Nach Umbauten für die Bezirkssparkasse in den 1920er Jahren wurde das im Krieg stark beschädigte Gebäude beim Wiederaufbau 1949 um ein Stockwerk erhöht und 1971, da es den modernen Anforderungen nicht mehr entsprach, abgebrochen.
                                          F. Zimmermann

Künstlerregister